中国农业综合开发年鉴

1988 ~ 2003

中国农业综合开发年鉴编辑委员会

中国财政经济出版社

图书在版编目（CIP）数据

中国农业综合开发年鉴：1988～2003 / 中国农业综合开发年鉴编辑委员会．—北京：中国财政经济出版社，2004.7

ISBN 7－5005－6604－2

Ⅰ.中… Ⅱ.中… Ⅲ.农业综合发展－中国－年鉴－1988～2003 Ⅳ.F323.4－54

中国版本图书馆 CIP 数据核字（2004）第 060559 号

中国财政经济出版社 出版

URL：http：//www.cfeph.com.cn

E－mail：cfeph@drc.gov.cn

社址：北京海淀区阜成路甲 28 号 邮政编码：100036

发行处电话：88190406 财经书店电话：64033436

北京外文印刷厂印刷 各地新华书店经销

889×1194 毫米 16 开 10 插页 42.25 印张 1 143 000 字

2004 年 10 月第 1 版 2004 年 10 月北京第 1 次印刷

定价：158.00 元

ISBN 7－5005－6604－2/F·5763

（图书出现印装问题，本社负责调换）

《中国农业综合开发年鉴》

编辑委员会名单

任）
李志强（天津市农业综合开发办公室主任）
乔　满（河北省农业综合开发办公室主任）
赵建生（山西省农业综合开发办公室主任）
陈文平（内蒙古自治区财政厅助理巡视员、农业综合开发办公室主任）
陈广君（辽宁省财政厅副厅长、农业综合开发办公室主任）
雒鹏飞（吉林省农业综合开发办公室主任）
史青衿（黑龙江省农业综合开发办公室常务副主任）
吴志傲（上海市农业综合开发办公室副主任）
缪瑞林（江苏省农业资源开发局局长）
沈继宁（浙江省农业综合开发办公室主任）
胡望真（宁波市农业综合开发办公室主任）
张广寿（安徽省农业综合开发局局长）
孙婷婷（福建省农业综合开发办公室主任）
章康华（江西省农业综合开发办公室主任）
曹云龙（山东省农业综合开发办公室主任）
宋同胜（青岛市农业综合开发办公室主任）
张成智（河南省农业综合开发办公室主任）
柳以洲（湖北省农业综合开发办公室主任）
曾德华（湖南省农业综合开发办公室主任）
容康栋（广东省农业综合开发办公室副主任）
李丽琪（广西壮族自治区农业综合开发办公室副主任）
曾德运（海南省财政厅副厅长、农业综合开发办公室主任）
刘念慈（重庆市农业综合开发办公室主任）
张其昌（四川省农业综合开发办公室主任）
龚晓宽（贵州省农业综合开发办公室主任）
赵新黔（云南省农业综合开发办公室主任）
赵宪忠（西藏自治区农业综合开发办公室主任）
雷生辉（陕西省农业综合开发办公室主任）
马自学（甘肃省农业综合开发办公室主任）
杨珠生（青海省农业综合开发办公室主任）
董　锋（宁夏回族自治区农业综合开发办公室主任）
夏代提·海木都拉（新疆维吾尔自治区农业综合开发办公室主任）
汤华辉（新疆生产建设兵团农业综合开发办公室主任）
侯培耀（黑龙江省农垦总局农业综合开发办公室主任）

《中国农业综合开发年鉴》

特约通讯员名单

一、国家农业综合开发办公室：

张　透　　姜玉明　　李建民　　吴　川　　何　冰　　吕彤轩
高永珍　　林鹏生　　吴洪伟　　罗禄勇　　石　践

二、国家农业综合开发联席会议成员单位：

水利部	阎存立	国土资源部	朱晓东
农业部	罗　旭	国家林业局	王新凯

三、各省、自治区、直辖市、计划单列市财政厅（局）、
农业综合开发办公室：

北京市	张　梅	山东省	丁福亮
天津市	赵　军	青岛市	樊泽源
河北省	闫明珠	河南省	朱树立
山西省	孙长富	湖北省	葛松涛
内蒙古自治区	吴东平	湖南省	陈　纯
辽宁省	任世忠	广东省	刘柏文
吉林省	侯英华	广西壮族自治区	曹延斌
黑龙江省	任秀峰	海南省	梁振强
上海市	周继评	重庆市	马　平
江苏省	邱泽森	四川省	林　峰
浙江省	赵国瑛	贵州省	杨再军
宁波市	陈　杰	云南省	李笠菲
安徽省	商德广	西藏自治区	林　蓓
福建省	林立启	陕西省	张晓峰
江西省	杨建军	甘肃省	周　明

青海省	史生德
宁夏回族自治区	岳培军
新疆维吾尔自治区	王铁农
新疆生产建设兵团	刘新东
黑龙江省农垦总局	叶名辉

《中国农业综合开发年鉴》

编辑出版工作人员名单

编辑部负责人： 祝顺泉　张　逶

编　辑　人　员： 龚英秀　姜玉明　李建民　吴　川　芮晓峰
何　冰　陶汪泓　陈　吟　定立新

封　面　设　计： 邹晓东

版　式　设　计： 定立新

责　任　校　对： 张全录

印　制　监　督： 刘春年

发　行　负　责　人： 定立新

广　告　代　理： 北京国信广告设计有限公司

前 言

农业综合开发是党中央、国务院加强农业的一项重大决策，是国家支持和保护农业的重要举措，是进一步发展农村生产力、提高农业综合生产能力的有效途径。它以农业主产区为重点，综合利用农业资源，实行国家、农民及其他资金配套投入，综合运用工程、生物和科技等措施，进行山水田林路综合治理，加强农业基础设施和生态建设，提高农业综合生产能力；推进农业和农村经济结构战略性调整，提高农业综合效益，增加农民收入。

党中央、国务院高度重视农业综合开发。在中央文件和领导同志讲话中，对农业综合开发有许多深刻精辟的重要论述和明确要求。《中共中央国务院关于促进农民增加收入若干政策的意见》（中发［2004］1号）中强调，要“继续增加农业综合开发资金，新增部分主要用于主产区”。温家宝总理2001年在国家农业综合开发第四次联席会议上的讲话中指出：“实践证明，农业综合开发是社会主义市场经济条件下，国家支持和保护农业发展的一个有效手段，是巩固和加强农业基础地位的一条重要途径，是提高农业综合生产能力的一项关键措施，是促进农业可持续发展的一个重要推动力量。”回良玉副总理2003年在国家农业综合开发联席会议上的讲话中指出：“推进农业综合开发，是践行‘三个代表’重要思想的具体体现”，“立足农业综合开发15年的发展实践，着眼全面建设小康社会的战略目标，继续大力推进农业综合开发，对于改善农业生产条件，发展农村生产力，增加农民收入，加快农村小康建设步伐，具有十分重要的意义。”财政部党组把农业综合开发作为财政支持解决“三农”问题的重要措施之一，十分关心和支持这项工作。近年来，部党组多次专题听取农业综合开发工作汇报，对农业综合开发工作作了一系列重要指示，提出了明确要求。

农业综合开发自1988年实施以来，在各级党委、政府的正确领导下，经过项目区广大干部群众的共同努力，取得了显著成效。农业综合开发的实施，既为我国农产品实现总量平衡、丰年有余的历史性转变做出了重大贡献，又为增加农民收入发挥了重要作用；既推进了农业基础设施和生态环境建设，又推进了农业和农村经济结构的战略性调整。1988—2002年，农业综合开发共投入资金1691.9亿元，其中中央财政资金484.1亿元，地方财政配套资金427.8亿元，银行贷款212.4亿元，自筹资金567.6亿元；累计改造中低产田近4亿亩，新增粮食生产能力725亿公斤。农业综合开发项目区农民人均纯收入明显高于非项目区，其中1998—2002年项目区农民人均纯收入比全国平均水平高222元。同时，农业综合开发在发展实践中积累了许多宝贵的经验。回良玉副总理把农业综合开发的基本经验概括为：“改善条件、综合发展、民办公助、规范管理。”这些在实践中创造和积累起来的成功经验，充分说明农业综合开发是对我国农业投资体制的创新之举，是我国农业投资体制改革的一个成功实践。农业综合开发取得的显著成就和宝贵经验，得到有关各方的充分肯定和普遍赞誉。地方政府赞扬农业综合开发资金实实在在地用于农业项目，对于改善农业生产条件和生态环境，具有不可替代的重要作用。中央农口有关部门普遍认为，农业综合开发实行综合性的开发方式，取得了综合效益，已经成为适合我国国情的保护和支持农业发展的重要途径。项目区农民群众赞誉农业综合开发是为农民办实事、办好事的“富民工程”、“德政工程”，衷心拥护并积极参与农业综合开发。

在全面建设小康社会的新形势下，农业综合开发在保证国家粮食安全、促进农民增收、推进农村小康建设等方面肩负着重要的使命。因此，农业综合开发工作要以“三个代表”重要思想和党的十六大精神为指导，紧紧围绕全面建设小康社会的目标，以农业主产区特别是粮食主产区为重点，着力加强农业基础设施和生态建设，提高农业综合生产能力，保证国家粮食安全；着力推进农业和农村经济结构的战略性调整，积极推进农业产业化经营，提高农业综合效益，增加农民收入。同时，要适应社会主义市场经济、公共财政管理体制和农村改革的要求，适应新阶段农业和农村经济发展的需要，进一步改革、完善投资政策，创新运行机制，加强科学管理，不断提高农业综合开发工作水平。

编辑出版《中国农业综合开发年鉴》，一方面是要忠实地记录过去年代的农业综合开发工作，为后人留下珍贵的史料；另一方面是要通过对《中国农业综合开发年鉴》的有效运用，更好地完成新阶段农业综合开发面临的任务，为推进农村小康建设服务。因此，这是一项资政存史、惠及后人的非常有意义的工作，是新阶段农业综合开发工作的一个有机组成部分。《中国农业综合开发年鉴 1988—2003 年》系统地记述了 1988—2002 年农业综合开发的发展历程，反映了这段时期农业综合开发工作的成就与经验，汇集了有关农业综合开发的重要资料。编辑出版《中国农业综合开发年鉴》是一项崭新的工作，需要在实践中不断改进和完善，衷心希望广大读者给予关注和指教，使《中国农业综合开发年鉴》越办越好。

《中国农业综合开发年鉴》编辑委员会

编辑说明

《中国农业综合开发年鉴 1988—2003》是农业综合开发的第一本年鉴，记述了1988—2002年农业综合开发事业的发展历程，汇集了这段时期的相关重要资料。“2003”是本书出版的年号。《中国农业综合开发年鉴 2004》将记述 2003 年 1 月 1 日至 2003 年 12 月 31 日农业综合开发的发展情况，汇集 2003 年的相关资料。以后依此类推。

《中国农业综合开发年鉴 1988—2003》共 100 多万字，分九个部分。现将本书编辑过程的一些具体情况介绍如下，以方便读者阅读。

1. 本书涉及行政区划时均按照《中华人民共和国行政区划简册 2002》的顺序排列。计划单列市安排在其所属省的后边。新疆生产建设兵团和黑龙江省农垦总局是农业综合开发的重要项目地区，因其计划单列，按单列的先后，排在各行政地方的后边。国务院所属部门以其在国务院的序列为序排在最后。港澳台地区未列入国家农业综合开发的范围，因此本书暂未涉及。

2. 本书第一部分重要文献、第四部分重要法规选编的排序，总的原则是先分类，后按时序。比如第一部分中的决议、文件，按发布单位分为中共中央、中共中央和国务院、国务院几类，同一部门发的决议、文件再以时间为序编排。

3. 本书各篇文章中，凡涉及到资金，其数额的表述一律为满万的以万为单位，超过亿的以亿为单位，保留两位小数，四舍五入。这样做主要是为使文字叙述清楚，格式统一。至于资金的具体数额，请以本书统计资料中的数据为准。

4. 正文第三部分，地方和部门农业综合开发工作，反映了各地区和有关部门截止到2002 年实施农业综合开发的情况。由于大连、厦门、深圳三市及农业部等部门未能报送相关材料，因此，这部分中未能反映它们实施农业综合开发的情况。

5. 由于时间跨度大，农业综合开发统计资料很多，限于篇幅本书选登了 1988—2002 年全国农业综合开发基本情况、项目投入情况、项目投资完成情况和项目效益情况的几种统计表格。对其中涉及的诸如统计口径等问题，由于各年情况不同，内文中分别做了具体说明，请读者使用资料时留意，此处不再赘述。

本书是农业综合开发的第一本年鉴，编撰者虽投入了很多心血，但编辑过程中亦难免有疏漏和差错，不妥之处，敬请读者指正。

《中国农业综合开发年鉴》编辑部

2004 年 6 月

搞好農業綜合開发
振兴我國農業

江澤民
一九九一年九月四日

江泽民同志为农业综合开发题词

搞好農業綜合開發
提高農業生產水平
溫家寶 一九九六年冬

温家宝同志为农业综合开发题词

李鹏同志为农业综合开发题词

农业综合开发
振兴农村经济
李鹏
一九九七年
十月十日

搞好农業综合開發促進农村經济发展

田纪雲

一九九七年十月

田纪云同志为农业综合开发题词

走農業綜合開發之路

姜春雲

一九九七年十月题

姜春云同志为农业综合开发题词

加强领导群策群力開創农業綜合開發新局面

陈俊生

一九九七年十月十八日

陈俊生同志为农业综合开发题词

1993年7月，江泽民同志视察青海省农业综合开发项目区。

2002年4月，温家宝同志在安徽省农业综合开发项目区与农民群众亲切交谈。

1996年4月，李鹏同志视察江苏省农业综合开发项目区。

2000年5月，朱镕基同志视察内蒙古自治区农业综合开发项目区。

2000年6月，回良玉同志视察江苏省农业综合开发项目养殖基地。

1991年10月，田纪云同志参观全国农业综合开发成果展。

1996年10月，姜春云同志视察上海市农业综合开发项目区。

1997年10月，王丙乾同志（中）参观全国农业综合开发十年成果展。

1997年10月，布赫同志（左二）参观全国农业综合开发十年成果展。

1997年10月，钱正英同志为全国农业综合开发十年成果展题词。

1996年9月，陈俊生同志（左三）视察吉林省农业综合开发项目区。

1997年10月，财政部长刘仲黎（前右一）参观全国农业综合开发十年成果展。

2000年5月，财政部长项怀诚在全国农业综合开发工作会议上作题为“开创我国农业综合开发的新局面”的讲话。

2002年8月，财政部副部长廖晓军（右二）视察海南省农业综合开发项目区。

2000年5月，财政部副部长张佑才在全国农业综合开发工作会议上作总结讲话。

1997年10月，财政部副部长李延龄（右一）参观全国农业综合开发十年成果展。

2000年，黑龙江省绥化市青冈县建设乡节水灌溉项目共投资250多万元，开发了万寿菊、西瓜制种、商品瓜菜等高效特色经济作物，平均亩效益为800元，年人均增收889元。

1993年—1995年，贵州省完成了贵阳市
资约900万元，种植花卉500亩， 使项目区
整。

1998年—1999年，广西壮族自治区完成了阳朔县福利镇土地治理项目。项目共投资900万元，新增粮食300万公斤，农民年人均增加纯收入300元。

1998年—2001年，广东省完成了博罗县石湾镇土地治理项目。项目总投资达490万元，大幅增加了灌溉面积，使每亩地增产达90—130公斤，农民年人均纯收入增加250元。

2000年—2001年，安徽省进行了金寨县天堂寨镇农业综合开发，总投资512万元。项目建成后，促进了项目区经济、社会和生态效益的协调发展。

2001年—2002年，江西省完成了寻乌县长
元，年增优质脐橙生产能力 7500吨，促进了全县
展。

白云区麦架乡节水农业示范项目。项目总投
年人均纯收入达2980元，促进了农业结构调

2000年—2001年，湖南省完成了长宁市官陂洞农业综合开发项目。项目总投资700万元，改善项目区土地灌溉面积2.6万亩，亩平均增产117公斤，年人均新增纯收入110元。

2001年—2003年，吉林省完成了敦化市农业综合开发科技推广综合示范项目，总投资2100万元，建成后使土地生产率提高25%，科技进步贡献率达到60%，项目区农民增加收入4178万元。

1998年—2001年，山西省完成朔州市应县接马峪万亩土地治理项目。项目总投资约2500万元，建成后项目区每亩增产粮食300公斤，农民年人均纯收入增加920元。

生态农业示范基地建设项目。项目总投资3000多万
态果园建设，改善了生态环境，并实现了可持续发

2002年，四川省建成了崇州市优质粮食基地，使香优1号优质稻平均亩产达512公斤，农民增收170万元。

1998年—2002年，内蒙古自治区投资3631万元，在赤峰市宁城县汐子镇建成塞飞亚集团肉鸭养殖及加工基地，年养殖及加工肉鸭300万只，使当地农民年人均纯收入增加150多元。

1999年—2003年，河北省投资近7000万元，建成河间市河英肉鸭养殖加工基地，辐射带动了4个县、25个乡镇、1300家农户，社会效益4700万元。

2002年—2003年，广东省投资2966万元，完成茂名市出口水产品加工项目。项目建成后，每年加工白对虾400吨、罗非鱼7000吨，直接带动当地1600户农民，年户均增收6850元。

2002年，四川省投资3000万元，完成乐山市井研县千佛扩繁场良种猪产业化经营发展项目，年扩繁PIC种猪3万头，带动年出栏100头商品猪的养殖户4万户。

2002年—2003年，北京市投资710万元，建成顺义区北小营镇河蟹养殖基地，年培育蟹苗1500万只，产成蟹20万斤，使当地农民每户年平均增收10000元。

2001年，浙江省投资3200万元，完成
520万吨，使当地蜂农增收1500余万元。

2001年—2002年，福建省投资2.3亿元，建成森宝实业无公害放心安全食品加工建设基地，使当地农户每年增收5000多万元。

2002年，辽宁省投资1443万元，在营口市老边区杨家壕建成傲源乳品深加工基地，日产鲜奶10吨，带动周边农户98户。

2002年，大连市投资2200万元，建成庄河市滩涂贝类养殖基地，已产出优质成品贝6000吨，安排当地1000多人就业。

2003年，青海省投资734万元，建成海南州同德县东山科技良种肉羊养殖基地，引进良种羊680只，带动农户800户。

桐庐县天地蜂产品加工项目，年收购蜂王浆

2000年，江苏省投资1516万元，完成南京奶业（集团）公司第一牧场改扩建项目。项目投产当年产鲜奶768万公斤，安排农村劳动力4550人。

2001年—2003年，重庆市投资2500万元，完成黔江区蒲花河中低产田改造项目，使项目区年人均增收300元以上。

2001年—2003年，河南省投资2115万元，完成鄢陵县腊梅及名优花木优质高效综合示范项目，每年可提供60万盆高档盆花，并对2.9万人次进行了技术培训。

1998年—2003年，湖北省投资约1800万元，完成鹤峰县特种蔬菜种植产业化项目，累计出口高档蔬菜4200多吨，带动周边地区5万农民脱贫致富。

2003年，新疆生产建设兵团投资2046万元，完成兵团7师131团绿色番茄产业化龙头项目，年产番茄9000吨，促进了职工致富。

1999年—2001年，黑龙江省投资1800万元，完成了哈尔滨市南岗区红旗农业科技示范项目，带动了全市300亩仙人掌种植和3000亩食用菌种植。示范区农民年人均增收2900元。

2002年，江苏省投资1750万元，完成泰州市蝴蝶兰鲜花生产出口扩建项目，已累计生产蝴蝶兰成花及种苗1000多万株，消化了农村富余劳动力，增加了农民收入。

2002年，湖南省投资3455万元，完成衡阳市黄花集团有限公司产业化重点龙头项目，使当地黄花产量增加到2.5万吨，产区菜农年人均增收1002元。

2001年—2002年，陕西省投资2000万元，完成杨凌农业科技示范园建设项目，为省内外培训技术人员5000多人，接待国内外游客30余万人次。

2001年—2003年，宁波市投资2100余万元，完成江北区农业科技推广综合示范项目，年产无公害水果700余吨，高档花卉、苗木200多万株。

2000年，云南省投资约2800万元，完成临沧地区耿马撒马坝现代农业科技示范园项目，取得了农业增产、农民增收的良好效果。

2002年，甘肃省投资480余万元，完成天水市甘谷县中低产田改造项目。项目区可年增蔬菜2000多吨，农民增收200多万元。

2000年，新疆维吾尔自治区投资1800多万元，建成昌吉州昌吉市良种繁育高新科技示范基地，培育各类农作物种子12个系列64个品种，辐射面积达20万亩以上。

1997年，西藏自治区投资447万元，完成了曲水县茶巴朗土地治理项目，改善和新增灌溉面积7000亩，年增产粮食210万公斤。

1988年—1993年，山东省投资805万元，完成高唐县西部沙荒治理项目，新增耕地1.8万亩，年人均增收2650元。

2002年—2003年，山西省投资500多万元，完成临汾市汾西县马沟流域生态农业土地治理项目，当地农民每年增收228万元。

2001年—2002年，天津市投资2000万元，完成静海县土地治理项目，新增产粮食2000万公斤，项目区农民年人均增收300元。

2002年—2003年，海南省投资1180万元，完成澄迈县官田洋农田整治工程项目，年增收粮食380万公斤，糖料3000万公斤，油料3.5万公斤，瓜菜1500万公斤。

1997年—2000年，宁夏回族自治区投资7392万元，完成永宁县征沙渠沙荒地治理项目，使昔日黄沙变绿洲，年收益达1200万元。

福建锦溪集团

总经理　黄荣龙

福建锦溪集团是集农产品生产、加工、贸易为一体的现代农业企业。2000年被选定为“农业产业化国家重点龙头企业”。2002年企业总产值3.2亿元，创利税4789万元。

集团在巩固生产基地和建立营销网络的基础上，逐步转入发展农产品深加工。2002年经国家农业综合开发办公室批准立项，投资1850万元，建设年加工能力2万吨的蔬菜系列产品加工项目，目前已进入试产阶段。

公司主产品——“锦溪牌”琯溪蜜柚、芦柑、香蕉、茶叶均获“绿色食品”认证，并荣获“福建省名牌农产品”称号。

总经理黄荣龙携全体员工坚持“质量第一、信誉第一”的原则，热忱欢迎海内外工商界人士前来集团考察指导，洽谈合作，共图大业！

地址：福建省平和县东大路锦山大厦
邮编：363700
网址：www.jinxi_group.com
电话：0596-5230888
传真：0596-5232279

琯溪蜜柚陈列馆

集团经贸部

琯溪蜜柚生产基地

天津市农业综合开发工作，自1994年经国家批准立项进行农业综合开发以来，大体经历了两个阶段：第一阶段，是从1994年至1998年。这一时期天津市农业综合开发工作按照国家改造中低产田和开垦宜农荒地相结合，以增加农产品产量为主，按照投入土地治理项目一元钱产出一公斤粮食的要求，在国家农业综合开发办公室的具体指导下，组织进行了大规模的土地治理工程。在这一阶段通过水、田、林、路综合治理，以农机措施、工程措施和农技措施相结合，农业、农机、农技综合配套，将过去常年广种薄收，产量低而不稳的低洼盐碱地，改造成了旱能浇、涝能排的高产稳产田，农业生产条件得到很大改善，提高农业生产的综合能力，项目区的粮食产量大幅度增加。第二阶段，是从1999年开始至今。在这一阶段，天津市农业综合开发工作结合农村经济结构调整以农民增收为目标，认真贯彻国家农业综合开发办公室关于农业综合开发指导思想“两个转变”和“两个着力、两个提高”的要求，由以改造中低产田和开垦宜农荒地相结合，转到以改造中低产田为主，尽量少开荒甚至不开荒，把提高农业综合生产能力与保护生态环境结合起来；由以增加农产品产量为主，转到积极调整结构，依靠科技进步，发展高产优质高效农业上来。在土地治理项目中，坚持以改造中低产田为基础，逐步发展节水农业、饲料粮生产基地。在部分地区进行了生态林及草场建设。共治理土地面积194.67万亩；其中：中低产田改造169.27万亩，节水灌溉13.4万亩，生态林及草场建设12万亩。已经完成的农业综合开发土地治理项目工程，取得了较好的经济效益、社会效益和生态效益，为粮食增产、农民增收，推动农业和农村经济的发展，提高农业综合生产能力，加快天津市在全国率先基本实现农业现代化，起到了积极的推动作用。天津市农业综合开发办公室始终按照“国家引导、配套投入、民办公助、滚动开发”以农民为主体，国家补助投资，引导社会各方参与农业综合开发的投入机制，在项目实施中增加项目建设资金的透明度，将资金投向全部张榜公示，接受农民群众的监督。

天津市北辰区2002年度农业综合开发多种经营蛋黄粉加工项目生产车间

天津市北辰区2002年度农业综合开发多种经营蛋黄粉加工项目总投资1800万元，该项目建设任务完成后，新增蛋黄粉生产能力160万公斤，新增总产值5725万元；增加值2500万元，新增利税1400万元，新增净利润800万元，新增固定资产1700万元，安排农村劳动力120人。

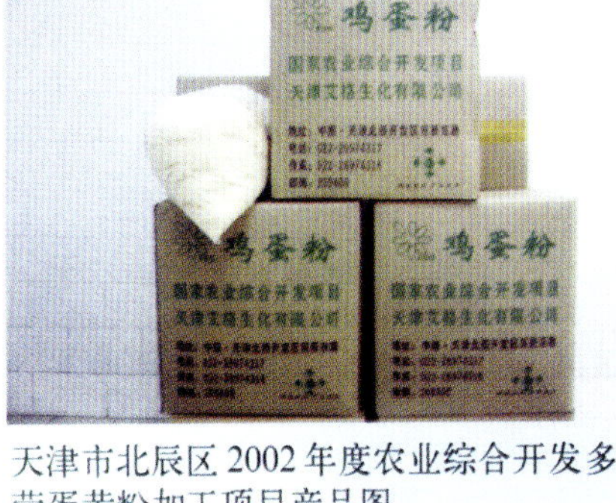

天津市北辰区2002年度农业综合开发多种经营蛋黄粉加工项目产品图

天津市北辰区2002年度农业综合开发多种经营蛋黄粉加工项目

商标注册证

YIKANG

四川省畜牧食品局文件

科学技术成果鉴定书

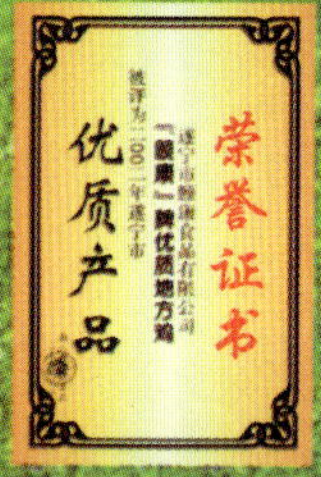

荣誉证书

优质产品

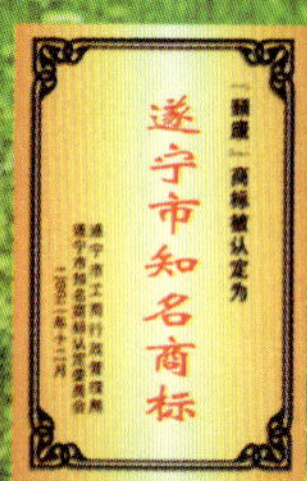

遂宁市知名商标

周陵农业科技开发有限公司

铜川市周陵农业科技开发有限责任公司，位于铜川市印台区周陵农业科技示范园区，占地64亩。公司注册资金500万元，现有员工20名，是一家集农业高新技术，优良新品种的引进、示范、推广，农副产品的生产、加工、销售为一体的股份制现代农业企业。作为农业高科技开发项目基地。公司基地目前主要以花卉，蔬菜为主导产业。其中，花卉品种有蝴蝶兰、君子兰、杜鹃、一叶兰、夏威夷竹、凤尾竹、鸭掌木、富贵竹笼、发财树、栀子、金橘、柑橘、铁树等80余种；引进的高档果蔬新品种有30多个，如樱桃番茄、礼品小西瓜、荷兰彩椒等。公司成立以来，利用现代化设施和先进农业技术，采用“公司＋农户”的运作模式，发展专业村5个，种植户200余户，培训农户3000多人，实现销售收入200余万元。

随着近年来的发展，公司已初步显示出强劲的发展势头，正在逐步建立起我们的品牌体系，实施品牌战略，争取成为西北最大的花卉、蔬菜繁育基地。

地址：陕西省铜川市印台区
省305道五公里处
周陵农业科技示范园区
邮编：727007
电话：0919-7681301
联系人：张谦

目　录

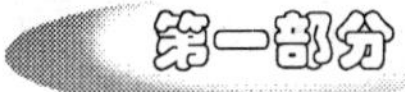

第一部分

重要文献

第二部分

国家农业综合开发工作

第三部分

地方和部门农业综合开发工作

第四部分

重要法规选编

第五部分

统计资料

文　选

第七部分

大　事　记

第八部分

机　构　人　员

第九部分

附　　录

第一部分

重要文献

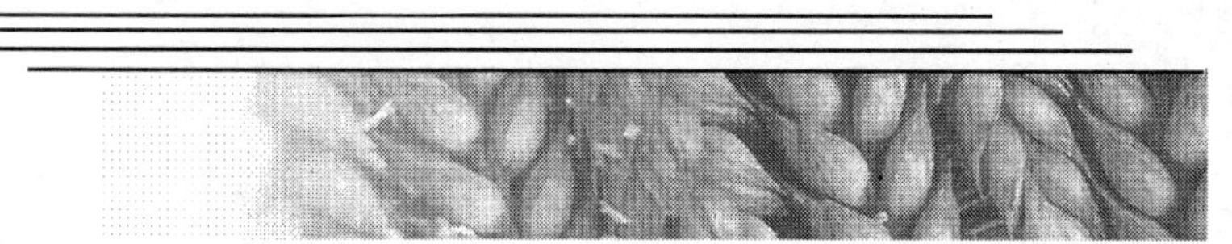

中共中央关于进一步加强农业和农村工作的决定
（节选）

（1991 年 11 月 29 日中国共产党第十三届中央委员会
第八次全体会议通过）

（十）树立大农业观念，搞好农业综合开发，合理利用农业资源。我国人口多耕地少，要十分珍惜耕地，依法加强土地管理，建立基本农田保护区，严禁乱垦滥伐等破坏资源的行为。要充分利用农业资源调查和区域规划工作的成果，有计划地开发荒地、荒坡、荒山、荒水、荒滩等农业后备资源，扩大农业发展空间，保证本世纪末耕地面积稳定在现有水平上。农业开发以改造中低产田、提高单位面积产量为重点，要集中连片、统一规划、统一实施，采用先进科学技术，山水田林路综合治理，农林牧副渔全面发展，经济效益、生态效益和社会效益并重。

中共中央关于制定国民经济和社会发展“九五”计划和 2010 年远景目标的建议（节选）

（1995 年 9 月 28 日中国共产党第十四届
中央委员会第五次全体会议通过）

要加大农业综合开发力度，加快中低产田改造。有重点地选择若干片增产潜力大的地区，集中投入，建成稳定的商品粮生产基地。

中共中央关于农业和农村工作若干重大问题的决定

（节选）

（1998 年 10 月 14 日中国共产党第十五届中央委员会第三次全体会议通过）

农业综合开发要以改造中低产田为重点，集中连片治理，力争平原地区大部分耕地实现旱涝保收、稳产高产，丘陵地区人均达到半亩以上高标准基本农田。因地制宜搞好山区农业综合开发。

中共中央　国务院关于 1991 年农业和农村工作的通知（节选）

（1990 年 12 月 1 日）

三、扎扎实实地组织农业综合开发

我国人口众多，现已利用的农业资源不足，必须重视和抓好农业综合开发。重点是改造中低产田，同时开发一些宜农、宜牧、宜林、宜渔的荒地、荒山、荒坡、荒滩和荒水，扩大可供利用的新资源。要进一步采取措施，保护耕地和农业资源。

农业综合开发要认真贯彻以下的指导思想和方针政策：以增产粮棉油肉为中心，农林牧副渔全面发展；实行“山水林田路”综合治理，把经济效益、社会效益、生态效益密切结合起来；新开发的资源，要尽可能实行规模经营；实行开发承包、管理承包、科技承包等责任制，制定鼓励政策，调动农民和科技人员参与开发的积极性；区域开发要集中连片，统一规划，统一施工，坚持高标准。

农业综合开发涉及多部门、多学科，各方面要密切配合，积极参与，围绕开发目标，充分发挥各自的作用。

各级用于农业生产和农业综合开发的投资要逐年有所增长。要增加农用生产资料的供应，保持销售价格的稳定。要继续抓好科技兴农，开展科技培训，推广优良品种，总结与应用先进的种植、养殖技术和管理经验，提高农业的经济效益。

中共中央　国务院关于当前农业和农村经济发展的若干政策措施（节选）

（1993年11月5日　中发［1993］11号）

加强农业综合开发是实现90年代农业发展目标的一项重要措施。要继续组织实施“八五”农业综合开发计划。对农业综合开发区的现行各项优惠政策要稳定不变，国家安排的农业综合开发资金要逐年增加。

要多渠道增加农业投入。国家即将开征的土地增值税，应主要用于农业综合开发；积极引导农村集体经济组织和农民增加农业资金投入和劳务积累。逐步扩大农业利用外资的数量和范围。

中共中央　国务院关于1994年农业和农村工作的意见（节选）

（1994年4月10日　中发［1994］4号）

农业综合开发从今年起要适当缩小范围，投资要相对集中，选择一些重点开发区特别是粮棉油主产区，集中资金、技术和物资，实行集约投入。把农业综合开发和农田水利建设、国家商品粮棉基地建设、小流域综合治理、植树造林、扶贫开发等农业建设项目结合起来，相互配套，形成合力。

中共中央　国务院关于做好1999年农业和农村工作的意见（节选）

（1999年1月11日　中发［1999］3号）

农业综合开发原则上不再安排新的开荒造地项目，重点搞好中低产田改造。

中共中央　国务院关于做好 2000 年农业和农村工作的意见（节选）

（2000 年 1 月 16 日　中发［2000］3 号）

国家实施的农业综合开发项目，对于改善农业生产条件、提高农业综合生产能力具有重要作用，要进一步加大力度。农业综合开发要适应结构调整的需要，由过去以改造中低产田和开垦宜农荒地相结合，转到以改造中低产田为主和保护生态环境上来；由过去追求增加主要农产品产量为主，转到发展优质高产高效农业上来。重点建设大型优势高产粮食生产基地，优质饲料作物生产基地，发展节水灌溉，建设生态农业。

中共中央　国务院关于做好 2001 年农业和农村工作的意见（节选）

（2001 年 1 月 11 日　中发［2001］2 号）

坚持实施农业综合开发，继续改造中低产田，加强商品粮和优质农产品基地建设。

国务院关于建立农业发展基金增加农业资金投入的通知

（1988 年 12 月 11 日　国发［1988］80 号）

各省、自治区、直辖市人民政府，国务院有关部门：

根据我国农业和国民经济发展的需要，必须增加对农业的资金投入。为了确保农业资金有一稳定的来源，党中央和国务院决定，从 1989 年起，逐步建立农业发展基金，由各级财政纳入预算，列收列支，专款专用。现对有关问题通知如下：

一、开辟资金渠道，使农业发展有一个稳定的资金来源。

（一）从1989年开始，提高国家能源交通重点建设基金的征收比例，拿出1个百分点作为农业发展基金。中央和地方财政按照“七三”比例分成，并按规定用途使用；

（二）从1989年起，乡镇企业税收，包括产品税、营业税、增值税和工商所得税，比上年实际增加的部分，大部分用于农业，特别是粮食生产；

（三）已经开征的耕地占用税收入，全部用于农业开发；

（四）农林水特产税收入，大部分用于农业投入；

（五）向农村个体工商户及农村私营企业征收的税额，比上年实际增加的部分，主要用于农业投入；

（六）根据需要和可能，各地可从粮食经营环节中提取农业技术改进费，提取标准和办法由各省、自治区、直辖市自定；

（七）从1989年起，从世界银行的贷款中划出25%左右用于农业，纳入国家计划，用于农业生产、大型水利和林业建设；其他政府间和国际金融组织的贷款，也要尽量优先安排用于农业生产和农用工业。

二、以上各项措施，除比照国家能源交通重点建设基金从预算外资金中征收的农业发展基金的大部分、耕地占用税收入的一部分由中央安排外，其余均由地方掌握。今后，增加财政对农业的资金投入，主要靠各级地方政府。各地要根据本地的具体情况，在现行财政体制规定的范围内，对乡镇企业税收和农村个体工商户、农村私营企业征收税额比上年增加的部分，制定出用于农业的具体比例，但必须体现大部分用于农业的原则。各地在安排支出预算时，既要保证各项正常支出的需要，又要突出地解决农业资金投入不足的问题。

三、各级地方政府一定要把中央、国务院确定的增加农业投入的政策落到实处。各项新增支农资金，在年初安排预算时，要逐级加以落实。

四、采取上述措施后，原来用于农业的各项支出不得减少，能增加的要尽量增加。地方财政安排的农业事业费和支援农业生产支出在本地区财政支出中的比重，在近几年内要逐年有所提高。所有新增加的投入，要同原来的各项资金统筹安排，集中重点使用，主要用于创造农业生产必需的生产条件，以增强农业后劲，保证农业特别是粮食生产的稳定增长。

五、要切实加强资金管理，提高资金使用效益。新增加的各项用于农业的资金，要纳入各级财政预算管理，列收列支，全面反映。各级财政部门要充分发挥职能作用，统筹安排、统一管理资金；尽快制定科学而又严格的资金管理制度；坚持按项目投放用于农业，专款专用，不得挪用。要切实加强各项支农资金使用情况的监督检查，努力提高资金使用效益。

国务院关于发展高产优质高效农业的决定（节选）

（1992年9月25日　国发［1992］56号）

进一步加强对商品粮主产区的扶持，培育充足的粮源。适当增加农业基本建设投资和农业综合开发资金，加强生产和流通的基础设施建设。

农业综合开发要带头走优质高产高效的路子，提高农业综合开发的整体水平。

中华人民共和国国民经济和社会发展“九五”计划和2010年远景目标纲要（节选）

（1996年3月17日第八届全国人民代表大会第四次会议批准）

加快中低产田改造，建设稳定的商品粮基地。“九五”期间改造中低产田1 400万公顷。国家级商品粮基地县增加到900个左右。有重点地选择若干片增产潜力大、商品率高的地区，集中建设大的国家储备粮生产基地。搞好黑龙江、新疆、黄淮海、吉林、甘肃河西走廊等地区的连片开发和粮棉生产基地建设。继续扶持粮棉集中产地发展经济。

因地制宜，积极发展多种经营和农业综合开发。

中华人民共和国国民经济和社会发展第十个五年计划纲要（节选）

（2001年3月15日第九届全国人民代表大会第四次会议批准）

通过实施“种子工程”、完善农田水利配套设施、加强中低产田改造、调整商品粮基地建设的内容和布局等措施，稳定粮食生产能力。加大对粮食主产区的支持力度，保护粮食主产区生产粮食的积极性，鼓励与销区建立长期稳定的购销关系。确保粮食供求基本平衡。

接见出席全国农业综合开发经验交流会的各省、自治区、直辖市和计划单列市负责同志时的讲话

江泽民

（1989年12月1日）

田纪云同志在这次会上的讲话，陈俊生同志的开幕词，何康等同志的发言，我都看了。会议的材料很丰富，有些材料只是翻阅了一下。

我要讲的第一个问题是：总结经验，提高认识，巩固确立以农业为基础的指导思想，不是说空话，而是要有实际行动。现在的形势是，各省的农田水利基本建设已经启动起来了，而且不少领导干部都参加了劳动。对领导干部参加劳动，不能认为是复旧，是回到老路上去。领导干部参加一下劳动，量力而行，带个头，这对于调动8亿农民乃至全国人民的积极性，对于巩固和加强农业有好处。改革开放这10年来，由于农村实行家庭联产承包责任制，生产力获得了大的解放。但确实也应看到，现在单靠承包制这一生产关系的改变，农业要更上一层楼是困难的。原来对农业的投入，主要是“大跃进”时搞的水利工程，农业学大寨时搞的农田基本建设，实行责任制以后农业生产的发展，也是在这个基础上取得的。有两个事例应当研究。一个是美国。美国农业人口五六百万人，占总人口的3%。3%的农业人口养活了97%的城市人口，而且有三分之一的农产品出口。当然，美国耕地较多，人均14亩，但取得这样的成果，并不仅是因为耕地多，他们在历史上对农业曾经有大量的投入。去年开十三届三中全会时，美国货币主义经济学派的一个很有名的学者叫弗里德曼的，他讲了两点，我是听得进的。第一，对通货膨胀，政府要干预。这个问题，我们经过干预，已见成效。第二，对农业要有相当的投人，否则美国农业不会有这么高的水平。因此，我认为，像我们这样一个11亿人口的国家，不增加投入，农业问题是不可能解决的。再一个事例是苏联。按说苏联人均耕地是很多的，化肥也很多，但农产品产量20年徘徊不前，始终没有解决。第一个社会主义国家，农业问题未能解决，值得我们作为殷鉴。当然，美国农业问题的解决并非一朝一夕之功，曾花了很大的力量，但即使如此，据弗里德曼讲，美国对农业仍实行一定的保护政策。

制止动乱、平息反革命暴乱将近半年了。从东欧现在发展的趋势看，也值得我们提高警惕。我认为大家应该有这么一个共同的认识，即农村一定要稳定，我们整个国家、整个局势以及整个老百姓都要稳定。民以食为天。手中有粮，心中不慌，这个精神是不错的。无粮心慌，解放前我在白区，是经受过这种情况的。在上海上学时，反饥饿、反内战。工作以后，一发工资，大家都去抢购粮食，根本无人上班，因为上午下午的粮价不一样，有的搞囤积居奇。这说明，要保持政局的稳定，农业为基础是个大问题。

小平同志早就讲，农业出了问题，多少年恢复不过来。陈云同志1985年讲过，无农不稳，无粮则乱。从生产力发展的水平讲，劳动生产率真正提高了，有部分剩余劳动力，这部分人怎么办？当然要发展乡镇企业，对此无人反对。但这个问题，我在上海时就讲，总要有一个前提，总不能把有限的良田撂荒。我们的可耕地本来就少，现在不是说人均只有 1.3 亩吗？而且纪云同志报告中讲，每年耕地减少三五百万亩，这是净减少数。所以，这个问题值得重视。我们的田地要最大限度地利用。现有耕地要提高产量，可开垦的要开出来。我到几个省看了看，包括这次到云南。云南 38 万平方公里，耕地 4 200 万亩，只占总面积的 6%。在这 6%之外，还是可以想办法开垦一些的。

树立以农业为基础的思想，第一不要停留在口号上，第二不要只限于管农业的人身上。我讲的这些，以及一会儿李鹏同志讲的，你们还要善于宣传，使各级党政领导都重视起来。特别值得我们深思的是，从 1984 年以来，粮食产量徘徊在 8 000 亿斤，人均占有粮食减少了 64 斤，这个数字是很令人吃惊的。领导干部要心中有数，不要只看到已做了努力。粮食产量徘徊，人口增加，耕地减少，问题是很大的。不应该把这仅仅看成是经济问题，而且要看作是政治问题，没有粮食吃还不天下大乱？要从这个角度来认识农业、重视农业、加强农业。总结经验、提高认识的目的，就是要在全国上上下下牢固确立一个长期坚持农业为基础的指导思想，并将这一指导思想贯彻到实际工作中去，任何时候都不能动摇。

第二个问题，全党全国动员起来，齐心协力实现农业发展的新突破。要抓好农业开发工作。原来计划“七五”的最后一年 1990 年粮食就应该达到 8 500亿—9 000亿斤，这个目标已不可能达到。这样，就给完成本世纪末农业发展目标增加了难度。实现 2000 年的目标，任重而道远，任务很艰巨，困难很大，但是又要看到我们的有利条件。如果在全党真正形成一个重视农业、发展农业的热潮，各行各业支援农业，我看是有希望的。也就是说，决不能把农业只看成是农业部门的事，也不能只看成是分管农业的省长、市长的事。首先省委、市委要抓，党政一把手都要抓，不负责不行。我跟李鹏同志成天担心这件事，都在抓。要全党、全国共同办这件事。各有关部门要自觉行动起来，密切协作配合，不能互相埋怨，互相推诿。要把大家真正动员起来，不是停留在口头上、会议上，而是切实解决问题，抓好各项工作的落实。要特别注意从三个方面花力气，下功夫：

（一）狠抓承包责任制的稳定和进一步完善，有条件的搞适度规模经营，搞农业服务体系。五中全会决定和李鹏同志的讲话，都讲了这个问题。农民担心政策变，有的担心江泽民搞毛主席他老人家的“一大二公”，这使我深思一个问题，检查一下自己。我的意见是，农村承包制不能变，工厂经济承包责任制不能变，但我确实也讲过，农村有条件的地方可以搞适度规模经营，可以试点。不要产生误解。有时谣言传多了，就当真了，特别是到农村就走样了。我主张，一是 8 亿农民要稳定，把农业搞上去，保证有饭吃；二是搞好大城市生活必需品的供应。这是从分析东欧国家政局和我国经验教训得出的结论。农民很敏感，要宣传稳定政策，联产承包责任制不会变。但是有一点，从生产的发展来看，服务体系应当加强，不加强怎么提高产量？农田水利建设不是一家一户能搞的。生产发展到一定程度，必然有这种要求，这不是以主观意志为转移的。还有农机，没有一定规模，也很难使用。虽然一家一户承包，但要逐步健全各种服务体系，集体事业还要不断发展。再有，田分包耕种，有的农民就以为田是他的了，他就要父传子、子传孙，到订合同，才明确了田仍归集体所有。如果他认为田是他的私人财产，这不得了，对持有这种观念的人要解释清楚，这并不说明我们的政策不稳。还有，不能买卖土地，不能在承包的耕地上盖房子。要稳定承包制，让农民一百二十个放心。但也要加强对农民的教育，加强服务体系，加强农机、水利建设，有些事只能集体办，个人办不了。

（二）抓科技的应用。小平同志讲，看起来农业最终可能是靠科技解决问题。中国科学院李振声同志在这次农业开发经验交流会的发言中讲，在 20 世纪初，一些发达国家农业生产率的提高，靠采用新技术来实现的不足 20%，而当今已达到 60%—80%。我在美国看到有个石油托拉斯，他搞的是石油化工，但是他让我看的一个试验室，给奶

牛注进一样东西，产奶率就上去了；耕地采用工程办法，产量也有很大提高。李振声同志的材料上讲，1972年至1980年，我国农业总产值增长量中科技进步的作用约占27%；1981年至1985年间，农业总产值增长量中科技进步的作用增长到30%至40%。这个还不能跟美国比，人家是劳动生产率的提高，我们是总产值的增长。说明我们在科技上有相当大的潜力。

（三）抓农业投入，增强农业后劲。当然中央要增加一些投入，还得要省、地、县乃至农民个人多增加投入。劳动力的投入也是一种投入。这几年农民收入增长较快，要有所引导。特别要引导农民增加一定劳动积累，今冬明春兴起的农田水利建设热潮，不少要靠劳动投入来完成。当然要注意质量，不要搞大哄大嗡，不要因质量不好垮掉了。

第三个问题，要加强对农业及农村重大理论政策的研究。不仅中央要研究，各省、各地都要研究。除了上面讲的适度规模经营、完善承包制、健全服务体系、搞好农业开发外，要研究乡镇企业如何进一步发展和调整、整顿、改革、提高；如何保护好和合理利用耕地；如何加强农村的教育；如何控制人口的增长。最近走了几个省，有个感想。农村第一要抓教育，农业科技如果没有一点文化水平，就无法消化吸收。这次到云南，一个只有1.4万人的基诺族，他们的乡长对这个问题很明确，他说，45个村有43所小学，如果不把文化知识水平提高上去，用化肥如何搭配都搞不清。这一点，是很重要的。第二，抓计划生育工作。原来以为计划生育搞得不错了，一对夫妇生一个孩子。后来听说松动了，生女孩的还可以再生一个。到农村看了看，所到之处，绝对不是一家生一个。另外，痴、傻、呆，近亲繁殖，也是个大问题，特别是在穷乡僻壤的乡村。要抓优生，起码要消除近亲繁殖，消除痴、傻、呆、遗传病人的生育，否则，这种人越多，背的包袱越大。还要研究如何加强农村的精神文明建设，如何加强农村基层党组织的建设。五中全会决定中讲，有些基层党组织软弱涣散，其实确有瘫痪、半瘫痪的。事实说明，凡是党组织坚强的，那里的工作就好。在这一点上，希望各级党的组织、政权组织，对农村重大问题要进行认真的系统的讨论和研究，这些问题研究得透不透，解决得好不好，直接关系到农业的发展。各级各地都要组织力量，深入调查，在广泛占有材料的基础上，进行科学的分析，反复认识，拿出一批研究成果。

第四个问题，农业要上去，干部要下去，要改变工作作风，切实加强领导。各级干部，包括领导干部、高级干部，要同农民交朋友，听他们的意见，关心他们的疾苦，同他们一起商量解决问题的办法。这是我们一贯的作风，也是做好农村工作的可靠保证。这几年，一些干部特别是领导干部下去少了，浮在上面发号施令的多了，给群众的实际帮助少了，官僚主义、命令主义的东西多了。这个问题不纠正，会引起不良后果。最近有了明显变化，不少省区领导干部带头到水利工地劳动，带头到农村帮助农民解决实际问题。

有些问题，不仅要解决实际问题，也还要解决思想认识问题。纪云同志讲的六个不变，已经基本澄清了这些问题。我想再强调一下，以免产生误解。1. 对当前各种经济成分的存在，中央的态度很明确，个体经济、私人企业可以作为社会主义公有制的补充，在这一点上从未动摇过。我在上海讲过，到中央后也讲过，对严重的不法个体户要让他倾家荡产。那些人专门搞欺行霸市，抬高物价，投机倒把，倒买倒卖，怎么得了。工商管理人员去了，他软硬兼施，先来软的给钞票，你不接收，硬的就来了，白刀子进去红刀子出来，没有人敢去，这都是些亡命之徒。所以对这种人，对严重的不法分子，就是要让他倾家荡产。一部分人靠诚实劳动先富起来的政策不变，最后达到共同富裕。但不能搞邪门歪道。你发横财，造成大量的工人阶级主力军和知识分子人心涣散是不行的。2. 在组织工作会上我讲过，私人企业主不能入党，但并不妨碍你合法经营。你雇了好多人，还要入党，马克思的剩余价值论就不管用了。允许你的企业合法存在，何必既要剥削，又要入党，名利双收呢？入党与允许合法经营是两回事。3. 纪云同志讲的几个不变很好，但界限要划清。允许一部分人先富起来，并不表明允许他投机倒把，我们主张靠诚实劳动致富；

解决分配不公，并不否定一部分人先富起来。因此，对政策界限要加以明确说明，要有人在农村向广大农民讲清，避免产生误解。4. 尼克松访华时，向我提个问题，他说改革开放是否坚持，我说继续坚持改革开放。他说你们不是反对资产阶级自由化吗？一反对他怎么来？我告诉他，反资产阶级自由化是有特定含义的，丝毫不表明反对资本家来投资，也不限制资本家的自由。我们反对的是：第一，资本主义所有制。我们是公有制，所有制不同，一个是公有，一个是私有。第二，卖淫、赌博、吸毒、黄色书刊、淫秽物品。这些东西在我们这里几十年是绝迹的，现在我们反对这些东西，我想你们那里也不能公开提倡这些东西。这说明，我们对外国的宣传要善于把问题讲清楚，否则也会造成误解。

总的希望，省、地、县的领导特别是地、县的领导，要把主要精力、工作重心放在农业、农村工作上，要注意研究党和政府的各项农村政策，总结推广好的经验，认真解决存在的问题，及时反映情况，提出建议。这些都是我党的好传统。

在国家农业综合开发联席会议第一次会议上的讲话

温家宝

（1998 年 10 月 23 日）

今天是国家农业综合开发联席会议成员调整后的第一次会议。党的十五届三中全会就农业和农村工作若干重大问题作出了决定。这个《决定》是农村工作的纲领性文件，《决定》对农业综合开发提出了明确的要求。继续搞好农业综合开发，是贯彻《决定》精神的重要方面。我们要认真总结经验，明确任务，完善机制，加大力度，把这项工作提高到一个新的水平。

一、认真总结农业综合开发的宝贵经验

农业综合开发是党中央、国务院加强农业的一项重大决策，对于改善农业生产条件、增加农业发展后劲，保障农产品供给、增加农民收入，具有重要的意义。十年来，农业综合开发取得很大成就，共改造中低产田 2.3 亿亩，开垦宜农荒地 2 492 万亩，营造防护林 1.5 亿亩，改良草场1 732万亩，有效地提高了农业综合生产能力。农业综合开发还带动了农村相关产业的发展，创造了大量就业机会，使农民群众得到很大实惠，使一些贫困地区的农民基本解决了温饱。据统计，农业综合开发项目区农民人均纯收入与同类地区的非项目区相比，一般高 260 元左右，多的达 500 元以上。实践证明，农业综合开发是在家庭承包经营基础上，实现农业持续稳定发展、促进农业现代化的有效措施。

农业综合开发的成就，是在党中央、国务院的正确领导下，各级党委、政府高度重视，各部门通力协作，广大干部群众艰苦努力的结果。十年实践，积累了很多成功的经验，要认真总结，以更好地推进这项事业。

一是在指导思想上，坚持以改善农业生产条件为开发重点，把增产与增收有机结合起来。十年来，农业综合开发始终坚持以改造中低产田为主，适度开垦宜农荒地，重点是改善农业基本生产条件，提高粮棉油等主要农产品的综合生产能力。同时，因地制宜发展多种经营和农业产业化经营，努力做到增产与增收相结合。

二是在开发方针上，坚持把改善农业基本生产条件和改善生态环境结合起来。这些年，农业综合开发建设了长江上游水土保持工程，长江中上游、太行山防护林工程和河北坝上生态农业工程，既促进了农业增产，又绿化了河山，有效地改善了生态环境。

三是在投入机制上，坚持“国家引导、配套投入、民办公助、滚动开发”，不断加大投入力度。十年来，中央财政在财力十分困难的情况下，用于农业综合开发的资金达157亿元，以此带动了地方财政配套资金140亿元，农业综合开发专项贷款244亿元（其中与财政资金配套使用的有99亿元），农村集体和农民自筹资金152亿元，群众投劳54亿个工日。这是我国农业投资体制的一项重要改革。

四是在管理制度上，坚持严格的项目和资金管理。借鉴世界银行管理项目的经验，对每一个项目从申报、审批、实施到验收，都按照规定的程序，进行严格管理，做到项目管理科学化、规范化和制度化。在资金管理方面，严格资金投向和使用范围，实行专人管理、专户储存、专款专用，把资金全部用在项目建设上。这些做法从制度上保证了开发的效果。

五是在开发思路上，坚持按自然规律和经济规律办事。实行山水田林路综合治理，农林牧副渔综合开发，人力、物力、财力、科技综合投入，实现经济、生态和社会效益相统一。坚持因地制宜，发挥资源优势，集中投入，连片开发，力求建设一片，配套一片，成功一片。

六是在组织领导上，各部门密切协作，形成合力。国务院建立了国家农业综合开发联席会议制度，地方各级党委、政府统一领导，从上到下形成了由有关部门参加的领导体制和办事机构，具体组织指导农业综合开发工作。各有关部门围绕共同目标，各司其职，各尽其责，形成了一个同心协力的农业综合开发组织领导体系。

二、深刻认识农业综合开发的重要意义

党中央、国务院对农业综合开发工作一直十分重视。江泽民总书记曾指出，“国外经验和我国发达地区的实践证明，根本解决我国农业和农村经济问题，实现农业现代化，必须大力推进农业集约化和农业综合开发”，并要求“搞好农业综合开发，振兴我国农业”。这既是对农业综合开发工作的肯定，又是对农业综合开发寄予的希望。我们要进一步提高认识，统一思想，增强搞好农业综合开发的自觉性。

第一，继续大力推进农业综合开发，是由我国的基本国情所决定的。我国人多地少，全国人均占有耕地只有一亩多，并且人口还在逐年增加，耕地却在逐年减少。随着经济发展和人民生活水平的提高，对粮食、粮食转化物和其他农产品的需求也不断增加。因此，要满足社会对农产品日益增长的需求，必须在切实保护耕地的同时更充分、更有效地利用我国的农业资源，继续大力推进农业综合开发。

第二，我国农村目前实行的以家庭承包经营为基础、统分结合的双层经营体制，这是党在农村的一项基本政策，要长期坚持。实行家庭联产承包责任制，极大地调动了农民的积极性，生产力获得了大的解放，但要进行农田水利基础设施建设和农业社会化服务体系建设，单靠一家一户的力量就很难解决。通过农业综合开发，可以把分散的农民组织起来，解决一家一户搞不了、也搞不好的事情。从这个意义上看，农业综合开发还可以起到巩固和完善家庭联产承包责任制的作用。

第三，逐步建立完善的社会主义市场经济体制，是我国经济体制改革的方向。在社会主义市场经济条件下，农业受自然条件和市场风险双重影响，自身效益比较低，而且由于体制等方面的原因，我国工农产品“剪刀差”很难在短期内消除，需要国家给予必要的补偿和扶持。从一些国家的经验来看，政府都是对农业采取支持保护政策。农业综合开发作为政府行为，通过政府投入，可以有效地起到支持、保护农业的作用。

第四，党的“十五大”确定了我国建设有中国特色社会主义的宏伟目标，到下世纪中叶要基本实现农业现代化。实现农业现代化，关键是要逐步提

高农业技术装备水平和农民科技文化素质，加大对农业的投入力度。农业综合开发资金是支持农业发展的一笔实实在在的投入，而且坚持集约化投入，高标准建设。我国的农业现代化有可能率先在农业综合开发项目区实现，从而对其他地区产生示范带动作用，推动整个农业现代化的进程。

第五，加强农业综合开发还有很重要的现实意义。在充分利用国外市场的同时，努力开拓国内市场特别是农村市场，是我国经济发展的基本立足点。面对亚洲金融危机的冲击，必须从多方面采取措施，扩大内需，以保持整个国民经济的良好增长势头。农业综合开发不仅可以增加农民收入，提高农民购买力，而且可以扩大钢材、水泥等生产资料的需求，拉动工业的发展，也是扩大内需特别是开拓农村市场的重要方面。

农业综合开发成绩很大，但今后任务相当艰巨，需要付出更大努力。以往农业综合开发的选项原则是先易后难，已开始的都是难度较小、容易开发的项目，今后农业综合开发的难度会逐渐加大。进一步说，农业综合开发不能停留在一个水平上，随着市场需求的变化和科技的进步，要进行更高层次的开发。农业综合开发要长期坚持，加大力度，提高水平。

三、进一步明确农业综合开发的指导思想

党的十五届三中全会《决定》指出，我国后备耕地资源不足，提高农业综合生产能力，应立足现有耕地的保护和改造。农业综合开发要以改造中低产田为重点，集中连片治理，力争平原地区大部分耕地实现旱涝保收、高产稳产，丘陵山区人均达到半亩以上高标准基本农田。因地制宜搞好山区农业综合开发，继续加强重点农产品的商品生产基地建设。这就为农业综合开发提出了明确要求。我们要深刻领会，认真贯彻。为此，必须坚持以下几点：

第一，要努力提高农业综合生产能力。我国是一个自然灾害频繁的国家，虽然近几年粮食连年丰收，但农业基础设施薄弱的状况从总体上看并没有得到根本改善。因此，农业综合开发要继续坚持把改造中低产田，改善农业基本生产条件作为重点，不断提高农业综合生产能力。在开发布局上，适度向东北平原、黄淮海平原和长江中下游地区等开发潜力大，主要农产品商品率高的地区倾斜，以确保主要农产品的总量平衡。

第二，要重视优化农业和农村经济结构。在继续增加农产品产量的基础上，不断提高农产品的质量，提高投入产出率，引导农民根据市场需求调整和优化农业和农村经济结构，发展高产优质高效农业，使农民在农业综合开发中既增产又增收，得到更多的实惠。

第三，要注重生态环境建设。良好的生态环境，是农业稳产高产的屏障，是农业可持续发展的重要内容。不论是中低产田改造，还是开发新的农业资源，都应把资源开发与保持生态平衡有机结合起来。要重点搞好中低产田改造，尽量少搞荒地的开垦，防止出现新的水土流失。要严格执行基本农田保护制度，积极推进土地整理。在继续搞好水土保持的同时，加大防护林工程、草场改良等建设力度，积极改善生态环境。

第四，要大力推广和应用先进科学技术。现代化农业的一个主要特征就是科技含量高。农业综合开发要上新台阶，关键是抓好先进科学技术的推广和应用，使农业综合开发在推进我国农业技术进步方面发挥更大的作用。农业综合开发项目区应当同时建成科技示范区和高产优质高效农业示范区。

第五，要在“综合”二字上下功夫。农业综合开发与常规农业建设的重要区别是“综合”，是山水田林路统一规划，综合治理，农业、林业、水利、科技措施配套实施，农林牧副渔全面发展，人力、物力、财力、科技综合投入，因而取得的不是单方面的效益，而是经济效益、生态效益和社会效益相统一的综合效益。同时，坚持因地制宜，择优立项，先易后难，集中投入，连片开发，按项目区建设的原则，优先选择大中型灌区中不易遭受洪涝灾害和具备水源工程等外部条件，仅搞好田间工程配套就可以发挥效益的项目，这样可以收到事半功倍的效果。

四、努力把农业综合开发提高到一个新水平

进一步搞好农业综合开发，要十分珍惜以往的

经验，坚持成功的做法。同时，要适应新形势的要求，积极探索，勇于创新，把农业综合开发提高到一个新水平。

第一，要努力提高农业综合开发的水平。农业综合开发已经搞了十年，仅仅满足于原有的水平是不够的。根据十五届三中全会的精神，在努力改善农业基本生产条件的同时，必须在以下两个方面有新的进展：一是提高农业综合开发的科技含量。江泽民总书记最近指出，“我国实现农业现代化必须大幅度提高农业科技含量，提高科技对农业增长的贡献率，把农业发展真正转到依靠科技进步和提高劳动者素质上来”。在农业综合开发中，要加大对农业科技的投入力度，注重先进适用的农业技术示范推广，搞好农民科技培训，提高农民的科技素质。针对我国北方农业干旱缺水的问题，大力发展节水灌溉，提高水资源的利用率。二是积极推进农业产业化经营。江泽民总书记最近在苏、沪、浙考察时对农业产业化经营给予了很高的评价，他指出：“发展农业产业化经营，形成生产、加工、销售有机结合和相互促进的机制，推进农业的商品化、专业化、现代化，这是农业和农村经济发展的一个带有战略意义的工作”。“农业产业化经营，是增强农业自我发展能力、增加农民收入的有效途径，是提高农业市场化程度和科学化水平的有效途径，也是在家庭承包经营的基础上实现农业现代化的有效途径”。今后农业综合开发要根据各地的资源优势，按照国家的产业政策，以市场为导向，采用农业产业化经营的形式，有计划地扶持具有一定规模的多种经营和龙头项目，引导农民根据市场需求调整和优化产业结构，发展高产优质高效农业，发展贸工农一体化的农业产业化经营，提高农业综合效益。

第二，进一步完善农业综合开发的投入机制。中央财政将继续加大农业综合开发的投入力度。各级地方按规定应落实的财政配套资金，要纳入本级财政预算，保证及时足额到位，不得搞任何形式的假配套。要切实管好用好农业综合开发贷款。这个贷款是农业综合开发资金的重要组成部分。这项工作已由农业发展银行转到农业银行，农业银行要加强对贷款的管理。贷款的使用投放要与农业综合开发项目紧密结合，确保用在农业综合开发项目区内，用在开发项目上，并确保按期回收。农民群众是农业综合开发投入的主体。要放手让农民选择经营方式和组织形式，调动农民进行综合开发的积极性。同时，积极吸引社会资金和国外资金，不断拓宽农业综合开发资金的来源渠道。

第三，进一步加强对农业综合开发工作的领导。农业综合开发是农业和农村经济工作的重要组成部分，各级党委、政府要把农业综合开发工作列入重要议事日程，真正抓出成效。过去各级政府为加强对农业综合开发工作的领导，大都成立了农业综合开发领导小组，或建立了农业综合开发联席会议制度，由政府主管农业的领导主持，农口有关部门参加，对农业综合开发的重大事项进行决策。实践证明，这一制度是可行的，有利于协调工作，调动有关部门的积极性，今后仍要继续坚持。这次国务院机构改革，保留了国家农业综合开发办公室，列入财政部的20个职能司局之一，这充分体现了党中央、国务院对农业综合开发工作的重视。农业综合开发联席会议的各成员单位要互相支持，密切配合，共同把工作做好。地方各级党委、政府要继续加强对农业综合开发工作的领导，加强农业综合开发机构和队伍建设。各级从事农业综合开发工作的同志在过去十年中做了大量工作，取得很大成绩，要再接再厉，更加努力，为我国农业和农村经济的持续稳定发展做出新的贡献。

最后讲一下受灾项目区政策补偿问题。今年我国遭受特大洪水灾害，几个受灾严重的省区，都是我国主要农业省区，农业综合开发项目多，损失严重。为帮助项目区受灾群众恢复生产，重建家园，我原则同意国家农业开发办提出的处理意见。当前，国家农业综合开发办公室要在对有关省（区）受灾情况调查核实的基础上，区别不同情况，根据受灾程度抓紧提出相应的补偿政策措施。

在国家农业综合开发联席会议第二次会议上的讲话

温家宝

（1999 年 5 月 26 日）

这次会议，是国家农业综合开发联席会议第二次会议。会议听取了国家农业综合开发办公室关于去年工作的汇报和今年工作的安排意见。总的看，1998 年全国的农业综合开发工作，较好地完成了各项任务，为农业和农村经济发展做出了重要贡献，应该充分肯定。今年的工作安排，包括目标、任务、方针和主要措施，基本符合党的十五届三中全会精神，符合去年提出的方针，符合当前农业和农村经济发展的客观要求，我原则同意。

做好农业综合开发工作，最重要的是把握两点，一是进一步明确指导思想，二是进一步明确开发思路。下面，我着重就这两个问题谈些意见。

一、进一步明确农业综合开发工作的指导思想

为适应农业发展阶段性变化的要求，农业综合开发工作在指导思想上要实行两个转变：由以改造中低产田和开垦宜农荒地相结合，转到以改造中低产田为主，尽量少开荒甚至不开荒，把提高农业综合生产能力与保护生态环境结合起来；由以增加农产品产量为主，转到积极调整结构，依靠科技进步，发展高产优质高效农业上来。

第一个转变，是从长远的、全局的利益出发，强调提高农业综合生产能力和保护农业生态环境。我国人多地少，自然灾害频繁，农业基础设施差，农业综合生产能力还不高，农业生态环境还呈日趋恶化的趋势。从长期看，提高农业综合生产能力是实现农业现代化的基础，是我国农业发展的根本大计。在目前还有半数左右的耕地是中低产田的情况下，改造中低产田是提高农业综合生产能力的一项重大而有效的措施，必须作为农业综合开发的主要任务，决不能有任何动摇。尽量少开荒甚至不开荒，积极植树造林，防止水土流失，实行节水灌溉，保护生态环境，把农业开发与保护生态结合起来，也是提高农业综合生产能力的有效措施，这两件事是互相联系的，都是农业综合开发的主要任务。我国的宜农荒地，主要分布在黄河及内陆河上中游地区、农牧交错区、东北三江平原湿地。这些地区农业生态系统比较脆弱，如果大量开荒，一时可能得利，但从长远看，必将危害生态环境，从根本上制约我国农业综合生产能力的提高。对于这些生态脆弱地区的农业综合开发，要突出造林种草，治理水土流失，防治风沙危害，加强农业生态环境建设。

第二个转变，是从我国农业发展阶段性变化的实际出发，强调调整结构，优化品种，提高质量，发展高产优质高效农业。11 年前，国务院决定开展农业综合开发，主要目的是增加大宗农产品尤其是粮食的产量。当时粮食生产连年徘徊，供求矛盾突出，确定这一开发方针是完全正确的。11 年的农业综合开发取得了巨大成就，为提高粮食产量，缓解供求矛盾做出了重大贡献。现在，我国农业综合生产能力有了很大提高，农产品由长期短缺变为供求大体平衡、丰年有余。粮食的生产和流通形势发生了新的变化：一是粮食供求的总量矛盾发生了变化。目前，全国粮食生产能力大体为 9 800 亿—10 000 亿斤，基本满足现阶段经济和社会发展对粮

食的总量需求。1995年以来，粮食连年丰收，生产量的增长超过了消费量的增长。二是粮食供求的品种质量矛盾突出起来。目前粮食是多了些，但主要多在北方的高水分玉米和春小麦，南方的早籼稻和冬小麦。这些品种，质量较差，销路不畅，大量积压，而优质专用小麦还要进口，高质量饲用玉米短缺，晚稻也只是供求基本平衡。三是国内粮食市场价格大大高于国际市场，利用国际市场调剂余缺面临激烈的竞争。面对这些已经变化了的新形势，如果我们不及时研究新情况，分析新问题，采取新的措施，还沿着过去的老路，仍然单纯追求产量，粮食的积压将越来越多，财政负担将越来越重，农民收入增长越来越困难，最终将损害农民利益，粮食也不能实现稳定增长。粮食是农业的基础，粮食生产结构调整是农业结构调整的一个基础性环节。当前和今后一个时期的农业综合开发，要着重在提高农业生产，特别是粮食生产的质量和效益上下功夫，推动粮食生产结构调整。

农业综合开发指导思想的这两个转变，是统一的整体，不能割裂，也不能偏颇。必须始终把提高农业综合生产能力和改善农业生态环境作为农业综合开发的主要任务，把提高农业生产的质量和效益作为农业综合开发的重点。只有这样，我国的农业综合开发工作才能步入正确的轨道，不断取得新成就。

二、今后农业综合开发工作的基本思路

根据农业和农村经济发展新阶段的要求，贯彻两个转变的指导思想，今后农业综合开发工作的思路，可以概括为：做到“一个坚持”，突出“四个重点”，加强“两项保障”。

“一个坚持”是：坚持改造中低产田，努力改善农业基本生产条件和生态环境。这是农业综合开发的主要任务，是提高农业综合生产能力的一项重大措施，也是发展高产优质高效农业的基础，不能有任何动摇。目前粮食出现了结构性供大于求，但决不能因此而放松粮食生产。粮食生产应当根据市场需求作适当调整，有所增减，但生产能力不能削弱，必须加以保护并不断提高。

“四个重点”是：第一，建设大型优质粮食生产基地。主要是发展优质专用小麦。目前我国有200多套进口先进设备，每年加工60多种专用面粉，但所需优质小麦主要依靠进口。这个问题必须抓紧解决。优质粮食生产，要连片集中发展，形成商品粮生产基地，这样才能产生规模效益，便于收储、加工。要抓紧研究在北方冬麦区建设优质小麦基地。第二，建设优质饲料粮生产基地，推进畜牧业产业化经营。畜牧业的发展，既可推动粮食生产，又可带动加工业的发展，是农业结构调整的一个关键环节，也是推进农业产业化经营的重点。现在，玉米用作口粮的数量已经不多了，主要是用作饲料。适应这一变化，北方特别是东北玉米产区，要大力发展优质饲料玉米，并逐步形成饲料粮生产基地——饲料生产企业——养殖业——畜产品加工企业相结合的畜牧业发展格局。第三，发展节水农业。干旱缺水是我国特别是北方地区农业发展最主要的制约因素，发展节水灌溉是解决这个问题的根本出路。节水灌溉不仅可以节约水资源，而且会带来农业上的一场新的革命。这些年的农业综合开发，把改造三江平原、松辽平原和黄淮海平原的中低产田作为重点，打井、修渠、完善灌溉设施，使这些地区的生产条件有了很大改善。今后，要在此基础上，大力发展节水灌溉，推广渠道防渗、管道输水，有条件的可发展喷灌、滴灌，真正把节水灌溉作为一项革命性措施来抓。第四，坡改梯。把坡耕地改为水平梯田，既可大幅度提高产量，又能治理水土流失，改善生态环境，是山区农业发展的一项根本性措施。实践证明，坡改梯加上小型微型水利工程，推广先进适用技术，发展多种经营，就能极大挖掘山区农业潜力，实现脱贫致富。山区、丘陵地区的农业综合开发，要进一步加大坡改梯的力度。在继续搞好平原地区农业综合开发的同时，特别要重视扶持贫困山区，建设基本农田，改变生产条件，为这些地区稳定脱贫做出贡献。

“两项保障”是：加快农业科技进步，加强科学管理。农业综合开发的新任务对依靠科技进步和加强科学管理提出了更高的要求。农业综合开发要

上新的台阶，关键是推广先进适用技术，加强对农民的培训，提高农民的科技素质。农业综合开发要科学规划，项目确定要充分论证。要搞好项目管理，建立责任制，完善规章制度，加强监督检查，确保工程质量。要严格资金管理，坚持专款专用，严禁挤占挪用，确保资金用在项目建设上，提高资金使用效益。要加强已建项目的后续管理工作，保证工程正常运转，长期发挥效益。

在中央农村工作会议上的讲话（节选）

温家宝

（2000年1月5日）

农业和农村基础设施建设要着重抓好四方面。第一，抓好以水利为重点的农业基础设施建设。要以提高防汛抗旱能力为中心，继续加快大江、大河、大湖治理，搞好大型灌区更新改造和配套工程建设，大力发展节水灌溉，广泛发动群众开展农田水利建设，加强水土流失治理。在水利建设中，要注意把搞好设施建设、推广节水灌溉、改革小型水利投资和管理体制这三件事有机结合起来，使农田水利建设逐步走上自我发展、良性循环的轨道。第二，抓好以植树种草为重点的生态环境建设。党中央、国务院决定在生态脆弱地区全面停止天然林采伐，并有计划、分步骤地实行退耕还林还草。这是改善生态环境，确保农业可持续发展的战略性举措。目前粮食库存较多，供给比较充裕，正是以粮食换森林，恢复植被的极好时机。中央下决心拿出一部分粮食和财政资金，采取以粮代赈、个体承包的办法，对退耕农民补助粮食和树苗、草种，促进退耕还林还草、封山绿化，再造秀美山川。这是一项涉及面广、政策性强的工作，直接关系到农民的生产、生活等切身利益，因此既要积极、又要稳妥。各地要从当地的实际出发，坚持政策引导和农民自愿的原则，全面规划、分步实施，先行试点、稳步推进，切实把这件好事办好。第三，继续搞好农业综合开发。适应农业发展新阶段的要求，农业综合开发在指导思想上要实行两个转变，即由过去的以改造中低产田和开垦宜农荒地相结合，转到以改造中低产田为主，不再搞新的开荒；由过去的以追求提高农产品的产量为主，转到积极调整和优化结构，促进优质高产高效农业的发展上来。第四，加强农村公共设施建设。目前农村有效需求不足，除了收入的制约外，还有消费环境方面的制约。要以农村的道路、电网、饮水、通信、广播、电视和农产品市场设施等为重点，大力加强农村公共设施建设，改善农村的生产条件和农民的生活居住环境，推动农村经济社会的全面发展。

在国家农业综合开发联席会议第三次会议上的讲话

温家宝

（2000 年 4 月 27 日）

这次会议，是本届政府成立以来召开的农业综合开发联席会议第三次会议。会议听取了国家农业综合开发办公室关于去年工作情况和今年工作安排意见的汇报。大家发表了许多好的意见。

下面，我就今年的农业综合开发工作，讲两点意见。

一、围绕新阶段的中心任务，继续推进“两个转变”

（一）农业综合开发要坚持以改善农业生产条件作为基本任务

通过财政预算安排资金，并带动地方和农民对农业进行综合开发，是加强农业基础地位、增加农业投入的一项长期的政策。随着我国加入世界贸易组织谈判进程的加快，国家对农业投入的方向和方式都要作一些调整，减少直接的价格和流通方面的补贴，增加对改善生产条件和科技方面的投入，势在必行。农业综合开发的投入方式，符合世贸组织的“绿箱政策”，因而是一项有生命力的长期政策。在去年召开的联席会议第二次会议上，我提出了“两个转变”的指导思想和工作思路，即由过去以改造中低产田和开垦宜农荒地相结合，转到以改造中低产田为主，尽量少开荒甚至不开荒，把农业综合开发与保护生态环境有机结合上来；由以往追求增加主要农产品产量为主，转到积极调整结构，依靠科技进步，努力发展优质、高产、高效农业上来。这“两个转变”有一个前提，就是农业综合开发要坚持加强农业基础设施建设、改善农业生产条件和生态环境，提高农业综合生产能力的方向。这一点一直是明确的，必须坚持。当前，农产品特别是粮棉等大宗农产品出现了阶段性过剩。在这样的背景下，我们还要不要致力于加强农业基础设施建设，改善农业生产基本条件，提高农业综合生产能力？应当清醒地看到，我国人多地少、人增地减的基本国情没有改变，我国农业生产条件和生态环境较为脆弱的状况没有改变，我国人均农产品消费水平低，从长期看，农产品供给偏紧的状况也是难以改变的。所以，我们不能放松加强农业基础设施建设。在目前情况下，进一步明确农业综合开发的基本方向，具有针对性和现实意义。

目前，我国对农业进行开发的方式是多种多样的。我们所从事的农业综合开发有其自身的特点：首先，它有区域性，以相同自然条件的特定区域作为开发范围；其次，它有综合性，这里讲的“综合”，不是农业和农村经济工作的“综合”，而是开发方式的“综合”，是山水田林路综合治理。第三，“综合”并非没有重点，它突出的是对土地的开发。在目前情况下表现为对土地的深度开发，以改善生产条件，提高土地的产出率为出发点和归宿，也就是改造中低产田。第四，农业综合开发的“综合”，可以不断赋予新的内涵，既要有耕地开发的“综合”，又要重视建设农田系统的生态屏障和释放土地生产潜力的科技投入。

农业综合开发要坚持不懈、扎扎实实地搞好中低产田改造，逐步提高中低产田改造的建设标准和投入标准，提高中低产田改造的质量和效益，进一步巩固、保护和提高农业综合生产能力，特别是粮食生产能力，为农业的持续稳定发展提供良好的生产条件和生态环境。改造中低产田有两个重点：一是努力建设高标准农田；二是搞好农田水利建设，特别是发展节水灌溉。

（二）农业综合开发要与农业结构调整相结合

农业和农村经济进入新阶段后，中心任务是对农业和农村经济结构进行战略性调整。农业综合开发作为农业和农村经济工作的重要组成部分，要紧紧围绕这个中心开展工作。农业结构调整是一项系统工程，涉及农业和农村经济的许多方面，既要放手发动农民群众去实践，去创造，还必须有政府的引导和服务。农业综合开发是以政府为主导，以农民为主体，国家支持和保护农业发展的战略性措施，应该在结构调整中发挥重要作用。一要面向市场，找准结构调整的“切入点”。通过向农民提供政策、信息服务等途径，引导项目区农民按市场需求进行结构调整；通过加强农产品产地批发市场建设，充分发挥市场对结构调整的引导和带动作用。二要依托各地的资源优势，抓住农业结构调整的“着力点”。充分发挥各地农业资源的比较优势，积极培育各具特色的主导产业和名特优新产品，生产出一批在国内外市场上具有影响和竞争力的“名牌”农产品。三要积极推进农业产业化经营，抓好农业结构调整的“牵引点”。农业综合开发要选择一些以农产品加工、销售为主，生产、加工、销售有机结合，能够推动农业向商品化、专业化和现代化转变，具有跨区域辐射带动作用的龙头企业，给予重点扶持，提高农业效益，增加农民收入。

（三）农业综合开发要积极推动农业科技进步

农业的根本出路在科技进步。我国农业的落后，说到底是科学技术的落后。国际间农业竞争，也主要是科技的竞争。科技水平决定着未来农产品市场的份额和农业发展的前景，决定着农民收入的增减，决定着农业、农村经济结构调整的质量和效果。面对世界科学技术日新月异、突飞猛进发展的形势，我国必须走用现代科技推动农业发展的道路。现在我国整个农业发展中的科技贡献率平均是42%，同发达国家农业发展中60%—80%的科技贡献水平相比，还有很大的差距。农业综合开发中农业科技贡献率是45%，比全国平均水平仅高出3个百分点。这说明，农业综合开发虽然在依靠科技进步方面取得一定成绩，但还有很大潜力。在新阶段，农业综合开发要不断提高对科技方面的投入比重，提高项目的科技水平，积极支持种子、种苗、种畜体系建设，广泛采用先进实用科学技术，全面提高农产品质量和效益。要重视对农民的技术培训，推广先进实用技术，进一步提高农民科技素质。农业综合开发要总结按项目管理的成功经验，制定加快农业科技进步的政策、制度和措施，使农业综合开发在新的农业科技革命中走在前列，发挥示范和带头作用。

（四）农业综合开发要有利于保护和改善生态环境

生态环境的恶化，对经济的发展和人民生活的影响越来越大。水土流失造成河道淤积，洪水泛滥，土地沙化，威胁着人们的生存。今年我国部分地区，包括首都北京，多次发生严重的沙尘暴，黄天蔽日的情景使大家深切感到生态环境遭到破坏，人类将受到大自然的惩罚。防沙治沙，改善生态环境，是摆在我们面前的一项十分艰巨而紧迫的任务。人类的一切经济活动都必须符合自然规律，人类的一切开发活动都必须保护生态环境。农业综合开发不仅要遵循自然规律，有利于保护生态环境，还要为生态环境的建设和良性循环做出应有的贡献。一是要停止新的开垦，保护天然的森林、草场、湿地。过去确定的开荒项目也要调减下来，转到生态建设上来。二是要加强重点地区的生态环境建设，例如环京津地区、河北坝上地区、内蒙古地区和西北地区等，为改善首都的环境质量做出贡献。三是要加大对已确定生态项目和生态工程的扶持力度，特别要加强防沙治沙工作。四是要重视农田生态体系建设，为高标准的农田提供高标准的生态屏障。五是要继续调整投资结构，逐步加大对生态建设的投入。

二、努力提高农业综合开发工作的水平

（一）加强项目管理

农业综合开发项目管理，是农业综合开发部门从事的主要日常工作。农业综合开发项目从选项、

论证、审批到实施、检查、验收，有许多管理工作要做，必须培养一批擅长项目管理的专门人才，学习和借鉴国内外的一些成功的经验和做法。要以项目管理为核心，提高整个农业综合开发的管理水平。项目管理的中心环节是项目实施过程中的管理，可以采用项目法人制、招投标制、项目监理制等行之有效的方式，确保项目的顺利实施和成功。采用先进科学的管理方式和方法，是提高农业综合开发工作水平和质量的客观要求。这方面，近几年来国家农业综合开发办公室做了一些工作，并取得了明显成效。在此基础上，要进一步大胆探索，不断完善和提高。

（二）强化资金管理

从目前看，农业综合开发资金管理是好的，但要防患于未然。项目资金必须按规定的用途使用，严禁挤占和挪作他用，对违反规定造成资金流失的，一律要追究责任。有偿使用资金按规定需要回收的，必须按期回收，以体现政策的严肃性。农业综合开发系统要对资金使用情况进行经常性的检查和审计，发现问题及时纠正。

（三）加强干部队伍建设

农业综合开发工作管理机构负责资金的投放，必须改革管理机制，充分发挥专家的作用，体现公开、公平、公正的原则；必须加强对项目管理人员的思想教育，做到勤政廉洁。要以“三讲”教育为契机，加强对工作人员的经常性教育，做到防微杜渐，警钟长鸣。

（四）重视制度建设

一切管理工作都要落实到制度上。该修订的制度要抓紧修订，需要新出台的制度要抓紧制定。制度的修订和制定要经过调查研究，广泛听取地方和部门的意见，从而使制度的形成建立在科学民主、切实可行的基础上。

农业和农村经济发展进入新阶段以后，农业综合开发面临许多新的情况和问题，需要进行广泛、深入的调查研究。调研工作要与农业综合开发“十五”规划的制定结合起来进行。“十五”时期，是我国国民经济和社会发展过程中一个十分重要和关键的时期。农业综合开发是国家支持和保护农业发展的战略性措施，是一项长期的工作。认真制定好农业综合开发“十五”规划，是做好今后五年至十年农业综合开发的一项基础工作。要把农业综合开发纳入国民经济发展的全局中去研究，在科学规划的基础上，提出今后五年至十年农业综合开发的指导思想、基本思路、主要任务和政策措施。

实施西部大开发战略，要重视、加强农业和生态环境建设。要加大对中西部农业综合开发的支持力度，充分发挥区位优势和农业资源的比较优势，以提高农业综合开发的水平。

在农业和农村经济发展进入新阶段以后，农业综合开发的工作任务更重了，要求更高了。国家农业综合开发联席会议各成员单位及各级农业综合开发工作部门，要密切配合，团结协作，进一步增加责任感和服务意识，创造性地做好新时期的农业综合开发工作，为促进我国农业和农村经济的更快更好发展做出新的贡献。

在国家农业综合开发联席会议第四次会议上的讲话

温家宝

（2001 年 7 月 25 日）

这次国家农业综合开发联席会议，总结了“九五”期间农业综合开发的成就和基本经验，研究讨论了“十五”农业综合开发计划的基本思路、目标任务和政策措施，原则同意《国家农业综合开发“十五”计划》（送审稿）。这个《计划》在进一步征求有关部门和地方的意见后发布实施。下面，我讲几点意见。

一、“九五”期间农业综合开发取得的成就和基本经验

“九五”期间，在各级党委、政府的领导下，有关部门密切配合，广大农民群众积极参与，农业综合开发取得显著成就。通过实施农业综合开发，改善了农业生产条件，提高了农业综合生产能力和效益，增加了农民收入，保护和改善了生态环境，为推动我国主要农产品由长期短缺到总量平衡、丰年有余的历史性转变，做出了重要贡献。实践证明，农业综合开发是社会主义市场经济条件下，国家支持和保护农业发展的一个有效手段，是巩固和加强农业基础地位的一条重要途径，是提高农业综合生产能力的一项关键措施，是促进农业可持续发展的一个重要推动力量。

在农业综合开发实践中，各级党委和政府加强领导，广大干部群众解放思想，实事求是，大胆探索，创造了许多行之有效的经验。

第一，坚持“两个转变”的指导思想。为适应农业和农村经济发展进入新阶段的变化，1999 年 5 月召开的联席会议第二次会议，提出了农业综合开发“两个转变”的指导思想和工作思路。第一个转变是从长远的、全局的利益出发，强调提高农业综合生产能力和保护农业生态环境。第二个转变是从我国农业发展阶段性变化的实际出发，强调调整结构，优化品种，提高质量，发展优质高产高效农业。去年召开的第三次联席会议，就继续推进“两个转变”提出了进一步的要求。从各地农业综合开发的实践看，“两个转变”的指导思想较好地得到贯彻落实，取得了显著成效。在农业和农村经济发展新阶段，要坚定不移地继续推进“两个转变”，确保农业综合开发不断取得新的成就。

第二，坚持“国家引导、配套投入、民办公助、滚动开发”的投入机制。农业综合开发的投入机制，既发挥了国家资金的导向和支持作用，又体现了“谁开发、谁受益”的原则，调动了农民和社会各方面的积极性，从上到下形成了多渠道、多形式吸引和增加投入的良好局面。五年中，农业综合开发共投入资金 827 亿元。其中，中央财政投入 223 亿元（含世界银行贷款折合人民币 17 亿元），地方财政投入 218 亿元，银行贷款 125 亿元，农民自筹和其他资金投入 261 亿元。这种以农民为主体、国家补助投资、社会各方参与的农业综合开发体制，符合社会主义市场经济体制要求，符合当前我国农业发展的客观实际，必须长期坚持。

第三，坚持因地制宜的原则，充分发挥资源优势。我国地域辽阔，农业资源类型多种多样。农业综合开发必须坚持按自然规律和经济规律办事，因地制宜，不能搞一刀切。在确定开发项目时，要从

各地实际情况出发，以市场为导向，重视发挥区域比较优势，宜农则农、宜林则林、宜牧则牧、宜渔则渔，着力发展具有区域特色的农业主导产品和支柱产业，促进全国农业区域布局的调整和优化，逐步形成区域化、专业化、规模化的生产格局。

第四，坚持综合性的开发方式，讲求综合效益。农业综合开发，贵在“综合”，要在“综合”二字上狠下功夫。所谓“综合”，是指山水田林路综合治理，农林牧副渔综合开发，人力、财力、物力和科技综合投入，贸民农、产加销一体化经营，实现农业经济效益、生态效益和社会效益的整体提高。要随着农业和农村经济发展阶段的不同要求，不断丰富和充实“综合”的内涵。

第五，坚持严格的项目和资金管理制度，确保开发资金使用效果。适应市场经济发展的要求，借鉴世界银行和其他方面项目管理的经验，形成了一套比较完善的农业综合开发项目管理机制，提高了农业综合开发项目管理的水平。每一个项目的申报、评估、审批、实施、验收等，都严格按规定程序和标准进行，做到项目管理科学化、规范化和制度化。坚持按项目管理资金的原则，严格资金的投向和使用范围，实行专人管理、专户储存、专款专用，严禁挤占挪用和用于人员经费开支，切实把全部资金用于项目建设。

第六，坚持各方紧密协作，形成合力搞开发的管理体制。农业综合开发是一项系统工程，涉及到中央和地方、政府和农民等多个方面，必须调动和发挥各方面的积极性。根据国家关于农业综合开发的总体要求，地方各级党委、政府加强领导，各有关部门密切配合，围绕开发的总体目标，积极动员和组织广大干部群众，形成合力搞开发，确保农业综合开发顺利进行。

这些在农业综合开发实践中创造的宝贵经验，是今后农业综合开发工作必须遵循的基本准则。在充分肯定“九五”农业综合开发成绩的同时，也要看到存在的一些问题。主要是：在当前农产品出现阶段性供大于求的情况下，有些部门、地方对农业综合开发的意义，对进一步加强农业综合开发的必要性，存在着一些模糊认识，工作上有所放松；有些地方在项目安排上，开发面铺得过大，重点不突出，效益不高；有些地方在资金管理上，使用分散，配套资金没有完全到位；农业综合开发有偿资金形成的债务，偿还的压力大、困难多。这些问题，必须认真解决。

二、“十五”期间农业综合开发的方针和工作重点

今后五到十年，是我国经济和社会发展极为重要的时期，特别是我国即将加入世贸组织，农业和农村经济的发展既存在前所未有的机遇，也面临着严峻的挑战。农业综合开发投入的重点是加强农业基础设施建设，改善农业生产基本条件。这种投入方式符合世贸组织的“绿箱政策”，是支持我国农业参与国际竞争的有效措施，将成为今后政府支持农业发展的重要途径。我国农业资源类型多样，劳动力丰富，在劳动密集型产品和特色农产品方面具有优势。农业综合开发在确保农业综合生产能力稳步提高的基础上，根据比较优势原则优化农业结构，提高农产品的质量，有利于增强我国农业的国际竞争能力。江泽民总书记曾指出，“国外经验和我国发达地区的实践证明，根本解决我国农业和农村经济问题，实现农业现代化，必须大力推进农业集约化和农业综合开发”。在“十五”时期，继续大力推进农业综合开发，具有十分重要的意义。

“十五”期间农业综合开发的方针是：以江泽民同志“三个代表”重要思想为指导，认真贯彻党中央、国务院关于农业和农村工作的各项政策，适应农业发展新阶段的要求，以农业主产区为重点，着力加强农业基础建设和生态环境建设，提高农业综合生产能力；着力推进农业和农村经济结构的战略性调整，提高农业综合效益，增加农民收入。

农业综合开发的“两个提高”与“两个转变”是一致的，是对“两个转变”的进一步深化和延伸。今后的农业综合开发要继续坚持“两个转变”，努力实现“两个提高”。

（一）着力加强农业基础建设和生态环境建设，提高农业综合生产能力

这始终是农业综合开发的基本任务，也是评价

农业综合开发是否成功的主要标志。目前我国农产品供求形势发生了根本变化，农业和农村经济发展进入了新的阶段，这是改革开放的巨大成就。但是农业作为国民经济基础的地位并没有改变，也不能有丝毫动摇。必须清醒地看到，我国人口多、耕地少，水资源紧缺，农业生产条件比较落后，生态环境比较脆弱，农业抵御自然灾害的能力不强，多数地方还是“靠天吃饭”。这种状况在短期内是难以根本改变的。从长期看，随着经济发展和人民生活水平的提高，对农产品的需求会不断增长，巩固和加强农业基础地位仍然是“十五”期间和今后相当长时期内我国经济发展的重要战略任务。

现阶段加强农业基础建设和农业生态建设主要有三个方面的任务。一是加强农田水利基本建设。要抓好以水利为重点的农业基础设施建设，继续改造小低产田，建设高产、稳产、节水、高效农田，改善农业基本生产条件，增强抗御自然灾害的能力，有效地巩固、保护和提高我国基本农田的生产能力，特别是粮食的生产能力，以长期保持我国农产品供求的基本平衡。二是加强农业生态建设。这是农业综合开发的重要内容，也是实施西部大开发的重要组成部分。农业综合开发具有区域性、综合性的特点，有利于统筹规划生态环境建设，实行跨省区、跨流域的项目管理，提高生态环境治理的综合效益。要实行山水田林路综合治理，加强农田林网建设，推进退耕还林还草，治理水土流失，有效地改善农业生态环境，促进农业可持续发展。今后，不仅要继续禁止新的开荒，保护好天然林、草地和湿地，而且要对过去开垦的、已出现生态恶化的地区，有计划、分步骤地退耕还林还草。要加大重点地区包括环京津地区、河北坝上地区、内蒙古地区和西北地区的生态环境建设力度，为改善全国特别是北京的环境质量做出贡献。对已确定的生态工程和生态项目要继续加大扶持力度，特别是要加强防沙治沙工作。要重视农田防护林体系建设，为建设高标准农田提供生态屏障。三是积极推动农业科技进步。农业综合开发的投入要向科技倾斜。开发项目的选择和开发措施的制定，都必须有科学的依据。要大力推广节水技术和旱作农业技术，搞好农田灌溉等农村中小型水利工程的维护和建设，加强大型灌区节水工程建设和改造，建设一批节水增效示范工程和旱作节水示范基地，真正把节水灌溉作为一项革命性措施来抓。发展节水灌溉应实行灌区与旱区并重，通过工程措施和非工程措施，提高水资源的利用率和用水效益。要加快种子、种苗和种畜繁育体系建设，加快品种更新换代，加强先进实用技术推广，加强对农民的技术培训，努力把开发项目区建成农业科技示范区和推广基地。

（二）着力推进农业和农村经济结构的战略性调整，提高农业的综合效益

对农业和农村经济结构进行战略性调整是今后一个时期农业和农村工作的中心任务。当前农村突出的问题是农民增收困难。千方百计增加农民收入，是新阶段农业和农村工作的基本目标。农业综合开发是国家扶持和保护农业、促进农民增收的重要手段。要在立足各地资源优势和比较优势的前提下，根据市场需求，大力发展特色农业、订单农业，发展名优特新农产品的生产，使农产品销售有一个较为稳定的市场。要发展农产品储运、保鲜、加工，实现农产品的增值。要实行区域化布局、企业化管理、规模化经营、社会化服务，发展以公司加农户为主要形式的产业化经营，形成企业与农户利益共享，风险共担的经营机制。

农业综合开发要以优化品种、提高质量、增加效益为中心，积极推进农业结构调整。一是搞好品种结构调整，全面提高农产品质量。加快引进、选育和推广优良品种，大力开发高附加值的特色产品，生产出一批在国内外市场上具有影响和竞争力的“名牌”产品，逐步实现农产品的优质化。二是促进产业结构调整，积极培育各具特色的主导产业。加快发展畜牧业、林业和水产业。加大对特色农业和优势产业扶持的力度，形成专业化、基地化、规模化的生产格局。三是搞好地区结构调整，发挥区域比较优势。在沿海发达地区，要着力扶持发展高效农业和创汇农业，建设农产品出品创汇基地。在粮食主产区，着力扶持优质、专用品种的粮食生产，建设大型优质粮食生产基地和优质饲料粮生产基地，发展畜牧业等多种经营，促进粮食和农

产品的转化增值。在西部地区，着力建设一批特色农业基地。农业综合开发要积极支持农产品加工业的发展，根据市场需求，依靠科技进步，提高加工水平、产品质量和经济效益，走贸工农结合的产业化路子。要扶持有条件的龙头企业建没农产品生产、加工、出口基地，引进、开发和推广新品种、新技术，增强市场竞争力和对农民的带动力，提高农业生产的组织化程度和我国农业的国际竞争力。

三、逐步完善运行机制，提高农业综合开发的水平

实现农业现代化，是今后相当长时期内农业和农村工作的奋斗目标。要实现这个奋斗目标，必须充分利用和发挥市场机制的作用。农业综合开发作为一种政府行为，是推进农业现代化的重要手段，但必须适应市场经济发展的要求，创造良好的生产条件和市场环境，引导农民按市场需求组织生产服务。

做好“十五”期间的农业综合开发工作，关键在于有一套好的运行机制。要在坚持过去十多年，特别是“九五”时期成功经验和有效办法的基础上，针对新情况、新问题，进一步完善政策，健全制度，周密规划，加强管理，不断提高农业综合开发水平。

（一）完善政策

这是做好农业综合开发工作的根本保证。完善资金投入和配套政策，中央和地方财政要加大对农业综合开发的资金投入，“十五”期间用于农业综合开发的资金投入增长幅度应高于“九五”的水平。广泛吸引各类社会资金和外资；充分照顾地方和农民的承受能力，调整中央财政、地方财政、集体和农民自筹的配套投入办法。完善资金投向政策，突出改造中低产田、改善农业基本生产条件和生态环境，增加农业生态环境治理项目投资。完善资金使用政策，遵循公共财政和商业银行自主经营原则，调整中央财政资金无偿与有偿投入比例，适当调减有偿资金比例；通过对农业综合开发项目贴息的办法，引导银行增加贷款投入。完善项目布局政策，把农业综合开发的重点放在农业主产区，特别是粮食主产区。

（二）健全制度

这是做好农业综合开发工作的关键环节。要进一步健全农业综合开发各项制度，采取科学的管理方式，运用科学的管理手段，不断完善项目和资金的管理体制与运行机制。项目管理是农业综合开发的关键环节，农业综合开发资金要随项目走。在项目管理方面，要认真做好建议书和可行性研究报告的编制工作，全面推行专家评审制度，提高立项的科学性；全面实行项目法人制、招投标制和工程监理制，努力提高项目建设质量；加强中期检查和项目验收工作，要把验收情况作为考核各地区农业综合开发工作的一项重要内容；积极探索明晰项目产权关系、落实工程管护主体的具体途径和办法，使项目建成后能够正常运转、长期发挥效益。在资金管理方面，要积极推行县级报账制和有偿资金银行贷款制，逐步推行项目资金公告（公示）制；严格实行项目资金专款专用、专户管理、专账核算制度；加大对项目资金使用的监督检查力度，对于违反规定的，要严肃查处，绝不姑息。

（三）周密规划

这是做好农业综合开发工作的重要前提。国家农业综合开发办公室已按照第三次联席会议的要求，编制出《国家农业综合开发“十五”计划（送审稿）》。《计划》要征求有关专家、部门和地方特别是中部地区农业大省的意见，进一步修改完善。五年计划只能是纲要性、粗线条的。在安排年度工作、确定投资项目时，还必须有更具体的规划。制定年度计划，必须充分论证，杜绝盲目上项目和搞重复建设；要精打细算，反对铺张浪费；讲求实效，不搞“形象工程”。在做好规划的基础上，认真组织实施。

（四）加强管理

这是做好农业综合开发工作的有力保障。新阶段农业综合开发任务更重、难度更大，各级党委和政府要把这项工作放在农业和农村经济工作的重要位置，切实加强管理。农业综合开发涉及到多个部门，联席会议的各成员单位要发挥各自优势，相互支持，密切配合，形成合力。各级农业综合开发工作机构及其工作人员，要按照“三个代表”的要求，增强服务意识，改进工作作风，本着对广大农民高度负责的精神，用好每一笔资金；深入基层调查研究，提出改进工作的意见和建议；适应新阶段的工作要求，努力掌握现代化的管理手段和管理方法，不断提高政策和业务水平。

同志们，江泽民总书记在庆祝中国共产党成立八十周年大会上发表的重要讲话，对于我们在新形势下进一步做好全党和全国的各项工作，具有重大而深远的指导意义。我们从事农业综合开发工作的同志，要认真学习，深刻领会，把思想和行动统一到讲话精神上来，以“三个代表”重要思想为指导，深入调查研究，扎实开展工作，把农业综合开发工作推向一个新的阶段。

接见出席全国农业综合开发经验交流会的各省、自治区、直辖市和计划单列市负责同志时的讲话

李　鹏

（1989 年 12 月 1 日）

江泽民同志作了重要讲话，我完全同意。

农业综合开发是个发展农业的路子。过去讲开发就是指的开荒，现在讲的含义比较宽了，既包括对新的资源开发利用，又包括中低产田的改造，提高单产。我看各地要因地制宜，同时并举。

关于农业形势，虽然东北遇到特大干旱，今年全国农业收成仍比去年好一些，粮食总产量达到 8 100 亿斤。这说明只要全党重视农业，采取有力措施，农业是可以搞上去的。中国地域很大，就全国来说农业有起色，有进步，这就给我们增加了信心。手中有粮，心里不慌，明年经济稳定就好办了。我们非常感谢农民和各级搞农业的同志所作的努力和贡献。

发展农业，一靠政策、二靠科技、三靠投入是句老话。老话还得说，但要不断给予新的含义。家庭联产承包责任制要稳定不变，要继续执行下去，这是保护农民积极性的重要措施。但是，停留在这个水平上，只靠联产承包责任制，农业要上新台阶是不够的。现在看，双层经营体制是可行的。服务体系的建立和发展要靠各级政权部门的支持和组织，要有服务体系的积极性和农民的积极性相结合，要因地制宜，不一定要上面来统一。服务体系发挥集体经济优越性，而家庭联产承包责任制保持了农民的积极性，两者相结合就能发挥出更大的作用。这个服务体系是为农民服务的，一定会受到农民群众的欢迎。当然服务是有偿的，它实际上是带有集体经济组织形式，和乡村政权是相互促进的。

乡镇企业和农村个体工商业问题，不可忽视。还是两句话，一是对合法经营要保护；二是对非法经营要限制、取缔。适当发展乡镇企业的政策要肯定。乡镇企业增加了农民经济收入，安排了农村剩余劳动力，为国家创造了财富。对乡镇企业，要按国家产业政策给予引导，该支持的要支持，明年要根据产业政策增加些贷款。国家压缩基本建设，有一部分民工回乡了，要组织安排好，动员他们搞农田水利建设和农业精耕细作，充分利用农村劳动力。

农业科技推广是个大问题，我们有很多很好的、比较成熟的、适合中国国情的农业科研成果还停留在实验室和试验田里面。农业科技推广一要解决投入，二要解决科技队伍深入农村，三要对农民进行科学技术教育、培训，这样，科技成果才能推广和巩固。

大家很关心投入问题。上下要有一致的观点，

投入也要各方面努力。有政府的投入，有社会的投入，有农民群众的投入。农民群众投入是主体，包括农民劳务投入。搞农业也可以致富，政策要起导向作用，引导农民多投入。明年希望农民多种点棉花，价格政策要改革，但改革不能急于求成。

明年，中央对农业投入要争取增加一些，主要是用于大江大河的治理，大型水利建设，农用工业建设，大型农业开发启动费。中国农业的命脉是水利。近几年干旱，农业开发区都与治水有关，在中国发展农业不解决水的问题不行。一方面是开发水资源，一方面搞节水农业。最现实、最有潜力的是节水型农业，投入少，见效快。还有科学施肥，一是氮磷钾比例要合理，一是种植绿肥，一是秸秆还田。要搞有机肥，增加土壤有机质，保持和提高土壤肥力。

各行各业都要支援农业，包括物资、金融部门，包括煤、电供应。今年化肥生产情况是好的。农业生产资料专营制度，从今年实行情况看，利大于弊。现在带来的问题是化肥积压。化肥是全年生产，季节使用。解决积压的办法是要有季节差价。专营要坚持下去，但经营管理办法要完善，要进一步改善服务体系，方便农民。要有个总的政策，各地根据情况因地制宜。现在农民反映价格高，是否中间有盘剥。

现在农民发动起来了，农田水利基本建设规模很大，要注意效果，讲究效益。

农副产品收购问题，银行的同志说有钱，下面的同志说没有钱。这暴露出一个问题，就是商业部门不愿收购，没有起到“蓄水池”的作用。当然这也有他们的道理，怕负担贷款利息。今天不好说可以降低农副产品收购贷款利息，但要采取点措施，先把农产品收购起来，这样地方钱活了，农民的钱也活了。

综合部门要发挥综合作用，国家计委要管工业，也要管农业，既管基建，又管生产。各级计划部门要起到综合经济部门的作用。省长要亲自抓农业。

关于国民经济和社会发展“九五”计划和2010年远景目标纲要的报告（节选）

——在第八届全国人民代表大会第四次会议上

李　鹏

（1996年3月5日）

积极发展节水型农业和节粮型畜禽养殖。鼓励农村种植业、养殖业、加工业的有机结合，推动农工贸一体化，促进农业向高产、优质、高效方向发展。搞好农业综合开发，全面发展林、牧、副、渔各业。从中央到地方，各级政府都要增加对农业的投入，鼓励和引导农村集体、农民个人和社会各方面增加投入。要充分利用农村人力资源，开展农田基本建设，兴修水利，修筑道路，植树造林，改善农业和农村经济发展的条件。

致全国农业综合开发工作会议的贺信

李　鹏

（1997年11月12日）

同志们：

值此全国农业综合开发工作会议召开之际，我谨向会议表示热烈的祝贺，并对辛勤工作在农业综合开发战线上的广大干部群众表示亲切的慰问。

农业综合开发是促进我国农业持续、稳定、健康发展的一项战略举措。十年来，通过农业综合开发，强化了农业基础设施建设，改善了农业基本生产条件，促进了农业产业化发展，推动了农业实现两个根本性转变，提高了农民群众收入水平，加快了农村小康建设步伐，为我国农业和农村经济发展做出了贡献。

各级党委、政府要按照党的“十五大”关于我国农业和农村经济发展的总体部署和要求，加强对农业综合开发工作的组织领导。各有关部门要继续密切配合协作，落实各项政策措施，加大农业综合开发的力度。同时，要充分发挥农民群众在农业综合开发中的主力军作用，加强农业综合开发队伍建设，为实现农业和农村经济的可持续发展战略做出新的贡献。

祝大会圆满成功！

关于国民经济和社会发展第十个五年计划纲要的报告（节选）

——在第九届全国人民代表大会第四次会议上

朱镕基

（2001年3月5日）

着力抓好大型灌区节水工程改造，积极开展群众性农田水利建设，搞好水土保持。加强国家商品粮和优质农产品基地建设，搞好农业综合开发。

在全国农村工作会议上的讲话（节选）

田纪云

（1988年）

为了满足我国人口增长和出口创汇对农产品不断扩大的需求，仅仅依赖现有耕地和在常规农业中打圈子是不够的，还必须充分利用我国丰富的自然资源和人力资源，积极进行农业开发和发展创汇农业。这是我国农业发展中一件具有战略意义的事情，是实现本世纪末我国农业发展目标的重要的一着。所谓农业开发，一是改造中低产田，提高现有耕地的效益；二是开发利用新的农业资源。我国农业开发的潜力很大。我国现有中低产田0.53亿公顷，占全部耕地的一半以上，而且还有大量可供开发利用的荒地、荒坡、荒水、荒滩。近海养殖、远洋捕捞的发展前景也很广阔。这些方面搞得好，有可能使我国农业出现一个新的局面，对此要有足够的认识。

农业开发是一项新的事业，应以发展商品经济为指导思想，贯彻改革的精神，走出一条符合我国实际情况的新路子。要改变过去农业投资方面基本是只有投入，没有回收，不能增值，缺乏内在动力和活力的做法，实行经营式开发。开发资金的投入要与经济效益挂钩。凡属经营性的资金，要有偿使用，定期收回，循环滚动。但需注意，不要刮风，不能层层办公司。要统筹规划，确定项目，公开招标，引进竞争机制，实行开放式开发。目前国家财力有限，主要从政策上给以扶持，更多的是依靠地方的力量、群众的力量、全社会的力量，以及适当利用国际资金力量，广泛地聚集资金。北京市、苏州市和宁波市已经参与了黑龙江省三江平原的开发，这说明农业开发对经济比较发达地区和大中城市是很有吸引力的。开放式的开发也包括鼓励当地农民参与开发，承包开发项目，兴办开发企业。

需要强调，对新开发的土地不能再简单地分到一家一户，一开始就要适当集中，搞规模经营。要实行综合立体开发，积极发展从初级产品生产到产品加工、销售一体化的开发系列，兴办农林牧结合、农工商一条龙的开发企业，把农业开发和经济结构的全面优化结合起来。要注意运用现代科学技术，做到开发与保护并重，正确处理短期效益与长期效益、经济效益与生态效益、微观效益与宏观效益的关系。农业开发要有重点、有计划地逐步推进。全国可供开发的资源很多，但目前资金有限，不能全面铺开，今年三江平原、黄淮海平原、松辽平原等地区的开发以及广西、云南、新疆的糖棉基地的开发已经起步，今后要搞好开发规划，逐步扩大开发范围。

在加强农业开发的同时，要下力量搞好主要农产品商品基地建设和旱作农业，这是发展我国农业的一个重要方面，要抓紧，不能放松。沿海地区的广大农村，要按照国际市场的要求，努力把创汇农业搞上去。

下决心把农业开发搞上去

——在国家土地开发建设基金管理领导小组第四次全体会议上的讲话

田纪云

（1989 年 1 月 4 日）

今天开会主要是研究、安排明年的农业开发问题。刚才几位同志讲了明年农业开发的一些打算，我看很好。最近，我到湖南、江西也研究了一下农业开发问题，有一些想法。现在围绕这个问题讲点意见，概括起来就是三句话。

一、新的形势

党的十一届三中全会以来，我们靠改革，靠政策，靠科技，靠投入，解放了农村生产力，调动了广大农民的积极性，使农业生产得到了很大的发展。我们基本解决了十亿人民的温饱问题，这应该说是一个了不起的成就，是举世瞩目的成就。要讲面积，美国是 936 万平方公里，比我们小不了多少，我国的人口等于他的五倍。他的自然条件比我们好，我们一个人大体只有一亩多耕地，而且我们还有相当一部分不毛之地。但是，就在我们这样一块土地上，养活了差不多世界五分之一的人口，而且为我国工业的发展，为改革开放提供了物质基础和条件，促进了社会的进步和发展。十一届三中全会以后，农业生产确实登上了一个新的台阶。粮食由 3 亿吨搞到 4 亿吨，棉花由 200 多万吨搞到最高水平 600 多万吨，其他经济作物也都是成倍或几倍地增长。我在十二届三中全会上说了这样的话：你闭上眼睛想一想，或者迈开双脚到各地走一走，看一看，对十年前后的变化，就会一清二楚，一目了然。

我们要充分认识十年改革对农业的促进作用，以及它为我们的改革和社会发展提供的条件。但是，不能满足于这个成就，不能停留在现有水平上，必须正视我们面临的新的形势。

新的形势是什么呢？第一，我国人口一年以一千几百万的速度在增加，相当于一个中等国家的人口，而耕地每年却以几百万亩的速度在减少，这是一个十分严重的情况。第二，随着经济的发展和人民生活水平的提高，对粮食和粮食转化物以及对其他农产品的需求大大增加。你不要只看进肚子的淀粉减少了，现在有些人吃粮食的数量比五十年代和六十年代困难时期可能少了，那个时候一天吃半公斤粮食，但现在粮食消费量大大提高，粮食转化物的消费多了。你吃的牛奶也好，吃的鸡蛋也好，吃的肉也好，基本上都是粮食转化来的，真正草食动物占我们肉类的比重很少。目前，我们的粮食消费一年以1 000 万—1 500 万吨的幅度在增加，而粮食生产却在徘徊。我们采取一些措施节制粮食的消费，但消费量的逐步增长则是不可逆转的。第三，随着开放政策的实施，随着沿海发展战略的实施，我们同国际的交往扩大了，外汇的需求量大大增加了，我们需要出口东西换取外汇，然而我们现在能够提供出口的商品却减少了，特别是农产品。在粮食生产和主要经济作物生产徘徊的情况下，不能不减少出口，增加内销。我们现在的外汇一半是靠农产品及其制成品换取的，但货源不足，粮食、棉花、纺织品都要限制出口，这是一个新的情况。这就会制约工业的发展，而且最终将会影响农业发展，因为我们相当一部分农用生产资料是要进口的，进口减少了，必然会影响农业生产。

这种新的形势要求什么呢？要求我们的农业生产再攀登一个新的台阶。实现本世纪末的奋斗目标，这不是能不能做到的问题，而是必须的，不然日子是过不去的，恐怕会出大问题的。这决不是危言耸听。

二、新的任务

在这个新的形势之下，如何使农业生产再登上一个新的台阶呢？当然需要采取多种措施，做多方面的努力。但是，看来仅在常规农业中打圈子是不行的，必须更充分、更有效地利用我们的农业资源，进行大规模的综合农业开发。这是实现本世纪末农业发展目标、保持我国农业持续稳定发展的一项战略性措施，也是一项新的任务，是发展我国农业的希望所在，搞得好，就会使我国农业开创一个新的局面。对这件事的意义，一定要充分认识，高度重视，决不要低估。如果不下决心抓农业开发，我看实现本世纪末农业发展目标将是很困难的。

我们讲的农业开发包括两个方面：一是深度开发，即改造现有的中低产田，更加合理、更加充分地利用现有农业资源，提高农业生产率和单位面积产量。二是广度开发，即是说，仅仅靠现有资源是不够的，在科学技术没有大的突破之前，单产的提高毕竟是有限度的，在充分有效地利用现有资源的同时，必须开发利用新的农业资源。自然资源是要利用的，不然放在那里是不会产生大的效益的，关键是不能盲目利用，而要科学地、合理地利用。

我们提出大力推进农业开发不是盲目的，是有足够根据的。

第一，我国农业资源的开发潜力很大。我们现有耕地1.07亿公顷，其中中低产田有0.53亿公顷，占一半以上。黄淮海有中低产田0.13亿公顷。江西现有200万公顷水田，其中133万公顷属中低产田，水稻亩产比全国平均数少50公斤，如果把中低产田改造一下，每年就可提供一二十亿公斤稻谷。这说明，我们现有耕地提高单产的潜力是相当大的。这是一方面。另一方面，我们尚可开发利用的荒地、荒坡、荒山、荒水和荒滩还是很多的。据有关资料介绍，我国有成片宜农荒地约0.33亿公顷，可垦成农田的约占40%，未利用的海、淡水可养殖水面约267万公顷，有宜林荒山、荒坡0.78亿公顷，宜牧草山草坡0.45亿公顷。各地都有一些农业资源可以开发。江西省有可垦宜农荒地67万多公顷。湖南省的湘南三个地区可垦荒地有60万公顷，其中15度以下宜农荒地有20多万公顷。这就是说，我们的开发是有充分条件的，是有米之炊，不是“无米之炊”。

第二，我们的农业开发已经过实践，有一定经验可借鉴。建国以来，我们一些地方搞过农业开发。黄淮海地区有些农业开发项目搞了十多年了。从去年开始，我们有计划地重点地抓了三江平原、黄淮海地区的开发和广西、新疆、云南的糖、棉基地开发及山东沿海滩涂开发。一年的实践，各地也探索了一些经验，而且已收到较好效果。如广西糖料生产和新疆糖棉生产，去年就明显收到效果。这些地区的实践说明，推进农业开发不仅是必要的，而且是可行的。

第三，各地和广大农民都有开发农业的积极性。甘肃省河西地区四十几户农民承包开发、规模经营的经验很有说服力，既为国家多提供了商品，又富裕了农民。我这次到湘南、江西看到，一些地方自己主动搞起来了，桂阳县一个农民承包开荒就达2.67公顷，正在开垦，很有积极性。

不论从一些地区看，还是从全国看，农业开发是势在必行，大有可为。一是潜力很大，二是条件较好，三是干部群众都有积极性，上下认识一致。可以说是万事俱备，就看我们有没有这个毅力，有没有这么一个决心，有没有这么一个魄力去领导群众、组织群众干这番事业。我们从现在开始，就必须把农业开发提到议事日程上来，要下大的决心，以坚强的毅力，大抓狠抓农业资源的开发，而且要持之以恒，抓出成效。通过对现有资源的充分利用，通过开发新的农业资源，使农业生产能够再攀登一个新的台阶，以适应四化建设的需要，适应人民生活改善的需要，适应改革、开放的需要。

三、新的办法

发展农业，一靠政策，二靠科学，三靠投入，搞农业开发同样要靠这三条。我们现在搞的农业开发，同过去的农业开发，有很大的不同，可以说是一项新的事业，要采取新的办法。就是要以发展商品经济为指导思想，走出一条符合我们国家实际情况的一条农业开发的新路子。农业开发怎么搞，以前我讲过几条，这次到湘赣调查又了解了一些实际情况，现在概括一下，是不是大体把握这么几条：

第一，要有正确的指导方针。一是统一规划，集中开发。凡是成片的较大规模的开发，都应这么做。不能没有规划，各行其是。那样既容易破坏生态环境，又易造成资源的浪费，也不利于提高效益。二是因地制宜，从实际出发。如果加一个注解的话，就是宜粮则粮，宜牧则牧，宜林则林，宜渔则渔，但决不可忽视粮食生产。在开发方式上也要从实际出发，有的可以改造中低产田为主，有的可以开荒为主，有的可以改土为主。在作物品种上，有的应以发展水稻生产为主，有的应以生产小麦为主，有的应以发展玉米为主，也要因地制宜。农业开发，不要单打一，有的要和建立商品基地相结合，有的要与扶贫相结合，有的要与水土保持相结合。三是分级承包，规模经营。新的农业资源开发，一定要搞适度规模，千万不要开发以后，就一块两块地分给一家一户。可以搞大户承包，搞联户承包，搞集体农场，但不能搞过去人民公社式的那种集体。无论是家庭经营或者联户经营，都要有一定的规模，我看我们中国一个家庭搞上千亩那种规模是不适合我国国情的，但是几十亩、百把亩的规模是可以的，耕地面积多的地方还可以更多一点，只有具有一定规模，才利于提高经济效益，才能够提供商品。四是实行经营式、开放式开发。不能再走过去那种只投入，不收回，不增值的老路子。要引入竞争机制，实行招标，坚持谁开发，谁受益的原则。开发资金投入与效益挂钩。属经营性资金，一定要有偿使用，循环滚动，这样一个钱就能顶几个钱用。农业开发，要民办公助。要十分明确，这个事业是群众的事业，从根本上来讲也是群众的利益，主要靠群众来干，国家给予扶持。劳动积累是很重要的投入，而且群众现在也有一定的资金。我在湘南走了一圈，从同群众和基层干部交谈情况来看，开发只要同群众的利益紧密联系，群众是愿意投入的。要多层次、多渠道、多形式筹集开发资金。所谓多层次，就是包括中央、省、地、市、县一直到群众；所谓多渠道，就是各行各业，省内省外，国内国外，不仅要利用国内资金，而且要利用一部分外资，如世界银行贷款等，现在世界银行是愿意支持我们搞农业的；所谓多种形式，就是可以个人投入，可以联合投入，也可以同外省搞补偿贸易。五是实行综合开发。要综合利用地区的自然资源，实行农林牧副渔全面发展，水田土林路综合治理，农工商结合。开发，要重视农业，但决不是只发展农业；要重视粮食，但决不是只发展粮食生产。林业、水利以及相应的农产品加工也要摆到应有的位置上。现在已经定了，要搞农业发展基金，这里面就要有水利、林业一定的份额。你们提出还要发展“菜篮子工程”，即发展副食品生产，也要给予一定的支持。六是重视科技的投入。这是非常重要的。新的农业开发，不能只靠传统耕作方式去搞，一定要重视和推广运用先进农业耕作技术和科研成果。没有这一条，农业开发肯定是搞不好的，效益是提不高的。七是要十分重视保护生态环境。农业开发是科学合理地利用自然资源，而决不能破坏自然资源。农业开发讲效益，其中就包括生态效益，事先一定要做好论证工作，对生态环境要有保护措施。

第二，要实行正确的政策，鼓励、调动各级政府以及广大农民投入开发的积极性。我们开发三江平原的政策，开发黄淮海平原的政策，也都适用于其他地区的开发。凡是新开发的土地，新改造的中低产田，因此而增加的产品，一是五年以内不交税，二是不增加合同定购，三是实行市场价格，四是生产资料的分配对开发地区给予照顾，五是国家每年将拨给相当数量的开发贷款，还要给一定的扶持资金。哪些是要国家办的，哪些是群众自己可以办的，要很好研究一下。水利工程，大、中型的工程，群众自己是办不了的，但是小水库，引水渠道，这些可以靠群众投入解决。道路建设、能源以及一些比较大的农产品加工设施，是需要国家扶持或投资兴办的。

第三，要加强领导和指导，加强组织工作。各地搞农业开发，要组织一个领导小组来抓这件事，领导小组下面设一个精干的办公室专抓这项工作，不要层层办公司。一搞公司，往往是什么赚钱干什么，容易忽视农业项目，而且搞公司又要养一批人，还是把有限的资金集中用于发展农业上为好。

第四，要有重点、有计划地逐步推进。我们可供开发的资源很多，但目前资金等各方面的力量有限，不能全面铺开，要把有限的资金优先用在潜力大、见效快、效益高的地方，先易后难，有计划地一片一片地开发。1988 年重点搞了三江平原、黄淮海地区等六七片的重点开发，1989 年重点搞哪几片开发，刚才你们提出了初步意见，我看大体可以。1989 年重点搞湘南、江西一部分地区、内蒙古东四盟（昭盟、哲盟、兴安盟、呼盟）及宁夏、内蒙古的河套及四川部分地区和广东滩涂开发。1989 年把提留 1% 预算外的资金也纳入土地开发基金管理、使用，大体能有六七个亿，再加上耕地占用税中央留成部分，开发资金比过去还是多了，可以适当多搞点。上述地区开发定下来后，马上与他们通气，请他们做好开发规划，争取春节后来京汇报，签订协议书，然后就抓紧实施。

在全国农业综合开发经验交流会上的讲话

田纪云

（1989 年 11 月 27 日）

同志们：

这次全国农业综合开发经验交流会，是在刚刚结束的中央工作会议和党的十三届五中全会后召开的。这次中央召开的两个会议，研究并通过了《中共中央关于进一步治理整顿和深化改革的决定》，这对于我们克服当前经济困难，实现国民经济持续、稳定、协调发展，具有十分重要的指导意义。《决定》突出地强调了农业在国民经济中的基础地位，提出了全党全国动员起来，掀起一个重视农业、支援农业和发展农业的热潮，集中力量办好农业的号召。这既是推动我国农业尽快出现新的转机的巨大动力，又是向全党全国人民提出的光荣而艰巨的任务。农业在国民经济治理整顿中具有举足轻重的地位。我们这次会议的主要任务，就是认真学习和坚决贯彻五中全会及《决定》的精神，研究如何把农业综合开发进一步搞上去，把农业生产搞上去，保持农村经济持续稳定发展，为治理整顿和深化改革打下良好的基础。

今年中央不召开农村工作会议了，所以这次会议把各省、市、区主管农业的同志都请来了，一方面是总结交流农业综合开发的经验，同时，也研究和部署一下下一阶段农村其他方面的工作。下面，我着重讲三个问题。

一、讲一讲当前农业形势和任务问题

《决定》在对当前经济形势的分析中指出："我们既要充分肯定成绩，又要如实估计困难，就党的各级领导干部来说，主要应该注意的是对困难估计不足。"我认为，这个精神对于我们如何正确认识当前农业形势同样是适用的。关于农业形势问题，近年来各方面都很关注，议论也很多，在这次中央会议上也是讨论的重要议题之一。归纳一下，对农业形势的基本看法，大体是这么个概念。

（一）成绩很大

今年是新中国成立 40 周年。40 年来，特别是党的十一届三中全会以来，同各方面取得举世瞩目的成就一样，我国农业也有了很大的发展。粮食总产量由建国初期的 3 000 多亿斤提高到 8 000 多亿斤，其他主要农副产品有些是几倍，有的是十几倍地增长。农村经济全面发展，农民生活明显改善。现在绝大多数农民的温饱问题已经解决，有相当一部分人已温饱有余，一部分人达到了小康生活水平。我们以只占世界 7%的耕地，解决了占世界 22%人口的吃饭穿衣问题。这就是一件很了不起的事情。今年全国夏粮、早稻增长，秋粮因东三省和华北部分地区灾害严重减产较多，预计全年还是比去年增产的，总产量有可能接近 1984 年历史最高水平，棉花、油料、畜产品和一些经济作物也比去年增产，总的来看，是个中等偏上年景。这是各地区、各部门、各行各业认真贯彻去年全国农村工作会议精神，进一步重视农业，加强对农业的领导，为农业升温和亿万农民艰苦努力的结果，是来之不易的。这一点要充分加以肯定。

（二）农业面临的问题不少

一是自 1985 年以来农业生产一直处于徘徊局面，农产品供需矛盾越来越突出。这几年粮食产量一直在 8 000 亿斤上下打转转。按现在的状况，完成“七五”计划规定的8 500亿—9 000亿斤的指标，是相当困难的，并加大了实现本世纪末奋斗目标的难度。在我国，农业生产、农产品供给的任务是一年比一年加重的，仅人口的自然增长每年就是一千几百万，每年粮食总产量不增加 200 亿斤，日子就不大好过，人均粮食占有水平就要下降，更不用说生活的改善和增加出口创汇的需要了。现在人均粮食占有量已从 1984 年的 788 斤降为 724 斤了，下降了 64 斤。二是农业生产的基本条件日趋恶化。耕地大体平均每年净减少 300 万—500 万亩。灌溉面积减少，河道防洪能力和农田排涝能力减弱。不少地方水土流失严重，生态环境恶化。相当多的地方，绿肥种植面积下降，有机肥投入不足，土地肥力普遍降低。三是物质基础薄弱，发展后劲严重不足。农业经过这几年的徘徊，已经看得很清楚了：我国现在的农业综合生产能力，基本上就是 8 000 亿斤粮食 、8 000 万担棉花这么一个水平。老天帮忙，多收上 100 亿—200 亿斤粮食；老天不帮忙，减少 100 亿—200 亿斤。大下，不可能；想大上，又超出了现有的综合生产能力，就是调整农产品价格，也很难从根本上摆脱农业的困境。农业问题到今天，已不是修修补补就可以解决的。根本问题主要出在综合生产能力不足以登上新的台阶。要解决，只能实实在在地从建设基础设施，改变生产条件做起。四是在宏观经济环境和社会环境方面存在的问题也不少。例如，工农业比例严重失调，以及农产品价格体系不合理，农用生产资料乱涨价，对农民乱摊派、乱收费，严重加重了农民不合理负担，造成农民不满情绪增长等。还有，农业科技成果的推广应用，也不够理想。总之，存在的问题不少。但根本的，我看是两条：一是大家平时都讲农业重要，但一到动真格的时候了，往往有的就卡壳了，就是人们称谓的“口号农业”，落不到实处。二是综合生产能力薄弱。如果这两条得不到真正解决，农业要搞上去是不可能的。在分析农业形势时，我赞成对存在的问题，对困难宁肯看得重一些、估计充分一些。这没有什么坏处，只会使头脑更加清醒。增加压力，对解决问题有好处。

（三）发展潜力不小

一是我国现有耕地中，中低产田面积大，改造后增产潜力大。据统计，全国现有耕地中，中低产田约占 2/3，即有 10 多亿亩，如果全部进行初步改造，平均每亩增产 150 斤粮食的话，至少可增产粮食 1 500 亿斤。二是各种农业资源的开发利用还很不充分。我国还有宜农荒地 5 亿亩，可利用的草原和草山草坡 40 多亿亩，可供养殖的淡水水面 8 500 万亩，沿海滩涂 3 000 万亩。这些资源的合理开发利用，将为农业增加巨大的生产能力。三是合理调整农业结构，改进耕作制度，因地制宜提高复种指数，增产潜力也相当大。四是科技增产的潜力更大。科技应用，现在还是初试锋芒。在科技发展和推广应用方面，我们还大有用武之地。五是投入方面的潜力也很大。包括资金、物资投入。仅农行系统就发放了近千亿的农业贷款，由于种种原因，这里面有相当部分周转较慢，效益比较低，在提高资金使用效益方面潜力还很大。另外，引导农民合理消费，把多余的钱尽可能用到生产上，增加生产性

投资的潜力也很大。

（四）实现我国农业持续稳定发展，是完全可能的

要看到，建国40年来我国农业发展已经有了一个良好的基础，农业的发展潜力还相当大，8亿农民的生产积极性高，特别是现在要求切实加强农业的基础地位，已成为全社会的共识，这次中央五中全会又决定全党全国齐动员办好农业。这些都是十分有利的条件。所以，对我国农业的形势，持盲目乐观的态度，认为农业已经过关或者对农业问题掉以轻心是错误的；认为我国农业生产发生了危机，对中国农业发展的前景持悲观态度也是不符合实际、没有根据的。我们的态度是，肯定成绩，正视问题，振奋精神，加强工作。只要充分利用有利条件，真正把农业摆到基础地位，切实加强领导，政策对头，增加投入，不断改善生产条件，充分发挥科技的作用，实行综合治理与开发，持之以恒，做长期的、坚持不懈的努力，我国农业实现持续稳定发展，一步一步登上新的台阶，是完全可能的。

我们是一个拥有11亿人口的大国，解决吃饭问题始终是国民经济的头等大事。而解决这个问题，必须立足于国内，依靠我们自己，不然一旦出现粮食严重短缺，哪个国家也解决不了我们的问题，那必将危及我国的安全与稳定。任何时候都不能忘记我们这个最基本的国情。另外，从完成治理整顿的任务来说，也必须首先把农业搞上去。40年来，我们的经济经历过几次调整。而每次调整都是首先把农业搞上去，以此带动与促进其他方面的改善与发展。这是一条规律。这次调整也必须这么做。只有尽快地使农业有一个新发展，才能增加市场有效供给，有利于稳定以至降低食品与其他与农业有关的商品零售价格，有利于抑制和消除通货膨胀，实现治理整顿的基本目标。可以说，农业率先突破，全盘皆活。从长远来看，国民经济要保持稳定协调发展，必须下决心建设一个坚强可靠的农业基础。建国以来，我们已经几次出现过工业过热，上得太快，而农业基础薄弱，难于支撑，导致比例失调，被迫进行调整的局面。但每当情况稍有好转以后，又淡化了以农业为基础的思想，忽视和放松了农业建设，这是导致国民经济反复进行调整的重要因素。农业是基础，这是经济规律所决定的，任何时候都不能违背。如果讲教训，这是我们必须牢牢记取的根本教训。农业的基础地位只能不断加强，要始终把农业作为优先发展和重点支持的产业，这样才能真正成为支撑国民经济稳定发展的坚实基础。总之，解决11亿人的吃穿问题需要把农业搞上去，完成国民经济的治理整顿任务需要把农业搞上去，为使国民经济持续、稳定、协调发展需要把农业搞上去。尽快把农业搞上去，这就是我们面临的任务。这项任务是光荣的，也是非常艰巨的，但又是必须完成的。我们这次会议，就是要把这个问题很好地议一下，尤其是要把治理整顿期间如何率先把农业搞上去的问题很好地议一下。治理整顿期间，农村经济发展达到什么目标，《决定》提出了总的要求，各地和有关部门会后可以根据《决定》的精神再具体化。明年农业发展计划，一些具体指标，这次会上不具体议。计划会议下月初就开了，拿到计划会议上去议。无论如何，明年粮棉生产要争取有个新的突破，结束徘徊局面，这个决心一定要下，并千方百计为此而努力。

二、讲一讲农业综合开发问题

农业综合开发，是这次会议重点研究的问题。会上，一些地区和部门要介绍农业综合开发方面的经验，许多同志对农业开发会提出一些建设性的意见。这些经验和意见都是十分可贵的，对进一步搞好农业综合开发将会起到重要的指导作用。

我国的农业开发，在50—60年代就搞了，而且取得了很大成绩。进入80年代以后，特别是近几年来进入了更大规模的综合开发，从1983年开始，国家有计划地建设了254个商品粮基地县、74个优质棉基地县、113个优质农产品基地县、278个名优农产品基地、490多个出口农副产品生产基地，还有计划地建设了一批商品木材生产基地。这些基地建设，开发了资源，增加了产量，增加了社会有效供给，促进了商品生产发展，取得了显著成效。可以说，这是农业综合开发的第一步。从1988年开始，国务院决定将上交中央的耕地占用税作为农业综合开发基金（原称土地开发建设基金），进行农业综合开发，这可以说是第二步。1988年，国家在冀、鲁、豫、苏、皖5省的黄淮海平原，东北的三江平原、松辽平原以及浙江、广西、新疆3省（区）等11大片立项进行开发；1989年又在四川、湖北、湖南、江西、宁夏、内蒙古、海南及黄河口三角洲等8片地区立项进行开发。以后还要在其他一些资源条件较好的地区进行开发。下一步还打算把经济比较困难的缺粮省、区中具有增产粮食潜力和优势的地方，作为基地进行开发。同时，支持山区建设保水、保土、保肥的稳产高产基本农田。这样，不仅可以提高这些省、区粮食自给水平，而且又能起到扶贫的作用。现在，除了国家重点扶持开发的地区外，许多地区不等不靠，从本地实际出发，依靠自己的力量也在搞农业开发，对这种开发，国家也是很重视的，采取了一些鼓励政策。可以说，农业综合开发正在全国各地蓬勃地展开，形势是十分喜人的。

这几年的农业综合开发，不仅规模大，而且效果也不错。如，"七五"期间第一批建设的111个商品粮基地县，1987和1988年粮食产量比建设前的两年增长近80亿斤，今年预计比去年增产50多亿斤，增长6.8%，远高于全国增长速度。这些基地县增长的绝大部分是商品粮。近两年共向国家交售商品粮333亿斤，商品率由建设前的26%提高到33%。1988年和1989年国家立项开发的19片农业综合开发区（包括18个省、区），4年内计划改造中低产田近6 000万亩，开垦宜农荒地1 000多万亩，营造农田防护林网800多万亩，治理草场150万亩。建成后，将新增农产品生产能力：粮食近250亿斤，棉花近400万担，油料50多万吨，糖料1 200万吨，肉类6亿斤。这个计划是可观的，对结束粮棉生产的徘徊局面，增加农产品有效供给，实现农业持续稳定发展，将起到重要作用。希望这19片基地抓紧抓好开发工作，把这个计划变为现实。

农业综合开发，一是对现有的中低产田进行改造，提高产出率；二是开发利用新的农业资源。这是一篇大文章，现在已经有了良好的开端。我国人口多、耕地少，只在现已利用的资源中打圈子，是难以满足人民生活不断改善和国民经济不断发展需求的。这就要跳出来开发新的资源。开辟一条新的路子。按照初步的开发规划测算，到本世纪末，我们有可能改造现有中低产田3亿亩，开垦宜农荒地6 000万亩（每年开荒500万亩），植树造林2 000万亩，改良草场5 000万亩，增加有效灌溉面积6 000万亩，水土流失和生态环境破坏得到基本控制。这是开发办提出的一个大体的粗线条的初步设想。这次会议以后，有关部门要具体论证，提出一个切实可行的中长期农业综合开发规划。实现上述规划，我国耕地可以做到新增与非农业占用持平，耕地面积基本不减少。通过开荒造田、改造中低产田可以增产粮食800亿—1 000亿斤，还可以形成相当大的棉、油、肉、水产品的生产能力。也就是说，如果搞得好的话，依靠农业开发有可能承担近一半的农业增产任务。潜力很大，大有可为。

前面已经讲过，我国农业发展是有潜力、有希望的。集中力量进行农业综合开发，就是把这种潜力挖掘出来，把希望变成现实的重要步骤。国家和地方集中力量，选择粮棉油增产潜力较大的地区，集中连片地进行综合开发，加强这些地区的农业基础设施建设，改善农业生产条件，使这些地区尽快成为我国粮棉油等主要农产品的重要生产基地，这必将促进和带动全国各地的农业迅速发展。采取综合开发的方式，可以把有关部门的力量集中起来，发挥各自优势，拓宽农业资金投入的渠道，形成合力，取得最佳效果，有利于提高农业综合生产能力和农产品的商品率。总之，农业开发是振兴我国农业、实现本世纪末农业发展目标的一项战略性措施，也是造福子孙后代的宏伟事业。我国现有耕地中有2/3的中低产田需要改造，还有大批的荒地、荒坡、荒水、荒滩可以开发利用，各地、各级政府和亿万农民对农业开发积极性很高，有较为可靠的开发资金来源，特别是有党的五中全会精神的巨大鼓舞，我们要下决心、下大力把农业综合开发搞上去，让它在振兴我国农业中发挥重大作用。

如何进一步把农业综合开发搞上去？在这次会上，请大家很好地议一议。农业开发是一项新的事

业，总的要求是，应以发展有计划的商品经济为指导思想，贯彻改革、开放的精神，走出一条符合我国实际情况的新路子。根据各地探索的经验，结合新的情况，进一步搞好农业综合开发，是不是应该把握好以下几个方面：

（一）要领导重视，依靠群众

这是搞好农业综合开发的重要保证。只有领导重视了，农业开发工作才能摆上重要议事日程，才能协调一致，按照全面规划、统筹安排的原则进行配套建设，才能加大对农业的投入，发动各行各业支援农业，组织群众开发农业。大量事实说明，凡是领导重视的地方，农业开发就搞得好。应该说，国家安排的这几片重点开发区域，有关省区的领导同志都是很重视的，亲自抓，做了不少工作。国家没有安排重点开发项目的地区的领导同志，对农业开发也是很重视的。希望各地、各级负责同志进一步加强对农业开发的领导，把这项工作进一步搞好。搞好农业开发，国家（包括地方）要大力扶持，但毕竟力量有限，只能起一个启动作用、支持作用，在全国范围内，大规模地对农业资源进行开发建设的主体力量是农民群众的资金、劳务投入。事实说明，凡是组织群众、发动群众比较好的地方，群众搞开发的积极性就高，效率就高，质量就好，投资投劳就多，开发成效就大。农业综合开发资金，要中央、地方、集体、个体多渠道筹集。各地搞农业开发，不要只把注意力放到向上面要钱要物上，要面向群众，积极发动群众投资投劳。组织农民大力开展兴修水利、植树造林、改造中低产田的基本建设，实行劳务积累，这是投资的主体。我国农村一方面劳动力有剩余，另一方面农业资源开发又不足。搞农业开发，可以增加农村的就业机会，要吸纳由城返乡的大批劳动力和农村的剩余劳动力参与农业开发，这样，既加强了农业，又解决了就业问题。

（二）指导思想和方针政策要明确

要采取经营方式搞农业开发，实行资金投入与效益挂钩。凡属经营性的资金，要有偿使用，循环滚动，这样可以少花钱、多办事，大大提高资金使用效益；要坚持以改造中低产田为重点，以增产粮棉油肉为主要目标，既考虑短期内增加农产品产量，又为增强农业发展后劲打下基础；要统一规划、集中连片地建设基地，从实际出发、因地制宜地安排项目；要引入竞争机制，对项目进行招标，实行承包，并搞开放式的开发，适当利用外资，鼓励与发达地区、大中城市联合开发。

（三）要实行科学管理，开发与治理相结合，社会效益、生态效益、经济效益并重

制定总体开发规划和年度实施计划，要反复调查研究，评估论证，使规划建立在切实可行的科学基础上；要按照基本建设程序办事，制定资金管理办法和项目管理办法，进行严格的管理；要层层签订协议，加强责任制，对工程承包和技术承包的项目加强检查监督。对农业开发资金，要相对集中使用，不能“撒胡椒面”，并且加强管理，专款专用，不得挪用，千方百计提高资金使用效益。强调一下，有的开发项目社会效益很好，但需要几个地区来办，这就要从整体出发，同心协力把这个项目搞成，不要只算自己的小账，要算大账。特别要注重生态效益。不论成片开发，还是零星开发，都必须十分注重生态平衡，不能造成新的水土流失。哪个地方能开发，哪个地方不能开发，怎么开发，各地和有关部门要有规划，不能搞无政府主义。要开发和治理相结合。既大力兴修水利、改良土壤，又注意植树造林和整修田间道路，实行山水土田林路综合治理，真正做到开发一片，成效一片，搞好开发，面貌大变。为了搞好农业综合开发的科学管理工作，各级农业开发领导小组要加强对从事农业开发工作的领导和工作人员的培训，提高他们的管理水平和业务能力。

（四）要注重基础设施建设和科技投入

许多地方在开发中，集中相当多的资金和物资，用于能长期发挥效益的农田水利基础设施建设和林业建设，为农业的发展打下坚实的基础。这样做是对头的。新的农业开发，一开始搞就要注意加强基础设施建设，要建成高质量的稳产高产农田，起点要高。不能一开始就搞成个中低产农田，接着又去进行改造，那是少慢差费的办法。

实现高质量的开发，注重科技投入是非常重要

的。中国科学院和中国农科院派出大批科技人员参加农业综合开发，特别是对黄淮海地区的中低产田开发与治理，做了大量工作，获得了很好效果。如北京农业大学教授、专家，在河北省吴桥县搞“吨粮田”试验，他们改革当地原来的耕作制度和栽培技术，综合配套地采用良种、密植、精耕、科学用水用肥、综合防治病虫害等措施，1988 年搞的 140 亩“吨粮田”，小麦平均亩产 770 斤，夏玉米平均亩产 1 197 斤，全年亩产粮食 1 967 斤，比全县平均亩产高出近 1 倍。山东省平原县采用良种良法相结合，也创出了粮田大面积高产，1988 年 10 万亩夏玉米平均亩产1 077斤，1989 年 5 万亩小麦平均亩产 946.9 斤，他们计划 3 年建成吨粮县。这些事实充分说明，没有科技的投入就不可能有高质量的农业开发。农业开发，一定要吸收科技人员参加，要因地制宜地推广良种和先进适用的科技成果，以及节水灌溉和机械化作业等。特别是大面积的农田开发，具有推广应用农业先进科学技术的条件，更应重视科技投入。

（五）新的农业综合开发，一开始就要实行多种形式的适度的规模经营

新的农业开发，特别是大面积的农业开发，不要分到一家一户去搞，一开始就要适当集中，搞规模经营。新的开发，实行规模经营，有利于采取先进的科学技术，实行机械化作业，提高商品率，获得最佳的经济效益。各地在农业开发中，在这方面也做了一些尝试。有的采取大户承包，有的实行联户承包，有的采取集体农场或专业队的形式经营。今后，可更多地提倡和鼓励集体或联合承包，也可以办国营农场。这不仅有利于农业开发，也有利于扩大农村公有制经济成分。

我们搞农业综合开发，时间不长，但成绩是显著的，也积累了一些经验。实践证明，中央和国务院关于建立农业综合开发基金进行农业综合开发的决策是正确的，我们一定要沿着这条路子坚定不移地走下去，去开创我国农业发展的光辉前景。

三、讲一讲明年农村工作的问题

明年农村工作的中心任务是，认真贯彻党的十三届五中全会精神，坚决执行治理整顿和深化改革的方针，千方百计夺取农业丰收，促进农村经济持续稳定发展和农村社会的安定。为此，要着重抓好两条：

（一）要坚持和稳定党的农村基本经济政策，深化和完善农村改革

党的十一届三中全会以来，在农村实行的多种形式的联产承包责任制等一系列重大改革和基本政策，促进了我国农村生产力的发展，取得了举世瞩目的成就，受到广大农民的竭诚欢迎。当前稳定农村基本经济政策，稳定 8 亿农民的心，是非常重要的，这是关系到大局的问题。只有稳定农村基本政策，才能稳住 8 亿农民的心；只有把 8 亿农民的心稳住，才能把农业搞上去；只有把农业搞上去，才能把整个经济稳住；只有把经济稳住，才有利于社会和政局更加稳定。因此，对农村政策问题要十分谨慎，要保持基本经济政策的连续性和稳定性。为什么党在农村的现行基本政策必须保持稳定呢？就是因为这些基本政策，从总体讲，目前仍然适应农村社会生产力发展水平，有利于保护和调动广大农民的社会主义生产积极性，促进农村生产力进一步发展。现在，有些地方农民怕政策变，产生一种不稳定感。这个问题应引起高度重视。党的十三届五中全会通过的《决定》写得非常明确：“继续深化农村改革，执行稳定的农村政策。”因此，有必要认真组织农村干部和广大农民学习江泽民同志建国 40 周年的讲话和党的五中全会精神，正确理解党的基本政策，明确宣布党在农村的基本方针、基本政策不改变，改革要继续深化，给 8 亿农民吃个“定心丸”。要着重重申：

实行以家庭经营为主的多种形式联产承包责任制的政策稳定不变。10 年的实践证明，家庭联产承包责任制适应我国目前绝大多数农村的生产力水平，符合广大农民的意愿，应当保持稳定并不断完善。当前，应积极发展农村社会化服务体系，完善统分结合的双层经营体制，进一步发挥集体经济优越性和农民生产积极性。这既是农业生产发展的客观要求，又是社会经济发展和进步的必然趋势。各地要根据实际需要和可能，逐步建立多层次、多形

式、多种经济成分的社会化服务体系。要组织动员各方面的力量，为农民提供生产技术措施方面的服务，提供生产资料供应和合理使用方面的服务，提供农产品储存、销售、加工增值和市场信息方面的服务，以及经营管理方面的服务。这种服务体系，不仅可以提高现有生产水平，而且可以把分散经营的千家万户与先进的科学技术联系起来，与市场联系起来，组织大规模的现代化生产，其意义不可低估。在有条件的地方，根据农民自愿的原则，可以稳妥地推进适度规模经营和发展新的集体经济。总之，生产经营方式，要根据不同地区、不同产业，区别对待，分类指导，不能“一刀切”。

以共同富裕为目标，允许和鼓励一部分地区和一部分人先富起来的政策稳定不变。贫穷不是社会主义，平均主义也不是社会主义。我们的目标是实现共同富裕，但实现这个目标会有先有后，不可能同时一下子都富裕起来了。允许和鼓励一部分地区执行党和国家的有关方针政策，充分利用其有利条件，率先发展和富裕起来，允许和鼓励一部分农民依靠诚实劳动和合法经营率先致富。这样做有利于鼓舞和带动其他地区和其他农民也逐步发展和富裕起来，走社会主义共同富裕的道路。要举这方面的例子，那是很多的。对这个问题要有一个正确的认识。我们反对贫富两极分化，但富裕有先有后同两极分化并不是一回事。当前，解决社会分配不公问题是必要的，但并不是改变允许一部分人先富起来的政策。严禁靠非法手段、不劳而获“富起来”，这同党提倡的富民政策并不矛盾，而是保证这项政策的健康执行。对这方面的一些界限，要严格区分。

“绝不放松粮食生产，积极发展多种经营”，继续稳步调整优化农村产业结构的政策稳定不变。发展农业，首先要特别重视发展粮食生产。粮食问题解决了，稳定大局、调整产业结构、发展多种经营就有了可靠的基础。当前值得强调的是，没有稳定的粮食种植面积，就没有稳定的粮食产量。对于宜粮耕地要坚持种粮，不要弃粮种果、养鱼。贫困山区要加强农田基本建设，尽可能提高粮食自给率，减少粮食调入。调整农村产业结构，要从实际出发，因地制宜，不要搞超前行动。在这方面，这几年有的地方也是有过教训的，一定要汲取，要稳步前进。

鼓励和引导乡镇企业健康发展的政策稳定不变。这些年来，乡镇企业已经成为我国农村经济发展的重要支柱和国民经济的重要组成部分。治理整顿中，对乡镇企业要认真贯彻执行中央确定的“调整、整顿、改造、提高”的方法，积极引导其健康发展。当前，关停并转那些重复建设、与大企业争原材料、争能源、污染严重、消耗高、产品质量低劣的乡镇企业，控制过高的发展速度，调整产业结构，改善经营管理，恰恰是有利于乡镇企业健康发展的。在治理整顿中，对乡镇企业要防止两种倾向：一是不加区别地“大杀大砍”，二是不以挖掘内涵、提高效益为主，而又去搞更多的新厂。当然，对中、西部乡镇企业起步较晚、还很薄弱的地区，应该允许适当地发展规模，不能“一刀切”。乡镇企业要立足于发展不与国家大工业争原料的农产品加工业，以及其他资源型、劳动密集型产业。

坚持在以公有制为主体的前提下发展多种经济成分的政策稳定不变。我国处于社会主义初级阶段，所有制结构以公有制经济为主体，这一条必须坚持。但同时，又允许在这个前提下发展多种经济成分。个体经济、私营经济是对社会主义经济的有益的、必要的补充，要发挥它们的积极作用，当然，也要加强引导和管理，限制其不利于社会主义经济发展的消极方面。

对主要农副产品实行计划经济与市场调节相结合的购销政策稳定不变。在农村改革中，取消了农产品统购派购制度，对粮食、油料等大宗农产品实行了有计划的合同定购，同时扩大了市场调节的范围和规模，这给农村经济发展注入了活力。对这项改革取得的成绩要肯定，当然也出现了一些问题，例如这个大战、那个大战，等等。为了解决出现的问题，采取一些相应措施是完全必要的，但并不是恢复旧的统购派购制度，而是深化和改善农产品购销制度的改革。为了活跃农村商品流通，对已经放开的农产品，要继续坚持多渠道、少环节经营，积极培育农村市场，支持农民直接参与流通。

以上讲了“6个稳定不变”，当然还不全，这些都是农村干部和广大农民所关心的农村基本经济政策，重申一下是必要的。但同时也要说明，在过去10年中，我们在农村改革和发展农村经济的某些方面也存在一些问题，在改革措施和政策方面也有不完善的地方，需要进一步加以解决和改善，这也是必要的。我们在新情况下采取的一些新措施，就是改革的深化和改善，而不是改变基本政策。这一点也要讲清楚，以利于安定人心，发展农村生产力。

关于稳定农村基本经济政策的问题，江泽民同志和李鹏同志的国庆讲话和五中全会通过的《决定》，都阐述得很清楚了，我在中央工作会议的发言中也谈了这个问题。因为这个问题十分重要，所以今天在这里又强调一下。

（二）要全面抓好农村的各项工作

当前农村工作千头万绪，有许多事情要做，但我认为，最重要的是抓好以下几方面的工作，概括一下，就是坚持“6个一起抓”：

1. 常规农业和开发农业一起抓。如何增加农产品的有效供给？看来要从两方面抓起：一是要抓好常规农业，二是要抓好开发农业。这里所说的发展常规农业，就是在全国范围内，对现在已经开发利用的农业资源，增加物质技术投入，实行集约经营，千方百计提高单位面积产量，实现优质高产，充分提高资源的利用率。所谓发展开发农业，就是对潜在的农业资源有计划地开发利用，为11亿人民开辟新的生存条件，增加农业发展后劲。常规农业和开发农业一起抓，是关系我国农业生产向深度和广度进军的问题，是我国人口多、耕地少的国情所决定的。

在发展常规农业方面，要着重抓好有效的增产措施。一是使用优良品种。二是增施肥料，包括广积增施有机肥，千方百计培植和提高地力。三是推广模式化栽培技术和养殖技术。四是有灌溉条件的地方，实行合理节水灌溉。五是凡是有条件实行机械化作业的，要重视使用农业机械，以进一步提高农业生产效率。农业机械化是农业生产力发展水平的重要标志，是农业现代化的有机组成部分，决不能忽视。六是要千方百计提高复种指数。缺水的地方要注意发展旱作农业，南方还要重视发展冬季农业和再生稻生产。这几方面抓上去了，就可以迅速提高生产能力，收到立竿见影的效果。这几年，有关部门在发展常规农业方面，实施以增产粮、棉为中心的“丰收计划”，实施以解决城市副食品供应的“菜篮子工程”，实施以解决贫困山区人民吃饭问题为基本目标的“温饱工程”，都取得了比较好的效果，要继续扎扎实实地抓下去。对提高我国农产品供给水平有重大作用的商品基地建设要进一步搞好，不能放松。要农林牧副渔全面发展。牧业问题及加强草原建设问题，前年开了全国性的会议，确定的措施有的至今尚未落实，有关部门要抓紧落实。国营农场是发展我国农业的一支重要力量，要发扬传统，坚持改革，开拓前进，进一步把它办好。林业建设要进一步加强，坚持不懈地植树造林，绿化大地，切实保护好森林资源。一定要建设好三北防护林带，继续抓好沿海防护林带建设和水土保持工作。

关于开发农业，前面已讲过了，这里不再详述了。

2. 物资投入和科技投入一起抓。增加投入是发展农业生产的重要保证。多投入才能多产出，应从多方面增加对农业的投入。

要重视和增加有机肥的投入。目前我国地力下降是个十分严重的问题。要千方百计多施有机肥，这不仅能够提高农产品产量，还有利于改良土壤、培肥地力和改善农产品质量。必须采取有效措施，宣传、鼓励广大农民增种绿肥，增施粪肥和土杂肥，大力营造薪炭林，以增加秸秆还田面积。同时，各有关部门要努力增产化肥、农药和农膜等农用生产资料，并切实搞好供应。目前对这3种农用生产资料实行专营，其积极作用要肯定，当然也还存在一些问题。这个办法还要继续实行，存在的问题要采取措施加以改进。

资金投入是多层次的，包括中央、地方、集体和农民的投入。哪一方面的投入都不可缺少、不可代替。除了原有的农业资金渠道外，要多方开辟渠道，增加投入，从去年起逐步建立起来的农业发展基金，中央和地方都要专款专用，每年只能有所增加，不能减少，全部用于农业综合开发，不能挪作他用。增加对农业的投入，主体是农村集体经济和农民群众。要大力动员农民积极投资投劳，发展农业生产。特别是要积极提倡进行劳动积累，可以用义务劳动和以工代赈等多种形式，发动群众搞农田基本建设。去年国务院发出了建立农业发展基金的文件，这是加强农业建设的一项重大措施。现在的问题是，文件中规定的资金来源的几条渠道，不少地方落实得不好。各地一定要按文件规定加以落实和兑现，不能再搞“口号农业”。同时，必须加强农业发展基金的征集工作，一定要认真采取措施，把这笔资金征收上来。尤其要按规定抓紧征收耕地占用税和预算调节基金，因为这是农业发展基金的大头，是能够统筹安排一些重大建设项目的农业发展基金的主要来源，这个来源减少了，国家就无力扶持一些地区进行农业综合开发。今年这两项收入完成得不好。这里面可能有占用耕地减少的因素，但也存在有的地方占用耕地不报，或不积极征收，或征收了不按比例交国库等问题。属于后一种情况，就是不妥当的，应当引起各级地方政府的注意，切实加以纠正。

发展我国农业，要靠政策，靠投入，但更重要的是靠科学技术。小平同志最近在谈到农业问题时指出：“最终可能是科学解决问题”。1979—1988年，我国共取得国内农业科技成果 2 360 项，这些成果的取得和相当一部分成果被推广应用，为 10 年农业的发展提供了重要的技术保证。但由于种种原因，目前还有许多科技成果没有很好地推广利用，这方面的潜力还相当大。当务之急是，寻求切实有效的形式把成功的、适用的农业科技成果在大范围内迅速推广，使之成为现实的生产力。各级政府要加强对科技成果推广工作的领导，各有关部门要密切配合，积极给予支持。最近，国务院发出了搞好科技兴农的决定，希望各地、各部门认真贯彻执行。国务院有关部门还成立了农科教统一协调小组，协调小组要发挥作用，组织好各方的力量，为农业科技成果的试验、推广创造条件。这几年，一些地方加强基层科技推广队伍建设，实行科技有偿投入，使广大科技人员和科研单位从增产效益中取得合理报酬，调动了他们参加科技兴农的积极性，并使科研事业和科技推广工作从服务中得到了发展。另外，有的地方在农业开发中出现一种技术承包集团，其中既有科研人员，又有行政事业和技术推广人员参加，在解决农业开发中的科技问题时，融科研、试验、推广和资金、物资为一体，实现生产要素优化组合，形成一个整体力量，高度发挥了科技、资金、物资投入的作用。有的地方加强对基层科技人员和农民技术员的培训，提高他们的知识和技术水平，通过他们向农民传授实用的农业科技成果，效果也较好。有的地方，聘请下去搞农业开发的科技人员兼任科技副县长，对农业科技成果的推广应用，起了很大的促进作用。这些形式和做法都比较好，各地可根据本地情况，积极推广并不断探索和创造更有效的形式，增加对农业的科技投入，促进农业迅速发展。

3. 发达地区经济发展和贫困地区经济开发一起抓。我们的国家是统一的社会主义国家，实现各地区共同富裕是我们的奋斗目标。因此，发达地区的经济发展和贫困地区的经济开发，一定要一起抓，不能顾此失彼。就全国的工作来讲，要这样抓，就一个地区的工作来讲，也要这样抓。我们国家大，地区发展的不平衡不可避免，但差距不可无限制地拉大，否则，不利于经济协调发展和社会的安定。这两方面工作的结合，也是经济发展的客观规律，是发达地区和贫困地区的共同要求。就贫困地区来说，大多数地方自然资源比较丰富，有充裕的劳动力，但缺人才、缺技术，因而资源得不到合理开发利用，效益不高。就发达地区来说，有人才、有技术、善管理，但原材料不足，能源紧张，劳动力不够用，经济发展受到一定限制。如果双方互利互惠，联合起来，取长补短，实行生产要素优化组合，经济就会得到共同发展。近几年，各地在这方面已经做了很多工作，取得了良好效果。发达地区同贫困地区联合，取长补短，是一项成功的经验，应积极提倡。

扶贫工作要坚持抓好。扶贫要着重搞好经验开发，同时要搞好救灾和救济工作。对贫困地区和贫困户的生活要安排好，不可大意，保证不出大的问题。明年是实现国务院提出的“七五”期间解决贫困地区大多数群众温饱问题的最关键一年。各地、各级政府部门和各行各业对扶贫济困工作，只能加强，不能削弱。国家和地方用于扶贫的各项资金和物资不要减少，并妥善安排和使用好。从根本上改变老少边穷地区的落后面貌，脱贫致富，是一个长期而艰巨的历史任务，要坚持不懈地抓，只要坚持抓下去，肯定会取得很好的成果，发生较大的变化。

4．防汛与抗旱一起抓。我们国家面积大，水旱等灾害年年都有，不是南涝，就是北旱，在所难免。为夺取农业丰产丰收，各地必须增强抗灾能力，要立足于抗灾夺丰收。大江大河的防汛一定要搞好，确保不出问题。为了夺取农业丰收，一定要加强农田水利基本建设。大搞农田水利基本建设，去年各地抓了一下，效果不错。今年国务院又做出了大搞农田水利基本建设的决定，各地都比较重视，已经行动起来了。目前全国有4 000多万人投入农田水利建设，规模之大，是多年来所没有过的。要继续扎扎实实地抓，坚持不懈地抓，只要狠狠地连续地抓它若干年，定会见成效。不能认为发动农民群众在农闲时期投入一定的义务工兴修农田水利，就是加重农民负担，就是“平调”。这是农民在办对自己近期和长期有益的事情，农民是愿意积极参加的。当然，在动员组织中，要注意爱惜民力、民财，适度安排，合理负担，讲求实效。

目前我国的中低产田，主要是土壤结构不良，生产能力低。要通过改土培肥，改善土壤结构，改良土壤肥力构成。良好的生态环境是保障农业稳产高产、增强农业发展后劲的重要条件。要十分重视林业建设，以改善和稳定农业生态环境。在农业综合开发中，一定要山水土田林路综合治理，千万不能忽视林业建设。

5．发展农业生产与计划生育工作一起抓。解决我国农业问题、粮食问题，一定要严格控制人口过快地增长，同时要开源与节流并重。不如此，是难以解决的。

首先，一定要抓好计划生育工作。这项工作一定要抓得很紧，决不能放松。必须把加快生产的发展和控制人口的过快增长统筹规划，同时做好。任何只考虑生产问题，不考虑人口问题的做法，都是不具有完整的农村经济观的做法。我国农村，尤其是贫困地区，是超生的重点地区，一定要采取有效措施，做好计划生育工作，控制人口过快增长，以收到增加生产和节制人口的双重效益。

二是要切实保护好耕地。耕地是我们当代人、也是子孙后代赖以生存的资源，必须予以保护。这几年大量滥占耕地的情况虽有所好转，但仍要进一步严格控制。要把开发建设新的耕地同严格控制占用、节约使用耕地结合起来，千方百计稳定耕地面积，保护好现有农田。加强行政管理、征收耕地占用税是一个办法，另外也可以考虑，通过立法的办法划定永久性农用耕地，就是不能占用。国家土地管理局和农业部正在全国部署划定基本农田保护区工作，各级政府要重视和支持这项工作。有的省确定人均占有耕地面积常数，采取多种措施保证人均占有耕地面积不减少，这种做法，值得提倡。总之，一定要扭转耕地减少的趋势。

三是增产粮食与节约用粮要并重。据《人民日报》报道有关方面人士的测算，目前一年全国粮食在收获、储藏、运输、加工和消费方面的损失，近2 000亿斤。如果是这么个情况，这个数字就相当于4亿亩耕地的产量。这是多么大的浪费，又是多么大的潜力。如果工作搞得好，少损失一半，就等于增产千把亿斤粮食，即使节约1/3，也相当于增产600多亿斤粮食。而我们每年增产200亿—300亿斤粮食是多么的难。因此，一定要采取措施，挖掘这方面的潜力。不能只埋头抓增产，而不去抓节约。这个问题要摆到日程上，很好地研究解决。

6．物质文明建设与精神文明建设一起抓。明年各地在经济工作中，要把大力发展农业，特别是发展粮棉生产，结束徘徊局面，作为一项硬任务来抓。调出粮的地区争取多调出一些，调入粮食的地区，要进一步抓好粮食生产和节约用粮，争取少调入一些。加强农业，首先需要各级党委和政府把农业问题摆上主要日程，盯住不放。特别是地县领导，要把主要精力放在发展农业特别是粮食、棉花

生产上。大中城市也要充分重视和加强农业，特别要搞好蔬菜生产和其他主要副食品的生产，有条件的要采取多种形式加强和发展粮食生产。总之，都要坚定不移地、不折不扣地执行中央决定的向农业倾斜的政策，并真正落到实处。办好农业是全党全社会的事情，不单单是农业部门和广大农民的事情，要号召和组织各个部门、各行各业都来大力支援农业。中央已决定，把粮、棉和其他主要农产品生产能不能搞上去，农业后劲是不是真正增强了，作为考核省、地、市、县工作和领导干部政绩的重要标准。只要各级领导干部特别是主要领导同志有长期打算，亲自动手抓农业，人力、物力、财力向农业倾斜的问题就好解决了，农业登上新台阶是有希望的。

有个问题在这里强调一下。就是要努力减轻农民的社会负担。经过几年的休养生息，农民的生活确实有所改善，有的逐步富裕起来了，但对农民的富裕程度要有一个正确估计，不能估计过高。现在有些地方对农民不适当的摊派很多。据农业部调查，目前农民负担，除税收外，人均社会摊派费用一般为50—60元，高的达100多元。这么个搞法，既影响了农民的生活和扩大再生产的能力，也损害了党与政府同农民的关系。办事情，应当有正常的资金来源渠道，应是有多少钱，办多少事，不能随意对农民扩大提留和乱摊派。要研究确定一个有效办法，坚决禁止对农民随意扩大提留和乱摊派，包括应尽快制定《农民负担条例》。

当前，农村抓精神文明建设，要认真学习江泽民同志的国庆讲话和党的十三届四中、五中全会精神，使农村广大干部和群众的思想统一到这方面上来。要对广大干部和农民进行政策教育、形势教育和全局观念、法制观念教育，提倡勤劳致富，坚持走社会主义道路，移风易俗，遵纪守法，促进农村经济繁荣，维护农村社会安定。

要下工夫加强农村基层组织建设，充分发挥党支部和村民委员会的作用。现在农村还有相当一部分基层组织软弱涣散，许多工作、政策落实不到群众中去。有些地方偷盗、赌博、拐卖妇女、搞封建迷信活动，以及恶性案件不断发生，都同这个问题有关，一定要加强基层组织建设。农村的广大党员和干部，绝大多数是好的和比较好的，他们在带领群众贯彻执行党和国家的方针、政策，发展生产，勤劳致富，繁荣农村经济等方面，做了大量的工作，对此要有个正确的分析和估计。要两点论，不要一点论。要肯定他们的主流和贡献，同时善意地指出他们存在的问题和不足之处，采取教育的方法、引导的方法，解决他们认识上、工作方法、工作作风方面存在的问题。至于少数人违法乱纪、贪污受贿等，则应当严肃处理。要进一步加强基层领导班子建设，注意选拔年纪轻、有文化、办事公道、联系群众、有献身社会主义事业精神的人充实基层领导班子。同时，把加强基层组织建设和培养锻炼干部结合起来，从县以上领导机关选拔有培养前途的青年干部定期到基层工作。要加强对基层干部的培训，提高他们的政策水平和工作能力，使之成为党和政府联系农民群众的优秀的组织者和领导者。

同志们！明年是执行“七五”建设计划的最后一年。让我们认真贯彻党的十三届五中全会精神，齐心协力，艰苦奋斗，扎扎实实地工作，以把农业综合开发进一步搞上去、夺取明年农业丰收的优异成绩，跨入光辉的“八五”建设时期。

在国家土地开发建设基金管理领导小组第八次会议上的讲话

田纪云

（1989 年 12 月 28 日）

今天这个会开得非常好，非常重要，也很及时。现在我讲几点意见：

一、认真总结经验，把农业综合开发推向新的发展阶段

近两年的农业综合开发已经有了一个良好的开端，初步取得了成效。11 月份召开的全国农业综合开发经验交流会，对农业开发做了初步回顾，会上许多地区介绍了开发的经验，中央有关部门也在会上发了言。现在看，农业综合开发的路子是对的，成效是大的，广大干部群众对农业综合开发积极性很高，干劲很大。各级党政领导也十分重视，亲自抓，亲自过问，研究解决问题，农业开发进一步发展的前景非常好。现在的任务是，正确地、实事求是地总结近两年大规模农业综合开发的经验，肯定成绩，克服缺点，鼓舞士气，增强人们的信心。进一步调动各级政府、各有关部门和广大农民搞开发的积极性，动员各部门、各行业多层次、多渠道增加对农业开发的投入，将农业综合开发推向新的水平、新的发展阶段。今天开会，正是为了这个目的。

二、下决心增加对农业的投入

要以此进一步推进农业综合开发，促进农业的发展，为实现 2000 年的目标做出不懈的努力。对于农业的重要性和农业在国民经济中的地位，对 10 年农村改革的看法，对农村政策要保持稳定等，这些五中全会已十分明确了。今天我只讲一点，就是必须增加对农业的投入。增加对农业的投入，当然首先要调动农民投入的积极性，但是国家包括地方都要增加投入。五中全会做了决议，就必须坚决贯彻落实。我们除了对农民发出号召，对地方做出指导外，中央有关部门也要有所行动，银行、财政和计委都必须考虑。这次计划会议，李鹏同志主持听汇报时，又对农业增加投资 5 亿元，这也是个支持。计委也做了表示。财政方面也应有所表示。财政上要增加对农业的投入，要向农业倾斜，要增加农业综合发展资金。请财政部考虑一下，用什么办法适当增加中央农业开发基金的问题。有一个建议，请怀诚同志回去研究一下，把补税罚款的收入，特别是农村乡镇企业、个体户、私营企业补税罚款的收入，拿一定比例扩大农业开发基金，使开发基金增加一个来源。银行也要增加对农业的投入，金融贷款要向农业倾斜，这也是银行贯彻五中全会精神的具体内容。人民银行至少在最近 5 年内，每年安排 5 亿元农业开发贷款，既给指标，也给资金，银行的同志已做过研究，就这么定了。这笔贷款用于农业综合开发中一些见效快、效益好、能很快收回投资的项目。有些项目效益很好，但财政资金没有力量，如广东斗门的滩涂开发，雷州半岛糖料基地开发，福建也有类似项目。还有一些地方的农产品加工项目，利润都是很高的。再如用于制盐，像山东惠民、东营一些盐场是赔不了钱的。这样的项目，就可以用贷款，有的第二年就可以归还。就是在贫困地区，也有这种能还账的项目。贷款根据国家农业综合开发规划分配，由人民银行会

同地方有关银行办理贷款手续，由用款单位归还，地方财政或有关部门贴息。对农贷利率和还款期问题，需做通盘考虑，但可先明确两条：第一，近期内利息不浮动；第二，不搞加息罚息。关于解决农用物资问题，我有这样一个想法，能否同苏联和东欧一些国家搞以货换货，我们用一些机电产品（如黑白电视机等）和日用消费品同他们换一些柴油、化肥、农药等，用于农业开发，请经贸部研究一下。各行各业都要支援农业，都得有所表示。五中全会把农业的重要性提到这么高的程度，用中国语言只能达到这个程度，没法再高了。但是，如果各行各业没有具体行动，还是原地不动，就没什么意义了。

对农业还要大力扶持，大力发展。建国以来，特别是10年改革以来，我国农业有很大发展，农民生活有很大改善，但是在一些地方，有的农民还是很穷的。我这次到贵州，看到一个当了30多年支部书记的干部，家里除了一张桌子、几条凳子，什么也没有。我们不能只看到少数比较富裕的，那究竟占多大比例？不能一概而论。不能认为中国农民都很富了，在农民身上打点主意没什么问题了。如果说，现在向农民多拿100亿—200亿元支援工业，那是不实际的，那会天下大乱。我国农民觉悟比较高，对共产党感恩不尽，但有些确实还很穷。不要以为多数农民都成了小康之家，这是错觉。就是少数地区农民富裕情况是否能持久，它那个乡镇企业是否站得住脚，还是问题。有的地方已经出现这些问题，包括泉州、珠江三角洲那些地方，有相当一批人就得回去种地，而且人均只有三分地。你说他以前富得流油，能继续流下去吗？所以，对农村的问题不要看得那么简单，还得说要扶持，支持农民发展经济。当然，我们对先富起来的一些地区、一些个人，应该也可能用税收等经济的办法加以调节。只有发展农村经济，才能保持农村稳定。一个是要发展经济，一个是政策要稳定。政策不对头，经济也发展不起来。对发展农业，有的同志的思路还是靠合作化。如果现在来个合作化，中国农业就会垮下去。现在还要在生产关系上做文章，搞过去那种大呼隆是不行的。为什么苏联那么多大的集体农庄，他们现在的农业还这么糟糕，供应还这么糟糕？他们农业合作化程度最高，而且搞了几十年，为什么不能解决农产品供应问题？我们也搞了不少年合作化，但解决不了问题。现在又回过来实行以家庭经营为主的多种形式联产承包责任制，就是因为目前这种形式适合我国绝大多数农村的生产力水平。所以，农村实行家庭联产承包责任制的政策要继续稳定，不能改变。要下决心增加对农业的投入，进一步搞好农业综合开发，这是一条正确的道路。

三、农业开发要走综合开发治理的路子，有关部门要齐心合力

首先要明确一个概念，农业开发决不能只理解为开荒，特别是在山区搞开发，更不能简单理解为就是开荒。山区如何搞农业开发？我在贵州有个讲话，提了几条，在这里我就不详细讲了。其他地区的农业开发，重点是改造中低产田，但也要山、水、田（土）、林、路综合治理，要实行综合开发，取得综合效益，要坚持经济、社会、生态效益三者并重。一定要综合开发、综合治理，单打一不行。单纯治山不行，单纯治水不行，单纯治土也不行，治山治水不造林，没有良好的生态环境也不行，山、水、田、林都搞了，路不通，产品都烂在那里，运不出来怎么办？它们是互为条件、互相影响的，孤立地去搞都不行，都很难取得成功。所以要综合治理，要改善农业生产的基础条件，在深度开发和生态环境的维护上下功夫，特别要重视植树造林，防止水土流失，创造一个良好的生态环境，这样建设稳产高产农田才有保证。

农业综合开发是一项系统工程，各有关部门要协同作战，齐心合力把农业综合开发搞好。在开发工作中要密切配合，互相支持，发挥自己的优势，不要互相推诿、扯皮。农业开发要按项目进行，不能给下面按部门切块分钱，农业多少，水利多少，林业多少。按项目来，根据客观需要安排，哪个地方、哪个部门需要多安排一些，哪个部门可少安排一些，从实际出发，不要从上而下切块。按项目反馈回来，哪个该多少就是多少，这样符合实际，手续简单，扯皮又少。

农业开发，各有关部门要做出自己的努力，但不要让什么公司插手开发，要把那些想在这里面赚钱的公司拒之于开发大门之外，这个指导思想要非常明确。因为农业开发从根本上讲是政府行为，是国家宏观决策的问题，是国家调节经济布局和发展生产的一个非常重要的措施，如果一旦把它变成一个企业行为、商业行为，它就根本不能体现国家的政策。我们指导农业开发，必须按照政府的意图，必须按照我们资源开发的规划，而且是综合治理，要考虑各种效益，经济的、社会的、生态的和近期的、长远的等多种效益。如果让公司插手，出于赚钱的目的，就可能只考虑经济效益和眼前利益，这个开发就非失败不可。

农业综合开发投资，不纳入国家固定资产投资的笼子，国务院过去就明确过，现在仍然有效。

四、关于农业和农业开发的领导机构问题

现在没有农委，农研室也没有，农研中心也撤掉了，靠什么来协调我们农业方面的事呀！土地开发领导小组改为农业综合开发领导小组，内涵也大了。我向江泽民、李鹏同志汇报过，通过领导小组实现党中央、国务院对农业的意图。我们这个领导小组，实际上是国务院指挥农业的一个机构，我们对外叫农业综合开发领导小组，但研究问题有些也超出农业开发这个范围，扶贫问题可以研究，其他农业和农村政策问题也可在这里研究，因为有关部门都在这里，我们在这里研究研究，再提到国务院常务会议决策就比较好办。所以我们这里实际是研究、决策农业问题的一个机构。至少国务院的两位同志在这里，还有一些内阁成员在这里，要么是一些部门掌权的同志在这里，有些事情在这里就可以拍板，有些事情可以提出决策性的建议。

扩大领导小组成员，再把经贸部加上。具体增加的人员：化工部顾秀莲，商业部潘遥，经贸部李岚清，人民银行周正庆，国家科委郭树言、气象局章基嘉，石化总公司费志融，物资部凌毓勋改为蔡宁林。

我赞成给开发办增加 10 个编制，增加的人要有点质量，要有点专业技术。要明确，开发办不是一个临时机构。今后有许多项目，有许多开发的地方，要不要在那里搞开发，以及开发过程中的督促检查，开发办要过问，任务是很重的。组织工作要请有关部门参加，发挥他们的作用。今后的领导小组会，可让全国农业区划办和扶贫办负责实际工作的同志列席，有些事需要交给他们办的，就交给他们办。有些会，也要请有关的新闻单位参加，请他们在宣传上给予配合，发展农业的舆论还是要造的。

五、原则同意开发办提出的明年第一批立项开发的意见

可增加个广西的粮食开发项目。贵州很穷，是否投资再增加一点，发展油茶问题也可考虑。我们搞大规模的农业开发明年是第三年了，为什么我们明年才考虑云、贵等贫困地区的农业开发呢？这是因为，如果我们一开始就从较贫困的地方干起，那么我们第一炮就难打响。所以，我们刚起步时，就跟啃骨头一样，先啃它一块肉，这样既有实际效益，缓解我们农业的困局，也可增强大家对农业开发的信心。但是，现在应考虑贫困地区了，再不考虑，不要说他们有意见，也不应该。再说，这些地区都是大量调入粮食的，支持他们搞开发，可以提高他们的粮食自给率，减少调入，这对减少调粮的财政补贴和运输压力也有很大意义，对这些地区整个经济发展更具有重要意义。

搞油茶，中央扶持一下，以地方为主。搞多大面积，胃口不要一下太大，不要一下铺开，要一片一片地搞。要发动群众搞，投资的主体是群众。要调动农民的积极性，调动县（市）的积极性，中央给予启动，国家大包大揽没有这个力量，效果也不好。要一块一块地干，干好了起示范作用。现在黄淮海等十几片开发这么一搞，全国其他地方都在搞，这就是示范作用。

六、各地和有关部门要切实抓好今冬明春的田间管理，特别是冬灌、春灌，为夺取明年农业丰收打好基础

请农业部、水利部准备召开一个电话会议，推

动这项工作。如果明年夏粮受到干旱或春寒的影响，明年粮食生产将是相当不乐观的。对明年农业，特别是明年夏粮，都不要制造过于乐观的情绪，要持十分慎重的态度，到底能不能增产，能不能丰收，现在还说不清楚。如果明年夏粮来个大丰收，对稳定形势十分有利，我们要努力争取夏粮丰收。

对大面积干旱的地方，抗旱经费要及时下拨，要“雪里送炭”，特大抗旱经费就要用在刀刃上。现在要注意冬灌春灌。一个抗旱，一个救灾，所需经费都不能从开发基金中拿，要动用特大抗旱经费，至于旱情大，经费超支再说。

在第七届全国人民代表大会常务委员会第十六次会议上的汇报发言（节选）

田纪云

（1990年10月）

为了使我国农产品稳定增长，从我国的国情出发，这几年我们狠抓了农业的综合开发工作。农业开发的重点是，改造中低产田，同时开发利用一些宜农、宜林、宜牧、宜渔的荒地、荒山、荒坡、荒滩、荒水，扩大人民生存和社会、经济发展的新资源。为此，从1988年开始，国务院决定将上交中央的耕地占用税，作为农业综合开发基金，并成立了国家农业综合开发领导小组，有计划地进行农业综合开发。1988年，国家安排的第一批综合开发区包括黄淮海平原、三江平原、松辽平原等11片地区，已陆续进入效益发挥期。1989年，国家又在四川、湖北、湖南、江西、宁夏、内蒙古、海南及黄河口三角洲等9片地区立项进行开发。今年，在经济比较困难和缺粮省、区中，又选择具有粮食增产潜力的地方，作为基地进行开发，还安排了一批支持山区建设保水、保土、保肥的稳产高产农田的建设项目。这样，不仅可以提高这些省、区粮食自给水平，而且对其整个经济的发展具有重要意义。现在，国家立项的开发区已达34片，总投资42亿元，计划改造中低产田553万公顷，开荒67万公顷。农业综合开发，从一开始，就明确强调，一是以增产粮棉油为中心，农林牧副渔全面发展，防止单打一；二是要实行山水林田路综合治理，避免破坏生态，造成新的水土流失，把经济效益、社会效益、生态效益密切结合起来；三是对新开发的资源，实行规模经营，提高经济效益；四是制定了一系列开发、管理承包和科技承包的责任制，以及其他鼓励政策，调动农民和科技人员参与开发的积极性。1988年和1989年立项的20片开发区，今年已见成效，改造中低产田262万公顷，开垦宜农荒地41.47万公顷，造防护林40万公顷，改良草场12.87万公顷。到今年底，预计新增生产能力：粮食795万吨，棉花19.5万吨，油料36万吨，肉类26万吨，糖料43万吨。据有关部门测算，农业综合开发搞得好，有可能承担一半主要农产品增产的任务。所以，农业开发是增强农业基础地位的希望所在，要坚持不懈地抓下去。

在全国农村工作经验交流会上的讲话（节选）

田纪云

（1991 年）

要把农业开发作为攀登农业新台阶的战略措施来抓。

近几年，农业发展的一个新特点是从我国人口多、耕地少、农产品供求矛盾将长期存在的实际情况出发，实行常规农业和开发农业两手抓，为提高农业的综合生产能力和开发利用新资源打开了新局面。开发农业，主要指农业综合开发，还有扶贫开发。综合开发，在短短的三年里，已在全国大规模展开，由于方针明确，路子对头，取得了显著效果；扶贫开发，在“七五”期间，解决了大多数贫困地区人民的温饱问题。实践证明，这两个开发都是成功的，为农业登上新台阶和改变农村落后面貌开辟了新途径，受到各方面的欢迎和支持。各级政府要把开发农业长期摆在重要议事日程，坚定不移地抓下去。

农业综合开发要注重向深度和广度进军，不断增加市场需求的农产品总量。在深度上，要始终坚持以改造中低产田、提高单产为重点，充分挖掘现有农业资源的增产潜力，这样投资少、见效快、效益高。在广度上，要有计划有重点地开发新的农业资源。资金投向相对集中，要一片一片地干，干一片成一片，受益一片，决不撒胡椒面，不要一哄而起。同时，农业综合开发要和扶贫开发、农田水利基本建设、山区小流域治理、植树造林、以工代赈等，在同一地区密切结合，相互配套，从宏观上构成大规模的整体开发工程。

无论是开发农业还是常规农业，都要发挥“科技、教育兴农”的作用，把保证开发质量和效益放在第一位。决不能干劳民伤财的事，防止一切形式主义的花架子。所有的开发项目，立项前要科学论证，立项后要科学管理。为了提高开发资源的利用率，对那些行之有效的受农民欢迎的成熟的适用技术，诸如杂交良种、高产栽培、养殖技术，科学施肥用药、节水灌溉、地膜覆盖技术，林木良种选育和科学种植技术等，列出一批，大力推广，逐步建设高产稳产田、吨粮田。特别是有灌溉条件的地方，应当把建设吨粮田作为发展目标。还要采取有力措施，鼓励和支持科技人员到农村去，通过科技承包或其他形式，把科技人员的智力投入与应得的报酬结合起来，把推广技术的成果与评职称挂起钩来。生产资料供应部门，对推广科技成果所需要的化肥、农药等，要优先保证。为了发挥技术和物质投入的作用，要重视对农业劳动者的培训，提高农民的科学文化素质，把项目开发和人力资源开发结合起来。今后农业开发项目，可以考虑像扶贫开发那样，在投资中划出 5% 左右，作为项目区的管理者和劳动者的培训经费，花小钱保大钱，提高开发项目的成功率。

除此以外，还要重申：坚持山水田林路综合治理，提高农业综合开发的经济效益、社会效益和生态效益；坚持资金有偿投放，回收周转，滚动使用，建立有活力的农业开发机制；坚持把农业开发与农民的切身利益结合起来，落实各项优惠政策，对多数群众参加的工程一定要实行互利合作、等价交换的原则，使农业开发保持长久的生命力；坚持在各级政府领导下，有关部门密切协作，相互支持，共同努力搞好农业综合开发这项宏伟事业。

在参观全国农业综合开发成果展览后的讲话

田纪云

（1991 年 10 月 28 日）

全国农业综合开发成果展览搞得不错，比较全面、系统地展示了几年来农业综合开发的成果。看后令人兴奋、令人鼓舞、令人增强对农业发展前途的信心。

大规模地进行农业综合开发，是 1988 年从黑龙江省三江平原开始的，到目前已扩展到 26 个省（区、市）及 11 个计划单列市的 42 片地区，涉及近 900 个县（市、区）和 300 多个国营农牧场。凡是立项进行开发的地方，效果都十分显著，受到广大干部和群众的普遍欢迎。可以说，农业综合开发项目区已遍及全国各地，而且搞得既轰轰烈烈，又扎扎实实，到目前为止，还没有发现搞“花架子”和形式主义的。据统计，开发项目区已新增生产能力：粮食 200 多亿斤，棉花 700 多万担。

农业综合开发效益这样好，是因为中央和国务院一开始就提出明确的指导思想和方针政策，这就是：以增产粮棉油肉糖为中心，以改造中低产田为重点，同时开垦部分宜农荒地。在措施上，坚持山水田林路综合治理，而不是单打一，改变了过去头痛医头、脚痛医脚的方法；在资金投入上，实行多渠道、多层次、多形式，国家、地方投入与农民集资、投劳相结合，部分资金采用有偿滚动使用的办法，资金有回收后，农发基金制度将逐步建立起来，可滚动使用的资金就更多了；在管理方式上，借鉴世界银行的办法，实行按项目管理；注重科技投入，广泛动员和吸收科技人员参与，发挥科技的作用。实践证明，几年来农业综合开发的方针、政策是正确的，成效是显著的，提高了农业的综合生产能力，增强了农业抗御自然灾害的能力。在今年洪涝灾害发生的地方，表现得更为明显。农业综合开发给我国农业注入了新的活力，为农业生产的蓬勃发展奠定了良好的基础，对 90 年代农业上新的台阶将会起重要作用。今后，我们要继续沿着这个路子走下去，坚定不移地按既定的方针，向农业资源开发的深度和广度进军。

农业综合开发目前情况很好，需要研究下一步如何深入发展的问题，要研究一些配套措施。可考虑逐步把农产品加工、流通，甚至于配套的农用生产资料及冷藏等基础设施建设，纳入农业综合开发的范围；农业综合开发不仅要讲求数量，而且要讲求质量，今后开发的面不一定再扩大（当然也不是一点也不再增加），要重视加工增值，请国家农业开发办组织研究一下。这次展览是对农业综合开发成果一种很好的宣传形式。今后，要加强对农业综合开发的宣传报道。国家农业开发办可组织新闻单位深入开发项目区看看，进行农业综合开发系列报道，在全国造成一定声势，以推动农业综合开发进一步深入发展。对农业综合开发所需的化肥、柴油等物资，有关部门要全力确保，支持这一伟大事业。

在中央农村工作领导小组听取农业综合开发工作汇报后的讲话

姜春云

（1995 年 4 月 8 日）

这个汇报是实事求是的，总结了 7 年来农业综合开发工作，对 1995 年工作的安排，今后 6 年增产 500 亿斤粮食的初步设想和当前需要解决的几个问题，都做了汇报。我原则同意。过去 7 年全国农业综合开发的成绩是显著的。农业综合开发对改善农业基本生产条件，提高农业综合生产能力，增加粮棉油肉糖等主要农产品的社会有效供给，增加农民收入，脱贫致富奔小康，由传统农业向现代化农业转化，发挥了重要作用。农业综合开发，得到各级党委、政府领导的重视和支持，广大农村干部欢迎，广大农民群众称赞、叫好。实践证明，农业综合开发，是强化农业基础地位，发展农业和农村经济的有效途径，是符合我国农村实际的发展现代化农业的战略选择。必须坚持抓下去。

过去 7 年，国家农业综合开发办的同志们围绕农业综合开发做了大量艰苦细致的工作，取得了显著成绩，积累了丰富的经验。对成功的经验应继续总结推广，进一步发挥农业综合开发的作用。

国家农业综合开发办公室安排 1995 年农业综合开发的工作任务、资金分配意见和“九五”计划指标，是可行的，要抓紧组织落实。

要从我国国民经济发展战略目标来看待农业综合开发，实践证明，粮棉增产，农民增收，农业现代化，都离不开农业综合开发，对农业综合开发要加深认识，要坚定不移地抓下去，在农业综合开发上做文章，搞突破。

要坚持效益第一的原则，讲求投入产出率。对各地区的农业综合开发项目，必须通盘考虑，认真筛选，优先安排投入少、产出多、见效快的项目，将有限的资金集中重点投入到效益最好的项目。

要坚持集中连片、综合开发，实现区域规模开发，突出重点，兼顾一般。从中央来说，要抓几大片，对水土资源条件好、增产潜力最大的农业区域，由中央重点扶持。究竟搞几大片开发区域，还要研究。中央不能搞很多片，先搞 4—5 片，以区域为单位，河南周口地区集中连片。如果农田水利配套，就能增产。这个地区以搞水利为主，只要在农田打井，把农田整平，就能增产粮食 20 亿斤。我这次到山西看农田地下水管道，既能省水、省地、省电，又能高产，每亩需投资 150 元，只要国家按每亩给 20 元，就能引导农民投入，我看，搞几片开发区，一年增产 100 亿斤粮食，是有可能的。中央财政投入有限，要抓住重点，究竟怎么搞法，还要研究。

要提倡开发与开放相结合，开辟农业综合开发资金渠道，要与农业各方面的资金渠道相结合，我们财政、银行部门都为农业综合开发做了贡献。但目前资金有限，满足不了农业综合开发项目的需求。为此，我想，在农业上，也要提倡招商引资，抓开发农业。目前，对农业的投入，与二、三产业相比，不成比例，二、三产业可得到上万亿元的投入，而农业却得到很少。在这种情况下，要拓宽招商引资的渠道，将外资用到农业综合开发项目上来，用于农田基本建设。通过专家考察评估论证后，选定一些开发项目，进入项目库，必要时，提出来招商引资。我国农业回报率不低，如对种、养、加、销一条龙项目，贸工农一体化项目以及形成规模的产业化项目，都可以考虑立项，招商引资。

要加大科学技术在农业综合开发中的比重，推广先进适用技术，特别是优良品种繁育推广，不断提高广大农民科学素质水平。

既要抓好当前农业综合开发，又要抓好2000年农业综合开发规划。在汇报中提到当前需要解决的几个问题，要抓紧研究，尽快解决。例如，对地方农业综合开发组织机构和人员问题，请俊生同志在全国农业综合开发经验会议上强调，农业综合开发组织机构和人员，只能加强，不能削弱，以利于完成农业综合开发任务。

致全国农业综合开发经验交流会的贺信

姜春云

（1995年4月24日）

同志们：

今天，全国农业综合开发经验交流会议开幕，我代表党中央、国务院表示热烈的祝贺。

这次会议是在全党加强农业和农村工作的新形势下召开的。陈俊生同志将在会上做重要讲话。希望同志们认真学习领会中央经济工作会议和农村工作会议精神，总结交流7年来农业综合开发工作的基本经验，研究落实今后的工作任务，切实把会议开好。

农业综合开发是我国农业和农村工作的重要组成部分，党中央、国务院十分重视，并寄予很大希望。7年来，同志们艰苦创业、开拓进取，突破了传统的农业发展模式，探索出一条适合我国国情的农业综合开发路子，这是非常可贵的。实践证明，农业综合开发，在改善农业基本生产条件，提高农业综合生产能力，增加主要农产品的有效供给，增加农民收入等方面都发挥了重要的作用，是加快我国农业现代化建设的有效途径。今后6年，是实现我国国民经济和社会发展第二步战略目标的关键时期。加快农业发展，保证粮、棉、油、肉、糖等主要农产品的稳定增长，保证农民的实际收入有较多的增加，是农村以至整个经济工作的突出而又紧迫的任务。农业综合开发要为本世纪末新增1 000亿斤粮食和农民生活达到小康水平的目标发挥重要作用，在更高的起点上做好工作。

首先，各级党委、政府要从实现我国经济发展战略目标的高度，充分认识农业综合开发的重要性，把这项工作作为加强农业和农村工作的一项重要任务来抓。各级党政一把手要关心支持这项工作，亲自调查研究，具体部署，抓好落实，努力把农业综合开发提高到新的水平。

其次，要进一步明确农业综合开发的指导思想和基本任务，从实际出发，围绕主攻方向、主要目标搞开发。要坚持效益第一的原则，讲求投入产出率；坚持连片开发，实现规模效益；坚持依靠科技，走以内涵开发为主的路子；坚持以提高粮棉油肉糖等主要农产品综合生产能力为重点，同时以市场为导向，发展多种经营及龙头项目，带动农产品的系列开发，把保证主要农产品稳定增长与增加农民收入有机结合起来。

第三，要切实解决好农业综合开发的投入问题和机制问题。各级财政资金的投入要逐年增加，银行专项贷款也要按政策规定足额及时到位。继续贯彻国家引导扶持与农民自力更生投入相结合的方针，广泛吸收社会资金，积极利用外资，建立和完善多渠道、多层次、多方位积累和使用农业综合开发资金的新机制。要深化改革、扩大开放，做到开发与开放相结合。要像发展二、三产业那样，对农业综合开发项目，实行招商引资、招标投标，吸引更多的国内外资金、技术、人才和管理经验，为加快农业综合开发和整个农村经济发展服务。

同志们，农业综合开发是一项意义重大的开拓性工作，从事这项工作是很光荣的。希望大家发扬成绩，振奋精神，坚定信心，抓住机遇，扎实工作，努力开创农业综合开发工作的新局面，为推动农业和整个农村工作上新的台阶做出新的更大贡献。

预祝大会取得圆满成功！

在广西考察工作时的讲话（节选）

姜春云

（1995 年）

要从战略的高度，充分认识农业综合开发的重大意义。到本世纪末，实现我国农业发展的战略目标，无论是增产 1 000 亿斤粮食，还是农民生活达到小康水平，都必须加大农业综合开发的力度。我国的基本国情是人多地少，全国人均 1.2 亩地，只相当于世界人均耕地的 1/3，而且人均耕地呈继续下降的趋势。从长远看，我国农业承担着人增地减的双重压力。要满足全社会对农产品日益增长的需求，并不断增加农民的收入，必须在保护好现有耕地、提高现有耕地产出率的同时，立足整个国土资源的综合开发，提高资源利用率。我国耕地有限，但农业后备资源潜力很大。全国有 5 亿亩可垦荒地，40 亿亩可利用的草场草坡，10 亿亩可开发的沙荒地，还有许多可供养殖、开发的淡水水面和广阔的海域。这些资源有计划地开发利用起来，可以增产大量的粮食和其他农产品。现有耕地中约有 10 亿亩中低产田，经过改造，也可以大幅度增加产量。据有关部门测算，到本世纪末增加 1 000 亿斤粮食，在很大程度上要靠农业的综合开发。增加农民收入，也必须立足于农业资源的综合开发和利用。农业开发是一个内涵十分丰富的概念，它包括改善生产条件，生态环境，增加投入，加大科技因素，还有粮棉油糖、林果、畜牧、水产、加工、运销和强化社会化服务等产业的开发建设，是一项巨大的系统工程。可以说，搞好农业综合开发，把资源优势变成经济优势，事关农民脱贫致富奔小康，事关农村社会主义现代化，事关改革、发展、稳定的大局，意义深远重大。在这个问题上，我们应当深化认识，统一思想，增强使命感、紧迫感，力求在几年内使农业综合开发有大的突破，确保农业、农村经济上新的台阶。

从广西来看，农业综合开发可以说潜力巨大，前景广阔。广西突出的优势，一是山地资源多，号称“八山一水一分田”。全区有山场 2.6 亿亩，可利用的 1.1 亿亩，每人平均有两亩半山场，发展种植业、养殖业、林果业都大有可为。二是水电资源丰富。三是矿产资源品种多。四是气候条件好。地处亚热带，雨量充沛，光照充足，年降雨量 1 200—1 700毫米，无霜期 330—350 天，一年四季都可种植作物，这是得天独厚的条件。五是海域面积大。海岸线长达 1 500 多公里，距海岸 10 米内的浅海 600 万亩，目前只利用了几十万亩，开发的潜力很大。我们一路上看到不少靠资源开发迅速致富的典型。这些典型，有的处于沿海发达地区，有的处在贫困山区，很有说服力。实践证明，无论平原、山顶、丘陵、沿海，只要认识了资源优势，找

准了突破口，发展思路对头，就可以做到一年起步，二年发展，三五年脱贫致富。你们已经做了大量工作，有了一个良好开端，下一步由点到面，逐步展开，继续做好资源开发这篇大文章，改变农村面貌大有希望。

在东北四省区农业生产座谈会上的讲话（节选）

姜春云

（1995年）

加强农业综合开发力度，推动粮食和其他农副产品再上新台阶

农业综合开发是国家保护、支持、发展农业的一项战略措施。近几年来，农业综合开发为我国农业和农村经济的持续稳定发展发挥了重大作用。今后，要提高农业的综合生产能力，到2000年粮食再增加1 000亿斤，确保农民生活水平达到小康，必须进一步加大农业综合开发力度，取得新的突破性进展。

（一）农业综合开发成效显著

自1988年国务院决定在全国范围实施大规模的农业综合开发以来，国家立项的农业综合开发区已经发展到29个省（区、市）的46个区域，涉及1 000多个县和近400个国营农场。到1994年，农业综合开发累计投资328亿元，完成改造中低产田1.48亿亩，开垦宜农荒地1 892万亩，植树造林2 100万亩，改良草场700多万亩。累计新增生产能力：粮食460亿斤，油料146万吨，糖料1 527万吨，肉类近90万吨。分别是同期全国增加量的46.7%，22%，6.6%和106.3%；开发区累计增产棉花1 150万担，占目前全国棉花产量的1/8强。

东北地区是国家重点开发区之一，国家先后将黑龙江省的三江平原、松嫩平原，吉林省中部松辽平原及延边地区，辽宁省的辽河平原及辽河三角洲地区，内蒙古自治区的东四盟地区立项开发。与全国一样，4省区的农业综合开发取得了可喜成果。据不完全统计，到1994年，项目区累计完成投资53亿元，占全国农业综合开发总投资的16.2%；改造中低产田3 231万亩，占全国的21.8%；开垦宜农荒地516万亩，占全国的27.2%。形成新增粮食生产能力156亿斤，占全国的1/3，占4省区同期粮食增产量的47.7%。此外还增产油料3.5万吨，糖料35万吨。黑龙江、吉林两省开发区的粮食商品率比开发前增加1倍多，辽宁、内蒙古过去是粮食调入省，近2年粮食自给略有节余，农业综合开发立了大功。另据黑龙江省调查，项目区农民人均纯收入比开发前增收91.7%，比全省平均水平高12.8个百分点。

总之，农业综合开发坚持以改造中低产田为重点，以增产粮棉油肉为主要目标，实行山水田林路综合治理，农林牧副渔全面发展，不断向农业生产的深度和广度进军，取得了显著的经济效益、社会效益和生态效益。

（二）东北4省区农业综合开发的潜力巨大

我国粮食生产到本世纪末要再增产1 000亿斤，农业综合开发要承担500亿斤的任务。东北4省区是国家综合开发的重点地区，应当率先突破。在这方面，东北4省区有诸多有利条件：

1. 待开发的资源丰富。松嫩、三江和辽河下游三大平原水资源丰富，地势平缓，土壤自然肥力较高，经过多年的开垦建设，昔日的“北大荒”变成了“北大仓”，资源优势不断转化为生产优势。

但是，“北大荒”还有很大潜力有待挖掘。有关资料表明，东北地区现有农业后备土地资源1.2亿亩，其中一、二类宜农荒地近4 000万亩，中低产田面积也较大，约占耕地面积的70%。内蒙古、黑龙江的草场不但面积广阔，而且开发潜力很大。

2. 具备了较好的基础条件。东北地区工业基础好，交通发达，科技水平较高。农业生产的基础设施也比较好，有一批大中型水利骨干工程，灌排条件得到很大改善，农业机械化也初具规模，农业技术推广等社会化服务体系已初步建立，服务手段和功能在不断完善。

3. 多年的开发积累了许多成功的经验。如农垦企业的创建和发展、商品粮生产基地及农产品出口生产基地建设、利用外资改良土壤项目以及近年来“四荒地”的开发等，都积累了一些切实可行的经验、办法。

4. 地方和广大农民实施综合开发的积极性越来越高。农业开发改善了农业生产条件，增加了农产品产量和农民收入，广大农民为开发投资投劳的积极性大增，只要正确引导，这种积极性必将变成巨大的生产力。今后，国家扶持农业综合开发的基金也将逐年有所增加，开发力度将不断加大。

（三）统筹规划，突出重点，组织实施好农业综合连片开发

为使综合开发工作更有成效，在实际工作中需要把握好以下几点：

1. 加强规划，集中开发，有步骤地向重点区域推进。东北地区可供开发的资源很多，但目前资金投入等各方面的力量有限，不能搞全面开花，到处布点，要把有限的资金优先用在潜力大，见效快，效益高的地方，有计划有重点地进行连片开发。东北地区是否可以将以下几大片地区作为重中之重来安排，一是三江平原地区，该区现有宜农荒地1 400万亩，有中低产田3 000万亩；二是内蒙古东四盟地区，全区有宜农荒地1 000万亩左右，中低产田近2 000万亩；三是吉林松辽平原地区，该区现有中低产田3 000多万亩，宜农荒地300多万亩；四是辽宁的辽河平原，该区现有中低产田1 500多万亩。前两个地区应坚持走内涵开发和外延开发相结合道路，以改造中低产田为主，适当开垦部分宜农荒地。后两片地区农业开发的主要任务是改造中低产田，努力提高单位面积产量。各地要先做好项目规划和可行性研究，避免盲目上马造成浪费。

2. 加大科技投入，提高农业综合开发的科技含量。目前我国农业科技在农业增长中的作用仅占35%左右，而发达国家已达60%—70%。今后农业综合开发要加大科技投放，在项目区内，积极推广先进的农业技术成果，尽可能建成农业科技试验区。农业综合开发要坚持高起点、高标准、高质量、高效益。正确处理开发利用与整治保护的关系，改善生态环境，实现农业资源的良性循环。

3. 坚持开发与开放相结合。农村的改革是走在前面的，也是成功的。相对来讲，农村和农业的开放不够。今后农业的发展，包括综合开发，必须加大开放力度，像二、三产业一样，按项目管理，实行招商引资、招标投标。不仅对国外开放，也要对省外开放。这是加快农业发展的一条重要途径。当然，对外资项目，要按照产业政策，搞好论证、选择。

4. 坚持自力更生为主、国家扶持为辅的方针，实行多种形式开发，逐步形成自我发展的机制。农业综合开发的基础在千百万农民群众。要以国家投资为导向，充分调动各级政府、集体经济组织和广大群众参与农业综合开发的积极性。从东北地区相对地广人稀的特点出发，要重视发挥农业机械的作用；新开垦的宜农荒地要实行适度规模经营；鼓励农户合作开发，大户承包开发和移民式开发；积极吸引外资开发。总之，要多渠道、多层次筹措开发资金，实行多种开发方式，走出一条自我积累、自我发展的路子。

5. 加强组织领导，搞好协调配合。农业综合开发是一个系统工程，必须在各级党政统一领导下，各部门、各行业协调配合，互相支持，强化服务意识，从资金投入、生产资料供应、技术推广等方面做好服务工作。要稳定和完善农业开发的有关优惠政策，保证综合开发项目的顺利实施。

会上，大家提出了许多要求和好的意见、建

议，有一些问题部门的同志在发言中已做了回答，有的带回去研究，尽力采纳。

总之，今年我国的农业发展形势不错，发展势头良好，但也面临着不少困难。我们各级党委、政府要认清形势，抓住难得的良好发展机遇，强化措施，扎实工作，立足于抗灾夺丰收，努力实现增产增收的目标。希望东北四省区为全国的粮食增产做出更大的贡献！

致全国农业综合开发工作会议的贺信

姜春云

（1997年11月12日）

出席全国农业综合开发工作会议的全体代表：

在全党和全国各族人民认真贯彻落实党的十五大精神的大好形势下，全国农业综合开发会议今天开幕了。我谨对这次会议的召开表示热烈祝贺！向你们并通过你们，向长期工作在农业综合开发战线上的广大干部群众、科技工作者表示亲切的慰问！

农业综合开发是发展我国农业和农村经济，加快农业现代化进程的一条成功之路。在各级党政的领导下，经过广大农业综合开发工作者十年来的不懈努力，我国农业生产条件和生态环境得到很大改善，农业综合生产能力显著增强，为我国农业和农村经济的持续、快速、健康发展做出了重大贡献。实践证明，农业综合开发是实现农业增产、农民增收，加快农村脱贫致富奔小康步伐的重要途径。贯彻党的十五大精神，实现我国农业和农村经济发展的宏伟目标，必须进一步加大农业综合开发的力度，推动农业综合开发再上新台阶、新水平。

十年来，农业综合开发积累了丰富的经验。今后要继续遵循“改田、增产、增收”的宗旨和指导思想，坚持择优立项、奖优罚劣的项目管理制度，认真落实“国家引导、配套投入、民办公助、滚动开发”的投入机制，科学开发利用农业资源，采取山水田林路综合治理措施，走农业综合开发生态化、科学化、规模化、高效化的发展之路。

为了确保“九五”农业综合开发规划的顺利实现，希望各级党政进一步加强对这项工作的领导和支持，认真贯彻农业综合开发的方针政策，充分调动各方面的积极性，并加强配合和协作；要坚持科教兴农，提高农业综合开发的科技含量；要积极鼓励农民群众投资投劳，充分发挥其农业综合开发主力军的作用；要遵循建立社会主义市场经济体制的原则，积极推进项目区的农业产业化进程，把农业综合开发区建成现代农业的示范区。

展望未来，农业综合开发任重道远。广大农业综合开发工作者要高举邓小平建设有中国特色社会主义理论的伟大旗帜，更加紧密地团结在以江泽民同志为核心的党中央周围，按照十五大关于我国农业和农村经济发展的总体部署要求，认真总结农业综合开发的成功经验，积极探索新的机制和思路，把这项工作做得更加扎实有效，为我国国民经济的持续、快速、健康发展做出新的贡献。

预祝大会圆满成功！

在全国农业综合开发经验交流会结束时的讲话

陈俊生

（1989 年 12 月 3 日）

我们这次会议今天就结束了。这次会议不再作总结了，江泽民总书记、李鹏总理 12 月 1 日的重要讲话，是我们这次会议最好的总结。我仅讲几个属于拾遗补缺的问题。

一、这次会议开得很好

这次会议开得好的原因主要有三个：

一是基础好。这个基础，就是各省以及国家有关部门，在农业综合开发中做了大量工作，取得了很大成绩。这是开好这次会议的基础条件。会上介绍的经验（包括大会发言和书面发言）及专题材料，证明了这一点。

二是时机好。我们这次会议是在党的十三届五中全会闭幕不久召开的。五中全会通过的《中共中央关于进一步治理整顿和深化改革的决定》，把农业等基础产业提到了应有的位置，号召全党全国动员起来，集中力量办好农业，造成一个重视农业、支援农业和发展农业的热潮，齐心合力把农业搞上去。这对切实加强农业的基础地位，是一个极好时机。

三是领导重视。这次会议开始时，田纪云同志作了报告。会议结束前，江泽民总书记、李鹏总理接见了各省负责同志，并作了重要指示，为全国农业综合开发和农村工作提出了重要的指导思想，明确了农村工作中一些重大的方针政策。他们的指示为我们这次会议指明了方向。

这次经验交流会，对全国农业综合开发来说，将起到继往开来、继续鼓劲的作用。

二、在今后的农业综合开发工作中，应注意两方面的效应

一方面，利用好现有资源，提高单位面积产量，同时，开发利用新的农业资源，形成新的综合生产力。着眼点在这里。

另一方面，随着生产力的发展，必然引起生产关系的变化。我们要细心地总结实践中出现的新鲜经验。现在看来，凡是在开发的地方，推行社会化服务体系是有利的。双层经营体制可能是农村深化改革的方向。

三、要研究新问题，解决新问题

这次会议上各省提出的农村工作中急需解决的问题，江泽民和李鹏同志在接见各省带队同志时，有些作了回答，要按他们的指示精神去办。今后主要是抓落实。

总书记和总理的讲话，涉及到当前和今后农村工作中许多重大的指导思想和方针政策，比如，进一步统一全党对农业基础地位的认识问题；关于抓好农业科技成果的推广应用问题；关于增加投入，增强农业后劲问题；关于加强对农业和农村工作重大理论的研究问题；关于各级领导深入第一线的问题；关于搞好对农民的宣传教育问题；关于乡镇企业、个体经济的政策问题，等等。内容丰富，思想性很强，针对性很强，我们应该认真学习，深刻理解，结合本地实际情况进行研究，贯彻落实，切不可错过时机。

四、需要重申开发工作的几条政策

1988年2月27日，田纪云同志主持会议，研究了黄淮海平原农业开发问题。会后发了《关于研究黄淮海平原农业开发问题的会议纪要》（国阅［1988］33号），此件是经国务院批准的。其中确定：1. 治理改造中低产田后增产的粮食和新开垦耕地生产的粮食，5年内不交合同定购粮，新开垦的耕地5年内免征农业税。2. 国家给予一部分贴息贷款（补充说一下：关于贷款问题，这次会议我们向总书记、总理作汇报时，提出国家切一块信贷，给指标，也给资金，地方贴息，会后田副总理已和贵鲜同志商定这样办，多少还未定，先通个信息）。3. 江河治理等大型水利工程，国家继续投资。建成后实行有偿使用，逐步收回一部分投资（国家开发资金坚持按项目投入，省内具体怎么安排，上面不干涉）。4. 在分配化肥等农用生产资料方面给予适当照顾（补充说一下：关于农业需要的钢材、农机用钢、水泥、木材及以工代赈所需物资，物资部已作了安排，明年比今年会有增加）。

这几条政策继续有效。另外，还准备实行以工代赈的办法。现在，市场疲软，有些日用工业品和消费品（如自行车、黑白电视机、中低档服装等）压在库里，不如拿到农村，以工代赈，修公路、搞水利等农业开发。这个问题，纪云同志已经开过一次会作了部署，还未最后定，也是通个信息。

五、会上提出的问题

今天会上提出的问题大致有四类：一是需要会后协调解决的，我们将组织有关部门加以协调；二是有些问题需要写进中央、国务院文件中去的，起草文件的同志要筛选一下；三是属于局部性问题，地方同志同有关部门共同研究解决办法；四是需要研究，统筹解决的，排排队，一个一个进行研究。当然本月召开的计划会议也有可能解决一些问题。

六、关于进一步加强农村基层组织建设问题

无论是贯彻我们这次会议精神，还是贯彻中央、国务院领导同志的指示，最终要落实到基层。农村基层干部工作任务艰巨，绝大多数基层组织是得力的，但也有少数不健全、不得力。随着全党全国大办农业热潮的到来，对农村基层组织的要求越来越高了。所以，这个问题更迫切、更重要。总书记、总理强调领导同志深入第一线，同农民交朋友，解决实际问题，意义是很深远的。许多地方已经这样做了，并且收到了很好的效果。

据浙江的同志讲，他们在全省农村开展了“三基教育”，即以农业为基础的思想教育；党的基本路线教育；发挥农村基层组织作用的教育。这项工作，由主管农业的副省长负责，由省委组织部、宣传部、农研室具体组织实施。今年全省组织了700多名干部，由省直部、委、办负责同志带队下乡，自带行李，每期3个月，一边对农村基层干部和农民进行“三基”教育，一边参加劳动，效果很好，带动了整个冬季生产。今年冬种达1 000万亩，比去年扩大100万亩，农田水利建设到10月底投工量达2 100万个工日，比去年增加100多万个。农民反映有三个高兴：一是大灾之年农业丰收高兴（全年粮食达311亿斤左右，比去年略有增产）；二是对干部下乡劳动高兴（说过去干部跑码头，现在干部跑田头）；三是对廉政建设见行动高兴。同志们回去之后，对基层建设这件事应该狠抓一下。

县乡干部任期3年改5年，要等人大立法才能办，但信息可传达下去。这对克服县乡干部短期行为有好处。

七、回去之后怎样传达

这次农业综合开发经验交流会，既包括农业综合开发问题，也涉及到明年的农村工作部署，回去以后，开不开会传达，开什么会传达，请各省和计划单列市自己定。

八、明年粮棉生产一定要争取有个新的突破，结束徘徊局面

我们不论在这里召开会议，交流经验，还是回去传达贯彻，最终都要落实到农业特别是粮棉丰收上，这是实质性的问题。我们的基本要求是：在十三届五中全会精神指导下，千方百计争取明年突破

农业徘徊局面。江总书记讲话中提到了这个基本要求。田纪云同志报告中也讲了，他说："无论如何，明年粮棉生产要争取有个新的突破，结束徘徊局面，这个决心一定要下，并千方百计为此而努力"。争取粮棉有个新的突破，不是轻而易举的事情，从现在起，就要抓紧每一天，做好每一项工作，要有紧迫感和向前抢的精神，以突破性的工作效率，以更高的工作质量来保证实现粮棉生产的新突破。

严肃税法　依法征税
筹集更多农业开发资金

——在第四次全国耕地占用税工作会议上的讲话

陈俊生

（1990年6月14日）

财政部召开的第4次全国耕地占用税工作会议，是一次很重要的会议。通过这次会议，将进一步推动耕地占用税的征收管理工作，使耕地占用税为筹集农业综合开发资金，促进农业持续发展，发挥更大的作用。

一、征收耕地占用税是筹集农业开发资金的重要来源，是加强农业基础地位的重要措施

农业是国民经济的基础，我们这样一个有11亿人口的国家，农业特别是粮食生产的稳定发展，是全国政治、经济和社会稳定的重要保证。党中央、国务院历来十分重视农业的战略地位和作用。十一届三中全会以后，通过农村改革，我国农业生产取得了很大成绩。中央五中全会提出全党全国要集中力量办好农业，强调把农业放在国民经济发展的首要位置。1989年全国粮食产量达到8 149亿斤，是建国以来历史上的最好水平。我国农业形势总的看是发展的趋势。

但是，我们也必须看到，我国农业要再登上一个新台阶，任务是艰巨的。我国人口多，人均耕地少。不仅现在人均粮食产量不高，今后10年粮食产量的提高，也有很大的难度。有这样一组数据，可以看出粮食的供求形势：如果按1984年人均粮食产量791斤和1989年人口自然增长率14.33%来计算，那么，到"八五"计划最后一年，即1995年，人口将达到12.1亿人，粮食总产需要达到9 570亿斤。到"九五"计划最后一年，即2000年，人口将达到13亿，即使按可能控制在12.8亿人口计算，粮食总产量则需达到10 100亿斤。去年全国粮食丰收了，今年夏粮生产形势也不错，但我们绝不能盲目乐观。近两年出现"卖粮难"，这并不意味着全国粮食多得不得了啦，而主要是因为收购资金不足、粮食库容不足。这些基础设施建设没有跟上，这是一条重要教训。在今后一个相当长的时间内，粮食将仍然是一种短缺物资。因此，党中央、国务院从来不敢丝毫放松粮食生产，并采取了一系列促进农业发展的积极措施。

当前，国务院所抓的农业综合开发就是一项宏大而艰巨的工程，是我国农业发展史上的一个创举，在近两年粮食发展中起了关键性的作用。这是为农业发展增加后劲，造福子孙后代，提高我国经济实力的工程。这项工程已引起农业方面一系列的变化。

（一）开发的规模大，效果突出

大规模农业综合开发自1988年开始实施以来，

在全国22个省、自治区安排的项目，现在已经取得了可喜的效果。据各省报告初步统计，1988年立项的11片及1989年立项的8片，到目前为止，已改造中低产田3 139.1亩，扩大灌溉面积577.43万亩，改善灌溉面积377.71万亩。1988年立项开发的11片，1989年增产粮食51亿斤。山东省黄淮海平原开发区，去年增产粮食19亿斤，棉花150万担，花生0.15亿斤，肉类9 600吨，蛋类5 930吨，淡水鱼4 100吨，新增产值20.5亿元，投入产出之比为1:5.8，效益是很可观的。最近，我到唐山市调查，那里在农业开发中沿山搞"围山转"，在宜林荒山上，开发30万亩经济林，搞粮果兼作，以果为主，昔日荒山秃岭变成了花果山，改善了生态环境，增加了农民收入。

（二）综合开发吸引了资金的综合投入

这种改造自然、改善农业生产条件的大工程的启动和实施，主要是通过征收耕面占用税筹集资金。这种启动资金作用很大。它可以吸引地方财政、集体、农民向农业开发综合投资。据国家农业综合开发办公室调查，湖南省农业开发投资中，群众集资（不包括投劳折价）占31%，有的开发项目群众投资占投资总额的70%—80%。实践证明，只有国家投一点，才能启动多渠道、多方面的投入，才会有比较稳定的资金来源。我国有句老话："财政为庶政之母"，征收耕地占用税对于振兴农业，促进农业综合开发，发挥了积极吸引的作用。

（三）控制乱占滥用耕地

我国的耕地资源是十分宝贵的。现有耕地15亿亩，仅占国土总面积的14%，人均耕地不到一亩半，居世界第67位。世界上人口在5 000万以上的国家中，我国人均耕地为倒数第3位，仅高于孟加拉的1.39亩和日本的0.54亩。马克思曾经说过："土地是财富之母，劳动是财富之父"。因此，珍惜每一寸土地是我们的一个基本国策。保护耕地也是一项艰巨的任务。通过征收耕地占用税的手段对制止乱占滥用耕地，配合控制基本建设规模，保护和开发耕地资源，具有极其重要的作用。我到唐山市丰南县看了他们新开的稻田，搞得很有点规模，3年新增12万亩，而同时期非农业占地只1万多亩。这就等于通过农业开发，新增耕地11万亩。总之，如果没有这几年的农业综合开发，农业就决不会有今天这样好的形势。对此各级政府都要有明确的认识。

二、依法治税，做好耕地占用税征收管理工作

国务院于1987年决定开征耕地占用税，至今已有3年多了。从1987—1989年，全国共征收耕地占用税46亿元，70%都留给了地方，成绩很大，耕地占用税征收管理工作逐步走上了正轨。这一成绩的取得与战斗在征收工作第一线的全体同志辛辛苦苦、努力工作是分不开的。借此机会我代表国务院向战斗工作在第一线的同志们表示亲切慰问！希望大家要继续发扬艰苦奋斗的精神，进一步做好耕地占用税征收管理工作。

（一）要加强税法宣传教育

通过各种各样的形式广泛宣传耕地占用税的作用和意义，要使耕地占用税做到家喻户晓，树立依法纳税观念，增强纳税的自觉性。现在看，这方面的问题比较突出。中央级耕地占用税收入今年仍按10亿元列预算，但实际收入估计不超过5亿元（去年实收4.2亿元），原因一是占用耕地减少致使收入减少，二是一些纳税大户欠税不交。全国共欠缴耕地占用税11亿元，仅水电、公路、煤炭3个行业就欠税达6.9亿元，其中水电4.4亿元，公路1.7亿元，煤炭0.8亿元。这是耕地占用税收得不好的主要原因。

（二）要坚持依法治税

我国宪法明确规定公民有纳税的义务。税法是国家法律的重要组成部分，耕地占用税条例是国务院颁布的，具有国家法律的效力。所有的纳税人和纳税单位，都必须依照税法，及时足额地交纳耕地占用税。强调依法治税，一方面要求纳税人加强税法观念，自觉地遵守税收法令政策，党政机关和各主管部门要带头执行税法，维护税法；另一方面要求征收机关和征收人员，坚持依法办事，铁面无私，执法如山，做到有法必依，执法必严，违法必究。

（三）坚持依法治税还要进一步完善税法

我国实行耕地占用税时间不长，3 年多一点，经验不足，在耕地占用税的纳税对象上、纳税环节上、减免审批程序上、征管工作上，都需要不断总结经验，使之不断完善，特别要保证从制度和政策上防止偷税漏税。这次会议上财政部提出了 3 个文件，即《关于加强耕地占用税征管工作的联合通知》、《关于进一步改进耕地占用税征收办法的通知》、《关于耕地占用税减免管理办法的规定》。这 3 个文件总的精神是加强征收管理，严肃税收法纪，保证国家财政收入。我认为这一指导思想是好的。经过大家讨论之后，要尽早出台。各地应根据这 3 个文件的精神，积极组织贯彻落实。

三、耕地占用税征收工作需要各方面的大力支持和配合

耕地占用税的工作任务重，征收难度大。由于法制不够健全，征收工作有时受到干扰和某些纳税单位的责难，工作中还发生征收人员遭到辱骂，甚至被殴打的情况。因此，加强对农税工作的领导和支持，以保证耕地占用税征收工作的顺利进行十分必要。我希望各方面都要关心支持这项工作。

（一）各级政府领导同志要大力支持财政部门征收耕地占用税的工作

各级政府的领导同志要重视和关心耕地占用税的征收工作，把耕地占用税征收工作列入农业综合开发、支援农业的议事日程，认真地、切实地支持财政部门，把耕地占用税的征管工作作为增加农业投入的重要工作来抓。各级政府领导要亲自出面，支持、督促财政部门依法征税，协调有关部门的意见，经常检查工作的进展情况，对征收工作中出现的困难和问题要及时帮助解决。要严格执行耕地占用税的政策，对政策规定该征收的一定要足额征收入库，不该减免的谁也不能开口子越权减免，特别是各级负责同志要带头维护税法严肃性。

（二）各部门、各单位要配合协助财政部门做好征收工作，密切协作，齐心协力是我们做好征收工作的重要保证

近几年来，土地管理、银行、公、检、法、审计和各业务主管部门支持配合财政部门征收耕地占用税，做了很多工作，没有这些部门的配合，耕地占用税难以取得目前成效，今后应该更加紧密配合协作。

土地管理部门要坚持“先纳税后用地”的原则。对大型基建工程在审批时，要督促耕地占用税税款资金的落实。用地单位申请用地时要向财政部门提供情况，以便财政部门掌握税源，实行源头控制。

公、检、法等司法部门要大力支持财政部门，对纳税人抗税不交，拖欠税款，财政部门可以按照有关规定提请法院、检察院立案查处，强制执行。公安部门对围攻、殴打、伤害和侮辱农税人员的事件要及时制止，对情节严重构成犯罪的依法追究刑事责任。

目前，有些部门，如水电、煤炭、公路等基建项目占地欠税较多。这些部门应从大局出发，交纳应交税款，使该收的税款及时足额收上来。全党动手大办农业，各行各业都要支援农业。这不能停留在口头上，重要的是行动。“一步实际行动胜过一打纲领”。你欠税不交，还谈什么支援农业?！农业应该搞大合唱，如果各个行业都强调自己困难、特殊，都搞独奏曲，甚至各吹各的号，连税法明文规定的事都拒不执行，那么支援农业不是成了一句空话吗？法还有什么约束力呢？中央企业、大的企事业单位要率先垂范，做出榜样，及时完成，不要一拖再拖。拖是拖不黄的。

（三）财政部门要严格按照税法依法办事，该收的必须足额收起来，该减的按政策减免

财政部门要积极承担国家交给的光荣任务，要主动向当地政府汇报耕地占用税征收工作的情况和问题，提出解决的意见，要及时同有关部门沟通情况，将工作中的问题和需要采取的措施，主动与有关部门协商解决。这是取得政府支持和部门配合的有效办法。

这次会议开得很好。各地的同志们回去之后，要把这次会议的精神向当地政府汇报，争取政府领导的支持，进一步落实会议的精神，组织好耕地占用税的征收工作，力争超额完成今年耕地占用税征收任务。

把农业综合开发水平再提高一步

——在全国农村经济工作经验交流会上的讲话

陈俊生

（1991年2月28日）

一、农业综合开发的形势

从1988年国家立项进行农业综合开发以来，特别是1989年全国农业综合开发经验交流会之后，农业综合开发在全国各地蓬蓬勃勃地展开，开发范围越来越大，开发效果越来越好，为我国农业的发展注入了新的生机和活力。1988年国家立项开发的只有11个省、区的11片地区，至今已扩展到37个省、区、市及计划单列市的41片地区。国家立项进行如此大范围、大规模的农业综合开发，建国以来还是第一次。许多地方，国家没有立项，但地方政府和广大群众不等不靠，自力更生，因地制宜，自己集资投劳搞开发。在四川，群众称国家项目为“中央工程”，称自己的开发项目为“农民工程”。在安徽，群众仿效国家项目自己进行开发，称之为“黄淮海项目辐射区”。现在，在祖国辽阔的大地上，到处都涌现着农业综合开发的热潮。

我国大规模的农业综合开发，虽然只有3年时间，但效益十分显著。据28个省、区、市和计划单列市初步统计，到1990年底，国家立项开发的项目区，已改造中低产田4 877万亩，开垦宜农荒地847万亩，改良草场240万亩，造林830万亩。新增生产能力：粮食146亿斤，棉花448万担，油料25万吨，肉类31万吨，糖料381万吨。黑龙江省从建国到1988年的40年时间里，全省平均每年只增产粮食5亿斤左右，1988年国家在三江平原立项开发后，1989年三江平原项目区就比上年增产粮食9亿斤，1990年又比1989年增产25亿斤，增产效果十分突出。

农业综合开发，不仅在正常年景下大量增产，更重要的是，它改善了农业生产的基本条件，增强了抵御自然灾害的能力，在受灾的情况下，一般也能保产和增产。1989年，东北三省、黄淮海平原五省遇到严重干旱，许多地方大量减产，但开发项目区却普遍增产。山东省1989年遇到历史上少有的大旱，全省15个地市中，9个增产，6个减产，增产的都在黄淮海开发区。

概括各地的情况，凡是搞了农业综合开发的地方，农业普遍增产，这是客观事实。这两年，我国粮食生产之所以出现建国以来少有的好形势，当然不能全部归功于农业综合开发，而是综合投入以及气候条件比较好等多方面的原因所带来的结果，但与这几年扎扎实实的综合开发是分不开的，农业综合开发确实发挥了重要作用，这一点应该充分肯定。

农业综合开发，不仅取得显著的经济效益，也取得明显的生态效益和社会效益。

——由于实行山水田林路综合治理，许多开发项目区出现了田成方、树成行、渠成网、路相通、桥涵闸配套齐全的新面貌，从而明显改善了这些地方的生态环境和农业生产条件。

——由于在农业综合开发中有大量资金（一般占总投资60%以上）和劳力用于农田水利建设，购买了大批农业机械和仪器设备，增强农机站、农技站的服务手段，从而有力地促进了农业社会化服务体系的建立和完善。

——由于鼓励科技人员下乡搞农业科技试验示范和科技承包，大力推广良种和农、林、水等方面的实用科学技术，培训农民技术员，从而使科技兴农不断取得新成果。

——由于农业综合开发把计划经济和市场调节有机地结合起来，从而使广大干部和群众增强了商品经济意识和效益观念，增长了建设现代化农业的才干。

同时，这些事业的发展，反过来又提高了农业综合开发的效益，两者相辅相成，互相促进。

可以预见，我国农业的现代化、社会化，很可能在农业综合开发项目区内首先实现。

正是因为农业综合开发效益好，能使农民得到实实在在的利益，因而深受农村广大干部和群众的拥护和欢迎，说这是共产党和人民政府为农民办的一件好事、实事。它像磁铁一样，牢牢地吸引着广大干部和群众。河南省认为，农业综合开发为全省农业发展树立了样板；河北省认为，农业综合开发对振兴农业起到先导作用；吉林省提出，要以农业综合开发为龙头，带动整个农业的发展；山东省提出，要把发展农业的重点放在农业综合开发上；江西省省长亲自动员，号召"举全省之力，打好农业综合开发总体战，加强江西经济大厦的基础"；浙江省决定把农业综合开发作为全省粮食生产再上新台阶的战略措施，并增加新的投入用于开发黄土丘陵和围垦海涂。

事实说明，农业综合开发是符合我国国情的一条振兴农业之路，是我国农业生产走出徘徊的重要途径，是一项深得人心的伟大事业。它对于加强农业基础地位，加快农业现代化步伐，对于满足城乡人民生活需要，对于促进农村改革和农村面貌的变化，都具有重大的作用和深远的意义。

二、农业综合开发的一些基本做法和经验

几年来，各地在实践中创造和积累了不少宝贵的经验。但由于农业综合开发是一项新的事业，时间较短，还没有系统地进行总结。初步回顾一下，除了各级领导重视，把它作为一件大事亲自抓之外，主要的做法和经验可以概括为以下几点：

（一）有计划、有步骤地综合利用资源，采取综合措施，实行综合投入，进行综合开发治理，取得综合效益，这是农业综合开发的突出特点

在开发之前，认真做好前期工作，包括调查研究，摸清本地农业资源的情况和制约农业发展的因素，编制区域农业综合开发规划。规划是否科学可行，要经过有关专家论证。然后采取治水、改土、造林、种草、建桥（包括涵闸）、修路等综合措施，实行资金、物资、劳力、科技等综合投入，对山水田林路综合治理，在主要增产粮棉油肉糖的前提下，农林牧副渔全面发展。既注重经济效益，也注重社会效益和生态效益。凡是农业综合开发搞得好的地区，基本上都是这样做的。

（二）认真选择项目，按项目进行管理

首先选择那些潜力大、投资少、见效快、效益好的项目进行开发。许多地方在选择项目上做了大量细致的工作，如湖南省零陵地区对各县上报的417个项目，组织200多人进行实地考察和评估论证，最后筛选出117个项目。这样认真选项进行开发，就能取得预期的效果。项目确定后，资金跟着项目走，不按部门或田亩分钱。许多地方，从项目的选定、项目的安排、项目的实施、项目的竣工验收及管理等各个环节，都摸索出一系列有效的办法。主要有：在项目的选定上贯彻择优的原则，不搞照顾项目，不搞脱离开发指导思想的"摇钱"项目，坚持相对集中连片，实行小区域开发，注重规模效益，防止分散化，避免战线拉得过长，做到搞一片，成一片；对项目工程质量坚持高标准、严要求，一旦发现质量有问题，都及时补救或重新返工；项目竣工后严格验收，国家农业综合开发领导小组已制定了《农业综合开发项目验收试行办法》，有些地方制定了验收细则；对建成的项目认真进行管理，河南省建立了"五护员"制度，对井、渠、林、路、桥进行管护。有的还实行经营性管理，以工程收入养工程，探索自我积累、自我发展的路子。在资金管理方面，一些省、区建立了"三专"、"五定"制度，即专人负责、专户储存、专款专用，定开发任务、定投资额度、定还款时间、定奖罚条件、定审计制度。

（三）有关部门协同作战，形成合力搞开发

各有关部门不是争项目、争投资，而是根据统一规划，围绕开发的总目标，各司其职，各负其责，共同把农业综合开发搞好。农业区划部门积极提供可开发利用的资源情况，提出可供选择的多种开发方案；水利部门搞好开发项目区的水利规划，把农田水利建设同骨干水利工程建设紧密结合起来，配套完善，使其发挥整体效益；林业部门搞好农田防护林、水土保持林和水源涵养林建设；气象、国土等部门，积极参与有关的工作；财政、银行和物资部门积极筹措资金、物资，确保开发工作顺利进行，从而形成了一曲生动和谐的农业综合开发交响曲。

（四）坚持自力更生为主，依靠群众搞开发

进行大规模的农业综合开发，国家适当扶持是必要的，但投入的主体应是农民群众。不能走“农民种田、国家出钱”的老路。许多地方明确提出："先配后投，多配多投，不配不投"。具体办法一是政策保护，谁开发谁投资谁受益；二是民办公助，凡群众集资建设的小型水利项目，都补贴一定的钱或物；三是以奖代补，由农民自筹搞建设的，政府给予一定的资金奖励；四是鼓励竞争，公开招标。这样一来，农民的积极性就起来了。湖南省湘南的农业综合开发投资中，农民集资一般占总投资的1/3左右，最高的达到70%—80%。有的项目，不是国家先答应给多少投资再干，而是自己先干起来国家看情况再给予适当补助。河南省对8个地市1990年农业综合开发资金进行检查，群众集资部分相当于国家和省里拨款数的59%。辽宁省营口市有一个村，国家资金未到之前，先自筹、拆借近60万元，组织群众搞开发。四川省川中项目区，1990年人均投劳40—50个。目前集资投劳搞开发已成为广大农民的自觉行动。

三、农业综合开发的潜力和“八五”期间的布局

我国人口多、耕地少，是一个农业资源相对短缺的国家。但并不是说，我们就没有什么资源可供开发利用了。应该说，一方面我国农业资源确实不足，另一方面对这些资源的开发利用又很不够。通过近几年农业综合开发的实践，大家都深切地感受到，对我国农业资源的开发，不论从深度上还是从广度上看，都有很大潜力，大有可为。

从深度上看，我国现有15亿亩耕地中，中低产田约占2/3。如果全部改造一遍，改造后，亩增产按200斤算，则为2 000亿斤。如果把目前亩产百斤左右的提高到几百斤、上千斤，增产数就更可观了。在各地的农业综合开发中，旱地改水田增产非常显著，一般能从亩产200—300斤提高到千斤左右。安徽省淮北有的开发项目区，原来种一季麦子、一季黄豆，全年亩产不过500—600斤，旱改水后，改种一稻一麦，仅水稻亩产就达千斤以上。河北省有的地方，过去由于干旱缺水，十五六年没种过一亩小麦，1989年通过农业综合开发，打了井，修了渠，沙窝变良田，种了小麦，亩产700多斤。就是粮食高产区，可挖掘的潜力也不小。山东省桓台县，过去粮食产量一直是拔尖的，1978年以来连续11年稳定增产，近几年通过区域化种植，建立健全科技、水利、农机、良种繁育、购销五大服务体系，单产又有很大提高，1990年全县39万亩粮田，单产突破2 000斤，比上年增加420斤，增长26%，成为我国北方第一个吨粮县。

从广度上看，我国尚有大量未被开发的资源。全国有可垦荒地5亿亩，近中期可开发利用的有2亿亩；全国有滩涂面积5 000多万亩，尚未开发利用的有3 000多万亩；淡水可养殖水面7 500万亩，近一半没有养殖利用；海水可养殖水面700多万亩，已养殖水面只占1/3；我国还有草地面积60亿亩，其中可利用的有53亿亩，相当于全国现有耕地面积的3倍多，如能很好地改造利用，则是很大的生产力。

从一些地方来看，不论深度开发还是广度开发，都有很大的潜力。1990年7—8月间，我到黑龙江的三江平原调查，那里农业综合开发已经全面展开，潜力很大。三江平原现有耕地5 000万亩，80%是中低产田；还有荒地2 400万亩，其中宜农荒地1 700万亩。第1期（1988—1990年）开发，中低产田只改造了20%，荒地只开垦了11%。全

国有这么大开发潜力的，远不止三江平原这一块地方，还有松嫩平原、松辽平原、江汉平原、川东等等。

现在，从全国总的来讲，吃饭穿衣问题已经解决了。但要解决2000年我国人民的吃饭穿衣问题，仅靠现有的生产力水平是做不到的，靠进口也是不现实的。按2000年我国将有的人口，以达到1984年人均占有粮食791斤预测，则需要达到5亿吨（即1万亿斤）以上，这个任务是十分艰巨的。我们除了必须全面抓好农业其他各项措施外，农业综合开发这个战略措施则要抓得更紧，逐步将农业资源潜力挖掘出来，把它变为现实的生产力。这就需要有计划、分步骤地把这项工作有条不紊地推向前进。

为了实现上述目标，必须认真贯彻中央和国务院关于1991年农业和农村工作的通知中提出的农业综合开发的指导思想和方针政策："以增产粮棉油肉为中心，农林牧副渔全面发展；实行山水林田路综合治理，把经济效益、社会效益、生态效益密切结合起来；新开发的资源，要尽可能实行规模经营；实行开发承包、管理承包、科技承包等责任制，制定鼓励政策，调动农民和科技人员参与开发的积极性；区域开发要集中连片，统一规划，统一施工，坚持高标准。"

根据这个指导思想，国家农业综合开发领导小组认真研究了"八五"期间全国农业综合开发的布局问题。

"八五"期间，全国农业综合开发区分为国家立项开发区和各省、自治区、直辖市及计划单列市自行开发区两类。国家立项的开发区中，又分为重点开发区和一般开发区。拟将东北平原、黄淮海平原、长江中下游地区等3大片13小片列为重点开发区；将西北、西南等粮食调入省、区及部分计划单列市等20多片列为一般开发区。中央级农业开发资金拟先安排60亿元，计划改造中低产田8 000万亩，开荒650万亩。

在时间的安排上，鉴于农业综合开发3年为一期，并与"七五"期间后3年的安排相衔接，"八五"期间的农业综合开发拟分4批安排。第1批：1988年立项1990年到期，1991年需做第2期安排的有东北三省、黄淮海平原五省以及浙江省、新疆维吾尔自治区10片。第2批：1989年立项1991年到期，1992年需第2期安排的有9片，即四川、湖北、湖南、江西、海南、内蒙古、宁夏、黄河三角洲及武汉市。第3批：1990年立项1992年到期，1993年需做第2批安排的有14片，即云南、贵州、广西、河北坝上、福建、陕西、青海、山西、西藏及成都、重庆、西安、沈阳、青岛。第4批：1991年立项1993年到期需再做安排的一些省市。"八五"期间，对糖料生产基地、"菜篮子工程"、草场建设、良种科研、南方油茶林改造等，继续给予支持。草场建设要相应加强，近几年，国内一些科学家、地方一些同志不断提出这个建议。

考虑到今后对棉花的需求量将越来越大，增产任务很艰巨，决定在增产棉花方面做些新的安排。除要求在已立项的农业综合开发区中安排一定比例用于开荒植棉和改造部分中低产棉田外，还将再拿出部分资金，专项建设几片棉花生产基地。

希望各地根据国家这个总体布局和要求，尽早做出符合本地实际的安排。

四、坚持做好农业综合开发工作

党的十三届七中全会指出："加强农业区域综合开发，建设一批国家的重要农产品基地。分批改造中低产田，有步骤地开垦宜农荒地，改造和建设草原。"中央和国务院关于1991年农业和农村工作的通知中指出："我国人口众多，现已利用的农业资源不足，必须重视和抓好农业综合开发。重点是改造中低产田，同时开发一些宜农、宜牧、宜林、宜渔的荒地、荒山、荒坡、荒滩和荒水，扩大可供利用的新资源。要进一步采取措施，保护耕地和农业资源。"我们要将这些精神认真落实到农业综合开发工作中去。

（一）要树立长期坚持搞开发的思想

农业综合开发决不是权宜之计，而是一项长期事业，是事关农业再上新台阶的战略措施，这项工作只能加强，不能削弱。各地要有打农业综合开发持久战的思想准备，进一步加强领导，配备必要

的、精干的管理机构和人员。在这个问题上，上上下下务必有一致的认识。

（二）农业综合开发是一项复杂的系统工程，从根本上讲又是一种政府行为，是国家调节农业生产力布局和发展生产的一项非常重要的措施

搞好农业综合开发是全党的事业，是各部门共同的责任，目标是完全一致的，各有关部门要一如既往，紧密配合，协同作战。要避免部门之间争项目、争投资，互不相让，争不到就消极怠工的现象。要互相支持，发挥各自的优势，不要互相推诿、扯皮。项目确定之后，应该搞些什么工程，先办哪些事情，后办哪些事情，都要从实际出发，从大局出发。

（三）编制好农业区域综合开发的总体规划，最大限度地发挥资源优势和提高总体效益

各级领导对农业资源情况、开发的难易程度，要做到心中有数，提高工作的预见性和科学性，在农业资源开发中少走弯路。希望有关部门和各级人民政府把编制农业区域综合开发规划工作提到议事日程，纳入“八五”和10年国民经济和社会发展规划，并帮助解决工作中的实际问题。

（四）要进一步发动群众，依靠群众搞开发，同时多渠道、多层次筹集农业开发资金和物资

要通过宣传教育、政策鼓励、典型示范、效益诱导等多种办法，调动群众搞开发的内在积极性，逐步建立以农民投资为主体的农业投资机制。要力争逐年加大农业综合开发资金的数额。山东省建立的中央、地方、社会、集体、农民五位一体的农业综合开发投入机制，值得各地借鉴。农业综合开发所需物资，特别是柴油、化肥、农药是个突出问题。这些，除了中央有关部门要积极支持外，各地要自己统筹安排解决。

（五）在农业综合开发中，要十分注意以效益为中心，优化资源配置和产业结构布局，搞好区域作物品种平衡

不仅要考虑多打粮食，还要考虑种什么品种的粮食作物。比如，有的省现在每年要从省外调进10亿斤玉米做饲料，同时还消耗50多亿斤大米用来喂猪，这很不经济。南方各地要注意饲料和旱地农业的开发。华北地区要注意开发、推广节水型农作物品种。

（六）要在“配套”、“服务”、“流通”方面做文章

七中全会指出：“深化农村改革的重点是积极发展社会化服务体系。”各农业综合开发区都要把服务体系办好。目前农村流通很不适应农业综合开发及整个农业发展的需要。农村基层干部和群众对粮食和其他农副产品积压，以及所需钢材、水泥、化肥、柴油、农药等生产资料供应不及时、价格偏高、品种不对路等问题反映强烈。解决这些问题的根本出路在于深化改革，搞活流通。七中全会指出：“要像重视农业生产那样重视农产品流通”。今后凡是农业综合开发的地方，都应落实配套的仓库建设投资，请计委、财政、银行予以支持。希望各省、市、自治区针对开发区普遍关心的问题，认真研究制定出几条过硬的搞活流通方面的措施。

（七）在农业综合开发中，要充分注意发挥科教人员的作用。农业生产要有大的突破，有待于科技上大的突破

各级领导同志和实际工作者对农业科学技术的作用要有足够的重视。在农业综合开发项目区，应该做到全部良种化，适用的农林水技术全面得到推广应用。

（八）搞好农业综合开发资金的审计和到期项目的验收工作

资金使用是否得当，关系到开发的效益和成败，一定要注意加强管理和审计。湖南、河南已相继开展了对农业综合开发资金的审计工作，发现并及时纠正了存在的一些问题。建议各级审计部门、财政、银行部门配合做好这项工作。除了对资金使用情况进行审计外，对地方配套资金来源也要严格审计。对不认真落实配套资金和有关政策的，国家可以缓拨或减拨扶持资金。坚决避免“一个项目，几个渠道报账”，“一笔资金，几个项目配套”的现象发生。国家1988年立项的10片已经到期，国家农业综合开发领导小组将组织有关部门认真进行检查验收。在国家验收之前，各地要先进行初验。

（九）保持政策的连续性和稳定性

凡是“七五”期间实行的政策，“八五”期间都稳定不变，包括第1期立项开发省份的资金规模。同时，力争出台一些新的措施。“八五”期间继续稳定不变的有关政策主要有：治理改造中低产田后增产的粮食和新开垦耕地生产的粮食，5年内不交国家定购粮；新开垦的耕地5年内免征农业税；国家给一部分贴息贷款，既给指标，也给资金，由地方贴息；江河治理等大型水利工程，国家继续投资；在分配柴油、化肥、农药、农膜等农用生产资料方面给予适当照顾；农业综合开发投资，不纳入国家固定资产投资的笼子，等等。

短短几年的时间，农业综合开发便显示出巨大的活力和蓬勃的生机，已成为广大干部和农民群众一种自觉行为。农业综合开发所取得的成绩，是各有关部门和各级人民政府，广大农村干部、群众共同努力的结果。它包含着各级领导干部、科技工作者的辛勤劳动，党和人民不会忘记他们做出的贡献。同时，必须清醒地认识到，今后农业综合开发的任务十分艰巨。我们要始终坚持把农业综合开发作为增强农业后劲的重大战略措施来抓，发奋图强，艰苦奋斗，齐心合力，把农业综合开发水平再提高一步。

努力把农业综合开发工作推向新的阶段

——在全国农业综合开发工作会议上的讲话

陈俊生

（1994年1月11日）

同志们：

在刚刚过去的1993年，党中央和国务院对农业和农村工作问题，给予了极大的关注和重视。10月召开了中央农村工作会议，11月召开了党的十四届三中全会，12月召开了全国经济工作会议。这些会议做出的决定和制定的政策措施，都把农业和农村工作问题摆在了重要位置，这对实现90年代农业发展目标，加快建立适应社会主义市场经济要求的农村经济运行机制和管理体制，具有深远的战略意义和现实意义。

今年是我国深化改革关键的一年，国务院先后出台了税制、金融、投资、外贸体制等一些重大改革措施，这是建立社会主义市场经济体制的重要步骤。这些改革措施的出台是有广泛群众基础的，一是酝酿已久，内外部条件比较成熟；二是出台前广泛征求了地方的意见，上上下下取得了共识，中国必须走改革的路子，不搞改革是没有出路的。农业综合开发是保证改革顺利进行的重要物质基础，与改革有着直接的联系。做好农业综合开发工作对维护改革开放意义重大。为使已出台的改革措施顺利发展，必须保证物资供给，稳定市场，稳定物价。农业综合开发工作要紧紧围绕这个大局，多生产粮棉油肉菜，从农业方面来稳定和丰富市场供应，为改革措施顺利实施创造一个好的环境。

目前，各地区、各部门都在贯彻落实十四届三中全会和中央农村工作会议精神。这次全国农业综合开发工作会议，也是一次抓贯彻落实的会议，就是要把党中央和国务院确定的方针政策，贯彻落实到农业综合开发工作中去，把农业综合开发工作推向新的阶段。现在，我围绕这个题目，讲几点意见。

一、农业综合开发的形势

改革开放以来，我国农业一直保持着蓬勃向上

发展的好势头，成就显著，取得了多方面的突破。其中重要的是突破了传统的生产建设模式，开创了农业综合开发的新道路。我国农业综合开发的突出特点，就是有计划、有步骤地综合利用资源，采取综合措施，实行综合投入，进行综合治理，取得综合效益。5年多来，各地区、各部门围绕“综合”二字，宣传群众，发动群众，努力奋斗，不断为农业发展增添着生机和活力，形势十分喜人。

重点开发的黄淮海5省，经过5年治理开发，已有5 052万亩低产田变成了中产田或高产田，其中60%以上的土地做到了耕地园田化、耕作机械化、品种优良化、服务系列化。凡是经过治理的土地，粮食产量大增，开发区一跃变成粮食的重要供给基地。据统计，开发项目区产粮占全省粮食总产量的比重，山东、河北为33%，安徽达到60%。

东北大平原，开发后生产潜力大大发挥。经过改造的中低产田，一般亩产增加150—200公斤。有的经过结构调整成为吨粮田。辽宁省工业比重大，多年来工农业发展不平衡，粮食和主要副食品不能自给。1988年以来，省里组织大规模的农业综合开发，农业生产生机勃勃，粮食增产效果十分显著。如今，辽宁省在每年人口增加50万，耕地每年减少20—30万亩的情况下，粮食产量已连续3年超过150亿公斤，其中1993年达到165亿公斤，从过去每年调进粮食15亿公斤左右，变成粮食及蛋、奶、肉、菜等副食品自给有余。

长江流域的湘南项目、江汉平原项目、赣中南项目、海面的项目，也都搞得有声有色。湘南经过治理的项目区基本上做到了旱能灌、涝能排，种植制度普遍由单季变为双季甚至三季；改造好的中低产田平均每亩增产粮食294公斤，新开的宜农荒地种植水稻亩产达到566公斤。浙江省人均只有0.59亩耕地，是全国典型的人多地少的地区。几年来，通过杭嘉湖和金衢盆地综合开发，加上围海造田，使低产田变高产，高产田更高产。1988—1992年，全省粮食总产量累计为774亿公斤，其中项目区产量占70%以上。现在全省人均占有粮食达到364.5公斤。

西北、西南的农业开发，虽然起步晚，难度大，但有关省、区精心组织，综合治理，如川东、成都的灌区建设，贵州、云南的梯田建设，宁夏的提灌改土工程，青海的流域治理，内蒙古的草原建设，陕西的棉花基地建设，都具有各自的特色，大大改善了生产条件。

从全国看，1988—1992年，全国累计完成中低产田改造面积10 848万亩，开垦宜农荒地1 511万亩，造林1 565万亩，改良草场459万亩；新增粮食171.6亿公斤，棉花504万担，油料70万吨，糖料977万公斤，肉类62万吨。此外，在国家项目的带动下，安徽、浙江、山西、内蒙古、青海、四川、河南、贵州等省还自办了300多万亩“地方工程”和“农民工程”的开发，估计可增产粮食500多万公斤。几年的实践证明，农业综合开发这种新路子合乎国情，顺应民心，效果很好。

几年来，各地的农业综合开发取得了令人振奋的成就，积累了许多宝贵的经验。各级领导重视，充分发动群众，这是根本。除此之外，各地的主要做法和经验可以概括为以下几条：

（一）择优选项，集中投入，连片开发

农业综合开发贵在“综合”，但又必须落实到好的项目上，必须集中连片开发。实践证明，凡是这样做的，效益就显著。黑龙江省近5年开发项目290个，基本都是万亩以上，其中5万亩以上的开发区占40%，最大的项目区48万亩。吉林省开发的474个项目区，万亩连片的项目占40%。河南省开发项目区共形成166片，其中20万亩以上的有7片，10万亩以上的有28片，最大一片38.5万亩。青海省按水系、流域及潜力选定项目区，面积一般都在10万亩以上。青海省农业综合开发的13个项目区，都是经过专家和工程技术人员充分论证，择优选定的，并且集中在河湟谷地、海南台地和海西绿洲3大片，平均规模为2万亩。

（二）坚持高起点、高标准、高质量

农业综合开发的目的是要增强农业发展后劲，使农业生产能够持续稳定发展。因此，必须坚持“质量第一”、“效益第一”的原则。几年来，各级农业综合开发部门对所要上的项目，都要进行评估、论证，项目实施期间坚持定期进行检查，项目结束时，还要进行验收。开发治理采取了因地制宜、多种多样的模式，坚持了高起步、高标准、高质量，保证了开发的效益。

（三）狠抓农业基础设施建设，同时搞活多种经营

5年来，各地坚定不移地贯彻落实党在农村的各项方针政策，狠抓农业基础建设，不放松粮食生产，积极发展多种经营，促进了农林牧副渔全面发展，调动了农民的积极性。在这方面，山东、江苏、浙江、黑龙江、海南、湖南、湖北、广西等省都有许多好经验。山东省对粮棉油生产实行计划指导，做到了“三保一储”（保口粮、保国家用粮、保社会用粮、必要的储备），在这个前提下，放开搞活，因地制宜发展效益高的经济作物。目前，山东全省亩收入千元以上的高效田达到1 600多万亩，亩收入千元钱、千公斤粮的“双千田”达到378万亩，亩收入5 000元和1万元的高效田分别达到209万亩和50.8万亩。

（四）依靠科技进步，提高农业开发的综合效益

各地在农业综合开发投资中，逐步增大了科技的投入，大力推广农林牧渔产品的优良品种及配套技术，示范推广技术含量高、经济效益好的科技成果，较大地提高了产品的产量、质量和市场竞争能力。江苏省推广中科院南京土壤所的“节氮免磷”水稻施肥技术，1991年增收节支500万元以上。新疆培养的“木纳格”葡萄新品种，出口巴基斯坦等地，每公斤卖价达1美元，预计全年可创汇750万美元。

（五）部门协同作战，齐心合力

农业综合开发是一项系统工程，只有各方面共同配合才能搞好。这几年在农业综合开发中，各有关部门不是争项目、争投资，而是根据统一规划，围绕开发的总目标，各司其职。农业部门积极提供可开发利用的资源情况，提出可供选择的多种开发方案；水利部门搞好开发项目的规划，把农田水利建设同骨干水利工程建设紧密结合起来，配套完善，使其发挥整体效益；林业部门搞好农田防护林、水土保持林和水源涵养林建设。财政、银行部门积极筹措资金，确保开发工作顺利进行，从而形成了一曲生动和谐的农业综合开发交响曲。

在充分肯定我们的成就和总结经验的同时，也必须看到工作的缺点和不足。当前存在的主要问题是，在指导思想上对主要增加粮棉油肉的思想有动摇，想转移投资方向；在项目安排上，开发面铺得有些大，不应该“连茬”的项目多，影响资金周转和效益；在资金管理上，有些地方使用分散，配套资金到位情况不够好。这些问题，必须认真加以解决。

二、要充分认识农业综合开发对促进农业经济发展的重要意义，树立正确的指导思想

我国农业资源虽然短缺，但开发利用的潜力是很大的。全国有中低产田10亿亩，近5年只改造1亿多亩，还有近9亿亩待改造。60亿亩草原，3/4待开发改造。还有浅海滩涂1 243万亩，淡水水面6 930万亩，沙荒地10亿亩，如能利用，都可以转化为生产力。因此，农业综合开发是一篇大文章，长文章，无论是从广度开发或深度开发方面考虑，都是大有作为的。

近几年的实践证明，农业综合开发的作用是多方面的，它对整个农村经济发展和农业现代化建设，都具有重大意义。

一是有利于农民增加收入，促进农村小康建设。我国的广大农村，虽然已经由温饱型逐步向小康型过渡，但农民的收入水平还是很低的，而且很不平衡，城乡居民收入的差距又扩大了。解决这些问题，当然要靠产业结构调整，靠市场发育，但是农业综合开发带来的增产增收，也是一个重要的方面，是不可缺少的。现在，我们开发项目区，开发后人均收入一般增加200元左右，随着农产品的开发增值，增收还会更多。

二是有利于提高农业现代化的物质技术装备水平。近5年，我国农业综合开发投资形成的固定资产（加上农民投劳折价），相当于全民、集体和农民个人对农业的固定资金总额投入的10%。其中，架设的农电线路有30 207公里，购买农机具

225 956台（套），购买仪器设备72 555台（件）。此外，推广良种面积8 954万亩，技术培训2 800万人次。所有这些，都从技术装备上武装了农业，提高了农业现代化水平。

三是农业综合开发的模式对农民起了示范作用。由于农业综合开发的成效显著，因而对非项目区起了样板作用。目前，有些开发区已开始运用科学办法进行开发和管理，实行种植区域化、栽培模式化、品种优良化、管理科学化、服务系列化，这对农业发展实际起了示范的作用。

四是有利于提高干部农民的素质，密切党群关系。农业综合开发突出的优势，就是给农民办了实事，给农民带来了看得见的物质利益。正因为如此，无形中就密切了党群关系、干群关系。同时，干部从开发的实践中，也增长了才干，提高了知识技术水平。

江泽民总书记在中央农村工作会议上的讲话中指出："国外经验和我国发达地区的实践都证明，根本解决我国农业和农村经济问题，实现农业现代化，必须大力推进农业集约化和农业综合开发，大力发展非农产业。加速农业富余劳动力的转移。"江总书记这段话，深刻地阐明了农业综合开发的意义、地位和作用。进一步搞好农业综合开发，必须树立正确的指导思想。农业综合开发是实现农业特定发展目标的综合经济活动，国家投资立项的农业综合开发，是一种政府行为。但是，在建立社会主义市场经济体制的条件下，这种政府行为的目标是什么，它同计划经济体制条件下的行为目标有什么区别，这是涉及到农业综合开发指导思想的问题，需要认真加以明确。

第一，国家立项投资的大规模农业综合开发，是在新的历史条件下，国家对农业发展实行宏观调控、最终为实现农业现代化而采取的一项战略性措施。党的十四届三中全会的《决定》准确指出："建立社会主义市场经济体制，就是要使市场在国家宏观调控下对资源配置起基础性作用。"国家宏观调控的措施多种多样，国家立项投资的农业综合开发，具有信贷、财政调控的双重性质。这种政府行为，是通过经济手段进行宏观指导和调控，以克服市场的盲目性和消极性，达到合理配置农业资源的目的。概括起来，一是把国家农业综合开发这种政府行为，摆到社会主义市场体制之中了，找准了自己的"位置"。二是这项工作从理论到实践目标都非常明确，就是要起到保护农业、支持农业、发展农业的作用。

第二，农业综合开发主要的目标是改善农业生产基本条件。农业不同于工业，它既受市场风险制约，又受自然条件制约，是国民经济中社会效益高而自身效益低的产业，无论在商品市场竞争中，还是在经济资源的竞争中，常常处于比较软弱和不利的地位。因此，需要国家予以支持，予以保护。支持和保护的方式也是多种多样的。国家立项投资的农业综合开发，是政府支持农业、保护农业的一种特定形式。

第三，要处理好改善农业基本生产条件与发展粮棉油肉的关系。原来我们提出，农业综合开发以增加粮棉油肉产量，增强农业发展后劲为主要目标。根据90年代我国农业发展纲要及我国食物结构改革与发展纲要的要求，在稳定粮棉等主要农产品产量增长的情况下，积极进行农业产业结构调整，发展高产、优质、高效农业。为适应这一要求，现在我们把提法改为"重点是改善农业生产基本条件，提高粮棉油肉等主要农产品的综合生产能力"。现在这种提法重点还是改善农业生产基本条件，因为只有农业生产的基本条件改善了，粮棉等主要农产品综合生产能力增强了，高产优质高效农业的发展才能有一个坚实的基础。

有的同志提出，拿这么多钱搞农业综合开发不合算，粮食不够吃可以进口，不如把投资转移到二、三产业合算。这种看法是不全面的，是有害的。在我们一个人口众多的大国，不能把"饭碗"寄托在国外，如果农业和粮食生产出了问题，任何国家也帮不了我们。靠吃进口粮过日子，必然受制于人。江泽民同志在这次中央农村工作会议讲话中指出："当前，国际社会围绕粮食和农业发展的竞争是非常激烈的。西方发达国家不仅把农业作为对内稳定政局的基础产业，而且作为对外执行强权政治的战略武器。"中央之所以反复强调加强农业的基础地位，保证农业和农村经济的持续发展，正是从国际国内的经济和政治方面考虑的，是有很强的针对性的。因此，我们对这个问题的思考必须要有战略眼光，一定要领会中央决策的战略意义。

第四，要把保持粮棉等主要农产品稳定增长与增加农民收入的目标统一起来。要在保持粮棉等主要农产品稳定增长的基础上，搞活多种经营。多种经营包括发展养殖业。搞农产品加工、转化和增值，组织龙头项目带动的农产品系列开发。这次中央农村工作会议提出，发展农业，要以农业生产是否发展，农产品是否适应市场需要，农民收入是否增加为三大目标。如果农民只增产粮食，不增加收入，就不能体现社会主义市场经济体制的要求，不能显示农业综合开发的特点和生命力，农民开发的积极性也就难以持久。我们把开发的主要目标定为改善农业基本生产条件，同时搞多种经营及龙头项目的系列开发。这样稳一块、活一块，既体现了充分发挥宏观调控与市场机制两方面的作用，又有利于把保证粮食供给与增加农民收入的目标统一起来。这几年，各地的农业综合开发，对增产粮棉油肉是抓得很紧的，相比而言，对增加农民收入是重视不够的。正是由于这种原因，个别开发项目区出现了增产不增收的问题。对此，我们必须认真对待。农业综合开发工作，必须树立效益观念，要十分重视增加农民收入的问题。

三、下一阶段农业综合开发的重点

农业综合开发投资在一定时期内应有不同的侧重点。今后一个时期农业综合开发的重点是：

（一）大力发展粮、棉、油、肉生产

90年代农业发展目标已定，粮食产量要达到5 000亿公斤，棉花产量要达到525万吨，油料、肉类要持续发展。实现这个发展目标，农业综合开发的任务是很重的。因此，必须继续坚持广度开发与深度相结合的原则，投资重点用于中低产田改造，适当开垦宜农荒地，以提高土地的产出率。在发展粮食的问题上，粮食主产区当然是投资的重点，但是也要考虑到调入省的问题，以利达到以省为单位粮食产销自给有余或基本自给、就近调运的要求。例如西藏、青海、云南等省调入粮很困难，运输问题就不好解决。搞了开发，就可以减少调入量。青海省经过5年开发，已经减少调入粮1亿多公斤。

（二）继续抓好草原建设和农田秸秆利用工作，大力发展牛羊肉生产

随着经济发展和人民生活的改善，肉食在人们膳食结构中的比重将越来越高。我国人民传统的肉食主要是猪肉。养猪费劳力，需要大量粮食来转化。因此，今后要多发展草食动物的牛羊肉生产。我国有60亿亩左右草原，其中二、三等草地占80%，改良后载畜量可以成倍提高。牛羊肉在市场上销路好，养牛养羊应当说是一种高效产业。现在，农业综合开发投资中，草原投资的比例较小，今后要适当增加。除牧区草原外，还要继续加强秸秆养牛。农业有大量的粮食和丰富的秸秆可以养牛，养牛业又可以带动相关的加工业及其他乡镇企业发展，并促进种植业的发展，从而形成良性循环。所以说，养牛业是一种多重效益的产业。近2年，我们拿出一定的投资，在200个县搞示范区，效益很好，今后还要适当加强这方面的投资力度。

（三）要有选择地搞大规模成片开发荒地

例如，内蒙古巴彦淖尔盟有350万亩荒沙地可开垦，有350万亩中低产田需要改造；宁夏的老灌区有600万亩中低产田需要改造，拟建的大柳树灌区可开荒530万亩。地处大西南腹地的川、滇、黔3省（区）交界“金三角”地带的金沙江干热河谷地区，土地资源潜力很大，有荒地1 364万亩，年冬闲土地300多万亩；还有辽河三角洲、黄河三角洲、江西药湖等地，也都有大批可利用的土地。这些地方，自然条件都不错，只是开发的难度大一些。今后我们要拿出一部分投资，在条件具备、论证可行的基础上，有计划地进行开发。另外，从长远看，从沙漠中开发土地，是扩大耕地资源的一个好办法。我国沙漠面积辽阔，如果经过几代人努力，能够从沙漠中开发出几亿亩或10亿亩耕地来，我国人多地少的状况就可能得到很大改善。因此，从现在起，我们必须着手把沙漠绿洲作为沙区经济发展的基础产业来抓，并逐步增加治沙和沙区绿洲

农业建设的投入。

（四）从战略上考虑，今后农业综合开发的投资要逐步向中西部地区转移

现在的投资中，东部地区约占41.9%，中部地区占27.8%，西部地区占30.3%。这种地区性的投资结构，原来是正确的。按照中央农村工作会议精神，今后需要逐步做一些调整。资金的存量部分可以不做大的变动，但资金的增量部分则要逐步向中西部地区倾斜。这样，无论是从资源利用上考虑，还是从地区经济发展布局上考虑，都是必要的。

四、当前需要着重抓好的几项工作

（一）增加投入，调整资金结构

要广辟渠道，多层次、多方面增加开发资金的投入。国家立项的农业综合开发投资，目前主要由财政资金、银行专项贷款、集体（企业）积累和农户集资组成。此外，还有一大块，就是农民的劳动积累。这些投入渠道，需要随着经济体制改革相应进行调整，而且要设法开辟新的渠道，稳定资金来源。

财政资金方面，原来的主渠道是农业发展基金。税制改革、分税制改革以及国有企业利润分配制度的改革出台后，农业发展基金原来的渠道有的消失，有的有渠缺水。在这种情况下，各地除按政策规定执行外，还必须开辟新的筹集渠道。国家新开征的房地产增值税中纯土地增值税部分，要设法纳入农业综合开发的投资计划。农林特产税比上年超收部分，也要大部分用于农业综合开发。就中央财政投资而言，以后要随着中央财政状况的逐步好转有所增加。同时要多利用世界银行贷款，以增加投入。

银行贷款是国家农业综合开发投资的重要来源。1993年全国农业综合开发贷款规模达到20亿元，以后要在这个基础上逐年增加。目前，银行正在搞金融体制改革，要组建政策性的农业银行。今后政策性农业银行对农业综合开发的投入只能加强，不能削弱，不能因改革而取消或减少农业综合开发贷款指标。

在农业综合开发中，农民仍然是投入主体。要大力提倡和发扬艰苦奋斗、自力更生的精神，动员和组织农民增加对农业综合开发的投入，进行农田基本建设。农民集资搞开发是扩大再生产投资，农民的劳动积累是开发投入的重要组成部分，应当继续做好发动工作。现在农村剩余劳动力多，劳动力价格便宜，可以充分利用，大力开展一些农田基础建设事业。多利用农村剩余劳动力投入农田基本建设是符合我国国情的。当然，动员农民搞开发投入，要因地制宜，量力而行，不可超越农民承受能力。

在增加投放的同时，要调整投资结构。近5年来农业综合开发投资的结构大体是，中央和地方财政投资中，用于改善农业生产基本条件、发展粮棉油糖肉等主要农副产品的约占80%，用于项目区多种经营开发的约占20%；农行专项贷款中，用于土地开发治理的约占50%—60%，用于生产经营的约占40%—50%。这种投资结构，对于增强农业发展后劲，增加粮棉油肉的产量，作用是显著的。但是，在社会主义市场经济日益发展的新条件下，再按这样的比例来安排资金就不适应了，要进行适当调整。今后，中央财政和地方财政的投资，以省为单位计算，以不低于70%的比例用于改善农业生产基本条件，以不超过30%的比例用于发展多种经营及龙头项目；银行贷款的安排，以省为单位，30%用于土地开发治理，70%用于多种经营及龙头项目。这样，既体现了政府行为，又能适应市场经济和高产优质高效农业发展的需要。

（二）加强农业综合开发的项目管理

今后我们的管理工作必须逐步做到科学化、规范化、程序化、制度化，目前要改革立项制度。今后所有项目均采取自下而上申请，自上而下筛选的原则确定。省级政府和中央主管部门申请的国家级项目，事先进行可行性评估论证，做出投资概算，由国家农业综合开发办公室择优选定。对到期竣工的项目，严格组织验收，先验收，后立项，投资也不一定按原来的基数安排。要坚持综合投入，统筹安排。要把各种资金统一纳入项目之内，做到开发任务与资金安排的统一。农业银行贷款中要有一部

分用于土地开发治理，这部分贷款要纳入国家农业综合开发办公室与中国农业银行审定的项目投资计划，把贷款指标下达到省，再由省落实到各个项目。对龙头项目带动的农产品系列开发和多种经营开发，可以由银行为主审定，按银行规章制度办事，但也要纳入到一个省、一个部的开发计划之中。要建立健全严格的管理制度。今后，各级政府要建立责任制，对土地资源治理开发项目，竣工验收后必须严加管护，保证在一定时间内正常运转，发挥效益。

（三）要切实提高农业综合开发的效益

农业综合开发的效益，应当集中体现在提高土地利用率和土地收益，增加农民和牧民的收入等方面。为此，要坚持重点投入，集中使用资金。从今年起，开发的范围要适当缩小，投资要进一步集中，坚持择优选项，投资不搞基数法。要总结经验，在条件具备的地方，项目实施可以试办投资股份制开发，有偿转让土地经营权开发，中外合资开发，与发达地区、大中城市联合开发。投入经营性的财政资金，有偿使用，回收后继续投入综合开发，使用滚动。

（四）要在搞活农产品流通，开拓农村市场方面多做文章

农业综合开发必须把粮食增产与农民增收两个目标统一起来。如何统一呢？除适应发展需要，积极调整产业结构外，还要认真抓好加工增值和搞活流通。龙头项目带动的农产品系列开发，必须充分利用和发挥当地农业资源优势，发展当地的主导产业，以效益为中心，根据国内外市场需求，逐步形成拳头产品，实行贸工农、产加销一条龙经营。龙头企业要一头连接市场，一头连接农户，带动农户发展商品生产。

（五）要加强领导，各部门密切协作

国家农业综合开发是关系到地区经济发展全局、惠及子孙的战略措施，各级政府必须切实加强领导，列入政府工作的议事日程。主管领导同志要拿出一定时间和精力，组织有关部门制定规划和政策，协调解决各种矛盾问题。开发计划和项目管理要实行各级政府目标责任制，凡有开发任务的地方，各级政府一定要保质保量完成开发任务，做到权责利的结合。

农业综合开发不是单项开发，成立农业综合开发机构，就是要组织协调各有关部门的力量，共同来完成农业综合开发任务。因此，农业综合开发部门不要去代替主管部门的工作，各有关主管部门也不要把自己应做的工作和应尽的责任推给农业综合开发部门。

这里，我还要讲一下农业综合开发机构等问题。经国务院批准，继续保留了国家农业综合开发办公室的名称，挂靠财政部，同时建立了国家农业综合开发联席会议制度。这个联席会议，主要是议定国家农业综合开发的方针政策和重大问题，审批投资方案和项目验收报告。各地的机构设置与中央的设置可以不一致，形式也可以多样。但是机构必须加强，人员必须充实，不能因机构改革而使开发工作受到影响。要切实解决工作人员办公等基本工作、生活条件，以调动干部的积极性。关于经费问题，我们在资金管理办法中，明确可以按地方财政配套资金的1%提取业务活动经费，还允许安排一定的前期工作论证费。随着投资额的增大，大体可以满足工作开展的需要。

同志们！我们农业综合开发在农业发展中是立了功的，取得的成就是有目共睹的，从事农业综合开发事业的广大干部职工是非常辛苦的，是做出了很大贡献的。在这里，我代表国务院向大家表示衷心的感谢，希望大家再接再厉，认真贯彻落实党的十三届四中全会和中央农村工作会议精神，高标准、高质量、高水平完成任务，真正把农业综合开发工作推向一个新的阶段。

努力开创农业综合开发的新局面

——在全国农业综合开发经验交流会上的讲话

陈俊生

（1995 年 4 月 24 日）

同志们：

这次全国农业综合开发经验交流会的主要议题，是深入贯彻中央经济工作会议和中央农村工作会议精神，总结交流 7 年来农业综合开发的基本经验，研究部署当前和今后一个时期的农业综合开发工作。现在，我就这个主题，讲一些意见。

一、肯定成绩，总结经验，坚定不移地搞好农业综合开发

去年 12 月的中央经济工作会议和今年 2 月的中央农村工作会议，对我国农业和农村经济形势认真地做了分析，得出的基本估价是：农业和农村发展的形势是好的，农业和农村面临的形势又是相当严峻的。这种估价是符合实际的。

进入 90 年代以来，我国农业和农村经济一直保持着好的发展势头。粮食产量登上了 9 000 亿斤的新台阶。去年在遭受严重自然灾害的情况下，粮棉生产仍然获得了较好收成，“菜篮子”产品持续增长，农村经济全面发展，农民收入有较多的增加。乡镇企业 1994 年产值近 4 万亿元，成为国民经济和财政收入的重要支柱。这些成就足以说明，我国农业和农村形势是好的，为丰富市场供应、支撑国民经济发展、保持社会稳定做出了重要贡献。

我们说农业和农村面临的形势是相当严峻的，是就存在的问题和继续发展的难点而言的。在我国建立社会主义市场经济体制的过程中，农业和农村经济的发展，确实面临着一些新的矛盾。一方面，农业是国民经济最重要的基础产业。经济越发展，全社会对农产品的需求量越大，对农业的依赖程度越高。另一方面，农业又是社会效益高而自身效益低的产业。由于市场规律的作用，往往驱使生产要素从农业向非农产业流动。工业的高速发展，不仅占用大量的经济资源，而且加剧原材料的供需矛盾，拉动农用生产资料涨价，导致农业生产成本上升，农民获利减少。总之，我国农业生产长期受到 3 个方面因素制约：一是人口不断增加，二是耕地不断减少，三是自然灾害频繁。这对农业和农村经济发展的压力越来越大。当前突出的问题是：农业基础脆弱，粮食生产出现新的徘徊，棉花供应缺口较大，与国民经济发展的要求不相适应；农业同二、三产业相比，发展滞后，难以支撑经济的高速增长。这种状况如不尽快改变，农产品供求矛盾将会更加突出，不仅难以实现抑制通货膨胀的目标，搞得不好，吃饭都要成问题。现在的农业基本上还是气候型农业。由于我国幅员广大，自然灾害年年有，遇上较大的自然灾害，粮棉减产幅度大。水利工作如果上不去，农业的一切增产措施遇到大的旱涝灾害都将毁于一旦。

党中央、国务院对农业和农村工作面临的问题非常重视，多次召开会议研究这个问题，围绕扶持农业生产、保护农民利益、调动农民积极性，采取了一系列重要政策措施。在今年 2 月的中央农村工作会议上，党中央、国务院几位领导同志的讲话都反复强调，发展农业，必须全党动员，层层负责，充分调动各级政府和农民的积极性，切实抓好“米袋子”、“菜篮子”，狠抓落实扶持农业发展的各项

政策措施，全面发展农村经济，确保农产品有效供给和农民收入稳定增加。可以预料，随着中央经济工作会议和中央农村工作会议精神的贯彻落实，农业和农村经济发展的步伐会不断加快，农业和农村形势会越来越好。

农业综合开发是我国农业和农村经济建设的重要组成部分。当前农业和农村经济呈现的大好形势，农业综合开发是功不可没的。7 年来，这项工作不断开拓，不断前进，确实取得了利国利民的显著成效。

（一）建成了一批标准较高的基本农田

1988—1994 年的 7 年间，全国累计改造中低产田 1.48 亿亩，开垦宜农荒地 1 892 万亩。这些土地资源，在国家骨干水利工程和农林基本建设的基础上，通过农业综合开发的填平补齐、挖潜改造、配套成龙，基本上形成了“旱能灌、涝能排、田成方、树成行、渠相连、路相通”的规格化稳产高产农田。同时，许多地方还建成了一批“两高一优”农田和节水灌溉农田，抗御自然灾害的能力明显增强。如四川省经过治理的冬水田、下湿田，地下水位平均下降 0.3 米以上，土温升高 0.57℃，暴雨后田间积水排除速度快 8—10 倍；坡薄地经过治理，抗御干旱能力提高 6—15 天。该省南充市 1994 年遭受百年罕见的旱灾，全市水稻大面积减产 10%，而农业综合开发项目区却增产 20%，亩产达到 600 公斤以上。随着农业生产条件改善，土地的产出率、收益率和利用率大大提高。

（二）提高了农业综合生产能力

全国农业综合开发增加的粮食生产能力，7 年累计达 476 亿斤，占全国同期粮食增产总量的 40%。大体上，改造 1 亩中低产田，平均增加粮食生产能力 250 斤；开垦 1 亩宜农荒地，平均增加粮食生产能力 500 斤。同时，7 年还新增棉花生产能力 1 152 万担，油料 146 万吨，肉类 90 多万吨，糖料 1 527 万吨。这对于缓解农产品社会供需矛盾，特别是促进我国粮食产量突破 9 000 亿斤大关，发挥了重要作用。农业综合开发给我国粮食生产带来两个明显的转变：一是老的商品粮基地通过治理开发，增加了活力，土地产出率和粮食商品率均有较大增长；二是一些缺粮或粮食自给地区转为新的商品粮基地。

（三）改善了生态环境

通过 7 年的综合规划治理，生态农业较好地发挥了屏障作用。已竣工的开发区，基本上建成农田林网。专门的生态工程，包括草原建设、河北坝上生态农业工程、长江上游水土保持和防护林工程、太行山绿化工程以及成片的水源涵养林工程等，均取得了预期的效益。这既促进了农业增产，又绿化了河山，改善了人们的生态环境。

（四）建成了一批龙头项目和农副产品加工基地

在坚持农业综合开发主攻方向的同时，积极开展多种经营，试办农产品系列开发龙头企业，有效地利用了当地的农业资源优势，提高了农产品的附加值。据 16 省（区）统计，7 年来共建设经济林 371 万亩，水产养殖 140 万亩，养殖畜禽 9 040 万头（只），兴办农副产品加工企业 2 036 个。这是农业综合开发向纵深发展的重要标志。

（五）给农民群众带来了实惠

农业综合开发使农民得到了看得见的物质利益。据不完全统计，开发项目区农民年人均纯收入增加 260 多元，多的可达 500—600 元。由于农民群众在开发中得到了实惠，不仅激发了自力更生搞开发的积极性，而且进一步密切了党群关系。有的项目区农民群众说：“建国以来，党和国家为我们办了很多好事，使我们感受最深的有 3 件，一是土地改革，二是联产承包，三是农业综合开发。”有的基层干部说“农业综合开发是一部开展农村社会主义教育的好教材，对促进农村生产力的发展是一次难得的机遇”。四川省的广大农民群众把农业综合开发赞誉为“德政工程”、“造福工程”、“奔小康的致富工程”。实践表明，农业综合开发是中国农业现代化希望之所在。

我国的农业综合开发与常规农业建设不同，它的特点是：第一，农业综合开发有其特定的行为目标。它以改造中低产田为主，以提高粮棉油肉糖等主要农产品的综合生产能力为主要目标，坚持政府行为，兼顾市场导向；既考虑短期内增加农产品产

量，又为增强农业发展后劲打下基础。目前在所有支农资金中，唯有农业综合开发这笔资金，不受部门分割制约，不受“人吃马喂”的影响，完全用于农业上。第二，有一个具有中国特色的资金积累投入机制。“国家引导、配套投入、民办公助、滚动开发”的机制，从上到下，运行较好。资金投入有保证，凡经批准的开发项目，中央财政都安排相应的资金，并且要求地方财政、专项贷款、自筹资金三个方面都做相应的配套安排。这就有效地保证了开发目标的实现。四川省的同志将这种机制概括为“中央引导地方，国家引导农民”，“国家财政投入为导向，集体和农民投入为主体，信贷投入为补充”，称这种投入机制是建立社会主义市场经济体制过程中的一个创造，具有强大的生命力。第三，严格按项目管理。按项目采取综合措施，进行综合治理，使各种生产要素得以有效组合，资源得以合理配置；重点抓住水利、良种两项关键措施，实行配套服务；有一套从评估论证、申报审批到资金拨付、检查验收、建后管护的程序化制度，管理有章可循。第四，集中连片，规模开发。土地治理坚持治理与开发相结合、建设与管护并重的原则，统一规划，集中连片地建设基地，从实际出发，针对制约农业发展的障碍因素，采取不同的治理模式，解决关键性问题。这样，有利于采取先进的科学技术，实行机械化作业，提高商品率，形成规模生产力，取得综合效益和规模效益。第五，以市场为导向发展多种经营，以龙头项目带动农产品系列开发。龙头项目一头连接市场，一头连接农户，带动农户发展商品生产，使农业增产与农民增收的目标能够紧密地结合起来。第六，采取农业综合开发的方式。可以把有关部门的力量集中起来，发挥各自优势，拓宽资金投入的渠道，形成合力，取得最佳效果。

总之，农业综合开发是在坚持家庭联产承包责任制的前提下，国家集中财力在全国范围内，通过综合利用资源，实行综合投入，运用综合措施，进行综合治理，讲求综合效益的办法，成片地、高标准地改变农业生产条件的一项重大举措。既解决了一家一户想搞而无力搞的矛盾，又避免了过去集体化时搞农田建设群众无积极性的弊端。这就是7年来农业综合开发能够突破常规农业建设的模式，取得超出常规农业建设成效的重要原因。

7年来的实践证明，在建立社会主义市场经济体制的条件下，农业综合开发是国家引导、支持农业发展，对农业和农村经济实施宏观调控的重要手段之一，是一个系统工程。实施这项系统工程，对确保农业基础地位不动摇，改变农业基础脆弱的现状，提高农业现代化的物质技术装备水平，促进规模经营和农村剩余劳动力转移，加快农村小康建设，繁荣农村经济，都有着重要的现实意义和深远的历史意义。它不是权宜之计，也不是应急措施，而是在农业发展的过程中，起关键作用的长期事业。值得指出的是，各级财政、银行和农业等部门紧密配合，相互支持。特别是财政和农业银行在资金比较紧的情况下，都能逐年增加资金的投入，为保证农业综合开发的顺利进行起到了重要作用。

在肯定成绩、总结经验的同时，我们还要看到工作中存在的不足之处。目前农业综合开发工作中存在的问题，主要表现在3个方面：一是资金使用还比较分散。从全国来看，面铺得太大，从省（区、市）来看，项目安排不够集中。二是工程管护工作跟不上。一些地方重工程建设轻工程管护，没有做到一年建设，长期管护，永久利用受益。三是资金配套不落实。这是一个带有普遍性的问题，其中有的是根本无配套资金，有的有资金但没有用到开发资金的配套上，还有的是一笔资金“一女多嫁”。以上这些问题要引起我们的高度重视，要采取有力措施，切实加以解决。

二、搞好规划，加大力度，为粮食再上新台阶发挥关键性作用

从现在起到本世纪末的6年内，我国农业和农村经济发展面临两大战略目标：一是提高农业综合生产能力，增加农产品产量，保证有效供给；二是增加农民收入，实现小康。完成这两大战略目标，关系到我国经济和社会发展的全局，关系到整个国民经济发展第二步战略目标的如期实现。农业综合开发必须发挥关键性的作用，担当起重任。

粮食是关系国计民生的重要战略物资。建国以来我国粮食产量从1949年的2 200多亿斤，提高到1993年的9 100亿斤，增加了近7 000亿斤，基本满足了经济发展和人民生活提高的需要。1995—2000年，是实现我国国民经济发展第二步战略目标并为第三步战略目标打好基础的关键时期。在这一时期，随着经济和社会不断发展，人民生活水平不断提高，对粮食等主要农产品的需求将进一步扩大。据测算，到2000年全国粮食生产能力必须达到10 000亿斤以上，才能满足经济发展和人民生活的最低需要，也就是说从1995年起到本世纪末，在这6年时间里，必须增加1 000亿斤粮食的生产能力。根据国家计委编制的“九五”计划（草案），在农林水综合治理措施的配套保证下，农业综合开发需承担全国新增粮食生产能力一半的任务，即新增500亿斤粮食生产能力。从我国的后备水土资源、开发投资力度和开发成效来看，实现这一任务是艰巨的，困难不少，但有利因素也很多，经过努力是可以完成的。

从不利因素看，一是开发难度加大。近几年本着先易后难的开发原则，开发的基本是水土资源丰富、开发难度小、投资少、见效快的地区。随着农业综合开发不断深入和开发任务的增加，开发难度也会逐渐加大。二是资金供需矛盾突出。据国家计委提供的资料，1980—1990年，我国粮食年均增长为3.3%，而同期农业资金的年均投入增长率（扣除物价上涨部分）为7.5%，比粮食增长率高1倍。今后粮食生产能力的增加对资金投入的依赖性越来越大，农业综合开发要完成到2000年增加500亿斤粮食生产能力的任务，必须首先增加国家投资，进而增加总投入。“九五”期间，正值国家进入债务还本付息高峰，财政形势比较严峻，国家较大幅度地增加农业综合开发投资有一定难度。三是粮产区和农民种粮的积极性不够稳定。随着社会主义市场经济的发展，农业这一弱质产业面临的市场条件和竞争环境将日趋困难。目前，粮食比较效益低的问题还没有很好地解决，这将会影响到粮产区和农民种粮的积极性，进而影响新增粮食生产能力任务的完成。四是农业综合开发总的说是下游工程，必须在水利措施、农业措施、科技措施相互配套的条件下，农业综合开发才能有所作为，特别是水利工程必须先行。如果这些相关条件不具备，农业综合开发的任务难以完成。

从有利条件看，一是开发增产粮食的资源潜力大。全国现有中低产田8.52亿亩，宜农荒地5亿亩，可利用的沙荒地10亿亩。据农业科研部门的分析，在满足各种有效投入的理想状态下，科学地综合开发利用这些资源，有可能再增产粮食几千亿斤。二是农业综合开发积累了丰富的经验。经过7年的努力，我国农业综合开发已探索出一条适合我国国情的路子，从上到下建立了比较健全的组织机构，制定了比较完备的规章制度和管理办法，开始步入科学化、规范化、程序化、制度化管理的阶段。三是各级地方政府重视农业综合开发工作，组织领导得力。集体和农民搞开发的积极性很高，能够投入大量的资金、人力和物力。四是党中央、国务院已把增加1 000亿斤粮食作为“九五”期间我国农业发展的首要目标，并对发展农业生产提出了一系列任务要求和政策措施。这是搞好农业综合开发的最有利条件。所以，我们对完成500亿斤粮食的增产任务充满信心。

综合考虑增产潜力、开发条件等因素，要实现到2000年增加500亿斤粮食生产能力的目标，1995—2000年的开发任务是：改造中低产田1.87亿亩（平均每年约3 100万亩），开荒1 520万亩（平均每年约250万亩）。改造中低产田每亩增产250斤粮食，共可增产粮食432亿斤，开荒每亩增产500斤粮食，共可增产粮食70亿斤。两项合计，共可增产粮食502亿斤。

在开发布局上，我们根据农业资源的开发潜力和难易程度，以及粮食生产总量平衡和区域平衡情况，提出的战略是：提高东部，开发西部，主攻中部。从资源状况看，东北平原、黄淮海平原、长江中下游平原的土地开发潜力最大。上述地区“九五”期间可治理的中低产田面积和宜农荒地资源分别占全国的74.1%和53%。从区域粮食平衡情况看，据国家计委测算，到2000年除东北区可净调出粮食外，其余各大区均需净调入。其中，尤以华

东区调入最多。根据上述情况，今后6年应主要把黄淮海平原、东北平原、长江中下游平原等地区作为国家重点开发地区。这些地区水土资源丰富，水利建设基础较好，粮食商品率高，投资效益大。据测算，上述重点开发地区1995—2000年改造中低产田1.57亿亩，开垦宜农荒地1 300万亩，分别占总任务的84%和86%，新增粮食生产能力422亿斤，占500亿斤粮食增产任务的84%。在突出重点的前提下，加快一般地区的开发治理。对粮食调入省、区、市，要选择基础条件较好，粮食增产潜力较大的县市立项开发，促使其早日实现自给，或减少调入量。同时在开荒中要增加对沙荒地的开发。

解决粮食问题，根本在于增产。我国农业资源条件不宽松，人均占有量在世界上属于低水平。因此，在狠抓增产性开发的同时，还必须放开眼界，抓好节粮型的资源开发。其中，特别要积极利用秸秆养牛、养羊、养鸵鸟，开发氨化饲料和绿色饲料产业。我国农区每年大约有5亿多吨作物秸秆，其中可用作饲料的秸秆3亿吨左右。如果把这些秸秆充分利用作为饲料，每年可节约200亿—300亿斤饲料粮，在一定程度上缓解粮食供需的矛盾。

对资金需要量，根据前7年的资金使用效益和资金构成，改造1亩中低产田需要150元，开垦1亩荒地需要300元；总投资中，中央财政资金、地方财政配套资金、银行专项贷款、集体和群众自筹资金大体上各占1/4。据此测算，加上每亩投资标准15%的递增率（包括物价上涨、开发难度大、建设标准提高等增支因素），1995—2000年改造中低产田1.87亿亩，需投入资金473亿元，开荒1 520万亩，需投入资金77亿元。按投入政策规定，用于多种经营及龙头项目开发需330亿元。三项合计共需投入资金880亿元。在880亿元总投资中，中央财政资金、地方财政配套资金、农业综合开发专项贷款、集体和群众集资大体上各占220亿元。

资金投入是农业综合开发的保证。为此，首先要继续完善现行的资金积累投入机制，其次要保证农业综合开发资金有一稳定的来源渠道。要采取以下几个方面的措施：

（一）要下工夫抓好农业发展基金的筹集工作

1988年国务院决定建立的农业发展基金，是增加农业投入的大政策，我们要充分运用好这个政策。现在，农业发展基金的筹集确实有些实际困难，有的渠道取消，有的有渠无水，有的有水不流。我们要设法疏通渠道，也可以开辟新的渠道。耕地占用税是农业发展基金的主渠道，1994年全国收入35亿元，只要进一步加强征管工作，还可以多收，以增加农业发展基金的来源。当然，各级财政部门预算内安排的资金，仍是开发资金的主渠道之一，今后随着各级财政收入的增长，应不断增加这方面的投入。

（二）要疏通土地增值税收入的来源渠道

土地增值税收入是国家农业综合开发财政资金的主要来源之一。据有关部门测算，全国每年发生的土地隐形交易在50万起以上，交易额达450亿元，由此引起土地增值税税源流失约70亿元。当前，应在积极调查，摸清税源底数的基础上，采取有效措施把流失的土地增值税征上来，并明确从中划出一部分用于农业综合开发。

（三）要逐步加大农业综合开发贷款的额度

中国农业发展银行是政策性银行，农业综合开发贷款是专项贷款，要执行国务院的规定，体现国家农业综合开发的政策、目标和要求。今后6年，农业综合开发专项贷款要随中央财政投入的增加而增加。收回的贷款，要继续用于农业综合开发，加大开发的力度。

（四）要继续动员农民集资投劳搞开发

农业综合开发是农民群众自己的事业，要充分发挥农民投入的主体作用。国有农场的财政包干结余，也要尽力用于农业综合开发。活劳动积累是资金、物资替代不了的，许多事情是非靠劳动力不可的。我国农村缺的是钱，多的是人，将活劳动转化为资本是一条重要的积累途径。

（五）要采取多种形式积极引进外资

农业综合开发中的龙头项目可采取补偿贸易、股份制、合资经营等多种经营形式。农业综合开发也要搞开放式开发，就是要多争取外资开发。比如世界银行贷款，利息较低，还款期限较长，很适合农业综合开发。还有其他国际金融组织的贷款，也要争取利用。

农业综合开发是一个系统工程，其中对土地资源的开发治理，是在骨干水利工程、农业技术工程、林业建设工程等有保障的前提下进行的下游工程。因此，农业综合开发规划要与有关部门的水利工程、农业技术工程、林业工程、科技应用工程等建设规划相互衔接、配套。各有关部门要支持农业综合开发规划。

三、加强领导，认真组织，切实做好当前的几项工作

根据党中央、国务院关于加快农业发展的要求，今后一个时期内，农业综合开发的任务十分繁重。为此，从现在起，就要着重抓好以下 6 件事。

（一）抓好几个大片开发的规划、论证和项目计划的审批工作

今年国家新增的开发投资，拟集中投入国家确定的重点开发区，包括黄淮海平原、东北平原、长江中下游平原和另外几个基础条件好、粮食增产潜力大的地区。为此，各级开发办要与有关部门协作，切实抓好立项前的规划设计、评估论证和项目计划的审批工作。每个项目都要合理规划，科学论证，立项审批要严格按照国家规定的程序办事。要坚持择优选项，突出重点，集中投入，成片开发。目前，经国家批准列入农业综合开发的县有 1 024 个，约占全国总县数的一半。今后要适当缩小开发范围，提高开发标准，重点支持能够增加粮棉油产量的地区。农业综合开发不是扶贫、救济，也不同于常规农业，它有特定的行为目标。如果不能集中投资进行重点开发，就会失去农业综合开发的活力。在这个问题上，我们必须统一认识，统一行动。要坚持以中低产田改造为主，把增产粮食放在首位。改造好的中低产田，要按国家批准的增产目标落实种植计划，不得种经济林，更不准挖作鱼塘。发展多种经营应当用后备资源，充分利用“四荒”，“上山、下滩、进庭院”，不得占用粮田。今后农业综合开发应实行主要农产品增产目标责任制，投入与增加调出或减少调入挂钩。新增生产能力应着重体现在主要农产品商品率的提高上。主要开发区应增加调出或减少调入。请国家开发办的同志协商落实这一要求，研究制定具体办法。

（二）确保开发资金及时到位

这几年，农业综合开发资金的安排、使用，总的看是好的，但也存在一些问题，主要是一些地方财政配套资金不落实，资金到位时间拖得过长；有的地区农行贷款没有及时足额到位，未能与财政资金协调使用。这些问题，要切实加以解决。

1. 财政资金要及时足额到位。国家农业综合开发办公室要督促各地提前编出新立项的总项目开发和投资计划，并抓紧审批下达，以利及时拨款。为了不误施工，对无偿使用的财政资金可以提前预拨。地方各级政府一定要按政策规定足额配套投入，并事先安排好配套资金，保证及时足额下拨。不得用拆东墙补西墙的办法，搞假配套；不准从中打“时间差”去赚钱。国务院早有规定，农业综合开发资金投入增加以后，常规农业资金不得减少，各地必须严格执行。在地方各级财政都有困难的情况下，省级财政回旋余地毕竟大一些，要坚持拿大头的原则，要按规定拿配套资金的 70%。如果没有资金配套能力，就不应要求中央增加开发任务和投资。

2. 各级农业发展银行也必须做到农业综合开发专项贷款及时足额到位。贷款一定要以不低于中央财政资金 1:1 的比例配套投入，且纳入国家统一审批的总项目计划之内。同时，必须按照国务院的政策规定，体现国家农业综合开发的目标和要求，以省为单位，保证用于土地治理开发的贷款不低于总额的 30%。要保证贷款及时足额到位，做到有指标有资金。今后，为做到资金统筹安排使用，中央财政资金和农业综合开发专项贷款的安排，都要提交国家农业综合开发联席会议议定，希望地方政府也比照中央的办法办理。

（三）逐步建立滚动式、开放式、经营式开发的机制

中央财政资金的一半采取“有偿使用、限期回收、回收的资金继续用于农业综合开发”的办法，是增加开发资金来源，形成滚动开发的好形式。从今年起，中央财政投入的部分有偿资金开始进入回

收期，各级农业综合开发办要与财政部门合作，切实做好到期资金的回收工作，使滚动开发机制真正能够滚动起来。中央财政收回的有偿资金，要与新增财政资金统筹安排，继续投入农业综合开发。近年来，辽宁、浙江、青岛等地，还在开发项目区内进行了开放式开发、经营式开发的试验，积累了经验，取得了较好的效果。我们要认真总结这些经验，并加以推广。

（四）认真抓好几个龙头项目系列开发

在农副产品原料生产的基础上发展加工业和运销业，使一、二、三产业拉动联动，多次转化增值，是引导农民进入市场，提高农业比较效益，增强农村资金积累能力的一条重要途径。去年明确有关政策后，各地积极性很高，进行了许多有益的探索，并积累了经验。从今年起，有条件的省（市、区），要集中一定的银行专项贷款和财政有偿资金，在开发项目区内搞几个农产品加工、储运方面的"龙头项目"系列开发，用企业加农户的方式，拉动农村经济发展。国家农业综合开发办和农业部，要继续抓好秸秆养牛的开发。利用秸秆做饲料，既可以促进养牛业的发展，又可以带动相关加工业的发展。养牛业本身是一种生态农业，"秸秆养牛，过腹还田"，有利于农业的良性循环。秸秆养牛开发项目已经实行3年，成绩很大，效益很好，要继续增加投资，加大开发力度。发展秸秆养牛，要做到巩固和进一步发展中原肉牛带，开发东北肉牛带，开辟华南肉牛带，力争用6年左右的时间，打一个加速养牛业发展的大战役。与此同时，要抓住几个区域性的牛产品系列开发。

（五）下决心提高农业综合开发中的科技含量

我国耕地少，但我们可以实行"以少胜多"的发展战略，即耕地虽少，但要在提高单产上大做文章，通过科技推广，以较少的耕地产出更多的粮食，从而解决中国人民的吃饭问题。这是我国农业发展的方向。从今年起，各地必须进一步加强这项工作。要提高科技含量，使开发区农业生产的科技含量逐步达到50%，并成为高新技术的示范区、科技推广的普及区。要提高科技推广的投资比例，目前一般占总投资额的3%，今年要在原来的基础上增加2个百分点。要按全国农业科技表彰大会上提出的要求，在开发项目区内组织推广优良品种和适合农民接受能力的模式化种养技术。要在开发项目区内发展耕地套种间作等立体农业。目前，重点产粮区农民的纯收入2/3来自农业，依靠科学改革栽培制度，发展立体农业，有利于农民增产增收。许多事例已经证明，依靠农业也是可以致富的。要加强人员素质的培训。各地要认真规划，搞好培训工作。

（六）加强领导，健全指挥体系

农业综合开发主体是政府行为，必须依靠行政系列来组织实施。过去各级政府对农业综合开发工作是十分重视的，在新的形势下，农业综合开发的任务很重，有许多问题需要解决。各级政府要进一步加强领导，切实关心和重视农业综合开发工作。各有关部门都要围绕开发的任务和目标，充分发挥本部门的职能，同心协力，步调一致，支持农业综合开发工作，形成强大的合力。要建立有权威的指挥体系，指挥和协调各方面的关系。在地方的机构改革中，对农业综合开发工作只能加强，不能削弱，要保证规格，明确职能。要充实和加强农业综合开发人员力量，充分调动农业综合开发人员的积极性，切实解决他们工作上、生活上的实际困难，提高他们的政策和业务水平，以适应新形势发展的需要。今后对由于开发力量薄弱而完不成开发任务的地方，要下决心缩小开发规模。

同志们，农业综合开发是一项新兴的事业，是一项富有光明前途的事业。过去的7年，你们为开拓这项事业，付出了辛勤的劳动，做出了令人满意的成绩，我代表国务院向你们表示感谢。今后6年，工作艰巨，任务较重，希望你们发扬成绩，总结经验，苦干实干，为加快农业综合开发步伐，开创农业综合开发新局面，做出更大的贡献！

再接再厉　推动我国农业综合开发再上新台阶

——在全国农业综合开发工作会议上的讲话

陈俊生

（1997 年 11 月 12 日）

同志们：

党的“十五大”科学地分析了我国国民经济和农村经济面临的形势，对加快农业和农村经济发展，提出了更高的要求。“十五大”强调指出，要加强农业基础地位，坚持把农业放在经济工作的首位，要多渠道增加投入，加强农业基础设施建设，不断改善生产条件。这次全国农业综合开发工作会议，就是要深入贯彻落实“十五大”精神，总结十年来农业综合开发的主要成就和基本经验，表彰奖励从事农业综合开发工作的先进单位和先进工作者，研究部署下一步农业综合开发工作，推动农业综合开发再上新台阶、新水平。李鹏总理对这次会议很重视，他说两届政府最大的成绩有两个，一个是城乡“米袋子”、“菜篮子”的极大丰富，另一个就是农业综合开发和扶贫工作取得了巨大成绩。这次全国农业综合开发工作会议不是一般的例行会议，农业综合开发已经搞了十年了，今后怎么搞？我看主要任务是上新台阶，上什么样的新台阶，怎么样上新台阶，是本次会议的中心任务。下面我围绕农业综合开发再上新台阶这个主题讲几点意见。

一、十年农业综合开发取得了巨大成就，积累了丰富的经验

十一届三中全会之后，我国农业和农村经济迅猛发展。主要农产品产量大幅度增长，农民收入逐年增加。特别是粮食生产，在短短的几年时间里，总产就由 1978 年的 2 924 亿公斤提高到 1984 年的 4 073亿公斤，连续登上了两个台阶。但是，1985 年之后，我国农业出现了徘徊，粮食产量在 4 000 亿公斤左右的水平上波动，在此情况下，如何扭转农业徘徊的局面，提高农业综合生产能力，增加农产品有效供给，成为农村经济工作的一个焦点。为此，党中央、国务院采取了一系列方针政策，其中组织实施农业综合开发，就是重要的措施之一。

1988 年初，在总结以往农业开发特别是商品粮棉油肉基地建设经验的基础上，国务院决定设立国家土地开发建设基金，后改为国家农业综合开发基金，专项用于农业综合开发，并成立了相应机构，从此，有组织、有计划、大规模的国家立项的农业综合开发拉开了序幕。十年来，农业综合开发的范围不断扩大，从 1988 年的 11 个省、区的 11 个地区，扩展到全国 31 个省、区、市及 4 个计划单列市的 1 310 个县和 270 个国有农（牧）场，开发县数已占全国总县数的一半以上。十年累计投入农业综合开发项目资金 548.1 亿元。其中，中央财政资金 157.3 亿元，地方财政配套资金 140.1 亿元，与财政资金配套使用的专项贷款 99 亿元（只是与项目配套的，不包括农村贷款），乡村集体和农民自筹 151.7 亿元。另外，群众投劳 54.2 亿个工日。

十年来，农业综合开发产生了巨大的效益，为推进农业和农村经济两个根本性转变，提高农业综合生产能力，促进农村经济发展，加快农业现代化进程，发挥了重大作用。农业综合开发的作用可以总结多条，我主要从三个方面讲。

一是改善了农业基本生产条件和生态环境。到

1997年，通过农业综合开发，共改造中低产田2.3亿亩，开垦宜农荒地2 942.3万亩，改良草场1 732.8万亩，营造农田防护林3 126.8万亩，营造经济林、水土保持林和风沙防护林1.2亿亩，新建和扩建小水库6 553座，增加库容29.2亿立方米，新建排灌站3.9万座，新打和修复机电井71.1万眼，新增有效灌溉面积9 932.2万亩，改善灌溉面积1亿亩，扩大机耕面积1.2亿亩，建设良种基地76.8万亩，改良土壤1.4亿亩，完善农技服务体系1.8万个，培训农民技术人员7 530万人次。由于农业综合开发实行山水田林路综合治理，农业、林业、水利科技措施综合配套，大部分项目区基本建成了“田成方、林成网、渠相连、路相通、旱能灌、涝能排”的高产稳产田，改善了项目区的农业基本生产条件，提高了抗御自然灾害能力。黑龙江省今年在遭受比较严重旱灾的情况下，农业综合开发项目区粮食产量比上年增长9.4%，其中黑龙江农垦项目区增长18.8%。“八五”期间，全国粮食生产的波动幅度明显小于“七五”和“六五”期间，其重要因素也是国家致力于农业综合开发，改善农业基本生产条件的投入发挥了作用。李鹏总理在致这次会议的贺信中，充分肯定农业综合开发在农业稳产增产中起到的关键作用。

二是提高了农业综合生产能力。到1997年，全国农业综合开发项目区累计新增粮食生产能力414.4亿公斤，棉花2 191万担，油料22.9亿公斤，肉类27.3亿公斤，糖料1 942.7亿公斤，干草29.1亿公斤，项目区粮食增产量已占同期全国粮食增产总量的40%，即每增产10斤粮食，农业综合开发占4斤；增产100亿斤，农业综合开发就占40亿斤。东北平原4省（区）通过改造中低产田，亩增产粮食150—300公斤，特别是经过旱地改水田、“以稻治涝”，增产幅度更大，亩增产粮食400—500公斤。长江中下游平原大部分改造好的中低产田，基本做到了涝能排、旱能灌，亩增产粮食150—400公斤。黑龙江和河南两省农业综合开发项目区耕地面积只分别占全省22.3%和19%，但增产的粮食已分别占全省同期粮食增产量的45%以上，高于全国增产水平。浙江省人均耕地0.58亩，1996年生产粮食152亿公斤，今年遭受台风灾害，粮食总产仍达到145亿公斤，基本解决粮食自给问题。

三是增加了农民收入。据统计，农业综合开发项目区农民人均纯收入平均比非项目区高260元以上，多的达到500元—600元，甚至1 000元。全国农业综合开发项目区农民人均纯收入已由1991年的908元增加到1996年的2 126元，年均增长22.3%。浙江省1996年项目区农民人均纯收入3 550元，比立项开发前1987年的725元增长3.9倍。广西自治区1996年项目区农民人均纯收入2 100元，比立项开发前1987年的400元增长3.8倍。在农业综合开发项目区，农民生活大大改善。

农业综合开发不仅取得了显著的经济效益，同时还取得了较好的社会效益。由于农业综合开发，集科技培训、示范试验区建设和农业新品种、新技术、新工艺推广于一体，提高了广大农民的科技素质。由于农业综合开发效益好，农民得到了很大的实惠，基层有这个意见，那个意见，但反对农业综合开发的较少，或者没有。提高了党组织、政府和基层干部的威信，党群、干群关系大大改善了。

农业综合开发所以能取得如此显著的成就，根本的原因在于党中央、国务院的正确决策、高度重视和有力支持；在于地方各级党委、政府认真贯彻党中央、国务院的一系列方针政策，坚定不移地遵循农业综合开发的指导思想和基本原则；在于各级农业综合开发部门与有关部门的各司其职、各尽其责、同心协力、密切合作；在于广大基层干部与农民群众在国家的扶持下，自力更生、艰苦奋斗；在于广大农业科技工作者的无私奉献、勤奋工作。实践证明，国家立项的农业综合开发，是社会主义市场经济条件下政府支持保护农业政策体系的重要组成部分，是实现农业现代化的必由之路。

十年来，农业综合开发积累了丰富的经验，概括起来，主要有以下几点：

第一，开发宗旨明确、重点突出。农业综合开发的宗旨是改田、增产、增收。改田是以改造中低产田为主，适当开垦宜农荒地，改善农业基本生产条件，增强农业发展后劲；增产是指增加粮棉油肉糖等主要农产品产量，提高农业综合生产能力；增收是将农业增产和农民增收两个目标有机结合起来，提高农民自我积累、自我发展的能力。农业综合开发的重点是放在农业资源潜力大、水土资源条件好、地方财政有配套资金的能力、投入与产出比较效益高的东北平原、黄淮海平原和长江中下游平原，同时兼顾其他地区。十年来，各地农业综合开发项目区遵循农业综合开发的宗旨，坚持以改造中低产田为主攻方向，以发展粮棉油肉糖等农产品为主要目标，目的是为了跳出粮食产量徘徊的圈子，受到了农民群众的欢迎。

第二，严格项目和资金管理，保证资金专款专用。农业综合开发，借鉴了世界银行项目管理经验，对每一个项目都按照申报、评估、选择、审批、实施、验收、管护的程序，进行科学规划设计，有计划地组织实施，形成了一套严格的项目管理规章制度。基本上做到了项目管理科学化、规范化、程序化和制度化。在资金管理方面，严格使用范围，要求做到专人管理、专户储存、专款专用，严禁挤占挪用和用于人员开支，使下拨资金不受部门制约及“人吃马喂”的影响，把钱全部用在了项目上，保证了农业综合开发项目的顺利实施。

第三，实行“国家引导、配套投入、民办公助、滚动开发”的投入机制，多渠道吸引和增加投资。农业综合开发资金是以中央财政和银行信贷投入为导向，吸引地方财政、农村集体和农民群众等多方面的投入搞开发，并形成了以农村集体和农民群众投入为主体的投入机制。从上到下，多层次、多渠道筹集资金，使资金投入有可靠的来源保障。一是中央财政的投资额和农发行专项贷款额逐年都有所增加；二是各地区按国家规定的要求，及时足额落实财政配套资金；三是启发农村集体和农民群众自觉自愿投入搞开发，包括农民投劳折资，这部分投入已成为农业综合开发的投入主体；四是部分财政资金实行有偿使用、按期回收、滚存周转，回报后的资金继续用于农业综合开发项目，加大了农业综合开发资金投入力度。此外，中央财政通过向世界银行贷款，一些地方通过内引外联，积极争取社会上的资金和国外资金，在一定程度上弥补了农业综合开发资金的不足。

第四，连片开发，集中投入，建立旱涝保收田。各地在项目安排上，坚持相对集中连片，按项目区开发，注重规模效益，防止分散化。平原地区项目区规模，大多在万亩、数万亩以上，个别的达几十万亩。丘陵地区项目区规模，一般也在几千亩以上。项目区一旦确定，就按照山水田林路综合治理，农林牧副渔综合开发的要求，实行资金、物资、科技、劳力集中投入，各项治理措施配套实施，力求建设一片，配套一片，成功一片，形成规模效益。事实证明，这种连片开发、集中投入的建设办法，有利于迅速提高项目区的农业综合生产能力和抗御自然灾害的能力。如河北省张家口市坝上四县，今年降雨量不及常年的50%，许多地块缺苗断垄，而通过坝上生态农业项目建设，形成的56万亩水浇地，作物长势喜人，粮食亩产量仍可与往年持平。吉林省白城地区，在农业综合开发中，大力发展井灌，省委要求这个地区的书记、县长成为“打井书记”、“打井县长”，于是全地区掀起了打井的热潮。该地区洮北区（即原洮北县）今年在全省大减产的情况下，开发区的粮食产量由去年的4亿公斤，增产到5亿公斤，增长25%。今后农业综合开发项目区，要经得起旱和涝的考验。

第五，因地制宜，科学利用资源优势。我国地域辽阔，农业资源情况千差万别，各地从实际情况出发，按照因地制宜，宜农则农、宜林则林、宜牧则牧、宜渔则渔的原则，确定具体的开发内容，科学地利用当地的资源优势，摸索总结出了许多成功的经验。东北平原有不少盐碱涝洼地，他们采取“旱路不通走水路”的办法，改种小麦为种水稻，收到了以稻治涝、以稻治碱的效果，既保护生态环境又增产，取得令人称道的成绩。黑龙江省经过十年农业综合开发，发展水田1 000万亩，在今年大旱之年亩产量达到500公斤，仅此一项即可生产粮食50亿公斤。江西省根据本省“六山一水两分田，半分道路和庄园”的自然资源状况，探索出一条把资源的梯度开发与建立大规模农产品生产基地相结合的立体开发路子。通过开发形成“田间种粮，村旁库边养猪，水中养鱼，水面养鸭，山腰种果，山顶植树”的有机生态农业种养模式，充分利用了自

然资源和生态空间，提高了农业综合开发的效益。甘肃、宁夏、陕西也摸出了治理中低产田的路子。

第六，各部门紧密协作，形成合力搞开发。十年来，在各级党委、政府的统一领导下，从上到下形成了有关部门参加的、高效的组织机构系统，具体组织指导农业综合开发工作，同时各有关部门从农业和农村经济发展的全局出发，围绕农业综合开发的共同目标，按照总体要求，各司其职，各尽其责，形成了一个同心协力的农业综合开发体系。比如，财政部门在国家财力十分紧张的情况下，千方百计广辟财源，年年对农业综合开发的投入都有新的增加；银行系统努力保证信贷资金的投放，并根据农业生产的特点，改革信贷资金的管理使用方式，提出了“计划早下达、项目早落实、资金早投放、贷款早见效”的“四早”要求；还有计划、科技、农业、水利、林业、国土、审计、环保等部门，不仅积极参与规划设计、技术指导和检查审计，还抽调专人参与项目考察、评估、实施、验收等工作。应该说，汇集多方面力量形成合力搞开发，是农业综合开发的一条重要成功经验。

以上经验，是十年来我国农业综合开发实践的伟大创造和群众智慧的结晶，也是指导今后农业综合开发工作的基本准则。

我们在肯定成绩，总结经验的同时，还要看到存在的问题。一是在开发目标上，少数地方出现了轻视发展粮食，偏重发展多种经营的倾向；二是在项目区建设上，不同程度地存在着综合治理力度不够，轻视农业、林业、农机、科技措施配套的倾向；三是一些省市的财政配套资金不能及时足额到位，部分农业综合开发专项贷款，因无承贷主体，未能落实到农业综合开发项目区；四是国家立项的县（市）和国有农牧场已很多，但范围仍在扩大，小规模分散的项目区较多，相对集中连片的项目区不足，西南项目区就较分散。这些问题必须引起我们的高度重视，要采取切实可行的办法，认真研究解决。

二、明确任务，推动农业综合开发再上新台阶

我们肯定十年来农业综合开发工作的成绩，认真总结经验，指出主要问题，研究新的对策，是为了推动农业综合开发再上新台阶，以加快我国农业现代化发展的进程。也就是说，要按照建设现代化农业的要求搞好农业综合开发。那么，农业综合开发要再上什么样的新台阶，才能够有效地推进我国农业现代化建设的进程呢？我想，至少应该包括以下几个方面，其中主要是前四个方面，做到这四个方面，第五就做到了。

第一，开发项目区粮棉油肉糖特别是粮食生产能力要达到一个新水平。实现我国农业现代化，农业综合生产能力必须登上新台阶，农产品有效供给必须显著增加，以保证人口增长，人民生活改善，国民经济和社会发展的需要。因此，今后农业综合开发要继续坚持以增加粮棉油肉糖特别是粮食生产能力为主要目标。具体任务是，“九五”期间改造中低产田1.65亿亩，开垦宜农荒地1520万亩，新增粮食生产能力200亿公斤，使农业综合开发增加的粮食生产能力占全国同期粮食增产总量的比重，由现在的40%提高到50%。同时，使农业综合开发增加的棉花、油料、糖料、肉类生产能力占全国同期增长总量的比重，也要在现有的基础上有所提高。目前，全国尚有约8亿亩中低产田，2亿多亩可开垦的宜农荒地。这些土地资源开发治理后，增产的潜力是很大的。只要我们采取有效措施，加大工作力度，就一定能够实现增加主要农产品生产能力的目标。

第二，开发项目区要全部建成高标准的稳产、高产农田。建设高标准稳产、高产田，是农业综合开发再上新台阶的主要标志之一，也是项目区实现稳定增产的基础。各级农业综合开发部门今后应把主要注意力转到这方面上来。十年来，多数项目区在遭受旱、涝等自然灾害的情况下，仍能保持稳产、增产。但也有部分项目区由于农田基本建设标准不高，遇到较大甚至一般的自然灾害仍然造成农作物减产，防灾、抗灾能力与非项目区没有明显的区别。全国农业综合开发项目区，宁可少一些，也要建设好一些、质量高一些。今后，新开发项目区要下大力量全部建成高标准的稳产、高产农田，对标准不高的老项目区，要有计划地进行加工改造，

使经过开发治理的区域，真正形成“旱能灌、涝能排、田成方、树成行、渠相连、路相通”的规格化农田。去年，我到吉林省白城考察，国家农业综合开发办韩连贵同志在一路上都讲这个“三字经”，当时有些项目区没有做到，我看今后必须做到。如果资金投入力度不够，那就只好缩小范围，一定要走集约化经营之路。条件好的地区还应建成“两高一优”农田和节水灌溉农田，达到正常年景多增产，小灾之年保增产，大灾之年不减产或少减产的要求。

第三，开发项目区的生态农业建设要取得新的明显成效。目前，农业综合开发项目区不少地方林木覆盖率比较低，水土流失严重，保护和改善生态环境的任务还十分繁重。林业是农业的生态屏障，林茂才能粮丰，山青才能水秀。不按科学规律办事，忽视生态建设，终究会受到自然的惩罚。这方面我们是吃过苦头的，是有深刻教训的。因此，在农业综合开发中，既要讲求经济效益，又要注重生态效益和社会效益，实现经济、社会和生态效益的统一。今后，农业综合开发区要认真贯彻可持续发展战略，加强植树造林，搞好水土保持，加强草地治理，提高植被覆盖率。在中低产田改造项目中，要继续搞好农田林网建设；开垦宜农荒地，要把保护和改善农业生态环境放在突出位置。在田间林网建设中，提倡种植经济林，发展木本粮油，增加食品总量。总之，要把开发项目区生态环境的改善、保证农业可持续发展作为农业综合开发再上新台阶的一个重要标志。

第四，开发项目区农民收入要明显高于非项目区。农民生活实现小康并逐步达到富裕，是我国农业和农村经济发展的一项战略任务。因此，要把努力增加项目区农民收入作为农业综合开发再上新台阶的目标之一，把开发项目区农民收入增长幅度高于非项目区作为重要的衡量指标。今后，既要通过提高项目区农产品产量增加农民收入，也要通过发展多种经营项目和农业产业化经营来增加农民收入，使两者有机地结合起来。到本世纪末，力争项目区的农民人均纯收入按 1990 年不变价格计算，平均比非项目区高 250 元以上，使项目区农民实现增产增收。

第五，开发区项目区要成为农业现代化建设的示范区。党的“十五大”确定了我国建设有中国特色社会主义事业的宏伟目标。按照这个总体部署，到下世纪中叶，我国要基本实现农业现代化，这就要求我国农业的物质装备、科学技术和经营管理水平有显著的提高。可以预料，我国的农业现代化，很可能首先在开发项目区内实现。因此，农业综合开发要把推进农业现代化作为开发项目区建设的根本目标，大力提高开发项目区农业的科技含量和水利化、机械化、产业化水平。通过不懈努力，力争把开发项目区早一点建成农业现代化建设的示范区，条件较好的开发项目区要率先实现农业现代化，并发挥应有的带动和辐射作用。

以上推动农业综合开发再上新台阶的基本要求和主要标志，既是对十年农业综合开发成功经验的总结和扩展，也是今后农业综合开发应当完成的主要任务。所提目标是否科学、全面，请同志们讨论。农业综合开发已经搞了十年了，今后各地必须建设高标准的项目区，要上新台阶、新水平。今天这个会就是要认真讨论这个问题，也要解决这个问题。总的来讲，就是要以党的“十五大”精神为指针，进一步解放思想，开拓进取，不断把农业综合开发工作向前推进。

三、强化措施，加大工作力度，确保农业综合开发再上新台阶目标的实现

为推进农业综合开发再上新台阶，实现农业综合开发的总体目标和任务，在今后一段时间内，要统一思想，提高认识，强化措施，重点抓好以下几项工作。

（一）坚持以粮为主的指导思想不动摇

粮食是关系国计民生的最重要的农产品，在我们这样一个人口众多、人均耕地少、农业自然灾害比较频繁的国家，要始终把粮食生产放在农业和农村经济工作的首位来抓。农业综合开发是政府行为，是社会主义市场经济条件下，政府加强农业乃至整个国民经济的重要手段，必须把增产粮食作为首要任务。这一点一定要长期坚持，毫不动摇。不

要因为本地区粮食自给有余或局部地区出现流通不畅的现象，就放松粮食生产；也不能因为粮食比较效益低，就减少对粮食开发的投入。种粮能不能增加收入，不能单纯从粮食本身来看，还要看它的转化增值。吉林省提出“种粮也能致富”是有道理的。我们说大力支持开发粮食，也包括粮食转化增值在内。农业综合开发要充分体现政府行为，发挥导向作用，要通过政府的资金投向，把农民积极性引导到具有战略意义的农产品的生产上来，作到经济效益和社会效益的统一。当然，农业综合开发强调发展粮食，并不是像过去那样以粮为纲单纯搞粮食，还要按照农业综合开发的总体要求，在绝不放松粮食生产的基础上，积极扶持经济效益较好的多种经营项目。

（二）以水利为重点，山水田林路综合治理，增强农业发展后劲

在土地多种治理措施中，水利设施建设是最为关键的，也是最基本的保障。只有水利设施齐全，达到旱能灌、涝能排，才能充分发挥良种、化肥等其他增产措施的作用。为此，在农业综合开发项目区的工程建设中，必须以水利为重点，集中投入，连片开发，注重工程质量，经得起时间的考验。从多数地区情况看，干旱少雨，水资源紧缺，是制约我国农业发展的主要障碍。因此在农业综合开发中，要把投资重点放在发展灌溉上。由于水资源是有限的，各地要因地制宜发展节水灌溉。

（三）实施科教兴农战略，提高农业综合开发的科技含量

农业综合开发再上新台阶，关键在于科技进步。国内外的经验都已证明，农业发展的快与慢，农产品质量的好与差，农业效益的大与小，在很大程度上取决于科技含量的高与低。党的“十五大”报告中强调，要“把加速科技进步放在经济社会发展的关键地位，使经济建设真正转到依靠科技进步和提高劳动者素质的轨道上来。”去年9月，江泽民总书记也曾指出：“中国的农业问题、粮食问题，要靠中国人自己解决。这就要求我们的农业科技必须有一个大的发展，必然要进行一次新的农业科技革命。”农业综合开发工作要认真贯彻这些精神，开发项目区要率先提高农业科技含量，到2000年力争把农业科技进步贡献率由目前的45%左右提高到55%以上。为此，要加大农业科技投入力度，使农业科技推广投资比例在现有的基础上逐年有所提高。要搞好农业综合开发科学规划，坚持以农业区域发展规划为基础，明确提出科学开发各种农业资源的途径和措施，搞好农业产业结构的科学布局。在项目区内要大力组织推广模式化栽培等技术，发展间作套种等立体农业，提高复种指数和土地产出率。要不断增强农民群众学科技的自觉性，提高农民群众科技务农的水平。鼓励和吸引科技人员投身农业综合开发第一线，扎根农业综合开发项目区，大力普及推广农民群众急需的先进适用农业科学技术。积极推广高产、优质、高效的农业科技项目，建设一批农业综合开发科技示范园区。

（四）积极推进农业产业化经营

产业化经营是推进农业和农村经济两个根本性转变的有效途径，也是农业综合开发的一个方向。十年来，农业综合开发在这方面进行了有益的探索，一些开发项目区已建成了一批规模适度、档次较高、优质高效的粮棉油肉糖等农产品基地，发展了一批以农产品加工为主的龙头企业，为进一步推进农业产业化经营打下了基础。所谓农业产业化就是农村龙型经济。今后，要进一步发挥项目区的优势，以市场为导向，按照国家的产业政策，积极发展多种形式的农业产业化经营，力争把项目区建成全国农业产业化经营的示范区。为此，首先要在项目的规划和立项上，向产业化倾斜，按产业化的思路来组织和选择项目；在项目的建设上，要注意利用现有的基础设施和条件，防止一哄而起，乱铺摊子，搞低水平的重复建设，力求避免项目趋同；产业化要真正使农民得利，农民参与管理，在培育龙头企业方面，要十分注意企业与农民的利益关系，引导企业运用合作制或其他形式与农民结成利益的共同体，给农民返回利益。要充分发挥项目区的资源优势，改造和新建一批市场牵动力大，规模效益明显、档次较高的农产品精深加工项目，辐射并带动周围地区生产的发展。要把项目区的产业化项目是否具有带动和辐射作用，是否给农民带来较大利

益，作为衡量这个项目好坏的重要标志。

（五）进一步加大农业综合开发工作力度

农业综合开发要上新台阶，开发工作必须上新水平。为此，要加大综合开发的领导力度、工作力度和投入力度。事实证明，一个地方农业综合开发工作的好与坏，取得成效的大与小，都与领导重视的程度有很大关系，凡是领导高度重视或亲自抓的地方，综合开发工作进展就比较顺利，取得的成效也比较明显。能否把农业综合开发工作推向一个新阶段，关键在领导。各级政府要进一步提高认识，切实加强领导，把这项工作列入重要议程，抓紧、抓实、抓好。从事农业综合开发工作的人员要以对党和人民高度负责的工作责任感和事业心，全身心地投入到这项工作中去，充分发挥自己的聪明才智，力争把各项工作做细、做好、做扎实。资金投入是推动农业综合开发再上新台阶的前提，要继续完善现行投入机制，广辟资金来源，进一步加大资金投入力度。一方面要稳定完善农业综合开发投入政策，做到中央财政资金逐年增加，地方财政配套资金和银行专项贷款及时、足额到位，农村集体和农民用于开发的投入稳定增长。另一方面，要认真做好中央财政有偿资金和银行贷款的回收工作，按时完成资金回收任务，使财政有偿资金真正滚动起来，银行信贷资金盘活起来，以壮大农业综合开发的资金实力。同时，要积极探索吸引资金的有效途径，通过多种形式，引导和吸引工商企业和社会各界进入开发领域，积极吸引外资参与农业综合开发。

（六）集中资金，重点投入，提高资金使用效益

农业综合开发不是范围越大越好，看成绩不能只看开发的面积，关键要看开发的质量，要在保质的情况下求量。现在有些地区把农业综合开发看作是一种待遇，在资金投入上搞平均分配，县县有份、乡乡有份，这是不对的。国家财力有限，如果开发资金使用分散，“撒胡椒面”，资金的使用效益就很难提高。要按照农业综合开发特定的行为目标，选择那些资源丰富、集中连片、增产潜力大、综合效益好的地区集中投入，连片开发，有效地进行综合治理。这里我要说明的一点是，农业综合开发有一条原则，就是哪个地区投入少而能多产粮食，我们就向哪里投入，它不同于一般的扶贫资金，去解决群众温饱问题。当然，在那些具备开发条件的地区，能把开发与扶贫结合起来搞更好。这里要强调的是开发资金不是专门解决扶贫的，这一点大家必须明确。下一步农业综合开发的主要要求是上新台阶，而上新台阶的重要标志之一，是建设高标准的稳产、高产农田。如果我们资金使用分散，就不可能达到上述目的。所以各地在资金投放上，必须围绕上新台阶这个总要求考虑，否则上新台阶就是一句空话。今后国家农业综合开发资金要集中投入到重点开发地区，对重点地区以外的投资，认真组织实施好现有的项目，增量不再安排。一般也不再按部门分配资金。要缩短战线，不要拉长战线。各地不得盲目铺摊子，不要擅自增加开发的县（市），扩大开发范围。对确需增加的，必须报经国家批准。要统一规划，在已列入开发范围的市（县）中，选择连片的、规模比较大的地区立项开发，零星的、分解的地区不得列为开发项目区。

（七）加强农业综合开发项目工程的建后管护工作

农业综合开发项目工程是国家花费大量财力、农民群众广泛投资投劳兴建起来的，应当十分爱惜和保护。必须把工程管护摆到与工程建设同等重要的位置。搞好工程管护的关键在于深化改革，探索以承包经营、租赁经营、拍卖经营使用权等形式管护小型、微型工程，按照“谁受益谁交费”、“以工程养工程”的原则，采取像打井卖水，卖旧井打新井的办法，解决管护资金。至于因遇到特大洪涝灾害所造成的水毁工程，其修复所需资金亦应由各地自力更生解决。坚持开展工程管护大检查，对各地工程管护情况进行评比、通报，并把管护工作的好差作为是否追加投资和审批新项目的重要依据之一。

（八）充分发挥农民在农业综合开发中的主力军作用

农民是农业综合开发的直接受益者，也是开发的主体。在开发过程中，组织农民在力所能及的

条件下为自己经营的土地投入，不应算作不合理摊派。用农民工办农民事，不是增加农民负担。要采取宣传发动、政策引导、典型引路等多种形式，鼓励和引导农民群众投入搞开发，调动农民的主动性和积极性。要多搞一些能使农民直接受益的、投资少、见效快、效益高的项目，调动他们参与农业综合开发的热情。同时，要加强管理，精心组织，高标准地搞好每一个开发项目，对农民的投入负责，使农民的投入真正见到效益。有了效益，农民才能舍得投入，这样才能发挥开发的主体作用。

（九）进一步加强部门协作，搞好队伍建设

关于机构问题，我在农业综合开发的大小会议上，已经讲过多次，在这里只讲一些原则性问题。机构中突出的问题是：农业综合开发部门人员编制不足、人员力量缺乏、办公条件差。还存在着“四个不适应”，即农业综合开发机构的临时性与农业综合开发长久性事业不适应，农业综合开发机构性质与农业综合开发政府行为不适应，无序性机构与有序性的项目管理不适应，人员力量与繁重的开发任务不适应。而农业综合开发是一项富民强国的长久事业，任务繁重，业务工作涉及面广，协调量大，希望各级党委和政府重视和加强农业综合开发机构建设，使农业综合开发机构能与繁重的任务相适应。各有关部门有责任配合农业综合开发部门，共同做好农业综合开发工作。目前，农业综合开发机构人员力量薄弱的地方，农口有关部门可以在编制不动的情况下，参与农业综合开发办公室的工作，还可上下交流，充实人员力量。注重搞好人员培训，增强政策、业务素质，不断提高农业综合开发队伍的整体水平。

同志们，农业综合开发在促进农业持续稳定发展中是功不可没的，取得的成效是有目共睹的，从事农业综合开发事业的广大干部职工是非常辛苦的，是做出了很大贡献的。在这里，我代表国务院向大家表示衷心的感谢。让我们高举邓小平理论伟大旗帜，认真贯彻落实党的“十五大”精神，在以江泽民同志为核心的党中央坚强领导下，以崭新的姿态，扎实的工作，为推动农业综合开发再上新台阶而努力奋斗！

开创我国农业综合开发的新局面

——在全国农业综合开发工作会议上的讲话

项怀诚

（2000年5月23日）

受国家农业综合开发联席会议委托，财政部今天组织召开本届政府组成以来的第一次全国农业综合开发工作会议。这次会议是在我国经济发展进入新的历史阶段，农业和农村经济进入新的发展时期召开的一次重要会议。会议的主要任务是：贯彻党的十五届三中全会、中央经济工作会议和农村工作会议精神，传达学习温家宝副总理在今年国家农业综合开发联席会议第三次会议上的讲话，深入研究制定新时期农业综合开发的政策和措施；交流地方和部门近几年来农业综合开发支持和促进农业结构调整的积极做法和有益经验；讨论农业综合开发“十五”发展规划的基本思路和主要任务。围绕这次会议的主题，我代表财政部先讲几点意见，供同志们讨论参考。

一、世纪之交的农业综合开发面临着新的形势，进入了新的发展阶段

农业综合开发是我国农业和农村经济工作的一个重要组成部分。全面深刻地认识目前我国农业和农村经济发展所处的历史阶段、面临的形势和主要任务，科学准确地分析预测未来我国农业、农村及整个国民经济发展的趋势和要求，是做好新形势下农业综合开发工作的重要前提。

（一）我国国民经济继续保持持续、健康发展态势

经过建国 50 年特别是改革开放 20 年的建设，整个国民经济进入了一个新的发展阶段。国民经济结构正在进行战略性调整，产业升级正在积极推进，经济增长的内容、机制和方式正在发生重大转变。从国际上看，1997 年 7 月起始于泰国并迅速向东南亚蔓延的亚洲金融危机，对我国经济发展带来了严重影响，突出表现在外贸出口大幅度下降，市场需求不振，经济十分乏力，出现了明显的通货紧缩趋势，我国工农业生产面临严峻形势。在这种情况下，党中央、国务院审时度势，统揽全局，决定实行积极财政政策，通过扩大内需拉动国民经济增长。所以，扩大内需，启动新一轮国民经济增长，已成为当前我国经济运行的主要任务和特点。两年多的实践表明，党中央、国务院决定实行以积极财政政策为主要内容的宏观调控政策是十分正确的，在国内和国际并不宽松的环境下，取得了显著效果，得到了全世界的普遍尊重和广泛赞扬。一是稳住了经济持续增长的态势。1998 年 GDP 增长 7.8%，国债投资拉动约为 1.5 个百分点；1999 年 GDP 增长 7.1%，国债投资拉动约 2 个百分点。今年一季度国民经济运行开局良好，国内生产总值按可比价格计算，同比增长 8.1%，比去年第四季度加快 1.3 个百分点，工农业发展呈现良好增长态势。二是缓解了经济生活中的突出矛盾，增加了就业机会，为社会稳定发展、经济体制转轨和结构调整提供了比较宽松的环境。三是支持了外贸出口，维持了汇率稳定。四是国债资金用于基础设施建设和企业技术创新、高新技术产业发展，缓解了经济发展的瓶颈制约，促进了经济结构的优化。特别是大力支持加强了农村水利建设、生态环境建设、农村电网改造等一大批农业和农村基础设施建设。这些基础设施建设的规模和力度都是前所未有的，这将为农村经济社会的长远发展打下坚实的基础。五是资金安排向中西部地区倾斜，推动了区域经济的协调发展和经济增长模式的转变。

（二）我国农业和农村经济进入了以结构调整为中心的新阶段

进入 90 年代后半期以来，随着整个国民经济的持续发展，我国农业和农村经济也进入了一个新的发展阶段。其主要特征，一是农产品的供求关系发生了重大变化，农产品供给由长期短缺变为总量基本平衡，丰年有余。在农产品连续几年丰收之后，我国粮食产量从 1995 年开始突破 4 900 亿公斤以后，已连续五年保持在这个水平以上，提前五年实现了“九五”计划所确定的 2000 年粮食产量力争达到 4 900 亿公斤的目标。这标志着我国的粮食综合生产能力已稳定提高到一个新水平。二是农业发展由受资源约束转为受资源和市场双重约束。由于长期以来我国农产品一直处于短缺状态，使提高农产品产量，实现农产品的总量供需平衡，一直成为农业工作所要解决的主要矛盾和主要工作目标。这样带来的问题就是农产品质量不高，大路货多，名优产品比例低；一般性品种多，专用品种少。如我国小麦品种很多，但适合做面包进行食品深加工的专用麦很少；国外玉米品种专用化发展极其迅速，美国的饲用高蛋白玉米、工业用高油玉米、食用甜玉米、蔬菜用玉米等已经在生产上实现商业化种植，而我国玉米专用化选育和利用才刚刚起步。啤酒工业是中国发展最快的行业之一。1998 年，中国啤酒产量达到 1988 万吨，仅次于美国，但主要原料大麦却长期依赖进口。到 1998 年，进口量已占耗用量的2/3，绝大部分企业以进口大麦为主，再混合少量国产大麦。原因主要是国产大麦品质不高，直接影响啤酒的质量。这些情况表明，造成当前农产品供过于求，出现“卖难”的一个重要原因是农产品的品种不对路和质量不高问题。这也说明，我国农业生产已经发展到由市场来决定产量，

由多样化、优质化的需求来决定结构和质量的阶段。三是农业由解决温饱转向适应进入小康的更高要求。在农产品供应告别长期全面短缺以后，社会对农产品的质量提出了更高的要求。四是农业、农村经济发展与整个国民经济乃至世界经济发展变化融为一体，关系更加密切。

农业发展进入新阶段后，面临着一些亟待解决的新矛盾和新问题。主要是由于供求关系变化，农产品卖难、价格持续下跌，加上乡镇企业效益下降，农民收入尤其是现金收入增长缓慢，城乡收入差距有所扩大。这已经成为事关经济社会发展全局的问题。在这样的背景下，中央提出：大力推进农业和农村经济结构的战略性调整，已经成为新阶段农业和农村工作的中心任务。下大的力量抓好这件事，跨过这个“坎”，就可以为增加农民收入、保持农村稳定奠定基础，创造条件，推动农业和农村工作上一个新台阶，在现有基础上更快更好地发展。

（三）农业综合开发进入了以提高农业综合生产能力，实现农业增效、农民增收为主要标志的第三个发展阶段

我国从1988年开始实施大规模的农业综合开发。这是党中央、国务院从当时我国农业面临的新情况出发，加快我国农业和农村经济发展的重大战略决策。当时的主要目的，就是针对从1985至1988年粮食生产连续四年徘徊不前的情况，通过大面积改造中低产田，改善农业基本生产条件，提高粮棉油肉糖的生产能力，增加产出量。

农业综合开发从开始实施到现在，已经走过了12年的发展历程。概括地讲可以划分为三个阶段。第一阶段是从1988年至1993年。这一时期开发的主要内容，是重点进行大面积的中低产田改造，着力提高粮食产出量。同时，适当开垦宜农荒地，实现农林牧副渔全面发展。这一时期，通过综合开发改造的中低产田，从1988年的738万亩增加到1993年的2 573万亩，6年共计改造中低产田13 866万亩，改造面积年均增幅28.4%，新增粮食产量从1988年的119万吨发展到1993年的535万吨，6年累计增加粮食产量2 517万吨，年均增幅达到35%，粮食总产由3.9亿吨增加到4.56亿吨，上了一个大的台阶。第二阶段是从1994年至1998年。这一时期开发的内容，由前一阶段的重点进行中低产田改造，变为在继续进行中低产田改造的同时，加大了多种经营项目的建设力度，把农业增产与农民增收结合起来，切实解决粮食总量增加导致粮食比较效益下降，粮食增产而农民不增收或少增收的问题。从1994年起，国家规定每年30%的农业综合开发财政资金和70%的专项贷款要用于发展多种经营项目和农产品的系列开发，重点是发展以经济作物为主的种植业、以畜牧业为主的养殖业和以提高农副产品附加值为主的加工业。前十年农业综合开发的实施，取得了显著成绩，为我国改革开放后的第一次农村经济结构调整和农产品结束短缺状态，推动农业和农村经济进入新的发展阶段，做出了重大贡献。党中央和国务院对农业综合开发给予了充分肯定。

随着农业和农村经济发展进入新的阶段，农业综合开发也进入了新的发展阶段。我国农产品供求关系中的主要矛盾，逐步转化为供求之间因品种和品质不适应而形成的结构问题。如果继续单纯重视农产品产量的增长，忽视优化农产品的品种结构和品质结构，就将无法形成有效供给，就会造成农业增产而农民不增收，或增产与增收不同步的局面。所以，新形势下农业综合开发工作的指导思想和总体要求是：围绕农业增效和农民增收，坚持“一个前提”，实现“两个转变”。坚持“一个前提”，就是农业综合开发要把坚持加强农业基础设施建设，改善农业生产基本条件，提高农业综合生产能力，作为新阶段农业综合开发工作的根本方向。实现“两个转变”，就是要从过去以改造中低产田和开垦宜农荒地相结合，转到以改造中低产田为主，尽量少开荒最好不开荒，实现农业综合开发与保护生态环境的有机结合；从以往追求增加主要农产品产量为主，转到积极调整结构，依靠科技进步，努力发展“优质、高产、高效”农业上来。

农业综合开发坚持“一个前提”，是实现“两个转变”的基础。不坚持这样“一个前提”，“两个

转变”就失去了基础和实际意义。农业综合开发实现“两个转变”，是在坚持“一个前提”的基础上适应新阶段农业发展要求的进一步深化和发展。只有真正实现了“两个转变”，农业综合开发才能得到进一步发展，展现更大的发展前景。认真领会、全面贯彻好这个总体要求，对于进一步做好新阶段的农业综合开发工作，具有很强的针对性和重要的指导意义。

二、进一步抓好农业综合开发，对于推动新阶段农业和农村经济发展具有重要意义

我国对农业进行的开发方式多种多样。但自1988年开始实施的农业综合开发，与其他农口部门所进行的专业性（如水利的、林业的）开发相比较，具有特定的职能和特点。第一，在开发范围上具有经济区域性。如对东北平原、黄淮海平原和长江中下游平原的开发，都是对具有相同自然属性的特定区域进行的开发。第二，在开发方式上具有综合性。这里的“综合”，不是指农业和农村经济工作的“综合”，而是指开发方式的综合，即对山水田林草路实行综合治理；是指投入资金来源的综合，即实行财政资金与农民群众自筹资金、信贷资金和社会资金多元综合投入；是指治理措施的综合，即有针对性地采取工程、生物和科技相结合的综合治理措施。这都与其他部门进行的如生态的、草原的、水利的、林业的等单项开发有明显不同。第三，实施“综合性”开发并不是没有重点，其重点是对土地进行深度和广度开发。在目前情况下，对土地的广度开发即开垦宜农荒地不再搞了，主要是通过中低产田改造，对土地进行深度开发，以提高土地产出的效率和效益。第四，“综合性”开发，在不同发展阶段可以不断赋予新的内涵。也就是说，农业综合开发要在坚持对土地进行综合治理的同时，根据农业发展需要还要进一步深化开发的内涵，拓宽开发的外延。目前主要是在建设农田系统的生态屏障和释放土地生产潜力的科技投入两个方面，赋予新的内涵。第五，在功能上还具有示范导向性作用。农业综合开发作为国家调控、支持农业发展的重要战略性措施，在开发的内容、方向和方式等方面对非项目区的农业发展具有典型示范和辐射带动作用。

在新阶段，进一步实施好农业综合开发，对于推动我国农业由传统农业向现代农业转变，巩固农业基础地位，提高农业和农村经济发展的整体素质和效益，实现我国农业的可持续发展，具有重要意义。

（一）实施农业综合开发，是新形势下巩固和加强工农联盟的一个重要途径

我国的政体，是实行以工农联盟为基础的人民民主专政。无论在革命战争时期，还是在和平建设时期，巩固的工农联盟关系，都是保证各项事业不断发展进步的政治基础和前提条件。以改造中低产田、加强农业基础设施建设为根本宗旨和基本任务的农业综合开发，是党中央和国务院在改革开放新的历史条件下，提高农业综合生产能力，加快农业和农村发展的一项战略性措施。十多年来，农业综合开发通过改田、治水，加强农业基础设施建设，共新增、改善灌溉面积和排涝面积42 021.4万亩，实现年平均新增粮食生产能力531.7亿公斤，项目区农民年人均新增纯收入比非项目区平均高出260元，多的达500—600元。项目区农民群众切实感受到开发带来的好处后，开始由“要我开发”转变为“我要开发”。农业综合生产能力的增强，农民收入水平的提高和精神面貌的改变，又进一步推动了农村经济发展和社会进步。农业综合开发被基层干部看成“德政工程”，被农民群众誉为“富民工程”。实践证明，实施农业综合开发是在市场经济条件下党和政府支持农业发展，为农民群众办实事、办好事的重要措施，是巩固工农联盟，缩小城乡差别，实现国民经济协调发展的重要途径。

（二）实施农业综合开发，是在社会主义市场经济条件下，国家支持保护农业体系的重要内容

在社会主义市场经济条件下，农业作为一个具有自然和市场“双重”风险的弱质产业，国家必须建立对农业的支持保护体系。实施农业综合开发，就是国家建立对农业支持保护体系的重要内容，是政府调动不同利益主体增加对农业投入的积极性和提高投入动员能力的成功道路。农业综合开发实

践，已经成功地探索并初步形成了在社会主义市场经济条件下政府调控、支持和保护农业发展的有效机制：通过有组织、有计划的集中连片开发，弥补了家庭承包分散经营、规模狭小、生产比较盲目的弱点；通过实行严格而规范的项目管理，提高了农业生产的质量和效益；通过按照农业生产经济规律要求，采取综合开发措施，进行山水田林草路综合治理，有利于解决农民自身无力解决而农业生产发展又必需的基础设施条件；通过进行综合配套投入，实现了市场经济条件下农民利益与国家利益、经济效益与社会效益和生态效益的有机统一。

实施农业综合开发，符合世界贸易组织（英文简写：WTO）的“绿箱”政策。根据世贸组织的《农业协议》规定，加入WTO后，我国将提高外国农产品的市场准入机会，使我国农业发展面临着一系列严峻的挑战。但我国可以利用《农业协议》中规定的保护条款，即“绿箱”政策来支持和保护我国农业的发展。《农业协议》规定的“绿箱”政策，实质是一种农业保护政策，它与价格支持、投入补偿、出口补贴等直接转化为收入的直接保护政策（也称“黄箱”政策）相反，是一种间接式的保护政策。加入WTO后，我国将改变传统的以高关税和价格支持为主的直接式农业保护政策，向通过“绿箱”政策的间接式农业保护政策转变。实施以加强农业基础设施建设，保护和改善生态环境，发展优质、高产、高效农业为主要内容的农业综合开发，符合世界贸易组织的“绿箱”政策要求，是在我国农业走向国际化环境下，政府支持和保护农业的重要途径。

（三）实施农业综合开发，初步实现了对制约我国农业发展“瓶颈”因素的突破

长期以来，增强我国农业综合生产能力一直面临着多方面“瓶颈”制约。如农业资源特别是耕地和水资源严重短缺，人地矛盾突出，耕地质量不高，中低产田面积占全部耕地面积的2/3；农业基础设施脆弱，抵御自然灾害和抗风险能力差，自然灾害频繁，农业成灾面积不断扩大；农业科技推广体系和信息服务体系还很薄弱等。实施农业综合开发，抓住了制约我国农业发展的关键环节。通过对农业资源实行广度开发和深度开发相结合，科技开发与集约开发相结合，实行山水田林路综合治理，有效地改善了农业资源在数量和质量方面的供给状况。通过加强项目区小型农田水利配套设施建设，良种扩繁体系和农业科技推广体系建设，改善了农业产前、产后特别是产中环节的基础设施状况。这些“瓶颈”因素的解决或缓解，为我国在90年代中期提前五年实现粮食增产目标创造了重要条件。

新阶段的农业发展，仍然需要农业综合开发发挥积极作用。第一，由我国的基本国情决定了改造中低产田，加强农业基础设施建设是一项长期的任务，是一个不断积累的过程。第二，在经济短缺时期，农业综合开发的主要作用是为维持农产品总量的供需平衡作贡献。在新阶段，农业综合开发除了要继续为保证农产品供需总量平衡发挥重要作用外，还可以在其他方面发挥积极作用。如通过加强农业基础设施建设，提高农业产出的稳定性，可以降低维持农产品供需平衡的库存量，相应减少财政补贴支出；同时农业综合生产能力的不断提高，可以相应节约化肥、农药等生产要素投入，降低农业生产成本，增加农民收入，改善生态环境。第三，只有进一步搞好农业基础设施建设，才能巩固和提高粮食生产能力，为调整农业结构提供更大的回旋余地，才能为发展优质高效农业创造必要的物质基础和良好的生产条件。

（四）实施农业综合开发，将进一步推进我国农业的可持续发展

农业综合开发坚持经济效益、生态效益和社会效益目标的统一。加强农业基础设施建设，改善农业基本生产条件，显著地增强了农业可持续发展的物质基础。加强农田防护林、水源涵养林、治理水土流失和草原建设，支持如长江中上游防护林、长江上游水土保持等重点生态工程建设，进一步改善和保护了生态环境，增进了农业可持续发展的生态资本。加强对农民的科技培训和农业实用科技的推广应用，提高了农民的科技素质和经营管理水平；通过提高农户收入水平和改善家庭投入环境，使农民群众更加实实在在地享受到农业综合开发的积极成果，激发了农民群众参与开发的积极性和创造

力，提高了农业可持续发展的人力资本质量。

（五）农业综合开发积累的有益经验，为促进我国农业由传统农业向现代农业的转变提供了示范

农业综合开发借鉴国际上发展农业和区域经济开发的成功经验，结合我国基本国情，探索形成了许多成功做法，积累了不少有益经验。在资金形成机制上实行“国家引导、配套投入、民办公助、滚动开发”；在立项选项原则上实行以效益定项目、以项目定投资；在开发模式上，实行区域化布局、企业化管理、规模化经营、社会化服务、产业化运作；在综合效益机制上坚持依靠科技进步，加强科学管理，优化组合生产要素，提高开发的乘数效应等等。在新形势下，认真总结、推广这些做法和经验，并结合新的环境和条件，探索新的“综合”优势，对于推动我国农业由传统农业向现代农业的转变进程，将产生积极而重要的作用。

三、新阶段农业综合开发的主要任务和发展思路

适应新阶段农业和农村经济发展要求，根据十五届三中全会精神和国家农业综合开发第三次联席会议精神，新阶段农业综合开发的主要任务是：继续加强农业基础设施建设，支持和促进农业结构调整，积极推动农业科技进步，保护和改善生态环境。这四方面任务，是新阶段农业综合开发的历史性任务。

为了完成新阶段的历史性任务，农业综合开发要坚持“两个突出”和“三个结合”。坚持“两个突出”，是指在农业综合开发实践工作中，一要突出提高农业发展的质量和效益，解决目前的农产品卖难和农民增收困难的问题；二要突出加强农业基础设施建设，改善生态环境，解决农业和农村经济的持续健康发展问题。坚持“三个结合”，一是要与农业和农村经济结构的战略性调整相结合。要为农业结构的调整和优化提供物质基础，创造必要条件。二是要与农业科技革命相结合。江泽民总书记早在1996年就指出：“要进行一次新的农业科技革命”。农业综合开发要把“科学技术是第一生产力”的思想，在政策、制度和管理等方面进一步贯彻落实。三是要与实施西部大开发战略相结合。从长远和全局看，进行中低产田改造和保护生态环境都是提高农业综合生产能力的重大措施，是今后农业综合开发的主要任务。

（一）加强农业基础设施建设，是新阶段农业综合开发的基本任务

在农产品短缺时期，农业综合开发通过大规模的中低产田改造，加强农业基础设施建设，既为解决我国农业发展结束短缺状态、进入新的发展阶段，做出了重要贡献，也积累了大量基础设施型的农业固定资产，为农业和农村经济的进一步发展奠定了重要物质基础。在新阶段，农业综合开发仍然要抓住中低产田改造这个“老本行”。这是确保我国农产品供需总量平衡的需要，是保证农业综合开发真正实现“两个转变”的物质基础和前提条件。

我国现有耕地面积19.5亿亩，其中中低产田面积占2/3。12年来农业综合开发已经对3亿亩中低产田进行了有效改造，还有10亿亩中低产田等待改造。十五届三中全会要求：农业综合开发要力争平原地区大部分耕地实现旱涝保收、高产稳产，丘陵山区人均达到半亩以上高标准基本农田。按照这个要求，现在还有3.3亿亩平原面积和1.58亿亩山地丘陵面积等待改造。这需要几十年坚持不懈的艰苦努力才能完成。

我国农业发展进入农产品总量平衡、丰年有余的新阶段，应该说农业综合开发做出了重要贡献。但不能对此估计过高，更不能对未来我国农产品总量的供需平衡盲目乐观。一是90年代中期以来农业生产连续五年稳定发展，与这些年来我国农业总体上处在丰水期，没有遭到连年大旱有直接关系。二是目前出现的农产品过剩还是阶段性、结构性、区域性和暂时性的。随着我国人增地减矛盾的不断加剧，人均消费农产品水平的不断提高，从长期看，农产品供给偏紧的状况将难以改变。所以，农业综合开发要未雨绸缪，绝不能放松加强农业基础设施建设。无论过去、现在还是将来，这都是农业综合开发的基本方向。

新阶段以中低产田改造为主要内容的农业基础设施建设，要紧紧围绕保证农产品供需总量平衡和

农业结构调整来进行。把主要着眼点由增加粮食的产出量转移到稳步提高和增强农业综合生产能力上来，由主要增加农产品的数量转到提高农产品的质量和效益上来。主要思路是：第一，要逐步提高中低产田改造的建设标准和投入标准，实现高标准农田与高产出农田和高效益农田的统一，进一步提高土地的产出效率和效益。第二，搞好配套的农田防护林网建设，建设农田系统生态屏障。在丘陵山区重点搞好项目区周围的水土保持林、水源涵养林建设；在平原地区重点搞好农田防护林建设；在生态脆弱和土壤沙化地带，重点是搞好农田防护林和防风固沙林建设。第三，进一步加强农田水利建设，特别要发展节水灌溉，积极兴建各种适宜的节水工程。要利用工程措施、农业措施和生态技术措施节水。第四，紧紧围绕建设优质粮食生产基地、优质饲料作物生产基地、发展节水农业和建设生态农业来进行中低产田改造。

（二）支持和促进农业结构调整，是新阶段农业综合开发的重要职责

农业综合开发支持农业结构调整的原则是：一要面向市场。支持结构调整，要做到市场需要什么就生产什么，不能盲目调整，造成新的积压和卖难。二要发挥区域比较优势。坚持因地制宜，分类指导，把市场需要与项目区当地优势结合起来，优先发展有竞争力的优势产业和品牌产品，防止一哄而起，结构雷同，重复调整。三要充分尊重农民的自主权。要稳定项目区土地承包关系，尊重并切实保障农民的土地承包权和生产经营自主权，用政策和市场信息引导农民自主调整结构。

农业综合开发支持农业结构调整的目标。一要把增加农产品产量目标上升为发挥农业比较优势和区域比较优势目标。二要把解决温饱目标（主要生产粮棉油肉糖）上升为实现小康的目标（还要生产蔬菜、水果和水产品等）。三要把生产、加工和流通相互独立的三个目标整合为生产、加工和流通营销一体化的目标，把农产品的优质、高效和加工增值与价值实现有机统一起来。四要把短缺时期确保主要农产品供需总量平衡的社会稳定目标，上升为新阶段以农业增效、农民增收为主要内容的提高农业发展的素质目标，将政府行为与农民行为、政府目标与农民目标有机统一起来。

农业综合开发支持农业结构调整的基本思路。第一，要本着“有所为、有所不为”的思想，明确主攻方向。一要面向市场，找准结构调整的“切入点”。通过支持项目区农产品产地批发市场建设，发挥市场对结构调整的引导和带动作用。二要依托各地项目区的资源优势，抓住农业结构调整的“着力点”，发展特色农业和创汇农业。要在农业综合开发项目区生产出一批在国内外市场上具有影响力和竞争力的“名牌”产品。三要积极推进项目区农业产业化经营，抓好农业结构调整的“牵引点”。要选择一些以农产品加工、销售为主，具有跨区域辐射带动作用的龙头项目，给予重点扶持；实行优质粮食和优质饲料的分区种植与分类经营，提高农业整体效益和比较效益。第二，要建立结构调整示范基地，发挥基地的规模调整效应和对非项目区结构调整的示范、辐射与带动作用。实行集中连片的规模开发和严格的项目管理模式，是农业综合开发的特点和优势。要在不同区域的项目区，结合当地的资源优势和区域优势，结合中低产田改造，建立一批能够体现和发挥区域特色、具有一定规模的结构调整示范基地项目，给予重点扶持，实行结构调整的基地化、项目化和规模化。农业综合开发要把畜牧业作为一个大产业，给予重点扶持。1999年确定的优质粮食生产基地和优质饲料粮生产基地建设，要在试点的基础上，逐步扩大建设面积。争取经过几年的努力，使农业综合开发项目区成为结构调整的直接实验区，成为带动周边非项目区进行结构调整的样板示范区。第三，重视项目区农产品政策信息服务体系建设，为千家万户农民围绕千变万化的市场需求，有效地组织农业生产创造条件。

（三）积极推动农业科技进步，是新阶段农业综合开发的重要任务

我国农业的落后，实质上是科学技术的落后。我国人均农业资源相对短缺，为满足庞大人口对农产品数量和质量日益增长的需求，根本出路在于依靠科技进步和提高劳动者素质，加快农业由粗放式增长向集约式增长的转变。改变我国农业科技的落

后状况，提高现代科学技术对农业发展的贡献率，是今后我国农业发展面临的一项重大课题，也是新阶段农业综合开发的一项重要任务。农业综合开发工作管理部门要总结按项目管理的成功经验，制定加快农业科技进步的政策、制度和措施，使农业综合开发在新的农业科技革命中走在前面，发挥积极的带头和示范作用。

第一，配合国家科研体制和科技成果推广体制改革，探索建立与农业高校和科研单位联合搞开发的机制和途径，创新生产力的配置机制，使开发项目区成为农业科技人员从事科学研究、发挥科技威力的主战场。

第二，与建立优质农产品基地相结合，建立农业科技示范与推广基地，作为科研成果转化和农科教结合的一个重要突破口。大力推广农民能够学得上、摸得着、看得见、用得好的农业实用科学技术。吸引科技人员到项目区创办科技实体。努力使开发项目区成为推广实用技术和实现高新技术产业化的“领头羊”。

第三，进一步提高用于农业科技投入的比例。“十五”期间，用于科技方面的资金投入要由现在占中央和地方财政农发资金的3%—5%提高到10%的水平。要进一步优化资金投向，改变过去用于常规农业基本建设项目投入较多，体现技术进步和直接用于农业技术推广的资金投入很少的状况，将实用农业技术推广和高新农业技术示范紧密结合起来，提高开发项目的技术含量。

第四，改善农业生产者接受教育、培训的机会和获取新信息的渠道。农民是农业综合开发的主体。农民素质高低，对于项目能否发挥最大效益具有决定性影响。要通过多种途径和方式，努力改善农民接受知识、技能、经验和信息的外部条件，进一步提高农民科技文化素质。

（四）改善和保护生态环境，是新阶段农业综合开发的重要内容

资源环境问题，影响到人们的生存质量和民族的发展前途，关系到农业乃至整个国民经济的可持续发展。温家宝副总理在第三次联席会议上特别强调指出：农业综合开发不仅要注意保护生态环境，还要为生态环境的建设和良性循环做出应有的贡献。这既是对新阶段农业综合开发工作提出的新任务，更是对农业综合开发要为我国生态环境的保护和改善做出重要贡献，寄予的希望。各级农业综合开发工作管理部门特别是国家农业综合开发办公室，要根据这一要求，认真研究制定切实可行的规划和政策，突出重点，分步实施，争取尽快取得阶段性成果，为再造山川秀美的开发区做出积极贡献。

当前要认真抓好五方面工作。第一，要停止新的开垦，保护天然的森林、草场、湿地。第二，要支持重点地区的生态环境建设。如环京津地区、河北坝上地区、内蒙古地区和西北地区等，为改善首都的环境质量做出贡献。国家农发办要专项支持这些地区的生态建设，地方也要积极配合。第三，积极与有关部门配合，加大已确定生态项目和生态工程的扶持力度。继续支持长江中上游防护林、长江上游水土保持、土地复垦、太行山绿化、河北坝上生态农业等生态工程建设。第四，加强农田生态体系建设，为高标准的农田提供高标准的生态屏障。对需要退耕还林（牧、草）的项目区，要与中低产田改造同时进行，防止退耕出现反复。第五，继续调整投资结构，逐步加大对生态建设的投入。生态脆弱地区，今后新增资金的安排，要适当加大对生态建设的投入；生态环境比较好的项目区也要防患于未然，保证有必要的投入用于生态建设。

以上这四项主要任务，相辅相成、相互促进。它们都统一于提高新阶段我国农业整体素质和效益的根本目的，体现着农业综合开发作为政府支持保护农业体系重要内容的客观要求。加强农业基础设施建设，改善农业基本生产条件，提高农业综合生产能力，是农业综合开发的最基本任务。只有扎扎实实地做好这项工作，才能为结构调整提供物质基础，为推动科技进步创造更广阔的领域，为保护和改善生态环境形成宽松的环境。支持和促进农业结构调整，保护和改善生态环境，深化了开发内涵，拓宽了开发外延，开辟了农业综合开发为全面提高农业发展整体素质和效益，做出贡献的新领域。积极推动农业科技进步，既是今后农业综合开发的一

项重要任务，又是完成其他各项任务的根本保障。我们一定要全面、深刻地认识新阶段农业综合开发各项任务之间的相辅相成关系，既要突出重点，明确主攻方向，坚持不懈地完成好最基本的任务，又要大胆探索，不断积累创新完成其他各项任务的思路、途径和方法，全面开创农业综合开发的新局面。

四、调整相关政策，健全规章制度，加强机构和队伍建设

（一）建立、健全各项规章制度，进一步提高农业综合开发各项管理工作的科学化和规范化水平

适应形势发展要求，农业综合开发要以项目管理为核心，全面提高科学管理水平。第一，建立严格的项目管理责任制。要借鉴国内有关部门和有关国际组织的一些成功做法，广泛采用项目法人制、招投标制、项目监理制等行之有效的现代管理方法，确保项目的顺利实施和成功。特别要加强项目实施过程中的监督管理工作。对于一些比较成熟的管理方法，要尽快形成制度。要建立科学决策体系、统计指标体系和监测评价体系。第二，建立健全监督制约机制和检查审计制度，是当前加强农发资金管理的重要内容。农发资金要坚持专户存储、专款专用、专人管理、专账核算。县级报账制要扩大范围。财政有偿资金委托放款的管理方式要积极试点。要建立奖优罚劣机制。通过健全和完善制度建设，保证资金按规定用途使用，保证有偿资金的完整性和安全性，提高资金使用效益。第三，已经形成的农业基础设施型固定资产，是农业进一步发展的物质基础。要区别资产类型，明确产权归属，探索不同的管护模式，落实管护责任主体，保证项目正常运转，长期发挥效益。

（二）调整相关政策，提供有力的政策支撑

在广泛征求地方和部门意见的基础上，财政部提出了调整农业综合开发若干政策的原则意见。这次政策调整，其中包括了中央财政资金有偿与无偿投入比例、财政资金中土地治理项目与多种经营项目所占比重等几项投入政策。投入政策的调整方案在今年的农业综合开发第三次联席会议上进行了讨论，并已原则通过。整个政策调整方案，这次会上大家还要进一步讨论。讨论修改后正式下发。

（三）要进一步重视和加强机构和队伍建设

温家宝副总理在几次国家农业综合开发联席会议上都对加强农业综合开发机构建设提出了明确要求：农业综合开发是农业和农村经济工作的重要组成部分，各级党委、政府要切实加强对农业综合开发工作的领导。过去，各省（区、市）一般都建立了农业综合开发联席会议制度或领导小组，实践证明是行之有效的，有利于协调工作和调动有关部门的积极性，要坚持下去。各地要进一步健全各级农业综合开发办公室的工作职能，理顺工作关系。我们要认真贯彻落实这些要求。从中央到地方各级财政部门都要积极支持农业综合开发工作。今后，随着国家财力的不断增强，中央和地方财政要进一步加大对农业综合开发的投入力度。

队伍建设问题的实质是干部的素质问题。农业综合开发工作是贯彻党和政府支持农业发展，关心、保护农民利益的工作。从事农发工作的同志，职业光荣，任务繁重。农业综合开发工作人员队伍，是一支年轻的队伍。在新形势下，各级农发工作管理部门都要十分重视和加强这方面工作，努力建设一支政治强、业务精、作风好的农业综合开发队伍。

第一，要树立全心全意为人民服务、为农业和农村发展服务的思想。从事农业综合开发工作的同志，要结合“三讲”教育，深入学习江泽民总书记关于中国共产党“始终代表中国先进生产力的发展要求、中国先进文化的前进方向、中国最广大人民的根本利益”的论述。这是新时期全面加强党的建设的纲领，是立党之本，执政之基，生命之源，具有重大的现实意义和深远的历史意义。认真学习领会江总书记“三个代表”的深刻内涵，树立全心全意为人民服务、为农民服务的思想，是当前农业系统广大干部面临的一项重要任务。要提倡创造性地学习，创造性地思考研究问题，创造性地开展工作，要坚定信心，埋头苦干，勤政廉政，增强使命感，创造新业绩。

第二，要加强培训和思想政治工作，提高业务

素质和职业道德素质，提高工作水平。农发工作人员队伍是由复合型人才组成的。从事农发工作的同志，既应懂宏观经济、懂经济管理，还应该懂工程技术、懂财务会计。做好市场经济条件下的农业综合开发工作，要更多地运用经济手段和法律手段指导和推动工作。这都需要不断加强学习，提高自身业务素质。农业综合开发工作系统负责农发资金的投放，手中掌握着项目审批权。必须加强经常性的思想政治工作，加强廉政勤政教育，防微杜渐，警钟长鸣。各级农发工作管理部门都要把提高干部队伍的业务素质和职业道德素质，作为一项重要工作任务抓紧、抓实、抓好。

第三，要善于调查研究，增强工作的科学性和预见性。要根据农业和农村经济不同发展阶段的新特点、新任务和新要求，结合各地的具体情况，及时调整工作思路，完善政策制度，创造性地开展工作。为了减少盲目性和随意性，增强科学性和预见性，要善于抓住一些带有方向性和普遍性的问题，深入实际，深入群众，进行认真的调查研究。如农业综合开发的国家主导和农民主体的关系问题、项目建成后的管护问题、加大生态环境建设后对项目管理和资金管理产生的重要影响等问题，都需要进行很好的思考研究。还要善于“解剖麻雀”，不断总结经验，以点带面，推动全局工作。

做好新形势下的农业综合开发工作，对于提高我国农业发展的素质和效益，推动农业和农村经济的更快更好发展具有重要作用。世纪之交的农业综合开发，既有机遇也有挑战，既有希望也有困难。我们相信，有党和政府的领导和支持，有广大基层干部群众的拥护和参与，有十多年来实践积累的丰富经验，只要我们坚定信心，大胆探索，开拓进取，真抓实干，就一定能够不断开创农业综合开发的新局面，为新时期我国农业和农村经济发展做出更大的贡献。

在全国农业综合开发工作会议结束时的讲话

李延龄

（1994 年 1 月 14 日）

我们这次会议今天就结束了。结束之前，俊生同志要我和农业银行何林祥副行长分别做个总结发言，再给大家鼓鼓劲。下面我讲几点意见。

一、这次会议的收获

我们这次会议时间虽然不长，但研究解决了很多问题，会议开得很好，收获很大。

好在哪里呢？一是领导重视。国务委员陈俊生同志亲自到会做重要报告，既充分肯定了我们前段工作的成就，又指出了存在的问题，同时根据新的形势，进一步明确了农业综合开发工作的指导思想、方针政策，提出了新的任务和要求，对我们今后的工作具有非常重要的指导意义。财政部刘仲藜部长的开幕词，用简练的言语表达了财政部对农业综合开发工作的支持与关心。国家计委、农业部、水利部、林业部的各位领导同志的讲话，也都充分表达了他们支持农业综合开发工作的热情。所有这些，对我们开好这次会议及今后工作的开展，起到了鼓舞和鞭策的作用。二是我们开会的时机好。中央农村工作会议、十四届三中全会刚刚开过，党中央和国务院对发展农业和深化农村改革的大政方针已定，我们“借东风”，抓落实，是非常及时的、有效的。三是大家的热情高，都有一股为农业综合开发献身的精神和全国一盘棋的思想，使会议开得

紧凑而活跃，达到了预期的目的。

这次会议的收获，集中体现在以下几个方面：

第一，明确了今后一段时间内农业综合开发的指导思想。1992年国务院做出发展高产优质高效农业的决定和十四大提出建立社会主义市场经济体制以来，农业综合开发的指导思想如何适应新的形势和任务，各方面认识不大一致。这次经过讨论，取得了共识。一致认为俊生同志报告和会议文件中对指导思想的表述是清晰的，体现了党的农村总政策，符合建立社会主义市场经济体制和发展“三高”农业的要求。这种思想认识的统一，对农业综合开发继续开拓前进具有巨大的作用。

第二，为逐步做到管理科学化、规范化、程序化、制度化打下了基础。农业综合开发是一项新工作，实施时间不长，能达到现在的管理水平，应当说是不错的。但是也还存在不少问题，需要改进、提高。当前突出的问题是，有些政策规定滞后于形势的发展，有些制度不统一、不规范，有的制度尚未建立。这次提请会议讨论的4个制度，主要目的是想有针对性地解决这些问题。经过充分讨论，大家对我们提出的几个制度的框架和主要观点，都表示赞成，并提出了许多宝贵的修改意见。我们拟吸收大家的合理意见，进行修改，尽量做到完善一些，符合实际一些。可以预料，随着这些制度的颁发和执行，我们的管理水平会在原来的基础上再提高一步。

第三，相互交流了新经验。全国农业综合开发工作经验交流会，过去开过三次，1989年一次，1991年一次，1992年在海南又开过一次。每交流一次，对工作开展就推动一次。这次会议，交流经验虽不是主题，但材料很丰富，而且许多是新经验。我认为，大会上的发言，印发的书面材料，各具特色，各有千秋，可以起到取长补短、相互借鉴的作用。此外，我们还赶印了《大地的新篇章——农业综合开发新闻报道集》，从不同角度，不同侧面，反映近几年来各地的开发成就，相信大家会从中吸取到更多的养料。

第四，开拓了部门协作的新局面。农业综合开发是依靠多部门协作的系统工程，我们这次会议也是一个多部门的协作会议。参加会议的除各地开发办主任外，还有财政厅（局）长、农行行长。中央的部门单位，凡是与农业综合开发有关的都来参加会议。这样的协作会议，有利于部门之间相互沟通，相互了解，从而达到相互支持。我们的工作过去与各部门的配合是密切的，通过这次会议，今后会配合得更好。在这里我要特别感谢中国农业银行总行的支持，他们不但过去满腔热情地支持农业综合开发，服务于农业综合开发，这次会议又全力以赴，表现出通力合作的精神。

我总结的这几条收获不一定全面，也不一定准确，相信同志们会根据自己的体会和理解，总结出更多的收获。

二、对资金投入和使用管理的几点要求

俊生同志的报告，对农业综合开发各方面的问题都讲到了，而且讲得都非常好。这里，我仅就农业综合开发资金投入和使用管理问题补充几点意见。

国家立项的农业综合开发投资，始于1988年。从1988—1993年（1993年为计划数），累计投入的资金总额达253.1亿元，其中中央财政累计投入68.4亿元。如此大规模的集中投入，建国以来还是第一次。

这项投资，来源非常可靠，使用方向非常明确，政策比较优惠，制度比较健全，因而受到各级党政领导的重视，受到群众的欢迎，资金使用效益是比较好的。投资结构体现了国家的产业政策和技术政策。上述投入的253.1亿元中，投入粮棉油建设的占75%，投入肉蛋水产品开发的占15%，投入林草建设的占10%。按开发治理措施划分，工程措施投入占80%，生物措施投入占10%，科技措施投入占10%。据匡算，国家立项的农业综合开发投资加上农民投劳折价款，6年来累计约达400亿元，相当于同期全民、集体、个人投入农业的固定资产总额的1/10以上。其中，主要产粮地区占的比例还要大。例如，安徽省1992年农业综合开发投资总额为12.3亿元，相当于全省社会（包括一、二、三产业在内）固定资产投资总额的

10%。毫无疑问，这对增强农业发展后劲和地区经济的发展，是起了很好作用的。

但是也必须清醒地看到，这几年资金使用、管理方面的问题也不少。一是“连茬”项目太多，形成基数，影响资金的周转和效益。1993 年中央财政安排资金 17 亿元，绝大部分被已批项目占用，真正能重新安排的资金只有 1.4 亿元。二是资金使用分散，有的偏离重心。三是资金到位不及时，地方配套资金不落实，资金拨付时间过长，有的当年资金年底尚不能拨到使用单位，影响开发进度和施工任务的完成。四是有偿财政资金的债务不落实，难以如期回收。对这些问题，必须高度重视，决不可马虎从事，掉以轻心。资金投入和资金管理是相辅相成的事，只抓投入不抓管理，我们的开发目标就难以达到，效益也就无从谈起。因此，今后我们的开发部门和财政部门，一定要把资金使用管理当成一件大事来抓。

第一，继续抓好农业发展资金的投入工作。1993 年的中央农村工作会议，主要解决两个问题，一是提高认识问题，二是增加投入问题。中央提出支农的 12 条措施，几乎每条部同财政部门相关。财政部开了几次会议，研究落实的举措。一是 1994 年财政支农资金预算安排一定要达到农业法提出的高于经常性财政收入增长比例的要求。二是建立粮食风险基金，主要用于中央粮食储备费用、收购销售的价差补贴以及粮食调入省对农民的补贴。三是增加以工代赈资金，每年再加 10 亿元，一直安排到 2000 年。四是农业综合开发资金由 17 亿元增为 19 亿元，增加 2 亿元。五是逐步解决粮食企业亏损挂账问题。

农业必须增加资金投入，这是历史和现实对我们提出的要求。增加农业投入，不仅仅是财政部门的事，涉及到方方面面，除财政外，还有银行贷款、基建投资、农民自筹、引进外资等等，各方面要一齐行动。众人拾柴火焰高。整个农业投入增加了，农业综合开发资金自然也会增加。

第二，认真落实农业综合开发的配套资金。地方配套资金的落实，是增加投入、保证项目实施的关键。从 1994 年开始，要求省级财政承担配套资金的大头，这必须保证落实，而且在年初编制预算时，就要把这笔钱留出来。现在，农业发展基金的来源随着财政体制的改革发生了一些变化，有些省单靠省级财政掌握的耕地占用税分成收入，资金可能不够。在这种情况下，就要从机动财力内安排一部分。有的同志讲，中央安排的专项资金，项项都要求地方配套，受不了。这是实情，但是，发展农业的配套资金仍然要保证，不能含糊。而且，这项配套资金不能搞假配套，也不得拆东墙补西墙。

第三，要保证资金及时落实到使用单位。据我们调查，中央财政的无偿资金落实到基层的时间最长要半年以上，有偿资金到基层的时间最长的达 8 个月，也就是说当年安排的资金当年未能落实到基层用款单位。这里的问题，一是资金调度不灵，二是工作效率很低。当然，也还有个别地方拿中央财政资金打“时间差”，搞些赚钱的事情。这次我们在制度内明确规定今后不许这样搞。

第四，切实加强资金监督。特别要加强事前监督，使资金严格按照规定的范围使用。农业综合开发资金，与基建投资不同，与一般的事业费也不同，一定要分清用途，不得混淆。同时，要加强经常性的监督检查、管理，出现违纪问题，财政部门有权停止拨款。我们农业综合开发机构要接受财政部门的监督。

第五，切实抓好财政有偿资金的回收落实工作。1988 年的中央财政有偿资金今年已到回收期。随着时间的推移，到期需回收的有偿资金数额还会逐年增加。请各地把有偿资金回收真正当作一回事来抓，要摸一下底，看有多少可以收回，多少收不回，并及时采取一些补救措施。仅仅是各级财政层层签订借款合同是不够的，关键是把有偿资金的回收真正落实到受益单位或农户。据调查，前几年投入的有偿资金，有些很难收回，主要原因是管理松懈。有些同志只管要钱，不管还账，有的仍然存在“国家拿钱，农民种田”的思想。这次会议以后，请地方同志普遍组织一次对财政有偿资金使用情况的检查，落实负责人，并采取措施保证按时归还。我们已有明文规定，财政有偿资金由省级财政厅（局）统借统还，到期如不能归还，我们将要扣拨对地方的投资或停止立项。听说有的地方财政部门把财政有偿资金回收工作全推给了开发办，这样可能不妥。有偿资金是由各级财政统借统还的，岂能撒手不管？实际上，只要认真细致地做好工作，资金的回收是不难的，这次浙江等省介绍的经验就证明了这一点。财政部门要与开发办一起，一定把财政有偿资金的回收工作抓起来。

三、对会议讨论中提到的若干问题的说明

前面已经讲到，各地区各部门的同志对我们草拟的4个制度都表示拥护、赞成，同时也提出了一些建议、要求和问题。下面，我就其中几个主要问题做一些说明。

（一）关于改进立项制度问题

现行的做法，严格地说还是指标管理，不是严格的项目管理。而且已建项目采取先立项、后验收的“变通办法”，带来开发治理进度慢和争投资基数等问题。针对这些弊端，这次我们对立项制度进行了改革。改革的要点，一是所有项目采取自下而上申请，自上而下筛选的原则确定。二是省级政府和中央主管部门申请的国家级项目，事先进行可行性评估论证，搞出投资概算，由国家农业综合开发办公室择优选定。按项目定投资，选入项目的投资额相加，即为一个省一个部的总投资计划。未选入的项目存入项目库，以后等财力许可再行安排。三是对到期竣工的项目，严格组织验收，先验收，后立项，投资也不一定按原来的基数安排，也不一定搞“连茬”项目。今后一定要做到按项目定投资，增项目增投资，减项目减投资，没有项目不给投资。不得先定投资后找项目，更不能按地区按部门分配投资指标。

这样改进以后，项目选择的主要责任放在省里和中央主管部门。今后，除大型项目、关键性的项目，国家要组织专家组进行反复论证外，其余项目都由省或中央主管部门组织力量来完成。因此，请省里和中央主管部门一定要加强项目前期准备论证工作。同时，选定的项目必须集中连片，有一定的规模。

（二）关于建立项目库制度问题

项目库制度是一种先进的管理办法。它体现择优、竞争的原则，有利于提高资金的使用效益。朱镕基副总理对乡镇企业的项目库制度给予了很高的评价。我们一些地方也初步建立了这项制度，应当大力推行。从1994年起，我们国家农业综合开发办公室和省级开发办公室都要建立自己的项目库，把立项工作逐渐转变为经常性的工作。请地方各级政府组织有关部门，依据当地的农业资源和优势，对土地治理和龙头项目带动的农产品系列开发进行统一规划，制定阶段性的开发方案和措施。各地区各单位在申请立项之前，应当将初步选定并经过可行性论证的项目存入项目库，待国家投资可能时，再从项目库调出上报。

（三）关于计划审批问题

修订后的项目管理办法，对开发任务和投资计划的审批做了两点改进：一是项目建设期不搞“一刀切”，一般为三年期，也可以搞一年期或五年期。二是对三年期或五年期项目的建设投资计划，国家开发办一次审批，并分解到各个年度。有些同志提出，是否还要编报年度计划。我们认为，年度计划的编报，可以简化，具体内容和要求，会后再定。今后，年度计划只是备案性质，不再批复；只要上年工程建设和投资按计划完成，我们即可办理下年拨款。

（四）关于地方财政资金配套比例问题

新制度把地方财政配套资金的比例分成五档，这是从政策需要和地方财力状况考虑的。大家基本上赞成这种区别对待的政策。有的省要求降低配套的档次，我们拟不再考虑了。因为降低地方财政配套比例，从财政角度考虑可以减轻负担，但从农业投入角度考虑则是不利的。我们的目标是要增加农业投入，不能形成中央财政增加投入，地方财政反而减少投入的反差局面。会上，有些省的同志说得好：中央在政策上对我们照顾，我们自己则要尽力而为，配套比例力争仍按1∶1。我们赞成并支持各地都持这种积极的态度。为了防止资金投入总额减少，这里我要加一条政策杠子，就是各省（市、区）在安排资金时，农民自筹因素考虑在内，总的配套比例要超过1∶1（直辖市、计划单列市超过

1:2)。动员农民对农业综合开发进行力所能及的投入是自力更生的表现，一定要做好宣传工作，不能松劲。

（五）关于地方配套资金要求省级财政拿70%的问题

这几年有些项目地方配套资金不到位，主要是因为县市一级配套比例大，而县市财政相当困难，有很多地方连工资都不能按时发放，根本拿不出资金来搞农业开发，把配套任务压给他们，实际是空的，所以影响项目开发的进度和效益。为解决这个问题，我们在新的制度中强调地方配套资金，省级要承担大头，而且明确提出要占到70%。从全国情况看，财政普遍困难，但最困难的还是县市基层财政。我们应当实事求是地充分体谅他们的困难，不能在配套资金上再使他们勉为其难。当然，有些省省级财政也很困难，但凡是这样的省，下边更困难，省级财力的调剂余地总还是大一些。有的省提出能不能把地方配套比例降一些或地方配套比例中央不要管，由省自己定。我们在制定70%的政策时是经过了反复研究的。为了我们的农业综合开发事业取得更大成绩，我们意见，这次确定的原则就不变了，请有困难的地区谅解。

（六）关于财政有偿资金投入比例和回收期问题

原来，中央财政投入的资金，一律定为一半无偿使用，一半有偿使用。这次做了改进，分成三档，主要是对少数民族地区做了照顾。有些省要求比照少数民族地区照顾办法对待，有的提出是否可以再多划几个档次，对地方再做些照顾。我们研究，如果都照顾，中央财政收回的资金就有限了，滚动开发的机制就难以形成，而且随着农村经济的发展，农民偿还能力不断增强，也没有必要再去照顾。所以，这些意见就不考虑了。

关于中央财政有偿资金回收的期限，根据10省（区）座谈会上的建议，我们改为从第四年起还款，第八年还清，每年还20%。需要强调的是，省对地（市）县，县对乡及农户，还款期限不得层层提前，还款比例不得层层增大。对此，省级财政部门和开发办要严格把好关。

（七）关于回收资金管理使用问题

大家提出要加强回收资金的管理，并建立必要的制度，这些意见很好。在这次修订资金管理办法时，考虑到回收资金的使用管理，要写的内容较多，需要搞个单行的制度，所以，没有做详细规定。会后，我们将从速工作，在前年海南会议讨论稿的基础上，再行修改，争取尽快颁发一个单行规定。有些同志提出，地方使用中央财政的有偿资金如能足额及时回收，可否拿出10%返还给省，以示奖励。这个意见可以考虑。

（八）关于报表修订问题

随着新制度的颁发和执行，原来的报表确实需要做相应修改。大家在这方面提出的各种建议，对我们很有帮助。我们打算，会后拟请几个省的同志，仔细研究修改方案。修订的要求，一是要准确反映政策要求，便于审查；二是简化，不搞无效劳动；三是便于操作，便于汇总。原来我们搞了计划、财务、统计三套报表，修订时要统筹考虑，不要受原框子的束缚。新的报表力争在上半年下发，在此之前，仍按原报表执行，新报表下达后再改按新报表补编。这样工作上不会脱节。

（九）关于新老制度执行期的衔接问题

有些同志在新老制度衔接上提出了一些问题。我们意见，上述地方财政资金配套比例、有偿资金投入比例、有偿资金回收期限、计划报表等问题，凡新立项目一律从1994年起按新规定执行，1993年前已批项目，仍按原制度执行不变。

（十）关于建后工程管护问题

很多同志在讨论中都讲到了要加强建成项目的工程管护。这个问题提得非常好，非常重要。过去，我们搞农田建设，有一种重建轻管现象，现在搞农业综合开发，仍然存在这种倾向。这需要我们下大力气来扭转一下。如果我们花了很大的力气，花了这么多的投资，建好的工程不能正常运转，或者被破坏，等于前功尽弃。今后，我们必须认真建立管护责任制，严格管理。在这方面，河南等省都有很好的经验，各地可以借鉴，自己也可以创造具有特效的经验。

四、关于这次会议的传达贯彻

这次会议内容很多，要传达贯彻的事情也很多，但必须明确，这次会议传达贯彻的重点是国务委员陈俊生同志的重要报告。大家回去以后，要集中力量把这本“经”唱好、念好。下一步如何抓落实，我也提点建议。

第一，这次会议是一次重要的会议。一些政策和制度又有新的调整或改进，希望同志们回去后认真向省（区、市）的领导同志汇报，并且结合本地区情况，研究具体贯彻的措施，取得党政领导的进一步支持。

第二，认真做好新制度执行的准备工作。会议讨论的四个制度，我们拟根据大家意见，再行修改，争取尽快下达执行。经第三次联席会议议定，《关于农业综合开发若干政策的规定》，因涉及许多部门的职能，拟以国务院或国务院办公厅的名义下发；《国家农业综合开发资金管理办法》，拟以财政部、中国农业银行、国家农业综合开发办公室三家名义联合下发；《国家农业综合开发项目管理办法》和《国家农业综合开发项目建设试行标准》，拟由国家农业综合开发办公室下达。由于这些制度在原基础上有许多调整和变动，而且从1994年执行，因此各地区各部门要在文件下达前后切实做好执行新制度的准备工作。一是要结合本地区本部门的具体情况，制定具体的实施细则，特别是项目建设标准，更要因地制宜加以规定。二是要做好与原制度的衔接工作，不能混淆，也不要留下“空档”。

第三，要组织培训班，加强业务培训。新制度的贯彻执行，要靠人来做，必须分批分期进行培训。同时要加强宣传工作，扩大我们工作的影响，调动各方面的积极性。

同志们！1994年是我国经济体制改革关键的一年，也是我们农业综合开发工作开始步入新阶段的一年。这一年的工作至关重要，希望大家发扬成绩，克服缺点，开拓进取，不断前进，把农业综合开发工作做得更加有声有色，为经济体制改革顺利进行创造条件做出贡献。

加大农业综合开发力度　为农业再上新台阶做出贡献

——在中央农村工作会议上的讲话

李延龄

（1996年1月3日）

党的十四届五中全会明确提出了“九五”期间农业和农村经济发展的重点任务和2010年的远景目标，并要求“加大农业综合开发力度，加快中低产田改造。有重点地选择若干片增产潜力大的地区，集中投入，建成稳定的商品粮生产基地”。认真贯彻落实中央的精神，加大农业综合开发力度，对加强农业的基础地位，实现农业现代化，具有十分重要的意义。下面，我就农业综合开发工作，讲几点意见。

一、八年来农业综合开发成效显著

1988年开始在全国范围内实施的农业综合开发，是国家集中一定财力，采取综合投入、综合治理的办法，通过改造中低产田，开垦宜农荒地，改善农业生产条件，增强农业发展后劲的一项重大举措。实施8年来，在保证主要农产品的有效供给，提高农民收入水平，加快我国农业和农村经济发展的步伐，促进传统农业向现代农业转变等方面发挥了重要作用，取得了显著成效。

（一）提高了农业劳动生产率、土地产出率和收益率

提高农业劳动生产率，是实现农业现代化的主要任务之一。农业综合开发，促进了农业适度规模经营。经过连片治理开发，多数项目区规模达到万亩以上，大的项目区达到十几万亩、几十万亩。在开发项目区内基本形成了供种、施肥、植保、排灌、农机等社会化服务体系。这样，就为实行适度规模经营，提高农业集约化程度创造了条件。同时，农业综合开发提高了农业物质技术装备水平。截至 1995 年，全国通过农业综合开发，累计投入资金 368 亿元，农民投劳 40 亿个工日，这些投入形成的固定资产，约相当于同期国家、集体和农民个人投资形成的农业固定资产总额的 10%。农业综合开发取得的这些成效，有力地促进了我国农业劳动生产率的提高。

农业综合开发实施以来，共改造中低产田 1.65 亿亩，开垦宜农荒地 2 011 万亩，使这些土地的农业基本生产条件显著改善，抗御自然灾害的能力显著增强，基本上成为“旱能灌、涝能排、田成方、树成行、渠相连、路相通”的规格化稳产高产农田，有的还建成了“两高一优”农田和节水灌溉农田，土地的产出率和收益率明显提高。从土地产出率看，据统计，1988—1995 年，农业综合开发累计投入资金 368 亿元，增加粮食生产能力 502 亿斤，约占全国同期粮食增产总量的近 40%，对促进粮食产量突破9 000亿斤大关，发挥了重要作用。大体上，改造 1 亩中低产田，平均增加粮食生产能力 300 斤；开垦 1 亩宜农荒地，平均增加粮食生产能力 600 斤。同时，还新增棉花生产能力 1 300 万担，油料 165 万吨，肉类 110 万吨，糖料 1 660 万吨。从土地收益率看，以 1992—1994 年 11 个农业综合开发总项目投入与产粮的比例为例，改造中低产田每亩平均投资 138 元，平均每亩增产粮食 302 斤，大约投入 1 元资金增产 2.2 斤粮食，明显高于全国同期常规农业建设的平均收益率。

（二）建立了新的有效的投入机制

几年来，农业综合开发经过不断的探索，逐步建立了“国家引导，配套投入，民办公助，滚动开发”和以“国家投入为导向，农民投入为主体”的投入机制。这种投入机制的主要内容包括：凡经批准的开发项目，中央财政资金、农发行专项贷款、地方财政配套资金、集体和农民自筹资金，按比例配套投入；鼓励和支持农民群众投资投劳搞开发；鼓励地方利用各种形式内引外联、招商引资，增加开发投资力度；财政资金实行部分有偿使用，资金回收后继续用于农业综合开发，形成良性循环；严格界定资金使用范围，专款专用，不准挪作它用。实践证明，这种新的农业综合开发投入机制，运行良好。8 年来，中央财政投入资金 125 亿元，地方财政配套资金 92 亿元，农业综合开发专项贷款 68 亿元，集体和农民自筹资金 83 亿元。在这段时间里，对农业生产集中投入这么多资金，是建国以来少有的。

（三）加速了农业科技成果的应用与推广

科学技术是农业发展的强大推动力。提高农产品的科技含量，增加农业科技在农业增长中贡献的份额，是实现农业现代化的关键。在农业综合开发中，广泛应用推广了优质高产品种、杂交水稻、地膜覆盖、管道输送灌溉、水稻旱育稀植、提高复种指数等先进、适用的科技成果和实用农业技术，效果十分明显。一些地方的项目区已经形成了实验区、示范区、普及区 3 个开发层次，使农业综合开发上接科技源头、下连生产领域，通过实验、示范、推广，加速了科技成果的转化。同时，农业综合开发采用科学的方法进行管理，实行种植区域化、栽培模式化、品种优良化、服务系列化，开展大量技术培训、技术服务和咨询等，提高了农村干部群众的经营管理水平和科学种田水平。

（四）促进了农业和农村产业结构的调整，改善了农业生态环境

农业综合开发在主攻粮棉油，确保粮棉油稳定增产的同时，利用当地的农业资源优势开展多种经营，兴办龙头企业带动农产品的系列开发。据 16 个省（区）初步统计，截至 1995 年，共建经济林 371 万亩，养殖水产品 140 万亩，养殖畜禽 9 040 万头，兴办农副产品加工企业 2 036 个。发展多种

经营项目，促进农业走上种（植）养（殖）加（工）结合的路子。兴办龙头企业，实行贸工农一体化，产供销一条龙，带动了农户发展商品生产，提高了农产品的附加值。秸秆养牛、养羊和草原建设项目，加快了畜牧业的发展。在农业综合开发已竣工的项目区内，基本建成了农田林网。专门的生态工程，如草原建设、河北坝上农业生态工程、长江上游水土保持和防护林工程、太行山绿化工程、沙区绿洲农业建设工程以及成片的水源涵养林工程等，有效地起到了防风固沙、保持水土、调节气候的作用，改善了农业生态环境，促进了农牧业增产。

农业综合开发之所以能取得显著成效，是因为这条路子比常规农业建设有明显的优势。第一，有其特定的行为目标。它以改造中低产田为主攻方向，以提高粮棉油肉糖等主要农产品的综合生产能力为主要目标，坚持政府行为，兼顾市场导向；既着眼于近期内增加农产品产量，又为增强农业发展后劲打基础。目前在支农资金中，唯有农业综合开发这笔资金，不受部门分割的制约，不受“人吃马喂”的影响，实实在在地用在了发展农业上。第二，有一个良好的投入机制，有效地保证了开发目标的实现。第三，严格按项目管理。按项目采取综合措施，进行综合治理，使各种生产要素得以有效组合，资源得以合理配置；有一套从评估论证、申报审批，到资金拨付、检查验收、建后管护的程序化制度，一切操作和管理都有章可循。第四，集中连片，规模开发。项目区坚持统一规划，连片开发。同时，从实际出发，针对制约农业发展的各种因素，采取不同的治理模式，解决关键性问题。第五，以市场为导向发展多种经营，以龙头项目带动农产品系列开发，使农业增产与增收的目标能够紧密地结合起来。第六，在各级政府领导下，把有关部门的力量集中起来，调动广大农民群众的积极性，形成了齐心合力搞开发的局面。

总之，农业综合开发作为社会主义市场经济体制构建过程中国家保护、支持农业发展，对农业实施宏观调控的重要手段之一，开拓了一条符合我国国情的农业现代化建设的新路子。在发展农业生产力上，它既解决了一家一户想干又无力干的矛盾，又避免了过去集体化时搞农田基本建设农民无积极性的弊端。农业综合开发能够引导农民把政府意图变成自己的自觉行动，使农民群众由“要我开发”转变为“我要开发”，由“被动开发”转变为“主动开发”。为今后我国农业沿着社会主义市场经济方向的发展做了有益的尝试。

二、“九五”期间农业综合开发的主要任务和今年的计划安排

根据党的十四届五中全会提出的“九五”期间我国农业和农村经济发展的主要目标，到本世纪末，农业综合开发的首要任务是促进粮棉油等基本农产品的稳定增长，为我国粮食生产能力登上新台阶，发挥积极作用。国务院要求，农业综合开发要承担“九五”期间全国一半的粮食增产任务，即新增粮食生产能力400亿斤，这个任务十分艰巨。

根据上述要求，国家农业综合开发办公室已初步制定出《“九五”期间农业综合开发增加粮食生产能力的规划》。综合考虑增产潜力、开发条件等因素，初步设想1996—2000年农业综合开发的具体任务是：改造中低产田16 500万亩（平均每年3 300万亩），开垦宜农荒地1 520万亩（平均每年304万亩）。在开发治理总面积中，平均75%的面积用于种植粮食，25%的面积用于种植经济作物。在开发布局上，以东北平原、黄淮海平原、长江中下游平原、河西走廊和云贵川“金三角”地区为重点开发区。这些地区水土资源丰富，水利建设基础较好，粮食商品率高，投资效益大。“九五”期间，上述地区要改造中低产田12 950万亩，开垦宜农荒地1 190万亩，各占总任务的78%；新增粮食生产能力310亿斤，占总任务的77%。在突出重点的前提下，兼顾一般地区的开发治理。对粮食调入省（区、市），要选择基础条件好，粮食增产潜力大的县市立项开发，促使其早日实现自给或减少调入量。初步测算，完成上述任务大约需投入资金460亿元，加上发展多种经营及龙头项目所需300亿元，共需投资760亿元。其中，中央财政资金、地方财政配套资金、农业综合开发专项贷款、集体和

群众自筹资金大体各占 1/4。

要完成上述任务，有利条件很多，主要是：第一，党和国家十分重视粮食生产，反复强调要增加对农业的投入，并把加大农业综合开发力度，加快中低产田改造，列为确保粮食稳定增产必须采取的重要措施之一。随着中央各项政策措施的贯彻落实，各级党政领导对农业综合开发会更加重视，有关部门和行业会进一步支持，从而有利于解决农业综合开发资金需求和其他制约因素。第二，增产粮食的资源潜力很大。全国尚有中低产田 8.52 亿亩，宜农荒地 5 亿亩（其中开垦条件较好的有 2 亿亩）。因此，仍有充分的余地选择投资少、见效快、产出多、贡献大的项目区。第三，农业综合开发工作具备了良好的基础，积累了丰富的经验，从上到下建立了比较健全的组织机构，制定了比较完备的规章制度和管理办法，开始步入科学化、规范化、程序化、制度化管理的阶段，为搞好今后的农业综合开发打下了良好的基础。第四，各级地方政府和农民群众搞开发的积极性高涨。许多地方积极要求国家立项搞农业综合开发，农民愿意投入资金和劳力。只要继续坚持农业综合开发的指导思想，在实践中采取切实可行、行之有效的措施，完成“九五”期间的开发任务是有可能的。

当然，要将这种可能性变为现实，面临的困难也不少，主要是资金供需矛盾比较突出。农业综合开发承担“九五”期间全国粮食增产一半的任务，资金需求量大，必须下大的力量来落实。另外，制约因素仍然不少，比如，上述任务的完成必须以骨干水利工程、农业技术工程、林业建设工程等保障条件为前提。如果这些前提条件不具备，将会制约农业综合开发的实施。因此，希望各有关部门对农业综合开发工作继续予以配合支持，特别是国家计委、水利部在安排大中型骨干基建工程项目时，尽可能与农业综合开发衔接配套。

在抓好土地开发治理的同时，“九五”期间还将开发建设一批有市场、有资源、能够带动农民较快增加收入的多种经营项目及龙头企业，扶持地方发展主导产业，保证开发项目区既增产又增收。这些项目的建设，要按照农业产业化的新思路，实行区域化布局、专业化生产、企业化经营、社会化服务，形成拳头产品，提高市场竞争能力和综合经济效益，加快传统农业向现代农业的转化。

各地、各有关部门比较关心 1996 年中央财政农发资金安排情况，我在这里做简要说明。1996 年中央财政农发资金初步安排增加 3 亿元，这是在今年中央财政相当困难的情况下增加的，是很不容易的。如果加上有偿使用回收部分，1996 年可增加投入 4.5 亿元。这样，在新的一年里，中央财政投入的农发资金共达 27.5 亿元，力度是不小的。在使用上，对国家重点开发区集中投入，主要突出改造中低产田，发展粮棉油等基本农产品的生产，优先选择水土资源条件好、增产潜力大、投入少、见效快、产出多的项目进行立项开发。1996 年计划改造中低产田 2 780 万亩（含开垦宜农荒地折算数），新增粮食生产能力 83 亿斤。此外，还要发展一批多种经营及龙头项目。请有关省（区）尽早做好项目申报工作，同时希望地方财政、项目区集体和群众按要求做到配套投入。农业发展银行对农业综合开发非常重视，1996 年开发贷款增加较多，希望各地也要按要求用好这项资金。

三、对做好农业综合开发工作的几点意见

今后，农业综合开发工作任务十分繁重。为确保完成各项任务，我们提出以下几点意见：

（一）要多渠道增加投入，确保资金配套落实

增加资金投入是完成“九五”农业综合开发任务的前提保证。8 年的农业综合开发已经形成了一整套有效的投入积累机制，“九五”期间，要继续健全、完善这个机制。

1. 要多渠道、多层次地增加投入。一是中央财政投入要逐年有所增加。按“九五”开发任务的要求，资金需求量将会逐年加大。尽管中央财政目前相当困难，在“九五”期间大幅度地增加农发资金有很大难度，但为支持农业综合开发这一利国利民的事业，我们将尽力落实资金，争取中央财政投入逐年有所增加。二是要确保地方财政配套资金及时足额到位。目前，一些省（区）因配套资金不足或不能及时到位，影响了开发任务的完成。“九五”

期间，地方财政必须按规定的比例落实配套资金。特别是开发任务重的省（区），要千方百计筹措配套资金，保证及时足额到位。鉴于1988年国务院确立的农发基金七条渠道，在“两金”取消和实施分税制财政体制改革后，有的渠道取消，有的有渠无水，有的有水不流，各地要设法予以疏通，并开辟新的资金渠道。三是落实农业综合开发专项贷款的投向和结构。作为政府保护调控农业的战略措施，几年来，财政、银行协同作战，资金规模同步增长，起到了国家投入的导向作用。从发展趋势看，“九五”期间农业发展银行对农业综合开发信贷投入的增长将快于财政。今后，我们两家要更紧密地配合，确保贷款总额中用于土地治理部分达到30%，并具体落实到项目区内。同时，要进一步发挥各级农业综合开发联席会议或领导小组的作用，组织协调好农业综合开发专项贷款计划指标的落实。四是动员农民群众投资投劳搞开发。农民群众是农业投入的主体，要采取宣传发动、政策引导、典型引路等形式，鼓励和引导农民投资投劳。这里，应该强调的是，农民是农业综合开发的直接受益者，农民投资投劳搞开发不应算作不合理摊派，更不能看作是加重农民负担。对此应进行正确宣传引导。此外，要采取多种形式积极引进外资，农业综合开发中的龙头项目可采取补偿贸易、股份制、合资经营等形式去办，还要积极争取利用国际金融组织和外国政府优惠贷款，以拓宽资金来源渠道。

2. 要逐步完成滚动式、经营式开发机制。大家都充分肯定中央财政资金一半采取有偿使用、限期回收、继续用于开发是增加资金来源的好形式。“九五”期间，特别是1996、1997年，中央财政有偿资金将进入回收高峰。这部分资金将与新增财政资金统筹安排，继续用于农业综合开发。由于回收任务逐年增加，各省（区）尤其是重点省（区）要充分认识这项工作的艰巨性，要采取有力措施，保证回收任务的完成，使这部分资金真正滚动起来，以壮大农业综合开发资金的后续力量。

3. 各地要切实加强农业综合开发资金的管理工作。对农业综合开发资金要实行归口管理，凡国家农业综合开发立项投资地区的财政部分，要设专门机构或专人，归口管理农业综合开发资金。并要认真履行农业综合开发财政资金的拨借款程序，履行农业综合开发财政资金的预算、决算，督促落实农业综合开发财政有偿资金的到期回收。通过严格资金管理，克服和纠正资金违纪违规问题。

（二）要突出重点，集中投入

“九五”期间，农业综合开发要继续坚持突出重点、集中投入的指导思想。最近召开的国家农业综合开发联席会议确定，今后中央财政和农业发展银行增加的农发资金要集中投入五大片重点地区，非重点地区一般不再增加增量，存量还要适当压缩，同时不再增加部门分配的资金。根据这个精神，在突出重点、集中投入上，我们主要应抓以下三个方面的工作。一是坚持以增加粮棉油肉糖生产能力为主要目标，突出发展粮食，并把增加投资、增加开发任务与实现粮食增产目标、增加粮食调出或减少粮食调入挂起钩来。二是坚持以改造中低产田为主攻方向，适当开垦宜农荒地，优先选择水土资源条件好、增产潜力大、投入少、见效快、产出多的项目。三是坚持统一规划，集中连片，综合治理。对国家确定的重点开发区实行重点扶持，做到开发一片，成功一片。要集中力量打歼灭战，防止战线拉得过长，防止资金分散使用。同时，要注意提高开发的科技含量。“九五”期间，对科技的投入将由投资总额的3%提高到5%，并在项目区内大力推广优良品种和先进适用的农业科学技术，争取使项目区农业增产的科技含量逐步达到50%以上，并成为新技术的示范区、科技推广的普及区。

（三）要加强工程管护，确保发挥长期效益

为保证农业综合开发已建工程设施正常运行，长期发挥效益，必须加强对已建工程的管护。去年我们曾在全国范围内开展了已建工程管护大检查。从检查情况看，大多数工程运行情况是好的，但也有一些地方仍然存在重建轻管的问题，个别工程已遭到不同程度的损坏。现在看来，已建工程管护问题应引起各地高度重视，如忽视这项工作，已形成的效益将难以得到正常发挥，甚至前功尽弃。因此，要把工程管护作为一项长期的任务来抓。我们要在大检查的基础上，继续完善有关规章制度，进一步落实工程管护组织、人员、责任制及管护经费。今后，凡新申报项目计划，都要提出工程管护措施，并将竣工项目工程管护情况，作为追加投资和审批新上项目的重要依据。

（四）要加强领导

农业综合开发是系统工程，需要强有力的组织领导。8 年来，从中央到地方，各级党委、政府及有关部门，围绕开发总目标，各司其职，做了大量卓有成效的工作。在“九五”期间，农业综合开发的任务相当艰巨，希望各级党委、政府更加重视和支持农业综合开发工作。当前，要组织有关方面的力量，抓紧落实“九五”开发规划，按照国家确定的目标、任务，制定切实可行的开发规划，具体明确目标、任务、区域布局、投资规模及来源，并将任务层层分解，落实到建设单位。要切实加强有关部门配合协作，为使农业综合开发在水利、农业、林业建设骨干工程有保障的前提下进行，各级农业综合开发规划要与有关部门的建设规划衔接、配套，有关部门要积极支持农业综合开发规划的制定与实施。农业综合开发是政府行为，需要强有力的机构和人员来保证，希望各地要重视开发队伍的建设，切实帮助他们解决机构、人员问题及工作上、生活上的困难，不断提高他们的政策和业务水平，以保证完成农业综合开发的各项任务。

同志们，农业综合开发是我国农业和农村工作的重要组成部分。这项开拓性的工作一直是在党中央、国务院的直接领导下进行的。今后，我们决心更加扎实工作，努力进取，开创农业综合开发工作的新局面，为促进我国农业和农村经济发展做出更大贡献。

农业综合开发工作要再上新台阶

——在中央农村工作会议上的讲话

李延龄

（1997 年 1 月 10 日）

这次中央农村工作会议是在新形势下召开的，会议研究讨论的问题非常重要，我们一定要认真贯彻落实这次会议精神，进一步做好财政支农工作，做好农业综合开发工作。下面，我就农业综合开发工作向大家做一汇报，讲三个问题：

一、九年来我国农业综合开发的主要成就

从 1988 年开始的我国农业综合开发是国家保护、支持农业，对农业进行宏观调控的一项战略性措施。9 年来，在党中央、国务院的正确领导下，经过开发区广大干部和农民群众的艰苦努力，农业综合开发取得了显著成效。

（一）进一步改善了农业生产条件

农业基础设施薄弱，耕地面积逐年减少，粮食单位产量不高，一直是困扰我国农业发展的重要因素。中央正是为解决这些问题做出了开展农业综合开发的重大决策。为了大规模地改造中低产田和适当开垦宜农荒地，国家采取集中资金、重点投入的政策。截至 1996 年底，农业综合开发共投入资金 462 亿元，其中中央财政投入 149 亿元，地方财政投入 116 亿元，银行专项贷款 89 亿元，集资和农民自筹资金 108 亿元。目前，农业综合开发已在全国范围内展开，涉及 30 个省、自治区和直辖市的 1 271 个县（市）和 400 多个国营农场，共改造中低产田 1.9 亿亩，开垦宜农荒地2 250万亩。这些土地资源通过实施农业措施、水利措施、林业措

施、科技措施和生物措施，进行山水林田路综合治理，基本成为“旱能灌、涝能排、田成方、树成行、渠相连，路相通”的高产稳产农田，土地利用率和产出率大大提高，防灾抗灾能力明显增强。同时，农业综合开发也缓解了人地之间的矛盾和压力，有力地遏制了我国耕地资源减少的趋势，增强了农业综合生产能力。

（二）增加了农产品的有效供给

9年间项目区共增加粮食生产能力148.25亿公斤，占同期粮食生产能力新增总量的40%以上。同时，新增棉花生产能力7.6亿公斤，油料1.93亿公斤。这对缓解这一时期我国主要农产品的供需矛盾，特别是促进粮食产量突破4 500亿公斤大关，起到了重要作用。农业综合开发给我国粮食生产带来了两个明显的转变：一是老的商品粮基地通过治理开发，增加了活力，土地产出率和粮食商品率均有较大增长；二是一些缺粮或粮食自给地区转为新的商品粮基地，增加了粮食的供应总量，促进了粮食的地区平衡。主要农产品供应增加，不仅为城乡人民生活水平的改善提供了保障，而且有力地支持了国民经济的稳定、协调与健康发展。

（三）促进了农村经济的“两个根本转变”

农业综合开发在确保粮棉油肉糖等主要农产品稳定增产的同时，合理利用各地的农业资源优势发展多种经营和农副产品加工业，使农村经济初步实现了种养加相衔接，农科教相结合，产供销一条龙，贸工农一体化；逐步走上了以市场为导向，以效益为中心，实行区域化布局、企业化管理、规模化经营、社会化服务的产业化发展道路。到1996年，全国农业综合开发共建设经济林448万亩，养殖水产品188万亩，饲养畜禽11 835万多头（只），兴办农副产品加工企业2 586家。实践证明，通过农业综合开发，一方面重新塑造了农业生产经营机制，培育了市场主体，改善了宏观调控机制，为农业从计划经济体制向社会主义市场经济体制的转变奠定了基础；另一方面孕育了新型的农业经济增长方式，优化了经济结构，推进了规模经营，提高了科技含量，直接推动了农业经济由粗放型经营向集约型经营转变。

（四）加快了农村和农民生活奔小康的步伐

农业综合开发在改善农业生产条件、发展多种经营、增加粮棉油肉糖等主要农产品产量的同时，也有效地增加了农民的收入。据统计，农业综合开发项目区农民年人均纯收入比非项目区高260元以上，多的达500—600元，高的达1 000元以上。农民收入的增加，加快了农村小康建设的步伐。

我国农业综合开发取得巨大成就的根本原因，在于认真贯彻党中央、国务院关于农业和农村经济的一系列方针政策，在于坚定不移地贯彻执行农业综合开发的指导思想和基本原则，在于广大干部和群众的艰苦创业精神。在肯定成绩的同时，我们也要看到，在农业综合开发工作中还存在着一些问题。如开发项目区综合利用不够，工程建设标准不高，增产增收的科技贡献率低，项目区布局相对分散，地方配套资金还不能完全落实，等等。为此，我们要认真总结经验，完善规章制度，在深化农村改革，促进农业“两个根本转变”，推动农业综合开发再上新台阶、新水平的过程中采取有效措施，切实解决存在的这些问题。

二、“九五”时期我国农业综合开发的奋斗目标和指导思想

“九五”时期是实现我国国民经济第二步战略目标并为第三步战略目标打好基础的关键时期。农业综合开发经过9年的实践，积累了丰富的经验，为“九五”时期农业综合开发再上新台阶奠定了坚实的基础。“九五”时期农业综合开发的主要奋斗目标是：新增粮食生产能力200亿公斤；开发项目区农民年人均纯收入高于非项目区250元左右（按1990年不变价格计算）。实现了这个奋斗目标，我国农业综合开发对支持国民经济的健康与稳定发展，促进农业及农村经济的进步，加快我国农业现代化建设的步伐，就能发挥更大的作用。

农业综合开发要实现上述目标，必须认真贯彻中共中央关于“实现两个根本转变”和实施“可持续发展”的战略方针。其指导思想是：大力改善农业基本生产条件，努力提高粮棉油肉糖等主要农产

品的综合生产能力，增加农民收入；在积极发展粮食生产的同时，依据国家的产业政策，因地制宜地发展多种经营，实现经济效益、社会效益和生态效益的有机统一。为此，“九五”时期我国农业综合开发要正确处理好以下几个关系：

（一）正确处理好内涵开发与外延开发的关系

农业是国民经济的基础，农业问题的核心是粮食问题。随着社会经济的不断发展，我国人多地少的矛盾将更加突出。这样的国情，决定了我国农业和农业综合开发必须走以内涵发展为主的路子。目前，我国尚有8.1亿亩的中低产田。农业综合开发就是要通过对这些中低产田的改造，转变农业的增长方式，提高粮棉油等主要农产品的单位面积产量。在重点加强对中低产田改造和维护生态平衡的前提下，有步骤、有计划地适量开垦宜农荒地，以补充农业经济发展对耕地资源的需求。

（二）正确处理好突出重点与兼顾一般的关系

农业综合开发以增加粮棉油肉糖等主要农产品为主攻目标，其开发重点必须是自然资源条件好、资金配套能力强、投入产出效益高、增产增收贡献大的地区。从我国的实际情况看，重点开发区主要是东北平原、黄淮海平原、长江中下游平原、云贵川“金三角”地区、甘肃河西走廊和新疆伊犁河、额尔齐斯河、塔里木河流域等一些集中连片、开发潜力较大的地区。通过这些地区的开发，使我国农产品的产量有一个较大幅度的提高。此外，其他一些开发条件较好的地方，也要有步骤地进行开发。要把重点开发区和一般开发区有机地结合起来，既要突出重点，又要兼顾一般。

（三）正确处理好资源开发与合理利用的关系

合理开发利用资源，发展可持续农业是我国农业发展的必由之路。目前，我国的耕地资源和水资源都是相对紧缺的。虽然有大片草地、荒山荒坡、沿海滩涂等非耕地资源可供开发利用，能提供大量食物和其他生活必需品，但因其投资需要量大，开发困难，短期内尚不能使其形成现实的生产能力。因此，要正确处理好资源开发与合理利用的关系，注意充分利用现有农业自然资源，特别是要注意保护耕地和水资源。

（四）正确处理好政府行为与市场机制的关系

农业综合开发是政府行为，有它特定的行为目标，主攻方向是提高粮棉油肉糖等主要农产品的综合生产能力，同时积极发展多种经营。在社会主义市场经济条件下搞农业综合开发，要以经济效益为中心，以国内外市场为导向，优化组合农业生产要素，按照市场经济的原则组织农业综合开发。在相当程度上，农业综合开发就是要实现千家万户的小生产与千变万化的大市场的成功对接，按照产业化的要求，帮助农民群众解决产前、产中、产后等环节一家一户无法解决的困难，既增强农业生产抗御自然风险的能力，又克服农民群众市场风险承受力弱的问题。

（五）正确处理好自力更生与国家扶持的关系

农业综合开发是国家扶持农业发展的一项战略性措施。国家在财政较为困难的情况下集中大量的资金用于支持农业的发展是很不容易的。但农业综合开发从本质上说应该是农民群众自身的事业，主要受益者是农民。因此，农业综合开发必须坚持自力更生为主的方针，以国家投入为导向，充分调动地方各级政府、集体经济组织，特别是农民群众自觉自愿搞开发的积极性。同时，要充分发动社会力量积极参与农业综合开发，形成国家支持、农民自愿、社会参与的农业综合开发格局。

三、农业综合开发再上新台阶需要做好的几项主要工作

根据国家农业综合开发“九五”计划纲要，农业综合开发要再上新台阶，必须做好以下几项主要工作：

（一）联系实际，制定科学的总体规划

农业综合开发是一项涉及多行业、多部门的系统工程。其中对土地的开发治理，是在农林水等外部配套工程有保障的前提下实施的区域性“下游”工程。因此，制定科学的农业综合开发总体规划，对于搞好农业综合开发工作至关重要。制定农业综合开发总体规划，必须坚持以农业区域发展规划为基础，以水利建设规划为重点，兼顾与农林技术工程及农业科技规划的衔接。首先，农业区域发展规

划是制定农业综合开发规划的基础。农业规划提供了农业资源的基本情况及开发利用的潜力情况，指明了开发治理的目标和途径，为农业综合开发规划的制定提供了科学依据。其次，水利建设规划是农业综合开发规划的重点，是实施农业综合开发的先决条件，搞农业综合开发必须首先考虑开发区的水利条件和水利保障问题。第三，农业综合开发规划要兼顾与其他农业规划的衔接。如在社会化服务体系建设方面，要借鉴农业部门关于社会化服务体系建设的标准，统一规划，突出重点，在项目区内统筹安排；在农业科技推广方面，应结合科技部门确定的农业推广重点项目规划，有计划地安排农业综合开发试验示范基地和重点单项科技推广项目；在多种经营和农副产品加工业规划方面，要结合产业特点，及时掌握计划经济部门和相关行业主管部门所提供的信息资料，组织有关专家，加强项目的评估论证，防止决策失误；在土地资源开发治理规划方面，要纳入基本农田保护区总体规划，对开垦的宜农荒地要采取有效措施，加以利用保护。

（二）认真总结经验，不断完善农业综合开发的有关政策

农业综合开发是一项政策性很强的工作。要完成“九五”期间农业综合开发的各项任务，最关键的是要认真落实党和国家关于加强农业的各项政策措施，特别是对农业综合开发方面的优惠政策。历史经验表明，只有制定科学的政策，才能更好地开展工作；只有稳定的政策，才能确保事业的健康发展。从实践来看，现行国家农业综合开发方针政策的执行情况是好的，在今后的工作中要继续加以贯彻落实。根据党的十四届五中全会精神和《中华人民共和国国民经济和社会发展“九五”计划和2010年远景目标纲要》要求，农业综合开发将面临新的形势和任务，有关政策还需要不断完善。对于农业综合开发的经营形式，可结合实际情况灵活掌握。不管是内涵挖潜，提高“四低”产量，还是外延扩充，开发“四荒”资源，都必须把土地、劳力、资金、技术等诸生产要素有机结合起来，可以是承包式、股份制，也可以引进外资，有条件的地方还可以搞农场式的开发。总之，农业综合开发的方针政策要相对稳定，开发经营形式要灵活多样。

（三）广辟资金渠道，逐步增加农业综合开发的投入

农业综合开发形成的“国家引导，配套投入，民办公助，滚动开发”机制，改变了过去“国家出钱，农民种田”的传统模式，有效地增加了对农业的投入。在“九五”期间，这种机制要继续坚持并不断完善。要使农业综合开发再上新台阶，实现“九五”国家农业综合开发计划纲要，一个关键问题是增加投入。一要确保财政资金逐年增加。各级财政资金是整个农业综合开发投入的导向资金，不仅要足额及时安排，而且要确保逐年有所增加。二要落实专项贷款的配套。农业综合开发专项贷款是农业综合开发资金的重要组成部分，它是国家支持农业的一项政策性贷款，并与财政资金有机结合，同步到位。三要发动群众自我投入。农民群众是农业综合开发投资的主体，要采取有效措施，制定激励政策，调动广大农民群众自筹资金搞开发的积极性。四要多渠道吸收社会资金和外资。通过多种形式跨国家、跨地区、跨行业、跨部门招商引资，探索建立开放式、经营式开发的新机制。五要强化财政回收资金的滚动投入。农业综合开发实行财政投资部分有偿使用，回收的资金继续投入到农业综合开发中，滚动周转，实现良性循环。

（四）明确开发重点，强化农业综合开发项目的科学管理

农业综合开发要坚持以改造中低产田为主，依法酌量开垦宜农荒地。中低产田改造和开垦宜农荒地要以农田基本建设和社会化服务体系建设为主要内容。农田基本建设包括农田水利、土壤改良、防护林网等，通过实施这些方面的综合治理，使农业综合开发项目成为“旱能灌、涝能排、田成方、树成行、渠相连、路相通”的高产稳产农田。在加强改造中低产田的同时，要强化社会化服务体系建设，要做到“五统一分”，即统一作物布局，统一管水用水，统一机械作业，统一病虫防治，统一技术指导和分户经营。今后，农业综合开发项目建设要向管理要效益，实行科学而严格的管理。一要科学立项。在开发步骤和规模上要科学规划，合理确

定开发任务和建设规模。二要择优立项。把开发资源的潜力，开发效益的高低，地方领导的重视程度，管理机构是否健全，配套资金是否落实，群众投资投劳的积极性如何等，作为优先立项的重要条件，并保证集中投入，连片开发。三要坚持工程建设的高起点、高标准、高质量。四要坚持计划的严肃性。各地要严格按照项目设计和年度计划中所规定的各项任务施工，按照国家规定的标准进行验收，以期实现建设项目的预期效益。如果项目在建设过程中，确需进行适当的调整，也要按有关规定履行报批手续。

（五）加大科技力度，提高农业综合开发的科技含量

科学技术是第一生产力，农业最终要依靠科学技术解决问题。今后，农业综合开发要逐步转入依靠科学技术和提高农民群众科技素质的轨道。首先，要制定优惠政策，鼓励和吸引科技人员投身于农业综合开发。采取“政技结合，集团承包”等方式，按照“风险共担，利益均沾”的原则，鼓励和支持农业科研院所开展有偿服务。其次，要大力推广科技成果，提高农业综合开发的科技含量。根据农业综合开发项目建设内容，结合国家农业技术重点推广项目规划，对实用可行、效益显著的科技成果在项目区优先推广实施，保证科技在农业增产中的贡献率达到55%以上。第三，要建立健全科技示范体系，增强普及辐射效应。各地可根据不同的土壤类型和治理模式，建立不同类型的农业综合开发实验区和科技示范区，发挥典型引路作用。

（六）加强组织领导，做好1997年农业综合开发工作

去年是实施“九五”计划的第一年。各地区和有关部门对农业综合开发工作一重视，二支持，在各级农业综合开发办公室和广大基层干部群众的共同努力下，各项农业综合开发工作都得到了落实，胜利地完成了当年的开发任务。今年是“九五”计划的第二年，我们一定要再接再厉，进一步搞好农业综合开发，为顺利实现农业综合开发“九五”计划纲要，打下坚实基础。1997年中央财政新增农业综合开发资金5.5亿元，当年总投入达到33亿元，农业综合开发专项贷款也要有较多增加。中央对各省（市、区）和有关部门原有的投资规模，1997年原则上保持不变，各省（市、区）和有关部门可按此编制1997年续建项目计划。1997年中央新增资金将重点用于开发潜力大、投入产出率高、效益好的项目开发区。去年下半年各地陆续报来1997年新增项目建议书，国家开发办已对部分新申请项目进行了考察评估，目前正着手编制1997年全国新增项目方案，待交国家农业综合开发联席会议审定。各地区要尽快编制今年的开发计划，并要在今年的地方预算中安排足额的配套资金。要加强对开发资金的管理，保证把开发资金及时足额地用到项目上。地方各级政府和有关部门要加强对这项工作的组织领导，发扬成绩，解决存在的问题，为农业综合开发再上新台阶做出贡献。

在全国农业综合开发工作会议结束时的讲话

李延龄

（1997年11月14日）

同志们：

全国农业综合开发工作会议今天就要结束了，这次会议时间虽短，但主题突出，内容丰富，效果很好。党中央、国务院对这次会议十分重视，李鹏

总理、姜春云副总理分别给会议发来了贺信，陈俊生国务委员亲自参加会议并向会议作了针对性、指导性极强的重要报告。在这次会议上，国家农业综合开发联席会议四个成员单位的负责同志讲了话，12个省（区）分管农业综合开发工作的负责同志、以及4个农发行分行的负责同志介绍了经验，表彰了全国农业综合开发先进集体和先进个人。会议分组对李鹏总理、姜春云副总理的贺信和陈俊生国务委员的报告进行了认真讨论。代表们还实地参观了浙江省绍兴县农业综合开发项目区。

与会代表一致认为，在党的十五大刚刚闭幕，农业综合开发实施10周年之际，在世纪之交的关键时刻，召开这次会议非常及时，十分必要，意义重大。这是一次贯彻十五大关于农业发展战略部署的会议，这是一次对十年来农业综合开发成绩和经验大总结、大交流的会议，这是一次对农业综合开发再上新台阶的动员会、鼓劲会。大家相信，通过这次会议，全国农业综合开发工作必然会出现新转折、新气象、新局面，一个向农业综合开发广度和深度进军的新高潮必将到来。总之，这次会议开得十分成功，达到了预期目的。

下面我讲三个问题：

一、关于这次会议的主要收获

大家对这次会议反映强烈，一致感到震动大、收获大。归纳起来，主要有以下几个方面。

（一）提高了对农业综合开发的认识

国务院三位领导对农业综合开发的成就、地位、作用部给予了充分肯定和高度评价。李鹏总理在贺信中指出，农业综合开发是促进我国农业持续、稳定、健康发展的一项战略举措。姜春云副总理在贺信中指出，农业综合开发是发展我国农业和农村经济，加快农业现代化进程的一条成功之路，是实现农业增产、农民增收，加快农村脱贫致富奔小康步伐的重要途径。陈俊生国务委员在报告中指出，国家立项的农业综合开发，是社会主义市场经济条件下政府支持保护农业政策体系的重要组成部分，是实现农业现代化的必由之路。国务院领导同志的贺信和报告，使与会者对农业综合开发的认识，有了进一步提高和新的飞跃，从而增强了使命感、责任感、光荣感，提高了自觉性。大家一致表示，决不辜负中央领导同志的希望，一定要把农业综合开发工作搞得更好。

（二）明确了今后一段时间内农业综合开发的目标和任务

这次会议，明确指出今后一个时期农业综合开发的目标和任务，就是要按照党的十五大关于我国农业和农村经济发展的总体部署和要求，推动农业综合开发再上新台阶，加快农业现代化建设的进程。国务委员陈俊生在报告中提出农业综合开发再上新台阶的五个标志，即提高粮棉油肉糖等农产品生产能力、建设高标准的稳产高产田、建设生态农业、增加农民收入、建设农业现代化示范区。大家对此感触很深，认为这五条标准和为实现这五条标准需要采取的若干措施，讲得非常正确，非常重要，是这次会议的最主要的收获之一，今后农业综合开发工作的目标、任务就更明确了。

（三）总结交流了实践中的成功经验

在这次会议上，既总结了十年来全国农业综合开发的基本经验，各地又从不同侧面交流了具体经验。如浙江省严格项目评估的经验；安徽省坚持项目检查验收的经验；湖北省加强项目工程建后管护的经验；辽宁、湖南、陕西、广西四省（区）多渠道筹措资金，保证财政配套资金足额落实，加强资金管理，实行专户核拨、专款专用资金和采取有效措施确保财政有偿资金回收的经验；四川省发动广大农民群众投工投劳搞开发的经验；黑龙江、吉林、江西三省坚持综合规划、合理布局、综合治理、推进规模立体开发的经验；河北省依托农业综合开发，推进产业化进程的经验；河南、内蒙古两省（区）注重科技推广应用和节水灌溉的经验；山东、宁夏两省（区）坚持改田、增产、增收开发宗旨的经验；浙江、甘肃、云南、新疆四省（区）农业发展银行做好信贷支持农业综合开发工作的经验，等等。大家认为，这些经验是农业综合开发十年实践的结晶，凝聚着群众的智慧和搞开发同志的心血，对于做好今后开发工作具有重要的启发、借鉴作用。

（四）树立了农业综合开发先进典型

在这次会议上，首次表彰了全国农业综合开发战线的69个先进集体、60个先进工作者和83个先进个人，使大家深受鼓舞。这既是对先进集体和先进个人的表彰，也是对整个农业综合开发工作的肯定。树立这些先进典型，将有利于进一步调动广大农业综合开发工作者的积极性和创造性，发挥榜样的模范带头作用，推动整个战线的工作。

（五）增强了继续搞好农业综合开发的信心和决心

大家从这次会议感受到，党中央、国务院对农业综合开发工作是非常重视的，给予了极大的关心和支持，这是做好农业综合开发工作的关键。大家坚信，有各级党政领导的高度重视，有一套成功的经验，有可供开发的丰富的农业资源，有广大农民群众搞开发的积极性，同时目标明确，措施得当，只要我们认真落实各项政策措施，进一步加大工作力度，就一定能够实现开发的预期目标。

二、关于这次会议的传达贯彻

这次会议的精神，集中体现在李鹏总理、姜春云副总理的贺信和陈俊生国务委员的报告中，国务院领导同志的贺信和报告是对今后一个时期农业综合开发工作具有重要指导意义的文件。传达贯彻这次会议精神，就是要原原本本地传达领导同志的贺信和报告，并要按贺信和报告的要求去做。各地区和有关部门要把传达贯彻这次会议精神作为近期的一项重要工作来抓，并在年底前将贯彻落实情况，向国家农业综合开发联席会议写出专题报告。对如何传达这次会议精神，我提几点意见。

1. 大家回去以后，要把这次会议精神，及时向党政主要领导同志汇报，取得党政主要领导的共识和进一步支持。

2. 要专门召开一次会议，传达贯彻这次会议精神。要总结本地十年来的农业综合开发工作，肯定成绩，总结经验，找出差距，并在深入学习领会这次会议精神的基础上，结合本地的实际情况，研究制定贯彻落实的具体措施。

3. 要按照上新台阶的五个标志，完善修订本地区的“九五”农业综合开发计划和政策措施。对符合本次会议精神的要继续坚持，对与本次会议精神有出入的，要进行修改。国家农业综合开发办公室将根据这次会议精神，对某些政策，如改造中低产田的单位投资标准等，也要作必要调整。

4. 各地要以这次会议为契机，广泛宣传农业综合开发的成效和作用，克服自满和松懈情绪，进一步调动农民群众投资投劳搞开发的积极性，在今冬明春掀起新的农业综合开发热潮。

5. 要进一步加强对农业综合开发的组织领导。贯彻落实好这次会议精神，关键在于领导。各级领导要在深入调查研究的基础上，实实在在地解决本地区、本部门农业综合开发工作中当前存在的问题，把这次会议精神落到实处，真正抓出实效。

三、正确处理好工作中的几个关系

结合贯彻这次会议精神，综合大家分组讨论的意见，以及当前工作中存在的问题，我认为有些事情还要讲一讲，虽然是重复俊生同志的报告，但也有好处，可以加深大家对俊生同志报告的印象。我认为在今后的农业综合开发工作中应该注意正确处理好以下几个关系：

（一）政府行为与市场机制的关系

搞农业综合开发是国家支持保护农业政策体系的重要组成部分，具有较强的政府行为，无论过去、现在，还是将来，农业综合开发都将是政府对农业实施宏观调控的有效手段之一。但在社会主义市场经济的条件下，要把政府行为与市场机制有机地结合起来，既要坚持政府行为，又要充分利用市场机制，这是当前农业综合开发要研究探讨并要解决的重要课题。在社会主义市场经济条件下搞农业综合开发，在相当程度上就是要实现千家万户的小生产与千变万化的大市场的成功对接，按照市场经济原则和产业化的要求，帮助农民群众解决产前、产中、产后等环节一家一户无法解决的困难，既增强农业生产抗御自然灾害风险的能力，又克服农民群众市场风险承受能力弱的问题。我们从事农业综合开发的同志要转变观念，尊重实践，开拓进取，锐意创新，摸索一套符合社会主义初级阶段市场机

制的农业综合开发新思路、新办法。当前，要在开发经营方式上、资金筹集方式上和社会化服务体系建设上进行改革，引进市场机制。农业综合开发也可以搞股份制、股份合作制，搞租赁拍卖、承包经营等，走资本与资本联系、资本与劳动力联合、资本与技术联合的路子，吸引社会各方面的力量，投入到农业综合开发的伟大事业中来。在项目管护上，摸索承包、拍卖的方式，解决项目管护资金，充分发挥工程建设的效益。在确定农业种植结构和农产品结构时，无论是土地项目，还是多种经营项目，都必须以市场为导向，找到农产品销售出路，使农民既能增产又能增收。

（二）内涵开发与外延开发的关系

实现“九五”农业综合开发新增粮食生产能力和农民增加收入的目标，必须随着投入的增加不断扩大开发规模，但开发规模的扩大要有高标准、高质量的工程做保证，才能达到预期的效果。从过去项目建设的情况看，在一些地区存在着重数量轻质量，即注重开发规模，忽视建设标准的问题，热衷于铺新摊子，对制约农业发展的障碍因素并未排除。今年东北四省区发生几十年不遇的大旱，我让国家农业开发办组织人去考察四省（区）农业综合开发区受灾抗灾的情况。考察表明，辽、吉、黑三省及内蒙古东四盟（市）在今年遭受严重干旱的情况下，绝大多数项目区由于实行山水田林路综合治理，改善了水利基础设施条件，在大灾之年基本上做到了有旱相无旱灾。但有200多万亩项目区因规划设计标准偏低，忽视灌溉设施建设，项目建设不到位，造成严重损失。这是个很大的教训。所以这次会议反复强调开发项目区一定要建成高产稳产基本农田。旱和涝，尤其是干旱，是制约我国大部分地区农业发展的主要障碍因素。因此，今后要把旱能灌涝能排，作为全国特别是北方地区农业综合开发的主要环节来抓。凡干旱半干旱地区、水资源紧缺地区，要通过农业综合开发彻底解决灌溉问题，同时要因地制宜发展多种形式的节水灌溉，做到一步到位。要像陈俊生同志讲的那样，“全国农业综合开发项目区，宁可少一些，也要建设好些、质量高一些”，立足于开发一片，配套一片，成功一片的原则，真正解决项目区旱和涝的问题。要以此为突破口，下大力量提高项目建设标准和工程质量，这是建设现代化农业示范区的基础，是推动农业综合开发上新台阶的关键性工作。在以水利建设为重点的同时，要按照建设现代化农业示范区的要求，进一步加大综合治理力度和科技投入，提高项目区的整体建设水平。今后新开发项目区要这样搞，对老项目区要进行复查，凡没有解决好水利问题的，或工程质量不到位的，都要加工改造，填平补齐。这里涉及到投资标准问题，要提高工程质量标准，就要加强大资金投入。我们准备从明年开始，适当提高单位投资标准，并可安排部分资金有选择地对建设标准低的老项目区进行配套完善。如果资金不足，我们宁可少扩大开发规模。当然，我们讲扩大开发规模与提高建设标准并重，并不单指土地项目，多种经营和龙头项目建设也应注意处理好质和量的关系。要在科学论证、严格评估的基础上，重点扶持那些能充分利用当地资源优势，具有市场发展前景，符合国家产业政策，真正有效益的项目，切忌盲目上新项目。

（三）重点开发区和一般开发区的关系

俊生同志在报告中强调，今后国家农业综合开发资金要集中投入到重点开发区。主要是指黄淮海平原、东北平原、长江中下游平原、云贵川金沙江流域、甘肃河西走廊及新疆棉花基地。对此，一些地方的同志可能有不同认识。我认为，俊生同志是根据我国的实际情况提出的。一是实现“九五”农业综合开发粮食增产目标的任务繁重，而目前国家农业综合开发资金又相对不足，必须坚持择优立项的原则；二是农业综合开发的实践证明，由于资源条件和开发难易的差别，我国不同地区之间投入产出比的差别相当大，为实现预期增产目标，必须对投入产出比较效益好的地区实行重点投入。因此，今后国家农业综合开发资金的安排，只能是突出重点开发区，兼顾一般开发区。这点请各地的同志们谅解。同时，不论是重点开发区，还是一般开发区，立项条件也有差异，也应坚持突出重点，避免“撒胡椒面”。

（四）国家扶持与自力更生的关系

组织大规模的农业综合开发，国家给予适当扶持是必要的，并且要根据财力可能逐步加大投入力度。但国家的投资毕竟有限，只能起到引导作用，投入的主体应是农民群众。这一点一定要明确。在这个问题上，有两种不正确的认识。一是认为既然搞开发是政府行为，国家就应该包下来，应以国家投入为主。所以在资金筹集上，注意力集中在国家身上，忽视农民方面的投入。二是一些同志在组织农民投资投劳搞开发方面有顾虑，担心被说成是加重农民负担，因而不敢放手发动群众。在这次会议上，陈俊生同志讲得很明白，“在开发过程中，组织农民在力所能及的条件下为自己经营的土地投入，不应算作不合理摊派”，我们可以打消疑虑了。道理很清楚，从根本上说，农业综合开发是农民群众自己的事业，农民群众是农业综合开发的直接受益者，因此要把农民搞开发的投入和一般的不合理负担区别开来。在鼓励和引导农民群众投入搞开发的同时，应注意两个问题：一是本着对农民群众高度负责的态度，项目一定要选准、建好、管好，使农民真正从开发中得到实惠，保护和调动农民搞开发的积极性。二是坚持量力、自愿原则，不能超出群众承受能力。

（五）土地开发治理与多种经营的关系

由于种粮的效益比较低，一些同志在某种程度上存在着重增收，轻增产，发展多种经营的劲头大，搞土地治理的积极性小的倾向。对于这个问题，首先要从国民经济的全局考虑。进行土地开发治理，增加粮棉油产量，是实施农业综合开发这一战略性决策的重要出发点，是农业综合开发政府行为最主要的体现，在实行社会主义市场经济条件下尤为重要，舍此便会丢掉了农业综合开发的根本。不能片面地认为只有多种经营项目才能增加农民收入。事实说明，土地开发治理项目具有市场风险小、群众受益面广的特点，搞得好同样可以增加农民收入，而且土地开发治理项目搞好了，可以为发展多种经营项目和“两高一优”农业奠定坚实的基础。当然，多种经营项目搞好了，反过来也可以促进土地的开发治理，二者互为补充。地方自力更生发展农村经济，什么效益好就搞什么，无可非议，但国家农业综合开发资金是有特定用途的专项资金，使用它就应当按照国家规定的投资比例，将财政资金的70%以上、银行信贷资金的30%用在土地项目的开发治理上。这一点不能动摇。据了解，在我们农业综合开发系统内部也有为多种经营及龙头项目争资金的倾向，这是不对的。

（六）资源开发与保持生态的关系

开发项目区的生态农业建设取得新的明显成效，是农业综合开发上新台阶的重要标志之一，也是发展可持续农业的重要内容。不论是中低产田改造，还是开垦新的农业资源，都应把资源开发与保持生态平衡有机结合起来。在山丘地区，要重点搞好项目区周围的水土保持林、水源涵养林；在平原地区，要重点建设好农田防护林；在严重风沙地带，要搞农田防护林带，建设防风固沙林。在规划开发项目区时，对项目区内原来的林木要保留下来，不能强调规划要统一而砍树。需要特别注意的是，也是大家在讨论中谈到的，新的资源的开垦，一定要统筹规划，合理布局，反复论证，慎重选择，并认真征求环保和土地管理部门的意见，避免盲目开垦和急功近利的短期行为，防止出现新的水土流失。另外，国家农业开发办将一如既往地扶持长江上游水土保持、长江中上游防护林、太行山绿化、河北坝上生态农业等项目的建设，为面上的农业综合开发创造良好的外部生态环境。

（七）短期行为与长期性事业的关系

这一关系不仅表现在开发项目建设上，也表现在开发机构建设和队伍建设上。要想把农业综合开发这一富民强国的长久事业坚持不懈地搞下去，必须有机构和队伍作保证。从当前情况看，不少地方机构、队伍建设问题没有解决好，有临时思想，机构是临时的，队伍也是临时的。俊生同志讲在这方面有“四个不适应”，讲得切中要害。这个问题应下大力量加以解决，不然会影响到农业综合开发事业的健康发展。今后分配开发任务，安排开发资金，我们也要看一看机构、队伍建设是否适应，是否胜任。希望各级党委和政府在农业综合开发机构、队伍建设的问题上，给予关心和支持。要根据

工作需要建立直属政府的农业综合开发办事机构，并要保证规格，落实编制，充实各种专业人员。要注意搞好人员培训，切实解决他们工作和生活中的困难。要真正把农业综合开发办建设成队伍精干、勤政廉洁、综合协调能力强、办事效率高、有权威的办事机构。

同志们，回顾过去，十年来农业综合开发成绩巨大，效果显著。展望未来，农业综合开发任重而道远，前景无限光明。让我们在党的“十五”大精神的指引下，乘这次大会的东风，同心协力，奋发进取，再创辉煌，为推动农业综合开发再上新台阶、新水平，为加快我国农业现代化进程做出更大贡献！

让我们对浙江省委、省政府及有关部门为这次会议所做的周密安排和热情服务，再次表示衷心感谢！

祝大家身体健康，工作顺利。

提高认识　强化管理
坚定不移地搞好农业综合开发

——在全国农业综合开发计划财务处长工作会议上的讲话

张佑才

（1999年4月27日）

同志们：

全国农业综合开发计划财务处长工作会议今天开幕。这次会议的主要议题，是深入贯彻党的十五届三中全会和中央农村工作会议精神，总结交流农业综合开发经验，研究部署当前农业综合开发工作。会上还要就农业综合开发会计制度进行培训。同时，这次会议也为今年第四季召开全国农业综合开发工作会议作准备。下面，我先讲几点意见。

一、认清形势，立足全局，做好财政支农工作

农民、农村和农业工作，历来是各级领导最关心、最重视的工作，是不容易做好，但又必须做好的大事。改革开放20年来，在邓小平理论指导下，我国农村发生了翻天覆地的巨大变化，农民、农业和农村经济正在发生着新的阶段性变化。要正确认识当前农民、农业和农村工作面临的新形势，必须把握以下几方面：

一是存在着两个不可逆转的趋势。即人口不断增长的趋势和人均资源相对减少的趋势，在今后相当长的时间内不可逆转。二是存在着两个不可回避的事实。即随着经济发展和人民生活水平的提高，消费者对农业提供的商品、工业需要农业提供的原料在质量、数量和品种上的要求越来越高，特别是加入世界贸易组织以后，市场竞争更趋激烈，对农产品质量的要求会更高。三是四个阶段性的变化。即农产品从总量不足到总量基本平衡、丰年有余，不少大宗农产品供过于求；农业从受资源约束到受资源和市场双重约束；农民从渴求温饱到向小康迈进；农村从城乡分割到城乡一体化、经济一体化，农产品走上世界经济舞台。四是出现了三个不适应。即农业基础仍然脆弱，经不住自然灾害的巨大冲击，物质技术装备水平差，不适应农业持续、快速、健康发展的要求；增产不增收，农业整体素质、知识水平不高，不适应实现农业现代化的要求；农村市场体系不健全，市场调控能力差，不适应农村经济结构调整的要求。

在新的形势下，农业和农村经济的发展必须实行两个根本性改变，即：由传统农业向现代化农业转变，由粗放型经营向集约型经营转变。我们要继续高举邓小平理论的伟大旗帜，深入贯彻落实十五届三中全会精神，分析形势，转变观念，改进工作方法，积极探索和实践，努力开创农民、农业和农村工作的新局面。财政支农工作要正确认识和把握好以下几个关系：

第一，财政工作与经济社会发展的关系。财政部门作为政府的职能部门，能否自觉地从服从和服务于大局，从全局高度来把握本部门工作，是做好各项工作的前提。财政是政府行政的物质基础，财政部门与各行各业、各部门都有联系，也便于了解各方面的情况，发现问题。财政部门要站在全局的高度，从改革、发展、稳定的大局去把握财政改革的方向和主线。党中央、国务院制定的重大方针政策，确定的改革措施，也就是财政工作的中心任务。农业是国民经济的基础，是我国第一位重点，财政部门要坚决贯彻落实党中央和国务院的总体部署，为经济社会发展服务。我们要站在这个高度，找准自己工作的位置和立足点。

第二，积极的财政政策和财政支农工作的关系。目前实施积极的财政政策，对刺激国内需求，拉动经济增长，起到了重要作用。同时，也有力地促进了农业和农村经济的发展，因为这笔资金很大一部分是用于农业和农村基础设施建设，解决农业基础设施薄弱的问题。各地必须切实用好这笔资金，提高资金的使用效益。积极的财政政策是特殊情况下的短期政策，从长远看，仍然必须采取紧缩的财政政策。而农村、农业的改革是长期的任务，必须加大支出结构调整，保证支农资金需要。

第三，公共财政支出和财政支农支出的关系。一是必须建立国家公共支出预算体系，改变过去财政存在的“越位”、“缺位”，重收入、轻支出的现象。二是要明确公共支出改革的指导原则，主要是适应政府转变职能的要求，满足社会公共需要。财政要逐步退出竞争性和经营性领域，调整和缩减消费性支出，强化社会保障和环境保护等公共支出。三是对财政支农工作来说，投入的主体是农民，但农业的基础设施投入，属于公共支出范围，必须通过财政支出来保障。在建立财政公共支出预算中，必须开辟新的资金渠道，调节支出结构，要利用一定的国家资本来引导社会资本和个人资本。

第四，国有经济和其他所有制经济发展的关系。首先，我国实行以公有制为主体，各种所有制共同发展的社会主义市场经济体制，其中国有经济必须起主导作用，而且能起主导作用。其次，国有经济发挥作用的形势发生了变化，国有企业的成败关键不在所有制，而在机制本身。国有经济应该充当经济发展的“火车头”，关系国计民生的行业，仍应控制在国家手中。同时国有经济要能够带动各种所有制经济共同发展。在农业现代化发展过程中，同样可以引进股份制等多种合作方式，增加资金来源。农业要上规模、上档次、上水平，向现代化迈进，必须在国家的引导下，带动和增加方方面面的投入。

谈以上四个关系的目的，是要大家解放思想，开拓思路。财政目前面临的风险和压力很大，主要来自以下几个方面：受亚洲金融危机的影响，财政减收增支的压力加大。目前国际金融风险很大，少数发达资本主义国家仍在操纵国际金融市场。同时，也有来自国内的压力，如农村合作基金不能及时兑付，以及银行的呆账，最后都要归结到财政来负担。财政还款压力较大。因此，我们要有危机感和紧迫感，进一步深化财税改革，转变财政职能，改革财政管理模式。

二、提高认识，坚定信心，坚定不移地搞好农业综合开发

农业综合开发是我国农业和农村工作的重要组成部分，是改善我国农业生产基本条件，提高农业综合生产能力，增强农业发展后劲的一项重大战略举措。党中央、国务院高度重视农业综合开发工作，江泽民、李鹏、朱镕基、温家宝、田纪云、姜春云等党和国家领导人都视察过农业综合开发项目区，对农业综合开发的成就、地位和作用，给予了充分的肯定和高度的评价。江泽民总书记曾经指

出，“国外经验和我国发达地区的实践都证明，根本解决我国的农业和农村经济问题，实现农业现代化，必须大力推进农业集约化和农业综合开发”。江总书记还亲笔题词：“搞好农业综合开发，振兴我国农业”。因此，我们要深刻认识农业综合开发的地位和作用，坚定搞好这项工作的信心，努力把农业综合开发提高到一个新水平。

（一）大力推进农业综合开发符合我国的基本国情

人多地少是我国的一项基本国情。目前全国人均占有耕地只有一亩多，并且人口在逐年增多，耕地面积却在逐年减少。随着经济发展和城乡人民生活水平的提高，全社会对农产品及其转化物的需求不断增加。因此，必须在切实保护现有耕地的同时继续大力推进农业综合开发，以改造中低产田为重点改善农业生产基本条件，充分挖掘现有耕地资源的潜力，提高农业综合生产能力，满足全社会对农产品日益增长的需求。

（二）实施农业综合开发有利于巩固和完善家庭联产承包责任制和统分结合的双层经营体制

以家庭联产承包为主的责任制和统分结合的双层经营体制，是党在农村的基本经济政策。坚持这项基本政策，极大地调动了亿万农民的积极性，解放和发展了农村生产力。但我国农业基础设施脆弱、抗灾能力有限、农业综合生产能力低的状况还没有得到根本改观。靠农民一家一户的力量，难以进行大规模的农田水利基础设施建设。通过实施农业综合开发，可以把分散的农户组织起来，解决农民一家一户想办但办不了、办不好的事情。从这个意义上说，农业综合开发可以起到巩固和完善家庭联产承包责任制的作用。

（三）农业综合开发是市场经济条件下政府保护和支持农业发展的一个重要手段

农业是基础产业，在市场上经济效益低，政府必须对农业采取保护和支持的政策。农业综合开发是政府保护和支持农业发展的重要手段之一，对于改善农业生产基本条件、增强农业发展后劲，保障农产品有效供给，增加农民收入等，发挥着重大的作用。历史经验表明，要把政府意图变成农民的自觉行动，才能发挥保护和支持农业发展的应有作用。农业综合开发既解决了农户想搞而无力搞的矛盾，又避免了过去集体化时搞农田基本建设农民无积极性的弊端。农民由“要我开发”变为“我要开发”，由“被动开发”变为“主动开发”。实践证明，农业综合开发是一项符合市场经济规律和我国国情的保护、支持农业发展的有效措施。

（四）农业综合开发能够加快我国农业现代化进程

按照党的十五大确定的建设有中国特色社会主义市场经济的宏伟目标，我国到下世纪中叶要基本实现农业现代化。实现农业现代化，关键是要加大对农业的投入力度，逐步提高农业物质技术装备水平和农民科技文化素质。农业综合开发资金是专项用于农业的一笔数额可观的投入，而且坚持集约化开发，高标准建设，是实现农业现代化的一条重要途径。我国的农业现代化有可能率先在农业综合开发项目区内实现，从而对其他地区产生示范带动作用，推动整个农业现代化进程。

党的十五届三中全会通过的《中共中央关于农业和农村工作若干重大问题的决定》中，对农业综合开发提出了明确的任务和要求。可以说，现在农业综合开发是领导重视，任务明确，农民欢迎。只要我们认真落实各项政策措施，进一步加大工作力度，就能够实现预期目标。

三、总结经验，加强管理，推动农业综合开发再上新台阶

在党中央、国务院的重视和关怀下，农业综合开发不仅取得了显著的成绩，产生了巨大的经济、社会和生态效益，而且积累了符合我国国情的、不同于常规农业建设的新经验。这些经验概括起来主要有以下几条：一是在指导思想上，坚持以改善农业基本生产条件为重点，把增产与增收有机地结合起来；二是在开发方针上，坚持把改善农业基本生产条件和改善生态环境结合起来；三是在投入机制上，坚持“国家引导、配套投入、民办公助、滚动开发”，不断加大投入力度——这种投入方式符合当前资本市场发展的需要，也是发挥国有经济作用

的重要形式；四是在管理制度上，坚持严格的项目管理和资金管理的统一；五是在开发思路上，坚持按自然规律和经济规律办事；六是在组织领导上，各部门密切协作，形成合力。就农业综合开发资金管理而言，十多年来也积累了很多的经验，主要有以下几个方面：

（一）实行“国家引导、配套投入、民办公助、滚动开发”的投入机制

这种投入机制，从上到下，运行良好。一是中央财政投入和专项贷款不断加大。1988 年刚开发时，中央财政当年安排资金 8.7 亿元，以后逐年增加，至 1998 年达到 39 亿元；用于农业综合开发的专项贷款，1998 年达到 36 亿元。二是各地按制度要求配套投入。各省配套比例一般为 1:1，直辖市、计划单列市为 1:2。大多数地区配套投入的地方财政资金，达到了国家规定的比例。三是建立农民自筹和农村集体投资投劳为主体的投入机制，充分发挥农民群众作为农业综合开发投入主体的作用。四是鼓励地方政府利用各种合法的形式引进资金，加大投入力度。五是财政资金实行无偿和有偿投入相结合，回收的有偿资金继续用于农业综合开发，形成滚动开发的机制。这对在社会主义市场经济条件下，资本市场投资主体如何引导各方面资金，提供了宝贵的经验。

（二）按项目定资金

农业综合开发实行以资金的投入控制项目规模，按项目定资金，资金跟着项目走，有利于保证资金专款专用，克服以往农业资金使用上的盲目性和随意性，提高资金的使用效益。从财政预算管理的角度看，按项目定资金是西方发达国家普遍采用的一种先进的财政资金管理模式，也是我国财政支出制度改革的方向。农业综合开发在这方面已经先行一步，效果很好。

（三）集中投入，突出重点

农业综合开发坚持先易后难的原则，资金重点安排用于东北平原、黄淮海平原、长江中下游平原等中低产田开发潜力大、主要农产品产出率高的地区，进行集中连片治理，项目区面积一般在万亩以上，大的项目区达到十几万亩、几十万亩，避免了资金分散使用“撒胡椒面”，发挥了规模效益。

（四）严格资金管理，保证专款专用

在农业综合开发资金管理上，严格规定资金使用范围，要求做到专人管理、专户储存、专款专用，严禁挤占挪用和用于人员开支，使开发资金不受部门制约及“人吃马喂”的影响，把全部资金用在了项目上，保证了农业综合开发项目的顺利实施。

农业综合开发实施以来，在项目管理和资金管理方面积累了一套行之有效的经验，这是进一步做好农业综合开发工作的基础，要进一步发扬光大。同时，还要看到工作中存在的不足。就资金管理而言，存在的问题主要表现在三个方面：一是部分地方资金管理与项目管理脱节，二是有些地方配套资金不落实，三是资金管理水平还不高。这些问题，要引起我们的高度重视，采取有力的措施，切实加以解决。

第一，要实行项目和资金统一管理。多年来的实践证明，实行项目和资金统一管理，一是有利于提高工作效率和资金使用效益，减少工作中的扯皮现象；二是有利于资金管理，便于财政部门将农业综合开发办公室（简称“农发办”）作为一个预算单位，纳入预算管理，实施财政监督；三是有利于完善农发办的职能，提高农业综合开发管理水平。目前有相当一部分地方农发办只管安排项目，不负责资金管理，而财政部门则只管资金，也不利于对项目管理，形成“两驾马车”，各干各的，特别是财政有偿资金的管理矛盾尤为突出，既不利于资金管理，也不利于对项目实施有效的监督。因此，必须把项目和资金管理有机结合起来。这里要特别强调的是：实行项目和资金统一管理，各省（区市）农发办内部必须有管资金的部门和人员，也就是要设置计划财务处。但是财政资金的运行方式不能改变，仍应通过各级财政预算部门逐级下达。

第二，要落实好地方财政配套资金和农业综合开发事业费。地方财政配套资金是农业综合开发投入的重要组成部分，能否及时足额到位，直接影响项目建设任务的完成。因此，各级财政部门一定要按规定落实财政配套资金，纳入本级预算，保证资金及时足额到位，不得搞任何形式的假配套。为督

促各地切实落实好配套资金，国家农业综合开发办公室1999年将各地上年配套资金落实情况作为安排当年中央财政新增资金的一个重要因素，对配套好的多安排，配套差的少安排。财政部最近发文规定自1999年起，由各级财政预算安排本级农业综合开发事业费，同时取消从项目资金中提取业务费的规定。这是为适应财税体制改革和农业综合开发事业发展的需要采取的一项重要改革措施。实行这项改革后，将农业综合开发项目资金、事业费分别安排和管理。既有利于防止项目资金被挤占挪用，保证项目建设的需要，也有利于财政资金管理的规范化，促进农业综合开发事业的发展。各级财政部门应当积极支持这项改革，安排预算时，要积极安排农业综合开发事业费，尤其要落实好县级事业费，保证农业综合开发事业发展的需要。同时，要加强对农业综开发事业费的管理，严格规定用途，专款专用，不准挪作他用。

第三，要进一步提高资金管理水平。农业综合开发要再上新台阶，必须进一步提高资金管理水平，使农业综合开发资金管理更加科学化、规范化，特别要从转变职能，提高效率，改进工作方法，加强科学管理上下功夫。当前重点是要完善规章制度和提高人员素质。财政部1998年底颁发的《农业综合开发资金会计制度（试行）》，统一和规范了农业综合开发会计核算，有利于加强对农业综合开发资金的核算和监督，提高资金的使用效益。同时，也是对“两则两制”的重要补充，符合社会主义市场经济发展的要求。为促进整个农业综合开发管理水平的提高，财政部还将陆续制定《农业综合开发项目和资金管理暂行办法》、《农业综合开发财务制度》、《财政有偿资金委托贷款办法》、《财政有偿资金呆账处理办法》、《农业综合开发事业费管理办法》等制度。在这次会上，将进行农业综合开发会计制度培训。这是国家农发办为提高农业综合开发财会管理人员素质所采取的一项具体措施，今后还将陆续组织其他农业综合开发规章制度培训。各地也要结合本地区实际情况，制定必要的实施细则或具体规定，积极组织多种形式的培训，大力提高农业综合开发人员队伍的整体素质。

四、加强领导，真抓实干，努力做好今年的农业开发工作

当前，各地要以党的十五届三中全会、中央经济工作会议和中央农村工作会议精神为指导，统一思想，坚定信心，认真组织，扎实工作，继续坚持以改造中低产田为重点，努力把农业综合开发提高到一个新水平。

（一）继续坚持以改造中低产田为重点，努力建设旱涝保收的高产稳产农田，努力提高农业综合生产能力

在目前农业生态环境、农业基础设施仍然比较脆弱的情况下，农业综合开发要始终坚持以改造中低产田为重点，依靠科技，提高单产，尽量不开荒或少开荒，要把资源开发与保持生态平衡有机结合起来。同时，加大长江、黄河上中游地区退耕还林，把25度以下的坡耕地建成保土、保水、保肥的高产稳产梯田。农业综合开发项目建设要坚持高标准、高质量。东北平原、黄淮海平原、长江中下游平原在开发初期因投资标准偏低，仍有部分项目区未解决旱涝保收问题，1999年要适当投入资金，安排好这些老项目区的改造任务。

（二）要在“综合”二字上下功夫，努力提高农业综合开发的科技含量，重视优化农业和农村经济结构

继续实行农林牧副渔综合开发，山水林田路综合治理。大力发展节水农业，突出抓好节水灌溉技术示范推广。农业综合开发要上新台阶，关键是抓好科学技术的推广和应用。要用好按规定提取的科技推广资金，依靠科技力量，大力推广优良品种和先进适用的农业科学技术，搞好农民科技培训，提高农民的科技素质。今年要突出抓好节水灌溉技术的示范推广，把推广节水灌溉作为一项革命性措施来抓。特别是北方干旱地区，必须因地制宜，采取综合节水措施。属于井灌区，提倡暗管输水，有条件的可发展喷灌。北方旱作农业区的综合开发，凡水资源短缺的，要积极探索发展旱作农业的新路子。

（三）建设好利用世行贷款加强灌溉农业二期

项目

从1999年起，该项目进入全面实施阶段。一要汲取世界银行在项目管理方面的先进经验，抓好项目建设，加速我国农业综合开发进程。二要认真落实地方配套资金，坚持按工程进度拨款，保证工程建设顺利实施。三要推行“建设单位负责、施工单位保证、监理单位控制、政府部门监督”的质量责任制，切实抓好工程质量。四要按照推广节水灌溉的要求，对原订项目计划作适当调整。五要认真做好各类招标采购和世行贷款的提款报账工作。

（四）搞好项目评估、验收，加强项目执行中的检查监督

项目的评估论证关系到最终决策的科学化和民主化，经财政部党组批准，允许国家农发办聘请农、林、水等部门的专家，凡是列入农业综合开发计划的项目，都必须经过专家评估论证。要把项目的技术可行性、配套资金来源、以及市场发展前景，作为评估论证的重要内容，努力克服项目安排的随意性。各地要把工程建设质量，配套资金的到位情况，以及是否严格执行农业综合开发政策规定，作为验收的重点，并检查以往验收、审计中查出的问题是否得到落实。对于验收中查出的严重质量问题，要追究项目负责人、施工质检人员的责任。按照三年一验收的原则，国家农发办今年将对三分之一省份的竣工项目组织验收，并把验收结果作为今后安排资金的重要依据。要加强项目执行中的检查监督，发现问题，及时纠正，确保工程质量。

（五）转变职能，进一步加强农业综合开发机构和队伍建设

农业综合开发是一项对农民有利、对农村改革和发展有利的事业，而且在项目和资金管理方面建立了良好的机制，投入效益显著。这次机构改革后，国家农发办新任领导班子，改进工作方法，转变工作作风，提高了工作质量和效率，出现了新局面、新气象，得到财政部党组的表扬。下一步国家农发办将按照统一领导，分级管理的原则，进一步明确中央与地方、国家农发办与中央农口部门的管理责任。各地也要按照提高工程质量和效益的要求，探索项目和资金管理的有效途径，不断提高工作效率。要通过深入实际调查研究，理清当前农业综合开发中存在的主要问题，从整体上提高农业综合开发的管理水平。国家农发办今年要做好研究制定“十五”农业综合开发规划的指导思想、基本原则、主要任务和配套政策措施的前期准备工作，各地要予以积极支持。各地在地方政府机构改革中要利用这个有利时机，进一步明确农发办的职能，理顺工作关系，按照温家宝副总理在国家农业综合开发第一次联席会议上讲话的要求，加强农业综合开发机构和队伍建设，落实编制和人员力量。

（六）要树立求真务实、清正廉洁的工作作风

从总体上看，农业综合开发系统的干部素质是比较高的。大家团结一致，艰苦奋斗，做了大量的工作，取得了显著的成绩。为了适应新的形势和任务的要求，针对当前存在的不足之处，我再强调几点：一要敢讲真话，敢讲实话，不回避矛盾，不掩饰问题，敢于提建议。对中央和各级政府做出的决策，要不折不扣地贯彻执行。二要真干实干，不讲空话、套话，靠艰苦劳动和正确的方法把事情办好。干事情总是有风险的，要有敢于冒险的精神。三是要敢于管理，克服重支出、轻管理问题。目前财政支出的结构和范围要调整，涉及方方面面利益，难度很大，解决这个问题要靠制度、靠机制、靠加强监管。在监管中注意发挥社会中介机构的力量。四要带好队伍，树立廉洁、勤政、务实、高效的政府形象，加强思想作风建设。提一个“三三三一四”的要求：“三讲”即：讲学习、讲正气、讲政治；“三当”，即：当清、当慎、当勤；“三不”，即：不偷懒、不谋私、不贪权；“一要”，即要搞好五湖四海，要团结，要尊重人、爱护人、关心人、谅解人、理解人；“四条职能”，即要学会统筹全局，注意理顺关系，积级加强协调，勇于承担责任。

认真贯彻第二次联席会议精神
努力实现农业综合开发的历史性转变

——在全国农业综合开发办公室主任会议上的讲话

张佑才

（1999 年 6 月 20 日）

同志们：

这次全国农业综合开发办公室主任会议，是在我国农业、农村经济发展出现了阶段性变化，进入一个新的发展时期的形势下召开的。这次会议的主要任务，是认真学习温家宝副总理在国家农业综合开发第二次联席会议上的讲话，全面贯彻落实二次联席会议精神，实现我国农业综合开发历史性转变，开创农业综合开发的新局面。所以，这是一次非常重要的会议。现在，我讲四个问题。

一、十一年来农业综合开发在我国国民经济发展中发挥了重要作用

（一）我国实施农业综合开发的深刻背景

从 1988 年起，国家设立专门资金、成立专门机构，开始实施了大规模、有组织、有计划的农业综合开发。这是党中央、国务院从当时我国农业面临的新情况出发，加快我国农业和农村经济发展的重大战略决策。

党的十一届三中全会以后，家庭联产承包责任制在农村的普遍推行，解放了农村生产力，极大地调动了广大农民的生产积极性和创造性，粮食生产得到了很大发展，到 1984 年粮食产量由 6 000 多亿斤增加到 8 000 多亿斤，农业生产登上了一个新的台阶，基本解决了人民的温饱问题。但随着国家改革的重点逐渐从农村转向城市，使我国的农业发展在上了一个新的台阶以后，又出现了新的矛盾，面临新的挑战。当时主要是面临三个矛盾：一是人口增加与耕地减少的矛盾。当时我国人口每年以 1 400 万—1 500 万的速度在增加，相当于一个中等国家的人口，而耕地却以每年 400 万—600 万亩的速度减少，这是当时一个十分严峻的形势。二是粮食需求增长与粮食供给总量不足的矛盾。随着我国经济发展和人民生活水平的不断提高，对粮食和粮食转化物以及其他农产品的需要大大增加。当时粮食消费每年以 200 亿—300 亿斤的速度在增加，但粮食生产却连续四年在8 000亿斤左右徘徊。第三，农副产品出口创汇比例下降与国家外汇需求的矛盾。随着我国沿海地区经济发展战略的实施，对外经济交往的扩大，国家对外汇的需求大大增加，但当时我们可以提供的出口商品却减少了。据统计，当时我国的外汇有 50%左右是依靠农副产品出口或以农副产品为原料的制成品出口换来的。农业发展放慢，国内对农产品的需求增加，使国家不得不限制农副产品的出口。农副产品直接出口创汇比例下降，国家外汇储备满足不了农用生产资料进口和工业技术设备引进需要，这就不可避免地制约了工业和农业的发展。以上是当时我国农业上面临的三个主要矛盾和挑战。

要解决这些矛盾，特别是解决粮食生产徘徊不前的局面，仅按照常规农业生产方式发展粮食生产是不行的，是有限的，我国农业发展、粮食增产的发展模式必须根据经济形势的变化进行突破和创新。这样，结合我国的基本国情，借鉴世界一些国家发展农业的成功经验，为了更充分、更有效地利

用我国的农业资源，旨在通过综合投入、采取综合措施、取得综合效果的大规模农业综合开发，就适应形势的发展和农业经济运行规律的要求应运而生。这就是我国实施大规模农业综合开发的深刻背景。

（二）农业综合开发11年来的发展历程

我国从1988年开始实施的农业综合开发，到1998年已经走过了11年的发展历程。概括地讲，这11年的发展过程可以划分为两个阶段。

第一阶段，是从1988年至1993年。这一时期的农业综合开发，以实行重点区域开发为特征。主要表现在两个方面：一是实施开发的区域范围逐步扩大。从开始主要集中在东北平原、黄淮海平原和长江中下游平原的11个省、区、市，涉及749个县和国有农牧场，扩大到1993年的1 245个县及国有农牧场。二是农业综合开发的内容，是重点进行大面积的中低产田改造，着力提高粮食产出量。同时，适当开垦宜农荒地，实现农林牧副渔全面发展。这一时期，综合开发改造的中低产田，从1988年的491万亩增加到1993年的1 716万亩，6年共计改造中低产田9 244万亩，改造面积年均增幅28.4%。这一时期，通过改造中低产田，新增粮食产量从1988年的119万吨发展到1993年的535万吨，6年累计增加粮食产量2 517万吨，年均增幅达到35%。平均每年增产粮食840亿斤，粮食总产由3.9亿吨增加到4.56亿吨，上了一个大的台阶。

第二阶段，是从1994年至1998年。这一时期农业综合开发，呈现全面开发的特征。主要表现在两个方面：一是开发的区域范围进一步扩大，覆盖全国。到1996年，农业综合开发的范围已经扩大到全国31个省、直辖市和自治区。二是农业综合开发的内容，由前一阶段的重点进行中低产田改造，转变为在继续进行中低产田改造的同时，加大了多种经营项目的建设力度，并要求把增产与增收结合起来，以切实解决粮食总量增加导致粮食比较效益下降，粮食增产而农民不增收或少增收的问题。为有效地协调解决粮食增产与农民增收的矛盾，国家农业综合开发适时调整了这一时期开发的基本思路。从1994年起，国家农业综合开发办公室规定每年30%的农业综合开发财政资金和70%的专项贷款要用于发展多种经营项目和农产品的系列开发，重点是发展以经济作物为主的种植业、以畜牧业为主的养殖业和以提高农副产品附加值为主的加工业。把农业增产与农民增收有机结合起来。

从今年开始，农业综合开发将进入第三个发展阶段。在这一阶段，农业综合开发呈现的特征，主要集中在两个方面：一是从过去的以改造中低产田和开垦宜农荒地相结合，转到以改造中低产田为主，尽量少开荒甚至不开荒，使农业综合开发与保护生态环境有机结合；二是从以往追求增加主要农产品产量为主，转到积极调整结构，依靠科技进步，努力发展“高产、优质、高效”农业上来。

（三）11年来农业综合开发在我国国民经济发展中发挥了重要作用

在党中央和国务院的正确领导下，在各级政府、部门的积极配合和广大农民群众的热情参与支持下，经过全国农业综合开发战线同志们的共同努力，11年来农业综合开发在推动我国农业发展、促进粮食增产和农民增收、保持农村稳定进步以及支持整个国民经济持续、健康、快速发展的过程中，发挥了重要作用，做出了重要贡献。

一是改善了农业生产的基础条件，提高了农业生产力水平，为实现我国农业的可持续发展奠定了重要基础。11年来，我们一直把以“治水、改土、造林”为主要内容的改善农业生产基础条件、提高农业生产力水平，作为农业综合开发的中心任务。截止到1998年，农业综合开发累计投入到改善农业生产基础条件方面的资金达536亿元，占11年开发资金总额741亿元的72.33%；共新增及改善灌溉面积2.26亿亩，新增及改善除涝面积1.32亿亩，改善农田林网防护面积1.73亿亩，改良土壤面积1.57亿亩；新建和扩建加固小水库7 119座，增加库容31.3亿立方米，新建排灌站42 783座，开挖疏浚渠道和衬砌渠道114万公里，修建机耕路31.45万公里；同时，还建设了坝上生态农业、长江中上游防护林工程、长江上游水土保持重点防治工程等保护生态环境的项目。通过改良土壤、培肥

地力、种草种树、涵养水源、防风固沙等方面建设，不仅使农业综合开发项目区的农业生产基础条件得到明显增强，农业生产的生态环境建设也得到了有效改善。这些都有力地促进了农业生产能力和生产水平的提高，为实现我国农业的跨世纪可持续发展奠定了重要基础。

二是改进了传统的农业耕作技术，提高了项目区农民科技素质，提高了农业机械化水平，为实现我国农业的现代化发挥了有力的促进作用。11 年来，全国农业综合开发总计用于科技方面的投入达 20 多亿元，推广和利用新材料、新品种、新技术和新工艺等多项农业科技成果，培训了农民，改进了传统的耕作栽培制度、施肥灌水技术和旱作农业技术。据统计，到 1998 年底，全国农业综合开发总计培训农民达8 355 万人次，提高了项目区农民的科技素质，使项目区农民现在每人都能掌握 2—3 项农业实用技术；项目区推广优良品种率达到 90%以上，共计完善农技服务组织19 500 个。同时，在项目区还大力引导和推广农业机械化耕作方式，11 年总计购置拖拉机（含小型）及配套农机具 50.9 万台（套），购置植保机械和仪器设备 27.3 万台。这些都有力地促进了传统农业的改造，持续地提高了农业发展的质量和效益，积极地推动了我国农业现代化的进程。

三是提高了农业综合生产能力，发展壮大了农村经济实力，为我国国民经济发展基本结束短缺状态、进入买方市场的新阶段做出了重要贡献。从 1988—1998 年，全国农业综合开发总计改造中低产田 2.59 亿亩，开垦宜农荒地 0.29 亿亩，造林 0.36 亿亩，草原建设 0.2 亿亩，有效地提高了农业的综合生产能力和产出水平。据测算，在单位生产能力上，中低产田经过改造以后，亩均提高粮食产量 100 公斤以上，糖料 800 公斤；在总的生产能力上，11 年农业综合开发总计生产粮食 4 772 万吨、棉花 111 万吨、油料 235 万吨、肉类 456 万吨、糖料 2 055万吨、干草 390 万吨。11 年来，通过实施农业综合开发实现新增的粮食产量占全国同期新增粮食产量的 40%。与此同时，养殖业、乡镇企业也有了极大发展，农村呈现出农林牧副渔并举兴旺、菜篮子应有尽有的繁荣景象。可以说，实施大规模农业综合开发，是在我国实行家庭承包经营以后政府采取的促进农业增长的最强有力的手段和措施。通过实施农业综合开发，提高了农业综合生产能力，发展壮大了农村整体经济实力，为我国农村经济步入一个新的发展阶段起到了有力的支撑和促进作用。

同时，实施农业综合开发，也为我国国民经济发展进入一个新的历史阶段做出了重要贡献。1998 年全国国内生产总值（英文缩写“GDP”，下同）的实际增长为 7.8%，其中来自第一产业所做的贡献为 0.59 个百分点，贡献份额为 7.6%。这其中就包括了农业综合开发所做出的重要贡献。

四是提高了项目区农民收入水平，为使农村成为启动内需、拉动国民经济增长的潜在市场提供了重要条件。经过 11 年的农业综合开发，项目区的农民人均纯收入有了较大幅度的增长。据计算，从绝对额上看，农民年人均纯收入开发项目区平均比非项目区高出 260 元以上，高的多达500—1 000 元。从农村消费对 GDP 的直接贡献看，根据农民消费对国民经济相关部门影响程度的测算结果综合推算，农民每增加消费支出 1 000 亿元，将对整个国民经济新增 2 000 亿元的消费需求。实施农业综合开发，项目区农民收入水平的提高，消费支出的增加，对增强农村市场需求能力、拉动国民经济增长创造了重要条件。

五是实施农业综合开发，为我国在市场经济条件下政府调控、引导和保护农业发展，探索了一条重要、积极而有效的途径。纵观世界各国经济的发展历程，农业发展问题都始终是各国政府最难解决、而又必须下力量解决好的一个重要问题。对于城乡二元经济结构特征十分突出的我国，这个任务的解决就更为重要和艰巨。我国政府为此进行了长期的思考和探索。十一届三中全会以后，我们通过实行家庭承包经营，极大地调动了农民的生产积极性，解放了农村生产力。但是在发展社会主义市场经济条件下，对作为一个具有自然和市场双重风险的弱质产业——农业，政府如何调控、引导和保护其生产发展？同时，在市场经济条件下，又如何实现小规模的家庭承包经营与大市场、大流通的对接？农业综合开发十几年来的实践证明，实行大规模、有组织的农业综合开发是实现政府调控、引导和保护农业生产发展的一条重要途径，是实现农村家庭承包经营基本制度和大市场、大流通对接的有效途径。在市场经济条件下，作为农业主体的农户和农村集体经济组织，往往只从自身利益出发来考虑农业的生产和积累问题，不大可能或根本没有能力投资于为农业生产发展提供具有“公共物品”性质的农业基础设施建设。如农业发展中需要的水源工程和配套的各种灌溉工程，具有很强“外部效应”的农业科研、农业科技成果推广、农业职业教育和农业生态环境建设等。而这些农业生产发展的公共需求，完全通过市场机制无法实现资源的优化配置，也不能得到有效满足。只有通过政府或以政府为主导才能保证农业生产发展所需要的这些“公共物品”的有效满足。农业综合开发的实践已经探索并初步形成了市场经济条件下政府调控、引导、支持和保护农业发展的有效机制：通过有组织、有计划的集中连片开发，弥补了家庭承包分散经营、规模狭小、生产比较盲目的弱点；通过实行严格而规范的项目管理，提高了农业生产的质量和效益；通过按照农业生产经济规律要求，采取综合开发措施，进行山水田林路综合治理，改造中低产田，有利于解决农民自身无力解决而农业生产发展又必需的基础设施条件；通过进行综合配套投入，实现了市场经济条件下农民利益与国家利益、农业生产的经济效益与社会效益和生态效益的有机统一。

总之，11 年来的农业综合开发，成就巨大，效果显著。实践证明，实施国家农业综合开发，是在发展社会主义市场经济条件下，保持我国农村持续稳定发展的一项战略性措施，促进了我国农村经济结构第一次根本性调整，这也是发展我国农业的希望所在。

二、深刻认识新形势下农业综合开发指导思想实现“两个转变”的重要意义

在今年 5 月 26 日国家农业综合开发第二次联席会议上，温家宝副总理就做好新形势下国家农业综合开发工作的几个主要问题，做了重要讲话。这个讲话，高屋建瓴，着眼于跨世纪的中国农业、农村经济发展和国民经济全局，深刻地阐述了新形势下农业综合开发的指导思想，明确地提出了农业综合开发的主要任务、基本思路和工作重点。认真学习这个讲话，对于我们正确把握当前我国国民经济形势，特别是农业、农村改革与发展的形势和趋势，抓住机遇，推动我国农业综合开发再上新台阶，为实现农村和整个国民经济跨世纪发展目标做出新的更大的贡献，具有十分重要的指导意义。

（一）我国农业和农村经济发展进入了一个新的发展阶段

经过 20 年的改革和发展，世纪之交的中国农业和农村经济正处在重要的转折时期，进入了一个新的发展阶段。这一新的发展阶段，具有五个基本特点：

一是存在着两个不可逆转的趋势。一方面，我国人口每年以 1 200 万的速度在增加，另一方面我国人均资源占有量在逐年减少。尤其是耕地和水资源极度短缺，我国人均耕地只及世界人均水平的 1/3，人均水资源拥有量不足世界人均拥有量的 1/4。这一增、一减的趋势在一个较长时期内是不可逆转的。

二是出现了两个不可回避的事实。随着人民生活水平的不断提高，人们对来自农业消费品的要求不断提高，即对农产品的需求日益呈现出多样化和优质化。同时，我国加入 WTO 世贸组织后将面临着国外优质农产品更为激烈的市场竞争。这是短期内我们必须面对的两个不可回避的事实。

三是农业发展正在经历着“两个根本性”转变。第一个转变，是我国农业发展正在经历着从传统农业向现代农业的转变，这就在客观上要求农产品必须上规模、上档次、上效益；第二个转变是我国农业的增长方式正在由粗放型经营向集约型经营转变。我国农业的发展只有真正实现了这两个根本性转变，农业才能增效，农民和国家才能增收。

四是发生了四个阶段性变化。一是农产品总量由供给短缺到供需基本平衡，丰年有余，不少大宗农产品供过于求。二是农业生产从受资源约束发展

到受资源和市场的双重约束。三是农民生活从渴求温饱到迈向小康，生活质量和消费结构发生了变化。四是从城乡分割到城乡一体化，农业和农村经济发展不仅与整个国民经济发展密切相联，而且正在与世界经济融为一体。

五是出现了四个不适应。在我国农业和农村经济发展进入一个新的阶段以后，农业和农村经济运行中还存在着一些与这一阶段性变化不相适应的问题。一是农业基础设施仍然脆弱，经不起自然灾害的挑战。二是农业增产不增收，农民收入增长慢，增速下降，难以适应奔小康的要求。三是农业的物质技术装备水平及农民的素质不适应发展现代化农业的需要。四是农村市场体系不健全，宏观调控能力差，不适应以家庭承包经营为基础、“统分结合”双层经营体制的需要。

综观农业和农村经济发展在进入一个新的阶段以后出现的新形势，对我国农业综合开发而言，是机遇与挑战并存，希望与困难同在。说是机遇和希望，是因为现在农产品总量供求关系比较宽松，国民经济结构加速重组，这为农业综合开发调整农业结构、依靠科技进步、提高农产品质量提供了有利时机和推动力量。说是挑战和困难，是因为在这种新的形势下，如果我们不能提出新的思路和新的办法，农业综合开发就不能登上新的台阶，就不能巩固和加强农业综合开发在农业、农村经济发展及国民经济建设中的地位和作用。

适应新形势的客观要求，农业综合开发在指导思想上必须实现“两个转变”，必须对农村经济结构有一次深入调整。这就是温家宝副总理在讲话中所指出的：一是要由过去的以改造中低产田和开垦宜农荒地相结合，转到以改造中低产田为主，尽量少开荒甚至不开荒，把农业综合开发与保护生态环境有机结合起来；二是要由以往追求增加主要农产品产量为主，转到积极调整结构，依靠科技进步，努力发展“高产、优质、高效”农业上来。实现指导思想上的“两个转变”，对于我们做好跨世纪的农业综合开发工作，具有重大意义。

（二）实现农业综合开发指导思想上的“第一个转变”，是实现国家长远和全局利益的需要，是实现我国农业可持续发展的需要

农业综合开发指导思想上的“第一个转变”中主要包含两个内容：一是改造中低产田仍然是农业综合开发要长期坚持的主要任务，二是农业综合开发要与保护生态环境有机结合起来，尽量少开荒甚至不开荒。在这两方面内容中，改造中低产田是我们过去一直坚持做的，而把农业综合开发与保护生态环境有机结合起来，过去我们强调得不够，今后要摆到与改造中低产田同等重要的位置上来。之所以要强调这两方面的内容，是基于两个原因。

1. 我国人多地少、自然灾害频繁、农业基础设施差和我国中低产田占耕地面积2/3的国情，决定了农业综合开发要把继续以改造中低产田，不断提高农业综合生产能力作为主要任务和长期任务。据有关专家介绍，我国现有的水利设施大部分是在80年代以前修建的，经过几十年的运行，已经严重老化失修，抗御自然灾害的能力明显减弱。进入90年代以来，我国的自然灾害越来越频繁，几乎年年都是水旱灾害并发。中国耕地、水、森林资源既有先天不足的缺陷，又有后天人为的破坏。我国耕地仅占国土总面积的9.98%（而法国是34%、英国是26%、美国是18%），人均占有耕地仅为世界平均水平的25%。改革开放以后，随着人口增长和大量耕地被占用，使现在我国人均占有的耕地从改革初期的1.55亩下降到1.18亩；水资源不但紧缺而且分布不均——长江以北耕地占全国耕地的64%，但地上水资源仅占全国的17%，其中粮食增产潜力较大的黄淮海平原地区，耕地占全国的42%，而地上水资源的占有量不到全国的6%；我国的森林面积人均只有0.11公顷，仅相当于美国的11%、巴西的3.42%和全球人均的15.94%。11年来农业综合开发对全国2.59亿亩中低产田进行了改造，使开发项目区综合生产能力有了明显提高，这是我们取得的一个很大的成绩，值得自豪的成绩。但我们还必须看到，据国家国土资源部最新资料显示，我国耕地面积为19.51亿亩（过去一直认为是有15亿亩），按照中低产田占耕地面积的2/3计算，我国中低产田的总面积是13亿亩。这就是说农业综合开发已经改造的2.59亿亩中低产

田，还仅仅占我国中低产田总面积的 13%，还有 87%的中低产田需要进行改造。同时，我们还必须看到，已经改造过的中低产田，经过几年以后还需要进一步地再改造。只有继续对中低产田进行改造，我们才能最有效地挖掘和发挥我国农业资源的潜力和效益；只有继续对中低产田进行改造，我们才能不断缓解我国人口增长与耕地减少的矛盾；也只有继续对中低产田进行改造，我们才能不断提高我国的农业劳动生产率和农田产出效率。农业生产率的增长是现代农业增长的主要特征。所以，改造中低产田，提高农业综合生产能力，是实现我国农业现代化的基础，是我国农业综合开发一项跨世纪的主要任务、长期任务和艰巨任务。

改造中低产田，努力改善农业基本生产条件，提高粮食生产能力，长期以来我们已经形成了一套比较科学有效的管理机制和管理方法，积累了比较丰富的管理经验。今后我们要继续围绕这个主要任务，扎扎实实，长抓不懈，确保农业综合生产能力特别是粮食生产能力不被削弱，并要进一步提高。对此我们不能有任何动摇，不能有任何放松。在此基础上，根据形势发展要求，我们还要进一步拓宽改造中低产田的外延，深化提高粮食生产能力的内容。这主要是指改造后的中低产田，在种植结构和品种选用上要实现与建立优质小麦基地、优质饲料粮基地和发展节水农业相结合。当然，这种结合应当是指导性的，并通过政府投入、财政贴息、信息引导等政策手段和经济手段来进行。

2. 保护农业生态环境，是新形势下农业综合开发的又一项主要任务。随着我国粮食生产总量问题的基本解决，党中央、国务院从国家全局利益和长远利益出发，审时度势，要求我们在继续抓好中低产田改造的同时，要把农业综合开发与保护生态环境有机结合起来。温副总理在第二次联席会议上指出：必须始终把提高农业综合生产能力和改善生态环境，作为农业综合开发的主要任务。保护好和改善好生态环境，是党和政府赋予农业综合开发的新使命，新任务。要深刻认识保护和改善生态环境的重要意义，这是今后我们做好这项工作的重要思想基础。

保护和改善生态环境，从根本上讲，是实现国家可持续发展战略的需要，是国家的全局利益和长远利益所在，是我国农业发展的根本大计。实现可持续发展，是我国的一项基本国策。农业可持续发展，是国家可持续发展战略的重要内容之一。实现农业可持续发展，就是要采取不会耗尽或危害环境的耕作方式，减少农业生产对环境的负面影响，并在生态环境可接受的条件下满足未来对食品和纤维的需求。现在，我国农业可持续发展遇到的挑战越来越严峻：人口基数大，增长快，给农业发展、农民就业和农村教育造成很大压力；人均耕地占有量逐年下降；农业环境污染日益加重；生态环境破坏严重，水土流失也很严重。据统计，1998 年底全国生态环境破坏面积达到 367 万平方公里，占国土面积的 38.2%；已经流失的耕地有 4 000 万亩。如果发展下去，我们的国民经济发展就会受到严重的制约。这种严峻的形势，要求我们在进行农业综合开发、提高粮食产出量的过程中，不能以破坏生态环境为代价，而必须以保护和改善生态环境为前提条件，走农业可持续发展道路，要给我们的子孙后代留下青山绿水，秀美山川。开荒造田，从一时和局部看，可能会得到一些利益；但从社会利益和国家长远发展看，将严重危害生态环境建设，从根本上制约我国农业综合生产能力的提高，损害国家的全局利益、根本利益和长远利益。越是需要农业加快发展，越要注意加强环境与资源保护，把农业物质财富的再生产与自然资源的再生产有机统一起来。

农业综合开发要实现改造中低产田与保护生态环境的有机结合，就必须按照可持续发展战略要求，以新的发展模式，代替传统的、落后的发展模式；就必须用可持续发展的新思想、新观点和新知识，改变传统的不符合可持续发展的思维方式和开发方式。

（三）实现农业综合开发指导思想上的“第二个转变”，是实现经济增长方式转变的需要，是发展我国“两高一优”农业的需要

1. 农业综合开发指导思想上第二个转变的内容，就是要实现农业综合开发由过去的数量型转到

质量型和效益型上来。这是实现我国农业增长方式转变的客观要求。转变经济增长方式，就是通过改变生产要素的配置结构和组合能量，以求达到事先预定的经济效果和评价标准的经济活动过程。目前我国的农业增长方式，还是以粗放型占据主导地位的增长。其主要表现是：生产规模不经济、生产手段落后、资源浪费严重、科技对农业增长的贡献份额低（1997年农业部统计我国科技对农业增产的贡献份额仅为42%，而世界发达国家同类指标在60%以上）、管理粗放等。这种粗放型的农业增长方式的后果，就是劳动生产率低，产品附加值低，经济效益低。如果按每个劳动力生产的谷物量计算，我国只相当于加拿大的0.6%、日本的25%和世界平均水平的50%；粮食的单位面积产量，我国虽比世界平均水平高，但却比日本、德国和法国低35%—50%；从单位土地的产出效益上看，如果中国为1，则法国、英国、德国和日本分别是30.9、58.9、62和115，其产出效益分别是我国的几十倍、上百倍。在即将到来的21世纪，我国农业资源紧缺与人口增长、农业现行生产方式与环境约束、农产品供给能力与有效需求之间的矛盾将更加突出。如果我国的农业发展和农业综合开发继续采取粗放经营的经济增长方式，必然加剧业已存在的人口与资源和环境之间的矛盾，使今后的农业发展和农业综合开发遇到难以解决的巨大困难。把我国的农业发展和农业综合开发由过去的粗放型转到集约型，由数量型转到质量型，由速度型转到效益型上来，这是由我国的基本国情决定的，是我们必须做出的历史性选择。

2. 实现农业综合开发由数量型向质量型和效益型转变的重要性和紧迫性。温副总理在第二次联席会议上深刻地分析阐述了这种客观要求。一是粮食供求的总量矛盾发生了变化；二是粮食供求的品种质量矛盾突出出来；三是国内粮食市场价格大大高于国际市场价格，在国际市场竞争越来越激烈的情况下，利用国际市场调节的余地越来越小。这就是说，随着温饱问题的基本解决，中国农产品供求关系中的主要矛盾，正在从供给总量短缺、需求无法选择条件下的数量问题，逐步转化为供求之间因品种和品质不相适应而形成的结构问题；在温饱问题基本解决，农产品需求制约开始突出以后，农民“增产不增收”的问题已经越来越成为农村经济发展中的主要矛盾，越来越成为牵动经济发展全局的大事；农业发展在继续受到资源约束的同时，对资本和技术等现代农业生产要素的依赖程度越来越强。

形势的发展变化，要求农业综合开发必须及时调整战略思路，优化投资结构和产品结构，使农产品供给结构与需求结构相适应，这样我们才能在已有成绩的基础上继续前进；要求农业综合开发要紧紧依靠科技进步、加强科学管理，大力提高科学技术的贡献率，这样我们才能继续保持发展的生命力；要求农业综合开发要把工作重心转到提高质量和效益上来，发展“两高一优”农业，这样我们才能抓住机遇，乘势而上，再上新台阶，做出新贡献。

（四）要充分认识农业综合开发指导思想上实现“两个转变”的统一性

农业综合开发在指导思想上，必须始终把改造中低产田、提高农业综合生产能力和改善生态环境作为主要任务，必须把提高质量和效益作为重点，这两方面是辩证的统一体。

1. 提高农业综合生产能力与保护和改善生态环境，都是农业综合开发的主要任务，都服从和服务于实现农业的可持续发展战略要求。“发展是硬道理”。但我们所追求的发展，不是一时一地的发展，而是全局和长远的发展，是可持续的发展。可持续发展的核心是发展，但发展必须是在保持资源和环境永续利用的前提下，实现经济和社会的持续发展。改造中低产田，是为了提高农业综合生产能力；保护和改善生态环境，也是为了提高农业综合生产能力，而且是长远的、永续的农业综合生产能力的提高。提高农业综合生产能力，是实现农业可持续发展的基础和条件，保护和改善环境是实现农业可持续发展的要求和保证。提高农业综合生产能力与保护生态环境，它们在服务的目标上应实现统一，并相互促进。

我们要注意克服两种错误的认识。一是认为发展农业必须在改造中低产田的同时走开荒的路子，认为只有开荒才能发展农业。这种观点是错误的和有害的。在过去 25 年世界的农产品供应增长中，92%来自单产的提高，仅仅有 8%来自面积的增加。走集约型增长方式是世界农业发展的大趋势，更是我国农业发展的必由之路。这次温副总理明确“要少开荒甚至不开荒”的要求，我们要坚决贯彻执行。国家农发办在评估、考核、验收的标准和内容中，要把这一条加进来，并要作为一项“否定性”措施。不然的话，我们就不能向党中央和国务院交待。二是认为保护和改善生态环境，不应该纳入农业综合开发范围，不应作为农业综合开发的主要任务。这种思想是片面的，也是错误的。环境与生态系统的保持与改善，是政府必须进行干预的重要领域之一。世界银行在 1997 年的《世界发展报告》中，就把“环境”列为市场经济国家政府应该发挥的五项基础性作用之一。农业综合开发作为以政府为主导、农民群众为主体、各部门协调配合的政府行为，决定了保护和改善生态环境应该成为农业综合开发的重要职责和工作内容，这是我们的份内事。我们要把保护和改善生态环境的思想贯穿于整个农业综合开发工作的全过程。

2. 提高农产品产量与提高农业生产的质量和效益，是辩证的统一。过去受粮食供求总量矛盾的约束，我们改造中低产田，提高农业综合生产能力，主要是为了增强粮食产出总量，以实现农业生产尤其是粮食生产数量上的突破。在粮食总量基本实现供求平衡以后，如果我们还以增加粮食产出的数量为主要目标，就必然降低了提高农业综合生产能力的效益弹性，形成“粮食增产”与“农民减收”的逆向循环。适应形势发展的客观要求，把提高农业综合生产能力与提高农业综合开发的质量和效益有机结合起来，就可以实现农业综合开发的良性循环，使农业综合开发工作步入正确轨道，不断取得新成就。一方面，通过改造中低产田，提高了农业综合生产能力，为农业综合开发向质量型和效益型转变提供了前提和基础；另一方面，农业综合开发质量和效益的提高，有利于实现农业增产与农民增收的有机结合。农业发展、农民收入提高以后，又反过来促进了农业综合生产能力的进一步提高。只有这样，我国的农业综合开发才能真正步入质量提高型和效益提高型的良性循环轨道。

三、以“四个重点”为核心，认真贯彻落实国家农业综合开发第二次联席会议精神

温家宝副总理把今后农业综合开发的基本思路概括为：做到“一个坚持”，突出“四个重点”，加强“两个保障”。关于做到“一个坚持”，即坚持提高农业综合生产能力的问题，前面已经谈过，这里就不再讲了。关于加强“两个保障”问题，即加快农业科技进步和加强农业科学管理问题，我认为这是实现农业综合开发指导思想转变、做到“一个坚持”、突出“四个重点”的根本保障，所以，我将在后面具体谈这个问题。我现在想着重就突出“四个重点”问题，谈几点如何贯彻落实的意见。这些意见，是国家农发办近日邀请中央农口部门、部分省市区及地县的同志和一些专家，在经过认真分析研究的基础上提出的。会上同志们还要对这些意见进行座谈讨论，提出建议。会后国家农发办要形成专门的意见，进行具体的部署和安排。

突出“四个重点”，是指今后农业综合开发要建设大型优质粮食生产基地、建设优质饲料粮生产基地、发展节水农业、实施“坡改梯”建设。这是转变农业综合开发指导思想的具体体现和主要措施。提出在今后的农业综合开发中要建设的这四个重点，特别是其中两个基地的建设，标志着农业综合开发由过去只管改造中低产田以提高农业综合生产能力，开始向坚持改造中低产田的同时，要介入粮食生产结构调整、引导农业内部结构转变。这是农业综合开发发展过程中的重大转变。它表明今后农业综合开发的范围拓宽了，工作任务更重了。

“四个重点”中，建设优质粮食生产基地、建设优质饲料粮生产基地和实施坡改梯，是以点带面的建设，即在示范的基础上逐步扩大范围；而实施节水农业，是点面结合、全面推广的建设，要在建设不同类型示范点的同时，全面实施节水农业建

设。

(一) 关于建设农业综合开发大型优质粮食生产基地问题

这次国家农业综合开发第二次联席会议提出，要建设大型优质粮食生产基地，主要是发展优质专用小麦。并进一步明确要求，要抓紧在北方冬麦区建设优质小麦基地。

目前，我国社会结余粮食已达到 5 600 亿斤以上，主要是集中在北方的高水分玉米、春小麦，南方的早籼稻和冬小麦。这些品种质量较差，销路不畅，积压严重。同时，我国优质专用小麦生产却严重不足，每年需要进口 1 000 万吨，占我国粮食进口量的 90%。目前，我国大幅度压缩优质专用小麦进口，使全国现有的 200 多套进口先进加工设备必须在国内寻找加工原料。因此，建设大型优质专用小麦基地势在必行。

建设优质专用小麦基地的指导思想是：以市场为导向，以科技为依托；实行国家引导，适当扶持；充分利用建成的农业综合开发项目区，大力推广优质品种和科学栽培技术；坚持硬件、软件建设并重，完善质量监控保障系统。

优质专用小麦基地的发展目标是：用 3 年时间在冀鲁豫三省建设 100 万亩国家农业综合开发优质冬小麦基地，并在基地内建立一套完善的生产、加工和质量检控体系。初步打算把优质冬小麦基地的示范点确定在河北、山东和河南三省，主要是因为这三个省具有建设优质冬小麦基地的有利条件：这三个省都是我国小麦的主产区，三省小麦产量约占全国小麦总产量的 47%，特别是三省冬小麦种植面积已占到全国冬小麦种植面积的 90% 以上；三省具有生产优质小麦的品种优势和种植经验；三省拥有一批大、中型小麦加工企业；三省既是国家农业综合开发的重点区域，同时又是利用世界银行贷款建设灌溉农业的省份。在基地区域内要确定 9 个基地示范县。

确定基地示范县的原则是：必须是农业综合开发县；要具有适宜当地种植的优质冬小麦品种及繁育体系；基地农田要集中连片，面积在 10 万亩以上；要有固定的科研依托单位；当地要有较强的小麦加工能力；市场收购相对有保障；当地政府重视，农民群众积极性高。

优质小麦基地的主要建设内容：种子育繁体系、优质小麦生产基地、科技服务体系和加工基地。国家农发办从 1999 年起，在给有关省下达中央财政投资控制指标时，将根据有关省优质专用小麦基地建设任务，专门列明用于优质专用小麦基地建设的资金额度。地方要按规定进行资金匹配。

优质小麦基地的组织管理：要依照统一组织、分级管理的原则进行。国家农发办主要负责制定总体规划、分区指导、政策调控和组织协调；各省农发办主要负责组织实施，省里要重点做好本省优质小麦基地建设的中长期规划和区域选择工作。在试点的基础上，我们要逐步扩大优质粮食生产基地建设的范围，如建设南方优质水稻基地等。

(二) 关于建设农业综合开发优质饲料粮基地问题

长期以来，我国饲料粮、工业用粮和口粮不分，没有形成粮食生产的专一性和针对性。由此产生的问题，不仅不能利用高产饲料作物，提高单位面积的生物产量满足畜牧业发展需要，而且用口粮作饲料，料肉比降低，养殖成本增加，经济效益差。为了提高饲料生产能力，从根本上缓解我国粮食供需矛盾，促进农业资源的合理配置，优化粮食生产结构，必须建立优质饲料粮基地，加快发展我国的饲料作物。

建设优质饲料粮基地的指导思想是：在明确划分饲料用地和粮食用地的基础上，积极推进“三元”种植结构，立足我国畜牧业和国内外市场对饲料的需求，大力发展以高赖氨酸玉米、高油玉米、高蛋白大豆等优质饲料粮专业生产，逐步形成饲料粮—饲料生产企业—养殖—加工销售企业或者出口有机结合的畜牧业产业化发展格局。

优质饲料粮基地的立项条件。优质饲料粮基地示范项目以县为单位进行立项。主要立项条件是：示范基地县要选择在国家已立项开发的农业综合开发县内，并要充分利用已建成的农业综合开发项目区；要有经过权威部门鉴定、适宜在本地种植并有足够数量的优质品种；具有比较健全的良种扩繁体

系和科技依托力量，保证品种不断推陈出新；规模饲养具有一定基础，畜禽结构比较合理；当地具有龙头饲料加工企业，保证具有一定的市场需求规模；当地领导重视，群众有积极性；地方政府和农民群众具有一定的配套能力和自筹能力。

优质饲料粮基地建设的实施步骤。根据目前优质饲料粮要发展的主要品种和基地选择条件，与各地畜牧业发展状况相适应，本着因地制宜、集中连片、示范带动和积极稳妥的原则，首批拟在辽宁、吉林、黑龙江、山东四省的 14 个县和黑龙江农场总局的 4 个农场，发展优质饲用玉米 100 万亩，饲用蛋白大豆 10 万亩。计划分三步走：第一步，1999—2000 年，建设首批优质饲料基地示范县；第二步，在对首批示范县经验进行总结的基础上，逐步扩大示范面积，并向有条件的周边及其他地区稳步推进；第三步，在优先发展优质玉米、优质大豆的基础上，逐步向南方和草地推进，发展优质饲料稻草基地和优质牧草基地，推动全国“饲粮分开”的步伐，优化种植业结构，促进畜牧业的健康发展和农业整体效益的提高。

农业综合开发优质饲料粮基地的建设内容：基础设施建设（主要是原种基地建设)，良种扩繁体系建设，优质饲料粮、畜禽品种等科技服务培训和监测体系建设。国家农发办在下达中央财政资金投资控制指标时，将专门列明用于优质饲料粮基地的投资额，地方要按政策落实配套资金。至于配套组建和改扩建优质饲料及畜产品加工龙头企业所需投资应主要由政策性贷款解决，中央财政资金暂不定具体额度。

在建设农业综合开发大型优质粮食生产基地和优质饲料粮基地过程中，都必须坚持走产业化经营的道路，即要坚持走生产专业化、产品商品化和效益最大化的发展路子；基地建设要实行“龙头”加工企业带动战略，发展“订单”农业。这样才能保证基地生产出来的粮食和饲料卖得掉，农业真正增效，国家和农民真正增收，实现优化结构、调整品种、提高质量和效益的目的，真正实现通过农村第二次结构调整向农业、农村经济的深度和广度进军的目的。

（三）关于农业综合开发实施节水农业问题

我国是一个缺水十分严重的国家，人均水资源占有量只有世界人均水平的 1/4，居世界第 121 位。农业用水严重不足，缺水、干旱是困扰我国农业稳定发展的主要因素。同时，我国农业用水浪费又十分严重。目前我国农业用水有效利用率只有 30%—40%，而世界发达国家已经达到了 70%—80%。大力发展节水灌溉，推广节水农业，是解决我国农业干旱缺水的根本途径，是实现我国农业可持续发展的重要保证。

农业综合开发实施节水农业的指导思想是：按照“提高水资源利用率，增加农业生产能力和农民经济收入，促进农业可持续发展”的建设目标，充分利用农业综合开发项目区的基础条件，发挥农业、林业、水利、科技措施综合配套治理的特点，采取综合节水措施，真正把节水农业作为一项革命性措施来抓，逐步把农业综合开发项目区建成全国节水农业的示范区。

农业综合开发实施节水农业的基本原则是：分类指导，突出重点；点面结合，整体推进；工程措施与非工程措施结合；节约用水与增产、增收结合。

建设国家农业综合开发节水农业示范基地。根据全国农业综合开发的规划布局和节水灌溉发展分区情况，大致分为：西北内陆干旱区、西北半干旱区、黄土高原区、黄淮海山地平原区、东北松辽平原及山丘区、江淮山丘平原区、东南沿海区和西南山丘高原区等 8 个节水灌溉区。在这些区域中，将在 10 个省推选 10 个示范县，作为国家农业综合开发节水农业示范基地，探索不同的节水模式。每个示范基地每年节水灌溉面积原则上在 1 万亩左右。与此同时，在全国特别是北方农业综合开发区，要全面推广节水灌溉，力求从 2000 年起，每年建成 2 000万亩达到节水农业标准的农田。

（四）关于农业综合开发实施“坡改梯”的问题

“坡改梯”的治理对象是坡耕地。我国的坡耕地主要集中在长江中上游地区和黄河中上游地区。这些地区的坡耕地水土流失严重，生态环境脆弱，粮食亩产低而不稳，直接影响了当地群众的温饱问题。为了大幅度提高这些地区的粮食产量，治理水土流失，改善生态环境，把坡耕地改为梯田、梯地，配套建设小型微型水利工程，是实现山区农业发展、农民脱贫致富的一项根本性措施。

“坡改梯”的指导思想是：坚持以改善农业基本生产条件和生态环境，提高农产品综合生产能力和增加农民收入为目的，以建设保水、保土、保肥基本农田，优化农业结构，发展“高产、优质、高效”农业为重点，全面实现农业综合开发项目区经济、社会和生态效益的有机统一，促进丘陵山区农民脱贫致富和农业可持续发展。

“坡改梯”的原则是：综合开发，讲求实效；统一规划，因地制宜；注重科技，提高标准；集中投入，规模治理；改退并举，以改促退；先易后难，循序渐进。

“坡改梯”的试点范围：长江流域的22个县和黄河流域的6个县。

确定试点示范县必须坚持的原则是：属于国家已经确定的农业综合开发县；水土流失严重，坡耕地面积大，具有代表性的区域；有一定的工作基础，领导重视，部门配合协调，群众积极性高，地方财力相对较好；具备一定的水资源条件；在试点县中要选择部分国家级贫困县，把“坡改梯”与扶贫结合起来。

“坡改梯”的建设内容：一是将5度—25度的坡耕地改为梯田、梯地；二是对25度以上的坡耕地因地制宜地建设经济林、防护林或草地；三是配套建设小型、微型水利工程；四是推广先进适用技术，发展旱作农业。

“坡改梯”的建设标准：试点示范县“坡改梯”建设，除了要达到国家农发办制定的农业综合开发项目建设标准外，还要达到五项建设标准，即人均达到半亩以上高标准基本农田；水土流失得到初步治理，生态环境明显改善；形成合理的农业产品结构；普遍采用先进适用技术，科技含量高；农民人均收入有较大幅度提高。

四、科学规划部署，认真组织实施，积极推动农业综合开发再上新台阶

（一）提高认识，真正实现农业综合开发指导思想转变，并切实落到行动上

第一，我们要深刻认识实现农业综合开发指导思想转变的必然性和必要性。面对我国农业和农村经济发展出现的阶段性变化，如果不及时转变农业综合开发的指导思想和思路，农业综合开发就缺乏生命力，就没有出路。因此，要居安思危，要有一种使命感和紧迫感，前面我对此做了一些分析和阐述，会上大家还要学习温副总理的讲话，进行更深入的理解。希望同志们从全局的高度和国家长远发展的角度来认识农业综合开发指导思想的转变，要把农业综合开发指导思想的转变和今后工作基本思路的调整结合起来进行认识，要结合各地的工作实践进行学习理解。希望通过这次会议，把我们的认识真正统一到实现“两个转变”上来，使我们的思想认识能够有一个大转变，有一个大提高。这是我们做好新形势下农业综合开发工作的思想基础和行动指南。

第二，要深刻认识农村经济结构调整的长期性和艰巨性。农村改革以来，我们对农村经济结构进行了一次根本性调整，这就是改变了“以粮为纲”，贯彻“决不放松粮食生产、积极发展多种经营”的方针，实行农林牧副渔并举。这次结构调整，使农村经济发生了很大变化，种植业、养殖业、乡镇企业都有了很大发展。现在我国农业发展进入了一个新阶段，要求我们对农村经济结构进一步进行调整。这次调整的主要任务是，面向市场，依靠科技进步，调整农业生产结构，着力改善农产品的品种和质量，发展“高产、优质、高效”农业，提高农业的综合效益，变粗放经营为集约经营。与此同时，对乡镇企业也要进行以提高质量和效益为中心的结构调整。如果说，前一次结构调整，主要是在广度上拓宽农村经济发展的领域，带来农林牧副渔各业的全面发展，那么，这一次结构调整重点在深度上挖掘农村经济发展的潜力，促进农村经济整体素质和效益的提高。通过结构调整，向农业和农村经济的深度和广度进军。这是一次长期的任务，我们始终要从这两个方面努力。

（二）在农业综合开发中，要加快农业科技进步步伐，加强科学管理工作，为做到“一个坚持”，

突出“四个重点”，提供强有力的保障

科学技术是第一生产力。当今世界农业高科技迅猛发展。邓小平同志早在1988年9月就指出：“将来农业问题的出路，最终要由生物工程来解决，要靠尖端技术。”在第二次联席会议上，温副总理也对农业综合开发依靠科技进步和加强科学管理提出了明确的要求。技术进步程度将成为我国农业发达与否的重要标志，将成为我国农业综合开发的质量与效益高低的重要标志。因此，要牢固树立向科学技术要效益、向科学管理要效益的意识，努力把农业综合开发的科技贡献率提高到一个新水平。

贯彻农业综合开发依靠科技进步的思想，当前主要要从四个方面着手。一是在制定开发规划、确立开发项目、进行项目设计和组织项目实施的过程中，都要注意依靠科技人员，充分发挥他们的积极性和聪明才智。现在，科研机构正在与政府部门脱钩，我们要抓住这个机会，聘请一些确有真才实学的科技人员作农业综合开发的专家、顾问。这既为他们发挥聪明才智提供了场所，同时也提高了农业综合开发的科技含量。二是农业综合开发要把抓好优良品种、先进适用技术的推广应用、搞好农民科技培训、提高农民科技素质作为重要的工作内容，实现农业综合开发群众基础和科技基础的有机结合。三是要着力发展农业科技产业化。四是要逐步加大科技投入力度。

贯彻农业综合开发要不断强化科技管理的思想，当前要着重做好六方面工作。一是要建立责任制，我们是在市场经济条件下搞开发，建立权、责、利相结合的责任制势在必行。二是要进一步建立健全各项规章制度，把农业综合开发的管理工作建立在制度化、规范化基础上。三是要建立科学决策机制，要明确要求所有开发项目在立项前都必须经过可行性研究，考察评估和专家咨询论证，把开发项目建立在科学决策的基础上。四是要严把开发工程质量关，今后农业综合开发工程建设，要逐步推行采购招投标制，公开工程质量标准，实行社会监督。同时，要加强开发项目执行中的监督检查，确保工程质量。五是要严格开发资金管理，坚持专款专用，严禁挤占挪用，确保开发资金用在开发项目的建设上，并不断提高资金使用效益。六是要加强项目后续管理工作，对于已建项目，要建立后续管护责任制，保证工程正常运转，确保一次投资，长期发挥效益。

（三）加强组织领导，认真做好示范项目实施工作

国家农发办提交这次会议讨论的关于“四个重点”的意见，经会议讨论后，要进一步修改、完善，然后付诸实施。各有关省要按照国家农发办的要求，本着认真负责的态度，切实抓好示范项目建设，力求抓出成效，抓出经验。同时，各地要结合本地的实际情况，根据转变指导思想、突出工作重点的要求，拟订贯彻落实的具体意见和措施。要将贯彻落实情况专题报国家农发办。

国家农发办要适应农业综合开发指导思想转变和工作思路的调整，进一步制定和完善有关政策措施。如开发的方式和方法、项目的评估论证、考核评比等都要围绕着工作重点的转变进行相应调整。

（四）各部门要密切配合，齐心协力，共同做好新形势下的农业综合开发工作

农业综合开发的工作运行机制，就是以政府为主导，农民群众为主体，财政、计划、农业、水利、林业和银行等部门相互协调配合。所以，在工作中实行部门间密切协作、相互配合，是农业综合开发工作性质的要求，是完成农业综合开发工作任务的保证。11年来农业综合开发取得的巨大成就，得益于各部门间的互相支持和大力协作。现在，适应指导思想的转变和工作思路的调整，农业综合开发的职能拓宽了，工作任务更重了，责任更大了。为了做好新形势下的农业综合开发工作，就更需要各成员单位之间的进一步协作和配合。各级农业综合开发办公室在工作中要进一步加强与这些部门的联系。不仅在工作指导思想上要配合好，对各方面农业开发资金也要协调好。现在用于农业方面的资金有24项来源，都与开发有关，要互相协调配合好，这样才能有效益。

（五）要加强农业综合开发的调查研究工作，研究新情况，探索新思路

开展调查研究，既是做好农业综合开发工作的

需要，又是农业综合开发工作的重要内容。可以说，过去11年的农业综合开发过程，一直是实践先行，但进行系统、深入的研究工作没有相应跟上，往往是就事论事多，就事论理少。我们现在必须把农业综合开发的调查研究工作提到一个重要位置。这既是对过去11年农业综合开发工作进行经验、教训总结的需要，更是新形势下农业综合开发指导思想转变、工作思路调整的需要。通过调查研究，可以提高农业综合开发工作的科学性、指导性和预期性，可以提高我们的政策水平、分析问题和解决问题能力，可以提高我们的工作管理水平，增强工作的创造性和开拓性。国家农发办今年部署了12个调研课题，全国大部分省市区的开发办都参加进来了。这是一次很有意义的活动，要扎扎实实地搞好，为进一步制定和完善农业综合开发的政策、制度提供重要的参考意见。

（六）进一步加强农业综合开发职能和队伍建设

一是农业综合开发只能加强不能削弱，这是由农业综合开发的任务和地位决定的。农业综合开发投入机制比较好，资金回收比较好，资金使用效果比较好。在新形势下，农村要进行第二次结构调整，要向农村经济发展的深度进军，农业综合开发的责任大，任务重。必须要进一步重视和加强农业综合开发自身建设。

二是农业综合开发的职能要进一步完善、拓宽。要根据第二次联席会议和这次会议的精神，实现农业综合开发指导思想转变和基本工作思路调整，向农业和农村经济发展的深度和广度进军，进一步完善和拓宽农业综合开发的职能。

三是农业综合开发人员的素质要进一步提高。我的要求是要做到“三、三、三、一、四”，即要做到“三讲”，讲学习，讲政治，讲正气；要做到“三当”，当清、当勤、当慎；要做到“三不”，不偷懒、不谋私、不贪权；要做到“一要”，要搞“五湖四海”，要爱护人、理解人、关心人；要做到“四条责任”，学会统筹全局、登高望远，注意理顺关系，积极加强协调，勇于承担责任。还要懂业务，懂管理。

同志们，农业综合开发，是一项实实在在为农民群众办实事、办好事的事业，是一项大有作为的长期性事业。适应农业和农村经济形势出现的阶段性变化，农业综合开发的指导思想要进行转变，基本思路要进行调整，我们工作的职能扩大了，工作内容增加了，工作任务加重了，工作责任更大了。这些是压力，但也更是机遇，是动力，是条件。我们要抓住机遇，变压力为动力，艰苦奋斗，扎扎实实，勇于探索，不断创新，努力实现农业综合开发的历史性转变，为农业发展、农民增收和农村进步，为国民经济的持续、快速、健康发展，做出新的更大的贡献。

在全国农业综合开发工作会议上的总结讲话

张佑才

（2000年5月25日）

全国农业综合开发工作会议经过三天来的共同努力，今天就要结束了。这次会议以中央农村工作会议和温家宝副总理在国家农业综合开发第三次联席会议上的讲话精神为指导，认真研究了如何做好当前和今后一个时期农业综合开发工作的问题。财政部党组对这次会议非常重视，项怀诚部长会前专门听取了汇报并亲临会议作了重要报告。在这次会议上，国家农业综合开发联席会议3个成员单位的负责同志讲了话，8个单位介绍了典型经验，还有9个单位作了书面经验交流。会议分组认真学习了温副总理在第三次联席会议上的讲话和项部长在这次会议上的报告，并认真研究了提交会议讨论的农业综合开发若干配套政策规定。

与会同志一致认为，在世纪交替之年，在农业和农村经济发展进入新阶段，农业综合开发指导思想和工作思路处于转变时期的关键时刻，召开这次会议非常及时，十分必要，意义重大。这是一次研究贯彻中央农村工作会议精神的会议，是一次总结交流农业综合开发工作经验的会议，是新阶段农业综合开发实施战略性转变的动员会，是促进农业结构调整，推动农业综合开发再上新台阶的鼓劲会。大家相信，通过这次会议，全国农业综合开发必将加快新转变，出现新气象，开创新局面。总之，会议开得实在、有新意、很成功。下面，我讲三个问题：

一、这次会议的主要收获

大家对这次会议反映强烈，一致感到会议时间虽短，但主题突出、内容丰富、收效很大。归纳起来，收获主要有以下几点：

（一）深化了对新阶段农业综合开发重要性的认识

12年来，农业综合开发以增加粮棉油肉糖等主要农产品产量为目标，对于实现主要农产品由长期短缺到总量基本平衡、丰年有余的历史性转变，发挥了重要作用，做出了重大贡献。农业和农村经济进入新的发展阶段以后，农业综合开发是不是不再那么重要了？大家通过认真学习温副总理的讲话和项部长的报告，对此有了比较深刻的理解。农业和农村经济发展进入新阶段以后，总的形势是好的，农业和农村经济在结构调整中稳定增长，农业生产连续5年获得好收成，农民收入有所增加，农村社会保持稳定。存在的主要问题是：农产品销售困难，农民收入增长缓慢，农民负担重，有的地方基层干部服务意识差，农民对此反映强烈；农业基础设施脆弱的状况没有根本改观，水旱灾害和病虫害频繁发生，每年造成的损失很大；生态环境“局部治理、整体恶化”的趋势仍在延续。这说明，在农业和农村经济工作中还面临许多亟待解决的问题，解决这些问题需要采取一系列的政策措施，其中包括继续坚持并大力加强农业综合开发工作。因为农业综合开发对于加强农业基础设施建设，改善农业生产基本条件，具有其他部门所不能替代的重要作用；农业综合开发是国家支持和保护农业发展的战略性措施，能够在促进农业结构调整，解决农产品卖难问题，增加农民收入中发挥重要作用；农业综合开发能够进一步提高农业科技贡献率，走在新的农业科技革命的前列，发挥示范和带头作用；农业综合开发在保护生态环境的同时，为生态环境的建设和良性循环做出积极的贡献。因此，在新的阶段，农业综合开发的要求更高了，任务更重了，责任更大了。农业综合开发不是可有可无，而是更加重要，它的职能不仅不能削弱，而且要进一步加强。大家要进一步增强做好农业综合开发工作的责任感、使命感和光荣感。

（二）对新阶段农业综合开发的指导思想有了比较全面的准确的认识

农业综合开发指导思想实行“两个转变”之后，有的同志对农业综合开发指导思想的理解存在一些模糊认识，认为既然结构调整是农业和农村工作的中心任务，农业综合开发要把提高农产品质量和效益作为今后工作的重点，就不必强调加强农业基础设施建设了。在这次会议上，通过学习温副总理在第三次联席会议上的讲话，大家基本上统一了认识。温副总理指出：“这‘两个转变’有一个前提，就是农业综合开发要坚持加强农业基础设施建设，改善农业生产条件和生态环境，提高农业综合生产能力的方向。这一点一直是明确的，必须坚持。”这样就使我们对农业综合开发指导思想有了比较全面和准确的认识。一方面，要继续坚持加强农业基础设施建设，扎扎实实搞好中低产田改造，改善农业生产基本条件，为农业结构调整创造前提条件；另一方面，不能只局限于改善农业生产基本条件，要在此基础上延伸一步，积极促进农业结构的调整和优化。二者是辩证统一的，不可偏废。

（三）进一步理清了农业综合开发的基本思路

和工作重点

根据中央农村工作会议和国家农业综合开发第三次联席会议精神和这次全国农业综合开发工作会议要求，今后农业综合开发的基本思路和工作重点可以概括为“双一、二、三、四、五”，即：围绕“一个目标”，农业增效、农民增收，坚持“一个前提”，加强农业基础设施建设，改善农业生产条件和生态环境，提高农业综合生产能力。推进“两个转变”，由过去以改造中低产田和开垦宜农荒地相结合，转到以改造中低产田为主和保护生态环境上来；由过去追求增加主要农产品产量为主，转到发展优质高产高效农业上来。坚持“两个着眼于”，着眼于提高农业发展的质量和效益，解决目前农产品卖难和农民增收困难的问题；着眼于加强农业基础设施建设，改善生态环境，解决农业和农村经济的持续健康发展问题。抓好“三个结合”，农业综合开发要与农业和农村经济结构的战略性调整相结合，与农业科技革命相结合，与实施西部大开发战略相结合。实施“三项保障”，按市场规律办事，按科学规律办事，实施制度创新。突出“四项重点工程”，建设大型优质高产粮食生产基地，优质饲料作物生产基地，发展节水灌溉，建设生态农业。做好“四项重要工作”，切实重视制度建设，坚持依法综合开发；切实强化项目和资金管理，提高资金使用效率和效益；切实重视机制创新，探索新的管理方式；切实重视队伍建设，按“三个代表”要求办事。在五个方面下功夫：第一，在改造中低产田方面下功夫，要通过逐步提高中低产田改造的投入标准和建设标准，下大力气建设旱涝保收的高标准农田。由于我国水资源严重短缺，不仅中西部地区缺水，东部地区因水资源时空分布不均衡也存在缺水的问题，如湖北省紧靠长江，今年也遭受了百年不遇的旱灾。因此，农业综合开发在改造中低产田中要重点搞好农田水利建设，特别要发展节水灌溉，同时要探索发展旱作农业的路子，为保证农业的持续稳定发展奠定基础。这是农业综合开发始终坚持的重点工作。第二，在促进农业结构调整方面下功夫，既要克服无所作为、裹足不前的倾向，又要防止瞎指挥，强迫农民干这干那。我们所能做到的，只能是通过项目扶持，典型示范，提供政策、信息等多方面服务，引导项目区农民按照市场需求进行结构调整。一要面向市场，根据市场的需求找准结构调整的切入点；二要充分发挥各地农业资源的比较优势，培育各有特色的主导产业和名特优新产品；三要抓好龙头带动，包括能起辐射带动作用、能帮助农民致富的农产品仓储、加工、销售、批发市场等，推进项目区农业产业化经营。第三，在推动农业科技进步方面下功夫，要逐步提高对科技的投入比重，积极支持种子、种苗、种畜体系建设，大力推广先进实用科学技术，加强对农民的技术培训，促进传统农业向现代农业转变，加快农业现代化进程。第四，在保护和改善生态环境方面下功夫，过去我们对农业综合开发如何保护和改善生态环境问题认识不足，通过这次会议，大家的认识豁然开朗了，即不仅要停止新的开荒，而且要适当调整投资结构，逐步加大对生态建设的投入。除了要搞好农业综合开发项目区的农田林网建设，加大对已定生态工程项目的扶持力度外，还要新扶持一些专项生态工程项目，加快天然林保护工程建设。近期要重点搞好围绕改善首都环境质量而进行的防沙治沙工程，加快退耕还林、还草，减轻土地负荷，加快防止土地荒漠化工程建设。第五，在加强调查研究，懂实情、解实难、办实事、收实效上下功夫。努力提高农业综合开发水平，继续充分发挥农业综合开发的五性作用（区域性、综合性、重点性、开拓性、示范性）。

（四）总结交流了农业结构调整等方面的典型经验

在这次会议上，17 个单位从不同侧面介绍了各自的经验，其中以促进农业结构调整的经验为主。山东、吉林两省在农业综合开发中，注重优化产业和产品结构，培育区域性主导产业，以龙头带动，发展农业产业化经营，促进了项目区农业结构调整。黑龙江省以市场为导向，选准特色产业和特色产品，通过扶持龙头项目，建设示范基地，在农业结构调整中较好地发挥了示范和带动作用。江西省坚持按小流域综合治理，实施立体开发，积极发展生态农业，建设特色农业基地，较好地解决了项目区种植业结构单一、效益低下的问题。内蒙古自治区积极探索草业和畜牧业相结合协调发展的路子，实行圈养措施，防止草地过牧，实施人工种草、草场改良、饲料基地建设，既保护了草原生态环境，又促进了草原畜牧业的可持续发展。河南省重视农业科技推广，通过制定优惠政策，建立专家咨询组织，以及多方筹措科技推广资金，调动了科技人员参与农业综合开发的积极性，提高了项目区的科技水平。江苏省通过实行项目招投标制，引导科技单位以科技入股参与开发，培育新型经济中介组织等方式，积极探索和创新农业综合开发管理机制。湖南省对财政无偿资金实行县级报账制，统一资金拨借、会计核算和报账管理，提高了农发资金的管理水平和使用效益。陕西省根据工程的不同特点，探索符合市场运行规律的管理方式，通过完善管护体系，健全管护制度，确保了竣工项目工程持续发挥效益。其他各省、市、自治区和农、林、水主管部门也都培育了一些典型。当然，农业综合开发在促进农业结构调整方面还处于起步阶段，所介绍的经验不可能很完美，而且由于各地情况不同，也不宜照抄照搬，但其中的某些经验做法对其他地方会有启发、借鉴作用。

（五）讨论确定了《国家农业综合开发“十五”规划的基本思路》

大家认为，提交这次会议讨论的《国家农业综合开发“十五”规划的基本思路》中所阐述的农业综合开发指导思想、基本原则、主要任务和政策措施，是基本可行的，体现了中央农村工作会议和国家农业综合开发第三次联席会议精神。对指导各地编好农业综合开发“十五”规划，具有重要作用。当然，大家对“十五”规划的基本思路也提出了一些补充和修改意见，国家农发办要认真分析，虚心采纳合理的意见，对“十五”规划的基本思路作进一步的修订。

（六）讨论确定了《关于农业综合开发的若干政策规定》、《关于调整农业综合开发资金投入比例的规定》

大家认为，为了适应对农业和农村经济结构进行战略性调整的新形势，适应加强生态环境建设的新要求，对以往规定的农业综合开发若干政策作相应的调整，是非常必要的，也是很及时的。这些政策的调整，既是农业综合开发指导思想、工作思路的具体体现，也有助于我们真正实现农业综合开发指导思想的战略性转变。对于这些政策调整，大家基本上是赞同的，但也提出了一些不同意见，国家农发办要在认真吸取大家意见的基础上，对这两个讨论稿抓紧进行修订，争取早日出台。

二、关于会议讨论中所涉及的几个问题

为了进一步统一认识，对大家提出的某些不同意见，我要作些解释和说明。

（一）关于继续加强农业基础设施建设问题

以上讲到，温副总理在第三次联席会议上指出，实现农业综合开发指导思想“两个转变”的前提是：坚持加强农业基础设施建设，改善农业生产条件和生态环境，提高农业综合生产能力的方向。对这个问题，多数同志已经取得了共识，但有的同志在思想上并没有真正想通。在这些同志看来，目前农产品相对过剩，说明我国农业综合生产能力已经达到了相当高的程度，似乎不再需要加强农业基础设施建设了。对这个问题，我们要用全局的长远的观点来看待。第一，我国目前的农业综合生产能力具有不稳定性，由于农业生产条件的脆弱，抗御自然灾害的能力不强，在很大程度上还是靠天吃饭。过去5年农业连续丰收，主要得益于政策、科技和气候条件相对有利等因素，并不是我国农业基础设施脆弱的状况已经改变，农业抗灾能力已经过关。如果遇到连年干旱，我国农业生产就会出现问题。第二，在今后几十年内，我国人增地减的趋势将不可避免，随着人口的增加和人民生活水平的提高，对主要农产品的需求将会不断增加，所以从长期看，农产品供给偏紧的状况是难以改变的。第三，加强农业基础设施建设，提高农业综合生产能力，是调整农业结构的前提条件，没有农业综合生产能力的提高，调整农业结构就会受到一定的限制。同时，改善农业生产基本条件，提高农业综合生产能力，也是促进退耕还林、还草、还湖，保护和改善生态环境的基础和重要保障。第四，实施西

部大开发战略，是中央总揽全局，面向新世纪做出的重大决策。西部大开发的重点之一，是加强以农田水利建设为重点的农业基础设施建设。农业综合开发以加强农业基础设施建设，改善农业生产条件为基本任务，是贯彻西部大开发战略的要求。第五，农业综合开发资金是目前直接用于发展农业的一笔比较大的投入，农业综合开发在加强农业基础设施中承担着重要的任务。我国现有19.5亿亩(全国土地资源详查结果）耕地中，旱涝保收面积只有5.4亿亩。农业综合开发要完成党的十五届三中全会提出的“力争平原地区大部分耕地实现旱涝保收、高产稳产，丘陵山区人均达到半亩以上高标准基本农田”的任务，按照目前每年改造中低产田3 000万亩左右的进度计算，还需要几十年的艰苦努力才能完成。如果我们忽视农业基础设施建设，由此产生的后果在一定时候必将突出地显现出来。因此，农业综合开发必须把改善农业生产基本条件作为自己的基本任务。

(二）关于保护和改善生态环境问题

今年北方地区先后发生十几次大范围的沙尘暴，其原因，除了这些地方持续干旱外，生态环境遭到人为破坏是个重要因素。这说明，人类的一切开发活动必须符合自然规律，否则会受到大自然的惩罚。所以在第三次联席会议上，温副总理对农业综合开发保护和改善生态环境提出了五项硬措施。有的同志认为，专项的生态工程建设确实重要，但应由农口有关部门承担，不应纳入农业综合开发扶持的范围。应当看到，农业综合开发的工作任务从一开始就是根据农业和农村经济发展的客观要求提出的，而且它的工作任务不是一成不变的，随着客观形势的变化需要不断地充实和调整。生态环境恶化，没有良好的生态环境作屏障，不仅对经济的发展和人民生活的影响越来越大，而且已建成的农业综合开发项目区也难以发挥应有的效益。农口有关部门进行专项生态工程建设，并不能替代农业综合开发在生态环境建设方面所应发挥的作用，有关部门形成合力，才能够加快生态环境建设的进程。因此，农业综合开发仅仅保护生态环境还不够，还要为改善生态环境做出积极的贡献。

(三）关于新阶段的农业综合开发与过去的区别问题

过去农业综合开发的工作范围和思路，主要是围绕提高主要农产品产量而展开的。新阶段的农业综合开发，从开发的范围来讲，由过去的改造中低产田和开荒相结合，转变为在改造中低产田的同时，注重保护和改善生态环境，发展优质高产高效农业；从工作的思路来讲，由过去在很大程度上运用计划经济的管理模式，转变为依靠科技创新和制度创新，按自然规律、经济规律、市场规律和科学规律办事。所以，新阶段农业综合开发的范围要宽得多，工作难度要大得多。对此，一些同志认为现在的工作范围太宽了，感到不适应。事物的发展，总是会从一个层次向更高的层次发展。农业综合开发决不能永远停留在一个水平上。如果固步自封，停滞不前，农业综合开发就难以有大的作为。从促进农业结构调整来说，在目前农产品卖难、农民收入增长缓慢的情况下，农业综合开发在促进农业结构调整方面如果不能有所进展，项目区农产品效益和农民收入不能有所提高，那么，农民就没有积极性，农业综合开发就缺乏生命力。所以，面对新的情况，每个从事农业综合开发的同志都要有清醒的头脑、清晰的思路、清楚的办法。要清醒地认识到，不按自然规律和经济规律办事，是要吃苦头的。要适应客观形势的要求，努力学习新知识，研究新问题，真正实现指导思想和思维方式的转变，不断探索完善管理体制，创新管理方式的行之有效的方法，以做好新阶段的农业综合开发工作。

(四）关于土地项目和多种经营项目的投入比例问题

为了发挥各地区的资源优势，提交会议讨论的初步方案，对不同地区的财政资金投入比例作了适当调整，即沿海经济发达地区土地项目所占比例适当调低，多种经营项目所占比例相应调高，西部贫困地区和少数民族地区土地项目所占比例适当调高，多种经营项目所占比例相应调低，其他地区土地项目和多种经营项目的投入比例不变。有的同志提出，在目前情况下，两类项目的投入比例不宜规定过严，应由各地自行掌握。这是一个原则问题。

因为农业综合开发的指导思想集中体现在两类项目的投入比例上，农业综合开发的政府行为主要体现在土地治理即中低产田改造上。如果由各地自行其是，在市场经济条件下，很可能出现什么效益好搞什么，而忽视农业基础设施建设的倾向。如果出现这种情况，党的十五届三中全会赋予农业综合开发的任务就难以完成。因此，财政资金中用于土地项目和多种经营项目的投入比例必须作明确的规定，而决不允许自行其是、随意变通。

（五）关于地方财政资金配套比例问题

考虑到各地财力状况和资金配套能力不同，按照区别对待的原则，提交会议讨论的初步方案对地方财政资金配套比例作了适当调整，即调高沿海经济发达地区的配套比例，调低西部贫困地区和少数民族地区的配套比例，并重申省级财政配套资金不得低于70%。对此，大体有两种意见。一种意见是沿海经济发达地区不赞成调高配套比例，理由是好事不能一下做完，不能两头增加负担，因实行财政转移支付，已向贫困地区支援了部分资金。对这种意见，国家农发办将再作深入研究，力求配套比例定得科学合理。另一种意见是，一些地方不赞成省级承担70%的配套资金。客观地讲，省级财力状况要比地、县好得多，其资金回旋余地要比地、县大得多，如果省级财政配套资金不承担大头，地、县财政又缺乏资金配套能力，很可能将负担压到农民身上。因而，省级财政配套资金承担大头的原则要坚持，至于地、县的财政资金配套比例可由各地自行确定。

（六）关于中央财政资金有偿、无偿比例问题

为了减轻地方财政的还款压力和农民的实际负担水平，提交会议讨论的初步方案对中央财政资金有偿、无偿投入比例作了较大幅度的调减。对此，多数地方表示满意，但有的同志仍感到调减的力度不够，希望进一步调减。中央财政资金实行部分有偿投入，作为一种机制在一段时间内应当坚持。因为一方面可以不断壮大农业综合开发资金投入，今年中央财政安排的农发资金中，有9亿是回收的有偿资金，这部分资金已经成为中央财政农发资金的重要来源；另一方面，还可以促使各级农发部门和项目区群众管好用好资金，提高资金使用效益。为保证中央财政有偿资金及时、足额偿还，从根本上说是要选好、建好、管好项目，使项目发挥出应有的效益，并且从项目一立项就要把还款的责任落到实处，不能管花钱不管还款，不能仅仅寄希望于降低有偿资金比例。

（七）关于积极探索新的管理方式问题

为了逐步提高农业综合开发管理水平，必须大胆探索，勇于实践，采用先进科学的管理方式，包括实行项目和工程的招投标制、专家咨询机制、有偿资金委托银行放款制等。我这里着重谈一谈实行有偿资金委托银行放款问题。国家农发办打算，要在组织调查研究、总结各地试点经验的基础上，制定农业综合开发委托放款办法，力争明年起在全国实施。有的同志认为步子迈得大了些，感到不理解。对这个问题应当正确认识。财政周转金取消以后，目前有偿使用的财政资金仅剩下农业综合开发有偿资金，对此有关部门的同志仍主张取消，理由是这部分资金带有信贷资金性质。从长远来看，有偿资金的规模要逐步缩小，但目前不宜一下取消，在保留的情况下管理的方式要改变。为了加强财政有偿资金的管理，并使财政有偿资金的存在具有合法性，必须积极推行有偿资金委托放款制，希望各地积极配合，并认真研究解决委托放款所涉及的有关问题。

三、当前农业综合开发中需着重做好的几项工作

温副总理在第三次联席会议上的讲话，明确要求农业综合开发要围绕农业结构调整，继续推进两个转变，努力提高农业综合开发的水平，为农业综合开发工作指明了方向。项部长在这次会议上的报告，进一步阐明了对农业综合开发重要性和指导思想的认识，部署了当前和今后一个时期的农业综合开发工作。各地区和有关部门要认真贯彻落实温副总理和项部长讲话精神，努力开创农业综合开发的新局面。现在我就如何贯彻落实这次会议精神，做好当前的农业综合开发工作，提几点具体要求。

（一）要认真传达贯彻这次会议精神

这次会议进一步明确了新阶段农业综合开发的指导思想和基本思路，并研究确定了若干配套政策和措施，对于做好当前和今后一个时期的农业综合开发工作具有重要的指导作用。大家回去以后，要把这次会议精神及时向党政主管领导同志汇报，取得党政主管领导的重视和进一步支持，要专门召开一次会议，传达贯彻这次会议精神。要在深入学习领会这次会议精神的基础上，结合本地的实际情况，研究制定贯彻落实会议精神的具体措施，并要在今年八月底之前向国家农发办专题报告贯彻落实情况。

（二）做好项目验收和中期检查工作

项目验收是项目管理的一个重要环节。通过项目验收，可以检验在项目建设期内已发生投资是否做到专款专用，是否达到了预期目标，还可以发现地方农发办工作中存在的问题，验证国家农发办制定的规章制度是否科学合理，便于上下共同总结经验，改进工作。为避免验收的随意性，防止验收走过场，国家农发办从今年起将实行更加严格、规范的验收，并把竣工项目验收情况作为考核各地工作的一项重要内容和分配中央财政农发资金的因素之一。各省（区、市）和有关部门要高度重视验收工作，在国家农发办验收之前认真组织自验。对验收中发现的问题，要及时提出处理意见和措施，并制定相应的奖罚措施。

温副总理在第三次联席会议上的讲话中指出，农业综合开发“项目管理的中心环节是项目实施过程中的管理”。从实际情况看，过去一直存在重视项目验收，而忽视中期检查的问题，有的项目三年一验收，三年才检查一次，导致某些问题造成既成事实难以改变。从国家审计署最近向国家农发办通报的对 11 个省（区、市）1997—1998 年农业综合开发资金的审计结果看，一些地方不同程度地存在着挤占挪用开发资金，用当年开发资金抵顶到期应回收有偿资金，配套资金不能足额到位，以及财务管理和会计核算不规范等问题，这充分说明加强项目执行中的检查是非常必要的。为贯彻落实温副总理讲话的要求，加强项目实施过程中的管理，国家农发办今年要组织开展一次中期检查，这项工作要形成制度，每年组织开展一次。

（三）着手编制农业综合开发“十五”规划

“十五”时期是我国国民经济和社会发展过程中一个十分重要和关键的时期。认真制定好农业综合开发“十五”规划，是做好今后五年至十年农业综合开发的一项基础性工作。《国家农业综合开发“十五”规划的基本思路》确定后，不仅国家农发办要编制全国农业综合开发“十五”规划，各省（区、市）和中央农口有关部门也要编制本地区、本部门的农业综合开发“十五”规划。按照温副总理的要求，这项工作要在 2000 年底之前完成。编制“十五”规划的基本要求是：第一，符合农业、农村经济结构调整和整个国民经济结构调整的要求，符合实施西部大开发的要求，符合加入世贸组织以后增强我国农业国际竞争力的要求；第二，既要与确定的全国农业综合开发“十五”规划的基本思路和主要目标相衔接，又要发挥不同地区的区位优势和农业资源的比较优势，符合当地的区域经济发展规划，使之成为地方发展规划的一部分；第三，把加强农业基础设施建设和提高农产品质量效益结合起来，把解决目前农产品卖难与实现农业和农村经济的持续健康发展结合起来，与实施农业科技革命、推进农业现代化进程结合起来。

（四）切实加强农业综合开发宣传工作

宣传工作也是农业综合开发工作的重要组成部分，但过去这项工作一直比较薄弱。为了取得社会各界对农业综合开发的理解、重视、关心、支持，充分调动广大农民群众参与、支持农业综合开发的积极性，今后必须切实加强农业综合开发宣传工作。在这方面，国家农发办有如下打算：1. 进一步办好《农业综合开发》杂志，提高办刊质量，从事农业综合开发的同志要踊跃投稿，精心培育和浇灌这个园地，以充分发挥其宣传交流的作用。目前这份杂志还是地方刊号，国家农发办要积极争取全国性的刊号。2. 与《农民日报》等新闻媒体联合，开辟宣传农业综合开发的专栏。3. 在今年下半年邀请全国人大代表、全国政协委员到农业综合开发项目区视察工作。地方各级农发办也要积极开展多种形式的农业综合开发宣传活动。

（五）加强调查研究，切实改进工作

我国农业、农村经济的发展变化和各项改革的逐步深化，对于农业综合开发提出了许多更高的要求。例如，在农产品卖难、农民增收缓慢，从而使农民增收成为主要矛盾的情况下，农业综合开发如何促进农业结构的调整和优化，如何加强农业基础设施建设以适应农业结构调整的需要，在实行社会主义市场经济的情况下，农业综合开发应采取哪些开发模式，进行哪些机制创新。这些问题已经客观地摆在我们面前。而且随着农业综合开发的逐步深入，我们面临着一些需要解决的难题。例如，在到期偿还的有偿资金逐年增多的情况下如何保证资金偿还，在中央财政农发资金逐年增多从而地方财政配套压力越来越大的情况下如何保证落实配套资金，在已建成工程越来越多的情况下如何加强工程管护、落实管护主体。另外，去年颁发的《国家农业综合开发项目和资金管理暂行办法》中明确规定要实行项目和资金管理有机结合，而如何实现两者的有机结合，还需要深入研究。上述问题说明，新阶段农业综合开发面临的任务更加艰巨，面临的问题也日益增多。解决好这些困难和问题，农业综合开发管理工作就可以上一个新水平，回避这些困难和问题，农业综合开发就很难有新起色。面对前进中的困难和问题，我们一定要知难而上。要转变观念，转变思路，跳出原有的思维模式和框框，努力创新管理机制和方法。同时要切实加强调查研究，改进工作作风，努力克服存在的问题，寻找解决问题的办法，不辜负党和人民赋予我们的光荣使命。

（六）加强农业综合开发机构队伍建设

过去农业综合开发之所以能够取得巨大的成就，其中一个很重要的原因，是从上到下有专门机构和人员从事这项工作。今后农业综合开发任务更加繁重，工作难度更大，但从总体上看，目前农业综合开发人员力量还比较薄弱，与工作的要求还不相适应。按照温副总理和项部长的要求，今后要进一步加强农业综合开发机构队伍建设，充实人员力量。当前地方正面临机构改革，地方各级农业开发部门必须做到机构改革和开发工作两不误。从事农业综合开发工作的同志们要心系农民，牢固树立为农民服务的意识。切实加强自身建设，切实做到“三个代表”（始终代表中国先进社会生产力的发展要求，始终代表中国先进文化的前进方向，始终代表中国最广大人民的根本利益），“三讲”（讲学习、讲政治、讲正气），“三当”（当清、当慎、当勤），“三不”（不偷懒、不谋私、不贪权），“三要”（要团结、要搞五湖四海、要讲人格）。

同志们，让我们以这次会议为契机，团结奋进，开拓进取，扎实工作，努力开创农业综合开发的新局面，为加强我国农业基础设施建设，促进农业科技进步和农业结构的战略性调整，做出更大的成绩。

充分发挥农业综合开发作用
积极支持西部农业和农村经济发展

——在农业综合开发支持西部大开发政策措施研讨会上的讲话

张佑才

（2000年9月23日）

由国家农业综合开发办公室、陕西省政府和经济日报社联合召开的“农业综合开发支持西部大开

发政策措施研讨会”，具有两个重要背景：第一个重要背景，是在党中央做出实施跨世纪西部大开发的战略决策后，中央各部门和全国各地都在深入学习、领会和贯彻中央这个重大战略部署的背景。实施西部大开发战略，加快中西部地区发展，是党中央深思熟虑、高瞻远瞩、统揽全局，面向新世纪做出的重大决策。这是进行经济结构战略性调整，促进地区经济协调发展的重大部署；是扩大国内需求，促进国民经济持续快速健康发展的重大举措；是增进民族团结，保持社会稳定和巩固边防的根本保证；是逐步缩小地区差距，最终实现共同富裕的必然要求。实施这个战略决策，不仅对于振兴中西部地区经济，而且对于促进全国经济的更大发展，实现我国现代化发展的宏伟目标，都将起到极大的推动作用。第二个重要背景，是今年以来我国国民经济运行出现了积极变化、经济运行质量稳步提高的背景。今年上半年，消费、出口、投资三大需求全面回升，民间投资开始启动，就业情况开始好转。上半年国内生产总值总计增长8.2%，比上年同期快0.6个百分点。这表明，中央实施的积极财政政策是非常必要和完全正确的。在国民经济增速回升，企业效益明显改善的基础上，国家财政预算执行情况也比较好。上半年全国财政收入6 240亿元（不含债务收入），比去年同期增加946亿元，增长17.9%，全国财政支出5 838亿元，比去年同期增加1 190亿元，增长25.6%。但考虑到导致有效需求不足的一些深层次问题还没有完全解决，经济结构不合理的矛盾仍然比较突出，结构调整还缺乏体制创新和技术创新的有力支持，一些关系国计民生的重大建设项目亟需增加新的投入，实施西部大开发战略今年要迈出实质性步伐，加入世界贸易组织后我国将更加广泛和深入地参与国际竞争与合作，适应加入世贸组织的要求，我国将在众多方面进行重大改革与调整，因此，中央决定继续实施积极的财政政策。在刚刚闭幕的全国人大常委会第17次会议上，通过了国务院提出的关于今年下半年再增发500亿元长期建设国债的方案，就是一个有力证明。

今年上半年，西部地区与全国一样，经济增长也出现了重要转机，其生产总值及消费增长比去年明显加快，固定资产投资增长高于全国平均水平，基础设施和生态建设工作重点展开。国家近期将出台支持西部开发的统一政策及其细则。我们相信，随着国家促进西部开发的政策措施的出台和国家对西部地区投资力度的加大，西部地区在国家和社会各方面的支持下，通过西部地区干部群众的自力更生、艰苦奋斗，西部地区就一定会实现经济建设和社会事业的更快更好发展。

一、农业在西部大开发中处于基础地位，具有重要的战略意义

西部地区是一个以农业为主的广大地区，农业在西部经济社会发展中处于基础地位。在实施西部大开发的战略过程中，必须首先抓好农业，进一步巩固和加强农业的基础地位。

（一）西部地区农业生产和生态环境亟待改善和加强

就西部地区的总体情况而言，不仅自然条件艰苦，而且农业基础设施也很薄弱，以抗灾增产为目的的生产和生态条件还比较落后。西部地区拥有土地面积545万平方公里，占全国国土面积的56.8%。地形条件和气候条件比较差，土地资源中平原、盆地面积不到10%，约有48%的土地资源是沙漠、戈壁、石山和海拔3 000米以上的高寒地区，且平均气温偏低，大部分省区市年平均气温在10℃以下，有近一半地区年降水量在200mm以下。西北地区自然条件的基本特点是降水少、植被少、土地多、荒漠化快；西南地区自然条件的基本特点是降水多、山地坡地多、石灰岩地区多、水土流失多。在这样恶劣的自然环境下，西部地区的农业生产和生态环境就非常艰苦和脆弱。突出表现在灌溉面积小，以旱地农业为主；机械化水平低，以人畜力为主；投入水平低，以靠天吃饭为主。1998年东、中、西部耕地面积占全国耕地总面积分别是32.0%、44.3%和23.7%，而灌溉面积占全国总的灌溉面积分别为39.7%、39.3%和21.0%；农业机械总动力所占比重分别为49.0%、35.8%和15.2%；同期在全国农牧副渔业总产值中，东、

中、西部所占比重分别是 47.9%、34.4% 和 17.7%。

在实施西部大开发的过程中，如果西部地区农业的生产和生态条件得不到改善和加强，粗放、外延、自给式的农业发展模式不向集约、内涵、商品化的发展模式转变，西部地区的农业和农村经济就不能繁荣，西部地区的农民就不能真正脱贫。在西部大开发的过程中，农业开发是最基本的任务。

（二）西部地区落后，差距主要体现在农业的落后和农村经济发展的滞后

在我国西部地区的总人口中，农业人口就达80%，农民的经济收入有 80% 来自农业。所以，西部地区的经济社会发展水平关键看农业和农村经济社会的发展水平，西部地区的人民生活水平关键看西部地区的农村居民的生活水平。建国以来，西部地区曾有过三次大的建设。第一次是 50 年代，前苏联援建 156 个项目时，有些重大项目就建在西部地区；第二次是 60 年代的“三线”建设时期；第三次是 70 年代的能源化工基地建设。这三次建设无论从资金的投入，还是从科技含量和人才荟萃等方面来看，其水平和力度都是相当可观的。这些建设虽然推动了西部发展，但并未从根本上改变西部地区特别是西部农业和农村的落后状况。1995—1999 年，东部地区农民人均收入水平从 2 127 元增长到 2 970 元，而同期西部地区则从 1 060 元增长到 1 522 元。农民人均收入西部地区与东部地区的绝对额差距一直没有减少，有的年份还存在扩大的趋势。东西部之间形成的发展差距，原因固然是多方面的，但在过去几次西部建设过程中存在的如工业建设在很大程度上以牺牲资源和生态环境为代价，工业建设排斥农民，没有和西部的经济基础——农业发展结合起来，农村人口仍然占很大比重，多数农民仍然处于贫困状态，工业建设不但没有缩小工农差别，反而加剧了工农分割的二元经济社会结构的格局，这些都是重要原因。历史教训必须吸取。在实施跨世纪的西部大开发战略中，再不能搞城乡分割而必须走城乡协调发展之路，再不能忽视农业而必须大力加强农业的基础地位。只有这样，西部经济发展和社会进步的基础才可能稳固，西部地区的贫困落后状况才可能从根本上解决。

（三）大力开发西部农业，不仅是解决西部地区农民吃饭和收入问题的基础，更是保证西部地区国民经济快速发展的基础

西部广大地区由于自然条件恶劣，农业基础设施建设落后，农业生产效率低下。全国大部分贫困地区都集中在西部地区。全国 592 个国家级贫困县，约 70% 集中分布在西部地区。农业生产力发展水平低，使西部地区的农民收入水平低于全国平均水平，贫困人口比例还相当大。统计表明，1998 年东、中、西部劳动力人均国内生产总值之比为 2.6:1.3:1，同年城乡居民消费水平比为2.1:1.2:1。穷是西部各种矛盾最集中的焦点，因而治穷是西部大开发中首要的战略目标。对以农业为主要经济来源的大多数西部人民来讲，要治穷，首先应改善农业生产和生态条件，提高农业综合生产能力。西部地区是我国极其重要而又具有明显地域特色的农业经济区域。一方面，西部地区拥有丰富的农业资源。但总的看，这些资源得到有效合理开发利用的程度还很低。另一方面，西部地区的现代工业发展滞后，城市化水平低，因而深度开发西部地区农业及相关产业，就成为解决西部地区农民的吃饭与收入问题、乡村居民的生存与发展问题的基础。

西部地区的农业和农村经济发展与整个西部地区的国民经济发展之间的关联度正在越来越大。如果西部农村地区的贫穷问题在实施西部大开发过程中得不到改善和解决，整个西部地区经济就将难以摆脱传统的自给经济，我国东西部之间的发展差距就还将扩大。西部农民不脱贫，西部的市场就旺盛不起来，购买能力就提高不起来，二、三产业以至整个西部国民经济也就难以得到快速发展，就不可能达到共同富裕的目标。

美国在开发西部和南部的过程中，农业是开发初期首要的重中之重的开发内容。美国独立战争后，经过几十年的艰苦耕种，先后使西北部的大湖平原成为美国著名的“小麦王国”，使西南部的海湾平原地区成为美国的“棉花王国”。使西部大草原成为美国大农业的重要基地。在此基础上，推进西部农业机械化进程发生革命性转变，实现了农业

的机械化和科学化，农业劳动生产率提高了4倍。正是在首先打牢了农业基础和农业劳动生产率得到极大提高的基础上，美国工业才得以迅速发展起来，到1890年工业总产值首次超过农业总产值，美国完成了从农业国向工业国的转变。最后使美国西部进入了工业化和城市化时代，西海岸的经济发展速度和城市化水平远远高于美国的平均水平，西海岸大都市区已经崛起为美国新的经济中心。美国在开发西部落后地区过程中，重视和加快农业发展的成功经验值得学习和借鉴。

（四）改善西部地区的农业生产条件，对保护西部地区生态环境，改善全国生态环境都具有重要意义

保护生态环境就是保护生产力。百年回首，世纪反思，使越来越多的人们认识到：走经济—社会—自然（环境生态、自然资源）三维交合系统协调发展的路，是正确之路。西部地区是国家生态屏障之所在，但西部地区又是我国植被破坏、水土流失和土地荒漠化等环境问题最严重的地区。西北地区的水土流失和荒漠化，西南地区的水土流失和石漠化，都十分严重。黄土高原的水土流失面积大（大于60%），流失量多，年侵蚀模数有的地区达到8 000m^3—10 000m^3。广阔草原由于滥垦与超载，已形成大面积的沙化与风蚀。今年春天的十多次沙尘暴就是来自荒漠和沙化了的草原。江泽民同志指出："改善生态环境，是西部地区的开发建设必须首选研究解决的一个重大课题。如果不从现在做起，努力使生态环境有一个明显的改善，在西部地区实现可持续发展的战略就会落空，而且我们整个民族的生存和发展条件也将受到严重威胁。"朱镕基同志也指出："切实加强生态环境保护和建设，是实施西部大开发的根本和切入点。"中央已经制定了实行"退耕还林（草）、封山绿化、以粮代赈、个体承包"的措施，实施天然林保护工程，改善西部地区的生态环境。从长期发展的角度看，这些措施的贯彻落实都必须是以西部地区的农业基础设施建设得到加强、农业综合生产能力得到提高为前提条件和物质基础的。只有这样，才能把国家的保护生态环境目标与农民家庭的基本生活保障目标统一起来，才能使保护生态环境变成全社会的自觉行动，实现西部乃至整个国家经济与社会的可持续发展。

必须吸取美国开发西部过程中在环境保护方面留下的教训。美国西部开发之初，是在自发状态下进行的开发，造成了自然环境的破坏。最初在田纳西河流域进行的开发，由于人为灾害与自然灾害使得田纳西河流域内的七个州的人均收入到本世纪30年代初时还不足全美国平均数的一半，成千上万的家庭平均年收入不到100美元。后来，美国在开发西部大平原时，也遇到了同样的问题。由于过度的垦殖耕种加之气候异常，1934年春季引发了毁灭性尘暴，摧毁了美国中西部大平原上20多个州的庄稼，使全美国小麦比上年减产了65%。美国开发西部过程中在环境保护方面积累的教训从反面给我们的启示是：环境保护问题不仅是生活质量的问题，更是经济能否持续发展和社会能否协调进步的问题；走先发展、后保护的开发道路，是一条代价沉重的弯路。

总之，西部地区的经济社会发展在全国具有极其重要的战略地位。没有西部地区的繁荣昌盛，就不可能实现我们整个国家的繁荣昌盛；没有西部地区的基本现代化，就不可能有我们整个社会主义现代化建设的最终成功。在实施西部大开发战略时，大力开发西部地区农业，加快发展西部地区农村经济，对缩小西部与东、中部的发展差距，对加快实现我国农业现代化乃至整个国民经济的现代化都具有重要的战略意义。

二、农业综合开发在西部农业开发中要发挥积极重要作用

（一）各部门、各地区支持西部大开发，促进共同发展，是党中央的要求和部署

今年1月19日到22日，国务院西部地区开发领导小组在北京召开了西部地区开发会议。会议指出，当前和今后一个时期，要集中力量抓好几件关系西部地区开发全局的重点工作：第一，加快基础设施建设，作为西部大开发的基础。第二，切实加强生态环境保护和建设，作为西部大开发的根本。

这是推进西部开发重要而紧迫的任务。第三，积极调整产业结构，作为西部大开发的关键。要加强农业基础，调整和优化农业结构，增加农民收入。第四，发展科技和教育，加快人才培养，作为西部大开发的重要条件。第五，加大改革开放力度，作为西部大开发的强大动力。

会议要求，中央各部门要采取多种形式，帮助和支持西部地区。东部地区要把支持西部大开发作为责无旁贷的任务，改善和加强对西部地区的支援和各种形式的协作，促进共同发展。

（二）农业综合开发要在西部农业开发中发挥积极作用

根据中央关于西部大开发特别是农业开发的总体要求和部署，结合西部地区农业发展的现状，当前加强西部农业开发的重点主要有：一是积极改善农业生产条件与基础设施。如大力发展小型农田水利与高产稳产的基本农田，治理坡耕地，以及道路、电力、通讯设施。二是推广农业实用科技，提高土地生产率，牲畜出栏率和商品率，农产品加工增值率，提高农业生产力。如引用新品种，节水灌溉技术，旱作农业技术，水肥耦合技术，免耕覆盖保土保墒技术，间套复种技术等，积极推进农业的集约化与现代化。三是调整农业内部结构，逐步发展农村二、三产业，促使农村劳动力转移，千方百计增加农民收入。四是实行生物措施与工程措施相结合，退耕还牧与农业基本建设相结合，综合治理生态环境。

农业综合开发作为农业和农村经济工作的重要组成部分，要在西部大开发特别是西部农业开发中发挥重要作用，为支持西部农业和农村经济发展做出积极贡献。温家宝副总理在今年国家农业综合开发联席会议第三次会议上指出，“十五”期间，围绕新阶段农业和农村工作的中心任务，农业综合开发要继续推进“两个转变”。要坚持以改善农业生产条件作为基本任务，与农业结构调整相结合，积极推动农业科技进步，保护和改善生态环境。并就农业综合开发如何支持西部大开发提出了原则要求：“对西部地区要加大农业综合开发的力度。主要任务要体现在改造中低产田、保护生态环境和发展优质高产高效农业方面，进一步提高农业的综合生产能力。”根据中央关于西部农业开发的总体部署、新时期农业综合开发的主要任务和温副总理的指示精神，农业综合开发在西部大开发、特别是西部农业开发过程中，要在以下方面发挥积极作用：

一是扎扎实实地抓好中低产田改造，加强农业基础设施建设。改善农业基本生产条件，提高西部地区农业综合生产能力，是西部地区农业综合开发的重中之重。农业基础设施薄弱，是制约西部农业发展的瓶颈。尽管西部地区拥有丰富的土地资源，但近年来这一地区的人均粮食产量总是在300—500公斤徘徊，且年度间不稳定，波动性大。主要原因，就是西部各省市区的农业生产条件艰苦，农业基础设施普遍薄弱，农业生产力水平低。在实施西部大开发的历史进程中，必须首先抓好农业，进一步巩固和加强农业的基础地位，必须下大的力量解决好西部地区农业基础设施薄弱的问题。建设基本农田，是改善西部农业生产基本条件的核心。改造中低产田，加强农业基础设施建设，提高农业综合生产能力，是农业综合开发的最基本职能。西部地区的中低产田面积占其总耕地面积的比例高于全国平均2/3的比例，改造西部地区中低产田的任务繁重而艰巨，对此要有清醒的认识和足够的思想准备。西部地区的农业综合开发必须毫不动摇地抓好中低产田改造这项工作。只要扎扎实实地把中低产田改造这个基本任务抓好了，就能够为提高西部地区的粮食生产水平，支撑西部地区畜牧业的稳步推进、提高西部人民生活水平做出重要贡献，就能够为改变西部地区多年来形成的广种薄收、以牺牲生态环境为代价生产粮食的旧模式，逐步走上依靠内涵挖潜、提高水土资源利用效率的新发展模式做出历史性贡献。只要毫不动摇地把抓好中低产田改造这个基本任务坚持下来了，农业综合开发就为保护和改善生态环境、实现西部地区农业、农村经济的可持续发展，提供必要的前提条件，创造重要的物质基础。这是一项功在当代，利在千秋的事业。

二是配合农业经济结构调整，大力发展西部地区的特色农业。调整农业和农村经济结构，是新阶段我国整个农业和农村经济发展的中心任务。对于

农业发展结构单一、没有充分发挥农业比较优势的西部地区，调整和优化农业结构的任务就更为紧迫、繁重。实施西部大开发，正值我国农业农村经济进入新的发展阶段和即将加入世界贸易组织的关键时期。所以，西部地区要面向全国和国际两个大市场，充分发挥优势，站在新的起点，以新的观念，调整和优化农业结构。生产优质农产品和特色经济作物，是西部农业可持续发展的重要基础和内容。随着生产水平的不断提高，对优质农业的要求越来越高。发展特色农业是西部展示农业生命力和提高农业竞争力的关键所在。农业综合开发要与农业结构调整相结合，突出农业发展的比较优势，形成特色农业，在项目区培育出农业经济的新增长点。并通过大力发展项目区的特色农业，为整个西部地区的农业结构调整发挥示范和带动作用。

三是积极参与和支持生态环境建设，为实现西部地区的经济、社会和生态环境的协调发展做出重要贡献。西部地区的生态环境问题，不仅影响到西部地区人们的生活质量和发展前途，而且影响着全国的环境质量，关系到我国农业乃至整个国民经济的可持续发展。温家宝副总理在第三次联席会议上特别强调指出：农业综合开发不仅要注意保护生态环境，还要为生态环境的建设和良性循环做出应有的贡献。这既是对新阶段农业综合开发工作提出的新任务，也是对农业综合开发保护和改善生态环境提出的新要求，寄予的殷切希望。中央及西部各省市区与各级农业综合开发工作管理部门，在实施西部大开发的过程中，要认真研究制定切实可行的规划和政策，突出重点，分步实施，争取尽快取得阶段性成果，为再造山川秀美的开发区做出积极贡献。

四是积极推进农业科技进步。提高现代科技在农业发展中的贡献率，是我国农业发展面临的共同使命。在西部农业发展过程中，现代农业成分虽已有所发展，但远未能改变传统农业粗放经营的根本质态，大多数地区抵御自然灾害的能力还很低，靠天种地、靠地养畜等受制于自然的局面还未根本扭转。所以，提高西部农业发展中的科技含量，加快传统农业改造步伐的任务更为重要和迫切。西部地区的农业综合开发要充分利用西部地区拥有科研院所比较多、农业科技成果比较丰富的优势，发挥规模开发、项目管理的特点，通过多种途径和方式，大力推进项目区的农业科技进步，使农业资源优势变成农业经济优势，提高农业生产力水平。

（三）东西携手，共同为发展西部农业和农村经济做出贡献

开发西部不仅是西部人民自己的事，也是全国人民共同的事业。我国东部地区发展的经验证明，改革、发展与开放是分不开的，没有开放，改革就难以深入，发展也缺乏强劲的动力。实施西部大开发，不仅为西部地区企业，更为东部地区企业创造了良好的商机。经过20年的发展，我国东部地区发展已经进入产业结构调整、体制创新与科技创新的阶段，需要更广泛的市场空间、更充分的劳动力资源和矿产资源，而西部地区还处于基础建设和生态环境建设阶段，能够为东部的结构调整提供较大的市场空间和资源要素。东部地区的经济和科技实力雄厚，有广泛的国内外市场联系，有丰富的经营经验，有开拓创新精神，有众多的人才，这些对西部地区发展是非常重要的。所以，在实施西部大开发过程中，农业综合开发扶持起来的东部与西部的企业，只要坚持和体现“优势互补，互惠互利，长期合作，共同发展”的原则思想，就能够实现取长补短，有所作为，开创新的事业，为推进西部农业和农村经济的发展与繁荣做出贡献。

在合作过程中，东部人要转变观念，把西部大开发视作东部大发展的新机遇，以高度的市场敏锐性，抢占西部开发的市场机会。西部人要破除自然经济、小农经济和计划经济的传统观念，在资源开发、产业发展和产品创新上都要按照比较优势原则，以东部大市场需求为参照系数进行开发。通过与东部地区合作，学东部之长，补西部之短，创西部之新；通过与东部地区合作，弱化比较劣势，突出比较优势，形成特色优势，最终实现“你赚钱，我发展，都有利”的目的。

三、积极探索农业综合开发支持西部大开发的新思路和新机制

实施西部大开发，要遵循市场经济规律，自然

规律和科学规律，创新观念，积极探索农业综合开发支持西部农业开发的新思路和新机制，制定支持西部农业综合开发的政策措施，加大向西部投入的力度，加快西部地区农业和农村经济发展。

（一）农业综合开发支持西部农业开发的基本思路

第一，西部地区的农业综合开发，要把中低产田改造与实行退耕还林（牧、草）结合起来，与生态环境建设结合起来。实施农业综合开发要坚持统筹规划，同步实施，突出重点，稳步推进。对需要退耕还林（牧、草）的项目区，要与中低产田改造同时进行，保证能够退得出，稳得住，防止退耕出现反复。

第二，西部地区农业综合开发必须要与保护和改善生态环境结合起来。主要是：限制开垦宜农荒地，保护天然的森林、草场、湿地，治理水土流失；支持重点地区的生态环境建设，如西北地区及内蒙古地区等；积极与有关部门配合，加大已确定生态项目和生态工程的扶持力度；加强农田生态体系建设，为高标准农田提供高标准的生态屏障。

第三，西部地区农业综合开发要把支持农业结构调整与增加农民收入结合起来，大力发展西部特色农业。种植业、林果业、畜牧业、水产养殖业以及民族旅游业等是西部农业发展中的基础产业。大力发展这些产业，不仅可以为西部地区的农业劳动力及农村人口转移提供商品性生活必需品，还可以为其他相关产业提供商品性原材料。农业综合开发要发挥西部省区市气候带多、农业生物资源丰富的优势，选择具有产品优势、有市场、能够带动农户致富的特色农业项目予以重点扶持。针对西部地区水资源短缺的问题，要突出抓好节水灌溉，并支持探索发展旱作农业的路子。要突出抓好草原、草场建设，大力发展畜牧业。遵循集中化、集约化和标准化的原则，支持优质农产品基地和出口基地建设，重点扶持四川盆地及关中平原优质小麦基地和油菜基地、黄土高原特色杂粮和杂豆基地、新疆优质棉花基地、大中城市中远郊区蔬菜及副食品基地、渭北高原及陇东地区优质果品基地、新疆和河西走廊特色瓜果等基地建设。西部地区旅游资源丰富，可发展成为支柱产业。

第四，西部地区的农业综合开发，要大力支持农产品加工业发展。农产品加工业是具有较大需求收入弹性的行业。发展西部特色农业的主要途径在于实现西部地区农业的产业化。西部地区是我国的一个农业大区，一些主要农产品产量在全国占有较大比重，如 1998 年棉花占 34.5%，糖料占 62%。但我国人均农产品加工业产值西部是最低的。这说明西部地区的农产品加工业还没有发展起来，还具有很大的潜力和空间。西部地区许多地方特产的品质很好，如陕北的枣和土豆，云贵川的茶叶，甘新陕的瓜果等。但这些特产一直没有形成气候，仍是“养在深闺人未识”。实践表明，不对农产品进行精深加工，不走农业产业化道路，西部农业和农村经济发展就不能登上新台阶。所以，西部地区大力发展农产品加工业，走农业产业化道路，至为重要。西部地区的农业综合开发要有选择地扶持一些能够带动较大区域农户走入市场，与农民形成风险共担、利益共享的龙头组织。通过龙头组织带动，发展农产品加工、贮藏、运输和市场营销业，延长农业产业链，提高农产品深加工水平，促进农产品加工转化增值，扩展国际市场，稳定和增加农民收入，增强农民抗市场风险能力和自我发展能力。有计划地扶持一些农产品产地批发市场建设，为降低市场交易成本和农产品及其加工产品进入市场的门槛费用创造条件，提高农产品及其加工产品的流动性和市场竞争力。

第五，国家农业综合开发办公室要有计划、有重点地在西部农业重点区域，选择、扶持一些高新科技示范项目和综合科技推广项目，发挥科技示范带动作用。农业综合开发对陕西杨凌农业高新技术产业示范区的工厂化育苗项目、新疆兵团的万亩滴灌项目、贵州遵义的良种繁育项目、甘肃酒泉的节水灌溉项目等，今后将进一步加大科技示范、推广力度。农业综合开发要根据西部地区的自然、经济和社会特点，遵循传统技术与现代技术并举、生物技术与机械技术并重、常规技术与新技术结合的原则，重点选择有助于西部地区农业整体优势发挥、促进项目区农业资源优势转化和农村经济发展的技

术。主要是：以缓坡地改旱平地、旱平地改水浇地、20°—25°以下坡耕地改宽幅梯田、荒沟地改坝地等农地整治技术；以旱地集雨、节水灌溉、保护地栽培、改土培肥、优良品种等为重点的综合种植技术；以畜禽品种先行选育与改良、秸秆青贮与加工、草场改良、饲料开发与加工等畜禽养殖技术；农产品及其加工产品的内在质量与外观质量改进技术；农产品精深加工、包装、储运技术等。在西北干旱地区要重点推广集雨节灌、旱作农业技术，在高寒山区主要推广地膜覆盖增温技术，在西南石灰岩地区推广"种植、养殖、沼气"三位一体技术。

（二）农业综合开发支持西部农业开发的主要政策措施

第一，国家农发办将进一步增加西部各省区市列入国家级农业综合开发项目县的数量。西部（包括内蒙古和广西）12个省、区、市，由于开发立项比较晚，加之自然环境比较艰苦，使现在已经立项的开发项目县数占现有县数的比重与东、中部相比还比较低。国家农业综合开发办公室决定今后每年将适当增加西部地区的开发项目县数，并坚持做到增加农业综合开发项目县与贫困县相结合。

第二，继续调整投资结构，逐步加大对生态建设的投入。继续支持长江中上游防护林、长江上游水土保持、太行山绿化等生态工程建设。国家农发办将专项支持一些重点地区的生态建设，地方也要积极配合。生态脆弱地区，今后新增资金的安排，要适当加大对生态建设的投入，生态环境比较好的项目区也要防患于未然，保证有必要的投入用于生态建设。

第三，制定积极的农业综合开发支持西部大开发的资金投入政策。为了支持实施西部大开发战略，加快西部地区的农业和农村经济发展，国家农业综合开发办公室正在研究制定的《关于农业综合开发的若干政策规定》中，将明确规定：农业综合开发的投入政策，要"按因素法分配资金，逐渐打破原有投入基数，逐步加大对西部地区的投资力度。"之所以做这样的政策规定，主要是有利于合理调整农业综合开发财政投资基数，便于向西部农业大开发转移投资。在这一原则性的政策规定下，国家农业综合开发办公室将制定具体的支持西部农业大开发的资金投入政策。

一是在每年中央财政新增的农业综合开发资金中，对西部地区的投入增长比例要高于全国同期平均增长比例。二是适当降低西部地区农业综合开发财政资金的地方配套比例。自1994年1月1日开始实行的配套比例政策是：西藏1∶0.5，新疆、内蒙古、宁夏、广西四个自治区和云南、青海、贵州三省是1∶0.8，四川是1∶0.9。这次国家农发办又进一步做了调整：对西部贫困地区和少数民族地区，内蒙古、广西、贵州、青海、宁夏、新疆六省（区）地方财政资金配套比例调减为1∶0.7；陕西、甘肃、云南三省调整为1∶0.9；西藏仍为1∶0.5。三是对西部地区适当增加农业综合开发无偿资金投入比重，适当降低有偿资金投入比重。从1994年1月1日开始实行的有偿与无偿投入政策是：对西藏实行全部无偿投入；对新疆、内蒙古、宁夏、广西四个自治区和云南、贵州两省，实行60%无偿投入，40%有偿投入。这次根据各地有偿资金偿还能力，适当降低中央财政有偿资金投入比例，并按项目性质分别确定不同项目的无偿与有偿比例。具体是：土地治理项目中中央财政资金无偿与有偿比例为85∶15，西藏自治区土地治理项目中央财政资金仍为100%无偿投入。多种经营项目中央财政资金无偿与有偿投入为15∶85。农业高新科技示范项目中央财政资金无偿与有偿投入比例仍为80∶20。中央农口部门项目中，对秸秆养畜示范、菜篮子工程、优质农产品示范、名优经济林等项目中央财政资金无偿与有偿比例调整为30∶70；良种科研推广、土地复垦整理项目中央财政资金无偿与有偿比例调整为70∶30；长江、黄河上中游水土保持项目中央财政资金无偿与有偿投入比例调整为85∶15；水利骨干工程、长江中上游防护林、太行山绿化工程、防沙治沙示范、原原种扩繁、育草基金等项目，仍为100%无偿投入。四是调整西部地区的财政资金用于土地治理项目和多种经营项目之间的比例。经过调整后，对西部生态脆弱地区，陕西、甘肃、青海、宁夏、新疆、云南、贵州、四川、重庆、广西、内蒙古等11个省、区、市及新疆生产建设兵

团财政资金用于土地治理和多种经营项目比例由70:30调整为75:25，西藏自治区财政资金100%用于土地治理项目。五是在“十五”期间，要多层次、多渠道筹集资金，逐步加大西部地区农业综合开发的投入力度。其中包括继续争取利用外资，支持西部地区的节水灌溉和生态环境建设。另外，对于西部地区因实行退耕还林（牧、草）而减少的农业税收入，中央财政将通过转移支付予以补助。

从资金投向上看，农业综合开发要把西部旱作农业开发和研究作为我国旱作农业区域中支持的重点，进行倾斜投入。要把节水试点示范推广项目向西部地区倾斜投入。要把生态建设资金重点向西部草原地区倾斜。加快农业科技成果在农业综合开发项目区的转化，推动农产品产业化进程。

（三）创新经营管理体制和运行机制，研究制定鼓励东部农业综合开发扶持的企业及外资企业到西部投资开发的优惠政策

中央有关部门正在研究制定支持实施西部大开发的有关政策措施。这些政策措施中，就包括了财税优惠政策。温家宝副总理近日在省部级干部西部大开发研讨班上指出：西部开发的根本在于创新。创新观念，解放思想；创新思路，科学规划；创新方法，措施扎实。特别要创新经营管理体制和运行机制。要把创新知识、技术和人才，作为力量，作为财富，作为资本，要提倡让科技人才先富起来。

国家对西部大开发的财税倾斜支持，主要体现在随着国家财政收入的增加，加大对西部地区的财政转移支付力度，基础设施重点放在西部，加大教育、科技、扶贫的投入，加强吸引外资包括东部地区投资，等等。

鼓励支持东部企业及外资企业到西部投资建设，中央已经研究提出了一些基本思路。其中，在财税方面有为中西部地区制定的利用外资优势产业和优势项目目录，经国家批准后可享受《外商投资产业指导目录》中鼓励类项目政策，即对其进口国内不能生产或性能不能满足需要的自用设备及其配套技术、配件、备件，按规定免征进口关税和进口环节税；对设在西部地区的国家鼓励类外商投资企业，在现行税收优惠政策执行期满后的三年内，可以按15%的比例减征企业所得税等。实施西部大开发战略，加快西部地区发展，是党中央、国务院面向新世纪做出的重大决策。这里面蕴藏着千载难逢的机遇和无限的商机，希望东部的企业家们聚集西部，了解西部，研究西部，东西携手，共同建设、繁荣西部。

“一唱雄鸡天下白，万方乐奏有于阗”。“到西部去”，200多年前，这个声音曾响彻北美大陆，缔造了一个崭新的世界强国。“到西部去”，200年后这个声音又响起在古老的华夏大地。我们坚信，西部地区在国家和社会各方面的支持下，通过西部地区干部群众的自力更生、艰苦奋斗，美丽辽阔的西部地区就一定会实现经济建设和社会事业的更快更好发展，古老的中华民族一定会走向伟大的复兴！

认清形势　解放思想 努力使农业综合开发工作迈上新水平

——在全国农业综合开发办公室主任会议上的讲话

张佑才

（2001年9月2日）

这次会议的主题是：以“三个代表”重要思想为指导，贯彻落实温家宝副总理在国家农业综合开发第四次联席会议上的讲话精神，正确看待新时期农业综合开发的地位和作用，在全面总结“九五”农业综合开发经验的基础上，进一步讨论修改国家农业综合开发“十五”计划，努力探讨农业综合开发迈上新水平的具体政策措施。

一、认真学习领会江总书记“七一”讲话，自觉实践“三个代表”重要思想

学习贯彻江总书记“七一”讲话，是当前一项重要政治任务。江总书记“七一”讲话高度概括和总结了我们党80年的奋斗业绩和基本经验，全面、深入、精辟地论述了“三个代表”重要思想的科学内涵，回答了新时期加强和改进党的建设等一系列重大问题，指明了党在新世纪的伟大使命和奋斗目标。讲话高瞻远瞩，内容丰富，气势磅礴，富有哲理，是一篇马克思主义的纲领性文献，是马列主义、毛泽东思想、邓小平理论的继承和发展，是中国共产党面向新世纪的历史宣言，对于全面推进建设有中国特色社会主义事业，全面推进党的建设新的伟大工程，具有重大而深远的指导意义。

讲话向世人提示了一个历史事实，就是：中国共产党的80年，是把马克思列宁主义同中国具体实践相结合而不断追求真理、开拓创新的80年，是为民族解放、国家富强和人民幸福而不断艰苦奋斗、发愤图强的80年，是为完成肩负的历史使命而不断经受考验、发展壮大的80年。

讲话得出了一个历史结论，就是：中国共产党是伟大、光荣、正确的马克思列宁主义政党，是领导中国人民不断开创新事业的核心力量。没有共产党就没有新中国，没有中国共产党的领导，就没有中国的现代化。这是最动听、最亲切的一首歌，一句话，也是中国共产党80年历史得出的一条最重要、最基本的结论。

讲话概括出三条基本经验，就是：必须始终坚持马克思主义基本原理同中国具体实际相结合，坚持科学理论的指导，坚定不移地走自己的路；必须始终紧紧依靠人民群众，诚心诚意为人民谋利益，从人民群众中汲取前进的不竭力量；必须始终自觉地加强和改进党的建设，不断增强党的创造力、凝聚力和战斗力，永葆党的生机和活力。这是最真切、最令人信服的三个实践启示。

讲话最根本最核心的是“三个代表”重要思想，就是：中国共产党必须始终代表中国先进生产力的发展要求，代表中国先进文化的前进方向，代表中国最广大人民的根本利益。“三个代表”重要思想是我们的立党之本，执政之基，力量之源，是被实践所证明了的事关党的长远发展的根本性、普遍性和长期性的重大问题。只有把这个问题解决好，我们党才能永葆先进性、革命性和创造性，才能永远立于不败之地。

讲话最重要最精髓的是与时俱进。马克思主义有与时俱进的理论品质，其精髓就是实事求是和理论创新。以毛泽东、邓小平、江泽民为核心的三代领导集体，在理论与实践上都做到了与时俱进，体现在三代领导集体都能把马克思主义的基本原理创造性地运用于中国革命和建设的具体实际，不断开拓马克思主义的新境界，都能根据不同时期的形势、特点和任务，制定正确的路线、方针、政策，不断把事业推向前进；都能紧密联系党的历史任务和政治路线，加强和改进党的建设，不断增强党的生机和活力。以毛泽东同志为核心的第一代领导人与时俱进，把马克思主义基本原理同中国实际相结合，产生了毛泽东思想，实现了第一次飞跃。以邓小平同志为核心的第二代领导集体与时俱进，把马克思主义、毛泽东思想同中国的现代化建设实际相结合，产生了邓小平理论，实现了第二次飞跃。以江泽民同志为核心的第三代领导集体与时俱进，在领导全党全国人民继续推进建设有中国特色社会主义伟大事业的进程中，清醒地驾驭国内外形势，坚持把马克思主义基本原理与当代中国的现代化建设实践相结合，不断总结历史和实践经验，不断深化对执政党建设规律、社会主义建设规律和人类社会发展规律的认识，不断汲取科学的新经验、新思想，创造性地提出建立社会主义市场经济体制，制定了党在社会主义初级阶段的政治、经济和文化纲领，努力实现公有制和市场经济的结合，使社会生产力得到不断解放和发展，科学地论述了共产主义理想与社会主义初级阶段现实工作的关系，做出了依法治国、以德治国的战略部署。特别是在世纪之交响亮地提出了“三个代表”的重要思想，从根本上回答了在充满希望和挑战的二十一世纪，我们要建设一个什么样的党和怎样建设党的问题。这就使我们更加自觉地站在生产力与生产关系、经济基础和上层建筑这一社会基本矛盾及其运动规律的高度，认识和把握党的性质、宗旨和历史任务，以及在新的历史条件下党应该保持怎样的先进性和纯洁性，应当从什么地方着力提高领导水平和执政水平，增强拒腐防变和抵御风险的能力，增强党的影响力、创造力、凝聚力和战斗力。这是我党成为领导核心的指针和保证。

江总书记“七一”讲话，是新形势下做好农业综合开发工作的理论根基和力量源泉，也是做好农业综合开发的立足点、出发点和落脚点。温家宝副总理在第四次联席会议上明确要求从事农业综合开发工作的同志，要以“三个代表”重要思想为指导，深入调查研究，扎实开展工作，把农业综合开发工作推向一个新的阶段。我们必须按照这一要求，认真学习领会江总书记讲话精神，把“三个代表”的重要思想自觉地落实到农业综合开发实际工作中去。

农业综合开发工作从本质上讲，与“三个代表”的要求是一致的。搞好农业综合开发工作是体现“三个代表”重要思想的一种有效形式。第一，农业是国民经济的基础，农业综合开发致力于巩固和加强农业基础地位，致力于中低产田改造，为推动我国主要农产品由长期短缺到总量基本平衡、丰年有余的历史性转变，为有效治理通货膨胀，扩大内需，支持和促进国民经济持续快速健康发展做出了积极贡献。特别是农业综合开发通过不断加大对农业科技的投入，进一步提高项目的科技水平，积极普及优良品种，推广先进适用的农业技术，加速了农业科技成果转化，为我国农业科技进步和农业生产力发展，发挥了示范和带头作用，体现了我国农业先进生产力的发展要求。

第二，农业综合开发坚持把发动农民群众、充分调动农民参与开发的积极性，作为一项前提性工作来抓，重视项目区农民发动和培训工作，强调只有大多数农民同意，开发才能立项；只有农民的素质得到了提高，开发项目才能最终取得成效。仅“九五”期间，农业综合开发就组织农民培训约法三章1亿人次。通过加强项目区农民培训，农业综合开发开阔了农民的视野，增强了农民的市场意识，提高了农民的科学文化素质，加快了先进文化知识在农村的传播，体现了中国农村先进文化的前进方向。

第三，我国农村目前实行的是家庭联产承包责任制，土地是全国绝大多数农户最基本的生产资料、最主要的社会保障和农村稳定的基础。农业综合开发进行土地治理和农业生产条件改善，直接受益的是农民。九十年代后期，适应农业发展进入新

阶段的要求，农业综合开发进行了指导思想的战略转变，加大了对农业产业化经营和农业结构调整的支持力度，扶持了一批优质专用农产品生产基地和农业产业化经营龙头项目，促进了农业增效和农民增收，体现了广大农民解决温饱和全面建设小康社会的根本利益。

各级从事农业综合开发工作的同志，要认真学习、深刻领会江总书记“七一”重要讲话，以“三个代表”的重要思想统揽农业综合开发全局，坚持解放思想，一切从实际出发，努力做好新时期农业综合开发各项工作。

二、端正思想认识，从长远的战略的高度看待新时期农业综合开发工作

在这次联席会议上，温家宝副总理指出农业综合开发的重要地位有“四个一”。即农业综合开发是社会主义市场经济条件下，国家支持和保护农业发展的一个有效手段，是巩固和加强农业基础地位的一条重要途径，是提高农业综合生产能力的一项关键措施，是促进农业可持续发展的一个重要推动力量。这既是对以往农业综合开发工作的充分肯定，也是对未来农业综合开发的殷切希望。新世纪，我国进入全面建设小康社会，加快推进现代化的重要时期，农业和农村经济也进入到一个新的发展阶段，农业综合开发的地位和作用更加重要。

（一）调整农业结构，增加农民收入，农业综合开发具有不可替代的作用

这次农业结构调整是一次战略调整，不是多种些什么、少种些什么，而是从根本上提高农业的整体质量和综合效益，提高农产品的竞争能力。增加农民收入是事关当前改革开放和现代化建设全局的一个重大问题。新阶段增加农民收入，要采取综合性措施，要对农业和农村经济结构进行战略性调整。农业综合开发适应不同层次、不同方面和不同发展阶段的要求，把保证农产品总量与发展优质高产高效农业结合起来，把保证粮食安全与积极发展多种经营和农业产业化经营结合起来，突出抓好项目区品种结构、产业结构和区域结构的调整，强调农林牧渔协调发展，农工贸、产加销有机整合，努力解决现行体制下条块分割、项目分散、效率和效益低下等问题，为促进我国农业结构调整和农民增收，起到了不可替代的作用。

（二）促进农业可持续发展，全面建设农村小康社会，农业综合开发具有推动和示范作用

农业的可持续发展不是简单地种草、种树，也不是单纯地降低当代人需求的满足程度，而是山水田林路的综合治理，是人口、资源、环境的协调和统一，是既满足当代人的需求，又不削弱满足子孙后代需要能力的发展。农业综合开发致力于山水田林路综合治理，把加强农业基础设施建设和保护生态环境结合起来，逐步加大对生态建设的投入，加强农田林网建设，支持退耕还林还草，开展防沙治沙，治理水土流失，努力实现生态、经济和社会效益的统一，成为我国保护和改善农业生态环境，促进农业可持续发展的一支重要推动力量。适应全面建设小康社会，加快推进现代化的战略需要，农业综合开发把提高农业综合生产能力与推动农业科技进步和加强农民培训结合起来，把加强农业基础地位与推进农业产业化经营和提高农业整体素质结合起来，积极推广优良品种和先进适用的农业技术，加速农业科技成果转化，提高农民科技素质和农业的整体效益，为我国农业现代化和农村小康社会建设发挥了示范作用。

（三）巩固和加强农业基础地位，实现国民经济持续快速健康发展，农业综合开发具有更加显著作用

九十年代后期，亚洲爆发金融危机，我国 GDP 每年仍保持 7%以上的增长幅度。增发国债、实行积极的财政政策、扩大内需、积极支持外贸出口、努力改善贸易环境等一系列措施，相继发挥作用，有效地拉动了国民经济增长。但根本还在于我国农业发展保持了相对稳定，农业的基础地位不断得到巩固和加强，特别是粮食等主要农产品总量连续上了几个台阶，为国民经济持续快速健康发展创造了物质基础，提供了社会条件。农业综合开发通过发展中低产田，加强农业基础设施建设，提高了农业综合生产能力，为确保主要农产品供求平衡和农村稳定，为国民经济持续快速健康发展做出了应有的

贡献。当前，我国国民经济保持良好的发展态势，但是经济增长的基础还不稳固，需求拉动的内在机制还没有完全形成，特别是农民收入增长仍然乏力，农村市场需求依然不旺。只有不断强化农业的基础地位，才能赢得更多的增长机遇和更大的发展空间，才能为国民经济的发展提供更强劲的动力。农业综合开发一方面继续坚持农业基础建设和生态环境建设，坚持促进农业结构调整，夯实农业基础地位；另一方面，通过增加投入，进一步拉动投资需求增长，改善农村的消费环境，提高农民的购买力，有效地扩大内需，为国民经济持续快速健康增长发挥更显著的作用。

（四）适应世贸组织要求，支持和保护农业发展，农业综合开发更显活力

支持和保护农业发展，维护大多数农民的利益，是世界绝大多数国家和地区农业发展的一项基本政策。农业综合开发本着缺什么补什么的原则，解决农民一家一户无力解决而农业生产发展又必须的基础设施条件，弥补目前农户经营分散、规模狭小、市场适应性不强等缺陷，提高农业资源配置的整体效益，为市场经济下政府支持和保护农业发展探索出了一条新路子。我国即将加入 WTO，适应世贸组织要求，国家对农业的支持方式会有所改变，农产品流通和价格补贴会越来越受限制，对农业基础设施建设、基本条件改善和农业科技进步的支持力度会逐步加大。农业综合开发的投入方式，符合世贸组织的“绿箱政策”，是支持我国农业参与国际竞争的有效手段，是可以直接让农民受益的一项措施。从这点看，农业综合开发更显得必要和富有生命力。

近一段时期，随着我国社会主义市场经济体制框架的逐步建立和农产品供求状况的改变，有些部门、地方对农业综合开发的意义，对进一步加强农业综合开发的必要性，存在着一些模糊认识，工作上有所放松。认为现在粮食多了，主要农产品供过于求，城乡居民的温饱问题基本得到了解决，农业今后一段时期的主要任务是调整农业结构，增加农民收入，中低产田改造的意义已经不大，农业综合开发工作可以松口气了。对此，有关部门和地方领导，特别是各级农业综合开发工作的主要负责同志，要保持清醒头脑，从长远的战略的高度看待农业综合开发工作。

应该看到，这几年我国农产品总量基本平衡，丰年有余，但结构、质量矛盾突出，农业结构调整问题还没有完全解决，农业基础薄弱的局面并没有从根本上改变。首先，农业生产条件尚未彻底改善。不少农业生产设施年久失修。农业水资源短缺问题十分突出，干旱一年比一年严重，农业生产还很不稳定，全国耕地每年仍减少几百万亩。加强农业基础建设，提高农业综合生产能力，抵消人增地减带来的压力，确保主要农产品供给，是国民经济和社会发展对农业提出的一项迫切需要，也是农业综合开发的基本任务。其次，农业生态环境状况也不容乐观。一些地方乱砍滥伐、超载放牧，水土流失日益严重，土地沙化面积逐渐扩大，沙尘暴频繁发生，耕地污染不断加剧。治理和改善农业生态环境，需要统筹兼顾，需要山水田林路综合治理，需要政府公共财政的大力支持。第三，农民收入增长十分缓慢。农业生产受市场环境制约的状况越来越明显，一些大宗农产品卖难问题短期难以缓解。实现农民增收要有新的思路，要采取综合性措施。第四，农产品市场竞争日益加剧。特别是加入 WTO 后，我国农业发展面临着严峻挑战，一些主要农产品由于缺乏竞争优势，生产会受到较大冲击。充分发挥各地资源优势和比较优势，积极发展多种经营和特色农业，大力推进产业化经营，是我国农业发展的一种必然选择。因此，新时期农业综合开发任务加大、难度增加，农业综合开发工作只能加强，不应放松。

还有的同志认为，市场经济下的财政是公共财政，公共财政要从竞争性领域逐步退出，主要扶持公共产品生产，而农业综合开发支持的多种经营和农业产业化经营不属于公共财政支持的范围，农业综合开发资金投入应该逐步减少。这种观点同样是不正确的。

所谓公共财政，是指满足社会公共需要而进行的政府收支活动模式或财政运行机制模式。公共财政总的要求是：在促进生产力发展和增加财政收入

的前提下，将财政支出主要用于满足最广大人民群众的社会公共需要。农业是一个弱质产业，农产品生产是为满足社会公共需要而进行的生产。特别是当前，我国农业受市场和自然双重约束，农业抵御自然灾害的能力比较弱，面临的国际农产品市场竞争压力越来越大。依靠公共财政支出，支持和保护农业发展是政府的一项重要职能。农业综合开发是促进农业和农村经济发展的一项重要举措，它所从事的不是一般的生产性投资建设，而是为项目区农户提供公共服务的基础性设施建设；它所建设的工程是基础性工程，是农村公共工程，属于政府财政投资举办的公益性事业的一部分。适应农业发展的需要，农业综合开发加大了对农业结构调整的支持力度，积极扶持了农业产业化经营，特别是扶持了不少龙头企业，调整农业结构是我国农业发展的必然选择；扶持农业产业化经营，扶持龙头企业，就是扶持农业，扶持农民。因此，农业综合开发属于公共财政支持的范围，是各级政府义不容辞的一项工作。温副总理在国家农业综合开发第四次联席会议上强调："农业综合开发是我国农业生产力发展的一个重要组成部分，是一块大的支农项目。最近这些年，农业综合开发做了不少工作。从基层反映、从地方反映，觉得这些年看得见、摸得到的，农业综合开发算一项。一些农业大省、粮食主产区的生产条件、生态环境得到改善，山水林田路得到综合治理，这几年农产品供求关系发生这么大变化，农业综合开发有功劳！"继续大力推进农业综合开发，对于促进我国农业和农村经济发展，具有十分重要的意义。同时，考虑到改造中低产田建设难度逐步加大，农业结构调整加快，节水农业和高标准农田建设力度加强等因素，他强调，今后一段时期，"中央和地方财政要加大对农业综合开发的资金投入，'十五'期间用于农业综合开发的资金投入增长幅度应高于'九五'时期的水平。"

温副总理讲话，是坚定信心、鼓舞干劲、澄清认识、明确重点的指导性讲话，是做好新时期农业综合开发工作的基本准则。从事农业综合开发工作的同志，要端正思想认识，理清工作思路，把思想和行动统一到温副总理讲话精神上来。

三、全面贯彻落实第四次联席会议精神，努力完成新时期农业综合开发各项目标和任务

当前全国农业综合开发工作的一个中心任务，就是要全面贯彻落实第四次联席会议精神。贯彻落实会议精神，关键是做到"三要三不要"。

（一）指导思想要跟上形势要求，不要落伍

未来五到十年，是我国经济和社会发展极为重要的时期，农业综合开发既存在前所未有的机遇，也面临着严峻的挑战。为了抓住机遇，迎接挑战，各级农业综合开发部门要进一步明确指导思想。这次联席会议确立"十五"期间农业综合开发的指导思想是："以江泽民同志'三个代表'重要思想为指导，认真贯彻党中央、国务院关于加强农业和农村经济工作的方针政策，适应农业发展新阶段的要求，以农业主产区为重点，着力加强农业基础建设和生态环境建设，提高农业综合生产能力；着力推进农业和农村经济结构的战略性调整，提高农业综合效益，增加农民收入。"

农业综合开发"两个着力"、"两个提高"指导思想的提出并不是偶然的，它是农业综合开发适应新阶段农业和农村经济发展的必然要求，是农业综合开发在认识上的进一步深化，在工作上的进一步延伸。1999 年第二次联席会议，温副总理提出了"两个转变"的指导思想，即由以改造中低产田和开垦宜农荒地相结合，转到以改造中低产田为主，尽量少开荒甚至不开荒，把提高农业综合生产能力与保护生态环境结合起来；由以增加农产品产量为主，转到积极调整结构，依靠科技进步，发展优质、高产、高效农业上来。强调农业综合开发工作要做到"一个坚持"，突出"四个重点"，加强"两项保障"。即坚持中低产田改造，努力改善农业基本生产条件和生态环境；突出建设大型优质粮食生产基地、建设优质饲料粮生产基地、发展节水农业和坡改梯；加快农业科技进步，加强科学管理。在去年召开的第三次联席会议上，温副总理强调"两个转变"有一个前提，就是农业综合开发要坚持加强农业基础设施建设，改善农业生产条件和生态环

境，提高农业综合生产能力的方向。应该看到，“两个提高”与“两个转变”是一致的，“一个坚持”、“四个重点”、“两项保障”与“两个转变”是相辅相成的，“两个着力”与“两个提高”是相互统一的，中央关于农业综合开发的指导思想是十分明确和连续的，新时期继续实施农业综合开发的决心也是坚定的。

进入新世纪，我国国民经济保持良好的发展态势。今年上半年，国民经济总体运行平稳，国内生产总值在去年增长 8%，总量首次突破 1 万亿美元的基础上，今年上半年增幅又达到了 7.9%，为“十五”计划开了个好头。目前，国内消费需求较旺，居民消费水平继续缓慢回升；固定资产投资有所加快；工业生产稳定增长；夏粮和早稻虽有所减产，但秋粮总产预计与去年持平，畜牧业和渔业保持稳定发展势头，乡镇企业经济效益继续好转，农业结构调整迈出新步伐，农民收入可望出现恢复性增长。上半年财政收支状况良好。1—6 月累计，全国财政收入 7 872.36 亿元，完成预算的 53.3%，比去年同期增长了 26.2%；财政支出 7 044.65 亿元，完成预算的 40.6%，比去年同期增长 20.7%。在全部财政支出中，社会保障支出、基本建设支出、科技三项费支出、公检法支出、支援农业支出和教育事业费支出等都有较大幅度增长。用于支援农业的直接和间接支出在2 000亿元以上。平稳的经济运行和良好的财政收支状况，为农业综合开发创造了有利的宏观经济环境和必要条件。

党的十五届三中全会明确提出，“农业综合开发要以改造中低产田为重点，集中连片治理，力争平原地区大部分耕地实现旱涝保收、高产稳产，丘陵山区人均达到半亩以上高标准基本农田”。根据各方财力可能，按照积极稳妥改造中低产田要求，预计到 2015 年基本可以达到平原地区一半以上的耕地实现旱涝保收、高产稳产，丘陵山区人均半亩高标准基本农田。为了完成这一任务，“十五”期间农业综合开发要改造中低产田 1.82 亿亩，其中发展节水灌溉面积 1 亿亩；计划建设优质专用粮食基地 4163 万亩，建设优质饲料作物基地 1343 万亩；计划养殖畜禽 1.2 亿只，发展水产养殖面积 376 万亩；扶持加工及服务项目 2 300 个；力争使项目区农业科技贡献率提高 5—10 个百分点，并建成一批农业现代化示范区；建设农田防护林 960 万亩，增加农田林网防护面积 1.05 亿亩，项目区林木覆盖率要平均提高 2 个百分点。这些目标和任务，充分考虑了项目区的实际情况和各方面的承受能力，经过努力是可以实现的。各级农业综合开发人员，要认清目前的大好形势，进一步明确指导思想，牢固树立长期作战的信心，加倍努力工作，保质保量地完成农业综合开发各项目标和任务。

（二）开发重点要突出，不要“撒胡椒面”

充分发挥各地资源优势和比较优势，优化农业综合开发的区域布局，是“十五”时期农业综合开发的一项重大政策措施。这次联席会议确立，“十五”期间农业综合开发的重点是农业主产区，目的是充分发挥市场配置资源的作用，将农业主产区的资源优势转化为经济优势。第一，我国地域辽阔，各地自然、经济和社会状况不完全相同，特别是农业基本生产条件差异较为显著。为了充分利用各地资源和经济条件，必须尊重经济规律，有目的、有重点、有选择地进行农业综合开发。第二，现在财政支农项目有几大块，不同种类和项目各有各的对象，各有各的重点，如果不加区别、不分重点、没有取舍地平均分配资金，“撒胡椒面”，势必会降低财政支农效果。第三，经过多年努力，我国目前已经在一些地方建成了一批农产品生产基地，形成了规模连片、相对集中、各具特色的粮棉油果和畜产品、水产品生产区域布局。这些生产区域拥有较大的资源优势和比较优势，其农产品产量占据了全国农产品总量的绝大部分。抓住这些区域的农业生产，就等于抓住了全国农业生产主体；提高这些区域农业综合生产能力，就等于提高了全国农业生产力水平。因此，国家将农业综合开发的重点放在农业主产区的决策，是符合经济发展客观规律的，是完全正确的。

所谓农业主产区，是指该地区农业在全国农业中占的主要地位而言的。重点在农业主产区，并不意味着东部和西部地区农业综合开发工作可以放松了，更不意味着东西部地区不需要农业综合开发

了。在东西部也有一些农业主要生产地区，甚至一些粮食生产大县、大市；有一些棉花、水果和畜产品生产大省。在西部有一些属于农业综合开发生态建设重点支持的地方、产业和项目；在东部也有一些亟待通过农业综合开发，提高其农产品国际市场竞争能力的地区和产业。

农业综合开发重点在农业主产区，这是从全国大的布局来考虑的。具体到农业综合开发项目区，也应突出培育主导产业或产品；具体到每一个农业综合开发项目，也应突出建设重点。

1. 围绕中低产田改造，进一步加强农业基础设施建设。改造中低产田，是党的十五届三中全会确立的农业综合开发的一项主要任务。虽然13年来农业综合开发改造了一大批中低产田，但全国目前尚未改造的中低产田仍大约有10亿亩，改造工作任重而道远。当前中低产田改造，要突出抓好以水利为重点的农业基础设施建设，增强农业抵御自然灾害的能力。这几年，我国农业连续遭受干旱，特别是今年，全国许多地区都发生了几十年来同期最严重的旱情，有20多个省市受到不同的影响，干旱时间持续之长、发生面积之广、发展速度之快，是多年未有的。增强基本农田的抗旱保收能力，成了当前农田水利建设的重中之重。同时，农业综合开发要大力发展节水灌溉，积极推广旱作农业，努力建设一批节水增效示范工程和旱作农业示范基地。

2. 围绕重点地区生态治理和农田林网体系建设，逐步加大农业生态环境建设力度。农业综合开发加强生态环境建设，要与西部大开发和国家重点生态环境建设工程相结合，统筹规划，突出重点，提高综合效益。要以环京津地区、河北坝上地区、内蒙古地区和西北地区等生态脆弱地区为重点，以植树种草、防沙治沙、改良草场、治理坡耕地等为主要内容，加大农业生态建设力度。由于这些重点地区的生态环境建设均为跨省（区）、跨流域的重点工程，今后要在适当加大部门专项生态建设力度的同时，设立跨省（区）、跨流域的专项生态项目，在投资和政策上予以倾斜。积极探讨在土地治理项目、多种经营项目和科技项目之外，将专项生态项目单独作为一类项目进行管理的尝试。要加强农田林网防护体系建设，特别是基本农田保护区各类林网的建设，为提高基本农田综合生产能力提供生态保障。

3. 围绕农业科技示范项目建设，积极促进农业增长方式的转变。农业综合开发要加大项目区农业优良品种和先进适用技术的推广工作，重视农业节水技术的应用，加强农业科技示范项目建设，促进农业科技成果的转化。要适应加入世界贸易组织的要求，抓紧制定和完善农产品的质量、安全和卫生标准，健全检测检验的规范和手段，发展安全、无公害和有机食品，加强项目区农民培训，提高农产品质量和农业的综合效益。配合科技推广体制改革，积极探索建立农业高校、科研单位与开发项目区资源互补、联合开发、利益共享、风险共担的有效途径。

4. 围绕农业结构调整，发挥综合优势，努力提高农业综合开发的整体效益。在当前主要农产品供过于求的状况下，农民增收遇到很多困难。只有立足各地资源优势和比较优势，根据市场需求，搞好品质结构调整，大力发展名优特新及专用农产品生产，扶持特色农业，尽快培育起区域主导产业，形成规模化、专业化和区域化的生产格局，才能把农民增收落到实处。农业综合开发要积极支持农产品品种和品质结构调整，加快发展草业、畜牧业、林业和水产业，努力搞好产业结构和区域布局的调整。特别要支持农业产业化经营，扶持与农户形成利益共享、风险共担经营机制的龙头企业。要按照产业化发展的规律，推广“公司+农户”、“订单农业”、股份制、股份合作制等多种组织形式，发展农产品保鲜、储运、加工等项目，通过产业链把各类项目连接起来，努力实现农产品的多次增值，让农民在农业产业链条延伸和拓展中获得更多的收益。

（三）开发机制要创新和发展，不要固守旧俗

经过多年实践，我国农业综合开发积累了许多宝贵的经验：坚持“两个转变”的指导思想，坚持“国家引导、配套投入、民办公助、滚动开发”的投入机制，坚持因地制宜，坚持综合性开发，讲求

综合效益，坚持严格的项目和资金管理制度，坚持各方协作，形成合力搞开发的管理体制，坚持发挥农业综合开发的“五性”作用（区域性、综合性、开拓性、重点性、示范性）等。这些被实践证明行之有效的机制和原则，要继续坚持并不断加以改进和完善。这次联席会议强调，“十五”期间农业综合开发要完善四项政策，即资金配套投入政策、资金投向政策、资金使用政策和项目布局政策。各地要全面领会和正确把握这些政策的内涵，结合各自的实际，制定切实可行的实施办法，把政策落到实处。同时，要完善制度，大胆实践，努力创新农业综合开发管理机制。在推进项目区农业产业化经营过程中，要注重建立一种能够充分调动各方积极性，并在农户的龙头企业之间形成利益共享、风险共担的经营机制。在解决农业综合开发中发动农民筹资投劳问题时，要把握住一些大的原则。农村税费改革试点地区，农业综合开发的投入政策必须服从农村税费改革政策。农民投工发展生产，改善生产条件，受益的是农民，应当不属于“两工”限制的范围。农村税费改革政策中要求逐步取消的“两工”，是指动用农村劳力搞社会公益性事业。如兴修大型水利工程、县级道路等。农业综合开发中发动农民筹资投劳，关键是要逐步探索“以农民为主体、政府组织、国家补助”的工作方式。各级政府特别是县、乡两级．要用民主的方法组织农业综合开发，加强对农民的引导，多与农民协商，搞好服务。所谓“以农民为主体”，就是说开发必须尊重农民意愿，必须是农民参加，出资投劳、联合改造自家承包的基本农田，必须让农民受益。在当前，尊重农民意愿，就是稳定家庭联产承包责任制，稳定农民的上地承包经营权，让农民自愿参加农业综合开发。“政府组织”，就是各级政府特别是县乡政府发动群众，宣传农业综合开发的政策和办法，组织农民搞山水田林路的整治规划，帮助农民搞好项目的申报工作。“国家补助”，是指农民在自愿出资投劳改造基本农田的基础上，各级财政按照一定的标准给予适当的补助。国家通过这种政策引导，使更多的社会资金投入到农业，就会起到“四两拨千斤”的作用。

社会主义市场经济下的财政，是为了满足社会公共需要而建立的财政，也是自觉接受社会公众监督的财政。农业综合开发是社会主义市场经济下财政支农形式的一种创新，农业综合开发活动必须自觉接受农民和全社会的监督。同时，为了使农业综合开发项目区的农民能够真正感受到党的政策的温暖，享受到开发带来的实实在在的好处，必须健全和完善公开、公正、透明、完整的农业综合开发项目和资金管理程序，形成相互制约机制，确保开发事业的健康发展。

四、当前农业综合开发中需要加强的几项工作

围绕贯彻落实第四次联席会议精神，努力完成农业综合开发各项目标和任务，近期需要加强以下几项工作。

（一）加强领导，稳定队伍

经过十多年的不懈努力，农业综合开发目前已经涉及到全国 31 个省（自治区、直辖市）、5 个计划单列市、新疆兵团和黑龙江农垦，列入开发的县（市、区）有 1 629 个，农场有 242 个。农业综合开发机构由临时到常设，逐步固定和明确下来。农业综合开发队伍也由小到大，逐步发展壮大起来，成为政府支持和保护农业的一支生力军。但是，由于各地情况不同，有些部门和地方还存在片面认识，认为农业综合开发是可有可无的事情，对农业综合开发的机构和人员，还存在随意撤并和裁员的现象，严重影响了开发工作的顺利进行。在这次联席会议上，温副总理指出：“农业综合开发是财政支农的一个重要组成部分，是今后需要不断壮大的一个支农项目，今后一些小的项目，比如示范区、示范点都可以往农业综合开发中来并”，“各级党委、政府要把这项工作放在整个农业和农村经济工作的重要位置，切实加强领导。”各地要坚决贯彻这些精神，要在机构设置、人员配备、工作条件等方面给予更多的支持，坚决杜绝随意撤并农业综合开发机构的行为。各级农发机构主要负责同志，要根据新阶段农业综合开发工作要求，认真履行职责，经常深入项目区进行调查，研究解决农业综合开发出现的新问题、新情况，切实保证农业综合开发各项

政策的贯彻落实。

（二）密切配合，形成合力

农业综合开发目前实行的是联席会议制度，涉及多个部门；农业综合开发从事的是综合性活动，涉及多个行业。为了充分发挥各方优势，提高农业综合开发项目的资金使用效率，各级农业综合开发联席成员单位，要相互配合，密切协作，形成合力。一些机构单设的地区，要加强财政与农发办之间的协作，防止相互扯皮、推诿现象的发生。要广泛建立农业综合开发项目专家评审制，邀请专家学者和技术人员参与到农业综合开发各项管理活动中，虚心听取他们的意见，调动他们的积极性，提高农业综合开发决策和管理水平。

（三）加强宣传，扩大影响

这些年，有些部门和地方之所以会对农业综合开发产生模糊认识，一个重要原因就是宣传工作没有跟上，没有让有关领导和社会各界看到农业综合开发取得的巨大成绩，认识到农业综合开发的重要意义。在去年召开的全国农业综合开发工作会议上，我专门就这个问题讲了几点意见。一年来，虽然我们的宣传工作有了一定的起色，有关方面对农业综合开发也有所重视，但总的来看，力度仍然不够，宣传面也十分有限。这里，我再次强调要切实加强这方面的工作。要研究新时期农业综合开发的新情况、新特点和遇到的新问题，用新的思路来加强农业综合开发宣传工作。第一，要主动。各级农业综合开发宣传工作要明确目的，搞好工作计划，突出重点，扩大影响。第二，要充分利用多种手段和形式，尤其要利用现代传播媒体，更广泛地宣传农业综合开发。第三，要有专人负责。要明确职责，加大农业综合开发宣传工作奖罚力度。

（四）落实政策，强化保障

新阶段农业综合开发的地位更加突出，作用更加重要，任务更加繁重。为了更好地适应工作需要，各级农业综合开发机构要转变工作方式，逐步由传统的管理型向现代管理服务型转变。要牢固树立全心全意为人民服务的宗旨，充分听取项目区农民群众的意见，把农民拥护不拥护作为立项的基本前提，把农民群众满意不满意作为衡量开发效果的一个重要标志。要妥善处理财政有偿资金使用形成的债务。对过去形成的债务，要在认真清理的基础上，提出妥善的处理办法，逐步化解。今后，要通过降低有偿资金比例、调整有偿资金投向、加强有偿资金项目管理等途径，防止形成新的债务风险。要加快各级农业综合开发服务工作手段的现代化，重点建设各种信息服务网络，努力为农民提供及时准确的信息服务，更好地发挥农业综合开发的引导作用。要进一步强化农业综合开发项目和资金管理，健全项目和资金管理制度，采取科学的管理方式，运用科学的管理手段，不断完善项目、资金的管理体制和机制。这几年，国家农发办会同有关部门制定了一系列有关项目与资金管理的制度和办法，实践证明，这些制度和办法对于促进农业综合开发事业健康发展，具有十分重要的作用，各地要认真贯彻执行。对于实践中出现的问题，要及时反馈，在深入调查的基础上，提出具体改进办法。提交这次会议讨论的《国家农业综合开发项目招投标暂行办法》、《农业综合开发财政贴息资金管理办法》和《县级农业综合开发工作规程》等，对于指导今后农业综合开发工作有重要意义，希望大家认真讨论、集思广益，使这几个文件进一步完善。

江总书记“七一”重要讲话和温副总理在第四次联席会议上的讲话，为今后农业综合开发指明了方向。各级从事农业综合开发的同志，要自觉实践“三个代表”重要思想，实事求是，解放思想，勇于开拓，大胆创新，按照第四次联席会议要求，深入调查研究，扎实开展工作，增强服务意识，改进工作作风，不断提高政策水平和业务素质，努力完成新时期农业综合开发的各项目标和任务。以科学的机制、优质的服务、完善的政策，使农业综合开发再上新水平。

在国家农业综合开发联席会议成员单位座谈会上的讲话

廖晓军

（2002 年 2 月 4 日）

同志们：

很高兴参加今天的座谈会。财政部党组最近刚明确由我协助张佑才副部长分管国家农发办，就赶上参加今天的会议，对我来说，这是一次很好的熟悉情况的机会。刚才，鸣骥同志汇报了国家农发办去年开展的主要工作和今年的工作安排。大家发表了很多好的意见和建议，对做好今年的工作很有启发和帮助，国家农发办要认真采纳。受张佑才副部长的委托，我简单讲几点意见。

一、联席会议各成员单位为农业综合开发工作做出了重要贡献

农业综合开发联席会议制度，是国务院为统一领导和协调农业综合开发工作而建立的。多年来，在国务院的正确领导下，联席会议各成员单位围绕农业综合开发的总体目标，充分发挥本部门的优势，各司其职，各负其责，做了大量卓有成效的工作，如参与农业综合开发调查研究，制定政策制度，开展项目评估论证和检查验收，联系农口科研单位等，为推进农业综合开发，促进我国农业和农村经济发展，做出了重要贡献。可以说，农业综合开发取得的每一分成绩，都是与各有关部门的关心和支持分不开的。鸣骥同志刚才讲到，农业部、水利部、国土资源部、国家林业局等部门选派到国家农发办联合办公的人员，工作认真负责，兢兢业业，取得很大成绩。在此，我代表财政部党组，向联席会议各成员单位对农业综合开发工作的大力支持表示衷心的感谢！并致以节日的问候！

实践证明，农业综合开发联席会议是统一领导和协调农业综合开发工作的行之有效的制度。国家农发办是联席会议的办事机构，也是财政部的内设机构之一。财政部党组对农业综合开发工作是非常重视和支持的，对国家农发办的工作也是满意的。希望国家农发办继续加强与有关部门的联系和沟通，努力把农业综合开发工作做得更好。

二、团结协作，齐心协力，共同开创农业综合开发的新局面

农业综合开发实施以来，取得显著成就。通过实施农业综合开发，改善了农业生产条件，提高了农业综合生产能力和效益，增加了农民收入，保护和改善了生态环境，为推动我国主要农产品由长期短缺到总量平衡、丰年有余的历史性转变，做出了重要贡献。从 1988 年至 2001 年，农业综合开发累计投入资金 1 454 亿元，其中中央财政资金 408 亿元，地方财政配套资金 366 亿元，银行贷款 187 亿元，农村集体和农民自筹资金 494 亿元。农业综合开发投入，是国家扶持农业发展的一笔数量可观的资金。在农业发展的新阶段，农业综合开发不仅要改善农业生产条件和生态环境，而且要大力推进农业结构调整，促进农业增效、农民增收，提高农业的科技含量，增强农业国际竞争力，工作难度更大了，要求更高了。温家宝副总理指出，农业综合开发是社会主义市场经济条件下，国家支持和保护农业发展的一个有效手段，是巩固和加强农业基础地位的一条重要途径，是提高农业综合生产能力的一

项关键措施，是促进农业可持续发展的一个重要推动力量。温家宝副总理这段话既是对农业综合开发工作的肯定，也是对农业综合开发的希望。联席会议各成员单位，要按照温家宝副总理的要求，密切配合，团结协作，创造性地做好新时期的农业综合开发工作，为促进我国农业和农村经济的更快更好发展做出新的贡献。

第一，要解放思想，与时俱进。这是推进农业综合开发事业不断前进的重要前提。要以“三个代表”的重要思想为指导，深入贯彻落实温家宝副总理提出的“两个着力、两个提高”的方针。即：着力加强农业基础设施建设和生态环境建设，提高农业综合生产能力；着力推进农业和农村经济结构的战略性调整，提高农业综合效益，增加农民收入。为适应当前形势的要求，今年要突出抓好两个方面的工作：一是继续推进农业和农村经济结构的战略性调整，增加农民收入；二是应对入世对农业的挑战，提高农业竞争力。要适应社会主义市场经济发展和加入WTO的要求，以与时俱进的思想观念和奋发有为的精神状态，开拓进取，勇于创新，积极探索新的管理方式和管理手段。如果因循守旧，习惯于凭老方式老办法想问题、做工作，缺乏主动性和创造性，就无法适应新形势的要求。

第二，进一步加强配合协作。配合协作的形式是多种多样的。联席会议各成员单位，在通过联席会议讨论议定农业综合开发重大问题的同时，更要加强日常的联系和沟通，对农业综合开发工作多提意见和建议。国家农发办在制定规章制度、安排项目和资金、开展调查研究等方面，要主动听取联席会议各成员部门的意见，邀请这些部门的同志参与。各农口部门安排的其他项目，也有必要听取国家农发办的意见。这样做有利于避免重复建设，提高资金使用效益。有关部门召开的涉及当前农业和农村工作、农业应对加入世界贸易组织的挑战、农村金融改革等重要会议和研讨活动，希望也能够邀请国家农发办参加。另外，在当前农产品出现阶段性供大于求的情况下，有些部门、地方对农业综合开发的意义，对进一步加强农业综合开发的必要性，存在着一些模糊认识。这与农业综合开发宣传不够有一定关系。国家农发办今后要努力加强宣传工作，争取各方面的理解和支持。联席会议各成员单位联系面广，宣传的途径多，希望也能够进一步宣传农业综合开发。

第三，坚持和完善联合办公形式。农口成员单位派专业人员到国家农发办联合办公，是联席会议确定的制度。希望有关部门继续选派政治素质好、业务能力强的同志到国家农发办联合办公，并保持人员的相对稳定。这些部门的同志在国家农发办工作非常辛苦，一般居住比较远，困难也多一些，希望有关部门的领导多关心这些同志，帮助他们解决一些实际困难，特别是不能因为到国家农发办工作，而影响他们回本部门以后的工作安排。

三、要进一步提高农业综合开发部门项目管理水平

部门项目是农业综合开发项目的一个组成部分。在中央财政农业综合开发资金中，大部分直接用于地方项目，少部分用于部门，但部门项目的投入也是逐年增加的，至2001年达6.91亿元，占当年中央财政总投入的11%。从总体上看，部门项目管理是比较好的，但也存在一些问题，如有的项目前期工作比较薄弱，服务和示范带动作用不强，配套资金落实不够好等。这些问题，需要认真研究解决。

一是加强项目前期工作。农业综合开发项目区要以服务或示范为中心，与地方项目建设紧密结合，充分征求地方农发部门和财政部门的意见，编制科学合理的项目规划。在此基础上，做好项目建议书和可行性研究报告的编制工作，全面推行专家评审制度，经过充分论证，制定具体的年度计划。要建立健全项目库制度，以便进一步提高立项的科学性，缩短选项时间，加快计划报批进度。

二是落实好配套资金。部门项目的安排，要充分考虑到当地地方财政的配套能力。地方农口有关部门要主动与财政部门沟通，积极争取地方财政配套资金。列入项目计划的配套资金，必须落到实处。据了解，部门项目配套资金完全依靠地方财政和项目单位自筹，是有一定难度的，因

此是否可由各部门承担部分配套资金？这也需要认真研究。

三是改进管理方式，加强监督检查。要积极推行项目法人制、招投标制和工程监理制，努力提高项目建设质量。严格实行项目资金专款专用、专户管理、专账核算制度，逐步推行项目资金公示制。要切实加大检查力度，发现问题及时整改，并且把项目实施过程中的监督检查作为加强项目管理的中心环节。继续严格组织项目竣工验收，进一步提高验收的质量和效果。要建立奖优罚劣机制，把项目检查验收情况列为一项重要考核内容。

我就讲这些，谢谢大家！

第二部分

国家农业
综合开发工作

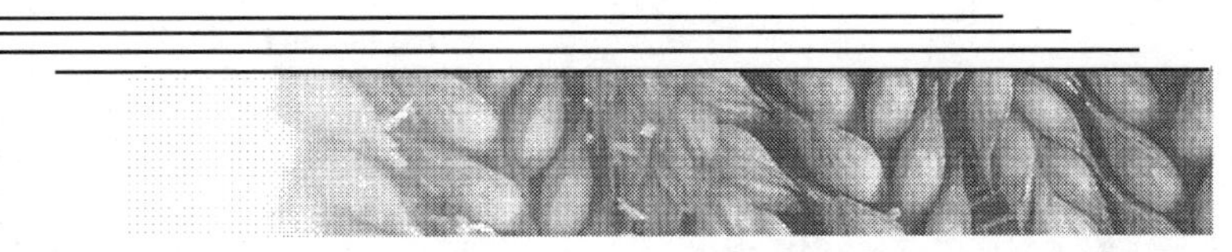

全国农业综合开发工作综述

1988年，国务院做出实施农业综合开发的战略决策。农业综合开发以农业主产区为重点，综合利用农业资源，实行国家、农民及其他资金配套投入，综合运用工程、生物和科技等措施，进行山水田林路综合治理，加强农业基础设施和生态环境建设，提高农业综合生产能力，保证国家粮食安全；大力扶持优势农产品生产，推进农业产业化经营和农业科技进步，促进农业和农村经济结构战略性调整，增强农业国际竞争力，提高农业综合效益，增加农民收入。

农业综合开发由中央财政预算安排专项资金，带动地方财政、农民及其他资金综合投入，以改造中低产田和进行小型农田水利建设为主要内容，支持农林牧副渔全面发展，并明确界定资金的投向和使用范围，严格按项目管理和使用资金。这种投入方式符合公共财政体制的要求和世界贸易组织的“绿箱政策”，是增加农业投入、加强农业基础地位的一项富有生命力的长期政策。

一、发展历程

（一）实施背景

党的十一届三中全会以后，家庭联产承包责任制的实施和农业生产市场调节范围的扩大，极大地调动了农民的生产积极性，解放和发展了农村生产力。1978—1984年，全国粮食产量由3 047.7亿公斤增加到4 073.1亿公斤，农业生产特别是粮食生产迈上了一个新台阶。但是，1985年以后，我国农业发展面临新的矛盾和问题，主要是：农业生产徘徊不前，连续几年粮食产量停留在4 000亿公斤左右；人口增加与耕地减少的矛盾、粮食需求量增长与供给总量不足的矛盾比较突出；许多地区农业基础设施老化失修，农业生产条件恶化，耕地资源减少，农业发展后劲不足。

要突破农业生产特别是粮食生产徘徊不前的局面，实现农业形势的根本好转，仅靠传统的常规农业生产方式是不够的，必须采取新的举措，探索新的路子。在这种背景下，在总结以往农业开发特别是商品粮、棉、油基地建设经验的基础上，国务院决定自1988年开始设立国家土地开发建设基金（国办发［1988］7号）（1990年改为农业综合开发基金，后改为农业综合开发资金），专项用于农业综合开发。从此，我国有组织、有计划的大规模农业综合开发拉开了序幕。

（二）发展进程

实施农业综合开发，是在我国进行农村经济体制改革，推行家庭联产承包责任制以后，农村经济发展到一定阶段的内在需求，从一开始就受到社会各界的广泛关注，发展很快。1988年农业综合开发范围只涉及东北平原、黄淮海平原和长江中下游平原等11个省（区）的495个县和251个国有农、牧场，到2002年，开发范围已扩展到全国31个省（区、市）、5个计划单列市以及新疆生产建设兵团、黑龙江省农垦总局的1 786个县（市、区）和237个国有农（牧、林）场。

农业综合开发从开始实施到2002年，大体经历了三个发展阶段。

第一阶段，从1988年至1993年。这一时期开发的主要内容是，重点通过山水田林路综合治理，进行大面积的中低产田改造，同时依法酌量开垦宜农荒地，确保粮棉油等主要农产品的产量稳定增长。1988—1993年，农业综合开发共投入资金293.2亿元，改造中低产田1.44亿亩，开垦宜农荒地1 827万亩。新增主要农产品生产能力为：粮食252亿公斤，棉花6.1亿公斤，油料10.6亿公斤，糖料13亿公斤。

第二阶段，从1994年至1998年。这一时期的开发内容是，在坚持以改造中低产田为重点、适量开垦宜农荒地、提高农业综合生产能力的同时，加大对优质高效经济作物的扶持力度，把农业增产和农民增收有机结合起来。1994—1998 年，农业综合开发完成改造中低产田 1.18 亿亩，开垦宜农荒地 1 078万亩。同时，1994—1998 年与 1988—1993 年相比，经济林、花卉、蔬菜等种植业基地及水产养殖基地建设面积增加了 82%。

第三阶段，从 1999 年至 2002 年。这一时期，农业综合开发适应农业发展新阶段的要求，在指导思想和工作思路上做了重大调整，即实行“两个转变”，坚持“两个着力、两个提高”。“两个转变”是指，由过去以改造中低产田和开垦宜农荒地相结合，转到以改造中低产田为主，尽量少开荒甚至不开荒，把提高农业综合生产能力与保护生态环境有机结合起来；由以往追求增加主要农产品产量为主，转到积极调整结构，依靠科技进步，努力发展优质高产高效农业上来。“两个着力、两个提高”是指，着力加强农业基础设施和生态环境建设，提高农业综合生产能力；着力推进农业和农村经济结构的战略性调整，提高农业综合效益，增加农民收入。1999—2002 年，农业综合开发共投入资金 829.91 亿元，改造中低产田 1.33 亿亩，造林 1 558 万亩，完成草原（场）建设 1 087 万亩，发展优质粮食基地和优质饲料粮基地 1 440 万亩，建设经济林、蔬菜、花卉等种植业基地 684 万亩，发展水产养殖基地 279 万亩。

二、主要工作及成效

1988—2002 年，农业综合开发认真贯彻落实党中央、国务院有关各项方针政策，适应农业发展和农村改革的要求，围绕不同时期农业和农村工作的中心任务，求真务实，扎实工作，与时俱进，开拓创新，取得了显著的成效，为加快我国农业和农村经济发展，促进国民经济持续、快速、协调、健康地发展，做出了重要贡献。

（一）不断加大投入力度，大力支持农业和农村经济发展

农业综合开发在发展实践中，逐步建立了“国家引导、配套投入、民办公助、滚动开发”的投入机制。这种投入机制有效地发挥了中央财政资金的导向作用，形成了中央财政资金、地方财政资金、信贷资金、农民和农村集体自筹资金及其他资金共同投入农业综合开发的良好局面，保证了农业综合开发投入规模不断增长。1988 年农业综合开发投入资金 17.8 亿元，至 2002 年增加到 237.4 亿元，年均增长 20.31%；1988 年中央财政资金投入 5 亿元，至 2002 年增加到 76.19 亿元，年均增长 21.43%。1988—2002 年，农业综合开发共投入资金 1 692 亿元，其中中央财政资金 484.1 亿元，地方财政配套资金 427.8 亿元，银行贷款 212.4 亿元，自筹资金 567.6 亿元。农业综合开发投入是国家支持农业发展的一笔数量可观、实实在在的投入，对于增加农业投入，巩固和加强农业基础地位，加快农业和农村经济发展，发挥了重要作用。

（二）加强农业基础设施建设，提高农业综合生产能力特别是粮食综合生产能力

农业综合开发始终坚持以土地治理为主要建设项目，以农田水利设施建设为重点，改造中低产田，改善农业灌溉、排涝、机械化耕作等生产条件，建设高标准基本农田，提高粮、棉、油、糖等主要农产品生产能力，确保主要农产品有效供给。1988—2002 年，农业综合开发累计投入农业基础设施建设资金 1 074.28 亿元，改造中低产田近 4 亿亩，新增和改善灌溉面积 3.6 亿亩，新增和改善除涝面积 1.7 亿亩，增加农田林网防护面积 2.7 亿亩，新增农机总动力 1 566 万千瓦。通过农业综合开发，项目区新增主要农产品生产能力为：粮食 725 亿公斤，棉花 14 亿公斤，油料 36 亿公斤，糖料 233 亿公斤。农业综合开发为我国农产品实现总量平衡、丰年有余的历史性转变，为保证国家粮食安全做出了重大贡献。

（三）促进农业结构调整，增加农民收入

农业综合开发实施初期，在主要加强农业基础设施建设的同时，有少量投资用于支持发展对农民增收有显著作用的多种经营项目。1994 年，适应农业结构调整和发展高产、优质、高效农业的要求，农业综合开发提出：“要把保持粮棉等主要农

产品稳定增长与增加农民收入的目标统一起来。要在保持粮棉等主要农产品稳定增长的基础上，搞活多种经营。”同年，农业综合开发单独设立多种经营项目，加大了对养殖、农产品加工等项目的扶持力度。1998年以来，农业综合开发实行“两个转变”，突出“两个着力、两个提高”，在坚持改善农业生产基本条件的基础上，进一步加大了参与农业结构战略性调整、促进农业产业化经营的力度，重点扶持优势农产品基地建设和有利于促进优势农产品发展与农民增收的国家级、省级重点农业产业化龙头企业，提高农业效益，增加农民收入。1994—2002年，农业综合开发共投入多种经营项目资金416.2亿元。1988—2002年，农业综合开发累计扶持经济林、蔬菜、花卉、药材等种植业基地1 834万亩，发展水产养殖基地598万亩，扶持了4 032个农产品加工和农业生产服务项目。1998—2002年，农业综合开发先后扶持中央财政投资200万元以上的农业产业化龙头企业467家，其中133家被农业部等8部委联合命名为全国农业产业化重点龙头企业。1998—2002年，农业综合开发项目区农民人均纯收入比同期全国平均水平高222元。

（四）加强农业生态建设，促进农业可持续发展

农业综合开发坚持山水田林路综合治理，工程、农艺和管理措施综合运用，加强农田林网建设和草原（场）工程建设，改善农业生态环境。1988—2002年，农业综合开发累计投入生态建设资金58.6亿元，共建设草原（场）3 530万亩，造林1.75亿亩，沙地治理143.9万亩，新增农田林网防护面积2.7亿亩。为了保证粮食等主要农产品供给，1999年以前，农业综合开发适量开垦了部分宜农荒地。1988—1999年，共开垦宜农荒地2 989万亩。从2000年开始，农业综合开发不仅停止了所有宜农荒地的开垦，而且加大了生态建设力度，重点支持跨省区、跨流域的生态项目建设，大力支持退耕还林还草，治理水土流失和沙漠化。在长江流域和黄河流域，选取生态环境相对脆弱的23个县进行生态农业示范工程建设。在长江和黄河上中游地区，开展了水土保持项目建设和长江中上游防护林项目建设。加大了环京津地区防沙治沙和太行山绿化工程建设力度，增加了黄河故道沙地治理项目，为实现山川秀美做出了贡献。

（五）加速农业科技成果转化，提高农业市场竞争力

农业综合开发十分注重科技投入，强调把科技开发和资源开发结合起来，不断加大科技措施投入，大力推广优良品种和配套技术，加速农业科技成果转化。1988—2002年，农业综合开发累计扶持了2.8万个基层农技服务组织，开展农民技术培训1.03亿人次。从1999年开始，国家农业综合开发办公室安排专项资金，用于扶持科技示范项目建设，推动农业科技进步。截至2002年，农业综合开发用于农业科技的投入为14.4亿元，其中中央财政资金4.2亿元，地方财政配套资金3.9亿元，其他方面投入资金6.2亿元；扶持了69个农业高新科技示范项目、50个科技推广综合示范项目和12个农业现代化示范项目；引进、示范、推广优新种养品种2 593个、先进适用技术1 252项。农业综合开发为促进我国农业科技进步，提高农业市场竞争力，发挥了重要作用。

（六）调整完善政策，建立健全制度，规范农业综合开发各项工作

1988年以来，农业综合开发适应农业和农村经济发展需要，在不断总结经验的基础上，逐步调整完善政策，建立健全项目和资金管理制度。1989年，国务院办公厅转发了国家土地开发建设基金管理领导小组制定的《农业发展基金管理办法》和《农业发展基金开发项目管理办法》（国办发［1989］45号），明确规定了农业发展基金（农业综合开发资金）的来源、分配、使用和管理，规定了农业发展基金开发项目（农业综合开发项目）的确立、管理和竣工验收。1999年，财政部印发了《国家农业综合开发项目和资金管理暂行办法》（财发字［1999］1号），对农业综合开发指导思想、基本原则、项目分类和资金投向、立项条件、资金筹集和使用、资金管理和监督、前期准备、申报审批、项目实施、竣工验收、运行管护和组织管理等，作了明确规定。1994年，报请国务院办公厅

转发了财政部《关于农业综合开发的若干政策》。2002年，报请国务院办公厅转发了《关于农业综合开发的若干意见》，进一步明确了新阶段农业综合开发的指导思想和目标任务、扶持范围和建设内容、应遵循的原则、投入政策和机制、项目和资金管理的总体要求等内容。同时，根据国民经济和社会发展规划，先后制定了国家农业综合开发"八五"、"九五"和"十五"计划，确定了各个时期农业综合开发的目标、任务和政策措施。不断调整完善农业综合开发投入政策，制定完善财务管理办法、会计制度、工作规程等制度，规范农业综合开发各项工作。

（七）强化项目和资金管理，提高农业综合开发管理水平

农业综合开发借鉴世界银行贷款项目管理的经验，实行严格的项目管理。同时，适应社会主义市场经济、公共财政管理体制和农村改革要求，借鉴先进、科学的管理方式和管理手段，不断强化项目和资金管理。

1989—1993年，统称为农业综合开发项目。1994—1995年，分为农业综合开发土地治理项目、农业综合开发多种经营项目两大类。从1996年起，农业综合开发项目分为三大类：一是土地资源开发治理项目，包括中低产田改造、发展节水农业、建设优质粮食基地和优质饲料作物基地、草场改良、生态农业建设和工矿废弃地复垦等；二是多种经营项目，包括种植业，养殖业，农产品储运、保鲜、加工和批发市场建设等；三是示范项目，包括高新科技示范项目、科技推广综合示范项目、农业现代化示范项目、专项生态示范项目等。另外，还安排了一些专项项目，如水利骨干工程项目、长江和黄河上中游水土保持项目、长江中下游及淮河流域防护林项目、太行山绿化项目、名特优经济林项目、良种科研推广项目、秸秆养畜项目、育草基金项目、土地复垦和整理项目、防沙治沙示范项目等。这些项目统称为农业综合开发部门项目，由中央农口有关部门分别负责组织实施。

农业综合开发项目管理坚持的原则是：统筹规划，先易后难；突出重点，兼顾一般；规模开发，注重效益。项目管理程序分为前期准备、申报审批、项目实施、竣工验收和运行管护5个阶段。项目原则上实行一年一定的办法，自下而上申请，自上而下审定，并坚持立项条件，择优选定项目。土地治理项目、多种经营项目建设期一般为1年，科技示范项目一般为3年。逐步推行项目法人负责制、招投标制和工程监理制。

农业综合开发资金严格实行资金专人管理、专账核算、专款专用制度。中央财政资金，本着公平、公正、公开的分配原则和充分体现奖优罚劣的要求，实行综合因素分配法。推行财政无偿资金县级报账制、有偿资金委托银行贷款制。逐步推行项目资金公示制。同时，加强资金监督检查，严厉查处农业综合开发资金违规违纪问题。

三、农业综合开发的基本经验

农业综合开发15年的发展，不仅丰富了建设现代农业、发展农村经济、增加农民收入的理论和实践，而且使我们深化了对社会主义市场经济下政府如何支持和保护农业发展、如何完善财政支农方式和措施等问题的认识，积累了宝贵的经验。

（一）坚持改善条件，提高农业特别是粮食综合生产能力

加强以水利建设为主要内容的农业基础设施建设，改造中低产田，改善农业生产条件，提高农业综合生产能力，特别是提高粮食综合生产能力，始终是农业综合开发的首要任务和立足之本。农业综合开发把农业和农村经济发展中单纯依靠市场调节解决不好，农民一家一户想办但办不了、办不好的公益性和准公益性建设，作为支持的重点领域，综合运用工程、科技、生物等措施，解决制约当地农业生产发展的主要障碍因素，提高现有耕地的产出率。这对于保护和提高农业综合生产能力，长期保持我国农产品供求基本平衡，确保国家粮食安全，具有不可替代的重要作用。

（二）坚持综合发展，提高综合效益

农业综合开发尊重自然规律和经济规律，因地制宜，注重资源优势和比较优势，实行山水田林路

综合治理、农林牧副渔综合开发、人财物和科技等要素综合投入，在进行农业基础设施建设的同时，通过支持优势农产品产业带建设和特色农产品生产、推行农产品标准化生产、加快农业科技成果推广应用、扶持辐射带动作用强的产业化龙头企业、发展农业产业化经营等措施，促进农业结构的战略性调整，增加农民收入。15 年来，农业综合开发坚持将改善农业生产条件和改善农业生态环境有机结合，坚持以内涵开发为主，按流域或灌区统一规划，发展节水农业，加强农业生态建设，努力实现经济、社会和生态综合效益的统一。

（三）坚持民办公助，建立健全运行机制

按照“国家引导、配套投入、民办公助、滚动开发”的原则，农业综合开发在实施的过程中逐步建立健全以农民为主体、政府辅助和引导、社会各方参与的运行机制。这种运行机制，既发挥了财政资金的引导和支持作用，调动了农民和社会各方面的积极性，从上到下形成了多渠道、多形式吸引和增加投入的良好局面，又体现了“谁开发，谁受益”和“谁受益，谁投资”的原则，是我国财政支农体制的一项重要改革，符合社会主义市场经济体制和公共财政体制框架的要求，符合当前我国农业发展的客观实际，是稳定增加农业投入的长效机制。

（四）坚持合力开发，密切各部门相互协作

农业综合开发是一项系统工程，涉及到农业、林业、水利、财政等多个部门，中央和地方、政府和农民等多个方面，必须调动和发挥各方面的积极性通力合作。为此，农业综合开发坚持联席会议制度，各有关部门发挥各自的职能优势，密切协作，相互配合，形成合力搞开发的管理体制。根据国家关于农业综合开发的总体要求，地方各级党委、政府加强领导，各有关部门密切配合，围绕开发的总体目标，积极动员和组织广大干部群众，形成强大的合力，确保了农业综合开发顺利进行。

（五）坚持规范管理，确保资金使用效果

农业综合开发实施以来，坚持项目和资金管理的有机结合，建立了一整套比较完善的项目和资金管理制度，实行科学化、规范化和制度化管理。借鉴世界银行和其他方面项目管理的经验，农业综合开发不断提高项目管理水平。每一个项目的申报、评估、审批、实施、验收等环节都严格按规定程序和标准进行，做到项目管理科学化、规范化和制度化。同时，坚持按项目管理资金的原则，全面推行财政无偿资金县级报账制，逐步推行财政有偿资金委托银行放款制，严格资金的投向和使用范围，实行专人管理、专账核算、专款专用，严禁挤占挪用和用于人员开支，切实把全部资金用于项目建设上。

四、机构设置情况

（一）决策形式

1988 年，国务院成立了国家土地开发建设基金管理领导小组，统一领导和协调农业综合开发工作。从 1990 年起，这一领导机构更名为国家农业综合开发领导小组。1994 年国务院撤销国家农业综合开发领导小组以后，建立了国家农业综合开发联席会议制度，由原国务委员陈俊生同志主持召开。

1998 年政府换届以后，继续坚持国家农业综合开发联席会议制度，明确联席会议是农业综合开发的最高决策形式，负责议定农业综合开发的方针政策，协调解决农业综合开发的重大问题。联席会议由温家宝同志主持召开，成员单位有国家计委、财政部、农业部、水利部、国土资源部、国家林业局、中国人民银行、中国农业银行、中华全国供销合作总社。联席会议成员有国务院副秘书长马凯及各成员单位的有关负责同志。多年来，联席会议各成员单位围绕农业综合开发的总体目标，充分发挥本部门的优势，各司其职，各负其责，密切配合协作，形成了实施农业综合开发的强大合力。

地方各级政府也相应成立了农业综合开发领导小组或联席会议、协调小组，一般由分管农口工作的党政领导主持，组织协调本地区的农业综合开发工作。

（二）办事机构

1988 年，成立了国家土地开发建设基金管理领导小组办公室，作为领导小组的办事机构。1990 年这一办事机构更名为国家农业综合开发办公室，一直挂靠财政部。1994 年在财政部的“三定”方案中明确国家农业综合开发办公室设在财政部。1998 年机构改革后，国家农业综合开发办公室列为财政部的一个内设机构，同时也是联席会议的办事机构。根据联席会议制度的规定，农口有关部门选派人员到国家农业综合开发办公室联合办公，定期轮换。国家农业综合开发办公室的主要职责是：拟订农业综合开发的方针政策及项目、资金、财务管理制度；编制农业综合开发规划；管理和统筹安排中央财政农业综合开发资金；审批农业综合开发项目；组织检查农业综合开发项目执行情况等。国家农业综合开发办公室行政编制 28 人，内设 5 个处：综合处、计财处、土地项目处、多种经营项目处、科技处。2002 年中央农口有关部门选派到国家农业综合开发办公室联合办公的人员为 8 人。

各省（区、市）及列入开发范围的地、县，也设置了农业综合开发办事机构。2002 年省级农业综合开发机构有 27 个设在财政部门，6 个直属政府，3 个设在农业部门；机构的规格，约三分之一为副厅级，其余多数为处级，个别的是正厅级。

（三）评审机构

经中央编制委员会办公室批准，2001 年成立了财政部国家农业综合开发评审中心。评审中心在国家农业综合开发办公室办务会议领导下，受国家农业综合开发办公室的委托，开展项目评估、验收和中期检查、外资项目管理、业务培训、信息系统建设、技术交流等工作。评审中心为全额拨款事业单位，列事业编制 20 人，人员实行聘任制。下设 5 个处级机构，即评审处、外资处、培训处、信息管理处、技术交流处。

农业综合开发实施以来，取得了显著的成效，积累了丰富的经验，得到了党中央、国务院的高度重视和有关各方的充分肯定和支持。同时，农业综合开发也面临一些问题，主要有：开发的机制和体制与市场经济发展存在不相适应的地方；开发的面铺得过大，有些地方项目和资金安排比较分散，重点不突出，效益不高；有些地方项目和资金管理薄弱，违纪违规问题时有发生，有的还相当严重。对这些问题必须高度重视，在改革和发展中逐步解决。

在全面建设小康社会的新形势下，农业综合开发要以“三个代表”重要思想和党的十六大精神为指导，在财政部党组的正确领导下，认真贯彻落实党中央、国务院关于农业和农村工作及农业综合开发工作的方针政策，坚持解放思想，求真务实，与时俱进，扎实工作，进一步完善政策，创新机制，加强管理，转变作风，为推进农村小康建设，实现全面建设小康社会的宏伟目标，做出新的更大的贡献。

（国家农业综合开发办公室综合处供稿，李建民执笔）

农业综合开发资金投入与管理

农业综合开发由中央财政安排专项资金，带动地方财政、农民及其他资金综合投入，并明确规定资金的投向和使用范围，严格按项目管理和使用资金。

一、农业综合开发投入概况

1988—2002 年，农业综合开发累计投入资金 1 691.85 亿元，直接用于改善农业生产条件和生态环境及推进农业结构调整和农业科技进步，是国家

支持和保护农业发展的一笔数量可观的投入。

（一）投入构成

1988—2002年农业综合开发总投入1 691.85亿元中，中央财政资金484.08亿元，占28.61%；地方财政配套资金427.83亿元，占25.29%；银行贷款212.37亿元，占12.55%；自筹资金（含农村集体、农民群众和项目建设单位筹集的现金和以物折资）567.57亿元，占33.55%。从投入构成情况看，中央财政与地方财政配套投入的比例为1:0.9。在中央财政、地方财政、银行贷款、自筹资金这四项资金来源中，自筹资金占的比例最高（见图一）。

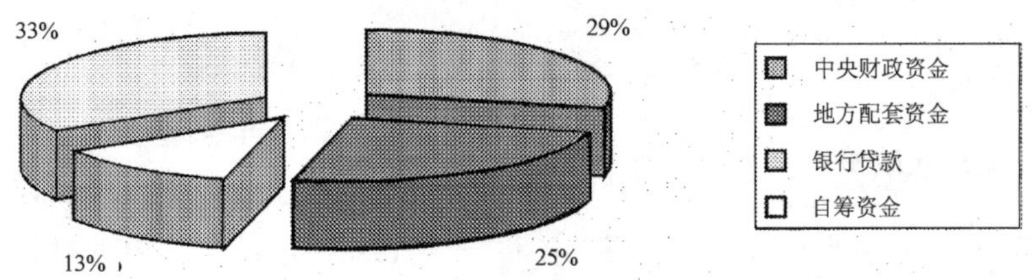

图一 1988—2002年农业综合开发资金累计投入情况

同时，1988—2002年项目区农民投入农业综合开发的劳动力累计达715 581万个工日，其中1999—2002年项目区农民共投入劳动力132 439.6万个工日，折合资金138.89亿元。

（二）增长幅度

1988年农业综合开发资金投入总额为17.84亿元，到2002年达到237.4亿元，年均增长20.31%。其中：中央财政资金由5.03亿元增加到76.19亿元，年均增长21.43%；地方财政配套资金由3.73亿元增加到61.59亿元，年均增长22.18%；银行贷款由2.33亿元增加到25.57亿元，年均增长18.66%；自筹资金由6.74亿元增加到74.05亿元，年均增长18.67%（见图二）。

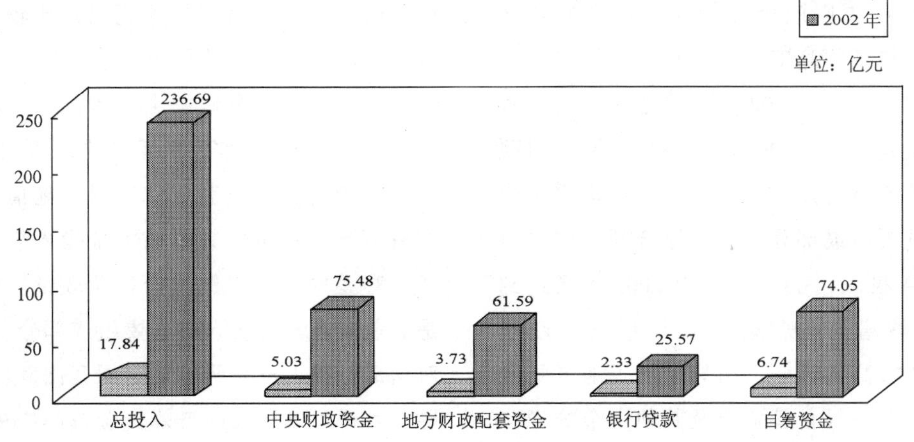

图二 1988—2002年农业综合开发资金投入情况

1988—2002年，农业综合开发资金总投入及各项资金投入均保持了较高的增长幅度。这充分体现了党中央、国务院和地方各级党委、政府及有关部门对农业综合开发的重视和支持。同时，也说明农业综合开发建立的以国家投入为引导、以农民为主体、社会各方参与的投入机制，符合社会主义市场经济体制要求和我国农业发展的客观实际，是我国农业投资体制改革的成功实践。

（三）资金投向

1988—2002年全国农业综合开发项目完成的总投资中，土地治理项目占69.52%，多种经营项目占29.46%，科技示范项目占1.02%。以农业基础设施建设为重点的土地治理项目始终是农业综合开发资金投入的重点（见图三）。

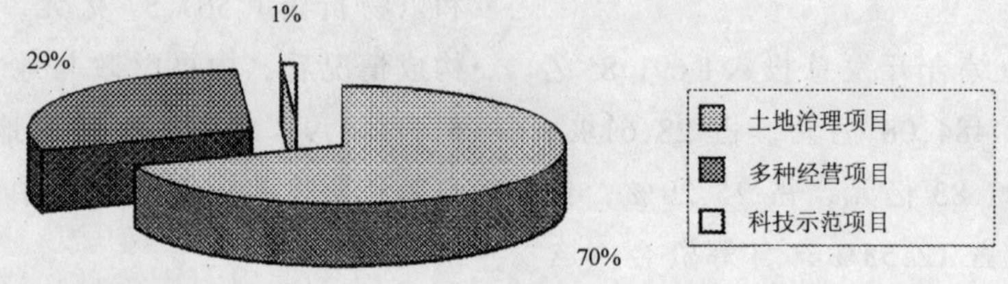

图三　1988—2002年农业综合开发资金投向情况

二、农业综合开发投入政策

农业综合开发在实施中逐步建立了“国家引导、配套投入、民办公助、滚动开发”的投入机制。这种机制，既发挥了国家资金的导向和支持作用，又体现了“谁开发，谁受益”的原则，调动了农民和社会有关各方面的积极性，从上到下形成了多渠道、多形式吸引和增加投入的良好局面。

（一）资金筹集

投入农业综合开发的资金，包括中央财政资金、地方财政资金、农村集体和农民自筹资金及其他资金（含银行贷款，下同），统一纳入国家批准的项目投资计划。

1.不断增加中央财政资金投入。农业综合开发中央财政资金包括预算安排资金和回收的有偿资金再投入。同时，1998—2002年，共将3亿美元世行贷款用于农业综合开发的加强灌溉农业二期项目，由中央财政统借统还，这部分资金也构成了中央财政投入的重要组成部分。农业综合开发中央财政资金从1988年投入5.03亿元，至2002年已达到76.19亿元，年均增长21.43%。由于中央财政资金的投入保持了较高的增幅，引导带动了地方财政资金、农村集体和农民自筹资金及其他资金的稳步增长，充分发挥了国家资金的导向和支持作用。但与农业综合开发“十五”计划确定的开发任务相比，中央财政资金的投入仍然存在缺口。今后要继续积极争取加大中央财政资金的投入力度。

2.逐步完善地方财政配套政策。农业综合开发坚持实行中央与地方财政按一定比例配套投入政策。配套比例的确定，由最初的全国“一刀切”改为按各地区财力状况区别对待。同时，为减轻地方配套压力，近年来逐步降低了地方财政配套比例，特别是降低了农业主产区和西部地区的配套比例。

1988—1993年，中央财政与各省（区、市）财政的资金原则上按1:1的比例配套投入。自1994年起，按照各地的财力情况，分别确定中央财政与地方财政配套投入比例，并体现对西部等财力困难地区的照顾。其中：各直辖市和计划单列市为1:2；西藏自治区为1:0.5；其他地区为1:1或1:0.9、1:0.8。同时，规定省级财政要承担地方财政配套资金总额的70%以上。此后，在2001年又下调了地方财政配套比例。

随着中央财政与地方财政配套比例的逐步下调，缓解了地方财政特别是县级财政的配套压力，但是配套资金不落实的问题仍然比较突出。为解决这一问题，财政部将继续下调地方财政配套资金比例，同时拟进行财政资金“倒配制”试点，即根据试点省（区）已经安排落实的地方财政配套资金，结合贯彻落实政策制度和项目实施情况、当年项目准备情况，确定中央财政资金投入规模。

3.适时调整农民筹资投劳政策。农民筹资投劳是农业综合开发投入的重要组成部分。1996年以前，对这部分投入没有明确规定配套比例。1996年开始，要求乡村集体和农民自筹资金按与中央财政资金1:1的比例配套投入。2000年，改为要求农村集体、农民群众自筹资金（包括现金和实物折资）和投劳折资至少应分别达到中央财政资金投入的50%。

4.积极吸引和鼓励其他资金投入。农业综合开发项目其他资金主要包括银行贷款及各类民间资本、工商资本和外资等。农业综合开发项目贷款原为专项政策性贷款，2001年起人民银行取消了该项政策性贷款，对用于农业综合开发项目的贷款按

商业贷款运作。为了吸引银行贷款等其他资金投入，农业综合开发加大了贷款贴息力度，财政部制定了《农业综合开发项目贴息资金管理办法》（财发［2001］38号），明确规定财政无偿资金可用于基建性质的各类农业综合开发项目贷款贴息。农业综合开发将继续通过贴息、补贴等灵活多样的扶持方式，吸引和鼓励金融资金、民间资本、工商资本和外资等投入农业综合开发。

（二）资金投向

农业综合开发实施初期，我国主要农产品供求矛盾比较突出，因此农业综合开发资金主要用于中低产田改造和开垦宜农荒地，增加粮、棉、油等主要农产品产量。从1994年起，随着主要农产品供求矛盾趋于缓和，为了把农业增产和农民增收有机地结合起来，规定以省（区、市）为单位，中央财政和地方财政投入的资金70%以上用于改善农业生产基本条件，30%以下用于发展多种经营和龙头项目以带动农产品的系列开发。银行专项贷款原则上30%用于改善农业生产基本条件，70%用于发展多种经营和龙头项目以带动农产品的系列开发。农村集体和农民自筹的资金主要用于农业基础设施建设。

从1999年起，为适应农业发展新阶段的要求，农业综合开发资金着重投向改善农业生产条件和生态环境、推进农业结构调整和增加农民收入的项目。规定以省（区、市）为单位，要分别将中央财政资金、地方财政资金、农村集体和农民自筹资金的70%以上用于土地治理项目，30%以下用于多种经营项目。农业综合开发贷款的投放则不再硬性规定用于两类项目的具体比例。

为发挥区域比较优势，优化农业区域布局，从2001年起，开始按区域确定各省（区、市）财政资金用于土地治理项目和多种经营项目的比例。其中：各直辖市（不包括重庆市）、计划单列市和东部沿海经济发达地区为65:35；中部农业主产区为70:30；西部地区为75:25；西藏自治区100%用于土地治理项目。2003年，又将直辖市（不包括重庆市）和计划单列市的比例调整为50:50。

为加快农业科技进步步伐，从1996年起，中央财政安排专项资金用于科技示范项目。1996年至2002年累计投入科技示范项目的资金为14.37亿元，其中中央财政资金为4.19亿元。

（三）资金投入方式

中央财政农业综合开发资金实行无偿与有偿相结合的投入方式。原则上投入公益性的财政资金实行无偿使用，投入非公益性的财政资金实行有偿使用。有偿资金回收后继续滚动用于农业综合开发。

1988—1993年，中央财政无偿、有偿投入的比例各占50%。从1994年起，以省（区、市）为单位分别确定中央财政无偿投入与有偿投入的比例，其中：西藏自治区为全部无偿投入；新疆、内蒙古、宁夏、广西、云南、青海、贵州7个省（区）为60%无偿投入，40%有偿投入；其他省（区、市）为无偿、有偿投入各占50%。全国中央财政有偿投入的比例有所降低，但仍接近50%。

从2001年起，根据各类项目公益性和非公益性投入的大小，分别确定中央财政资金无偿、有偿投入比例，不再以省（区、市）为单位确定中央财政无偿、有偿投入的比例。其中：土地治理项目为85:15（但西藏自治区土地治理项目为100%无偿投入）；多种经营项目为15:85；农业高新科技示范项目为80:20。调整以后，全国中央财政无偿、有偿投入的比例约为67:33。

中央农口部门农业综合开发项目也区别不同项目性质和效益的差异规定了四种无偿、有偿投入比例：水利骨干工程等公益性项目为100%无偿投入；长江、黄河上中游水土保持项目为85:15；良种科研推广等项目为70:30；秸秆养畜示范等有一定经济效益的项目为30:70。

地方财政资金无偿、有偿投入比例，由各省（区、市）参照中央财政资金无偿、有偿投入比例确定，并报财政部备案。

这种无偿与有偿投入相结合，有偿资金回收后继续滚动用于农业综合开发的投入方式，对提高资金的使用效益，扩大农业综合开发资金投入规模发挥了积极作用。然而，在多年的运行后，受各种主客观因素的影响，农业综合开发有偿资金在使用和管理中出现了滞留、抵顶等问题，且地方财政垫付情况突出，债务风险加剧。为解决上述问题，财政部将继续调整中央财政资金无偿、有偿投入比例，并积极探索经营性开发方式，即财政资金以参股形式投入，通过产权转让收入和国有资产投资收益实现自我积累和滚动发展。

三、农业综合开发资金分配

（一）中央财政资金按综合因素法进行分配

1998年以前，农业综合开发中央财政资金按基数法分配，即每年切块分配各地区资金时，在承认其上年投入规模作为基数的基础上适当增加。

从1999年起，每年对当年中央财政新增资金实行"基数＋因素法"分配。即，综合考虑各地区的资源条件、配套能力和工作质量等因素，计算得出其应分配的新增资金额。各地区1998年的投资规模仍被列为其投资的基数。

（二）确保农业综合开发投入重点

农业综合开发始终坚持以农业主产区为重点的方针。1988—2002年，投入黑龙江（含省农垦总局）、吉林、辽宁（不含大连）、内蒙、河北、河南、山东（不含青岛）、江苏、安徽、四川、湖南、湖北、江西、广西、云南、新疆和新疆生产建设兵团等17个农业主产区的中央财政资金为364.97亿元，占同期全国中央财政资金总投入的75.39%。今后，中央财政资金的分配仍应以农业主产区为重点，在采取"综合因素法"分配资金时，单独设立农业主产区因素，逐步提高该因素在全部综合因素中的比重。

四、农业综合开发资金管理

（一）农业综合开发资金管理的目标

农业综合开发资金管理要以提高资金使用效益为核心，以增加资金投入为保障，以强化管理、合理使用为手段，最终实现资金投向合理、管理规范、运行有序、监督有力、效益显著的目标。

（二）农业综合开发资金管理的内容

1.严格按照项目管理资金。农业综合开发借鉴世界银行项目和资金管理的经验，实行项目和资金管理有机结合，以资金投入确定项目规模，严格按项目管理资金。财政资金的拨借必须依据批复的项目计划，必须落实到具体项目上并严格按照规定的范围和用途使用，确保资金跟着项目走。这是农业综合开发项目和资金管理的一个显著特点。

2.明确资金使用范围。按照《国家农业综合开发项目和资金管理暂行办法》（财发字［1999］1号）规定，农业综合开发资金的使用范围主要包括小型水库、拦河坝、排灌站、机电井、灌排渠系（5个流量以下）、改良土壤、机耕路、农牧机械、草场围栏、畜禽棚舍、水产养殖池与设备、农田防护林、完善农业服务体系、农产品加工生产厂房与设备、农产品产地批发市场建设、科技推广、贷款贴息和前期工作费等。其中前期工作费由承担前期工作的建设单位按财政投资总额2%以内的额度控制使用，从地方财政配套资金中列支，按实际支出数计入工程成本。

3.实行"三专"管理。农业综合开发资金的管理实行"专款专用、专账核算、专人管理"的"三专"制度。即，农业综合开发资金必须严格按规定用途和范围使用，严禁挤占挪用；所有农业综合开发项目资金都应当分别纳入相应的专账核算体系，并严格执行《农业综合开发资金会计制度》（财发［2001］55号）；应配备专人管理和核算农业综合开发项目资金。实行"三专"管理，有利于全面反映农业综合开发资金的运动过程，有效控制支出，保证项目资金的安全有效运行。

4.财政无偿资金的管理。2001年，财政部制定的《农业综合开发资金报账实施办法》（财发［2001］11号）中规定，各级财政用于国家立项的农业综合开发项目无偿资金实行县级报账办法，财政无偿资金不再按照行政隶属关系由县级财政划拨到乡级财政，而是由项目建设单位或施工单位按照工程进度，到县级财政部门或农发机构报账。随着县级报账工作的全面推行，农业综合开发无偿资金的管理逐步走向规范化管理的轨道。

5.财政有偿资金的管理。主要包括以下三个方面。

（1）有偿资金的投放。财政有偿资金通过财政部门逐级承借，统借统还，各级财政部门之间签订借款合同。为保证有偿资金的合理投放和回收，从2000年

开始，财政部、中国农业银行选择吉林、黑龙江等8个地区进行委托银行贷款方式试点，即有偿资金借给用款单位时，由财政部门委托农业银行发放。这一投放方式解决了财政有偿资金放款的合法性问题，也使财政有偿资金债权债务得到了有效落实。

（2）有偿资金的回收。中央财政有偿资金用于土地治理项目的借款，自合同生效之日起第四年开始回收，每年偿还25%，第七年全部还清；用于多种经营、科技示范项目的借款，自合同生效之日起第四年开始回收，每年偿还50%，第五年全部还清。除多种经营项目按2‰的月费率收取占用费外，土地治理和科技示范项目均不收占用费。对按期、足额归还中央财政有偿资金的省（区、市），在下年度应安排的中央财政投资额的基础上，按已收回财政有偿资金本金的10%，奖励给这些地区用于安排农业综合开发项目。地方各级财政有偿资金的回收期限、回收日期，由省级财政部门确定。

（3）有偿资金延期还款和呆账核销。按照《农业综合开发财政有偿资金延期还款和呆账处理暂行规定》（财发字［2000］2号），由于借款人死亡、破产、遭受毁灭性重大自然灾害或意外事故等不可抗力影响，或受省级以上（含省级及计划单列市）政府批准的重点工程建设占地等因素影响，致使有偿资金难以按期足额回收的，借款人可申请延期还款或呆账核销。

（三）农业综合开发事业费

1999年以前，农业综合开发系统的事业费没有正规的来源渠道，只能从项目资金中列支，即地方各级农业综合开发办公室可按本级财政配套资金的1%提取业务活动经费。1998年，财政部在《关于在财政预算中安排农业综合开发事业费的通知》（财发字［1998］36号）中明确规定，1999年起，各级财政预算要根据当地农业综合开发事业发展的需要，合理安排本级农业综合开发事业费支出，自此农业综合开发事业费有了正常的来源渠道。事业费的使用范围包括项目评估费、检查验收费、培训费、专项研究费、宣传费、会议费、设备购置及维修费、业务招待费和联合办公人员公务费等。农业综合开发办公室有事业编制的，其事业编制人员的公务费、人员费和社会保障费可从事业费中列支。

五、农业综合开发资金监督和检查

（一）内部监督

财政部在《关于进一步加强农业综合开发资金管理的若干意见》（财发［2002］25号）中明确规定：各级农业综合开发办事机构要严格执行各项财经管理制度，建立健全农业综合开发资金审批、使用、管钱、管账相分离的内部监督机制，确保资金专款专用。对不按规定使用资金的，财政部门或农业综合开发办事机构可停拨项目资金或中止项目执行。项目建设单位要定期向财政部门或农业综合开发办事机构报告农业综合开发项目资金的使用和项目实施情况。各级财政部门和农业综合开发办事机构要定期对农业综合开发资金的拨付使用情况进行总结分析，于每季度终了时向上级财政部门报送季度报表，年终时编制资金决算。对于报送虚假报表的，一经发现，要给予通报批评，第二年不再给该地区安排新增资金。在完善内部日常监督机制的同时，农业综合开发每年还通过中期检查、专项检查、竣工验收等一系列措施，加强内部监督检查的力度。

（二）外部监督

1. 审计监督。审计监督是农业综合开发竣工项目验收工作必须履行的重要程序。国家审计署对农业综合开发资金实行定期专项审计制度，即每三年进行一次审计，审计报告作为国家验收的依据之一。地方各级审计部门采取每年审计一次的方法。审计监督的任务主要是监督项目计划执行情况，评价资金筹集、使用、管理和回收情况，全面查对有关政策法规和财务管理制度的落实情况，真实、完整、准确地提供审计报告。

2. 社会监督。农业综合开发推行项目资金公示制，即对项目工程建设地点、任务、投资和资金使用等重要内容进行公示，接受农民群众和社会各界的广泛监督。

（国家农业综合开发办公室计财处供稿，高永珍执笔）

加强农业基础设施和生态环境建设

1988 年以来，农业综合开发始终坚持把加强农业基础设施和生态环境建设作为基本任务，以改造中低产田为重点，改善农业基本生产条件，提高农业综合生产能力特别是粮食综合生产能力，为实现我国主要农产品由长期短缺到总量基本平衡、丰年有余的历史性转变，为保证国家粮食安全、增加农民收入、促进农业可持续发展做出了重要贡献。

一、着力加强农业基础设施和生态环境建设是农业综合开发的基本任务

我国人口多、耕地少、水资源紧缺的基本国情，决定了我们必须要始终重视农业基础设施和生态环境建设。1988 年，为解决粮食生产持续徘徊、粮食生产能力低而不稳的问题，党中央、国务院立足我国基本国情和农业发展实际，从全局的、长远的利益出发，做出了实施农业综合开发的重大决策，即以改造中低产田为重点，综合运用工程、科技、生物等措施，解决制约农业生产的主要障碍因素，进行山水田林路综合治理，提高现有耕地的产出率和水资源利用率，走以内涵开发为主的农业现代化道路。

农业发展进入新阶段后，农业综合开发的基本任务没有改变。1998 年，党的十五届三中全会进一步提出加强农业基础设施建设的具体目标，即：农业综合开发要以改造中低产田为重点，集中连片治理，力争平原地区大部分耕地实现旱涝保收、高产稳产，丘陵山区人均达到半亩以上高标准基本农田。

适应新阶段农业和农村发展的中心任务，农业综合开发在指导思想上实行了“两个转变”，在工作思路上突出了“两个着力、两个提高”，将促进农业结构调整和农民增收作为重要任务。在这些调整过程中，农业综合开发的基本任务进一步得到强化。在 1998 年召开的国家农业综合开发第一次联席会议上，温家宝同志指出：“农业综合开发要继续坚持把改造中低产田，改善农业基本生产条件作为重点，不断提高农业综合生产能力”。在 1999 年召开的国家农业综合开发第二次联席会议上，温家宝同志提出了“一个坚持”，即坚持改造中低产田，努力改善农业基本生产条件和生态环境。这是农业综合开发的主要任务，是提高农业综合生产能力的一项重大措施，也是发展高产优质高效农业的基础。在 2000 年召开的国家农业综合开发第三次联席会议上，温家宝同志提出：“农业综合开发要以改善农业基本生产条件作为基本任务。”在 2001 年召开的国家农业综合开发第四次联席会议上，温家宝同志强调指出：“着力加强农业基础设施和生态环境建设，提高农业综合生产能力。这始终是农业综合开发的基本任务，也是评价农业综合开发是否成功的主要标志。”因此，当前和今后很长一段时期内，农业综合开发的基本任务仍然是以农业主产区特别是粮食主产区为重点，加强农业基础设施和生态环境建设，保护和提高农业特别是粮食综合生产能力。不把重点放在加强农业基础设施建设上，农业综合开发就会丢掉存在的根本。

二、加强农业基础设施建设，保护和提高农业特别是粮食综合生产能力

1988—2002 年，农业综合开发以改造中低产田为重点，采取有力措施，切实加强农业基础设施建设，取得了显著的成效。

（一）不断加大对农业基础设施的投入

1. 农业综合开发的投入重点为农业基础设施建设。这个重点投向是由一系列政策制度来保证的。1994 年国务院办公厅转发财政部《关于农业综合开发的若干政策》（国办发［1994］72 号）规

定：中央和地方财政资金的投入，70%以上用于改善农业基本生产条件。2002年国务院办公厅转发财政部《关于农业综合开发的若干意见》（国办发〔2002〕13号）规定：原则上财政资金的70%用于土地治理项目。《国家农业综合开发项目和资金管理暂行办法》（财发字〔1999〕1号）规定：以省（区、市）为单位，要分别将中央财政资金、地方财政资金、农村集体和农民自筹资金的70%以上用于土地治理项目。土地治理项目进行的全部是农业基础设施建设，农业综合开发世界银行项目、水利骨干工程项目进行的也是农业基础设施建设。据此口径统计，1988—2002年，农业综合开发累计投入农业基础设施建设1 074.28亿元，占同期农业综合开发总投入的63%。其中：农业综合开发中央财政资金累计投入337.4亿元，占同期农业综合开发中央财政资金总投入的70%；地方财政配套资金累计投入315.5亿元，占同期地方财政配套总投入的73%。

2. 农业基础设施建设投入逐年稳定增长。随着农业综合开发不断推进，用于农业基础设施建设的投入逐年稳定增长。1988年农业综合开发用于农业基础设施建设的总投入为16.71亿元，2002年达到132.85亿元，增长了6.9倍，年均增长16%。其中：中央财政资金1988年为4.36亿元，2002年达到50.22亿元，增长了10.5倍，年均增长19%；地方财政配套资金1988年为3.28亿元，2002年达到44.67亿元，增长了12.6倍，年均增长20%；农村集体和农民群众自筹资金1988年为6.74亿元，2002年达到37.04亿元，增长了4.5倍，年均增长13%。资金投入的不断增长为农业基础设施建设提供了强大的财力保障。

（二）以农业主产区特别是粮食主产区为重点，加强农业基础设施建设

1. 明确界定主产区的范围。农业主产区是指农业生产在全国占有重要地位，能够提供较多粮、棉、油、肉、糖等关系国计民生的大宗农产品的集中产区。我国农业发展和粮食安全主要靠农业主产区支撑。稳住了主产区，就稳定了全国粮食供给大局。农业综合开发以农业主产区特别是粮食主产区为重点，有利于提高全国农业综合生产能力，保证主要农产品的有效供给，也有利于发挥区域比较优势和优化农业生产力布局。农业综合开发实施之初，就将农业主产区定位在东北平原、黄淮海平原。2002年依据各地主要农产品的产量、单产、国家定购量、耕地面积等主要指标，确定了黑龙江（含省农垦总局）、吉林、辽宁（不含大连）、河北、内蒙古、河南、山东（不含青岛）、江苏、安徽、四川、湖南、湖北、江西、广西、云南、新疆和新疆生产建设兵团等17个省级单位为农业主产区，其中前13个为粮食主产区。

2. 在资金投入和建设任务上以主产区为重点。随着开发范围的不断扩大，对主产区的重点投入也逐年增加。据测算，1988—2002年，农业综合开发对农业主产区投入中央财政资金364.97亿元，占中央财政资金总投入的75.39%；在主产区改造中低产田3.15亿亩，占全国同期农业综合开发改造中低产田面积的79.75%；新增主产区粮食生产能力601.6亿公斤，占农业综合开发新增全国粮食生产能力的83%。同时，农业综合开发也是国家直接支持主产区农业发展的一笔为数不小、实实在在的投入，通过持续、稳定的支持，对主产区县域经济的发展发挥了重要作用。

（三）以农田水利设施建设为重点，实行山水田林路的综合治理

农业综合开发针对制约农业生产的各种障碍因素，通过综合运用水利、农业、林业和科技等措施，对中低产田进行山水田林路综合治理。1988—2002年，全国用于水利措施的投资额667.4亿元，占总投入的63.8%；农业措施投资额228.9亿元，占总投入的21.9%；林业措施投资额84.2亿元，占总投入的8%；科技措施投资额31.5亿元，占总投入的3%。此外，为了有效改善农业灌溉的外部条件，保障农业综合开发项目区的需要，农业综合开发还扶持了一大批与项目区密切相关的中型灌区工程，累计投入资金27.4亿元。

（四）适应新阶段农业发展要求，将改造中低产田与调整农业结构紧密结合

为适应新时期农业和农村经济发展的新变化，

自1999年起，农业综合开发认真贯彻国务院关于农业综合开发要实行“两个转变、两个着力、两个提高”的开发方针，由以前以增加农产品产量为主，转到积极促进农业结构调整和依靠科技进步大力发展优质、高产、高效农业上来。农业综合开发及时设立和实施了“优质粮食基地”和“优质饲料粮基地”项目，将改造中低产田与发展优质农产品生产基地有机结合，并不断加大投入力度，扩大优质粮食和饲料作物生产基地的建设面积，有力促进农业综合开发项目区的农业结构优化调整。1999—2002年，累计建设优质粮食基地1 138.27万亩，优质饲料粮基地300.7万亩。

（五）显著改善了农业生产基本条件

通过加强农业基础设施建设，农业综合开发项目区基本达到了田成方、林成网、渠相通、路相连、旱能灌、涝能排、渍能降的要求，初步建成了一大批优质、高产、稳产、节水和高效农田，农业生产基本条件有了显著改善，抗御农业自然灾害能力也有了明显提高。1988—2002年全国累计修建小型水库9 572座，建设灌排渠系149.3万公里，新打和配套完善机电井101.63万眼，修建机耕路52.53万公里，购置配套农机具81.20万台（套），造林1.08亿亩，扶持农技服务站2.99万个，累计培训项目区农民、农技服务人员等1.03亿人次。通过15年的建设，全国累计改善和新增灌溉面积3.6亿亩，新增和改善除涝面积1.7亿亩，改良土壤2.38亿亩，新增机耕面积2.13亿亩，新增农机总动力1 566.24万千瓦。农业综合开发通过加强农业基础设施建设，对资源进行有序开发和合理利用，不但稳步提高了农业特别是粮食综合生产能力，而且有效地保护和改善了农业生态环境，推动了我国农业的可持续发展，为国家粮食生产的长久安全提供了有力保障。

（六）提高了主要农产品的生产能力，增加了农民收入

由于农业基本生产条件的显著改善，项目区抵御自然灾害能力的明显增强，农业综合生产能力特别是粮食生产能力得到了较大提高。1988—2002年全国项目区累计增加粮食生产能力724.85亿公斤，新增棉花生产能力14.16亿公斤，新增油料生产能力35.69亿公斤，新增糖料生产能力232.89亿公斤。全国项目区主要农产品生产能力特别是粮食生产能力有了极大的提高，为结束我国主要农产品供应的“短缺”状况做出了重要的贡献。粮食短缺时期，农业综合开发增加粮食产量，就增加了农民收入。20世纪90年代中期以后，适应农业发展新阶段的要求，农业综合开发主动加大对优质高产高效农业的扶持力度，将促进农业增效和农民增收作为中心任务，采取了有力措施，主要是：坚持加强农业基础设施建设，改善农业生产条件，提高农业抗灾能力，降低农业生产成本，夯实农民增收的基础。据典型调查统计，每改造一亩中低产田，可节约水电费等生产开支87元。同时，将中低产田改造与结构调整紧密结合，大力发展优势农产品生产基地，直接带动了农民增收，2002年项目区农民人均纯收入高于全国平均水平220元。农业综合开发之所以能够有效促进农民增收，就是因为遵循了自然规律和经济规律，充分尊重农民的意愿，实行民办公助，重点投入与农民生产有着直接密切联系的小型农田基础设施，解决了农业生产过程中农民一家一户想办又办不了、办不好的事情。从而在有效地调动农民生产积极性和提高粮食综合生产能力的同时，也显著地促进了农民增收，得到了广大农民群众的拥护和称赞。

三、加强生态环境建设，促进农业可持续发展

加强生态环境建设，是农业综合开发的主要任务之一。15年来，农业综合开发积极支持农田林网建设、草原（场）建设、防沙治沙及跨流域的生态建设项目，为改善农业生态环境，促进农业可持续发展，做出了重要贡献。

（一）项目类型及布局情况

农业综合开发一直注重生态环境建设。1988年，农业综合开发立项初始，针对当时草场退化严重的状况，设立了草原（场）建设项目，重点支持内蒙、青海、新疆等地进行人工种草、天然草场改良、划区轮牧、饲草（料）基地建设以及支持草原畜牧业发展的配套设施建设。1989年，在我国率

先实施了长江中上游流域水土保持项目和防护林体系建设项目。1998年以来，农业综合开发更加突出生态环境建设的位置，生态建设项目目前已发展到9类。这些项目分别由中央农口部门和地方农业综合开发机构实施。由中央农口部门实施的生态项目包括水利部的长江和黄河中上游水土保持项目，国家林业局的长江中下游及淮河流域防护林工程项目、太行山绿化示范项目和防沙治沙示范工程项目和农业部的育草基金项目。由地方农业综合开发机构实施的生态建设项目包括草原（场）建设项目，小流域治理项目，农业生态工程项目（含河北省坝上生态建设项目）和专项生态示范项目。

农业综合开发生态建设项目的实施范围，基本覆盖了全国重点生态治理区。如水利部和国家林业局实施的项目，建设范围涵盖了长江、黄河、淮河流域和太行山脉水土流失严重地区，甘肃省、内蒙古自治区等沙化严重地区以及山东、河北、河南等黄河故道沙化区等大部分生态脆弱地区，通过小流域的综合治理，大力推行退耕还林还草，治理水土流失和沙漠化。

（二）加大投入力度，明确主攻方向

1988—2002年，农业综合开发生态建设项目累计投入58.6亿元，占农业综合开发项目总投资的3.46%。1988年以来，农业综合开发生态建设项目的中央财政投资逐年增加，其中1999—2002年，中央财政用于生态建设项目的资金平均年度增幅达到33.6%，分别占当年农业综合开发中央财政资金的6.21%、6.25%、3.93%、9.26%。

农业综合开发生态建设项目的主要建设任务为培育人工草场，天然草场改良，修建草场围栏，营造防护林、水土保持林、水源涵养林，坡耕地治理，农村能源生态建设等。1988—2002年，农业综合开发生态项目主要建设任务完成情况为：草原（场）建设3 530.3万亩，造林17 455.05万亩，沙地治理143.9万亩。1988—1996年建设任务增长了10倍。1996年以后，虽然有大幅度提高项目建设标准的影响，任务量也保持了较高的水平。

（三）农业综合开发生态环境建设取得了明显成效

农业综合开发在停止新的开荒、加强农田林网建设的同时，充分发挥区域性、综合性优势，统筹规划生态环境建设，以环京津、河北坝上和西部地区为重点，扶持植树种草项目，并实行跨省区、跨流域的项目管理，提高了生态环境治理的综合效益，促进了农业可持续发展。

1. 提高了抗御自然灾害的能力

通过生态工程建设，项目区农业生产条件得到极大改善，为实现农业可持续发展奠定了坚实的基础。1988—2002年，全国项目区累计增加农田林网防护面积2.68亿万亩，为农业生产筑起了绿色屏障，使项目区农田得到有效保护，大大提高了抗御自然灾害的能力。陕西省榆林长城沿线风沙区，通过11年的农业综合开发生态建设项目的实施，减少了风沙的侵害和区域水土流失，使48.5万亩农田实现林网化，项目区的林木覆盖率提高3个百分点，沙区沙丘高度平均降低30%—50%，沙丘平均移速从5—7米降为0—1.68米，减少沙化面积130万亩。项目区的生态环境得到极大改善，初步步入良性循环的轨道，并成为沙漠绿洲农业的示范样板。

2. 减少了水土流失

1988—2002年农业综合开发项目区累计营造水土保持林1 677.93万亩，完成小型水利水保工程土方量25 390.8万方，减少土壤侵蚀量11 375.23万吨，控制水土流失面积98 294.06万亩。项目区水土流失的状况明显得到遏止和缓减，部分地区实现了“水不乱流，泥不下山”。

3. 增加了林草植被

通过生态工程建设，15年来累计完成人工种草和草场改良面积3 530.3万亩，造林23 080.6万亩。退化的草场得到改良，大部分项目区农田得到林网保护，仅1998—2002年项目区林木覆盖率就平均提高了1.62个百分点，已逐步出现了山川秀美的新景观。黑龙江省大庆市三环草场改良项目区，通过三年围栏休牧，林草覆盖度显著增加，牧草平均亩产由30公斤提高到110公斤，地表裸露率降至5%以下，消除了4平方米以上的裸露沙地。

4. 探索了防沙治沙的新途径，改善了京津地区周围环境

项目区通过太行山绿化、防沙治沙和河北坝上生态农业工程等项目建设，增加了林草植被，有效地改善了项目区及京、津、冀等地区的生态环境。仅1998—2002年五年间就完成沙地治理143.9万亩，京、津周围的荒山沙滩披上了绿装，起到了涵养水源、保持水土、防风固沙、调节气候的作用。

四、采取有力措施，进一步加强农业基础设施和生态环境建设

15年来，农业综合开发在加强农业基础设施和生态环境建设方面取得了显著成绩，得到了广泛赞誉。但是必须清醒地认识到还存在一些问题和不足，如投入还不能满足实际需要，农业基础设施建设的标准还比较低，对农业主产区的投入也有待进一步增强，生态建设项目还需要进一步突出重点，运行机制还需要进一步创新等。解决这些问题，需要采取更加直接、明确和有力的措施。

（一）进一步加强以中低产田改造为重点的农业基础设施建设

我国自然灾害频繁，干旱和洪涝是威胁粮食生产的主要灾害，其中以旱灾的影响最大。农业综合开发将坚持以中低产田改造为重点，加强小型农田水利设施建设，着重发展节水灌溉，积极探索旱作农业的路子，配套加强产前、产中、产后基础设施建设，并改造一批与中低产田改造密切相关的中型灌区，以进一步改善农业基本生产条件，建设高产、稳产、节水、高效的基本农田，进一步保护和提高我国农业特别是粮食综合生产能力，力争到2015年基本实现十五届三中全会提出的“力争平原地区大部分耕地实现旱涝保收、高产稳产，丘陵山区人均达到半亩以上高标准基本农田”的目标。同时，根据农业结构调整，支持优势农产品产业带建设的要求，农业综合开发将因地制宜地制定项目建设标准，逐步提高单位面积投资标准，将项目区建成适应主导产业发展需要的、较高标准的优势农产品生产基地。

（二）进一步加大对农业主产区特别是粮食主产区的扶持力度

为适应新形势的要求，农业综合开发将适当扩大农业主产区特别是粮食主产区范围，并重点扶持一批优质专用粮食产业带和农业大县（市）。今后农业综合开发每年将把中央财政新增资金的80%以上集中用于农业主产区特别是粮食主产区。考虑主产区财政困难的实际，农业综合开发将进一步降低主产区地方财政资金配套比例，并重点解决主产区地、县两级的财政配套困难，取消国家扶贫工作重点县的财政配套任务。

（三）进一步优化整合项目

要根据农业综合开发的主要任务，确定项目类型，突出每类项目的特色和主要建设内容，减少重复，同类归并。据此原则，将农业综合开发项目整合为土地治理项目和产业化经营项目两类。在整合后的两类项目中以土地治理项目为重点，在土地治理项目中则以中低产田改造项目为重点。中低产田改造的目标是建成优势农产品生产基地，原来的节水示范、优势农产品生产基地等建设内容相应补充到中低产田改造项目中来。中型灌区节水配套改造项目是根据需要新设置的一类项目，重点扶持为农业综合开发项目区提供灌排条件、设计控制灌溉面积5—30万亩的中型灌区灌排骨干工程设施的配套完善和节水改造。农业综合开发生态项目要与国家重点生态建设工程有所区别，有所侧重，要突出农业综合开发特色，避免与其他生态项目重复规划、重复投资、重复建设。

（四）进一步创新农业综合开发运行机制

适应社会主义市场经济和公共财政管理体制的要求，农业综合开发将进一步引入市场机制，利用市场手段，充分调动广大农民及社会各界参与农业综合开发的积极性，真正建立以农民为主体、政府辅助和引导、社会各方参与的运行机制，让农民得到更多看得见、摸得着的利益。要进一步完善农业综合开发自我积累、滚动开发机制，对农业综合开发已建项目工程，要通过移交、拍卖、租赁、承包等方式，及时明晰产权，将资产收益用于工程运行

管护或继续用于滚动开发，确保项目工程长期发挥效益。要进一步发挥财政资金投入的“四两拨千斤”的作用，通过扩大贴息规模等方式，吸引更多的民间资本、工商资本和外资等投入农业综合开发，逐步形成全方位、多渠道、多途径的农业综合开发的资金投入格局。

（国家农业综合开发办公室土地项目处供稿，吕彤轩执笔）

推进农业产业化经营

农业综合开发推进产业化经营的进程，是伴随着我国农业和农村经济的发展变化以及农业综合开发面临的形势任务而不断延伸的。1988—2002年，农业综合开发通过政策引导、增加投入、扶持项目、加强管理等方式，建基地，扶龙头，优化产业结构，延伸产业链条，有力地促进了产业化经营的发展，取得了显著成效。农业综合开发已成为国家财政扶持农业产业化的主要渠道。

一、农业综合开发扶持产业化的发展历程

（一）第一阶段：1988—1994年

从1998年开始大规模实施的农业综合开发，最初几年主要的目标是改造中低产田和开垦宜农荒地，提高粮、棉、油等主要农产品产量，改善粮食生产条件徘徊不前的状况。在这一时期，农业综合开发扶持产业化经营尚处于自发和探索的阶段。20世纪80年代，受中后期山东等地农业产业化经营实践取得初步成效的影响，在全国部分省（市）农业综合开发项目区结合中低产田改造等土地治理项目，安排了少量的种植、养殖业基地和小型农产品加工项目。其中，发展经济林365.69万亩，蔬菜30.49万亩，畜禽养殖4 345.89万头（只），农产品加工项目511个。虽然在这一阶段农业综合开发没有设立扶持产业化经营的专项资金，项目小，投入少，但通过项目实施，为农业综合开发项目区农民开辟了增收致富的新渠道，为下一阶段农业综合开发政策调整提供了实践基础。

（二）第二阶段：1994—1998年

随着粮食等大宗农产品产量逐年稳定增长，农业综合开发的任务和内涵也在不断拓展和深化。1994年5月国务院办公厅转发了财政部《关于农业综合开发的若干政策》（国办发［1994］72号），从政策和投入两个方面对农业综合开发扶持产业化经营做出了明确规定。文件指出，农业综合开发要在水土资源开发治理的同时，“以市场为导向发展多种经营，以龙头项目带动农产品的系列开发，把保证粮棉油肉糖等农产品的稳定增长与增加农民收入的目标结合起来”。“中央和地方财政资金的投入，70%以上用于改善农业生产基本条件，30%以下用于发展多种经营和农产品的系列开发”。自此，农业综合开发扶持产业化经营进入了政策引导和起步发展阶段。

农业综合开发推进产业化经营是以立项扶持多种经营及龙头项目的方式进行的。1994年6月，国家农业综合开发办公室颁发了《国家农业综合开发项目管理办法》（［1994］国农综字第29号）和《国家农业综合开发资金管理办法》（［1994］财农综字第2号），对多种经营项目和资金管理做出了规定，明确了投入多种经营项目的财政资金全部有偿使用。在此基础上，1995年12月颁发了《国家农业综合开发多种经营及龙头项目管理暂行规定》（国农综字［1995］141号），进一步明确了加强多种经营及龙头项目管理的若干政策意见。1995—1998年，各地用于扶持产业化经营的投入逐年增长，项目安排逐年增多。这期间共计投入中央财政资金24.6亿元，地方财政配套资金22.7亿元，农

业银行贷款46.2亿元，农民和企业自筹资金54.6亿元。这些投入扶持了一批农业产业化基地和龙头企业，推进了产业化经营的发展。其中，发展经济林346.45万亩，蔬菜110.47万亩，水产养殖189.1万亩，畜禽养殖8 437.63万头（只），扶持农产品加工项目1 521个。

（三）第三阶段：1998—2002年

1998年以后，我国农业和农村经济发展步入了新阶段，主要农产品实现了由长期短缺到总量平衡、丰年有余的历史性转变。1999年，适应农业和农村经济发展新阶段的变化要求，农业综合开发在指导思想和工作思路上实现了“两个转变”。第一个转变是从长远的、全局的利益出发，强调提高农业综合生产能力和保护农业生态环境；第二个转变是从我国农业发展阶段性变化的实际出发，强调调整结构，优化品种，提高质量，发展优质高产高效农业。1999年6月颁发的《国家农业综合开发项目和资金管理暂行办法》（财发字［1999］1号），对以前各类项目和资金管理办法进行了有机整合和重新修订，进一步明确了扶持多种经营项目要“推进农业产业化经营，促进农村经济结构的调整和优化”，“带动农民显著增收”的要求。

2001年7月温家宝总理在国家农业综合开发第四次联席会议上提出了农业综合开发要在坚持“两个转变”的基础上，努力实现“两个着力”、“两个提高”的任务。即，着力加强农业基础建设和生态环境建设，提高农业综合生产能力；着力推进农业和农村经济结构的战略性调整，提高农业综合效益。而要实现第二个任务，必须大力推进产业化经营。

为了进一步转变指导思想，推动农业产业化经营快速健康发展，2001年国家农业综合开发办公室颁发了《国家农业综合开发办公室关于发展农业综合开发多种经营的指导意见》（国农办［2001］95号）。文件分析了农业综合开发工作面临的形势任务，明确了农业综合开发的指导思想要围绕农民增收这一核心，积极推进农业产业化经营，促进农业结构调整，进一步提高开发效益。其中特别强调了推进农业产业化经营的重要意义、关键环节、扶持重点和优惠政策，对农业综合开发产业化龙头项目的扶持标准、资金投入比例等做出了明确规定。为了引导和推动各地的产业化经营，文件规定，从2002年开始各地要将多种经营项目中中央财政投资的30%用于安排产业化龙头项目［单个项目中央财政投资200万元（含）以上］。

在政策的推动和鼓励下，这一时期农业综合开发扶持产业化经营在各地得到了迅速发展，进入了不断增温的发展阶段。1998—2002年，共计投入中央财政资金54.9亿元，地方财政配套49.9亿元，银行贷款60.3亿元，企业和农民自筹资金90.7亿元。利用这些资金投入，兴建了一大批农业产业化种植、养殖基地，扶持了467个产业化龙头项目。

二、推进农业产业化经营的主要成效

1988—2002年，农业综合开发共投入用于发展产业化经营的中央财政资金81.5亿元，带动地方财政配套投入74.5亿元，银行贷款投入111.3亿元，企业和农民自筹投入148.7亿元。共建设包括经济林、蔬菜、花卉、药材等产业化种植基地1 474.58万亩，水产养殖基地596万亩，发展畜禽养殖场3.16亿（头、只），建设农副产品加工项目3 550个，农业生产服务项目482个。1998—2002年，农业综合开发所扶持的重点产业化龙头项目中，有133家被农业部等9部委联合命名为全国农业产业化重点龙头企业。

（一）扶持产业化链条的薄弱环节，促进了农业产业化的快速形成和发展

农业综合开发在扶持产业化经营过程中，本着缺什么补什么的原则，集中资金，连续扶持，突破瓶颈，完善了产业功能，加速了产业化的进程。

1998年海南省三亚市鲍鱼养殖已初具规模，但鲍鱼种苗紧缺，市场供不应求，严重制约了鲍鱼养殖产业的形成和发展。农业综合开发重点扶持了一批鲍苗繁育项目，其中三亚市西岛双林鲍鱼育苗项目投入财政资金300万元。项目建成后，鲍苗按规定限价在0.5元/粒，比市场售价每粒低0.2元，除少量留作成品鲍养殖外，大部分销售给本市以及周边琼海、临高等市县的养殖企业和养殖专业户，

极大地促进了鲍鱼养殖业的迅速发展。2000年，三亚市林旺、梅山、田独等项目区乡镇发展鲍鱼养殖专业户523户，沉箱养鲍6 500箱，实现产值1 014万元，农民人均纯收入增加1 733元。

农业综合开发连续投入财政资金1 460万元扶持的四川省阳坪种牛场奶牛养殖及乳品加工扩建项目，通过引进优质奶牛品种、改善种牛场基础设施、引进先进加工生产线等，使企业日处理鲜奶能力由5吨发展到90吨，加工产品的结构也由单一的全脂加糖奶粉发展到10个粉状系列和10个液态奶系列。得益于农业综合开发对产业化经营的扶持，该场由过去靠财政补贴的亏损企业，发展成为集人工种草、奶牛养殖、乳品加工、科研开发为一体的农业产业化示范基地。

（二）扶持产业化龙头企业，带动了基地和农户，促进了农业结构调整

农业综合开发坚持扶持有条件的龙头企业建设农产品生产、加工和出口基地，引进、开发、推广新品种和新技术，增强市场竞争力和对农民的带动力，极大地促进了农业经济结构的战略性调整，拓宽了农民增收致富的途径。

广东省从1998—2001年连续投入农业综合开发财政资金1 876万元，扶持温氏集团在新兴县建设肉鸡繁育基地和配套饲料加工项目。公司不断研究开发鸡苗新品种和高效饲养技术，降低肉鸡养殖成本，为合作养鸡户提供种苗、饲料、药物、技术及销售一条龙服务，保证农户每养一只鸡得到1.3元的利润，使农民“安安心心养鸡、稳稳当当赚钱”。通过这一项目的实施，带动新兴县发展养鸡户共4 300户，户均增收12 000元。

河北衡水京安集团有限公司通过实施优良种猪繁育养殖项目，带动了衡水市5个县发展生猪养殖，其优质种猪还远销至浙江、广东、福建等16个省。2001年公司所在地安平县建成万头以上规模养猪场16个，千头以上养猪场30个，百头以上养猪大户1 000个，养猪重点村80多个，出栏商品猪60万头，从事生猪养殖的农民人均收入达5 000元。生猪养殖业已成为当地农村经济的支柱产业。

（三）扶持优势特色农产品生产，促进了区域主导产业的形成，推动了地方经济发展

农业综合开发在扶持产业化经营过程中，注重发挥各地的资源优势和比较优势，大力扶持具有区域特色的优势农产品生产，进而培育区域主导产业，推动了地方经济的发展。

黑龙江省讷河市土壤气候条件适宜马铃薯种植，而且加工产品市场看好。农业综合开发将马铃薯作为主导产业予以扶持，2000—2001年共投入财政资金2 610万元，建设马铃薯良种基地2 400亩，优质马铃薯基地10万亩及年加工12万吨的马铃薯加工企业，有力地促进了马铃薯主导产业的形成。2002年全县种植马铃薯68万亩，总产110万吨，马铃薯产业实现总产值4.22亿元，其中加工企业实现产值2.4亿元，为财政增收1 600万元，占当地财政收入的11%。

吉林省德大公司肉鸡养殖基地建设和配套加工项目财政投入扶持资金3 300万元，2001年出栏商品鸡7 500万只，带动公司所在地德惠市周边7个县（市）60多个乡镇的养鸡户6 200户。该项目仅养鸡一项就转化玉米、大豆46万吨，相当于61万亩耕地的粮食产量。公司肉鸡产品实现销售收入1.2亿元，利税2 000万元。加上公司生产的饲料、种雏、豆粕、色拉油等其他产品，2001年德大公司共计实现销售收入34.7亿元，上缴税金9 000万元，占德惠市国税收入的74%。

（四）扶持产地批发市场及农产品检验检测等基础设施建设，完善了农业社会化服务功能

农业综合开发重点扶持了一批产地批发市场建设，为扩大农产品销售起到了桥梁和保障作用，为农业产前、产中、产后各个环节提供了有效服务，从而完善了农业社会化服务体系。

河北省魏县天仙果品批发市场、饶阳蔬菜批发市场、怀来京西批发市场，均是农业综合开发重点扶持的项目。三个产地批发市场共投入财政资金1 500万元，主要用于完善市场基础设施和配套的检测、检疫、气调保鲜、净菜加工服务等体系。随着市场功能的完善，吸引了周边十几个县的运销大户来此交易，并与大、中城市超级市场建立了固定的销售网络。2002年三个市场年交易蔬菜瓜果等

农副产品共 240 万吨，交易额达 36 亿元，已成为极具影响力的农产品集散中心。

三、扶持农业产业化经营的方针政策及措施

农业综合开发在推进产业化经营的过程中，坚持与时俱进，不断调整思路，完善政策，加强引导，鼓励和推动产业化经营持续快速健康发展。

（一）指导思想

把增加农民收入作为根本出发点和落脚点。立足各地的资源优势和比较优势，面向市场，依靠科技，积极推进农业产业化经营，扶持具有带动作用的龙头项目，建设各具特色的优质农产品基地，发展区域主导产业，促进农业结构调整，提高农业综合开发的整体效益。

（二）基本原则

1. 统筹规则，合理布局，因地制宜，突出特色；

2. 以经济效益为中心，以增加农民收入为前提；

3. 以市场为导向，以产品为着力点，以建设产业化链为纽带，培育主导产业；

4. 以龙头带基地带农户，实行产加销一体化经营；

5. 以科技进步为依托，产学研相结合，增强竞争能力；

6. 创新机制，激励竞争，鼓励形成利益共享、风险共担的实体。

（三）扶持重点

1. 优势农产品基地。包括优质果品、蔬菜、花卉、茶叶、中草药等种植基地，优质牛（肉牛、奶牛）、羊、猪、禽等畜产品养殖基地，优质水产品养殖基地；

2. 农业产业化龙头企业。包括农产品加工、储藏保鲜、产地批发市场等。

（四）主要措施

1. 稳定增加投入。随着中央财政对农业综合开发投资的逐年增加，用于扶持产业化经营的投资也呈稳步增长态势。在保证中央财政农业综合开发投资的 30% 用于产业化经营项目的同时，为了加快推进产业化经营步伐，体现政府对农业的支持和保护政策，从 2001 年起，中央财政用于产业化经营项目的投资由过去的全部有偿使用，调整为 85% 有偿使用，15% 无偿使用。

2. 加大对龙头企业的扶持力度。推进农业产业化经营，重点是抓好龙头项目的建设，提高项目的带动能力。农业综合开发扶持产业化龙头企业，鼓励发展现有企业的更新改造项目。对能够真正带动农民致富，与农户建立起利益共享、风险共担的经营机制的产业化龙头企业，不论何种类型，何种所有制形式，都一视同仁地予以扶持。对已经发挥带动作用并确有发展潜力的，予以连续扶持。对产业化龙头企业用于项目建设的贷款，在贷款期内给予一定的贴息补助。

3. 围绕优势主导产业，创建优势农产品生产基地。农业综合开发推进农业产业化经营，以立足国内市场，面向国际市场，充分发挥各地的资源优势和比较优势，合理利用各地农业自然资源为原则，结合全国农业行业发展规划，制定了重点扶持的产品及其引导发展的区域，积极创建具有市场竞争力的优势农产品种植、养殖业基地。

4. 注重科技的推广应用。农业综合开发在推进产业化经营过程中，注重新品种的引进繁育和高新技术成果的应用和推广。种植业重点推广高效新品种，优质、高产、无公害栽培技术，无毒种苗快速繁殖技术及工厂化育苗技术，病虫害综合防治技术，抗旱增产技术，微滴灌技术等。养殖业重点推广畜禽、水产优良品种，集约化规模生产技术，畜禽快速高效饲养技术，水产优质高效养殖技术，规模化养殖的疫病综合防治技术，大中型养殖场的废弃物综合治理及环境监测技术等。加工服务业重点推广农副产品加工技术，果品、蔬菜采后处理及气调保鲜技术，肉类冷藏、脱酸保鲜技术，水产品速冻保鲜技术等。

四、加强项目和资金管理，保障产业化经营项目顺利实施

农业综合开发推进产业化经营是以扶持项目为载体的，项目是否建设成功并发挥预期效益，是衡量产

业化经营成效的主要标志。因此，加强项目和资金管理尤为重要。

（一）加强项目前期工作

前期工作是项目管理的重要环节。产业化经营项目受自然风险和市场风险的双重影响，且项目投资中绝大部分为财政有偿资金，要保证项目实现预期效益和资金安全回收，必须做好项目前期工作，提高前期工作质量，把好选项关。随着农业综合开发扶持产业化经营的力度不断加大，项目前期工作也逐渐有所加强。特别是2001年以来，国家农业综合开发办公室每年都对加强产业化经营项目的前期工作进行专门布置，提出具体要求。一是要求各地按照国家农业综合开发政策要求，结合本地区农业发展中长期规划，认真做好项目规划，建立项目库，确定分年度的扶持重点。二是要按照产业化经营要求，采取以龙头带基地带农户的形式安排项目，缺什么补什么，抓好重点龙头项目建设，提高项目的带动能力。三是要求凡拟纳入年度计划的项目，都要经过认真的可行性研究和评估论证。可行性研究是前期工作的重要内容，但却是农业综合开发产业化经营项目管理的薄弱环节。为此，国家农业综合开发办公室专门制定了多种经营项目可行性研究报告编写大纲。四是要按照立项条件和择优立项的原则，严格筛选项目。

（二）严格立项条件，推行专家评审制

农业综合开发扶持产业化龙头项目的立项标准是：①投资规模较大、以财政资金扶持为主的单个项目，中央财政投资必须在200万元以上。以贷款扶持为主给予财政贴息的单个项目，贷款额必须在600万元以上。②产品科技含量高，市场潜力大，具有市场竞争优势。③预期效益好，具有资金偿还能力。④带动能力强，生产、加工、销售、服务各环节利益联结机制健全，能切实带动项目区农民增收致富（农副产品加工、储藏、保鲜所需原料三分之二以上来自农户）。⑤项目单位资信度高，经营管理能力强，有较好的经营管理机制。凡不符合上述标准的项目不得申报。

按照分级管理的原则，国家农业综合开发办公室负责对中央财政投资超过200万元（含）的产业化龙头项目进行评审，并从2001年开始推行专家评审制，在项目评审中坚持择优立项，严格评审标准。农业综合开发扶持产业化龙头项目的评审标准是：①符合国家产业政策和相关行业发展要求，符合农业综合开发多种经营项目的扶持范围和扶持重点。②依托当地资源禀赋，面向市场需求，对农业结构调整优化有明显促进作用，对培育优势产品和优势产区起到积极带动作用。③符合农业产业化经营要求，市场、龙头、基地、农户联系紧密，能形成贸工农一体化、产加销一条龙的生产经营体系，利益分配机制合理，带动农民增收效果显著。④产品工艺技术和生产设备先进适用、经济合理。种植业及养殖业项目选择国内近期的优良品种或引进国外的优良品种；加工业产品达到国内先进水平或领先水平。⑤产品竞争优势明显，市场前景广阔，销售渠道畅通，销售方案切实可行。⑥符合环境保护和农业可持续发展要求，养殖业、加工业的“三废”排放指标达到相关环保标准。⑦预期经济效益较好，投入产出比、投资利润率、投资内部收益率一般应高于同行业基准收益率，投资回收期一般不超过5年。项目具备一定的抗风险能力，财政有偿资金还款计划落实。⑧企业财务状况良好，自筹资金来源有保证，经营管理机制适应社会主义市场经济要求。

（三）加强资金管理，保证资金真正用在项目上

从2001年开始，农业综合开发安排了少量无偿资金用于扶持产业化经营项目。为了保证资金安全运行并发挥最佳效益，按照公共财政支出要求，坚持扶持与监管相结合的原则，国家农业综合开发办公室制定了《农业综合开发多种经营项目财政无偿资金使用具体规定》（财发［2002］57号），明确了无偿资金限用于必要的公益性基础设施建设、科技推广、贷款贴息和前期工作费四项，并严格执行县级财政报账制，强调了要把有限的无偿资金真正用在项目上，并随项目安排使用，避免无偿资金安排的随意性。

五、存在的问题

农业综合开发在推进产业化经营中虽然取得了

显著成效，探索出了不少成功的经验，但也存在一些不容忽视的问题。突出表现在，有些地方产业化项目小而散，竞争力不强，效益不高；部分地方存在着有偿资金滞留、抵顶、空转现象；产业化经营项目的中期检查和运行监管不够等。

从机制上看，形成上述问题的原因主要有以下几个：第一，过去的产业化经营项目管理带有很浓厚的计划经济的管理痕迹，多年来一直硬性下达多种经营项目投资控制指标。一些地方为使国家的投资不受影响，勉强拼凑项目计划。第二，多种经营项目扶持方式单一，与市场经济和公共财政的要求不相吻合。第三，农业受自然和市场双重风险影响，比较效益低，而有偿资金比例偏高、回收期偏短且100%回收，致使有些地方不敢轻易借出。第四，分级管理责任不够清，项目评审不够规范等。

（国家农业综合开发办公室多种经营项目处供稿，付涛执笔）

推动农业科技进步

科技投入是农业综合开发投入的重要组成部分。为不断提高农业科技含量，推动农业科技进步和农业结构调整，历年来，农业综合开发逐步加大对科技的投入力度，大力推广应用先进适用的农业技术，引进、示范处于农业科技发展前沿的高新技术，加强农民技术培训力度，努力在农业科技进步中发挥示范和带头作用。

一、农业综合开发科技投入概况

农业综合开发资金中的科技投入，主要包括土地治理项目中的科技投入、多种经营项目中的科技投入和专项示范项目投入三个部分。

土地治理项目及多种经营项目中的科技投入主要是在项目投资中规定一定比例，用于项目技术服务、技术培训、推广良种良法及购买必要的仪器设备等公益性投入。

1999年，面对我国粮食供求已基本实现平衡，急需实现农业结构的战略性调整和增加农民收入的新形势，农业综合开发作为国家宏观保护、支持农业和农村经济建设的重要工作，明确提出要进一步加强科技工作，以调整农业结构，增加农民收入，提高农产品的综合生产能力和市场竞争力为目的，集中少量资金，设立专项示范项目。这类项目以示范推广先进适用农业技术为主要建设内容，通过推进农业产业化经营，达到促进区域优势产业升级、提高优势农产品竞争力、调整农业结构、增加农业效益和农民收入、探索形成不同区域优势产业的先进适用技术支撑体系的目的。专项示范项目分为高新科技示范项目、科技推广综合示范项目和农业现代化示范项目。高新科技示范项目侧重于生物工程技术、农业信息技术、新型材料技术和其他前沿农业技术等农业高新技术的示范应用。科技推广综合示范项目侧重于大规模推广应用先进适用农业技术，促进区域农村经济发展。农业现代化示范项目重点在于加强农业基础设施、投入要素、农业科技和经营管理体制等方面的建设。

二、不断加大对科技的投入力度

“科学技术是第一生产力”。农业综合开发自1988年实施以来，就高度重视科技推广工作。土地治理项目的治理措施中就有一项是科技推广措施，主要用于技术培训和项目区乡（镇）农技、农机服务站购置小型仪器设备，项目区组织推广优良品种和模式化种养技术。2002年国务院办公

厅转发的财政部《关于农业综合开发的若干意见》（国办发［2002］13号）规定，要进一步加大科技投入力度，逐步将财政资金中科技投入比例提高到10%。

1999—2002年，农业综合开发科技方面总共完成投入20.76亿元，其中土地治理项目科技推广6.39亿元，科技示范项目14.37亿元。

到2002年，农业综合开发科技投入显著增加，完成总投入8.91亿元，是1999年的4.1倍。其中土地治理项目科技推广2.01亿元，科技示范项目6.9亿元，分别是1999年的1.9倍和6.1倍。科技投入约占农业综合开发总投入23.67亿元的3.76%，比1999年增加2.61个百分点。科技总投入中财政投入5.83亿元，约占农业综合开发财政总投入137.07亿元的4.25%，比1999年高出2.34个百分点。

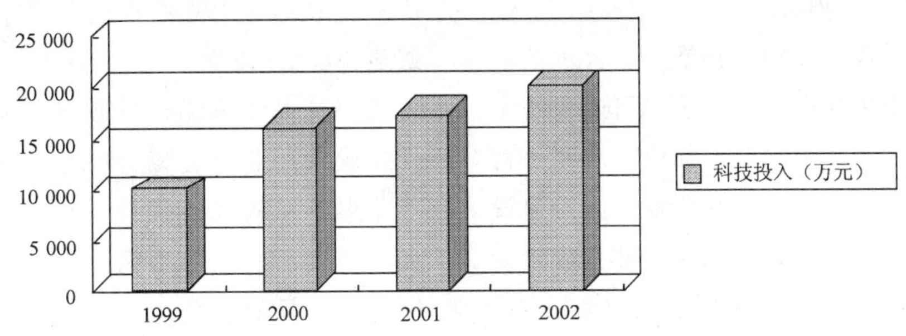

图一　1999—2002年土地治理项目科技投入增长情况

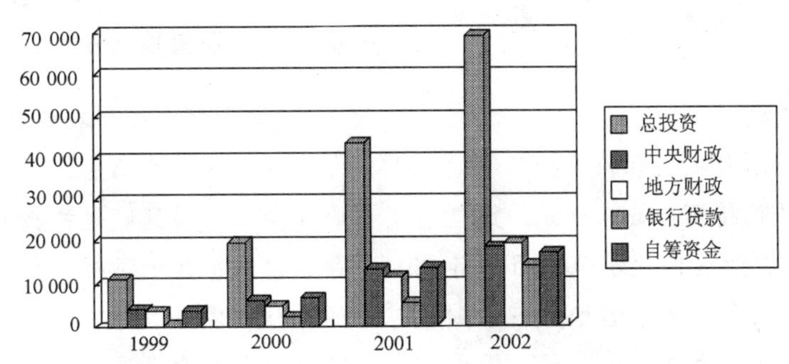

图二　1999—2002年专项科技示范项目投入增长情况（万元）

三、加强科技示范项目建设

1999—2002年，科技示范项目完成投入14.37亿元，其中中央财政资金4.19亿元，地方财政配套资金3.93亿元，银行贷款2.17亿元，自筹资金4.07亿元。对131个科技示范项目进行了立项，其中农业高新科技示范项目69个，科技推广综合示范项目50个，农业现代化示范项目12个。除个别项目一次性扶持之外，多数项目按照农业科技示范推广的特点一定3年。科技示范项目较少，但立项管理较严，有特定的立项条件、建设内容和资金支持政策，并且全部由国家农业综合开发办公室组织评审确立项目。

（一）立项条件

1. 符合国家农业科学技术政策，项目主导产业清晰，资源优势明显，市场发展前景良好，农民增收显著。

2. 主体示范技术先进适用，示范推广的价值较大。高新科技示范项目一般要有两项以上（含）的农业高技术，并与常规技术组装配套。

3. 项目承担单位原则上要有较强的经济实力、市场开发能力、项目管理能力以及市场化的项目管理运行机制。

4. 按照市场经济法则，选择有较强技术力量的技术依托单位参与示范项目建设，鼓励技术依托单位和技术人员创办、领办部分项目内容或者参股开发，使项目具有长期技术示范带动能力。

5. 财务预算实事求是，投资金额核算准确，财政无偿资金使用符合公共财政政策，预期效益显著，具备较强的抗风险能力。

6. 农业现代化示范项目立项条件还要求项目乡镇农村社会经济发展水平较高，与全国相比，东部地区农民人均纯收入应高 100%以上，中西部地区应高 50%以上。

（二）主要示范建设内容

农业高新科技示范项目和科技推广综合示范项目重点围绕区域优势主导产业进行技术引进和技术示范推广，加强项目区乡镇农业、林业、水利、畜牧、兽医、农机等农业技术服务站所服务能力建设（包括种植、养殖优质种源基地和集中榨奶站建设等），同时完善产业化种养基地路、沟、水、电、林等配套基础设施建设，进一步扶持产业化龙头农产品加工能力建设。除以上内容，农业现代化示范项目示范建设内容还包括农业资源保护和生产生活环境整治。

（三）资金扶持政策

每个农业高新科技示范项目和科技推广综合示范项目三年的中央财政扶持资金 600 万元，无偿有偿比例为 80:20。每个农业现代化示范项目三年的中央财政扶持资金 900 万元，要求省地县三级财政各配套 600 万元、300 万元和 1 200 万元，无偿有偿比例为 65:35。

财政无偿资金主要用于：技术引进，技术示范推广补贴，技术培训，农业技术支持和服务能力建设补助，产业化种植基地配套完善一般的灌排设施、农用道路和 35kv（含）以下输变电设施建设，产业化养殖基地配套完善一般的灌排设施、农用道路和 10kv（含）以下输变电设施建设，产业化龙头加工企业的少量技术改造补助，前期工作费用和贷款贴息等。

四、科技投入取得明显成效

1988—2002 年，农业综合开发土地治理项目科技推广支持完善乡镇农业技术服务站建设 28 312 个次，对农民开展先进适用技术培训 1.03 亿人次，明显提高了项目区乡镇农业技术服务能力，示范推广了一大批先进成熟的适用技术，显著提高了农民科学种田的水平，促进了农业结构调整，提高了农业效益，增加了农民收入。

1999—2002 年，通过农业科技示范项目建设，农业综合开发项目区引进、示范、推广优新种养品种 2 593 个，示范、推广、应用先进适用技术 1 252 项，不算辐射带动，仅示范推广规模就达 403.24 万亩，总结形成了一些先进、成熟、适用的技术体系和开发模式，有效地推动了农业科技成果产业化进程。一批具有发展前景的主导产业得到了较大的扶持，项目区农业产业化经营水平得到了明显的提高，较大幅度地提高了区域优势农产品的市场竞争力，显著地提高了农业效益，增加了农民收入。

五、适应新阶段发展要求，加大科技投入力度，积极探索扶持新方式

（一）努力提高农业开发科技含量和效益

我国的农业落后，说到底是科技落后。国际间农业竞争，说到底是科技的竞争。而农业的根本出路，最后也在于科技。科技决定着未来农产品市场的份额和农业发展的前景，决定着农民收入的增减，决定着农业和农村经济结构的调整质量和效果。面对世界上科技日新月异发展的形势，我国必须走用科技推动农业发展的道路。我国农业发展的科技贡献率是 42%，同发达国家的 60%—80%相比还有很大差距。农业综合开发中农业科技进步贡献率是 45%，同全国平均水平相比仅高出 3 个百分点。这两个数据说明，农业综合开发在依靠科技进步方面虽然已经取得了一定的成绩，但是还有很大潜力可挖。因此，今后农业综合开发要不断提高对科技方面的投入比重，全面提高项目的科技含量，积极支持项目区良种繁育和推广体系建设，广泛采用先进适用的技术来全面提高农产品质量、效益和国际竞争力，进一步提高农民科技文化素质。

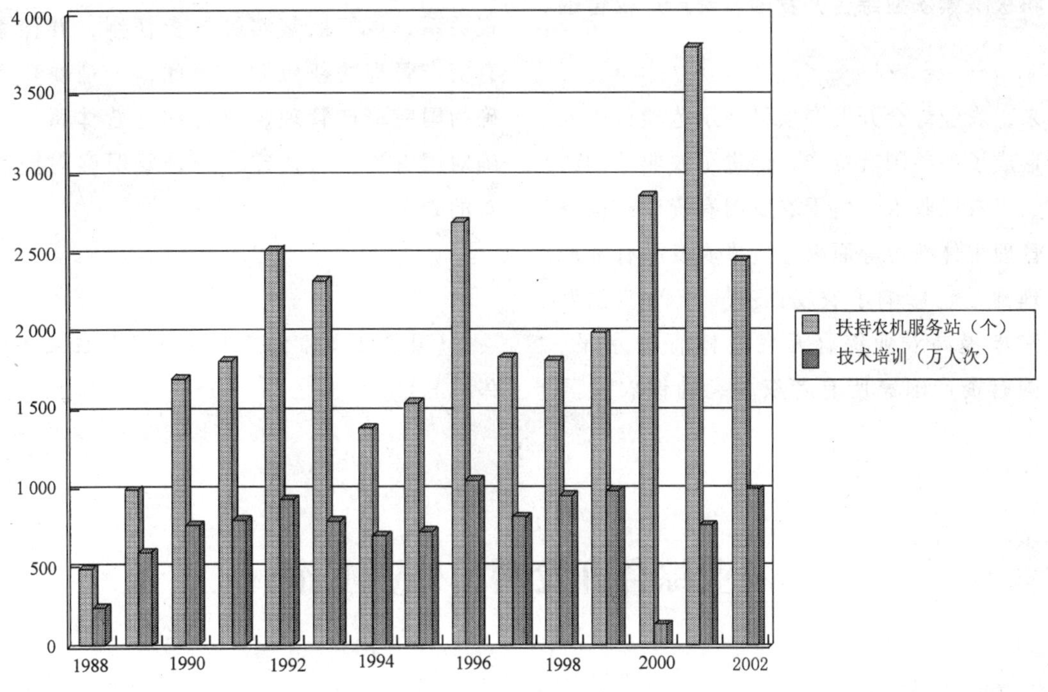

图三　1988—2002 年土地治理项目科技措施任务完成情况

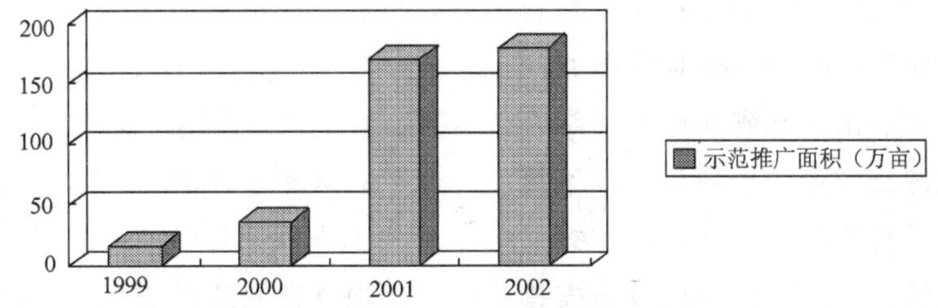

图四　1999—2002 年专项科技示范项目示范推广面积情况

（二）大力推进农业产业化经营，努力提高农业生产的组织化程度

农业综合开发进行土地治理开发和多种经营项目扶持已有十几年了，为我国农业向现代化迈进打下了坚实的基础。我们的经验是，要依靠土地治理和多种经营的建设基础，积极探索有效的形式，重点支持有市场、有效益、带动效应大、农民受惠多的龙头企业、合作经济组织和专业协会的发展，引导和组织千家万户进行标准化生产，努力提高农产品质量标准和科技含量，实行品牌化上市，使农民的生产与市场需求有效对接，促进农民收入的稳定增加。

（三）突出重点，创新机制，促进科技开发良性发展

开发项目的选择和开发措施的制定必须有科学的依据。在土地治理项目中要大力推广节水技术和旱作农业技术，加快种子、种苗和种畜繁育体系建设，加快品种更新换代，加强先进适用技术的推广，把开发项目区建成农业科技示范区和推广基地。多种经营项目要积极探索市场导向机制、多元投入机制、产业化经营机制、企业化管理机制和技术合作机制等，提高项目科技含量，延续科技开发的生命力，促进科技开发良性发展。要完善农业信息服务、农产品质量标准体系及检验服务建设，实现农户小规模生产与农产品大市场的结合，推进农业现代化建设进程。

六、积极探索农业综合开发国有资产产权管理新机制

多年来，农业综合开发专项科技示范项目中的国家投资形成了一些国有资产，促进了农业结构的调整，增加了农民收入。由于农发国有资产产权界定不清、管理主体缺位等原因，造成农发国有资产流失，管理滞后，影响了农发国有资产的效益发挥。为进一步提高农业综合开发整体管理水平，维护农发国有资产国家所有者权益，确保农发国有资产保全增效，要建立明晰的农发国有资产产权关系，更好地落实管护责任制，并探索农发国有资产管理的新机制。为此，一是要建立权责明确的国有资产管理、监督和运营体系，二是要明确对国有资本的认定，三是要明确对国有资本收益的处理。

（国家农业综合开发办公室科技处供稿，吴洪伟执笔）

农业综合开发利用外资工作

为加大农业综合开发投入力度，拓宽资金渠道，完成新阶段农业综合开发目标和任务，1996年，国家农业综合开发办公室申请利用世界银行（以下简称世行）贷款3亿美元，在黄淮海平原的河北、河南、江苏、安徽、山东五省实施农业综合开发利用世行贷款加强灌溉农业二期项目（以下简称“世行二期项目”）。世行贷款3亿美元由中央财政统借统还，作为农业综合开发中央财政资金安排用于该项目。

一、严格按程序准备项目

世行二期项目经国务院1997年批准立项以后，国家农业综合开发办公室就着手项目准备工作。首先，组织项目五省编制了世行二期项目建议书，1997年1月12日上报国家发展和计划委员会（现国家发展和改革委员会）。1997年12月30日项目建议书获得批准，随后进入项目可行性研究阶段。世行二期项目可行性研究阶段除了完成一般项目要求的工作内容外，还做了编制采购清单、确定采购方式、进行项目环境影响评价和社会影响评价等工作。1998年2月27日，国家项目办和五省项目办分别完成项目可行性研究报告的编制和汇总并上报国家发展和计划委员会，1999年2月23日获得批准。

世界银行分别于1997年3月、5月、9月和11月派出项目鉴定团和3次项目准备团，于1998年2月完成了对项目的评估工作。同时国家农发办还完成了项目《实施计划》的编制和汇总。1998年5月，在美国华盛顿与世行进行了项目谈判，世行董事会于1998年6月18日批准项目贷款，并于1998年7月31日与我国政府正式签署世行贷款项目协定。

项目计划总投资70.84亿元，其中：利用世界银行贷款3亿美元，折合人民币25.02亿元；地方财政配套资金25.02亿元；项目区农民和农村集体自筹资金20.80亿元。主要建设任务为改造中低产田2 300万亩。项目区涉及河北等5个省的28个地（市）、131个县（市、区）。项目建设期为1998—2002年。

为使项目的实施适应我国经济形势的变化、国家政策的要求以及项目区的实际情况，产生更大的投资效益，世行二期项目于2000年进行了项目中期调整工作，调整了部分项目区，增加了土建工程建设投资，扩大了节水项目内容，相应削减了物资采购费用。

二、严格按计划实施项目

截至2002年底，该项目共完成总投资65.7亿

元，占计划的 92.7%；共完成改造中低产田 2 275.3 万亩，占计划的 98.9%。

按项目建设内容统计，水利完成投资 465 707.45万元，占计划的 95.8%；农业完成投资 118 415.81 万元，占计划的 92.4%；林业完成投资 40 777.74 万元，占计划的 100.3%；机构发展与支持完成投资31 709.04万元（其中国家办 8 381.94 万元），占计划的 71.2%。按项目资金来源统计，中央财政资金（世行贷款）完成204 489.14万元，占总计划的 81.7%；地方财政资金完成 233 538.00 万元，占总计划的 99.9%；农民自筹资金完成 218 582.90万元，占总计划的 105%。

三、创新和规范项目管理

项目在实施过程中，借鉴世界银行先进的管理理念，结合农业综合开发工作实际，制定了计划贷款管理、招标采购、报账提款、监测评价、会计核算、财务管理、工程管理、运行管护等一系列项目和资金管理制度，创新了农业综合开发项目和资金管理制度，建立了较为规范的管理模式，实现了项目和资金管理的有机结合。

（一）采用计划贷款管理模式

世行二期项目建设范围广，涉及内容多。为保证项目的顺利执行，为项目准备阶段世界银行就明确提出实行计划贷款管理模式，对项目准备、评估、实施、竣工验收的全过程实行程序管理，明确了从世界银行、国家项目办，到省、地（市）、县、乡各级项目办的职责和各阶段的工作任务，保证了世行二期项目区的所有县（市）步调一致，工作同步，大大减轻了项目管理的难度，并保证了所有县（市）各阶段的各项工作处在同一水平之上，形成一套完整的计划管理体系。实践证明，这种管理模式是行之有效、科学合理的，为保证项目顺利实施夯实了基础。

（二）建立健全竞争性招投标机制

在项目物资采购和土建工程施工的采购管理上，遵循市场经济规律，遵守世界银行《采购指南》的要求，严格按公开、公正、公平的原则建立竞争性招投标机制，实行规范化管理。世行二期项目的采购内容包括货物、土建工程和咨询服务三类。按采购限额划分的采购方式有国际竞争性招标、国内竞争性招标、国际询价采购、国内询价采购和自营工程。项目实施伊始，就明确规定货物国际竞争性招标采购由国家项目办负责，国内竞争性招标采购由各省分别进行，土建工程采购由项目县具体负责。截至 2002 年底，总计进行国际竞争性招标 18 次，国内竞争性招标 25 次，招标金额达 12790 万美元。通过竞争性招标采购的货物，普遍比市场价低 25% 左右。各项目县已完成多次土建工程的国内竞争性招标，如江苏省多数项目县 2000、2001 年度主要田间配套建筑物都实行了竞争性招标，合同金额比预算金额节省 5%—10%。

通过采用招投标机制，不仅节省了项目资金，提高了工程质量，而且招投标制在操作上的高透明度也有效杜绝了腐败现象的发生。这种项目运行管理机制受到项目区干部群众的欢迎和支持，为今后项目建设的规范化管理积累了经验。

（三）实施报账提款制度

世界银行贷款资金实行报账提款制，其特点，一是按照项目建设内容和采购方式的不同，采用不同的的支付比例；二是按照项目进度予以报账支付，不同于一般财政资金的拨付程序，更有利于确保资金使用的安全性。

报账提款制度的具体程序是：各级项目办根据项目实际发生的费用支出凭据，按不同支付类别、采购方式分别填制摘要表或费用报表，连同提款申请书，报送上一级项目。经逐级审核汇总后，由省项目办主管负责人审定，在提款申请书、摘要表、费用报表相应签字处签字，并加盖财政部门及农业综合开发项目管理部门公章后，连同有关证明文件向国家项目办申请报账。国家项目办对省项目办上报的提款申请书及有关报账材料予以审核，驳回不合格支出后，方可办理有关支付手续。国外咨询服务、培训和考察费用以及国家项目办统一招标采购的物资由国家项目办填制规定的表格，并向世界银行提交报账提款申请。

通过实行严格的报账提款制度，不仅从制度上杜绝了挤占挪用资金的现象，保证了资金的专款专用，而且为实现项目与资金管理的有机结合提供了有效手段。

（四）推行严格的项目工程建设管理

在世行二期项目中对工程项目实施全过程管理。首先，工程项目必须依据项目实施计划、可行性研究报告以及国家农业综合开发办公室批复的年度计划实施；其次，建立和实行了“建设单位负责，监理单位控制，施工单位保证，政府部门监督”的工程项目质量责任制度；再次，采用公开招标的方式选择施工单位，采取事后报账提款方式拨付项目资金，同时严格按照合同要求和设计文件施工；最后，规范和完善了工程项目的检查和验收制度，制定了县级项目办随时检查、地（市）级和省级项目办定期检查、国家项目办定期检查和重点抽查相结合的检查制度，同时详细制定了单项工程、子项目县工程以及全项目的竣工验收办法，形成了县级自验、地级复验、省级和国家抽验的自下而上的验收体系。

通过规范项目工程管理制度，明确工程质量责任制度，保证了工程项目建设质量，为项目顺利实施提供了有力保障。

（五）实行项目监测和专业监测相结合

为及时了解和掌握项目情况，世行二期项目开发了专门的管理信息系统软件，严格执行项目监测制度，定期提交各项监测报告，反映项目实际进度。在进行项目监测的同时，建立了一套有关土壤肥力、地下水和环境等方面的专业监测操作规程，每年定期提交专业监测报告，在保证项目顺利实施的同时，也起到了保护生态环境的作用。

四、进行自主管理灌排区试点

为学习借鉴国际先进的灌溉管理方法，经世界银行推荐，从 1998 年初开始，在项目区内进行了自主管理灌排区（英文简称 SIDD）的试点工作。自主管理灌排区试点既是该项目的一项重要建设内容，也是创新农业综合开发小型水利设施管理模式的尝试。

自主管理灌排区是一种先进的农业灌溉管理制度。它通过建立具有法人地位自主经营的经济实体——供水公司和用水者协会，使二者在市场经济的基础上形成买水卖水关系，把水作为一种商品，使用水者直接参与管理。通过这种符合市场机制的供、用水管理制度，可以实现用水者自我管理灌区水利设施和有偿用水，保证灌区的良性运行。选择试点区时，着重考虑了以下几个条件：一是有可靠的独立水源，骨干水利工程完备，供水保证率较高；二是灌溉管理体系有一定的基础，用水户有多年交纳水费的习惯；三是地方政府有较高的积极性，水利部门在业务上大力支持；四是有完整的水利边界。

截至 2002 年底，世行贷款项目区共建立供水公司 11 个、农民用水者协会 446 个，参与的农户已达 330 510 户。自主管理灌排区试点工作取得明显效果，主要有：

（一）改变了供用水关系，建立了新的运行机制

从试点运行情况看，自主管理灌排区制度初步改变了原来行政性的供用水管理体制，改变了农业供用水关系。供水公司作为农业用水的批发商，负责干支渠及其配套建筑物的管理、使用和维护。农民用水者协会作为农业用水的零售商，把水作为商品出售给用水户，并负责斗、农渠及其配套建筑物的管理、使用和维护。供水公司和用水者协会都具有独立的法人资格，实行用水按成本计价，按用水量计费，由用水者协会和供水公司收缴水费，将原来的行政事业性收费改变为经营性收费，建立了一种新型的供用水运行机制，为灌区发展注入了新的活力。

（二）提高了灌溉效率，增强了农民的节水意识，减轻了农民负担

建立自主管理灌排区，使农民真正成为了水管理的参与者和节水灌溉的直接受益者。以往用水不计量，农户实际灌溉面积不实，水费按亩均摊，甚至按人头收取水费。供水快慢一个样、用水多少一个样，使农户没有节水意识。灌区水费收缴到乡，由乡将指标分解到村，再向农户分别收取，中间环节较多，透明度差，搭车收费现象时有发生，损害了农民利益，农民不情愿交纳水费。建立自主管理

灌排区后，工程设施的配套完善提高了灌溉效率，安装了量水设施，使协会能够实行计量用水和计量收费，并公开用水量及水费收取标准，直接从经济的角度增强了农民的节水意识，达到了节约用水的目的，有利于水资源的合理配置和充分利用。由农户自己选举的协会管理人员直接向农户收费，不设中间环节，透明度增加，从而有效地杜绝了搭车收费的现象，极大地提高了农民交纳水费的自觉性。此外，协会管理的水利工程有专人管理、专人放水和守水，农民不需要年年出工清於疏浚、守水看水，从而减轻了农民负担。

（三）明晰了产权，密切了干群关系，促进了农村社会稳定

实行家庭联产承包责任制后，干群注重分“地”，忽视了分“水”。支、斗、农渠及其配套设施老化失修，跑、冒、渗漏现象严重。放水时，往往是上游抢水，下游遭灾，“群众跑断了腿，干部磨破了嘴”，用水纠纷时常发生，影响了干群关系。镇、村两级既管不好，也管不了。成立协会后，支渠或斗渠以下的水利资产所有权或使用权均移交协会所有，由协会管理，从而明确了产权关系，调动了农民参与水管理的积极性。加之项目建成后，工程设施配套完善，用水得以保证，从根本上解决了用水纷争及用水管理问题，从而密切了干群关系，促进了农村社会稳定。

（四）水利设施的管护责任制得到真正落实，灌区管理逐步进入良性循环

支渠以下的水利设施历来是灌区管理的难点，也是保证灌区水利设施充分发挥效益的关键。自主管理灌排区试点区将支渠以下的水利设施交由农民用水者协会使用和管理，实现责、权、利三者的统一，水利设施管理和运行的好坏与农民的切身利益直接相关，使广大用水户逐渐树立起主人翁的责任感。管好、用好农田水利设施成为农民的自觉行动，管护措施得到真正落实，较好地解决了长期以来存在的重建轻管、维护难的问题。灌区管理逐步进入良性循环，减轻了每年财政水利维修支出的负担。

五、项目建设取得显著成效

世行二期项目的实施，在改善黄淮海平原地区农田水利设施和农业生态环境、促进农业资源的可持续利用、增强农业综合生产能力和增加农民收入方面，发挥了重要作用，取得显著成效。世界银行项目检查团在2002年5月进行的第八次项目检查的备忘录中写道：“项目的现场实施情况令人满意，我们非常赞赏国家农发办和省农发办以及其他项目官员和管理人员为项目所做的艰苦努力。在现场检查中，我们看到了一些除预计的生产效益以外的非常重要的成绩。项目作为一种加强中国农业的模式，使农民在准备应对WTO条件下日益增加的竞争中，正发挥着越来越重要的作用。我们还感到项目显示了把灌溉、农业、林业和农村基础设施建设结合起来的农业综合开发的力量，这由单一的行业部门来做是很困难或是不可能的。”

（一）改善了农业生产条件，提高了农业综合生产能力

1998—2002年，该项目累计改造中低产田2 275.30万亩，修建灌排渠系64 611.88公里，新打和配套完善机电井66 624眼，改良土壤1 853.99万亩，修建机耕路37 901.20公里。各项工程建设坚持高起点、高质量，严格按设计标准施工。改造后的中低产田，农田灌排设施配套齐全，土地平整，农田防护林网和道路、桥、涵等配套建筑物建设一步到位，基本建成了田成方、林成网、渠相通、路相连、排灌分开、涵闸配套的稳产高产农田，显著改善了项目区农业生产基本条件，增强了抗御自然灾害的能力，提高了农业综合生产能力特别是粮食综合生产能力。

（二）促进了农业结构调整，增加了农民收入

项目区农业生产条件的改善为农业结构调整打下了良好的基础。各项目区积极发挥资源优势和比较优势，发展优质、高产、高效农业。如，安徽省和县城南乡项目区发展蔬菜种植面积达3.8万亩，温室大棚2.6万亩，产品有10类120个品种，销往国内150个城市，部分产品还远销海外。江苏省赣榆县项目区内已形成了万亩大蒜基地、万亩苗木

基地、万亩小杂粮基地等。项目区粮经作物比例一般为55:45，高的达到 40:60。项目区农民人均纯收入平均比非项目区高出 200 元左右。

（三）改善了农业生态环境，完善了农村社会化服务体系

项目区通过扩大和完善灌排设施、改良土壤、建立农田防护林体系等措施，有效地防治了水土流失，综合防治病虫害能力普遍提高。特别是项目区林木覆盖率提高 4%以上，既减少了风沙危害，又改善了农田生态小气候。同时，项目区还注重农技、农机、良种、植保等社会化服务体系建设，增强了社会化服务功能，满足了农业生产的需要。截至 2002 年底，项目区共造林 134.11 万亩，增加防护林网面积1 675.69万亩；扶持农技服务站 1 653 个，技术培训 162 437.80 人/月。

（四）培养了一批项目管理人员，积累了管理经验

在项目实施初期，国家农业综合开发办公室即陆续制定了项目管理、采购管理、财务管理、报账提款、会计核算、工程管理、监测评价和奖惩等制度，印发了经国务院批准的项目可行性研究报告及世行评估文件和法律文本。五个省根据这些制度，结合本地实际情况，分别制定了实施细则，为项目的顺利实施提供了制度保障。五个省农业综合开发系统的人员在项目准备到项目实施的过程中，学习了项目评估、招标采购、报账提款、监测评价、计划管理、工程管理等方面先进的管理知识，在项目建设与管理等方面积累了丰富的经验。同时，在对资金实行报账制、工程建设和货物采购实行招投标制等方面积累的管理经验，为提高整个农业综合开发项目的管理水平，提供了有益的借鉴。

六、进一步加大农业综合开发利用外资力度

“十五”期间，国家农业综合开发办公室继续利用世行贷款 3 亿美元作为农业综合开发中央财政资金的投入。同时，为了扩大外资的利用范围，国家农业综合开发办公室决定，将 3 亿美元一分为二，1 亿美元用于实施农业科技项目，2 亿美元用于实施加强灌溉农业三期项目。上述两项目建议书已经上报国家计委（现改为国家发改委）待批。国家发改委曾会同财政部于 2002 年 9 月与世行就此计划进行过磋商。2002 年 12 月 2 日，国家发改委在上报国务院的《国家计委关于利用世界银行贷款 2003—2005 财年备选项目规划的请示》（计外资［2002］2628 号）文中，将上述两项目列入了规划之中。

另外，国家农业综合开发办公室还在积极争取利用英国国际发展部赠款进行面向贫困人口的农村水利改革项目。2002 年 9 月 24 日至 10 月 11 日，根据世行和英国国际发展部的要求，国家农业综合开发办公室邀请英国国际发展部对世行二期项目山东和河南两省的 SIDD 建设情况、农民贫穷状况及农村水利体制改革情况进行了实地考察。该项目预计可以争取英国政府赠款 400 多万美元，主要用于贫困地区建立农民用水者协会。

（财政部国家农业综合开发评审中心外资处供稿，罗禄勇、王勇执笔）

农业综合开发项目评估、检查和验收

农业综合开发项目评估、检查和验收，是农业综合开发项目管理的三个重要环节。做好这三个环节的工作，对于提高农业综合开发项目管理水平，保证项目取得预期效益，有着重要作用。农业综合开发实施以来，在不断总结经验、健全制度的基础上，项目评估、检查和验收工作逐步走上了科学化、规范化的轨道。

一、农业综合开发项目评估

项目评估是我国于20世纪80年代初由国外引进的一门新兴学科，早期广泛用于工程项目建设投资决策，在项目可行性研究基础上，从拟建项目在市场、环境、技术、管理、社会经济角度，对项目的合理性、有效性和可靠性等方面进行综合论证，以后逐渐用于农业项目。农业综合开发项目评估是对拟建项目可行性研究报告的客观真实性及科学合理性的审查和评价，通过科学的评估，为实现择优选项、提高投资效益，提供决策依据。

（一）项目评估的发展过程

1989年8月，国家土地开发建设基金领导小组制定的《农业发展基金开发项目管理办法》中规定：农业综合开发项目分为总项目、分项目和子项目三个层次。总项目由省级人民政府组织农业、林业、水利、农业区划、土地管理、环保、农业银行等有关部门以及可研、设计单位，根据本地区水土资源、农业生产布局、农业区划等情况，在调查研究、收集资料、现场堪察、初步分析投入产出效益的基础上，经过方案比选后，向国家土地开发领导小组提出农业综合开发项目建议书。由国家计委、财政部、农业部、林业部、水利部、全国农业区划委员会、国家土地管理局、农业银行总行等有关部门共同对各省项目建议书进行审查，并向国家土地开发领导小组办公室提出初审意见。领导小组办公室汇总部门意见后，报送国家土地开发领导小组审批。

为加强项目评估工作，国家农业综合开发办公室于1994年7月成立了评估咨询中心，并于1995年12月颁发了《农业综合开发项目评估暂行规定》，逐步将考察评估工作纳入制度化的轨道。1995年，国家农业综合开发办公室考察评估了22个中央财政投资在1 000万元以上的拟建项目。1996年，国家农业综合开发办公室考察评估了7个中央财政投资在1 000万元以上的拟建项目。

1999年国家农业综合开发办公室开始组建专家库，聘请专家参与农业综合开发项目的评估工作。同年对新设立的高新科技示范项目进行了专家评估，从申报的33个项目中确定18个立项项目。从2002年起，对高新科技示范、科技推广综合示范和农业现代化示范三类示范项目，以及多种经营产业化龙头项目全面展开了专家评估工作。在总结评估经验、征求各地区意见的基础上，于2002年12月颁发了《国家农业综合开发项目评估暂行办法》（国农办［2002］284号），为进一步加强农业综合开发项目评估工作，提高评估工作质量，做到择优选项，提高项目的投资效益提供了制度保证。

（二）项目评估的主要做法

1. 项目的分级评估。农业综合开发项目评估分为国家级评估和省级评估。根据《国家农业综合开发项目评估暂行办法》规定：新增开发区（县、市）项目，水利骨干工程项目，中央财政年度投资在500万元（含500万元）以上的单个项目，中央财政年度投资在200万元（含200万元）以上的单个多种经营项目，示范项目和其他项目由国家农业综合开发办公室统一组织评估。其他农业综合开发项目由省级农业综合开发办事机构负责组织评估。省级农业综合开发办公室认为必要时，可将部分项目委托地（市）级农业综合开发办公室组织评估。

2. 项目的评估方法。农业综合开发项目评估采取定量分析和定性分析相结合、动态分析和静态分析相结合的方法，以专家组评议可行性研究报告为主要方式，实行专家组长负责制。其中部分项目可根据具体情况进行现场答辩和实地考察。

3. 项目的评估内容。农业综合开发三类项目均应评估的主要内容为：项目建设的必要性；项目资金的筹措和使用；项目的财务评价；项目技术的可行性；项目的效益情况；项目的组织和管理；项目的建后管护；环境影响评价。

土地治理项目增加评估的内容为：项目区的基本概况；项目区的主要制约因素；开发治理的目标、内容和标准。

多种经营项目增加评估的内容为：企业资信情况；产品的市场状况和前景；项目的生产建设条件；项目采用技术的先进性和可行性；项目运行机制；项目实施后带动农户增收的情况。

示范项目增加评估的内容：企业资信情况；技

术依托单位的资质；引进专利技术和优良品种的适用性（成果鉴定材料或获奖证书等）；引进专有技术评价；项目的运行机制；项目实施后带动农户增收的情况。

4. 专家库的建立。1999 年 3 月，国家农业综合开发办公室在中央农口单位推荐的专家中聘请了 20 位专家，组建了国家农业综合开发专家库。2000 年又委托地方农业综合开发办公室推荐专家，从中再聘请了 86 名。以后随着业务工作的需要，多途径扩充了一些专家资源，并对不适合农业综合开发工作的专家进行淘汰，对专家库初步实行了动态管理。到 2002 年底专家库有各类专家 300 多名。通过聘请专家参与农业综合开发工作，进一步提高了农业综合开发项目管理水平。

（三）项目评估存在的主要问题

1. 评估责任不够明确。一是国家与地方的责任不够明确。虽然《国家农业综合开发项目评估暂行办法》明确了国家级和省级的项目评估权限，但所有的项目要经国家农业综合开发办公室审批，在项目管理上又分县、市、省和国家四级管理，所以项目评估权限没有与项目审批及管理权限真正结合起来。二是国家农业综合开发办公室与财政部国家农业综合开发评审中心的责任不够明确。项目管理是由国家农业综合开发办公室的各业务处负责，评估的组织工作则由财政部国家农业综合开发评审中心具体实施，在评估过程中两家共同参与，责任难以落实。三是参与评估的专家权力与责任不够明确，使得既没有充分调动专家的积极性，又对参与评估的专家缺乏约束力，在一定程度上影响了项目的评估质量。

2. 评估方式方法比较单一。一是项目评估的方式单一。项目评估工作都是由国家农业综合开发办公室或财政部国家农业综合开发评审中心组织的，尽管有专家参与，但缺少社会中介力量的参与，使评估尚缺乏监督制约机制。二是评估的方法较单一。对多种经营产业化龙头项目和三类示范项目的评估都是先由专家集中进行集体评议项目可行性研究报告，并提出专家评议意见，然后对部分项目进行实地考察评估。对水利骨干工程项目和新增农业综合开发项目县的评估，主要采用实地考察评估的方式，但对实地考察评估对象的确定缺乏一定的原则性，在某种程度上存在待评项目机会不均等的现象。国家级的评估尚未尝试现场答辩的方式。

3. 专家库质量不够高。虽然建立了专家库，并对专家库实行了初步的动态管理。但专家库中不论是专业类别还是各专业专家的人数均不足；现有专家水平不一；对专家的考评力度不够。

（四）加强项目评估工作的思路

1. 明确各自责任。按照“谁管理、谁评审、谁负责”的原则，明确分级评审的权限与原则。国家农业综开发办公室负责国家级项目立项的最终审定，是决策机构；财政部国家农业综合开发评审中心属咨询机构，负责组织专家对项目进行评估，并汇总专家对项目提出的评估意见，为决策提供依据；专家要客观、公正、独立地对所评项目提出评估意见；省级农业综合开发办事机构负责委托省级项目的评估，并据评估意见审定立项项目。

2. 多途径探索更好的评估方法。在评估方法上应进行一些探索，如：可尝试将评估的部分权限委托给社会中介实施；在专家评议的基础上，可尝试分片答辩的方式；试行网上进行专家独立评阅的做法，等。

3. 逐步建立高质量的、满足需要的、动态管理的专家库。在全国科研单位、大学及农业技术推广部门等单位中广泛扩充各个专业的专家资源，并通过试用法或考核法测试专家的水平，加大对专家考评的力度，实现对专家库的动态管理。

二、农业综合开发项目监督检查

在建项目的监督检查是农业综合开发项目管理的重要环节，对加速农业综合开发项目的建设进程、提高项目建设质量和效益具有积极的作用。随着农业综合开发工作的发展和深入，特别是在市场经济条件下开展农业综合开发工作，越来越需要一个公平、公正、公开的环境，对项目的实施进行客观有效的监督，对开发成果进行全面、科学的评价。强化监督检查，可以及时发现问题，纠正偏差。农业综合开发项目检查可分为日常检查、中期检查和专项检查三种方式。日常检查多为项目管理工作中的内部检查或上级以及相关部门随时不定期的监督检查；专项检查是为某一个特定的目的，组织相关专业人员进行的检查，如对人民来信或新闻报道事件的检查，审计部门对资金的检查等；中期检查是每年对从批复立项到竣工验收前的在建项目所进行的定期督查活动。下面重点介绍一下中期检查。

（一）项目中期检查的发展过程

1995年，为了切实管好用好农业综合开发财政资金，提高资金使用效益，国家农业综合开发办公室以财政部文件形式下发了《关于加强农业综合开发财政资金管理具体事项的通知》（财农综字［1995］7号），对各级财政用于农业综合开发的资金预算安排、管理、决算等做出具体规定，并督促检查贯彻落实情况。

2000年8月，为落实温家宝副总理在国家农业综合开发第三次联席会议上所作的"项目管理的中心环节是项目实施过程中的管理"的指示，国家农业综合开发办公室发文（国农办［2000］20号）布置对1998、1999年在建项目的中期检查工作。文件要求，检查的重点是项目前期准备工作和资金管理情况，并明确对在建项目的检查今后要形成制度，每年组织一次，根据实际需要确定检查重点。

2001年3月，经国家农业综合开发办公室办务会议研究决定，对江西、四川、新疆、山东、山西五省（区）2000年农业综合开发项目资金情况进行了中期检查。检查有效加强了项目资金的管理。

2002年5—6月，国家农业综合开发办公室组织了五个检查组，对河南、湖南、湖北、江苏、吉林等五省2001年度农业综合开发项目资金管理情况进行了中期检查。检查的重点是各级财政资金的拨借和使用、地方财政配套资金的到位、项目投资计划的完成、到期应回收中央财政有偿资金的偿还、中央财政有偿资金延期还款落实及贴息资金的使用等情况。

（二）项目中期检查的基本方法

1. 中期检查的原则：严格规范，突出重点；实事求是，客观公正；明确责任，奖罚分明；随机确定中期检查的省、地、县及重点检查的项目；当年有验收任务的省原则上当年不进行中期检查。

2. 中期检查的组织：

（1）下发中期检查通知。国家农业综合开发办公室对确定当年有可能进行中期检查的省份或部门下发项目中期检查通知，明确中期检查的时间、内容和要求。

（2）拟定项目中期检查方案。方案包括检查的具体内容、检查方式、检查时间、检查组的划分、所需人员的专业、数量及所需费用等。

（3）组建中期检查组。中期检查方案确定后，组建检查组。检查组组长由处级以上干部担任，成员由相关的技术人员组成，每个检查组一般3—4人。

（4）对检查人员的培训。检查组出发前，联系有关领导和业务处负责人，对检查组人员进行培训。培训内容包括检查的要求、内容和程序等。

（5）派出检查组，开展实地检查工作。检查的程序包括听取汇报；查阅文档，索要相关资料；随机确定实地检查的重点项目；交换意见；完成中期检查报告；向国家农业综合开发办公室汇报中期检查情况；提交有关资料。

3. 中期检查的内容：只对资金管理情况进行检查，包括中央财政资金的拨付、借出和使用的情况；自筹资金和银行贷款的使用情况；有偿资金管理情况；前期工作费、科技推广费的提取及项目贴息资金使用情况；各级农业综合开发事业费的安排、使用情况等。

（三）项目中期检查存在的主要问题

1. 对中期检查的重视不够。中期检查远不如竣工验收受重视，这种情况导致了对项目实施过程事中监督少、事后监督多的局面。

2. 中期检查未达到制度化和规范化的要求。中期检查工作缺乏必要的制度办法，对检查的内容没有系统完整的评价标准，在检查中发现的一些问题也缺少相关的处理依据。

3. 中期检查责任制落实不够。农业综合开发项目检查效果不明显，除客观因素以外，一个主要的原因是参与检查人员不承担责任。因此存在说真话的少、说成绩的多的现象。

4. 中期检查奖惩措施落实不够。有检查就有评比，有评比就要有必要的奖惩措施，奖惩措施不得力，监督检查就失去了监控的作用。

5. 中期检查利用现代信息技术管理手段不够。目前，远不能做到在任何地方、任何时间都可以了解到每一个在建项目的进展情况和存在的主要问题等信息。

（四）加强项目中期检查的思路

1. 提高对中期检查的认识。中期检查是确保在建项目按即定目标顺利实施、确保财政资金安全运行和有效使用的必要手段，通过实施中期检查，能做到及时发现问题，及时解决问题，避免或减少出现无法挽回的损失。

2. 逐步使中期检查工作制度化和规范化。尽快出台《国家农业综合开发项目中期检查管理暂行办法》；抓紧制定中期检查内容的评价标准；如竣工验收一样，每年定期进行中期检查；充实中期检查的内容，不仅加强项目资金检查，还要进行项目建设管理情况的检查，并且将资金检查与项目检查紧密地结合起来。

3. 落实中期检查人员责任制，借助社会中介和财政部驻各地财政监察专员办的力量，加强资金检查。在资金检查的基础上，结合资金方面存在的问题，组织农业综合开发系统的人员对项目建设和管理情况进行检查。

4. 制定严格的中期检查奖惩措施，并切实落到实处。对项目和资金管理好的被检查单位，不仅要通报表扬，还要在翌年按因素法分配资金时给予奖励。相反，对问题严重的单位要通报批评、限期整改，视问题的严重程度给予扣减翌年资金的惩罚，或追究相关的法律责任。

5. 建立全国从下到上的项目信息化管理体系，为中期检查工作提供有效的服务手段。

三、关于农业综合开发项目验收

竣工项目验收是农业综合开发项目管理的重要环节、检验农业综合开发成果的重要手段、检查农业综合开发政策制度的重要途径和促进各地改进工作的重要措施。

（一）竣工项目验收的发展过程

1990 年 9 月，国家农业综合开发领导小组办公室颁发了《农业综合开发项目验收试行办法》（[90] 国农综字第 52 号），明确了验收的条件、依据、内容、标准和成果评价。

1991 年 7 月，国家农业综合开发领导小组办公室对 1988 年立项的 10 个省（区）进行了项目验收。

1994 年的项目验收，开始把验收结果作为下一年是否继续立项和立项规模大小的重要依据，提高了项目验收在管理中的地位。

在 1995 年的项目验收工作中，制定了《项目验收评分标准及办法》和《验收报告评分标准》，丰富了验收内容，增强了验收人员的工作责任感。

在 1996 年的项目验收工作中，制定了《国家农业综合开发项目验收操作程序》，进一步完善了项目验收办法。同时，在验收工作结束后，以文件形式下发关于项目验收的意见通知，增强了国家农业综合开发办公室验收的权威性，对于解决项目建设中存在的遗留问题起到了有力的督促作用。经过不断的改进，农业综合开发项目验收工作逐步规范化，越来越具有针对性和指导性。

1999 年 6 月，国家农业综合开发办公室修订了《国家农业综合开发项目和资金管理暂行办法》（财发字［1999］1 号），明确提出按照验收标准对被验收项目做出综合评价。对于验收结果不合格的，除要求其限期纠正并予以通报批评外，要酌量扣减现有投资或不予追加投资。

2000 年 4 月，国家农业综合开发办公室修订了《国家农业综合开发项目验收考核试行标准》，便于国家农业综合开发办公室客观、公正地对各省（区、市）竣工项目进行评比，起到了鼓励先进、鞭策后进的作用。

（二）竣工项目验收的基本做法

1. 竣工项目验收的程序：听取各级被验收单位对有关情况的汇报；查阅文档资料，了解项目执行情况；审查资金活动的真实性、合法性及使用结果；实地查看项目工程建设情况；访问农户；与被

验收单位交换验收意见；完成竣工项目验收报告；向国家农业综合开发办公室如实汇报验收的有关情况；下发竣工项目验收通报；对合格省颁发“验收合格证”。

2. 竣工项目验收的主要内容：

(1) 农业综合开发土地治理、多种经营和示范类竣工项目均应验收的主要内容为：项目前期准备情况，包括核查项目建议书、可行性研究报告、项目实施计划、项目扩初设计或项目实施方案、项目年度计划等；项目计划完成情况，包括核查批复的各类项目计划任务完成情况、项目工程建设质量情况和农民投工投劳情况；项目管理运行机制情况，包括项目管理制度建设、管护措施落实、项目区的标志牌设立、项目产权登记或移交及档案管理情况等；项目建后的社会、经济和生态效益情况，重点检查项目改善农业基础条件和生态环境、推进农业结构调整、发展优势农产品的示范带动作用和增加财源及促进农民增收的情况；中央财政资金和各级地方财政配套资金到位、拨付与使用情况及银行贷款、集体和农民自筹资金的到位与使用情况；资金实行专款专用、专账核算、专人管理情况以及县级报账制等财务规章制度及审计制度的贯彻执行情况；农业综合开发事业费、前期工作费和科技推广费的安排、使用和财政有偿资金的借出情况。

(2) 土地治理竣工项目验收应增加的内容为：项目区制约因素的解决情况；水利、农业、林业、科技等各项措施的综合配套治理情况等。

(3) 多种经营竣工项目验收应增加的内容为：专家对项目可行性研究报告评估中指出问题的改进情况；项目建设规模、品种、服务体系、基础设施(含土建工程)、设备完成的数量和质量情况；企业经营状况及产品的质量和效益情况；财政无偿资金的管理和使用情况。

(4) 示范类竣工项目验收应增加的内容为：新品种、新技术、新工艺的引进和推广情况；技术服务体系的建设和科技培训完成情况；项目实施后的示范、推广和辐射效果；财政无偿资金的管理和使用情况。

(5) 中央农口部门竣工项目验收的内容比照国家农业综合开发相应项目类别执行。

(三) 竣工项目验收存在的主要问题

1. 缺乏一支相对稳定的验收队伍。参加验收的人员绝大多数都是从各地方临时抽调的，缺乏责任约束机制，而且验收组成员之间也存在磨合、沟通的过程，在一定程度上影响了验收工作的质量。

2. 对验收缺乏有效监督机制。也就是要解决谁来监督检查组和验收组的工作的问题，以保证检查组和验收组客观、公正地开展工作，保证检查和验收结论实事求是，能够作为评价地方工作的有力依据。

3. 验收的方式较单一。过去的验收都是由国家农业综合开发办公室或财政部国家农业综合开发评审中心组织的，尚未尝试借助外界力量进行委托验收的方式。

(四) 加强竣工项目验收的发展思路

1. 完善规章，加强制度建设。验收工作是农业综合开发项目管理的重要环节，不能孤立存在，必须与相关政策结合，才能发挥更好的管理效果。因此，可依靠“工程监理制”、“招投标制”、“公示制”、“县级报账制”、“奖励和处罚办法”等一系列制度来管理项目和管理人员，保证项目和资金的检查工作有章可循、有据可依，使检查验收工作制度化、规范化和科学化。

2. 加强项目验收分级管理。根据按立项审批权限各负其责的原则，对于不同投资规模、不同层次的项目采取不同的验收方式。国家农业综合开发办公室对自己组织的验收工作，要将内容细化、具体化，并具有可操作性。对地方的验收权限和内容不做具体规定，地方可根据实际情况采取不同形式保证项目建设的质量，并对结果负责。

3. 将社会中介机构或财政部驻各地财政监察专员办的力量引入农业综合开发工作。一是资金管理方面，可聘请会计师事务所对项目资金进行全面审查；二是工程建设方面，待条件成熟时，逐步推行由工程监理公司对项目实施监理的办法；三是项目验收中资金检查部分可委托中介机构等外界力量去做。

（财政部国家农业综合开发评审中心评审处供稿，李荣玲、石践执笔）

农业综合开发信息工作

一、农业综合开发工作信息化概况

1998年以前，农业综合开发信息化工作处于萌芽时期。从1998年到2002年，农业综合开发信息工作逐步发展起来。五年里，在全国农业综合开发系统内开发并投入使用了五个管理软件，即久其报表数据管理系统（含计划报表软件和统计报表软件）、农业综合开发财务会计软件、世界银行加强灌溉二期报账提款软件、世界银行加强灌溉二期项目管理软件和农业综合开发办公室办公自动化软件。此外，初步完成了农业综合开发内部网络的搭建工作。总的看，农业综合开发信息工作在这五年里得到快速发展，达到的信息化程度与同期财政部机关各司局相比，位于前列。

二、农业综合开发信息工作快速发展的背景

（一）适应国家电子政务建设要求

国家把电子政务建设作为一个时期我国信息化工作的重点，希望通过政府先行，带动国民经济和社会发展信息化。20世纪90年代初以来，我国开始大力推进电子政务建设，国务院有关部门相继建设了一批业务系统，“金关”、“金税”和“金财”工程取得显著成效，办公自动化、政务信息化建设也取得较大成绩。适应国家电子政务建设要求，国家农业综合开发办公室也积极地推进自身的信息化工作。

（二）适应农业综合开发项目计划、统计和财会工作的客观需求

自1998年以来，随着全国农业综合开发项目县的快速增加和农业综合开发管理工作的不断深入，对各级农发办所提供数据的及时性和准确性要求越来越高。为彻底解决因手工完成计划、统计和财会工作造成的错误率高和工作效率低等问题，1998年国家农发办开始着手研究利用计算机替代手工记账和数据汇总工作。1999年在镇江会议上，国家农发办决定正式委托北京久其软件有限公司（简称“久其公司”）开发了农业综合开发财务会计软件，随后又进一步在全国农业综合开发系统推广使用该公司开发的久其报表数据管理系统，进行全国农业综合开发项目数据的统计汇总工作。

（三）农业综合开发办公室的领导十分重视并积极推动农发信息工作

国家农发办有关领导时常过问软件的设计、维护和升级工作，并且每次举办地方农发人员的软件培训时，都到场做重要报告。领导的重视对全系统的信息化工作具有直接的促进作用。

（四）适应世界银行加强灌溉二期项目对信息化提出的若干要求

1998年在世界银行给予国家农发办加强灌溉二期项目贷款的协议中，明确要求针对资金和项目的管理开发报账提款软件和项目管理软件，对项目实行全程计算机信息化管理。这也是推动农业开发系统信息化工作的一个重要因素。

三、农业综合开发信息工作运行状况及存在的问题

（一）农业综合开发财务会计软件的运行

1999年10月久其公司开始国家研发农发办财会软件，2000年9月完成了第一版农业综合开发财会软件，经九个省农业综合开发部门试用修改完善后，于2000年12月正式封版。随即在全国分片进行大规模培训工作，向全国农业综合开发系统推广使用该财会软件。2001年对该财会软件又进行了一次升级，并利用该软件中的会计报表模块，完成了国家农发办财务决算，同时进行了相应的培训。到2002年农业综合开发财务会计软件已在全

国绝大多数农业综合开发项目县应用。根据使用的情况看，该财会软件在网络化方面和实时监测项目进度等方面仍显不足。

（二）久其报表数据管理系统的运行

国家农发办于1998年开始试用久其报表数据管理系统。1999年4月国家农发办与久其公司正式签订合同，利用久其报表数据管理系统完成国家农发办有关数据汇总和计划报表上报两项工作。1999年11月，国家农发办制定了计划、统计和财务报表统一代码体系。2001年利用该软件实施了国家农发办季报的工作。2000年、2001年和2002年连续三年对各地农发办人员进行大规模的培训。截至2002年底，该报表数据管理系统软件在全国农发办36个省（区、市）正常运行。但该软件还需针对农发工作特点，进一步强化某些功能，提高统计数据的准确性。

（三）世界银行加强灌溉二期项目报账提款及其管理软件的运行

世界银行项目软件由报账提款软件和项目管理信息系统软件构成。1999年2月，通过招投标，选定北京百合软件有限公司编制世界银行报账提款软件，三个月后该软件进行试用。1999年底正式在江苏、安徽、河南、山东和河北五个世行项目省开始应用该软件。到2002年12月，国家农发办运用该软件已顺利完成向世行提款32次，同时将五省各自所用贷款及其类别、金额等详细情况做了分析、汇总和存档。2001年6月，久其公司承担了项目管理信息系统软件（MIS系统）的编制任务。2001年12月，编制完成的软件经试运行后，开始在五个世行项目省逐步推广运用。世行报账提款软件和项目管理信息系统软件最大的缺憾是最终没能完成整合，两方数据不能共享，无法实现相互制约和审核。

（四）农业综合开发办公室办公自动化软件的运行

1999年12月，国家农发办委托久其公司开发办公自动化软件（OA系统）。2000年8月开始该软件的试运行，12月正式投入使用。2002年初该软件进行了第一次全面升级。该软件今后还要在提高使用率和扩充部分功能模块上做更多的改进。

（五）农业综合开发信息系统内部网络的初步搭建

国家农发办于2000年12月30日下发了《关于农业综合开发管理信息系统建设有关问题的通知》（国农办［2000］200号），决定逐步建立全国农业综合开发管理信息系统。该系统分为内网和外网两大部分。内网覆盖全国各省、地（市）、县农发办，为其配备从个人计算机到网络服务器等的全套设备。外网则以建立国际互联网站的形式，发布和收集农业综合开发工作的信息。到2002年底，该项工作中的内网建设部分已基本完成，外网完成了有关设备的购置。

四、农业综合开发信息工作的初步效果及今后发展方向

（一）初步效果

1.创立了一个良好的开端。农业综合开发基础管理工作中的计划、会计和统计率先试行了初步的信息化操作，将广大农业综合开发人员从繁杂的、出错率高的手工劳动中解放出来，圆满完成了对数据进行软盘报送、核对和管理的工作，这为下一步深化农业综合开发信息管理工作积累了宝贵的经验。

2.探索项目管理新模式，搭起农业综合开发项目管理新构架。国家农发办世行项目管理软件虽未达到最佳运行状态，但其初步的运行实践和全新的设计理念为全国项目管理信息化做了有益的探索。加之全国农业综合开发管理信息系统内网初步建成，这为今后农业综合开发项目实施全过程的信息化管理做了良好的铺垫。

3.在全国农业综合开发系统培养了一批具有计算机基本知识及其操作技能的骨干力量。

（二）今后的发展方向

1.从需求出发慎重选择信息技术和设备，使计算机及网络技术和业务工作需求融为一体，用网络信息技术支撑项目管理、资金管理及其监督检查，开发设计出项目数据库及其管理软件，为提高项目效益、加强监督检查和促进管理现代化服务。

这是今后农业综合开发信息工作应长期坚持的主题。

2. 充分利用农业综合开发办公自动化软件，全面提高办公效率，强化内部管理。

3. 不断提高农业综合开发系统人员运用计算机和网络技术的水平和能力。

（财政部国家农业综合评审中心信息管理处供稿，王毅洪执笔）

农业综合开发干部培训

农业综合开发干部培训是整个农业综合开发工作的一个重要组成部分。农业综合开发实施以来，干部培训工作不断加强。同时，在利用世界银行贷款加强灌溉农业二期项目中，建设了国家农业综合开发信息管理与培训基地。

一、认真做好干部培训工作

（一）举办各类培训班

农业综合开发实施以来，举办了一系列综合性、专业性的培训班，如农业综合开发项目和资金管理、项目计划编报培训，以及农业综合开发项目计划财务、土地治理、多种经营、科技项目等各类专项业务知识培训。

1998年以来，农业综合开发干部培训工作逐步加强。2001年11、12月，举办了两期全国各省（区、市）财政厅（局）长及农发办主任培训班。2002年8、9月，举办了两期农业综合开发新增项目县分管县长、财政局长和农发办主任培训班。此外还举办了多期农业综合开发项目和资金管理培训班。通过培训，提高了农业综合开发干部队伍的业务素质，有力地推动了农业综合开发工作。

（二）组织编写培训材料

为适应农业综合开发培训工作的需要，国家农业综合开发办公室组织编印了大量的培训材料。1998年编辑出版了《走农业综合开发之路》系列丛书；1999年编辑出版了《国家农业综合开发项目和资金管理实用读本》、《农业综合开发会计实务》；2000年编辑出版了《农业综合开发财务管理办法学习辅导材料》；2001年编辑出版了《农业综合开发重要文件选编》；2002年编辑出版了《农业综合开发的思路与管理》等。此外，各业务处还结合实际工作编写了大量培训材料。

（三）拟定培训工作管理办法

为进一步规范和加强农业综合开发干部培训工作，国家农业综合开发办公室组织人员对如何加强培训工作进行了专题研究，并于2002年拟定了《培训管理暂行办法》，对农业综合开发干部培训工作的培训原则、培训目标以及培训内容等进行了严格的规定。

二、努力搞好培训基地建设

（一）培训基地建设的背景

世界银行考察团在考察评估利用世界银行贷款加强灌溉农业二期项目过程中，基于当时国家农业综合开发系统队伍建设、人员素质状况，提出要利用“二期项目”资金建设国家农业综合开发信息管理与培训基地。中国政府和世界银行1998年7月31日签定的《贷款协定》中明确提出，要建造农业综合开发培训基地，培训大楼的建筑面积要达到7 500平方米以上，总投资额（含信息系统建设）为1.33亿元人民币。

1998年8月27日，财政部部长办公会议议定，世行项目信息管理培训中心“可利用现有条件，购买条件合适的在建或已建成的办公用房”。根据部领导批示，经反复考察和比较，国家农业综合开发办公室选定了位于门头沟区的北京金峰培训中心作为待购的培训基地，并得到世行的同意。1999年

此计划得到国务院领导的批准。建成后的这一培训中心具有技术交流、信息管理、咨询评估和业务培训等多方面功能。

（二）培训基地建设的基本情况

2001年3月，根据部领导议定的意见，成立了以部有关领导为组长的财政部国家农业综合开发培训基地项目建设领导小组，办公室设在国家农业综合开发办公室。培训基地建设确定了“总量控制、重点解决、留有余地、满足基本需要”的项目资金安排原则和“分清轻重缓急，边设计，边改造，勤俭节约，少花钱多办事”的项目建设原则。

2001年5月至2002年底，经报部领导批准，先期动工完成了原有烧煤锅炉更换为环保型油炉；新打了一眼深水井，并办理了用水合格证；对各项设备、管线进行了检查维修；确定了旧楼改造方案、投资额度划分、新建项目的主要内容等；组织了旧楼改造项目的咨询、监理、施工和设计单位的询价和招标议标工作，签定了咨询、管理、监理、施工等合同；向北京市建委、规划委及门头沟区的规划、建设部门报送了项目施工开工申请和项目建设规划，并获得批准。

总的来看，农业综合开发干部培训工作还比较薄弱。为适应新形势、新任务的要求，国家农业综合开发办公室将创新培训形式，提高培训质量，不断提高农业综合开发干部队伍的素质，大力加强农业综合开发干部培训工作。

（财政部国家农业综合开发评审中心培训处供稿，孔军执笔）

第三部分

地方和部门农业综合开发工作

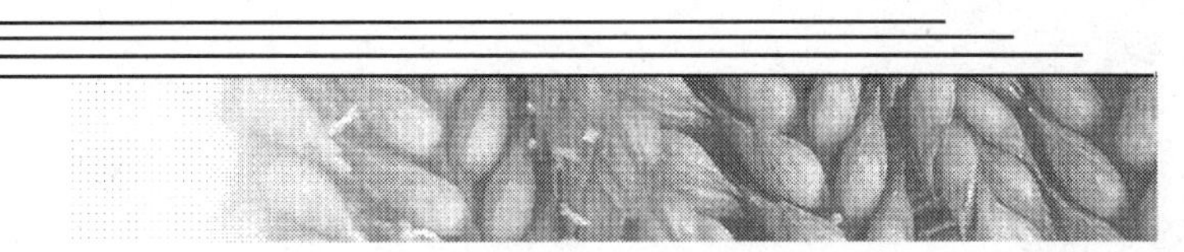

北京市

北京市的农业综合开发项目是从1992年开始实施的。到2002年的11年间，在国家农业综合开发办公室的大力支持和指导下，北京市农业综合开发认真贯彻落实国家农业综合开发的各项方针、政策，并结合北京市的实际情况，解放思想，调整支出结构，以农业结构调整、富裕农民为主线，调动各方面积极因素，多方筹集资金，确保对农业综合开发项目工程的投入。经过各部门的密切合作和项目区广大干部的共同努力，有力地保证了北京市农业综合开发工作持续、稳定、健康的发展。北京市现有国家级农业综合开发项目区10个，即房山区、大兴区、门头沟区、顺义区、平谷区、怀柔区、密云县、昌平区、延庆县、通州区。为充分发挥农业综合开发资金的使用效益，北京农业综合开发工作在资金管理和项目管理上严格按照国家农业综合开发办公室的要求，采取各项积极有效的措施，取得了较好的综合效益。

一、加大投入力度，规范资金管理

（一）农业综合开发资金投入情况

1992—2002年全市农业综合开发中央项目总投资11.81亿元。其中：中央财政投资2.81亿元，地方财政配套资金5.33亿元，自筹资金3.62亿元，银行贷款468.5万元。

（二）加强和规范资金管理

1. 严格实行项目管理。由区县提出建设项目计划，市农发办和有关部门对项目计划进行严格的审查后予以确定，再由项目区县和主管部门与市农发办共同签定项目建设协议书，根据协议书要求给予拨款。实践证明，对财政资金实行项目管理是保证资金及时到位、保证项目建设质量和提高资金使用效益的一条行之有效的办法。

2. 强化资金管理。一是加强对财政无偿资金的管理。对农业综合开发资金全部实行专人管理、专账核算、专款专用制度。财政无偿资金通过财政部门逐级拨付，截至目前已全部实行县级报账制。二是加强对中央财政有偿资金的催缴回收。按照国家农发办关于有偿资金回收的规定，北京市采取了多种形式的还款保证措施。一方面逐级鉴定借款合同；另一方面，建立健全奖惩机制，对还款好的单位予以奖励，对不按时还款的单位取消中央立项资格，不安排农业综合开发地方项目。

3. 加强监督检查。市农发办定期深入项目区，对项目的进度、资金到位及使用情况、工程质量进行检查监督，严格组织实施。根据项目进度拨款，并规范资金使用范围，从严掌握工程建设标准和质量。出现工程质量不合格的，要求一律返工重建。通过专项检查、年度审计和竣工验收等一系列措施，防止了资金挤占挪用，确保了专款专用。

二、农业综合开发项目实施管理情况

北京市农发办按照国家农发办的指导思想和有关政策精神，以改善农业基础设施条件、提高综合生产能力、增加农作物产量、增加农民收入为目标，通过建立健全项目区灌溉体系及土地改良、改造等措施，实现山水林田路综合治理；通过对优势农产品、产业化龙头企业的扶持，推动区域经济的发展；通过对先进农业技术的示范和推广，带动郊区农业结构调整和农产品附加值的增加。在项目建设期间，北京市注重项目建设与环境保护并重、投资与工程进度同步、社会和经济效益并抓，加快了项目区农民致富的进程，农业综合开发成效显著。

（一）土地治理项目和生态环境建设

农业综合开发自1992年实施以来，始终以加强优质、高产、稳产、节水和高效农田建设，改善农业生产基本条件，提高农业综合生产能力为基本任务，积极采取水利、农业、林业和科技等综合性措施，对中低产田实行山水林田路综合治理。

1992—2002 年北京市用于土地治理和生态环境建设项目的总投资为 6.91 亿元。其中：中央财政投资 1.38 亿元，地方财政配套资金 3.16 亿元，自筹资金 2.36 亿元。

1992 年—2002 年共完成土地治理 160.56 万亩，其中：改造中低产田 145.36 万亩，开垦宜农荒地 10.2 万亩，建设优质粮基地 5 万亩；新打和配套完善机电井4 362眼，修建机耕路 1 323.3 公里，造林 18.68 万亩。

通过农业基础设施建设，农业综合开发项目区基本达到了田成方、林成网、渠相通、路相连的要求，初步建成了一批优质、高产、稳产、节水和高效农田，农业生产基本条件有了显著改善，农业抗御自然灾害能力有了明显提高。1992—2002 年全市新增和改善灌溉面积 126.67 万亩，新增和改善除涝面积 56.08 万亩，增加林网防护面积 58.81 万亩，新增机耕面积 64.17 万亩，新增农机总动力 490 545 千瓦。

农业综合开发项目区通过水利、农业、林业、科技等综合措施的实施，不仅提高了农产品的综合生产能力，改善了农业基本生产条件，而且通过农业综合开发改造及农田林网的营建加大了项目区的植被面积，有效地减少了水土流失，调节了气候，风沙得到了有效控制，生态环境得到了改善，取得了良好的社会效益和生态效益。

（二）产业化经营项目和促进农业结构调整

为适应农业发展新阶段的要求，按照国家农发办“两个转变”、“两个着力”、“两个提高”的要求，北京市在加强农业基础设施和生态环境建设的同时，积极推进农业和农村经济结构的战略性调整，大力实施产、加、销一体的农业产业化经营。通过农业结构调整和实施产业化经营，全市农业综合效益取得了较大的提高，农民收入大幅度增加。1992—2002 年全市用于农业综合开发产业化经营项目的总投资为 2.87 亿元，其中：中央财政投资 6 336万元，地方财政配套资金 1.15 亿元，自筹资金 9 010.55 万元。

通过扶持农业综合开发产业化经营项目，农业经济发展取得了明显成效。一是通过加强基地建设、促进农业结构调整，增加了农民收入。1992—2002 年北京市共扶持发展经济林 3.72 万亩，蔬菜基地 3.05 万亩，花卉 0.3 万亩，药材 1.01 万亩；发展养殖面积 0.44 万亩。通过加强基地建设，促进了农业经济结构的调整和优化，拓宽了农民增收致富的途径。二是通过扶持龙头企业，增强了其辐射带动能力和市场竞争力，促进了农业产业化的快速发展。如怀柔区西洋参加工项目，通过农业综合开发连续几年的扶持，年总产值已达 8 亿元，利税 1 000万元，带动农户 5 100 户。三是通过扶持优势农产品，培育了区域主导产业，推动了区域经济发展。目前，北京郊区已形成一批区域主导产业，如怀柔区的虹鳟鱼、西洋参产业，密云县的板栗产业，大兴区的西瓜产业，平谷的大桃产业，昌平的苹果、淡水鱼产业，通州、顺义的蔬菜产业等。

（三）科技示范项目和积极推动科技进步

1992—2002 年全市实施专项科技项目 2 个，其中农业高新科技示范项目 1 个，科技推广综合示范项目 1 个。项目总投资1 497.32万元，其中：中央财政投资 400 万元，地方财政配套资金 800 万元，自筹资金 297.32 万元。

通过农业综合开发科技示范项目的实施，项目区农业技术和物质装备水平显著改善，农民的科技文化素质和接受新技术的能力明显提高。在项目区推广应用优种及平衡施肥、节水灌溉和旱作农业、病虫害生物防治等适用技术后，项目区农作物产量和品质均得到提高，项目区科技水平和开发效益获得提升。同时，通过加强项目区种植栽培与管理、生物病虫害防治等农技培训，改善了项目区农民接受新知识、新技术的外部条件，增加了农民接受教育和培训的机会，提高了农民的科学文化素质和科学种田的水平。

四、农业综合开发的措施和做法

（一）统一思想，提高认识，是搞好农业综合

开发工作的基础

农业综合开发在北京市是一项新工作，也是一项涉及方方面面的系统工程。做好这项工作，既要有广大干部群众的积极热情和艰苦实干精神，又要有科学求实的态度，要树立正确的指导思想，不断提高对农业综合开发工作的认识。首先，要统一思想，教育广大干部群众，从思想上树立开发工作高起点、高质量、高标准的观念，把常规农业项目建设与农业综合开发项目建设区别开来。第二，组织项目区及有关人员学习关于农业综合开发工作的文件，领会精神，使参与这项工作的同志认识到农业综合开发是国家支持农业发展、为农民办实事的具体体现，增强搞好农业综合开发的信心。第三，重点抓好项目区的规划及建设实施工作，突出“综合”二字，实行山水林田路综合治理，改善农业生产条件。特别是要明确农业综合开发要以改造中低产田、发展多种经营为重点，以质量标准为核心，以农民增收为目的。

（二）加强领导和各部门的紧密配合是搞好农业综合开发工作的保证

1.加强组织领导，确保开发任务顺利完成。北京市市委、市政府领导高度重视农业综合开发工作，多次提出要把农业综合开发列为农业发展的重点工作。各项目区政府更是成立了以主管农业的副区（县）长为组长的农业综合开发工作领导小组。区县领导经常参加农业综合开发实施方案的研究，召开专题会议，同项目区乡（镇）、村干部共同制定工程建设方案，并经常深入开发第一线了解情况，解决开发工作中的实际问题，精心组织实施。

2.加强组织协调，分工负责，组织管理。农业综合开发是一项涉及面广、综合性强的系统工程，必须在各级政府的统一领导下，依靠各有关部门协调作战，才能确保开发任务的总体完成。北京市农发办在组织农业综合开发项目实施过程中，始终注意发挥各农业部门的职能作用，落实开发责任制。一方面密切与农业主管部门配合，在种植结构的调整、农业技术普及、良种引进、推广、病虫害防治等方面做了大量工作，保证了粮食稳产高产，做到开发一片见效一片。另一方面在农田水利工程建设中，充分发挥水利部门的重要作用，从田间工程的规划、设计、施工质量以及主要工程的建设后期管护等方面提供技术和咨询服务，使农业开发项目的规划和骨干工程建设紧密结合，发挥出整体效益。

3.引入招标竞争机制，确立农民作为投资主体的地位，是促进农业综合开发的有效措施。北京市的做法是，在农业综合开发过程中，结合北京市郊区的经济状况，用政策调动农民开发的积极性，引进市场机制和竞争机制，把静态资源变为动态商品。在所有制不变的前提下，对农业综合开发项目实行“谁开发，谁投入，谁受益”的政策，吸引农民投资投劳。实践证明，项目区群众的大量投入是北京市农业综合开发工作顺利实施的有利保障。

（三）积极贯彻和落实农业综合开发有关文件精神

实施农业综合开发的11年间，北京市农业综合开发办公室一直本着积极、认真的态度落实国家农发办的各项方针、政策，做到：及时转发国家农发办下发的各种文件；定期对10个项目区的负责农业综合开发工作的有关领导、工程技术人员、财务管理人员进行集中培训；积极深入群众、深入基层、深入实际，开展多种形式的调查研究等。通过这些工作使农业综合开发政策深入各项目区，为保证农业综合开发工作的顺利开展奠定了坚实基础。

（北京市农业综合开发办公室供稿，殷世红执笔）

天 津 市

天津市自 1995 年经国家批准立项进行农业综合开发以来，大体经历了两个阶段。

第一阶段是从 1995 年至 1998 年。这一时期天津市农业综合开发工作遵循国家农业综合开发提出的以改造中低产田和开垦宜农荒地相结合、以增加农产品产量为主的指导思想，按照投入土地治理项目一元钱产出一公斤粮食的要求，在国家农业综合开发办公室的具体指导下，组织进行了大规模的土地治理工程，同时扶持了一批多种经营项目。在这一阶段，通过水田林路综合治理，以农机措施、工程措施和农技措施相结合，农业、农机、农技综合配套，将过去常年广种薄收、产量低而不稳的低洼盐碱地，改造成了旱能浇、涝能排的高产稳产田，农业生产条件得到很大改善，提高了农业生产的综合能力，项目区的粮食产量大幅度增加。

第二阶段是从 1999 年开始至 2002 年。在这一阶段，天津市农业综合开发工作结合农村经济结构调整，以农民增收为目标，认真贯彻国家农业综合开发办公室关于农业综合开发要实现“两个转变”和“两个着力、两个提高”的要求，由以改造中低产田和开垦宜农荒地相结合，转到以改造中低产田为主，尽量少开荒甚至不开荒，把提高农业综合生产能力与保护生态环境结合起来；由以增加农产品产量为主，转到积极调整结构，依靠科技进步，发展高产优质高效农业上来。在土地治理项目中，坚持以改造中低产田为基础，逐步发展节水农业、饲料粮生产基地。在部分地区进行了生态林及草场建设。这一阶段共治理土地面积 155.13 万亩。在多种经营项目中，结合天津市农业结构调整，加大多种经营项目投资力度，重点建设了塘沽区海珍品工厂化养殖项目、西青区王稳庄蓖麻加工项目、北辰区蛋黄粉加工项目等 31 个多种经营项目。在科技示范项目中大力提高项目科技含量和建设标准，建设了西青区农业现代化示范项目、西青区无公害蔬菜产业化高新科技示范项目、武清区农业综合开发高新科技示范项目。通过农业综合开发项目的实施，为促进农业结构调整、农民增收和实现农业的可持续发展创造了条件。

一、加大资金投入，加强资金管理，保证农业综合开发项目的顺利实施

（一）加大资金投入

1995—2002 年，天津市农业综合开发项目总投资 12.88 亿元，其中：中央财政资金 2.51 亿元，地方财政配套资金 5.55 亿元，银行贷款 1.27 亿元，自筹资金 3.56 亿元。共实施 90 个农业综合开发项目，其中：土地治理项目 47 个，治理土地面积 241.83 万亩，总投资 8.53 亿元；多种经营项目 40 个，总投资 2.33 亿元；科技示范类项目 3 个，总投资2 583.79万元。已经完成的农业综合开发工程取得了较好的经济效益、社会效益和生态效益，为粮食增产、农民增收，推动农业和农村经济的发展，提高农业综合生产能力，加快天津市在全国率先基本实现农业现代化，起到了积极的推动作用。

（二）加强资金管理

农业综合开发资金是保证项目顺利实施的关键，必须管住管好。加强农业综合开发的资金管理，不仅要加强中央、市级财政资金的管理，防止被挤占挪用，同时也要加强区县财政配套资金、乡村集体和农民自筹资金的管理。不但要建立健全农业综合开发部门、财政部门的内部监督检查机制，还要配合外部对农业综合开发资金的监督检查。天津市农业综合开发办公室在资金管理方面的主要做法是：

加强配套资金的管理。农业综合开发资金是以

国家投入为导向，以农民投入为主体，多层次、多渠道筹集的。在鼓励通过其他渠道筹集和投入资金时，各级财政部门要首先落实财政配套资金，将各级财政配套资金于年初列入本级财政预算。其次，农民自筹资金要按配套比例足额筹集，按计划使用。对以物抵资、以劳抵资的要严格确认手续。

加强农业综合开发资金的拨付和使用管理。对农业综合开发资金严格按计划批复和按工程进度拨款，并预留质量保证金，保证资金跟着项目走。在农业综合开发资金的安排使用上，首先使用农民和乡村集体自筹资金，其次使用区县财政配套资金和上级拨借资金；平整土地及小型设施建设支出由农民自筹资金及区县财政配套资金安排，中央、市级财政资金主要用于大型及骨干工程建设，逐步分清投资级次。

加强对有偿资金的管理。在有偿资金借出时，实行财政部门逐级承借、统借统还，落实好承借主体。在有偿资金回收时，不随意增加资金占用费，缩短回收期。同时逐步建立债务风险化解机制，使有偿资金放得出，收得回。区县财政部门要按时偿还中央、市财政的借款，为建立滚动式农业综合开发机制提供可靠的资金保证。

加强资金核算管理。为进一步规范和加强农业综合开发资金管理，提高资金使用效益和项目管理水平，天津市根据财政部《农业综合开发财务管理办法》和《农业综合开发资金报账实施办法》的规定，结合本市实际情况，制定了《天津市农业综合开发资金报账试行办法》，在全市范围内推行农业综合开发全部资金县级报账制，即国家批准实施的农业综合开发项目各级财政无偿资金、有偿资金以及乡镇农民自筹资金均执行县级报账制。这样既保证了农业综合开发资金及时、足额到位，又有利于对农业综合开发资金支出进行全过程的监督和管理，杜绝不合理开支，提高资金的使用效益。

加强对资金使用、管理情况的监督检查。各级农发部门均严格执行财政部颁发的《国家农业综合开发项目和资金管理暂行办法》、《农业综合开发财务管理办法》、《农业综合开发会计制度》的有关规定。天津市农业综合开发办公室按照“专项检查与全面检查相结合，日常检查与阶段性检查相结合”的原则，加大对农业综合开发项目检查验收等项工作的力度，并实行了年度中期检查制度，对检查和验收中所发现的问题，及时向项目区县提出整改意见并限期整改，确保按期保质保量地完成项目建设任务。

二、加强农业综合开发项目管理工作

（一）加强土地治理项目和生态环境建设

天津市农业综合开发工作始终坚持以农业基础设施建设为重点，大力改善农业生产条件，经过水田林路综合治理，水利、农业、农技、农机措施综合配套，使项目区制约农业生产发展的主要障碍因素基本消除。1995—2002 年间，天津市 11 个项目区县共完成土地治理项目 47 个，治理土地面积 241.83 万亩。其中：改造中低产田 220.93 万亩，开垦宜农荒地 19.90 万亩，草场建设 1 万亩。主要建设内容为：开挖疏浚渠道 12 320.11 公里，衬砌渠道 1 116.58 公里，修建桥闸涵渡槽 24 722 座，埋设地下管道 2 348.77 公里，修建排灌站（点）1 020座，架设农电线路 765.02 公里，新打机井 2 972眼。通过综合治理新增灌溉面积 233.40 万亩，新增除涝面积 205.88 万亩，项目区实现了旱能浇、涝能排，提高了抗御自然灾害的能力，为项目区农业生产提供了很好的基础条件。同时，在项目区购置农机具 2 725 台套，增加农机动力 107 852.00 千瓦，提高了项目区农业机械化作业水平。农业基础设施的改善为农民增收提供了有效的保障。

1998 年以来，天津市农业综合开发办公室认真贯彻落实国家农业综合开发办公室“两个转变”和“两个着力、两个提高”的指导思想，并结合天津市土地资源、水资源等情况，在停止新的开荒、加强农田林网建设的同时，充分发挥区域性、综合性优势，统筹规划生态环境建设，扶持植树种草，在项目区投资建设了生态林及草场，为农业生产筑起了绿色屏障，初步起到了涵养水源、保持水土、防风固沙、调节气候的作用，大大提高了农业生产防御自然灾害的能力。经过几年的建设，项目区的森林覆盖率已高于全市水平 13.7%，农业生态环境得到改善，为实现农业可持续发展奠定了坚实的基础。

随着经济的发展和城镇化的推进，耕地面积、水资源日趋紧张。天津市农业综合开发办公室在日常工作中始终以努力提高农业生产能力为基本任务，既严格执行国家有关的土地制度，又注重保护、合理利用和节约使用水资源，在集中连片地进行中低产田改造的基础上，重点发展节水灌溉农业。同时根据天津市农业结构调整的需求，逐步提高节水灌溉的投入标准和建设标准，建成了一大批高产、稳产、节水、高效的基本农田，进一步巩固、保护和提高了天津市的农业综合生产能力，加强了农业的基础地位。通过实施农业综合开发项目，项目区新增加粮食生产能力 5.66 亿公斤，棉花 172.97 万公斤，油料1 165.34万公斤，蔬菜 1.76 亿公斤。改造后的中低产田平均亩产较开发前增长 250—300 公斤，项目区综合开发带来的经济效益十分显著。同时通过近几年来对农业资源的合理利用和开发，特别是重点发展节水农业和加强生态建设，使现有耕地资源的产出率、水资源利用率不断提高，实现了经济效益、社会效益和生态效益的有机统一，实现了农业的可持续发展。

（二）促进农业结构调整，提高农业效益，增加农民收入

1998 年后，国家农业综合开发的指导思想由以增加农产品产量为主，转移到积极调整结构、依靠科技进步发展高产高质高效农业上来。天津市农业综合开发办公室按照这一精神积极调整工作思路，结合天津城郊型农业的特点，加大农业结构调整力度，努力提高农业生产效益，增加农民收入。至 2002 年，天津市通过农业结构调整不仅使项目区农产品得到增产，同时项目区农民纯收入总额也增加了 5 亿元，人均纯收入年均增加 545 元，大大高于非项目区农民的增收幅度。

天津市农业综合开发在土地治理项目建设中主要围绕农业种植结构调整、培植主导产业、有效增加农民收入做文章。在以改造中低产田为主的前提下，改变了过去以挑沟挖渠、平整土地为主的改造模式，根据天津市农业资源环境和各地发展的主导产业的不同，重点发展节水设施建设和农田标准化、园田化的改造模式，要求各区县在土地治理项目建设中，达到农田 400 亩一个网格，围绕农田网格形成渠系贯通；在农田水利灌溉上重点发展管道灌溉节水工程，为地方农业的结构调整和农业主导产业的发展创造良好的农业基础生产条件。各项目区县按照这一要求进行土地治理和水利工程建设，取得了明显成效。如武清区政府提出的以蔬菜和奶业作为全区农业发展的两大主导产业，区农业综合开发工作在土地治理和水利工程建设中，重点发展了管道灌溉节水工程。在以优质地上水为水源的中部地区，实施大口径 PVC 双壁波纹管道节水灌溉工程。在北部无污染的地下水全淡区，通过合理开采地下水资源、地下铺设聚炳塑料管道的节水工程，为实施全区发展无公害蔬菜基地建设提供了良好的基础设施条件。

在多种经营项目中，遵循市场规律，因地制宜，充分调动地方政府和农民的积极性，根据各项目区县实际，重点扶持了一些能够带动农民种植结构调整的多种经营项目。如西青区通过实施王稳庄蓖麻加工项目，带动了周边地区农民大面积种植蓖麻。由于采取了订单收购的方式，因此既保证了企业的生产原料供应，又带动了周边农民的致富。大港区根据区政府确定的农业结构调整计划，全区种植冬枣 10 万亩。为了解决农民的冬枣销售问题，通过农业综合开发扶持，建成了库容量为 1 000 吨的冬枣气调保鲜贮藏库。经销公司与农民签订了收购合同，以保护价收购果实。通过实施这一系列措施保证了农民的利益。

根据天津外临渤海、内接九河的地理位置和蕴藏丰富水产资源的特点，天津市农业综合开发重点扶持了一些水产养殖类的多种经营项目，如投资 1 300万元建设了塘沽区海珍品工厂化养殖项目，投资 775 万元建设了西青区精武水产良种史式鲟鱼养殖项目等。这些项目都取得了较好的效益。

（三）加大科技示范项目投入，积极推动科技进步

自农业综合开发实施以来，天津市逐渐加大科技投入，项目的科技水平和科技含量不断提高，各

项目区县上报的农业综合开发多种经营加工项目中科技含量高的项目和高新科技示范项目得到了重点扶持。西青区无公害蔬菜产业化高新科技示范项目、武清区农业综合开发高新科技示范项目、北辰区蛋黄粉加工项目、宝坻县优质稻精加工项目、静海县蔬菜瓜果保鲜储藏加工项目等都是成功的范例。这些项目的建成不仅发挥了对周边农民的示范带动作用，有效地推广了先进实用的技术，而且培养了一批懂技术、善经营、会管理的新型农民，使他们成为农民致富的带头人。

农业科技含量的提升，大大提高了农业的综合生产能力和效益，促进了农业增长方式由粗放型向集约型、由数量型向质量型、效益型的转变。同时，农业综合开发项目建设也改善了农村的消费环境，提高了农民的购买力水平，有效地扩大了内需，支持和促进了天津市经济的持续快速健康发展。

三、加强科学管理，建立健全各项规章制度

自农业综合开发工作开展以来，各级农业综合开发部门就把制度建设作为一项大事来抓，依据国家政策、规定，针对天津市资金、项目管理中存在的问题，先后建立了一系列管理制度、办法，初步确立了项目立项、计划报批、资金拨付、监督检查等各项工作程序，使各项管理工作逐步走向科学化、规范化、制度化的轨道。天津市农业综合开发办公室为加强内部管理工作，制定了《天津市农业综合开发领导小组办公室工作制度》、《天津市农业综合开发档案管理办法》。在资金管理方面，制定了《天津市农业综合开发资金管理暂行办法》、《天津市农业综合开发资金报账试行办法》。为规范项目管理工作，制定了《天津市农业综合开发项目管理暂行办法》、《天津市农业综合开发竣工项目验收考核评分暂行标准》、《天津市农业综合开发多种经营项目建议书编写提纲》、《天津市农业综合开发土地治理项目建议书编写提纲》、《天津市农业综合开发多种经营项目可行性研究报告编写提纲》、《天津市农业综合开发土地治理项目可行性研究报告编写提纲》等规章制度和办法。这些规章制度规范了天津市农业综合开发项目和资金及内部管理工作，通过细化量化各项指标，使各项目区县在实际工作中基本上做到了有章可循、有法可依，初步形成了一套管理体系。同时，各项目区县农发部门依据国家和市农业综合开发的各项规章制度，结合本区县自身的管理特点，也分别制定了项目和资金管理实施细则，使农业综合开发各项管理工作切实得到加强。

天津市还注意充分发挥各职能部门的作用，形成合力搞好农业综合开发。农业综合开发是一项涉及水利、农业、林业、农机、水产、畜牧、财政等各部门的综合性工作，市、区县两级农业综合开发部门积极组织协调，充分发挥了各职能部门的作用。水利部门把农业综合开发项目计划和骨干水利工程建设紧密结合，力争项目发挥整体效益；农业、农机部门提供农业资源后备情况，并在种植结构调整、良种繁育推广、改革栽培模式、普及机械化作业等方面提供技术支持；林业部门为农业综合开发农田林网及生态林建设提供优质种苗；水产、畜牧部门积极提供养殖项目，为种畜（禽）基地建设、多种经营项目建设做出了贡献；财政部门认真落实配套资金，加大有偿资金回收力度，加强资金管理；专家组同志们对项目计划认真审核把关，为领导决策提供了宝贵的意见。

自农业综合开发实施以来，天津市各级党委、政府都高度重视此项工作，始终将其放在整个农业和农村经济工作的重要位置。特别是2000年机构改革将天津市农业综合开发办公室设置为市财政局的一个内设处室后，充实了人员，使农业综合开发工作机构更加稳定，力量得到加强。新的农业综合开发办公室成立后，在市财政局党组的正确领导下，不断提高干部队伍素质。各级农发部门通过认真学习、深刻领会“三个代表”的重要思想，牢固了树立全心全意为农民服务的意识，增强了使命感和责任感，始终坚持把农民的根本利益放在农业综合开发工作的首位，并加强廉政建设，遵守职业道德，改变了那种门难进、脸难看、事难办的衙门作风，干部政治素质得到提高。同时，加强各种业务知识的培训，不断提高干部的业务素质。市农业综

合开发办公室要求从事农业综合开发管理工作的同志，既要了解市场经济，懂得经济管理，还要懂工程技术、财务会计，了解农业生产的各个环节，经常深入实际，调查研究，了解情况，掌握第一手材料，做到心中有数。在工作中注意发挥每个工作人员的聪明才智，创造性地研究问题，不断赋予农业综合开发新的活力。

（天津市农业综合开发办公室供稿，赵军执笔）

河　北　省

1988 年，国务院决定建立农业发展基金，在全国范围内展开了大规模的农业综合开发，包括河北省在内的黄淮海平原被列为重点项目区。河北省 13 个地市和省农垦局所属的 101 个县（国营农场）开始实施海河平原农业综合开发。1990 年，经国家和世界银行批准立项，又相继在承德、张家口两个市的 7 个县、5 个国营林牧场实施了坝上生态农业工程项目建设，在 8 个市的 53 个县实施了利用世行贷款农业发展项目，1998 年又在 4 个市 27 个县实施了世行二期灌溉项目，从而形成了以三大项目为主体、各市全面展开的农业综合开发格局。

同全国其他地区一样，从 1988 年至 2002 年，河北省农业综合开发的指导思想和建设内容大体分为三个发展阶段。第一阶段是从 1988 年至 1993 年，以增加粮棉油肉糖等主要农产品产量、增强农业发展后劲为主要目标，以改造中低产田、开垦宜农荒地、推广良种和农业科技成果为主要内容。第二阶段是从 1994 年至 1998 年，在继续进行中低产田改造的同时，开始立项实施多种经营项目，把农业增产与农民增收有机地结合起来，解决粮食总量增加带来的种粮比较效益下降、粮食增产而农民不增收或少增收的问题。1999 年以后，农业综合开发进入第三个阶段。这一阶段，农产品供求关系中的主要矛盾从供给总量短缺、需求无法选择，逐步转向供求之间因品种和品质不适应而形成的结构不合理等问题。针对这些矛盾，1999 年，又把“两个转变”作为农业综合开发的指导思想，即由以改造中低产田和开垦宜农荒地相结合，转到以改造中低产田为主，尽量少开荒甚至不开荒，把提高农业综合生产能力与保护生态环境结合起来；由以增加农产品产量为主，转到积极调整结构，依靠科技进步，发展高产优质高效农业上来。2000 年，农业综合开发的指导思想延伸为坚持“一个前提”（加强农业基础设施建设，改善农业生产条件和生态环境，提高农业综合生产能力），推进“两个转变”。2001 年，国家农业综合开发的指导思想按照温家宝副总理的指示，又概括为“两个着力”、“两个提高”，即着力加强农业基础建设和生态环境建设，提高农业综合生产能力；着力推进农业和农村经济结构的战略性调整，提高农业综合效益，增加农民收入。

一、农业综合开发资金投入与管理

（一）资金投入

河北省农业综合开发根据国家农业综合开发投入政策，实行“国家引导、配套投入、民办公助、滚动开发”的投入机制。资金渠道来源主要有四个，即中央财政资金、地方配套资金、农行专项贷款和自筹资金。在农业开发总投资中，上述四项资金各占四分之一。2002 年以前采取中央财政资金与地方配套为 1:1 的配套投入政策。地方配套中，省本级承担不低于 70%，市、县承担 30% 以下（实际河北省这几年配套比例为省本级 40%，市、县 60%）。中央和地方财政资金 70% 用于土地治理项目，30% 用于多种经营项目。土地治理项目无

偿、有偿资金比例为85:15;多种经营项目无偿、有偿资金比例为15:85;高新科技示范项目无偿、有偿资金比例为80:20。有偿资金定期回收，滚动使用。

（二）资金管理

除了加大投入力度，千方百计落实各级配套资金外，重点抓了资金支出进度和有偿资金的回收，严格支出管理，确保专款专用。在支出管理上，全面推行县级财政报账制，规范支出程序，有效遏制了大额现金支出不合格票据入账问题。在财务管理上，加强农业综合开发资金的事前、事中、事后监督检查，做到“专款专用，专人管理、专账核算”，促进了农业综合开发资金的规范化管理。在资金的使用上，推行大宗物资集中采购，节约了资金，减少了严重违规违纪问题的发生。在有偿资金管理上，坚持放得出、用得好、收得回，对到期有偿资金实行回收与投资规模挂钩的政策，有效地促进了按时回收和上缴。

二、农业综合开发项目管理

（一）管理特点

河北省农业综合开发与常规农业的不同之处是有明确的项目区，实行项目管理，择优选项，资金跟着项目走。项目管理分前期准备、项目实施、竣工验收、运营管护四个阶段。立项前要经过专家充分论证，看项目是否可行。项目实施中要进行监督检查，项目竣工后要按规划设计标准严格验收。整个项目从立项、实施到竣工验收都有一整套科学、规范、严密的程序和管理办法。项目实施范围仅限于国家批准的农业开发项目县。立项程序为自下而上申报，自上而下审批，一年一立项，三年为一期，每期项目完成后由国家组织最终竣工验收。

（二）主要成效

自1988年以来，河北省先后实施了海河平原农业综合开发、坝上生态农业工程和利用世行贷款农业发展三大在国家立项的农业综合开发项目。截至2002年，累计完成投资99.27亿元。其中：中央财政资金27.95亿元，地方财政配套资金25.81亿元，农行贷款9.41亿元，群众自筹资金36.1亿元。

1. 农业综合开发项目的实施，不仅有效地改善了农业生产条件和生态环境，增加了项目区农民收入，而且也为项目区农业结构调整奠定了基础，创造了条件。据统计，1988—2002年，通过农业综合开发，共完成中低产田改造2679万亩，开垦宜农荒地123万亩，新打并配套机井14.8万眼，铺设、修复地下防渗管道6万公里，修建防渗渠4.42万公里，建桥闸涵建筑物4万多座，增加和改善灌溉面积2 300万亩。累计新增粮食生产能力（折粮）65亿公斤，项目区人均纯收入比非项目区平均增加近300元，高的达1 200多元。项目区土地经过综合开发治理，变成了田成方、树成行、渠相连、路相通、旱能浇、涝能排的高标准稳产高产田，极大地提高了项目区农业综合生产能力。农业开发项目区大多数都建设成了优质特色的农产品生产基地，成为引导农民调整结构、发展高效农业的典范。如，全省设施蔬菜面积已达470多万亩，总产量4 161.6万吨，成为仅次于山东的蔬菜生产大省。全省蔬菜外销量占商品量的60%以上，出口突破35万吨，约占全国蔬菜出口总量的1/8，而蔬菜生产基地绝大多数是在经过农业综合开发的项目区中发展起来的。

2. 增加了项目区林草植被度，促进了农业生态环境的改善。坝上生态农业工程项目的实施，不仅有效地改善了农业基础条件，而且促进了坝上地区和首都周围生态环境的改善，取得了良好的经济效益和生态效益。十多年来这一项目累计完成植树造林419万亩，建设草场324万亩。承德境内沿内蒙边界的340公里长、5公里宽的沿边防护林带已建设成型。据统计，张、承两市项目区森林覆盖率平均提高5.6个百分点，草场植被覆盖度平均比立项前提高35.25个百分点。坝上项目区大风日数由过去的年平均60多天，下降到现在的19.7天。风速降低了26.1%—42.4%，相对湿度提高3%左右，无霜期平均延长10—11天。承德境内流入首都水源密云水库的河水泥沙含量下降52.5%。坝上地区沙进人退的恶劣环境进一步得到遏制。坝上生态农业工程的实施正在为首都北京挡风源、固沙源、涵水源，起着重要的天然屏障作用。

3. 扶持了龙头项目建设，加快了农业产业化发展进程。1994 年到 2002 年的 7 年间，全省农业综合开发累计扶持多种经营及龙头项目 352 个。完成总投资 17.8 亿元，年新增产值 32 亿元，新增利税 4 亿元。其中，年产值千万元以上的龙头企业 86 家，年产值达5 000万元以上的较大型农业产业化龙头企业 11 家。龙头项目的建设带动了全省一大批种植业和养殖业生产基地的发展，为加快农业产业化进程起到了积极的推动作用。河间河英公司肉鸭屠宰加工项目，农业开发累计投入财政资金 1 150万元，先后扶持了商品鸭扩建、复合饲料加工、屠宰流水线等项目，现已发展成为种鸭繁育、社会养殖、屠宰加工、熟食加工、饲料生产系列化的股份制企业，并辐射带动了周围 4 个县（市）20 个乡（镇）近千户的农民养鸭户，养鸭户获利 900 万元，项目的经济、社会效益都非常可观。安平京安集团种猪繁育项目，农业开发累计投入财政资金 1 700 多万元，使企业的生产规模得到迅速扩张，成为我国北方最大的现代化规模养猪场，逐步形成了产加销一条龙、贸工农一体化的经营格局，带动了全县及友邻地区的养猪业发展，年均实现社会效益 8 000 多万元。京安集团已成为全国 150 个重点龙头企业之一和国家生猪活体储备基地。

4. 提高了项目区科技含量，促进了全省农业的科技进步。十多年来，农业开发项目区和项目单位先后引进和推广农业科技新技术、新品种、新工艺 830 多项次，使项目区科技普及率达到 95% 以上，比非项目区高出近 10 个百分点；项目区科技贡献率达到 51%，高出全省平均水平 4 个百分点。特别是近年来实施专项科技项目，通过集中资金加大科技项目投入和与大专院校联姻，架起了科研成果向农民、向农业生产第一线传播与转化的桥梁，对促进农业项目区科技进步起到了积极的推动和示范作用。

三、农业综合开发工作取得的主要经验

河北省农业综合开发实施以来，取得了显著的成效，也积累了一些好的经验，主要有六条：

（一）开发宗旨明确，工作重点突出，是搞好农业综合开发的关键所在

河北省农业综合开发之所以取得显著成就，很重要的一条，就是认真贯彻国家农业开发的方针政策，始终按照省委、省政府的统一部署，坚持“两个着力、两个提高”的基本思路，紧紧围绕全省农业结构的战略性调整和发展特色主导产业这一中心任务来开展工作。在项目安排上，坚持以改造中低产田为重点，加强农业基础设施建设，改善农业生产条件和生态环境，为农业结构调整奠定基础。同时，面向国内外市场，扶持了一批既体现地方特色又能发挥区域优势的项目，发展特色农业和创汇农业，带动了农业产业化经营，推进了项目区农业结构的调整。专项科技示范项目和科技推广项目也与发展区域特色主导产业紧密结合，较好地发挥了农业开发科技项目在结构调整中的示范带动作用。

（二）坚持因地制宜的原则，不断探索农业开发治理的新模式和新路子

河北省自实施农业综合开发以来，打破过去只注重打井防渗、突出发展粮食作物的旧模式，结合河北实际，因地制宜地不断探索农业开发新路子，在不同类型区域采取了不同的开发治理模式，改变了过去“一刀切”的做法。在平原项目区以节水为重点，充分利用天然水，控制打新井、打深井，大搞农田防渗，全面推行管网式输水，既节约了用水，保证了灌溉，又解决了明渠漏水占地问题，效果很好。同时在具体施工中，根据实际情况调整工程规范，做到适地、适用、注重实效。在作物布局上，调整作物品种结构，发展高效种植。在丘陵山区，将农业开发与小流域治理相结合，走区域连片开发、综合治理的路子。在东部低平原项目区，充分利用地上水，着重发展抗旱作物，通过生物措施来改土肥田。如沧州市的黄骅、孟村、南皮等县的项目区近几年安排种植苜蓿，取得了很好的社会效益、经济效益和生态效益。

（三）坚持综合性的开发方式，讲求综合效益

农业综合开发贵在“综合”，应坚持工程措施和生物措施相结合，山水田林路综合治理，通过人力、财力、物力和科技的综合投入，贸工农、产加销一体化经营，实现农业经济效益、生态效益和社

会效益的整体提高。河北省的农业综合开发从项目安排到项目实施，特别突出了综合性这一特点。平川建设水浇地，缓坡搞坡改梯或挖条田、鱼鳞坑栽植经济林，山顶栽植用材林或水源涵养林，沟谷闸谷固水保土，田间修出农田路。整体治理，统一规划，分步实施。既绿化了荒山、荒坡，又建起了高产稳产农田。特别是在丘陵山区，这样的治理模式真正起到了涵水源、固沙源、拓财源，形成良好的生态群落的作用。在海河平原项目区，重点实施节水灌溉，推广先进农业科学技术，加强农田防护林建设，不仅提高了综合生产能力，提高了科技含量，实现了农业增效、农民增收，而且还有效地保护了农业资源，防止了新的水土流失，改善了农田小气候。

（四）坚持“国家引导、配套投入、民办公助、滚动开发”的投入机制

农业综合开发是国家支持和保护农业的一项有效措施，在投入机制上有其特殊性，由中央财政投入、地方财政配套以及专项贷款、集体和农民群众自筹等几部分组成。这就充分体现了“谁开发、谁受益”的原则，调动了农民和社会各方面的积极性，从上到下形成了多渠道、多形式地吸引和增加投入的良好局面，形成了以农民为主体，国家补助投资、社会各方面参与的农业综合开发体制。这一投入机制深受项目区广大干部群众的欢迎，并取得了良好效果。

（五）突出工作重点，带动农业开发整体水平的不断提高

为了进一步提高项目整体水平，河北省每年在安排项目计划时都把一部分工作列为重点来抓。中低产田改造突出抓节水。以地上水灌溉为主的项目区，在兴建拦、提、蓄、引工程的同时，重点抓地上防渗渠道建设。以地下水灌溉为主的项目区，增加了地下防渗管道的密度。多种经营项目突出抓龙头，围绕蔬菜、畜牧、林果三大主导产业和花卉、食用菌等新兴产业安排项目。科技项目突出抓园区，通过抓重点、抓示范，带动了全省农业开发整体水平的不断提高。

（六）加强项目和资金管理，全面提高项目资金管理水平

河北省对于国家立项的农业综合开发项目，采取的是项目管理的办法，有一整套严格的管理制度。在制度建设上，边实践边完善，先后修订出台了《项目管理运行程序》、《项目评审办法》、《检查评比及奖惩办法》、《项目建议书编制提要》和《计划编报考评暂行办法》等业务制度或办法，转发了国家农业综合开发办公室制定的《县级农业综合开发操作规程》。在项目管理上，按照国家农业综合开发办公室制定的管理办法进行管理，突出抓好立项前的准备工作，严格操作程序，从扩初设计、评估论证到计划编报都坚持高标准、高质量。对重点多种经营项目和专项科技项目进行专家评审论证，对所有立项项目都进行立项前实地考察。在项目实施过程中，加强督导检查，及时发现问题，及时解决。每年定期对各市县农业开发项目实施情况进行检查验收，通过检查，评选出全省土地治理项目“十面红旗”、多种经营“十佳龙头项目”和坝上生态农业工程“创业杯”，并与下年度投资规模挂钩，确保项目按设计要求施工并顺利通过国家验收。在资金管理上，除了积极研究有效的管理措施、加大投入力度、千方百计落实各级配套资金外，重点抓了资金支出进度和有偿资金的回收，严格支出管理，确保专款专用。为了保证财政有偿资金按期归还，加大了资金回收工作力度，研究下发了按回收任务完成情况与下年度投资规模挂钩的管理办法，有效地促进了有偿资金回收工作的进行。

（河北省农业综合开发办公室供稿，阎明珠执笔）

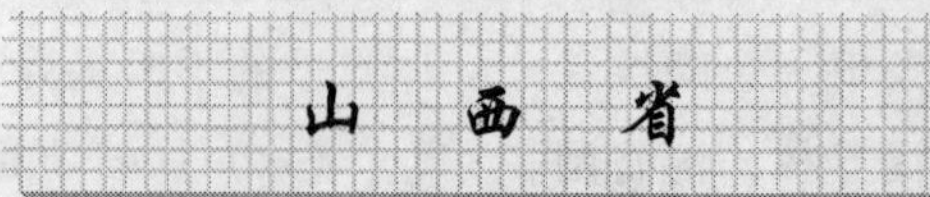

山西省

1990 年，国家批准山西农业综合开发项目立项。到 2002 年，项目共涉及大同、朔州、忻州、吕梁、太原、晋中、临汾、长治、运城、晋城 10 个市（地）的 60 个县（区），以及省监狱局、劳教局的 7 个农场。项目区既是山西省农业的主产区，也是山西省农业和农村经济较发达地区。区内土地资源优势明显，交通便利，农业种养资源丰富多样。

一、农业综合开发资金投入和管理

（一）资金投入情况

1990—2002 年山西省农业综合开发累计投入资金 30.51 亿元，其中：中央财政资金 9.36 亿元，山西省地方配套资金 7.22 亿元，银行贷款 4.31 亿元，农民自筹资金 9.61 亿元。

分项目看，1990—2002 年山西省农业综合开发土地治理项目投资完成 14.93 亿元，其中：中央财政资金 4.93 亿元，山西省地方配套资金 4.76 亿元，银行贷款 0.89 亿元，农民自筹资金 4.35 亿元。多种经营项目投资完成 10.74 亿元，其中：中央财政资金 1.64 亿元，山西省地方配套资金 1.43 亿元，银行贷款 3.02 亿元，农民自筹资金 4.65 亿元。科技示范项目投资完成 3 414 万元，其中：中央财政资金 950 万元，山西省地方配套资金 840 万元，银行贷款 200 万元，农民自筹资金 1 424 万元。

（二）资金管理情况

山西省为了保证农业综合开发资金到位，提高资金的使用效益，借鉴世界银行有关项目管理的经验，加强了资金管理，严格执行新会计制度，全面推行县级报账制和项目资金公示制，加大资金监督检查力度，确保农业综合开发的资金专款专用，保证了资金的合理有效利用。按照国家有关资金管理的要求，山西省在农业综合开发资金管理方面主要抓了四方面的工作。

1. 积极筹措，确保资金到位。山西省从总体上讲是个贫困地区，各级财政困难，农民收入较低。各级政府为了支持农业综合开发，克服困难，积极落实配套资金，保证了配套资金的到位。全省各市把农业综合开发财政资金纳入预算管理，并专门发文件要求各县区农业综合开发配套资金必须足额到位，而且要高于财政收入增长的幅度。在自筹资金的筹集上，山西省各级农业综合开发部门广泛发动当地乡村的集体和农民出钱、出物、出工，全力投入自我开发。不少开发效益突出的项目区，农民争先恐后交现金、出劳力打井、修渠、修路，进行股份制开发。一些煤炭、矿产资源丰富的项目乡村，积极以工补农，完成的投资、任务均超过计划。随着农业综合开发声势的扩大和效益的日渐显著，也吸引了社会各界甚至是名人、名企投入资金搞开发，形成了相互补充、共同发展的社会化大开发局面。

2. 健全管理制度，规范资金管理。山西省农业综合开发办公室根据国家项目资金管理和财务管理要求，制定了《农业综合开发财务管理实施细则》、《农业综合开发财政资金报账制实施细则》等资金管理制度，使各项目在资金管理上做到了专款专用、专账核算、专人管理；在支出上做到了按计划、分项目、依进度，逐级审批报账。

3. 加强对资金使用的检查和审计。山西省农业综合开发办公室和各市农业综合开发办公室每年会同财政、审计等部门对资金管理、使用情况进行定期和不定期的检查审计。省农发办还委托中介组织，对农业综合开发资金进行抽查，及时发现问题，堵塞漏洞，规范财务管理。

4. 采取有力措施，抓好资金回收。按照国家、

省的有关规定，山西省各地县采取切实可行的措施，狠抓有偿资金的回收。具体做法：一是政府、财政逐级签订承诺书，明确义务和责任，通过制度的制约和主动做工作，提高项目单位的还款意识和自觉性。二是实行工程立项、工程投资、工程效益与还借款相挂钩的办法，坚持资金不偿还不上新项目，效益不好不增加新投资，依靠提高效益保障资金回收。三是对开发成果进行拍卖、转让、租赁，从中回收有偿资金，依靠产权转让，实现滚动发展。四是把有偿资金投放的重点放在效益好、信誉好、管理好、潜力大的地方，尽量降低回收风险。截至2002年底，山西省财政累计借出、放款有偿资金6.27亿元，累计到期有偿资金2.47亿元，回收2.02亿元，回收率82%。

二、加强项目管理，充分发挥农业综合开发效益

加强项目管理，确保工程质量是农业综合开发的中心任务。13年来，山西农业综合开发强化项目管理，围绕农业增效、农民增收两大目标，着力加强基础设施建设和生态建设，提高农业综合生产能力；着力推进农业结构调整，推动科技进步，提高农产品的竞争力。努力实现由以传统粗放型农业为主向以集约化农业为主，由以增加农产品产量为主向以提高农产品质量为主的两个转变。抓好中低产田改造、农业生态环境建设、农业产业化、绿色农产品基地、农业科技示范园区五大工程。山西省还针对不同的地区提出了不同的开发目标。在北部地区，提出了农业综合开发要实现“工程创精品，农田高标准，种养上高效，产品有特色，调产促增收”五大目标；中部地区农业综合开发要“举科技旗，打精品牌，走特色路，求高效益”；南部地区农业综合开发要“开发一处农田，建设一个示范园，推广一项新技术，培育一个新产业，带动一批种养户，致富一方老百姓”。按照这些思路去做，山西农业综合开发的方向、目标、措施落到了实处，在新的高度上把握住了前进的方向，形成了“集中连片，优化配置，综合治理，科技引导，产业拉动，基础增效，调产增收”的开发新模式，给山西省的农业发展注入了活力，为全省农业经济的持续稳定发展做出了重大贡献。

（一）坚持以改造中低产田为重点，加强农业基础设施建设，提高农业综合生产能力

山西水资源严重短缺，十年九旱，自然灾害频繁，共有中低产田4 575万亩，约占耕地总面积的70%。因此在土地治理项目的实施中，山西抓住改土节水两个重点，因地制宜，采取综合措施，实施配套建设。一是以水利建设为重点，全面推行节水灌溉，发展节水农业。在平川区大力发展集中连片的管灌、喷灌、滴灌工程，走标准化的节水农业道路；在丘陵山区则充分利用小泉小水，进行小高灌、梯级抽水灌溉。13年共修建小型水库10座，建设灌排渠系22 573.40公里，新打和配套完善机电井15 744眼，从而新增和改善灌溉面积559.02万亩，新增和改善除涝面积15.06万亩，新增节水灌溉面积345.8万亩，从根本上解决了水对项目区农业发展的制约。二是在进行水利建设的同时，配套实施平田整地、土壤改良、配方施肥、林网防护和道路建设。13年间全省共改良土壤面积281.34万亩，修机耕路11 937.8公里，购置农机5 496台套，造林94.14万亩，从而新增农田林网防护面积436.53万亩，新增机耕面积282.93万亩，新增农机总动力264 329.00千瓦。项目区达到“六化”标准，建成了一大批规模较大的高产、稳产、高效农田。三是通过调整农业种植结构和优化种植模式，改造传统农业；通过区域化种植和规模开发，实现规模效益。四是在各项目区重点进行大规模的日光节能温室建设，推广了一大批名、优、特、新品种，项目区良种覆盖率达到98%以上。通过上述综合配套建设，13年来，山西累计改造中低产田539.3万亩，开垦宜农荒地40.7万亩，建设草场8.2万亩，建设优质粮食基地0.40万亩，建设优质饲料作物基地1.2万亩，新增粮食生产能力9.87亿公斤、棉花1 386.73万公斤、油料5 318.36万公斤、糖料3.51亿公斤、干鲜果品942.30万公斤、蔬菜7 663.00万公斤、花卉425.00万株、药材1 075.00万公斤。项目区粮、菜、瓜果等农产品产量大幅增加，农业综合生产能力得到明显提高，为

项目区的农业结构调整和农业增效、农民增收奠定了坚实的基础。

（二）大力发展多种经营，积极培育主导产业，进一步延伸开发效益

发展多种经营，扶持龙头企业，就是扶持农业，扶持农民。13年来，在多种经营项目的建设方面，山西围绕资源搞开发，瞄准市场上项目，突出特色树品牌，壮大龙头抓带动，收到了较好效果。各项目区充分发挥当地的资源优势、比较优势、区域优势，通过集中规模、资金和技术，统一组织，建设了一大批生产基地，形成了以果、菜、草畜、杂粮四大产品为主的种植业生产格局。13年累计扶持以蔬菜为主的种植项目7.57万亩，扶持畜禽养殖309.61万头（只），新建和扩建农副产品加工项目102个、服务体系项目14个。在项目建设中，打造出不少精品产品、绿色产品和名牌产品，建成了一批带动力强、辐射面广、产业化优势突出的龙头企业，形成了公司+基地+农户的经济共同体。部分开发项目形成了区域化、规模化、专业化、产业化的生产格局。农产品的品种结构得到优化，农产品的品质、商品率和市场竞争力明显提高，农民收入大幅增加。广大农民称赞道："开发开出了新天地，调产调出了致富路，龙头带我奔小康"。山西现已建起了夏县、新绛、应县蔬菜基地，大同黄花菜、永济芦笋基地，清徐、稷山葡萄基地，稷山、临猗红枣基地，昔阳小米基地，屯留玉米基地，大同、朔州草食畜牧养殖加工基地等，初步形成了以优质杂粮、蔬菜、干鲜果和畜牧为特色的产业化生产格局，同时也培育出了芮城丰润、平遥牛肉、屯玉种业、繁峙玉米淀粉等一批产业化龙头企业。

（三）加强科技推广示范，提高开发的科技含量，促进农业增长方式的转变

山西在进行农业综合开发项目建设的同时，把农业科技的推广应用作为重点工作来抓，坚持工程建设与科技并举，重点示范与全面推广同步，聘请农业技术人员和专家教授深入项目区，向广大农民传授农业知识和新技术，开展技术培训，提高广大农民的科技素养。在项目建设上，推广了管灌、喷灌、渗灌、滴灌等节水技术，使亩次用水量、灌溉用时、灌溉费用大幅降低；普遍实施了测土配方施肥、模式化栽培技术和新优良品种的推广应用，项目区的良种率达到90%以上。同时，各地还引进了日光节能温室技术，购置了大量的农产品加工、生产、包装设备，提高了农业综合开发项目的科技含量，增加了农产品的附加值。项目区累计扶持农业技术服务站1 117个，进行农业技术培训151.25万人次，提高了广大农民的科学素养。尤其是在2000年以来的科技示范项目的建设上，坚持高起点、高效益，充分发挥示范样板作用，辐射周边，带动农民，已经实施了永济芦笋、曲沃太子滩果蔬、大同县马铃薯三个农业科技推广示范项目和山西农科院农业综合开发高新技术示范园区项目。这些项目的效益是，完成了农业高新科技示范面积0.80万亩，示范推广面积6.37万亩，扩大良种种植面积0.78万亩，技术培训0.35万人次，新增总产值3 342万元，增加值2 260万元。项目实施的意义，在于初步实现了农业增长方式的转变和由传统农业向现代农业的转变。

（四）注重生态环境建设，努力实现可持续发展

按照农业综合开发"两个着力，两个提高"的指导思想，山西把提高农业综合生产能力与保护农业生态环境紧密结合起来，把植树造林、资源的合理利用作为开发的重点来抓，在项目区探索发展节水农业，走配套节水的路子，以保护地下水资源。太行山绿化工程项目区累计造林1 435万亩，其中人工造林189万亩，飞播163万亩，封山育林1 040万亩，低效防护林改造43万亩。同时注重生态建设的丰富多样。针对不同地域地貌，各项目区建设了不同树种、不同特色的防护林、经济林、观赏林和花草园林，不仅起到了涵养水源、减少风沙、调节气候、改良土壤的作用，而且实现了生态建设与农民增收、生态管护的相互结合和良性循环，促进了项目区农业的可持续发展。不少项目区还实现了乔木和灌木相结合，针叶和阔叶相结合，木本和草本相结合，用材林和经济林相结合的立体绿化模式，使得项目区春有花，夏有荫，秋有果，冬有

绿，宛若田间小公园，深受农民称赞。

三、创新机制，严格管理，大力提高农业综合开发水平

农业综合开发任务繁重，涉及面广，环节较多，因此在管理上必须抓严、抓实、抓细、抓紧。山西的经验是，项目管理要做到在整体上强化领导，健全制度；在各个层次、各个环节上严格把关，措施到位。主要工作措施是坚持“六个严格、六个到位”。

（一）严格项目编报，把科学决策落实到位

项目规划与设计是进行农业综合开发项目建设的前提。在项目计划的编报上，山西做了大量的调查分析和评估论证工作。省农发办以较少的人员，付出了大量的时间和精力，保质保量地完成了每年的计划批报工作。在2002年还编制出台了《山西省农业综合开发十五规划》。在安排项目和落实计划时，山西坚持择优选项，逐级筛选，科学把关，民主决策，把项目审查的重点放在实地调查论证上，把项目选择的权力放在委托和聘请的专家技术人员的手上，把立项的着眼点放在效益上。为了保证决策的科学性，山西省还提出了“六不立项”，即领导不重视，群众没有积极性的不立项；规模小、零星分散的不立项；投资大、产出小、无市场、效益差的不立项；技术措施不可行的不立项；财政配套差的不立项；法人信誉不好，还款无保障的不立项。这些做法为农业综合开发的顺利实施奠定了良好基础。

（二）严格目标管理，把责任落实到位

在开发项目的组织实施上，各级开发部门将开发任务层层分解到人，签订责任书，落实责任人，实行定任务、定投资、定质量、定工期、定奖惩的“五定”项目管理目标责任制。同时，各级政府在组织领导上强化机构，充实力量，广造声势，全面发动，为确保完成项目和创建优质工程提供了有力的组织保障。

（三）严格建设标准，把管理制度落实到位

山西省农业综合开发办公室按照国家项目管理和建设的有关标准和办法，针对山西的实际情况，先后制定了山西省《县级农业综合开发工作规程》、《农业综合开发项目建设标准和技术要求》、《农业综合开发工作年度考核实施办法》、《农业综合开发项目验收考评细则》等项目管理制度。各市地、县区通过多年来的开发实践，总结制订出了大量涉及工程设计、施工、质检、验收、管护等方面的规章制度。这些规章制度不仅具有较强的针对性、实用性和可操作性，而且还具有一定的创造性、前瞻性和系统性，引导山西农业综合开发在各个方面走上了制度化管理的轨道。

（四）严格建设程序，把质量监控落实到位

在项目的建设上，市县农业综合开发部门狠抓项目工程质量管理，从工程实施、监督、检查到竣工验收，实行全过程的监理，确保了建设质量。各市地还普遍开展树典型、看样板和评比竞赛活动，大力推行专家评审制、项目法人制、招投标制。各县区农发办在项目的具体实施上，采取了项目实施前原材料、施工队招投标，实施中技术员蹲点把关，工程竣工后逐项验收，验收后评比整改，合格后付款的一整套管理程序，确保项目建设的程序化、规范化和高标准、高质量。

（五）严格检查验收，把考核评比落实到位

按照项目竣工验收的有关办法，年度项目竣工后，市、县农发部门召集有关部门领导和技术人员从单项工程起，逐项逐片进行自验，自查自纠。省级验收本着实事求是、严查细究、善始善终的原则，定实施方案，定评分标准，定验收纪律，抽调全省业务专家和骨干进行验收。对抽查的项目区真正做到查清了账目，看遍了工程，详审了资料，发现了深层次的问题，进行了及时整改。

（六）严格管护责任，把管护主体落实到位

工程管护是农业综合开发工作的延续，是持续发挥开发效益的关键环节。山西省要求，在项目验收后，各项目区都要进行管护大检查，促进各地明确管护主体，及时办理移交手续，把所有权、使用权和管护主体落到实处。通过不断总结和探索，各项目区普遍建立了形式不同、行之有效、各具特色的管护办法，主要有集体出资，个人管护；集中建站，统一管护；租赁拍卖，实体管护三大形式和十多种具体办法，都收到了很好的效果，初步构建起了一套全面和完整的管护运行机制。

经过13年的实践，农业综合开发对山西农业的发展起到了越来越重要的作用，并已成为项目区农业的一大亮点，备受社会关注。省财政厅的领导对农业综合开发工作给予了大力支持，经常过问工作情况，指导解决实际问题。各级政府对农业综合开发的重视程度逐年增加，支持力度逐年加大。不仅加强了各级领导配备，而且充实农业综合开发机构，把农业综合开发列入全省农业建设的重点和议事日程。各项目区领导对开发事业更是厚爱有加，常常身先士卒，战斗在第一线，积极参与项目的具体实施，项目区处处呈现一派干群合力搞开发的动人景象。农业综合开发涉及的计委、财政、农行，以及农、林、水、电等部门，对农业综合开发工作也给予了大力支持和配合，凡是农业综合开发项目遇到的问题和困难优先解决，并主动提供服务，把农业综合开发作为兴晋富民的共同事业来抓。为了加大宣传力度，营造开发声势，调动群众积极性，山西省农业综合开发办公室创办了《山西农业综合开发》杂志和山西农业综合开发信息网络，也与中央、省、市的报纸、电视、广播、杂志等新闻媒体密切联系，广泛地、不间断地对农业综合开发进行宣传报道。同时，在系统内部定期进行交流沟通，总结经验，树立典型，全面发动，把宣传工作深入到乡村田野，使农业综合开发家喻户晓，开发声势日渐扩大，推动了农业综合开发的深入发展。

实践证明，农业综合开发已经成为山西省实施农业基础设施建设，推动农业结构调整和产业化建设的重要力量，成为传统农业和现代农业结合的新样板，对全省农业和农村经济的发展，起到了重要的示范带头作用。

（山西省农业综合开发办公室供稿，王引斌执笔）

内蒙古自治区

内蒙古自治区自1989年开始实施国家立项的农业综合开发，当时的立项范围只有东部四个盟市的12个旗县区，中央财政每年投资为4 000万元。到2002年，立项范围已扩大到全区12个盟市的75个旗县区，中央财政投资达到3.11亿元。截至2002年，全区已累计投入农业综合开发资金61.57亿元，其中：中央财政投入20.15亿元，地方财政配套13.24亿元，专项贷款和群众自筹28.18亿元。共完成中低产田改造1 457.43万亩（其中节水灌溉面积500多万亩），开发利用盐碱地及治理沙荒地158万亩，营造防护林240万亩，草场建设990.03万亩，新增粮食综合生产能力34亿公斤，占到全区同期新增粮食综合生产能力的40%。

全区农业综合开发始终坚持了正确的指导思想，建设重点和治理措施突出了农村、牧区经济发展的形势和方向，得到了各级党委和政府的高度重视和大力支持，得到了广大农牧民的一致拥护，取得了丰硕的成果。经过十多年的开发和建设，呼盟岭东南地区的优质大豆基地、西辽河流域的优质玉米基地、河套土默川平原的优质小麦基地已经形成相当规模；利用涝洼盐碱地发展稻田140万亩，占到全区水稻总面积的80%，其中在兴安盟察尔森水库灌区建成集中连片优质水稻面积28万亩；有些项目区建成了万亩以上的药材、烤烟等基地。农业综合开发为促进全区农牧业结构调整和发展“两高一优”农牧业生产做出了很大贡献。同时，根据国家规定，重点扶持了一批养殖业和加工业等能够带动当地经济发展的龙头项目。如，对赤峰兴发集团投入开发资金2 490万元，使其肉鸡年饲养加工量从500万只扩大到1 000万只；对宁城的塞飞亚

集团，包头市的黄河乳业公司分别投入开发资金1 000多万元，进行扩建改造；大量扶持了牛羊猪育肥、蔬菜保护地建设等和广大农牧民生产生活密切相关的项目，取得了较好的经济效益和社会效益。此外，很多项目区通过实施农业综合开发，调动了广大农牧民群众的生产积极性，提高了农牧业生产的组织化程度，增强了集体经济的实力，减轻了农牧民负担，使党的各项农村政策得以落实，巩固和提高了基层政府和党组织的号召力与凝聚力。

一、农业综合开发资金投入与管理

（一）资金投入

1989至2002年，内蒙古自治区农业综合开发项目累计投资61.57亿元，其中：中央财政投资20.14亿元，地方财政配套13.24亿元，农行专项贷款9.60亿元，集体和群众集资18.58亿元。

土地治理项目累计投资47亿元，其中：中央财政投资14.82亿元，地方财政配套12.32亿元，农行专项贷款5.81亿元，集体和群众集资14.78亿元。

多种经营项目累计投资14.03亿元，其中：中央财政投资3.49亿元，地方财政配套2.48亿元，农行专项贷款4.40亿元，集体和群众集资3.65亿元。

科技示范项目累计投资6 256.5万元，其中：中央财政投资1 928万元，地方财政配套1 672万元，农行专项贷款1 220万元，集体和群众集资1 436.5万元。

（二）资金管理

在自治区各级党委、政府的正确领导下，财政部门、开发部门及审计部门密切配合，协调工作，根据各自的职责范围，积极筹措配套资金，合理确定投资内容，强化监督检查手段，使资金管理工作更加规范，使用方向正确，充分发挥了资金使用效益，为全区全面完成各项开发任务提供了重要保证。

1. 加强领导，不断提高对农业综合开发地位和作用的认识。经过十多年的实践，全区各级领导及广大农牧民对农业综合开发的认识程度越来越高。这是因为，第一，农业综合开发投入大、稳定且持续增长；第二，农业综合开发采取农牧林水综合投入，效益显著；第三，农业综合开发面向农牧民，以增加农牧民收入为宗旨，因此农业综合开发是最受农牧民欢迎的一项投资，各级领导对这项工作也给予高度重视。从自治区分管主席起就亲自过问项目实施情况，安排部署有关工作，要求各盟市旗县把农业综合开发作为一件保护农牧民利益的大事来抓。大多数旗县把农业综合开发列为“一把手”工程，党政主要领导为第一责任人，人大、政协有关领导积极参与，形成了齐抓共管的好局面。正因如此，全区各级财政在极其困难的情况下，仍能竭尽全力安排地方财政配套资金，理顺农业综合开发机构，充实专业人员，保证了农业综合开发项目的顺利实施。

2. 建立健全规章制度，规范资金管理。资金是农业综合开发的生命线，实践证明，资金管理好的地方，项目建设往往也比较好，否则有可能在建设任务或建设标准上打折扣。多年来，内蒙古自治区认真执行国家农业综合开发财务和会计管理制度，并根据全区实际情况，不断加以完善，使其更具有可操作性，取得了比较理想的效果。

（1）在保证财政资金到位方面，坚持实行专户直拨制度。从1994年起，经自治区政府同意，全区农业综合开发资金实行了专户直拨制度。从自治区、盟市、旗县到项目区乡镇，都在财政部门设立农业综合开发资金专户，上级下拨资金、地方配套资金、自筹资金都直接划入本级专户，资金拨付通过专户进行。专户直拨对保证农业综合开发资金的安全运行意义重大，表现在：一是资金运行快捷。资金通过专户拨付，减少了中间环节，缩短资金在途时间，资金使用不受国库资金调度困难影响。二是促进配套资金到位。专户直拨管理制度要求，必须先将本级配套到位，才能申请上级财政拨款。三是有效地防止挤占挪用现象发生。通过设立专户，在人们思想中树立了农业综合开发资金的重要性和专用性意识，专户中只能发生与农业综合开发有关的资金运动，有效地保证了农业综合开发资金专款专用。

(2) 在资金使用方面，实行县级报账制度。从1992年起全区少数旗县开始尝试县级报账制，开发资金不再全部拨付到项目区乡镇，而是先预拨部分资金启动项目。项目区用预拨资金完成项目并经农发办技术人员验收合格后，持有关原始凭证，到县农发办或财政局报账。到2000年，全区69个项目旗县有一半以上实行了报账制。实行县级报账制有很多好处，主要有：变分散采购开发物资为集中采购，既有效地降低了工程成本，又可保证开发物资质量；可根据各项目区工程进度，合理调度资金；严格按设计方案施工可保证工程质量；确保开发资金投向，防止挤占挪用农业综合开发资金，等等。

(3) 在检查监督方面，将中期评估制度和审计制度相结合。根据国家农业综合开发有关政策要求，全区从1994年开始，率先在全国实行了农业综合开发项目中期评估制度。自治区对每一期项目实施中期评估，各盟市对每一年项目实施中期评估。资金方面主要评估配套资金到位、资金使用、有偿资金回收等方面的情况，评估结果作为下一年立项的依据。同时各级审计机关每年都组织一次对开发资金的专项审计，自治区农发办根据审计报告中提出的问题，专门召集违规违纪单位负责人，对其提出严厉批评，并要求限期整改。由于监督检查力度大，处罚严，所以农业综合开发资金使用违规违纪现象逐年减少，管理越来越规范。

3. 积极落实配套资金，保证资金足额及时到位。内蒙古自治区冬季漫长，施工季节比较短，资金能否及时足额到位，成为能否如期完成任务的关键。同时全区各级财政又非常困难，为保证配套资金落实，必须采取相应措施。各级财政部门在这方面的主要做法，一是在立项时量力而行，根据各地财政配套能力安排相应的建设任务；二是提前下达投资控制指标，每年在各盟市、旗县安排当年预算前，及早将投资控制指标下达给他们，以保证在预算中足额安排配套资金；三是在资金调度上，自治区除先期预拨部分启动资金外，按照先自筹、后配套、再拨款以及先配先拨、后配后拨、不配不拨的资金拨付原则，各盟市必须将配套资金到位证明上报自治区农发办后，才予拨付剩余资金；四是主动工作，争取领导支持。因为全区财政的主要任务是保“吃饭”、保运转，要求各级财政部门拿出更多的资金为农业综合开发配套十分困难。在这种情况下，就要积极向有关领导宣传农业综合开发政策，争取他们对农业综合开发工作的支持。如1999年下半年安排新增项目配套资金时，在年初无此预算的情况下，自治区本级财政克服困难，压缩其他开支，追加配套资金1 200万元，保证了新增项目的顺利实施。

4. 突出抓好财政有偿资金回收工作。农业综合开发本身是一种滚动投入机制，有偿资金能否按期足额偿还，关系到这种滚动机制能否正常运转。为了保证财政有偿资金放得出、管得住、用得好、收得回，自治区采取了以下措施：一是从源头抓起，严把立项关。在多种经营项目选择上，尽量不搞新建项目，以种养业为主攻方向，坚持“四不投”的原则，即项目不明确不投，合同不签订不投，群众积极性不高不投，自筹资金不落实不投。二是严格合同管理，健全手续，明确债权债务。上级财政部门借出有偿资金时，必须由借入资金的财政部门做出担保承诺。财政部门对建设单位借出有偿资金时，债务必须落实到每个具体受益人，要有担保，有抵押。三是坚持还款与投入挂钩。规定凡是还款率不足80%的地区，不再安排农业综合开发多种经营项目。四是积极探索有效的还款办法。在立足于靠开发项目效益还款的同时，又探索了一些比较有效的还款办法，如以物还款、劳务还款、留地还款、乡镇企业创收还款等，都收到了比较好的效果。例如，鄂温克族自治旗采取将财政有偿资金债务落实到旗草业公司，由草业公司依靠其雄厚的实力为牧户人工种草，公司收获草籽用于偿还有偿资金，牧户收获牧草，一举两得。

5. 加强业务培训，提高资金管理水平。为提高农业综合开发财务会计人员的业务素质，自治区农发办先后举办了由盟市、旗县农发办主任及业务人员参加的项目管理培训班、财务管理培训班及会计制度培训班。各盟市旗县举办了项目区乡镇财会人员培训班。培训使农业综合开发财会人员的业务

素质得到了很大提高，对加强资金管理，规范会计核算，提高资金使用效益，起到了重要作用。

二、农业综合开发项目管理

（一）土地治理项目和生态环境建设

到2002年，内蒙古自治区农业综合开发累计改造中低产田1 457.43万亩，开垦宜农荒地158万亩，草原建设990.03万亩，建设优质粮食基地19万亩，建设优质饲料作物基地6万亩。共修建小型水库17座，灌排渠系建设58 731.25公里，新打和配套完善机电井67 912眼；改良土壤1 070.38万亩，修建机耕路38 823.38公里，购置农机具30 869台套；造林242.07万亩；扶持农机服务站1 078个，技术培训598.53万人次。

（二）多种经营建设

建设经济林5.83万亩，建设蔬菜保护地2.15万亩，建设花卉基地0.13万亩，建设药材基地10.71万亩；建设水产养殖水面18.68万亩，发展畜禽养殖654.93万头只；新建加工项目27个，改扩建加工项目39个；建设农业生产服务项目8个。

（三）科技建设

农业综合开发建设农业高新科技示范基地1.36万亩，建设农业科技推广综合示范基地1.61万亩；累计引进新品种32个，引进新技术30项，示范推广新技术35项。

（四）项目管理

一是严格项目申报制度，把好立项关。农业综合开发各类项目都要严格按照自下而上申报、自上而下审批的原则立项。土地治理项目（含草原建设项目）实行公示制，对项目资金来源、工程任务、群众集资、投工投劳等项内容向项目区农牧民公示。产业化经营项目要出具企业资信等级、资产负债率、近两年盈亏等情况证明，由当地财政部门担保认可后才能报自治区。自治区农发办依据国家农发办重点扶持的产业及政策，组织各行业的专家逐一进行评审，并将评审可行的项目汇总申报国家农发办。整个申报过程体现了公开、公正、公平的原则，有较高的透明度。尤其是产业化经营项目，为了保证农业综合开发财政资金的安全，对项目旗县还增加有关诚信方面的考核内容。同时规定上年到期有偿资金回收率达85%和100%方可对多种经营和龙头项目立项。如赤峰市松山区自2000年至2002年因还款不力而被取消产业化经营项目的立项资格。2002年底松山区全部还清到期资金后，2003年便对其安排了402万元财政资金的项目。这样做的好处是使各级都有压力去严把立项关，有效地保证财政资金安全运行，逐步形成农业开发资金的自我积累、滚动发展的机制。

二是坚持资金跟着项目走，实行农业综合开发资金封闭运行。农业综合开发资金不离开财政渠道，资金使用坚持专户、专账、专人“三专”管理。项目执行中各盟市都严格实行县级报账制，县级农发办按照下达计划对项目资金使用过程进行监督，防止资金挪用和流失。全区农业综合开发实施以来，中央、自治区本级资金从未欠拨过一分钱。由于资金及时到位，有效地保证了盟市旗县项目如期实施。农业综合开发资金封闭运行办法，加上严格的资金管理制度，为全区农业综合开发到期有偿资金回收创造了条件。

三是加大监督检查力度。在多年的农业综合开发实施过程中，自治区农发办除正常的项目监督检查外，还要定期对农业综合开发项目和资金进行中期检查，并将检查结果通报全区。对发现的问题限期整改，对资金管理较差和擅自变更项目的旗县（区）予以暂停立项和调整基数的处罚。

四是突出农业综合开发建设重点。自1995年提出农业综合开发农牧业基础建设要以节水灌溉为重点的思路以来，不同地区创造的节水模式得到广泛推广和应用。沿黄地区坚持井黄双灌、排灌配套的模式；河库灌实行衬砌和地埋管道相结合的模式；井灌区实行打深井机电配套和高压地埋管配套建设模式；保护地和阿拉善盟试验示范滴灌和微灌相结合等模式，都取得了较大的成功，为农业综合开发项目区大范围实施节水保灌和种植业结构调整打下了坚实的基础。草原建设项目突出以划区轮牧、免耕补播和畜种改良以及充分利用天上水为建设重点。锡盟西乌旗农业综合开发高新科技示范乌兰哈拉嘎划区轮牧项目和乌盟四子王旗王府、红格尔等蓄水种草项目已成为全区划区轮牧和截留天上水成功的典范。

五是集中财政有效资金重点扶持农业产业化龙头企业。借助龙头企业拉动农民致富和延长市场产业链是市场经济的成功经验之一。自治区农发办多年来连续对肉牛、肉羊、优质专用马铃薯等与增加农牧民收入联系紧密的优势产业进行扶持，重点安排了如锡盟伊盛肉羊加工、东达蒙古王奶牛养殖、达拉特四季青蔬菜种植加工、赤峰市桑蚕种植和加工、呱呱叫葵花油加工、伊利和蒙牛奶牛基地建设等产业化龙头项目。有的项目投入财政资金达到了1 000万元以上。通过这些企业的发展，直接带动农牧户增加了收入。据了解，这些企业的受益农户人均年增加收入都在500元以上。

六是大力推广农牧业适用技术，提高项目区农牧业生产的科技贡献率。全区农牧民收入较低的原因之一是农牧业生产科技贡献率比例不高。为了推广全区农牧业生产中急需的技术，如奶牛疾病防治、专用马铃薯、草场免耕补播、草种及良种选育、绒山羊舍饲、节水灌溉等，我们每年安排财政资金200万元，同自治区农业大学、农科院、畜科院等院校和科研单位直接签订高新技术推广合同，与农业开发项目挂钩，把科研成果同生产环节有机地结合起来。

三、实行项目评估论证，严把立项关

自治区农业综合开发多年来坚持对项目进行评估论证，严把立项关。对于一般的土地治理项目委托盟市组织评估，一般的多种经营项目自治区农发办组织评估，重点的土地治理和多种经营项目由自治区农发办组织初评。评估论证按有关制度和程序严格进行，杜绝弄虚作假，使全区农业综合开发项目的立项、实施和验收做到了规范化、制度化和科学化。

（内蒙古自治区农业综合开发办公室供稿，吴东平执笔）

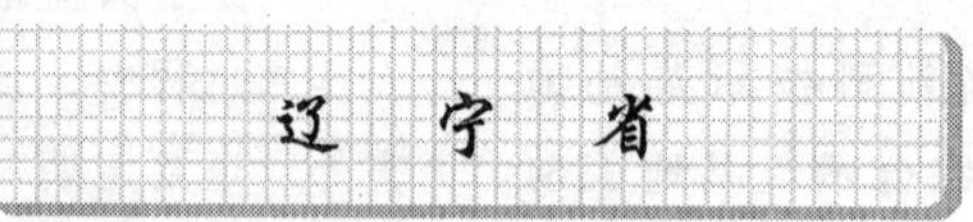

辽宁省

辽宁是首批被国家列入农业综合开发范围的省份之一。作为沿海重工业省份，辽宁省大中城市密集，非农业人口比重大，农业负担沉重。1988年，国家实施大规模农业综合开发的决策，为辽宁农业发展带来了新的希望。面对这一千载难逢的历史机遇，辽宁省政府首先选择了作为我国七大江河三角洲之一的辽河三角洲进行规划论证。1988年10月18日，国家土地开发建设基金管理领导小组在北京与辽宁省签订了辽宁省辽河三角洲农业综合开发建设协议书，辽河三角洲开发正式列入国家农业综合开发计划。从此，由国家投资立项的农业综合开发在辽宁省启动。1988年，全省农业综合开发范围涉及辽河三角洲的4个市、9个县（市、区），2002年扩展到全省14个市的56个县（市、区）（含大连），列入开发范围的县（市、区）占全省农业县（市、区）的76%。1988—2002年的15年间，辽宁省进行了五期农业综合开发，取得了显著成效，对于加强农业基础地位，促进粮食等主要农产品基本自给，增加农民收入，带动全省农业和农村经济全面发展，发挥了重要作用。

一、多渠道筹集开发资金，加大对农业的投入力度

（一）资金投入

1. 投资规模不断增加。1988年全省农业综合开发资金投入总额为3 351.2万元，2002年达到14.98亿元，年均增长31.2%。其中：中央财政资金由1 176.5万元增加到3.52亿元，年均增长

27.4%；地方财政配套资金由977.6万元增加到4.24亿元，年均增长30.9%；自筹资金由1 197.1万元增加到4.92亿元，年均增长30.4%；1988年没有贷款，2002年银行贷款达到2.31亿元。

2.形成了多元化多渠道投入机制。农业综合开发在实践中形成了“国家引导、配套投入、民办公助、滚动开发”的投入机制。1988—2002年，全省投入农业综合开发资金83.05亿元，其中：中央财政投资20.39亿元，占总投资的25%；地方各级财政配套资金23.89亿元，占总投资的29%；群众自筹资金24.99亿元，占总投资的30%；银行贷款13.78亿元，占总投资的16%。农业综合开发已经成为各级政府对农业投入的一条重要渠道。

3.适时调整资金投向。在1988—1993年的前两期开发中，针对当时辽宁省粮食总量不足的情况，农业综合开发财政资金全部用在了粮食生产上。从1994年第三期开发开始，随着粮食供求矛盾趋于缓和，财政资金的70%被用于土地治理项目，发展粮食生产，而把财政资金的30%用于发展多种经营。1999年以来开始建设科技示范项目，财政资金投向随之调整，并引导银行贷款和自筹资金向这方面投入，实现了对农业生产的调控。1988—2002年，在土地治理项目、多种经营项目和科技示范项目三类项目中，用于土地治理项目的财政资金30.01亿元，占三类项目财政投资总额的73%；用于多种经营项目的财政资金10.74亿元，占三类项目财政投资总额的26%；用于科技示范项目的财政资金3 000万元，占三类项目财政投资总额的1%。

（二）资金管理

1.足额安排农业综合开发地方财政配套资金。各级财政都做到了对农业综合开发配套资金年初做好预算，足额安排，不留缺口。大连市地方财政配套资金达到了与中央财政资金1:2的配套比例。除了大连市外，1988—2002年，省本级和其他13个市的地方财政配套资金达到18.57亿元，与国家规定的地方财政配套任务相比，多配套7 741.72万元。

2.资金分配实行奖优罚劣。在农业综合开发资金分配过程中，对开发工作质量高、开发资源潜力大、财政资金配套能力强的项目县扩大投入规模，对开发工作质量低、开发资源少、财政资金配套能力差的项目县减少资金投入规模，以奖优罚劣，鼓励先进，鞭策后进，促进全省农业综合开发项目建设和资金管理水平不断提高。1999年以来，根据公开、公正、公平的原则，实行因素法分配资金，使资金分配更加科学合理。

3.强化资金管理和监督。农业综合开发资金实行专人管理、专账核算、专款专用制度。每年都由审计部门进行一次年度审计，每三年进行一次总审计。加强农业综合开发财政有偿资金的管理，层层签订借款合同，及时回收有偿资金。2001年，全省各级农发办都建立了农业综合开发资金专户，并全面推行了县级财政报账制，减少了挤占挪用农业综合开发财政资金等违规违纪现象的发生。

4.统筹安排资金搞开发。在农业综合开发中，广泛吸引农口部门管理的资金、农业基本建设资金、社会资金围绕农业综合开发进行投入。加大招商引资力度，通过农业综合开发打基础，通水、通田、通路，平整土地，植树造林，然后对到项目区搞开发性农业的各种经济成份一视同仁，加速农业综合开发步伐。鞍山市在2000—2002年的农业综合开发中，不仅市县两级三年超额配套536万元，还吸引了大量的其他支农资金和社会资金围绕农业综合开发进行投入，仅吸引投入农业综合开发项目的其他支农资金就达1 000万元。

二、充分发挥农业综合开发项目的示范导向作用

辽宁省位于我国东北地区的南部，东西两侧为山地丘陵，中部为广阔平原。农业综合开发起步时，省政府明确提出“稳定提高建设中部，加大力度开发西部，突出特点发展东部”的战略布局。辽宁中部、南部地区大中城市比较密集，辽河平原地势比较平坦，农业综合开发主要围绕提高农业的现代化水平，大力发展高效农田、城郊型农业、设施农业。东部地区是全省绿色屏障，要在切实保护生态环境的前提下，加大小流域治理力度，合理开发

林下资源，发展生态农业、特色农业、绿色农业。西部地区以丘陵为主，经济不发达，应坚持开发与扶贫和改善生态环境相结合，主要发展节水农业、大棚保护地生产，加大退耕还林（果）还草力度，发展速生林和“两杏一枣”，并与发展畜牧业结合起来。发挥区域优势，培育优势产业，全省各地稻麦开发、蔬菜保护地开发、果树开发、黄牛开发、海淡水养殖开发，都得到了蓬勃发展。农业综合开发丰富了全省的“米袋子”、“菜篮子”和农民的“钱褡子”。通过开发一片土地，建成了一片良田，搞活了一片经济，富裕了一方百姓。实施农业综合开发，使项目区农民人均纯收入比非项目区平均增加 300 元左右。

（一）土地治理项目和生态环境建设

1. 改造中低产田，提高粮食综合生产能力。1988—1993 年的前两期开发，针对当时辽宁省粮食总量不足和细粮短缺的情况，重点搞了稻麦开发，在改造中低产田和开垦宜农荒地中，水稻、小麦面积占 85%。自 1988 年以来，辽宁省始终把提高粮食综合生产能力作为开发的首要任务，重点放在潜力大的中部平原，同时兼顾东西两厢的开发。通过农业综合开发，建成了一批标准较高的基本农田，改善了农业基本生产条件，为实现稳产、高产奠定了基础。1988—2002 年，全省农业综合开发共完成改造中低产田 1 628.4 万亩，开垦宜农荒地 111.9 万亩。这些土地资源，通过农业综合开发的填平补齐、挖潜改造、配套成龙，基本上形成了“旱能灌、涝能排、田成方、树成行、渠相连、路相通”的规范化高产稳产农田。从开发措施上，改变“单打一”的做法，综合采取工程措施、生物措施、技术措施，把水利、农业、林业、农机等措施在项目区合理组装，使项目区的地容地貌、村容村貌发生了明显变化。项目区建成了一批农业基础设施，共新建、扩建小型水库 147 座，打机电井 55 996 眼，开挖疏浚灌排渠道68 808.19 公里。通过施用磷石膏、草炭土、种植绿肥、秸秆还田和过腹还田等，共改良土壤 529.05 万亩。扶持农技服务站 546 个，开展技术培训 563.42 万人次。购置农用动力机械 8 799台套，新增农机总动力 238 398 千瓦，修建机耕路3 257.43 公里，新增机耕面积 668.04 万亩。通过开发建设，使项目区抗御自然灾害的能力显著增强，新增和改善灌溉面积1 380.94万亩，灌溉保证率达到 75%；新增和改善除涝面积 734.87 万亩，除涝能力达到十年一遇标准。1988—2002 年，农业综合开发新增粮食综合生产能力 295 250.2 万公斤，占全省同期新增粮食综合生产能力的 40%；新增棉花生产能力 61.1 万公斤；新增油料生产能力 4 010万公斤；新增糖料生产能力 52 280 万公斤。1999 年以来，农业综合开发重点建设了一批节水农业、设施农业和生态农业示范区，涌现出开原市庆云万亩农业现代化示范项目、台安县西佛万亩农业现代化示范项目、海城王石镇万亩高效农业综合开发项目等一批现代化气息明显、开发效益显著的精品工程。

2. 加强生态环境建设，促进农业可持续发展。农业综合开发共营造农田防护林 173.92 万亩，已竣工的开发项目区，基本建成了农田林网，增加林网防护面积1 587.99万亩。同时，开展农业综合开发专项生态示范建设，包括北方农村能源生态模式、小流域治理模式、草地生态建设模式、防风固沙治理模式。通过多年的努力，在辽宁省这几种生态治理模式技术已比较成熟，具有一定资源潜力，并且已经形成了一定的开发规模。北方农村能源生态模式简称“四位一体”，即将沼气池、畜（禽）舍、厕所和日光温室连结在一起，在同一块土地上，实现产气、积肥同步，种植、养殖并举，利用沼渣、沼液浇灌蔬菜，蔬菜不但长得茂盛，而且生产出的农产品无污染、无公害，既节省化肥农药、降低生产成本，又能使用沼气烧水、做饭、照明，效果较好。阜新县他本镇张家洼村“四位一体”生态户的每个“四位一体”棚年收入都在 5 000 元左右。

（二）产业化经营项目和促进农业结构调整

通过农业综合开发，辽宁省建成了一批农副产品基地和龙头项目，加速了农业产业化进程。从 1994 年第三期开发开始，辽宁根据国家的有关政策，投入部分开发资金发展多种经营和农副产品系列加工龙头项目，实行基地连农户，农户连企业，

企业连市场的办法，促进了产业化进程。1988—2002年，全省共发展秸秆养牛示范县9个；发展经济林22.51万亩，蔬菜19.15万亩，花卉2.32万亩，药材2.5万亩；发展水产养殖68.45万亩，畜禽养殖350.26万头、只；发展农产品贮藏加工项目115个，农业生产服务项目31个。西丰县秸秆养牛示范项目，被国家评为全国“秸秆养牛十佳县”之首。东陵区榆园酸菜加工项目、海城耿庄侯家肉鸡熟食加工项目、天天乳业项目、大石桥优质米加工项目、千山区脱水菜项目，都对带动当地农民增收和提高农产品竞争力发挥了重要作用。1988—2002年，通过农业综合开发，新增干鲜果品45 543万公斤，蔬菜62 557.2万公斤，花卉5 785万株，药材3 059万公斤；新增肉类28 214.7万公斤，蛋类300万公斤，奶类4 250.6万公斤，水产品27 659.1万公斤。

1999年以来，农业综合开发实行“两个转变”，积极推进农业结构调整，促进了农业增效、农民增收。1999—2002年，共建设优质粮食基地9.35万亩，建设优质饲料作物基地36.9万亩，推动了“粮食—经济作物”二元种植结构向“粮食—经济作物—饲料作物”三元种植结构转变。盘锦市实行稻田立体开发，将养蟹、种豆、植树相结合，达到绿化、美化、香化，实现一地多用、一地多收、一水多养的综合效益，2000—2002年，全市扩大稻田养蟹面积近20万亩。盘锦市盘山县太平农场、盘锦监狱等项目单位，共发展有机大米6万亩，经过国家有机食品认证中心（OFDC）的有机认证，一斤大米卖到3元。有机食品是“无化肥、无农药、无转基因”的食品。从常规食品，到绿色食品，到有机食品，显示出农业综合开发的水平不断提高，示范效应越来越明显。

（三）科技示范项目和积极推动科技进步

为了提高农业综合开发的科技含量，集中专家学者的智慧，从1999年开始，辽宁省建设了于洪等农业高新科技示范项目。农业高新科技示范面积2.79万亩，引进新品种37个、新工艺35项；开展技术推广工作，推广新技术21项，推广面积5.2万亩；建设种植业生产基地1.46万亩。通过专项科技示范，培训农民2.35万人次，新增总产值1.24亿元，增加值3 662万元。通过开展农业高新科技示范项目和技术推广项目，吸引大专院校、科研院所、技术推广部门的专家深入项目区开发技术推广工作，坚持以项目区为载体，以资金为纽带，以科技承包为主要形式，通过双向选择、自愿对接、专家审议的方法和程序，使科技成果率先在项目区推广应用。1999年以来，全省有54个农业科技单位的科技人员到项目区去开展科技活动。为了搞好科技工作，2001年，省里成立了农业综合开发科技专家顾问组。通过推广各种农业增产综合配套技术、优良品种、优势农产品生产技术规程以及与国际接轨的农产品质量标准，大力发展绿色、美味、保健、多样化和优质的绿色食品、有机食品。2001、2002年，省里每年编辑一本《农业综合开发科技推广系列丛书》，发放到农业综合开发项目区，共涉及21项农业生产实用技术，有效地推动了科技在广大农民特别是项目区农民中的普及。

三、积极探索农业综合开发的有效运行机制

农业综合开发涉及的领域较多，是一项系统工程。建立和完善有效的运行机制，是开发工作健康发展的重要保证。

（一）建立健全农业综合开发的领导和管理体制

辽宁省省委、省政府和各市、县（市、区）党委、政府对农业综合开发高度重视，早在1988年3月初，省政府便成立了辽宁省辽河三角洲开发建设领导小组，并设立了领导小组办公室，作为辽宁省农业综合开发的办事机构。各有关部门积极参与和配合农业综合开发工作，项目共建，责任共担，成果共享，组成了农业综合开发的“大合唱”。在实际操作中，从各部门聘请经验丰富的实际工作者和工程技术人员为联络员，参加讨论立项规划、项目验收检查等工作，使各方面意见得以集中，保证了开发工作的质量。1995年7月，省编委下发文件，确定省农业综合开发办公室为副厅级建制，事业编制20人，从而为农业综合开发的健康发展提供了组织保证。从1996年开始，省政府对农业综合开

发的领导实行联席会议制度。

（二）建立健全农业综合开发制度保障体系

农业综合开发从设立时起，就注重制度建设，对项目管理和资金管理有一整套办法，形成了科学的管理方式和运作方式。在省内全面推行农业综合开发管理责任制，省农发办与各市农发办签订责任状，落实项目建设责任，推动了农业综合开发工作的健康发展。在建立农业综合开发资金专户、全面推行县级财政报账制的同时，为进一步规范项目管理，又先后开展了项目招投标制、项目评审制、项目公示制试点和推广工作。通过建立各种有效的工作机制，推动了农业综合开发工作的健康发展。

（三）加强农业综合开发宣传工作

宣传工作是农业综合开发工作的重要组成部分，辽宁省对其十分重视。1993 年 8 月，国务委员陈俊生在考察辽宁农业综合开发工作之后，写出了《关于辽宁农业综合开发情况的考察报告》，对辽宁通过农业综合开发实现粮食总量平衡予以充分肯定。以此为契机，辽宁邀请中央新闻单位记者到省采访农业综合开发工作，宣传农业综合开发的重要地位和作用。《人民日报》连续刊登《开发向人们展示了什么》等四篇纪实报道和《经济发达首先要农业发达》的评论员文章。《农民日报》也以《沿海工业大省也能实现粮食自给》为题发表辽宁省大搞农业综合开发实现农业和农村经济历史性突破的调查文章。为了增强宣传效果，还拍摄了《迈向新时期》、《建设三大农业主产区》等多部电视片。此外，自 1999 年以来印发内部交流材料《农业综合开发信息》80 期。

（辽宁省农业综合开发办公室供稿，任世忠、修玉萍执笔）

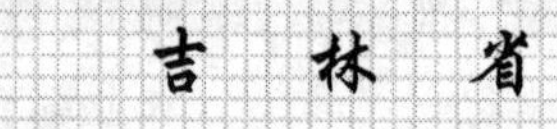

吉林省

吉林省农业综合开发于 1988 年 9 月开始实施，15 年来始终得到国家的大力扶持，国家对吉林省的农业综合开发资金投入逐年增加。从 1988 年到 1990 年的第一期开发，国家给吉林省的投资是每年 3 500 万元。1992 年增加到 4 410 万元，1995 年增加到 8 220 万元。从 1996 年开始，国家开始大幅度增加对吉林省农业综合开发的投入，第三期开发结束时的 1996 年，国家投入水平达 2.04 亿元；第四期开发结束的 2000 年，国家投入水平达到 2.8 亿元。15 年累计，吉林省共投入各类农业综合开发资金 78.5 亿元，其中：中央财政资金 27.6 亿元，地方财政配套资金 22.1 亿元，自筹资金 22.3 亿元，农业综合开发专项贷款 6.5 亿元。截至 2002 年底，累计改造中低产田1 719万亩，改良草场 206 万亩，建设优质粮食基地 175 万亩，优质饲料作物基地 110 万亩，发展节水农业示范项目 75 万亩，农业现代化示范区 12 万亩，造林 194 万亩，荒漠化治理 17 万亩；建设多种经营种植业项目 245 个，养殖业项目 310 个，加工及服务业项目 127 个，扶持了德大肉鸡、皓月肉牛、禾丰米业等产业化龙头项目 26 个。15 年来，通过农业综合开发共新增粮食生产能力 38.7 亿公斤，新增利税 8.2 亿元。项目区已经发展到全省 9 个市（州）的 60 个县（市、区）、8 个国营农（牧）场。项目区农民人均年纯收入增加了 292 元。

吉林省农业综合开发经历了三个发展阶段：

（一）以增加农产品产量为主要目标的初级阶段

从 1988 年至 1993 年，吉林省坚持以增产粮食为中心，以改造中低产田和开垦宜农荒地为主攻方向，通过实行山水田林路综合治理，促进农林牧副渔全面发展，把经济效益、社会效益和生态效益密

切结合起来。这一时期的农业综合开发以实施重点区域开发为特征。省政府制定了“531”农业综合开发规划，重点对松辽平原开发区、洮儿河冲积平原开发区、前扶米稻开发区、柳海辉开发区和长白山立体开发区5大区域进行开发建设。经过努力，这一时期共改造中低产田834万亩，累计增加粮食生产能力15亿公斤。通过农业综合开发，吉林省实现了大米和猪肉自给。

（二）以增产增收为主要目标的提高阶段

从1994年至1998年，吉林省保留了改造中低产田、造林、改良草场等加强农业基础设施、改善农业基本生产条件、提高农业综合生产能力的内容，使农业综合开发的自身特色更加鲜明。同时，增加了发展多种经营和建设龙头项目部分，积极地拓展了农业综合开发的领域。这一时期是国家向吉林省农业综合开发资金投入增加较快的时期，由1993年的1.29亿元增加到1998年的1.88亿元，年均增幅达12%。农业综合开发的内容，由前一阶段的重点进行中低产田改造，转变为在继续进行中低产田改造的同时，加大了多种经营项目的建设力度，并要求把增产与增收结合起来，以切实解决粮食增产而农民不增收或少增收的问题。经过努力，这一时期共计改造中低产田396万亩，累计增加粮食生产能力12亿公斤。同时，重点发展了山区经济林、规模养猪、农区秸秆养牛、玉米淀粉、西洋参、果汁等加工项目，把农业增产与农民增收有机地结合了起来。

（三）以支持和促进农业结构调整为主要目标的转型阶段

从1999年开始，吉林省农业综合开发进入第三个发展阶段。这阶段的农业综合开发以战略转型、建设重点调整为主要特征。这一时期国家对吉林省农业综合开发投资继续增长，在2002年达到2.8亿元，是历史最高水平。在这个阶段中，吉林省把农业综合开发的建设重点转到以改造中低产田为主和保护生态环境上来；由过去以增加主要农产品产量为主转到发展优质高产高效农业上来。经过努力，共计改造中低产田399万亩，累计增加粮食生产能力12亿公斤。通过完善水利化、推进机械化、促进种田科学化等措施，重点建设大型优质高产粮食生产基地和优质饲料作物生产基地45处，发展节水灌溉项目30项；通过发展农业产业化，重点支持了德大、皓月、金昌等产业化龙头项目26个。在此基础上，积极支持了农村小康示范工程建设。

一、加强农业综合开发项目资金管理

吉林省在开发之初就确定了“项目、资金两手抓，两手都要硬”的工作方针，坚决摒弃那种只重视项目建设，而轻视资金管理的做法。

1. 实行农业综合开发资金归口管理制度，理顺管理体制。吉林省各级农业综合开发办事机构统一设在财政部门，资金由财政部门统管，预算指标的下达实行省财政现款直达市（州）财政，并且绝大多数市实行市财政预算统一对市农发办拨款，市农发办对县（市）农发办直接拨款的办法，相对保证了农发资金的封闭运行。

2. 坚持实行“三专、四定、五统一”的资金管理制度。即，凡是有开发任务的市（州）、县（市）一律实行专人管理、专户存储、专账核算；每个开发项目实施前，省办都要通过下达计划给项目区确定开发任务、投资期限、自筹资金和还款任务；同时全省实行统一财务管理制度、账簿、凭证、记账格式和报账程序的会计准则，确保资金的管理规范、使用合理。

3. 逐步完善农业综合开发资金县级报账制。自从2001年国家规定农业综合开发资金实行县级报账制以来，吉林省积极组织对财会人员的培训，到目前为止，已全面普及县级报账制并要求各地做到“五有”，即有承包合同、有项目单项工程和总体工程预算、有项目单项工程和总体工程决算、有工程验收合格单、有工程支出合法正规的原始发票。这一规定与工程“四制”（内容见下文）结合起来，加强了对资金使用与管理的约束，使资金拨付与项目建设进度协调一致，并减少和避免农业综合开发资金流失和被挪用，确保项目资金专款专用。

4. 狠抓农业综合开发资金的落实到位。吉林省一直把资金到位作为一项重要工作来抓，在一定程度上防止了各级农业综合开发办公室滞拨资金，使资金难以及时地用到项目建设上的问题出现。同时，这一工作也在一定程度上杜绝了财政部门挤占挪用农业综合开发资金的问题，保证了专款专用。

5. 加强农业综合开发有偿资金回收工作。有偿资金回收是农业综合开发实行“滚动开发”机制的重要条件和内容，为了保证农业综合开发有偿资金投得准、放得出、收得回，吉林省建立了农业综合开发有偿资金借款制度。在投放有偿资金时，做到债权债务落实，层层签定借款合同，农发办和项目建设单位采取抵押担保制度。吉林省通过包片人督促的办法，确定了“常年抓有偿资金回收”的方针，对欠款大户和还款困难较大的单位，由主要领导亲自催收催缴，保证了农业综合开发有偿资金回收工作的顺利进行。

6. 加强对农业综合开发资金的内部和外部检查。除配合国家农发办的验收和中期检查外，吉林省定期组织项目管理和财会人员对吉林省农业综合开发项目建设和资金管理情况进行检查，对查出的问题各地均能认真地整改。同时，配合审计部门对农业综合开发资金进行审计，近年来又引入了社会中介机构的检查，强化了对农业综合开发资金的外部监督。

二、根据粮食主产区实际，着重加强农业基础设施建设

15年来，吉林省农业综合开发根据本省作为粮食主产区的实际情况，着重加强农业基础设施建设，不断提高项目区农民收入。通过农业综合开发，全省有21万农户脱贫，有50多万农村剩余劳动力从土地上转移出来，农村二、三产业得到了较大的发展。比如，通过扶持榆树市弓棚子镇农业机械化项目，使全镇从事粮食生产的劳动力只剩下15%。富裕起来的农民掀起了小康村建设的高潮，山水田林路屯综合治理已经成为吉林省农业综合开发的一条独特标准。

（一）土地治理项目和生态环境建设

1. 加强了农业基础设施建设，提高了农业综合生产能力。截至2002年底，农业综合开发共配套建设了21个大的灌区、10个大的涝区，完成大小水利工程5万多座。十几年来，全省农田水利基本建设的小型水利工程和田间配套工程多数由农业综合开发来承担。这些农业基础设施的改善，有效地增强了农业抵御自然灾害的能力，提高了主要农产品的生产能力，增强了农业发展后劲。15年间，农业综合开发项目区粮食增产幅度大体占全省同期增产粮食总量的三分之一以上。

2. 进行农业机械化试点，提高了农产品的竞争能力。实行农业生产全程机械化是提高生产效率、降低生产成本、提高农产品竞争能力、应对加入WTO给我国农业带来的冲击的一项重要措施。从2000年起，吉林省开始进行以农业机械化为载体的土地适度规模经营试点，探索出四种农业生产全程机械化模式，一是种粮大户承包模式，二是基层农机站承包模式，三是大企业承包模式，四是农口部门承包模式。试点项目区通过实行农业机械化，使斤粮成本降至0.21元，接近美国（斤粮成本0.18元）的水平。通过实行农业机械化，探索出了新形势下发展农业的新路子，促进了农业增效和农民增收。

3. 始终把生态农业建设作为主要内容，为农业可持续发展提供示范。农业综合开发从1988年到现在，一直坚持不懈地进行改良草场、植树造林、治理小流域等生态项目建设。近几年又开始大规模地在西部进行荒漠化治理，使全省140万亩沙化、碱化的草场和240多万亩水土流失的土地得到了有效的改造和治理，改善了农业生态环境，项目区农业生产开始步入良性循环轨道。

（二）产业化经营项目和促进农业结构调整

1. 重点支持龙头项目建设，促进了全省农业产业化发展。农业综合开发主要围绕省政府确定的产业化龙头项目进行建设，一方面积极投资吉发集团、德大、皓月等26个龙头加工企业；另一方面围绕产业龙头建设基地，先后建设了专用粮豆生产基地，肉牛、肉羊、生猪生产基地，优质蔬菜生产基地和中药材、果品生产基地等。

2. 积极促进农业结构调整，提高农业综合效益。继1998年全国实现粮食供求关系的重大变化之后，吉林省作为粮食主产区，进入了农业结构调整的新时期，由过去以增加农产品产量为主，转移到提高农产品质量和增加农业效益上来。农业综合开发也将工作的重点转到在保证粮食安全的前提下，扶持专用玉米、特用大豆等优势农产品的发展；根据国际国内市场的变化和消费潮流，扶持绿色、有机、无公害农产品；围绕为产业龙头项目建基地，扶持订单农业发展，减少农民进行结构调整的风险，增加农民收入。

（三）科技示范项目和积极推动科技进步

吉林省在立项初期农业综合开发就确立了依托科技搞开发的原则。截至2002年底，全省先后建设了60个农业科技示范区，启动科技投入资金，吸引全省20多所大专院校、科研单位参与农业综合开发项目建设。每年都有200多位科技人员活跃在项目建设的第一线，示范推广先进实用的农业技术，培训农民，形成了适合全省不同区域的开发建设模式，建设了一批高标准农田示范区。在科技示范区的带动下，各种先进适用的科技在项目区得到了普遍推广和应用，提高了农业的科技含量。

三、强化农业综合开发的各项工作制度和工作措施

（一）加强农业综合开发制度的建设和创新，保证农业综合开发资金项目的平稳运行

1. 坚持实行“农业综合开发项目建设四制”，即项目招投标制、预决算制、工程监理制、竣工验收制。借此“四制”，规范对农业综合开发项目建设过程的管理，保证农业综合开发项目工程的质量，实现高质低价，保证项目能够发挥预期的效益，同时也为资金管理奠定基础。

2. 建立农业综合开发监督体系。农业综合开发机构实行项目资金统管，肩负着加强农业基础设施建设、推进农业结构调整、增加农民收入的历史重任。这部分资金必须管好、用好、用到实处。多年来，吉林始终坚持做到农业综合开发立项的公开、公平、公正和透明，逐步建立起对农业综合开发实施纪律监督、技术监督和媒体监督的三个监督体系，有效地加强了对农业综合开发的内部监督和外部监督。

3. 坚持实行项目的评估立项制度。2001年吉林省成立了农业综合开发咨询评估中心，由专家对项目的可行性、项目单位的还款能力、信誉程度进行评审。同时，又配合重大项目专家听证制度、竞争立项制度，加强了农业综合开发立项的科学性，把住了农业综合开发的进口关。

4. 实行重大项目向农民公示制度。近几年，吉林省一直在探索并实施农业综合开发立项的公示制度，并于2002年对个别大的水利工程建设项目实行了农民公示制度。这一做法充分尊重农民的意愿，使农民了解农业综合开发的目的和宗旨，变“要我干”为“我要干”，极大地调动了农民搞开发的积极性。

5. 加强干部队伍培训工作。吉林省自成立农发办以来，就一直重视干部队伍培训工作，积极参加国家农发办组织的各种培训班和各种出国考察培训团，并能把学到的知识通过再培训传递给各市（州）、县（市）农业综合开发部门的广大干部。为了落实和巩固培训成果，还通过集中走访答疑的形式，使广大干部将新的知识和工作方法运用到工作实践中去。

（二）采取各种措施，增强搞农业综合开发的合力，保证农业综合开发的超前性

1. 突出政府行为，强化组织领导力度。省政府提出“把农业综合开发工作当作发展农业和农村经济的龙头来抓”的战略思路。按此思路，吉林省将农业综合开发机构统一设在财政部门，把项目管理和资金管理这两项职能统一起来。同时，加强了对农业综合开发工作的领导，省政府主管农业的省长、秘书长任领导小组组长、副组长，财政厅主管副厅长任农发办主任。各市县比照省里的做法，从计划、财政、农、林、水等部门带编抽调技术人员和管理人员充实到农发办，使农业综合开发的管理力量大为增强，为农业综合开发项目建设质量和效益的逐步提高提供了重要的组织保证。

2. 坚持综合协调，增强部门合力。省农发办设在省财政厅以后，主要抓住四个环节搞好部门协调和配合。首先，在立项环节，农发办坚持定期到农口有关部门衔接项目计划，征求对项目安排和资金使用的意见，充分发挥了行业主管部门的职能作用。其次，在项目实施环节，从项目的考察、论证、设计，到工程招标、现场施工、阶段检查等，全部由农口有关部门承担。第三，在项目验收环节，由农发办牵头，农、林、水各部门参加，严格按照设计和工程合同进行验收。第四，在资金使用管理环节，改进和强化了财政部门管理农发资金的手段和做法，坚持与项目管理紧密结合，实行项目监测和资金管理跟踪问效。

3. 实行按项目管理的办法，提高管理工作水平。吉林省农业综合开发实行按项目管理的办法，用管工业项目的办法管农业。具体做法为：编制规划计划，由行业主管部门和农业综合开发专家组对项目进行科学的评估论证，通过招标组织项目建设，组织对竣工项目进行严格的验收，由审计部门定期进行资金检查，实行资金回收与立项、评比等工作挂钩的制度。

4. 注重科技投入，提高农业综合开发的科技含量。经过不断探索，在省级确立了专家决策咨询系统，建立了由各学科、各专业 26 名专家组成的专家库，农业综合开发的重大决策都有专家把关。同时，吸引和调动省内外科研单位、大专院校的科技人员，到农业综合开发项目区建设科技示范区。通过示范区的样板作用，带动开发项目高标准地进行建设。

5. 强化宣传工作，调动广大农民群众参与农业综合开发项目建设的积极性。

（吉林省农业综合开发办公室供稿）

黑龙江省

黑龙江省是全国农业综合开发最早也是受益最大的省份之一。大规模的农业综合开发为全省农业带来了新的发展机遇，开辟了一条改造传统农业，发展现代农业的广阔道路。

1988—2002 年，全省共完成农业综合开发总投资 79.7 亿元，其中：中央财政资金 24.03 亿元，省级财政配套 22.99 亿元，企业和农民自筹 24.74 亿元，吸引银行贷款 8.14 亿元。共改造中低产田 2 230.59 万亩，改良草场 147.80 万亩，造林 236.38 万亩，建设优质粮食基地 239.55 万亩，建设优质饲料粮基地 61.76 万亩，建设生态农业基地 31.15 万亩。通过开发建设，全省项目区年新增粮食生产能力 75 亿公斤，干草、蔬菜、肉、蛋、奶等农副产品生产能力也大幅度提高。

15 年来，农业综合开发为黑龙江省农业和农村经济发展做出了重要贡献。一是农业生产条件和农业生态环境得到明显改善。共新建和扩建加固小水库 116 座、拦河坝 137 座，新建和维修排灌站 586 座，新打和修复配套机电井 60 984 眼，架设和配套输变电线路 1.2 万公里，开挖疏浚渠道 85 737.67公里，建设渠道建筑物 7.8 万座，修机耕路21 648.96公里，购置农业机械41 355台（套）。通过开发治理，有效提高了项目区抵御自然风险的能力。二是提高了农业综合生产能力和农产品市场竞争能力。全省新增粮食生产能力 75 亿公斤，占同期全省新增粮食生产能力的 55%；先后扶持了一批 A 级和 AA 级绿色稻米、A 级和有机大豆等绿色特色项目，农产品的市场竞争能力不断增强。三是促进了项目区农业结构调整。2000 年以来全省共建设龙头项目 82 个、市场服务项目 8 个。通过集中和连年的扶持，完善了优势产业链条，壮大了优势产业的发展规模，增强了优势产业的拉动能

力。省级重点扶持的大豆、奶牛、肉牛、生猪、禽蛋、亚麻、果菜、马铃薯等8大优势产业和市地县重点扶持的北药、万寿菊、红干椒等11项优势产业已形成规模推进态势。四是促进了农业生产方式的转变。通过扶持龙头企业，扶持农民合作经济组织，实行连片开发和为农民提供统一供种供肥、统一播种、统一田间管理、统一订单销售等服务，促进了农业生产方式由一家一户分散经营向规模经营的转变，促进了农村劳动力向二、三产业的转移。项目区向二、三产业转移劳动力37万人，占项目区农村劳动力的30%以上。五是实现经济、社会和生态效益的有机结合，取得了较好的投入产出效益。2000—2002年，全省平均投入资金1元，产出粮食1.4公斤，增加农民收入0.64元。

一、农业综合开发资金投入与管理

15年来，黑龙江不断探索加大资金投入和规范财务管理的新途径、新办法，保证了农业综合开发的健康发展。

（一）拓宽筹资渠道，实行农业综合开发投入多元化

1. 财政实力较强的市（县）加大地方财政投入力度。在保证省级财政配套占国家投资70%以上的前提下，引导和鼓励有条件的县（市）财政增加农业综合开发投入。如哈尔滨和大庆两市财政状况一直较好，在选定农业综合开发重点项目时，以地方财政增加投入比例为条件，向两市倾斜。2000—2002年，两市财政配套资金达到1.32亿元，超配套12.2%。

2. 继续发挥农民作为投入主体的作用。在落实农业综合开发资金的工作中，首先落实农民自筹资金和投工投劳问题。主要做法是，采取一事一议的方式，征求项目区农民意见，使项目建设尊重农民自愿的原则，做到自觉投资和投工投劳。2000年以来，全省农民自筹资金达7.54亿元，占总投资的25%以上；农民投工投劳0.32亿个工日，折资5.8亿元。

（二）强化资金管理，确保资金使用效益最佳化

1. 加快中央和省级财政资金拨付，努力缩短资金在途时间。一是省、市（地）两级财政部门在年初人大会议批复当年预算后，马上将配套资金拨到县财政部门。对中央下拨的财政资金按《国家农业综合开发资金管理办法》界定的时限和要求，及时对下拨付。二是省级财政部门接到中央财政专项资金后，最迟在一个半月时间内就将资金拨到基层财政部门。三是县级财政部门接到上级拨付的资金后，对无偿资金实行报账制，对部分有偿资金按委托放款的有关要求及时拨借，有效地保证了农业综合开发项目的顺利实施。

2. 按计划落实地方财政配套资金和自筹资金，保证项目建设资金不留缺口。在安排每年项目计划时，坚持把地方财政配套能力和群众自筹能力作为先决条件，对完不成配套资金及自筹资金任务的市（县）不予立项。全省大部分市（地）、县（市、区）已将农业开发配套资金纳入当年财政预算。各级农业综合开发管理部门加大了对群众自筹资金的管理力度，对当年要立项的农业综合开发项目所需的自筹资金，由受益村（屯）村民代表大会讨论落实，确保自筹钱、物按计划足额到位。

3. 加强支出管理，确保资金专款专用。一是认真审批项目计划和扩初设计，严格界定资金支出范围。在批复项目扩初设计的同时批复项目的工程预算，通过工程预算的批复严格界定项目资金的支出范围。项目建设单位必须严格执行省里批复的项目设计和工程预算，接受管理部门的检查监督和验收。二是严格按国家规定使用农业综合开发资金，及时对违法违纪资金进行清理整治。从前期工作到扩初设计及施工各环节都严格认真按国家规定列支，绝不乱花滥用。对挤占、挪用、“白条子”入账、超规定大额使用现金及不合理支出农业综合开发资金等违纪现象，一经发现，及时纠正处理。每年中期检查后，对查出的违法违纪问题进行集中处理。对问题严重的予以通报批评，直至停止立项，做到了警钟长鸣。

（三）建章立制，实现农业综合开发财务管理规范化

1. 明确会计核算主体，加强县级农发办会计

核算。2000 年机构改革后，农业综合开发办事机构隶属财政部门，并赋予了预算管理职能，全省实现了以县级农发办为会计核算主体，并将此作为立项的基本条件。全省各县（市、区）农业综合开发项目的会计核算，都按着省财政厅颁发的《农业综合开发资金管理办法》的规定，把各类项目全部纳入了县（市、区）农发办，按新会计制度统一核算，实行报账制，有效地解决了会计核算主体不一、财务管理不规范的问题。

2. 严格执行农业综合开发各项法规政策。在认真执行国家农业综合开发法规政策的同时，省农发办积极争取人大立法，颁发了《黑龙江省农业综合开发管理条例》。对严格资金和项目管理发挥了重要作用。

3. 坚持经常性的财务检查监督，及时纠正违规违纪问题。一是实行农业综合开发项目资金管理公开化、民主化，接受群众监督。在立项前的可行性研究中，让受益群众掌握农业综合开发项目的有关资金政策和财务规定，对资金结构、资金来源、资金运转、资金使用、资金管理等方面情况有所了解，以利于群众参与管理并进行监督。二是强化内部审计，加强经常性的监督检查。做到所有项目随时查，大型项目重点查，中期检查集中查，及时纠正了农业综合开发财务管理中出现的一些问题。三是自觉接受审计和专员办检查。对各县（市、区）的农业综合开发财务管理，每年都由本级审计部门进行一次审计。同时，坚持三年一个验收期，由省审计厅进行集中审计。每两年由财政部驻黑龙江省专员办进行大面积抽查。

二、农业综合开发项目管理

（一）土地治理项目和生态环境建设

黑龙江省把土地治理的重点放在农业基础设施建设和农业生态环境治理上，为农业结构调整提供了基础性保障，为农业现代化建设不断夯实基础工程。

1. 提高园林化水平，改善项目区生态环境。在审批农业综合开发项目时，坚持项目区开发面积 5%以上的面积要造林的原则，一般按 300—600 亩的方田设计，方田周围及路边普遍栽植 3—4 行三年龄以上的优质树种，形成了项目区自身特有的小气候，对项目区防风固沙、涵养水源，调节气候、改善生态环境发挥了十分重要的作用。泰来县豆海治沙项目区是 2001 年立项建设的，通过开发，引进了 36 户治沙农户，围绕自家周边植树造林、打井种田，当年立项当年见效，森林覆盖率由开发前的 6.5%提高到 32.6%。区内实施节水灌溉，种植了大豆和以葡萄、花生、杂豆为主的特色经济作物。地处拜泉县通肯河右岸的三道镇小区，经过三年治理，森林覆盖率达到 26%，比开发前增加 8.3 个百分点。小区内水分蒸发减少 14.6%，径流减少 78%，泥沙流失量减少 88%，风速降低 58%，空气温度增加 15.8%。在遭遇 2001 年特大干旱时，项目区粮食总产量比开发前增长 29.7%。肉蛋奶增长 74.5%。农业总产值增长 51%。人均收入达到2 731元，增长 80%。

2. 排蓄结合，大力发展节水农业。黑龙江省东部三江平原低洼易涝，西部松嫩平原春旱严重。在农业综合开发中，在三江平原坚持走“排蓄结合、以稻治涝”的路子，在松嫩平原大力发展节水农业。地处西部干旱缺水地区的甘南县，2001 年投入农业开发资金 347 万元，打机电井 1 360 眼，安装各种类型喷灌设备 933 台套，按照田、路、林、渠（沟）、井综合配套模式，建设 8 万亩节水示范区，区内农田每年节水 960 万立方米。2001 年，这一地区遭受了有史以来的特大干旱，土地干裂，庄稼枯萎，减产粮食 2.5 亿公斤，直接经济损失 3.8 亿元。但是项目区在特大干旱年获得大丰收，优质小麦平均亩产达到 500 公斤，创历史最高纪录。地处三江平原腹地的富锦市幸福灌区是国家农业综合开发重点工程，总投资 9 211 万元，建成的一条总干渠、6 条分干渠和 30 条支渠组成了防、排、蓄、灌体系，滋润着 30 万亩良田。灌区粮食单产由 165 公斤，提高到 700 公斤，质量平均比井灌稻提高 1.5 个等级。农业综合开发区人均收入达到 3 610 元，比开发前增加 2 760 元。

3. 提高机械化水平，为农业劳动力向非农产业转移创造条件。15 年来的农业综合开发共投入

农业机械资金5.4亿元，购置大中型农用拖拉机、联合收割机3.97万台套，各种配套农机具2.93万台套。项目区播种100%实现了机械化，中耕70%、收获85%实现机械化。

（二）产业化经营项目和促进农业结构调整

黑龙江省认真贯彻国家关于农业综合开发要实行“两个转变”的指导思想，在继续突出改造中低产田、加强农业基础设施建设的同时，积极探索项目区农业结构调整和农业产业化经营的有效途径，收到了较好的效果。

1.扶龙头、建基地，带动结构调整。一是大力扶持农副产品龙头加工项目，带动农民增收。农业综合开发扶持的龙头加工项目大体分三种类型。一是企业牵动基地型，即建起一处龙头加工企业，推动一方产品基地的建设，带动一批农民增收。如木兰肥牛加工企业，1997年引进荷兰先进设备，当年立项投产，带动全县70%的农户养殖改良肥牛，全县建起了15个百头以上的肥牛养殖场。二是基地促进企业型，即先开发生产基地，在基地促进下建起龙头加工企业。如桦南县白瓜籽在全县大面积种植后，农业综合开发扶持这个县，投资3 000万元，建起了白瓜籽加工项目，带动全县白瓜籽种植面积达到12万亩。原种白瓜籽销到了美国，成为县财政支柱产业。三是企业和基地同时起步型，即在建设生产基地的同时建设好加工企业。如依安大鹅加工与大鹅养殖项目就是同期投入建设的。全县已建起专业养鹅场30个，专业养鹅村4个，千只以上养鹅专业户42家，养鹅百只以上农户3 800多户，大鹅饲养量达到328万只，为企业提供了充足的加工原料。企业年销售收入达到1 000多万元。截至2002年，全省农业综合开发扶持的各类农副产品加工企业已达75家，为实现农产品加工增值和农民增收发挥了重要作用。四是集中建设一批与龙头配套的农副产品生产基地，带动农民增收。除了在项目区自建龙头带基地之外，还注重为全省龙头加工企业建设专业生产基地。全省农业综合开发项目区已建设优质粮食基地240.9万亩；建设蔬菜生产基地1.76万亩；建设畜禽养殖基地586处，年出栏猪、牛、羊50万头（只），禽920万只；建设水产养殖基地55处；建设林果生产基地154处，同时建起了一批食用菌、亚麻、马铃薯、中草药等生产基地，为全省龙头企业提供了充足的加工原料，优化了农村产品、产业和区域结构，直接带动了农民增收。五是根据龙头企业的需要，安排项目区种植和养殖品种，带动农民增收。在安排项目区生产计划时，注重与龙头企业挂靠对接，把项目区建成企业的第一生产车间。如望奎县农业综合开发项目区与哈磁集团对接，不仅在项目区大力发展哈磁品牌的无公害生猪，而且为其建起了饲料生产基地。哈磁集团对项目区生产的无公害玉米、大豆分别以高于市场2分和4分的价格回收，带动了全县生猪发展和玉米的转化增值。全县生猪饲养量达到120万头，年消耗玉米3.5亿公斤，占全县玉米总产的70%以上。

2.抓特色，打品牌，推动结构调整。一是突出各地传统优势，发展具有当地优势的特色产业。如安达市自1994年立项开发天泉蔬菜和文化肉牛项目以来，已在天泉、文化等6个乡镇建设蔬菜基地6.8万亩，加上间、混、套、复种植蔬菜面积达到10万亩以上。项目区蔬菜面积和总收入分别占全县的1/4，人均蔬菜纯收入占人均纯收入的1/3以上。肉牛基地项目已发展到11个乡镇，人均养牛收入达到1 329元，占项目区人均收入的52%。二是利用农业资源丰富、工业污染较轻的优势，积极开发绿色食品生产。如庆安的七河源绿色稻米，在上海超市每公斤售价高达14元，深受上海消费者欢迎。虎林市七虎林项目区开发绿色水稻1.5万亩，以高出市场15%的价格远销省内外和俄罗斯。伊春山野菜、宁安松子仁和东宁“八宝山珍”等都成为远销省内外和俄罗斯、日本等国市场的知名品牌。

3.找市场，搞订单，牵动结构调整。一是按市场需求安排项目区生产。在安排作物品种时，坚持事先搞好市场调查，市场需要什么，就在项目区种植什么。哈市道里机场路项目区建国村农民，打开了黑龙江省蕃茄在上海的销售市场。2002年全区共外销蕃茄2 500多万公斤，占哈市外销量的75%。二是积极开发市场信息资源。为增强结构调整的预见性，坚持农业资源与信息资源开发相结合。如甘南县音河乡兴建村项目区鼓励农民外出寻求农产品信息，凡信息被采用者，村里报销其外出往返路费。1998 年该村农民回山东探亲时了解到黑豆市场行情较好的信息，几年来全村种植黑豆每年都在 1 万亩以上，亩产达 300 多斤，每斤售价高达 2.5 元，仅黑豆生产就使全村人均年增收 5 000 多元。三是大力发展订单农业。全省各级农发办切实增强服务意识，配合项目区各级组织，积极同社会各界进行广泛接触，洽谈产销项目合作，发展订单农业，为项目区农民解决销售难问题。绥化市各项目区每年分别与山东、河南等省内外客商签订粮食、瓜菜和中药材订单近百份，涉及农畜产品 5 大类 60 多个品种，总金额超亿元。通过发展订单农业，使项目区的农产品在年初就找到了销路，解除了农户的后顾之忧。据不完全统计，2002 年全省项目区已签订各类农副产品销售合同 5 800 多份，总金额 40 多亿元。

（三）科技示范项目和积极推进科技进步

黑龙江农业综合开发坚持依靠科技进步，大幅度增加项目科技含量，“十五”期间科技措施和科技项目投入资金达到总投资的 20%以上。

1. 集中应用高新农业技术，使先进设施、先进技术组装配套。设施农业组培扩繁、大豆窄行密植、马铃薯脱毒种薯扩繁、蔬菜无土栽培、奶牛精子分选与性别控制、牛羊胚胎移植、种猪性能测定与良种繁育、秸杆气化、沼气与太阳能温室“四位一体”综合利用、村村通信息网络等一系列先进适用的科技措施，在农业综合开发项目区被广泛采用并获得成功。科技在增产中的贡献率达到 55%以上，比开发前提高 10 个百分点。

2. 将农业综合开发与农业科研院校和科研人员挂钩。每个农业综合开发项目都挂靠一个农业科研院校，都有专家或专业人员进行全程技术指导。在项目区加强对农民的科技培训工作，聘请科研人员传授科技知识，请科技大户进行现场示范。这些措施有效地提高了农民科技文化素质，加快了项目区科技成果的转化。

3. 建设省农业科技园区。发挥省农科院、东北农业大学的科技优势，于 2001 年开始建设的省农业科技园区，2002 年已基本完成基础设施建设任务，并初步进行了部分农业技术的创新和示范。由农业综合开发立项的这座具有科技创新、成果孵化、技术示范、推广辐射、科普教育、信息集散、旅游观光多项功能的农业科技园区，已成为全省农业现代化的典范之作。

三、农业综合开发机构和队伍建设

（一）强化机构

机构改革后，黑龙江省农业综合开发办公室作为隶属省财政厅的副厅级单位，被赋予了预算管理职能。领导成员有主任（财政厅厅长兼）、副厅级常务副主任（财政厅党组成员）、正处级副主任和副厅级助理巡视员共 4 名。全办人员编制 30 名。内设综合（科技）、计划财务、土地项目、多种经营项目 4 个职能处室，有正副处长 10 名。各市（地）、县（市）在机构改革中，也参照省里的模式，将农发办并入财政部门管理。13 个市（地）的农发办有 1 个为副局级（哈尔滨市）单位，6 个为正处级单位，6 个为副处级单位；87 个县（市、区）的农发办有 72 个为正科级单位，15 个副科级单位。全省农业综合开发机构共有编制 685 人，实有人员 756 人（含借、聘用人员）。通过机构改革，全省上下理顺了农业综合开发工作的管理机构，确立了上下对口、便于协调的管理体制，实现了项目与资金管理的有机结合，进一步提高了各级农业综合开发部门的管理能力。

（二）抓好培训

为不断提高全省各级农业综合开发干部队伍的素质，除积极参加国家农发办组织的财务人员业务培训外，省里每年都组织 2—3 次大型业务培训活动，系统学习国家新出台的财务管理办法、新会计制度等政策法规以及微机操作等现代化办公技术。各市（地）、县（市）也从各自实际出发，坚持搞好经常性的业务培训。十几年来，全省各级农业综合开发部门平均每年培训干部 290 多人次，培训面达 100%。

（三）抓好作风建设

组织干部深入学习贯彻江总书记“三个代表”

的重要思想，始终把着力点放在解决好为谁服务和如何转变工作作风上，进一步增强了管好用好农业综合开发资金的责任意识。省、市、县三级农业综合开发干部经常深入基层调查研究，面对面指导项目区工作，帮助项目区解决项目建设中的实际问题，受到了项目区广大干部群众的好评，树立了良好的财政干部形象。

（黑龙江省农业综合开发办公室供稿）

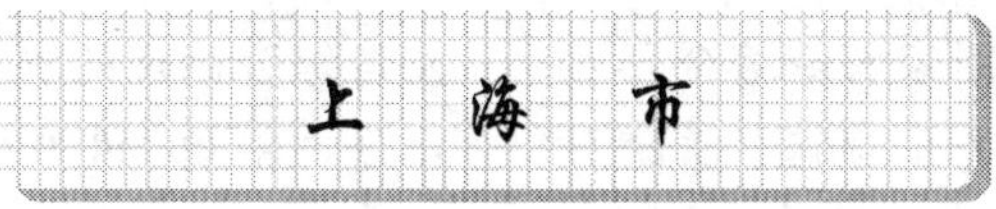

上海市

上海市从1990年开始实施农业综合开发，至2002年已经过了13个年头。13年来，上海农业综合开发工作在市委、市政府的正确领导下，在各级领导的关心指导和有关部门的密切配合下，按照建设现代化都市型农业的目标要求，遵循市场经济发展规律，多渠道、多层次地筹集农业综合开发资金，高标准地建设农业生产基地，为加强上海农业基础设施建设、推进农业结构调整和促进农民增收做出了重要贡献。

依据项目重点的不同，大体可以把上海实施农业综合开发的历程分为两个阶段。第一阶段为1997年之前。该阶段农业综合开发项目安排重点是以排污、除渍为主的农业基础设施改造，主要区域是松江、金山、青浦等西部低洼地及崇明东滩团结沙和东旺沙盐碱地。第二阶段从1998年至2002年。该阶段农业综合开发围绕“两个着力，两个提高”的要求，以建立项目县为主要内容。截至2002年，全市共确定了宝山、崇明、松江、金山、青浦、南汇、奉贤、浦东等8个项目区（县）。项目区（县）以土地治理为重点，对贫瘠土地施以农林牧副渔综合开发，田林渠路沟综合治理，同时发展多种经营，提高土地产出率，增加农产品附加值，提高农民收入。

13年来，上海农业综合开发已经累计改造中低产田90.95万亩，新增和改善灌溉面积80.39万亩；建设水产养殖基地1.58万亩，养殖畜禽1.85万头（只），扶持各类加工项目27个；建设高新科技示范基地0.53万亩，推广农业科技示范面积1万亩。通过项目实施，新增粮食生产能力14 561万公斤，新增蔬菜生产能力5 601万公斤，新增水产品生产能力469.6万公斤，实现了经济、社会和生态效益的统一。

一、农业综合开发资金的投入与管理

（一）资金投入

1990—2002年，上海市农业综合开发共完成资金投入8.48亿元（中央立项部分，下同），其中：中央财政资金完成投入1.52亿元，占全部投资的17.95%；地方财政配套资金4.15亿元，占全部投资的49%；自筹资金2.62亿元，占全部投资的30.93%；银行贷款1 910万元，占全部投资的2.12%。

（二）资金管理

对项目资金的管理，上海市农业综合开发始终坚持四项基本制度：一是资金先筹后用制度；二是有偿资金专款专用、统借统还制度；三是县级报账制度；四是项目招投标制度、项目监理制度、项目资金审计制度。

1. 资金先筹后用制度。市、区（县）、乡镇三级均建立农业综合开发资金账户，严格按照国家农发办的资金配套政策要求，落实地方财政配套资金。市、区（县）级财政配套资金列入年度财政预算。自筹资金先入账，后使用，确保工程项目资金专款专用。

2. 有偿资金专款专用、统借统还制度。1999年6月，上海市财政局下达《关于转发财政部〈关于印发农业综合开发财政有偿资金管理暂行规定的通知〉的通知》，强调有偿资金只能用于国家立项或者地方立项的具有直接经济效益、具有还款能力的农业综合开发项目。强调有偿资金必须实行逐级承借、统借统还的办法。

3. 县级报账制度。2001 年 8 月，上海市财政局转发了财政部《农业综合开发资金报账实施办法》，要求自 2001 年起，凡列入国家农业综合开发项目计划、使用农业综合开发资金的项目，必须全部实行报账制度，做到专人、专账、专管，做到账账相符、账实相符，杜绝挤占挪用。2002 年，全市 8 个项目区（县）有 7 个实行报账制度。

4. 项目招投标制度，项目监理制度，项目资金审计制度。项目招投标制度是确保工程质量、控制工程投资的一种有效措施。上海市要求农业综合开发中凡符合政府采购的工程一律按照政府采购要求，公开、公平、公正地实行政府采购。鉴于县情不同，工程项目情况不同，可以实行集中采购或者分散采购。集中采购的由政府采购机构统一办理，分散采购的由农发办与业主单位负责办理。据统计，至 2002 年底，实行项目招投标的区县已经达到 7 个。

项目监理制度分成两种：对骨干项目委托有监理资质的单位进行监理，对一般项目由建设单位派人管理。各级农业综合开发办人员经常性地深入施工现场检查工程质量。项目完成后，由农发办组织验收，设计单位报告设计小结，建设单位报告工程小结，监理单位报告监理小结。然后由验收小组综合评估。项目验收后，办理资产移交手续，同时落实工程项目管理主体，对项目进行长效管理。

项目审计制度是对工程项目决算资金的审核，由政府审计部门或者委托社会中介机构进行审核。以审计部门的审核结果作为财政支出的依据，从而体现了工程项目投资的合理性，也保证了农业综合开发资金专款专用。

二、农业综合开发项目管理

（一）加强土地基础设施建设，改善农业生产条件

上海地处长江入海口太湖流域东缘，境内河道（湖泊）面积为 530 平方公里。崇明、横沙、长兴三岛位于长江下游，地势低洼。松、金、青夹塘地区及上海西部地区位于太湖下游，海拔仅 2—3 米。这些地区涝、渍害严重，土壤理性状况差，已成为农业生产发展的主要障碍。自 1991 年开始，上海市对这些地区实施以治水为主、标本兼治、田林渠路沟综合治理的农业综合开发。通过治理，共改造中低产田 90.95 万亩，改良土壤 33.33 万亩，建设灌排渠5 609.10公里，修筑机耕路 2 389.71 公里，建设农田防护林保护面积 40.72 万亩，购置各种农机具 1 114 台套，使这些地区的农田基本达到了“旱能灌、涝能排”的建设标准，增强了当地农业生产抵御洪、涝、渍等水害的能力。同时还健全了农业服务体系，提高了农业生产的集约化水平，为农民致富创造了条件。

（二）实施产业化经营，推进农业产业结构调整

在加强农业基础设施建设的同时，上海市农业综合开发积极扶持多种经营项目，推动农业产业化经营的进程。1996—2002 年，累计投资多种经营项目 2.36 亿元，完成经济林建设 0.23 万亩，推广良种蔬菜、花卉面积 0.06 万亩；新建、改建水产养殖场 1.58 万亩，发展畜禽养殖 1.85 万头；扶持各类农产品加工企业及农业生产服务企业 29 个。通过项目扶持，建设起了以奉贤县高榕农产品加工中心、金山区农副产品交易市场、松江区叶榭农副产品配送中心等为代表的企业 + 基地 + 农户的农业产业化模式，促进了农业增效，带动了农民增收。

（三）加强实施科技措施，推动科技进步

上海市于 2000 年、2001 年、2002 年分别立项了松江区农业高新技术示范项目、奉贤县农业综合开发科技推广综合示范项目、浦东新区农业综合开发现代化示范项目等 3 个科技项目，通过项目建设累计完成农业高新技术示范田 0.53 万亩、农业科技推广综合示范田 1 万亩。其中，技术引进品种 10 个，引进技术工艺 11 项；技术示范品种 17 个，示范技术 12 项；技术推广品种 13 个，推广技术 23 项。这些项目的实施为推动上海农业科技的进步做

出了重要贡献。

三、加强对农业综合开发的组织与规划管理

（一）加强农业综合开发的组织管理

加强领导，健全组织，统一思想，提高认识，这是搞好农业综合开发工作的组织保证。根据《上海市人民政府关于建立上海市农业资金管理领导小组（暨市农业综合开发领导小组）的通知》，上海农业综合开发工作做到了三个到位。

一是领导到位。市级所属有关区、县设立农业综合开发工作领导小组和办公室，实行行政领导负责制，由分管农业的区、县长负责抓，财政、水利、农业、农机等有关部门各尽其职，协作配合，完成项目的规划设计、计划的审核落实、资金的筹措管理、工程质量和档案资料管理等工作。

二是思想发动到位。层层进行发动，使各级有关部门和广大农民群众统一认识，了解农业综合开发工作不仅是农业增效、农民增收的有效手段，更是提升农业经济发展的一项基础工作，是向农业现代化迈出的坚实一步。

三是服务到位。农业综合开发是引导农民从传统的农业种植观念中解放出来的重要途径，因此，其重要的工作内容之一，是要加强对农民的培训，提高农民驾驭现代农业科技的能力。同时要实施订单农业，为解决农民“卖难”问题，提高农民收入提供优质的服务。

（二）加强农业综合开发规划管理

规划是搞好农业综合开发的基础。“治田、提质、外向、增收、富民”是农业综合开发规划的基本出发点。“治田”就是按照“挡得住、排得出、降得下、灌得上、配套齐”的要求，搞好农田基础设施建设，提高抗灾能力，为高产、稳产创造有利的生产条件。“提质”就是实施绿色食品生产基地认证工作、优质水稻三年行动计划、农业标准化工程及农产品品牌化战略。“外向”就是面对WTO与大市场、大流动格局，积极探索和促进农业龙头企业与国际大市场的开拓。“增收、富民”就是按照“设施改造增一块，质量提升加一块，结构调整补一块，加工深化拉一块”的思路，提高农业产值，增加农民收入。

在项目管理的实际操作中坚持四个基本原则：一是超前性原则，即建立项目库制度。二是整体性原则，即对项目区的田水沟渠林路及多种经营等项目进行综合统筹规划。三是科学性原则，即对项目区的项目配置、工程数量、工程设计进行因地制宜的规划。四是合理性原则，即对规划设计的项目，经过评估后逐级上报，对不符合国家农发办规定范围内的项目一律剔除。

四、农业综合开发效益

经过十多年的建设，上海市农业综合开发的效益显著，主要表现在以下四个方面。

（一）农业生产条件明显改善，农业综合生产能力明显提高

据统计，经过中低产田改造，新增和改善灌溉面积80.39万亩，新增和改善除涝面积58.97万亩。改造后的农田基本上达到了“挡得住”——能抵御50年一遇的洪水，“排得出”——能抵御20年一遇的涝灾，“降得下”——地下水控制在0.6米以下，“灌得上”——灌溉保证率达到95%以上，并能做到百日无雨保灌溉。

上海西部地区地势低洼，洪、涝等水害严重，是历史上洪、涝危害频发地区。通过实施防洪除涝的农业综合开发等工程，西部地区防洪除涝功能大大提高。上海市副市长冯国勤对此总结道：“在抗御1997年11号台风，1999年历年未遇特大梅雨和2000年两次台风及强热带风暴中，工程发挥了显著作用。1999年的梅雨，长达43天，降雨量815.4毫米，创126年气象史之最，致使太湖水位达5.07米，本市西部地区17个水位站全面突破历史最高水位，最大突破幅度0.43米，最长持续时间20天，雨情、水情创历史之最。但是，灾情却比1954年和1991年大水小得多，当年西部地区粮食生产仍获丰收。”

（二）健全农业服务体系，提高专业化服务水平，提高集体化生产程度

治水改田是农田建设的基本工作，是农业稳产高产的基础，而专业化服务水平的提高、集体化生

产程度的提高是农业稳产、高产的必备条件。实施农业综合开发后，种子仓库、晒场、种子精选设备使种子精选加工率达到95%以上，良种提供率达到100%；机耕道路、各类农机配置使水稻机收率达到70%，小麦机收率达到95%以上。新的农业技术推广运用达到80%以上，农民劳动强度降低，劳动力成本减少，劳动生产率提高。

（三）推进农业结构调整，增加农民收入

1990年以来，上海农业生产普遍推行两熟制，夏熟为油菜、小麦，秋熟为水稻。上海农业产业结构调整首先在项目区内进行，在成功的基础上总结经验，全面推开。上海农业产业结构调整的方向主要是减少小麦种植面积，增加经济作物种植面积。到2002年，粮食与经济作物的种植面积比例为4:6。2002年，粮食播种面积18.77万公顷，比1990年的41.71万公顷减少22.94万公顷；经济、其他作物播种面积28.9万公顷，比1990年的21.4万公顷增加7.5万公顷。2002年农业总产值233.57亿元，比1990年的68.16亿元增加165.41亿元；农民人均总收入6 212元，比1990年的1 665元增加4 547元。

（四）保护和改善了生态环境，促进农业的可持续发展

河道整治不仅增加了蓄水容量，改善了引水、排水条件，同时也改善了水位、水质，使河渠达到了水清、面洁、岸绿的标准。农田防护林网建设改善了田间小气候，美化了农村环境。现代农业栽培技术的推广、秸秆还田新技术的使用和生物手段催腐当肥，净化了农村环境。

项目区内获得绿色食品生产基地认证面积3 070亩，获得部颁标准稻推广面积50余万亩，获得高标准注册并在市场上有一定影响的农产品品牌28个，农业标准化实施面积7.8万亩。这些绿色食品生产基地为农业可持续发展打下了坚实基础。

由于多年来实施农业综合开发，使得项目区“农田成方，绿化成网，道路配套，排灌通畅”，形成了与上海大都市相匹配的现代化农业形象，成为“三个必看”之地：中央领导视察上海农业必看项目区；市委、市府领导赴郊区综合调研必看项目区；国外、外省市农业考察团考察上海必看项目区。

由于农业投资环境的改善，国内外落户项目区的企业已达40家，从而推进了项目区人才、资金、项目的集聚，促进了农业可持续发展。

（上海市农业综合开发办公室供稿，徐和平、王培华执笔）

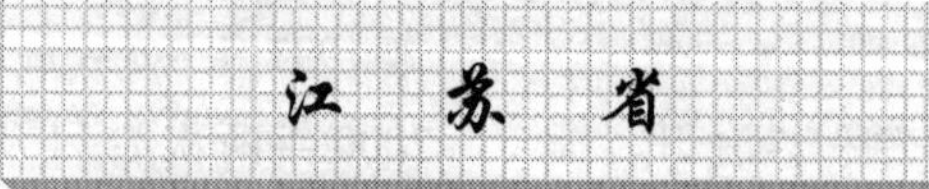

江　苏　省

江苏省是1988年被国家列为首批进行农业综合开发的省份。15年来，江苏农业综合开发走过了不平凡的发展历程，经历了不断向上攀升的三个不同发展阶段。

1988年到1993年是起步阶段。开发区域主要集中在苏北黄淮海平原的5个市24个县。平均每年投入财政资金1.46亿元，主要是进行中低产田改造，开垦宜农荒地，提高粮食生产能力。1994年到1998年为发展阶段。这一阶段开发区域由黄淮海平原扩大到江南水乡，全省有60个县纳入了项目区。平均每年投入财政资金增加到3.18亿元，开发内容由改造中低产田延伸到多种经营。从1999年开始，农业综合开发进入了提高阶段。全省62个县全部列入国家农业综合开发项目区。平均每年投入财政资金7.84亿元。在开发重点上实现了“两个转变”，即：由过去以改造中低产田和开垦宜农荒地相结合，转到以改造中低产田为主，尽量少开荒甚至不开荒，把农业综合开发与保护生

态环境有机结合起来；从以往追求增加农产品产量为主，转到积极调整结构，依靠科技进步，努力发展优质高效农业上来。

江苏省农业综合开发与其他省市比，有四个方面的显著特点。一是资源类型全。全省有2 300多万亩的中低产田，980万亩的沿海滩涂，2 500多万亩的低山丘陵。这些都是江苏省区域经济发展的优势资源和潜力所在。二是投资力度强。从1988年开始到2002年，全省农业综合开发共投入财政资金54.1亿元，农业综合开发投资已成为政府农业投入的重要来源。三是重点项目多。“九五”以来，除了年财政投资3亿多元的国家农业综合开发项目外，还有财政投资总额达10亿元的利用世界银行贷款加强灌溉农业二期项目、财政投资1.8亿元的西山国家农业综合开发现代化示范区项目，以及年省级财政投资6 000万元的沿海滩涂开发项目、年财政投资3 000万元的省级高沙土农业综合开发项目、年财政投资2 000万元的省级丘陵山区农业综合开发项目、年财政投资1 600万元的省级徐州采煤塌陷地农业综合开发项目。四是开发区域广。全省所有县（市）均被列为国家农业综合开发区。

一、农业综合开发资金投入与效益

15年来，江苏省共完成农业综合开发总投资89.66亿元（含世行项目），其中：中央财政资金23.73亿元，地方财政配套资金25.26亿元，银行贷款14.49亿元，自筹资金26.18亿元。

改造中低产田2 310.06万亩，开垦宜农荒地116.6万亩，植树造林169.87万亩，建设多种经营龙头加工项目1 115个，开发丘陵山区经济林果基地11.9万亩，发展水产养殖24.49万亩，新围江、海滩涂95万亩，为保持全省耕地动态平衡做出重大贡献。全省项目区累计增加粮食353.08万吨、棉花7.35万吨、油料16.12万吨、肉类23.1万吨、水产品10.93万吨、奶制品0.2万吨、果品6.3万吨、蔬菜10.5万吨。项目区比同类地区非项目区农民人均增加收入287元。

15年来，农业综合开发为江苏农业和农村经济发展注入了新的生机与活力，为全省经济和社会持续快速健康发展，为广大农民过上小康生活做出了重大贡献。

二、农业综合开发项目管理与成效

（一）改善了农业基础设施条件

通过实施水利、农业、林业、科技等综合措施，突出节水农业，实行山水田林路综合治理，使平原项目区大片中低产田基本变成了旱能灌、涝能排、田成方、林成行、渠相通、路相连的高产稳产农田，使丘陵山区的荒山废坡变成了林茂果丰的“金银山”，使沿海垦区成为粮棉和渔业生产的基地。在利用国家农业综合开发土地治理项目大面积改造中低产田的同时，江苏省为改造部分特殊地区的农业基础设施，还专门设立了滩涂开发、丘陵山区开发、高沙土开发、采煤塌陷地治理等省级农业综合开发项目。

（二）优化了农村产业结构

近年来，江苏省农业综合开发积极推进农业结构调整，根据市场需求发展多种经营项目，培育农村主导产业，过去单一的种养结构得到了根本性改变，经济作物种植比例比非项目区明显提高，粮经产值比调整到了40:60；富有区域特色的优质高效农产品生产基地遍及大江南北。一批产品质量好、市场前景广、辐射作用强的龙头企业迅速壮大，农业综合开发扶持的企业有16家被国家经贸委、农业部等八部委列为重点农业龙头企业，43家被列为省级农业龙头企业。同时，具有较大覆盖面的农产品批发市场迅速崛起。特别是2002年，全省农业综合开发围绕培育区域主导产业和特色产品，建设了优质高效农产品生产基地60万亩，扶持了财政投资400万元以上的重点龙头企业11个。为了加大“十五”后三年的扶持力度，在全省农业综合开发“十五”规划的基础上，又制订了《江苏省农业综合开发“十五”后三年扶持主导产业规划》，明确了农业综合开发要重点扶持优质粮、优质油、优质蔬菜、经济林果、花卉苗木、畜禽、水产等七类主导产业。2002年度国家农业综合开发项目用于主导产业的投资占当年总投资的45%。

（三）提高了农业科技水平

15年来，全省农业综合开发用于科技方面的投入累计达到3.3亿元，培训农民群众275万人次，示范推广核心技术192项，组装推广新技术164项，引进、培育了400多个科技含量高、市场潜力大、经济效益好的优良品种，在全国率先建立起12个农业综合开发科技实验区，上联院所专家、下接千家万户的科技网络遍及项目区。重点建设了高邮、通州、宜兴、睢宁、海门等五个国家级农业综合开发专项科技示范项目，以及11个省级农业综合开发科技示范项目。省里每年都安排专项经费开展科技下乡活动，加强对农民的技术培训，培养了一大批懂技术、善经营、会管理的新型农民，使他们成为强农富民的带头人。项目区农业科技贡献率达到55%，比全省平均水平高出5个百分点。

（四）推动了外向农业发展

“一花引来百花开”。农业综合开发产生了巨大的联动效应，起到了“四两拨千斤”的作用，使得外资和民间资本纷纷投向农业综合开发。15年来，项目区农产品出口、农业项目招商取得了可喜成绩。“九五”期间，全省累计招商项目194个，吸引“三资”投入农业开发折合人民币35.1亿元，其中：工商资本8.3亿元，民间资本12.6亿元，外商资本14.2亿元。2002年项目区全年合计吸引和利用了10亿元“三资”，占全省农业利用“三资”总数的1/6。

（五）加快了农业现代化进程

15年来，农业综合开发项目的实施加速了传统农业向现代农业转变的进程。特别是苏南地区，初步实现了农田标准化、品种优良化、农艺科学化、操作机械化、经营规模化、服务社会化、城乡一体化的目标。农业综合开发重点建设的苏州西山国家现代农业示范区、昆山国家农业综合开发现代化示范区，更是发挥了良好的示范辐射作用。

（六）改善了生态环境

15年来，全省农业综合开发共完成造林169.87万亩，项目区农田林网覆盖率由开发前的20%提高到82.7%，不仅改善了农田小气候，还成为农民的“绿色银行”。秸秆养畜、丘陵山区小流域开发、高沙土治理既促进了农业增产，又缓解了水土流失，培肥了土壤，促进了农业可持续发展。近两年来，江苏省把提高农产品质量，增强农业市场竞争力，作为农业综合开发的一项重点工作来抓，特别是从2002年开始，对申报无公害农产品、绿色食品和有机食品的有关费用进行了补贴。全省2002年认定的无公害农产品的1/3、绿色食品的1/2、有机食品的3/4，均来自农业综合开发项目区。

（七）培育了新的经济增长点

15年来，农业综合开发开垦宜农荒地116.6万亩。特别是“九五”期间，全省实施百万亩滩涂开发工程，围垦沿海滩涂50.8万亩，沿江滩涂4.2万亩，开垦已围滩涂和改造中低产田46万亩。滩涂资源的综合开发利用，是江苏省农业综合开发的一个重要方面。全省拥有滩涂面积980万亩，占全国滩涂总面积的1/4，居全国各省（市、区）的首位，占江苏陆域面积的1/15，是全省最大的一块土地后备资源。“十五”又开始实施“新一轮百万亩滩涂开发工程”，即匡围20万亩，开垦和改造已围垦区50万亩，发展高涂和潮间带养殖30万亩。2001—2002年，省级专项投资1.2亿元，结合国家农业综合开发项目资金1.1亿元，完成改造已围滩涂32万亩，完成高涂蓄水养殖11万亩。1996—2002年，全省共新围滩涂64万亩，占全省同期耕地减少面积90万亩的71%，为实现全省土地占补平衡、缓解人地矛盾发挥了重要作用，为经济和社会发展拓展了空间。1995年全省沿海滩涂的社会总产值为114.2亿元，到2001年已达246.5亿元，年均增长近16%。2002年全省滩涂社会总产值达290亿元。全省滩涂农作物播种面积近100万亩，水产养殖面积200多万亩。昔日荒滩正在成为省内最大的规模化农业生产基地、最具活力的多种经营开发区。

（八）增加了农民收入

农业综合开发在实现农业增产的同时实现了农民增收，让农民真正从中得到了实惠。据统计，农业开发项目区农民年人均纯收入一般比非项目区高出300元以上，高的多达500—600元。农民欢迎这样的开发，把它亲切地叫作“德政工程”、“民心工程”。

三、江苏农业综合开发的基本经验

15年来，我国经济体制已由计划经济转向市场经济，农产品已由卖方市场转到买方市场。伴随着经济体制的巨大变革和农产品市场供求状况的根本性改变，江苏省农业综合开发与时俱进，顺势而为，不断创新农业开发机制，积累了丰富的经验。

（一）顺应生产力发展规律，创新开发思路

多年来，江苏省农业综合开发根据各地农业资源状况和不同时期农业生产力特点，确定不同的开发重点，创新开发思路。在区域开发上，分别根据不同的资源状况，依据当地生产力发展水平，确定不同的开发思路和开发重点，实行分类指导。苏南地区农业综合开发以外向型、高科技含量、高效益为方向，重点扶持发展高效创汇农业、外向型龙头企业和现代化示范园区。苏中地区农业综合开发坚持走产业化、规模化的路子，挖掘区域特色资源，重点投资具有区域特色的优势农产品生产基地、农产品精深加工龙头企业和各具特色的农业主导产业科技示范园区。苏北地区农业综合开发坚持走标准化、产业化、基地化路子，加强农业基础设施建设，发展无公害标准化农产品生产，重点投资中低产田改造、农业龙头企业和专业化农产品生产基地。在粮食短缺时期，农业综合开发坚持以增加农产品产量为主，为全省农产品产量的增加特别是粮食产量连续攀登600亿斤和700亿斤台阶做出了重要贡献。在农产品过剩时期，积极按照产业化经营的思路组织农业综合开发，突出结构调整，发展优质高效农业，增加农民收入。在投入布局上，根据生产力发展规律，坚持集中投入，连片开发，追求规模效益，体现“综合”特色，力求建一片，成一片，使经济效益、社会效益和生态效益全面丰收。

（二）顺应市场经济体制日益发育健全的大趋势，创新开发机制

随着社会主义市场经济体制的初步建立和逐步完善，江苏省农业综合开发坚持“谁投资、谁开发、谁受益”的原则，引导、鼓励农村合作经济组织和农民增加投入，使农村集体经济组织和农民群众成为农业综合开发的投入主体、实施主体、产权主体、受益主体。积极采用股份制和股份合作制的形式，让集体经济、乡镇企业、专业合作经济组织、承包大户、民营经济组织等投资农业开发，尤其是在扶持农村合作经济组织方面进行了有益的探索。重点扶持了以某一类专业产品为龙头组织起来的专业协会（合作社）的发展，如句容草莓协会、高邮鸭业合作社、海安蚕桑协会、宿豫农民用水者协会等。在资金、信息、科技等方面给予帮助，特别是对专业组织自办的项目给予优先立项支持。同时，进一步完善以财政资金为主导的投资机制，大力吸引和利用民营资本、工商资本和外资等“三资”参与农业综合开发。缓解了长期以来农业投入不足的资金制约，导入了市场化运行机制和先进的管理技术，给传统农业注入了新的生机和活力，为加快农业综合开发实现“两个着力，两个提高”提供了强大驱动力。近年来，“三资”不断进军农业开发项目区已成为江苏省农业综合开发新的增长点，取得了资本获利、农民致富、产业扩展的“三赢”局面。

（三）应用科学的管理方法，创新管理机制

江苏省农业综合开发大胆借鉴国家基本建设项目和世界银行贷款项目管理办法，运用工业文明成果管理农业项目。坚持按项目进行管理，对每一个农业开发项目都按照申报、评估、选择、审批、实施、验收、管护的程序，进行科学规划设计，有计划地组织实施，建立了一套严格的项目管理规章制度，实现了项目管理科学化、规范化、程序化和制度化，取得了比较成功的项目管理经验。特别是近几年来，适应建设社会主义市场经济体制的要求，逐步推广实施了农业综合开发招投标制度，通过公开、公平、公正的招投标活动，运用市场经济手段强化农业综合开发的竞争机制，大力推行农业综合开发项目、土建工程招投标制度和物资设备的政府采购制度，是全国率先实行农业综合开发项目土建工程招投标的省份。2002年又建立和完善了项目库制度。在农业综合开发“十五”计划和“一县一

业”规划的基础上，择优储备项目，建立了省市县三级项目库，入库项目达732个。在投入政策上，逐步完善“综合因素分配法”，在向苏北地区倾斜的同时，对农业综合开发潜力大、开发效益好、项目和资金管理规范的地区，相应加大投入力度。在资金财务管理上，始终坚持“专人管理、专账核算、专款专用”，积极探索，勇于改革，在全国率先推行乡镇财政报账制和县级财政报账制。将财务监督贯穿于项目的立项评估、概预算编制、工程实施和竣工验收过程，财政资金分配和项目管理逐步走出了按市场经济体制和竞争机制分配项目和投资的路子，创新了管理机制。同时，大力推广合同管理系统（MIS）和经济自主灌排区（SIDD）。

江苏省农业综合开发工作一直保持全国领先水平，连续多年受到国家农业综合开发办公室的表扬。1997年，在杭州召开的全国农业综合开发（十年）工作会议上，江苏省政府分管领导在会上介绍了典型经验，省农业资源开发局获得全国农业综合开发的最高奖——综合奖。

（江苏省农业综合开发办公室供稿）

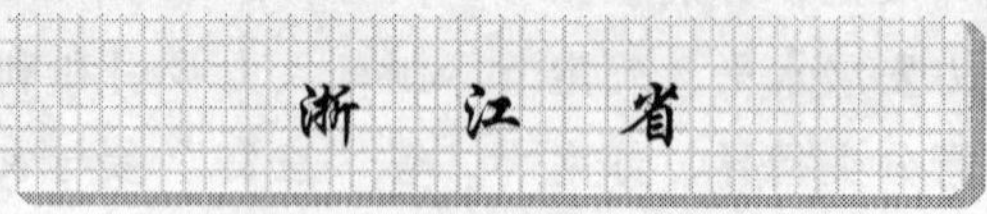

浙江省

浙江省从1988年开始实施农业综合开发，是全国首批立项的十个省份之一。15年来开发规模不断扩大，项目市、县由开始时的10个扩大到2002年的60个及2个省级农场。在全省国家立项的项目市、县中有36个农业综合开发机构设在财政部门。

15年来，浙江省农业综合开发工作认真执行国家农业综合开发办公室和浙江省委、省政府的有关政策，紧密结合浙江实际，创造性地开展工作，形成了自己的工作特色，并取得显著成效。

浙江省在实施农业综合开发土地治理项目时，不仅致力于中低产田的改造和大宗农产品生产能力的提高，而且更注重对中低效益田的改造和提高综合效益。因此，浙江省在农业综合开发的实施中，大力促进项目区农业结构调整，使项目区农业基础设施既适合粮、棉、油等大宗农产品的生产需要，更适合经济作物的生产需要，做到宜农则农，宜林则林，宜渔则渔，宜牧则牧，推动项目区农业增效、农民增收。农业综合开发也促进了土地流转和规模经营，大批农民转向二、三产业。大户经营又提高了农业集约化水平，土地的综合效益得到较好发挥，推动了浙江省城乡一体化发展的进程。同时，浙江省还注意了抓住农业产业链的关键环节，大力扶持农业龙头企业，积极培育优势产业，倾力打造市场品牌。

一、农业综合开发资金的投入与管理

（一）资金投入

15年来浙江省共投入农业综合开发资金71.69亿元（含宁波，下同），其中：中央财政资金15.11亿元，地方财政配套资金25.08亿元，银行贷款10.35亿元，自筹资金21.15亿元。

（二）资金管理

为加强资金管理，提高资金使用效益，浙江省在资金筹集、使用、管理等工作中，主要采取了以下几方面措施：

1. 多渠道筹集资金，及时足额落实配套资金，加大投入力度。15年来，浙江省各级财政部门和农业综合开发部门积极采取措施，多渠道筹措农业综合开发资金，确保各项资金的及时足额到位，努力增加农业综合开发资金投入。一是落实好地方财政配套资金，将地方财政配套资金列入本级财政年度预算，同时进一步加强财政资金的投入力度。从2002年度开始，浙江省用于土地治理项目的财政

资金全部实行无偿投入，中央财政下达的有偿资金由省财政转换成无偿资金并负责到期归还。二是落实自筹资金，各地从当地的实际出发，采取多种形式，保证自筹资金的落实到位。三是做好贷款的衔接工作，把重点企业、重点项目推荐给银行。四是建立激励机制，鼓励各地在国家农业综合开发项目区内建设标准农田，并兑现奖励。五是发挥农业综合开发优势，吸引工商资本、其他社会资金投入农业综合开发。

2. 加强资金管理，提高资金使用效益。一是健全制度，规范资金管理。浙江省根据财政部、国家农业综合开发办公室有关文件精神，结合本省实际，制定和完善了一系列资金和财务管理制度，如《浙江省农业综合开发财务管理实施细则》、《浙江省农业综合开发财政资金贴息资金管理办法》、《浙江省农业综合开发县级报账制管理办法》、《浙江省农业综合开发财政有偿资金委托贷款实施细则》、《关于加强农业综合开发财政有偿资金管理的通知》、《浙江省农业综合开发资金会计核算办法》和《浙江省农业综合开发项目会计核算办法》等等。这些办法的制定和实施，进一步规范了资金的筹集、使用、管理，提高了农业综合开发资金管理水平。二是坚持专户管理，确保资金专款专用。浙江省实行农业综合开发省以上财政资金专户直拨制度，保证资金及时足额到达项目市、县。市、县财政局设立农业综合开发财政资金专户，专户资金包括中央、省和市、县、乡镇各级财政安排的资金。市、县农业综合开发办公室设立农业综合开发工程资金专户，将土地治理、科技示范项目的所有资金和多种经营项目的无偿资金全部纳入该专户管理，所有资金的拨付都以批准的项目计划和施工合同（协议）为依据，直接支付给施工单位和实施单位。三是实行县级核算制和县级报账制。浙江省对农业综合开发土地治理、科技示范项目实行县级核算制，县（市、区）农发办对所有用于土地治理、科技示范项目的资金进行会计核算，全面记录和反映项目资金运动过程及财务状况。对多种经营项目财政无偿资金实行县级报账制，采取资金预拨后报账和报账后拨付资金两种办法。四是采取积极措施，加强有偿资金的管理和回收。浙江省各级财政和农业综合开发部门认真把好农业综合开发有偿资金项目的立项申报关，积极推行农业综合开发财政有偿资金委托贷款制度，会同有关部门加强农业综合开发项目有偿资金使用情况的跟踪检查，认真研究农业综合开发债务风险化解问题，落实专人负责催收到期财政有偿资金，同时还将各市、县的还款情况与项目安排结合起来，奖优罚劣，进一步强化了农业综合开发财政有偿资金的管理。

二、农业综合开发项目管理

15年来，浙江省农业综合开发工作在浙江省政府的正确领导和国家农业综合开发办公室的指导下，始终以加强农业基础设施建设，改造农业中低产田为重点，进行山水田林路综合治理，改善了农业生产基本条件和农业生态环境，提高了农业综合生产能力。同时，积极扶持多种经营项目，促进了农业产业结构调整和农业产业化的发展，增加了农民收入。

（一）精心实施土地治理项目，推动生态环境建设

15年来，浙江省土地治理项目总投入42.01亿元，其中：中央财政资金10.61亿元，地方财政配套16.82亿元，银行贷款3.27亿元，自筹资金11.32亿元。通过实施土地治理建设，改造中低产田1 013.88万亩，开垦宜农荒地131.08万亩，建设优质粮食基地6.98万亩。新建、加固小型水库457座，建设灌排渠系41 757.84公里，修建拦河坝326座、排灌站8 763座，新打、修复机电井8 065眼，输变电线路配套860公里，开挖疏浚渠道16 713公里，衬砌各类防渗渠道28 769公里，建设桥、涵、闸、渡槽等渠系建筑物41万座，埋设输水暗管3 947公里，新建机耕路16 034.33公里，改良土壤699.49万亩，修建种子仓库12万平方米、晒场30万平方米，开辟苗圃2 061亩，添置各种农（牧）业机械36 126台（件），造林36.07万亩，扶持农技服务站1 375个，技术培训134.91万人次。以上各项均完成了计划任务。各项工程经省级自验和国家农业综合开发办公室检查验收，质量

全部合格，大部分属于优质工程。浙江省农业综合开发通过山水田林路综合治理，有效地改善了农业生产条件和生态环境，提高了农业综合生产能力。全省开发了一大批名、特、优、新农副产品，增加了社会有效供给，丰富了城乡人民的物质生活。

通过山水田林路综合治理，土地得到平整，农田基础设施增加，灌排能力提高，发展农业生产的主要制约因素基本排除，抗灾能力普遍增强，防洪能力达到可抗 20 年一遇洪水的标准，除涝能力达到可抗 10 年一遇涝灾的标准。项目区通过 15 年的建设，新增和改善灌溉面积 942.65 万亩，新增和改善除涝面积 837.74 万亩，增加农田林网防护面积 620.41 万亩，新增机耕面积 372.69 万亩，增加农机总动力 223 542 千瓦；新增粮食生产能力 186 884.96万吨，棉花 3 551.89 万吨，油料 10 243.42 万吨，糖料 134 万公斤。同时土地治理项目也为发展高效农业和土地规模经营创造了基础条件。

（二）大力扶持多种经营和产业化龙头项目，促进农业产业化发展

1994 年以来浙江省扶持的 275 个多种经营及产业化龙头项目总计投入资金 25.46 亿元，其中：中央财政资金 4 亿元，地方财政配套资金 4.75 亿元，企业自筹 9.7 亿元，银行贷款 7 亿元。这些项目中有种植业项目 48 个，养殖业项目 62 个，农副产品加工业项目 132 个，农产品产地批发市场及为农服务项目 33 个。开发经济林 7.19 万亩，蔬菜 4.26 万亩，花卉 1.76 万亩，药材 1.34 万亩；扶持水产养殖 6.93 万亩，畜禽养殖 40.26 万头（只）。对多种经营项目建设的扶持取得了良好的社会效益和经济效益。

（三）搞好科技示范项目，提高农业科技含量

1999—2002 年，浙江省有 3 个国家立项科技示范项目：嵊州市高新科技示范项目、兰溪市高新科技示范项目和绍兴县科技推广综合示范项目。3 个项目的总投资为7 837.1万元，其中：中央财政资金 2 338.6 万元，地方财政配套资金 2 429.6 万元，银行贷款 1 200 万元，自筹资金 1 868.9 万元。开发农业高新科技示范面积 4.44 万亩，技术引进 169 个品种，改进技术工艺 67 项；技术示范面积 0.99 万亩，示范品种 53 个，示范技术 78 项；技术推广面积 5.09 万亩，推广技术 31 项；建设种植业生产基地 1.66 万亩。科技示范项目的建成，有力地促进了项目县的农业科技进步。

三、项目评估、检查、验收和干部队伍建设

（一）农业综合开发项目评估、检查和验收

为确保农业综合开发项目建设质量，浙江省农业综合开发办公室始终把项目评估、检查、验收工作当作头等大事来抓。

1. 立项之前做好评估、论证等前期准备工作。土地治理类项目的前期工作程序是：第一，市、县农业综合开发办公室按照《浙江省农业综合开发项目建设公示制度》的规定做好立项前的公示，充分发动和尊重村级集体和农民的意愿。第二，市、县农业综合开发办公室按择优选项的原则选定拟建项目，以项目建议书的形式在上一年度的第二季度内上报省农业综合开发办公室。第三，省农业综合开发办公室组织有关专家进行实地考察评估，对符合立项条件的，及时下达投资控制指标。市、县农业综合开发办公室接到项目投资控制指标后，及时委托有资质的设计单位按子项目编制规划设计，建立项目库。第四，省农业综合开发办公室组织有关专家对各子项目的规划设计进行审查论证，并建立省级项目库，在国家农业综合开发办公室的控制指标下达后，以审查通过的规划设计为依据编制年度项目计划报国家农业综合开发办公室。在下达控制指标和编制项目计划前，要经过主任办公会议讨论审定。多种经营及产业化龙头项目的前期工作程序是：市、县农业综合开发办公室按择优选项的原则选定拟建项目、编制规范的可行性研究报告后，在上一年度的第二季度内上报省农业综合开发办公室。省农业综合开发办公室对可研报告进行审查。凡符合扶持政策的所有多种经营项目，都由省里组织人员到实地进行考察评估，充分听取各方面意见，特别是听取当地财政部门的意见，以确保财政资金安全。考察评估情况报请主任办公会议讨论审定后编制年度项目计划报国家农业综合开发办公室。

2. 在项目实施过程中做好检查指导工作。为

了确保项目工程按照施工设计实施不走样，各市、县农业综合开发办公室指派农业、水利等技术人员常驻工地，会同项目区乡镇干部和专职质检员，共同负责工程的监督检查。浙江省农业综合开发办公室每年派检查组对各个项目市、县进行检查指导，从选项、设计、招投标、施工、运行管护等各方面帮助市、县做好工作。审计部门每年对农业综合开发项目的计划执行和资金筹措、使用情况进行一次审计。

3. 项目完成后做好验收工作。浙江省农业综合开发办公室每年进行一次本年度项目完成情况的验收。根据浙江省管县的体制，省级验收的对象为经国家批准实施的所有项目市、县、农场的所有土地治理类、科技示范类子项目和多种经营类项目。每个省级验收组分为项目工程和资金财务两个小组，分别检查、验收计划执行和规划设计、施工图设计的实施情况，主要工程推行招投标情况，工程建设任务完成情况，资产移交及建后管护措施落实情况，资金筹措及管理、拨付情况，县级核算制及县级报账制执行情况，机构设置及力量配备、档案管理情况等。验收的初步结论与发现的问题与当地政府分管领导和财政局及农业综合开发办公室同志交换意见，共同研究整改措施。对完成情况好的市、县进行表彰奖励，对存在问题较多的市、县要求其根据整改意见限期整改。

（二）农业综合开发机构队伍建设

浙江省坚持按照“以人为本、求真务实、廉洁高效”的要求加强农业综合开发干部队伍建设，为适应工作需要，每年都举办多期培训班，以提高干部的业务素质和服务意识。在机构设置方面，多数项目市、县都能按照开发任务的需要，建立农业综合开发机构，配备必要的人员。省农业综合开发办公室把机构和队伍建设作为申请立项的一个必备条件。1991 年，全省国家立项的项目市、县为 26 个，专职干部仅有 160 余人。截至 2002 年底，国家立项的市、县增加到 52 个，专职干部 286 人，实际在职人员达 458 人，平均每个单位 9 人。52 个项目市、县农业综合开发办公室定为行政编制的 41 个，占 79%；定为事业编制的 11 个，占 21%。这些机构中，隶属财政局的 36 个，占 69%；直属当地政府的 7 个，占 14%；隶属其他部门的 9 个，占 17%。省农业综合开发办公室十分注重内部管理，在职人员 21 人中具有水利、农业、会计和经济管理等高级技术职称的 6 人，占 30%。多数同志每年都接受工程技术和财务会计等各方面的培训，不断提高自身的业务素质和政策水平，努力为提高全省的农业综合开发工作水平做出贡献。

（浙江省农业综合开发办公室供稿）

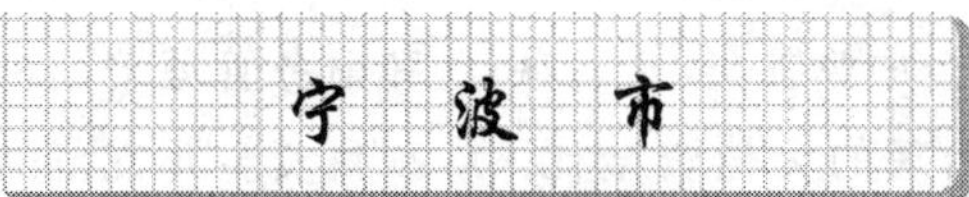

宁波市

宁波市自 1991 年起实施国家农业综合开发项目，至今已有 12 年的历史。12 年来，宁波市农业综合开发工作在市委、市政府的正确领导下，在有关部门的密切配合下，取得了较好的成绩。一是开发范围不断扩大，从 1991 年的 2 个项目区（县）扩大到 2002 年的 9 个项目区（县）。二是开发成果显著。1991—2002 年，全市农业综合开发累计改造中低产田 166.55 万亩，建设优质粮食基地（优势农产品基地）4.67 万亩，建设经济林、蔬菜、大棚花卉等种植基地 5.01 万亩，发展水产养殖 0.92 万亩、畜禽养殖 19.36 万头，扶持各类农产品加工项目 21 个。三是开发效益明显。通过项目实施，12 年全市新增粮食生产能力 11 614.5 万公斤，新增水产品生产能力 144.97 万公斤，并发展起了如海通、恒康、五洲星等一大批省级乃至全国的重点龙头企业。农业综合开发为加强宁波农业基础设施建设，推动农业产业化经营，带动农民增收，推动全市农业和农村经济的发展做出了积极的贡献。

一、农业综合开发资金的投入与管理

12 年来，宁波市共完成农业综合开发投资 10.04 亿元，其中：第一期（1991—1993）3 242.01 万元，第二期（1994—1996）6 220.88 万元，第三期（1997—1999）2.52 亿元，第四期（2000—2002）6.58 亿元。为加强资金管理，提高资金使用效益，宁波市采取了如下措施：

（一）积极筹措配套资金，保障农业综合开发支出

根据国家农业综合开发要求，计划单列市要按照中央财政资金的 1:2 的比例配套，配套任务比较重。为完成这一任务，宁波市各级财政部门都十分重视资金筹集调度工作，一把手亲自过问，分管局长具体负责。各级财政和农业综合开发部门从实际出发，积极探索，大胆实践，采取了一些行之有效的做法。

1. 多渠道安排市、县两级财政配套资金。各级财政均对农业综合开发配套资金予以优先安排。宁波市级财政配套资金来源除了预算内安排以外，还包括耕地开垦费、水利资金等预算外资金。县级财政在财力不很宽裕的情况下，积极向主管领导汇报，争取理解和支持。政府领导对此也十分重视，把农业综合开发项目列为优先配套项目，配套资金一般均在财政年度预算内予以安排，不足部分在农业综合开发基金或其他预算外资金中弥补。

2. 千方百计增加用于土地治理的无偿资金比例。为了减少农户在土地治理中的负担，市、县两级财政用于土地治理的配套资金全部安排无偿资金。对中央财政用于土地治理的 10% 有偿资金，由市安排无偿资金予以抵补，既减轻了项目区农民还款的负担，又确保了中央财政有偿资金的偿还。

3. 抓群众自筹资金到位。各地从实际出发，采取有力措施和多种形式，加大宣传力度，保证自筹资金落实。如奉化市江口镇 2001 年度土地治理项目积极发动项目区群众投工投劳，规定项目村按受益田亩筹集资金，每亩需投入自筹资金 200 元。由于宣传工作深入，该项目区共投入自筹资金 90 万元，超过原计划 20%，确保了开发任务的完成。

（二）强化资金管理，严格实行县级报账制度

宁波市根据国家农业综合开发有关要求，强化财务核算，积极推行县级报账和有偿资金委托放款制。

1. 坚持资金管理“三专”政策，即资金管理要专户存储、专人管理、专款专用。

2. 实行县级报账制度。制定了《宁波市农业综合开发县级报账办法》。设立了财政资金专户和县级报账专户，两个账户各负其责，资金专户负责财政资金的筹集和拨付，报账专户负责工程款的支出和核算。为全面反映农业综合开发项目资金的使用情况，确保自筹资金真正用于农业综合开发项目，宁波市将报账的范围扩大到了包括自筹资金在内的所有列入年度计划的项目资金，同时对资金审批和核拨程序予以严格规定，要求各项目区乡镇在申请预付工程款或决算报账时，必须提供项目建设进度报表和工程决算，经县农业综合开发办公室审核后办理拨款，实行开支审批“一支笔”制度。

3. 加强业务培训。国家农业综合开发新的会计核算软件发布后，宁波市各级农发办和财政部门自上至下都进行了学习和培训。市农发办还结合新会计制度举办了为期两天的培训，并进行了考试。各县（市）、区财政局针对项目区，特别是新项目区的有关领导和财会人员的农业综合开发政策业务水平不高的情况，在项目立项后都专门举办了资金和财务管理培训班，建立健全会计核算制度，明确项目资金开支范围和报账要求。

（三）积极推行有偿资金委托放款制，确保财政有偿资金及时足额回收

1. 实行多种经营项目有偿资金委托银行放款制度。为确保财政有偿资金安全，宁波市积极按照国家农发办要求推行委托放款制，规定只有具有可供抵押之资产的企业才能申报立项，只有通过银行委托、资产抵押才能拨借有偿资金这一制度执行后取得了非常好的效果。

2. 建立激励和制约机制。对及时还款的县（市）、区给予表扬和奖励，并优先考虑多种经营项

目立项。对拖欠还款的单位暂停立项，并通过财政途径予以抵扣。由于措施得当，宁波市对中央有偿资金做到了按期偿还，从不拖欠。

(四) 审计、财政部门密切配合，切实加强资金监管

全市目前已经初步形成了审计机关、社会中介机构、财政内审机构、财政部专员办互相配合、互为补充的有效的资金审计网络。各级审计部门对农业综合开发资金的审计十分重视，列入年度审计计划，每年都会同财政部门一起对年度竣工项目进行审计，并出具审计意见书，有效地防止了农业综合开发资金的“跑、冒、漏、滴”。部分县（市）、区农业综合开发部门规定，项目区单体工程竣工决算必须委托社会中介机构进行决算审核。财政内审机构定期或不定期地对报账情况进行检查，把问题消灭于萌芽状态。财政部专员办要求各级农业综合开发办公室定期报送财务报表，加大了对资金监督的力度。

二、农业综合开发项目管理

(一) 土地治理和农业生态环境建设

12 年来，通过农业综合开发土地治理项目和科技示范项目建设，宁波市累计改造中低产田 166.55 万亩，开垦宜农荒地 2 万亩，建设优质粮食基地（优势农产品基地）4.67 万亩，新建、修建排灌站 560 座，建设灌排渠系 3 178.44 公里，新建机耕路2 784.81公里，建设桥、涵、闸、渡槽等渠系建筑物 1 500 座，改良土壤 73.95 万亩，购置农机具 3 937 台，建设种子仓库及晒场 26 874 平方米。各项工程经国家、市级检查验收，质量全部合格，多数属于优良工程。通过农业综合开发对山水田林路的综合治理，宁波市有效地改善了农业生产条件和生态环境，提高了农业综合生产能力。1991—2002 年全市新增和改善灌溉面积 114.06 万亩，新增和改善除涝面积 125.3 万亩，增加农田林网防护面积 100.79 万亩，新增机耕面积 15.81 万亩，新增农机总动力 7 500 千瓦，新增粮食生产能力 11 614.51 万公斤，新增棉花生产能力 515.06 万公斤，新增油料生产能力 350.47 万公斤，开发了一批名、特、优、新农副产品，增加了社会有效供给，丰富了城乡人民的物质生活。

宁波市农业综合开发以中低产田改造为基础，以建设高标准农田为目标，按照高起点规划、高质量施工、高标准管理的原则，认真做好工程项目的初步设计工作，严格执行国家农业综合开发的有关政策和规章制度，实行项目法人责任制、工程质量监督监理制和工程招投标制度，切实强化工程质量管理。建成后的项目区内，渠道、机耕路、排灌站、林网建设等各项工程措施质量普遍较高。主体水利工程经过比较严格的设计程序，按设计标准组织施工，工程质量达到了行业标准。防渗渠道多采用混凝土预制或水泥现浇，对冲刷严重的排水沟和河道进行砌石护坡，桥、涵、闸、渡槽等建筑物配套齐全，布局合理。农田林网建管并重，树种选择合理，符合南方水田的特点，既美观又能起到一定的防护作用，树木成活率在 95% 以上。田间机耕路布设合理，主机耕路一般在 5 米以上，支机耕路也在 3 米以上，部分机耕路还设有机坡，便于农机下田作业。立项前的中低产田经改造后成为稳产高产的标准农田，灌溉保证率达到了 100%，除涝标准超过 20 年一遇。项目区农业基础设施完善，农业生态环境优美，成为农业现代化的示范窗口。

(二) 产业化经营项目和促进农业结构调整

近几年来，全市各地坚持“围绕调整搞开发，搞好开发促调整”的思路，在加强农业基础设施建设的基础上，依据当地农业资源特色和区域比较优势，培育特色产业和特色经济，着力推进农业结构调整，积极发展多种经营项目，建设了一批具有区域特色的优质高效农产品生产基地。同时，农业综合开发还积极扶持农业龙头企业，一批与农产品基地紧密相关的农业龙头企业先后得到了扶持和壮大。自 1991—2002 年，宁波市用于产业化经营的项目资金达 3.39 亿元，其中：中央财政资金 7 573.66万元，宁波市财政配套资金 1.17 亿元，银行贷款 340 万元，农民和企业自筹资金 1.43 亿元。共建设经济林基地 2.01 万亩，蔬菜基地 2.96 万亩，大棚花卉基地 0.4 万亩，水产养殖 0.92 万亩，畜禽养殖 19.36 万头，新建农产品加工项目 9 个，

改扩建项目12个。

经农业综合开发的扶持和引导，宁波市农业产业结构调整势头迅猛。特别是浙江省取消粮食定购任务以后，到2002年，粮食和经济作物种植面积比例达到45:55，形成了创汇蔬菜产业带、浅海滩涂养殖产业带、林特花卉产业带、草食畜禽产业带等四大产业带。全市已形成了万亩以上的农产品基地91个，总面积达158万亩。

在农业综合开发的扶持下，宁波市农业龙头企业也迅速壮大。农业龙头企业一头连着市场，一头牵动农户，把市场信息、适用技术、管理经验及时传送给农户，对有效地连接起千家万户的小生产与千变万化的大市场起着十分重要的作用。如，海通、恒康、五洲星等一大批龙头企业连接农户近301万户，带动基地150万亩，收购农产品255万吨，加工产值100多万元。全市58.65%的农户凝聚在龙头企业周围，有效地解决了一直困扰农户的“卖难”问题。浙江海通食品集团有限公司成为宁波市第一家在上海证交所上市的农业龙头企业，企业先后被确定为“全国农业产业化经营重点农业龙头企业”、浙江省“百龙工程”、浙江省“先进农业龙头企业”。宁波五洲星集团作为农业综合开发重点扶持企业，连续三年水果罐头的产量、产值、出口量和效益在全国同行中居领先地位，企业综合指标为中国罐头行业第一位。宁波恒康食品有限公司通过农业综合开发连续两期的扶持，年生产能力达到2万余吨，年销售近2亿元，跻身国内三大炒货企业行列，产品被评为浙江省名牌产品。

（三）科技示范项目和积极推动科技进步

近几年来，农业综合开发加大了对项目区科技投入的力度，土地治理项目中用于科技推广和示范的资金逐步提高，从1998年的3%左右提高到2002年的8%。再加上国家科技专项示范项目的投入，近几年累计用于科技投入的资金达到了5 800万元，占同期农业综合开发财政资金投入的12%。几年来，项目区引进、推广300多项科技含量高、市场潜力大、经济效益好的优良品种和节水灌溉、配方施肥等先进适用技术，培训农民群众15万人次，培养和造就了一批懂技术、善经营、会管理的新型农民。

经国家农业综合开发办公室批准，北仑现代农业综合开发区内的高新科技示范项目、江北洪塘都市农业园区内的科技推广综合示范项目、慈溪浒山万亩畈内的农业现代化示范项目先后立项并实施。慈溪市农业现代化示范项目是全国首批农业现代化示范项目。项目总投资4 500万元，核心区建设面积3 000亩。项目区通过集聚种子种苗创新、现代农业设施、技术培训、信息服务、农产品检测、农产品加工等农业生产要素，以设施栽培来提升蔬菜、花卉、优质水果的产业层次和整体效益。项目建成后，项目区将成为省内乃至华东地区现代农业的示范样板；成为业主开发、工商企业投资农业的典范；成为设施先进、环境优雅，集科技种子种苗繁育、生产示范、技术培训、信息服务及农副产品加工、保鲜、配送于一体的现代农业园区和观光、休闲的胜地。经专家评审和实地考察评估，江北区洪塘镇被列入2001年国家农业综合开发科技推广综合示范项目，成为继北仑区农业综合开发高新科技示范项目立项以后实施的第二个农业科技示范项目。该项目以现代农业先进适用技术的推广和综合示范为依托，通过实施农业综合开发科技推广综合示范项目，建立有沿海特色的良种扩繁基地、优质农产品加工基地、瓜果花卉保鲜储藏基地、绿色高效农业生产模式示范基地、现代农业科技教育培训基地。项目建设致力于升级畜禽水产养殖产业，培育和壮大优质果蔬花卉产业，改善农业生态环境，促进农业增效、农民增收，成为本地区现代农业先进适用技术的推广服务中心和绿色农产品基地。

三、农业综合开发项目评估、检查和验收

宁波市农业综合开发始终坚持最严格的项目管理，从项目的前期工作到竣工验收，程序规范，管理到位。

（一）切实加强前期工作，建立项目评估制度

宁波市规定，凡列入土地治理和多种经营年度计划的项目必须从项目库中选取，且必须经过严格评估。主要程序是：土地治理项目首先要由乡镇提

出项目建议书，县农业综合开发办公室初审通过后，上报到市农业综合开发办公室。由市农业综合开发办公室组织专家对所报送的项目进行实地考察和评估，评估通过后列入市级项目库，待国家下达指标后，再由市农业综合开发办公室根据项目分解投资指标到各县。县农业综合开发办公室委托有资质的单位编制初步设计，初步设计也要由宁波市农业综合开发办公室组织专家进行会审。因指标所限未列入年度计划的项目，次年可优先立项。多种经营项目则由项目建设单位（农业龙头企业）提出项目建议书，县农业综合开发办公室初审后上报市农业综合开发办公室。市农业综合开发办公室组织专家对项目进行实地考察和评估，通过评估的项目可列入宁波市级项目库，待国家下达指标后，从项目库中选择项目并编制可行性研究报告，并根据评估权限对中央财政资金大于或小于200万元的项目分别报中央或市里组织评审。

（二）强化中期监督检查，实行严格验收制度

一是抓工程建设进度，建立工程进度月报表制度，由县农业综合开发办公室于每月的5日前向市农业综合开发办公室上报工程建设进度。二是抓工程建设质量，采取中期检查和不定期抽查相结合的办法，对在建项目的质量进行检查。三是严格验收标准，采取县级自验、市级复验的办法，制定有关验收标准。市级验收组由市农发办、农业、林业、水利、审计等有关部门的同志组成。市级验收面达到100%。为表彰和激励先进，市农业综合开发办公室制定了《宁波市农业综合开发土地治理优秀子项目评分标准（试行）》，对土地治理项目实行量化打分，每年评选出10个优秀子项目（以乡镇为单位），予以通报表彰，并给予一定的资金奖励。

（宁波市农业综合开发办公室供稿，陈杰执笔）

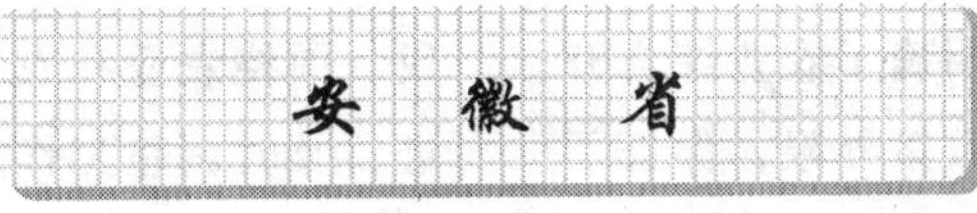

安　徽　省

安徽省从1988年开始实施国家农业综合开发项目，是国家首批立项的农业综合开发区之一。1988年7月安徽省沿淮淮北8个地、市，35个县（市、区）和14个国营农场列入国家黄淮海平原农业综合开发项目区，开始了安徽省农业综合开发项目的建设。到2002年底，全省17个市85个农业县（市、区）全部列入国家农业综合开发项目区，成为全国首批全面立项开发的省市之一。全省农业综合开发已累计投入各类农业综合开发资金73.18亿元，改造中低产农田2 106.7万亩，营造农田防护林486.33万亩。新增农产品综合生产能力：粮食38.46亿公斤，棉花1.31亿公斤，油料3.74亿公斤。同时还建立了一批集中连片的农副产品生产基地，发展了一批以农副产品加工为主的龙头企业，优化了农业产业结构，改善了农业生态环境，增加了农民收入，取得了显著的经济、社会和生态效益。

15年来，全省农业综合开发经历了三个大的发展阶段：1988—1993年的探索起步和奠定基础阶段，1994—1997年的大发展和取得丰硕成果阶段，1998—2002年的新的历史转折阶段。从探索起步到转变思路，从局部开发到全面开发，从单纯追求农产品总量增长到促进农业及农村经济可持续发展，安徽农业综合开发经历了一个从无到有、蓬勃发展的过程。

一、农业综合开发资金投入与管理

（一）资金投入

1988年到2002年，安徽农业综合开发共投资73.18亿元，其中：中央财政资金24.07亿元，地方财政配套资金18.7亿元，银行贷款11.58亿元，自筹资金18.84亿元。在各类分项目投入中，土地

治理项目共完成投资42.59亿元，多种经营项目完成投资16.39亿元，科技示范项目完成投资3 885.73万元。

（二）资金管理

1.不断完善“国家引导、配套投入、民办公助、滚动开发”的投入机制。安徽省在农业综合开发项目的实施中，坚持以国家投入为引导，以农民投入为主体，多层次、多渠道、多形式筹集资金。在具体开发中，坚持以自力更生为主，以国家支持为辅的原则。实践证明，农业综合开发投入机制，是在市场经济条件下，政府调控、引导、支持和保护农业发展的最有效的投入方式，激活了农村干部群众的开发热情，产生了巨大的示范辐射作用。15年中，通过国家投入资金共引导了地方财政配套投入、农民自筹投入以及工商资金、金融资金等累计达49.11亿元，农业综合开发投资已经成为推动农业和农村发展的一支重要力量。

2.完善农业综合开发农民投工投劳政策。省政府办公厅转发了国务院办公厅转发的财政部关于农业综合开发若干意见的通知，明确了农业综合开发中农民筹资投劳与农民负担的政策界限，保证了农业综合开发项目的顺利实施。

3.按照因素法分配投资，合理确定各地农业综合开发投资规模。从2001年起，省对市、县实行因素法分配投资，将各地可供开发的水、土、光、热资源及开发潜力等客观因素和工作成效等主观因素进行量化，增强了资金分配的科学性和透明度。

4.调整和完善了财政资金配套及有、无偿投入比例政策。根据财政部关于调整农业综合开发投入比例的规定，结合各地财力和农业综合开发任务，对省、市、县三级财政配套比例做了相应调整。在坚持省级财政配套70%的前提下，进一步明确了市、县两级财政的具体配套比例。市级财政原则上要承担不低于5%的地方财政配套任务，其中财力好的合肥、淮北、淮南、蚌埠、马鞍山、芜湖、铜陵、安庆等8市配套比例不得低于10%，剩余部分由县级财政负责配齐。对30个国家及省扶贫工作重点县，省财政再增加承担10%的配套任务。同时进一步降低了财政有偿资金比例，分别在2000年和2002年两次下调财政有偿资金比例，总体上由过去一半有偿一半无偿下调为31:69，财政无偿资金增加19个百分点，项目区农民得到了更多实惠。

5.建立和完善了以县级财政报账制和委托贷款制为核心的资金使用管理机制。工程项目无偿资金支出全部从县财政农业综合开发资金专户上开支，不再拨到乡镇管理，一律通过审核原始凭证后直接拨付施工单位。对财政有偿资金，逐步推行委托贷款办法，即将有偿资金委托当地农业银行发放。始终坚持农业综合开发资金实行专人、专户、专账的“三专”管理制度，同时大力推行会计电算化，保证农业综合开发资金不被挤占挪用。

二、积极调整思路，加强农业综合开发项目管理

（一）项目管理体制

多年来，安徽农业综合开发工作紧跟时代步伐，围绕农业和农村经济发展重心的转移，与时俱进，及时调整工作思路。进入农业综合开发新的历史转折阶段以后，安徽根据国家农业综合开发要实现“两个转变”的指导思想，提出了以增加农民收入为核心，着重在“一个坚持、四个结合”方面下功夫的工作思路。“一个坚持”即继续坚持改造中低产田，不断改善农业的生产条件，为全省农业可持续发展奠定基础。“四个结合”是：农业综合开发要与推进农业产业化紧密地结合，要与农业结构调整相结合，要与实施科教兴农战略相结合，要与保护农业生态环境相结合。农业综合开发由过去的单纯的改田增产向增收及农业和农村经济全面发展转变。从1999年开始，农业综合开发就开始调整资金投向，在继续搞好中低产田改造的同时，重点向节水农业、优质粮油、高新农业科技示范及规模大、效益好的农业产业化项目倾斜，提高开发效益，着力增加农民收入。到2001年，国家进一步明确提出，农业综合开发要适应农业发展新阶段的要求，以农业主产区为重点，着力加强农业基础建设和生态环境建设，提高农业综合生产能力；着力

推进农业和农村经济结构的战略性调整，提高农业综合效益，增加农民收入。这是新时期农业综合开发工作思路的重大调整。根据这一思路，安徽农业综合开发在项目管理体制方面主要做了如下工作。

1.建立和完善了以农业综合开发项目库及竞争选定项目区为核心的立项管理机制。在项目立项上，对每一个项目都按照申报、评估、筛选、审批的程序进行严格管理，做到项目管理科学化、规范化和制度化。在项目建设上，充分利用实施世行加灌二期项目的契机，借鉴世界银行科学的项目管理模式，引入先进的项目管理机制，促进项目管理走上科学、规范、有序的轨道。

全面建立农业综合开发项目库，围绕当地农业及农村经济发展方向和培育的主导产业和产品进行选项，并为此建立专门的项目评估咨询专家库，对项目库的项目进行认真的评估。适时对项目库进行更新和替换，做到项目筛选经常化、制度化和科学化。项目区的选定全面引入竞争机制，将开发潜力大、干部力量强、群众积极性高的乡镇优先列入农业综合开发范围。把最好的项目列入到当年的开发计划中，以保证开发高起点、高标准和高效益。

2.建立和完善了以项目工程招标制为核心的项目建设管理机制。在项目物资采购和工程建设过程中全面推行招标制，提高项目建设质量。为此，制定了《安徽省农业综合开发项目招标采购实施办法》，为竞争性招标、询价采购、自营工程等采购方式规定了严密的采购程序。

3.建立和完善了“以农民为主体，政府组织，国家补助”为核心的项目运行机制。这一机制充分体现了农民是投资主体、项目主体、运行管护主体和受益主体的地位。同时，引入工程监理制度，实行专业监理和农民参与相结合，不断加强监督检查力度，确保工程质量符合要求。为调动农民群众参与农田基本建设的积极性，无论大小工程农民均参与了建设和监督。对较大工程项目，聘请具有相应资格的人员承担监理任务，对工程质量管理进行科学的分类控制，并设置监理规划、监理记录、监理测试和监理报告等环节，对工程进行全程监理，既保证了工期和质量，又节约了投资，强化了监督管理，取得了很好的成效。

4.建立和完善了以中期检查和项目验收为核心的监督检查机制。加大了项目中期检查力度，将阶段性检查和临时性检查结合起来，及时发现问题，及时解决问题。严格项目验收制度，加大了项目验收、检查的奖惩力度，把项目建设成效与增加开发投入的力度挂钩。在项目验收上，实行省、市县三级验收管理体制，在县级全面自验、市级复验的基础上省级实行随机抽验。对验收项目推行“三化”标准，即农业综合开发项目区规范化、内部文档系统化、验收材料标准化。在资金管理上，严格资金投入和使用范围。

5.建立和完善了农业综合开发项目工程承包、入股、租赁、拍卖转让等多种形式的资产运营管护机制，充分发挥项目效益。创新农业综合开发项目建后管护运营机制强调建管并重，以用促管，使项目区走上自我积累，滚动发展的良性循环之路。全省涌现了一批项目建管相结合的管理新模式。一是推行业主制。如临泉县在项目区建设中实行业主制，由业主负责选项、监督建设和项目运行管理，确保了项目建设的质量和效益。二是在世行加灌二期项目区建立和推广自主管理灌排区。组建了1个供水公司和50个农民用水者协会，按水利边界划分范围，及时完成建章立制、民主选举、注册挂牌、量水灌溉、收费管护等各项工作。这些做法均在防汛抗旱中发挥了重要作用，受到了群众欢迎，有力地推动了全省水利体制改革的步伐。三是对小型农水工程和林网的产权进行拍卖，回收资金继续用于农业综合开发项目建设。

（二）加强分项目管理

1.实行集中投入，规模开发，高起点、高标准、高质量建设。全省农业综合开发始终坚持统一规划，因地制宜，突出重点，集中投入，综合治理。在农业综合开发的区域布局上，重点放在水土资源条件好、增产潜力大、投入效益比较好的乡镇，突出连片治理，做到开发一片、见效一片、致富一片。15年中通过农业综合开发，在平原地区累计建设高标准的基本农田达800万亩，占实际开发治理面积的1/3。在山区，通过扶持发展高效经济果林，如茶园、桑园、果园，以及建设农村沼气等方式，引导农民实行退耕还林、还草，有效地改善了山区生态环境。

2. 依托资源优势建设农产品基地，以市场为导向建设龙头企业，发展产业化。在这方面的主要做法是，有效地利用项目区的农业资源优势，积极扶持发展多种经营及农副产品深加工项目，开发系列产品、名牌产品，提高开发效益，增加农民收入。利用农业综合开发资金，一是扶持壮大了一大批产业化龙头公司，如益益牛奶、正达肉鸡、太阳禽业、天裕大米、六安茶叶、纯王种业、砀山酥梨、黄池茶干、露仙酱菜等。二是培育和发展了种养业生产基地。基本形成了淮北地区小麦、江淮地区油菜、沿江地区水稻、皖北和沿江棉花的项目区种植业区域生产格局。初步形成了皖北食草类家畜、家禽、江淮猪鸡、沿江水禽、皖西白鹅、宣城三黄鸡、沿江和沿淮水产和城郊现代化奶蛋等养殖业生产格局。三是促进了公司+基地+农户的产业化经营模式的发展，促进了农民增收。据不完全统计，仅2000—2002年三年，项目促进公司与农户结成紧密型和半紧密型的产业化经营组织98个，带动农户22.41万户，吸纳农村劳动力15.78万人，给农民带来收入达3 000多万元。

3. 坚持加大科技投入，广泛推广应用先进适用的农业生产技术，走科技开发之路。安徽在实施农业综合开发的过程中十分重视科学技术的先导作用，把推广农业科学技术贯穿到农业综合开发各类项目建设中。建设了国家农业综合开发科技示范园5个，投入资金达亿元。据初步统计，共有45个项目县与国家、省级农业科研院校建立了固定的合作关系，签订了农业技术推广协议，聘请了中国农科院、安徽农科院、安徽农业大学、安徽林科所等单位的专家教授，实地举办技术培训班，现场讲授优良品种的特征、先进的栽培技术和管理知识。通过项目实施，全省良种覆盖率显著提高。截至2002年底，全省高档优质米、优质专用小麦、优质双低油菜比重分别占29.5%、20.5%和63.1%，全省良种畜禽猪、牛、羊、禽的养殖比例分别达到76%、46%、46%和66%。

三、农业综合开发配套管理措施及效益

（一）理顺省市县各级农发机构，协调各部门间关系

通过机构改革，省级成立了农业综合开发局，下设三处一室，协调能力增强。部分市县项目管理和资金管理分设的情况得到了有效解决，在各级财政部门设立农业综合开发办公室，统一管理项目和资金，同时人员力量增加，管理加强。

把农业、林业、水利等部门和县、乡、镇及广大农民群众的力量结合起来，合力开发。各级领导重视、支持农业综合开发工作；农业、水利等部门从农业和农村经济发展的全局出发，围绕农业综合开发的目标，按照总体要求，各司其职，各负其责，发挥了部门的积极作用；调动广大农民群众的积极性，参与农业综合开发。各方力量汇聚，形成了一个同心协力搞农业综合开发的有机体系。

（二）农业综合开发项目建设取得显著成效

国家农业综合开发的投入有力地促进了全省农业及农村经济发展。首先，改善了农业生产条件，建成了一批稳产高产农田，增强了项目区抵御自然灾害的能力。其次，通过扶持发展优质农产品生产，促进了农业结构调整，增强了农业及农村经济发展的后劲。同时，推进了农业产业化进程，加大了对龙头企业的扶持力度，扶持了一大批一头连着市场、一头连着农户的农产品加工龙头企业，增强了其抗御市场风险能力。

1. 通过开发，树立了安徽省农业发展的新形象。农业综合开发项目区已经成为安徽省农业生产示范的窗口，成为农村经济发展的一个新的增长点。通过大规模的开发治理，提高了农业生产水平，项目区面貌一新，出现“远看林成网，近看田成方，桥涵排有序，道路皆通畅”的农村新景象。项目区已经成为全省农业及农村发展的新标志。

2. 通过农业综合开发，有效地改善了农业生产条件，增强了项目区抵御自然灾害的能力，增强了农业及农村经济发展后劲，提高了农业综合生产能力。项目区累计新增农业综合生产能力达到38.46亿公斤，亩均新增粮食生产能力50—100公斤。农

业综合开发新增的农业综合生产能力占到全省同期新增生产能力的一半以上，为使全省粮食生产水平稳步登上275亿公斤的新台阶做出了重要贡献。

3. 通过开发，提高了农民收入。项目区农民人均收入2002年已达到2 400元，比非项目区平均高出260元以上。农业综合开发加快了项目区农民致富奔小康的步伐。

4. 通过开发，提高了农业生产的组织化和市场化水平。近年来，通过农业综合开发，全省农业及农村经济发展开始了由量到质的变化，农业的组织化程度显著提高，扶持了一大批一头连着市场、一头连着农户的农产品加工龙头企业，如黄池集团、正达肉鸡集团、益益乳业等，增强了企业抗御市场风险的能力。同时农产品的品质显著改善，结构优化。这些变化都将对全省农业发展产生深远的影响。

5. 通过开发树立了新观念。农业综合开发不仅为农民带来了看得见的物质利益，更重要的是通过实施开发项目使广大农民树立了新观念、新意识，增强了农民的市场观念、科技观念、新的价值观念、效益观念和环境观念，改变了农民旧的生产方式和生活方式。这些观念的变化，将会成为推动农业及农村经济发展和社会进步的强大动力。

（安徽省农业综合开发局供稿，王定友执笔）

福　建　省

1990年，福建省开始实施农业综合开发项目。到2002年，福建省国家立项农业综合开发项目累计投入开发资金4.5亿元（含厦门市，下同），其中：财政资金18.59亿元，银行贷款和群众自筹资金26.38亿元。全省农业综合开发项目县从开始的6个地市21个县（市、区），扩大到2002年的55个县（市、区）。累计完成主要开发任务有：改造中低产田等668.3万亩，造林95.13万亩，水产养殖8.85万亩，畜禽养殖1 676.05万头，新建、扩建农产品加工项目136个。项目区共新增和改善灌溉面积508.92万亩，新增和改善除涝面积140.94万亩，增加林网防护面积112.95万亩，新增机耕面积148.89万亩；新增主要农产品生产能力为：粮食113 113.4万公斤，油料4 831.67万公斤，糖料34 600.1万公斤，干鲜果品187 476.22万公斤，蔬菜1 939万公斤，肉蛋奶9 956.9万公斤。通过实施农业综合开发，项目区改善了农业生产基本条件和生态环境，建设了一批高产、稳产、节水、高效的基本农田，建立了一批水果、茶叶、畜禽、水产、毛竹、食用菌、花卉等生产基地，培植了一批农业产业化龙头企业，推动了农业结构调整和产业化经营，加快了农业现代化建设步伐。在不断总结农业综合开发经验的基础上，福建省认真贯彻执行国家农业综合开发的方针政策，结合地方资源条件和经济、技术优势，围绕省委、省政府提出的建设三个产业带、培育发展四大主导支柱产业和九个重点特色产品（注：“三个产业带”即临海蓝色产业带、闽东南高优农业产业带、闽西北绿色产业带；“四大主导支柱产业”即水产业、畜牧业、林竹业、园艺业；“九个重点特色产品”即畜禽、笋竹、水产品、蔬菜、水果、食用菌、茶叶、花卉、烤烟等），确定新时期工作重点是：继续加强农业基础设施建设，加大对科技农业、节水农业和生态农业的投入力度，改善农业生产基本条件和生态环境，提高农业综合生产能力和抗灾能力；合理配置生产要素，大力发展特色农业、创汇农业和绿色食品产业，拓展农产品加工业，促进农业和农村经济结构战略性调整，提高农业整体效益和竞争力；加强农产品市场体系和信息服务网络建设，倡导科技创新和制度创新，加快实现小康和农业现代化步伐。

一、加强农业综合开发的资金投入与管理

（一）多方筹集资金投入开发

农业综合开发是一项投资巨大效益长远的系统工程，福建省农业综合开发在资金投入方面发挥区位优势和政策优势，广辟筹资渠道，初步建立了以财政投资为引导，以农民和企业投入为主体，以台资、侨资、外资及信贷资金为补充的多元化、开放式的农业综合开发投入机制，增加了农业综合开发投入，保证了农业综合开发项目的顺利实施。

1. 认真落实各级财政配套资金。随着中央财政投资规模逐年增加，福建省采取了积极的配套措施。一是按集中财力办大事的原则，调整省级财政支农资金支出，大幅度增加农业综合开发财政预算，提高农业综合开发省级财政资金配套比例。同时，要求各市、县认真落实本级配套资金并纳入预算管理，在项目申报时，必须提供本级财政配套资金的预算情况，作为立项的重要依据。二是建立激励监督机制，对各设区市年度中央财政资金的分配实行因素分配法，加大市、县财政配套资金在因素分配法中的权重，激励市、县配套资金落实到位。坚持“先配后投，不配不投”的原则，在审查项目时一并审查各级财政配套资金预算安排的情况，确保市、县配套资金的落实。三是根据各地不同的财力状况，实行山区与沿海不同的配套政策。对经济欠发达地区和商品粮主产县，省级配套给予了适当倾斜。

2. 充分发动群众投资投劳。认真做好群众的宣传发动工作，加大国家投资政策宣传力度，通过民主方式征求项目建设意见，提高农民开发的自觉性，鼓励农民综合投入。在激发农民投入的同时，充分发挥集体经济组织的作用，完善投入制度，促使农村集体经济组织和农民真正成为投资主体。在按政策规定完成群众集资的前提下，按照“谁受益，谁投资”的原则，积极落实投工投劳任务，加大农业综合开发投入。

3. 积极引导社会资金参与开发。充分利用沿海地缘优势和经济相对发达的优势，积极探索筹资新路子，尝试推行土地使用权有偿转让，促进规模开发和项目区二次开发，以此吸引有经营能力的企业参与开发，实现资源、资本和技术等要素的优化组合。特别是沿海经济较发达地区，土地治理项目区经过成片治理后，农业生产条件明显改善，吸引了许多龙头企业到项目区承包耕地，进行规模化生产和产业化经营，实现土地使用权的流转，进一步解放了农业生产力。

4. 鼓励外商和港澳台商直接投资开发。以闽台农业合作为突破口，高层次、全方位推进农业综合开发项目的对外招商引资工作，把国家财政有限的资金投入变成启动华侨投资、境外投资的有力杠杆，把开发与开放有机结合。同时，通过改善农业生产条件和投资环境，增强招商引资的吸引力，逐步扩大农业综合开发利用外资的规模，建成了一批科技含量较高的农业综合开发项目。

5. 吸引信贷资金参与农业综合开发。寻求财政资金与信贷资金配套投入的结合点，努力构建农业综合开发投资新体系。严格项目立项审核，认真选好农业综合开发贷款项目，每年都选择一批企业信誉佳、效益好、市场潜力大、有发展前景的农业综合开发项目，积极向银行推荐。同时，采取财政资金配套投入、财政贴息等优惠政策，吸引银行机构加大对农业综合开发的投入。农业综合开发贷款项目和规模不断增加。

（二）管好用好开发资金

在保证资金投入的同时，进一步加强对资金的管理。一是坚持专款专用、专账核算、专人管理，严格按批准项目投资，按进度拨款。二是建立健全财务会计制度，严格执行《农业综合开发财务管理办法》，加强财务培训和会计核算。尤其是财政部关于《农业综合开发资金报账办法》和《农业综合开发会计制度》出台后，福建省财政厅及时转发并制定了补充意见，在各项目县全面推行报账制度的基础上，制订出台了《农业综合开发资金报账制实施细则》，进一步强化了农业综合开发资金报账工作。三是加强资金检查监督，定期对资金的到位、使用情况进行检查和审计，发现问题，及时纠正，确保专款专用。四是切实加强对财政有偿资金的管理，积极开展委托银行贷款的试点工作，确保农业综合开发有偿资金的安全投放，强化财政有偿资金

的回收管理，促进农业综合开发资金的良性循环。

二、加强农业综合开发项目管理

（一）坚持连片规模开发

根据山区与沿海不同的资源特点，实行统一规划，分步实施，集中连片，规模开发。土地治理项目，山区以粮食主产区和商品粮基地县为重点，以小流域综合治理为单元，连片面积在3 000亩以上的给予立项；沿海实行灌区与旱片改造相结合，连片面积在5 000亩以上的给予立项。通过山水田林路综合治理，沟、渠、路、桥、涵、闸配套，使项目区旱能灌，涝能排，渠相连，路相通，为农业结构调整奠定了基础。同时，重视可持续发展，正确处理开发与保护的关系，做到在开发中保护环境，通过生态保护提高开发效益。在土地治理项目中注重植树造林，沿海加强田间林网建设，种植防风固沙林；山区发展水土保持林、水源涵养林，提倡“以果代林、林果共生”的经济生态林模式，并在水土流失严重地区，注重建设生态农业示范工程，发展生态农业。

（二）坚持按产业化开发，促进农业结构调整

围绕培育农业主导产业，抓住产业化发展中的关键环节，通过引进名、特、优、新品种，建立有区域优势的优高农业基地，培育带动力强的农产品加工龙头，拉动项目区农业结构调整和产业化经营。同时，加大对产业化龙头项目的扶持力度，扶持加工和生产服务项目，拓宽了农民增收渠道，促进了农业产业化经营，增强了农产品的竞争力。全省已初步形成闽西北以优质米、畜禽、竹业、食用菌为主，闽东南以果茶、水产、花卉、蔬菜为主的产业开发带。

（三）坚持科技型开发，推动科技进步

在实施农业综合开发项目的同时，推广应用农业新品种和先进适用技术，加强对农民的科技培训，改善科技服务条件，努力提高农业综合开发的科技含量和贡献率，提高项目区农民科学文化素质。除建好建瓯、漳浦两个国家级科技示范项目外，根据不同区域特点，集中一定的财力，安排建设了15个省级科技示范项目，重点加强基础设施、投入要素、现代科技、生态环境等方面建设，并鼓励科技单位、科技人员以技术入股、技术承包和创办科技实体等形式参与科技示范项目建设，吸引有实力的工商企业到园区落户，使项目区在推进农业科技创新和农业现代化建设中发挥先导作用，建设了一批物质装备、科技含量、产业化程度、产出水平、经济收入较高的现代化农业雏形，产生了受益当地、辐射周边、带动一方的效果。

三、科学管理，促进农业综合开发工作上新台阶

在坚持按项目投资、按程序管理的前提下，建立健全农业综合开发项目与资金管理制度，促进农业综合开发管理工作走上科学、规范、有序的轨道。同时，根据市场经济发展的需要，对农业综合开发的传统管理方式、经营方式进行改革、实践和探索，积极创新开发机制，增强开发活力。

（一）加强项目前期工作，建立合理科学的决策机制

一是在调查研究基础上，根据不同时期国家农业综合开发的方针政策，结合自身的资源特点和比较优势，制订区域农业综合开发中长期规划。二是逐级建立农业综合开发项目库，凡申请立项的农业综合开发项目，市、县要按照农业综合开发立项条件和投资政策，组织业务技术骨干进行实地勘察、评估，编制项目建议书，并逐级筛选，建立农业综合开发项目库。进入省级项目库的待选项目，由省农业综合开发办公室组织工作组到项目县逐片逐个进行实地考察，评估论证。三是建立省、市、县三级专家咨询制度，在制订发展规划、确立开发项目、进行项目设计过程中，注意依靠科技人员的作用，经过专家考察评估、咨询论证，把开发项目建立在科学决策的基础上。各地上报项目计划的同时要提交本级专家审查评估意见。对科技示范项目、骨干水利工程、农业产业化重点项目等，由省农业综合开发办公室组织专家直接进行评估论证，择优选项。

（二）严格项目管理，全面提高项目建设质量

1. 坚持立项程序化。凡是申请立项的项目，

都必须按规定的程序逐级申报。先提交项目建议书，通过初选后提交可行性研究报告，经过评估论证后正式立项；项目批复实施前，再提交项目扩初设计，由省农业综合开发办公室组织有关业务部门的专家和技术人员对扩初设计进行审查认定后，确定项目投资计划和实施方案，并对重点示范项目引入竞争机制。

2. 注意科学地规划设计。为了规范项目设计，提高项目设计标准和设计质量，省农业综合开发办公室、农业厅、水利厅联合制定下发了《农业综合开发土地治理扩初设计编制提纲》。土地治理项目规划设计严格按行业规范要求，突出了整体框架规划，加强了田间工程设计，提高单项工程建设标准；多种经营项目规划布局突出地方特色和产业优势，突出考虑项目的市场前景、发展潜力和科技含量，突出体现项目的经济效益和示范带动作用。

3. 把好工程质量关。把质量意识始终贯穿于开发建设的全过程，在积极推广工程招投标制的同时，规范工程管理，加强项目施工质量监督。在项目实施过程中，各项目县都抽调有关业务部门的技术骨干，派驻施工现场，为工程质量把关，从而保证了工程质量。对骨干水利工程实行工程监理制度，严格把住质量关。

4. 加强项目跟踪问效。省农业综合开发办公室组织工作组，采取包片负责的办法，经常深入项目区，对开发项目建设、工程质量、资金到位等情况实行定期或不定期的检查监督。各市、县、区也加强对项目的检查监督，不仅有业务主管部门的跟踪监督，而且有资金管理部门的检查审计，并在竣工后严格检查验收。

5. 重视文档管理。对项目从申请、计划批复、扩初设计、相关图表、验收工程预决算、项目区农民集资与投工投劳到验收自验报告、申请验收报告等各个环节的文件、图表资料、财务档案，均做到及时分类归档，专柜存档，查找方便。项目和财务档案齐全，管理比较规范，达到农业综合开发文档管理的要求。

（三）严格竣工项目验收，加强工程运行管护工作

进一步加强对年度竣工项目的验收工作，坚持一年一验的做法。每年对各市、县、区农业综合开发竣工项目的验收，在项目县全面自查自验、设区市复查复验的前提下，由省农业综合开发办公室组织省直有关部门的技术人员、基层财会人员和业务人员组成验收小组，原则上每个地市派一个验收小组，深入农业综合开发区，采取全面检查和重点抽查相结合的办法，进行认真检查验收，作出验收结论。同时审计部门对开发资金的使用管理每年都要进行审计，对各地在验收中和资金审计时发现的问题限期整改。全省上下建立了严格的奖惩制度，把验收结果与资金分配直接挂钩，对开发任务完成好，工程建设质量高，资金使用效益高，组织协调力量强的市、县，增加其年度投资规模，否则即调减其投资规模。同时，为了充分发挥项目的长期效益，各级农业综合开发管理部门和项目所在地乡镇都十分重视已建项目工程的管护工作，做到建管并重，工程竣工，管护上马。开发项目竣工后，各建设单位及时办理固定资产移交手续，制定了工程管护制度，落实了管护政策和经费，建立了管护队伍，确保已建工程正常运行。

（福建省农业综合开发办公室供稿）

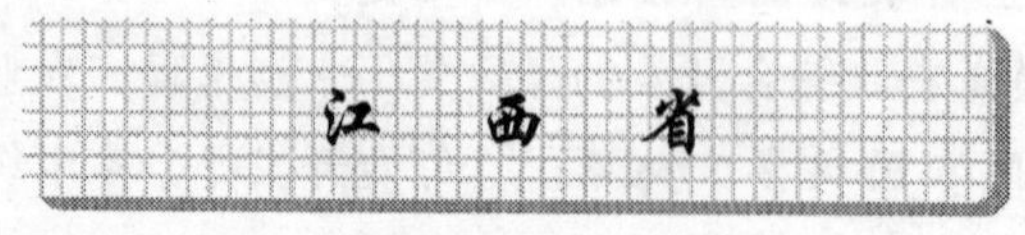

江西省农业综合开发项目自1989年开始立项实施，立项时中央财政投资4 000万元。在国家农

业综合开发办公室的大力支持和江西省委省政府的正确领导下，农业综合开发事业取得了很大的成绩。到2002年，江西农业综合开发的中央财政投资已达2.84亿元。开发范围不断扩大，由最初的6个地市21个县（市、区）扩大到2002年的11个设区市69个县（市、区）及4个省属农场。开发内涵不断丰富，既注重农业生产基础设施建设和农业生态环境改善，抓好土地治理项目的实施，提高农业特别是粮食的综合生产能力，增强农业生产后劲，确保国家粮食安全，又注重加大科技投入，适应不同阶段的形势变化，推进农业产业结构调整，促进农业产业化经营，搞好科技项目和多种经营项目的实施。14年来，江西农业综合开发紧紧结合本省实际，经过不断探索和完善，逐步走出了一条具有江西特色的开发路子，取得了显著的经济、社会和生态效益，极大地改善了江西的农业生产基本条件和生态环境，增强了农业生产后劲，提高了农业综合生产能力，促进了农业产业结构调整，增加了项目区农民收入（项目区农民人均纯收入比非项目区高200元以上）。江西省农业综合开发工作所取得的成绩得到省委省政府和国家农发办的充分肯定，1997年10月被评为全国农业综合开发先进省（市）。农业综合开发已成为江西投资规模较大、范围较广、力度较深的政府支持保护农业发展的工程。

一、加大资金投入力度，增加农业综合开发投入

（一）多渠道筹措资金，取得良好成效

加大资金投入是做好做强农业综合开发的前提条件。江西认真贯彻“国家引导、配套投入、民办公助、滚动开发”的原则精神，积极引导农民和企业投入农业综合开发，想方设法做好地方财政配套工作，增加农业综合开发投入。1989—2002年江西累计投入农业综合开发资金52.45亿元，其中：中央财政资金18.72亿元，地方财政配套13.83亿元，群众、企业自筹12.31亿元，专项贷款7.59亿元；共改造中低产田960.06万亩，营造农田防护林128.72万亩，营造经济林103.45万亩，新、扩建小型水库466座，新增有效灌溉面积381.88万亩，完善农技服务体系508个。由于农业综合开发实行山水田林路综合治理，农业、水利、林业、科技措施综合配套，大部分项目区基本建成了“田成方、林成网、渠相通、路相连、旱能灌、涝能排”的高产稳产田。全省农业综合开发项目区累计新增粮食生产能力286 117.8万公斤，新增棉花生产能力4 297.4万公斤，新增油料作物生产能力22 856.65万公斤，经过改造的中低产田亩增产粮食在150公斤以上。经过14年的实践和探索，江西农业综合开发已初步形成“国家投入为导向，农民投入为主体”的资金投入机制。这种机制为增加农业开发的投入提供了稳定的渠道，确保了农业综合开发的力度不断加大。同时，江西省各级农业综合开发部门加大农业综合开发招商引资力度，充分发挥农业综合开发财政资金建设农田水利基本设施和扶持产业化龙头项目的政策优势，吸引更多的企业和个人等民间资金投资于农业综合开发，逐步探索出了一条以财政资金为引子、吸纳民间资金求发展、多渠道融资促开发的新路子，呈现出工商资本大规模地投资农业搞开发的良好趋势。

（二）严格管理资金，提高资金使用效益

江西高度重视农业综合开发项目资金管理工作，积极探索行之有效的资金管理办法和措施，早在1995年就在上高、泰和等几个县（市、区）进行农业综合开发项目财政资金县级报账制试点工作，并及时总结经验。依据国家农业综合开发有关政策，制订了《江西省农业综合开发资金县级报账制管理办法》，明确要求所有实施国家农业综合开发项目的县（市、区）必须实行县级报账制。严格规定资金的使用原则、使用范围和拨付程序，坚持做到“三专、二按、一监督”，即：专户存储，专人管理，专款专用；按配套资金到位拨款，按工程建设进度拨款；统一由县农发办和财政部门共同监督。严禁挤占挪用农业综合开发资金，保证资金全部用到项目上，逐步形成了财政部门、农业综合开发部门、工程项目建设单位和施工单位之间既相互配合又相互制约的保障机制，确保了农业综合开发按计划顺利实施和资金的科学合理使用。加强项目资金使用管理及财务建账的培训工作，先后举办了数百期资金使用管理和财会人员培训班，培训人员2 000余人次，提高了农业综合开发工作人员的工作水平和业务素质。同时加大对资金使用和财务建账人的检查监督力度，不仅农业综合开发部门、财政部门自身进行常规性的检查监督，还主动邀请、自觉接受审计部门、财政部专员办等单位的专项审计检查。建立了县级农业综合开发项目资金一年一查、一年一审、不定期专项检查等制度，及时发现并纠正、处理资金管理使用及财务建账中出现的违纪违规问题，努力提高资金使用效益。

二、抓好农业综合开发项目实施，增强农业发展后劲

（一）认真实施土地治理项目，夯实农业生产基础

江西在农业综合开发土地治理项目的实施中，始终坚持把改善农业生产基础条件、改造中低产田、增强农业发展后劲放在首位，并结合农业发展的不同阶段，将土地治理与推进农业产业结构调整、促进江西优势农业产业发展统一起来，积累了丰富的经验，逐步探索出一条具有江西特色的农业综合开发新路子。在农业综合开发实施的初期，开发工作的宗旨是“改田、增粮、创收”。为此，江西利用丰富的农业资源，坚持把改田增粮放在首位。在开发项目区区域布局中，把农业综合开发重点放在吉泰盆地、赣抚平原等开发潜力大、中低产田改造任务重的地区，并兼顾其他地区的开发。农业综合开发为这一时期的江西粮食增产、确保粮食安全、增加农民收入发挥了积极的作用。上个世纪90年代中期以后，随着短缺经济时代的结束和农产品买方市场的形成，江西农业面临着大宗农产品卖难特别是早稻卖难、农民增收趋缓等问题，抓好种植业结构调整，解决劣质早稻面积过大、种植业单一、效益低下的问题已成为当务之急。江西农业综合开发顺应农业发展的新要求，在坚持中低产田改造的同时，致力于项目区农业产业结构特别是种植业结构的调整，在实践中积极寻找实施农业综合开发与推动项目区种植业结构调整的结合点，探索推动项目区种植业结构调整的途径和方法，取得了一定成效。如，调整产业结构、发展特色农业对水利设施等生产条件提出了更高的要求。一方面农业综合开发土地治理项目围绕这一要求进行分类改造，把建设几百万亩的高产稳产田作为主战场，通过项目实施、政策引导和配套服务，把项目区建成特色农业生产基地。同时，把一些园田化等土地治理项目主动安排到特色经济作物基地内实施，注重解决排灌分家、车辆能通等问题，将特色经济作物基地建成“田成方、林成网、路相通、渠相连”的高标准农田。进入新世纪，针对农业发展面临的新形势，江西提出按比较优势的原则，推行“一县一业”的开发战略，重点抓好赣南果业、“三水”（水产、水禽、水生植物）产业、稻草畜禽产业和平原特色经济作物等四大产业。通过实施农业综合开发土地治理项目，搞好水、电、路、桥、涵、闸、林等基础设施改造，建设标准化农田和优势产业生产基地，推动农业产业结构调整和农业优势产业形成，充分体现了土地治理项目中财政资金的公共性、公益性和引导性作用，解决了农民一家一户想办办不了而导致的优势农业产业发展难的“瓶颈”问题。到2002年，已建设标准化农田30万亩，发展优势农业产业基地80万亩。

（二）积极推进农业产业化经营，大力扶持产业化龙头项目

14年来，江西农业综合开发立足本地实际，按专业化、市场化、规模化、产业化的要求，组织实施了一批具有地方特色、市场潜力大、开发前景好的多种经营项目，如泰和乌骨鸡系列、崇仁麻鸡系列、蝎王酒、万年珍珠、丝瓜络、绿壳神蛋、奉新优质米、赣南果业、广昌白莲、万载百合、饲料稻、籽粒苋等项目。1995—2000年还重点抓了银杏产业化、果树良种、肉牛产业开发等。这些项目的实施有效地促进了江西省农村经济向规模化、集约化、产业化方向发展。大力扶持产业化龙头项目，推进农业产业化经营是江西新时期农业综合开发工作的重点，也是“一县一业”开发思路在实践中的深化与体现。按国家有关扶持产业化龙头项目的政策精神，结合本省实际，江西提出了扶持产业化龙

头项目的四条标准，即：产品市场前景广阔，具备较强竞争力；企业效益好，能带动当地经济发展和农民增收；企业资产负债率低，自身实力雄厚；建立了现代企业制度，经营管理水平高。2002年江西集中了全省农业综合开发30%的财政资金计3 800万元，重点扶持了宜丰猕猴桃酒加工、修水缫丝加工技改、南丰蜜桔酒加工、寻乌县柑桔打蜡包装、景德镇德宇活茶叶加工、婺源大鄣山有机茶保鲜、江西广昌昌顺集团农产品加工等7个国家及省级龙头项目，每个项目仅中央财政资金投资就在200万元以上，有的达500万元。各设区市也根据本地实际集中了2 000多万元的财政资金用于扶持市一级产业化龙头项目。集中资金办大事，起到了扶持龙头促发展的作用。许多龙头企业形成了龙头+基地+农户的运作方式，与农户建立了利益共享、风险共担的经营机制，逐步担负起开拓市场、科技创新、带动农户和促进区域经济发展的责任。如江西昌顺集团，主要加工、销售江西白莲、粉丝、香菇等农产品，市场延伸至北京、上海、大连、深圳等大城市，并打响了“昌顺”品牌，突破了江西农产品市场销售难的状况。此外各地也按集中使用、重点扶持、产业化经营的要求，围绕已确定的主导产业安排资金，集中扶持本地的龙头企业，取得了较好的成效。如德安县芦笋开发、星子县陶菊生产、宁都三黄鸡、会昌狮头鹅、定南早熟梨、高安肉牛、上高苎麻、袁州区油茶加工、万年生猪、上饶县茶叶、安福松香油脂等项目的实施，都起到了促进当地主导产业发展、提高产品市场竞争力的作用，农民也得到了实惠。

（三）重视生态环境建设，坚持可持续发展战略

生态农业是常规农业向现代农业发展的重要内容，而江西具有发展生态农业的综合优势。按“因地制宜、分区规划、突出重点、逐步推进”的原则，江西农业综合开发在推进农业生态建设中重点抓了三个区域。一是赣抚中上游区。该区生态农业建设以粮畜林果为主体，重点建设思路是形成山区开发的梯度结构，即“山顶乔灌草和以生物多样性保护为主的保护层，以生态效益为主，提高森林覆盖率，防止水土流失；山腰林果草发展草食畜牧的开发层，以经济效益为主，提高资源利用率，防止水土流失；山脚发展粮油菜生产和庭院生产的稳定层，提高土地产出率”。二是吉泰盆地区。这一区域在解决缺水干旱问题的基础上，以提高农业商品率为重点，以改善水资源利用状况和运用节水技术为突破口，综合开发农林果牧菜，建立“农田发展粮油菜，丘岗发展果草畜，庭院建立生态园，绿色食品为龙头”的生态开发结构。三是鄱阳湖平原区。这一区域水利建设以解决涝、旱问题为主，着力开展防护林建设，改善水利设施，不断提高农产品生产水平，发展草滩草坡畜牧业和避洪农业。三个区域的农业综合开发统筹安排，建立起“作物栽培模式化，科学搭配种养加”的集约化生态开发结构。到2002年，通过实施农业综合开发项目，江西已营造各类防护林128.72万亩，建设各类经济林103.45万亩，组织实施了一批立体综合开发项目，大大改善了农业生态环境，实现了经济效益、生态效益和社会效益的统一。

（四）加大科技开发力度，提高开发效益

农业综合开发初期，许多项目区存在靠资金投入多，靠科技投入少，重“硬件”投入，轻“软件”投入的倾向。针对这种情况，1995年始江西省调整了开发战略，把工作重点转移到依靠科技进步和提高劳动者素质的轨道上来，把科技开发提升到农业综合开发的突出位置上来抓。一是在全省组织实施了农业综合开发科技振兴计划，分年度实施了几十个科技振兴项目。已有中央和省、地、县100多个生产单位和技术推广部门的3 000多名科技人员加入到开发行列中来，促进了项目科技含量的提高，提高了农民科技素质。二是成立了由农林水蔬等有关专家组成的江西省农业综合开发专家咨询委员会，加强了对项目的评估论证、决策咨询和产业建设的指导帮助，提高项目的科技含量和质量水平。三是实施农民“绿色证书”培训工程，培养了一支活跃在农业生产第一线的农民技术骨干队伍和一批科技示范户、专业户。已培训“绿证”学员3 600人。这些“绿证”学员，在政策和资金扶助下，大部分已成为当地农民致富奔小康的带头人。

四是抓好良种引进、繁育、示范和推广，引进了饲料稻、两系杂交稻、美国芦荟、特种花卉、台湾木姜等一大批优质良种，丰富了农业良种的品种。同时大力抓好本地良种开发，根据全省不同种类果树区域特点，在南丰等县分别选择了 8 种果树品种，实施果树造优，建设良种果园，并及时进行示范推广，扩大栽种面积。五是认真实施国家农业综合开发专项科技项目。从 1999 年到 2002 年，江西省先后实施了高安市、丰城市、南昌县、进贤县、广昌县及寻乌县等 6 个国家农业高新科技示范项目，建成了一批先进的农业科技设施，完善了农业良种体系。高新科技项目区共新打机电井 1 眼，新建电力排灌站 4 座，架设输电线路 14.5 公里，建设高标准农田 921 亩，修筑机耕道 41 公里，兴建桥、涵、闸 1 100 多座，衬砌大小排灌渠系 23 公里；新建水稻两系核不育繁育基地 321 亩，新建脐橙脱毒良种和保存圃 12 800 平方米，修建种猪栏舍 18 200 平方米，新建蟹苗繁殖池 832 立方米，新建温室大棚 5 万多平方米。江西省高安市两系水稻制种冷灌繁育基地的建成，填补了两系稻原良种制种基地的空白，使水稻原良种生产及技术得到迅速发展。高安水稻两系制种和组培中心、南昌国鸿良种猪、进贤河蟹、广昌白莲、寻乌脐橙脱毒苗木繁育等高新项目的实施建设，解决了制约全省水稻、生猪、河蟹、白莲和脐橙等产业的良种生产问题，加快了优势产业发展的步伐，提高了江西农产品的市场竞争力。

三、强化各项管理，完善措施制度

江西农业综合开发在项目的选择和管理上，借鉴了世界银行的管理经验，采取工程项目的管理办法，较好地克服了以往存在于农业建设上的盲目性和随意性。对每一个项目都按照申报、评估、选择、审批、实施、验收、管护的程序，进行科学规划设计，有计划地组织实施，形成了项目立项专家评审制、项目立项竞争制、项目建后管护责任制等一套严格的项目管理制度。在项目建设的全过程中，坚持把好“五个关”，即工程立项关、设计审批关、施工管理关、竣工验收关、运行管护关；全面推行项目工程招投标制、工程监理制、工程建设及资金使用公示制、项目年度检查验收制等，确保了项目按批复计划实施，按设计要求施工，高标准、高质量完成各项开发任务。项目建设实施精品战略，坚持以精品项目建设为重点，提高项目开发的质量标准，推动项目建设达到全优。实施农业产业化开发后，制订并逐步完善了《江西省农业综合开发项目实施和产业化建设考评奖罚办法》，推行项目实施和产业建设一年一验制，及时召开现场会进行总结评比，既严格了对项目实施和资金使用的管理，保证了产业建设的顺利进行，又体现了农业综合开发奖优罚劣的精神，起到很好的督促作用。坚持连片开发，对开发潜力大的地区按流域或灌区实行统一规划，运用综合措施，进行综合治理，从而使开发实现规模效益和综合效益。

根据新阶段农业发展的要求和中国入世后农业面临的新形势，江西省农业综合开发认真贯彻国家农业综合开发政策精神，并紧密结合本省实际，探索出一条切合江西实际的农业综合开发新路子。江西的主要做法是，把农业综合开发与调整农业产业结构、培植新的经济增长点和支柱产业、提高农产品竞争力和农业整体素质、增加农民收入和财政收入结合起来，按比较优势的原则，一县选择一个优势产业进行集中连续扶持，使之形成产业化和现代化，初步构建与全省实际相适应的“三个模式、四大产业、十小产业”的开发框架和开发重点。即：在环鄱阳湖地区及白莲主产区推广建设 100 万亩“两用”高效农田，发展“三水”（水产、水禽、水生植物）产业，努力使之成为全国最大的淡水产品生产及市场中心；在赣南等丘陵山区结合开展小流域综合治理和生态建设，发挥其独特的地理及气候条件优势，发展 100 万亩优质果业基地，做大做强江西省果业产业；在赣抚平原和吉泰盆地等粮食主产区推行稻草畜禽开发，搞好农田标准化建设，建设 100 万亩优质稻及饲草基地，大力发展肉鹅和肉牛养殖产业；在现有蔬菜主产区，根据生产需要努力改善基础设施，积极面向市场，引进推广新品种及先进技术，建设 100 万亩绿色高效的瓜、菜产业基地。同时大力开发建设浮梁、婺源有机茶，横

峰、余江葛业，修水、永新蚕桑，上高、分宜苎麻，袁州油茶、樟树，新干药材，贵溪、金溪早熟梨，遂川金桔，南丰蜜桔及井冈山生态旅游农业等十小特色产业，力争“十五”末实现全省农业综合开发“58411”（即：全省“十五”期间农业综合开发力争实现总投资50亿元，按照“一县一业”要求建设80个总面积为400万亩的优质农产品供应基地，扶持100个龙头企业，年新增产值100亿元）战略目标。经过2000—2002年两年多的产业开发，已建成各类优势农产品生产基地150万亩，其中果业基地46万亩，“三水”产业基地26万亩，稻草畜禽基地28万亩，平原经济作物基地30万亩。

（江西省农业综合开发办公室供稿，杨建军执笔）

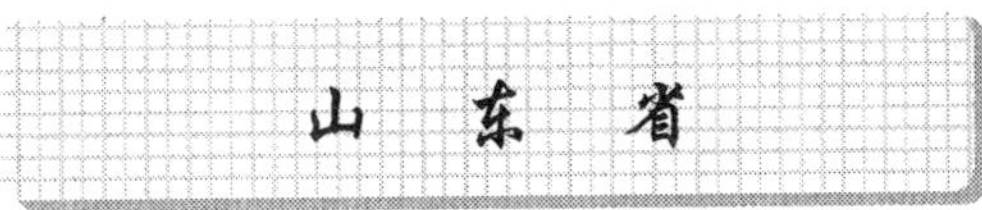

山东省

山东是最早由国家立项实施大规模农业综合开发的省份之一。从1988年到2002年，15年来，山东农业综合开发按照国家的部署，紧紧围绕不同时期的农业和农村工作重点开展工作，大体经历了三个阶段。第一阶段是从1988年到1993年。这一时期的开发工作主要是针对当时粮食生产出现徘徊、主要农产品短缺的情况，以改造中低产田、增产粮棉油为主，项目区主要集中在黄淮海流域。第二阶段是从1994年至1998年。针对当时出现的卖粮难、农民增产不增收的情况，提出“重点抓名特优”的指导思想，积极发展农村多种经营，由农业向林、牧、渔业及农产品加工业拓展，对农村经济进行全方位的综合开发。第三阶段是从1999年到2002年。这一阶段开发的重点是针对农民增收缓慢的情况，在提高农业综合生产能力的基础上，着力提高农业的综合效益，增加农民收入。

山东农业综合开发事业从无到有地发展起来，已经成为全省农业和农村工作的重要组成部分，在全省国民经济尤其是农业和农村经济发展全局中占有重要地位。主要体现为以下几点：一是开发的范围越来越大，由最初的仅限于黄淮海平原的13个市地83个县（市、区），扩展到全省的17个市地118个县（市、区），占全省农业县（市、区）总数的90%。二是开发的领域越来越广，由起初的中低产田改造，延伸到农林牧渔各业以及农产品加工、储藏保鲜、农村市场建设、农村合作经济组织建设等方面，为农业和农村经济开辟了广阔的发展空间。三是开发的层次越来越高，由当初单纯追求增产粮棉油的数量速度型开发，向以提高效益为中心的质量效益型开发转变。

一、多方筹集资金，切实加强管理，不断提高资金使用效益

（一）多渠道筹集资金，不断加大农业综合开发投入力度

1988—2002年，全省农业综合开发累计投入资金118.2亿元（含青岛，下同）其中：中央财政资金28.99亿元，地方财政配套35.54亿元，银行贷款8.97亿元，农村集体、农民群众和企业自筹资金44.7亿元。这些投入，取得了良好的经济、社会和生态效益，为推动农业和农村经济的全面、持续、健康发展发挥了举足轻重的作用。

（二）加强资金管理，提高资金使用效益

全省始终坚持以规范化、制度化建设为重点，不断强化对农业综合开发资金的管理，切实发挥资金使用的最大效益。

1. 积极落实地方财政配套资金。多年来，全省克服财政各种刚性支出不断增加、地方财政收入增长缓慢的困难，一方面加强宣传工作，提高各级对农业综合开发重要意义的认识，增强政策观念，

把确保农业综合开发地方财政配套资金的落实放在重要位置，优先予以安排；另一方面，采取得力措施，加大对农业综合开发基金的筹集和管理力度，并强调优先用于农业综合开发配套。各级财政部门每年将农业综合开发配套资金列入财政预算，从根本上加以保障。同时，还把各级财政配套资金的落实情况作为对各地检查考核的内容。

2. 坚持实行县级报账制，发挥资金拨付对调控项目建设的杠杆作用。开发初期，国家对项目计划批复后，省、市（地）以最快的速度拨借到县。县级财政作为农业综合开发项目资金管理的基础环节，在资金拨付上采取了多种行之有效的方法。如，对较大型的重点工程，实行“三、五、二”的拨款方式，即在项目开工之前，预付计划投资的30%，作为启动资金；在项目建设过程中，按建设进度和工程质量，分期分批再拨付计划投资的50%；剩余20%资金待项目竣工验收合格后再拨付，以确保项目建设质量和全面完成建设任务。对小型工程项目以及比较分散的项目，则实行“垫付报账制”，即先用自筹资金上马，工程竣工验收合格后再拨款。2000年后，全面推行了县级报账制，规范运作，切实保证了专款专用，保证了项目建设的需要，资金使用效益大大提高。

3. 狠抓有偿资金债务落实和回收工作。多年来，全省不断加大对有偿资金的管理力度，确保这部分资金用得好、还得上，发挥最大效益。一是加大宣传力度，增强各级财政和项目单位的效益意识和还款意识。二是严把项目质量关，把有偿资金安全回收建立在项目高效益这个坚实的基础之上。三是认真落实有偿资金债务。对多种经营项目，要求每个项目必须有明确的建设单位和合法的承贷主体；对土地治理项目，由于受益主体分散，要求必须把债务落实到村、到农户，做到项目计划、开发资金、债权债务与受益农户“三见面”。四是严格资金拨、借、还手续。健全合同管理，积极推行法律公证、财产抵押、担保等做法，把经济手段、行政手段和法律手段有机地结合起来，逐步实现资金拨借工作的制度化和规范化。五是把到期有偿资金回收情况与项目计划资金安排挂钩，强化对资金回收工作的激励约束机制。对还款及时、回收工作得力的，予以奖励，增加投资规模；反之，则减少投资规模。

4. 加强规章制度建设，规范工作程序和要求。多年来，结合本省实际，山东省先后制定下发了《山东省农业综合开发资金管理办法》、《山东省农业综合开发多种经营和龙头项目财务评估论证试行办法》、《农业综合开发报账提款办法》、《农业综合开发财政有偿资金财产抵押办法》等。另外，按照制度规定，重点抓了“三专管理”和“两不准”，即严格实行专人管理、专账核算、专户存储；不准会计、出纳由一人兼，不准用开发资金抵顶还欠。同时，严格按照批复计划和规定范围使用资金，确保专款专用。近几年，还积极探索了项目法人制、招投标制、工程监理制和资金使用审查监督制度等做法，不断深化和规范农业综合开发资金管理工作，确保资金使用效益。

二、加强项目管理，不断提高农业综合开发的综合效益

（一）加强农业基础设施和生态环境建设，不断提高农业综合生产能力特别是粮食生产能力

多年来，全省始终坚持以市场为导向，以科技进步为依托，以改造中低产田、改善农业基本生产条件和生态环境为重点，以提高农业综合生产能力、提高开发效益、增加农民收入为目标，大力发展节水灌溉，积极调整优化农业结构，努力把农业综合开发项目区建设成为现代化农业、高科技农业、可持续农业的先行区。为此，重点抓好以农田水利为核心的基础设施建设，努力提高农业综合开发区物资装备水平。突出解决旱涝问题，通过开发建设，使项目区农田切实达到旱能浇、涝能排、碱能改，实现高产、稳产。在工程设计上，以方田建设为核心，排灌结合，沟、渠、路、桥、涵、闸全面配套，大力发展渠道衬砌，管道输水，有条件的积极发展喷滴灌。把深翻整平土地、培肥地力、改良土壤放在重要地位。平原地区通过整平和深翻，达到园田化标准；丘陵地区全部实现梯田化；低湿涝洼地和盐碱地实现台田化和条田化；沙化地区通

过平整沙丘，乔、灌、草结合，建设生态林防护体系，实现防风固沙。提高农业机械化作业水平，使各主要生产环节基本实现机械化。把抓好农作物良种、良法的引进、推广和农民培训作为重点，努力提高农业综合开发的科技水平。在改善生态环境建设方面，突出抓好生态防护林体系建设，项目区按照农田防护和改善生态环境的实际需要规划设计好林网、林带，坚持适地适树，科学造林，防止水土流失，增加林木覆盖率，改善田间小气候，实现生态防护林与经济林的最佳结合。在完善、配套基础设施的前提下，下大力气调整、优化项目区农业结构，提高农业综合开发的整体水平和综合效益。

根据国家的安排和部署，1998 年—2002 年，山东组织实施了利用世界银行贷款加强灌溉农业二期项目。项目涉及济南、枣庄、济宁、泰安、德州、菏泽 6 个市及 35 个县（市、区）、152 个乡镇，项目区受益农业人口 359.9 万人。5 年共改造中低产田 500.3 万亩，累计完成投资 14.33 亿元。项目实施后产生了显著效益。项目区农作物复种指数从 166%增至 193%，增长了 27%。粮食和经济作物的比例已由基期的 80∶20 提高到 63∶37，经济作物播种面积提高了 17 个百分点。农民人均纯收入由 1 708 元增加到 2002 年的 3 074 元。项目的实施增加了项目区农民就业，促进了项目区劳动力的转移，提高了项目管理人员和农民的素质。项目区田间面貌焕然一新，节约了农业灌溉用水，减少了化肥、农药残留污染，优化了土壤肥力结构，提高了农产品品质。

通过开发治理，基本上解决或排除了困扰项目区农业和农村经济发展的主要矛盾和制约因素，取得了显著的经济效益、社会效益和生态效益。一是经过开发建设，项目区农业基础设施完善配套，生产条件明显改善，综合生产能力大幅提高，为农业结构调整奠定了基础，为农业发展增强了后劲。1988—2002 年，全省农业综合开发土地治理项目累计完成投资 61.89 亿元，改造中低产田 3 452.6 万亩，开垦宜农荒地 435.6 万亩，建设草场 62.5 万亩，建设优质粮食基地 47.4 万亩；新增和改善灌溉面积 2 616.45 万亩，新增和改善除涝面积 1 688.68万亩，项目基本实现“旱能浇、涝能排、旱涝保丰收”的目标；累计新增粮食499 579.5万公斤，棉花 22 435.84 万公斤，油料24 555.58万公斤。二是生态效益明显改善。通过采取水利措施、农业措施、林业措施、科技措施等综合性措施进行综合治理，项目区生态环境和田间面貌发生了根本变化。经过科学规划和设计的农田林网建设提高了项目区抗御风沙灾害和防止水土流失的能力。增加农田林网防护面积 2 640.04 万亩，项目区林木覆盖率由 14%提高到 20%，为农作物的生长营造了良好的田间小气候。通过深耕深翻、秸秆还田、配方施肥等措施，有效地改善了土壤理化性状，提高了土壤活力和肥力，为发展绿色农业、有机农业奠定了基础。三是社会效益进一步扩大。项目区通过开发建设，初步形成了农田园林化、耕作机械化、作物种植区域化、生产服务系列化、管理规范化和产品优质高效化的新格局，不少项目区已初步呈现出农业现代化的雏型，在当地农业和农村经济的发展中，起到了重要的样板、示范、辐射和带动作用，树立了农业综合开发的良好形象。

（二）以扶持龙头企业为重点，搞好产业化经营项目，促进农业结构调整

为适应农业和农村经济发展的要求，从 1994 年起，山东开始立项实施农业综合开发多种经营项目（现称产业化经营项目）。项目的实施，对于加强优势农产品基地建设，扶持带动作用强的产业化龙头企业，推进农业产业化经营，促进农业和农村经济结构调整，起到了十分重要的作用。

多年来，全省按照“规模化开发、标准化生产、产业化经营、外向化发展”的基本思路，重点扶持四个建设。一是扶持优势农产品基地建设，不断优化农业结构。根据全省农业和农村经济发展规划，重点扶持发展粮油、蔬菜、林果、畜牧、水产五大主导和优势产业的基地建设。二是扶持龙头企业建设，促进农产品加工增值。紧紧围绕优势产业和主导产品，选择一批经营好、规模大、连接机制紧密的龙头企业作为扶持重点，促进龙头企业上规模、上水平。三是扶持农产品市场体系建设，搞活农产品流通。各地在巩固完善原有市场的基础上，

重点抓了农产品批发市场规模化建设。四是扶持农村合作经济组织的发展建设，完善农村社会化服务。

1988—2002 年，山东农业综合开发多种经营项目建设取得了显著成效，共建设完成的种植项目有：经济林 16.98 万亩，蔬菜 16.4 万亩，花卉 0.42 万亩，药材 0.6 万亩；养殖项目有：水产养殖 10.32 万亩，畜禽养殖 630.1 万头（只）；加工项目有：新建 93 个，改扩建 141 个。还完成农业生产服务项目 37 个。新增干鲜果品 22 611.23 万公斤，蔬菜 37 662.4 万公斤，花卉 3 391 万株，药材 310 万公斤，肉 33 175.66 万公斤，蛋9 870万公斤，奶 1 830 万公斤，水产品7 555.9万公斤；新增畜禽产品产值32 808.1万元，水产品产值8 857.6万元。

通过项目建设，一是促进了农业结构调整，带动了农民增收。二是发展壮大了龙头企业，促进了农业产业化快速发展。全省进入国家第一批重点产业化龙头企业的 13 家企业中，有 8 家是农业综合开发扶持发展起来的；第二批的 13 家企业中，有 7 家是农业综合开发扶持起来的。这些龙头企业一头连着农产品基地和农户，一头连着国内外市场，推动了全省农业产业化快速发展。三是培育了区域主导产业，推动了地方经济发展。一批具有地方特色的农产品，如寿光蔬菜、沾化冬枣、肥城佛桃、阳信鸭梨、日照茶叶、莱芜生姜、金乡大蒜等，在农业综合开发的扶持下生产规模由小变大，市场竞争力由弱变强，成为当地的主导产业和优势产业，成为新的经济增长点、农民收入的新来源。四是完善了产业化服务体系，实现了产品与市场的有效对接。

（三）加强农业科技开发力度，不断提高农业综合开发的科技水平

自实施农业综合开发以来，全省始终牢固树立科学技术是第一生产力的观念，不断加大农业科技开发投入，努力把农业综合开发科技贡献率提高到一个新水平。在工作中，重点抓了以下几点：

1. 在制定开发规划、确定开发项目、进行工程设计、实施项目建设的过程中，都注重大力推广、应用先进科技成果，充分发挥科技的领先、带动作用。

2. 把抓好名、特、优、新农作物品种的引进和推广、先进种植栽培技术的示范、科技人才的引进、加强科技服务体系的建设等项工作放在重要地位，实现农业综合开发与提高项目区农民群众的科技素质的有机结合。

3. 着力发展高科技农业，实施农业科技产业化。通过实施高新科技示范项目、科技推广综合示范项目、现代化农业示范项目，带动农业综合开发科技水平不断提高。

4. 加强科学管理，建立责权利相结合的科学管理机制和科学决策机制，切实做到以科学的态度、科学的方法搞好项目建设。

5. 充分发挥农业综合开发的“综合”优势，注重培育科技开发载体，强化技术、市场信息服务建设，使高新技术与常规技术组装配套，形成能带动辐射当地及周边地区的技术成果体系。

到 2002 年，全省完成和在建农业高新科技示范项目 4 个，科技推广综合示范项目 3 个，现代化农业示范项目 1 个。通过项目的实施，引进、示范、推广新品种 425 个，新技术 154 项，开展技术培训 1.8 万人次，扩大良种种植面积 31.97 万亩，新增农业总产值 7.15 亿元，实现增加值 7 467 万元。科技开发极大地提高了农业综合开发的水平和效益，促进了当地农业结构的优化升级，加快了科技成果的推广应用步伐，为加快全省农业现代化进程起到了示范带动作用。

三、抓住关键环节，全方位提高农业综合开发管理水平

全省始终把农业综合开发工作作为一项系统工程来对待，为确保完成各项开发任务和实现开发预期目标，在调整工作思路、科学规划、规范评估论证、严格检查验收、落实管护制度、加强培训等方面扎扎实实的开展工作，促进了农业综合开发工作水平的全方位提高。

（一）科学规划，认真评估，切实加强项目前期准备工作

首先，制定农业综合开发五年规划。县级农发办依据国家农业综合开发政策及当地农业发展中长期规划，会同财政部门及农口有关部门，制定本级

农业综合开发五年规划，作为提报项目建议书的依据。省里组织专家委员会，从规划依据、资源状况分析、指导思想、基本原则、总体任务目标、项目区域布局、主要建设内容、产业产品发展方向、效益预测、资金估算及筹资方案、政策措施等方面，对各地的农业综合开发五年规划进行评估论证，编制全省五年规划。

其次，建立严格的评估责任制。无论是土地治理项目、多种经营项目，还是科技示范项目，在立项前都请有关专家对可行性研究报告进行评审论证，“谁评估、谁负责”，提高立项的科学性、准确性。项目立项后，组织有关技术人员深入项目区进行现场勘测、现场设计，全面规划，制定项目实施方案，努力做到规划设计科学合理、实施方案切实可行。

(二) 严格检查验收，确保高标准、高质量完成项目建设

首先，加强对项目实施过程的监督。在全省推行了项目监理制，落实质量管理责任和管理措施，确保施工高质量。对修渠、打井、建筑物、埋设地下管道等技术性较强、标准质量较高的工程，实行招标承包，选择技术力量强、有经验的专业施工队施工。

其次，严把竣工验收关。对所有竣工项目都实行严格的质量监测，凡是检测不合格的一律返工重建，达不到标准的不予验收，并限期整改。自下而上建立县、市、省三级验收制度，通过验收查找问题，不断完善工程质量。

(三) 落实项目运行管护措施，确保项目长期发挥效益

为搞好已建项目的运行管护工作，全省在管护主体、管护制度、管护队伍、管护政策的落实上狠下功夫，积极探索利用市场经济的机制和手段进行工程管护，做到了项目竣工，管护上马。有的地方对树木和水利工程实行竞价拍卖或租赁承包等，明确了产权归属，落实了管护主体。有的按照“谁受益、谁负担”、“以工程养工程”的原则，解决管护资金问题，落实管护措施。许多项目区建立起经济自立的投资、养护管理机制，使项目管护工作进入了良性发展的轨道。如东营市东营区对土地治理项目的沟渠建筑物等设施和林带限定最高使用费用，实行竞价拍卖，较好地解决了项目管护、收益和使用问题，探索出了一种成功的工程管护模式。

(山东省农业综合开发办公室供稿)

青岛市

青岛市农业综合开发始于1990年，至2002年经历了4个开发期间。第一期为1990—1992年，完成的主要任务是改造中低产田700.8万亩，植树造林68.6万亩。第二期为1993—1995年，完成的主要任务是改造中低产田302.7万亩，营造防护林46.6万亩。第三期为1996—1998年，完成的主要任务是改造中低产田64.3万亩，营造防护林3万亩，发展经济林0.25万亩，种植蔬菜0.04万亩，发展水产养殖0.04万亩、畜禽养殖31.8万头(只)，新、改、扩建加工及服务项目12个。第四期为1999—2001年，完成的主要任务是改造中低产田84.09万亩，增加农田林网防护面积52.6万亩，发展经济林0.55万亩，发展蔬菜0.1万亩，发展花卉0.35万亩，发展水产养殖0.3万亩、畜牧养殖10万头(只)，新、改、扩建加工及服务项目9个。2002年为青岛市第五期农业综合开发的第一年，主要任务是改造中低产田23.51万亩，发展水产养殖0.05万亩，新、改、扩建加工及服务项目6个。经过青岛市各级的共同努力，圆满完成了前4期及2002年农业综合开发任务，累计实施

中低产田改造1 175.4万亩，营造防护林 141.16 万亩，发展经济林 0.8 万亩，发展水产养殖 0.39 万亩、畜禽养殖 355.06 万头（只），新、改、扩建加工及服务类项目 27 个。

大规模农业综合开发的实施，促进了青岛市农业基础设施条件的改善和农业综合生产能力的提高，为青岛市农业和农村经济结构调整及农业产业化发展奠定了坚实的基础，加快了农民增收的步伐，取得了显著的经济效益、社会效益和生态效益。

1990—2002 年，青岛市通过农业综合开发累计增加粮食生产能力 47 580.9 万公斤，油料 7 782.9 万公斤；新增和改善灌溉面积 229.37 万亩，新增和改善除涝面积 122.22 万亩，新增农田林网防护面积 243.24 万亩。

一、加大资金投入，加强资金管理

在农业综合开发工作中，青岛市不断创新投入机制，顺应市场经济发展的基本规律和要求，实现项目市场化运作。主要的做法是，积极发挥财政资金的导向作用，走多元化投入的路子，引导社会非农资本进入农业综合开发。特别是发挥青岛作为沿海开放城市的区位优势，制定和完善项目区招商引资的优惠政策，积极为各种投资主体提供优良的服务，为各种社会资本注入农业综合开发项目区创造有利的条件。1990—2002 年青岛市农业综合开发共投入各类资金 9.55 亿元，其中：中央财政资金 2.43 亿元，地方配套资金 4.16 亿元，群众自筹 2.5 亿元，银行贷款4 714.2万元。在项目总投资中，用于土地治理项目的资金 6.94 亿元，用于多种经营项目的资金 2.23 亿元，用于高新科技示范项目的资金3 597.5万元。项目区农民群众投劳达到5 498.76万个。在资金管理工作中，青岛市认真贯彻执行国家农业综合开发资金管理办法，按照国家有关政策规定落实配套资金，坚持资金跟着项目走，坚持实行“三专”管理，同时积极发挥审计部门的监督作用，确保项目资金的安全。

二、加强对农业综合开发项目的管理

（一）农业基础设施建设和生态环境建设

青岛市土地治理项目区大都是贫水区，水资源十分紧缺，改田必须治水。为此，青岛市围绕着以蓄水、调水、节水为主要形式的科学治水目标，建设了一大批水利工程。累计新建、加固小型水库 561 座，新建拦河坝 125 座、排灌站 305 座，打机电井 57 482 眼，开挖疏浚渠道 1 721.91 公里，埋设地下管道5 239.23公里，有效地解决了项目区灌溉难的问题。此外，架设输变电线路 179.7 公里，整修机耕路 39 303.83 公里，购置农业机械38 079台（套），改良土壤1 221.55万亩，使原来的中低产田变成了旱涝保收的高产稳产田。与此同时，进一步加强农业生态建设，狠抓农田防护林建设，建设农田防护林网 141.16 万亩，增加农田防护面积 243.24 万亩，为建设高标准农田提供了生态屏障。目前，项目区内基本实现了田成方、林成网、路相连、渠相通、旱能浇、涝能排的农田基本建设目标。

（二）加快农业结构调整步伐，促进农业产业化进程

农业生产条件的改善和农业综合生产能力的提高，为青岛市农业结构调整和农业产业化的发展奠定了坚实的基础。特别是 1998 年以来，青岛市深入贯彻国家农业综合开发“两个转变”的指导思想，把农业结构调整列为农业综合开发的重要内容，以市场为导向，以提高农业产出效益、增加农民收入为目标，按照“适应市场、因地制宜、突出特色、发挥优势”的原则，积极改变低效益的农业生产结构，发展效益高的多种经营生产。在农业综合开发项目区，积极引导农民调整和优化农业种植结构，加快引进、选育、推广优良品种，提高农产品品质。大力发展蔬菜、花卉、果茶、经济林、畜牧和水产等优势产业，逐步形成专业化、基地化、规模化生产格局。通过调整、优化农业结构，青岛市农、林、牧、渔业总产值构成由 1990 年的 58.92:1.42:18.74:20.92，调整为 2002 年的38.47:0.76:30.08:30.69；种植业粮、经比重由 1990 年的 74:26，调整为 2002 年的56.4:43.6。在产业化建设方面，狠抓农产品生产基地建设，发展农产品基地 56.39 万亩，不断扩大基地规模，膨胀壮大主导产

业。大力扶持农副产品加工的龙头企业，先后扶持了56处农副产品加工龙头企业，带动15.77万户农民致富。充分发挥了龙头企业上连市场、下连基地、带动农户的核心作用。推进农业产业化经营所带来的成果，是实现了农业产业的升级，带动了农业增效和农民增收。

（三）促进农业综合开发招商引资工作

农业综合开发项目的实施，有效地改善了农业基础条件，为青岛市农业招商引资创造了有利条件。为加快农业综合开发项目区招商引资步伐，青岛市出台了一系列招商引资优惠政策，加大对外宣传力度，完善招商手段，拓展招商途径，积极为各种投资主体提供优良服务，为国内外资金投资农业综合开发项目创造有利条件。来自荷兰、挪威、韩国、日本及我国香港、台湾地区的109家国内外企业先后到青岛市农业综合开发项目区投资。据统计，青岛市农业综合开发项目累计吸引外资1.15亿美元，内资13.2亿元。这些项目不仅自身效益好，而且也带动了当地农民致富，产生了良好的社会效益。

（四）不断提高农业科技水平

科学技术决定着农业和农村经济发展的前景，决定着农业和农村经济结构调整的质量和效益，决定着农产品未来的市场份额，决定着农民收入的增减。青岛市农业综合开发不断加大对农业科技的投入，把提高农业科技开发水平和农产品质量作为农业综合开发的重要内容。为适应国内国际市场对农产品质量安全要求越来越高的新形势，青岛市在项目建设中加快无公害、绿色、有机食品基地建设，积极推进农产品全程质量控制。突出抓好优良品种的引进、试验和推广，开发具有地方特色的优良品种，进一步优化品种结构。在品种引进上力求名、特、稀，共引进农业优良品种200多个。抓好各项先进技术的组装配套，大力推广应用先进适用的生产新技术。通过发展农业现代化示范区、农业科技示范基地，积极推广农技配套高产栽培技术、平衡施肥技术、脱毒栽培技术、蔬菜大棚栽培技术、种子包衣技术等农业新技术100多项。积极组织科技大集，举办培训班，多渠道、多形式向农民传授农业新技术，多年来共培训农民33.48万人次。

三、做好农业综合开发的其他管理工作

（一）农业综合开发项目的评估、检查、验收

在农业综合开发项目管理工作中，青岛市严格按照国家农业综合开发的有关规定和要求，不断加大项目管理的力度，同时借鉴工业项目管理的先进方式和世行项目的管理经验，对每一个项目都按照申报、评估、选择审批、实施、验收、管护等程序进行严格的规划、设计和实施，切实加强对项目的评估论证、监督检查和验收。成立了由农口各部门专家组成的农业综合开发评估论证小组，对农业综合开发申报项目进行严格的评估，采取审查项目建议书和现场考察等措施，确保项目切实可行。在项目实施过程中，组织技术指导小组，加强对项目的检查指导，发现问题及时解决，确保项目高标准、高质量地建设。根据国家农发办项目一年一立的实际情况，每年在各市（区）自验的基础上组织全市的检查验收，并根据验收结果，调整下年度项目及资金安排规模，奖优惩劣。加强对项目的建后管护，制定和落实项目管护责任制，保证项目的正常运行和长期发挥效益。

（二）农业综合开发信息系统建设

青岛市不断加强农业综合开发信息网络系统的建设，通过网络为农民提供农业科学技术、农产品产销信息、气象信息和进出口信息等服务。累计为全市农业综合开发办配置电脑32台。

（三）农业综合开发干部培训

1990—2002年，青岛市共举办了24次农业综合开发干部培训班，组织干部学习国家农业综合开发的方针、政策和信息网络操作技术。此外，还先后多次组织农业综合开发干部到农业综合开发先进地区学习考察，学习借鉴先进的管理经验，开拓思路，不断提高自身的政策水平和业务素质，努力完成农业综合开发的各项目标和任务。

（青岛市农业综合开发办公室供稿，樊泽源执笔）

河 南 省

河南省是国家首批立项实施农业综合开发的省份之一，先后列入国家农业综合开发的县（市、区、国营农场）有121个，2002年中央财政投资达到3.35亿元。河南省农业综合开发大体经历了三个阶段。1988至1993年，重点进行大面积的中低产田改造，着力提高粮食生产量，同时适当开垦宜农荒地，实现农林牧副渔全面发展；1994至1998年，在继续进行中低产田改造的同时，加大对多种经营项目的扶持力度，把农业增产与农民增收结合起来，切实解决粮食总量增加导致粮食比较效益下降，粮食增产而农民不增收或增收少的问题，并启动实施了世界银行贷款“加强灌溉农业（二期）”项目；1999年以来，致力于“两个转变”，实现农业综合开发与保护生态环境的有机结合，积极调整结构，依靠科技进步，努力发展优质、高产、高效农业。同时着力加强农业基础和生态环境建设，提高农业综合生产能力；着力推进农业和农村经济结构的战略性调整，提高农业综合效益，增加农民收入。通过对农业综合开发各类项目的实施，改善了项目区农业的基本生产条件，增加了农民收入，解决了一些农民热切盼望但自身无力解决的问题。

在多年的实践中，农业综合开发作为政府支持和保护农业的政策性措施，已越来越受到河南省各级党委、政府的重视，被分别列入了各级政府的重要议事日程，纳入政府目标管理范围。各地党委、政府把农业综合开发项目作为富民工程，因地制宜，积极探索出了不同模式下开发的新路子，形成了自己的特色，积累了不少好的经验。

一、农业综合开发资金的投入与管理情况

河南省自1988年实施农业综合开发以来，中央、省、市、县各级不断加大投入力度，调整完善投入政策，建立健全资金管理制度，加强资金监督检查，保证了资金安全运行和有效使用，使开发效益不断提高。

（一）资金投入情况

15年来，河南省累计投入农业综合开发资金85.86亿元，其中：中央财政资金26.03亿元，地方财政配套26.58亿元，银行贷款11.31亿元，农民自筹资金21.94亿元。

从增长幅度看，1988年到2002年，农业综合开发总投入由2.75亿元增加到8.69亿元，年均增长7.98%。其中：中央财政资金由0.8亿元增加到3.35亿元，年均增长10.01%；地方配套资金由0.8亿元增加到2.60亿元，年均增长8.16%；农民自筹资金由0.75亿元增加到2.72亿元，年均增长8.99%。

（二）资金管理情况

1. 适时调整、完善投入政策。1988年以来，河南省农业综合开发投入政策在开发实践中得到了不断的调整和完善。一是调整资金投向。农业综合开发实施初期，河南省主要农产品供求矛盾比较突出，农业综合开发资金全部用于改造中低产田和开垦宜农荒地，以增加粮棉油等主要农产品产量。从1994年起，随着主要农产品供求矛盾趋于缓和，为把农业增产和农民增收结合起来，河南省按照国家农发办规定，要求各地将70%以上资金用于土地治理项目，30%以下资金用于多种经营项目。从1999年开始，为适应农业发展新阶段的要求，提高项目区科技含量，又拿出少量资金实施了科技示范项目。二是不断完善地方财政配套政策，坚持实行中央、省、市、县财政按一定比例配套投入的机制。三是严格执行国家有关文件规定。严格按照国家规定，适时调整农业综合开发各类项目有偿和无偿投入比例，认真执行中央财政资金与农民筹资和投劳折资投入比例等。

2. 逐步规范资金分配。2000年以前，河南省农业综合开发财政资金按基数法分配，即每年切块分配各地资金时，在以上年投入规模作为基数的基础上适当增加。从2001年开始，每年对中央和省级财政资金实行因素法分配，并将多种经营项目资金中30%的规模留省进行市场化运作，按项目优劣确定资金。

3. 严格按项目管理资金。农业综合开发借鉴世界银行项目和资金管理经验，实行项目和资金管理有机结合，以资金投入确定项目规模，严格按项目管理资金。拨借资金必须依据批复的项目计划，必须落实到具体项目上，并严格按照规定的范围和用途使用，确保资金跟着项目走。

4. 健全投入机制。一是各级地方政府把农业综合开发配套资金纳入财政预算，在财力比较困难的情况下，各级地方财政基本上做到及时足额落实配套资金。二是项目区积极执行税费改革政策，农民按规定的程序和额度积极筹措自筹资金。三是项目县目前已经全部推行了县级报账制，进一步规范了资金管理。四是部分市、县实行了项目资金公示制，进一步提高了项目资金透明度。

5. 强化资金管理和监督。自农业综合开发实施以来，河南省从上到下对资金明确使用范围，严格实行专人管理、专账核算、专款专用的“三专”管理。财政无偿资金由财政部门逐级拨付，并实行县级报账制；有偿资金通过财政部门逐级承借，统借统还，各级财政部门之间签订借款合同。有偿资金借给用款单位时，落实债务人，确保按期回收。同时，制定严格的财务和会计制度，加强财务管理和会计核算。最后，通过专项检查、期末审计和竣工验收等一系列措施，加强监督检查，防止挤占挪用资金，保证专款专用。

二、农业综合开发项目管理情况

（一）土地治理项目和生态环境建设情况

河南省实施农业综合开发15年来，始终坚持“改田、增粮、增收”的开发宗旨，坚持统一规划、集中连片、因地制宜、综合开发的原则，把以中低产田改造为主的土地治理项目作为农业综合开发的基础和重点，坚持不懈地改善农业生产基本条件。在具体治理措施上，实行水利、农业、林业、科技等措施综合治理，工程、生物、技术手段综合配套，实现土地治理项目的综合效益。在水利措施方面，各地根据水利资源条件，因地制宜地发展井灌和渠灌。井灌区主要以打、配机电井和铺设地埋管道为主，适当发展高标准节水喷灌；河库灌区重点完善渠系配套工程，修建衬砌渠道，扩大自流灌溉。在农业措施方面，以改良土壤、提高良种化和机械化水平为目标，重点加强土壤改良工程建设、良种基地建设和农业机械投入。在林业措施方面，以提高农田防风固沙能力、改善区域农田小气候为目标，重点加强农田防护林建设，营造农田防护林体系，积极探索沿黄沙区生态治理模式。到2002年底，全省农业综合开发土地治理项目区累计改造中低产田3 117.61万亩，开垦宜农荒地40.28万亩，建设优质粮食基地70.95万亩，建设优质饲料作物基地3.3万亩，建设沿黄沙区生态治理示范区2万亩；累计修建和完善小型水库290座，修建和完善灌排渠系9.02万公里，新打和配套完善机电井27.91万眼；改良土壤1 610.91万亩，修建农田机耕路8.78万公里，购置和配套农机具9.07万台（套）；营造农田防护林网199.29万亩（折实）；扶持基层农机服务站2 437个，培训项目区农民740万人次以上。累计新增和改善灌溉面积2 760.28万亩，新增和改善除涝面积1 876.87万亩，增加农田林网防护面积1 939.23万亩，新增机耕面积2 738.75万亩；累计新增粮食生产能力437 019.26万公斤、棉花12 532.44万公斤、油料22 156.41万公斤。

（二）多种经营项目建设和促进农业结构调整情况

河南省自1988年实施农业综合开发以来，多种经营项目管理经历了一个不断发展和完善的过程，从开发初期的与土地治理内容混在一起安排，到1994年独立按项目进行管理，再到目前的全部经专家评审论证，形成了一套比较成熟的管理模式。多种经营项目作为农业综合开发的重要组成部分，对增加项目区农民收入、推动项目区农业和农村经济结构调整、提高农业综合开发效益，发挥了重要作用。1988 年以来，河南省共立项扶持多种经营项目1 478个。发展经济林种植基地 35.37 万亩，蔬菜种植基地 11.04 万亩，花卉种植示范基地 1.06 万亩，中药材种植示范基地 1.37 万亩；扶持水产养殖基地 12.87 万亩，扶持畜禽养殖基地5 274 万头（万只）；扶持新建农副产品加工项目 165 个，扶持改扩建农副产品加工项目 229 个，扶持批发市场等农业生产服务项目 19 个。新增干鲜果品产量 40 831万公斤、蔬菜产量 38 715 万公斤、花卉1 480 万株、中药材 680 万公斤、肉类19 694万公斤、蛋类 3 725 万公斤、奶类564 万公斤、水产品 6 528 万公斤。在扶持的农业产业化龙头企业中，固始三高集团、许昌众品食业有限公司、潢川华英集团、虞城科迪集团、淇县永达食业有限公司、临颍龙云集团、临颍北徐集团、郑州亚卫实业有限总公司等 8 家企业经过不断扶持，逐渐发展壮大，先后被国家确定为农业产业化国家级重点龙头企业。

河南省在多种经营项目管理上，一是加强领导，提高各级政府，尤其是各级农发办对多种经营项目重要性的认识，把多种经营项目作为一项重要工作纳入议事日程，摆上重要位置。二是不断加强项目前期准备工作，按照发展农业产业化经营的思路，采取以龙头带基地、带农户的形式安排部署项目，重点抓好龙头项目建设，着力提高项目的带动能力。同时，本着缺什么补什么的原则，加强对产业化链条薄弱环节的扶持，努力实现一体化经营；优先扶持产品科技含量高，市场潜力大，预期效益好的项目。三是严格选择项目，坚持扶优、扶强、扶大。对上报的每个项目，县级必须立足当地资源优势，确定优先发展的产业和项目。市级对县级上报的每一个项目必须组织专家到现场考察，实行谁考察、谁负责的办法。四是建立项目库。省、市、县三级农发办都建立了农业综合开发多种经营项目库，在此基础上，对入库项目实行动态管理。市、县农发办不定期进行调查回访，根据市场变化和人事变动等情况，及时对项目进行调整，增加好项目，剔出过时项目，确保多种经营特别是产业化龙头项目的质量，减少项目选择的盲目性。五是实行严格的专家评审制度，公开、公正、透明地确定多种经营项目。对专家评审没有通过的项目，坚决不予立项。

（三）科技示范项目建设和积极推动科技进步情况

河南省在实施农业综合开发的过程中，坚持依靠科技进步，不断提高开发水平。为适应农业和农村经济发展的需要，在农业综合开发科技示范项目建设中，大力推广农业先进技术，探索了农业科技示范项目管理新机制，为农业增效、农民增收，促进全省农村经济持续快速发展，发挥了积极作用。

农业综合开发伊始，河南省就设立了科技项目启动资金。每年省本级拿出 150 万元，与先后投资 1.56 亿元实施的 10 个万亩不同土壤类型治理示范区、6 个高标准井灌示范区和 8 个高产高效综合开发示范区有机结合，进行成果转化和技术攻关，取得了显著的经济效益、社会效益和生态效益。

从 1997 年至 2002 年，每年省本级科技专项资金投入为 350 万元。运用科技专项资金，围绕种植、养殖、林业及农副产品加工业，科学选项，合理布局，培育了大批优势和特色产业项目，对全省农业结构调整起到了较大的推动作用。

随着农业的发展，根据全面建设小康社会的需要，省农发办于 1997—1999 年先后投资 7 920 万元，实施了 6 个省级现代农业示范项目和 5 个国家现代农业示范项目。1999—2002 年又争取国家支持实施了 4 个国家农业高新科技示范项目和 4 个农业科技推广综合示范项目。

“科学技术是第一生产力”。河南省农发办重视科技工作，自 1988 年农业综合开发立项实施以来，一直设立有科技处，在科技示范项目管理方面进行了有益的探索，积累了丰富的经验。

1. 实行科学立项，制定激励措施，吸引高级农业技术人员投身项目建设的主战场。一是实行项目招投标制，通过申报、考察、专家评定，保证项目的科学性和可行性。二是实行技术依托制。三是省财政注重经费保障。四是省政府每年拿出 10 万元设立“河南省农业综合开发科技进步奖”，已三次对优秀成果进行了奖励。

2. 坚持政府主导，运用工业理念，实行市场化运作。一是项目由政府主导，主要建设内容由技术经济实体承担。二是整体项目依托企业建设和经营，走出了一条公司 + 科技 + 基地 + 农户的路子。

3. 依靠利益驱动、社会参与，形成多元化的投资机制。自实施农业科技示范项目以来，以项目创造的优越环境吸引投资商 65 家，融资近 2.7 亿元，建设项目 84 个，有力地支撑了项目区的建设和效益的提高。

4. 健全科技体系，提高服务水平。一是建立让农民学得到、能致富的示范区，实施“科技入户工程”。二是实行现场展示及培训。三是为农民提供超前的农业技术服务。

由于领导重视，措施得力，河南省农业综合开发科技工作取得了明显的成效。一是农业生产条件明显改善。经过几年的开发建设，示范项目区普遍建成了高标准农田，已发展节水灌溉 5.4 万亩，设施栽培 6 万亩，组培车间 9 个（面积 15 500 平方米），项目开发区面积已由原计划的 22 万亩发展到现在的 50 万亩。二是农业先进适用技术普遍推广应用。几年来，河南省实施的农业综合开发科技示范项目，先后示范推广了 100 多种农业先进适用技术，引进、示范 180 多个新品种，其中 60% 以上得以大面积推广应用。三是优化产业结构，催生主导产业。目前，河南省科技示范项目已催生了蔬菜、花卉、无公害生猪、优质杂果等 30 多个地方主导产业。四是带动农民致富，促进财政收入增加。随着主导产业和龙头企业的形成，促进了农村经济快速持续增长。据统计，河南省农业综合开发科技示范项目 2002 年实现新增产值近 7 亿多元、利润 1.5 亿元、税收 1 610 万元。从有项目开始至 2002 年底，累计新增产值 47.9 亿元、利润 9.5 亿元、税收 9 985 万元，农民人均纯收入较建项目前增长 1 200多元，较周边的非项目区人均增长1 000元以上。

三、其他方面的管理情况

（一）项目检查和验收情况

15 年来，河南省农业综合开发土地治理项目管理经过不断发展和完善，对从项目前期准备，到项目竣工验收、后期管护的全过程，逐步形成了一些比较成熟的管理办法。首先，在项目区选择上，一是坚持实行竞争开发、择优选择项目区，优先开发那些各级政府领导重视、群众开发积极性高、水资源有保障、增产潜力大、地方配套能力强的地区；二是坚持实行集中连片、规模开发，根据全省不同地区的生态条件，按流域进行规划，按区域进行治理，要求每个项目区一般不低于 1 万亩，使项目区年年相接，期期相连，由小到大，形成规模；三是坚持因地制宜的原则，对不同地形、不同流域的项目区实行不同的开发治理模式；四是坚持先易后难的原则，首选中低产田面积多、增产潜力大、相对容易开发的地区进行开发。其次，在项目申报审批上，坚持项目自下而上选择、逐级申报，自上而下审核、批复，分级负责的管理模式，调动各级、各部门进行农业综合开发的积极性。第三，在项目实施管理上，做到按照项目批复计划，明确责任，科学设计，按图施工，加强监督，严把质量关。逐步完善和推行了项目招投标制、开发物资政府采购制和项目监理制，确保开发项目高质量完成。第四，在竣工项目验收上，严格制定竣工项目验收办法，把项目管理的全过程细化到每一个环节，按百分制量化打分，按照验收结果，奖优罚劣，鼓励先进，鞭策后进。第五，在项目运行管护上，明确管护主体，建立管护队伍，落实管护资金，明确管护责任，并积极探索推广了租赁、拍卖和以工程养工程的管护新模式，确保项目工程能长期发挥效益。

（二）干部队伍培训情况

河南省对农业综合开发干部队伍培训工作一贯非常重视，坚持举办多种途径、多种方式的培训，使干部队伍的素质不断提高，保证了农业综合开发工作的顺利进行。一是以会代训，这是农业综合开发干部队伍培训的主要方式，业务培训主要是通过这种方式进行的。1988—2002 年，通过这种方式全省共培训干部 1.2 万多人。二是农业综合开发短训班，培训时间一般在 10 天以内。微机操作、县级报账制等都是通过这种方式进行培训的。1988—

2002 年，通过这种方式全省共培训干部 1 500 人。三是脱产培训班，受训者被单位选送到党校、行政学院、大学学习，时间一般 3 个月左右。1988—2002 年，通过这种方式全省共培训干部 450 人。四是境外培训，利用世界银行贷款加强灌溉农业二期项目，共在境外培训干部 80 人。五是在职学历教育，鼓励干部利用业余时间读本科、硕士研究生、博士研究生。截至 2002 年，全省农业综合开发系统共有 32 人拿到了更高一级的学历。

（河南省农业综合开发办公室供稿）

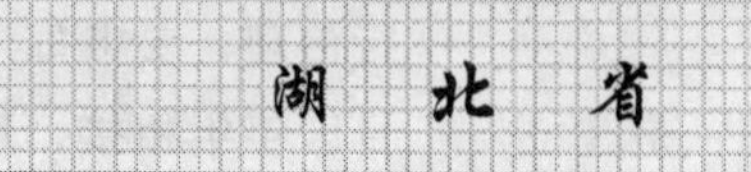

湖北省

湖北省自 1989 年被纳入国家农业综合开发范围以来，抓住机遇，转变观念，大力实施农业综合开发，推动了全省农业和农村经济持续、稳定、健康发展，为保持农村社会稳定、繁荣地方经济、加快农民脱贫致富做出了应有的贡献。

一、农业综合开发资金的投入与管理情况

（一）资金投入情况

14 年来，湖北省农业综合开发投入稳定增长。截至 2002 年底，全省农业综合开发资金投入累计达到 54.73 亿元，其中：中央财政资金 17.71 亿元，地方财政配套资金 15.65 亿元，银行贷款 7.95 亿元，自筹资金 13.42 亿元。按项目类别计算，土地治理项目总投入 36.31 亿元（其中中央财政资金 12.06 亿元、地方财政配套资金 11.51 亿元、银行贷款 3.40 亿元、自筹资金 9.33 亿元），多种经营项目总投入 14.16 亿元（其中中央财政资金 3.07 亿元、地方财政配套资金 2.62 亿元、银行贷款 4.45 亿元、自筹资金 4.02 亿元），科技示范项目总投入 0.38 亿元（其中中央财政资金 0.12 亿元、地方财政配套资金 0.09 亿元、银行贷款 0.10 亿元、自筹资金 0.08 亿元）。

（二）资金管理情况

资金是开发的手段和保障，也是开发的“第一推动力”。14 年来，湖北各地在农业综合开发资金的管理上做了大量富有成效的工作，特别是近几年，全省各地在实践中总结经验，在规范中完善制度，在创新中加大管理力度，较好地提高了农业综合开发资金的使用效益。

第一，资金管理实现了规范化。2001 年 7 月，湖北省制订下发了《湖北省农业综合开发资金县级报账核算管理实施细则》，较好地解决了项目管理和资金管理相互脱节的问题。枝江市等地以建立农业综合开发县级财政报账制为契机，坚持“资金跟着项目走、拨款跟着进度走”，从报账的源头把关，实行对事前、事中、事后全过程的管理与监督，确保了农业综合开发资金专款专用。襄阳等地试行项目资金公示制，通过多方监督，较好地提高了资金使用效益，明显促进了项目建设质量的提高。

第二，资金回收体现了效益化。为进一步解决有偿资金回收难的问题，2001 年初，省农发办与中国农业银行湖北省分行联合制定了《湖北省农业综合开发财政有偿资金委托贷款实施细则》，并在全省全面推开试点工作，为提高有偿资金运行质量和效益进行了有益的尝试，取得了良好的效果。

第三，面对农村税费改革后农业综合开发财政有偿资金管理的新形势，在实地调研并听取部分项目县市意见的基础上，省农发办会同省农村税费改革领导小组办公室研究制定了适应农村税费改革需要的农业综合开发财政有偿资金使用和回收管理新办法，出台了《关于进一步做好农业综合开发财政有偿资金回收工作有关问题的意见》，进一步建立健全了农业综合开发财政有偿资金使用和回收管理制度，明确了农村税费改革后对农业综合开发财政

有偿资金回收的政策要求，提出了对2001年底以前投放的未到期或已到期未回收的农业综合开发财政有偿资金回收的分类处理办法，推出了2002年以后农业综合开发财政有偿资金投放的基本原则和总体要求。与此同时，积极协调解决执行中出现的问题，注意抓好以点带面，为以后年度财政有偿资金的投入、使用和回收创造了良好的环境。各地在有偿资金回收上也克服了种种困难，特别是在落实债务人、落实还款措施、组织回收到期有偿资金等方面都做了大量的工作。

二、农业综合开发项目管理情况

湖北省农业综合开发实施14年来，认真贯彻国家农业综合开发的方针、政策，创造性地开展农业综合开发项目和资金管理工作，使农业综合开发工作一年上一个新台阶，取得了可喜的成绩。全省农业生产基础条件明显改善，农业综合生产能力和农业综合效益明显提高，农业科技含量和农民收入稳步增长。

（一）开发概况

随着农业和农村经济的发展，湖北省农业综合开发的范围从1989年的26个县（市、区、农场）发展到2002年的78个。开发内涵也在不断丰富，已由当初单一的土地治理项目发展到三大类九小类项目。同时，各地结合实际，因地制宜，积极调整产业结构，优化开发布局，走出了各具特色的农业综合开发之路。如孝感市的农业综合开发形成了以安陆市的高标准土地治理、云梦县的蔬菜产业化为主要代表的多样化开发格局。鹤峰县的产业化龙头带动、蕲春县和京山县的优质粮基地建设、襄北监狱的节水农业示范等，也都特色鲜明，成果喜人。从大的区域特色上来看，鄂北岗地的农业综合开发以治理旱、风、瘦为重点，运用工程、生物和其他科技措施发展节水农业、旱作农业。江汉平原以治水、改田、造林为重点，完善田间配套设施，增加了抵御自然灾害的能力。鄂东南以提高土地产出效益为重点，积极调整产业结构，大力发展具有比较优势的干鲜果、草食动物、中药材等多种经营项目，着力扶持具有科技创新能力和经营农产品深加工业的龙头企业，培育了新的经济增长点。鄂西山区在建设好农民口粮田的基础上，充分利用资源优势，大力发展以名、特、优品种为主的特色种植、养殖项目，带动了农民脱贫致富，同时还加速了退耕还林、还草，改善了生态环境。特别是恩施州及宜昌市各地充分利用当地资源优势，积极扶持无公害特种蔬菜、药材、经济林及绿色系列产品的发展，特色明显，带动农民增收成效显著。大中城市郊区如武汉市蔡甸区、江夏区等以城郊农业为重点，大力发展以蔬菜、花卉种植和名特优水产品、畜禽养殖为重点的多种经营项目、科技示范项目和农业现代化示范项目，并大力发展高效农业、创汇农业和旅游观光农业，发挥了较强的示范、辐射和带动作用。

（二）项目建设及主要成效

1．土地治理项目和生态环境建设。自1989年实施以来，湖北省农业综合开发始终以改造中低产田、改善农业基本生产条件、提高农业综合生产能力特别是粮食综合生产能力为基本任务，坚持“国家引导、配套投入、民办公助、滚动开发”的投入机制，在财政资金的引导下，带动乡村集体和农民自筹等各项资金，不断增加对农业基础设施和生态环境的投入力度，资金投入逐年稳步增长。开发14年来，全省累计投入农业基础设施建设的资金占全省各类农业综合开发项目总投资（不包括部门项目投资）的71.40%。1989年用于土地治理项目的投资为1.76亿元，到2002年达到4.72亿元，增长了1.68倍。其中财政资金从1989年的1.26亿元增长到2002年的3.39亿元，增长了1.7倍。在土地治理项目的建设过程中，针对制约农业生产的各种障碍因素，综合运用水利、农业、林业和科技等措施，实施中低产田改造，进行山水田林路综合治理。14年来，全省累计改造中低产田1 527.46万亩，植树造林194.45万亩，修建小型水库1 226座，购置农机4.31万台（套），新增和改善灌溉面积1 365.43万亩，新增和改善除涝面积1 057.46万亩。全省粮、棉、油等主要农产品大幅增产，14年来项目区累计新增粮食生产能力29.13亿公斤、棉花1.32亿公斤、油料3.12亿公斤。通过综合治理，不仅改善了项目区的农业基本生产条件，提高了农业生产力水平，而且改善了农业生态环境，为湖北省农产品由长期短缺到总量基本平衡、丰年有余的历史性转变做出了积极贡献，也为湖北省农业可持续发展奠定了坚实的基础。

2. 推进农业产业化经营，促进农业结构调整。1998 年以来，适应农业发展新阶段的要求，湖北省农业综合开发在指导思想上积极实行“两个转变”，坚持“两个着力”、“两个提高”。在项目实施过程中，湖北省注重针对平原、丘陵、山区不同的自然条件，统一规划，合理布局，发挥区域比较优势，着力向优势资源进军，发展具有区域特色的主导产业和优势产品，大力推进农业产业化经营，促进农业结构的不断调整和优化。湖北省扶持农业产业化经营经历了一个渐进式的发展过程，扶持内容由初始尝试性扶持龙头企业的生产基地建设，发展到目前的生产基地 + 技术改造 + 贴息引导 + 公益性设施建设的多方位、综合性扶持，扶持对象也从单纯的国有企业发展到现在的国有和民营龙头企业同等对待。通过市场牵动龙头，龙头引导基地，基地带动农户，合理配置农业资源，促进农产品的深度开发和转化增值。14 年来共建设优质水产品、蔬菜、果品、茶叶、花卉、中草药等优势农产品生产基地 136 万亩；新增水产品 2.37 亿公斤、肉类 0.25 亿公斤、干鲜果品 3.28 亿公斤、蔬菜 3.08 亿公斤。扶持产业化龙头企业 114 个，先后对京山县京山轻机、鄂州市武昌鱼集团、沙洋县洪森集团、天门市健康集团、鹤峰县绿林茶场等一批产业化龙头企业进行了重点扶持，增强其辐射带动能力。如，累计投入 3400 多万元，扶持湖北省长友现代农业股份公司在鹤峰县发展薇菜、香菇、箬叶等特种蔬菜产业，形成了覆盖鹤峰县全境，辐射州内五县二市，牵动武陵山区周边地区，带动项目区 5 万农村人口脱贫致富的特种蔬菜产业。1998—2002 年，鹤峰县特种蔬菜产业实现产品销售收入 2.17 亿元，上交税金 1 390 万元，出口创汇 1 554 万美元，带动该县农民增加收入 8 000 多万元。通过实施农业综合开发，在促进农业增效的同时，也增加了农民的收入。2002 年，湖北省省农业综合开发项目区农民人均收入达到 2 500 多元，比非项目区高 100 元左右，多的高出 500—1 000 元。

3. 实施科技示范项目，积极推动科技进步。农业综合开发项目区良好的农业基础设施为农业先进技术的推广应用创造了重要条件。在项目建设中，湖北省十分注重科技措施的推广应用。通过不断加大科技投入，积极引进、推广和应用农业新品种、新工艺和新技术，组织开展对项目区农民的技术培训，大力发展优质农业、高效农业，使项目区农业科技成果转化率和科技贡献率逐年提高，农产品的市场竞争力明显增强，为农业先进适用技术转化为现实生产力架起了桥梁。全省农业综合开发在科技方面的投入比重从 1996 年的 3% 提高到 2002 的 10%，增长了 7 个百分点，投入总量也在不断增加。14 年科技投入共 0.77 亿元，共引进和推广新成果、新品种、新技术 2 000 多项（个），培训农民 270 多万人次，项目区优良品种普及率达到 95% 以上。通过科技成果的转化运用，促进了项目区农业增长方式由数量型向效益型、由粗放型向集约型、由传统农业向现代农业的转变。特别是在国家农发办的大力支持下，2000—2002 年，枣阳市国家农业综合开发高新科技示范项目和浠水县、武汉市江夏区国家农业综合开发科技推广综合示范项目先后立项开发，农业先进实用技术在项目区得到了大力推广、普及和应用。在湖北，农业综合开发项目已成为先进的农业科技的重要实验基地，成为农业高新技术转化为现实生产力的桥梁。至 2002 年底，农业综合开发项目区的农业科技含量达 53%，比全省平均水平约高 7 个百分点。

（三）项目管理的主要措施

项目管理是农业综合开发工作的重点。14 年来，特别是近几年，全省各地在项目管理上坚持以改革创新统揽全局，大胆探索，勇于实践，不断在创新管理机制和健全管理制度上动脑筋、做文章，创造性地开展各项管理工作，逐步探索出了一套较为规范和完整的项目管理办法，为提高项目建设质量打下了坚实的基础。

第一，改进了项目的前期管理工作。建立了农业综合开发专家评审和项目库管理制度，引入了竞

争机制，择优选项，竞争立项。襄樊市还组织开发了项目库管理软件，并推广到鄂州市、荆门市、黄石市等地试点运行。运行中严格按照规定程序进行项目评审，较好地提高了项目管理的科学性和选项的准确性。枝江市2002年对土地治理项目试行了招标立项的做法，真正让立项环节的关系因素、照顾因素失效，取得了明显的效果。

第二，改进了项目的建设管理工作。建立了重点示范项目扩初设计的分级审查批复制度；积极试点并推行了项目法人制、工程招投标制、工程物资政府采购制以及项目工程监理制等行之有效的管理办法。如安陆市通过对土地治理项目工程建设实行招投标制，不仅很好地提高了工程建设质量，而且还有效地节省了投资。

第三，创新了竣工项目后续管理工作。如襄阳、嘉鱼等地对泵站、机电井、林网、堰塘等有一定经济效益的农业基础设施推行产权流动的做法，采取拍卖、租赁或承包经营管理权等多种形式，加快了产权制度改革，不仅有效解决了工程管护的难题，而且还把昔日的闲置资产变成了“活财富”。

第四，进一步规范了部门项目管理工作。2002年底，省农发办转发了国家农发办关于进一步加强农业综合开发部门项目管理工作的通知，并提出了关于加强部门项目管理工作的系列意见、办法，把全省农业综合开发部门的项目管理工作纳入了规范化、制度化的轨道，开辟了农业综合开发部门项目管理的新局面。

三、其他方面的管理情况

（一）机构队伍建设情况

搞好农业综合开发，人才是关键，机构是保障。湖北始终注重加强农业综合开发机构和队伍建设，为不断提升农业综合开发水平创造基础条件。一是理顺了管理机构，优化了干部队伍结构。2000—2002年全省机构改革时，各地农业综合开发机构不仅没有削弱，而且还有所增强，尽管级别不同、形式多样，但基本上都做到了机构稳定、队伍优化。二是加强了业务培训，提高了干部素质。特别是2000年机构改革后新的湖北省农发办成立以来，十分重视对各级农业综合开发干部队伍的培训工作。2002年，省农发办先后举办了有各开发市、州、县（市、区）参加的全省农业综合开发财务会计制度培训、项目管理与项目计划编报培训、信息网络培训，培训干部300人次，提高了全省农业综合开发干部队伍的业务素质。一些市州也组织进行了形式多样、内容丰富的培训活动，提高了干部队伍的政策理论水平、业务工作能力和办事效率。三是转变了工作作风，加强了勤政廉政建设。在全省农业综合开发干部队伍中倡导和弘扬团结拼搏、科学创新、吃苦耐劳、服务奉献的精神。要求农业综合开发干部发扬实事求是、雷厉风行、调查研究、勤政廉政的工作作风，强化责任意识、全局意识、服务意识和创新意识，牢固树立为“三农”服务的意识，积极为农民办好事、办实事，使农业综合开发项目日益成为广大农民群众心目中的“富民工程”、“德政工程”。

（二）宣传和调研情况

尽管农业综合开发已经走过了10多年的历程，但它仍然是一项全新的事业，需要得到全社会的关心和支持。近几年，针对农业综合开发的薄弱环节，湖北省进一步加大了宣传和调研力度。一是省农发办在《中华英才》、《湖北日报》、湖北电视台、《湖北财税》、湖北财政网页、湖北省政府信息中心网页等媒体上开辟多种形式的宣传阵地，对全省农业综合开发工作进行了全面系统的宣传，并编发了《湖北农业综合开发》信息简报。各地也按照《湖北省农业综合开发办公室关于加强农业综合开发宣传工作的通知》的要求，进一步加强了对农业综合开发宣传工作的领导，逐步建立和健全了农业综合开发宣传工作机制，并进行了主题鲜明、重点突出、形式灵活、手段多样的农业综合开发信息编报和宣传工作，宣传国家的农业综合开发政策和开发的成绩与经验，帮助社会各界了解和支持农业综合开发工作。二是大兴调查研究之风，深入开展了农业综合开发政策调研、工作研讨及专项课题研究。特别是2002年，结合新时期农业综合开发工作面临的新形势、新任务、新挑战，着重就业务工作上的热点、难点问题，在全省开展了形式多样、内容丰富的调查研究，工作力度空前。如，参与了国家农发办主持的加入WTO后农业综合开发的应对措施、农村税费改革后农民筹资投劳、支持发展优势农产品等6个重点专题研究；高质量完成了国家农发办下达的10项专题调研任务，并形成了《关于建立健全农业综合开发投入机制的调研报告》、《新形势下加强农业综合开发资金管理的具体措施》、《农业综合开发支持结构调整问题调研》、《农业综合开发扶持优势农产品发展研究》、《充分发挥农业综合开发职能作用，积极应对入世挑战》、《加入WTO后农业财政问题研究》和《湖北省农业和农村经济形势分析与思考》等多个专题调研报告，受到国家农发办的好评；牵头组织全省开展了"新阶段农业综合开发的地位和作用"、"湖北省如何贯彻落实以农业主产区特别是粮食主产区为重点的项目布局政策"、"农业综合开发如何适应农村税费改革的要求"等17个重点专题的理论研究和工作调研，各地以创新的精神、开阔的视野，站在与时俱进的高度，围绕农业综合开发工作面临的重点、热点和难点问题，从不同的角度、不同的侧面进行了剖析探讨，形成了有情况、有分析、有见解的调研报告，为新时期农业综合开发工作提出了有益的意见和建议，为科学决策提供了依据；会同省农村财政研究会开展了"农业综合开发竣工项目建后管护与资产营运研究"等重点课题研究，为理论创新、制度创新及完善政策、规范管理、科学决策提供了依据。

14年来，湖北省农业综合开发工作取得了一定的成绩，受到了省委、省政府领导和国家农发办以及有关方面的肯定和好评，获得了财政部和国家农发办的多次表彰和奖励。如，1997年在全国农业综合开发10年成果展示会中荣获国家农发办授予的优秀组织奖和最佳设计奖；1998年度资金决算和项目统计工作获财政部颁发的全国农业综合开发资金决算和项目统计工作评比决算优胜奖；2000年度资金决算工作获财政部颁发的全国农业综合开发资金决算评比一等奖；2001年财政有偿资金回收工作获国家农发办通报表扬；获国家农发办2002年度项目资金奖励927万元等。

（湖北省农业综合开发办公室供稿，柳以洲、周学武、葛松涛执笔）

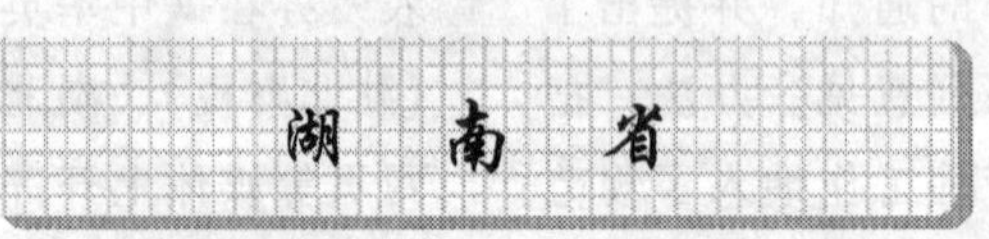

湖 南 省

湖南作为一个农业大省，是我国粮食主产区之一，粮食、油料、棉花、猪肉等7种农产品产量处于全国前10位。1989年湖南经国家批准立项实施农业综合开发后，在省委、省政府的正确领导下，在国家农发办的大力支持和精心指导下，全省农业综合开发的投资规模越来越大，开发范围越来越广，建设标准越来越高，各项管理工作越来越规范，为农业和农村经济发展注入了生机和活力，为推进湖南农村小康进程做出了重要贡献。截至2002年，全省农业综合开发已涉及14个市州，83个县（市）、2个国营农（牧）场。

1989—2002年全省农业综合开发共完成项目总投资65.46亿元，其中：中央财政资金19.69亿元，地方财政配套资金18.90亿元，银行贷款11.23亿元，单位和群众自筹资金15.64亿元。共计改造中低产田1 503.72万亩，建设优质粮食生产基地52万亩，开垦宜农荒地78.89万亩，改良草场40.70万亩，营造经济林131.14万亩，发展蔬菜种植21.36万亩、中药材种植10.95万亩、水产养殖153.62万亩、畜禽养殖1 674.06万头（万只），支持了农业产业化龙头项目43个、科技示范项目4个，同时还扶持了一批生态建设示范项目和国务院农口部门项目，圆满地完成了国家批复的计划任务。14年来，全省农业综合开发取得了显著的经

济、社会和生态效益。

（一）改善了农业生产基本条件，增强了农业发展后劲

湖南省在农业综合开发中共新建、维修和加固小型水库 1 666 座，新建和改造排灌站 4 076 座，修建拦河坝 1 422 座，建设灌排渠系 9.84 万公里，修建机耕路 1.01 万公里，配套农电线路 1 754 公里。建成了一批“田成方、树成行、渠相通、路相连”，集中连片标准高，工程配套形象好，综合治理成效大，具有现代农业特征的项目区，农业基础设施和农业生态环境大为改善，防灾抗灾能力显著增强，为实现全省农业可持续发展奠定了良好基础。

（二）提高了农业综合生产能力，增加了农产品产量

1989 年至 2002 年，全省农业综合开发项目区努力调整产业结构，改良品种，增加科技含量，农产品的产量和质量有明显提高。项目区共新增粮食生产能力 326.79 万吨、棉花 2.72 万吨、油料 21.65 万吨、糖料 18.49 万吨、肉类 44.21 万吨，对缓解农产品供需矛盾、繁荣城乡市场、稳定农村、扩大内需和促进全省农村经济步入新的发展阶段起了有力的支撑作用。

（三）促进了农村经济发展，增加了农民收入和财政收入

14 年来，湖南省通过农业综合开发项目建设共新增总产值 149 亿元，项目区农民人均纯收入比非项目区高 200—600 元不等。同时，通过实施农业综合开发，形成了一批具有地方特色的拳头产品和优势产业，也培植了地方财源，增加了财政收入。如立项支持的南山牧场奶制品生产、江永的香柚、洞口畜牧小区、郴州烤烟生产、武冈的脐橙、湘阴的兰岭茶叶、茶陵的油茶深加工、沅江的乌鳢养殖、大通湖渔场大水面养殖、会同金裕竹木地板加工、益阳市的中猪出口基地等等，都为当地农民和财政增加了收入。

（四）密切了党群干群关系，发挥了辐射示范作用

14 年来，各级党政领导经常深入到项目区与农民同吃、同住、同劳动，为项目建设排忧解难。广大农民长期想办而未办到的事，在农业综合开发中得到了解决，农业综合开发项目被广大农民群众称赞为党和政府的“德政工程”，农民群众致富奔小康的“造福工程”。同时，由于实行集中投入、规模开发、高标准治理，农业综合开发在全省农村起到了辐射带动和示范样板作用。

实施农业综合开发以来，湖南省一直认真贯彻落实国家农业综合开发联席会议和全国工作会议精神，牢牢把握新阶段农业综合开发的方针、政策，转变指导思想、调整工作思路，努力开创农业综合开发新局面。

一、农业综合开发资金管理情况

（一）进一步健全资金投入机制

全省各级农发办始终坚持“国家引导、配套投入、民办公助、滚动开发”的投入机制。一是狠抓财政配套资金到位。各级财政部门在财力紧张、收支矛盾突出的情况下，按照“统筹兼顾、突出重点”的原则，在编制年初预算时，优先安排农业综合开发财政配套资金。对于年度新增投资规模所需的配套资金则通过年中追加预算和从有偿回收资金中予以解决，从而保证了财政配套资金如期足额到位。二是大力发动群众投资投劳。为确保自筹资金计划的完成，部分市、县创新筹资机制，多方位筹资，确保了群众自筹资金的到位。14 年来项目区群众共集资和以物折资 15.64 亿元，相当于同期中央财政投资的 79.43%。此外，部分项目区还积极引进外资和社会资金参与农业综合开发，取得了良好的效果。

（二）不断完善资金管理办法

湖南省农业综合开发资金由财政部门、开发系统实行专项管理，多年来在资金管理上制定并落实了一系列资金管理政策和财务管理办法，确定了“四定”（定任务、定配套、定自筹、定回收）、“四专”（专户储存、专账核算、专人管理、专款专用）、“六统一”（统一领导、统一制度、统一账本、统一凭证、统一记账方式、统一报账程序）、“一支笔”审批的基本制度。针对第一、二期农业综合开

发存在的资金管理欠规范、制度不健全等问题，经过反复研究、认真试点，于 1997 年初下发了《湖南省农业综合开发资金县级报账制度》，规定了农业综合开发资金管理权责划分、资金报账程序和方法、会计核算管理和要求等。这一制度的实行对规范、统一全省农业综合开发项目和资金的管理，对理顺财政部门与农发办的关系起到了重要作用。这项制度的颁布得到了国家农发办的认可，并为全国一些省区提供了借鉴和参考。1999 年，根据国家农业综合开发有偿资金的管理办法，结合本省的工作实际，印发了《湖南省农业综合开发有偿资金暂行管理办法》，对有偿资金使用范围、管理权限、回收期限、占用费率等做出了规定，并重点规范了立项和回收这两个有偿资金管理的关键环节。截至 2002 年底，全省省本级应回收有偿资金 7.99 亿元，实际回收 7.12 亿元，回收率达 97.65%。

二、农业综合开发项目管理情况

（一）农业基础设施建设和生态环境建设情况

自 1989 年实施农业综合开发以来，全省农业综合开发土地治理项目始终把工作重点放在加强农业基础设施建设、改善农业生产基本条件上，针对制约农业生产发展的主要障碍因素进行综合治理。1989 年至 2002 年，全省用于土地治理项目的财政资金达 29.26 亿元，占同期财政投资总额的 75.82%。通过对项目区水源工程、田间工程和渠系附建物的配套建设，新增和改善灌溉面积 1 248.04 万亩，新增和改善除涝面积 438.27 万亩；通过植树造林种草护坡，改善了生态环境，增加了项目区的森林覆盖率，减少了水土流失面积；通过秸秆还田、测土配方施肥等培肥地力、改善土壤的措施，提高了项目区土壤的有机质含量；通过机耕路、农电线路建设和购置农机具、发展农村沼气等措施，方便了农民的生产和生活，减轻了农民的劳动强度，提高了项目区综合治理水平。

通过不断实践和探索，全省农业综合开发在基础设施和生态环境建设方面呈现以下几个特点：

第一，在开发模式上求“新”。一是继续完善丘岗山地开发模式。怀化市、湘西自治州等西部地区总结出了丘岗山地开发的四种模式，即山间盆地田园化开发模式、溪畔冲垅立体开发模式、山丘地吨粮土开发模式和山系小流域梯级开发模式，并逐步探索将环境保护、结构调整、扶贫开发、西部开发等内容与原有丘岗山地开发模式相结合的途径。二是积极探索平湖区开发模式。对耕地在万亩甚至十万亩集中连片的地方采取总体规划、逐年实施开发的办法；在洞庭湖区退田还湖的低洼连片地带，发展速生丰产林、水生植物和大水面养殖；在分散洼地和渍水田块发展特种养殖。

第二，在工程质量上求“好”。在确保项目任务完成的同时，按照一流工程、一流质量的要求进行严格的质量管理。一是全面推广工程预制购件的使用。为统一建设标准，降低工程成本，湖南省农业综合开发办公室于 2002 年出台了《湖南省农业综合开发工程预制购件生产安装技术》和《湖南省农业综合开发建筑单位估价表》。二是严把施工关，明确规定项目区建设必须由相应资质的专业工程队施工，从源头上为保证工程质量提供了前提。三是明确工程质量责任制，从项目的组织实施到工程的选材用料，从工程的质量验收到质量保证金的提取和管理等，都有严格的监督手段和责任制度。

第三，在建设标准上求“高”。结合各市州的实际情况，湖南省农发办采取区别对待、分类指导的办法，严格按照国家农业综合开发项目建设标准和现代农业发展的要求，高起点地进行规划设计，对平湖区要求做到田成方、树成行、渠相连、路相通；对山丘区要求做到小集中、大连片，注重实效。在工程施工上，要求做到直如线、弯如月、硬如铁、平如镜。

（二）农业产业结构调整和推进农业产业化经营建设情况

按照农业发展的新形势和农业综合开发的新任务的要求，全省已把促进项目区农业结构调整和农业产业化经营作为农业综合开发的一项重要工作来抓。

1. 搞好农田基础设施建设，围绕结构调整打基础。特别是在粮食主产区，通过集中连片，规模开发，综合治理，对中低产田实施全方位的渠系配

套、路网配套、桥涵闸配套和田园化建设，实现高标准农田与高产农田和高效农田的统一，为农业结构调整打好基础。通过改善基础设施，全省农业综合开发项目区种植高效经济作物的面积为362.5万亩，占项目区耕地面积的24.1%。

2.积极扶持产业化龙头项目建设。湖南省农发办根据本省的资源特点，充分利用粮、猪、烟、菜、油、茶、柑桔、竹木、药材等产业优势，结合市场需求，按照公司+农户+基地的模式，对有基础、有优势、有市场的农产品加工企业加大资金扶持力度，扩大其农产品初、精加工的规模，增强其市场竞争能力和辐射带动能力，促进产业化链条的延伸。全省农业综合开发多种经营项目重点扶持了一批效益好的龙头企业，如湖南熙可食品有限公司、临武舜华鸭业有限责任公司、益阳粒粒晶粮食购销有限公司等，以这些龙头企业的发展带动项目区的产业结构调整。

3.抓好农产品基地建设。按照地方产业结构调整的要求，湖南农业综合开发立项支持建设了一批优质粮食生产基地、无公害蔬菜生产基地、特色经果林生产基地和名优水产品生产基地，如浏阳盾叶薯蓣良种1万亩、邵阳优良瓜果新品种1万亩、大通湖10万亩大水面养殖基地等，带动了周边农户的种养业发展，发挥了基地的规模效应和示范带动作用。

（三）积极推动农业科技进步情况

全省农业综合开发项目不断增加科技投入，提升项目档次，大力引进优良种子、种苗、种畜和种禽，大力推广农业高新科技和先进适用技术，支持农业科技推广体系的建设和对农民的技术培训，支持高等院校、科研机构将农业科技成果转化为生产力。1999年至2002年，全省扶持了宁乡、浏阳、攸县、邵阳等四个农业科技推广和高新科技示范项目，总投资为3 006.40万元，其中财政投资1 893.40万元；扩大良种种植面积4.5万亩，辐射推广面积10.44万亩；新增利税1 851.55万元，农民新增纯收入1 964.82万元。项目充分发挥了示范、带头和辐射作用。

三、积极做好世行农业科技项目前期工作

2002年，国家农发办安排湖南省农业综合开发世行贷款科技项目资金计划指标2 000万美元，项目实施期为4年。湖南省农发办根据国家农发办的要求，专门成立了外资项目部，对各市、州上报的世行贷款农业科技项目进行了实地考察和筛选，选定了湖南两系超级杂交水稻等13个项目作为湖南省世行贷款农业科技项目。之后组织各项目单位认真编制了项目建议书和中英文项目基本情况表，并汇总编制了《湖南省利用世行贷款实施农业综合开发科技项目建议书》。世行项目确认团的外国专家对湖南省项目前期准备工作给予了充分的肯定。

四、进一步完善和创新管理机制

一是逐步推行项目法人制、招投标制、工程监理制，依法明确项目的投入主体、产权主体和管护主体，建立和完善各项规章制度，严格按制度办事，全面提高农业综合开发各项管理工作的科学化和规范化水平。2002年选择了常德、邵阳两市作为全省农业综合开发招投标试点市，取得了一些成功经验和做法，并逐步向全省推广。二是引入竞争机制，实行工作绩效与投资规模挂钩的办法。湖南省农发办对年度验收评比中被评为一、二、三等奖的项目县、市，除按等级适当安排项目奖励外，还在下年度安排新增投资规模时予以考虑。三是全面推行项目县、市末位淘汰制。各市、州在组织年度项目竣工验收时，对本地区所属县、市进行综合评分，排出名次，对名列末位的项目县、市，在下个项目年度予以淘汰，暂停立项。这一制度在部分市实施后，取得了良好的效果。四是健全和完善项目评审机制，组建项目评审机构，完善专家评审制度，规范项目评审程序，加强项目立项前期考察。五是探索农业综合开发国有资产产权管理办法，确保国有资产保值增值。

（湖南省农业综合开发办公室供稿，陈纯执笔）

广东省自 1992 年开始实施农业综合开发项目，11 年来，全省累计投入农业综合开发资金 20.77 亿元（含深圳，下同），建成旱涝保收的高产稳产农田 394.45 万亩，扶持和培育了一大批国家级、省级农业龙头企业，极大地推动了全省小康社会的全面建设和农业、农村经济的全面发展，使农业综合开发在广东省农业生产中的地位明显提高，影响力逐步扩大，对促进农业增效、农民增收发挥了显著的作用。

一、农业综合开发资金的投入与管理情况

（一）资金投入情况

11 年来，广东省农业综合开发投资规模逐渐扩大，开发范围不断拓宽。投入农业综合开发的中央财政资金从 1992 年的 800 万元增加到 2002 年的 1.21 亿元，增长了 14 倍多。被扶持的项目县也逐年增加，从 1992 年的 2 个增加到 2002 年的 43 个（见图一）。据统计，1992 年至 2002 年，全省农业综合开发累计总投资 20.77 亿元，其中：中央财政资金 6.03 亿元，地方财政配套资金 8.16 亿元，银行贷款资金 9 731 万元，企业、集体和农民自筹资金 5.61 亿元（见表 1）。

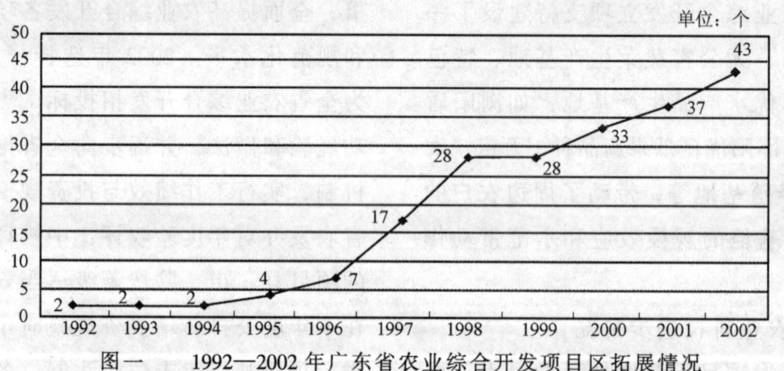

图一　1992—2002 年广东省农业综合开发项目区拓展情况

表 1　1992—2002 年广东省农业综合开发投资情况表

单位：万元

年份	总计	1992	1993	1994	1995	1996	1997	1998	1999	2000	2001	2002
合计	207 746.21	1 864.5	1 966.6	1 929.3	5 902.1	20 023	12 229.5	15 874	23 365.5	28 171.3	47 057.65	49 362.76
中央财政资金	60 310	800	800	800	1 900	4 170	3 800	5 479	5 143	10 495	14 784	12 139
地方财政资金	81 637	800	800	800	1 900	5 625	3 723	5 084	7 556	11 630	21 085	22 634
银行贷款资金	9 731	63	0	0	200	320	683	250	3 153	0	1 241	3 821
自筹资金	56 068.21	201.5	366.6	329.3	1 902.1	9 908	4 023.5	5 061	7 513.5	6 046.3	9 947.65	10 768.76

（二）资金管理情况

1. 全面实行了财政无偿资金县级报账制，管理上逐步向规范、有序、高效转变。在县级报账制实施前，由于项目资金由项目乡镇政府掌握使用，

受乡镇财会人员素质较低和乡镇领导干预较多的影响，项目财政资金使用存在一些不妥当的地方，建账情况也比较混乱。针对这些问题，广东省于2001年在全省范围内开始推广农业综合开发财政无偿资金县级报账制，对项目资金严格实行“专人管理、专账核算、专款专用”，实行统一资金拨借、统一会计核算、统一报账管理，合理划分财政部门、农业综合开发部门、项目乡镇、施工单位的资金管理职责，报账程序和报账方法比较明确。通过实施县级报账制，强化了资金管理，提高了资金拨付效率，使项目资金使用程序和投资趋向规范化、合理化。

2. 为化解财政有偿资金风险，开始试行财政有偿资金委托银行贷款制度。由于有偿资金的拨借手续复杂、回收困难，从2001年起，广东省开始试行财政有偿资金委托银行贷款制度。在具体操作上，基本上是由项目当地财政局与银行签订合同，委托银行按规定程序发放。一是要求项目资金须按国家批准的项目计划投放，二是要求有偿资金承借主体提供抵押或担保。

3. 向资金集中投入，形成规模开发的方向转变。一方面，广东省农业综合开发注重集中投入，规模开发。从实施农业综合开发项目以来，广东省对项目数量实施了严格的管理，每个县的项目数量基本控制在3个以内。平均单个土地治理项目的投资总额，在1992年为152万元，到2002年增加到240万元。另一方面，广东省农业综合开发注重突出重点，集中资金办大事。在坚持以改造中低产田为重点的基础上，注意把包括土地治理、多种经营和科技示范项目在内的各个渠道的专项资金和项目有机地整合起来，形成合力，着重加强优势农产品生产基地的农田基础设施建设，大力扶持优势农产品产后保鲜、精深加工和市场体系建设，提高优势农产品生产的标准化水平和科技含量。按照“一乡一品”、“一县一品”的思路，努力做到“选准一个优势品种，规划一片基地，推广一套技术，开发一个商品，创立一个品牌，占领一方市场，致富一方百姓”，努力实现优势农产品的区域化布局、标准化生产、企业化管理、产业化经营，努力使土地治理项目区都成为优势农产品生产基地，使优势农产品都能够被培育成为具有广东特色和竞争力的区域性主导产品并形成当地农业的支柱产业。

4. 加强资金使用监督，确保项目资金专款专用。一是加大资金审计力度。项目县审计部门每年对资金使用进行审计，省审计厅每2—3年对全省项目县资金进行专项审计。审计部门对资金使用做到“一审二帮三促进”，较好地提高了广东省农业综合开发资金使用效果。二是引进群众监督机制，逐步推广项目资金使用公示制。在项目建设完成后，将项目资金投入量和工作完成量向项目区农民公布，让群众对项目实施有“知情权、参与权和监督权”，加强社会舆论监督，保证项目资金专款专用。

二、农业综合开发项目管理情况

（一）土地治理项目和生态环境建设情况

1. 严把规划设计关，从源头保证了农业综合开发的工程质量。一是充分发挥资源和区域优势，因地制宜，讲求实效，统筹规划，合理布局，既考虑当地农业和农村经济结构调整的内容、方向及农业产业结构调整对农田基本建设标准的要求，又使项目规划与当地农业结构调整规划有机地结合起来。二是项目区的灌排系统规划能从实际出发，因地制宜，既能考虑到项目区的排灌要求，又能较好地与区外水系相衔接，从而保证了灌溉、排水畅通。比如新会市在不同项目镇因地制宜地采用了灌排分家与灌排同渠两种不同类型，既保证了灌排畅通，又节约了用地，工程既安全经济，又美观大方。

2. 按图施工，严把质量关，试行工程招投标和工程质量监理制。2002年，广东省农业综合开发在惠州市博罗县、韶关市仁化县开展了工程招投标试点工作，一方面降低了工程造价，另一方面挑选出来的工程队信誉较好。各地基本能够做到按图施工，跟踪检查监督施工全过程，严把质量关。一旦发现工程质量问题，就会立即责令施工队返工重做，从而保证了施工质量。

3. 建管并重，促进了农业结构调整和集约化经营。有些项目区，如新会市，打破“肥水不流外人田”的小农经济观念，在工程建设的同时就考虑到今后的管理运用。他们以格田为单元，铲除田埂，平整土地，生产管理实行“五统一”，即统一品种、统一种植、统一管水、统一施肥、统一植保。这种做法具有一定的超前性、科学性和先进性，符合农业综合开发的宗旨和农业现代化的要求。

4. 坚持五个结合。一是坚持与广东省农业现代化示范区建设结合。从 1999 年实施珠江三角洲十大农业现代化示范区以来，广东省累计在十大农业现代化示范区投入农业综合发资金 2.49 亿元，建设高标准农田 52.8 万亩，修建渠道 849 公里，修建机耕道路 217.3 公里。为十大农业现代化示范区的建设创造了良好条件，促进了现代化农业设施的普遍应用、新品种新技术的引进、产业化经营和对全省发挥示范辐射作用。二是坚持与广东省开展的山水田林路综合治理“大禹杯”竞赛活动相结合。截至 2002 年底，累计投资 7.86 亿元，扶持山区县 23 个，改造中低产田 170.7 万亩，为进一步改善贫困山区农业生产条件，落实贫困农户人均半亩“保命田”，带动山区经济发展创造了良好条件。三是坚持与培植农业龙头企业、推进农业产业化经营相结合。四是坚持与提升广东省农产品的科技含量相结合。五是坚持与农业结构调整相结合。在项目实施过程中，广东省农业综合开发注意一手抓土地治理，一手抓新品种引进、示范和调整，创办农业产业基地，尽可能做到治理一片，调整一片，发展一片。积极鼓励农业龙头企业通过定向投入、服务和收购等方式，与农户、农村专业合作经济组织紧密结合，建立自己的农产品原料基地，着力解决农产品原料的分散生产、集中加工、统一销售之间的矛盾。

11 年来，广东省农业综合开发农田治理面积迅速扩大，1992 年为 7.57 万亩，至 2002 年即扩大到 64.83 万亩，增长了 7.6 倍（见图二）。通过实施农业综合开发项目，广东省加强了农业基础设施建设，提高了项目区农业综合生产能力，改善了农业生态环境，加快了农业生态的良性循环，促进了农业的可持续发展，取得了显著的社会、经济效益。据统计，1992—2002 年，广东省农业综合开发累计建成旱涝保收的高产稳产农田 394.45 万亩，新增和改善灌溉面积 349.68 万亩，新增和改善除涝面积 230.80 万亩，新建及扩建、加固小型水库 96 座，修建拦河坝 276 座，修建排灌站 482 座，新建和修复机井 271 眼，建设输变电线路 602 公里，建设灌排渠系 19 218.33 公里，修建机耕路9 428.91 公里，营造防护林 108.31 万亩。1992 年—2002 年，全省项目区累计新增粮食生产能力 9 310 万公斤，新增种植业总产值 2.39 亿元（见图三、图四）。

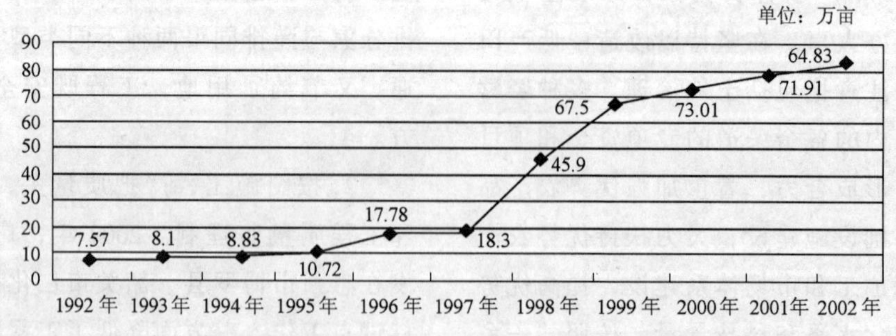

图二　1992—2002 年广东省农业综合开发土地治理面积增长情况

（二）促进农业结构调整和产业化经营情况

广东省在农业综合开发中稳步推进农业产业化经营，用于扶持农业龙头企业、调整农业产业结构的财政资金逐年增长。1992 年，全省多种经营项目总投资仅 119.3 万元，2002 年增加到 1.68 亿元，同比增长了 140.8 倍（见图五）。据统计，1992—2002 年，广东省对多种经营项目累计投入 5.28 亿元，支持了广东省温氏食品集团、广州市从玉菜业

发展有限公司、广东省恒兴集团有限公司等一大批国家级农业龙头企业，培植了潮阳市粮丰集团、广东省宏伟集团有限公司等一大批省级农业龙头企业，涵盖了种养、加工、流通等多个行业，对推进广东省农业产业化进程和促进农民增收发挥了重要作用。

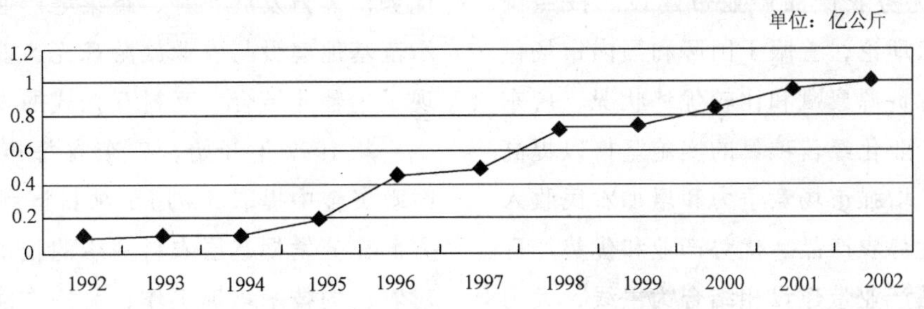

图三　1992—2002年广东省农业综合开发项目区新增粮食生产能力

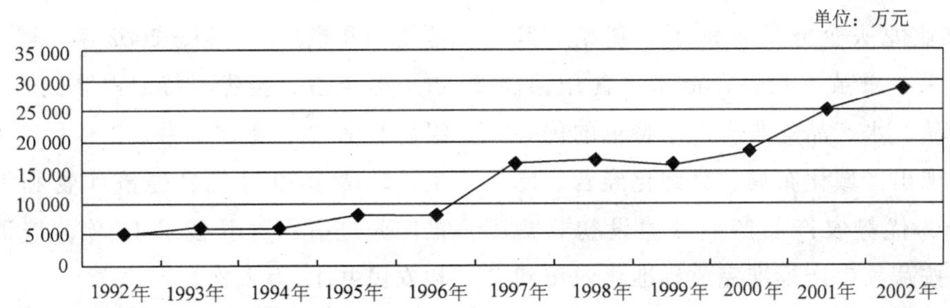

图四　1992—2002年广东省农业综合开发新增种植业总产值

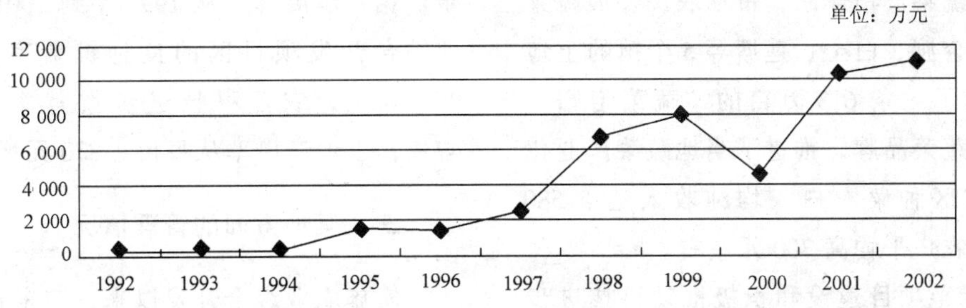

图五　1992—2002年广东省农业综合开发多种经营项目投资情况

广东省农业综合开发在实施多种经营项目过程中，基本上做到了以下三个坚持：

1. 坚持提高产业带动能力，着力选择农产品加工项目。在选项中，坚持把增加农民收入作为项目建设的根本出发点和落脚点，立足资源优势和比较优势，面向市场，注重选择发展前景好、带动农民增收能力强的农业龙头企业作为产业化项目的承担单位，因而在选项中侧重选择农产品加工项目和农产品流通服务项目，逐步减少单纯的农业种植和养殖项目投资比重。2002年，广东省农业综合开发立项的21个多种经营项目中，农产品加工业项目占了10个、种植项目6个、养殖项目5个，而1995年全部都是种养类项目。

2. 坚持与调整农业产业结构相结合。1992—2002年，通过农业综合开发土地治理和多种经营项目的实施，全省项目县累计调整农业结构面积395.25万亩，占全省农业结构调整总面积的27%，其中由于多种经营项目实施带动调整的面积为197.8万亩。通过结构调整，增加了项目区经济作物和名、特、优农产品的种植比例，大大提高了农业产值。据统计，项目区农业结构调整后新增农业产值 21.7 亿元，每亩产值平均增加 765 元，农民人均纯收入新增 250 元左右。

3. 坚持推进优势农产品产业带建设。按照国际贸易和国际分工理论，着眼于国际和国内市场供求变化以及广东省资源禀赋和比较优势状况，广东省农业综合开发产业化经营项目的实施坚持以提高农产品比较效益、增强市场竞争力和增加农民收入为核心，以培育优势农产品、优势产业和优势产区与推进优势农产品产业带建设相结合为主线，大力压缩劣势农产品生产规模，努力推进优势农产品的区域化布局、标准化生产、产业化经营和企业化管理。在项目区农业龙头企业的带动下，蔬菜、笋竹、茶叶、干鲜果、蚕茧、花卉、苗木、食用菌、中药材、畜禽产品、水产品等具有广东特色的优势农产品已初步呈现出区域化布局、集约化经营、专业化生产的格局，优势农产品产业带建设初具规模。如，高要市按蔬菜生产标准完成标准化农田建设后，通过多种经营项目扶持省级龙头企业——碧绿蔬菜发展有限公司，采取公司＋农户的形式，建立起较为完善的蔬菜产销体系，带动农民发展蔬菜生产，在蚬岗、金渡、白土、莲塘等 5 个镇的土地治理项目区形成了一条 6.3 万亩的"蔬菜走廊"，打响了"碧绿"蔬菜品牌，推进了当地蔬菜产业化经营。2001 年该区种菜农户人均纯收入达 5 580 元，比当地其他农户平均高 700 元左右。

（三）科技示范项目建设和积极推动科技进步情况

广东省注重将农业综合开发的实施与推动科技进步、提升农产品科技含量相结合。2000 年珠海农科中心高新科技示范项目的立项，拉开了广东省农业综合开发科技示范项目建设的序幕。截至 2002 年底，累计投入 4 006.67 万元，扶持了珠海市高新科技示范项目、佛山市高明区科技推广综合示范项目等 7 个专项科技示范项目。同时，广东省农业综合开发科技示范项目的建设坚持以带动农民增收为目标，在推动广东省农业科技进步、提升农产品科技含量的同时，也取得了良好的社会、经济效益。

为使项目效益得到长期发挥，各项目建设单位进行了积极的探索。珠海市高新科技示范项目承担单位珠海市农科中心以市场为导向，依靠核心科技优势，大力发展花卉、蔬菜等产业，大胆地将科研示范基地建设与农业旅游观光产业发展相结合，实现了主辅业结合、互衬互托式的发展。

从 1992 年开始，广东省每年从农业综合开发财政资金中提取 5%用于项目区科技推广经费，一方面充分发挥基层农科网络的技术力量，重点做好对农民的技术培训工作；另一方面统筹安排少部分资金，借助于广东省农科院、华南农业大学等省级科技部门的技术力量，组织全省性"良种良法"示范培训和推广。1995—2002 年，累计引进推广茉莉占、粤丰占、金优、特汕占等优质水稻新品种（新组合）69 个，粤甜 2 号、3 号甜玉米，粤油 5 号花生，广薯 8870 等优良经济作物和旱粮品种 18 个，推广先进适用种养技术 15 项，培训基层技术人员和农民共 13 万人次。

科技示范项目的实施，大幅度地提高了全省项目区农产品科技含量，推动了广东省农业科技进步。据初步测算，从 1995 年到 2001 年，广东省农业综合开发项目区的良种覆盖率从 50%提高到 95%以上，农业科技进步贡献率从 40%提高到 47%，土地产出率从每亩 1 870 元增加到 2 650 元。

三、其他方面的管理情况

实施农业综合开发以来，广东省认真贯彻执行国家农业综合开发办公室制定和颁布的各项管理制度，包括项目评审、项目库建设、计划报批、项目实施、竣工验收及建后管理等各个环节的规章制度，保证了农业综合开发健康有序地实施。

（一）项目评估情况

1996 年，广东省农业综合开发评估中心成立，2002 年又组建了项目评估专家库。专家库拥有来自华南农业大学、省农业科学院、省水利水电科学研究院、省海洋与渔业局、省水产技术推广总站、省家禽研究所、珠江水产研究所等高等院校、科研机构的专家 50 多人，学科领域涉及农学、果树、蔬菜、花卉、畜牧、水产、食品加工贮藏、农机、

水利、经济、财会等多方面。

广东省农业综合开发项目的评估根据《国家农业综合开发项目评估暂行办法》规定的基本程序和要求进行。按照"以项目类别定专家，保证每个项目都有相关专业的专家和经济类的专家分别评估把关"的原则，从专家库中挑选专家组成专家组，全权委托专家组对项目进行评估。专家组实行组长负责制，组长由专家们民主推选产生。组长负责组织专家组的具体项目评估活动。项目评估一般需要经过材料审阅、集中举行评估论证会、初步得出论证意见、实地考察及答辩等过程。专家提交的评估报告必须经过签名确认。

（二）中期检查情况

为加强对全省农业综合开发项目和资金的管理，广东省每年至少抽查一次，并规定市、县级每年都要对项目和资金进行全面检查。广东省的中期检查参照有关验收的标准进行，主要任务是检查项目实施和资金使用情况，了解掌握各地对国家农业综合开发政策的执行情况，指导工作，督促各地对存在的问题进行整改。

（三）竣工验收情况

根据《国家农业综合开发项目和资金管理暂行办法》、《农业综合开发资金会计制度》以及《国家农业综合开发竣工项目验收考核评分试行标准》的有关规定，实行县、地、省自下而上的逐级验收。首先县级自验，申请地级复验。然后地级全面复验，申请省级查验。最后是由省农发办和财政厅组织农业、财政、水利、林业等有关专家进行查验。省级验收组采取的步骤依次是：听取市、县汇报，工程现场检查，访问当地群众，资金审计，资料核查，按《验收考核评分试行标准》打分，与地方交换意见，形成报告并向国家农发办提出核验申请。验收的内容主要包括：(1) 项目资金到位、使用、管理情况；(2) 项目管理工作情况，包括项目前期准备工作、组织管理工作和有关规章制度的建设与执行情况；(3) 项目实施计划、主要工程量的完成和工程质量情况；(4) 工程运行和管护措施落实情况；(5) 项目效益情况，包括经济效益、社会效益和生态效益，带动农民以及科技推广应用情况；(6) 财政有偿资金偿还情况；(7) 项目区永久性标牌建立情况；(8) 项目实施的有关文档资料、图片（含光盘、录像带）和统计报表等档案材料的建立情况。

（四）干部队伍培训情况

从1992年实施农业综合开发以来，由于广东省各级农业综合开发办事机构和人员变动较大，省级每年都要对基层干部进行培训。培训以项目计划、统计、验收报表编制、财务管理软件使用、项目规划设计、可行性研究报告编制等方面的内容为主。11年来共举办培训10余次，对于提高基层农业综合开发工作人员的业务能力起到了很大的促进作用。

（广东省农业综合开发办公室供稿，刘柏文执笔）

广西壮族自治区

广西壮族自治区自1988年开始实施农业综合开发，到2002年，开发范围已经从最初的18个县（市）扩大到了2002年的14个地（市），58个县（市）。项目涉及到糖料基地建设、粮食基地建设、中低产田改造、农业龙头企业建设和农业科技推广应用等多个方面，为加强广西农业基础设施建设，改善农业基本生产条件，推进农业结构调整，促进农业增效、农民增收，推动广西农村和农业经济的发展发挥了重要的作用。

一、农业综合开发资金的投入与管理情况

(一) 资金投入情况

1988—2002 年，广西累计投入农业综合开发资金 34.61 亿元，其中：中央财政资金 11.70 亿元，地方财政配套投入 11.11 亿元，银行贷款 3.30 亿元，自筹资金 8.50 亿元。

从增长幅度看，1988—2002 年，总投入由 5 465.80万元增长到 4.91 亿元，其中：中央财政资金由 950 万元增长到 2.11 亿元，地方财政配套资金由 4 515.80 万元增长到 1.5 亿元，自筹资金由零增长到 1.20 亿元。

此外，为了确保农业综合开发工作顺利开展，按照国家有关规定，广西从 1999 年开始安排农业综合开发事业费，累计支出 1 586 万元。

(二) 资金管理情况

农业综合开发实行项目管理，资金主要由项目区受益农民和乡镇村集体自筹投入（包括投工及以物折资）、商业银行贷款投入和国家财政资金投入几个部分组成。项目区农民是农业综合开发投入主体，而国家财政预算安排的农业综合开发资金是国家财政专项用于政府支持和保护农业发展的资金，属于“引导”资金，是农业综合开发重要的资金来源。

农业综合开发财政资金按项目立项审批级次的不同分为中央立项项目资金和地方立项项目资金，中央立项项目的资金构成是中央财政资金、地方财政配套资金，地方立项项目资金分为自治区、地(市)、县级立项项目资金；按资金性质不同又分为无偿资金和有偿资金；按资金投向不同分为土地治理项目资金、多种经营项目资金、科技示范项目资金、中央农口部门项目资金等。中央立项的农业综合开发投资中土地治理项目与多种经营项目比例为 75:25，而多种经营项目可在 25% 内上下浮动 3%。

根据财政部关于农业综合开发资金管理的有关规定，经国家批准立项的农业综合开发项目投资计划内的各级财政配套资金，必须列入各级财政年度预算，以确保财政项目配套资金的落实到位；地方各级立项的农业综合开发项目所需项目资金及农业综合开发事业费由各级政府根据财力情况，列入本级年度财政预算。年终预算指标结余全部结转下年继续使用，年度终了按规定向财政部编报财政支出决算。

中央立项的农业综合开发项目投资实行中央、地方各级财政按比例配套投入和继续实行无偿资金与有偿资金相结合的管理办法。近几年，财政部对农业综合开发财政资金的管理办法进行了多次修改和完善，特别将是国家批准立项的农业综合开发项目总投资计划中地方对中央财政资金的配套比例以及无偿资金和有偿资金的比例做了相应的调整。广西对中央财政资金的配套比例原则上按 1:1 执行，1999 年改为 0.8:1。农村集体、农民自筹资金（包括现金和以物折资）和投劳折资至少应分别达到中央财政资金投入的 50%。项目投资计划内的中央财政有偿资金由自治区财政承借承还，财政厅根据国家农发办批复的年度项目总投资计划，与各项目县办理借款手续。

同时，结合实际情况，自治区明确规定：第一，自治区本级与开发县财政配套比例为 0.7:0.3；第二，根据财政部仍保留农业综合开发财政有偿资金的规定，自治区本级财政配套资金继续实行无偿支持和有偿使用相结合的管理办法，对项目县财政配套资金的使用采取哪种管理形式自治区未作硬性规定，自治区本级财政配套资金无偿与有偿的比例与财政部规定基本一致。此外，自治区本级当年财政预算安排的有偿资金拨列当年的预算支出，同时增加农业综合开发基金，回收的有偿资金继续用于农业综合开发。地方立项项目资金也实行无偿支持与有偿使用相结合的管理模式，但自治区没有明确规定比例，其财务管理办法参照财政部的农业综合开发项目和资金管理办法的有关规定执行。

农业综合开发项目资金使用范围，一是土地治理项目建设，包括中低产田改造、宜农荒地开垦、生态工程建设、草原（场）改良等；二是多种经营项目建设，包括扶持种植业（粮棉油等主要农产品生产以外的）、养殖业、农副产品初加工等；三是科技示范项目建设，包括生物、信息、材料等方面

的高技术和先进适用的新技术引进、示范和推广，以及项目前期工作费和银行贷款贴息。

农业综合开发事业费主要用于支付项目评估费、项目检查验收费、培训费、专项研究费、宣传费、会议费、设备购置及维修费、业务招待费、联合办公人员公务费等。有事业编制的，事业编制人员的公务费、人员经费和社会保障费可从事业费中列支。

二、农业综合开发项目管理情况

农业综合开发实行项目管理，即从项目种类、内容、立项条件、建设标准、评估论证、申报审批，到资金拨付、监督检查、竣工验收和建后管护等，均有一套科学、规范、严格的管理程序和制度，从制度上保证了农业综合开发项目建设的决策科学化、立项程序化和管理规范化，有效地防止了农业投入的盲目和随意性。1988—1992 年立项建设了第一期农业综合开发项目，按项目总投资计划实行一定五年、分年实施的管理办法；1993—1995 年立项建设了第二期农业综合开发项目，按项目总投资计划实行一定三年、分年实施的管理办法。从 1996 年起，国家立项的农业综合开发项目总投资计划由原来的一定三年、分年实施，改为一年一定、三年一验收。项目县根据自治区下达的项目财政资金控制规模，按规定编制国家立项的农业综合开发项目总投资计划，报自治区审核汇总后，经过国家农业综合开发办公室审批，纳入国家农业综合开发项目总投资计划，并组织实施。

1988—1995 年广西农业综合开发的主要内容是糖料基地开发和粮食基地开发。从 1994 年开始，国家单独设立了多种经营项目。1996 年，又单独设立了科技示范项目。而且，土地治理项目可以进一步细分出节水农业项目、优质粮食基地项目等；多种经营项目可以进一步细分为高效种植项目、养殖项目、加工项目；科技示范项目可以进一步细分为高新科技示范项目和科技推广综合示范项目。随着农业综合开发的范围不断扩大，开发的模式不断丰富起来并各有特色，推进了农业产业化经营。

（一）土地治理项目和生态环境建设情况

土地治理项目是广西农业综合开发的重点。根据国家农业综合开发项目管理的有关规定，坚持“突出重点、择优立项、连片治理”的原则，经过立项前的调查研究以及专家的评估论证，并按规定的程序申报，严格选定农业综合开发项目县。

具体实施上，广西始终坚持以中低产田改造和生态环境建设为主，以增加粮、糖、油、肉等主要农产品生产能力为重要目标，按照“高起点、高标准、高质量、高效益”的要求，采取农业、林业、水利、农机、科技等五大措施，对山水田林路实行综合治理，进一步提高广西自治区农业生产抗御自然灾害的能力。据统计，1988—2002 年广西兴建了一批农业基础设施，新建、修建、加固小型水库 178 座，新打机电井 335 眼，新（扩）建排灌站 923 座，建设灌排渠系17 519.01公里，架设农电线路1 213.22公里，完成土壤改良 703.18 万亩，修建机耕路14 646.64公里，营造防护林 119.89 万亩。经过 15 年的农业综合开发，有效地改善了项目区农业生产的基本条件，增强了农业抗御自然灾害的能力，基本上实现了“大灾小灾不减产，正常年景稳增产”的目标，有力地促进了农业生产力水平的提高。

经过实施土地治理项目，建成了一批稳产高产农田，为项目区农业结构调整创造了有利条件。目前，全自治区已经建成一批“旱能灌、涝能排、渠相连、路相通、田成方、树成行”的高产稳产农田。据统计，1988—2002 年全自治区农业综合开发共改造中低产田 825.52 万亩，建设优质粮食基地 23.47 万亩，建设节水农业示范项目区 1.87 万亩，建设良种基地 265.65 万亩；新增和改善灌溉面积 674.2 万亩，新增和改善除涝面积 110.28 万亩，增加农田林网防护面积 117.8 万亩，新增机耕面积 2 529.22万亩。据测算，中低产田经过改造后，亩均提高粮食 150 公斤以上，糖料增产1 000公斤以上。1988—2002 年 15 年的统计数据表明，全自治区农业综合开发项目区新增粮食生产能力 121 493.16万公斤，糖料1 275 834.08万公斤，油料 2 984.62万公斤；新增农业总产值 77.3 亿元。15 年来，项目区农民新增纯收入总额达到 72.65 亿元，农民人均纯收入比非项目区高250元左右。

（二）推进农业产业化经营和结构调整情况

在农业综合开发的实践中，各项目县根据市场需求以及当地的资源优势确定具体的开发内容，并成功地摸索出糖料开发模式、粮食开发模式、土地治理项目区与龙头企业相结合的“反租倒包”产业化开发模式。这些开发模式，对农业和农村经济结构调整起到了积极的促进作用。通过项目实施，项目区内积极调整了农业产业结构，建成了一批集中连片、适度规模，而且具有地方特色的农业商品基地，初步形成了集约化经营、企业化管理和区域化生产的格局，加速了自然农业向市场农业、传统农业向现代农业的转变。如，玉林市玉州区的东方食品有限公司以从事果蔬罐头加工为主，具有出口自营权，是多种经营项目扶持起来的龙头企业。该企业在玉州区的仁东镇项目区租用300亩土地，作为公司的原料生产基地，并带动周边农民种植法国豆3 500亩，使企业生产所需的原料有了保障。南宁市郊区项目区、田阳县项目区根据当地的实际以及市场需求，及时调整了原来的“稻—稻”种植模式，按“稻—稻—菜”、“菜—稻—菜—菜”种植模式调整种植结构，建成了冬菜种植基地。此外，还有南宁、柳州地区（市）部分项目县的甘蔗基地，武鸣县项目区的花卉基地、香蕉基地，横县的茉莉花基地，阳朔县项目区的观光农业示范区等，都取得了较好的建设效果。

（三）科技示范项目建设和积极推进科技进步情况

为加速农业科技成果的应用和推广，一方面，广西从1999年开始，先后在北海市银海区、铁山港区实施国家农业综合开发高新科技项目和农业科技推广综合示范项目；另一方面，在土地治理项目开发中，注重以科技为先导，将对农业措施和科技措施的投入重点放在先进实用新技术的推广和良种繁育、引进和推广上，用于农业科技和良种推广方面的资金占项目财政资金的10%以上。这些措施大大增强了农民科技兴农的意识，培养了一大批农民技术骨干，提高了农民的科技素质，转变了传统种植观念。15年来，扶持农技服务站1 015个以上，培训农民技术人员325.17万人（次）以上。目前，项目区大多数农民都掌握了一些新技术、新品种推广应用方法，促进了传统农业改造，改变了传统的耕作栽培制度、施肥灌溉技术，极大地提高了农民科学种田的水平。

三、其他方面的管理情况

（一）项目评估、检查、验收情况

根据国家农业综合开发项目管理的有关规定，广西各级财政部门和农发办始终对项目进行事前、事中、事后全过程跟踪管理，做到事前按要求对项目进行认真的评估论证，事中对项目进行中期检查，事后对项目进行全面验收，及时发现问题，解决问题，尽可能地不留死角。每期项目结束后首先由项目县自验，然后由自治区抽调各市业务骨干组成精干的验收组，交叉验收，并报请国家农发办重点核验。截至2002年，广西国家立项实施的农业综合开发项目均已通过国家验收。

（二）干部队伍培训情况

自治区农发办始终把地方各级财政部门和农发办的培训工作列入重要议事日程。1998年12月举办了全区农业综合开发计算机应用培训班，主要培训内容是计算机基本知识和农业综合开发应用软件，参加人员有120多人。1998年财政部制发了《农业综合开发资金会计制度（试行）》，并规定从1999年1月1日起执行。根据这一精神，为了更好地贯彻执行新会计制度，全面提高农业综合开发基层会计人员素质，1999年6月举办了全区农业综合开发财会人员培训班，详细讲解了会计基础知识及其在农业综合开发项目管理方面的应用，参加人员有90人。此项培训为规范农业综合开发项目资金的财务管理和推行县级财政报账制打下了坚实的基础。根据财政部《国家农业综合开发项目和资金管理暂行办法》文件精神，1999年11月举办了全区农业综合开发业务知识培训班，主要学习《国家农业综合开发项目和资金管理暂行办法》，讲解有关国家农业综合开发项目可行性研究报告的编写、国家农业综合开发计划统计报表

及应用软件的运用等内容，参加人员有各项目县农发办主任和项目主管共110人。2002年5月和11月举办了两期全区农业综合开发微机业务知识培训班，主要学习财务会计核算和计划统计两个系统应用软件的运用，参加学习的是各项目县负责上述两项工作的人员，共233人。

（广西壮族自治区农业综合开发办公室供稿，李丽琪、曹延斌执笔）

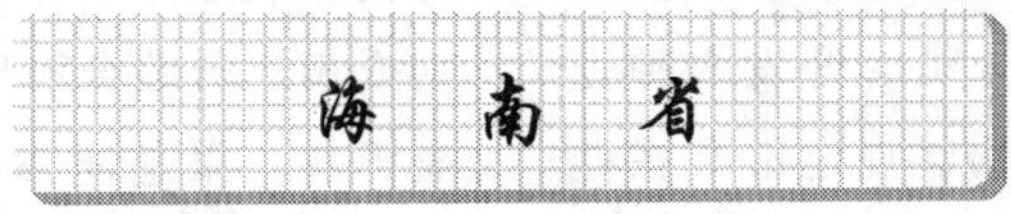

海南省

海南省农业综合开发自1989年实施以来，坚决贯彻党中央、国务院关于农村、农业、农民工作的方针政策，认真执行国家农业综合开发的有关政策规定，管好用好农业综合开发资金，加强农业基础设施建设，有效地改善了农业生产条件，综合利用与开发了热带农业资源和海洋渔业资源，极大促进了海南省农业和农村经济的发展。特别是1998年以来，开发重点从如何解决水源问题转移到对农田进行综合整治上来，重点解决土地平整、灌溉、排涝和田间交通问题，做到旱能灌、涝能排、渠相连、路相通、田成方，建设现代农田。经过整治的农田，都通过合理轮作，进行结构调整，推行两季优质水稻一季冬瓜菜，或一季优质水稻两季瓜果菜，甚至全面改种经济作物。这样做不但解决了“米袋子”，还解决了“钱袋子”，做到改造中低产田，实现农业增效，农民增收。海南省农业综合开发项目区农业总产值从1990年的66.7亿元增加到2002年的360.2亿元，农民人均纯收入从1990年的778元增加到2001年的3 088元。

一、农业综合开发资金投入与管理

（一）资金投入情况

据统计，1989年至2002年，海南省共投入农业综合开发资金28.72亿元。其中中央财政资金7.78亿元，地方财政配套资金7.52亿元，自筹资金7.23亿元，银行贷款6.18亿元。按照项目计算，土地治理项目累计完成投资17.35亿元，多种经营项目完成10.95亿元，科技示范项目完成4 195万元。

（二）资金管理情况

1. 财政无偿资金管理情况。财政无偿资金的拨款流程是：省财政厅根据省农发办下达的项目计划，发文将中央及省资金按预算管理渠道下达到市县财政局；市县财政局将省下达指标及市县财政配套资金拨到同级农发机构。2001年以前，水利措施由县农发办直接组织实施，项目资金由农发办与施工单位直接进行结算；其他措施由县农发办将资金拨付到项目单位，由项目单位负责具体开支。

2001年3月，省财政厅印发了《海南省财政支农及扶贫资金报账制管理办法》，明确在全省范围内，对所有财政支农资金，包括农业综合开发财政无偿资金，都要实行县级财政报账制度。根据该办法的要求，2001年农业综合开发财政无偿资金全部由各市县财政部门负责报账管理。

2002年，根据《国家农业综合开发资金报账实施暂行办法》，结合海南省实施报账制管理情况，省财政厅于2002年8月印发了《海南省农业综合开发资金报账实施暂行办法》，在制度上进一步明确了农业综合开发资金报账管理的资金范围、财政与农发办的职责分工、资金的专户管理、报账方法、审批程序、报账文件管理、项目资金核算以及监督检查等方面的内容。

2. 财政有偿资金管理情况。财政有偿资金管理流程是：省财政厅直接发放或者委托海南省兴华农业财务公司根据省农发办、省财政厅下达的计划与市县财政局签订借款合同，并将资金拨付到市县财政局，市县财政局与项目单位签订借款合同并拨付借款。1996 年以后，财政有偿资金借款实行抵押担保制。水利措施借款由市县财政局或农发办与项目乡镇签订借款合同，由乡镇再将还款责任落实到具体农户。

为进一步加强财政有偿资金管理，降低借款风险，提高资金回收率，2001 年，省财政厅印发了《海南省财政厅关于申请办理农业综合开发多种经营项目财政有偿资金规定的通知》，规定市县在办理多种经营有偿资金借款手续时，将借款的抵押担保等情况报省财政厅进行审核把关，进一步规范和完善了市县办理多种经营项目有偿资金的管理。

二、农业综合开发项目管理情况

(一) 加强农业基础设施和生态环境建设情况

海南省从实际出发，坚持以基本农田水利建设为中心，积极推行节水灌溉，改善农田灌溉条件和田间道路，加强农业基础设施和生态环境建设，努力提高农业整体效益和水平。据统计，1989 年至 2002 年，全省共改造中低产田 550.84 万亩，开垦宜农荒地 6.8 万亩，营造防护林 73.4 万亩；新增灌溉面积 101.77 万亩，改善灌溉面积 248.1 万亩；新增除涝面积 16.42 万亩，改善除涝面积 15.78 万亩；增加林网防护面积 65.59 万亩；新增机耕面积 30.32 万亩，新增农机总动力 8 227 千瓦；扶持农机服务站 126 个，取得了较好的成绩。

1. 解决输水问题。海南省年平均雨量在 1 600 毫米左右，但降雨季节分配不均匀。夏秋季降雨量多，冬春干旱突出，加上河流流域小，流程短，蓄水设施差，降雨都流到海里去了。因此，从蓄水能力看，海南省是一个严重缺水的省份。全省的水利工程大部分是六七十年代依靠群众运动，采取土法上马搞起来的。大部分输水渠道是土渠，并且险段多，跑水、漏水相当严重，在很多地方，只有 30% 的水能放到田头。因此，海南省坚持从实际出发，对项目区输水渠道进行全面的硬化防渗，以提高输水能力和水的利用率。此举极大地改善了全省项目区农田灌溉条件，有效灌溉面积大幅度增加。从 1989 年至 1997 年，共计完成输水渠道防渗 2 340 公里，每年输水减少渗漏损失 4.25 亿立方米，相当于新建 4 个大型水库。与此同时，结合山区特点，海南省兴建了 54 座山塘和小型水库，增加库容 750 万立方米。据统计，海南省项目区水的利用率已从原来的 30%—50% 提高到 90% 以上。

2. 抓高标准整治农田的工作。1998 年以后，海南省农业综合开发重点转到了高标准、高质量地对农田进行综合治理上来。通过实行排灌分家，平整田块，渠道防渗硬化，桥涵闸等建筑物齐全配套，建成了渠相通，路相连，旱涝保收的高产稳产农田。截至 2002 年，海南省共高标准整治农田 90 片。这些农田，成为科技推广、改革耕作制度、调整农业结构、发展热带高效农业的示范农田，为全省农业结构调整和发展热带高效农业提供了宝贵的经验。

3. 坚持高标准严要求，确保工程质量。坚持“百年大计，质量第一”的指导思想，确保农田水利工程建设 10 年不落后，正常运转 20 年。

一抓设计。农田水利工程设计坚持做到“三化”，即规范化、标准化、定型化。规范化是以水利部颁发的《排灌渠道设计规划》为依据，进行山水田林路综合治理；标准化是以国家农发办颁发的有关文件和省农发办关于《水利项目设计意见》为指导，明确工程设计标准要求；定型化主要是指工程设计尽量套用定型设计图纸，以简化设计程序。水利工程设计人员全部为市县水利局的骨干力量。由省水利局高级工程师组成的水利组对报批的水利工程方案，不仅认真审查，还深入进行实地考察，确定最佳方案，严把工程设计关。

二抓工程施工。每个土地治理项目都成立工程指挥部，协调有关方面关系。指挥长一般由市县领导同志担任。在施工过程中，坚持以市县水利局为主，乡镇水管所（站）为辅，加强对施工现场的技术指导，严把质量关。坚持典型带路、示范引导的做法，从省、市、县到乡镇层层树立样板，做到省有样板片，市（县）有样板点，乡镇有样板段。通过现场参观，现场介绍经验，坚持连续抓，不松懈。特别是 1998 年以后，每年召开多次农田整治现场会，每次现场会都突出解决一两个问题。1999

年，还组织部分市县的领导、农发办主任和工程技术人员到兄弟省份考察，专门学习如何高标准建设旱涝保收农田。通过学习，1999年海南省农田整治的标准普遍比1998年上了一个档次。

三抓新工艺推广应用。推广应用立式钢模等生产工艺，生产从ϕ0.2m到ϕ2.1m等多种规格的砼U型槽，做到既省工、省钱，又美观、坚固、耐用，既提高工程质量，又降低工程造价。

四抓建管并重。为了确保工程正常运转，海南省建立健全了工程管护组织近500个，固定管护人员近2 500人。同时，建立健全岗位责任制，制定管理方案，层层签订承包管理合同，明确职责，实行“三包”。即包管理地段，包灌溉面积，包征收水费。昌江县石碌水库干渠探索应用公路管理模式，实行道班化管理，效果非常好。由于注重工程质量和管护，农业开发水利工程大灾之年经受住了考验。1996年，18号强热带风暴大范围影响海南省，全省普降大暴雨，局部遭遇特大暴雨，两天雨量超过300毫米的有12个市县，超过400毫米的有8个市县，超过500毫米的有3个市县。暴雨中心两天雨量高达669毫米，造成了五十年一遇的洪涝灾害，但项目区的损失并不大。2000年9月，16号台风在陵水县登陆，中心附近风力高达12级以上。同年10月，海南省大部分地区普降暴雨甚至特大暴雨，屯昌县4天降雨831毫米。由于降雨时间长，强度大，覆盖面广，造成水库大量泄洪，江河水位暴涨，洪水泛滥成灾，但农业开发工程也经受住了考验，大部分工程没有被损坏，项目区损失也明显小于非项目区。

五抓土壤改良和生态环境建设。如增施农家肥，改土培肥，提高地力，同时推广稻—稻—菜、花—稻—菜、菜—稻—菜等轮作制度，大力调整农业生产结构。增种瓜菜后，大量的瓜藤、菜叶、菜根留在地里，增加了有机物投入，疏松、加厚、培肥了土壤耕作层，熟化了土壤，活化了养分，协调了土壤水、肥、气、热关系，从而达到改良土壤的目的。又如通过营造防护林，完善了农田的防护林带，加快了宜林荒山造林绿化步伐，使昔日水土流失严重的荒山荒坡披上了绿装，改善了农业生态环境，增强了防风抗灾能力，为建设生态省做出了贡献。2002年末，海南省森林覆盖率达到53.3%，显著高于全国平均水平。

（二）促进农业结构调整和产业化经营的情况

海南省地处热带，光、温、热资源丰富，发展农业具有无可比拟的优势。为了贯彻落实温家宝总理关于“充分发挥热带资源优势，加快农业结构调整，大力发展热带高效农业”的指示精神，海南省在加强农业基础设施建设，改善农业生产基本条件的基础上，发展荔枝、龙眼、芒果、红毛丹等经济林10.47万亩，海水、淡水养殖2.19万亩，养殖畜禽261万头（只），新建农产品加工项目12个，改扩建项目3个，农业生产服务项目20个，促进了农业经济的发展，提高了农业效益和农民收入水平。

1. 加快了优质水稻的推广。虽然海南省不是全国粮食生产基地，但发展优质水稻是大势所趋。一般地，经过农业综合开发整治的农田都种植了优质水稻。海南省农业综合开发主要通过典型示范、种子建设等措施来扶持发展优质水稻，全省优质水稻种植面积不断扩大。到2002年，海南全省优质水稻种植面积已占水稻种植面积的80%，而项目区高达95%，比全省高15个百分点。

2. 促进了冬季瓜菜的发展。未整治开发前，海南省大部分农田冬季无水灌溉，只能晒田。少数能灌上水的农田又因排水不畅，冬季也不能用于生产。农业综合开发通过治理改造，平整了土地，解决了灌溉和排涝问题，而且还改善了交通运输条件。在此基础上示范和引导群众冬种瓜菜，极大地促进了冬季瓜菜的生产。海南省蔬菜种植面积从1988年的60多万亩，发展到2002年的241万亩，总产量由45万吨增加到279万吨；瓜类从1988年的15万亩，发展到27万亩，总产量也由13万吨增加到44万吨。海南省瓜菜类产值由以前的不足5亿元增加到2002年的近60亿元，瓜菜类农产品产值已占种植业产值43%以上，占农业产值16%以上，冬季瓜菜种植已经成为海南省农民发家致富奔小康的有效途径。

3. 促进了香蕉产业的发展。香蕉是海南省又一优势特色农产品。利用海南省独特的气候特点，大力发展反季节香蕉种植，把收获期安排在每年的2月至5月，做到人有我早，收到了明显的效果。1995年，乐东县赤龙洋整治后连片种植香蕉5 000亩，第二年收入近900万元，人均纯收入达到1 400多元，成为乐东县脱贫致富的先进典型。1998年，农业综合开发又扶持了乐东县、澄迈县进行反季节香蕉生产，每年每亩平均产值近8 000元，纯收入约5 000元，也收到了很好的效果。因从香蕉生产中尝到了甜头，乐东县香蕉生产发展迅猛，从1998年的3万亩发展到了1999年的6.3万亩，再发展到2000年的10万亩，成了全国闻名的“香蕉县”。2000年，乐东县生产优质香蕉18万吨，产值3.6亿元，获得税金1 260万元，农民群众获利1.8亿元。农民称赞“一株香蕉一担粮，一亩香蕉彩电响，十亩香蕉盖楼房”，富裕后的农民普遍盖起了“香蕉楼”。截至2002年，海南省香蕉种植已经发展到50万亩，成为全省农业经济新的亮点。

4. 抓海水养殖业和海洋捕捞业。海南海域面积200多万平方公里，是典型的海洋大省。海洋渔业是海南省新的经济增长点，农业综合开发先后扶持修造渔船近150艘，修建高位虾池3 000亩，养鱼网箱4 000个，鲍鱼养殖沉箱8万多个，建设鲍鱼育苗基地6个，显著促进了海南省海水养殖业和海洋捕捞业的发展。

5. 抓龙头企业，扶持加工业。龙头企业一头连市场，一头接农户，是农产品运销、加工增值的关键环节。海南省在大力调整农业生产结构的同时，也注重扶持龙头企业。先后对果蔬运销大户购买运输车辆、冷藏集装箱进行过扶持，还支持过兴建农产品批发市场和冷冻库，同时扶持建设乳鸽综合加工厂，开发生产鸽精、鸽粉等深加工产品，从而带动了乳鸽养殖业发展，乳鸽养殖户目前已发展到全岛各地，仅海口市琼山区就有2 500户农民养鸽。

（三）推动农业科技进步的情况

海南省农业综合开发，以农业技术推广体系为依托，加强与农科院校的合作，采取短期培训、技术培训、经验交流会、现场技术观摩、电台广播、放映农业科普片和录像片等多种形式，对项目区广大农民进行实用技术培训，并印发各类技术资料，不断提高项目区广大农民的生产技术水平和管理水平，加快实用技术的示范、推广应用，提高了科技在农业中的贡献率。同时，积极抓好科技示范项目的组织工作，加快了良种、良法技术的引进、示范和推广应用步伐。

海南省优质香蕉组培苗生产及反季节丰产栽培示范项目总投资1 200万元，建设组培中心一座，年产优质香蕉组培苗2 000万株，建设香蕉反季节丰产栽培核心示范片1万亩。通过实施该项目，建成了海南省最大的香蕉组培苗中心，有效地遏制了假苗、劣苗伤农、害农现象的发生，为全省大力发展香蕉生产提供了有利条件。同时，通过示范基地的引导、辐射，加快了相关配套技术的推广应用，有效地引导和促进了全省的香蕉生产。

海南省海水优质贝鱼繁育及养殖示范项目总投资2 100万元，建设鲍鱼育苗池4 200立方米水体，海水鱼育苗池1 500立方米水体，饵料池2 300立方米水体，海水鱼标粗池21.9亩，引进优质鲍鱼、优质海鱼、南美白对虾等优质贝鱼品种进行繁育和养殖示范，向养殖户提供优质种苗及其配套的养殖技术，不断提高科技含量。

海南省定安县热带高效农业综合示范项目总投资2 100万元，建设优质水稻繁育基地、热带水果（火龙果、珍珠石榴）示范基地，引进瓜菜新品种及其无公害栽培技术和龙眼早熟技术进行示范、推广。

通过实施科技示范项目，加快了新品种的引进、示范，优化了农业生产结构，提高了农业综合开发的科技水平，项目区科技进步贡献率提高到44%，明显高于非项目区。

三、其他方面的管理情况

（一）项目评估情况

海南省严格执行国家农业综合开发项目评估的有关规定，严把项目立项关。其立项的具体办法为：科技示范项目由省农发办筛选之后，送国家农发办评审；中央财政资金在200万元以下的多种经

营项目，由省农发办组织专家进行评估，中央财政资金在200万元以上的多种经营项目，由省农发办初选之后，送国家农业综合开发办公室评审；土地治理项目，中央财政资金在500万元以下的，一般由省农发办组织专家进行评审。

（二）项目检查情况

海南省建立了项目中期检查制度，并辅之以不定期的检查，将阶段性检查和临时性检查结合起来。检查农业综合开发项目时，不但邀请政府相关部门的技术人员，还邀请人大代表、政协委员到项目区视察或检查，做到了内外检查相结合。检查中不仅检查项目的建设进度，还检查项目建设质量，发现问题及时处理。海南省每年还通过召开现场会的形式对项目进行检查，通过现场比较，使大家看到优劣，做到学有榜样，赶有目标。从1998年开始，海南省每年对农田整治工程建设项目进行检查评比，对获奖的市县，以省政府的名义在全省农村工作会议上进行表彰，不但发奖牌、奖杯和荣誉证书，还对获得前三名的市县奖励投资规模，从而对全省高标准、高质量整治农田起到了极大的推进作用。

（三）项目验收情况

农业综合开发项目完成后，海南省及时进行资金结算和资料归档，并组织人员进行验收。项目验收分为三级：在市县验收的基础上，进行省级验收；省级验收后，再向国家农发办申请国家级验收。海南省1989—1991年项目于1992年通过国家级验收，1992—1994于年项目1995年通过国家级验收，1998—2000于年项目2001年通过国家级验收。

（海南省农业综合开发办公室供稿，梁振强执笔）

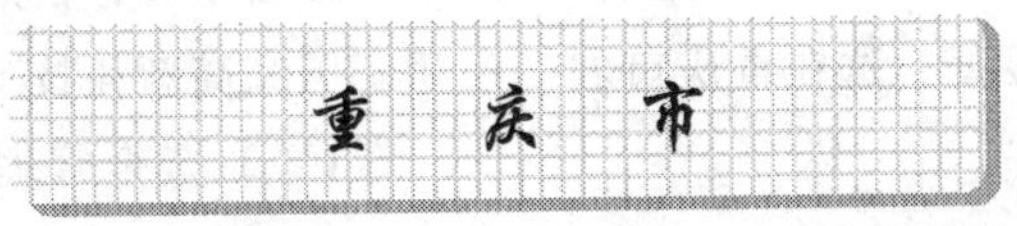

重　庆　市

重庆市从1990年开始实施农业综合开发，分为两个阶段：第一阶段（1990—1996年），重庆为四川省辖计划单列市，辖9区12县，面积23 114平方公里，耕地69.85万公顷，人口1 520.41万人，其中农业人口1 113.92万人。这一时期的农业综合开发，以改造中低产田和坡瘠地为主，主要任务是增加粮食和油料为主的农产品产量，全市改造中低产田133.6万亩，推广“两杂”（杂交水稻、杂交玉米）、“三绝”（半旱式、再生稻、稻田养鱼）新技术，使粮食生产能力得到了较大提高。第二阶段（1997—2002年），八届全国人大五次会议于1997年3月14日批准设立重庆直辖市，管辖原重庆市、万县市、涪陵市和黔江地区所辖行政区域，全市辖40个区县（自治县、市），面积82 368平方公里，耕地面积162.9万公顷，人口3 001.78万人，其中农业人口2 442.35万人。重庆大城市、大农村并存。这一时期的农业综合开发，在改造农业基础设施的同时，逐年加大农业结构调整力度，发展特色产业基地，建成了一大批粮油、蔬菜、经济林果、水产、药材等农业综合开发示范园区。国家农业综合开发联席会议第四次会议召开以后，按照“两个着力”、“两个提高”的新要求，重庆市提出了做到“四个坚持”，突出“十个重点工程”，狠抓“一个关键”的奋斗目标。“四个坚持”，即：坚持以改造中低产田为重点，努力增强农业综合生产能力；坚持以生态治理和农田林网建设为重点，努力改善农业生态环境；坚持以推进农村产业结构调整和农业产业化经营为重点，努力提高农业综合开发的整体效益；坚持以科技进步为重点，努力实现农业和农村经济增长方式的转变。“十个重点工程”，即：百万亩天然香料、百万亩优质中药材、百万亩笋竹、百万亩甘蓝型黄籽油菜、百万亩花卉、百万吨优质柑橘深加工、百万吨优质粮深加工、百万担优质蚕茧、百万头草食牲畜、百万头出口创汇优质瘦肉型猪十大产业化工程。"一个关键"，即狠抓农民增收这个关键，努力拓宽农民增收渠道。到2002年底，全市有33个项目区县（自治县、市），项目种类包括土地治理项目、多种经营项目和科技示范项目。

一、农业综合开发资金投入与管理

重庆市在农业综合开发工作中，注重调动农民和社会各方的积极性，形成了多渠道、多形式吸引投资的良好局面。特别是2000年以后，全市形成了招商引资共建项目区的热潮。如江津市在"津马"线项目区引进业主投资上亿元从事农业综合开发，武隆县仙女山生态开发园区引进业主投入资金5 500多万元，酉阳小坝农业综合开发园区引进业主10个，投资额3 000多万元。据初步统计，全市1988—2002年，国家财政投入项目的资金不足10亿元，但吸引了农民和业主投入达30亿元左右。国家投入的带动辐射效应十分显著，这在重庆市农业发展史上是前所未有的。

（一）资金投入

到2002年底，重庆市农业综合开发累计投入资金20.14亿元，其中：中央财政资金7.22亿元，地方财政配套资金6.26亿元，集体和群众自筹资金5.45亿元，银行贷款1.21亿元。1990年立项开发当年，中央财政投资400万元，1991—1994年4年间，中央财政每年投资700万元。1997年重庆直辖时，中央财政投资已达5 635万元。2002年，中央财政资金已经达到1.78亿元。重庆市地方财政配套投资一直执行和中央财政资金1:1的配套比例。直辖前，地方财政配套资金全部由市本级承担，区县（市）投入的资金都是超配套资金。1990年全市实际投入地方财政配套资金1 392万元，比投资计划多3.5倍；1991—1994年的4年间，全市每年配套地方财政资金1 400万—1 900万元。直辖以后，由于划归重庆的三峡库区和武陵山区各区县（自治县、市）大都属国家扶贫工作重点区县（自治县、市），县级财力相当困难，使全市的地方财政资金配套难度加大。尽管如此，全市仍按计划足额完成了地方财政资金配套任务。2002年，全市地方财政配套资金投入7 708万元。根据国家农业综合开发投入政策，重庆市集体和群众自筹资金在1990—1999年期间，执行和中央财政资金1:1的配套比例，2000—2002年，统一执行和中央1:0.5的配套比例。2002年全市自筹资金投入13 195.75万元。重庆市农业综合开发正式使用银行贷款始于1996年，当年贷款额只有171.2万元，以后每年贷款额也不高，2002年贷款额也只有3 610万元。重庆市中央财政资金无偿与有偿比例是70:30，直辖前，地方财政配套资金全部使用无偿资金；直辖以后，配套总量大幅度增加，市级配套采取了无偿配无偿、有偿配有偿的办法，有偿资金实行向银行贷款，由财政贴息的办法解决。区县（自治县、市）财政配套资金仍实行全部无偿配套办法。2002年，全市农业综合开发财政资金中，2.49亿元用于土地治理项目，占财政资金总量的73%；7 800万元用于多种经营项目，占财政资金总量的24%；1 200万元用于国家高新科技项目，占财政资金总量的3%。

（二）资金管理

一是完善资金管理制度。重庆市财政局、市农业综合开发办公室联合制定下发了《关于进一步用好农业综合开发财政有偿资金的通知》；市财政局颁发了《重庆市农业综合开发资金报账管理实施细则》、《关于农业综合开发财政资金专户管理的通知》等制度，并与人民银行联系开设了农业综合开发资金专户。促进了全市农业综合开发资金管理逐步走上制度化、规范化、科学化的轨道。二是全面推行县级报账制。各地认真执行《农业综合开发资金报账实施办法》和重庆市财政局制定的实施细则，从2001年开始推行了财政无偿资金的县级报账制，2002年全面推行，取得了好的效果。三是强化资金监督，保证资金安全、高效运行。不定期对有关项目、特别是重点项目的账务、资金管理进行抽查，发现问题及时纠正。每年项目竣工后市级验收前，审计部门对农业综合开发项目和资金进行严格审计，并出具审计报告，否则不予验收。四是完善财政有偿资金管理。根据《财政部、中国农业

银行关于印发〈国家农业综合开发财政有偿资金委托贷款试点办法〉的通知》的有关规定，结合重庆实际，2002年开始将土地治理项目有偿资金集中，采取委托农业银行发放的办法，重点支持农业综合开发龙头项目。

二、农业综合开发项目管理

为了切实加强项目管理，重庆市政府于1999年2月颁发了《重庆市农业综合开发项目管理办法》，确定了立项的“七立七不立”原则（项目区是否连片集中、水资源是否具备、影响农业生产的障碍是否掌握、群众积极性是否发挥、区县领导是否重视、综合开发效益是否明显、上一年的开发项目是否验收合格），提出了重点项目区建一流工程，树一流形象，创一流效益的标准。

（一）土地治理项目和生态环境建设

中低产田改造的主要措施是在项目区开沟排洪排湿，改善灌溉、交通条件，排除农业生产的障碍因素，提高农业综合生产能力。坡瘠地改造，以坡改梯为主要措施，做到上山有路，护土有坎，沉沙有凼，排水有沟。这种改造模式，成本高，且破坏土壤表层。1999年以后，农业综合开发在改造中低产田的同时，开始了现代农业示范区和农业生态工程等建设。在中低产田改造方面，以规模成片为特征，建成了梁平千担坝、垫江李白、红旗大坝、巫溪羊桥坝、巫山庙宇大坝、南川大观园区等上万亩的农业综合开发中低产田改造项目区。项目区基本上达到了“田成方，树成行，沟相通，路相连，旱能灌，涝能排”，农业生产条件得到了显著改善。与此同时，注重了农民生活条件的改善，如农民新村的统一规划，农民建房的统一设计，农村人畜饮水工程的规划建设等。在坡瘠地改造方面，以水系、道路等基础设施建设为主，同时辅之以改良土壤，调整种植业结构，使改造区变跑水、跑肥、跑土的“三跑地”为“保水、保肥、保土”的“三保地”，实现了坡耕地的永续利用和生态恢复，促进了项目区农业的可持续发展。1990—2002年，重庆市农业综合开发实施土地治理项目402.45万亩，其中，改造中低产田373.45万亩，建设农业现代化示范区5.2万亩，节水农业示范工程3.4万亩，农业生态工程21.4万亩，整修小型水库117座，排灌站14座，开挖疏浚排灌渠道9 785.10公里，改良土壤274.60万亩，新修机耕道3 210.80公里，造林77.63万亩。新增和改善灌溉面积225.73万亩，新增和改善除涝面积95.37万亩，增加林网防护面积240.17万亩，新增机耕面积11.40万亩。

（二）产业化经营项目和促进农业结构调整

重庆市农业综合开发把大力推进农业和农村经济结构的战略性调整作为重要任务之一。1999年4月在大足、潼南县召开了全市农业综合开发结构调整现场会，推出了35个农业结构调整重点项目，积极扶持发展特色农产品基地和农业产业化龙头企业，取得了明显成效。一是建成了一批优质特色农产品基地。通过实施农业综合开发项目，使一批独具特色的农产品基地扩大了规模，提高了质量，取得了效益，已建成60万亩“渝黄一号”黄籽油菜、90万亩柑桔基地、60万亩天然香料基地、10万亩猕猴桃基地等。二是形成了一批带动能力较强的农业产业化龙头企业。经过逐年扶持，重庆市农业综合开发市级龙头企业已发展到24家。三是带动了农民收入增加。永川市百里优质水果长廊建成后，农民人均收入由改造前的不足800元上升到2000年的2 880元，比改造前增加3倍多；该长廊的黄瓜山镇一心村胡邦俊种梨10亩，每年收入都在7万元以上。江津市大力发展花椒产业，有力地促进了农民收入的增加，先锋镇秀庄村农民邝海银，种植花椒13亩，2002年收入9.8万元，人均收入达2.45万元。荣达公司推广良种蛋鸡产业化工程，平均每只蛋鸡增收10余元，一年带动农民增收800余万元。光宁珍稀动物养殖有限公司实行公司无偿给农户提供野禽幼苗，并免费提供防疫、治病和咨询服务，回收农户的产品进行深加工的产业化经营路子，带动养殖农户500余户，增收100万元，人均500多元。

（三）科技示范项目和积极推动科技

一是依托在渝大专院校、科研单位，提高农业综合开发的科技含量。2001年3月，经重庆市政

府批准，重庆市农业综合开发办公室聘请了中国工程院院士、西南农业大学原校长向仲怀等11名资深专家组成重庆市农业综合开发科技专家顾问组，并坚持每年召开一至二次科技专家顾问座谈会，听取他们的意见和建议，同时，向他们宣传农业综合开发的有关政策和要求。二是成立农业综合开发科技推广中心。2002年4月，重庆市农业综合开发办公室、西南农业大学合作，成立了重庆市农业综合开发科技推广中心，负责研究总结农业综合开发新技术、新模式、新机制和新经验，示范推广国内外农业新品种、新成果，向农民推广普及科学技术知识，提高农民科学文化素质等。中心在武隆县建立了科技推广示范基地。三是加大农业综合开发项目区科技推广力度。2002年3月12—15日，重庆市农业综合开发办公室组织有关科研单位和龙头企业，赴万州区和奉节县开展了农业科技推广月活动，普及农业科技知识。各项目区县（自治县、市）采取各种有效形式，宣传科技知识，普及科学技术，改变过去的传统种植方式，对老品种普遍进行更新换代，各项目区优良品种普及率达95%以上。项目区主要引进了优质水稻、“渝黄一号”杂交油菜、布朗李、绿康梨等50多个新品种，推广应用了水果贮藏保鲜、菌根化育苗、薯类加工等20多项新技术，建成了一批优质良种苗木、畜禽水产良种繁殖等基地，提高了项目区的科技成果转化率。四是实施了一批科技示范项目。2000—2002年，重庆市共实施国家农业综合开发专项科技示范项目4项，引进品种16个，引进技术工艺6项，示范品种5个，示范技术4项，示范面积2.50万亩，推广品种5个，推广技术8项，推广面积5.94万亩。从1992年开始，重庆市农业综合开发从地方配套资金中，安排部分资金，专门用于农业综合开发市级科技示范项目。五是加大项目区农民的科技培训力度，1990—2002年，重庆市农业综合开发完成农民科技培训798期，培训人数4万人次，大大提高了项目区农民的科技水平。

三、农业综合开发干部培训

重庆市农业综合开发办公室自组建以来，一直注重干部培训工作。一是每年坚持举办一到二次财务统计专业培训班，对各区县（自治县、市）农业综合开发办公室专业人员进行培训。二是以会代训，对区县(自治县、市）农业综合开发办公室主任进行培训。1998年以来，每年召开一至二次现场会或专门培训会议，对农业综合开发办公室主任进行培训。三是组织外出学习考察。2000年，市农业综合开发办公室组织市农业综合开发办公室干部及部分区县（自治县、市）农业综合开发办公室主任分三批赴日本学习考察。2002年，市农业综合开发办公室组织部分区县（自治县、市）组成三个学习考察组，赴江苏、福建、安徽、湖北、内蒙古、黑龙江、上海等发达地区学习考察，开阔了视野。

（重庆市农业综合开发办公室供稿，马平执笔）

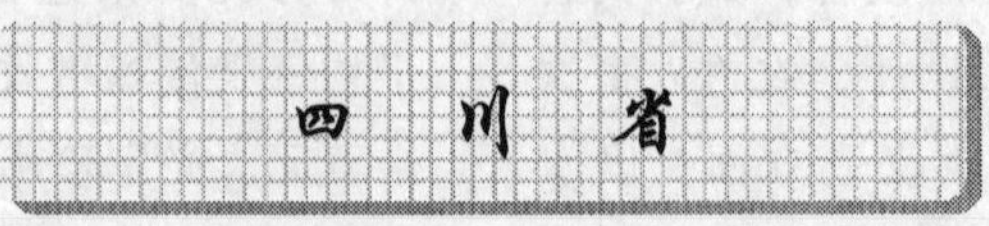

四川省

四川省农业综合开发工作始于1989年，项目区由1989年的川中8个市42个县，逐步扩展到川东、成都、攀西、川南、甘孜等地区，到2002年已遍及21个市（州）105个县，占全省总县数的57%。中央财政对四川农业综合开发的投资规模由1989年的7 500万元，增加到2002年的3.84亿元。项目类型由1989年单一的中低产田改造发展为土地治理、多种经营和科技示范三大类。通过实施农业综合开发，项目区主要农产品累计新增生产能力为：粮食39.2亿公斤，棉花4 969.14万公斤，油料

3.3亿公斤，肉类6.25亿公斤，糖料5.79亿公斤，项目区农民人均纯收入比非项目区增加200元以上。

一、农业综合开发资金投入与管理

(一) 资金投入

首先，各级财政按照农业法的要求，保证财政支农支出增长幅度高于财政经常性收入的增长幅度，在安排财政年度预算时，把本级应配套资金纳入农业综合开发支出预算，并在年初预算中落实，保证配套。其次，积极推行开放式开发和项目招商，利用资源优势和地区比较优势，采用项目借款、财政贴息扶持等政策，广泛吸引社会各种力量、各类企业以资金或技术入股形式参与项目的开发。第三，采取财政贴息等措施，协调和落实银行贷款。第四，充分调动农民、业主投劳投资的积极性，积极推行以农民投劳、业主投资为主，国家补助性投入为辅，多渠道筹资开发的投入机制。到2002年底，四川省累计投入农业综合开发项目资金79.07亿元，其中中央财政资金26.6亿元，地方财政配套24.41亿元，银行贷款12.99亿元，自筹资金15.07亿元。

(二) 资金管理

为规范项目资金的使用，四川省财政厅下发的川财农［1989］114号文规定了项目资金的使用方向，明确了具体支出范围。要求各地按工程进度和质量分期拨款，即：工程开工先拨付30%的启动资金，工程建成60%后，再拨付30%的资金，完工后，拨款总额达到90%，余下的10%作为工程质量保证金，待工程运行一年，检查验收合格后再拨付。为了进一步规范项目资金的使用管理，在全面实施县级报账制的基础上，各地结合实际，制定了操作性较强的实施办法。如攀枝花市、绵阳市、资阳市等均制定了《农业综合开发项目资金县级报账制操作规程（试行）》，对项目资金严格管理，突出抓好三个环节。一抓完善资金申请拨付制度。各项目县（区）在资金拨付程序上，首先由项目乡镇按工程进度提出拨款申请单，由主管项目的业务部门审核并签注意见后，再报县（区）农业综合开发办公室审定核拨资金。二抓支出审核关。项目支出必须填制农业综合开发资金报账单，做到“四有”，即：有技术人员签字，有项目乡镇工程负责人签字，有项目主管单位签字，有农业综合开发办公室审核意见。三抓有偿资金偿还，按照“谁借谁还，谁受益谁负担”的原则，逐级签订借款合同，落实还款责任。首先是严格借款抵押、担保关。各级农业综合开发办公室在办理多种经营项目借款手续过程中，任何项目都必须按有关法律、法规规定，实行借款抵押担保，无抵押、担保的不办手续；其次是落实还款措施，从项目区的实际出发，建立健全偿还制度。一是农业综合开发有偿资金分配按受益面积一次性分解到农户，县、乡、村办齐借款手续后，村委对农户明确债务承担额度，出具承借手续，逐年从开发新增效益中偿还；二是加大对借款单位及农户催收力度，实行不还款不上新项目，不批地建房等办法；三是引入业主负责制，明确业主是农业综合开发的投资主体、实施主体、受益主体和有偿资金债务主体。为保证项目资金的安全使用，省对市（州），市（州）对县（区），县（区）对项目乡（镇），每年都要对项目资金进行定期检查，竣工项目都要经过审计。

二、农业综合开发项目管理

(一) 土地治理项目和生态环境建设

土地治理项目累计投入资金49.52亿元，其中：中央财政投入16.31亿元，地方财政配套17亿元，农民自筹10.83亿元，银行贷款5.38亿元。通过大量资金和劳动力的投入，项目区共新建、改扩建小型水库307座，开挖疏浚渠道8.92万公里，新建改建机耕路1.31万公里，购置农用动力机械16.4万台（套）。累计改造中低产田1 984.81万亩，开垦宜农荒地30.86万亩，造林401.57万亩。新增和改善灌溉面积1 349.27万亩，新增和改善除涝面积952.31万亩，改良土壤1 346.10万亩，新增农机总动力400万千瓦。土地治理项目和生态环境建设经历了三个阶段：第一阶段（1989—1993年），重点对川中、川东丘陵区等主要粮食产区有水源保障的中低产田进行集中开发，以增加粮食产量为主要目标。项目区在三大灌区（都江堰、升钟水库、武

引）内的一些大坝子，开展了以冬水田、下湿田改造为重点的中低产田改造。建设内容主要是把修建排水（湿）沟渠同农耕农艺措施结合起来，通过排“三水”（地表、地下、山洪），降低地下水位，改善土壤理化性状，从而做到了当年改造，当年见效，达到一季变两季或多季，提高了复种指数和土地产出率。第二阶段（1994—1998 年），将粮食增产和农民增收相结合，扩大开发区域，注重区域优势的发挥，将光、热、土资源丰富的攀西地区纳入开发范围，列为重点开发区域。开发重点逐渐向坡耕地转移，以小流域为单元，山水田林路综合治理，山上山下统一规划，扩大经济林（果）种植面积。第三阶段（1999—2002 年），以支持和促进农业结构调整为主要目标，开发区域进一步扩大，项目县达到 105 个。开发重点由过去以改造中低产田和开垦宜农荒地相结合转到以改造中低产田为主和保护生态环境上来，由过去追求增加主要农产品产量为主，转到发展优质高产高效农业上来，加大节水、生态和优势农产品基地建设的力度，选择攀西和川中丘陵区一些干旱缺水的项目县，进行以渠道防渗和修蓄水池为主要建设内容的节水农业示范项目，选择一部分坡耕地比重大的地区进行农业生态工程试点，选择部分有龙头项目带动和有自然优势的县进行优质粮油基地建设试点。开发布局以农业主产区为重点，投资向主产区倾斜。

（二）产业化经营项目和促进农业结构调整

四川省从 1995 开始实施产业化经营项目，到 2002 年底，累计完成投资 19.24 亿元，其中：中央财政投资 3.99 亿元，地方各级财政配套 3.54 亿元，业主和农民自筹 4.18 亿元，银行贷款 7.53 亿元。扶持各类种植业基地 157.44 万亩，水产养殖基地 11.74 万亩，畜禽养殖近 571.35 万头（只），各类加工项目 111 个，农业生产服务项目 18 个。通过多种经营及产业化项目建设，在项目区累计实现年新增总产值近 60 亿元，增加利税 15.2 亿元，安排农村劳动力 50 万人左右，项目区农民人均增收 300 多元。四川省农业综合开发产业化经营项目的发展，经历了三个阶段：1995—1997 年为启动摸索阶段。在这个阶段，项目财政资金的分配实行按计划固定比例切块（土地治理项目 70%，多种经营及产业化项目 30%，搭配分配），逐级下达市（州）、县。扶持方式采取有偿借款，扶持对象主要是农口国营场站和企业，扶持的项目规模小，数量多，投资少，实施监管的难度较大，扶持的项目发挥效益比较有限。1998—2000 年为改革完善阶段。为解决扶持项目面广量大、效益不高，财政力度不够，有偿资金回收困难等问题，从 1998 年开始引入市场竞争机制，对多种经营及产业化项目的资金分配，改过去“切块到县”为 70%“切块到市州”，由市、州组织竞争选项；省级集中 30%，实行全省范围的竞争选项，择优扶持。在扶持对象上打破了所有制界线，把非国有制的产业化龙头企业纳入了扶持的范围，只要项目符合发展农业产业化要求，产品有市场，有效益，能带动农民增收和区域经济发展的都一视同仁。在项目立项管理上，按市场经济原则，以可行性研究报告为基础，逐级申报，省级会审，专家评估论证，择优选项。在资金管理上，开始推行项目财政有偿资金投放的抵押和担保，强化项目的检查验收和年度审计，加大资金监管力度，提高资金使用效益。2001—2002 年为探索创新阶段。确立了项目建设指导思想，即以增加农民收入为根本出发点和落脚点，按照扶优、扶强、扶大的原则，相对集中资金，着力扶持具有较强带动作用的产业化骨干龙头项目，培育发展各具特色的区域主导产业。明确了“两个不扶持”，即：不带动基地和农户的企业不扶持，没有龙头企业带动的基地建设不扶持。在项目资金分配上，彻底打破基数，不再切块，而是以效益定项目，以项目定投资，在全省范围内竞争立项，择优扶持。在立项上，严格按照规范的程序进行，体现公开、公正、公平竞争的原则。在扶持方式上，改单一的有偿扶持方式为有偿借款、财政直接投资和财政贴息多种方式。财政资金直接投资，国家不控股。同时明晰产权，对所有财政投入的无偿资金明确其投资、补助性质，对项目建设形成的国有资产，由农业综合开发办公室委托项目乡镇租赁给具有资质的业主承包经营，收取的租金全部再用于农业综合开发投入。对规模养畜、家禽饲养的农户按一定标准给予

适当补助，鼓励业主和农户走产业化经营之路，确保项目健康地长期运行。在经营机制上，全面推行项目法人开发经营责任制。按照市场经济运作的内在要求，自2001年开始，全省所有的农业综合开发多种经营项目和科技示范项目一律实行企业法人开发经营负责制，避免新的政企不分，确保项目投资到位，工程管护落实，长期发挥效益。

（三）科技示范项目和推动农业科技进步

四川省农业综合开发科技投入包括两个方面：一是历年土地治理项目和多种经营项目中科技投入的资金，在项目区开展科普教育、技术培训和推广应用先进适用的农业技术；二是2000—2002年先后立项的四个高新科技项目投入的资金，这部分资金主要用于高新技术引进推广、新品种引进推广、完善技术服务体系和配套基础设施。四个高新科技项目包括两个高新技术示范项目、两个技术推广综合示范项目，项目分布在绵阳市的游仙区、成都市的彭州市、资阳市的简阳市、攀枝花市的仁和区。三年之中，累计投入项目资金3 287.2万元，其中中央财政资金923.3万元，地方财政配套1 012.1万元，自筹资金551.8万元，银行贷款800万元。项目区共建温室生产大棚81 167平方米，工厂化育苗1 500平方米，建成组培和产品检测中心2 047平方米，购置检测仪器设备84台（套）；引进先进品种45个、先进技术工艺21项；示范新品种44个、新技术8项，示范面积达0.72万亩；推广新品种36个、新技术71项，技术推广面积2.15万亩。农业适用新品种、新技术推广面在项目区达到95%以上。农业科技在项目区粮食增产、农民增收的贡献率近50%，高于全省平均水平10个百分点。农业综合开发过程中，各级政府组织和鼓励科研院所的农业科技人员下乡到田开展科技承包，把科学技术推广应用和对农民技术培训结合起来，实现一改带五改，即，中低产田改造带动耕作制度改革、农作物品种改良、栽培技术改进、种植结构改变和生态环境改善，三育促三高，即育土、育种、育人促高产、优质、高效。由于上接科技源头，下连生产领域，开展试验、示范，加速科技成果的转化和适用技术的推广应用，推动了农业科技进步。

三、机构设置及组织管理

1989年，省、市（州）、县（区）政府均成立了由分管农业的领导为组长，农办、计委、财政、农业、国土、畜牧局、水利、审计、农业银行等有关部门负责人为成员的农业综合开发领导小组（1995年以前是农业发展基金管理领导小组），负责项目规划的审定、制定项目相关政策、协调重大问题。领导小组下设农业综合开发办公室，办公室主任由财政部门分管领导兼任。办公室人员编制市（州）级4—6人，县（市、区）3—5人，省、市（州）、县（市、区）农业综合开发办公室为财政内设机构。办公室具体负责农业综合开发政策及项目、资金财务管理办法的拟定、修订、贯彻实施；编制农业综合开发项目规划并组织实施；统筹安排和管理农业综合开发财政资金；组织检查农业综合开发项目的执行情况，等等。全省上下形成了较完备的组织指挥协调系统，一级抓一级，一级对一级负责，坚持“政府负责、农业综合开发办公室牵头，农口部门配合打总体战”，通力合作搞开发，形成了领导亲自抓，农业综合开发办公室具体抓，有关部门配合抓的工作格局。

（四川省农业综合开发办公室供稿）

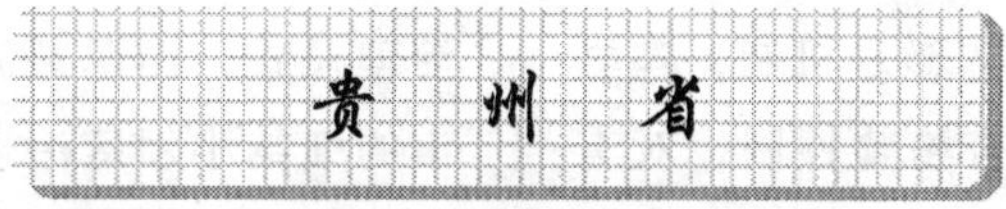

贵州省

贵州省农业综合开发工作1990年正式开始。首批开发县仅有15个。到2002年，全省农业综合开发县（市、区）级单位已达59个（其中5个县级农、林场），与此同时，中央财政拨款、地方配套、群众集资分别由1990年的3 000万元、2 928万元、371万元增加到2002年的1.87亿元、1.17亿元和1.25亿元。13年来，经过项目区广大干部群众的艰苦努力，各期（1990—1992年，1993—1995年，1996—1998年，1999—2001年）开发任务全面完成，计划目标基本实现，经国家验收合格已颁发了合格证书。2002年度各地农业综合开发项目省级验收已全面完成。农业综合开发在增加贵州省粮、油、肉等主要农产品产量、提高农产品质量、调整农业产业结构、保护生态环境和基本解决农村用粮自给等方面发挥了重要作用。1990—2002年项目区共新增粮食近12亿公斤，油料2.04亿公斤。2002年项目区农民人均纯收入已经达到1 930元，比开发前的1990年增加1 544元，比全省同期平均数高440元。

一、农业综合开发资金投入与管理

（一）资金投入

全省1990—2002年农业综合开发总投资27.57亿元，其中中央财政资金10.69亿元，地方财政配套资金8.88亿元，自筹资金5.66亿元，银行贷款2.35亿元。用于土地治理项目的总投资为18.23亿元，其中中央财政资金6.71亿元，地方财政配套资金6.03亿元，自筹资金4.15亿元，银行贷款1.34亿元；用于多种经营项目的总投资为6.45亿元，其中中央财政资金1.89亿元，地方财政配套资金1.58亿元，自筹资金2.03亿元，银行贷款9 484.4万元；用于专项科技示范项目的总投资为3 422.8万元，其中中央财政资金800万元，地方财政配套资金1 000万元，自筹资金1 022.8万元，银行贷款600万元。

（二）资金管理

在资金管理方面，贵州省引入激励机制，建立“黄”、“红”牌警示制和验收不合格整顿制，对有偿资金归还情况好的单位，在投入上给予倾斜，对归还情况不好的单位，给予“黄牌”警告。从2001年开始，全省严格执行用款与还款相挂钩。从2002年开始，对项目资金分配采取相对公正的“基数”加“因素”的综合分配方法。基数按上一年批复各市（州、地）财政资金的40%计算，其余60%的资金按配套资金落实情况、验收情况、有偿资金归还情况以及日常工作表现情况等四个方面各占20%、30%、20%、30%的权重来分配。

二、农业综合开发项目管理

（一）土地治理项目和生态环境建设

项目区实行统一规划，山水田林路综合治理，有效地改善了农业生产条件。13年来，项目区共改造中低产田土696.97万亩；累计新建、维修中小型水库117座，新增、改善、恢复灌溉面积246.12万亩；共完成植树造林（含各种经济林21.7万亩）332.07万亩；共修筑机耕道1 661.26公里；购置农机具21 729台（套）；还兴建、改造了一批农贸市场。通过治理，各项目县均初步建成一个少则3 000亩左右，多则万亩左右的旱涝保收、稳产高产、基本实现园田化的项目核心区。如：天柱县凤城镇、锦屏县墩寨镇、都匀市甘塘镇、红花岗区新蒲镇、西秀区幺铺镇、大方县达溪镇冷底坝子、开阳县三合镇等土地综合治理项目区，起到了良好的示范辐射带动作用，为增加农民收入和农村致富奔小康奠定了良好的基础。大方县冷底坝子通过土地治理园田化建设，提高了土地的综合生产能力，增强了农民群众的商品意识，项目区群众利用改造后的河滩地种植秋淡蔬菜，商品率高达90%以上。红花岗区新蒲镇红旗大坝项目区的建设，有力地促进了该区域内产业结构的调整。在农业综合开发过程中，各项目区结合自身的实际，因地制宜，探索了不同类型各具特色的山区农业综合开发的模式和路子。在改善农业生产条件、提高综合生产能力方面有余庆县沙堆河小流域综合治理模式，湄潭县湄江水库小灌区治理模式，兴义市的细纳小坝区治理模式，兴仁县四联乡的乡村综合治理发展模式，都匀市甘塘镇“养殖——沼气——种植”一体化示范建设模式以及安顺市西秀区邵小田园经济模式等。在提高农业生产综合素质和

效益方面有余庆县茶叶“生产——加工——销售”一条龙模式等。全省农业综合开发土地治理项目的重点主要放在农田基本建设和保护培育粮食生产能力上，大力发展节水灌溉，努力建设高标准基本农田。水利对于贵州这个以喀斯特地貌为主要类型的山区来说，具有特殊的意义。因此，贵州省农业综合开发的重点一直在治水上下功夫。土地治理项目财政资金的60%以上用于各项水利配套工程，为项目区水利基础设施的改善创造了良好的条件。在土地治理项目的管理上，加强项目前期工作，强化对项目区的布局规划，严格中期检查和验收，项目申报实行逐级审查，层层把关。对土地治理主要项目工程实行项目法人制、招投（议）标制和工程监理制；为加强项目前期管理工作，在全省范围内总结推广了“两论一审”制，即“筛选论证、评估论证和现场审定制度”，提高了工程项目的科学性和可行性，有效地减少和防止了临时调整项目的现象。在项目区的布局上，努力克服项目区“散、小、差”的现象。全省2002年土地治理项目由2001年的326个降为57个，减少了82%。

（二）产业化经营项目和促进农业结构调整

在决不放松粮、油、肉等主要农产品生产的同时，全省农业综合开发紧紧围绕农业增效和农民增收，积极开展多种经营，培育出了一批支柱产业、拳头产品和龙头企业。13年来，共扶持农副产品加工项目80个。遵义县虾子镇的辣椒产业及其市场建设，贵阳市白云、乌当区的花卉产业，思南县的黑山羊改良产业，安顺市的酱菜加工，施秉县的中药材生产，铜仁地区的冷水饲养三文鱼、中华鲟产业等等，都是以“着力推进农业和农村经济结构的调整，提高农业综合效益，增加农民收入”为指导思想而扶持建设的。以施秉县为例，该县牛大场镇1997年以来利用农业综合开发财政资金385万元种植中药材，有力地推进了该县的产业结构调整，收到了较好的经济效益与社会效益。到2001年底，该县70%的农户种植中药材，牛大场镇财政收入的70%来源于药材生产经营上缴的税收，农户现金收入的70%来源于中药材的销售，太子参的产量占全国总产量的70%，牛大场镇太子参的挂牌价左右全国太子参的市场价位。由于贵州省气候多样，生物资源丰富，各项目区多种经营项目根据各自优势资源，着力扶持龙头企业和支柱产业，促进特色经济发展。如：桐梓县方竹笋资源丰富，占全省的二分之一，加工增值潜力大。赤水市竹制品加工，产品有三分之一销到国外，货款回收率高。这些项目都是作为农业综合开发的重点来扶持的。

在农业产业化经营项目的选择上，贵州试行招投标制，有效地提高了项目筛选、确定过程中的工作透明度，有效地提高了项目建设的质量。全省2002年度产业化经营项目由45个降为40个，减少11%。单个项目的投资强度由2001年的130.3万元，上升到2002年的191.1万元，上升幅度达46.68%。

（三）科技示范项目和积极推动科技进步

13年来，项目区农业科技不断进步，示范辐射效应日趋增强。项目区以科技进步为动力，转变农业增长方式，结合当地实际，大胆引进新技术、新品种、新设施，加强农民技术培训，发挥农业综合开发的科技先导和示范带动作用，有力地推动了贵州省农业的“两个转变”。项目区发展高新科技示范项目和科技推广综合示范项目3个。“两杂”（杂交水稻、杂交油菜）良种、水稻旱育稀植、玉米育苗移栽、配方施肥、农作物病虫害综合防治技术等良种、良法推广率均在95%以上，农业科技贡献率比非项目区高4个百分点。

三、其他方面的管理

按照国家农业综合开发办公室关于新阶段农发工作思路的要求，结合实际，贵州省提出了“统筹规划，突出重点，择优扶持，强化科技，注重效益，富裕农民”的指导思想和原则，实施效果明显。在认真贯彻执行国家有关政策、法规的同时，结合本省实际，实行统一的农业综合开发项目建议书申报表的管理制度，建立农业综合开发的《项目申报审批及管理办法》、《项目区的规划及立项要求》、《资金管理和县级报账制办法》、《项目评估标准与办法》、《验收标准与办法》、《项目区及项目的标志牌规格要求》等规章制度，并要求从申报项目开始，各农业综合开发部门必须提前做好前期准备工作，作好规划，逐级按程序上报。

贵州省农业综合开发评估中心自 1998 年成立时，就获得了省工程咨询协会颁发的丙级工程咨询资格证，经过 3 年多的努力，中心从专家的数量、微机配置、工程评估咨询量与质的要求等方面都有了比较大的进步。2002 年 12 月获得了中国工程咨询协会颁发的乙级工程咨询资格证，已聘用具有高级以上职称的专家 70 多名。根据工程咨询资格证所允许的业务范围，评估中心开展了与农业综合开发工作有关的业务，已编制规划 35 份，编制项目建议书 27 份，编可行性研究报告 40 份及招投标项目 3 个。按照国家对农业综合开发项目评估的相关要求，结合贵州省实际，不断总结经验，加强项目评估标准化、规范化、科学化的建设，出台了《贵州省农业综合开发土地治理项目建设投资估算标准》(试行)。评估主要依据国家和省里对开展项目评估工作的有关文件规定和政策要求来进行，结合项目中涉及相关专业的要求，本着公正、公平、公开的原则，实事求是的工作作风，严谨的科学态度，对项目建设的必要性、技术可行性、经济合理性，资金配套及偿还的可靠性进行综合的评估论证，形成了适合贵州省农业综合开发项目评估工作的一些经验和做法。评估程序为一听，二看，三查，四议，五评。对专家评审的项目，专门建立了评估项目档案，要求专家必须对所评估的项目负责，即“谁评估，谁负责”，责任到人，终身追究。对专家的使用，采取优胜劣汰制，即经过几次试用，符合要求的继续留用，不符合要求的就淘汰。经过这些年的不断筛选，中心已基本建立了一支比较精干的专家队伍。

在项目检查和验收中，贵州省认真按照国家的要求进行中期检查和验收，平常工作的着力点放在调查研究和项目实施的监督、指导上。2002 年度项目省级抽查验收工作，由相关处长带队，组织 4 个组，深入到项目区，实地进行逐项验收检查，并与市（州、地)、县农业综合开发部门、项目建设单位、项目区乡镇广泛交换了意见。对验收中发现的问题，不加避讳，该返工的返工，并要求被检查方认真进行整改。

加强农业综合开发人员培训，提高自身素质。省级除组织大型的项目和资金管理培训会外，还从扩大培训对象范围和紧密结合实际等方面考虑，采取以各市（州、地）为单位组织培训，省里派员授课的方式。培训内容包括项目区的选择及项目的筛选组装，项目建议书及可行性研究报告的规范编写要求，项目财务决算及呆账核销和延期还款申报，项目计划报表及统计报表的编报，项目评估等。通过培训，基层部门的业务水平明显提高。

（贵州省农业综合开发办公室供稿，杨再军执笔）

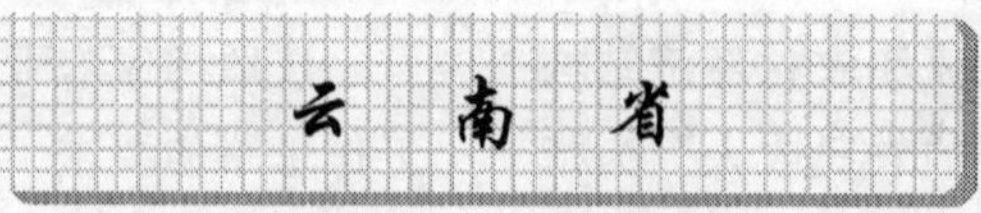

云南省

云南省自 1990 年实施农业综合开发以来，经历了起始、发展和巩固提高三个阶段。1990—1995 年的起始阶段，以改造中低产田、开垦宜农荒地、推广农林水气科技成果为主要内容，以水利措施为龙头，实现工程措施与农艺措施相结合，通过山水林田路综合治理，建成了一批骨干水利设施和田成方、林成网、路相通、渠相连、旱能灌、涝能排的高产稳产农田，有效改善了农业生产基本条件，保证了粮食等主要农产品的稳步增长。1996—1998 年的发展阶段，将农民增收和粮食增产提到了同等重要的位置，在坚持以改造中低产田为主的同时，逐步加大了以种植、养殖、加工服务为主要内容、经

济效益明显的多种经营项目建设，大力发展农林牧渔多种经营和高产、优质、高效农业，建成了一批以优质林果、咖啡、魔芋、冬早蔬菜为主的特色作物基地，发展了以畜禽良种繁育、特种养殖为主的畜牧业，带动农民增加收入，促进了边疆民族地区的稳定和发展。1999 年至 2002 年的巩固提高阶段，在指导思想上实现"由以改造中低产田和开垦宜农荒地相结合，转到把农业综合开发与保护生态环境有机结合上来；由以增加主要农副产品产量为主，转到积极调整结构、依靠科技进步、努力发展优质高产高效农业上来"。通过加强农业基础设施和生态环境建设，提高农业综合生产能力；通过推进农业和农村经济结构的战略性调整，提高农业综合效益和增加农民收入。农业综合开发区域从 1990 年的 5 个地（州）20 个县（市）发展到了 2002 年的 16 个地（州）62 个县（市），占全省总县数的 48%。

一、农业综合开发资金投入与管理

（一）资金投入

在地方财力困难的情况下，云南各级财政采取压缩其他开支等办法，年初把开发配套资金纳入各级预算盘子，千方百计筹集资金，做到及时、足额到位。个别开发县当年预算资金难以安排的，通过银行贷款或其他借款解决，下年再列入预算归还，保证农业综合开发配套资金的足额落实。此外，通过与银行加强联系、向农民宣传农业综合开发的政策、措施，积极促进了贷款和群众自筹资金的落实。到 2002 年底，云南农业综合开发累计投入资金 38.11 亿元，其中：中央财政资金 11.66 亿元，占整个开发投资的 30.6%；地方财政资金 15.11 亿元，占整个开发投资的 39.7%；自筹资金 5.22 亿元，占整个开发投资的 13.7%；银行贷款 6.11 亿元，占整个开发投资的 16%；年资金投入规模由 1990 年的 8 545 万元增加到 2002 年的 6.44 亿元，增长了 6.5 倍，年均增幅达 16% 以上。其中：中央财政投入由 2 500 万元增加到 2.09 亿元，地方财政投入由 2 569 万元增加到 2.34 亿元，分别增长了 7.4 倍和 8.1 倍，农业综合开发成为保证云南农业投入的重要渠道。

（二）资金管理

首先是完善制度，提高资金管理水平。主要从四个方面开展了工作。一是严格资金管理，保证专款专用。全省严格按照《国家农业综合开发项目和资金管理暂行办法》和《农业综合开发会计核算制度》的要求，坚持"三专四统一"。实行专人管理、专户储存、专账核算；统一会计科目、统一会计账簿、统一记账方法、统一报表。在资金拨付上，坚持资金跟着项目走，严格按工程进度拨付资金，群众自筹资金严格登记造册，建立台账，纳入项目资金统一管理。二是积极稳妥推进县级报账制。实行县级财政报账制是加强财务管理的关键环节。从 1998 年起，全省就在 8 个县进行报账制试点，1999 年试点县由 8 个县扩大到 30 个，2000 年在总结经验的基础上，出台了《云南省农业综合开发项目资金报账制度试行办法》，在全省范围内推开报账制试点工作。2001 年，根据国家农业综合开发办公室出台的《农业综合开发项目资金县级报账制度试行办法》，云南省农业综合开发办公室在总结省级报账制试点工作经验的基础上，制定了《云南省农业综合开发资金报账制度实施细则》，全面推开县级报账制工作。通过报账制的实施，将项目管理和资金管理有机地结合起来，真正做到了资金跟着项目走，加强了对农业综合开发支出的全程监管，杜绝不合理开支，提高了资金使用效益，确保了项目资金的专款专用。三是积极推行财政有偿资金委托银行贷款制度。2000 年，根据《国家农业综合开发财政有偿资金委托贷款试点办法》，在楚雄、丽江、思茅等三地开展了委托银行投放财政有偿资金的试点工作。通过委托银行投放，按银行的规则运作，对债户实行资产抵押担保，增强了债务人的还款责任，确保有偿资金按期偿还。四是积极做好有偿资金的管理工作。为使农业综合开发财政有偿资金"借得出，管得住，用得好，收得回"，在有偿资金的投放上，坚持效益第一的原则，资金安排用于有直接经济效益的项目。项目确定后，层层签订借款合同，实行资产抵押担保制，债务人出具还款承诺，债务落实到业主或受益农户，使有偿资金偿还有保障。

其次是强化监督措施，管好用好资金。在资金的分配和使用上，各级农业综合开发办公室按照国家农业综合开发政策，坚持因地制宜，择优投入，严格执行国家农业综合开发办公室下达的计划批复，坚持资金跟着项目走。同时，加强日常监督检查，发现问题，及时纠正。每年省农业综合开发办公室都邀请审计、专员办、农口有关部门共同组成检查组对每个开发县当年项目建设及资金使用情况进行年度检查。每年省级审计部门都将农业综合开发审计列入日常工作，年初就将审计任务下达各县。省级审计部门以定期或不定期的方式对农业综合开发资金进行审计，对农业综合开发资金管理起到了有力的监督作用。

二、农业综合开发项目管理

(一) 土地治理项目和生态环境建设

到 2002 年底，土地治理项目累计投入资金 18.4 亿元，其中：中央财政资金 5.77 亿元，地方财政配套资金 8.41 亿元，银行贷款 8 507.60 万元，自筹资金 3.37 亿元。项目区共完成中低产田改造 604.4 万亩，开荒 16.2 万亩，新（扩）建水库 41 座，新打和配套完善机电井 100 眼，建设排灌渠系 10 276.49 公里，修建机耕路 2 390.23 公里，改良土壤 302.57 万亩，营造水土保持和水源涵养林 163.27 万亩。新增和改善灌溉面积 433.41 万亩，新增和改善除涝面积 101.05 万亩，增加林网防护面积 82.44 万亩，项目区森林覆盖率增加 3 个百分点，显著地改善了农业生产基本条件和生态环境，增强了农业发展后劲。项目区累计新增农业综合生产能力：粮食 11.73 亿公斤，糖料 28.2 亿公斤，油料 3 642.52 万公斤。在项目建设和管理上，有三个特点。首先是项目布局力求合理，突出建设重点。在基础设施建设上，坚持以水利措施为主，重点解决项目区排灌问题，同时配套农业措施、科技措施、林业措施，按照单个项目集中连片治理规模不低于 1 000 亩的原则，通过集中资金，配套投入，有效排除项目区制约农业生产的障碍，建成一批旱能灌、涝能排、路相通、渠相连的高产、稳产农田；在生态建设上，农业综合开发突出经济效益与生态效益相结合、与退耕还林相结合，采取生物、科技、工程相结合的综合措施，在生态环境脆弱、国家生态治理投入较少的红河、怒江、澜沧江流域实施生态治理与保护项目。二是探索项目整合模式，提高投资效益。2002 年，寻甸县实施了农业综合开发与退耕还林、扶贫相结合项目，按照统一规划、各有分工的原则，在同一区域内，农业综合开发负责农田基本建设和农业产业化开发，扶贫重点支持人畜饮水、农村道路、异地搬迁，退耕还林主要扶持生态建设、农村能源建设。这三类项目的配套实施，目的在使项目区基础设施得到加强，生态环境得到改善，农业产业结构得到优化，实现退耕还林“退得下、稳得住、不反弹、能致富”目的，达到带动农民脱贫致富的总体目标。这是在整合项目资金、提高项目综合效能方面的有益探索。三是坚持全程项目管理，提高开发质量和效益。开发前制定农业综合开发规划，确定各地优先开发的重点，择优选择实施项目，从技术、经济、财务、环境、组织管理、市场等各方面进行可行性论证，确保项目预期目标的实现。建设中，坚持“三制两合同”，即项目法人责任制、工程招标议标制、工程质量监督监理制以及施工合同、廉正合同，确保工程质量。竣工后，要求项目办理工程移交手续，落实管护措施。同时，按照县、地、省、国家的顺序分别进行验收，对项目建设的效果进行综合评价。

(二) 产业化经营项目和促进农业结构调整

农业综合开发立足各地资源优势和比较优势，面向市场，依靠科技，积极推进农业产业化经营，累计投入资金 9.17 亿元，其中：中央财政资金 1.82 亿元，地方财政配套资金 1.92 亿元，银行贷款 3.32 亿元，自筹资金 2.1 亿元。建成了一批特色优质农产品基地，其中：优质林果基地 52.19 万亩，蔬菜基地 5.9 万亩，花卉基地 0.33 万亩，药材基地 1.55 万亩。养殖畜禽 221.4 万头，新建加工项目 43 个，改扩建加工项目 36 个，完善农业生产服务项目 10 个。促进了区域主导产业的发展，形成了德宏、思茅的咖啡、柠檬，思茅、临沧、保

山的茶叶，保山、曲靖的蚕桑以及昆明、玉溪的蔬菜、花卉等各具特色的产业布局；通过连续扶持，发展、壮大了一批龙头企业，如思茅龙生茶叶集团、耿马蒸酶茶叶集团、潞西宏天咖啡公司以及丽江青刺果公司、雷特公司等。依托这些龙头企业，提高了农产品的附加值和市场竞争力，新增干鲜果品1.84亿公斤，肉类8 956.18万公斤，蔬菜8 011.5万公斤，药材1 403万公斤，花卉2 118万株。与开发前相比，农民年人均纯收入增加1 200元，同时有力地促进了项目区农业产业结构调整。在产业化开发中，云南农业综合开发注重做好以下几方面的工作：

1. 认真做好选项工作。自1999年以来，坚持对所有的多种经营项目进行省级立项评估，由省农业综合开发办公室组织有关专家分别对各类项目进行客观、独立、系统地评价，择优选择项目，避免了低水平重复建设和盲目投资的问题，确保资金运行的有效性。

2. 广泛吸引各类企业的参与。2001年以来，省农业综合开发办公室坚持每年组织召开项目洽谈会，通过向社会发布招商广告、向企业介绍农业综合开发的有关政策和拟开发的项目，为地、县实施产业化开发引入企业、资金和技术。据统计，1999—2002年，农业综合开发通过各种方式，共引入和扶持龙头企业103户。这些企业不仅成为农业产业化经营的领头羊，而且提高了农业综合开发区农副产品的市场竞争力，提高了农副产品的附加值，带动了农民的增收。

3. 基础设施建设与产业化经营相结合。从2002年开始，云南提出了基础设施服务于产业化的思想。在项目布局中，将土地治理与产业化开发紧密结合起来，根据产业化开发的需要选择土地治理片区，确定土地治理建设的内容，使土地治理能更好地为产业化开发服务，推动了农业产业结构调整，农业产业化经营使农业综合开发效益更加显著。

（三）科技示范项目和积极推动科技进步

从2001年以来，云南省农业综合开发实施了富民国家高新科技示范项目和元谋科技推广综合示范项目，投入资金1 830.34万元，其中：中央财政资金440万元，地方财政资金400万元，银行贷款600万元，自筹资金390.34万元；引进先进技术12项，先进品种90个，技术培训0.1万人次。为加强科技项目的管理，云南省农业综合开发办公室制定了《云南省农业综合开发科技推广项目责任制管理试行办法》，明确了科技部门在项目实施中的责任、权利和义务，通过责、权、利挂钩，增强了科技人员的积极性和责任心，为确保科技项目顺利实施并真正发挥科技的作用提供了保障。

三、其他方面的管理

在加强项目和资金管理的同时，云南农业综合开发还注重信息系统建设和干部培训工作，不断优化办公条件，提高开发人员素质。2000年以来，各级农发办逐步配备了电脑、打印机等办公设备，基本实现了办公自动化，会计、计划、统计等各类报表均实现了计算机操作，会计电算化在各县普及，有效提高了农业综合开发的工作效率和工作质量。

在干部培训方面，云南省农业综合开发办公室基本做到每年1—2期培训，培训的对象既有各级农业综合开发办公室主任，又有具体的工作人员。对主任的培训主要是宣讲农业综合开发的新政策、新制度、新思路；对具体工作人员的培训主要是根据每年计划、统计、决算报表的变动进行业务培训，增强农业综合开发办公室人员的业务能力。近几年来，根据财务制度、会计电算化、会计制度的新要求，针对各级农业综合开发办公室财务人员基础薄弱的情况，狠抓了财务培训工作。财务培训每年一期，对象为各地、县农业综合开发办公室财务人员，培训内容具体。通过几期培训，全省农发办的财务人员素质有了明显提高，会计核算工作进一步规范，为做好资金管理工作奠定了坚实的基础。

（云南省农业综合开发办公室供稿）

西藏自治区

西藏自治区从1990年开始实施农业综合开发，1990—1992年为第一期，1993—1995年为第二期，从1996年起为每年一报，一年一批。1996年之前，西藏农业综合开发区安排在“一江两河”即雅鲁藏布江、拉萨河、年楚河中部流域的拉萨、日喀则和山南地区。从1997年开始，西藏农业综合开发区遍及全自治区的7个地（市）。到2002年底，已有34个项目县（市）。

通过实施农业综合开发，西藏累计新增粮食生产能力1.06亿公斤，油料生产能力776.9万公斤，开发区农牧民年人均新增加收入200元以上。农业综合开发在西藏取得了显著的经济效益、社会效益和生态效益，深受各级政府的重视和开发区广大农牧民群众的欢迎。

一、农业综合开发资金投入与管理

西藏自治区不断拓宽农业综合开发投资渠道，增加资金投入，采取各种措施，切实加强资金管理。

（一）资金投入

1995年以前，西藏农业综合开发投资主要是中央和自治区财政资金，地县配套、群众集资、信贷投入基本上是空白。为了多渠道筹集资金，从1996年起，每个项目区开始安排地、县配套和少量的信贷投资，并引导和安排群众集资。到2002年底，西藏农业综合开发累计投入资金6.65亿元，其中：财政投资5.69亿元，占总投资的85.64%，银行贷款1 867.98万元，占总投资的2.81%，自筹资金7 684.18万元，占总投资的11.55%。在财政投资中，中央财政投入3.89亿元，占财政投资的68.39%；地方财政配套投入1.8亿元，占财政投资的31.61%。

（二）资金管理

首先是确保财政投资的及时足额到位。西藏自治区财政厅明确要求各级财政部门必须在年初预算中足额安排农业综合开发项目本级财政配套资金，并及时转入财政农业综合开发专户。其次是健全制度，规范农业综合开发资金管理工作。根据国家农业综合开发财务及资金管理有关制度、办法和意见，结合西藏实际，制定下发了《农业综合开发项目和资金管理办法》、《农业综合开发财务管理办法》、《西藏农业综合开发县级报账制实施办法》等财务、资金管理制度和办法，还转发了《财政部〈关于进一步加强农业综合开发资金管理的若干意见〉的通知》。三是加强培训，提高农业综合开发资金管理水平。针对农业综合开发工作起步晚、交通闭塞、信息不灵、部分财会人员素质不高等情况，西藏制定了中长期的农业综合开发财会人员培训计划，并纳入财政部门和农业综合开发主管部门的培训计划。培训内容根据国家农业综合开发资金管理要求及时进行调整和完善，主要是农业综合开发财务制度和财会基础知识。培训形式主要是自治区财政厅和农业综合开发主管单位与财经院校联合办班，在项目建设县（市）进行实地操作培训和经验交流，到先进省市进行参观学习等。四是加强农业综合开发资金的监管，提高农业综合开发资金使用效益。根据国家农业综合开发资金管理规定，结合西藏的实际制定了农业综合开发资金的监督检查制度。制度要求各项目建设单位和资金使用单位除了上报正常的农业综合开发资金季度报表和年度决算外，还要对每一笔资金、每一个项目资金使用和执行情况进行定期的自查，自治区财政厅和农业综合开发办公室根据各地（市）、县自查情况及平时的管理情况进行不定期的抽查，对违纪问题联合通报，并提出整改措施。除自查与抽查外，自治区财政厅在年度决算批复前进行资金使用情况的检查，对不符合规定的支出不准列入决算；项目竣工后，

要求进行项目竣工的审计工作，在审计中查出的问题，项目建设单位必须进行纠正，否则不予验收。

二、农业综合开发项目管理

为了严格项目管理，做到建管并重，西藏自治区农业综合开发项目建设完工后，分别由县、地（市）、自治区农业综合开发办公室组织有关专家和技术人员进行全面的自查、自验和初验。验收合格的项目，根据"谁建设、谁受益、谁管理"的原则，及时向有关行业主管部门和单位办理移交手续，并督促各项管护措施的落实，部分开发区还成立了专门的公司或管理委员会，确保了工程的正常运转和长期发挥效益。

（一）土地治理项目和生态环境建设

西藏农业综合开发采取水利、农业、林业和牧业等措施，切实改善农业生产条件，加强农业基础设施建设，提高农业综合生产能力。水利措施：充分发挥现有骨干水利工程效益，提高灌溉能力，大力推广节水灌溉，建设旱涝保收的稳产高产田，修建水库7座，新修及修复配套机电井2 531眼，架设输变电线路173.72公里，建设灌排渠系3 394.6公里，完成土方1 347.15万立方米，石方62.86万立方米，砼8.92万立方米。农业措施：大力开展土壤改良，建设良种基地，引进推广新品种，改良土壤141.55万亩，建良种基地13万亩，其中：建晒场3.59万平方米，建仓库7 914.72平方米，新增机耕道2 484.17公里，购置农（牧）机具设备1 022台/套。林业措施：大力营造农田防护林，不断改善农业生态环境，营造的农田防护林折合造林面积12.93万亩。牧业措施：加大畜产品经济效益，加强牧业基础设施建设，提高抗御自然灾害的能力，改善生态环境，共完成草原（场）建设57.18万亩，建网围栏1 347.15公里。通过开发建设，新增和改善灌溉面积96.95万亩，新增和改善除涝面积11.04万亩，新增农田防护林面积48.80万亩，新增机耕面积48.40万亩，新增农机总动力6 999千瓦。

（二）产业化经营项目和促进农业结构调整

在抓好土地治理项目建设的同时，积极建设多种经营龙头项目，扶持了一批种植、加工龙头企业和生产基地，发展地方特色产业，推进农业产业化进程。到2002年底，完成种植项目5个，建设经济林100亩，建设蔬菜种植基地300亩，建设药材种植基地100亩。完成养殖项目2个。有重点地扶持了一批上市量大，交易范围广，由法人实体经营，交通便利，具备储运能力，对周边地区辐射带动作用强的产地批发市场。在提高种植业水平的基础上，大力发展农区畜牧业，有效地转化粮食和其他副产品，带动种植业和相关产业发展，实现农产品多次增值，促进农业向深度和广度发展。1998年以来，在部分开发区发展适度规模的家庭养殖和专业饲养小区，提高牲畜的出栏率和商品率，改善生产经营方式，推进农业结构、畜种畜群结构的调整。从2001年开始，西藏农业综合开发大力发展园艺产品（包括蔬菜、果品、茶叶、花卉等）、中草药、经济林产品、畜产品、水产品等，大力发展无公害、无污染、高品位、高质量农产品的深加工。

（三）科技示范项目和积极推动科技进步

科技示范项目自2001年开始实施以来，引进、推广和示范了一批先进适用的农业技术，建设现代农业示范基地600亩（高科技设施农业350亩），完成科技示范26.15万亩，改良牲畜1.34万头，培训人员67.3万人次等。科技示范项目的实施，为项目区农业生产带来了新品种、新技术，提高了群众的科技素质和科学种田水平，培养了一大批农村科技骨干。

三、其他方面的管理

（一）项目评估

西藏自治区对新建开发区农业综合开发项目的评估，分为地（市）级、自治区级和报送国家农业综合开发办公室评估三个层次。评估主要采取专家组评议、现场答辩和实地考察的方式。一般开发项目的可行性研究报告，经地（市）农业综合开发办公室组织相关人员研究讨论修改后，上报自治区农发办，通过自治区的评估论证完善后，可以立项。对科技示范园区项目、中央年财政投资在200万元（含）的多种经营项目、新增开发区（县、市）年

土地治理项目、中央财政年度投资在500万元（含）的单个项目、水利骨干工程项目，在自治区级的评估论证后，要附含专家初步论证意见，由自治区农业综合开发办公室和财政厅联合上报国家农业综合开发办公室进行评估论证，确定是否立项。

（二）项目审查

项目的审查，分为地（市）级审查和自治区级审查两个层次。项目的扩初设计在有关设计承担单位完成后，由地（市）农业综合开发办公室组织本地（市）有关部门领导和专业人员进行审查，修改完善后由地（市）农业综合开发办公室报自治区农业综合开发办公室。西藏自治区农业综合开发办公室对报来的项目扩初设计，组织自治区有关人员进行审查，由设计承担单位修改完善，待国家的年度项目总批文下达后，由自治区农业综合开发办公室对各地（市）按开发区依据项目设计下达批复。

（三）项目检查

西藏对农业开发项目的检查分为开发区县检查、地（市）级检查和自治区级检查三个层次。检查的主要内容有项目招投标的执行程序、资金的到位、使用与管理、项目建设的工程质量和进度、有关政策的贯彻落实情况等。检查采取定期或不定期方式，发现问题及时进行纠改。

（四）竣工验收

根据《西藏自治区农业综合开发项目验收办法（试行）》，项目验收按照“一查三验”的方法进行。即开发区（县）自查，地（市）级进行自验，自治区级进行初验和国家农业综合开发办公室终验。开发区项目建设竣工后，由县上的分管领导组织本县的相关部门的负责人和专业技术人员进行细致全面的自查，对存在的问题进行自纠完善后，向地（市）农业综合开发办公室申请地级自验。地（市）农业综合开发办公室组织人员对建设项目进行全面的自验，自验通过后，由地（市）农业综合开发办公室向自治区农业综合开发办公室申请自治区级的初验。

（五）干部培训

1990年以来，全区累计投入培训资金866.3万元，举办各级各类培训班196期，完成干部培训5.89万人次，农牧民技术培训52.98万人次。各种培训为自治区培养了一大批基层干部和科技带头人，不仅有效地提高了开发区干部群众的素质，促进了当地经济社会的快速健康发展，而且为进一步做好新阶段的农业综合开发工作提供了人才和组织保障。

（西藏自治区农业综合开发办公室供稿）

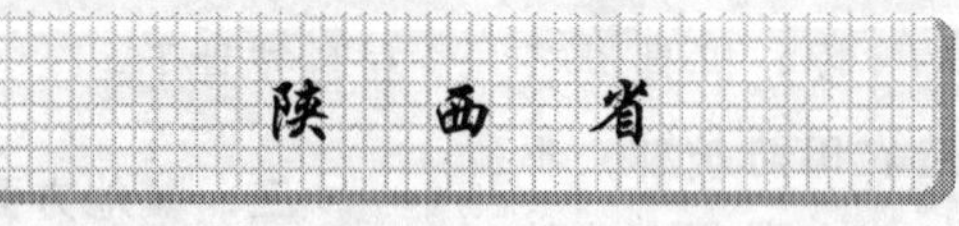

1990年经国家农业综合开发办公室（以下简称国家农发办）批准立项并付诸实施，陕西农业综合开发拉开了序幕。

13年来，在省委、省政府的正确领导下，在国家农发办的大力支持下，经过项目区广大干部群众的共同努力，陕西省农业综合开发规模不断扩大，投资逐年增加。列入国家农业综合开发项目区的市、县（市、区）由“九五”初期的4个地市18个县区，发展到2002年的11个设区市70个县区及2个国营农场，开发县（区）已占全省总县数的65%，年开发规模也由1990年的54万亩扩大到2002年的105.19万亩，开发县及开发任务均翻了一番多。13年间，农业综合开发累计改造中低产田998.79万亩，完成投资35.33亿元，争取国家财政投资22.11亿元，中央财政年投资由开发初期的2 400万元增加到2002年的2.33亿元。农业综合开发完善的投入机制、综合配套的治理措施、严格规范的管理体制，确保了农业综合开发项目的治理效

果，取得了显著的经济、生态和社会效益，为改善农业基本生产条件，促进农业增产和农民增收，推动陕西省农业和农村经济发展，保持农村稳定做出了重要贡献。农业综合开发已经成为全省农村经济发展的支柱工程，发挥着越来越重要的作用。

一、农业综合开发资金投入与管理

（一）资金投入

在农业综合开发资金投入上，陕西坚持“国家引导、配套投入、民办公助、滚动开发”的机制，投资来源由四部分构成。一是中央投资。1990—2002年，国家累计投入陕西的农业综合开发资金共计12.71亿元，均为财政拨款。其中用于土地治理项目8.4亿元，用于多种经营和龙头项目2.88亿元，用于专项科技示范项目2 200万元。二是各级财政配套资金。13年来，全省共完成地方财政配套资金9.4亿元。三是农行专项贷款。累计完成3.27亿元。四是群众自筹。累计完成自筹资金9.95亿元。

陕西省财政比较困难，需要财政投入解决的农业问题很多。为确保农业综合开发配套资金的足额落实，在资金的筹集渠道上，省上采取预算内、预算外一起上的办法。预算内，通过年初预算切块直接安排或预算执行中追加。为了确保预算内投入的稳定增长，省人大立法明确规定各级财政每年新增财力的20%要用于农业方面。在各级财政支农项目安排中，首先保证的就是农业综合开发配套资金。预算外，通过完善和发展农业发展基金，增强县级财政配套能力。为此，省政府制定出台多项筹集农业资金的政策，如：征收防洪保安和重点水利建设专项资金、农田水利建设补偿费、粮食技术改进费等，在省、地（市）、县三级配套比例分配中，坚持省财政拿大头，地县拿小头的做法，大大缓解了地县财政配套压力。开发资金的足额落实到位，确保了项目建设的顺利实施。

（二）资金管理

一是坚持“三专五定”的管理办法。“三专”即：专人管理、专户储存、专账核算；“五定”即：定开发任务、定投资规模、定还款时间，定奖罚措施，定制度条文。从2000年起，又在全省范围内实施了农业综合开发县级报账制，进一步规范了资金管理和使用。二是加强检查监督，严把验收关。在验收时，资金方面实行“一票否决制”，如发现配套资金不落实，转移挪用开发资金等严重问题，则坚决取消其开发资格。同时与审计部门密切协作，定期审计。三是强化有偿资金回收措施。省农业综合开发领导小组决定，需要地县配套的资金，由省财政在返还地县的水利建设基金和其他资金中安排；需要回收的有偿资金，按借款合同由省财政从年度决算结算中扣回。在有偿资金投放时，各地采用司法公正、财产抵押或连带担保等形式，提高了资金回收率。有偿资金回收工作多次受到国家农发办的奖励。

（三）历年投资分析

陕西农业综合开发投资经历了一个从无到有，从小到大不断增长的发展过程。投资增长过程大体可以分为两个阶段：第一阶段1990—1994年为投资缓慢增长期。这一时期的投资仅限于土地治理项目。5年中，全省农业综合开发年投资总额由6 543万元上升为8 688万元，年均增幅5.75%。由于陕西属投资非重点省份，国家投资一直维持在3 000万元左右。第二阶段1995—2002年，为投资快速增长期。投资范围由土地治理项目扩大到多种经营项目及龙头项目。年投资总额由1995年的1.22亿元，上升到2002年的7.16亿元，翻了3番多。国家对陕西的财政投资也由1995年的4 520万元增到2002年的2.33亿元，净增1.88亿元，年均增长2 346.25万元，年均增幅50%以上。

二、农业综合开发项目管理

（一）组织管理形式

农业综合开发项目实行分级管理的形式。1990年，陕西省成立了以主管农业的副省长、省政府副秘书长、省农业综合开发办公室主任以及农业厅、水利厅、林业厅、财政厅、土地局、农行等有关厅（局）的主要领导组成的陕西省农业综合开发领导小组，下设陕西省农业综合开发领导小组办公室（以下简称省开发办），编制8人，为处级建制。

1995年底，省政府决定将省开发办的处级建制升格为厅级建制，编制25人，下设综合业务处、土地治理项目处、多种经营项目处和资金管理处等4个处室（资金管理处设在省财政厅，与农财处合署办公）。1999年省开发办又增设了科技项目处。1999年经省政府批准，恢复成立了陕西省农业综合开发领导小组，联席会议制度同时取消。2000年省政府机构改革中，省开发办作为省政府议事协调机构的办事机构予以保留。2001年经省政府编委会办公室批准，省开发办增设了农业综合开发项目评估中心，为全额拨款事业单位，编制5人。

各开发地（市、区）、县依照省上的组织机构模式，也都相应成立了农业综合开发机构，按照各自的管理权限和职责，进行项目和资金管理。截止到2002年底，陕西农业综合开发系统共有干部职工1 161人，其中省级157人，市级182人，县级822人。市级农业综合开发办公室中除杨凌区隶属财政局外，其余均隶属市政府。县级农业综合开发办公室中，有65个隶属县政府，8个隶属农业局，1个隶属水利局。

（二）项目管理主要措施

1. 加强领导。一是各级政府高度重视，都把农业综合开发作为一项重要工作纳入议事日程，主要领导和主管领导经常深入一线检查指导开发工作。省委书记李建国、省长贾治邦、副省长王寿森、张伟都多次深入开发区检查农业综合开发工作，现场办公，解决实际问题。省人大常委会也经常听取农业综合开发工作汇报，一些地县人大、政协还组织代表、委员对当地农业综合开发工作进行视察。二是加强组织协调，形成开发合力。省农业综合开发领导小组、省农业综合开发联席会议定期或不定期地研究全省农业综合开发重大问题，安排部署全局性工作。省开发办、财政厅、农业、林业、水利、审计、银行等有关部门按照省农业综合开发领导小组的统一部署，围绕农业综合开发的共同目标，各司其职，各尽其责，形成了一个齐心协力搞开发的强有力的指挥系统。三是狠抓了干部队伍建设。通过组织干部外出考察学习，召开研讨会，举办培训班，从多方面增强干部政策观念和理论水平，提高业务素质。同时，加强了农业综合开发队伍的廉政建设，规定所有人员在开发工作中都要严格执行“五不准”的工作要求，即不准弄虚作假，欺上瞒下；不准用公款进营业性娱乐场所消费；不准大吃大喝，铺张浪费；不准接受礼品礼金；不准烦官扰民。

2. 建立完善各项规章制度。在认真贯彻执行国家农业综合开发各项规章制度的同时，陕西省结合实际相继出台实施了《陕西省农业综合开发土地治理项目前期工作若干规定》、《陕西省农业综合开发多种经营及龙头项目管理的若干规定》、《陕西省农业综合开发农业项目建设的若干规定》、《陕西省农业综合开发财政有偿资金管理暂行规定》等一系列规定和办法，制定了《陕西省农业综合开发林业项目技术标准》和《陕西省农业综合开发方田建设标准》，印发了《陕西省农业综合开发田间工程配套设计图集》和《陕西省农业综合开发机井工程配套设计图集》等，进一步明确了项目建设标准。各地也都结合实际制定了相应的管理办法和项目实施标准，使农业综合开发工作建立在科学、规范、标准的基础之上。

3. 强化项目前期准备工作。首先是做好农业综合开发中长期规划和项目库建设，省、市、县三级分别编制了“八五”、“九五”和“十五”农业综合开发规划，不断调整和充实项目储备，使项目计划具有超前性。其次是严格项目评审措施，通过组织专家评议、进行实地考察等方式，从技术、市场、管理、财务、经济、社会和环境等方面，对申报项目进行综合评价分析，对项目建议书和可行性研究报告做出科学、准确的审定意见，实现择优选项。再其次是严把项目审批立项关，在编制项目计划时，吸纳各方面的专家参与，组织农业、林业、水利、财政、农行等部门联合编审，力争做到把开发潜力大、科技含量高、投资效益好的项目选进来。

4. 建立健全激励机制和竞争机制。按照“大干大支持，小干小支持，不干不支持”的原则，全省全面推行了末位惩罚制。对省级验收综合评定排序处在末位的县区进行处罚，对先进县区进行奖励。

1999年，取消了横山县的开发资格，2001年扣减了白水、子长等县区的开发规模。同时规定，凡在申请农业综合开发项目时按要求先自行筹资投劳完成道路、渠道土方及林网建设的村镇，可优先立项支持，进一步调动了各地开发的积极性和主动性。

5. 大力推行工程招标制和项目监理制。明确项目法人，实行合同管理，对修地、打坝、建站、打井、修路、衬渠等硬件工程，采取公开招标或议标的办法承包给专业施工队，并聘请质检部门对项目实施进行全程跟踪监理，大大提高了工程质量。在项目建设期各开发县（区）抓早动快，超前实施，不等计划，不等资金，采取“赊、欠、借、垫”等办法，多方筹集资金，早安排、早实施，确保了建设任务的按期完成。

6. 认真开展中期检查和年度验收。省开发办每年组织开展两次中期检查，检查覆盖全省60%以上的开发县，对于发现的问题，要求及时纠正。同时，每年进行一次省级验收，省上按照各县(市、区）项目完成状况分成三等，随机抽取三分之一的县进行验收。对于验收优良的进行表彰奖励，对于存在问题的限期整改，兑现处罚措施，有效地保证了农业综合开发项目建设进度，提高了工程建设质量。

7. 总结经验，抓点带面。全省先后总结了竞争立项、工程招投标、生态农业建设、林网建设、结构调整、领导抓点等方面的成功经验，组织项目区的干部群众参观学习，使大家学有榜样，干有方向，有力地促进了工程上档次，工作上水平。

三、项目取得的成效

（一）强化农村基础设施建设，增强了农业综合生产能力

截至2002年，全省累计建成998.79万亩高标准基本农田，开垦宜农荒地9.5万亩，发展节水农业670万亩，改良土壤1 020.49万亩，新建小水库62座，完成排灌渠系工程（开挖疏浚渠道、衬砌渠道、埋设地下管道）32 132.85公里，新打及修复机电井24 446眼，整修机耕路7 474.4公里，新增灌溉面积288万亩，改善灌溉面积611.27万亩，新增及改善除涝面积9.5万亩。

通过大规模地改造中低产田，并综合运用工程措施和生物措施，积极推广先进适用的现代农业技术，极大地提高了陕西农业综合生产能力和产出水平。13年来，新增优质鲜果品生产能力3 794万公斤，茶叶178万公斤，优质蔬菜2 552万公斤；在养殖业方面，发展淡水养殖基地0.82万亩，新增水产品生产能力101.8万公斤，农业综合开发项目区粮食、棉花、油料、糖料和肉类的新增产量分别达到1.52亿公斤、1 222.76万公斤、4 082.33万公斤、34万公斤和1 461万公斤。农业综合开发对全省粮食新增产量的贡献率达到45%，为实现陕西主要农产品由长期短缺到总量基本平衡、丰年有余的历史性转变，发挥了重要作用，做出了重大贡献。

（二）扶持培育了一批主导产业，促进了农业和农村产业结构的调整

从立项之初，陕西农业综合开发就紧紧围绕农业增效、农民增收这一根本宗旨，培育建立了优质粮食、苹果、畜禽等主导产业和区域优势产业，扶持壮大了一大批龙头企业和农副产品生产基地。据统计，截止到2002年底，农业综合开发已建成优质粮食基地22.2万亩，优质饲料粮基地6.3万亩，新建苹果、茶叶、弥猴桃、板栗等经济林果基地16.04万亩，畜禽规模化养殖基地畜禽达到28.59万头。目前全省已基本形成了陕北以烟果羊薯为主、陕南以蚕茶药菌为主、关中以果菜肉蛋奶为主的主导产业生产格局。全省项目区内粮食作物与经济作物的比例已从开发初期的9:1调整为7:3。从“九五”开始，农业综合开发把扶持农业加工企业和农产品市场服务体系的建设作为促进主导产业发展的一项重要措施，累计新建及改扩建加工项目147个，安排实施农业生产服务项目44个，为农业的产前、产中和产后提供服务，初步形成了市场牵龙头、龙头带基地、基地连农户的产加销一体化的经济模式，促进了农业产业化经营，加速了农业产业结构调整，推动了传统农业向现代农业的转变。

（三）保护和改善农业生态环境，促进农业的

可持续发展

陕西农业综合开发始终坚持保护和开发利用相结合，工程措施和生物措施相结合，经济、生态效益和社会效益相结合，通过实施关中平原农田林网建设、陕北白于山区、沿黄西部山区的淤地坝建设、陕南山地农业综合开发等生态项目，改善了区域生态环境，农业可持续发展能力有了明显提高。通过13年来的不懈努力，农业综合开发项目区的林木覆盖率提高了4—5个百分点。农田防护林、防风固沙林、水土保持林、水源涵养林工程，小流域治理水土保持工程，人工草场改良等工程相继建成并已初显成效，对遏制陕西省水土流失扩大趋势，防治土地沙漠化和草原沙化，防止农业生态环境恶化，确保农业可持续发展起到了积极作用。

（四）推广了一批农业科技成果，提高了农民素质

一是推广了旱作农业技术。包括繁育推广小麦、玉米、油菜等抗旱高产良种，中低产土壤的培肥改良、农地膜和农作物秸秆覆盖等保护地栽培、蓄水抗旱栽培技术的推广应用，以及各类旱作农业机械的推广应用等。二是推广了节水节能灌溉技术。在灌溉渠道建设上，全面实施砼衬砌，在条件成熟地区，积极推广了低压暗管输水和微灌、滴灌、喷灌技术。三是推广了旱地造林综合技术。主要是推广了适生耐旱、抗逆性强的白花泡桐、三培体毛白杨、新疆核桃等优良适生树种及相关栽培技术。

在科技推广措施上，一是不断加大在科技方面的投入。“八五”期间，全省农业综合开发投资中用于科技方面的投入比重约占总投资的3%左右，到“九五”时期，科技投入已占到项目年度总投资的6%—10%以上。二是不断完善农业技术服务体系建设。完善农、林、水三站1 619个，装备各类农机和仪器设备11 387台（件套），新增农机总动力262 552千瓦，新增机耕面积407.3万亩。三是对农民进行技术培训。组织开展以农业实用技术为主要内容的培训，计有317.8万人次参加了培训。

通过优良品种和农业先进适用技术的引进、示范，通过技术培训，培养了农村科技人才队伍和一大批农民技术骨干，提高了农民群众的整体科技素质，促进农业科技经济一体化进程，提高了科技对项目区农业的贡献率，增加了农产品的附加值和市场竞争力。

（五）增加了农民收入，加快了农村小康建设步伐

农业综合开发项目的实施，使农民群众得到了实惠。据测算，全省农业综合开发项目区农民人均年纯收入较非项目区平均高出约150元。“八五”期间是农民收入增长最快的时期。全省项目区农民人均年纯收入从1989年的433元，增加到1995年的1 200元，人均净增767元，年均增长率达30%，高于全省同期16%的平均增长率14个百分点。“九五”期间全省项目区农民人均年纯收入继续保持稳步增长。从1995年的1 200元，增长到2000年的1 542元，同样高于全省平均增长水平。受益后的群众纷纷称赞农业综合开发是“富民工程”、“德政工程”。农村党群、干群关系明显改善。近几年，一些地方还将农业综合开发与农村村容村貌的改造相结合，与农村党建工作相结合，与扶贫开发相结合，进一步丰富了农业综合开发的内涵，促进了农村小康社会的建设。

（陕西省农业综合开发办公室供稿）

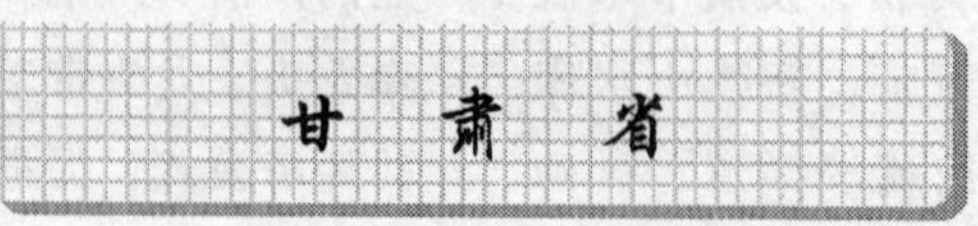

甘肃省

甘肃从1996年开始列入国家农业综合开发序列，虽然在全国立项最晚，但是在国家的大力支持

和项目区广大干部群众的积极努力下，实施成效显著，发展很快。截止到2002年，项目区范围已涉及13个市（州）的43个县（市、区）及部分国营农场。几年来，累计改造中低产田323.43万亩，开垦宜农荒地29.93万亩，草原（场）建设16.43万亩，建设优质粮食基地11.12万亩，建设优质饲料作物基地10.74万亩。修建小型水库17座，渠系建设13 200.2公里，新打及修复机电井2 727眼。改良土壤276.46万亩，新建和改扩建机耕路3 989.22公里，购置农机具6 999台（套）。造林42.72万亩。通过实施农业综合开发，不仅改善了项目区的农业生产条件和生态环境，推动了农业先进适用技术的广泛运用，较大幅度地提高了农业综合生产能力，而且促进了全省农业和农村经济结构的调整优化，提高了农业综合效益，增加了农民收入。几年来，累计新增和改善灌溉面积272.65万亩，新增和改善除涝面积14.63万亩，增加农田林网防护面积195.37万亩，新增机耕面积124.15万亩，新增农机总动力47 751千瓦。新增主要农产品生产能力：粮食4.37亿公斤，棉花2 226.2万公斤，油料2 324.82万公斤，糖料1.8亿公斤。新增其他农产品产量：干鲜果品2 259.05万公斤，蔬菜5 609.9万公斤，药材563万公斤，肉类142万公斤，水产品30万公斤，新增产值4 155.9万元。2002年项目区农民人均纯收入比非项目区高出200多元。甘肃省粮食等主要农产品之所以能够实现由长期短缺到基本自给、丰年有余的历史性转变，农业综合开发发挥了积极的作用，做出了重要贡献。

一、积极筹措，集中投入，严格管理

（一）资金投入

1996—2002年，甘肃省农业综合开发累计总投入资金20.63亿元，其中财政资金6.82亿元，地方财政配套资金4.37亿元，银行贷款2 773.9万元，自筹资金6.66亿元。以上资金分别投入到：土地治理项目11.27亿元，多种经营项目7.78亿元，科技示范项目4 504.67万元。

（二）资金管理

7年来，甘肃省农业综合开发坚持资金集中投入，正确合理安排使用和严格规范管理的原则，严格执行国家农业综合开发政策规定，紧密结合本省实际，开拓创新，不断探索，积累了一些切合实际且行之有效的资金管理经验。主要做法有：

1. 积极筹措配套资金。省地县三级在财政十分困难的情况下，从实际出发，千方百计多渠道筹措落实地方财政配套资金。省地县三级配套，省财政拿大头，地县拿小头，预算内外一齐上。一方面稳定增加预算内投入，1999年省级财政安排落实农业综合开发配套资金1 000万元，省政府常务会决定以后每年再增加3 000万元，纳入省级财政预算安排，用于农业综合开发省级配套。另一方面努力开辟预算外投入途径，积极探索其他支农资金与农业综合开发资金配合使用的办法和途径，取得了较好的效果。

2. 广泛动员，扩大自筹资金投入。为了弥补资金不足问题，积极广泛地发动农民群众投工投劳建设工程设施，农民群众自愿投入的大量劳力，几乎包揽了工程建设中的全部土石方填挖搬运和专业技术性不是很强的工程用工量，从而节约了大量的资金开支，保证了工程建设。

3. 加强督促落实，确保资金专款专用，提高资金的使用效益。省地县三级都建立了监督制约机制，省农发办每年至少组织进行一次全面集中的项目资金中期检查工作，并与审计部门密切合作，开展经常性的检查监督，发现问题，及时纠正。在资金的管理和使用上，多数县（市、区）基本上都能按照国家和省上的资金管理办法执行，做到专人管理、专账核算、专款专用。对财政无偿资金的使用支出，全面实行了县级报账制。通过检查督促，基本上达到了规范要求，财务账目比较清楚，手续齐全，凭证合法有效。很多县市的群众自筹资金也由县市区农发办统一建账，专人管理，专款专用。

4. 强化有偿资金管理，保证到期资金按时回收。将项目安排与资金回收结合起来，积极落实还款措施，严格实行有偿资金回收责任制，并结合计划任务安排，采取奖罚措施督促落实，保证了有偿资金90%的回收率。

二、突出重点，综合开发，注重实效

(一) 加强土地治理项目和生态环境建设，不断提高农业综合生产能力

干旱缺水和风沙危害是制约甘肃省农业发展的主要因素。农业综合开发项目区就把节水作为一项革命性、战略性措施来抓，努力实现“三化”目标，即干支渠全部衬砌硬化、井灌区输水管道化、高效农业滴灌化。在河东旱作农业地区重点发展了集雨节灌，通过“梯田 + 水窖 + 科技 + 调整”的综合措施，围绕保护和建设基本农田，加大小流域综合治理的力度，努力建设旱作雨养生态农业。在河西走廊项目区重点实施了荒漠化综合治理和防护林体系及水源涵养林建设，努力改善绿洲边缘的生态环境，建设灌区高效生态农业。由于大力发展节水灌溉，建设生态环境，改善基本条件，较大幅度地提高了农业综合生产能力。

甘肃地域辽阔，项目区自然条件和气候类型差别很大。为此，甘肃省农发办长期进行广泛深入的调查研究，制定不同类区的土地治理开发指导意见，并通过试点试验，不断创新，不断总结经验，不断完善开发治理模式。从 2001 年开始，省农发办选择东西部不同类型地区的 6 个县（市）进行中低产田改造示范园区建设。每个示范区规划 5 000 亩以上，每个示范点增加投入 150 万元，其中省地县三级各配套 50 万元，提高了项目建设科技含量和标准。同时要求各地市、县区都要抓 1 个有规模的示范点。对于各类示范园区、示范点的建设，省上与地县共同审查规划设计和施工方案，共同研究建设内容和措施，使项目区起到了非常显著的示范带动作用。

在土地治理项目管理方面，甘肃坚持从立项前的申请、评估、审查，到施工中的检查、监督，竣工后的验收、管护，都进行了全方位的项目管理，并建立了一套较为严格的管理制度。

(二) 大力扶持多种经营项目建设，加快促进农业结构调整，努力培育发展特色优势农产品

几年来，甘肃省农业综合开发按照面向市场，发挥区域比较优势，发展特色优势农产品的原则，大力支持多种经营和产业化龙头加工项目建设，有效提高了农业综合效益，较大幅度地增加了农民收入。

1. 项目建设概况。1996—2002 年甘肃安排多种经营项目 123 个。大力扶持了啤酒原料、优质瓜果蔬菜、中药材、制种、花卉等特色种植业、农区秸秆养畜生产基地和一批龙头加工企业。总体表现为畜牧业及林果业比重有较大幅度提高，品种优化，品质提高。共发展优质专用小麦 77 万亩，玉米 137 万亩，双低油菜 83 万亩，经济林 7.69 万亩，优质蔬菜 1.41 万亩，花卉 0.03 万亩，中药材 1.75 万亩，水产养殖 0.08 万亩，畜禽养殖 40.87 万头（只）。特别是日光温室、草产业、制种业有了突破性发展。项目区按照种养加一条龙、贸工农一体化原则扶持新建 21 个、改扩建 21 个产业化龙头加工企业，2 个农业生产服务项目。张掖党寨脱水蔬菜集团、凉州葡萄酒业集团、高台宏达饲料公司、武威苏武山林场葡萄榨汁厂等一批龙头企业已发挥了强有力的辐射带动作用。

2. 促进了农业结构调整。多种经营项目的建设，促进了农业和农村经济结构的战略性调整，到“九五”末，甘肃项目区农村第一二三产业的比重由 1995 年的76.4:20.3:3.3调整到 57:27:16，第二产业提高了 7 个百分点，第三产业提高了 12 个百分点，调整的效果是比较大的，促进了农业增效，农民增收。

3. 提高了农产品竞争能力。几年来多种经营项目的建设，充分利用项目区有利条件，以提高农产品竞争力为着眼点，立足资源优势和区域比较优势，根据市场发展趋势，大力扶持发展了特色优势农产品。一是以优化品种、提高品质为重点，积极推进农产品品种结构调整，大力开发有特色的新品种、优质品种和专用品种，为全面提高农产品质量和效益打下坚实的基础。二是着力搞好全省农业综合工发项目区优势农产品区域布局工作，有选择、有重点地扶持发展一批甘肃省优势农产品，培育各具特色的主导产业，逐步形成特色化、专业化、规模化的生产和加工基地，努力实现农业资源在更大范围、更大规模上的优化配置。重点抓了马铃薯、

制种、中药材、酿造葡萄、啤酒原料、瓜果、百合、球根类花卉、羔羊肉等几种最有特色且优势突出的农产品。从基地建设、技术支撑到安全标准生产，以及龙头加工企业等全方位给予重点支持。通过扶持，一批优势农产品有望在未来几年形成在国内国际市场上站得住、叫得响的优势产业和名牌产品。三是积极推进农业产业化经营。通过优势农产品产业基地建设，加大力度扶持发展辐射带动能力强的龙头企业，重点抓了建立好龙头企业与广大农户的利益驱动机制等关键环节。积极推广公司＋基地＋农户的产业链建设，推广订单农业、股份制、股份合作制等多种组织形式，大力发展农产品保鲜、储运、加工，实现农产品的多次增值。四是加强农产品质量安全标准和检验检测体系建设，为甘肃优质农产品打入国际市场，创造竞争条件。通过加大对专用农产品和无公害产品生产基地的扶持，促进了绿色食品和有机食品的发展，为把项目区建成优质安全和标准化农产品主要生产基地打下了坚实的基础。

（三）加强农业科技示范项目建设，加快推进农业科技进步

几年来，甘肃省农业综合开发加快示范推广农业高新科技和先进适用技术，提高了农业的科技含量。项目区累计引进培育优质专用粮食、特色果品、蔬菜、牧草等经济作物和优良畜禽新品种以及动物胚胎移植、冻精配种繁殖、设施农业等新技术200多项，试验示范推广面积达到60多万亩。全面推广节水灌溉、立体种植、地膜覆盖、模式化栽培、配方施肥、种子包衣等先进农业适用技术。项目区扩大良种示范面积15.05万亩，扶持农技站535个，农业先进适用技术和高新技术的应用覆盖面已达95%，良种率达到98%，科技贡献率达到45%。通过专项科技示范项目建设，新增总产值7 674万元，实现增加值3 550万元。

科技示范项目建设成功的典型例子是：永昌县农业科技综合示范推广项目区，引进国外陶塞特、波得代优质肉用种羊，通过胚胎移植、冷冻授精等高新技术进行培育和繁殖，为传统肉羊品种的大规模更新换代奠定了基础；张掖市石岗墩滩现代化农业示范园区在引进以色列先进温室大棚的基础上，不断创新改造，扩大规模，试验示范农业新技术23项，新品种66个，已成为集高效节水农业、高新畜牧业、农产品加工保鲜及园林观光农业为一体的高新科技设施农业的样板；酒泉市高新科技农业示范项目，在万亩沙地上建成了计算机控制的喷、滴、渗灌设施，防风固沙试验林带，以及粮食和经济作物新品种试验种植等项目内容，对河西风沙地带利用高新技术发展高效生态农业起到了良好的示范带动作用。

项目区还积极邀请国家和省内外的科研单位和大专院校作为技术依托单位，并聘请两院院士、知名教授专家等作为技术顾问，进行技术指导。同时，大力加强技术培训工作，几年来已累计培训农民和基层干部64.12万人次，发放宣传科技培训资料58万份，项目区的农民90%以上得到了培训，劳动者的整体素质有了较大提高。

三、加强领导，重视资金和项目监督检查，确保开发效果

几年来，甘肃省认真贯彻国家农业综合开发的方针、政策，结合本省特点，不断努力探索，逐步走出了一条符合实际的农业综合开发路子。主要的做法和特点是：

（一）高度重视

省地县各级政府都把农业综合开发作为一项重要工作纳入议事日程，主要领导和主管领导经常深入一线检查指导农业综合开发工作。每年的全省经济工作会议上，省委、省政府都要对农业综合开发工作进行安排部署。

（二）健全机构

为了进一步加强对农业综合开发工作的领导，甘肃省2002年调整成立了以分管财政工作的副省长为组长，计划、财政、农口厅局、土地、金融等部门负责人为成员的新的领导小组。在省级政府机构改革中，保留并重新组建了省农业综合开发办公室，充实和加强了人员力量，归口省财政厅管理。各地县也都加强了对农业综合开发工作的领导，都有比较健全的机构和比较规范的管理制度，除个别

县市外，绝大多数都归口财政管理。农发办内，农、林、水、财各专业人员齐备，工作力量较强，为搞好工作打下了坚实的基础。

（三）加强培训

按照统一领导、分级管理、任务具体、责任明确的原则，进一步理顺省地市三级农业综合开发部门的工作职能和管理权限，加强了干部队伍建设，通过组织地县农发办负责同志和业务骨干到外省考察学习，召开研讨会，每年都举办各类培训班，多方面提高干部的政策理论水平和业务素质。培训内容包括政策理论、项目和资金管理业务、WTO 相关知识、微机软件应用、统计数据管理和新的项目财务制度等。

（四）形成合力

为了保证开发工作的顺利开展，财政和农业、林业、水利、土地、审计、银行等有关部门在省农业综合开发领导小组的统一协调领导下，围绕农业综合开发的共同目标，各司其职，各尽其责，形成了一个相互配合、相互支持、齐心协力搞开发的良好局面。省、市、县各级农业综合开发领导小组每年都召开会议，研究确定重大问题，协调各成员单位之间的关系并解决问题。各成员单位和各地党政部门经常召开协调会议，统一部署，配合行动，将农业综合开发作为促进地方经济发展的综合性事业，齐抓共管。很多地方的农业开发工作已不仅仅单纯是某一家的事情，出现了全社会积极参与搞开发的可喜现象。

（五）扩大宣传

甘肃省非常重视对农业综合开发的宣传，创办了《甘肃省农业综合开发简报》，出版了农业综合开发画册，拍摄了电视专题片，在有关报刊上发表文章，利用各种媒体宣传农业综合开发政策，表彰先进典型，总结交流工作经验，研究探讨工作方法，有力地促进了农业综合开发工作的深入开展。

（六）加强监督

积极推广项目资金公告制、工程物资招投标和政府采购制。坚决禁止挤占、挪用和违纪使用现象发生。加强对项目资金的日常监管，加大中期检查力度，严格竣工验收，加强审计监督。对于检查、验收和审计当中发现的资金违纪问题，进行了严肃处理。通过监督检查，确保了农业综合开发的实施效果。

（甘肃省农业综合开发办公室，周明执笔）

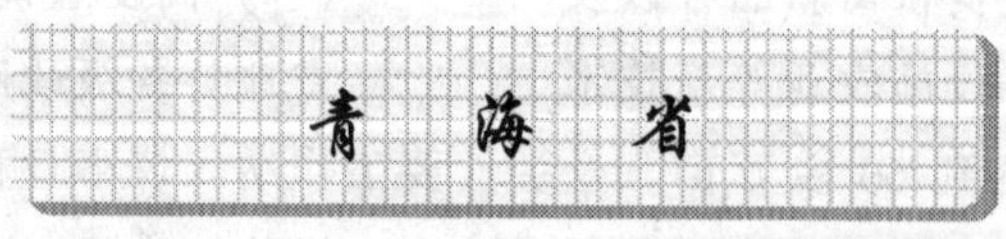

青海省

1990 年，青海省被纳入国家农业综合开发计划，到 2002 年已经组织实施了五期国家农业综合开发项目，经历了 5 个发展阶段。1990—1992 年的一期农业综合开发以土地开发为主。1993—1995 年的二期农业综合开发调整为改造中低产田（以旱地改水地为主）和开荒相结合，兼顾了草原建设。1996—1998 年的三期农业综合开发调整为土地治理为主，开始了多种经营项目建设。其中土地治理项目以改造中低产田（老灌区改造）和草原建设为主，按照以村扩村、以场扩场的原则，适当安排了开荒；多种经营项目以农区牛羊养殖为主。1999—2001 年的四期农业综合开发，紧跟全国农业发展形势，在指导思想和项目安排上实行“两个转变”，土地治理项目全部转到了改造中低产田和草原建设上，开发目标从单纯的增加粮油产量转到了促进结构调整和发展特色农产品增加农民收入上。从 2001 年开始，土地治理项目拓展到中低产田改造、节水农业、生态农业、草原建设、优势农产品（包括饲草饲料）基地，多种经营项目拓展到经济林、花卉、蔬菜、药材种植，牛羊、猪禽和水产品养殖，农畜产品储藏保鲜、精深加工及市场服务体系建设。全省项目县总数从1990年的11个扩大到2002年的32个。农业综合开发呈现出资金逐年增加，规模逐年扩大，内容逐年拓宽，效益逐年提高，管理不断完善的发展局面。

一、加大资金投入，优化资金投向，加强资金管理，不断提高资金使用效益

（一）资金投入

农业综合开发资金是青海农牧业投资中比较集中的专项投资，1990—2002年，国家农业综合开发项目累计投入资金19.01亿元，其中：中央财政资金6.43亿元，地方财政配套资金3.89亿元，农牧民自筹5.38亿元，贷款3.31亿元。中央和省财政资金占同期农业财政投资的22%。

农业综合开发资金在1996年以前全部用于土地治理，从1996年开始，财政资金的75%用于土地治理，25%用于多种经营。2000—2002年立项实施了一个高新科技示范项目。据统计，在1990—2002年的项目资金中，用于土地治理项目投资13.3亿元，其中：中央财政资金4.86亿元，地方财政配套资金3.43亿元，农牧民自筹4亿元，贷款1.01亿元；用于多种经营项目投资5.57亿元，其中：中央财政资金1.23亿元，地方财政配套资金7 300万元，农民自筹1.31亿元，贷款2.3亿元；用于科技示范项目投资1 600万元，其中：中央财政资金600万元，地方财政配套资金300万元，自筹资金700万元。

（二）资金管理

1. 按项目管理资金，以项目核定投资，资金跟着项目走，对中央和省财政补助资金实行包干使用。1990—1996年的一、二期农业综合开发项目，省农发办与项目县政府签订了包干合同，对项目投资、建设任务、工程质量、施工工期、开发效益、建后管理实行六包，投资超支不补，节约不收，任务完不成扣罚，保证了项目建设的顺利进行和按期完成。

2. 坚持“专户、专账、专人”管理。把资金到位使用情况与下年度项目安排挂钩，在省上预留5%的质量保证金，竣工项目验收合格后再下拨，验收不合格的限期整改后才下拨。

3. 从2001年开始，财政无偿资金使用实行县级报账制；对有偿资金实行专户储存，专项管理。按项目确定使用比例和借款额度，由各级财政统借统还，层层签订借款合同，要求项目区在使用有偿资金前就落实还款计划和还款措施，把偿还任务落到实处，做到放得出收得回。项目县财政在有偿资金使用中加强了责任，有的办理了抵押担保，有的推行了委托放款。

4. 对资金的使用实行审计监督，每个竣工项目先由审计部门审计，然后再组织省级验收。

二、突出开发重点，注重相互配套，努力提高农牧业综合生产能力和产业化经营水平

（一）加强农业基础设施和生态环境建设

青海省地处高原，由于地理和历史原因，经济发展滞后，农业基础薄弱，生态环境脆弱。加强基础设施建设，改善农业生产条件是各级政府和广大农牧民长期奋斗的目标，也是农业综合开发的主要任务。

1. 突出加强农田水利建设。农业综合开发针对项目区干旱缺水的实际，坚持一水二林三农田，在土地治理项目中拿出70%—80%的资金搞农田水利，一是坚持灌区改造、渠系配套为主，保证让水灌到地里；二是突出节水灌溉，积极发展渠道防渗、雨水集流、管道输水、农田喷灌工程；三是注重工程质量，坚持高起点、高标准、高质量，对项目区的灌溉渠道全部采用150＃砼U型槽或预制板衬砌硬化，并在衬砌的砼底下铺垫30—50厘米的沙砾石预防冻胀破坏，保证改造后的灌区渠系水利用系数达0.6以上，实现正常安全运行。据统计，1990—2002年项目区共修建小型水库15座，防渗衬砌渠道6 578.54公里，桥涵闸等渠系建筑物42 762座，电灌站28座，新打机电井48眼，架设农电线路168公里，埋设引水输水管道65.5公里。这些水利设施，使46万亩灌区得到改造，扩大灌溉面积50.25万亩，改善灌溉面积152.6万亩。

2. 重视生态环境建设。在植树造林和生态建

设中，坚持因地制宜、因害设防，乔灌草结合，以控制水土流失和改善生态环境。一是把30°以下的荒山荒坡平整成1—2米宽的台阶，在30°以上的荒山荒坡上开挖鱼鳞坑，选择适应性强、耐旱固土的杨树、黑刺、柠条等树种，造林种草，条件较好的地区乔木、灌木混交，气候适宜的地区种植小杂果、花椒、枸杞等经济林，水平台阶上套种中药材；二是在渠旁路旁栽植林带或补栽林带，使之形成林网，防风固沙，保护农田；三是沟谷地带修建小塘坝、谷坊、川台地，整治沟道，保持水土；四是造林种草与封山育草相结合，恢复植被蓄水保土，提高天然草坡覆盖率。据统计，1990—2002年，完成生态建设面积32.8万亩，植树造林24.42万亩，其中：农田防护林网13.8万亩，水土保护林9.32万亩，防风固沙林1.3万亩，生态绿化林4.3万亩，退耕种草4.32万亩。

3. 注重农田整治与田间配套。在丘陵山区，一律按照等高线平整土地，将过去的“跑水、跑土、跑肥”的坡耕地平整成“保水、保土、保肥”的水平梯田，宽度满足灌水和小型农机耕作，配套灌渠、斗渠和机耕道路。在柴达木盆地和比较开阔的台滩地区，一律按照田成方、林成网、渠相连、路相通的要求，整治成适宜机械耕作的条田。据统计，1990—2002年项目区整治农田203.08万亩，其中：平整土地71万亩，改良土壤128.73万亩；配套建设良种基地11.5万亩，良种晒场8.9万平方米，良种仓库1.6万平方米，田间道路1 204.5公里，仪器设备683台件，农机具9 963台套。项目区良种化程度普遍达到90%以上，机械化程度明显提高。

4. 加大草场治理改良。草原建设坚持治理改良与保护相结合，根据草场承包到户经营使用的实际，项目扶持到村到户，集中在冬春草场连片治理改良，以草场围栏、退化沙化草地治理、划区轮牧为主，配套建设人工饲草基地、畜牧棚圈、饮水设施，使项目区牧民实现了定居、种草、围栏、棚圈、饮水、通电、通水七配套。1990—2002年完成草场治理改良面积468.63万亩，修建畜牧棚圈166万平方米，其中：保温式暖棚115.3万平方米；修建引水管道140.3公里，饮水井1 068眼，解决了2.7万人101.8万头（只）牲畜的饮水困难。通过项目建设，项目区70%以上的牧户受益，70%的绵羊实现了暖棚饲养，畜牧业走上了稳定高效发展的路子。

（二）促进农业结构调整和农业产业化经营

农业综合开发主动适应农业和农村经济发展的变化和要求，紧紧围绕农牧业增效和农牧民增收，立足高原冷凉气候，突出发展具有高原特色的优势农产品，在全省培育发展牧区羔羊育肥、农区牛羊养殖、花卉蔬菜基地、农畜产品加工等产业化经营中发挥了重要作用。

1. 羔羊育肥出栏形成规模。草地畜牧业是青海省的主要产业之一，也是农业综合开发的重要内容之一。地处青海湖北部的海北藏族自治州在农业综合开发中，使70%的绵羊实现了暖棚饲养，这一措施使绵羊在长达6至8个月的寒冷季节躲避了风雪严寒，绵羊的产羔成活率在无疾病的条件下达到100%，比项目建设前提高20多个百分点。羔羊大幅度增加后，州县农发办和畜牧部门及时引导牧民对羔羊快速育肥，把当年的公羔全部出栏，缩短了生产周期，减少了对冬春草场的压力，走上了草地休养生息，畜群结构优化，经济收入增加的良性发展轨道。2002年海北州所属的祁连、门源、刚察、海晏4个项目县育肥出栏羔羊28.4万只，羔羊市场前景兴旺，引来了内蒙古草原兴发集团等多家省内外肉类加工龙头企业进驻海北，开展羔羊加工，羔羊产业化形成了规模。

2. 推进农区畜牧业快速发展。大力发展农区畜牧业，是青海省调整农业结构，实施退耕还草，增加农民收入的一项重大举措。省农业综合开发办公室积极把农区牛羊养殖列为多种经营的重要内容进行重点扶持，从1996年开始，坚持每年拿出多种经营项目40%的资金，连续在地处农牧结合部的大通、湟源、湟中、互助、民和、乐都、循化、门源、祁连等项目县安排了农区牛羊养殖项目，采取以村为单元，以户为对象，把自繁自养和西繁东育、牧繁农育相结合，种草和养畜相结合，推广优质高产饲草、暖棚舍饲、秸杆

氨化、畜种改良技术，配套完善饲草加工和饲喂工具，培训农民科学养畜，建设了一批规模养牛、养羊示范村和示范小区，扶持规模养殖户9 871户，年育肥出栏牛羊80万头（只），实现收入8 140万元，户均增收8 000多元。在项目带动下，推进了项目区单一的种植业向粮油草“三元”结构的快速转化，农区畜牧业步入大产业，大发展轨道。

3. 特色农业基地发挥优势。按照规模化生产、产业化经营的思路，农业综合开发在西宁、格尔木、乐都等基础条件相对较好的市县，充分利用日光资源，集中连片建设日光节能温室蔬菜基地，实现了高原全年生产蔬菜和反季节生产蔬菜的目的，有效地增加了市场供给和农民收入。例如西宁市城北区大堡子镇通过农业综合开发建设的千亩千栋日光温室，年产蔬菜1 220万公斤，平均每天提供鲜菜3.3万公斤，农民人均增加收入900多元，成为全省的无公害蔬菜生产基地和菜篮子工程的示范样板。

利用高原冷凉气候，发展球茎类花卉，是青海省农业结构调整中重点培育的新兴产业。农业综合开发2002年重点扶持的西宁市城西区卉源农业有限公司球茎类花卉产业化项目，重点引进繁育东方百合、郁金香、非洲菊、剑兰等6类62个花卉品种，当年生产种球272.6万粒，鲜切花143万枝，盆花8.4万盆，直接带动农户300多户，花卉产品已在上海、北京、广州、西宁、成都等8个城市建立了14个销售网点，市场前景十分看好。

4. 扶持“龙头”，促进产业化大步向前。按照农工贸一体化，产加销一条龙的要求，农业综合开发坚持基地项目在先，加工项目跟上的原则，有重点地扶持了龙头加工项目。先后在蔬菜大县乐都县扶持了蔬菜加工项目，在流动人员较多的格尔木市扶持了蔬菜储藏保鲜项目，在农区畜牧业发展较快的大通县扶持了皮革加工和牛羊肉加工项目，有力地推进了项目县主导产业的发展。大通县在大力发展农区畜牧业，建设牛羊规模养殖基地的基础上，1998年立项实施的皮革加工项目，把原来作坊式生产蓝湿革的民营皮毛加工厂改造扩建为工艺设备先进、经营机制灵活、年产10万张高中档服装革、1万件高中档皮革服装及其附产品的龙头企业，延长了产业链，创立了“高原猫”这一省名优品牌，产品销往全国，企业被国家农业部授予全国优秀乡镇企业。2000—2002年连续扶持牛羊肉加工项目，把宣告破产的原清真肉食品加工厂改制重组为股份有限公司，改造扩建了牛羊肉精深加工生产线，新开发6大类36个品种的牛羊肉制品，2002年的加工能力达到1 200吨，销售收入达到2 000多万元，带动养殖农户4 000多户，生产的“绿草原”牌牛羊肉加工制品已获得国家“绿色食品”和进出口经营自主权认证，产品除满足西宁市场外，已销往上海、广东、成都等地，部分新产品实现了定单加工。

（三）积极推动农业科技进步

农业综合开发重视科技，采取不断增加投入，培训农牧民，完善推广服务体系，推广先进实用技术，组织科技人员深入项目区开展技术指导和科技承包，建立科技示范等多种措施，促进项目区的科技兴农兴牧。据统计，1990—2002年用于科技措施的财政资金943.04万元，培训农牧民18.4万人次，完善县乡科技服务体系87个，推广粮油草品种21个，引进良种畜1.5万头（只）。在注重项目区科技推广的同时，先后建设了平安县大红岭新开耕地土壤改良与科技开发示范点、同德县日卡力岗新开耕地节水灌溉与科技开发示范点、湟中县农业现代化示范项目、祁连县牧业现代化示范项目、西宁市城北区高效农业示范项目、格尔木农场柴达木盆地绿洲农业高新科技示范项目。通过科技开发，项目区的科技贡献率达到43%（农业）—45%（牧业），普遍高于全省平均水平。

三、严格项目管理，努力提高农业综合开发工作水平

（一）切实加强项目前期工作

农业综合开发严格遵循项目建议书申报审批、项目可行性研究报告评估论证、项目实施计划审批、工程扩初设计、项目组织实施、项目竣工验收、项目建后管护7个阶段的工作程序，实行程序

化管理。凡新上项目都按规范编报项目建议书和项目可行性研究报告，并依靠相应的专家来编制。对中低产田改造、节水农业等项目一般都由具有相应资质的单位按流域或灌区统一规划，一次性编制可研报告和水利工程扩初设计，按照资金分年度组织实施。草原生态建设项目和多种经营项目一般项目由专业部门技术人员编制可研报告，重点项目（包括基地项目和加工、服务类项目）都由具有相应资质的单位编制可研报告。所有项目都由省农发办组织相关专业技术人员和专家进行评估论证，按照专家提出的意见修改完善项目可研报告。

（二）坚持择优选项原则

土地治理项目按照地域特色、资源优势、领导重视、群众积极、投资少、见效快、效益好的原则选择立项，实行集中连片、山水田林路统一规划、统一设计、统一施工、统一检查、统一验收。多种经营项目按照发展特色农业，促进结构调整和产业化经营的要求，坚持在全省范围内择优选项。

（三）严格项目计划审批

2001年以前，农业综合开发项目实施计划由省农发办直接批到项目县，由项目县农发办和水利、农业、林业、畜牧部门组织实施，没有向乡镇下达项目资金和项目任务；从2002年开始，改革管理机制，明确了省、州（地、市）、县三级农发办的工作责任，实行分级管理，一级抓一级，层层抓落实，项目实施计划实行逐级审批。水利工程的扩初设计全部委托省水利厅技术审查部门审批。

（四）重视工程质量管理

在项目实施中，对水利工程施工推行了招投标和工程监理或质量监督制度。招投标的形式有公开招投标，但大多数是邀请招投标或议标。对草原建设项目和多种经营种植业、养殖业项目都直接扶持到户，由农牧民自建自用，真正体现了民办公助，实现了农民直接受益。对工程建设加以定期与不定期的经常性检查，省农发办每年至少检查一次，督促实施进度，督查工程质量，发现问题，坚决纠正。

（五）落实建后管护

农业综合开发项目建成后，严格按规范和标准组织验收，对重点项目实行自验、初验、终验的三验制度，验收合格的项目及时移交行业主管部门或受益使用单位，落实经营管护责任制。对新垦耕地，制定了《农业综合开发新垦耕地经营承包意见》，采取大户承包、村社组织集体承包、分户“双田制（指承包田和个人田）”承包、异地招聘租赁承包等形式，及时落实土地承包经营责任制。

（六）加强干部培养。农业综合开发过程中，各地挑选懂业务、善管理、能吃苦的干部，深入开发第一线，带领群众真抓实干，干中学、学中干，在实践中增长才干。省上坚持每年举办一期项目管理或资金管理培训班，学习政策，熟悉制度，明确要求，提高能力。省、地、县还组织干部到项目区参加义务劳动和义务植树，既加快了项目建设进度，又密切了党群干群关系，锻炼培养了干部。农业综合开发13年以来，培养了一大批适应项目管理的干部，凡从事过农业综合开发项目勘测设计、施工管理的干部，都成了当地项目管理的骨干，好多干部还从农业综合开发战线走上了领导岗位。

四、注重开发效益，实现增产增收目标

1990—2002年13年的农业综合开发，项目区农业基础设施得到加强，农业生产条件和生态环境明显改善，农业综合开发生产能力显著提高，结构调整步伐加快，产业化经营大步向前。据统计，项目区新增粮食2.63亿公斤，油料0.56亿公斤，青干草2.8亿公斤，蔬菜1 942万公斤，花卉种球272.6万粒，切花143万枝，水果864万公斤，枸杞28万公斤，牛羊肉393万公斤，水产品72.2万公斤，牛奶152万公斤，加工保鲜产品1 162万公斤；新增其他农产品产值5 859.92万元，新增农业收入3.42亿元，项目区农民人均收入增加326元，牧民人均收入增加557元。农业综合开发投入产出比达到1:0.3—1:0.5，投资效益率达到20%—30%，基本实现了增产增效增收的目标，为高原农牧业发展注入了新的生机和活力。

（青海省农业综合开发办公室供稿，杨珠生执笔）

宁夏回族自治区

宁夏农业综合开发项目是1989年4月在国家正式立项并开始在河套灌区实施的，平均三年为一期工程。1989年6月至1992年6月为第一期工程，项目区涉及河套灌区平罗县、惠农县、贺兰县、银川郊区、永宁县、青铜峡市、灵武市、中宁县、中卫县和农垦局所属的5个国营农场。1992年7月至1995年6月为第二期工程。项目区涉及范围在一期基础上，新增陶乐县和利通区及农垦局所属6个国营农场和劳改系统所属的3个国营农场。1995年7月至1997年6月为第三期工程，项目区涉及整个河套灌区的11个县（市、区）和农垦、劳改系统所属的10个农场。1997年7月至2000年12月为第四期工程，项目区涉及整个河套灌区的11个县（市、区）和农垦、监狱系统所属的11个农场。2001—2003年为第五期工程。项目涉及范围在第四期基础上又新增了盐池县、同心县、原州区、彭阳县和红寺堡5个开发县，目前开发县数占全区总县数的80%。

宁夏农业综合开发项目由自治区农业综合开发领导小组办公室直接组织，各项目县（市、区）农业综合开发办公室实施。

一、农业综合开发资金投入与管理

（一）资金投入

1989年至2002年宁夏农业综合开发完成总投资19.16亿元，其中中央财政投资6.68亿元，地方财政配套资金4.08亿元，单位及群众自筹资金5.62亿元，银行专项贷款2.77亿元。

在宁夏农业综合开发三类项目中，土地治理项目完成投资10.33亿元，占总投资的53.9%，其中中央财政资金3.37亿元，地方财政配套资金2.81亿元，自筹资金3.38亿元，银行贷款7 640万元。多种经营项目完成投资3.66亿元，占19.1%，其中中央财政资金1.29亿元，地方财政配套资金5 627万元，自筹资金9 069.2万元，银行贷款8 975万元。专项科技示范项目完成2 649.49万元，占投资1.4%，其中中央财政资金800万元，地方财政配套资金500万元，自筹935.59万元，银行贷款413.9万元。

（二）资金管理

1.全面实行“专款专用、专人管理、专账核算”的“三专”管理。宁夏对农业综合开发项目资金严格按照国家农业综合开发资金管理有关政策、办法及实施细则执行。自治区农业综合开发领导小组办公室负责中央财政资金和自治区本级财政配套资金的拨付，自治区财政厅国库处按照资金拨付计划专户直拨至各项目市（县）财政局农发专户。各项目市（县）财政局根据项目建设进度将项目资金拨付市县农业综合开发办公室。2000年全自治区项目市县全面实行了“三专”管理和无偿资金县级报账制及有偿资金合同制。

2.广辟资金筹集渠道，落实地方财政配套资金。按照“国家引导、配套投入、民办公助、滚动开发”的投入机制，多层次、多渠道筹集开发资金。针对宁夏财政困难，财力不足，地方配套资金落实难这一问题，积极引进外资项目与农业综合开发项目相互配套。从1999年开始，引进实施了荷兰政府贷款银北暗管排水建设项目和水利部948项目中的两个外资项目，2001年争取到了日本协力银行贷款宁夏重点风沙区生态环境综合治理项目。

二、农业综合开发项目管理

（一）加强农业基础设施和生态环境建设

1.农业基础设施建设。干旱缺水、排灌困难是制约宁夏农业生产发展的重要因素。宁夏农业综合开发把改善农业基础设施条件放在第一位，实行重点投入，抓住关键环节，搞好水利建设。1989年至2002年全自治区用于农田水利基础设施建设的投资占土地治理项目总投资的65%以上。项目区累计进行灌排渠系建设6 578.54公里，配套建筑物119 975座，铺设暗管3 394公里，新建维修机井1 375眼，新建修复灌排站183座。灌溉渠道砌护率达80%以上，装配式建筑物达60%以上，灌区农田基础设施配套率由原来的7%提高到60%以上。2000年至2001年对影响银北排水的第三、第五排水干沟及其支斗农沟进行全面治理，清淤干支沟120公里，治理沟道塌坡12.8公里，埋设暗管700公里，经过全面清淤整治，银北百万亩农田地下水位降低幅度达1米左右，农田土壤脱盐率达到50%以上，昔日盐碱沼泽地，如今变成了良田沃壤，解决了困扰银北农民群众多年的“老大难”问题。

宁夏农业综合开发1989年至2002年累计改造中低产田330.31万亩，治理宜农荒地83.13万亩，新增和改善灌溉面积409.4万亩，改良土壤379.71万亩，购置农业机械2 408台（套），新增农机总动力15 076.48千瓦，新增机耕面积249.36万亩，新建种子库及晒场18.5万平方米，完善农业服务推广体系246个，营造农田防护林38.74万亩，增加农田林网防护面积325.84万亩，推广农、林、水先进新技术80多项。14年来项目区累计新增粮食5.97亿公斤，新增油料175.75万公斤。由于实施农业综合开发，宁夏河套灌区粮食总产量从1989年的不足20亿公斤发展到2002年年产25亿公斤，其中新增部分的70%来源于农业开发项目区。1989年立项前灌区农民人均年纯收入为716.14元，2002年灌区农民人均年纯收入为2 609元，增加了近2 000元。其中项目区农民纯收入比非项目区平均高出300元左右。

2. 生态环境建设。14年来，宁夏农业综合开发始终把项目区生态环境建设放在重要位置。在项目实施中，根据项目区的自然条件，本着“因地制宜、合理布局、边开发边绿化”的原则，坚持乔、灌结合，带、片、网结合，多林种结合，多树种结合。针对项目区农田防护林天牛危害严重现象，先后引进繁育抗天牛的臭椿、白蜡、欧洲山杨三倍体、国槐、皂角等新品种推广栽植，使项目区防护林成活率明显提高，项目区林木覆盖率由立项前的4%提高到12%，实现了项目区农田二代林网化，为农田提供了高标准的生态屏障。14年来，累计营造农田防护林38.74万亩，黄河护岸林1.9万亩，改善农田林网防护面积325.84万亩。同时结合宁夏重点风沙区生态环境治理项目，实施农业生态工程32万亩，其中营造防风固沙林14.3万亩，围栏封育9.1万亩，人工种草5.6万亩，治理水土流失面积213平方公里，提高了项目区抗御自然灾害的能力，使农业生态环境朝着良性化方向发展。

（二）促进农业结构调整和农业产业化经营

宁夏农业综合开发在保证自治区粮食等主要农产品产量稳定增长的同时，加大了种、养业投资及其产品结构的调整力度，对项目区农业产业结构实行了战略性调整。集中资金，重点扶持宁夏以羊、奶、枸杞为主的优势产业和以优质大米、淡水渔业、脱水菜、马铃薯等为主的特色经济。14年来，累计建设优质粮食基地55.4万亩，优质饲料基地16.7万亩，蔬菜日光温棚3万亩，优质林果基地3.12万亩，淡水养殖基地2.54万亩，养殖畜禽166.82万头（只），为农产品加工业提供了丰富的原料。兴办农副产品加工企业48个，新建各类大型农副产品批发市场10多处，新增肉类2 028.9万公斤，新增奶类3 485万公斤，新增蛋类101万公斤，新增水产品191万公斤。

1. 扶持优势特色农业，促进农业结构调整。宁夏因地制宜，扶持不同地区资源优势突出、特色明显的优势产品和特色产品，使其快速形成规模效益。重点扶持了中宁枸杞、玉泉营葡萄、灵武长红枣、中卫西甜瓜、盐池滩羊、平惠脱水菜、陶乐蔬菜繁育、利通区奶牛、贺兰淡水鱼、前进大闸蟹等，尽快使这些优势特色产品成为优势产业。对在国际国内市场具有强烈竞争力的宁夏红宝——枸杞进行了重点扶持，多年来，农业综合开发财政投资的1 080万元，主要用于扶持枸杞产业基地建设、流通、加工及监测体系等。目前中宁全县枸杞种植

面积已达5.8万亩，全县从事枸杞流通的企业达630余家，从业人员达1 300余人，枸杞加工企业已有8家，已研制开发出10余种枸杞系列深加工保健食品。全县年产枸杞1 710万公斤，总产值达2.57亿元，全县农民仅种植枸杞一项，人均年纯收入就达705.5元。

2. 积极扶持龙头企业，推进农业产业化经营。1998年以来，宁夏农业综合开发集中资金，重点扶持夏进乳品、石嘴山肉联厂、西夏葡萄酒、香山酒业、黄河米业、惠农脱水蔬菜等种养加、贸工农一体化自治区龙头企业10多家，形成了公司联基地、基地联农户的经营模式。探索龙头企业和农业综合开发项目区相互促进、共同发展的利益调解机制，使龙头企业真正担负起开拓市场、技术创新、引导和组织项目区进行基地建设和带动农户经营的重任。一是发展订单农业，通过订单连接农户和龙头，积极鼓励产业化龙头企业与农户签订生产合同，在企业与农户之间形成了较为稳定的购销关系。目前项目区优质米种植农户90%以上都与黄河米业等龙头企业建立起相对稳定的合同关系。二是引导支持龙头企业采用多种形式，领办和创办农产品生产基地，实行农业企业化管理，提升农业经营档次。我区夏进乳制品龙头企业，引导农户组建奶牛科技示范园区、奶牛合作社和奶牛养殖区等多种形式，采用“五统一、两集中、一分散”（统一设计、统一标准、统一建造、统一疫病防治、统一饲草饲料；集中管理、集中挤奶；分散饲养）的企业管理方式，有力地提高了我区奶牛集约化养殖水平。目前，夏进已在全区发展了18个奶牛基地，奶牛存栏数达1.6万头，奶牛养殖区农户每年每头奶牛纯收入达5 000元左右。三是积极引导农村合作经济组织发展，提高农民组织化程度，依托合作经济组织的下连农户、上连龙头企业的纽带作用，既提高了农民的组织化水平，又壮大了龙头企业的实力。宁夏惠农县为了充分发挥传统脱水蔬菜产业的创汇优势，组织成立了蔬菜脱水协会，将全县40余家脱水蔬菜加工企业组织起来，2002年在县脱水蔬菜协会的领导组织下，全县脱水蔬菜种植面积达3.5万亩，种植品种50多个，福民等脱水蔬菜企业生产脱水蔬菜4 600吨，新增产值7 500万元，新增利税1 000万元，带动全县70%种植农户，农民年人均新增收入350元。

（三）推进农业科技进步

为充分发挥农业综合开发科技示范园区的示范、带动及辐射作用，宁夏先后建立国家级农业高新科技示范园区2个，国家级万亩节水灌溉示范区3个，培训农民技术人员40.84万人次，补配完善乡镇农业科技推广服务体系239个，购置设备仪器376台（套）。引进优质大米、优质饲用玉米、优质果品、精细蔬菜、葡萄、枸杞、饲料甜菜等各类新品种100多个，试验示范推广面积120多万亩，引进、示范冻精配种、胚胎移植、设施农业等国内外农业高新技术成果，提高了项目区农业主产水平，实现农业生产由粗放式经营向集约化经营转变。同时在项目区大力推广先进的农业实用技术，全面推广U型板砌护、工厂化预制装配式小型水工建筑物、暗管排水、低压管道输水；结合不同作物需水量，分别实施了水稻控灌、马铃薯的喷灌、果树和蔬菜作物的管灌和滴灌等节水模式。全自治区项目区内装配式建筑物普及率达到60%以上，有些市县达到90%。2001年至2002年项目区节约水量1.34亿立方米，平均亩节水量为153.6立方米。积极引进和繁育小麦、水稻、玉米新品种，种子包衣、模式化栽培、规范化旱育稀植、冬小麦种植、配方施肥、第二代高效节能温棚、枸杞矮化密植早丰产及提纯复壮抗天牛树种、畜禽快速育肥、黄牛冷配、绒山羊改良、生猪“三元”杂交、饲草“三贮一化”、暖棚养殖、牛胚胎移植等80多项新技术，使项目区农业新技术的覆盖面达到80%，农业科技贡献率达到47%，比全自治区平均水平高出5个百分点。

三、其他方面工作

（一）农业综合开发利用外资工作

1. 荷兰政府混合贷款和水利部948项目。从1999年开始，宁夏农业综合开发引进实施了荷兰政府混合贷款银北暗管排水建设项目和水利部948项目两个外资项目，共引进外资550万美元（约折合人民币4 500万元），由各级财政担保，统借统还，与农业综合开发项目配套实施。按照“谁受益，谁还款”的原则，由县级对其使用的70%左右的贷款承担还款义务。该项目引进荷兰先进排水设备和技术，在项目区铺设暗管3 394公里，改善了项目区排水状况，降低地下水位，治理土壤盐化，改良土壤48万亩，提高了项目区农业综合生产能力。

2. 日元贷款项目。日元贷款宁夏重点风沙区生态环境综合治理项目是宁夏首次利用日元贷款进行生态治理的一个大项目，该项目使用日本协力银行政府低息贷款，年利率为0.75%，贷款期限40年，含10年宽限期。项目总投资为7.09亿元人民币，贷款额为5.3亿元人民币（折合6 400万美元，79.77亿日元），国内配套资金比例为25%。项目建设时间5年（2002—2006年），建设任务57 600公顷（约80万亩），涉及银川市、吴忠市、石嘴山市、农垦局等14个单位的35个乡镇。项目建设内容有围栏封育26 090公顷，占总任务的45.3%；营造防风固沙林12 550公顷，占总任务的21.8%；营造生态经济林10 050公顷，占总任务的17.5%；建设人工草场7 690公顷，占总任务的13.3%；建设固沙中药材1 220公顷，占总任务的2.1%。该项目2002年7月全面启动实施。2002年计划总投资2.03亿元，其中贷款1.54亿元，配套4 827万元。计划建设防风固沙林2 373公顷，生态经济林2 218公顷，人工种草1 137公顷，中草药种植508公顷，围栏6 002公顷，建设示范区300公顷，苗圃190公顷。

（二）农业综合开发项目评估及检查验收

宁夏实施农业综合开发项目以来，项目年度评估均由农业综合开发办公室聘请自治区有关专家进行。2002年办公室成立评估中心，建立了评审专家库，拥有各类专家200多名。与此同时，全面推行项目评审追究责任制，实行“谁评审，谁负责”，严把立项关。

14年来，宁夏农业综合开发一直坚持不定期检查、年度检查验收和三年总检查验收相结合。每年项目管理人员经常深入项目县市施工现场，田间地头，亲自指导检查。2001年以前，年度检查验收为每年7月份，2001年以后改为每年12月。年度检查验收组由自治区农发办项目管理人员组成，对全自治区项目县市年度实施项目逐个检查验收。自2001年起，检查验收采用百分考核制，考核结果作为翌年项目县市投资控制指标分配的主要依据。在年度检查验收的基础上，每三年进行一次总验收，验收组由自治区农发办项目管理人员和各有关业务厅局专家组成，对全自治区项目县市三年实施项目逐个进行总验收，验收结果作为每一期评选先进单位的主要依据。对于各期先进单位予以大会表彰和追加年度投资指标的奖励，并对项目执行差的项目县市扣减年度投资指标，形成“奖优罚劣”的竞争机制。

（三）农业综合开发信息系统建设

宁夏农业综合开发于1998年建立县级计划、统计、财务报表管理系统，并于2001年启动办公自动化系统。通过内部网，形成财政厅、农发办内贯通的办公信息流，并创办了宁夏农业综合开发网页。2001年以后宁夏农业综合开发将“3S”（即：GRS，地理信息系统；RS，遥感信息系统；GPS，全球定位信息系统）技术应用到农业综合开发项目的前期准备、项目实施、竣工验收等阶段，取得了良好的效果。

（四）农业综合开发干部培训

宁夏农业综合开发干部培训工作主要从两个方面入手。一是定期不定期举行短期培训班，提高基层管理水平。二是“走出去，请进来”，组织项目管理人员出国出省考察学习培训，邀请区内外项目管理、农业、水利、林业、生态、财务、计算机等专家举办各种形式的学习培训班，强化自治区及项目县市管理人员的业务水平。

（宁夏回族自治区农业综合开发办公室供稿）

新疆维吾尔自治区

新疆维吾尔自治区是我国重要的农业主产区，是1988年首批被国家列入实施农业综合开发的省区之一。15年来，农业综合开发为夯实农业基础，增强农业发展后劲，提高新疆农业综合生产能力，促进农业增效、农牧民增收，保持全区经济持续、健康、稳定发展，发挥了重要作用。

15年来，农业综合开发（不含兵团，下同）项目区涉及到全自治区15个地（州、市）、81个县（市）、370个乡（镇、场）及8个自治区直属单位，合计改造中低产田1 006.99万亩，开垦宜农荒地436.49万亩（2000年起不再安排开荒项目），草原（场）建设167.33万亩，造林78.5万亩，建设“四个重点”示范项目52万亩，其中优质粮食基地3万亩，优质饲料作物基地9.43万亩，节水农业示范项目40万亩。建经济林、蔬菜园艺、药材等作物基地16.66万亩，水产养殖0.34万亩，畜禽养殖出栏11.53万头（只）。

一、农业综合开发资金投入与管理

（一）资金投入

新疆维吾尔自治区农业综合开发的15年中，累计投入农业综合开发资金49.54亿元，其中：中央财政专项资金14.96亿元，地方财政配套资金7.24亿元，农业综合开发贷款4.43亿元，自筹资金22.91亿元。农牧民投工投劳1.91亿个工日。

（二）资金管理

自1988年新疆农业综合开发立项以来，已经历4期国家验收，从验收的情况看，自治区农业综合开发项目资金管理比较严格，主要由于从4个方面加强了监督管理。

1. 完善制度建设。自治区根据国家农业综合开发的有关政策，结合自治区实际情况，对资金的使用、管理等方面做了补充规定。1989年，自治区人民政府印发了《农业发展基金筹集及使用管理的暂行规定》，明确规定了农发基金管理使用范围，先后制定、转发了《新疆维吾尔自治区农业综合开发资金管理办法暂行实施细则》、《自治区财政厅关于加强农业综合开发资金管理的通知》、《自治区财政厅关于加强农业综合开发项目财政资金专户管理的通知》、《转发财政部关于印发〈农业综合开发财政有偿资金延期还款和呆账处理暂行规定〉的通知及有关补充规定的通知》、《转发财政部〈关于进一步加强农业综合开发资金管理的若干意见〉的通知》、《转发财政部〈关于调整农业综合开发资金若干比例的规定〉的通知》等制度，便于基层具体执行。

2. 加强财政无偿资金县级报账制和财政有偿资金委托银行贷款工作。2000年分别在昌吉州阜康市和阿克苏地区温宿县进行了财政无偿资金县级报账制和财政有偿资金委托银行贷款试点工作，2002年起正式在全区范围实行财政无偿资金县级报账制，加强了资金的管理和监督。从每年对自治区、地、县农业综合开发资金管理和使用的检查情况看，资金管理逐步规范，基本上做到了专人、专账、专款专用管理。

3. 加强农业综合开发资金债权债务管理。财政有偿资金债权、债务基本落实，15年累计按期足额归还中央财政到期借款3.44亿元。

4. 坚持实行农业综合开发资金的年度审计制度。

二、农业综合开发项目管理

（一）加强农业基础设施和生态环境建设

多年来，新疆维吾尔自治区农业综合开发按照国家农业综合开发不同时期的政策要求，根据自治区的实际情况，因地制宜，按照“统一规划，分步实施、先易后难，梯次推进”的开发方式，对农林牧渔等自然资源进行综合开发和利用，对山水田林路进行综合治理，水利措施、农业措施、林业措施、生物技术措施综合组装，对以中低产田改造为主的农业综合开发土地治理项目进行全面建设，建成了一批“田成方、树成行、渠相连、路相通、旱能灌、涝能排”的稳产、高产田。在加强农业基础设施建设，保护农业生态环境方面形成了自己的特点。

1. 加强以水利为重点的农业基础设施建设，大力改造中低产田。建设高产、稳产、节水、高效农田，改善农业基本生产条件，增强抗御自然灾害的能力，有效地巩固、保护和提高基本农田的生产能力，以长期保持农牧产品供求的基本平衡，这是自治区农业综合开发基础建设的出发点。本着这个出发点，根据自治区农业资源的状况，以解决制约农业发展的主要因素为目标。确定以改造中低产田为主，适当地增加耕地，进行适度开荒。在治理措施上结合干旱和半干旱地区水资源匮乏和时空区域分布不平衡的矛盾，将基础设施建设的重点放在水利上，15 年来，共计完成：新扩建水库 19 座，修建排灌站 116 座，新打及修复配套机电井 4 987 眼，开挖疏竣渠道 62 981 公里，衬砌渠道 15 780 公里，埋设管道 1 224 公里，修建渠系建筑物 135 302 座，输变电线路 3 685 公里。大批水利设施的建成，保证了农业生产的灌溉，使水资源得到了合理的分配利用，提高了水资源的利用率，增加了土地灌溉面积。在加强水利设施建设的同时，加大对节水措施的技术推广，从 1999 年开始，在全区进行节水项目的示范，共建成节水示范项目 40 万亩，推广喷灌、滴灌、微灌和膜下灌等先进的节水技术，取得了非常好的效果。通过水利设施的建设，15 年中，全区共新增和改善灌溉面积 1 692.84 万亩，为自治区农业的可持续发展创造了条件。

2. 加强农业生态建设。农业生态建设是农业综合开发的重要内容，也是西部大开发战略的核心组成部分。从 1988 年起，自治区农业综合开发将农田林网建设作为农业综合开发基础设施建设的一项重要内容，要求每个单项土地治理项目建设中的营造农田防护林面积达到 10%，至 2002 年底共营造农田防护林 78.5 万亩，林网防护面积 702.76 万亩。在农田林网化改造的同时，在牧区进行草（原）场改良，进行了保护性建设，保护了草场生态环境，增强了牧业后继生产能力。15 年中共完成草（原）场建设 167.33 万亩，建成了一批草料基地，保障了畜牧业有序发展。

1999 年，为了全面贯彻落实西部大开发的战略方针，加快改善农业生态建设步伐，合理利用和保护农业资源，农业综合开发全面禁止开荒。对不适宜农业种植的土地，进行生态建设。2001 年，农业综合开发还专门设立了农业生态工程项目。到 2002 年底，全区共完成 15 万亩的农业生态工程建设，大大的改善了项目区的农业生态环境，改善了当地的小气候，控制了局部的水土流失，增加了农业抵御自然灾害的能力，增强了农业生产的后劲。

3. 加强综合治理，完善各项配套措施。农业综合开发贵在“综合”二字，15 年来，农业综合开发不仅在水利和林业上加大投入，同时完善了相应配套设施，并通过采用生物、物理等科学方法对土壤进行改良。15 年共改良土壤 872.2 万亩，配备农用机械 1.5 万台（套），总动力为 32.6 万千瓦，增加机耕面积 519.54 万亩，修机耕路 1.44 万公里。为了配合项目建设，达到科学种田的目的，农业综合开发注重对农业技术和良种的推广、示范，15 年共完善了 164 个农技服务站，培训农业技术人员及农牧民 118.29 万人次。

（二）发展农业产业化经营，促进农业结构调整

新疆维吾尔自治区自 1988 年实施农业综合开发以来，为推动全区农产品由长期短缺到总量平衡、丰年有余的历史性转变，做出了重要贡献。尤其从 1995 年开始实施多种经营项目以来，虽起步较晚，也已累计投资 9.43 亿元，占总投资的 19.04%。为优化自治区农牧业产业、产品结构和农业产业化经营创造了条件。

1998 年以来，自治区农业综合开发坚持“两个转变”，着力“两个提高”，围绕农牧业增产和农

牧民增收，通过一系列种植、养殖基地的建设，带动了农牧民生产观念的转变，通过农副产品加工和生产服务项目的建设，实现了农产品的增值转化，在调整和优化农业产业结构方面发挥了积极的不可替代的作用，取得了明显成效，其具体经验和做法是：

1. 注重实现规模效益。新疆维吾尔自治区地处偏远，农业虽有特色优势，但规模小、档次低，没有形成自己的拳头产品。少量质优价廉的特色农产品又因设计起点不高、科技含量低而难以驾驭市场风险，往往是立项时市场前景好，但过二三年效益就低下，有的甚至还款都有困难。小规模、低档次的多种经营项目不符合产业结构调整的要求，不是农业产业化经营的发展方向，上规模上档次的多种经营龙头项目才是今后农业综合开发的闪光点。按照中央农村工作会议的要求，无论何种类型、何种所有制的龙头项目，只要有市场、有效益，能够带动项目区农户进入市场，并形成一定的利益联结机制，都应该一视同仁，给予扶持。为此，全区农业综合开发在项目立项之初就十分注重规模效益，大力发展上规模上档次的多种经营及龙头项目，以带动农产品的系列开发，解决农民“卖难”的问题，发展农业产业化经营，促进农业结构调整。

2. 找准切入点。新疆维吾尔自治区是多民族聚居区，在全区 1 905 万人中，乡村人口达 1 260 万人，其中少数民族人口占 60.1%。因此，自治区农业、农村与农民问题在一定意义上讲也是民族问题。搞好农业综合开发，促进农业与农村经济的持续发展关系到农牧民脱贫致富奔小康，关系到党的民族政策的贯彻落实，关系到民族团结、经济发展和社会稳定的大局。自治区农发办从农村经济发展的战略高度出发，正确认识新形式下农业综合开发多种经营项目面临的重大转折，及时把握西部大开发和我国加入 WTO 以后的新形势，找准各地产业结构调整的切入点，积极推进产业化经营，本着缺什么补什么的原则，加强对产业化链条薄弱环节的扶持，真正形成市场 + 龙头 + 基地 + 农户的生产格局。

3. 抓住特色，突出重点。为了解决农民卖粮难以及棉花效益低下的矛盾，自治区农业综合开发坚持以市场为导向，围绕精品农业、效益农业做文章，紧紧抓住全区的特色优势，突出重点，大力发展各具特色的名、优、特产品，真正形成自己的拳头产品，突出各地的“特”字。要求在具体安排上避免盲目铺摊子，宁可少一点，也要好一点，力求项目高起点、高标准、高投入、高科技、高附加值。多上有规模、有市场、有效益的项目。

（三）推动农业科技进步

新疆维吾尔自治区农业综合开发注重科技的投入，在项目建设中，对科技的投入比例由几年前占项目建设总投入的 1.05%提高到 2002 年的 2.48%。主要用于优良品种、新技术的推广和对农牧民的技术培训。另外投资 3 000 多万元（其中中央财政资金 1000 万元）重点在昌吉市、哈密市、乌鲁木齐市、阜康市建设了 4 个国家农业综合开发科技示范项目（个别项目仍在建设中），在玛纳斯县、疏勒县建成了 2 个国家农业综合开发农业现代化示范园，同时还安排了 30 个科技示范推广项目，主要进行新品种、新技术的引进和推广示范，良种组培繁育，完善技术服务体系建设及仪器设备购置，同时采用和推广新材料、新工艺和胚胎移植等农牧业科技成果，改进传统的耕作栽培制度和养畜技术。对农牧民进行的技术培训，使项目区农牧民每人掌握了 2—3 项实用技术，提高了项目区农牧民的科技素质。通过科技推广，新增良种种植面积 1.2 万亩，项目区种植业推广优良品种率达到 95%以上。同时，在项目区全面推广农业机械化耕作方式，总计购置各种拖拉机及配套农牧机具 15 411 台(套)，购置植保机械和仪器设备 432 台。这些科技方面的措施有力地促进了传统农业的技术改造，提高了农业生产效益，推动了农业科技进步。

三、其他方面的管理

（一）验收

新疆维吾尔自治区从 1988 年起共经历了 4 期农业综合开发竣工项目验收，较圆满地完成了 1988—1990 年棉花糖料基地开发项目建设任务、1991 年棉花基地专项建设任务（农业综合开发建设任务前身）和1991—2002年农业综合开发项目建设任务。

验收组认为，各项目较好地完成了各项建设任务和投资计划，项目区规划布局合理，治理措施得当，项目工程质量基本达到设计标准，制约农业生产的不利因素基本排除，资金管理较为严格，投向基本合理，工程管护制度健全，档案管理比较规范。项目的实施为项目区农作物产量的提高、农业产业结构调整起到了积极的推动作用，促进了农业增产，农民增收。

（二）干部队伍培训

从1995年起，自治区较大规模地开展了农业综合开发干部培训。1995年11月20日至12月10日，自治区农业综合开发办公室举办了第一期微机培训班，全区各地、州开发办及区开发办全体工作人员参加了学习。学习期间，全体学员系统地学习并掌握了计算机基础知识和WPS中文编辑系统、CCED中文字表编辑软件、CPRG中文报表处理系统等应用知识，并获得了结业证书。

1998年至今，新疆维吾尔自治区农业综合开发办每年均要举办两次计划报表、统计报表培训班，由全区各地、州（市）农业综合开发办主任及主管项目计划、统计工作的人员参加培训，每期培训30余人次。同时，自治区农业综合开发办还举办了全区农业综合开发财务工作、项目验收、宣传工作等方面的培训。这些培训在一定程度上提高了自治区农业综合开发系统的干部素质。

（新疆维吾尔自治区农业综合开发办公室供稿）

新疆生产建设兵团

与国家农业综合开发同步开始的新疆生产建设兵团（以下简称兵团）农业开发已走过了15年的辉煌历程。1988年7月，随着兵团棉花、甜菜基地建设列入国家开发项目，兵团成立了兵团土地开发建设基金管理领导小组，下设办公室，各师局也相应成立了机构并配备了专职工作人员，正式投入兵团的农业综合开发事业。

15年间，兵团农业综合开发隶属关系发生过两次改变：1992年由新疆维吾尔自治区总项目的一部分上划农业部管理；1997年随着兵团在国家计划单列和列为财政部一级预算单位后，农业综合开发计划亦在国家农业综合开发办公室单列。到2002年，全兵团先后立项的项目区有17个师级建制单位，170多个项目团场和单位。

兵团农业综合开发认真贯彻“国家引导，配套投入、民办公助、滚动开发”的投入政策，较好地完成了国家下达的各项计划任务，为团场经济的发展，生态环境的改善，职工脱贫致富奔小康奠定了坚实的物质基础。

一、农业综合开发资金投入与管理

（一）资金投入

15年来，兵团农业综合开发共投入各类资金36.6亿元，其中中央财政资金9.16亿元，占总投入25%；银行贷款3.49亿元，占总投入8.3%；兵团自筹23.97亿元，占总投入65.5%。土地治理项目完成投资31.09亿元，占总投资84.9%；多种经营项目完成投资4.64亿元，占总投资12.7%；专项科技示范项目完成投资3524.54万元，占总投资1%。

1. 积极争取银行贷款。15年来，兵团农业综合开发得到了自治区及兵团各级农业银行与农业发展银行的大力支持，共安排落实项目建设贷款3.49亿元。为了鼓励项目单位使用贷款的积极性，增加资金投入，15年间，兵团农业综合开发共支出贷款贴息资金585.53万元，其中中央财政资金

贴息 349.98 万元，兵团农发资金贴息 235.55 万元。

2. 努力自筹资金。15 年来，兵团农业综合开发共自筹资金 23.97 亿元，是中央财政资金的 2.6 倍。兵团没有财政，本级自筹能力很弱，15 年间兵团本级共筹集资金 3.41 亿元，达到全兵团自筹资金总额的 14.2%；项目团场（单位）是兵团农业综合开发的投资主体，对农业综合开发项目的投入积极性很高，15 年间自筹资金累计完成 20.55 亿元，占兵团自筹资金总额的 85.8%。

3. 按期回收到期有偿资金。兵团各级农发办认真抓回收落实工作，年初下达回收计划，年中跟踪检查落实计划。截止到 2002 年底累计到期应回收额 4.54 亿元（包括兵团本级自筹配套资金），实际回收额 4.01 亿元，累计回收率 88.4%。兵团每年按期、足额归还到期中央财政有偿资金，连续受到了国家表扬和奖励。1998—2002 年 5 年中共获得奖励资金 1 207 万元。

15 年来，国家逐步加大了对兵团农业综合开发中央财政资金的投入。从 1988 年的2 000万元增加到 2002 年的 1.44 亿元，累计投入 9.16 亿元。

（二）资金管理

随着国家投入力度的逐步加大，兵团资金管理得到进一步加强和规范。

1. 实行有偿资金委托银行贷款试点。2002 年兵团首先对兵、师直属单位有偿资金委托银行贷款进行试点（兵直 2 个，师直 1 个），委托贷款金额 1 001.1万元，占当年有偿资金 13.3%。

2. 农业综合开发资金实行团场报账。兵团农业综合开发团场报账制从 2002 年开始推行，全兵团 69 个土地治理项目和多种经营项目单位，已实行报账的项目团场和单位 63 个，实行面达 91%。报账的项目范围有土地治理项目、多种经营项目和高新科技示范项目。

3. 加强资金监管力度。为保证资金安全运行和有效使用，主要采取了两条措施：一是加强跟踪检查。兵、师两级农发办和财务部门每年下基层检查工作，在检查项目的同时检查资金使用情况，发现违规情况立即纠正。二是加强资金审计。兵、师、团审计部门每年都要对农业综合开发资金进行审计，没有审计报告或审计报告中提出的问题没有纠正的，项目不予通过验收。这些措施有效地加强了农业综合开发资金的监督管理。

4. 加强财会人员的业务建设。实施农业综合开发以来，兵团重视对农发财会人员的业务培训，特别是近几年来国家出台了一系列加强农发资金管理的制度、办法和财务软件，还为财会人员配备了微机，为规范会计核算和提高工作效率奠定了基础。近三年来兵团农发办举办了三期由师、团场农发财会人员参加的业务培训班。资金管理进一步加强，会计核算进一步规范，会计报表质量进一步提高。为了提高资金决算报表的质量，兵团农发办还制定了《兵团农业综合开发资金决算报表评比暂行办法》，对报送及时、填报准确单位的财会人员给予通报表彰和奖励，调动了财会人员的积极性。

二、农业综合开发项目管理

（一）土地治理项目与生态环境建设

15 年来，兵团土地治理项目使用中央财政资金 7.73 亿元，专项贷款 2.12 亿元，兵团三级自筹资金 21.16 亿元。累计改造中低产田 499.8 万亩，开荒净增耕地 260.7 万亩，营造农田防护林 29.54 万亩。1999 年与国家立项开发前的 1987 年相比，耕地面积增长 205.76 万亩，播种面积净增 249.4 万亩。

15 年来，通过土地治理项目的实施，兵团兴建了一批配套齐全的农田水利工程和田间工程，主要有：加固小型水库 7 座，开挖、衬砌、疏浚灌排渠 3.07 万公里，新建、修复配套机电井 3 693 眼，改良土壤 701.62 万亩，建机耕路 5 732.65 公里，购置农业机械、配套农机具 7 672 台套，新增机耕面积 260.65 万亩，新增农机总动力 14.57 万千瓦，提高了项目区的防洪、调蓄、增水、抗旱和节水能力，有效治理了项目区盐碱地，改善了土地的基本生产条件，提高了农业的综合生产能力，高标准地建设了一批“旱能灌、涝能排、田成方、树成行、渠相连、路相通”的规格化的高产稳产农田。

兵团还把大力发展节水灌溉作为一项革命性措施摆到农业综合开发重要位置。1996 年，在总结 5

师利用喷灌技术结合生物措施，实现节水、改良盐碱地的成功经验基础上，开始在不同地方、不同作物上推广喷灌节水技术。1999年，兵团膜下滴灌植棉技术试验成功后，先是在8师136团大面积推广膜下滴灌植棉技术，继而在全兵团宜棉项目区全面实施这一先进的节水灌溉措施。从2000年开始，兵团植棉项目区每年安排建设喷滴灌25万亩。到2002年，兵团植棉项目区累计建成喷微灌面积79.3万亩，占同期土地治理项目总任务的56.7%，为兵团同期喷微灌建设总量的28.2%。

15年来，累计种植农田防护林29.54万亩，农田保护生态林2.1万亩，新增和改善灌溉面积771.95万亩，增加林网防护面积299.64万亩，有效地改善了项目区的区域生态环境。通过改善灌溉条件，提高了绿色植被的覆盖率，将昔日戈壁荒漠开发成为沃土良田，使原来比较脆弱的荒漠生态转化为稳固的绿洲生态系统；同时，有效地降低了地下水位，治理了盐碱，提高了土壤肥力，农田生态环境得到了较大的改善。尤其是路到头、水到头、电到头，又是风头的荒漠边缘的项目区逐步建成稳固的绿洲生态系统，在大力发展节水农业，保护并不断改善生态环境上发挥了重要的先导示范作用。

15年来，项目区新增粮食生产能力46.6万吨，棉花生产能力20.1万吨，油料1.1万吨，糖料33.2万吨。项目区职工人均年收入达7 000元左右。

（二）产业化经营项目和农业结构调整

从1994年开始，随着国家农业综合开发多种经营项目的设立，9年间兵团累计完成总投资4.64亿元，其中中央财政资金1.13亿元，兵团自筹资金2.59亿元，银行贷款9 232万元。种植葡萄、香梨、巴旦杏、枸杞、薰衣草等经济林面积共计11.7万亩，保护地蔬菜0.81万亩；发展水产养殖面积0.58万亩，畜禽养殖饲养规模27.27万头（只）；新建农产品加工厂10个、改扩建农产品加工厂8个，建设农业生产服务项目3个。预期可新增干鲜果品7 569万公斤，蔬菜1 853万公斤，肉905万公斤，奶244万公斤，水产品89万公斤，鹿产品加工4万公斤，农产品货物周转量1 000万公斤；新增产值7.2亿元，新增利税2.4亿元，受益职工新增纯收入总额1.2亿元，增加就业岗位1.4万个。

（三）科技示范项目和科技进步

15年来，兵团列入农业综合开发项目计划中的科技推广示范项目117个，其中国家专项科技示范项目15个，兵团科技推广项目102个。国家专项科技示范项目有：3个国家科技示范专项，包括8师136团、5师90团农业高新科技示范项目及7师125团农业科技推广综合示范项目；4个国家科技示范推广单项，包括7师棉花平衡施肥示范推广、6师节水示范推广、1师棉花高产配套技术示范推广、4师良种良法高产配套技术示范推广；2个农业现代化示范区即6师芳草湖5场示范区、1师3团绿岛示范区；6个农业部专项，包括7师、8师棉花原原种基地，新疆农垦科学院小麦、玉米原原种基地，4师、7师秸秆养牛、养羊示范项目。

15年间科技资金投入近1.4亿元，其中国家专项科技项目投资3 524.54万元，兵团科技推广项目投入9 467.71万元，技术推广示范累计面积达3 000多万亩，项目区内良种覆盖率达100%，农业机械化程度达89%以上，项目区科技培训42.21万人次。科技贡献率达到54.2%，比非项目区高4.1%。

随着兵团农业综合开发科技投入加大，农业科技进步加快，农场的市场竞争力得以提高，推动了项目团场经济由劳动密集型向科技密集型转变，形成新的经济增长点。

实践证明，农业综合开发科技示范项目（区）对兵团农业科技进步和经济发展的意义远远大于它在兵团农业投资中的微弱比例。

一期农业综合开发科技投入79万元，其中财政资金49万元，扶持了四大作物技术攻关及残膜回收等5个科技项目。对项目区职工科技培训1.8万人次。

二期农业综合开发科技投入257.48万元，其中财政资金189万元，重点扶持棉花高产栽培模式化技术、甜菜纸筒育苗移栽技术、葡萄保鲜技术、配方施肥技术、根际联合固氮菌生产及应用技术、生物工程技术、半机械化采棉技术、人工高炮防雹及降水综合技术、病虫草害综合防治技术以及棉花、甜菜新品种等技术的推广应用。对项目区职工科技培训 3.6 万人次。

三期农业综合开发科技投入 822.03 万元，其中财政资金 350 万元，重点扶持了农业新技术、新品种、新成果的推广应用，如棉花丰产攻关、残膜回收、温室养殖、苗木快繁、种子工程、香梨新品种培育等 10 个建设项目和 7 师农业部棉花原原种基地。对项目区职工科技培训 6.7 万人次。

四期农业综合开发科技投入 3 336.2 万元，其中财政无偿资金 1 523.87 万元，重点扶持了优质高产棉花攻关、机械化残膜回收配套技术推广、现代化温室设施、滴灌无线微机遥控自动化控制系统、无线电集中控制井群灌溉自动化、种子带、抗黄萎病棉种推广应用、马铃薯无毒苗扩繁技术推广应用等 15 个科技单项，以及 136 团国家高新科技示范项目，6 师芳草湖五场、1 师 3 团农业现代化示范区等科技项目。项目区科技培训 12.74 万人次，技术推广示范面积累计达 2 000 多万亩，推广应用喷灌技术面积达 60 万亩，项目区内良种覆盖率达 100%，农业机械化程度达 89%以上。

五期农业综合开发科技项目投入达8 158.7万元，其中中央财政资金 3 638 万元，占同期中央财政资金总投资的 9.1%。这期科技项目投资总额中：国家专项科技示范项目 3 个，投入 3524.54 万元，其中中央财政资金 1 200 万元；科技推广措施（含科技推广单项项目）65 个，投资 4 973 万元，其中中央财政资金 2 638 万元。这些科技项目涉及农、林、机、水利等行业的科技成果，积极有效地支持了兵团农业丰产攻关及棉花丰收工程、节水灌溉及自动化控制、良种繁育、精准农业技术等科研项目的推广应用，对项目区职工科技培训 17.37 万人次，技术推广示范面积累计达2 000 多万亩。

三、其他方面的管理

（一）验收

根据不同时期《国家农业综合开发项目和资金管理办法》的规定和竣工验收要求，结合自身的特点，兵团制定了《竣工项目验收办法》及兵团农业综合开发验收鉴定表、兵团农业综合开发师、团验收考评表（千分法、百分法），并及时根据新的规定、要求和实际使用中遇到的问题不断修订。

15 年来，兵团农业综合开发项目验收工作基本上每年搞一次，自下而上逐级进行。在项目团场（单位）自验、师普验的基础上，兵团组织抽验。

2001 年以前，兵团农业综合开发项目的验收工作分别由兵团计划委或土地局牵头，会同农业综合开发办公室、水利局、农业局、基建局、财务局、统计局等单位共同组成验收组验收。自 2001 年起，验收工作由兵团农业综合开发办公室组织，增聘师、团农发专业人员参加。验收按照国家农发办批复的年度计划，通过听汇报、查资料、看项目、座谈和走访，对项目师、团场（单位）从项目管理、财务管理、组织管理等三方面验收考评，并对存在的问题及时向师、团发出限期整改意见通知书。

（二）信息网络建设

1998 年投资 76 万元为兵团及所属的 14 个师农发办配置了电脑、打印机等配套设备，并通过购置的专业服务器架设了兵团农发办内部局域网，实现了兵团农发办办公自动化和信息共享，通过电话拨号功能初步实现了上互联网和全兵团农发系统的远程信息通讯。

2001 年 6 月按照国家农发办建设全国农业综合开发管理信息系统的统一部署，购置了合同价值 220 多万元的电脑硬件设备及相关的管理应用软件，配发到全兵团农发系统的 14 个师、64 个项目团场，初步实现了国家到兵团、兵团到师及项目团场的远程信息通讯。目前兵团农发系统的中心机房在兵团信息中心已集成，并在 2003 年安排兵团农发网站及网页建设项目。

（新疆生产建设兵团农业综合开发办公室供稿）

黑龙江省农垦总局

黑龙江省农垦总局（以下简称总局）是黑龙江垦区（以下简称垦区）行政主管机关，下辖宝泉岭、红兴隆、建三江、牡丹江、北安、九三、齐齐哈尔、绥化和哈尔滨 9 个分局，104 个农（牧）场以及总局直属单位，分布在全省 48 个市县，形成了一个独特的农垦经济区域。拥有土地总面积 543.3 万公顷，其中耕地面积 205.4 万公顷，总人口 158.3 万人。2002 年实现总局生产总值 171.86 亿元，工农业总产值（现价）250.2 亿元，其中农业总产值（现价）156.1 亿元，粮食总产量 810.6 万吨，粮食商品率 78.2%。有乳业、油脂、米业、面粉、麦芽业等国家级和省级产业化龙头企业 8 个，是我国重要的农业和粮食主产区。

国家立项实施农业综合开发前，垦区仅有 40 年的开发历史，1987 年，全垦区耕地面积由开发初期的不足 2 万公顷扩大到 195 万公顷，粮食总产由开发初期的 1 万吨提高到 310 万吨，单产也由每公顷 680 公斤提高到 1 876 公斤。到了 20 世纪 80 年代，垦区粮食总产始终在 250 万—300 万吨之间徘徊，单产不高，总产不稳。1988 年，农业综合开发的实施，使垦区农业和农场经济发展进入了一个新阶段。

1988 年 4 月 8 日，国务院土地开发建设基金领导小组与黑龙江省人民政府签订《黑龙江省三江平原农业综合开发建设协议书》，明确了三江平原农业综合开发建设任务、投资、建设年限和新增粮食生产能力，三江平原正式列为国家重点农业综合开发区。

1988 年 7 月 29 日，黑龙江省人民政府与总局签订《黑龙江省农场总局三江平原农业综合开发建设协议书》，明确了垦区三江平原农业综合开发建设任务、投资和新增粮食生产能力均占全省的一半。从此，大规模的农业资源综合开发在垦区拉开了序幕，地处三江平原农业综合开发区腹地的宝泉岭、红兴隆、建三江和牡丹江分局所属农场农业综合开发进入了实施阶段。

1988 年 8 月 7 日，总局成立农业综合开发领导小组，下设办公室（与实施世界银行黑龙江农垦项目的总局农垦项目办公室合署办公，正处级单位），具体组织实施垦区农业综合开发。2000 年总局机构改革时，定名黑龙江省农垦总局农业开发办公室，列为独立行政部门，正处级单位。农业综合开发资金管理由总局财务处负责。

从 1988 年开始实施农业综合开发，垦区的农业综合开发工作归省农发办管辖，年度计划由省直接下达到项目区，中央财政资金通过省财政和农发部门下拨到总局，每年的农业综合开发资金决算报省农发办。这种管理体制，与总局的计划、财务管理体制不一致，造成诸多不便，为解决这个问题，1993 年 3 月 16 日，国家农业综合开发办公室下达了《关于黑龙江农场总局和新疆生产建设兵团农业综合开发项目上划农业部管理的通知》，理顺了垦区农业综合开发项目和资金管理体制，使垦区的农业综合开发工作走上了全面、快速、健康发展的轨道。

从 1988 年至 1990 年，垦区农业综合开发重点是进行大面积中低产田改造，同时，适当开垦宜农荒地，着力提高粮食产出量，实现农林牧副渔全面发展。三江平原农业综合开发区，经过 3 年开发，粮食总产量由 1987 年的 214.7 万吨提高到 1990 年的 323.6 万吨，项目区新增粮食生产能力 75 万吨。农业综合开发的累累硕果，极大地鼓舞着垦区职工自觉地参与农业综合开发，位于松嫩平原北安、九三、齐齐哈尔、绥化和哈尔滨 5 个分局所属农（牧）场，提出了由国家立项实施农业综合开发的愿望，经国家农发办同意，从 1991 年起，黑龙江省三江平原农业综合开发区扩大到松嫩平原。从此，黑龙江垦区农业综合开发开始全面、大规模地实施。

农业综合开发的实施，使垦区农业和农场经济发展以及职工生活发生了巨大变化。查哈阳农场职工们编了一首歌谣，表达了垦区职工对农业综合开发的由衷感激之情："农业开发，利民、利场、利国家，住高楼、安电话，手中也拿大哥大；冰箱、彩电、录放机，汽车、摩托进农家；全面发展农工商，有吃、有穿、有钱花。"

一、垦区农业综合开发资金投入与管理

（一）资金投入

从1988年至2002年，垦区农业综合开发已遍布9个分局，到2002年底，项目农场有68个。15年来，垦区农业综合开发完成总投资37.97亿元，其中：中央财政资金13.73亿元，省级财政配套资金135万元，自筹资金19.19亿元，银行贷款5.03亿元。在农业综合开发总投资中，土地治理项目完成总投资31.18亿元，其中：中央财政资金11.4亿元，省级财政配套资金135万元，自筹资金15.59亿元，银行贷款4.17亿元。多种经营项目完成总投资6.56亿元，其中：中央财政资金2.25亿元，自筹资金3.47亿元，银行贷款8 417.55万元。农业综合开发项目投工投劳折合人民币2.16亿元。

15年来，农业综合开发累计完成中低产田改造1 751.1万亩，开垦宜农荒地101.7万亩，改良草场124.3万亩，建设优质粮食基地90.3万亩，优质饲料作物基地44.7万亩，节水农业示范基地11.5万亩，造林145.12万亩。

（二）资金管理

总局农业综合开发资金管理由总局财务处负责。在资金管理上，根据国家有关规定，结合垦区实际，总局制定了《垦区农业综合开发财政有偿资金管理办法细则》和《黑龙江垦区农业综合开发资金场级报账制暂行办法》并采取了以下几项措施：一是对农发资金专户存储、专款专用。总局、分局、农场对农发资金开立专户，以保证财政资金及时到位，防止挤占挪用。上级拨入的各项资金由项目财务负责人专户管理，没有单设项目财务的，在农场计财科的资金办开立专户进行管理。二是各级配置了专兼职人员负责农发资金管理工作，主要是负责农发资金下拨、账务处理、决算报表、有偿资金回收、合同管理、资金流向和监督检查以及项目竣工验收等一系列资金管理工作。农场农发办未设立财务的，农场计财科配置一名专人负责此项工作，以保证农发资金的合理使用。三是总局、分局对财政拨入资金及时下拨，农场按施工进度拨付资金。总局、分局两级项目财务部门收到上级拨入的中央财政资金，按照计划及时下拨，不截留、不抵扣。四是专账管理，资金使用严格按照政策规定列支。农场对农发资金的核算单独建账；家庭农场自筹资金、职工群众自筹资金由农场统一使用的，建立和完善原始登记和报账等财务处理手续，做到记账有凭证，报账有依据。财政资金按照国家的规定列支。对发生的业务应及时处理，对违背法纪的原始凭证不予受理，不符合会计制度的业务及时纠正。对各项账目做到日清月结，使账证相符，账账相符。五是加强有偿资金的回收工作，搞好农发资金的周转。各农场根据国家和总局的有关规定，制定了具体措施，积极组织回收，一直按时偿还国家财政有偿资金。六是财务人员积极参与项目管理，保证农发资金安全使用。七是加强财务管理。2000年对重点投资项目组织互查，发现了一些问题后，认真整改，全面实现了独立核算，并试行农发会计委派制；2001年加强农发财务"专款、专户、专用"管理制度，进行农发财务工作普遍检查，采取听、查、看、访、问、议和逐项收入核对，账实、账表核对的方法，取得了很好的效果，垦区农发财务管理核算工作逐步达到专门化、规范化和制度化。2002年完成了农发会计委派制和报账制的推广实施。

二、农业综合开发项目管理

（一）加强土地治理项目管理，促进生态环境建设

农业综合开发与生态环境建设相结合是农业综合开发持续发展的根本保证。因此，垦区农业综合

开发土地治理项目立项论证时，认真贯彻国家有关法规，如利用地下水灌溉农田，要防止超量开采，并防止对地下水的污染；利用地表水灌溉农田，要认真分析水源地，绝对禁止用湿地保护区水源、自然保护区水源进行灌溉。同时，还注重对项目建设后的环境分析评价，增强基本农田保护意识。在工程建设中，开挖排水沟要防止水土流失，必要时要采取工程措施和生物措施，防止沟道冲刷。为了保证良好的生态环境，从 1994 年开始，垦区在农业综合开发中减少开荒，1999 年停止开荒。不宜耕种的土地，逐步实行退耕还林还草还湿地。据统计，垦区已完成退耕还林还草还湿地 3 万多公顷，建立的自然保护区面积已占全垦区总面积的 11%。全垦区完成人工造林 46 万公顷，其中农业综合开发造林 9.7 万公顷，森林覆盖率达 15.1%。部分地区又重现水丰林美、鸟鸣鹿欢的风貌。农业综合开发与环境保护的有机结合，促进了垦区经济持续健康快速发展，为垦区带来了更为广阔的发展空间。

（二）实施农业产业化经营，加快农业结构调整步伐

实施农业产业化经营是推进农业现代化的重要途径，也是不断优化、升级和加快垦区经济结构调整的必由之路。因此，以产业化的思维指导农业综合开发，始终是垦区农业产业化经营和调整农业结构的指导思想。

根据垦区资源优势和农业生产的特点，农业结构调整紧紧围绕市场和垦区龙头企业，结合中低产田改造和优质粮基地建设项目，发展水田 585.2 万亩，建设优质粮基地 90.3 万亩，这些项目都已成为垦区产业化龙头企业优质专用大豆、小麦和水稻生产基地。此外，重点扶持了一批奶、肉牛基地和优质饲料作物基地建设项目，建设奶牛养殖基地 39 个，肉牛养殖基地 14 个，建设优质饲料作物基地 44.7 万亩，促进了畜牧业的大发展，有效地保证了农畜产品加工龙头企业原料的数量和质量。

近几年，农业综合开发先后对完达山乳业、北大荒米业等省级产业化龙头企业，进行了重点扶持，通过技术改造和新产品开发，扩大了这些龙头企业的生产能力，使其产品在市场上更具竞争力。如乳珍的开发和生产，填补了我国在此类产品生产上的空白，使以往作为废弃物的奶牛初乳得到了有效利用，并创造了很高的经济效益，在此基础上，又开发出了奶牛初乳肽、初乳免疫球蛋白和初乳脂质等产品。有力地推进了垦区农业产业化进程。

（三）加大科技示范力度，推动农业科技进步

实现传统农业向现代化农业转变，最有效的途径是依靠科技进步。因此，总局在农业综合开发科技示范项目管理中，一是加大科技投入，为依靠科技搞开发创造条件。15 年来，科技推广投资 1.6 亿元，占总投资的 4.2%。二是高标准、高质量推广先进、适用新技术 30 余种，各项技术措施推进落实到位。充分发挥垦区科技服务体系和科研院校的作用，调动广大科技人员积极性，主动投身到开发区建设中去。同时，对干部职工进行广泛的技术培训。15 年来，技术培训 21.8 万人次。三是全面实施种子工程，努力实现农产品优质、高产、高效。15 年来，农业综合开发加快了农业科技成果转化和农业新技术的推广普及，农业综合开发项目科技成果转化率达 65%，农业科技贡献率达 58%。

三、农业综合开发其他方面的管理

（一）项目评估管理

项目评估是项目前期工作的重要环节，为了加强项目评估管理，2000 年总局农业开发办公室成立了项目评审中心，负责垦区农业综合开发项目的评估工作。

凡属国家农发办评估的项目，在报送国家农发办前，由总局农发办组织或委托专业的评估机构聘请省内和垦区有关专家，对项目进行初评，提出评审意见后，随同项目可行性研究报告一并报送国家农发办。凡属省级农发办评估的项目，一般是总局收到项目可行性研究报告后，由总局农发办组织或委托项目评审中心，组织有关专家对项目可行性研究报告进行初评，并提出评审意见，而后组织专家组，实地考察、听取汇报、答辩和审议，最终提出项目评估报告。必要时总局农发办也委托分局农发办对某些项目进行评估，提出评估报告，总局农发办对评估报告的评估质量和效果进行监督和考核。

（二）项目检查和验收管理

项目实施和竣工验收是项目周期内的重要工作程序。项目实施中，主要是加强对项目建设工程的检查。为了保证项目工程建设质量，普遍实行项目工程监理制，对一般工程建设都要有施工记录，对隐蔽工程要有照片，以便建后管护维修。在整个项目建设过程中，农场有关技术业务部门要对工程质量负责。分局、总局不定期对工程质量进行检查。15年来，由于重视质量管理，农业综合开发项目没有发生过质量事故。对项目的竣工验收，总局农发办一直执行自下而上的三级验收方法：农场全面自验合格后，向分局提出申请验收报告，分局全面验收合格后，向总局提出申请验收报告，总局进行重点抽查验收。总局、分局验收时，还聘请有关业务部门和专家组成验收组进行验收。为了使验收工作逐步走上制度化、规范化的管理轨道，根据国家农发办有关规定，总局农发办制定了《黑龙江省农垦总局农业综合开发竣工项目验收实施方案（试行）》。

（三）干部队伍培训管理

15年来，垦区根据农业综合开发的不同发展阶段，组织了不同形式、不同层次、不同内容的培训，主要有三次重点培训。第一次是在农业综合开发初期，培训了80余人，培训内容主要是学习农业综合开发政策，掌握项目和资金管理的基本方法及项目可行性研究报告的编制内容。通过培训，干部队伍基本掌握了农业综合开发工作的本领，为农业综合开发工作有序地进行奠定了基础。第二次是20世纪90年代中期，为了规范初步设计或实施方案的编制，进行了系统的培训，培训人员130余人。通过培训为项目建设合理布局、优化设计和提高工程建设质量奠定了坚实的基础。第三次是在本世纪初对农发财务人员的培训。培训农发财务人员490余人次，累计培训180学时，为加强农发财务核算、规范财务人员业务行为，奠定了良好的基础，开创了垦区农发核算的新局面。

新时期，垦区要在党的十六大精神指引下，与时俱进，不断创新，使农业综合开发事业常盛不衰，为垦区率先实现农业现代化、全面建设小康社会做贡献。

（黑龙江省农垦总局农业综合开发办公室供稿）

水利部（水利骨干工程项目）

水利部水利骨干工程是国家农业综合开发最早设立的项目之一，其实施过程大致可以分为两个阶段。第一阶段是1988—1996年。1988年，国家在黄淮海平原和东北松辽平原实施大规模土地开发的同时，从中央财政农业综合开发资金中切出一部分，专门用于安排黄淮海平原跨省灌排骨干工程项目，从而开始了水利骨干工程项目建设。第二阶段是1997年至今。1997年，经国家农业综合开发联席会议研究决定，将跨省灌排骨干工程项目资金扩大使用范围，重点加强灌区灌排骨干工程设施的节水改造和续建配套，为农业综合开发土地治理创造灌排条件。项目建设内容主要包括干支渠道开挖疏浚、衬砌防渗，水源及渠首工程、渠系建筑物（农桥、水闸、涵洞、渡槽、倒虹吸管、管道、暗渠、泵站及配套电力工程等）的更新改造及续建配套，工程管护设施、量水设施建设等。

一、资金的投入与管理

（一）资金投入

根据水利骨干工程项目两个实施阶段的工程进度，资金投入大致也可以分为两个阶段。

第一个阶段是1988—1996年。这阶段投入的重点是跨省排涝河道治理、跨流域调水以及大中型灌排工程建设等，9年间累计投入中央财政资金7.7亿元。项目建设具体包括：(1) 黄淮海平原跨省排涝河道治理、跨流域调水工程项目。主要有黑茨河治理工程项目、包浍河初步治理工程项目、引黄入卫济冀工程项目、黄河下游滩区水利建设项目(1—3期)、金堤河初步治理项目以及彭楼引黄入鲁灌溉工程项目等，共计投入资金14.63亿元，其中中央财政资金6.37亿元，水利部基建投资2.48亿元，地方配套资金5.78亿元。(2) 黄淮海平原以及三江平原的大中型灌排工程项目，主要有江苏引江泵站改扩建工程项目、河北引黄大浪淀水库蓄水工程项目、吉林松原及白城灌区改造工程项目、黑龙江富锦幸福灌区改造工程项目等，共计投入中央财政资金8 600万元，地方一般按1:1的比例进行配套。(3) 节水灌溉示范项目，共计投入中央财政资金4655万元。

第二阶段是1997年至今，建设的重点是中型灌区骨干工程设施的节水改造和续建配套，为农业综合开发项目区创造和提供水利保障条件。截至2002年，累计安排支持了27个省（自治区、直辖市）的75个项目，项目总投资19.69亿元，其中中央财政资金6.16亿元，水利部及地方财政配套6.16亿元，农民群众自筹资金7.36亿元。在这75个项目中，已竣工验收的有53个项目，其余22个项目正按计划处于组织实施中。

(二) 资金管理

作为项目管理部门，水利部农发办十分重视项目资金的管理工作。项目建设资金通过财政部门层层下拨，在中央财政资金、地方配套及自筹资金的到位、拨付和使用等方面都有严格的要求；同时，通过中期检查、临时抽查等方式，及时发现问题并加以纠正；在项目竣工验收时，要求必须对项目资金的使用管理进行专项审计。下一阶段，还将根据国家农发办的统一部署和安排，普遍推行县级报账制。通过采取这些措施，不断加强和规范项目建设资金的管理，减少和杜绝违规违纪现象的发生。

二、项目管理

为切实加强项目管理，水利部农发办一直高度重视制度建设，从项目评审、立项、验收、管护等各个环节采取措施，强化管理，不断提高项目管理水平。

1. 建立健全规章制度，强化项目的规范化管理。1998年，国家农发办和水利部联合制定并颁发了《农业综合开发水利骨干工程项目管理办法》，这是中央农口部门农业综合开发项目管理中最早的部门项目管理办法。此后，随着国家农发办一些新的项目和资金管理办法及规章制度的出台，水利部又于2001年制定印发了《农业综合开发水利骨干工程项目管理实施细则》，进一步细化了项目的实施办法，使项目管理做到有章可循，减少了项目管理中的随意性，强化了项目管理的规范化、制度化和科学化。

2. 高度重视规划和项目前期工作。项目能否取得成功，项目的规划设计等前期工作十分关键。1998年8月，水利部农发办就印发了《农业综合开发水利骨干工程项目可行性研究报告编制提纲》，规范了项目可研报告的编制。同时，还加强了对地方在项目前期工作方面的技术培训和指导，使项目的规划设计更加科学合理。

3. 坚持为农业综合开发区服务的选项原则。在项目选择上，要求必须位于或跨越农业综合开发县（市、区），且项目受益区已经或准备列入农业综合开发项目区，从而使水利骨干工程项目的建设与全国农业综合开发项目建设紧密结合起来，力求做到同步建设实施、同步发挥效益。

4. 积极推行"三制"，严格工程质量管理。就单个项目而言，水利骨干工程项目目前是农业综合开发土地治理类项目中工程规模最大的。项目包含的单元工程较多，技术难度较大，质量要求较高，并且往往是当地重要的农业基础设施建设项目，对当地的农业经济发展起着至关重要的作用。因此，水利部农发办在项目管理中始终十分注重工程质量问题。除了加强项目实施过程中的质量监督检查外，还要求每个项目积极推行"三制"，即项目法人制、招标投标制和工程监理制。要求做到建设单位、施工单位、监理单位、质检单位层层把关，坚决避免"豆腐渣"工程，确保项目工程质量符合国家的有关规定和要求。通过招标投标，选择优良施

工队伍，降低工程造价，使项目建设投资控制在批复的投资计划内。

三、项目取得的主要成效

在项目所在地政府及水利、农发、财政等有关部门和机构的精心组织下，已立项实施的水利骨干工程项目建设取得了较为显著的成效，对加快中型灌区的工程改造、管理改革，提高用水效率及效益（两改一提高）起到了很好的引导示范作用，同时有力地促进了农业综合开发土地治理，提高了农业综合生产能力。

1. 加强了农业基础设施建设，改善了农业生产的水利条件。1988—1996年实施的黄淮海平原跨省灌排骨干工程项目完成后，对新增和改善灌区的农田灌溉面积起到了重要作用。据估算，由于项目实施，新增农田灌溉面积330万亩，改善农田灌溉面积500万亩，新增和改善农田排涝面积1 100万亩。1997年后立项实施的75项农业综合开发水利骨干工程项目全部建成后，预计可新增灌溉面积532万亩，改善灌溉面积892万亩。这些项目的建设实施，极大地改善了当地的农业生产水利条件，为农业综合开发项目区提供了灌排骨干工程保障。

2. 增强了项目区的农业综合生产能力，促进了农业和农村经济的发展。据测算，由于农业综合开发水利骨干工程项目的实施，新增粮食、棉花、油料等主要农产品生产能力达13亿公斤。

3. 节约了水资源，改善了生态环境。农业综合开发水利骨干工程项目建设，始终注意突出节约用水这一核心主题，特别是北方水资源紧缺地区的项目，一般均要求对骨干渠系进行全面衬砌防渗，以减少输水过程中的水量损失，提高渠系水利用系数。据统计，项目实施后，预计年可节约灌溉用水21亿立方米。通过节约灌溉用水量，减少了对地表水资源的引用量，加大了河流的下泄水量，从而对改善当地的生态环境发挥了重要作用。如1999年立项的甘肃省张掖市盈科灌区水利骨干工程项目，位于黑河中游地区，项目建成后平均每年减少黑河引水量1 390万立方米，对改善黑河下游的生态环境十分有益。这一项目已经被甘肃省作为黑河流域综合治理的示范工程。又如浙江省东阳市横锦水库灌区骨干工程项目于2001年建成后，年节约灌溉用水量3 800多万立方米，从而为近邻义乌市提供了可靠水源，并进行了初步的水权交易，开创了全国水权交易的先例，推动了水利资源和水务管理体制改革的发展。

四、突出重点，加大水利骨干工程项目建设力度

随着我国经济社会的快速发展，人民生活水平的不断提高，以及加入世界贸易组织，这些都对我国的农业生产以及粮食安全提出了严峻的挑战。同时，十六大提出的全面建设小康社会的目标能否顺利实现，关键在农业，重点在农村，难点在农民。因此，加强以水利为重点的农业基础设施建设，是符合建立公共财政框架体系目标的，也是我国经济社会协调发展、可持续发展的必然要求。

而另一方面，我国目前水利等农业基础设施却相当薄弱。据统计，全国灌溉面积5万—30万亩的重点中型灌区约有1500处，设计灌溉面积约1.6亿亩。这些灌区大多建于20世纪50—70年代，受当时经济社会条件限制，建设标准普遍偏低，配套不全，加之运行多年，灌区骨干工程普遍存在着老化失修、效益衰减的问题，亟待进行以节水为中心的更新改造和续建配套。因此，水利骨干工程作为我国财政投资农业基础设施建设的重要渠道之一，将按照国家农发办确定的农业综合开发的重点区域，向农业主产区特别是粮食主产区以及水资源紧缺地区倾斜，如黄淮海平原、东北松辽平原、长江中下游平原、西北地区以及华北地区等，同时兼顾其他区域。争取做到重点省区每年安排支持2—3个骨干工程项目，一般省区每年安排支持1—2个骨干工程项目。这样，将使项目的示范带动作用在更大的范围内得到更好的发挥，同时为农业综合开发向纵深发展奠定坚实的基础。

（水利部农业综合开发办公室供稿，阎存立、李召祥执笔）

水利部（水土保持项目）

农业综合开发水土保持项目（以下简称农发水保项目）是1988年开始实施的，也是国家最早的生态建设工程之一。十多年来，项目把治理水土流失、改善生态环境同加强农业基础设施建设有机结合起来，促进了农业增产、农民增收和农村经济发展，实现了生态、经济和社会效益的有机统一，成为国家生态建设的重要组成部分。

1988年3月，为治理长江上游严重的水土流失，全国水土保持工作协调小组（由水利部、农业部、林业部、财政部、国家计委等单位的领导组成）向国务院提交了《关于将长江上游列为全国水土保持重点防治区的报告》，建议将金沙江下游及毕节地区、陇南及陕南地区、嘉陵江中下游、三峡库区四片列为重点治理区，并成立长江上游水土保持委员会协调治理工作。1989年，经国务院批准，财政部安排农业综合开发资金3 500万元，开始实施长江上游农业综合开发水土保持项目（其中1 000万元给林业部门，用于飞播营造水土保持林，后改为“长江上游防护林项目”）。项目区涉及贵州、云南、四川、陕西、甘肃和湖北省6个省。此后，项目区范围不断扩展，到2002年底，已经在青海、甘肃、宁夏、陕西、山西、河南、云南、贵州、四川、重庆、湖北等11个省（区、市）的125个县实施了水土保持项目。

一、资金投入

随着国家财力的增长，农发水保项目投资呈增加趋势。1989年，项目的中央年投资为2 500万元；2002年，项目的中央年投资增加到9 300万元，增长了近三倍。截至2002年底，项目总投资18.95亿元，其中中央农业综合开发投资8.89亿元，地方配套6.97亿元，项目区群众自筹（含投劳折资）3.09亿元。

二、项目管理

自项目实施以来，水利部从人员机构、制度建设、管理手段上采取各种措施，强化管理，不断提高项目管理的水平。

（一）健全机构，明确各级水行政主管部门职责

据统计，目前实施水土保持项目的11省（区、市）共有省、地、县三级水土保持机构317个，水土保持技术人员1 963人，陕西、山西、四川、宁夏等省级水利部门均成立了水土保持局，健全的机构和充足的人员力量无疑为项目实施提供了保障。同时，为加强项目管理，水利部还参照基本建设管理程序，对项目实行中央、流域机构、省、地（市）、县分级管理，并相应明确了各级水行政主管部门的主要职责。

（二）高度重视制度建设

结合国家农发办制定的《国家农业综合开发项目和资金管理暂行办法》、《国家农业综合开发部门项目管理试行办法》，水利部积极采取措施，与国家农发办联合制定并颁发了《国家农业综合开发水土保持项目管理实施细则》，同时还制定了《水土保持生态建设工程监理管理暂行办法》以及《关于进一步加强国家水土保持重点工程建设管理的意见》等一系列规定，从各个环节上规范项目管理，确保项目建设的质量，确保投资效益的正常发挥。各级水土保持部门也从项目立项、实施检查、竣工验收等方面相应制定了一系列管理办法和规章制度，使项目管理做到有章可循。

（三）项目建设注重预防监督和综合治理手段并用

预防监督是指根据水土保持法，加强预防保护，监督开发建设项目做好水土保持措施，处罚破

坏水土保持的行为，防止造成新的水土流失。综合治理是指因地制宜地布置工程、生物和农业技术措施，以改造坡耕地、兴修基本农田为重点，配套实施小型水利水保设施、林草植被、能源替代建设和保土耕作措施，形成多目标、多功能、高效益的综合防护体系，保护水土资源，提高土地生产力，促进土地利用结构的调整，实现山水田林路的综合治理开发。

三、取得的成效

通过项目的实施，农发水保项目逐步探索出了一套成功的技术路线和治理模式，在改善生态环境、加强农业基础设施建设、实现农民增收等方面，发挥了重要的示范、推动作用，取得了显著的经济、生态和社会效益，被誉为党的“德政工程”和山区群众的“致富工程”。截至2002年底，农发水保项目累计治理水土流失面积4.44万平方公里，建设坡改梯农田600.6万亩、水土保持林1 700.6万亩、经济果木林674.4万亩，种草316.9万亩，封禁治理1 858.7万亩，保土耕作1 511.6万亩，完成小型水利水保工程土石方量2.54亿立方米。

（一）治理水土流失，改善生态环境

项目建设坚持生态优先的指导思想，加强水土保持林草措施建设，并辅以封禁治理措施，加快生态自我修复的步伐，促进大面积植被恢复。经过多年连续治理，治理区水土流失得到初步控制，长江流域项目区荒山荒坡面积减少了80%，林草覆盖率平均达到55.8%，一些治理较早、工作得力的重点县，水土流失面积减少幅度已达40%左右。如，云南楚雄州林草覆盖率较治理前提高了41个百分点；嘉陵江中下游近10万平方公里的地区，区域生态环境明显改观，逐步步入良性循环的轨道。

（二）改善生产条件，增强农业后劲

项目通过坡改梯、沟建坝，建设高产、稳产基本农田，为改善农业基础条件、提高农业综合生产能力创造了条件。长江流域项目区基本实现农业人均1亩基本农田、人均产粮400公斤的目标。据典型调查，在长江流域实施坡改梯后，粮食单产平均提高了75公斤；黄河项目区坝地平均亩产也达到了300—400公斤，有的高达900公斤，增产效果显著。

（三）发展农村经济，增加农民收入

项目以农业增效、农民增收为目标，充分发挥当地气候和资源优势，综合治理，综合开发，大力发展经济果木和特色产业，为调整农村产业结构、发展优质高产高效农业奠定了基础。如，长江流域的四川省宁南县充分利用光热资源优势，坡改梯后大力发展甘蔗生产，现已成为全国蔗糖基地之一，年产量占四川省总产量的1/4，1998年蔗糖及相关加工业上缴财政收入3245万元，经过治理，宁南县由财政补贴县变成了自给县。

（四）集蓄地表径流，有效利用水资源

水土流失区水资源时空分布不均，利用难度大。农发水保项目通过小型水利水保工程建设，集蓄、利用地表径流，对解决农村生产生活用水问题发挥了重要作用。黄河流域项目区通过大力兴修水窖、坡面集雨等小型水利水保工程，有效缓解了众多人口吃水难的问题。长江流域工程项目区以坡面径流调控为核心，大力兴修塘坝、蓄水池等小型蓄、引、排水工程，提高地表水资源利用率。云南牟定县有家官河小流域，将1 886亩坡耕地建成水平梯田，并配套建坝、塘、谷坊16座，开挖引水、排灌沟3.44公里，排洪沟4.9公里，建抽水站4处，增加、改善灌溉面积1 056亩，使1 690亩旱地变成水浇地。

（五）改善生态环境，增强可持续发展能力

农发水保项目坚持水土资源的可持续利用，保持土壤，培育地力，涵养水源，提高土地生产力和水资源使用效率，为经济社会的可持续发展提供必须的水土资源。项目区经过综合治理，生态环境得到明显改善。长江流域项目区经综合治理，在耕地面积减少18%的情况下，人均产粮由383公斤提高到495公斤。重庆市巫山县木尔沟小流域通过综合治理，建设坡改梯农田3 000亩，修建蓄水池17口，整修水库1座，并在水平梯田上配套了节水灌溉设施，安置移民1 800人。

（六）缓洪拦泥减沙，保护下游安全

农发水保项目通过实行山水田林路综合治理，层层拦截，发挥了整体防护功能，具有较强的缓洪、减沙作用，有效地防止洪水泥沙对下游的危害。据监测，长江流域项目区竣工验收的小流域减沙率平均达到了70%以上。

四、主要做法与经验

（一）加强领导，落实责任

项目区各级政府把治理水土流失作为改善生态环境、发展地方经济的大事来抓，纳入当地国民经济发展计划，统一部署，精心安排。各地普遍推行了项目建设目标责任制，将水土保持作为领导任期目标和年度工作考核的重要内容，层层签订责任书，严格考核。还建立了水土保持工作报告制度，由水行政主管部门定期向同级人大报告水土保持工作情况，主动接受人大的监督，保证了工程的顺利实施。

（二）加强前期，综合治理

在项目安排上，坚持科学规划，集中连片、规模治理。各地按项目区组织编制了3年可行性研究报告，经审查后分期实施，将资金集中到治理任务最紧迫、对促进当地经济发展效益显著的区域，一条流域一条流域地治理，防止“撒胡椒面”似地分散使用资金。在项目组织实施中，坚持山水田林路统一规划，工程、植物和农业技术措施优化配置，因地制宜，综合治理。同时，把治理与培育当地主导产业结合，大力发展名优特经济林果，增加群众收入。在长江流域，以坡改梯为重点，搞好蓄、泄、排兼备的坡面水系工程建设。在黄河流域，以加强水窖、塘坝等集雨节灌工程及治沟骨干工程建设为重点，减少泥沙下泄，建设稳产增收基本农田。

（三）强化管理，保证质量

项目区各省按照《国家农业综合开发项目和资金管理暂行办法》及《国家农业综合开发水土保持项目管理实施细则》，制订和完善了管理办法、规章制度和技术标准，按要求实施，按标准验收，保证资金的使用和工程的质量。山西省制定出台了《山西省国家农业综合开发水土保持项目资金实行报账制度的实施办法》，对账户设置、资金筹集、工程验收、资金拨付、资金审计等都作了详细规定，确保了资金使用安全。长江委水土保持局加大对工程建设资金管理和使用情况专项检查的力度，不定期邀请审计部门重点检查资金管理使用情况，保证国家资金专款专用，充分发挥投资效益。

（四）预防为主，加强监管

各地坚持“一手抓综合治理，一手抓监督执法”，把预防保护和监督执法工作摆在首位，使水土流失防治工作逐步走上法制轨道。一是建立健全监督执法体系，加强执法队伍建设。二是制定和完善了地方性配套法规。三是加强了水保方案编报制度和水保设施“三同时”制度，加大了典型违法案件的查处力度。四是划分并由县级人民政府公告了水土保持重点保护区、重点监督区、重点治理区，明确防治重点。五是落实管护责任。为巩固治理成果，发挥工程的效益，各地重视对已建工程的后期管护，建立了管护制度。对竣工小流域建档立卡，成立小流域管理站，采取移交当地政府管理、集体承包或大户承包等多种形式，将管护责任落到实处。做到了治理一片，管好一片，见效一片。

（五）完善机制，多元投入

水土保持是公益性事业，必须建立多元化的投入机制。农发水保项目坚持实行以地方和群众投入为主体、国家适当补助的投入机制，一方面弥补了国家投入的不足，另一方面，通过发动治理区广大干部群众参与水土流失治理，增强了全社会的水土保持意识。更重要的是，实行这一机制，有利于落实对工程建设成果的管护责任，建立工程建设、运行和管护的良性发展机制，保证国家投资效益。如四川省旺苍县政府出台了优惠政策，引进成都桃园实业公司和金远见科技贸易公司，采取租赁和公司+农户的模式，加快了水土流失治理步伐，发展了林果业，推进了农业产业化。

（六）注重科技，提高效益

农发水保项目始终把依靠科技进步作为实现“两个根本转变”、提高工程建设质量和管理水平的有效措施。各地在规划设计和项目管理中引进和开发了规划、制图、网络管理方面的软件，在工作中普及应用，实现管理手段现代化。按照“上规模，

上档次，出经验，讲实效”的要求，许多地方初步建立了一批集科研、示范、推广为一体的水土保持科技推广示范基地。如在黄河流域推广径流整地技术、集雨节水灌溉技术、抗旱栽培技术、薄膜覆盖保墒技术等，取得了良好效果。

（水利部水土保持司供稿，乔殿新执笔）

国土资源部

长期以来，由于矿产资源开发、人类生产经济活动以及自然灾害等原因，破坏了大量土地资源。为实现土地资源可持续利用，1995 年，经报请国家农业综合开发联席会议批准，国土资源部土地复垦项目纳入了农业综合开发扶持范围。

土地复垦项目建设坚持以统一规划、合理布局、因地制宜、综合治理为原则；以恢复利用废弃土地，增加农用地特别是耕地面积，提高土地利用率和产出率，改善项目区农业生产条件，提高农业综合生产能力，增加农民收入，保护和改善生态环境，实现土地资源可持续利用等为主要目标；把提高项目区建设质量标准和效益放在首位，促进农林牧副渔全面发展。项目主要建设内容包括：整治土地，修建灌排渠系及配套建筑物，修建或新打机电井及配套的机、泵和 10kv（含）以下的输变电设备，新建、修建、改造总装机在5 000kv（含）以下泵站及 35kv（含）以下配套输变电工程，发展节水灌溉，修建田间机耕路，改良土壤，营造田间防护林等。

一、资金投入

自 1995 年设立农业综合开发土地复垦项目以来，项目范围和规模不断扩大，资金也逐年增加。截至 2002 年，项目区已先后涉及河北、山东、江苏、山西、河南、安徽、内蒙古、辽宁、黑龙江、云南、宁夏、甘肃、浙江、江西、湖南等 15 个省（自治区）的 38 个县（市、区），项目投资总额共计 5.06 亿元，其中，中央财政累计投入资金 1.21 亿元，地方配套资金 9 591 万元，群众自筹资金 2.89 亿元，银行贷款和其他资金 1 700 万元。

二、项目取得的主要成效

经过几年建设，土地复垦取得了良好的成效。据统计，截至 2002 年，项目区共复垦土地 31.01 万亩，其中耕地 25.04 万亩，灌溉面积 11.12 万亩，营造防护林 4.08 万亩，新增粮食生产能力 1.17 亿公斤，新增农业总产值 4.35 亿元。所取得的成效具体表现在：

1. 遭破坏废弃的土地资源重新得到恢复利用，缓解了人地矛盾。土地复垦项目在建设过程中坚持统筹规划，突出重点，因地制宜，综合治理的原则，最大限度地恢复农用地特别是耕地面积。通过采取工程措施进行复垦整治，既使废弃土地得到了恢复利用，增加了耕地面积，又提高了土地的人口承载力。通过复垦，解决了项目区农民无地可种的生产生活问题，仅新增耕地一项，就安置了无地农民 25 万余人。

2. 改善了农业生产基本条件，提高了土地产出率，经济效益明显。复垦前项目区的塌陷土地高低不平，有的常年积水成涝，绝产绝收；有的农田水利不配套或配套设施严重破坏，失去使用价值。土地复垦项目建设坚持把平整土地、配套完善农田水利设施、彻底改善农业基本生产条件作为重点，以建设高标准的基本农田为目标。通过复垦整治，项目区土地得到平整，机械化耕作和集中灌溉成为可能；桥、涵、闸、田间排灌沟渠基本完善配套，实现了排灌化；田间道路规范、平整；机电井设施配套完善；农田防护林成行，生态林、经济林成片，起到了防风、固沙和调节小气候的作用，基本达到了“田成方、地平整、渠相连、树成行、路相通，旱能灌、涝能排”的要求，农业生产条件明显改善，土地的产出能力显著提高。

3. 改善工农关系，促进社会安定。复垦前，由于土地被破坏，农民利益受到侵害，工农矛盾经常发生。复垦后，土地得到增加，加之配套设施完善，农民通过承包经营土地和鱼塘，发展多种经营和优质高效农业，生产生活问题不仅得到解决，还逐步走向小康，工农矛盾由此明显减少，社会稳定也有了保障。

4. 农业生态环境得到根本改善。项目区在复垦整治前，土地高低不平，跑水、跑土、跑肥，道路不畅，桥涵断裂，农田积水，茅草丛生，沼泽成片，污水倒灌，尾矿、煤矸石堆积，粉尘飞扬，生态环境破坏和大气污染现象非常严重。通过平整土地、填充造地、土壤改良、增施有机肥、修砌沟渠、营造林木等工程措施和生物措施相结合的方法综合复垦整治，项目区水土资源得到了合理利用，土壤肥力增强，林木覆盖率得到较大的提高，水土流失现象得到彻底根治，生态环境破坏和大气污染现象明显改善。部分项目区，如安徽淮北、河北唐山、山西晋城等项目区结合土地复垦建设，在原来的采煤塌陷地上建成了集农、牧、渔、副、观光为一体的高效生态农业园区。

三、实施土地复垦项目的基本经验和做法

从近几年农业综合开发土地复垦项目建设情况来看，各级国土部门把土地复垦与农村经济结构调整、生态环境建设有机结合在一起。在坚持统一规划、统一组织、因地制宜、综合治理原则的指导下，积极增加有效耕地面积，发展高产、优质、高效农业。通过几年土地复垦工作的开展，已积累了丰富的经验。

1. 加强组织领导，健全规章制度。项目所在地的各级政府和国土资源等部门对项目建设工作都很重视，把复垦作为为民办实事、为民造福的工程重点抓。如项目所在县（市、区）都成立了由主管领导任组长，国土、农业、水利、林业、农发办、财政等部门为成员的领导小组，负责项目的统一协调工作；国土资源部作为项目的主管部门负责项目的组织实施和监督，各级国土资源部门也都明确主管领导和专人具体负责抓落实；项目乡（镇）也成立了相应的指挥机构负责项目建设。由于形成了各级领导亲自抓、国土部门具体抓、有关部门配合抓、齐抓共管的指挥管理体系，对项目实施起到了积极的组织保障作用。

同时，国土资源部为加强项目的法制化、制度化管理，规范项目的组织与实施，制定了农业综合开发土地复垦项目管理暂行办法。各有关项目区所在地国土资源部门结合本地实际，制定、出台了一系列有关土地复垦的政策、文件和制度，从项目申报、审查审批、计划编制、组织实施、施工批准、资金管理到竣工验收都进行了规定，为复垦工作创造了良好的制度环境，使项目建设有法可依、有章可循。

2. 坚持统一规划，集中连片，分期分批，规模复垦。各项目区依据土地利用总体规划，同时考虑水利建设、村镇建设及矿区建设等发展规划，对复垦的土地进行统一、科学、合理地规划，明确复垦区的范围、任务、目标及利用方向等。将复垦作为一个总体项目，在此基础上实行一张蓝图，一次定点定位，按年度逐年分期实施，滚动向前复垦的办法，综合治理，集中连片，形成具有规模效益的复垦治理项目区。

3. 加大项目自筹资金力度，保证项目建设需要。农业综合开发土地复垦项目中央财政投入资金有限，但土地复垦项目任务重，工程多，困难大。在这种情况下，各项目区按照“国家引导、配套投入、民办公助、滚动开发”的原则，采用多形式、多渠道资金投入机制，加大自筹资金投入力度。有的采取“谁受益，谁投资”的办法，把部分土方等工程按方量折款，分解到户，实行以劳抵资，以资补劳。有的推行“先干后投，不干不投”的竞争机制，促使群众投资。有的采取制定优惠政策，吸引企业、个人甚至是外资进行土地复垦。由于农民群众对农业综合开发土地复垦要求迫切，积极性很高，在财政资金投入有限的情况下，农业综合开发土地复垦项目自筹资金全部超计划完成，有效保证

了项目的建设需要和顺利实施。

4. 以确保工程质量为核心，搞好项目施工建设。各项目区从实际情况出发，对项目的组织、施工、检查等环节都采取了很多行之有效的办法。为确保工程质量，大部分项目区通过实行项目管理责任制，逐级签订责任书，层层落实；通过采用招投标制确定施工单位，保证了施工质量和建设进度；通过完善建设监理制，制定或明确了项目建设质量标准和检查办法，对土地平整、农田水利设施、农田防护林建设等的工程质量做出了明确的规定，并在项目的实施中加强监督检查。如江苏铜山等项目区就从有关部门抽调专业技术人员组成技术指导小组深入施工现场，针对施工中出现的各种问题及时进行技术指导，保证了施工质量。

5. 根据实际情况，总结复垦模式，进行推广应用。根据采煤塌陷区的不同情况，按照综合利用的思路，各地总结了六种复垦模式：一是多层煤回采的深层塌陷区水产养殖模式，二是潜层塌陷区复垦造地种植模式，三是煤矸石充填塌陷区覆土种植模式，四是粉煤灰充填塌陷区覆土造林模式，五是深浅交错尚未稳定塌陷区鱼鸭混养、果蔬间作模式，六是利用大水面、深水体、优水质的塌陷区发展网箱养殖和兴建水上公园发展旅游业模式。项目区专门培养了几个建设标准高、质量好的示范点，以点带面，逐步推广，这些模式为更好地开展土地复垦工作起到了积极的指导和示范作用。

6. 依托资源优势，积极开展农业结构调整，大力发展“高产、优质、高效”农业，使农民增收致富。土地复垦项目建设，在恢复利用土地资源，增加农用地特别是耕地面积，改善生态环境的同时，还注重把提高农产品质量和效益，增加农民收入放在重要位置。根据项目区土地尚未复垦利用或未有效利用的特点及原有资源优势，通过优化配置，积极开展农业结构调整。复垦后的土地，宜耕则耕，宜渔则渔，宜养则养，宜林则林。同时，积极发展“优质、高产、高效”种植农业、特色农业和绿色有机农业，开展多种经营。在经营管理方式上，走公司 + 基地 + 农户、市场 + 农户、订单农业、合作制、股份合作制等发展路子。例如山西省晋城市就依据离市区较近的优势，在项目区内集中连片，成规模、高标准地建设了有 1 000 亩蔬菜、花卉、种苗温室大棚等设施的高科技农业示范园区，经济效益非常可观，仅蔬菜大棚一项每年就使农民增收 230 万元。

7. 引进先进技术，加强人员培训，提高科技含量。土地复垦使农业生产条件从根本上得到了改善，而要使农业综合开发深入开展，就必须加大科技的投入。各项目区除了安排专项资金用于人员的技术培训外，还坚持把提高农业科技水平、增加科技含量作为重点。有的聘请科研机构或大专院校的专家指导复垦建设；有的引进节水灌溉、立体种植等方式，开展现代农业生产；有的狠抓农业高科技成果的转化，将试验室与农田紧密结合在一起。高新技术的引进和推广，不仅使农民得到了实惠，更使农业综合开发土地复垦建设起到了示范和样板的作用。

（国土资源部农业综合开发办公室供稿，朱晓冬执笔）

国家林业局

自 1988 年国家实施农业综合开发以来，农业综合开发在着力改造中低产田，提高粮食产量的同时，注重了林业生态建设。除在地方项目中安排一定比例用于林业建设外，从 1989 年起，国家从农业综合开发资金中安排专项资金用于长江中上游防护林体系、太行山绿化示范、防沙治沙示范、名优经济林和花卉基地等项目建设。截至2002年，投入上述项目的资金累计达40.74亿元。这些项目的实施，为改善项目区生态环境，促进农业经济结构调整，吸纳农村剩余劳动力，增加农民收入，促进农村经济发展发挥了积极作用。

一、项目投入情况及主要成效

各地在项目建设中，把农业综合开发和保护生态环境结合起来，实行统一规划，坚持山水田林路综合治理，各项措施配套实施，有效地起到了保持水土、防风固沙、涵养水源、调节农田小气候的作用，为农业稳产、高产发挥了重要的保障作用。

（一）长江中上游防护林工程项目

长江中上游防护林工程项目于1989年立项，到2002年，共计投入资金17.35亿元，其中中央财政资金4.2亿元，地方财政配套7.65亿元，农民群众自筹资金5.5亿元，累计完成人工造林6 338万亩，封山育林1 640万亩，飞播造林559万亩，低效林改造354万亩，为长江中上游地区森林覆盖率的提高做出了重要贡献。长江流域中上游地区水土流失的状况在局部区域得到初步遏制，昔日泥沙淤积的河床开始刷深，一些多年不见的野生动物又开始在林区出现。

（二）太行山绿化工程项目

太行山绿化工程项目于1994年立项，到2002年，共投入资金8.37亿元，其中中央财政资金1.31亿元，地方财政配套资金2.58亿元，农民群众自筹资金4.48亿元。工程累计完成人造林189万亩，封山育林1 040万亩，飞播造林163万亩，低效林改造43万亩。太行山地区森林覆盖率也由以前的20.7%提高到了26.18%，农业综合开发为森林覆盖率的提高做出了重要贡献。

（三）防沙治沙示范项目

防沙治沙示范项目于1998年立项，到2002年，共投入资金1.51亿元，其中中央财政资金5 220万元，地方财政配套资金5 268万元，农民群众自筹资金4 601万元。共完成人工造林种草77万亩，封沙育林育草13.40万亩，飞播造林种草6万亩，种植沙生经济作物0.6万亩，治理沙化土地面积143.9万亩，提高林草植被覆盖率80.2%。农业综合开发防沙治沙示范项目，作为防沙治沙的样板示范工程，为开展大规模的防治沙漠化起到了积极的示范作用。

（四）名优经济林和花卉项目

在加强生态建设的同时，农业综合开发林业建设立足资源优势，因地制宜发展了以名优经济林、花卉为主的绿色产业建设。到2002年，农业综合开发共投入名优经济林和花卉项目资金13.52亿元，其中中央财政资金4.59亿元，地方财政配套资金4.62亿元，银行贷款600万元，自筹资金4.24亿元。先后在全国28个省（区、市）的600多个县（市）建设各类干果、水果和木本粮油基地350.28万亩，使40多个名特优新品种得到很好的开发，新增经济林产品350.28万亩，新增花卉2 880万枝（盆），新增总产值20.26亿元。通过项目示范，辐射带动了农民群众发展经济林，推动了农村经济结构的调整，增加了地方财政和农民收入。

二、项目实施的基本经验和主要做法

1. 各级领导高度重视是项目建设取得成功的根本保证。项目区各级党委和政府把生态建设作为带动当地造林事业发展的龙头工程，纳入当地社会经济发展总体规划，切实加强对项目建设的领导。各级林业管理部门按照“严管林、慎用钱、质为先”的要求，真正做到“总体规划有位置，年度计划有安排，日常工作有人抓”，确保了工程建设质量。

2. 坚持因地制宜，搞好规划设计，科学确定治理开发模式，这是实施项目的重要前提。各地在项目建设中坚持以区域规划为基础，以山脉、水系为主线，实行造、封、飞、节、改、抚“六管齐下”，对一条条水系、一座座山峰、一块块坡面、一个个流域，实行大规模集中治理，取得了良好的治理效果。

3. 完善项目管理制度，严格建设质量，这是搞好项目的中心环节。一是制定管理办法，规范管理行为，把项目管理纳入规范化、制度化的轨道。二是坚持按规划立项、按施工设计、按效益考核的项目管理程序。三是保证资金专款专用、专账专人管理的同时，积极探索项目资金管理的新方式，逐步推行报账制、招标制和淘汰制。

4. 依靠科技进步，推广实用技术，这是项目取得效益的关键措施。各地针对工程建设中的重点和技术难点，研究并创立了符合当地实际的科学造林方法。山西省总结出了径流林业整地技术、容器育苗技术、生根粉和根宝蘸根造林技术、覆盖林业等五大技术，并加以应用推广，使太行山绿化实用林业技术应用率达到90%左右。

5. 开发的意识，活化的机制，这是项目实施的重要保障。各地抓住改革开放和建设社会主义市场经济的机遇，积极探索研究激励机制和政策机制。如探索实施了“四荒”开发政策，通过承包和租赁等形式，把国家和集体所有的荒山、荒坡、荒滩、荒水使用权推向市场，吸引了大量的社会资金和劳力。

三、适应新形势，抓好下阶段农业综合开发林业建设

今后一个时期，国家林业局农业综合开发林业建设的基本思路是：围绕农业综合开发的“两个转变”，进一步加大林业生态建设力度，加快重点地区生态环境治理，改善农业生产条件；加快结构调整，大力发展名优经济林和花卉，促进农村产业结构调整和农民增收，为农业综合开发上新水平做贡献。并将重点做好以下工作：

1. 加强领导，强化对行业的指导。要全面、深刻领会党中央、国务院对林业和生态环境建设的一系列重要指示，把保护和扩大森林资源、改善生态环境、促进国民经济和社会可持续发展作为重大战略任务，及时研究解决林业发展过程中的重大实际问题，扬长避短，发挥优势，抓好林业发展的突破口和林业工作的着力点。同时配合国家农发办，加强对农业综合开发地方林业建设项目的行业指导工作，保证农业综合开发的大政方针落实到具体工作中。

2. 结合林业六大工程，合理布局组织实施好农业综合开发林业项目建设。一是加强农业综合开发农田生态体系建设。继续搞好农业综合开发项目区农田林网建设，加强农田防护林优良树种选育和推广，把防护林的经济效益和生态效益结合起来，为高标准的农田提供高标准的生态屏障。二是加大重点沙区的治理和开发力度。在全国重点沙区选择不同类型的地区开展防沙治沙示范工作，建设防风阻沙林带，大力封沙育林育草；在黄河故道搞好沙地治理和开发示范，合理开发利用沙区资源，通过综合治理，建设一批典型和样板县，辐射带动全国的防沙治沙工作。三是抓好长江防护林和太行山绿化工程项目建设。配合国家实施的长江上游地区天然林资源保护工程、长江中下游防护林二期工程、太行山绿化二期工程，有重点地组织好农业综合开发林业生态示范项目。四是继续抓好名优经济林和花卉基地建设。适应加入WTO的需要，发展一批在国内外市场有影响力和竞争力的名牌经济林产品，并形成若干条区域性的专业化、基地化、规模化的经济林产业链。

3. 提高林业项目的科技含量，做好示范工作。一是要围绕提高造林成活率和保存率，依据不同区域自然条件的差异，按照适地适树的要求，针对工程建设中的重点、难点技术问题开展攻关研究。在发展经济林和花卉方面要强化高新技术、新品种的研究、引进和推广工作，每上一个项目都要有科技支撑保障，实行定点供种、定向育苗，确保优质高效。二是要围绕示范项目建设，多形式、多层次搞好技术培训，把重点放在项目区基层干部和农民的培训上，努力使大多数农户掌握1—2门实用技术，通过示范项目的引导和带动，促进林业技术的普及和提高。

4. 进一步加强项目和资金管理，切实提高项目建设成效。一是加强对农业综合开发地方项目区的工作指导，引导各地调整林种树种结构，积极探索不同地区的防护树种和品种类型以及建设模式。二是进一步强化农业综合开发林业项目和资金管理工作。根据《国家农业综合开发项目和资金管理暂行办法》、《农业综合开发资金会计制度》等规章制度，建立健全林业建设项目全过程质量管理制度。切实做到按规划设计，按设计施工，按标准验收，完善项目建设质量县级自查、省级核查、国家林业局抽查的监督核查制度。三是加强资金使用的监督，加大对挪用、截留、套取国家资金行为的查处力度，确保资金专款专用，发挥效益。四是加强宏观调控，对存在违规使用资金，工程质量低劣的省（区、市），要坚决采取停止安排或调减安排资金规模等措施，促进管理水平的提高。

5. 认真总结经验，做好宣传工作。要认真总结十几年来农业综合开发林业建设在改善生态环境，调整农业和农村经济结构，促进经济发展等方面的经验，找出存在的问题，提高对农业综合开发工作重要性的认识，明确今后工作思路。在此基础上，利用电视、报纸等新闻媒体广泛宣传农业综合开发林业建设的成效及一些典型事例，提高农业综合开发林业工作的影响和地位。

（国家林业局农业综合开发办公室供稿，王新凯执笔）

第四部分

重要法规选编

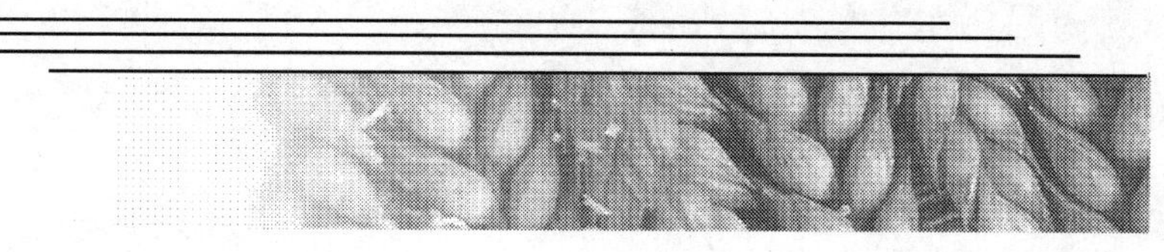

中华人民共和国农业法（节选）

（1993年7月2日第八届全国人大常委会第二次会议通过2002年
12月28日第九届全国人大常委会第三十一次会议修订）

第十七条　各级人民政府应当采取措施，加强农业综合开发和农田水利、农业生态环境保护、乡村道路、农村能源和电网、农产品仓储和流通、渔港、草原围栏、动植物原种良种基地等农业和农村基础设施建设，改善农业生产条件，保护和提高农业综合生产能力。

中华人民共和国防沙治沙法（节选）

（2001年8月21日第九届全国人大常委会第二十三次会议通过）

第三十二条　国务院和沙化土地所在地区的地方各级人民政府应当在本级财政预算中按照防沙治沙规划通过项目预算安排资金，用于本级人民政府确定的防沙治沙工程。在安排扶贫、农业、水利、道路、矿产、能源、农业综合开发等项目时，应当根据具体情况，设立若干防沙治沙子项目。

行政法规及法规性文件

退耕还林条例（节选）

（2002 年 12 月 6 日国务院第 66 次常务会议通过
中华人民共和国国务院第 367 号令发布）

第五十六条 退耕还林应当与扶贫开发、农业综合开发和水土保持等政策措施相结合，对不同性质的项目资金应当在专款专用的前提下统筹安排，提高资金使用效益。

国务院办公厅转发《关于研究耕地占用税征收、管理、使用问题会议纪要》的通知

（1988 年 2 月 1 日　国务院办公厅　国办发［1988］7 号）

各省、自治区、直辖市人民政府，国务院有关部门：

《关于研究耕地占用税征收、管理、使用问题的会议纪要》已经中央和国务院领导同志批准，现转发给你们，请研究执行。

关于研究耕地占用税征收、管理、使用问题的会议纪要

1 月 4 日，田纪云同志主持会议，研究耕地占用税征收、管理、使用问题。中央财经领导小组成员杜润生，国务院秘书长陈俊生，副秘书长白美清、李昌安，国家计委刘中一，财政部迟海滨，农牧渔业部陈耀邦，林业部高德占，水电部钱正英、杨振怀和中央农村政策研究室刘堪等同志参加了会

议。

会议认为，去年全国各地加强了对农业的领导，采取多种措施，使粮、棉、油等主要农产品都有一定幅度的增长，农业生产形势是好的。但是，必须清醒地看到，近几年粮、棉生产发展缓慢，农业面临的形势是严峻的。要使我国农业生产特别是粮食生产能够稳定发展，上一个新的台阶，除要进一步深化农业改革、完善有关政策外，必须采取有力措施增加对农业的投入，加强农业的开发和建设工作，以增强农业发展后劲。增加对农业的投入，需要多方努力，通过多种渠道。国务院已经决定，将已开征的耕地占用税全部用于扶植农业生产。这是一笔相当可观的财力，如使用得当，将对增强农业发展后劲，实现“七五”及本世纪末奋斗目标起着重要作用。为此，会议讨论了耕地占用税的征收、管理、使用等问题，议定了以下意见：

一、财税部门要切实加强耕地占用税的征收工作。要加强基层征收力量，适当增加税收人员，把征收耕地占用税作为一项重要任务来完成。要按照税法办事，按照税则、税率征收，不准擅自减免。要建立和逐步完善征收制度、办法，防止跑冒滴漏。要做好监督、检查工作，把该收的税款收上来。土地管理部门要积极配合财税部门做好征收工作。

二、耕地占用税款一半上缴中央，一半留地方。但都必须按照“取之于土，用之于土”的原则，用于开发农业，不能挪作他用。上缴中央的部分，由财政部单列账户，实行列收列支。

三、为了搞好土地开发，拟设立国家土地开发建设基金。为协调各部门工作，管理、使用好土地开发建设基金，以发挥更大的经济效益，建议成立国家土地开发建设基金管理领导小组。其任务是负责制订全国农业开发建设的方针、政策，审批重点地区的开发建设规划，统一管理和统筹安排使用土地开发建设基金。基金来源，除了上缴中央的耕地占用税外，还可以利用一部分国外的优惠贷款。为了加强领导，建议由陈俊生同志担任领导小组组长，杜润生同志任顾问，何康、刘中一同志任副组长，钱正英（水电部）、高德占（林业部）、李昌安（国务院办公厅）、项怀诚（财政部）、王先进（国家土地局）、马永伟（农业银行）、李振声（中国科学院）、王连铮（中国农业科学院）同志为领导小组成员。领导小组下设精干的办公室，由刘中一同志兼任主任、项怀诚同志兼任副主任。办公室设在财政部，工作人员以财政部农财司为主，不另立编制，如人员不足，可从有关部门调配。

四、土地开发建设基金要统筹规划，集中使用，重点用于一些重要地区的土地开发和商品基地建设。全国土地开发建设，要有计划有步骤地进行。根据目前的实际能力，拟先开发东北三江平原和黄淮海流域这两大片地区。这两片开发建设搞好了，每年将可增产粮食七、八百亿斤，再加上开发西北地区增产200亿斤，这样到2000年每年大体可增产1 000亿斤左右，这对实现本世纪末10 000亿斤粮食的目标有着重要意义。开发地区要实行农林牧副渔全面发展，土水田林路综合治理，争取建成功能完善、稳产高产的农业商品基地。

五、土地开发建设基金主要采取经营和有偿的办法使用。一开始就建立周转机制，真正使这部分资金能够滚动起来，形成一笔较大的投资。基金实行按项目投资，大的项目要经专家论证评估，并实行招标承包，签订经济合同，承担经济责任。上述两大片地区政府所得的耕地占用税的其他开发投资，也要结合国家的开发规划，统筹安排使用，尽快把这两大片商品粮基地建设好。

会议认为，目前，我国农业生产面临新的形势，全国上下、党内党外都在关心农业问题。为了统一认识，深化农业改革，采取有力措施，促进农业进一步发展，建议在今年夏季适当时候，召开一次全国农村工作会议。请中央农村政策研究室和国务院有关部门调查研究，做好会议的准备工作。

国务院办公厅转发财政部关于农业综合开发若干政策的通知

（1994 年 5 月 23 日　国务院办公厅　国办发［1994］72 号）

各省、自治区、直辖市人民政府，国务院各部委、各直属机构：

财政部《关于农业综合开发的若干政策》已经国务院同意，现转发给你们，请贯彻执行。

附件

关于农业综合开发的若干政策

国家立项的农业综合开发是政府保护、支持农业发展，对农业实施宏观调控的重要手段之一。为适应社会主义市场经济体制的要求，不断提高农业综合开发工作的整体水平，现将国家关于农业综合开发的若干政策通知如下：

一、农业综合开发的目标。重点是从各地的实际情况出发，通过对水土资源的开发治理，改善农业生产基本条件（包括农业生态环境），提高粮棉油肉糖等主要农产品的综合生产能力，增强农业的发展后劲。同时，以市场为导向发展多种经营，以龙头项目带动农产品的系列开发，把保证粮棉油肉糖等农产品的稳定增长与增加农民收入的目标结合起来。

二、土地资源开发治理的原则。土地资源开发治理要坚持治理与开发相结合的原则，以改造中低产田为主，依法酌量开垦宜农荒地（包括已围滩涂），逐步扩大牧区草原建设和沙区绿洲农业建设的面积。

土地资源开发治理的要求：

（一）按流域或灌区统一规划。

（二）进行山水田林路综合治理。

（三）综合运用工程措施、生物措施和科学技术。

（四）达到经济效益、社会效益、生态效益的统一。

新开垦的耕地和新建的果园、林场、牧场等要进行适度规模经营，提高机械化水平。

三、以龙头项目带动农产品系列开发的原则。以龙头项目带动农产品的系列开发，要充分利用和发挥当地农业资源优势，发展当地的主导产业；以效益为中心，根据国内外市场需求，逐步形成拳头产品，实行贸工农一体化、产加销一条龙经营。龙头企业要一头连接市场，一头连接农户，带动农户发展商品生产，其产品在市场上要有竞争能力，并具有一定的生产规模。

以龙头项目带动农产品的系列开发，原则上应在农业综合开发区范围内安排。可以是现有企业的改造，也可以组建新的公司或企业集团。

四、农业综合开发的管理。国家立项的农业综合开发，要按项目安排投入和加强管理。坚持择优立项，集中投入，连片开发。要逐步加大对中西部地区的投资力度。对已到期的项目，要严格验收，

验收合格后再立新项目。投资不搞“基数”。农业综合开发的工程建设，必须坚持高起点、高标准、高质量。土地开发治理必须按照国家规定的标准进行设计、施工和验收。

五、农业综合开发的资金投入政策。农业综合开发的资金由财政资金、银行专项贷款、集体（企业）自筹资金和农户集资，以及引入资金组成，统一纳入国家批准的项目投资计划。国家立项的农业综合开发项目、农业综合开发投资纳入国家固定资产投资计划。国家相应增加固定资产投资规模。

（一）农业综合开发的财政资金，主要来自各级财政征集的农业发展基金、国家征收的土地增值税收入和当年财政预算安排的资金。各级财政安排的农业综合开发资金，要逐年有所增加。中央财政资金与地方财政资金的配套比例，依各省、自治区、直辖市及计划单列市的财政状况分类确定（办法另定）。地方财政配套资金中，省级财政要承担70%以上，地、县级财政承担30%以下。地方财政配套资金不落实，中央财政资金不予拨款。中央和地方财政资金的投入，70%以上用于改善农业生产基本条件，30%以下用于发展多种经营和农产品的系列开发。

（二）国家立项开发投入的专项贷款为政策性贷款，贷款指标要在1994年的基础上逐年增加。这项贷款专项用于农业综合开发区，与财政资金统筹安排，根据资金使用的性质分别投入，分口管理，贷款的指标和资金要及时到位，做到有指标有资金。当年贷款指标结余，可结转下年继续使用。这项贷款原则上30%用于改善农业生产基本条件，70%用于发展多种经营和农产品的系列开发。

（三）集体、农户、国有农业企业自筹的资金就地用作国家批准项目的配套投入。在农业综合开发中，要坚持并不断完善以国家投入为导向、农民投入为主体的投入机制。依照谁投入、谁利用、谁受益的原则，鼓励农民自筹资金和投入劳动力进行开发。农民的投入要因地制宜，量力而行。

六、要依靠科学技术，提高农业综合开发的综合效益。大力推广经济效益好的科技成果、优良品种及配套技术，加强项目区农民群众和干部的技术培训，鼓励科技人员参加农业综合开发，对贡献突出的科技人员给予奖励。

七、逐步建立经营式开发、滚动式开发、开放式开发的机制。在条件具备的地方，项目的实施可以试办投资股份制开发，中外合资开发，与发达地区、大中城市联合开发，有条件的可以举办股份合作农场或家庭农场。凡投入经营性的财政资金，一律实行有偿使用，回收的资金继续投入到农业综合开发中，做到滚动使用。到期收回的银行专项贷款，也要继续用于农业综合开发。

八、建立健全管理维护责任制。对已竣工的项目要明确管护单位，及时办理交接手续。已建工程的维护费和设备的更新改造资金，应坚持以工程养工程的原则，尽量由管护单位自筹，对于确有困难的，由地方政府统筹解决。

九、农业综合开发的优惠政策

（一）在农业综合开发范围内，实行谁开发、谁利用、谁受益。在一定时期内使用权不变，可以继承，可以依法有偿转让。

（二）建立竞争机制，实行奖优罚劣。

十、各级政府要切实加强对农业综合开发工作的领导，把这项工作列入政府工作的议事日程。要加强和充实农业综合开发的办事机构。农业综合开发办事机构负责制定规划、选择项目、筹集资金、综合协调、实施工程管理等项业务工作。

各有关部门要在各级政府的统一领导下密切配合，互相支持，把农业综合开发这件事情办好。

国务院办公厅转发财政部关于农业综合开发若干意见的通知

（2002年2月11日　国务院办公厅　国办发［2002］13号）

各省、自治区、直辖市人民政府，国务院各部委、各直属机构：

财政部《关于农业综合开发的若干意见》已经国务院同意，现转发给你们，请认真贯彻执行。

关于农业综合开发的若干意见

农业综合开发是国家支持农业发展的重要手段，是巩固和加强农业基础地位、提高农业综合生产能力的有效措施，是支持我国农业参与国际竞争、推进农业现代化的重要途径。为了总结农业综合开发经验，适应新阶段农业发展需要，进一步提高农业综合开发水平，现就农业综合开发提出以下意见。

一、农业综合开发的指导思想和目标任务

（一）农业综合开发的指导思想

适应新阶段农业发展的要求，以农业主产区为重点，着力加强农业基础设施建设，改善农业生产条件，提高农业综合生产能力和保护农业生态环境；着力推进农业和农村经济结构战略性调整，提高农业综合效益，增加农民收入。

（二）农业综合开发的目标任务

坚持以改造中低产田为重点，加强农田水利基本建设，建设优质、高产、稳产、节水、高效农田，增强农业抗御自然灾害的能力，提高我国基本农田的生产能力，特别是主产区粮食生产能力；以市场为导向，发挥农业区域比较优势，积极培育农村支柱产业，发展产业化经营，推进农业和农村经济结构战略性调整，全面提高农产品质量、农业生产组织化程度和农业抗御市场风险的能力；实行山水田林路综合治理，加强农田林网建设，推进退耕还林，加大生态工程和生态项目支持力度，治理水土流失，有效地改善生态环境，促进农业可持续发展；积极推动农业科技革命，加强农民技术培训，加大农业新品种、新技术的推广力度，促进农业信息化和农业生产标准化建设，推进项目区农业现代化进程，提高农业国际竞争力。

二、农业综合开发扶持范围和建设内容

（一）农业综合开发的扶持范围

一是土地资源开发治理项目，包括中低产田改造、草场改良和工矿废弃地复垦，发展节水农业、生态农业，建设优质粮食基地、优质饲料作物基地等；二是多种经营项目，包括种植业、养殖业，农产品储运、保鲜、加工和批发市场建设等；三是示范项目，包括高新科技示范、科技推广综合示范、农业现代化示范等。

（二）农业综合开发的建设内容

主要包括小型水库、拦河坝、排灌站、机电井、灌排渠系（5个流量以下）、改良土壤、机耕路、农牧机械、草场围栏、畜禽棚舍、水产养殖池

与设备、农田防护林、完善农业支持服务体系、农产品加工生产厂房与设备、农产品产地批发市场等。

三、农业综合开发应遵循的原则

（一）突出重点

以农业主产区，特别是粮食主产区为开发重点。

（二）择优立项

把农业资源条件优越、开发潜力大、农民群众自愿开发、资金配套能力强的地方或项目，优先纳入农业综合开发的扶持范围。

（三）综合开发

因地制宜，实行农林牧副渔综合开发，山水田林路综合治理。

（四）统筹规划

开发区和项目应经过科学评估和论证，精心设计和实施。

（五）连片开发

土地开发应遵循土地利用总体规划，按流域或灌区统一规划，集中投入，连片开发治理，努力提高土地产出率和水资源利用率。重点搞好基本农田保护区范围内的中低产田改造，并对改造过的耕地依法进行保护。

（六）产业化经营

发展多种经营应充分发挥区域资源优势和比较优势，培育支柱产业和主导产品，重点扶持产业化“龙头”项目，提高农业产业化水平。

（七）科技与体制创新

依靠农业科技进步，推进农业综合开发机制创新。

（八）开发与保护结合

农业资源开发与农业生态环境保护相结合。

四、农业综合开发的投入机制

农民群众是农业综合开发的直接受益者。要坚持和完善“国家引导、配套投入、民办公助、滚动开发”的农业综合开发投入机制。除中央财政专项安排农业综合开发资金外，地方各级财政要相应落实配套资金，农民筹资投劳要符合有关政策规定。对部分财政资金实行有偿投入，按照“谁受益，谁还款”的原则落实还款责任，确保及时足额偿还。回收的财政有偿资金继续用于农业综合开发。

五、农业综合开发的投入政策

（一）各级财政要逐步加大农业综合开发资金投入

“十五”及今后一段时期内，用于农业综合开发投入的财政资金增长幅度应高于“九五”水平。

（二）采取综合因素法分配中央财政农业综合开发资金

对农业综合开发潜力大、开发效果好的地方，相应增加中央财政农业综合开发资金的投入。

（三）明确中央财政资金与地方财政资金的投入比例

依据各省、自治区、直辖市和计划单列市的财力状况分类确定各地财政资金配套比例（另行规定）。原则上财力状况好的地区多配套，财力困难的地区少配套。省级财政承担的配套资金不低于全部配套资金的70%。地方财政配套资金不落实的，要适当调减下一年度的中央财政资金投入。

（四）保证农业综合开发的投入重点

原则上财政资金的70%用于土地治理项目，30%用于多种经营项目。根据各项目区不同的资源状况，可适当调整投入比例。

（五）加大科技投入力度

逐步将财政资金中科技投入比例提高到10%。

（六）合理确定财政资金无偿与有偿投入比例，以及财政有偿资金还款期限

原则上投入公益性的财政资金实行无偿使用，投入非公益性的财政资金实行有偿使用。切实加强财政有偿资金管理工作，防止形成债务风险。

（七）多层次、多渠道筹集开发资金

通过安排贷款贴息资金，引导银行增加农业综合开发贷款投入。积极探索开放性开发、经营性开发和股份制开发方式，广泛吸引各类社会投资和外资，加大农业综合开发投入力度。

六、农业综合开发项目和资金管理

（一）实行项目和资金管理有机结合

以资金投入确定项目规模，按项目管理资金。

（二）项目实行统一组织，分级管理

农业综合开发项目应自下而上逐级申报，由国家农业综合开发办事机构（或授权省级农业综合开发办事机构）组织评估、审定和审批。

（三）完善项目监督管理制度

强化项目前期科学立项、中期监督检查、后期项目验收和监测评价。全面推行专家评审制、项目法人制、招投标制和工程监理制。

（四）加强项目的运行与管理

对已建成的项目，农业综合开发办事机构要负责明晰产权归属，落实管护主体，建立必要的运行管理制度，保证项目正常运转。

（五）建立健全资金管理和监督制度

农业综合开发资金实行专人管理，专账核算，专款专用。全面推行财政无偿资金县级报账制、财政有偿资金委托银行放款制和项目资金公告（公示）制。加强财务检查和审计监督，严禁挤占挪用农业综合开发资金；对违反规定的，要予以纠正并严肃查处。

（六）提高项目和资金管理水平

建立健全权责结合的管理责任制和奖优罚劣办法，不断提高农业综合开发管理水平。

七、农业综合开发工作的组织领导

地方各级人民政府要切实加强对农业综合开发工作的领导，把这项工作放在整个农业和农村经济工作的重要位置。加强和充实农业综合开发办事机构。农业综合开发办事机构要制定规划，做好综合协调，引导择优选项，指导和管理农业综合开发项目实施。各有关部门要相互支持，密切配合，形成合力，创造性地做好新阶段农业综合开发工作。

本意见自发布之日起施行。其他农业综合开发管理办法或规定与本意见不一致的，以本意见为准。

重要规章及规范性文件

关于印发国家农业综合开发"九五"计划要点的通知

（1997年6月17日 财政部 财农综字［1997］15号）

各省、自治区、直辖市人民政府，国务院有关部委：

财政部制订的《国家农业综合开发"九五"计划要点》，已经国务院领导同志原则同意，现印发给你们，请认真贯彻执行。

农业综合开发是我国农业和农村工作的重要组成部分，是实现"九五"我国农业和农村经济发展特别是粮食增产目标的主要途径之一。希望各级人民政府和有关部门高度重视这项工作，采取得力措施组织实施好这一计划，为推动我国农业和整个农村工作上新的台阶做出新的更大的贡献。

附件：国家农业综合开发"九五"计划要点

附件

国家农业综合开发"九五"计划要点

为落实《国民经济和社会发展"九五"计划和2010年远景目标纲要》中提出的"九五"期间我国农业和农村经济发展的任务和奋斗目标，财政部制订了国家农业综合开发"九五"计划，其要点如下：

一、指导思想和原则

"九五"期间农业综合开发的指导思想是，认真贯彻落实中央关于实现"两个根本转变"和实施"可持续发展"的战略部署，以提高粮棉等主要农产品综合生产能力和增加农民收入为目标，以改善农业生产基本条件为重点，首先发展粮食生产，同时根据国家产业政策，因地制宜地发展多种经营，实现经济效益、社会效益和生态效益的有机统一。

根据这一指导思想，"九五"期间农业综合开发必须坚持以下原则：

（一）以改造中低产田为主，适量开垦宜农荒地。

（二）按区域统一规划，突出重点，坚持高标准、高质量，讲求规模效益，对资源条件好、投入产出效益高、贡献大的地区和项目，综合运用工程措施和生物措施，进行山水田林路综合治理，做到开发一片、见效一片。

（三）开发利用与节约资源并举，优化生产要素组合，保护生态环境，促进农业资源持续利用，走可持续发展的道路。

（四）以市场为导向，立足资源优势，实行农业产业化经营，加速农村经济向商品化、产业化、现代化转变。

（五）自力更生为主，国家扶持为辅，以国家投入为导向，充分调动地方各级政府、集体经济组织、群众和社会各界参与农业综合开发的积极性，把农民群众作为投入的主体。

二、任务和布局

根据“九五”期间农业综合开发的指导思想和原则，统盘考虑水土资源条件、增产潜力、投资力度、开发效益等因素，参照1988—1995年改造中低产田和开垦宜农荒地的增产能力（改造中低产田每亩增产粮食150公斤，开垦宜农荒地每亩增产粮食300公斤），“九五”期间农业综合开发任务为：改造中低产田16 500万亩，开垦宜农荒地1 520万亩，新增粮食生产能力200亿公斤；建设干鲜果、速生丰产林基地260万亩，发展蔬菜100万亩，水产养殖300万亩，新建农副产品加工项目1 000个，新增干鲜果品生产能力200万吨、蔬菜380万吨、肉类120万吨、禽蛋10万吨、水产品100万吨；开发项目区农民年人均纯收入按1990年不变价格计算，高于非项目区250元左右。

根据土地资源开发治理的潜力和难易程度，以及粮食总量平衡和区域平衡等情况，农业综合开发布局是提高东部，开发西部，主攻中部。重点开发东北平原、黄淮海平原、长江中下游平原，甘肃河西走廊和新疆维吾尔自治区的伊犁河、额尔齐斯河、塔里木河流域。其任务和目标为：改造中低产田12 720万亩，开垦宜农荒地1 185万亩，分别占总任务的77%和78%；新增粮食生产能力155亿公斤，占总任务的78%。同时，在其他地区改造中低产田3 780万亩，开垦宜农荒地335万亩，新增粮食生产能力45亿公斤，分别占总任务的23%、22%和22%。

发展多种经营要与土地治理相结合，重点建设一批有资源、有市场、能够带动农民较快增加收入的项目。要发展农业产业化经营，实行区域化布局，专业化生产，社会化服务，多种经营项目尽可能在土地治理项目区内建设。在开发内容上，重点发展养殖业、种植业和农副产品加工业，特别是要大力发展畜牧业。

完成上述任务，“九五”期间农业综合开发投资总规模为768.2亿元，其中土地治理项目投资规模为461.6亿元，多种经营项目投资规模为306.6亿元。投资结构由中央财政资金、地方财政配套资金、集体和农民自筹资金、农业综合开发专项贷款构成，比例约各占四分之一。

三、完善政策措施，确保“九五”期间农业综合开发任务的完成和目标的实现

（一）确保开发资金及时、足额到位。资金投入是完成“九五”期间开发任务的首要条件。为此，要继续完善现行的投入机制，并进一步开辟新的资金渠道。中央财政预算安排的农业综合开发资金要逐年有所增加，回收的有偿资金与新增财政资金统筹安排，并继续用于农业综合开发。同时，积极争取利用世界银行等国际金融组织贷款。地方财政应按规定的比例落实配套资金。地方筹集的农业发展基金，首先要用于国家农业综合开发项目的配套，不足部分由地方财政在预算内补足，并保证资金及时、足额到位。鼓励地方广辟筹资渠道，增加农业综合开发资金来源。农业综合开发专项贷款要以省（自治区、直辖市）为单位与中央财政资金实行1:1配套投入，配套贷款总额中用于土地治理的资金不少于30%，在符合贷款基本条件的情况下，尽可能落实到项目区内；用于多种经营及龙头项目的资金应与财政资金相衔接，以发挥财政、信贷资金的综合效益。要进一步调动集体和农民自筹资金搞开发的积极性。“九五”期间，要保证自筹资金占到项目总投资的四分之一，加上投物、投劳折资，农民的投入要占到土地治理投入的一半以上。

（二）落实各项保护、支持政策。要切实保护农民的种粮积极性，实行有利于促进粮食生产的价格政策。同时，搞好农用生产资料的生产和供应，降低生产成本和流通费用，使农民真正得到实惠。要加大对农业的投入力度，并保证各项投入及时到

位。项目区农业综合开发投入增加以后，常规农业的各项投入不能减少。“八五”期间对农业综合开发实行的优惠政策，如新开垦的耕地五年内免征农业税；柴油、化肥、农药、农膜等农用生产资料给予优先安排等，“九五”期间继续保留。

（三）搞好外部配套工程建设。重点搞好骨干水利工程、农业工程和林业工程建设。水利工程包括重点水源工程、灌溉输水工程、防洪排涝工程、水土保持工程。农业工程包括良种繁育体系、技术推广体系、病虫害监测体系、农机服务体系。林业工程包括农田防护林、水源涵养林和水土保持林等。对这些工程，国家有关部门在“九五”计划中应统筹安排。

（四）建立奖惩机制。在已规划的农业综合开发区内，对资源条件好、开发潜力大、投入产出效益高、工作成效显著、配套资金有保证的地区给予重点扶持；反之，则减少投入，缩小开发规模。为把农业综合开发的目标落到实处，“九五”期间，将实行投入与贡献挂钩（即中央财政每向省、自治区、直辖市无偿投入土地治理项目1元资金，该省、自治区、直辖市必须增加粮食调出或减少粮食调入1公斤），并把任务完成情况作为考核各地农业综合开发工作的重要指标。因工作不力而完不成任务和未能实现预期目标的，要减小中央投资力度，缩小地方开发规模。

（五）提高科技含量。要大力实施科教兴农战略，加快经济增长方式的转变，促进农业走高产、优质、低耗、高效的发展道路，要使农业综合开发区成为农业高新技术的示范区，科技推广的普及区。

（六）开发与开放相结合。对农业综合开发项目，在具备条件的地方，要通过招商引资、招标投资，吸引更多的国内外资金、先进技术、人才和管理经验，为加快农业综合开发和整个农村经济社会发展服务。鼓励工商企业参与农业综合开发，并倡导省际间以各类形式搞联合开发。

（七）加强领导，搞好部门协作。“九五”期间，农业综合开发的任务繁重，各级党委、政府要进一步加强领导，切实重视这项工作；各有关部门要围绕开发的目标和任务，充分发挥本部门的职能，积极支持这项工作；要加强农业综合开发机构建设，明确职能，理顺与有关部门的工作关系；各级农业开发部门要努力提高政策水平和业务水平，精心组织，扎实工作，努力开创农业综合开发工作的新局面。

关于在财政预算中安排农业综合开发事业费的通知

（1998年11月13日　财政部　财发字［1998］36号）

各省（自治区、直辖市、计划单列市）财政厅（局）：

为使农业综合开发系统的事业费有一个正常的资金渠道，经研究决定，自1999年起，由各级财政预算安排本级农业综合开发事业费。现就有关事项通知如下：

一、自1999年起，在一般预算支出科目“农业综合开发支出”类级科目下，增设“农业综合开发事业费”款级科目，反映中央和地方农业综合开发系统的事业费。该款级科目下设4个项级科目：第1项“项目管理费”，反映农业综合开发系统及委托专业技术部门评估和验收项目的费用；第2项“干部训练费”，反映农业综合开发系统干部的专业培训费；第3项“补助农口有关部门业务费”，反映补助参与农业综合开发的农口有关部门的业务经费；第4项“其他事业费”，反映农业综合开发系统的会议费、宣传经费、资料印刷费、设备购置及维修费、必要的接待费以及长期借调人员的办公经费等。

二、各级财政预算要根据当地农业综合开发事业发展的需要，合理安排本级农业综合开发事业费支出。各级农业综合开发办公室每年应按预算管理的有关规定，编制年度农业综合开发事业费预算，报送同级财政部门审定。

三、各级财政部门和农业综合开发办公室要加强农业综合开发事业费的管理，严格按规定用途专款专用，不得挪作他用；要把农业综合开发项目投资和事业费严格区分开来，不得将项目投资挪作事业费。

四、在财政预算中安排农业综合开发事业费以后《国家农业综合开发资金管理办法》（［1994］财农综字第2号）第六条关于“地方各级农业综合开发办公室按本级财政配套资金1%提取业务活动经费”的规定相应取消。

关于印发《农业综合开发财政有偿资金管理暂行规定》的通知

（1998年12月31日　财政部　财发字［1998］54号）

各省、自治区、直辖市、计划单列市财政厅（局），新疆生产建设兵团（财务局），中央农口财务部门：

为了进一步规范和加强农业综合开发财政有偿资金管理，我部对1995年12月15日印发的《国家农业综合开发财政有偿资金管理暂行规定》（财农综字［1995］43号）进行了修订，现印发给你们，请遵照执行。执行中有何问题，请及时反馈给国家农业综合开发办公室。

附件：农业综合开发财政有偿资金管理暂行规定

附件

农业综合开发财政有偿资金管理暂行规定

第一章　总　　则

第一条　为加强农业综合开发财政有偿资金（以下简称“有偿资金”）管理，提高有偿资金使用效益，根据国务院和财政部的有关规定，按照“控制规模、限定投向、健全制度、加强监督”的原则，制定本规定。

第二条　本规定适用于投入国家立项和地方立项农业综合开发项目的财政有偿资金。

第三条　有偿资金的来源包括：中央和地方财政投入的有偿资金，有偿资金占用费和存款利息收入。

第四条　有偿资金的使用，要贯彻国家农业综合开发方针政策；坚持专款专用，到期收回的原则；坚持经济效益和社会效益相结合的原则；有偿资金回收后，继续用于农业综合开发。有偿资金的管理，坚持统一政策，分级管理的原则。

第二章　借　　出

第五条　有偿资金的借款应具备下列条件：

1. 有经批复的农业综合开发项目计划；

2. 申请借款的地方各级财政部门、中央农口的财务部门提供还款承诺书；

3. 申请用款的单位或个人具备还款能力，并提供必要的财产抵押或经济担保。

第六条　有偿资金实行逐级承借、统借统还的办法。有偿资金的借款程序是：对中央级有偿资金，国家农业综合开发办公室按批复的项目计划，与省级财政部门或中央农口的财务部门签订借款合同后，将资金拨入省级财政部门或中央农口部门开设的农业综合开发资金专户。

地方级有偿资金的借款程序，参照本条前款规定办理。

第七条　有偿资金借给用款单位时，必须通过经中国人民银行批准的金融机构以委托贷款的形式办理。

《有偿资金委托贷款办法》另行制定。

第三章　使　　用

第八条　有偿资金的使用范围，限于国家立项或地方立项的具有直接经济效益、具备还款能力的农业综合开发土地治理项目、多种经营项目、高新科技示范项目。

第九条　有偿资金不得直接或间接用于股票、证券、期货、房地产等项目；不得用于修建楼、堂、馆、所；不得用于计划外基本建设项目。

第十条　有偿资金的占用费率：用于土地治理项目、高新科技示范项目的有偿资金，不收占用费。用于多种经营项目的有偿资金，按2‰的月费率收取占用费。地方财政部门和中央农口的财务部门转借有偿资金，一律不得加收占用费。

国家农业综合开发办公室可根据国家宏观经济政策及银行贷款利率变化情况，对占用费费率作必要的调整。

第十一条　有偿资金占用费计费起迄日及缴付日期：对中央级有偿资金，占用费自借款合同签订之日起延后3个月开始计算，至借款合同到期之日止。占用费缴付日期为承借单位偿还有偿资金本金的同日。

地方级有偿资金，参照本条前款规定执行。

有偿资金借出单位一律不得在划拨借款时抵扣占用费。

第十二条　有偿资金占用费收入扣除按规定提取业务费后的余额，全部转作有偿资金本金。

地方各级财政部门按不超过当年实际收取的本级有偿资金占用费收入的10%，提取业务费。提取的业务费当年未用完的，一律转为有偿资金本金。

第十三条　业务费主要用于项目评估、专家咨询、购置必要的办公设备和凭证账册等项开支，不得用于发放奖金、补贴和职工福利。

第十四条　有偿资金的存款利息扣除委托贷款手续费后的余额，全部转作有偿资金本金。

第四章　回　　收

第十五条　有偿资金的回收期限：中央级有偿资金，用于土地治理项目的借款，自合同生效之日起，第4年开始回收，每年偿还25%，第7年全部还清；用于多种经营项目、高新科技示范项目的借款，自合同生效之日起，第4年开始还款，每年还50%，第5年全部还清。

国家农业综合开发办公室可根据实际情况，对中央级有偿资金的回收期限作必要的调整。

地方级有偿资金的回收期限，参照本条第一款规定执行。

第十六条　中央级有偿资金的还款日期为合同到期年度的11月30日之前。地方级有偿资金的回收日期，由省级财政部门在规定的年份内统一确定。

第十七条　有偿资金回收的奖励措施：

对按期、足额归还中央级有偿资金的省（区、市），国家农业综合开发办公室在下年度应安排的中央财政投资额的基础上，按已回收的有偿资金本金的10%，奖励给这些地区用于安排农业综合开发项目。奖励项目资金单独下达投资控制指标。

第十八条　有偿资金的逾期占用费：对逾期末还的中央级有偿资金，一律按6‰的月费率收取逾期占用费。

地方级有偿资金逾期占用费，参照本条前款规定执行。

第十九条 对有偿资金无法收回形成的呆账，要严格按规定处理。

《有偿资金呆账处理规定》另行制定。

第五章 管理和监督

第二十条 财政部门负责有偿资金的管理。在资金管理工作中，各级财政部门之间、财政部门与各有关部门之间要密切配合协作。

第二十一条 地方各级财政部门和中央农口的财务部门及所属单位，要建立健全严格的借款制度，实行专户存储、专人管理、专账核算。

第二十二条 中央级有偿资金下达后，省、地两级财政部门应连同本级配套的有偿资金，在1个半月内下达到县级财政，县级财政可根据项目建设进度分批借款。中央农口的财务部门也必须及时足额借出资金。不得用当年安排的项目资金偿还到期的有偿资金。

第二十三条 回收的有偿资金，应存入财政部门或中央农口的财务部门在金融机构开设的农业综合开发资金专户。有偿资金不得多头开户。

第二十四条 省级财政部门在每年3月底之前，将上年有偿资金回收及使用情况、占用费收入、业务费的提取及使用情况报送国家农业综合开发办公室核查，并接受同级财政监督监察部门审查。国家农业综合开发办公室将核查情况作为考核各地资金管理工作的重要依据之一。

第二十五条 财政监督监察部门与有关部门，对有偿资金的借出、使用、回收和管理等情况要严格定期进行检查，发现问题及时纠正。对截留、挪用资金等违纪违规问题，谁批准的谁负责追回，并追究有关人员的责任。

第二十六条 对有偿资金未按期足额归还，或者使用管理中违纪违规问题严重的地区，可减少下年投资，直至取消立项。

第六章 附 则

第二十七条 本规定由财政部负责解释。省级财政部门和中央农口的财务部门可根据本规定，结合当地和部门的实际情况制定实施细则，并报财政部备案。

第二十八条 本规定自1999年1月1日起执行。财政部1995年12月15日印发的《国家农业综合开发财政有偿资金管理暂行规定》（财农综字［1995］43号）、1996年3月18日印发的《关于财政有偿资金回收日期、占用费、业务费及风险基金等事项规定的通知》（财农综字［1996］4号）、1996年8月30日印发的《回收后的中央财政有偿资金奖励问题的规定》（财农综字［1996］19号）同时废止。过去有关规定凡与本规定相抵触的，按本规定执行。

关于印发《利用世界银行贷款加强灌溉农业二期项目项目管理暂行办法》的通知

（1999年1月29日 财政部 财发字［1999］4号）

河北、河南、山东、江苏、安徽省财政厅、农业综合开发办公室：

为了规范利用世界银行贷款，加强灌溉农业二期项目的管理工作，保证本项目的顺利实施，现将《利用世界银行贷款加强灌溉农业二期项目项目管理暂行办法》印发给你们，请遵照执行。在执行中

发现的问题和建议，请及时反馈给国家农业综合开发办公室。

附件：利用世界银行贷款加强灌溉农业二期项目项目管理暂行办法

附件

利用世界银行贷款加强灌溉农业二期项目项目管理暂行办法

第一章 总 则

第一条 为了保证利用世界银行贷款加强灌溉农业二期项目（以下简称“项目”）的顺利实施，提高项目管理水平，实现项目目标，特制定本办法。

第二条 本办法的制定以我国政府与世界银行签订的《贷款协定》、《项目协定》、世界银行《项目评估文件》和国家对《项目可行性研究报告》的批复、农业综合开发的规章为依据。

第三条 项目执行应贯彻国家农业、环保、利用外资等方面有关的政策法规和农业综合开发的有关规定。

第二章 管理机构

第四条 在“国家农业综合开发联席会议”的指导下，国家农业综合开发办公室作为项目的管理机构，下设世界银行项目管理办公室（以下简称“国家项目办”），负责项目日常管理工作。国家项目办内设综合监测、财务会计、招标采购、工程技术4个组，吸收农业、水利、林业等联席会议成员单位参与项目管理工作。

第五条 地方各级均应成立由农业综合开发、财政、农业、林业、水利等部门参加的世界银行贷款项目领导小组（以下简称“项目领导小组”），负责本地区项目实施过程中的重大问题的决策和协调工作。项目领导小组下设世界银行项目管理办公室（以下简称“项目办”），项目办设在农业综合开发部门，应吸收财政部门参加，具体负责项目日常管理工作。地方各级项目办均应设立综合监测、财务会计、招标采购、工程技术4个组，配备一定数量的专职人员，并保持人员的相对稳定。

第六条 各级项目办在同级项目领导小组的领导下开展工作，并接受上一级项目办的业务指导。各级项目办要与财政、农业、水利、林业等有关部门密切配合，做好项目的执行工作。

第三章 计划管理

第七条 本项目实行计划管理，地方各级应编制项目年度计划。项目年度计划应包括工程建设计划、投资计划、采购计划、年度用款计划、培训计划等内容。

第八条 各级项目办要根据项目总体实施计划、可行性研究报告和上级项目办下达的控制指标，结合各地的具体情况，编制项目年度计划。地方各级项目办会同有关部门审查、汇总项目年度计划后，按农业综合开发项目的计划编报程序逐级上报，由国家项目办审批后逐级下达执行。

第九条 项目建设单位应按照批准的年度计划实施项目。

第十条 项目的设计任务书和扩初设计应按程序报批。

第十一条 项目年度计划一经批准，原则上不得变动。项目实施过程中如确需变动，需报经上级项目办批准。如变动涉及到由地市、省项目办统一组织采购安排的，视不同情况报送省项目办备案或审批；如变动涉及到国家项目办统一组织采购安排的，视不同情况报送国家项目办备案或审批。

第四章 资金管理

第十二条 各级财政部门负责项目配套资金筹措、资金拨借、资金回收以及资金监督、检查等工作。各级项目办财务会计组设在财政部门，行使财务管理职能，具体负责项目的会计核算和报账支付工作。

第十三条 项目贷款由中央财政统借统还。中央对各省实行农业综合开发政策，无偿、有偿资金各占50%。其中有偿资金部分，省财政部门应与国家农业综合开发办公室在每借款年的6月30日和11月30日分别签订借款合同。借款自合同生效起第四年开始还款，每年偿还25%，第七年全部还清。资金的年占用费率为1.2%。对逾期未归还的，按月加收逾期占用费。

第十四条 项目前期工作费：各省按项目财政投资总额（含世界银行贷款）的2%提取，其中1.8%留地方项目办，0.2%上交国家项目办；项目管理费：安徽、河北按世界银行贷款额的2%提取，河南、江苏、山东按世界银行贷款额的1.4%提取，各省项目管理费的15%上交财政部指定的账户。项目前期费和管理费由省财政部门按规定统一提取，市、县、乡不得重复提取。

第十五条 地方各级财政部门应做好配套资金的筹集工作，并根据项目工程进度，及时足额拨付资金。对于世界银行贷款及地方配套资金，应实行"专人、专户、专账"管理。

第十六条 世界银行认可的国内审计部门负责对项目资金使用情况进行审计。各级财政部门、项目办和项目建设单位应积极配合审计部门开展工作。

第五章 采购管理

第十七条 各级项目办负责项目招标采购的管理工作。各级财政部门应参与招标采购工作。

第十八条 各级项目办根据项目可行性研究报告和项目工程进度，编制年度采购计划，并按规定程序报批。

第十九条 各级项目办负责组织招标采购物资的接运和分发，各级财政部门应积极配合，并负责落实物资贷款的债务。

第二十条 国家项目办负责组织国际采购工作。地方项目办负责组织国内采购工作。项目采购如涉及进口货物，有关国内审批手续和货物的进口许可证由国家项目办负责办理。

第二十一条 各级项目办要加强采购物资的管理，定期检查、监督采购物资的使用情况，严禁挪用、倒卖等弄虚作假行为。

第六章 工程管理

第二十二条 为保证工程项目建设质量，应建立和实行"建设单位负责、监理单位控制、施工单位保证、政府部门监督"的工程项目质量责任制。

第二十三条 应采取招标投标办法，选择工程项目的设计和施工单位。

第二十四条 工程项目建设应以年度实施计划为依据，项目建设单位要严格按照批准后的项目设计任务书或扩初设计和行业技术规范进行施工。

第二十五条 各级项目办应组织力量做好工程项目实施期间的日常检查工作，如发现问题，应及时研究解决。

第二十六条 应建立和实行项目竣工验收制度。项目竣工验收分为县级自验、地级复验、省级抽验和国家抽验几个层次。国家项目办将根据验收结果，进行综合考评。

第二十七条 工程竣工验收后必须及时办理移交手续，明确管护主体，保证正常运转，充分发挥效益。县、乡政府及有关主管部门要负责建立严格的管护办法，并落实管护措施。

第七章 监测评价

第二十八条 监测评价是世界银行项目管理工作中的一个重要环节，是项目管理的必备手段。通过对项目执行全过程的监测和评价，为项目管理决策提供科学的依据。

第二十九条 各级项目办应确定一名副主任分管监测和评价工作，配备专职的工作人员，提供相应的经费和工作条件。并做好监评人员的业务培训工作。

第三十条 各级项目办负责实施、协调本级项目

执行情况的监测与评价工作，并建立起完善的项目监测评价系统，按照《项目评估文件》和项目实施计划的要求，对项目实施进度、社会经济和环境等各项指标数据进行收集、整理、审查、汇总和上报。

第三十一条 各级项目办应配合农业、水利、环保和统计等部门，搞好项目的专业监测评价工作。

第八章 奖 惩

第三十二条 为保证项目各项工作的顺利开展，国家项目办将按照世界银行和农业综合开发有关要求，根据各省项目执行情况，采取奖惩措施。

第九章 附 则

第三十三条 国家农业综合开发办公室依据本办法，制定招标采购、工程项目、监测评价、财务管理、会计核算、报账支付、奖惩等管理办法。

第三十四条 本办法由财政部负责解释。

第三十五条 本办法自发布之日起执行。

关于印发《国家农业综合开发项目和资金管理暂行办法》的通知

（1999 年 6 月 14 日 财政部 财发字［1999］1 号）

各省、自治区、直辖市、计划单列市及新疆生产建设兵团农业综合开发办公室、财政厅（局），农业部、水利部、国土资源部、国家林业局农业综合开发办公室：

《国家农业综合开发项目和资金管理暂行办法》已经国家农业综合开发第二次联席会议审议通过，现随文印发给你们，请遵照执行。在执行中有何意见和问题，请及时上报国家农业综合开发办公室。

附件：《国家农业综合开发项目和资金管理暂行办法》

附件

国家农业综合开发项目和资金管理暂行办法

第一章 总 则

第一条 为使国家农业综合开发项目和资金管理做到科学化、制度化、规范化、程序化，根据中共中央、国务院有关农业和农村经济发展的方针政策，特制定本办法。

第二条 国家农业综合开发是政府支持、保护农业发展，改善农业资源利用状况，优化农业结构，提高农业综合生产能力，实现农业持续稳定发展的战略性政策措施。凡属国家确立的农业综合开发项目，均依照本办法进行管理。

第三条 农业综合开发以改造中低产田，改善农业基本生产条件为重点，不断提高农业综合生产能力。同时，依靠科技进步，优化品种结构，提高农产品质量，大力发展高产优质高效农业，促进农业实现产业化经营，切实增加农民收入，并有选择地建设现代化农业示范区和科技示范区，推动我国农业现代化进程。

第四条 农业综合开发项目分为三类：一类为土地治理项目，包括中低产田改造、宜农荒地开垦、生态工程建设、草场改良等；一类为多种经营项目，包括种植业（粮棉油等主要农产品生产以外的）、养殖业、农副产品初加工等；一类为农业高新科技示范项目，包括生物、信息、材料等方面的高技术和先进适用的新技术。

第五条 农业综合开发项目管理程序分为前期准备、申报审批、项目实施、竣工验收和运行管护五个阶段。

第六条 农业综合开发项目管理坚持统筹规划，先易后难；突出重点，兼顾一般；规模开发，注重效益的原则。按照项目管理程序，自下而上申请，自上而下审定，并坚持立项条件，择优选定项目。

第七条 农业综合开发实行"国家引导、配套投入、民办公助、滚动开发"的投入机制。用于农业综合开发的资金包括：中央财政资金、地方财政资金、农业综合开发贷款、农村集体和农民群众自筹资金、引进外资以及经过法定手续筹集的其他资金。

第八条 农业综合开发资金的安排，遵循效益优先，兼顾公平；集中投入，不留缺口；奖优罚劣，激励竞争的原则。以资金投入控制项目规模，按项目管理资金。

第九条 依照统一组织、分级管理的原则，农业综合开发项目由国家农业综合开发办公室（以下简称"国家农发办"）组织协调，各省（区、市）和中央农口部门农发办（以下统称"省级农发办"）组织实施。

第二章 立项条件

第十条 农业综合开发项目工程建设坚持农林牧副渔综合开发，山水田林路综合治理，工程、生物和农艺措施综合配套，实现经济、社会、生态三个效益的统一。坚持提高农业综合生产能力与保护生态环境相结合，控制宜农荒地开垦，加大生态环境建设和水土流失治理力度，促进农业可持续发展。要重视先进科学技术的示范、推广和应用，突出抓好节水农业技术的示范推广，并探索发展旱作农业的新路子。

第十一条 纳入农业综合开发扶持范围的项目，必须符合农业综合开发的立项条件；投入和产出比较效益高；有资金配套能力和还款保证；当地干部和群众有较高的开发积极性。

第十二条 土地治理项目要符合土地利用规划，有明确的区域范围，按流域或灌区统一规划；项目区水源有保证，防洪有保障，排水有出路，灌排骨干工程基本具备；开发治理的地块集中连片，具有较大的增产潜力；宜农荒地的开垦履行法定手续。按照规模开发的要求，单个项目年度连片治理面积，平原地区需在万亩以上，丘陵山区不小于1 000亩。

第十三条 多种经营项目要符合国家产业政策及本地区农业和农村经济发展的整体规划；以种植、养殖业为主，兼顾农副产品初加工等；具有资源和技术优势，产品销售有保障；能够推动农业产业化经营，促进农村经济结构的调整和优化；项目辐射面广，能够带动农民显著增收；项目安排一般限于农业综合开发区。按照规模经营的要求，单个项目的年度中央财政资金投入不得少于50万元；以省（区、市）为单位，每年原则安排30%的中央财政资金，用于200万元以上的重点多种经营项目。

第十四条 农业高新科技示范项目应符合国家农业科学技术政策的要求；以利用生物技术繁育动植物良种和节水灌溉为示范重点；每个项目至少要有两项高新技术，并与其他农业常规技术相配套；具有不同区域特点和示范、推广价值；有省部级以上科研教学单位作为项目的技术依托单位，有合理的专业技术力量配备，有省部级以上科技主管部门出具的高新科技成果鉴定证书。按照规模化示范的要求，粮棉油等种植业示范项目建设规模不得少于1万亩，辐射带动面积不得少于2万亩。

农业现代化示范区除具备上述立项条件外，还必须符合以下要求：当地具有较强的经济实力和技术力量；示范项目比较全面；对农业现代化示范区建设有内在要求和积极性。

第三章　资金筹集和使用

第十五条　坚持以国家投入为导向，农民投入为主体，多层次、多渠道筹集开发资金。中央财政要根据财力可能逐年增加用于农业综合开发的资金。地方财政资金原则上按与中央财政资金1:1的比例配套投入（具体比例另行规定）。中央和地方财政资金应列入本级财政预算，保证及时到位。农业综合开发贷款要逐年有所增长。农村集体、农民群众自筹资金（包括现金和实物折资）和投劳折资至少应分别达到中央财政资金投入的50%。要采取多种形式，引导农民增加对农业综合开发的投入。

第十六条　农业综合开发资金投向。以省（区、市）为单位，要分别将中央财政资金、地方财政资金、农村集体和农民自筹资金的70%以上用于土地治理项目，30%以下用于多种经营项目。农业综合开发贷款的使用投放要与农业综合开发项目紧密结合，一般应用在农业综合开发区内的开发项目上，并将其中一部分用于确有经济效益的土地治理项目。

农业综合开发贷款具体管理办法，由中国农业银行另行制定。

第十七条　农业综合开发资金使用范围

（一）土地治理项目

1. 新建、改建和加固总库容在1 000万m^3（含）以下水源工程所需材料、设备及技工、机械施工费用；新建、续建、改造总装机在5 000KW（含）以下机电排灌站及其配套的35KV（含）以下输变电设备；新打、修复机电井及配套的机、泵和10KV（含）以下的输变电设备；支渠以下排灌渠道（$5m^3/s$以下）开挖、疏浚的机械施工费用及配套建筑物；发展节水灌溉所需的建材、管材及喷滴灌设备。

2. 引进繁育优良品种所需设施建设及配套设备；推广优良品种和先进实用农业科学技术，包括技术培训、典型示范、购置小型仪器设备等；购置农业机械及配套农机具；修建田间机耕路、平整土地及改良土壤的机械施工费用。

3. 营造农田防护林、水源涵养林、水土保持林所需苗木，建设苗圃、改良草场所需种子和基础设施。

4. 贷款贴息，按不超过项目建设期内应付利息的50%贴补。

（二）多种经营项目

1. 经济林等基地的购苗、引水设施和机械施工费用；大棚蔬菜基地的支架、薄膜、取暖及灌溉设施。

2. 畜禽养殖场购种畜禽、土建及必需的生产设施，水产养殖购种苗及必需的基础设施。

3. 农副产品加工及服务项目的土建、设备及必要的管理设施。

4. 科技含量较高项目的技术引进、推广费用。

（三）农业高新科技示范项目

除上述使用范围外，重点用于高新科技成果的引进（不包括购买专利）、试验（中试）、示范，以及科技含量高的大棚和温室建设，必要的培训场所及科技人员临时住房的租金补助费。

（四）前期工作费

以省（区、市）为单位，按财政投资额的2%提取，用于项目正式立项之前进行可行性研究、规划设计、评估论证所必需的费用。

第四章　资金管理和监督

第十八条　农业综合开发资金要实行专人管理，专户储存，专账核算。各级农发办和财政部门要严格财务会计管理，保证资金专款专用。

农业综合开发财务制度，由财政部另行制定。

第十九条　中央财政资金采取无偿和有偿相结合的方式投入，具体比例另行规定。地方财政资金是否实行部分有偿投入及有偿投入所占比重，由地方参照中央财政有偿资金的有关规定自行确定，报国家农发办备案。

第二十条　财政无偿资金通过财政部门逐级拨付，有偿资金通过财政部门逐级承借，统借统还。有偿资金借给用款单位时，须由经正式批准的金融机构以委托贷款的方式发放。要根据已批准项目计划和工程建设进度及时拨借资金，并逐步推行报账制。

第二十一条 按照“谁受益、谁还款”的原则，要把有偿资金的偿还责任落实到债务人，确保有偿资金按期足额收回。回收的有偿资金与预算资金统筹安排，继续用于农业综合开发。

第二十二条 各级农发办和财政部门要与审计部门密切配合，对资金拨借、使用和配套资金落实情况定期进行检查和审计。对查出的违规、违纪问题，要及时纠正，严肃处理。要把配套资金落实、资金使用和有偿资金偿还情况，作为追加或调减投资的重要依据。

第五章 前期准备

第二十三条 农业综合开发项目的前期准备是指项目列入投资计划前的准备工作，包括制定开发规划和建立项目库、提出项目建议书、编制项目可行性研究报告、进行评估论证等。前期准备工作应做到经常化、制度化。

第二十四条 制定规划和建立项目库。各级农业综合开发部门要依据国家农业综合开发政策及农业发展中长期规划，制定本地区、本部门的农业综合开发总体规划，以及阶段性开发方案。在此基础上，建立土地治理、多种经营、农业高新科技示范项目库（存入项目的主要内容应达到项目建议书的要求），待投资可能时，再从中择优选项。

第二十五条 提出项目建议书。其主要内容包括：

1. 土地治理项目：开发的必要性及条件；建设范围、规模及主要治理措施；投资估算及来源；效益预测。

2. 多种经营项目：资源条件；产品市场分析；建设单位资产负债情况；拟建规模；投资估算及来源；效益预测及还款能力。

3. 农业高新科技示范项目：示范意义；建设地点、规模及主要示范技术；技术依托单位的基本情况；投资估算及来源；效益预测。

项目建议书经省级农发办审查合格后，即可编制项目可行性研究报告。

第二十六条 编制可行性研究报告。其主要内容包括：

1. 土地治理项目：项目背景，包括自然、社会、经济等现状；水土资源评价；项目建设的必要性及可行性；治理范围、地点、规模；工程量及主要工程、农艺措施；项目区现状及工程平面布置图；投资概算及筹资方案；综合效益评价；组织实施和运行管护。

2. 多种经营项目：项目背景；资源条件和利用程度；建设单位资产负债情况；建设地（场）址、期限和方案；主要建设内容及加工项目工艺流程图；投资概算和筹资方案；主导产品的销售预测和利税预测；环境影响评价；组织实施、运行管护和还款计划。

3. 农业高新科技示范项目：示范意义；建设地点、示范规模、示范技术和示范方法、基础设施建设内容；实施项目的基础条件，技术依托单位的基本情况和优势，所提供的主体技术来源及先进程度；投资概算、硬件和软件投资所占比例、财政资金有偿无偿比例和筹资方案；效益分析及辐射带动面积；组织实施及运行管护。

项目可行性研究报告，由具备相应资质的单位承担编制，并按职责划分，由国家农发办和省级农发办分别予以批复。

第二十七条 评估论证。农业综合开发项目评估是对阶段性开发方案及拟建项目可行性研究报告的审查和评价，采取定量分析和定性分析相结合，动态分析和静态分析相结合的方法，对项目建设的必要性、技术可行性、经济合理性、资金配套与偿还能力的可靠性进行综合分析论证，为项目确立提供决策依据。项目经评估论证可行，方可纳入年度项目实施计划。

国家农发办组织评估、审定项目范围：

1. 土地治理项目：新增开发区（县、市）项目；水利骨干工程项目；中央财政年度投资在500万元以上的单个项目。

2. 多种经营项目：中央财政年度投资在200万元以上的项目。

3. 农业高新科技示范项目、农业现代化示范区。

其他农业综合开发项目由省级农发办负责组织评估、审定，国家农发办进行指导、监督和抽查。

对于由国家农发办组织评估、审定的项目，必须于项目拟实施年度的上一年向国家农发办报送项目可行性研究报告及专家咨询论证意见。

第六章 申报审批

第二十八条 在统筹规划和前期准备的基础上，农业综合开发项目原则上实行一年一定的办法。

第二十九条 下达中央财政年度投资控制指标。作为省级农发办编制年度项目实施计划的依据。

第三十条 存量资金控制指标的下达。国家农发办在综合考虑各省（区、市）项目工程建设和资金管理等情况的基础上，于项目实施年度的上一年提前半年下达下一年度中央财政存量资金控制指标，各省（区、市）按政策规定划分用于土地治理项目和多种经营项目的投资额。中央农口部门项目的年度存量资金分省（区、市）控制指标，国家农发办商中央农口部门后，也于上年年中下达（项目安排一般限于农业综合开发区）。

第三十一条 增量资金控制指标的下达。每年新增加的中央财政资金确定后，国家农发办根据当年新增资金状况及各地资源条件、申报项目等情况，拟订资金分配原则和基本方案，报经国家农业综合开发联席会议审定后，向有关省（区、市）和中央农口部门下达投资控制指标。

第三十二条 专项资金控制指标的下达。用于农业高新科技示范项目的中央财政资金，由国家农发办集中掌握，不形成地方投资“基数”。国家农发办根据对申报项目的评审、评估情况，择优选定扶持项目，向有关省（区、市）下达投资控制指标。

第三十三条 编制初步设计或实施方案。初步设计或实施方案是制定年度项目计划的重要依据，由省级农发办根据国家农发办下达的投资控制指标，组织具备相应资质的设计单位承担。其内容包括：项目总体设计，主要建筑物设计，机械、设备及仪器购置计划，配套设施设计，主要工程概算，项目区现状图和工程设计图等。初步设计或实施方案由省级农发办审定。

第三十四条 编制年度项目实施计划。其主要内容包括：

（一）编制说明书

1. 土地治理项目计划编制说明书包括：土地治理和多种经营两类项目总投资规模，资金来源构成，分别用于土地治理和多种经营两类项目的投资比例及额度；农业综合开发区范围（县、市数）变动情况，一般科技推广费安排情况，农业现代化示范区和主要单项工程安排情况，预期效益目标等。

2. 多种经营项目计划编制说明书包括：多种经营项目总数及类型，涉及的地（市）、县（市）数，项目总投资及资金来源构成，种、养、加项目投资所占比例，重点项目情况，预期效益目标和还款能力分析等。

3. 农业高新科技示范项目计划编制说明书包括：年度实施地点和规模、科技示范和基础设施建设内容、投资预算、责任分工及预期效益目标等。

（二）项目计划表（各类项目计划表的格式由国家农发办统一制发）

（三）附件

1. 省级财政部门对承担配套资金、按期归还财政有偿资金的承诺意见；

2. 农业银行（经办行）对项目提供贷款的意向性意见；

3. 省级水利主管部门对开发区水资源条件的鉴定意见（原开发区每三年鉴定一次，新开发区于立项时鉴定）；

4. 中央或省级土地管理部门对新开垦宜农荒地的批准文件；

5. 其他相关资料。

第三十五条 年度项目实施计划报批。省级农发办要按规定时间及时汇总上报各类项目年度实施计划，国家农发办应尽快予以批复。中央农口部门项目年度实施计划，由省级农口部门、财政部门和农发办联合上报，由中央农口部门和国家农发办联合予以批复。

第三十六条 年度项目实施计划一经批复，必须严格执行。如遇特殊情况，确需变动开发县(市)，改变资金用途，以及对国家农发办评估、审定的项目进行调整，均须逐级上报国家农发办审批。其他项目的调整或变更由省级农发办审批后报国家农发办备案。

第七章 项目实施

第三十七条 农业综合开发项目建设期一般为一年。凡纳入计划的项目，要按期建成，并达到国家规定的建设标准。具体建设标准，由国家农发办另行制定。

第三十八条 要推行项目法人责任制、招标投标制和工程监理制。对主要单项工程的勘察设计、施工和主要设备、材料的采购实行公开招标。主要单项工程的施工，由具备相应资质条件的监理单位进行监理。

第三十九条 项目建设单位必须按照经批准的初步设计组织实施。施工单位要严格按照设计图纸施工，不得擅自变更建设地点、规模、标准和主要建设内容。各级农发办要加强项目实施过程中的检查监督，严把质量关。

第四十条 省级农发办要在每年3月底前向国家农发办报送上一年度土地治理项目、多种经营项目、农业高新科技示范项目计划完成情况统计表。

第八章 竣工验收

第四十一条 农业综合开发竣工项目验收的主要依据：国家规定的农业综合开发方针政策、规章制度及工程建设标准，各类项目计划（包括存量和增量资金项目计划）批复及调整文件，以及经批准的项目初步设计。

第四十二条 农业综合开发竣工项目验收的主要内容包括：项目建设任务与主要经济技术指标完成情况；主要工程建设的质量情况；资金到位、使用和回收落实情况；执行国家农业综合开发政策的情况；工程运行管护和文档管理情况。

第四十三条 农业综合开发竣工项目实行自下而上验收，县（市）全面自验，地、省抽查验收，国家重点抽查验收。省级农发办验收合格后，向国家农发办报送验收合格报告和抽查验收申请，国家农发办组织有关部门抽查验收。

国家农发办对各省（区、市）和中央农口部门农业综合开发项目原则上采取三年一验收的办法。在省级农发办组织全面验收的基础上，国家农发办按一定比例随机抽样确定重点抽验县（市）或项目的数量和名单，通过重点抽查验收检验整个项目建设情况。为搞好项目验收，省级农发办应对竣工项目逐年组织验收。

第四十四条 国家农发办验收时，地方各级项目执行单位需分别提供有关资料。

（一）省级农发办提供的资料

1. 申请抽查验收报告和自验报告（含竣工项目验收的主要内容及存在问题和改进意见）；

2. 项目计划批复文件和资金拨借文件；

3. 财政资金到位、使用、管理情况报告；

4. 使用农业综合开发贷款情况报告；

5. 资金审计报告；

6. 验收统计表（具体格式由国家农发办统一制发）。

（二）项目县（市）还需提供的资料

1. 开发区示意图，项目区现状图、规划图和竣工图；

2. 项目区农民群众自筹资金账目及投工投劳统计；

3. 各类项目的中央财政有偿资金借款合同。

（三）项目建设单位提供的资料

1. 多种经营项目的财务报告；

2. 农业高新科技示范项目的示范推广效果证明。

第四十五条 国家农发办组织对竣工项目抽查验收后，要按验收标准对被验收项目作出综合评价。对抽查验收合格的，颁发验收合格证书；验收不合格的，除要求限期纠正并予以通报批评外，要酌量调减现有投资或不予追加投资。

第九章 运行管护

第四十六条 农业综合开发项目竣工验收后，

必须明确产权归属，落实管护主体，及时办理移交手续；要建立健全各项运行管护制度，保证项目正常运转，长期发挥效益。

第四十七条　农业综合开发项目区要逐步建立经济自立的投资、养护管理机制。要按照“谁受益谁负担”、“以工程养工程”的原则筹集项目运行管护费用。积极探索产权制度的改革，对工程项目实行租赁、承包等。

第四十八条　对因自然灾害造成的农业综合开发项目区损毁工程，其修复所需资金原则上由各地自行解决。遇有特大灾情，国家视财力情况予以适当补助。

第四十九条　国家农业综合开发项目区内的耕地应依法进行保护，不得擅自征用或转作他用。如国家重点建设工程需要征用，须依法报经批准，并由建设单位补偿用以开发同等面积土地所需的资金。

第十章　组织管理

第五十条　国家农业综合开发联席会议主要负责议定全国农业综合开发的方针政策，审定中央财政农业综合开发资金分配原则和基本方案，协调解决农业综合开发中的重大问题。

第五十一条　国家农业综合开发办公室设在财政部，具体负责国家农业综合开发的日常工作。其主要职责：

1. 拟订全国农业综合开发方针政策及规章制度；

2. 编制全国农业综合开发中长期规划，审批各省（区、市）、中央农口部门农业综合开发项目实施计划；

3. 统一管理中央财政用于农业综合开发的资金，编制中央财政资金中长期规划、年度预决算，办理中央财政资金年度拨借款工作，管理到期回收的中央财政有偿资金；

4. 组织考察评估申报项目，验收竣工项目，检查在建项目执行情况；

5. 汇总分析全国农业综合开发项目计划执行情况和资金使用情况，监督检查资金使用效益；

6. 负责农业综合开发重要问题的调查研究和省级农发办人员的业务培训，指导协调工作；

7. 办理国家农业综合开发联席会议和财政部交办的其他事项。

第五十二条　省级农发办的主要职责：拟订项目和资金管理实施细则；拟订本地区、本部门农业综合开发中长期规划；开展项目前期准备和申报工作；按批准计划组织项目实施；对竣工项目组织全面验收；管理农发资金、工程质量，并实施监督检查。

省级农发办要拟定地（市）、县（市）农发办的职责范围，指导协调工作。

第五十三条　各级地方政府要加强对农业综合开发工作的领导。要根据工作需要，加强农业综合开发机构和队伍建设。要实行项目和资金管理有机结合，用款与还款责任有机结合。要重视发挥科技人员的作用，鼓励和支持科技人员参与农业综合开发。各级农发办要与有关部门密切配合，齐心协力搞好农业综合开发工作。

第五十四条　要通过开展各项考核评比活动，加强农业综合开发项目和资金管理，逐步建立起体现奖惩的激励竞争机制。

第十一章　附　　则

第五十五条　国家农业综合开发项目常用计量单位采用国家统计局规定的统一标准。

第五十六条　国家农发办可根据本办法，结合全国农业综合开发工作的需要，制订具体管理办法。

第五十七条　省级农发办可根据本办法，结合本地区、本部门的实际情况，制订有关规定和实施办法，报财政部备案。

第五十八条　本办法自颁发之日起试行，原《国家农业综合开发项目管理办法》（［1994］国农综字第29号）、《国家农业综合开发资金管理办法》（［1994］财农综字第2号）、《国家农业综合开发多种经营及龙头项目管理暂行规定》（国农综字［1995］141号）、《国家农业综合开发项目评估暂行规定》（国农综字［1995］150号）、《国家农业综合开发项目验收试行办法》（［1990］国农综字第 52 号）同时废止。本办法公布以前批准立项的农业综合开发项目在建设期内仍按原办法进行管理。

第五十九条 本办法由财政部负责解释。

关于印发国家农业综合开发项目和资金管理暂行办法若干条文的解释的通知

（1999 年 9 月 15 日 财政部 财发字［1999］57 号）

各省、自治区、直辖市、计划单列市及新疆生产建设兵团农业综合开发办公室、财政厅（局），农业部、水利部、国土资源部、国家林业局农业综合开发办公室：

为了便于各地、各有关部门领会《国家农业综合开发项目和资金管理暂行办法》（财发字［1999］1 号），现将《关于〈国家农业综合开发项目和资金管理暂行办法〉若干条文的解释》印发给你们，请依照执行。

附件：关于国家农业综合开发项目和资金管理暂行办法若干条文的解释

附件

关于国家农业综合开发项目和资金管理暂行办法若干条文的解释

一、《国家农业综合开发项目和资金管理暂行办法》（以下简称“《暂行办法》”第十条规定，今后农业综合开发要“控制宜农荒地开垦”。据此，除极个别情况外，今后农业综合开发原则上不再安排开垦宜农荒地项目。

二、《暂行办法》第十二条规定，单个土地治理项目年度连片治理面积，“平原地区需在万亩以上，丘陵山区不小于 1 000 亩”。平原地区和丘陵山区划分的原则是：以开发县或乡为单位，经有关部门测定，地貌类型属平原、高原、盆地、川地、坝地等的面积超过土地总面积 50%的，列为平原地区，低于 50%的列为丘陵山区。

三、《暂行办法》第十三条规定，多种经营“项目安排一般限于农业综合开发区”。这里所讲的开发区，相对于项目区而言。项目区是指纳入农业综合开发土地治理项目扶持范围的村或乡（镇），开发区是指项目区所在的县（市、区）。在具体执行中，一是多种经营项目既可安排在农业综合开发项目区内，也可安排在农业综合开发区内，但不得超出农业综合开发区范围（极特殊情况例外）；二是多种经营项目要安排在目前有土地治理项目的项目区或开发区内，已经没有土地治理项目的老项目区或老开发区不得安排多种经营项目。

四、《暂行办法》第十三条规定，多种经营“单个项目的年度中央财政资金投入不得少于 50 万元”，是指单个多种经营项目的年度投资除中央财政资金不得少于 50 万元（含）外，地方财政资金和自筹资金也要按政策规定相应配套投入。

五、《暂行办法》第十三条规定，“以省（区、市）为单位，每年原则安排30%的中央财政资金，用于200万元以上的重点多种经营项目”。它包括两层含义：一是各省（区、市）每年原则上要将多种经营项目中央财政资金总额的30%用于重点多种经营项目；二是单个重点多种经营项目的年度投资，除中央财政资金须在200万元（含）以上外，地方财政资金和自筹资金也要按政策规定相应配套投入。

六、《暂行办法》第十四条规定，每个农业高新科技示范项目“至少要有两项高新技术”。农业高新技术一般包括：（1）利用生物技术（基因技术、细胞技术）繁育的动植物良种；（2）农业信息技术（包括各种专家系统、农业网络技术）；(3)设施农业技术（包括温室技术、无土栽培技术、基质栽培技术）；（4）节水农业技术（包括滴灌、微灌和喷灌技术）；（5）核技术（用于农业育种技术）；(6) 现代农业机械技术（带电脑程序控制）；(7) 农产品精加工、保鲜技术；（8）精准农业技术；(9) 新能源、新材料技术；(10) 以生态农业技术为主的特色农业技术。

七、《暂行办法》第十五条规定，“农村集体、农民群众自筹资金（包括现金和实物折资）和投劳折资至少应分别达到中央财政资金投入的50%”。在具体执行时遇有特殊情况可按以下要求掌握：农村集体和农民自筹资金能力强的，自筹资金投入超过中央财政资金投入50%的部分，可以用于抵顶投劳折资不足的部分；农村集体和农民自筹资金投入确有困难的，在保证项目建设标准和质量的前提下，其自筹资金允许以物折资为主。

农民的投劳折资，不计入项目总投资中。

八、《暂行办法》第十六条规定，“以省（区、市）为单位，要分别将中央财政资金、地方财政配套资金、农村集体和农民自筹资金的70%以上用于土地治理项目，30%以下用于多种经营项目”。该“70%以上”，含70%；“农村集体和农民自筹资金”，不含农民投劳折资。

九、《暂行办法》第十七条规定的农业综合开发资金使用范围中，所列土地治理项目“支渠以下排灌渠道（$5m^3/s$以下）开挖、疏浚的机械施工费用及配套建筑物”，如排灌渠道流量超过$5m^3/s$，须报经国家农发办批准；所列多种经营项目“农副产品加工及服务项目的土建、设备及必要的管理设施”，其中“服务项目”限于为开发区农业生产产前、产中、产后提供科技服务的项目。

十、《暂行办法》第十七条规定，前期工作费“以省（区、市）为单位，按财政投资额的2%提取，用于项目正式立项之前进行可行性研究、规划设计、评估论证所必需的费用”。前期工作费限用于正式立项的项目，未正式立项的项目所发生的费用不得列支。前期工作费一律从地方财政配套资金中列支，如所提费用不足，由当地财政另行安排资金。

十一、《暂行办法》第十七条规定的农业综合开发资金使用范围中，所列“购置农业机械及配套农机具”，含草场改良所需的机械设备。

十二、《暂行办法》第二十条规定，“有偿资金借给用款单位时，须由经正式批准的金融机构以委托贷款的形式发放。要根据已批准项目计划和工程建设进度及时拨借资金，并逐步推行报账制”。“用款单位”，一般指直接实施农业综合开发项目的经营单位和个人。实行报账制的地区，应先对已发生费用进行报账审核无误后，再将应借有偿资金以委托贷款的方式发放。

十三、《暂行办法》第二十六条规定，“项目可行性研究报告，由具备相应资质的单位承担编制，并按职责划分，由国家农发办和省级农发办分别予以批复”。“相应资质单位”是指能够承担相应可研任务的国家认可的有关研究、设计单位。需国家农发办评估审定的项目，其可研报告须由乙级以上的单位承担，并由国家农发办批复；省级农发办评估审定的项目，其可研报告由能够承担相应任务的研究、设计单位承担，并由省级农发办批复。

十四、《暂行办法》第二十七条规定的需由国家农发办组织评估、审定的“中央财政年度投资在500万元以上的单个（土地治理）项目”，是指在项目准备阶段拟申报的，或是在国家下达投资控制指标后拟纳入国家农业综合开发年度计划的，经过可行性研究的中央财政年度投资在500万元以上（其他资金要按政策规定配套投入）的单个土地治理项目。该需评估、审定的单个土地治理项目，既包括当年即可建成的项目，也包括需分年实施的完整项目（一次评估、审定，分年组织实施）。

十五、《暂行办法》第三十三条规定，初步设计或实施方案，“由省级农发办根据国家农发办下达的投资控制指标，组织具备相应资质的设计单位承担”。“相应资质的设计单位”是指能够承担相应设计任务的、国家认可的设计单位。需国家农发办评估审定的项目，其初步设计或设计方案须由乙级以上的设计单位承担。

十六、《暂行办法》第三十四条规定，项目年度实施计划的附件应包括“省级水利主管部门对开发区水资源条件的鉴定意见（原开发区每三年鉴定一次，新开发区于立项时鉴定）”。该规定从2000年开始执行。该水资源条件的鉴定意见，要按流域或灌区来搞，并对可用水资源进行量化分析，而不能只是结论性的意见。

十七、《暂行办法》第三十五条规定，“省级农发办要按规定时间及时汇总上报各类项目年度实施计划”。它包括两种情况：一是省级农发办设在省财政厅的，由省级农发办一家上报年度项目实施计划；二是省级农发办和省财政厅分设的，则由两家联合上报年度项目实施计划。不论上述哪种情况，省财政厅都要出具“关于落实地方财政配套资金及按期偿还中央财政有偿资金的承诺书”。

十八、《暂行办法》第三十六条规定，经国家农发办批准的年度项目实施计划，“如遇特殊情况，确需变动开发县（市），改变资金用途，以及对国家农发办评估、审定的项目进行调整，均须逐级上报国家农发办审批。其他项目的调整或变更由省级农发办审批后报国家农发办备案”。这里所讲的“改变资金用途”，是指在不同类项目之间进行资金调整，以及在同类项目中改变具体工程措施的资金用途并超过一定额度的（财政投资超过100万元），须逐级上报国家农发办审批。由省级农发办审批调整和变更的项目，每年一次报国家农发办备案。

十九、《暂行办法》第三十七条规定，“农业综合开发项目建设期一般为一年”。建设期以国家农发办正式批复项目年度实施计划的日期开始计算。

二十、《暂行办法》第三十八条规定，“要推行项目法人责任制、投标招标制和工程监理制。……主要单项工程的施工，由具备相应资质条件的监理单位进行监理”。“项目法人责任制”是指由项目法人（独立享有民事权利和承担民事义务的组织）对项目的策划、资金筹措、建设实施、生产经营、财务偿还和资产的保值增值实行全过程负责，承担投资风险。农业综合开发项目要根据投资主体的特点成立相应的项目建设组织，重点多种经营项目（中央财政投资200万元以上）和土地治理项目主要单项工程（中央财政投资100万元以上）的建设，应率先推行项目法人责任制。“工程监理制”是指监理单位受项目法人的委托，依据国家批准的工程项目建设文件、有关工程建设的法律、法规和工程建设监理合同及其他工程建设合同，对工程建设实施的监督和管理。项目法人一般通过招标投标方式择优选定监理单位，并和监理单位签订监理委托合同。“相应资质条件的监理单位”，是指能够承担相应监理任务的、国家认可的监理单位。

二十一、《暂行办法》第四十三条规定，“农业综合开发竣工项目实行自下而上验收，县（市）全面自验，地、省抽查验收，国家重点抽查验收”。省级对地级、地级对县级的验收比例分别为100%；省级对县级抽验的比例不低于20%。具体抽验比例由省级根据人员力量和开发县数确定。

二十二、《暂行办法》第四十四条规定，国家农发办验收时，地方各级项目执行单位需分别提供“申请抽查验收报告和自验报告”等。省级农发办以及地县农发办提供的自验报告，应包括以下内容：(1) 需验收项目的基本情况，以及如何进行自验或抽验的；(2) 开发任务完成和工程质量情况；(3) 投资计划完成和资金管理使用情况；(4) 项目效益情况；(5) 运行管护落实情况；(6) 存在问题和处理意见；(7) 验收结论。要求实事求是，如实反映情况；验收报告既要有总体情况，又要有典型事例和能说明问题的数据；土地治理项目和多种经

营项目建设情况在自验报告中要分别反映；重点讲项目建设情况和资金使用情况，不可专门介绍经验和做法，如有特别好的经验和做法可另写单行材料。

二十三、《暂行办法》第四十六条规定，“农业综合开发项目竣工验收后，必须明确产权归属，落实管护主体，及时办理移交手续”。按照“谁受益，谁管理”的原则，已竣工验收的项目要及时移交项目受益单位或经营者管护，其中跨村、乡的水利工程交由上级水利管理部门管护。

二十四、《暂行办法》第四十八条规定，农业综合开发项目区“遇有特大灾情，国家视财力情况予以适当补助”。“特大灾情”，是指经国务院或民政部认可的特大灾情。

二十五、《暂行办法》第四十九条规定，国家农业综合开发项目区内的耕地，“如国家重点建设工程需要征用，须依法报经批准，并由建设单位补偿用以开发同等面积土地所需的资金”。该需征用的耕地，要依法报经土地主管部门或政府批准。对重点建设单位征用耕地所补偿的农业开发资金，由重点建设工程所在县（市、区）农发办专款专用于农业综合开发项目。

二十六、《暂行办法》第五十二条规定，省级农发办的职责之一是“拟订项目和资金管理实施细则”。省级农发办与财政厅分设的，由两家联合拟订。

财政部　中国农业银行关于印发《国家农业综合开发财政有偿资金委托贷款试点办法》的通知

（2000 年 9 月 29 日　财政部　财发［2000］20 号）

吉林、黑龙江、浙江、安徽、福建、湖北、云南、新疆维吾尔省（自治区）财政厅、农业综合开发办公室、农业银行分行：

现将《国家农业综合开发财政有偿资金委托贷款试点办法》印发给你们，请组织试点。对试点中出现的情况和问题，要认真研究，提出建议，及时向我们反映。

附件：国家农业综合开发财政有偿资金委托贷款试点办法

附件

国家农业综合开发财政有偿资金委托贷款试点办法

第一章　总　　则

第一条　为加强农业综合开发财政有偿资金管理，提高资金使用效益，保证资金的合理投放和及时回收，根据《贷款通则》（中国人民银行令［1996 年 2 号］）及《农业综合开发财政有偿资金管理暂行规定》（财发字［1998］54号）有关精神，特制定本办法。

第二条 本办法所称的委托贷款，是指由管理农业综合开发财政有偿资金的财政部门（即委托人）提供资金，由贷款人（即受托人）根据已确定的贷款对象、用途、金额、期限、占用费率等代为发放、监督使用并协助回收的贷款。贷款人不承担因委托人和借款人的原因造成的贷款风险和经济责任。

农业综合开发财政有偿资金的委托人为直接提供资金的财政部门。

农业综合开发财政有偿资金的贷款人为直接接受资金的农业银行。

第三条 委托贷款的资金来源：中央和地方财政预算安排及回收的农业综合开发财政有偿资金。

第四条 本办法适用于管理农业综合开发财政有偿资金的财政部门委托银行直接向项目建设单位（个人）发放贷款。中央、省、地（市）、县财政部门之间农业综合开发财政有偿资金的借出和偿还仍实行逐级承借、统借统还的办法。

第五条 管理农业综合开发财政有偿资金的财政部门对委托的资金拥有资金所有权、投向决定权和检查监督权。

第二章 委托关系

第六条 委托人和受托人要通过签订委托协议，依法确立委托关系。

第七条 委托贷款协议的基本内容包括：委托贷款的目的、委托业务范围、委托双方的权利和义务、委托业务程序、手续费计付方法、违约责任，以及双方议定的其他事项。委托协议经双方法人代表或授权负责人签字并经双方单位盖章后生效。

第八条 委托人应向受托人支付委托贷款手续费。委托贷款手续费应根据委托的金额和期限确定，但不得高于中国人民银行规定的同期最高限额标准。手续费支付方式原则为，发放委托贷款时，预付委托贷款手续费的50%，委托贷款回收后结清。

委托贷款手续费从农业综合开发财政有偿资金占用费和银行存款利息中列支。每年实际发生的手续费由中央财政有偿资金占用费负担60%。

第三章 借贷关系

第九条 委托贷款发放时，应由贷款人（受托人）根据委托协议与借款人签订借款合同，依法确立借贷关系。

借款合同应送委托人备案。

第十条 借款人为实施经国家农业综合开发办公室批准的农业综合开发项目，并经工商行政管理机关（或主管机关）核准登记的企（事）业法人、其他经济组织、个体工商户或具有中华人民共和国国籍的具有完全民事行为能力的自然人。

第十一条 借款合同的基本内容包括：借款依据、借款用途、借款金额、借款期限、占用费率、拨款计划、还款计划、抵押担保、违约责任和双方商定的其他事项。借款合同由双方法人代表或授权负责人签字并经双方单位盖章后生效。

第十二条 委托贷款的使用限于国家立项的农业综合开发土地治理项目、多种经营项目、科技示范项目。

土地治理项目原则上实行对特定对象安排贷款，不再向农户平摊贷款。特定对象主要是指项目区水利工程建设经营单位、项目区乡镇农业服务机构、项目区农村经济合作组织、项目区种粮大户和联户等。

第十三条 用于土地治理项目的农业综合开发财政有偿资金自借款之日起，第四年开始，每年按25%的比例还款，第七年还清；用于多种经营项目的农业综合开发财政有偿资金自借款之日起，第四年开始，每年按50%的比例还款，第五年还清；用于高新科技示范项目的农业综合开发财政有偿资金自借款之日起，第四年开始，每年按50%的比例还款，第五年还清。

有特殊规定的，按特殊规定执行。

第十四条 用于土地治理和高新科技示范项目的财政有偿资金不收占用费；用于多种经营项目的财政有偿资金收取月费率为2‰的资金占用费。

第十五条 委托贷款分为担保贷款和信用贷

款。多种经营项目、科技项目原则上为担保贷款；土地治理项目原则上为信用贷款。

担保贷款按照《中华人民共和国担保法》的规定执行。

第四章　委托贷款一般程序

第十六条　委托人和受托人根据农业综合开发项目计划确定的贷款项目签订委托贷款协议后，委托人在受托人处开设委托贷款专户，委托人依据协议将其资金存入委托贷款专户。

第十七条　受托人按照已确定的受托项目，依据法定程序和有关规定办理贷款手续，进行贷款发放并进行监督管理。

第十八条　受托人按照委托贷款协议规定的贷款时限收回贷款本金和占用费，并及时划入委托贷款专户。

第十九条　委托贷款需要延期还款或呆账处理，必须先由借款人提出申请，由贷款人审核后，按规定程序报委托人审批。

延期还款和呆账处理的审批权限，按现行规定执行。

第五章　委托人、受托人、借款人的责任和义务

第二十条　委托人的责任和义务：

1. 严格按照农业综合开发项目立项的有关规定，配合同级农业综合开发部门评估、审定项目。

2. 确定贷款的种类、担保方式等具体事项。

3. 会同同级农业综合开发部门对项目实施和资金使用情况进行经常性的检查监督。

4. 做好农业综合开发财政有偿资金的日常管理工作。

第二十一条　受托人的责任和义务：

1. 参与对项目的评估论证，确定借款人是否具备信用担保或抵押担保条件，并对是否贷款和贷款种类提出建议。

2. 在项目准备阶段，按规定办理担保贷款的资产抵押或担保手续。

3. 指定专人对委托贷款的拨付、回收、占用费等进行明细核算。同时要加强对委托贷款使用情况的跟踪检查，加强柜台监督，按季向委托方通报借款人的生产经营状况和资产财务状况。

4. 对同一个借款人，既有委托人的贷款又有受托人的借款，在回收资金时，应按借款时间的先后，分别收回；在相同的条件下优先回收委托贷款。

5. 受托人应当加强对委托贷款的质量监管，对不良贷款进行分类、登记和催收。由于借款人不按期归还贷款而发生纠纷的，经委托人书面同意，受托人应依法向人民法院起诉，追回资金。发生的诉讼费、律师费、执行费等由委托人承担。

上述费用，凡属国家农业综合开发办公室评估审定的项目发生的，由中央财政有偿资金占用费或中央财政安排的事业费中列支；凡属省级农业综合开发办公室评估审定的项目发生的，由省级财政有偿资金占用费或省级财政安排的事业费中列支。

第二十二条　借款人的责任和义务：

1. 应当向委托人和贷款人如实提供所有开户行、账号及存款余额情况，配合贷款人的调查、审查和检查。

2. 接受委托人和贷款人对资金使用情况和有关生产经营、财务活动的监督。

3. 应当按借款合同约定的用途使用资金。

4. 应当按借款合同约定及时清偿本息。

第六章　罚　　则

第二十三条　委托人违反规定，强迫受托人超越委托业务放贷，或无正当理由拒付委托业务手续费，由上级管理部门责令改正，并负相应的违约责任。

第二十四条　委托人不履行委托贷款协议，未按委托人所确定的贷款对象和贷款项目发放委托贷款，委托人可收回委托贷款资金，撤销委托贷款账户，停拨手续费，并要求受托人支付违约金。造成贷款损失的，由受托人承担赔偿责任。

第二十五条　借款人不按合同规定用途使用资金，或不按借款合同规定清偿本息的，由贷款人对

其部分或全部贷款加收占用费；情节特别严重的，由贷款人停止支付借款人尚未使用的贷款，并提前收回部分或全部贷款。

第七章 附 则

第二十六条 试点地区可根据本地实际情况制定实施细则，并报国家农业综合开发办公室和中国农业银行总行备案。

第二十七条 本办法由财政部和中国农业银行总行负责解释。

第二十八条 本办法从颁发之日起在试点地区实施。

关于印发《农业综合开发财务管理办法》的通知

（2000 年 12 月 15 日 财政部 财发［2000］57 号）

各省、自治区、直辖市及计划单列市财政厅（局）、农业综合开发办公室：

现将《农业综合开发财务管理办法》随文印发给你们，请遵照执行。执行中有何问题和意见，请及时向国家农业综合开发办公室反馈。

附件：农业综合开发财务管理办法

附件

农业综合开发财务管理办法

第一章 总 则

第一条 为了规范农业综合开发财务行为，提高农业综合开发财务管理水平和资金使用效益，结合财政体制、财务会计制度的要求以及农业综合开发项目和资金管理的有关政策，特制定本办法。

第二条 本办法适用于农业综合开发管理部门和建设单位的财务活动。

第三条 农业综合开发财务管理的原则：以项目定资金；专款专用、专账核算、专人管理；实行县级财政报账制。

第四条 农业综合开发财务管理的主要任务：认真贯彻国家有关法规和政策；建立和健全财务管理制度；合理编制年度财务计划，依法筹措和使用农业综合开发资金，确保资金专款专用；做好农业综合开发财政有偿资金的发放和回收工作；加强会计核算和财务决算，定期编制财务报告；做好工程预决算的审核和资产移交工作；强化财务监督检查。

第五条 各级农业综合开发管理部门和建设单位应当设置财务管理机构，配备专门财会人员，做好农业综合开发资金、财产物资和成本核算等管理工作。

第二章 财务计划管理

第六条 财务计划是指各级农业综合开发管理部门和建设单位编制的资金收支计划。由资金筹措计划和项目用款计划组成。

第七条 资金筹措计划依据所承担的开发任务和现行政策规定编制。要合理确定各级财政及农村集体和农民筹措的资金额，不得留有缺口。

第八条　项目用款计划根据批准的项目计划编制，按照项目建设进度和施工合同的要求确定拨款计划，不得层层滞留项目资金。

第九条　财务计划一经确定，不得随意调整，但在项目计划经批准调整后，财务计划也应随之进行调整。

第三章　资 金 筹 集

第十条　农业综合开发资金包括财政资金、农村集体和农民自筹资金、银行贷款、引进外资以及其他经过法定手续筹集的资金。

要采取多层次、多渠道筹集农业综合开发资金，保证各项资金按规定比例筹措到位，并保持相对稳定。

第十一条　农业综合开发财政资金由中央财政资金和地方财政资金组成。

农业综合开发财政资金列入各级财政年度预算。地方财政配套资金不得用其他支农专项资金抵顶。

中央财政有偿资金回收后，上交中央总预算，继续用于农业综合开发；地方财政有偿资金的回收与管理，可比照办理。

第十二条　农村集体和农民自筹资金包括现金投入和以物折资。以物折资要符合下列条件：(1)提供的财产和物资的品种、规格和质量要符合项目建设的要求。(2)提供的财产和物资的价格，按同类产品市场价格和资产、物资的新旧程度评估确定。(3)经施工单位确认，并履行监交手续。

第十三条　农村集体和农民自筹资金以及其他社会资金纳入农业综合开发工程资金专户进行管理。

第十四条　占用费收入是指财政部门按规定向财政有偿资金使用单位收取的资金使用费。

第十五条　其他收入是指银行存款利息以及资产的租赁、承包、出售取得的收入等。

第十六条　各级财政部门必须按规定在财政预算上单独安排农业综合开发事业费。

第四章　资金使用和支出管理

第十七条　农业综合开发资金必须严格按照国家农业综合开发资金和项目管理规定的范围使用。

财政资金及纳入项目计划的其他资金不得用于修建水泥路、柏油路、观光亭、培训中心、职工食堂和宿舍等；不得用于购置高档分析化验和办公设备等。

第十八条　多种经营项目财政无偿资金限用于该类项目的科技推广、贷款贴息和前期工作费，并随项目安排使用。如有结余，年终转入农发资金结余。

第十九条　土地治理项目和多种经营项目可按财政资金一定比例安排科技推广费，随项目安排使用。科技推广费主要用于技术培训、小型科技示范、良种和小型仪器购置、科技人员补助等。

专项科技示范项目（包括高新科技示范项目、科技推广综合示范项目）财政资金主要用于技术引进、技术示范推广、技术服务体系建设、技术培训和必要的配套设施建设等，各项支出所占比例另行规定。

第二十条　前期工作费由承担前期工作的建设单位按财政投资总额2%额度以内控制使用，从地方财政配套资金中列支，按实际支出数计入工程成本。主要用于项目可行性研究、规划设计等方面的支出。

第二十一条　贷款贴息是指用财政资金安排的用于补贴农业综合开发项目使用银行贷款所发生的部分利息支出。项目贷款未落实的，财政部门不予贴息。贷款贴息办法另行制定。

第二十二条　财政无偿资金实行县级财政报账制，项目工程验收合格后，建设单位持经审核批准的项目工程决算到县级财政部门报账。县级财政报账的具体办法另行规定。

第二十三条　财政安排的无偿用于农业综合开发项目的支出包括土地治理项目支出、多种经营项目支出、科技示范项目支出。

第二十四条　占用费支出包括支付借入财政有偿资金的占用费及必要的回收费用等。

第二十五条　其他支出包括支付委托贷款手续费等。

第五章 工程成本管理

第二十六条 农业综合开发建设单位对实施的土地治理项目、科技示范项目所形成实物工程发生的全部费用要进行成本核算。

第二十七条 农业综合开发工程成本分为农业工程成本、水利工程成本、林业工程成本。

农业工程成本包括土地整治、修建田间机耕路、种子繁育基地建设、设施农业建设、草场建设等发生的费用；水利工程成本包括修建沟、渠、桥、涵、闸、泵站等发生的费用；林业工程成本包括营造农田防护林、防风固沙林、水土保持林、水源涵养林及苗圃建设等发生的费用。

第二十八条 农业综合开发有形实体工程建设所发生的费用分为直接费用和间接费用。

直接费用包括材料费、机械设备费、普工和技工及机械施工费、林木种苗费等。

间接费用是不形成有形实体工程，但对形成实体工程有紧密联系所必须发生的共同费用。包括前期工作费、勘测设计费、材料损耗、有偿资金占用费、贷款利息等。

第二十九条 项目工程竣工后，根据原始凭证和检查验收结论编制竣工决算。

工程预决算和成本管理办法另行制定。

第六章 资产管理

第三十条 资产是指农业综合开发管理部门和建设单位为实施农业综合开发项目建设所占有或使用的、能以货币计量的经济资源。包括现金、银行存款、应收款项、借出有偿资金、委托贷款、有偿资金放款、预付工程款、材料、待处理有偿资金、在建工程和竣工工程。

第三十一条 农业综合开发管理部门和建设单位要建立和健全现金、银行存款等货币资金的内部管理制度。对工程款项的支付要实行转账结算，现金收支要执行《现金管理暂行条例》，严格控制现金结算，严禁白条入账。

第三十二条 应收款项是指农业综合开发管理部门和建设单位应当收回的待结算款项。年终，要做好应收款项的清理结算工作，不得长期挂账。

第三十三条 借出有偿资金是指上级财政部门借给下级财政部门的有偿资金。有偿资金来源包括各级财政预算安排和回收的资金。

第三十四条 委托贷款是指由财政部门提供资金，贷款人根据已确定的贷款对象、用途、金额、期限、占用费率等代为发放、监督使用并协助回收的款项。

有偿资金按照批准的年度项目计划和借款合同予以发放。各级财政部门之间有偿资金的借出和偿还实行逐级承借，统借统还。不得擅自缩短回收期及提高占用费率。

第三十五条 有偿资金放款是指按年度项目计划借给用款单位或个人的应按时回收的财政有偿资金。

第三十六条 有偿资金债务必须落实借款人，按照“谁受益、谁负担，谁借款、谁还款”的原则，确保有偿资金的及时、足额回收。

当年到期应偿还的有偿资金不得用项目资金抵顶。未按期足额归还的及使用管理中违纪违规问题严重的，减少下年投资，直至取消立项资格。对用款单位和个人不按期归还贷款而发生纠纷的，可通过法律手段，依法收回有偿资金。

由于遭受毁灭性自然灾害等原因，造成有偿资金无法归还或不能按期归还的，可申请呆账核销或延期还款。

第三十七条 预付工程款是指按工程建设合同预先支付给施工单位用于购买材料、设备等的款项。

第三十八条 材料是指为农业综合开发工程建设而储存的各种物资。

第三十九条 待处理有偿资金是指因自然灾害等原因尚未回收的有偿资金。

第四十条 在建工程是未完工、下年继续施工的工程项目。年终对未完工程要及时进行财务决算，并转为在建工程。

第四十一条 竣工工程是指按项目建设要求并经县级管理部门验收合格的项目工程。工程竣工后，要向接收单位办理资产移交，并落实管护主体，建立管护责任制，以确保工程的正常运行。

竣工工程验收前，由于质量问题发生的工程修复和返工费用，按有关合同规定办理。竣工工程验收后，在质量保证期内发生的工程修复和返工费用，从预留的质量保证金中列支或按合同有关规定办理。

第七章 负 债 管 理

第四十二条 负债是指农业综合开发管理部门和建设单位为实施农业综合开发项目而形成需要以资产来偿还的债务。包括借入有偿资金、应付工程款、应付质量保证金和其他应付款。

第四十三条 借入有偿资金是指下级财政部门从上级财政部门借入的财政有偿资金。

第四十四条 各级财政部门从本级预算资金中列支的有偿资金，不能作为借入有偿资金管理。

第四十五条 应付工程款是指农业综合开发建设单位进行竣工决算后，应付未付项目施工单位的工程款项。

第四十六条 应付质量保证金是指农业综合开发建设单位按施工合同有关条款预留的、应付给项目施工单位的工程质量保证金。可按不高于工程合同金额的10%预留。

第四十七条 其他应付款是指农业综合开发管理部门和建设单位的应付未付的款项，主要是其他往来款项。

第八章 净 资 产 管 理

第四十八条 净资产包括本级有偿资金、在建工程基金、竣工工程基金、农发资金结余。

第四十九条 本级有偿资金是指本级财政预算安排有偿使用的资金，以及转入的占用费收支结余和其他收支结余。

第五十条 在建工程基金是指已发生的在建未完工项目资金。年终进行年度结账，应将已发生的在建未完工项目资金转入在建工程基金。

第五十一条 竣工工程基金是指已竣工但尚未正式移交给使用单位的项目工程资金。项目工程交付使用后，转入资产管理。

第五十二条 农发资金结余包括未完工项目资金结存和完工项目资金结余。农发资金结余要继续用于项目建设，不得挪作他用。

第五十三条 未完工项目资金结存是指本年度尚未用完而结存下年度继续使用的资金。

第五十四条 完工项目资金结余是指已经完工并办理竣工决算后而结余的项目资金。

第五十五条 占用费收支结余是指本级财政有偿资金占用费收支差额。年终，占用费如有结余，转入本级有偿资金。

第五十六条 其他收支结余是指其他收入与其他支出的差额。年终，其他收入如有结余，转入本级有偿资金。

第九章 财 务 监 督

第五十七条 各级农业综合开发管理部门和建设单位要切实加强资金管理，建立内部监督制约机制，确保资金专款专用，提高资金使用效益。

第五十八条 各级农业综合开发管理部门和建设单位要密切配合财政和审计等有关部门，定期对农业综合开发资金的筹集、使用、管理进行监督和检查，一旦发现有截留、挪用农业综合开发资金等现象，须及时予以纠正，并依法追究有关人员的责任。

第五十九条 农业综合开发项目完工后，农业综合开发建设单位应将项目资金的筹集、使用情况向项目所在地乡（镇）、村公布，接受民主监督。

第十章 财务报告和财务分析

第六十条 农业综合开发管理部门和建设单位要定期编制财务报告。财务报告包括资产负债表、资金收支总表、农发资金结余情况表、本级有偿资金情况表、有偿资金变动情况表、资金支出明细表和财务情况说明书。

第六十一条 财务情况说明书的主要内容：资金筹措和落实情况；财产物资的变动情况；有偿资金拨借和回收情况；对本期或下期财务状况发生重大影响的事项；其他需要说明的事项。

第六十二条 财务评价指标包括：配套资金到位率、自筹资金到位率、有偿资金累计回收率、投资计划完成率等。

（一）配套资金到位率。反映地方财政配套资金的到位程度。计算公式为：

配套资金到位率

$$=\frac{\text{配套资金实际到位数}}{\text{配套资金计划数}}\times 100\%$$

（二）自筹资金到位率。反映农村集体或农民自筹资金到位情况。计算公式为：

自筹资金到位率

$$=\frac{\text{现金投入到位数}+\text{以物折资到位数}}{\text{自筹资金计划数}}\times 100\%$$

（三）有偿资金累计回收率。反映已到期的有偿资金历年累计回收情况。计算公式为：

有偿资金累计回收率

$$=\frac{\text{累计到期已回收的有偿资金数}}{\text{累计到期应回收的有偿资金数}}\times 100\%$$

（四）投资计划完成率。反映农业综合开发项目投资计划完成情况。计算公式为：

投资计划完成率

$$=\frac{\text{投资完成数}}{\text{上年结存}+\text{本年计划}}\times 100\%$$

第十一章　附　　则

第六十三条　各省、自治区、直辖市财政厅（局）可根据本办法规定，结合当地实际情况制定实施细则，并报财政部备案。

第六十四条　中央农口部门农业综合开发财务管理按照本办法规定执行。

第六十五条　本办法由财政部负责解释。

第六十六条　本办法自 2001 年 1 月 1 日起执行。过去规定与本办法相抵触的，以本办法为准。

财政部关于印发《农业综合开发资金报账实施办法》的通知

（2001 年 6 月 12 日　财政部　财发［2001］11 号）

各省、自治区、直辖市、计划单列市财政厅（局）、农业综合开发办公室，新疆生产建设兵团财务局、农业综合开发办公室：

现将《农业综合开发资金报账实施办法》随文印发给你们，请遵照执行。执行中有何意见和问题，请及时反馈国家农业综合开发办公室。

附件：农业综合开发资金报账实施办法

附件

农业综合开发资金报账实施办法

第一章　总　　则

第一条　为进一步加强农业综合开发资金管理，提高资金使用效益，确保项目工程质量，根据《国家农业综合开发项目和资金管理暂行办法》和《农业综合开发财务管理办法》的规定，制定本实施办法。

第二条　实行县级报账的资金为各级财政用于国家立项的农业综合开发项目无偿资金。

第三条　县级财政部门负责报账资金的日常核算和管理，编制农业综合开发项目工程总预算和总决算。县级农业综合开发机构（简称“县级农发机构”，下同）设在财政部门的，可由县级农发机构负责报账工作具体事宜；县级农发机构不设在财政部门的，须经县级财政部门同意方可负责报账工作具体事宜，且其会计人员应由财政部门委派。

第四条　农业综合开发项目建设单位应做好报账基础工作，并建立工程资金辅助账，负责编制或审核单项工程预决算及核算单项工程成本。

第五条　农业综合开发报账资金的拨付，逐步按照财政国库管理制度改革的要求规范管理。

第二章　报账资金管理

第六条　负责报账具体工作的县级财政部门或农发机构要建立专账，根据批复的项目计划和工程建设进度，对各级财政无偿资金的拨入和拨出进行核算。

第七条　报账资金拨付实行转账结算，严格控制现金支出。

第三章　报 账 程 序

第八条　土地治理项目和专项科技示范项目实行工程承包（含招投标，下同）的，其所需款项由施工单位根据承包合同提出用款申请，经建设单位核实、农发机构和财政部门审核同意，分批予以拨付。

承包工程完工、已办理竣工决算并经验收合格后，及时拨付其余的工程款项（除工程质量保证金外）。

第九条　土地治理项目和专项科技示范项目未实行承包的，项目开工时，由建设单位根据批复的项目计划提出用款申请，县级农发机构和财政部门审核同意后，拨付部分工程启动资金（原则上不得超过该项目财政资金总额的30%）。

建设单位在工程建设过程中凭原始凭证分批报账。县级农发机构和财政部门审核同意，据实办理资金拨付。项目完工、已办理竣工决算并经验收合格后，及时拨付其余的工程款项（除工程质量保证金外）。

第十条　多种经营项目的财政无偿资金，由用款单位凭有关真实、有效凭证据实报账。经县级农发机构和财政部门审核同意，及时拨付资金。

第四章　报账凭证管理

第十一条　承包工程报账需提供：承包合同副本、阶段性工程结算单、工程预决算和工程款税务发票等。

第十二条　未承包工程报账需提供：支付原材料和普工、技工工资及有关费用的原始凭证，工程概预算、施工现场记录、质量检测报告、工程竣工图、竣工决算、验收合格证等。

第十三条　多种经营项目报账需提供：支出明细表和原始凭证复印件等。

第十四条　县级报账必须严格审核各种凭证的真实性、合法性、有效性和完整性。对不符合要求和超出规定使用范围的开支，不予报账。

第五章　监 督 检 查

第十五条　县级财政部门、农发机构和建设单位要建立健全监督制约机制，共同做好报账工作，并积极配合审计部门进行资金检查。

第十六条　县级以上财政部门和农发机构，要加强对县级报账工作的指导、检查，及时发现和解决问题。

第十七条　对县级报账工作中出现的违纪违规问题，除责令改正外，要依照有关规定，区别不同情况给予处理。

第六章　附　　则

第十八条　各省、自治区、直辖市财政厅（局）可根据本实施办法规定，结合当地实际情况制定实施细则，并报财政部备案。

第十九条　地方立项的农业综合开发项目资金报账可参照本实施办法执行。

第二十条 本实施办法从 2001 年度项目开始执行。

财政部关于印发《农业综合开发项目贴息资金管理办法》的通知

（2001 年 10 月 30 日 财发［2001］38 号）

各省、自治区、直辖市、计划单列市财政厅（局），新疆生产建设兵团财务局：

现将《农业综合开发项目贴息资金管理办法》印发给你们，请遵照执行。执行中有何问题和意见，请及时反馈。

附件：农业综合开发项目贴息资金管理办法

附件

农业综合开发项目贴息资金管理办法

第一条 为了加强农业综合开发项目贴息资金管理，提高资金使用效益，根据《农业综合开发财务管理办法》和《中央财政资金贴息管理暂行办法》，特制定本办法。

第二条 农业综合开发项目贴息资金是指农业综合开发财政无偿资金安排的用于补贴农业综合开发项目使用银行贷款所发生的部分利息支出。

第三条 土地治理项目、多种经营项目、专项科技示范项目所需财政贴息资金分别用该类项目的无偿资金安排，其中：多种经营项目无偿资金除用于前期工作费和科技推广费外，其余可用于项目贴息，另两类项目贴息资金按实际需要安排。坚持按实际贷款数贴息。

第四条 坚持先有贷款，再安排贴息的原则。在银行已确定安排贷款的前提下，财政才可安排贴息资金。项目贷款未落实的，财政部门不予贴息。

第五条 贴息范围为基建性质的各类农业综合开发项目贷款。

第六条 农业综合开发项目贴息期限依据不同项目受益情况和实际需要分别确定。原则上用于土地治理项目和种植项目贴息期限三年，养殖业项目贴息期限二年，农产品加工和科技服务体系贴息期限一年。贷款期限不满一年及超过贴息期限的不予贴息。

第七条 按照项目单位使用贷款实际负担的利率与财政有偿资金占用费率相当的原则，农业综合开发项目年贴息率为 4.8%。如确需调整贴息率，由中央财政统一确定。

第八条 贴息对象为农业综合开发项目建设单位。财政贴息资金由项目建设单位向县级农发机构和财政部门提出《农业综合开发项目贴息资金申请审核表》，并附报建设期内银行贷款合同、银行结息凭证原件及复印件，经审核同意后，将项目贴息资金拨付给项目建设单位，银行结息凭证原件退还。项目建设单位收取财政贴息资金后相应冲减当期贷款利息。

第九条 项目贴息资金按季度结算，财政部门凭银行支付贴息资金的原始凭证登记入账，年终编

报决算。

第十条　项目贴息资金必须实行专款专用、专账核算、专人管理。

第十一条　地方各级编报的年度项目计划中，要汇总反映农业综合开发项目贴息资金计划。农业综合开发管理部门要定期编报《农业综合开发项目贴息资金汇总表》，并逐级报送。

第十二条　本办法自2001年项目年度执行，以前有关农业综合开发项目贴息政策的文件与之有抵触的，以本办法为准。

附表：1. 农业综合开发项目贴息资金申请审核表

2. 农业综合开发项目贴息资金汇总表

附表1

农业综合开发项目贴息资金申请审核表

项目类型：　　　　项目执行单位：　　　　项目建设期：

项　　目	金额（万元）	申请单位： 申请财政贴息额：______万元， 申请日期：____年____月____日， 法人代表： 经办人： 单位公章：
贷款计划数		
实际贷款数		
实际还款数		
实际贷款余额		
实际支付利息额		
贴息率（%）		
银行审核情况： 该单位项目贷款合同号：______，实际贷款数额：______万元，贷款期限从____年____月到____年____月，截止申请日，该项目贷款余额______万元，实际支付利息______万元。 单位签章：　　审核人：　　经办人： ____年____月____日		
核准意见： 该项目计划批复贷款额：______万元，计划批复财政贴息额：______万元，实际核准贴息额：______万元。 农发部门签章：　　负责人：　　经办人： 财政部门签章：　　负责人：　　经办人： ____年____月____日		

附表 2 农业综合开发项目贴息资金汇总表

（ 年 季度）

单位公章： 单位：元

项目分类 / 月份	贷款计划						本月实际贷款数						本月实际还款数						累计实际贷款余额						月贴息比例	财政贴息额		
	小计	土地治理	种植业	养殖业	加工业	科技服务	小计	土地治理	种植业	养殖业	加工业	科技服务	小计	土地治理	种植业	养殖业	加工业	科技服务	小计	土地治理	种植业	养殖业	加工业	科技服务	%	小计	中央财政	省级财政
年初贷款余额																												
1月																												
2月																												
3月																												
4月																												
5月																												
6月																												
7月																												
8月																												
9月																												
10月																												
11月																												
12月																												
合计																												

财政部关于印发《国家农业综合开发“十五”计划》的通知

（2001 年 12 月 3 日 财发函［2001］1 号）

各省、自治区、直辖市、计划单列市人民政府，国家农业综合开发联席会议各成员单位：

财政部制定的《国家农业综合开发“十五”计划》，已经国家农业综合开发第四次联席会议审议通过，现印发给你们，请认真贯彻执行。

农业综合开发是我国农业和农村经济工作的重要组成部分，是国家保护和支持农业发展的战略性措施。各地区、各有关部门要高度重视农业综合开发工作，采取切实有效措施，组织实施好《国家农业综合开发“十五”计划》，加快我国农业和农村经济发展步伐。

附件：国家农业综合开发“十五”计划

附件

国家农业综合开发“十五”计划

农业综合开发是我国农业和农村经济工作的重要组成部分，是社会主义市场经济条件下，国家支持和保护农业发展的战略性措施。“九五”期间，在各级党委、政府的领导下，有关部门密切配合，广大农民群众积极参与，农业综合开发取得了显著成就。5年共投入资金827亿元，其中70%以上用于改善农业生产基本条件，共改造中低产田1.73亿亩，有效地增强了农业抗御自然灾害的能力，巩固和加强了农业的基础地位。提高了农业综合生产能力，其中项目区新增的粮食生产能力约占全国同期新增粮食生产能力总量的48%，为推动我国粮食等主要农产品实现由长期短缺到总量基本平衡、丰年有余的历史性转变，做出了重要贡献，并为进行农业结构调整创造了前提条件。积极发展多种经营，促进了农业和农村经济结构调整，提高了农业综合效益，项目区农民人均纯收入比非项目区高出269元，为我国农村总体上实现小康发挥了积极作用。项目区林木覆盖率平均提高了1.62%，保护和改善了生态环境，促进了我国农业的可持续发展。推动了农业稳定增长，对“九五”前期国民经济成功实现“软着陆”，“九五”中后期扩大国内需求，促进国民经济持续快速健康发展，发挥了一定作用。

“九五”期间农业综合开发也存在一些问题：一是在当前农产品出现阶段性供大于求的情况下，有些部门、地方对农业综合开发的意义，对进一步加强农业综合开发的必要性，存在着一些模糊认识，工作上有所放松；二是农业综合开发指导思想和工作思路转变以后，工作任务加重了，难度增加了，资金供求矛盾比较突出，干部队伍素质尚不能完全适应新形势的要求；三是部分地区在项目和资金的安排、管理上还存在诸多薄弱环节，如有些地方项目安排面铺得过大，重点不突出，效益不高，资金使用分散，配套资金没有完全到位，有偿资金还款压力大、困难多等。这些问题，必须采取切实有效的措施，认真加以解决。

党的十五届五中全会通过的《中共中央关于制定国民经济和社会发展第十个五年计划的建议》和九届全国人大四次会议批准的《中华人民共和国国民经济和社会发展第十个五年计划纲要》（以下简称《纲要》），明确提出了“十五”期间国民经济和社会发展的奋斗目标、指导方针和主要任务。为了贯彻落实党的十五大、十五届三中全会、五中全会和九届全国人大四次会议精神，保证顺利实现“十五”期间农业和农村经济发展目标，促进国民经济持续快速健康发展，依据《中共中央关于农业和农村工作若干重大问题的决定》（党的十五届三中全会通过）和《纲要》，编制本计划。

一、“十五”期间大力推进农业综合开发具有重要意义

“十五”时期，是新世纪初我国经济和社会发展的重要时期；是我国农业和农村经济发展进入新阶段后的一个关键时期。随着经济全球化趋势增强、科技革命迅猛发展和产业结构调整步伐加快，特别是加入世界贸易组织，将给我国带来新的发展机遇和严峻挑战。农业是国民经济的基础，承担着支撑经济发展和社会稳定的重要任务。“十五”期间大力推进农业综合开发，对于促进农业和农村经济及整个国民经济和社会的发展，满足人民生活水平不断提高对农副产品的要求，加快社会主义现代化建设进程，具有重要意义。

一是加强农业基础地位，确保国家粮食安全的需要。我国农业发展进入新阶段以后，人增地减、水资源紧缺的趋势并没有改变，农业基础设施脆弱的状况也没有根本改观，多数地方还是靠天吃饭。从长期看，随着经济发展和人民生活水平的提高，

对农产品需求会不断增长，巩固和加强农业基础地位，仍然是“十五”期间和今后相当长时期内我国经济发展的重要战略任务。农业综合开发是巩固和加强农业基础地位的一条重要途径，是提高农业综合生产能力的一项关键措施。“十五”期间，必须进一步加大农业综合开发力度，继续为巩固和加强农业基础地位，确保国家粮食安全承担重任。

二是调整农业和农村经济结构，增加农民收入的需要。推进农业和农村经济结构的战略性调整，增加农民收入，是新阶段农村工作的中心任务和基本目标，是事关改革开放和现代化建设全局的重大问题。根据党中央、国务院的要求，农业综合开发要在农业结构调整中发挥重要作用，在加强农业基础设施建设，稳步提高农业综合生产能力的同时，介入生产领域，调整结构、优化品种、提高质量，大力发展优质高产高效农业，提高农产品质量和市场竞争力，促进农业增效、农民增收。随着开发内涵的增加和领域的拓展，新阶段农业综合开发的任务更为繁重。

三是保护和改善生态环境，实现可持续发展的需要。生态环境的恶化，对我国经济发展和人民生活的影响越来越大。遏制生态恶化趋势，保护和改善生态环境，是一项十分艰巨而紧迫的任务。农业综合开发具有区域性、综合性的特点，通过统筹规划，实行山水田林路综合治理，加强农田林网建设，支持退耕还林还草，开展防沙治沙，治理水土流失，可以有效地保护和改善农业生态环境，是促进我国农业可持续发展的一个重要推动力量。同时，生态建设是西部大开发的重点之一，大力推进农业综合开发，有利于贯彻西部大开发战略，加快中西部地区发展。

四是推动农业科技进步，加快农业现代化进程的需要。我国农业的落后，主要是由于科学技术落后。国际间农业竞争，也主要是科技竞争。农业的根本出路，在于依靠科技进步。目前农业综合开发中农业科技贡献率比全国平均水平仅高出3个百分点，与发达国家相比还有很大差距，继续提高科技含量的潜力很大。农业综合开发通过不断提高对科技的投入比重，积极推广先进适用的农业技术，加速农业科技成果转化，加强对农民的技术培训，提高农民科技素质，能够为我国农业科技进步发挥示范和带头作用，加快农业现代化进程。

五是适应加入世贸组织要求，提高农业国际竞争力的需要。随着我国农业对外开放程度的提高，特别是加入世贸组织以后，农业和农村经济发展面临新的挑战。农业综合开发投入的重点是改善农业生产基本条件，保护和改善生态环境，调整农业结构，这种投入方式符合世贸组织“绿箱政策”的要求。同时，农业综合开发扶持的种植业、养殖业、加工业，具备劳动密集型和特色农产品的比较优势，具有一定的国际竞争力。因而，农业综合开发是新形势下政府支持农业发展的重要途径，是支持我国农业参与国际竞争的有效措施。

二、“十五”期间农业综合开发的指导思想和主要目标

（一）指导思想

“十五”期间农业综合开发的指导思想是：以江泽民同志“三个代表”重要思想为指导，认真贯彻党中央、国务院关于农业和农村工作的方针政策，适应农业发展新阶段的要求，以农业主产区为重点，以科技进步和科学管理为保障，加强农业基础设施建设和生态环境建设，提高农业综合生产能力，促进农业可持续发展；积极推进农业结构调整，发展农业产业化经营，提高农业综合效益和国际竞争力，增加农民收入，加快农业现代化进程。根据这一指导思想，“十五”期间农业综合开发要坚持以下原则：

一是坚持以改造中低产田为重点，努力建设高产、稳产、节水、高效农田；

二是坚持农业基础设施与农业生态环境建设有机结合，加强农业生态环境保护；

三是坚持高质量、高效益搞开发，围绕增加农民收入，大力发展优质高产高效农业，提高农业效益和国际竞争力；

四是坚持以农业主产区特别是粮食主产区为重点，兼顾其他地区；

五是坚持依靠科技进步，提高农业综合开发的科技含量；

六是坚持发展农业产业化经营，加大对龙头项目扶持力度；

七是坚持按项目管理，实行统筹规划、综合治理、规模开发、注重效益；

八是坚持多元化资金投入，资金安排实行效益优先、兼顾公平、集中投入、奖优罚劣；

九是坚持发挥农业综合开发区域性、综合性、重点性、开拓性和示范性，努力提高农业综合开发水平。

（二）主要目标

根据“十五”期间国民经济和社会发展需要，考虑到人民生活水平不断提高对农副产品的要求，兼顾水土资源条件和财力可能，“十五”期间农业综合开发的主要目标是：

1. 项目区农业生产条件明显改善。计划改造中低产田1.82亿亩，新增和改善灌溉面积1.45亿亩，其中发展节水灌溉面积1亿亩，年节约用水142亿立方米；新增和改善除涝面积6 282万亩；新增旱作农业面积2 000万亩，改良土壤面积1.04亿亩，新增机耕面积5 360万亩。经改造的中低产田，要成为高产、稳产、节水、高效农田。农业产前、产中、产后各个环节的基础设施状况得到明显改善，抗御自然灾害和市场风险的能力不断增强。

2. 农业综合生产能力稳步提高，农产品质量和效益明显提高，农业国际竞争力不断增强。通过中低产田改造，提高单位面积的产出水平，巩固和提高我国农业综合生产能力。项目区农产品全部实现良种化，农产品及其加工产品质量力争全部达到国家标准或行业标准，其中优质品率比全国平均水平高10个百分点。龙头企业辐射带动能力逐步增强，农业综合效益明显提高。大力发展特色农业和绿色有机农业，提高劳动密集型产品和特色农产品的比重，不断增强农产品的国际竞争力。

3. 农业科技含量和农民的科技文化素质不断提高。项目区农业技术和物质装备水平得到显著改善，农民的科技文化素质和接受新技术的能力明显提高。努力把项目区建成农业科技示范区和推广基地，并在经济和科技发展水平高、综合实力强的项目区建设一批农业现代化示范区。到2005年，项目区农业科技进步贡献率平均比全国农业科技进步贡献率高5—10个百分点。

4. 生态环境建设取得明显成效。项目区营造农田防护林960万亩，增加农田林网防护面积1.05亿亩，林木覆盖率提高2个百分点。其中：中低产田改造项目区林木覆盖率一般达到10%以上，风沙地带达到15%以上，专项生态工程项目区林草覆盖率达到80%以上。控制水土流失面积3.13万平方公里。

5. 项目区农业和农村经济发展步伐加快，农民收入明显增长。项目区预计新增农业总产值15 933亿元，实现农业增加值10 180亿元，新增利税4 113亿元；吸纳农村劳动力315万人；项目区农民年人均纯收入比非项目区高390元。

三、“十五”期间农业综合开发的主要任务

为实现上述目标，“十五”期间农业综合开发需要完成的主要任务是：

（一）以改造中低产田为重点，加强农业基础设施建设。以改造中低产田为重点，改善农业生产基本条件，加强农业基础设施建设，始终是农业综合开发的基本任务。

1. 坚持以改造中低产田为重点。改造中低产田要围绕保证农产品供需总量平衡和促进农业结构调整进行，把主要着眼点由增加农产品的产出量，转到稳步提高农业综合生产能力上来；由主要增加农产品的数量，转到提高农产品的质量和效益上来。逐步提高中低产田改造的建设标准和投入标准，加强农田水利基本建设，把中低产田建成高产、稳产、节水、高效农田，有效地巩固、保护和提高我国基本农田的生产能力，特别是粮食的生产能力。同时，中低产田改造要与建设优质粮食生产基地、优质饲料作物生产基地、优质油料基地、节水农业示范工程和生态农业示范工程紧密结合。

党的十五届三中全会通过的《中共中央关于农业和农村工作若干重大问题的决定》明确要求：“农业综合开发要以改造中低产田为重点，集中连片治理，力争平原地区大部分耕地实现旱涝保收、高产稳产，丘陵山区人均达到半亩以上高标准基本

农田”。根据这项要求，综合考虑耕地、人口、财力等因素，从2001年安排改造中低产田3 280万亩算起，以后每年增长5%，力争到2015年全国平原地区55%的耕地实现旱涝保收、高产稳产，丘陵山区人均达到半亩高标准基本农田。这样，“十五”期间农业综合开发需改造中低产田1.82亿亩，其中：农业主产区（含粮棉油肉糖等主要农产品的主要产区，包括黑龙江、吉林、辽宁、内蒙古、河北、河南、江苏、安徽、山东、湖北、湖南、江西、四川、新疆、广西、陕西等省（区））改造中低产田1.28亿亩，约占全国中低产田改造总面积的70%；其他地区改造中低产田5 400万亩，约占全国改造中低产田总面积的30%。

在改造中低产田过程中，大力发展节水农业。实行灌区与旱区并重，以提高水的利用率和用水效益为目标，以发展渠道衬砌、管道输水、集雨节灌、喷灌、微灌等工程措施为重点，与农艺、农机等措施及管理措施相结合，积极发展节水灌溉和旱作农业，建设一批节水增效示范工程和旱作节水示范基地。“十五”期间计划在改造中低产田面积中，在灌区发展节水灌溉面积1亿亩，占中低改面积的55%，其中：节水灌溉示范面积1 554万亩；在旱区发展旱作农业面积2 000万亩，其中西部地区1 407万亩，约占70%。

加强项目区农田林网建设，为建设高标准农田提供生态屏障。围绕中低产田改造，在丘陵山区，重点搞好项目区周围水土保持林和水源涵养林建设；在平原地区，重点搞好农田防护林体系建设；在生态脆弱和土壤沙化地带，重点搞好农田防护林和防风固沙林建设。“十五”期间计划建设农田防护林960万亩，增加农田林网防护面积1.05亿亩。

2.有重点地扶持农产品产地批发市场建设。在蔬菜、水果、肉类、禽蛋、水产品、花卉、土特产品等农产品集中产区，有重点地扶持一批上市量大、交易范围广，由法人实体经营，交通方便、具备储运能力，对周边地区辐射带动作用强的产地批发市场，搞好场地、道路等公用设施建设，完善配套设施，健全服务功能，增强对农业生产的带动能力。

3.加大中型水利骨干工程建设力度。在全国设计灌溉面积在5万亩—30万亩的中型灌区中，选择一批实施农业综合开发所急需、投入产出比较效益好的中型水利骨干工程，进行续建配套和节水改造，以改善项目区的外部灌排条件，为改造中低产田提供水利保障。另外，为有利于保持全国耕地总量动态平衡，改善生态环境，扶持复垦工矿废弃地、塌陷区40万亩—50万亩。

（二）支持和促进农业结构调整。农业综合开发支持和促进农业结构调整，要面向市场，依靠科技，以优化品种、提高质量、增加效益为中心，立足各地的资源优势和比较优势，大力发展特色农业和订单农业，建设大型优质农产品基地，实行区域化布局、企业化管理、规模化经营、社会化服务，发展以公司加农户为主要形式的农业产业化经营，提高农业的综合效益和竞争力。

1.优化品种、提高质量，促进项目区种植业结构调整。积极引进、选育和推广优良品种，建设优质农产品基地，发展优质高产高效种植业，促进项目区种植业作物结构、品种结构和品质结构的调整，提高农产品质量。大力开发高附加值的特色产品，生产一批在国内外市场上具有影响和竞争力的“名牌”产品，逐步实现农产品的优质化。突出抓好优质粮食生产基地和优质饲料作物生产基地建设，计划建设大型优质粮食基地4 163万亩，建设优质饲料作物基地1 343万亩。同时，积极扶持种子、种苗、种畜繁育体系建设，在加强地方项目良种基地建设的同时，继续加大对“良种推广”、“育草基金”、“菜篮子工程”等部门项目的扶持力度，确保项目区良种覆盖率达到100%。

2.积极培育各具特色的主导产业，促进产业结构调整。以牛（肉牛、奶牛）、羊、猪、禽等畜产品、名特优经济林、特色水产品为重点，加快发展畜牧业、林业和水产业。加大对劳动密集型农产品和特色农产品的扶持力度，形成专业化、基地化、规模化的生产格局。把畜牧业作为一个大的产业，予以重点扶持，促进粮食的转化增值，其中：在大中城市郊区和东北地区的项目区，结合粮—经—饲三元种植结构的调整，大力发展牛奶生产和乳

制品加工；在内蒙、青海等草原地区的项目区，把改良草场和发展畜牧业有机结合起来；在西部地区，与实施西部大开发战略相结合，与退耕还牧（林、草）相结合，重点发展围栏养畜，发展生态农业；在其他农区，主要发展秸秆养畜。在云南、广西、海南、广东、福建等地区，要着力扶持发展热作农业。“十五”期间计划养殖畜禽1.2亿只、出栏畜禽9 300万只（以羊单位计），发展水产养殖面积376万亩。扶持经济林、蔬菜、花卉、水果、药材等高效经济作物生产基地建设，计划发展经济林775万亩、种植蔬菜171万亩、花卉23万亩、药材122万亩。（“十五”期间农业综合开发重点扶持的主导产业和产品见附一，各地可根据市场需求的变化适时调整。）

3. 因地制宜，分类指导，促进农业区域布局调整。坚持因地制宜，充分发挥区域比较优势的原则，积极扶持各地区合理利用各种农业资源，着力发展具有比较优势和区域特色的农业主导产品和支柱产业，把主导产品做优、做大、做强，把资源优势转变为比较优势。在沿海经济发达地区和大中城市郊区，着力扶持发展高效农业和创汇农业，建设农产品出口创汇基地；在粮食主产区，着力扶持优质、专用品种的粮食生产，建设大型优质粮食生产基地和优质饲料作物生产基地，积极发展畜牧业等多种经营，促进粮食等农产品的转化增值；在西部地区，着力建设一批特色农业基地。在产业项目发展上，以现有优势产业为基础，面向国内外市场，本着缺什么补什么的原则进行建设，努力消除产业结构雷同现象，促进主导产品的升级换代，促进农业区域布局的调整和优化。

4. 以扶持龙头项目为重点，推进农业产业化经营。以市场为导向，以效益为中心，以科技为依托，积极扶持农产品加工、储运、保鲜等项目建设，提高农产品加工增值率。加大对龙头项目和农民中介组织的扶持力度，选择一批具备一定规模，经济效益较好，辐射带动作用强，产品具有市场竞争优势，具有较强的科技创新能力和良好的经营管理机制的龙头项目，予以重点扶持，建设农产品生产、加工、出口基地，引进开发和推广新品种、新技术，增强市场竞争力和对农民的带动力。引导更多的开发项目采取“公司+基地+农户”、“订单”农业等模式，鼓励龙头企业与农民通过签订购销合同、承租返包或以土地使用权、产品、技术和现金等形式入股，彼此结成利益共同体，形成利益共享、风险共担的经营机制，大力推进农业产业化经营。“十五”期间计划扶持加工及服务项目约2 300个。各地区原则上要将多种经营项目财政资金的30%以上，安排用于产业化龙头项目建设。

（三）保护和改善生态环境。农业综合开发不仅要遵循自然规律，有利于保护生态环境，还要加强生态建设，为改善生态环境做出应有的贡献。这是农业综合开发的重要内容，也是实施西部大开发的重要组成部分。在围绕中低产田改造，加强农田林网建设的同时，重点开展以下几项工作：

1. 继续禁止新的开荒，保护好天然林、草地和湿地。在继续禁止开荒的同时，对过去开垦的、已经出现生态恶化的项目区，有计划、分步骤地退耕还林还草。相应加大中低产田改造的力度，支持项目区按规定退耕，防治退耕出现反复。

2. 以生态脆弱地区为重点。加强生态工程建设。以环京津地区、河北坝上地区、内蒙古地区、西北地区等生态脆弱地区为重点，加大生态环境建设力度，特别是防沙治沙力度，为改善全国特别是北京的环境质量做出贡献。“十五”期间计划建设以植树种草、治理坡耕地、防风固沙等为主要内容的农业生态工程1 443万亩，建设草原（场）1 504万亩，两项合计共2 947万亩，其中华北、西北等生态环境脆弱地区2 246万亩，占76.2%。在农业生态工程建设和草场建设任务中，环京津生态环境特殊地区分别为344万亩和621万亩。

3. 继续调整投资结构，逐步加大对生态建设的投入。“十五”期间要进一步提高农业综合开发投资中用于生态建设的比重，其中农业综合开发财政资金安排用于生态建设投入的比重，由“九五”期间的10.2%提高到15%。

4. 与有关部门积极配合，加大对部门专项生态项目的扶持力度。与水利部、国家林业局配合协作，建设长江中下游及淮河流域防护林工程面积

490万亩，太行山绿化工程面积260万亩，防沙治沙示范工程面积425万亩，长江和黄河中上游水土保持工程面积655万亩。

（四）推动农业科技进步。进一步加大科技投入力度，“十五”期间用于科技的投入比例，由“九五”期间的3.7%提高到8.7%。努力在农业科技进步中发挥示范带头作用，促进农业增长方式的转变，加快我国农业现代化建设进程。

1.加大农业先进适用技术的推广应用力度。在项目区大面积推广应用种植业、养殖业、林业和水利建设等方面先进适用技术，重点是推广应用良种及平衡施肥、节水灌溉和旱作农业、病虫害综合防治、畜禽快速高效饲养、模式化栽培、秸秆养牛等适用技术，提高项目科技水平和开发效益。

2.加强农业科技示范项目建设。与优质农产品基地建设相结合，继续搞好农业高新技术示范项目、农业科技推广综合示范项目和农业现代化示范项目建设，建立农业科技示范与推广基地，充分发挥其示范、带动和辐射作用。“十五”期间，分别建设这三类示范项目130个、170个和100个。

3.积极开展对农民的技术培训。5年计划组织农民技术培训1.2亿人次，并通过多种途径和方式，改善项目区农民接受新知识、新技术的外部条件，增加农民接受教育和培训的机会，不断提高农民的科学文化素质。

4.积极扶持农业科技推广体系建设。加强种子、种苗和种畜繁育体系建设，加快品种更新换代。支持完善现有的农业科技推广体系，扶持具有科技创新和推广能力的龙头企业、合作经济组织和农民专业协会，配合科技推广体制改革，探索建立农业高校、科研单位与开发项目区资源互补、联合开发、利益共享、风险共担的有效途径。

四、“十五”期间农业综合开发资金筹措

“十五”时期，考虑到改造中低产田难度增加，调整农业结构、发展节水农业、建设高标准农田力度加大等因素，参考“九五”期间实际情况，确定“十五”期间亩投资标准为：以2000年改造中低产田每亩投资273元、草原（场）建设每亩投资114元、优质粮食生产基地和优质饲料作物生产基地建设每亩投资105元、农业生态工程建设每亩投资273元为基数，以后每年递增10%；节水农业示范项目以2000年每亩投资600元为基数，以后每年递增5%。据此测算，“十五”期间土地治理项目投资需860亿元。根据农业综合开发投入政策的有关规定测算，多种经营项目投资需573亿元，科技示范项目投资需95亿元；部门项目按“九五”期末年投资额每年递增8%计算（黑龙江省农垦总局按地方项目测算），需投资108亿元。各类项目合计总投资需1 636亿元。从投资的布局看，用于农业主产区的投资为1 073亿元，占总投资的65.6%。

“十五”期间继续实行中央财政、地方财政、自筹资金（包括集体和农民自筹现金及以物折资）与其他资金（包括银行贷款）配套投入。总投资1 636亿元的来源构成是：中央财政资金投入480亿元，地方财政配套资金461亿元，自筹资金251亿元，其他资金444亿元。

中央财政资金可通过以下渠道筹集：正常中央预算安排390亿元（以“九五”期末46亿元为基数，每年平均增加10.7亿元）；利用回收的中央财政有偿资金安排65亿元（其中2001年安排11亿元，以后每年增加1亿元）。这样，“十五”期间中央预算共安排455亿元，年均增长16.5%，与“九五”期间中央财政收入增长幅度持平。另外，利用世界银行贷款折合人民币25亿元，其中：2001年、2002年加强灌溉农业二期项目利用世界银行贷款折合人民币每年5亿元，2003年至2005年争取利用世行农业科技项目贷款折合人民币每年5亿元。

（“十五”农业综合开发任务、投资和预期效益见附二）

五、“十五”期间农业综合开发主要政策措施

为保证农业综合开发“十五”计划的顺利实施，进一步提高农业综合开发水平，必须落实相应的政策措施。

（一）建立健全投入机制，调整完善投入政策。“十五”期间要进一步建立健全“以农民投入为主体，国家补助，配套投入，滚动开发”的

投入机制。农民是农业综合开发的投入主体，国家的投入主要起引导作用，属补助性质。农民投资投劳搞开发，不属于农村税费改革政策中要求取消的“两工”（劳动积累工和义务工）范围。在实行农村税费改革试点地区，要做好宣传解释工作，避免引起误解。中央和地方财政要加大对农业综合开发的资金投入，“十五”期间用于农业综合开发的资金投入增长幅度应高于“九五”的水平，在预算中优先安排。要采取贷款贴息、股份制经营等方式，引导银行贷款、外资及其他资金投入。同时，要充分照顾地方和农民的承受能力，调整中央财政、地方财政、集体和农民自筹的配套办法。进一步完善资金投向政策，突出改造中低产田、改善农业基本生产条件和生态环境，增加农业生态环境治理项目投资。完善资金使用政策，遵循公共财政和商业银行自主经营原则，调整中央财政资金无偿与有偿投入比例，适当调减有偿资金比例。

（二）健全管理制度，创新管理体制和机制。适应市场经济发展的要求，建立科学规范的决策机制和监督制约机制。要进一步健全各项制度，采取科学的管理方式，运用科学的管理手段，不断完善项目和资金的管理体制和机制。在项目管理方面，要认真做好项目建议书和可行性研究报告的编制工作，全面推行专家评审制度，提高立项的科学性；全面推行项目法人制、招投标制和工程监理制，提高项目建设质量；加强项目中期检查和竣工验收工作。积极推进以用水户参与灌区管理为主要内容的水资源管理体制改革，努力建立新型节水管理机制。在资金管理方面，要积极推行资金报账制和有偿资金委托银行贷款制，逐步推行项目资金公告（示）制；严格实行项目资金专人管理、专账核算、专款专用制度；加强对项目资金使用的监督检查，对违反规定的要严肃查处。同时，农业综合开发项目安排要与其他农口部门项目相衔接，避免重复建设，提高综合效益。

（三）建立和完善农业信息体系、农产品质量标准体系及检测检验体系。适当扶持农业信息网络建设，建立农业综合开发管理信息系统，通过网络为广大农民提供农产品交易平台，提供农业科学技术、农产品产销信息、气象信息及进出口信息等服务。抓紧制定和完善农产品的质量、安全和卫生标准，逐步建立农产品质量的市场准入制度，健全检测检验的规范和手段，发展安全、无公害农产品和绿色食品、有机食品，提高农产品质量和农业的综合效益，促进农户小规模生产与农产品大市场相结合，加快农业现代化进程。

（四）采取有效应对措施，提高我国农产品国际竞争力。为适应加入世贸组织的要求，农业综合开发必须采取针对性的措施，提高我国农产品的国际竞争能力。一是全面提高农产品的质量，努力按国际通行的质量和安全标准组织农产品生产。积极扶持安全、无公害农产品生产，加快绿色食品、有机食品的发展步伐。二要大力扶持具有比较优势农产品的生产、加工和销售。利用我国劳动力资源比较丰富的优势，突出扶持劳动密集型产品。根据各地的资源优势，因地制宜扶持发展特色农产品。三要加大对龙头企业的扶持力度，积极扶持龙头企业建设农产品生产、加工、出口基地，提高农业组织化程度和产业化经营水平，提高我国农业的国际竞争力。

（五）积极探索产权管理的途径和办法，确保农发国有资产保全增效。为了维护农业综合开发国有资产国家所有者权益，确保农业综合开发国有资产保全增效，要积极探索如何建立明晰的农发国有资产产权关系，抓紧制定农发国有资产产权管理的政策规定，明确农发国有资产产权管理的指导原则和管理形式，加强对农发国有资产的管理和监督，进一步落实管护责任制，确保竣工的项目长期发挥效益，提高农发国有资产的经营和使用效益。先选择部分地区进行农业综合开发国有资产管理试点，在取得经验的基础上，加以推广。

（六）加强机构和队伍建设，搞好部门协作。“十五”时期，农业综合开发的任务非常繁重。各级党委、政府要切实加强对农业综合开发工作的领导，发挥农业综合开发联席会议或领导小组的作用，明确和健全各级农业综合开发部门的职能。进

一步加强农业综合开发人员队伍建设，积极开展各种形式的培训，努力提高干部素质，培养适合农业综合开发工作需要的各类专门人才。理顺农业综合开发部门与有关部门的工作关系，加强配合协作，形成强大的合力。各级农业综合开发机构及其工作人员，要按照“三个代表”的要求，增强服务意识，改进工作作风，本着对广大农民高度负责的精神，用好每一笔资金。适应新阶段的工作要求，掌握现代化的管理手段和管理方法，不断提高政策和业务水平，努力完成“十五”期间农业综合开发的任务和目标。

附件：

1.“十五”期间农业综合开发重点扶持的主导产业和产品

2.“十五”农业综合开发任务、投资和预期效益表（开发任务和投资）（略）

3.“十五”农业综合开发任务、投资和预期效益表（预期效益）（略）

附件 1

“十五”期间农业综合开发重点扶持的主导产业和产品

一、粮食主产区：主要包括东北平原、黄淮海平原、长江中下游平原等地区。

该地区要着力扶持优质、专用品种的粮食生产，建设大型优质粮食生产基地和优质饲料作物生产基地，发展畜牧业、食品加工业等多种经营，促进粮食等农产品的转化增值，提高粮食生产的效益。

1. 东北平原区：包括黑龙江、吉林、辽宁 3 省、黑龙江省农垦总局、内蒙古自治区的东 4 盟（市）。

饲用玉米和加工专用玉米、优质高油大豆生产基地建设；

以马铃薯、水稻为主的绿色食品基地建设；

肉牛、奶牛、瘦肉型猪、肉鸡等畜禽产品养殖基地建设；

饲料、油脂、淀粉及肉、奶产品加工业。

2. 黄淮海平原区：包括河北、河南、山东（西部）、安徽、江苏（西北部）5 省。

优质专用小麦和玉米、“双低”油菜、优质棉花、优质水稻基地建设；

发展秸秆养牛，建设以肉牛为主的畜牧业生产基地；

冬春反季节蔬菜基地建设；

京广、京沪沿线禽蛋生产基地建设。

3. 长江中下游平原区：包括湖北、湖南、江西 3 省。

优质水稻、“双低”油菜、优质棉花生产基地建设；

淡水产品、生猪、禽类等生产基地建设；

干果、绿茶等特色农产品基地建设。

二、沿海经济发达地区和大中城市郊区：包括山东（东部）、江苏（东南部）、浙江、福建、广东、海南等省及大中城市郊区。

该地区要着力扶持发展外向型农业、高科技农业和高附加值农业，积极扶持适应国际市场要求的农产品生产，建设农产品出口创汇基地，增强出口创汇能力。

1. 山东、江苏区：包括山东省（东部）、江苏省（东南部）。

品质好、耐储运、加工兼用型无公害及名特新稀品种的蔬菜生产基地建设；

高档鲜销果品、优质干杂果品和加工专用果品生产；

海淡水特种鱼类、蟹类、贝类和奶业、水禽、珍稀动物的养殖基地建设；

蔬菜、水果、水产品的速冻和保鲜；

以优质粮油为原料的食品加工、奶制品、肉类畜产品加工。

2. 东南沿海省区；包括浙江、福建、广东、海南 4 省。

乌龙茶、柑橘、香蕉、荔枝、龙眼、绿茶等特色农产品生产基地，橡胶等热带作物生产基地、反季节蔬菜、花卉基地建设；

名特优新水产品养殖基地建设；

以杉、松、竹为主的用材林生产基地，以油茶、油桐、胡桃为主的木本粮油生产基地建设；

水产品、肉制品及特色农产品的加工。

3. 大中城市郊区：包括北京、天津、上海、大连、青岛、深圳、厦门、宁波及其他大中城市的郊区。

特种蔬菜、反季节蔬菜和无公害蔬菜基地，名优果品、反季节果品及适于加工的果品基地，高档、特色花卉基地建设；

名优海珍品养殖基地建设；

蔬菜、果品、水产品、肉制品加工。

三、西部生态脆弱地区：包括内蒙古、陕西、宁夏、甘肃、青海、新疆、四川、重庆、云南、贵州、广西、山西、西藏等省（区、市）及新疆生产建设兵团。

该地区要发挥资源优势和比较优势，着力建设一批特色农业基地，积极发展农产品加工，把特色初级农产品变为特色加工产品，提高农产品附加值。

1. 内蒙古及长城沿线区：包括内蒙古（中西部）、山西和宁夏（部分地区）等省（区）。

肉羊、奶牛、肉牛等畜产品养殖基地建设；

优质种牛、种羊繁育基地及贮运基地建设；

肉类、奶制品、毛皮加工和饲草料加工。

2. 黄土高原区：包括陕西、山西（中西部）、甘肃（中部和东部）等省。

具有竞争优势的苹果、烤烟、金针菜、花椒等产品的生产、贮藏和加工。

秋淡蔬菜基地及红枣、仁用杏、板栗、核桃、食用菌等特色农产品生产基地建设。

3. 甘新区：包括新疆、甘肃（河西走廊）等省（区）及新疆生产建设兵团。

优质高产棉花基地、优质高产高糖糖料基地建设；

香梨、葡萄、薄皮核桃、中药材和无公害蔬菜、瓜果等特色农产品基地建设；

肉羊、瘦肉型猪养殖基地建设；

牛、羊肉、皮、毛的加工。

4. 青藏高原区：包括青海省、西藏自治区。

高原春油菜、反季节蔬菜、中药材种植基地建设；

牦牛、藏羊等畜禽、冷水鱼等水产品养殖基地建设；

牛、羊肉、皮、毛的加工。

5. 西南区：包括四川、云南、广西、贵州、重庆等省（市）。

优质高产高糖糖料基地、优质油菜基地、优质水稻基地建设；

反季节蔬菜基地、柑橘等热带水果基地建设；

花卉、红茶、板栗等特色农产品基地建设；

生猪、珍禽等畜禽产品养殖及加工。

财政部关于印发《农业综合开发资金会计制度》的通知

（2001年12月27日　财发［2001］55号）

各省、自治区、直辖市、计划单列市财政厅（局）、农业综合开发办公室，新疆生产建设兵团财务局，农业部，水利部，国土资源部，国家林业局：

为适应农业综合开发事业发展的需要，进一步规范农业综合开发资金会计核算工作，我部对1998年制定的《农业综合开发资金会计制度（试行）》作了重新修订，现将修订后的《农业综合开发资金会计制度》印发给你们。该制度自2002年1月1日起执行，原试行制度同时废止。执行中有何问题，请及时反馈。

附件：农业综合开发资金会计制度

附件

农业综合开发资金会计制度

第一章 总 则

第一条 为了规范农业综合开发资金会计核算，保证会计信息质量，根据《中华人民共和国会计法》及国家农业综合开发项目和资金管理的有关政策、法规，制定本制度。

第二条 本制度适用于农业综合开发管理部门和建设单位。

第三条 农业综合开发资金会计是以农业综合开发资金及其运动为核算对象的专门会计。

第四条 本制度核算的农业综合开发资金，是由中央财政资金、地方财政资金、农村集体和农民自筹资金、银行贷款及其他资金共同组成的专项资金。

第五条 会计核算应当以各项业务活动持续正常地进行为前提。

第六条 会计核算应当划分会计期间，分期结算账目和编制会计报表。会计期间分为年度、半年度、季度和月度。会计年度、半年度、季度和月度均按公历起讫日期确定。

第七条 会计记账采用借贷记账法。

第八条 会计核算以人民币为记账本位币。发生外币收支的，应当折算为人民币核算。

第九条 会计记录的文字应当使用中文。在民族自治地方，会计记录可以同时使用当地通用的一种民族文字。

第二章 一般原则

第十条 会计核算和会计报表应当以实际发生的经济业务为依据，客观、准确、全面地记录和反映农业综合开发资金收支情况和经济活动。对于重要的业务事项，应当单独反映。

第十一条 会计信息应当符合国家宏观经济管理的要求，满足有关各方了解农业综合开发资金活动情况及其结果的需要。

第十二条 会计核算应当按照规定的会计处理方法进行，会计指标应当口径一致，相互可比。

第十三条 会计处理方法前后各期应当一致，不得随意变更。如确有必要变更，应将变更的内容、理由和对财务状况及其结果的影响在会计报表附注中加以说明。

第十四条 会计核算应当及时进行，不得提前或延后。

第十五条 会计核算和会计报表应当清晰明了，便于理解和利用。

第十六条 会计核算一般采用权责发生制，但财政资金专账核算采用收付实现制。

第十七条 各项财产物资应当按照取得或购建时的实际成本计价。除国家另有规定者外，一律不得自行调整其账面价值。

第三章 资 产

第十八条 资产是指农业综合开发管理部门和建设单位为实施农业综合开发项目所占用或使用的能以货币计量的经济资源，包括现金、银行存款、应收款项、有偿资金放款、委托贷款、借出有偿资金、预付工程款、材料、待处理有偿资金、在建工程、间接费用和竣工工程。

第十九条 应收款项是指农业综合开发管理部门和建设单位应当收回的待结算款项。

应收款项应及时清理结算，不得长期挂账。

第二十条 有偿资金放款是指财政部门按照有关规定借给用款单位或个人，应按时回收的农业综合开发财政有偿资金。

第二十一条 委托贷款是指财政部门按照有关规定，委托金融机构借给用款单位或个人的农业综合开发财政有偿资金。

第二十二条 借出有偿资金是指上级财政部门借给下级财政部门的农业综合开发财政有偿资金。

第二十三条 预付工程款是指农业综合开发管理部门和建设单位按工程建设合同或工程预算预付给项目施工单位的资金或材料。

第二十四条 材料是指为农业综合开发工程建设而储存的各种物资。

第二十五条 待处理有偿资金是指有偿资金放款和委托贷款超过约定的还款期限，经审核批准，但尚未按规定程序列入呆账的有偿资金。待处理有偿资金的核销，必须按规定的程序报批。

第二十六条 在建工程是指尚未完工，需继续承建的农业综合开发实体工程成本。

第二十七条 间接费用是指不直接形成有形实体工程，但与实体工程有紧密联系所必须发生的共同费用，包括前期工作费（不含多种经营项目的前期工作费）、材料损耗等。

第二十八条 竣工工程是指符合项目建设要求并经农业综合开发管理部门验收合格的农业综合开发项目成本。

第四章 负 债

第二十九条 负债是指农业综合开发管理部门和建设单位为实施农业综合开发项目所承担的能以货币计量，需要以资产偿还的债务，包括借入有偿资金、应付工程款、应付质量保证金、其他应付款等。

第三十条 借入有偿资金是指下级财政部门从上级财政部门借入的农业综合开发财政有偿资金。

第三十一条 应付工程款是指工程竣工结算或报账后，应付未付项目施工单位的工程款项。

第三十二条 应付质量保证金是指按施工合同预留的，应付给项目施工单位的工程款项。

质量保证金在完工工程试运行期满后，应视运行情况及时清理结算。

第三十三条 其他应付款是指应付工程款、应付质量保证金以外的应付未付的款项。

第五章 净 资 产

第三十四条 净资产是指资产减去负债后的差额，包括本级有偿资金、竣工工程基金、完工项目结余和未完项目结存。

第三十五条 本级有偿资金是指本级财政拨入的农业综合开发有偿资金，以及占用费收支结余、其他收支结余和完工项目结余等转入的农业综合开发资金。

第三十六条 竣工工程基金是指已竣工待移交工程占用的资金。其金额应当与“竣工工程”一致。

第三十七条 完工项目结余是指完工工程在办理竣工结算后的资金结余。

第三十八条 未完项目结存是指农业综合开发财政资金专账当年收入数与拨款数之间的差额以及报账资金、工程资金专账当年收到的未完工项目资金。

第六章 收 入

第三十九条 收入是指农业综合开发管理部门和建设单位为实施农业综合开发项目，按规定渠道取得的非偿还性资金，包括拨入上级财政资金、拨入本级财政资金、乡级财政缴入资金、交入自筹资金、交入有偿资金、交入银行贷款、占用费收入、其他收入。

第四十条 拨入上级财政资金是指农业综合开发财政资金专账收到上级财政拨入的农业综合开发无偿资金。

第四十一条 拨入本级财政资金是指农业综合开发财政资金专账收到本级财政投入的农业综合开发无偿资金。

第四十二条 乡级财政缴入资金是指为农业综合开发项目建设而缴入县级农业综合开发财政资金专账的乡级财政配套资金。

第四十三条 拨入资金是指农业综合开发报账资金专账收到的农业综合开发财政无偿资金。

第四十四条 交入自筹资金是指项目单位、农村集体和农民群众自愿投入的用于农业综合开发项目建设的资金和物资。

第四十五条 交入有偿资金是指借款人交入工程资金专账的农业综合开发财政有偿资金（含委托贷款)。

第四十六条 交入银行贷款是指债务人交入工程资金专账的用于农业综合开发项目的银行贷款。

第四十七条 占用费收入是指按规定收取的农业综合开发财政有偿资金占用费。

第四十八条 其他收入是指银行存款利息收入以及农业综合开发投资形成资产的营运收入等。

第七章 支 出

第四十九条 支出是指为实施农业综合开发项目建设而发生的资金和材料的耗费，包括农发资金支出、占用费支出、其他支出。

第五十条 拨出资金是指上级财政部门拨给下级财政部门或报账资金专账的农业综合开发财政无偿资金。

第五十一条 农发资金支出是指农业综合开发项目的全部支出，包括发生的贷款贴息、科技推广费、多种经营项目前期工作费等不构成实体工程成本的支出和从“在建工程”转来的完工工程支出。

第五十二条 占用费支出是指支付农业综合开发财政有偿资金占用费、必要的回收费用和按规定从占用费收入中提取的业务费。

第五十三条 其他支出是指按规定支付给银行的手续费和必要的资产营运费用等。

第八章 会 计 科 目

第五十四条 农业综合开发会计科目使用要求：

1. 本制度规定的会计科目，是汇总和检查农业综合开发资金活动情况和结果的总账科目。各级农业综合开发管理部门和建设单位可根据实际工作需要选用，但非经财政部同意，不得减并或自行增设，不得擅自更换科目名称。

2. 本制度统一规定会计科目的编号，以便于编制会计凭证，登记账簿，实现会计电算化。各级农业综合开发管理部门和建设单位不得自行更改统一的会计科目编号。

3. 各级农业综合开发管理部门和建设单位在使用会计科目编号时，应与会计科目名称同时使用。可以只使用会计科目名称，不用科目编号，但不得只填科目编号，不写科目名称。

第五十五条 各级农业综合开发管理部门和建设单位适用的会计科目如下：

会计科目表

序号	编码	科目名称	
	一、资产类		
1	111	现金	
2	112	银行存款	
3	121	应收款项	
4	131	有偿资金放款	*
5	132	委托贷款	*
6	133	借出有偿资金	*
7	141	预付工程款	* *
8	151	材料	* *

续表

序号	编码	科目名称	
9	161	待处理有偿资金	*
10	171	在建工程	* *
11	172	间接费用	* *
12	181	竣工工程	* *
		二、负债类	
13	211	借入有偿资金	*
14	221	应付工程款	* *
15	231	应付质量保证金	* *
16	241	其他应付款	
		三、净资产类	
17	311	本级有偿资金	*
18	321	竣工工程基金	* *
19	331	完工项目结余	* *
20	341	未完项目结存	
		四、收入类	
21	411	拨入资金	* *
22	421	拨入上级财政资金	*
23	422	拨入本级财政资金	*
24	423	乡级财政缴入资金	*
25	431	交入自筹资金	* *
26	432	交入有偿资金	* *
27	433	交入银行贷款	* *
28	441	占用费收入	*
29	451	其他收入	
		五、支出类	
30	511	拨出资金	*
31	521	农发资金支出	* *
32	541	占用费支出	*
33	551	其他支出	

注：标注“*”号的为财政资金专账使用科目；标注“* *”号的为报账资金专账和建设单位工程资金专账使用科目；没有标注的为共用科目。

第五十六条 会计科目使用说明：

一、资 产 类

第111号科目 现 金

1.本科目核算农业综合开发管理部门和建设单位库存现金的增减变动及余额情况。

2.现金增加时，借记本科目，贷记“银行存款”等科目；现金减少时，借记“材料”等科目，贷记本科目。

本科目借方余额，反映库存现金数额。

3.各级农业综合开发管理部门和建设单位应设置“现金日记账”，出纳人员根据原始凭证逐笔顺序登记。每日终了，应计算出当日现金收入合计数、现金支出合计数和结余数，并将结余数与实际库存数核对，做到账款相符。

第112号科目　银 行 存 款

1. 本科目核算农业综合开发管理部门和建设单位存入银行的农业综合开发各种款项的增减变动及余额情况。

2. 银行存款增加时，借记本科目，贷记“拨入上级财政资金”等科目；银行存款减少时。借记“材料”、“预付工程款”等科目，贷记本科目。

本科目借方余额，反映银行存款数额。

3. 各级农业综合开发管理部门和建设单位按开户银行和存款种类等，分别设置“银行存款日记账”，由出纳人员根据收付凭证逐笔顺序登记，每月终了应结出余额。银行存款日记账应定期与银行对账，至少每月一次。月终时，账面余额与银行对账单余额之间如有差额，应逐笔查明原因进行处理。属于未达账项，应编制“银行存款余额调节表”，进行调节。

第121号科目　应 收 款 项

1. 本科目核算农业综合开发管理部门和建设单位应当收回的待结算款项。

2. 发生时，借记本科目，贷记“银行存款”等科目；应收款项归还时，借记“银行存款”等科目，贷记本科目。

本科目借方余额，反映未结算的应收款项数。

3. 本科目应按债务单位或个人设置明细科目。

第131号科目　有偿资金放款

1. 本科目核算财政部门借给用款单位和个人需定期收回的农业综合开发有偿资金。有偿资金放款的占用费收入不在本科目核算。

2. 农业综合开发项目有偿资金放款时，借记本科目，贷记“银行存款”等科目；收到归还放款时，借记“银行存款”等科目，贷记本科目。

本科目借方余额反映尚未收回的放款数。

3. 本科目应按债务人设置二级明细科目，按项目名称（项目名称可涵盖项目级次、项目年度、项目区和项目类别等，下同）设置三级明细科目。

第132号科目　委 托 贷 款

1. 本科目核算财政部门按照有关规定，委托银行和非银行金融机构办理的有偿资金放款。有偿资金放款的占用费收入不在本科目核算。

2. 委托贷款明确债务后，划拨时借记本科目，贷记“银行存款”科目。收到归还放款时作相反分录。

本科目借方余额反映尚未收回的委托贷款数。

3. 本科目应按委托银行名称设置二级明细科目，按债务人设置三级明细科目，按项目名称设置四级明细科目。

第133号科目　借出有偿资金

1. 本科目核算上级财政部门借给下级财政部门的农业综合开发有偿资金，资金占用费收入不在本科目核算。

2. 借出时，借记本科目，贷记“银行存款”科目；收回时作相反分录。

本科目借方余额反映尚未收回的借出有偿资金数。

3. 本科目应按债务人设置二级明细科目，按项目名称设置三级明细科目。

第141号科目　预付工程款

1. 本科目核算按施工合同或工程概预算预付给项目施工单位的资金或材料等。

2. 预拨时借记本科目，贷记“银行存款”、“材料”等科目；转作支出时借记“在建工程”等科目，贷记本科目。项目竣工办理结算后，本科目应无余额。

3. 本科目按项目施工单位设置二级明细科目，按项目名称设置三级明细科目。

第151号科目　材　　料

1. 本科目核算为农业综合开发工程建设而储存的各种物资。小额的、用途明确的一次性使用材料，也可不经过本科目，而直接记入“预付工程款”等科目。

2. 购入和自筹交入材料时，借记本科目，贷记“银行存款”、“交入自筹资金”等科目；材料领用时，借记“预付工程款”等科目，贷记本科目。

本科目借方余额反映材料的实际库存数。

项目全部完工后，应将剩余材料及时作价处理。处理时，借记“银行存款”、“现金”等科目，贷记本科目。

3. 本科目按材料种类和规格设置二级明细科目。

第161号科目　待处理有偿资金

1. 本科目核算经批准列入的待核销有偿资金放款、委托贷款。

2. 逾期未还的有偿资金放款、委托贷款经批准转入时，借记本科目，贷记“有偿资金放款”、“委托贷款”等科目；按规定程序报经批准核销时，借记“本级有偿资金”、“借入有偿资金”等科目，贷记本科目。

本科目借方余额反映尚未核销的待处理有偿资金。

3. 本科目按项目名称设置二级明细科目，按上级和本级设置三级明细科目。

第171号科目　在 建 工 程

1. 本科目核算在建工程成本，不构成实体工程成本的应核销支出不在本科目核算。

2. 发生直接形成实体工程的支出时，借记本科目，贷记“银行存款”、“预付工程款”等科目；摊销间接费用时，借记本科目，贷记“间接费用”科目；当单项实体工程完工并通过县级农业综合开发管理部门验收合格，结转已完工工程成本时，借记“农发资金支出”科目，贷记本科目；同时，借记“竣工工程”科目，贷记“竣工工程基金”科目。本科目借方余额反映未完工实体工程所发生的工程成本。

3. 本科目按项目名称设置二级明细科目，按有关治理措施设置三级明细科目，按单项工程名称设置四级明细科目。

第172号科目　间 接 费 用

1. 本科目核算不直接形成有形实体工程，但与实体工程有紧密联系所必须发生的共同费用，包括前期工作费（不含多种经营项目的前期工作费）、材料损耗等。

2. 费用发生时，借记本科目，贷记“银行存款”、“现金”等科目。

3. 间接费用应按单项工程预算占全部工程预算投资总额的比例进行分摊。单项工程完工分摊时，借记“在建工程”科目，贷记本科目。

4. 本科目按项目名称设置二级明细科目，按有关经济内容设置三级明细科目。

第181号科目　竣 工 工 程

1. 本科目核算经县级以上农业综合开发管理部门验收合格的完工工程成本。

2. 工程竣工时，借记本科目，贷记“竣工工程基金”科目；当竣工工程正式移交使用单位时，借记“竣工工程基金”科目，贷记本科目。全部移交后，本科目应无余额。

3. 本科目按项目名称设置二级明细科目，按有关治理措施设置三级明细科目，按单项工程名称设置四级明细科目。

二、负 债 类

第211号科目　借入有偿资金

1. 本科目核算下级财政部门从上级财政部门借入的农业综合开发有偿资金。借入有偿资金的占用费不在本科目核算。

2. 借入时，借记“银行存款”科目，贷记本科目。归还时作相反分录。

本科目贷方余额，反映尚未归还的借入有偿资金数。

3. 本科目应按开发期设置二级明细科目，按项目类别设置三级明细科目。

第221号科目　应付工程款

1. 本科目核算应付未付给项目施工单位的工程款项。

2. 发生应付工程款项时，借记“在建工程”等科目，贷记本科目。将应付工程款支付给施工单位时，借记本科目，贷记“银行存款”等科目。

本科目余额反映应付未付给项目施工单位的款项。

3. 本科目应按施工单位设置二级明细科目，按项目名称设置三级明细科目。

第231号科目　应付质量保证金

1. 本科目核算按施工合同有关条款预留的应付给项目施工单位的工程款项。

2. 预留质量保证金时，借记“在建工程”等科目，贷记本科目；支付时借记本科目，贷记“银行存款”、“现金”等科目。

本科目贷方余额反映应付未付的质量保证金。

3. 发生由于工程质量问题等原因不予支付质量保证金时，应将其转入完工项目结余，借记本科目，贷记“完工项目结余”科目。

4. 本科目按施工单位设置二级明细科目，按项目名称设置三级明细科目。

第 241 号科目 其他应付款

1. 本科目核算除应付工程款、应付质量保证金之外的应付未付的款项。

2. 发生时借记“银行存款”等科目，贷记本科目；还款时借记本科目，贷记“银行存款”等科目。

本科目贷方余额反映未支付的应付款项。

3. 本科目应按债权人设置明细科目。

三、净资产类

第 311 号科目 本级有偿资金

本科目核算本级财政拨入有偿使用的农业综合开发资金，以及完工项目结余、占用费收支结余、其他收支结余转入的农业综合开发资金。

收到本级财政拨入有偿使用的农业综合开发资金时，借记“银行存款”科目，贷记本科目；年终时，将“其他收入”、“占用费收入”等科目的余额转入本科目，借记“其他收入”、“占用费收入”等科目，贷记本科目；同时将“占用费支出”、“其他支出”等科目的余额转入本科目，借记本科目，贷记“占用费支出”、“其他支出”等科目。

收到缴回的完工项目结余时，借记“银行存款”等科目，贷记本科目；本级有偿资金经批准转作无偿使用时，借记本科目，贷记收入类相关科目。

本科目贷方余额反映本级有偿资金规模，年终余额结转下年。

第 321 号科目 竣工工程基金

1. 本科目核算已竣工、但尚未移交使用的完工工程资金。

2. 竣工时，借记“竣工工程”科目，贷记本科目；当竣工工程正式移交使用时，借记本科目、贷记“竣工工程”科目。本科目余额应当与“竣工工程”科目一致。全部移交后，本科目应无余额。

第 331 号科目 完工项目结余

1. 本科目核算办理竣工决算后的农业综合开发项目资金结余。

2. 年终，应将相应的已完工工程收入和支出同时转入本科目。结转收入时，借记“拨入资金”等科目，贷记本科目；结转支出时，借记本科目，贷记“农发资金支出”等科目。

3. 所有工程完工，办理总竣工决算后，应编制完工项目结余款项移交表，及时将完工项目结余中属财政无偿投入的部分缴回财政资金专账，属农村集体和农民群众自筹投入的部分按程序退还农村集体和农民群众；移交时，借记本科目，贷记“银行存款”、“材料”等科目。

4. 本科目按项目名称设置二级明细科目。

第 341 号科目 未完项目结存

1. 本科目核算农业综合开发财政资金专账当年收入数与拨款数之间的差额以及报账资金专账、工程资金专账当年收到的未完工项目资金。

2. 财政资金专账，年终结算时要将本年度项目资金收入与拨出的科目余额结转到本科目，结转收入时，借记“拨入上级财政资金”等科目，贷记本科目；结转拨出时，借记本科目，贷记“拨出资金”等科目；所有工程竣工结算后，“未完项目结存”贷方余额应转入“本级有偿资金”科目。报账资金专账和工程资金专账，年终结算时要将本年度收到的未完工项目资金余额转入本科目贷方；项目完工时，本科目应无余额。

3. 本科目按项目名称设置二级明细科目。

四、收入类

第 411 号科目 拨入资金

1. 本科目核算农业综合开发报账资金专账收到财政资金专账拨入的农业综合开发无偿资金。

2. 拨款时，借记“银行存款”科目，贷记本科目。年终转账，应将本科目余额分完工工程和未完工程，借记本科目，贷记“完工项目结余”、“未完项目结存”科目。

3. 本科目按项目名称设置二级明细科目。

第421号科目　拨入上级财政资金

1. 本科目核算农业综合开发财政资金专账收到上级财政拨入的农业综合开发无偿资金。

2. 收到时，借记“银行存款”科目，贷记本科目；年终结算时，应将本科目余额转入“未完项目结存”，借记本科目，贷记“未完项目结存”科目。

3. 本科目按项目名称设置二级明细科目。

第422号科目　拨入本级财政资金

1. 本科目核算农业综合开发财政资金专账收到本级财政拨入的农业综合开发无偿资金。

2. 收到时，借记“银行存款”科目，贷记本科目；年终结算时，应将本科目余额转入“未完项目结存”，借记本科目，贷记“未完项目结存”科目。

3. 本科目按项目名称设置二级明细科目。

第423号科目　乡级财政缴入资金

1. 本科目核算乡级财政缴入县级农业综合开发财政资金专账的乡级财政配套资金。

2. 缴入时，借记“银行存款”科目，贷记本科目；年终结算时应将本科目余额转入“未完项目结存”，借记本科目，贷记“未完项目结存”科目。

3. 本科目按项目名称设置二级明细科目。

第431号科目　交入自筹资金

1. 本科目核算项目单位或农村集体、农民群众用于农业综合开发项目的资金或物资。

2. 交入时，借记“银行存款”、“材料”等科目，贷记本科目；年终转账，应将本科目余额分完工工程和未完工程，借记本科目，贷记“完工项目结余”、“未完项目结存”科目。

3. 本科目按项目名称设置二级明细科目，按筹资单位或个人设置三级明细科目。

第432号科目　交入有偿资金

1. 本科目核算借款人交入工程资金专账的农业综合开发财政有偿资金（含委托贷款）。

2. 转入时，借记“银行存款”等科目，贷记本科目；年终转账，应将本科目余额分完工工程和未完工程，借记本科目，贷记“完工项目结余”、“未完项目结存”科目。

3. 本科目按项目名称设置二级明细科目，按交入的单位或个人设置三级明细科目。

第433号科目　交入银行贷款

1. 本科目核算交入工程资金专账的用于农业综合开发项目的银行贷款。

2. 转入时，借记“银行存款”等科目，贷记本科目；年终转账，应将本科目余额分完工工程和未完工程，借记本科目，贷记“完工项目结余”、“未完项目结存”科目。

3. 本科目按项目名称设置二级明细科目，按交入的单位和个人设置三级明细科目。

第441号科目　占用费收入

1. 本科目核算按规定收取的农业综合开发财政有偿资金占用费。

2. 收到时，借记“银行存款”等科目，贷记本科目；年末，应将本科目余额转入“本级有偿资金”科目，借记本科目，贷记“本级有偿资金”科目。

3. 本科目按上级和本级设置二级明细科目。

第451号科目　其他收入

1. 本科目核算银行存款利息收入和农业综合开发投资形成的资产营运收入等。

2. 收到时，借记“银行存款”等科目，贷记本科目；年末，财政资金专账应将本科目余额转入“本级有偿资金”科目，借记本科目，贷记“本级有偿资金”科目；报账资金和工程资金专账应将本科目余额转入“完工项目结余”科目，借记本科目，贷记“完工项目结余”科目。

3. 本科目可根据需要设置明细科目。

五、支出类

第511号科目　拨出资金

1. 本科目核算财政部门拨给下级财政部门或报账资金专账的农业综合开发财政无偿资金。

2. 拨出时，借记本科目，贷记“银行存款”等科目；年终结算时，应将本科目余额转入未完项目结存，借记“未完项目结存”科目，贷记本科目。

3. 本科目按项目名称设置二级明细科目。

第 521 号科目　农发资金支出

1. 本科目核算农业综合开发项目的全部支出，包括发生的贷款贴息、科技推广费、多种经营项目前期工作费等不构成实体工程成本的支出和从“在建工程”转来的完工工程支出。

2. 发生时，借记本科目，贷记“银行存款”、“在建工程”等科目；年终，应将本科目余额转入“完工项目结余”，借记“完工项目结余”科目，贷记本科目。

3. 本科目按项目名称设置二级明细科目，按有关治理措施或经济内容设置三级明细科目。

第 541 号科目　占用费支出

1. 本科目核算支付农业综合开发财政有偿资金占用费、必要的回收费用和按规定从占用费收入中提取的业务费。

2. 发生支出时，借记本科目，贷记“银行存款”等相关科目；年末时，应将本科目余额转入“本级有偿资金”科目，借记“本级有偿资金”科目，贷记本科目。

第 551 号科目　其 他 支 出

1. 本科目核算按规定支付给银行的手续费和必要的资产营运费用等。

2. 发生支出时，借记本科目，贷记“银行存款”等相关科目。年末时，财政资金专账应将本科目余额转入“本级有偿资金”科目，借记“本级有偿资金”，贷记本科目；报账资金和工程资金专账应将本科目余额转入“完工项目结余”科目，借记“完工项目结余”，贷记本科目。

第九章　年终清理结算和结账

第五十七条　各级农业综合开发管理部门和建设单位在年度终了前，应根据决算编审要求，对各种收支账目、往来款项、货币资金、财产物资进行全面的清理结算。并在此基础上办理年度结账，编报决算。

第五十八条　年终清理结算的主要事项如下：

与同级财政预算核对年度财政预算收支和预算调整情况，保证与预算数字相符；与上下级财政核对年度预算调整及资金拨付情况，保证上下级财政之间数字相符。

农业综合开发管理部门上下级之间及与各项目用款单位核对拨借款数额，保证拨借款项相符。

及时同开户银行对账，银行存款账面余额，要同银行对账单的余额相符。账面现金余额，要同库存现金相符。

清理债权债务，收回、归还到期款项，对待处理有偿资金及时清理报批。

对库存材料进行清查盘点，加强材料管理和成本核算。

第五十九条　经过年终清理和结算，把各项结算收支记入当年账簿，即可办理年终结账。年终结账工作一般分为年终转账、结清旧账和记入新账三个环节，依次作账。

年终转账。计算出各账户 12 月份合计数和全年累计数，结出 12 月末余额，编制结账前的“资产负债表”。试算平衡后，再将各个收支账户的余额分别转入净资产类相关科目，填制 12 月 31 日的记账凭单办理结账。

结清旧账。将所有账户结出全年发生额和年末余额，然后在下面通栏划双红线，表示本账户全部结清。

记入新账。根据本年度各个总账账户和明细账户年终转账后的余额编制年终决算“资产负债表”和有关明细表（不编记账凭证），将表列各账户的余额直接记入新年度有关账户，并在“摘要”栏注明“上年结转”字样，以区别新年度发生数。

第十章　会计报表的编审

第六十条　农业综合开发会计报表是反映农业综合开发资金筹集、使用及其执行结果的书面报告，是了解情况、掌握政策、推动农业综合开发工作的重要资料，是编制农业综合开发中长期规划和下期实施计划的基础。

第六十一条　农业综合开发会计报表包括农业综合开发资产负债表、农业综合开发净资产变动情况表、农业综合开发财政资金收支决算表、农业综合开发财政资金拨借情况表、农

业综合开发财政有偿资金使用和回收情况表、农业综合开发财政有偿资金科目余额表和报表编制说明书。会计报表格式及编制说明见本办法附件。

第六十二条 各级农业综合开发管理部门和建设单位应按规定报送月度、季度、半年度、年度及项目竣工决算报表。会计报表要保证数字真实、内容完整、报送及时。报表应根据登记完整、核对无误的账簿记录和其他有关资料编制，切实做到账表相符，不得估列代编，更不能弄虚作假。汇总单位除编制本级报表外，还应根据本级报表和审核无误的全部所属单位报表，编制汇总会计报表。应按上级要求的时限和方式，及时报送报表，保证上级汇总的需要。月度会计报表应于月份终了10日内报出；季度会计报表应于季度终了15日内报出；半年度会计报表应于半年度终了30日内报出；年度会计报表应于次年3月底前报出；项目竣工决算报表应于项目竣工时报出。

第十一章 附 则

第六十三条 本制度不适用于具体实施农业综合开发多种经营项目的单位。农业综合开发机构经费核算，按行政或事业单位会计制度执行。

第六十四条 本制度没有特殊规定的一般会计处理方法，按财政部发布的《会计基础工作规范》办理。会计档案的管理，按财政部、国家档案局颁发的《会计档案管理办法》执行。

第六十五条 本制度自2002年1月1日起施行，原制定的《农业综合开发资金会计制度（试行）》同时废止。

附件1

会计报表格式

农业综合开发资产负债表

农发会01表　　　　年　月　日　　　　单位：元

科目编号	资产部类	年初数	期末数	科目编号	负债部类	年初数	期末数
	一、资产类				二、负债类		
111	现金			211	借入有偿资金		
112	银行存款			221	应付工程款		
121	应收款项			231	应付质量保证金		
131	有偿资金放款			241	其他应付款		
132	委托贷款				负债类合计		
133	借出有偿资金				三、净资产类		
141	预付工程款			311	本级有偿资金		
151	材料			321	竣工工程基金		
161	待处理有偿资金			331	完工项目结余		
171	在建工程			341	未完项目结存		
172	间接费用						
181	竣工工程						

续表

科目编号	资产部类	年初数	期末数	科目编号	负债部类	年初数	期末数
	资产类合计				净资产类合计		
	五、支出类				四、收入类		
511	拨出资金			411	拨入资金		
521	农发资金支出			421	拨入上级财政资金		
541	占用费支出			422	拨入本级财政资金		
551	其他支出			423	乡级财政缴入资金		
				431	交入自筹资金		
				432	交入有偿资金		
				433	交入银行贷款		
				441	占用费收入		
				451	其他收入		
	支出类合计				收入类合计		
	资产部类总计				负债部类总计		

农业综合开发净资产变动情况表

农发会02表　　　　年　月　日　　　　单位：元

本级有偿资金		竣工工程基金		完工项目结余		未完项目结存	
一、年初数		一、年初数		一、年初数		一、年初数	
二、本年增加数		二、本年增加数		二、本年增加数		二、本年增加数	
1. 本级财政拨入		1. 竣工工程转入		1. 完工项目结余转入		1. 本年未完项目结存	
2. 完工项目结余转入		2.		2. 本级有偿资金抵补赤字		2.	
3. 占用费收支结余转入		3.		3.			
4. 其他收支结余转入							
5. 其他							
三、本年减少数		三、本年减少数		三、本年减少数		三、本年减少数	
1. 缴回同级财政		1. 竣工工程转出		1. 完工项目赤字		1. 本年冲减数	
2. 核销呆账损失		2.		2. 转入本级有偿资金		2. 完工转出	
3. 转作无偿使用		3.		3.		3.	
4. 抵补完工项目赤字							
5. 抵补其他收支赤字							
6. 其他							
四、年末数		四、年末数		四、年末数		四、年末数	

农业综合开发财政资金收支决算表

农发会03表　　年　月　日　　单位：万元

项　目	收入		项　目	支　出					
	预算数	决算数		预算数			决算数		
				合计	预算内	预算外	合计	预算内	预算外
一、上年结转资金			一、本年支出合计						
1. 预算内结转			（一）中央立项项目投资						
2. 预算外结转			1. 土地治理项目						
二、本年预算内收入			2. 多种经营项目						
1. 年初预算安排数			3. 专项科技示范项目						
其中：农业发展基金			4. 贷款贴息支出						
2. 地方机动财力安排			5. 其他支出						
3. 上级专项拨款			（二）地方立项项目投资						
4. 其他			1. 土地治理项目						
三、本年预算外收入			2. 多种经营项目						
1. 农业发展基金预算外收入			3. 专项科技示范项目						
2. 上级补助			4. 贷款贴息支出						
3. 其他			5. 其他支出						
预算内收入小计			二、结转下年资金						
预算外收入小计			1. 结转下年预算内资金						
			2. 结转下年预算外资金						
总　计			总　计						

农业综合开发财政资金拨借情况表

（中央立项项目）

农发会04表　　年　月　日　　单位：万元

项　目	上年结转			本年增加			本年拨出			结转下年		
	小计	上级拨借款	本级配套	小计	上级拨借款	本级配套	小计	上级拨借款	本级配套	小计	上级拨借款	本级配套
省级												
其中：省本级												
地（市）级												
其中：地（市）本级												
县级												
合　计												

农业综合开发财政有偿资金使用和回收情况表

农发会05表

年　月　日

单位：万元

项　目	土地治理项目	多种经营项目	专项科技示范项目	合　计
1. 年初放款余额				
2. 本年放款数				
3. 本年转入待处理数				
4. 年末放款余额				
5. 累计放款数				
6. 累计转入待处理数				
7. 应回收本年到期数				
8. 应回收累计到期数				
9. 本年实际回收数				
10. 实际回收本年到期数				
11. 累计回收数				

农业综合开发财政有偿资金科目余额表

农发会06表

年　月　日

单位：万元

科目名称	合计		省级		地（市）级		县级		乡（镇）级	
	年初数	年末数	年初数	年末数	年初数	年末数	年初数	年末数	年初数	年末数
一、负债及净资产合计										
1. 本级财政有偿资金										
2. 借入财政有偿资金										
二、资产类合计										
1. 借出财政有偿资金										
2. 有偿资金放款										
3. 委托贷款										
4. 待处理有偿资金										
5. 有偿资金存款										

附件 2

会计报表编制说明

一、农业综合开发资产负债表（农发会01表）

1. 本表反映各级农业综合开发管理部门和建设单位所管理、核算的农业综合开发资金会计期末的财务状况。

2. 各级农业综合开发管理部门和建设单位按期末各会计科目余额（红字以负数列示），试算平衡后，编制资产负债表。年末时，还要按程序编制年终转账后的资产负债表。

3. 农业综合开发建设单位按期末各会计科目余额，经试算平衡后，填列本级资产负债表。经审核无误后，报送同级财政部门。

4. 财政部门收到农业综合开发建设单位报送的资产负债表后，将拨出农业综合开发资金与拨入

资金及双方往来科目对冲后合并编制本级资产负债表，再与所有下级财政部门汇总表，对冲拨出、拨入科目及债权债务和往来科目，编制本地区合并资产负债表，经审核无误后，报送上级财政部门。

5. 本表资产部类总计 = 负债部类总计；资产 + 支出 = 负债 + 净资产 + 收入；冲销收入支出科目后，资产 = 负债 + 净资产。

二、农业综合开发净资产变动情况表（农发会02表）

1. 本表用于反映农业综合开发各项净资产的形成和使用过程。

2. 表中的年初数、年末数必须与“农业综合开发资产负债表”（农发会01表）中的数字一致。

3. 表中“本级有偿资金”栏中“本年增加数”的“完工项目结余转入”应与“完工项目结余”栏中“本年减少数”的“转入本级有偿资金”相等。

4. 表中“本级有偿资金”栏中“本年减少数”的“抵补完工项目赤字”应与“完工项目结余”栏中“本年增加数”的“本级有偿资金抵补赤字”相等。

三、农业综合开发财政资金收支决算表（农发会03表）

1. 本表反映农业综合开发财政资金收支情况，包括“农业综合开发支出”类资金的预算执行情况和财政预算外农业综合开发资金收支情况，填报口径与各级财政年终决算一致。

2. “预算数”应按年初人大通过的本级财政预算安排数填列；“预算内决算数”反映预算实际执行的结果，“预算外决算数”反映的是预算外资金筹集数。

3. “上年结转资金”中，“预算内结转”是指上年决算后，决算批复的实际可用预算结转数；“预算外结转”是指预算外资金筹集数与预算外资金实际支出数的差额，结转下年继续使用数。

4. 预算内收入反映本级财政统一安排用于农业综合开发的年初预算。其中：预算内农业发展基金是指按其各项预算内来源的加总数。

5. “地方机动财力安排”反映在预算执行过程中，由地方机动财力安排的预算。

6. “上级专项拨款”反映本年度上级财政追加本级的农业综合开发专款，从上级财政借入资金不在此反映。

7. “预算内收入小计”指上年预算内结转与本年预算安排数之和，“预算外收入小计”指上年预算外结转与本年预算外收入之和，分别指本年可安排数。

8. 支出“预算数”是指计划安排数；“结转下年资金”反映待安排数；支出预算只反映本级安排数。

9. 支出“预算内决算数”反映总预算金库拨出的“财政拨款累计数”，各支出的“预算内决算数”与总预算的“财政拨款累计数”一致。预算内外支出资金，各级列报各级，不能重复；由下一级财政部门向上一级财政部门报送决算，逐级汇总。支出决算数只反映本级列支数，应与专户收到财政资金总数相符。

10. “中央立项开发的项目投资”中包括中央农口部门立项的农业综合开发项目，根据项目建设内容分别列入“土地治理项目”和“多种经营项目”。“专项科技示范项目”仅指单独立项的专项科技示范项目的投资，不包括“土地治理项目”中的科技措施支出；“其他支出”是指按规定提取的业务费等支出。

11. 表末总计栏收入的“预算数”总计和支出的“预算数”合计相等，收入的“决算数”总计与支出的“决算数”合计相等；预算内收入小计的预算数、决算数分别与“支出”总计预算数、决算数“预算内”相等；预算外收入小计的预算数、决算数分别与“支出”总计的预算数、决算数“预算外”相等。

四、农业综合开发财政资金拨借情况表（农发会04表）

1. 本表反映用于中央立项项目农业综合开发财政资金的拨借款及配套情况。

2. “上级拨借款”是指下级财政部门收到上级

财政部门拨借的农业综合开发资金数额。

3."本级配套"是指按照农业综合开发资金管理规定，本级用于中央立项项目的配套资金数。

4.表中上一级财政部门的"本年拨出"数减去拨借给本级项目实施单位资金数后，应等于下一级财政部门"本年增加"的"上级拨借款"数。

5.表中"上年结转"+"本年增加"-"本年拨出"="结转下年"。

6.表中"合计"栏只填"本级配套"数。

五、农业综合开发财政有偿资金使用和回收情况表（农发会05表）

1.本表反映农业综合开发财政有偿资金的使用和回收情况。本表由各级财政部门分"土地治理项目"、"多种经营项目"和"专项科技示范项目"分级汇总填报。

2.本表只反映放款数，即借给项目实施单位的借款数，本级财政借给下级财政为"借出数"，不在本表反映。

3.表中"本年放款数"是指当年放款资金的总额，应根据"有偿资金放款"科目和"委托贷款"科目借方本年发生额汇总填列；"累计放款数"是指自开始农业综合开发财政有偿资金放款之日截至报告期止，有偿资金的累计放款额，等于"上年累计放款数"加上"本年放款数"。

4."应回收本年到期数"是指当年到期应回收的资金总额；"应回收累计到期数"是指历年放款到期应回收的资金总额，可根据有偿资金登记簿等辅助账计算填列。

5."本年转入待处理数"是指本年度经批准将"有偿资金放款"和"委托贷款"的呆账损失转入"待处理有偿资金"科目的数额，根据"待处理有偿资金"科目本年借方发生数填列；"累计转入待处理数"是指自发生呆账转入时起截至报告期止的累计转入数，根据上年"累计转入待处理数"加上本年"待处理有偿资金"科目借方发生数填列。

6."本年实际回收数"是指当年实际回收有偿资金的总额，包括回收以前年度到期的有偿资金和本年到期的有偿资金，根据本年"有偿资金放款"和"委托贷款"贷方发生额填列；"实际回收本年到期数"是指当年到期应回收有偿资金的实际回收数；"累计回收数"是指自农业综合开发财政有偿资金放款之日起截至报告期止，累计回收有偿资金的数额。

7."年初放款余额"+"本年放款数"-"本年回收数"-"本年转入待处理数"="年末放款余额"="累计放款数"-"累计回收数"-"累计转入待处理数"。

六、农业综合开发财政有偿资金科目余额表（农发会06表）

1.本表反映各级农业综合开发财政有偿资金在会计期末的财务状况。

2.本表由各级财政部门按有关总账科目或明细科目年初、年末余额分别填列本级数，逐级核对和汇总填列。

3."年初数"按各科目的账面年初余额数填列，"年末数"按各科目的账面年末余额填列。

4."负债及净资产合计"、"借入财政有偿资金"、"资产类合计"、"借出财政有偿资金"的"年初数"、"年末数"，其合计均不需填列。

5."本级财政有偿资金"科目余额反映本级农业综合开发财政有偿资金总规模，其"年初数"和"年末数"的差额反映本年度安排或转出、核销、缴回的本级农业综合开发财政有偿资金。

6."借入财政有偿资金"反映自借入上级农业综合开发财政有偿资金之日起截至报告期止累计借入资金的余额，按"借入有偿资金"科目借方余额填列，其"年末数"和"年初数"的差额反映本年度内借入或归还的上级财政有偿资金。

7.上一级财政部门的"借出有偿资金"的年初数和年末数要分别与下一级财政部门或下几级财政部门的"借入财政有偿资金"的"年初数"和"年末数"相等。

8.本表"有偿资金放款"、"委托贷款"年初和年末余额之和应分别与"农业综合开发财政有偿资金使用和回收情况表"（农发会05表）"年初放款余额"、"年末放款余额"相等。

9. 表中“本级财政有偿资金”按“本级有偿资金”科目分析填列；“有偿资金存款”按“银行存款”等科目分析填列。

[附录]

主要会计事项举例

一、县级农业综合开发财政资金专账主要会计事项举例

1. 收到上级农业综合开发财政无偿资金302万元。

借：银行存款　　3 020 000.00

　　贷：拨入上级财政资金　3 020 000.00

2. 收到本级财政配套资金45万元，其中：无偿资金30万元，有偿资金15万元。

借：银行存款　　450 000.00

　　贷：拨入本级财政资金　300 000.00

　　　　本级有偿资金　150 000.00

3. 收到乡级财政配套资金25万元。

借：银行存款　　250 000.00

　　贷：乡级财政缴入资金　250 000.00

4. 借入上级财政有偿资金50万元。

借：银行存款　　500 000.00

　　贷：借入有偿资金　500 000.00

5. 根据计划，拨付财政无偿资金到县级农业综合开发报账资金专账335万元，以实施县级报账。

借：拨出资金　　3 350 000.00

　　贷：银行存款　3 350 000.00

6. 履行委托贷款手续确定债务人后，拨付财政有偿资金到委托行专户65万元。

借：委托贷款——××银行

　　650 000.00

　　贷：银行存款　650 000.00

7. 回收有偿资金100万元；占用费3万元，其中：上级2万元，本级1万元。

借：银行存款　　1 030 000.00

　　贷：有偿资金放款　1 000 000.00

　　　　占用费收入——上级　20 000.00

　　　　　　　　　——本级　10 000.00

8. 归还上级有偿资金借款本金80万元，占用费2万元。

借：借入有偿资金　　800 000.00

　　占用费支出　　20 000.00

　　贷：银行存款　820 000.00

9. 收到银行存款利息4 000元。

借：银行存款　　4 000.00

　　贷：其他收入　4 000.00

10. 支付委托贷款手续费1 000元。

借：其他支出　　1 000.00

　　贷：银行存款　1 000.00

11. 经上级批准，列入待处理有偿资金10万元。

借：待处理有偿资金　　100 000.00

　　贷：有偿资金放款　100 000.00

12. 按规定从本级有偿资金占用费收入中提取1 000元业务费并转入机构经费。

借：占用费支出　　1 000.00

　　贷：银行存款　1 000.00

13. 年终，进行有关会计核算的结、转账工作。

（1）借：拨入上级财政资金

　　3 020 000.00

　　拨入本级财政资金

　　300 000.00

　　乡级财政缴入资金

　　250 000.00

　　贷：未完项目结存　3 570 000.00

（2）借：未完项目结存　3 350 000.00

　　贷：拨出资金　3 350 000.00

(3) 借：占用费收入　30 000.00

　　贷：本级有偿资金　30 000.00

(4) 借：本级有偿资金　21 000.00

　　贷：占用费支出　21 000.00

(5) 借：其他收入　4 000.00

　　贷：本级有偿资金　4 000.00

(6) 借：本级有偿资金　1 000.00

　　贷：其他支出　1 000.00

二、县级农业综合开发报账资金专账主要会计事项举例

1. 收到财政资金专账拨入的财政无偿资金 335 万元。

借：银行存款　3 350 000.00

　贷：拨入资金　3 350 000.00

2. 收到银行存款利息 3 000 元。

借：银行存款　3 000.00

　贷：其他收入　3 000.00

3. 按照施工合同（甲工程预算 200 万元、乙工程预算 117 万元），预付给施工单位工程款 270 万元，其中，甲工程队 160 万元，乙工程队 110 万元。

借：预付工程款——甲工程队

　　1 600 000.00

　　——乙工程队

　　1 100 000.00

　贷：银行存款　2 700 000.00

4. 支付设计部门设计费 15 万元。

借：间接费用　150 000.00

　贷：银行存款　150 000.00

5. 支付科技培训费 1 万元。

借：农发资金支出　10 000.00

　贷：银行存款　10 000.00

6. 发生其他支出 2 000 元。

借：其他支出　2 000.00

　贷：银行存款　2 000.00

7. 支付发生贷款项目贴息资金 2 万元。

借：农发资金支出　20 000.00

　贷：银行存款　20 000.00

8. 乙工程（自营工程）报账 100 万元。

借：在建工程　1 000 000.00

　贷：预付工程款　1 000 000.00

9. 甲工程（招标工程）完工，通过验收，工程决算为 199 万元；结算：拨付工程款 10 万元，尚欠工程款 9 万元，预留工程质量保证金 20 万元。

借：在建工程　1 990 000.00

　贷：预付工程款　1 600 000.00

　　银行存款　100 000.00

　　应付质量保证金　200 000.00

　　应付工程款　90 000.00

10. 根据工程投资计划分摊甲工程应摊销的间接费用 9 万元（乙工程尚未完工，暂不分摊间接费用）。

借：在建工程　90 000.00

　贷：间接费用　90 000.00

11. 结转甲工程项目支出

借：农发资金支出　2 080 000.00

　贷：在建工程　2 080 000.00

同时记，

借：竣工工程　2 080 000.00

　贷：竣工工程基金　2 080 000.00

12. 进行完工项目检查时，发现甲工程有质量问题，扣留质量保证金 20 万元。

借：应付质量保证金　200 000.00

　贷：完工项目结余　200 000.00

13. 年终清理，结转有关科目。

（甲工程为完工项目）

借：拨入资金　2 120 000.00

　贷：完工项目结余　2 120 000.00

借：完工项目结余　2 110 000.00

　贷：农发资金支出　2 110 000.00

* 农发资金支出 211 万元中，包括甲工程支出 208 万元、科技培训费 1 万元和贴息支出 2 万元。

（乙工程为未完项目）

借：拨入资金　1 230 000.00

　贷：未完项目结存　1 230 000.00

附：下一会计年度（乙工程）的相关会计事项

（1）预付给施工单位工程款7万元。

借：预付工程款　70 000.00

　贷：银行存款　70 000.00

（2）乙工程完工，报账17万元（其中上年预付工程款挂账10万元）。

借：在建工程　170 000.00

　贷：预付工程款　170 000.00

（3）根据工程投资计划分摊乙工程应摊销的间接费用6万元。

借：在建工程　60 000.00

　贷：间接费用　60 000.00

（4）将乙工程列支。

借：农发资金支出　1 230 000.00

　贷：在建工程　1 230 000.00

同时记，

借：竣工工程　1 230 000.00

　贷：竣工工程基金　1 230 000.00

（5）年终清理，结转有关科目。

借：未完项目结存　1 230 000.00

　贷：完工项目结余　1 230 000.00

借：完工项目结余　1 230 000.00

　贷：农发资金支出　1 230 000.00

14. 年终结转其他收支。

（1）借：其他收入　3 000.00

　　贷：完工项目结余　3 000.00

（2）借：完工项目结余　2 000.00

　　贷：其他支出　2 000.00

15. 年终，将完工项目结余上缴财政资金专账。

借：完工项目结余　211 000.00

　贷：银行存款　211 000.00

三、农业综合开发建设单位工程资金专账主要会计事项举例

（一）收入业务的主要会计事项

1. 收到项目区农民群众自筹资金（附现金缴款单）80万元，材料40万元。

借：银行存款　800 000.00

　　材料　400 000.00

　贷：交入自筹资金　1 200 000.00

2. 收到项目区交入有偿资金65万元。

借：银行存款　650 000.00

　贷：交入有偿资金　650 000.00

3. 收到交入的银行贷款5万元。

借：银行存款　50 000.00

　贷：交入银行贷款　50 000.00

4. 收到银行存款利息600元。

借：银行存款　600.00

　贷：其他收入　600.00

（二）农业综合开发建设单位工程资金专账的预付、支出、结算、结转等会计事项，同县级农业综合开发报账资金专账的相应处理

财政部关于印发《关于进一步加强农业综合开发资金管理的若干意见》的通知

（2002年8月26日　财发［2002］25号）

各省、自治区、直辖市、计划单列市财政厅（局）、农业综合开发办公室，新疆生产建设兵团财务局，农业部，水利部，国土资源部，国家林业局：

现将《关于进一步加强农业综合开发资金管理的若干意见》印发给你们，请认真贯彻执行。执行中有何意见和问题，请及时反馈国家农业综合开发

办公室。

附件：关于进一步加强农业综合开发资金管理的若干意见

附件

关于进一步加强农业综合开发资金管理的若干意见

为了适应新阶段农业和农村形势发展的需要，进一步加强和规范农业综合开发资金管理，提高资金使用效益，现提出以下意见。

一、农业综合开发资金管理的目标和任务

1.农业综合开发资金管理的目标。农业综合开发资金管理要以提高资金使用效益为核心，以增加资金投入为保障，以强化管理、合理使用为手段，最终实现资金投向合理，管理规范，运行有序，监督有力，效益显著的目标。

2.农业综合开发资金管理的任务。坚持国家投入为引导，多渠道、多层次筹集资金；围绕农业综合开发的主要任务和工作重点，合理确定资金投向；依据有关政策与规章制度，严格农业综合开发资金的使用、管理和监督；加强组织领导，提高农业综合开发资金管理的效率与水平。

二、农业综合开发资金的筹集

1.农业综合开发要坚持和完善“国家引导、配套投入、民办公助、滚动开发”的投入机制，多层次、多渠道筹集开发资金。除中央财政专项安排农业综合开发资金外，地方各级财政要相应落实配套资金，农民筹资投劳要符合有关政策规定。中央财政资金按照无偿与有偿相结合的方式投入，无偿资金与有偿资金的投入比例依据不同项目的性质分类确定（另行确定）。回收的有偿资金继续用于农业综合开发。

2.各级财政要逐步加大农业综合开发资金投入。“十五”及今后一段时期内，用于农业综合开发投入的财政资金增长幅度应高于“九五”水平。中央财政要根据财力可能逐年增加用于农业综合开发的资金。地方财政要按照规定的比例落实配套资金，地方财政资金与中央财政资金的配套投入比例，依据各省、自治区、直辖市和计划单列市的财力状况分类确定（另行规定）。原则上省级财政承担的配套资金不低于全部配套资金的70%。地方财政配套资金不落实的，要适当调减下一年度的中央财政资金投入。

3.要在充分尊重农民意愿的前提下，积极宣传、发动、引导农民群众自主投劳和筹集资金（包括现金和实物折资）参与农业综合开发项目建设。

4.安排农业综合开发项目贷款贴息资金，吸引银行增加农业综合开发贷款投入。积极探索开放性开发、经营性开发和股份制开发方式，广泛吸引各类社会投资、外资以及国际金融组织贷款用于农业综合开发。

三、农业综合开发资金的分配

1.中央财政农业综合开发资金的分配采取综合因素法。中央农业综合开发资金重点用于农业综合开发潜力大、开发效果好、项目和资金管理质量高的地区。

2.保证农业综合开发的投入重点。原则上财政资金的70%用于土地治理项目，30%用于多种经营项目。根据各项目区不同的资源状况，可适当调整不同项目的投入比例。

3.加大科技投入力度。要逐步增加土地治理

项目和多种经营项目中的科技推广资金、科技示范项目专项资金的投入。财政资金中科技投入的比例要逐步提高到10%。

四、农业综合开发资金的使用和管理

1. 农业综合开发资金按项目管理。以资金投入确定项目规模，按项目管理资金，上级财政部门向下级财政部门拨借资金必须依据批复的项目计划。

2. 农业综合开发资金要严格按规定范围使用，主要用于新建、改建和加固小型水库、拦河坝、排灌站、机电井、灌排渠系、科技推广、改良土壤、机耕路、农牧机械、草场围栏、畜禽棚舍、水产养殖池与设备、农田防护林、完善农业支持服务体系、农产品生产厂房与设备、农产品产地批发市场等。

3. 农业综合开发资金的使用要坚持“专账核算、专人管理、专款专用”的原则，严禁挤占挪用。各级财政部门必须及时足额下拨财政资金。农业综合开发资金核算必须严格执行国家农业综合开发资金会计制度。

4. 财政部门应根据工程进度及时拨借财政资金，无正当理由，不得任意缓拨或停拨。

5. 财政无偿资金的使用实行县级报账制。要严格按规定的程序和手续及时办理报账，报账凭证经县级农发部门审核后，县级财政部门办理报账手续。要认真审核各种报账凭证的真实性、合法性及准确性。报账资金的拨付实行转账结算，严格控制现金支出。

6. 财政有偿资金的发放原则上实行委托银行贷款方式，要按照“谁受益，谁还款”的原则落实债务人和还款责任人。县级农发管理部门要与受托银行协调配合，明确双方的责任和义务，确保有偿资金的及时投放和按时足额回收。切实加强财政有偿资金管理，防止形成债务风险，对确因国家政策调整、重大自然灾害等不可抗力因素的影响，损失巨大且不能获得补偿，造成无力偿还的有偿资金，可按有关规定申请延期偿还和呆账核销。

7. 加强农业综合开发财政资金支出管理和项目成本核算，严格控制成本开支范围，认真做好项目竣工决算，及时办理项目资产移交，加强农业综合开发资产管理，提高资产使用效益。

五、农业综合开发资金的监督和检查

1. 严格执行各项财经管理制度，建立健全农业综合开发资金审批、使用，管钱、管账相分离的内部监督机制，确保资金专款专用。

2. 项目建设单位要定期向财政部门或农业综合开发部门报告农业综合开发项目资金的使用和项目实施情况。对不按规定使用资金的，财政部门或农业综合开发部门可停拨项目资金或中止项目执行。

3. 各级财政部门和农业综合开发部门要定期对农业综合开发资金的拨付使用情况进行总结分析，于每季度终了时向上级财政部门报送季度报表，年终时编报资金决算。对于报送虚假报表的财政部门和农业综合开发部门，一经发现，要给予通报批评，第二年不再给该地区安排新增资金。

4. 密切配合财政和审计等有关部门，定期或不定期地对农业综合开发资金的筹集、使用和管理进行监督检查。建立违纪违规责任追究制度，对截留、挪用农业综合开发资金等问题进行严肃查处，责令整改，并依法追究有关人员的责任。没有及时整改的，可停拨或缓拨当年项目资金。

5. 建立农业综合开发资金使用公示制。农业综合开发项目建设单位必须将项目资金筹集、使用情况向项目区群众公布，接受民主监督。

六、农业综合开发资金管理的其他要求

1. 各级领导要高度重视农业综合开发资金管理工作，配备得力的人员，并保持资金管理人员的相对稳定。

2. 切实加强农业综合开发资金管理人员的培训工作，大力提高财会人员的业务素质。

3. 不断改进农业综合开发资金管理手段，大力推行农业综合开发资金会计核算电算化，提高工作效率和水平。

4. 加强农业综合开发资金管理调查研究工作，增强农业综合开发资金管理工作的科学性、指导性和预见性。不断完善农业综合开发资金管理办法，促进农业综合开发工作进一步发展。

5. 各级财政要根据当地农业综合开发事业发展的需要，合理安排本级农业综合开发事业费。

“八五”期间国家农业综合开发规划

（1990 年 9 月 3 日　国家农业综合开发领导小组第十次会议审定）

根据今年 5 月 28 日领导小组第九次会议关于编制“八五”农业综合开发规划的要求，我们在去年同有关部门一起草拟的“八五”开发规划的基础上，结合前两年开发的情况和部分省对“八五”开发的要求，提出以下初步设想，供领导小组讨论决定。

一、开发的指导思想

“八五”期间的农业综合开发，仍应坚持以增产粮棉油肉糖等主要农产品产量，增强农业发展后劲为主要目标；以改造中低产田，开垦宜农荒地（包括已围好的滩涂宜农地），推广良种和农林水气科技成果为主要内容；按规划进行开发，按项目进行管理；从实际出发，因地制宜，实行山水田林路综合治理，农林牧副渔全面发展；既讲求经济效益，又讲求社会效益和生态效益；引入竞争机制，择优扶持；集中力量，连片开发，开发一片，成效一片；民办公助，国家农业开发基金一半有偿滚动使用。

二、开发区的选择

“八五”期间的农业综合开发区分为两大类：

一是国家立项的开发区；

二是各省、自治区、直辖市及计划单列市自行开发的地区。

国家立项的开发区中，又分为重点开发区和一般开发区。也就是说，国家立项的开发区，要本着突出重点、兼顾一般的原则选择。

选择重点开发区的原则是：水土资源丰富，开发潜力大，投资效益好；粮棉油重要产区，产品商品率高；农业基本建设，特别是水利建设有一定基础；这些地区，不仅是粮棉油调出县，从全省、自治区来讲，也是粮棉油调出的省、区。

在突出重点的前提下，对那些长期大量调入粮食的省、自治区，其境内开发条件较好，粮食增产潜力较大的县（市），也适当扶持进行开发，以提高这些省、自治区的粮食自给率，减少粮食调入量，并可相应减轻运输压力和财政补贴，对他们全面发展经济也有着重大意义。

根据上述原则，拟选的重点开发区为东北平原、黄淮海平原、长江中下游地区 3 大片 13 小片，即：黑龙江三江平原及松嫩平原、吉林松辽平原、河北海河平原、河南黄淮海平原及南阳盆地、山东黄淮海平原、黄河三角洲、江苏黄淮平原、安徽淮河平原、四川攀西地区及川中地区、湖北鄂北及江汉平原周边地区、湖南湘南及（或）洞庭湖地区、江西吉泰盆地及鄱阳湖地区，以及新疆棉糖基地。一般开发区共 21 小片，即：辽宁辽河平原、内蒙古东四盟（市）及达拉特旗，陕西关中地区和汉中盆地、宁夏黄河河套灌区、青海海西海南地区、云南滇西南地区、贵州黔北及黔南部分地区、广西桂中南地区、福建闽

西北及东南沿海地区、浙江金衢盆地及杭嘉湖平原、海南琼中北地区、山西大同及汾西盆地、西藏一江两河地区，河北坝上地区、以及武汉、成都、重庆、西安、沈阳、长春、青岛等7个计划单列市的部分地区。

这样，“八五”期间，除了三个直辖市、广东、甘肃两省以及哈尔滨、大连、南京、宁波、厦门、广州、深圳等7个计划单列市外，其他省、自治区及计划单列市都有国家立项开发的项目。如果“三西”开发资金1992年后不再安排，还应给甘肃的河西走廊等地立项开发。

三、投资规模、开发任务和新增生产能力

为了便于研究“八五”开发任务等问题，先汇报一下“七五”后三年立项开发情况。“七五”后三年国家共在34片开发区投资42.59亿元，改造中低产田8 390万亩，开荒1 095万亩（详见附表1）。根据各地上报的数字统计，新增生产能力：粮食240亿斤，棉花504万担，油料14.8亿斤（这些数字可能偏大）。每改造一亩中低产田（开荒1亩等于低改2亩），国家投资40元。

“八五”期间中央级掌握的农发基金，每年暂按15亿元计算，共75亿元（农行相应的专项贷款及地方不低于1:1的配套资金在外）。扣除“七五”后两年立项需在1991年和1992年继续拨款的8.73亿元外，“八五”期间可用的资金为66.27亿元。

“八五”期间中央级农发基金拟先安排61.87亿元。按照“七五”后三年各地开发的投资标准稍加提高后匡算，“八五”期间可改造中低产田7 921万亩，开垦宜农荒地652万亩（加上“七五”后两年立项，1991年和1992年改造的中低产田及开荒，“八五”期间共可完成改造中低产田9 563万亩，开荒812万亩）。按改造中低产田每亩增产250斤，开荒每亩增产500斤计算，共可新增生产能力：粮食230亿斤（包括棉花和油料折算数）。其中，重点开发区投资（指中央扶持的资金、下同）46.2亿元，占61.87亿元的74.7%，改造中低产田6 250万亩，开垦宜农荒地534万亩。一般开发区投资15.67亿元，占25.3%，改造中低产田1 671万亩，开垦宜农荒地118万亩。

由于国家农业综合开发是三年一期，并要与“七五”期间后三年的安排相衔接，因此，“八五”期间的农业综合开发分三批安排：

第一批：1988年立项1990年到期，1991年需作第二期安排的10个省区，即：东北三省、黄淮海平原五省以及浙江、新疆。“八五”期间这10片中央共投资39.0亿元（包括黄淮海地区跨省水利骨干工程投资5亿元），改造中低产田5 300万亩，开垦宜农荒地495万亩。其中，前三年投资23.4亿元，改造中低产田3 180万亩，开垦宜农荒地297万亩；后两年投资15.6亿元，改造中低产田2 120万亩，开垦宜农荒地198万亩。

第二批：1989年立项1991年到期，1992年需作第二期安排的9片，即：四川、湖北、湖南、江西、海南、内蒙古、宁夏、山东黄河三角洲及武汉市。中央共投资13.92亿元，改造中低产田1 880万亩，开垦宜农荒地144万亩。其中，1992—1994年三年投资10.44亿元，改造中低产田1410万亩，开垦宜农荒地108万亩；1995年投资3.48亿元，改造中低产田470万亩，开垦宜农荒地36万亩。

第三批：1990年立项1992年到期，1993年需作第二期安排的14片，即：云南、贵州、广西、河北坝上、福建、陕西、青海、山西、西藏及成都、重庆、西安、沈阳、青岛。中央共投资8.95亿元，改造中低产田741万亩，开垦宜农荒地13万亩。

这样安排下来，五年还有4亿元（平均每年8 000万元）的机动，但是“七五”后三年安排的一些项目，本规划尚未安排，如广西的糖料基地建设（1992年以后），菜篮子工程（1991年以后），良种科研、油茶林改造（1992年以后），这些项目如继续安排，每年约需国家投资六、七千万元。所以这点机动数已经没有什么余地了。另外，现在有的地区和部门提出的沿海滩涂开发、木本粮食开发、山区基本农田建设、草食畜禽生产基地建设等尚未考虑。

国家农业综合开发办公室关于印发《县级农业综合开发工作规程》的通知

（2001 年 9 月 25 日　国农办［2001］173 号）

各省、自治区、直辖市、计划单列市及新疆建设兵团农业综合开发办公室、财政厅（局），农业部、水利部、国土资源部、国家林业局农业综合开发办公室：

为加强县级农业综合开发项目和资金管理，进一步规范县级农业综合开发工作行为，国家农业综合开发办公室制订了《县级农业综合开发工作规程》，现随文印发给你们，请遵照执行。在执行中有何意见和问题，请及时上报国家农业综合开发办公室。

附件：县级农业综合开发工作规程

附件

县级农业综合开发工作规程

第一章　总　　则

第一条　为进一步规范县级农业综合开发工作行为，使县级农业综合开发项目和资金管理做到科学化、制度化、规范化、程序化，根据《国家农业综合开发项目和资金管理暂行办法》等有关规定，特制定本规程。

第二条　凡属国家批准立项的农业综合开发县（市、区），其所属农业综合开发管理部门（以下简称“县级农发管理部门”），均应遵守本规程。

第三条　县级农发管理部门具有行政管理和组织实施农业综合开发的职责。

1. 行政管理职责主要包括：向农民群众和社会宣传农业综合开发的方针政策；贯彻、执行国家农业综合开发的政策和法规；组织调查农业后备资源和编制农业综合开发总体规划；负责农业综合开发的人员培训、统计、文档及信息管理等工作。

2. 组织实施职责主要包括：负责立项前的调查准备、建立项目库、确定推荐项目和组织评估论证等；负责编制年度项目实施计划、组织项目的申报、批复、实施和检查验收、落实工程管护主体等；负责资金的筹集、支付报账、办理借款、回收资金以及财务管理等。

第二章　编制总体规划

第四条　县级农发管理部门要依据当地国民经济与社会发展规划、国家农业综合开发政策及农业后备资源情况，结合实际，制定本地农业综合开发的三至五年总体规划（包括土地治理、多种经营和科技示范等项目）。

第五条　农业综合开发总体规划内容，主要包括规划依据、指导思想、基本原则、区域和项目布局、开发和建设任务、主导产业和产品以及保障措施等。

第六条　农业综合开发总体规划应报上级审查

备案，并作为建立项目库和编制年度项目实施计划的基本依据。

第三章　调查准备

第七条　按照农业综合开发"以农民为主体、政府组织、国家补助"机制的要求，加大宣传、发动工作的力度，提高农民群众参加农业综合开发的主体意识，发挥其主体作用。

第八条　要深入农村积极协助乡级政府有关部门，做好开发规划范围内要求立项行政村的前期准备工作，了解农民群众的开发意愿。按照农业综合开发的有关政策，测算建设任务和投资规模，帮助村民编制项目计划。项目计划应包括农民群众自愿投资投劳部分和财政有偿资金还款部分，并向农民群众公布，通过民主方式征求意见。

第九条　以村为单位，在2/3以上农户自愿签字承诺的前提下，由乡镇政府向县级农发管理部门申请立项。

第四章　建立项目库

第十条　编制项目建议书。县级农发管理部门应按照国家农业综合开发的有关规定，指导项目申报单位编制项目建议书。

第十一条　入库项目的审查。根据县级农业综合开发总体规划和国家农业综合开发立项的要求，县级农发管理部门对申报单位提出的项目建议书进行审查，包括核实村级农民群众自愿投资投劳和偿还有偿资金的签字承诺、单位（或企业）自筹资金证明材料的合法性、真实性、可靠性。

第十二条　入库项目的管理。入库项目包括土地治理、多种经营和专项科技示范三类项目，项目库实行动态管理，根据实际情况，及时调整充实。入库项目材料应存入计算机，以软盘格式随文字材料一并报送上级农发管理部门。

第十三条　推荐项目的确定。县级农发管理部门根据上级农发管理部门有关项目计划安排的要求，采取择优选项办法，从项目库中推荐由国家立项的项目。

第五章　项目申报

第十四条　编制项目可行性研究报告。按照国家农业综合开发的有关规定，由具备相应资质的设计单位或能够承担科研任务的县级农发管理部门，编制已推荐项目的可行性研究报告，报上级农发管理部门审定。

第十五条　编制年度项目实施计划。县级农发管理部门根据上级农发管理部门下达的年度投资控制指标和项目实施计划编制的要求，依据审批的项目可行性研究报告编制年度项目实施计划。

第十六条　年度项目实施计划申报。年度项目实施计划应按时申报。申报内容包括编制说明书、项目计划表、水利行政主管部门对项目区水资源供需平衡的评估意见（原则上三年鉴定一次）、县级财政部门对财政配套资金和按期偿还财政有偿资金的承诺意见、农行（经办行）对项目提供贷款的意向性意见等。

第六章　项目实施

第十七条　年度项目实施计划一经批复，县级农发管理部门要及时下达，并将批复计划的主要内容向农民群众和社会公布，同时督促项目建设单位组织落实，保质保量完成工程任务。

第十八条　编制项目扩初设计。根据批准的年度项目实施计划和审批的项目可行性研究报告，由具有相应资质的设计单位负责编制项目扩初设计，并报上级农发管理部门审定。

第十九条　年度项目实施计划必须严格执行。如遇改变项目建设地点、建设内容、资金用途等特殊情况，确需调整或变更的项目，必须按权限规定报上级农发管理部门审批。

第二十条　项目建设中对主要单项工程推行项目法人责任制、招标投标制和工程监理制。项目法人要做好项目的资金筹集、劳力组织、工程实施、资金偿还及其他方面的协调工作；招标投标制主要适用于工程施工单位的选择、物资设备的采购、工程设计规划方案的确定等；重大工程项目的监理工作由具有相应资质的工程监理单位负责，一般项目的监督工作由相关的工程技术人员负责。

第二十一条 项目建设实行合同制，项目建设单位要与施工单位签订施工合同。在项目实施过程中，县级农发管理部门要发挥农口有关部门的作用，共同完成开发任务。

第七章 资金管理

第二十二条 农业综合开发各项资金投入要贯彻执行国家农业综合开发政策，坚持“专账核算、专人管理、专款专用”的原则，严禁挤占挪用。

第二十三条 要多层次、多渠道筹集农业综合开发资金，保证各项资金按项目计划及时足额筹措到位，通过争取银行贷款、引进外资等途径加大对农业综合开发的投入力度。

第二十四条 农民投资投劳和以物折资，由项目建设单位协助村民委员会（或村民小组）管理。以物折资部分，按当地市场同类物资平均价格确定；农民群众投工投劳，按当地政府或有关部门确定的农业劳动力价格确定，由项目建设单位负责统一造册，县、乡两级分别建立投工投劳登记台账。

第二十五条 按照年度项目实施计划的要求，应采取年初预算安排等方式筹集配套资金，保证及时足额到位，不能用其他支农专项资金抵顶。

第二十六条 财政无偿资金的使用实行县级报账制。要严格按规定的程序和手续及时办理报账，报账凭证经县级农发部门审核后，县级财政部门办理报账手续。要认真审核各种报账凭证的真实性、合法性及准确性。报账资金的拨付实行转账结算，严格控制现金支出。

第二十七条 财政有偿资金的发放原则上实行委托银行贷款方式，县级农发管理部门要与受托银行协调配合，明确双方的责任和义务，确保有偿资金的按时投放和回收。

第二十八条 应根据工程进度及时拨借财政资金，无正当理由，不得任意缓拨或停拨。

第二十九条 加强财政有偿资金回收管理，落实债务人和还款责任人，受托银行应积极配合，确保有偿资金按期足额回收。回收的有偿资金要按期归还，不得用新的项目资金抵顶到期应偿还的有偿资金。

第八章 检查验收

第三十条 县级农发管理部门要依据国家农业综合开发的有关规定、工程建设标准、项目计划批复、资金拨借文件、审批的项目扩初设计和施工合同等，对工程项目建设进行日常检查、重点检查和竣工验收。

第三十一条 建设期内县级农发管理部门要统一组织工程技术、财务人员开展一至两次重点检查，其主要内容为：项目建设任务和计划执行、工程施工进度和工程质量、项目资金到位和使用等情况。检查报告应报上级农发管理部门备案。

第三十二条 每个单项工程完成后，县级农发管理部门要根据有关规定及时组织有关人员进行竣工验收，并编写竣工验收报告。

第三十三条 工程项目竣工验收全部完成后，县级农发管理部门应及时向上级农发管理部门报送自验报告和验收申请。

第九章 工程管护

第三十四条 工程项目竣工验收后，县级农发管理部门必须落实管护主体，及时办理产权移交手续，建立健全各项运行管护制度，保证工程项目正常运转，长期发挥效益。

第三十五条 对跨村、乡的水利工程要移交上级水利管理部门或农民用水者协会管护。

第三十六条 县级农发管理部门要加强文档管理，做到装订规范、保存完整、查阅便捷。

第三十七条 建立工程项目效益的监测评价制度，对已建成交付运营的工程项目效益进行跟踪监测。

第三十八条 对因自然灾害造成的工程项目损毁，其修复所需资金原则上由各地自行解决，如确有困难的，可申请上级补助。

第十章 监督机制

第三十九条 加强内部监督，建立健全各项规

章制度，明确职责，合理分工，规范工作行为。坚持重大事项科学民主决策，加强财务的内部稽核。项目和资金管理机构分设的地方，要建立正常的会办制度，使项目和资金管理形成有效的内部约束机制。

第四十条　自觉接受审计等有关部门对农业综合开发项目和资金管理的监督检查。

第四十一条　实行公示制。对项目立项和工程建设地点、任务、投资、资金使用等重要内容进行公示，接受农民群众和社会各界的监督。

第四十二条　对发现的违纪违规问题，要及时处理，责令限期整改，问题严重的停止拨付资金，直至取消立项资格。

第十一章　附　　则

第四十三条　各地可依照本规程结合当地实际情况，制订有关细则，报上级主管部门备案。

第四十四条　本规程自下发之日起试行。

附：县级农业综合开发工作流程图

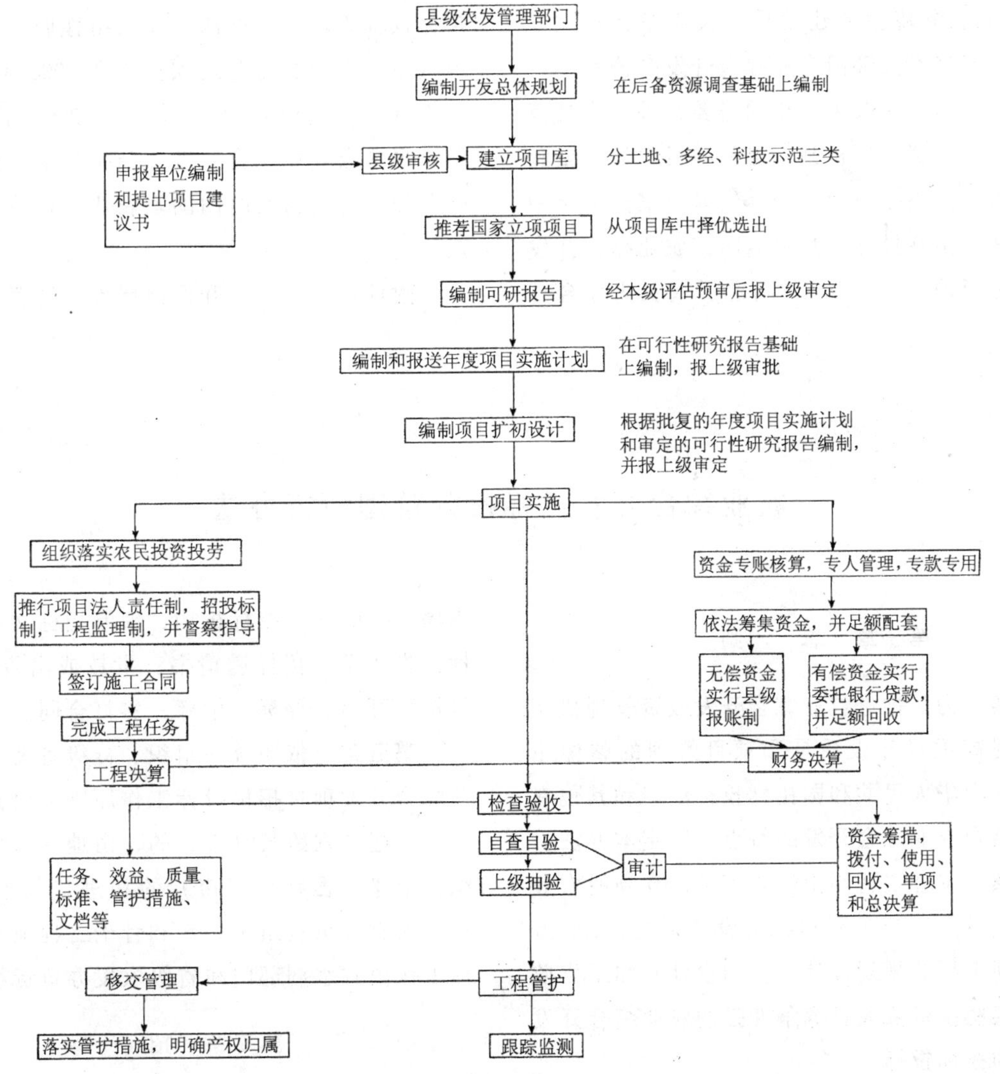

县级农业综合开发工作流程图

国家农业综合开发办公室关于印发《农业综合开发招标投标管理暂行办法》的通知

（2001 年 12 月 31 日　国农办［2001］224 号）

各省、自治区、直辖市、计划单列市农业综合开发办公室（局），新疆生产建设兵团农业综合开发办公室、中央农口有关部门农业综合开发办公室：

为适应当前财政改革工作的需要，进一步规范农业综合开发投资管理机制，提高项目建设质量和科学管理水平，国家农业综合开发办公室根据《中华人民共和国招标投标法》和《国家农业综合开发项目和资金管理暂行办法》，制定了《农业综合开发招标投标管理暂行办法》。现将《农业综合开发招标投标管理暂行办法》印发给你们，请选择 2 个地（市）农业综合开发项目县在 2002 年进行试点，并将试点地（市）、县的名单于 2002 年 2 月 28 日前，报国家农业综合开发办公室备案。试行中有何问题和意见，请及时向国家农业综合开发办公室反馈。

附件：农业综合开发招标投标管理暂行办法

附件

农业综合开发招标投标管理暂行办法

第一章　总　　则

第一条　为了推进农业综合开发投资管理机制的改革，提高项目建设质量和项目管理的整体水平，根据《中华人民共和国招标投标法》和其他有关规定，结合农业综合开发的特点，制定本办法。

第二条　本办法适用于经国家批准立项的农业综合开发项目的土建工程和物资设备采购，100 万元以上单项工程的规划设计（扩初设计）和工程监理，以及某些投资额大且竞争性强的农业综合开发项目立项的招标投标。

第三条　国家农业综合开发项目招标投标，受国家法律的保护和约束，应遵循公开、公平、公正和诚实信用原则。

第四条　国家农业综合开发项目招标投标基本程序：临时成立招标机构，编制招标文件，发布招标公告或发放招标邀请书，发放或出售招标文件，投标，开标、评标、中标，签订合同。

第五条　依照统一组织、分级管理的要求，农业综合开发项目招标投标工作原则上由县级负责组织，土建工程跨县（市）的，由地（市）级负责组织；土建工程跨地（市）的和进口仪器设备的采购，由省级负责组织；水利骨干工程项目的招标投标工作由省水利部门和省级农发办负责组织。

第二章　招　　标

第六条　农业综合开发项目招标人（简称“招标人”）是依照本办法规定提出招标项目、进行招标活动的法人或其他组织。

第七条　招标人开展招标工作，应具备下列条

件：

1. 农业综合开发项目和投资计划已经批复；

2. 有组织编制招标文件的能力；

3. 有组织审查投标单位资质的能力；

4. 有组织开标、评标、定标的能力；

5. 具备农业综合开发项目管理要求的其他条件。

第八条　招标人不具备第七条二、三、四款条件的，可以委托具有相应资质的招标代理机构办理招标事宜。

招标代理机构应该择优选择，任何单位和个人不得强制为招标人指定代理机构。

第九条　农业综合开发项目招标分为公开招标和邀请招标。

公开招标，是指招标人以招标公告的方式邀请不特定的法人或者其他组织投标。

邀请招标，是指招标人以投标邀请书的方式邀请特定的法人或者其他组织投标。

国家农业综合开发项目招标，较大的土建工程项目、物资设备采购项目和工程监理，宜采用公开招标方式；小型土建工程项目可采用邀请招标或议标方式；物资设备采购也可以采用政府采购方式；规划设计（扩初设计）宜采用邀请招标方式。

第十条　招标人采用公开招标方式的，应当在县级以上的相应报刊上发布招标公告。

采用邀请招标方式的，应当向三个以上（含三个）具备承担招标项目能力、资信良好的特定法人或其他组织发出招标邀请书。

第十一条　采用代理招标的，招标人必须与招标代理机构签定书面协议。招标人应当向招标代理机构提供招标所需的有关资料并支付委托费，委托费的金额及支付方式由双方当事人按国家有关规定协商确定。

第十二条　招标代理机构应当在招标人委托的范围内办理招标事宜，提供以下服务：为招标人编制招标文件，审查投标人的资格，按程序组织招标，监督合同的执行，对招标人进行购后服务等，并遵守本办法关于招标人的规定。

第十三条　招标文件应包括下列内容：

1. 投标人须知；

2. 招标项目名称；

3. 招标项目主要内容要求；

4. 评标方法和标准；

5. 投标人应当提供的有关资格或资信证明文件；

6. 提交投标文件的方式、地点和截止日期；

7. 开标、评标、定标的日程安排；

8. 合同的主要条款。

评标方法和标准由省级农发办制订。

土建工程项目的评标方法和标准中应包括项目的标底。

第十四条　评标方法和标准的制订，应符合相关行业规定和农业综合开发的有关规定。

根据农业综合开发项目的特点，规划设计（扩初设计）和工程监理招标的评标方法和标准应根据不同类项目的需要，按照行业技术标准和国家农发办的有关规定，分别制定。

第十五条　招标公告或招标邀请书应包括下列内容：

1. 招标人的名称和地址；

2. 招标项目的名称；

3. 招标项目的情况介绍；

4. 获取招标文件的办法、地点和时间；

5. 对招标文件收取的费用；

6. 其他需特殊说明的事项。

第十六条　招标文件发出后，不得随意更改。如确需修改或补充，至少应在投标截止日期前15天正式通知到所有投标单位；延期发出通知，投标截止日期应当相应后延。需修改或补充的内容应作为招标文件的组成部分。

第十七条　除国家有关法律法规规定以外，招标文件不得有针对或排斥某一潜在投标人的内容。

第十八条　招标人按招标公告或投标邀请书规定的时间、地点发放或出售招标文件。招标文件售出后，不予退还。

第十九条　招标人必须对获取招标文件的潜在投标人的名称、数量以及可能影响公平竞争的其他情况进行保密。

招标人设有标底的，标底必须保密。

第二十条 从招标公告发布或投标邀请书发出之日到提交投标文件截止之日，不得少于30天。

第三章 投 标

第二十一条 农业综合开发项目投标人（简称“投标人”）是指按照招标文件的要求参加投标竞争的法人或其他组织。

第二十二条 投标人应具备的条件：

1. 与招标文件要求相适应的人力、物力和财力；

2. 招标文件要求的资质证书和相应的工作经验与业绩证明；

3. 法律法规规定的其他条件。

第二十三条 投标文件应对招标文件提出的实质性条件作出响应。

投标文件应包括以下内容：

1. 投标函；

2. 投标人概况；

3. 属于土建工程和物资设备采购的，应提供投标报价、报价细目及与报价有关的技术文件；

4. 属于规划设计（扩初设计）和工程监理的，应提供投标单位的资质证明等材料；

5. 招标文件中要求的其他内容。

第二十四条 投标文件应加盖公章和有法定代表人的签字或印章。

第二十五条 投标文件应在招标文件要求的截止日期前密封送达。投标人有权要求招标人提供签收证明。招标人应对收到的投标文件签收备案。在截止时间后送达的投标文件，招标人不予开启并退回。

第二十六条 投标人可以对已提交的投标文件进行补充和修改，并在招标文件要求提交的截止日期前书面送达招标人，作为投标文件的组成部分。

第二十七条 两个以上法人或其他组织可以组成一个联合体，以一个投标人的身份共同投标。

联合体各方均具备承担招标项目的相应能力。

联合体各方应当签订共同投标协议，明确约定各方拟承担的工作和责任，并将共同投标协议连同投标文件一并提交招标人。联合体中标的联合体各方应当共同与招标人签订合同，就中标项目向招标人承担连带责任。

第四章 开标、评标与中标

第二十八条 开标应按招标文件规定的时间、地点和方式公开进行。开标由招标人主持，邀请全部评标委员会成员、相关单位代表和投标人参加。

第二十九条 开标时，投标人或者其推选的代表检查投标文件的密封情况，也可以由招标人委托的公证机构检查并公证；确认无误后，由工作人员当众开启并宣读投标人名称、技术目标及其他内容。

第三十条 开标过程应记录在案，招标人和投标人的代表在开标记录上签字和盖章。

第三十一条 招标人负责组建评标委员会。

评标委员会由招标人和技术、经济、管理等方面的专家组成，总人数为5人以上的单数，其中专家人数占2/3。

依据农业综合开发项目实施的实际情况，评标委员会专家委员的产生，可以采取随机抽取的方式，由招标人（或招标代理机构）直接确定。专家委员必须从事相关领域工作满10年并具有高级职称。

与投标人有利害关系的人员不得进入评标委员会。评标委员会成员名单在中标结果确定前必须保密。

第三十二条 招标人应采取必要的措施，保证评标在严格保密的情况下进行，任何单位和个人不得非法干预、影响评标工作。

第三十三条 评标委员会负责评标，对所有投标文件进行审查。有下列情况之一的，其投标书无效：

1. 投标文件未加盖投标人公章或法定代表人未签字和盖章；

2. 投标文件印刷质量不好、字迹模糊；

3. 投标文件与招标文件提出的实质性要求不符；

4. 投标文件没有满足招标文件规定的，招标

人认为重要的其他条件。

第三十四条　评标委员会可以要求投标人对投标文件中不明确的地方进行必要的澄清、说明或答辩，但投标人在进行澄清、说明或答辩时，不得超过投标文件的范围，不得改变投标文件的实质性内容，不得阐述与问题无关的内容，未经允许不得向评标委员会提供新的材料。

澄清、说明或答辩的内容必须书面记录。

第三十五条　评标委员会按照招标文件中规定的评标方法和标准，对投标人进行综合性评价比较；设有标底的，应参考标底。

规划设计（扩初设计）和工程监理的评标，采用综合评标法。

土建工程和物资设备采购的评标，采用合理最低投标价法。

第三十六条　评标委员会依据评标结果，提交书面评标报告。

评标报告包括以下主要内容：

1. 对投标人的技术方案评价，技术、经济分析；

2. 对投标人承担能力与工作基础评价；

3. 推荐满足招标项目条件的中标候选人；

4. 对投标文件的书面修改意见；

5. 对投标人进行综合排名。

第三十七条　招标人根据书面评标报告和推荐的中标候选人确定中标人。招标人也可以授权评标委员会直接确定中标人。

第三十八条　评标委员会经评标，认为所有投标都不符合招标文件要求的可以否决所有投标，招标人应当按照本办法重新招标。

第三十九条　招标人应当在开标之日后15天内完成评标工作，确定中标人。

第四十条　中标人确定后，招标人向中标人发出《中标通知书》。中标人据此与招标人签订书面合同。

中标通知书对招标人和中标人具有同等法律效力。

第四十一条　中标人不得向他人转让中标项目，也不得将招标项目肢解后分别向他人转让。

第四十二条　招标人与中标人不得相互串通调整中标内容和标底价格。

第五章　法律责任

第四十三条　招标人存在隐瞒招标真实情况、串通某一投标人排斥其他投标人、索贿受贿、泄露有关评标情况、任意终止招标的行为，影响中标结果的，中标无效；给投标人造成损失的，应当承担赔偿责任。

第四十四条　投标人存在提供虚假投标材料、串通投标、采用不正当手段妨碍、排挤其他投标人、向招标人行贿的行为，影响中标结果的，中标无效；给招标人造成损失的，应当承担赔偿责任；情节严重的，取消投标人3年的投标资格。

第四十五条　评标委员会成员收受礼金或其他好处、向投标人透露有关评标情况的，取消其担任评标委员会成员资格，并通报所在单位。

第六章　附　　则

第四十六条　省级农发办应根据当地的实际情况，制订招标投标实施细则和具体操作规程，并报国家农发办备案。

第四十七条　地方立项的农业综合开发项目可比照本办法执行。

第四十八条　本办法自2002年1月1日起试行。

关于印发《国家农业综合开发部门项目管理试行办法》的通知

（2000年9月22日　国家农业综合开发办公室　国农办［2000］125号）

农业部、水利部、国土资源部、国家林业局农业综合开发办公室，各省（区、市）财政厅、农业综合开发办公室：

为规范农业综合开发部门项目管理，国家农业综合开发办公室在征求中央农口部门意见的基础上，制定了《国家农业综合开发部门项目管理试行办法》，现随文印发给你们，请遵照执行。在执行中有何问题和意见，请及时反馈。

附件：国家农业综合开发部门项目管理试行办法

附件

国家农业综合开发部门项目管理试行办法

第一章　总　　则

第一条　为使国家农业综合开发部门项目实现规范化管理，根据《国家农业综合开发项目和资金管理暂行办法》（财发字［1999］1号）和中央农口部门有关规定，结合农业综合开发部门项目（以下简称“部门项目”）特点，特制定本办法。

第二条　部门项目是经国家农业综合开发办公室（以下简称“国家农发办”）批准，由中央农口部门组织实施的项目。它是国家农业综合开发的重要组成部分。凡经国家农发办确立的部门项目，均依照本办法执行。

本办法所指中央农口部门包括国土资源部、水利部、农业部、国家林业局。

第三条　部门项目建设遵循国家农业综合开发的指导思想和方针政策，体现行业特点，发挥技术优势，注重改善生态环境，加强农业基础设施建设，提高良种繁育能力，增强项目示范作用，引导农业和农村产业结构调整。

第四条　部门项目按其特点分为三类：

1.土地治理项目，包括水利部实施的长江、黄河上中游水土保持项目和水利骨干工程项目，国家林业局实施的长江上中游防护林项目、太行山绿化工程和防沙治沙项目，国土资源部实施的土地复垦项目。

2.多种经营示范项目，包括农业部实施的秸秆养畜项目、优质农产品示范项目，国家林业局实施的名优经济林和花卉项目。

3.良种繁育项目，包括农业部实施的良种科研推广项目、育草基金项目和菜篮子工程项目。

第五条　土地治理（生态环境建设）项目要通过治理水土流失，增加林草植被，防治土地荒漠化，复垦废弃土地，改善生态环境，促进农业可持续发展。

水利骨干工程项目要通过对中型灌区灌排骨干工程设施的配套完善和节水改造，改善农业综合开

发区的灌排条件，为农业综合开发土地治理提供水利保障。

多种经营示范项目要通过扶持市场前景好、科技含量高、经济效益明显、辐射带动作用强的示范基地建设，引导农业和农村产业结构调整，增加农民收入。

良种繁育项目要通过良种繁育体系建设，为优化农业产业结构提供所需的优质种子、种畜、种禽、种苗，提高农业科技水平。

第六条 部门项目遵循国家农业综合开发项目和资金管理的基本原则。坚持统筹规划、突出重点、规模建设、注重效益的原则，坚持按项目管理、按立项条件择优选项的原则；实行“国家引导、配套投入、民办公助、滚动开发”的投入机制，资金安排坚持集中投入，不留缺口，奖优罚劣，按项目确定资金的原则。

第七条 依照统一组织，分级管理的原则，部门项目由国家农发办负责组织协调，中央农口部门农发办负责组织实施。

第二章 立项条件

第八条 部门项目要符合相关行业发展规划，与国家农业综合开发总体规划相衔接；体现开发与保护相结合的原则；预期效益明显，有偿资金归还有保障；当地政府和群众有较高的项目建设积极性和一定的资金配套能力；有相应的项目管理机构和技术力量。

第九条 土地治理（生态环境建设）项目以县为单位，以小流域或区域为单元，规划治理面积不小于5 000亩；长江、黄河上中游水土保持项目县水土流失面积须在100平方公里以上，治理所需的劳动力资源有保障；长江防护林和太行山绿化项目须在生态环境脆弱或生态地位重要，可造林地集中连片，具备一定规模的地区；防沙治沙项目须为沙漠化面积大，危害严重，并具备治理条件的农牧交错区；土地复垦项目县须为工矿废弃、塌陷区，且待复垦面积大，相对集中，开发后能有效增加农用地，特别是耕地面积。

水利骨干工程项目须为农业综合开发区提供灌排条件；设计控制灌溉（排涝）面积不低于5万亩；项目前期工作扎实，可行性研究报告经过省级水利部门组织的技术论证，且项目的规划设计方案经论证表明是最佳的；根据工程实际需要和财力可能确定投资，每个项目中央财政资金投资规模一般在500万元以上。

第十条 多种经营示范项目开发的产品须具有较高的科技含量和良好的市场前景，基地建设示范、辐射带动作用强，项目规模效益明显，有利于优化农业和农村产业结构，促进形成区域主导产业，能够有效增加农民收入；项目建设单位有较强的技术力量、承建能力和适应市场经济的经营管理机制；每个项目中央财政资金年度投资规模一般不低于50万元。

第十一条 良种繁育项目繁育及推广的种子、种畜、种禽、种苗须在较大范围内增产且改善农产品品质效果明显，名特优新稀品种资源开发须具有明显的区域特征，并具有良好的市场前景；项目建设单位须拥有拟繁育推广品种的品种权或生产经营权，有相应的新品种开发潜力或品种资源保护与利用能力，有一定的推广条件和较强的技术力量，具有良种育繁推一体化的经营机制；良种科研推广项目的良种基地建设单位须为国家确定的种子百强企业，并拥有自己的品牌和固定的生产基地；每个项目中央财政资金年度投资规模一般不低于80万元。

农作物、牧草良种繁育项目中涉及大宗农产品新品种的，须经国家或省级品种审定委员会审定通过；畜禽、水产良种繁育项目涉及新品种的，须分别经国家畜禽品种审定委员会、水产原良种审定委员会审定通过，并与国家或省级原种场或良种场体系建设规划相吻合。引进品种须经相关部门审批通过。

第三章 资金筹集、使用和管理

第十二条 部门项目建设资金包括中央财政资金、地方财政配套资金、单位集体和农民群众自筹资金及其他资金，要采取多层次、多渠道的方式筹集。各类资金配套比例及中央财政资金无偿、有偿比例依照《关于调整农业综合开发资金若干投入比例的规定》（财发［2000］6号）执行。地方财政配套资金要列入本级预算，确保及时足额到位。自筹资金须按不低于政策规定的比例足额落实。

第十三条 部门项目资金使用范围

1. 土地治理（生态环境建设）项目：坡地及沟道整治工程、工矿废弃塌陷地整治工程、土地平整、土壤改良、修建排灌工程等所需的材料、设备及技工、机械施工费用；营造水源涵养林、水土保持林、农田防护林所需的种籽苗木，建设苗圃所需的基础设施；科技推广、小型农用机械及其配套机具、小型仪器设备等。

水利骨干工程项目：输、排水干支渠、沟系开挖疏浚（单个项目须以 $5m^3/s$ 以上的干支渠为主，与其相连的个别支渠平原地区不低于 $3m^3/s$，丘陵地区不低于 $2m^3/s$）；干支渠、沟系建筑物（农桥、涵洞、水闸、渡槽、倒虹吸管、隧洞等）的完善配套和更新改造；干支渠道衬砌防渗及输水暗管等节水工程和设备；中小型水源工程改建和加固；总装机在 5 000KW（含）以下泵站及其 35KV（含）以下配套输变电工程；工程管护设施、量水设施等。

2. 多种经营示范项目：种植业项目所需的基础设施建设及设备购置，包括土地平整、土壤改良、灌排设施及 10KV（含）以下输变电设备、田间机耕路、苗圃或购置种籽苗木、简易温室大棚等；养殖业项目所需的基础设施建设及设备购置，包括养殖设施、品种改良及防疫设施、秸秆饲料开发等；种养业项目所需的新品种引进、新技术推广、技术培训等补助；农产品加工（屠宰）、贮藏所需的厂房、库房、质检、环保等设施建设及设备购置等。

3. 良种繁育项目：农作物、牧草良种繁育所需的基础设施建设及设备购置，包括土地平整、土壤改良、灌排设施及 10KV（含）以下输变电设备、田间机耕路、防护林网、简易温室大棚，以及良种加工必备的晒场、厂房、库房、质检挂藏工作室等；畜牧水产良种繁育所需的基础设施建设及设备购置，包括养殖设施、灌排设施、专用饲料小型生产设施、质检防疫设施、隔离环保设施等；新品种引进、技术培训、原种及原原种提纯和扩繁的补助费用等。

4. 部门项目按财政资金 2% 提取的前期工作费。由负责项目前期工作的建设单位提取、使用，并在地方财政配套资金中列支。

水利骨干工程列支的勘测设计费、建设管理费，须按国家有关设计规范规定的最低计费标准计取，并在地方财政配套资金中安排。

财政资金不得用于以下开支：良种繁育和多种经营示范项目所需的土地征用或租赁、种子专用运输车；生态环境建设项目所需的抚育管理、生态效益检测等费用。如确有必要，须在自筹资金中解决。

第十四条 部门项目资金要做到专人管理、专账核算，保证资金专款专用，严禁挪用、截留和抵扣。要按照《农业综合开发资金会计制度（试行）》（财发字［1998］51号）规定对项目建设资金进行核算。

各级农口部门、财政部门和农发办要加强监督管理，并与审计部门密切配合，对项目建设资金拨借、使用和配套资金落实情况进行检查和审计。对检查出的问题要及时纠正。

第四章 项目管理程序及要求

第十五条 项目前期准备工作要做到经常化、制度化。中央农口部门要依据国家农业综合开发政策和行业发展规划，制定部门项目建设规划和阶段性实施方案，并在此基础上建立项目库。凡列入年度计划的项目均须按规定权限经过评估论证。

第十六条 省级农口部门项目前期准备和申报工作须在项目实施年度上一年 6 月底前完成。

部门项目原则上由省级农口部门会同同级财政部门（或农发办）联合向中央农口部门申报，抄送国家农发办。对于开发项目县（市）相对稳定的长江、黄河上中游水土保持项目、长江上中游防护林项目、太行山绿化项目、土地复垦项目，可由省级农口部门单独申报。

部门项目评估、筛选、申报以省级农口部门为主，省级相关部门要积极配合。

第十七条 在省级申报项目的基础上，中央

农口部门要对申报的确需进一步评估的项目进行评估，并根据项目申报、评估情况及国家农发办下达的年度总项目中央财政资金投资控制规模，于项目实施年度上一年8月底前完成拟建项目推选工作。

省级按规定时间申报的水利骨干工程项目，先由水利部农发办提出初选方案，经与国家农发办协商后，由国家农发办组织评估论证，并审定拟扶持项目。

对经技术审查和评估论证可行的项目，由中央农口部门、国家农发办对有关省（区、市）分别下达编报项目实施计划（或实施方案）和中央财政资金投资控制指标的通知。

第十八条 省级农口部门依据编报项目计划要求和下达的中央财政资金投资控制指标组织编制的项目实施计划，须在项目实施年度上一年10月底前报中央农口部门，抄送国家农发办。同时附送由省级财政部门出具的地方配套资金和有偿资金偿还的承诺文件。

中央农口部门据此汇总编制年度项目实施计划，于项目实施年度上一年11月底前报送国家农发办，经审核后，由中央农口部门会同国家农发办联合批复。

第十九条 年度项目实施计划一经批复，须严格执行。如因特殊情况，确需变更项目实施计划，均须按规定逐级报批。

各级农口部门要加强项目实施的监督管理，建立健全项目管理责任制。项目建设单位要由专人负责工程建设管理，严把工程质量关。要积极推行项目法人责任制、招标投标制和工程监理制。

省级农口部门要在2月底前向中央农口部门报送上年度项目计划完成情况。

第二十条 部门项目验收严格执行国家农业综合开发项目竣工验收的有关规定。

项目竣工验收后，要明确运行管护主体，及时办理产权登记或移交手续。要多方筹集运行管护费用，建立健全各项运行管护制度，确保工程正常运行，长期发挥效益。

第五章 组织管理

第二十一条 中央农口部门项目管理主要职责：

1. 拟订部门农业综合开发总体规划；

2. 拟订农业综合开发部门项目管理办法实施细则及项目建设标准和技术规程；

3. 组织开展部门项目前期准备、申报审批和实施工作，负责组织项目的技术审查和某些项目的评估论证；

4. 加强对计划执行情况和项目实施质量的监督和检查；

5. 负责对已竣工部门项目组织全面验收；

6. 负责部门项目建设、资金使用和效益完成情况的汇总统计工作。

第二十二条 省级农口部门要明确项目管理机构和专职管理人员，切实搞好项目前期准备和实施工作。具体管理职责由相关中央农口部门另行规定。

第六章 附则

第二十三条 中央农口部门可依据本办法制定部门项目管理实施细则，报国家农发办备案。

第二十四条 本办法自颁发之日起试行，原《农业综合开发水利骨干工程项目管理办法》（国农综字［1998］178号）及中央农口部门制定的相关项目管理办法同时废止。

第二十五条 本办法由国家农发办负责解释。

国家农业综合开发办公室关于发展农业综合开发多种经营的指导意见

（2001年4月4日　国农办［2001］95号）

各省、自治区、直辖市、计划单列市及新疆生产建设兵团农业综合开发办公室、财政厅（局），农业部、国家林业局农业综合开发办公室：

近年来，适应新阶段的要求，各地农业综合开发在注重改善农业生产条件的同时，逐步加大了发展多种经营的工作力度，在引进名特优新品种、建设优质农产品基地、扶持农业产业化龙头项目等方面取得了一定的成效。但农业综合开发多种经营（以下简称“多种经营”）工作，与农业和农村经济发展的客观要求不相适应，与对农业结构进行战略性调整的要求不够衔接，主要表现是一些地方工作思路不清晰，重点不突出，前期工作薄弱，以及资金到位差等，这在一定程度上制约着农业综合开发整体效益的发挥。

当前农村工作的突出问题是农民增收困难。推进农业结构调整和增加农民收入是新阶段农村工作的中心任务和基本目标。适应新形势的要求，农业综合开发在指导思想上要从过去以增加农产品产量为主切实转变到积极调整结构，依靠科技进步，发展优质高产高效农业上来。多种经营作为农业综合开发的有机组成部分，是调整农业结构的重要着力点，在帮助农民增加收入、为农村富余劳动力寻找出路，充分利用农业资源，丰富城乡市场供应等方面，具有非常重要的作用和广阔的发展前景。加入WTO后，我国农产品特别是大宗农产品将面对国际市场的竞争压力，但农业综合开发所扶持的种、养、加等多种经营项目，因其劳动密集型的比较优势以及较强的资源优势，将面临良好的发展机遇。面对新的机遇和挑战，如何发挥多种经营在调整农业结构、增加农民收入方面应有的作用，是农业综合开发面临的一个重要课题。

根据中央农村工作会议和国家农业综合开发联席会议精神，依据《农业综合开发项目和资金管理暂行办法》，现就发展农业综合开发多种经营提出如下指导意见。

一、指导思想和基本原则

多种经营项目建设的指导思想：把增加农民收入作为根本出发点和落脚点。立足各地资源优势和比较优势，面向市场，依靠科技，积极推进农业产业化经营，扶持具有带动作用的龙头项目，建设各具特色的优质农产品基地，发展区域主导产业，促进农业结构调整，提高农业综合开发整体效益。

多种经营项目选项的基本原则：

——统筹规划，合理布局，因地制宜，突出特色；

——以经济效益为中心，以增加农民收入为前提；

——以市场为导向，以产品为着力点，以建设产业链为纽带，培育主导产业；

——以龙头带基地、带农户，实行产加销一体化经营；

——以科技进步为依托，产学研相结合，增强竞争能力；

——创新机制，激励竞争，鼓励形成利益共享、风险共担的实体。

二、扶持重点

多种经营项目大体上分为三类，包括：林果、蔬菜、花卉及特种经济作物等种植业；畜、禽、水产等养殖业；农副产品加工、储藏保鲜、产地批发市场等。

发展多种经营，要立足国内市场、面向国际市场，充分发挥各地的资源优势和比较优势，合理利用各种农业自然资源，大力发展具有市场竞争能力的种养业特色产品。根据多种经营的扶持范围，参照全国农业行业发展规划，今后一段时期要重点扶持发展牛（肉牛、奶牛）、羊、猪、禽等畜产品，水产品，果品、蔬菜、花卉、茶叶等园艺产品，以及中草药、山区林特产品等，并相应发展农副产品加工和储藏保鲜，实现农产品转化和多环节增值（详见附件，供各地参考，随着市场需求的变化将对该附件适时进行调整）。

由于我国幅员辽阔，情况千差万别，各地在开发的内容上必须有所侧重。要围绕上述重点领域，结合当地的农业发展规划，确定主导产业和多种经营扶持的重点。

三、积极推进产业化经营

农业产业化经营以市场为导向，以家庭承包经营为基础，依靠各类龙头企业和组织的带动，将生产、加工、销售、服务紧密结合起来，实行一体化经营。发展农业产业化经营，可以有效地解决分散的农户经营与大市场的连接问题，促进产销衔接和农业结构调整，培育主导产业，提高农业生产效益，增加农民收入。为了取得多种经营的最佳效益，各地必须积极推进农业产业化经营。

发展农业产业化经营，基地、加工、销售、服务各个环节缺一不可。要按照缺什么补什么的原则，对产业化链条的薄弱环节，加大扶持力度，努力实现一体化经营。

发展农业产业化经营，要重点抓好龙头项目建设，提高项目带动能力。产业化龙头项目不同于一般的工商企业，它负有开拓市场、科技创新、带动农户和促进区域经济发展的责任。产业化龙头项目真正实现带动农民致富，关键是要与农户建立利益共享、风险共担的经营机制。要通过签订产销合同，稳定双方购销关系。鼓励龙头项目通过确定保底收购价、按收购产品的数量向农民返回利润。提倡农民利用土地使用权等要素入股，采取股份制等形式，与龙头项目形成利益共同体。

多种经营产业化龙头项目的标准是：(1) 投资规模较大，以财政资金扶持为主的单个项目，中央财政投资必须在200万元以上；个别以贷款扶持为主给予财政贴息的单个项目，贷款额必须在600万元以上；(2) 产品科技含量高，市场潜力大，具有市场竞争优势；(3) 预期效益好，具有资金偿还能力；(4) 带动能力强，产、加、销、服务各环节利益联结机制健全，能切实带动项目区农民增收致富（农副产品加工、储藏、保鲜所需原料2/3以上来自农户）；(5) 项目单位资信度高，经营管理能力强，有较好的经营管理机制。

对于产业化龙头项目给予以下优惠政策：(1) 不论何种类型、何种所有制的产业化龙头项目，只要与农民建立起紧密利益联结关系，都要一视同仁，予以扶持；(2) 对确已发挥带动作用的，予以命名挂牌，其产品可推荐申请绿色食品标志；(3) 对已发挥带动作用并确有发展潜力的，予以连续扶持；(4) 产业化龙头项目用于项目建设的贷款，在贷款期内给予一定的贴息。

扶持壮大产业化龙头项目，要立足现有项目或企业的更新改造，避免重复建设，盲目上新项目。除扶持农副产品加工项目外，要注重储藏保鲜、产地批发市场、大型跨地区农产品集散市场等项目建设，并注意与小城镇建设结合起来。

为积极推进农业产业化经营，各地要按政策规定，将多种经营项目中央财政资金的30%（按上年投资计算）用于产业化龙头项目，并按规定投资额的1.5倍提前申报。有的地方如未达到政策规定的30%，国家农发办在下达年度投资控制指标时，将相应调减其总投资指标，用于省际间公开招标、竞选项目。如初选的产业化龙头项目较多，确有发展潜力，也可超过30%的政策规定。其他多种经营项目也应按照发展产业化的思路安排部署，并力求与产业化龙头项目建设统筹考虑。

四、注重科技的推广应用

产品的竞争，说到底是科技的竞争。只有依靠科技进步，提高项目的科技含量，实现产品的更新换代，才能在市场竞争中处于主动地位。

根据相关行业发展规划和多种经营项目扶持范围，种植业重点推广高效新品种，优质、高产、无公害栽培技术，无毒种苗快速繁殖技术及工厂化育苗技术，病虫害综合防治技术，抗旱增产技术，微滴灌技术等。

养殖业重点推广畜禽、水产优良品种，集约化规模生产技术，畜禽快速高效饲养技术，水产优质高效养殖技术，规模化养殖的疫病综合防治技术，大中型养殖场的废弃物综合治理及环境监测技术等。

加工服务业重点推广农副产品加工技术，果品、蔬菜采后处理及气调保鲜技术，肉类冷藏、脱酸保鲜技术，水产品速冻保鲜技术等。

多种经营项目建设要注重新品种的引进繁育和高新技术成果的应用和推广。采取技术入股、有偿服务等形式，与科研院所、大专院校建立互惠互利的协作关系，鼓励科技人员参与多种经营项目建设。要用好多种经营项目科技推广费，充分发挥其效益。

五、切实提高管理水平

搞好多种经营项目建设，必须进一步加强项目管理，特别是前期准备工作。各地要根据国家农业综合开发的方针政策和当地的实际情况，制定阶段性发展规划，建立项目库，并与实施计划相衔接。凡纳入实施计划的项目，都要经过可行性研究和专家评审，并有针对性地进行实地考察评估。要坚持竞争选项，对较大项目逐步推行招投标制，严格按立项标准筛选项目。要加强对项目建设和运行中的监管工作。

要进一步加强资金管理工作。多种经营项目的有偿资金要及时足额投放，不准层层滞留，不准用项目资金抵顶到期应偿还的债务。要积极推行财政有偿资金委托银行贷款办法，增强借款人的还款责任，努力降低贷款风险。各级不准擅自缩短中央财政有偿资金回收期，不准将提前回收的资金用于计划之外的项目。多种经营项目的无偿资金要随项目安排，并积极推行县级报账制，保证资金真正用在项目上。对于滞留、抵顶、挪用项目资金的，要追究有关人员责任，相应扣减投资，直至取消立项资格。

要进一步提高管理人员自身素质。由于多种经营项目建设与市场紧密衔接，客观上要求项目和资金管理人员不仅要具备一定的专业技能，而且要懂得市场经济规律，了解市场需求和技术发展动向。因此，项目和资金管理人员要注意研究新情况，学习新知识，并增强为农民服务的意识和工作责任感，努力提高自身素质。要加强管理人员的业务培训，不断提高工作水平。

附件：农业综合开发多种经营重点扶持的产品及其引导发展的区域

附件

农业综合开发多种经营重点扶持的产品及其引导发展的区域

一、种植业

（一）蔬菜

重点扶持大城市郊区蔬菜基地、华南地区南菜北运基地、黄淮海地区冬春反季节蔬菜基地、西北地区秋淡菜基地。

重点强化蔬菜基地的设施化生产能力和种苗供应能力，强化产后预冷保鲜环节，大力发展无公害蔬菜。

（二）水果（含热带水果）

苹果、梨：环渤海湾、黄河故道、黄土高原、西南冷凉高地四大集中产区。

鲜食葡萄：辽宁省（旅大地区、营口地区及辽西地区）、山东省胶东半岛、燕山南麓高海拔地区（包括河北省的张家口和北京市的延庆）、山西省晋中、陕西省渭河上游北部高原地区、宁夏自治区银南、甘肃省（兰州、天山及河西走廊）、新疆自治区（伊宁、石河子和阿克苏地区）六大集中产区。

酿酒葡萄：西北适宜地区。

柑桔：长江上游丘陵地区、华南丘陵平原、南亚热带和云贵高原干热河谷地带三大集中产区。

热带水果：福建、广东、海南、广西、云南、四川等省（区）适宜产区。

通过品种引进、建设脱毒苗木基地、推广低产园高接换种技术，优化品种结构，并引导水果生产向最佳适宜区和适宜区集中。地方特色水果以调整熟期为主，重点发展早熟和晚熟品种。发展适宜加工制汁的锦橙、洽姆林甜橙、夏橙、红玉苹果等专用品种。结合市场需求和基地建设情况，适当扶持采后保鲜处理、分级、包装等项目建设。

（三）干果

核桃、板栗、枣、油茶：山西、河北、山东、江西、河南、湖北、湖南、广西、云南、陕西、新疆等省（区）的适宜产区。

在开发、推广地方优良品种，建设高效示范基地的基础上，扶持后续加工项目建设。

（四）茶叶

绿茶：最适宜名优绿茶发展的浙江、安徽、湖南、湖北、江西、四川、江苏等省（市）。

红茶：最适宜名优红茶发展的云南、广东、广西、湖南、海南等省（区）。

乌龙茶：最适宜乌龙茶发展的福建、广东等省。

在主产地区以现有良种场（圃）为基础，建立无性系苗圃，加大无性系茶苗推广力度。按茶叶进口国对农药残留的要求，建立无公害茶叶生产基地，加快茶叶初精制加工厂的技术改造。

（五）花卉

切花：以北京、上海、广东、云南、四川、河北为主。

苗木和观叶植物：以江苏、浙江、四川、广东、福建、海南为主。

商品盆景：以江苏、广东、浙江、福建、四川为主。

种球种苗：以四川、云南、上海、辽宁、陕西、甘肃为主。

盆花、草坪：各地都可普遍发展，但品种应各有侧重。

传统花卉和药用、食用、工业用花：以传统产区为主。

重点建设集引、育、繁、供于一体的花卉种子（种苗、种球）繁育基地，逐步实现花卉种子（种苗、种球）生产繁育的工厂化、集约化，实现商品生产基地的规模化、专业化。

二、养殖业

（一）肉牛（羊）

肉牛：重点扶持中原、东北肉牛带，发展华南、西部地区肉牛商品基地。

肉羊：重点扶持南方肉羊商品基地，发展农牧交错地带的羔羊异地育肥基地。

重点配套完善优质种牛、种羊良繁基地及加工贮运基地建设。

（二）奶类

牛奶：黑龙江三江平原及松嫩平原、内蒙古呼伦贝尔草原、河北坝上及冀中平原、山西西北部、江苏苏北地区、甘肃河西走廊、河南黄河滩区、山东、陕西等奶源基地，巩固提高大中城市郊区奶源基地。

水牛奶：广西、广东、湖北等省的水牛奶基地。

山羊奶：陕西、山东、河南、河北等省的山羊奶基地。

乳品加工以液态奶为主，配套建设冷链设施和市场网络。

（三）猪

基地建设以传统主产省区为主，积极进行东北粮食主产区的瘦肉型猪商品基地建设。

优先发展优质三元杂交瘦肉型猪生产，配套建设加工贮运项目。

（四）禽

重点扶持长江流域及其以南地区水禽商品生产基地。

重点建设当地的名特优新稀家禽、珍禽良种繁育基地，适当扶持具有显著带动作用的加工项目。

（五）水产品

西部各省以省会城市为基础，结合水资源相对丰富及旅游业发达地区，开发特色鱼类和冷水性鱼类，并因地制宜发展稻田养鱼和生态渔业。

中部各省针对当地较大湖区、流域，重点开发名特优水产品。

沿海发达地区注重加大名特优新品种的养殖比例，发展技术、资金密集型的工厂化养殖，大力发展创汇渔业。

水产养殖以良种繁育、优质水产品养殖示范和水产品保鲜加工为重点，加强新品种的引进和国内名优品种资源的开发。

关于印发《国家农业综合开发水利骨干工程项目管理实施细则》的通知

（2001 年 6 月 18 日　水利部　水农［2001］229 号）

各省、自治区、直辖市、计划单列市、新疆生产建设兵团水利（水务）厅（局）：

为了进一步加强农业综合开发水利骨干工程项目的科学化、规范化管理，水利部农业综合开发办公室按照国家农业综合开发办公室下达的《国家农业综合开发部门项目管理试行办法》（国农办［2000］125 号）的有关要求，研究制定了《国家农业综合开发水利骨干工程项目管理实施细则》，现印发给你们，请认真贯彻执行。

附件：国家农业综合开发水利骨干工程项目管理实施细则

附件

国家农业综合开发水利骨干工程项目管理实施细则

第一章　总　则

第一条　为了加强和规范国家农业综合开发水利骨干工程项目（以下简称“骨干工程项目”）的管理，保证项目建设的顺利进行，提高投资效益，根据《国家农业综合开发项目和资金管理暂行办

法》、《国家农业综合开发部门项目管理试行办法》和水利部的有关规定，结合农业综合开发水利骨干工程项目的特点，制定本实施细则。

第二条　农业综合开发水利骨干工程建设是农业综合开发水利建设的重要组成部分，是加强农业基础设施建设的重要措施之一。凡经国家农业综合开发办公室（以下简称“国家农发办”）和水利部确立的骨干工程项目，均按照本实施细则进行管理。

第三条　骨干工程项目建设遵循国家农业综合开发的指导思想和方针政策，贯彻中央关于实施西部大开发的战略，通过对中型灌（排）区（受益面积5万亩—30万亩）灌排骨干工程设施的续建配套和更新改造，改善农业生产条件，为农业生产结构调整，增加农民收入，改善农村生态环境提供水利保障。

第四条　骨干工程项目管理程序包括前期准备、申报审批、项目实施、竣工验收和运行管护等阶段。

第五条　骨干工程项目由国家农发办负责组织协调，水利部农业综合开发办公室（以下简称“水利部农发办”）负责具体组织实施。

第二章　立项条件

第六条　骨干工程项目应符合区域水资源利用总体规划、农田灌溉和节水灌溉发展规划，并与农业综合开发总体规划相衔接。

第七条　骨干工程项目要位于（或跨越）国家农业综合开发县（市、区）内；设计灌溉（排涝）面积一般不低于5万亩、不高于30万亩；前期工作较好，可行性研究报告经过省级水利部门组织的技术论证，且规划设计方案经论证表明是最佳的；预期效益显著；当地政府和群众有较高的项目建设积极性，地方具有一定的资金配套能力；建设规模适度，项目总投资一般为1 500万元—2 500万元。

第三章　资金筹集、使用和管理

第八条　骨干工程项目建设资金采取多层次、多渠道的方式筹集，一般由中央财政农发资金、地方财政配套资金、地方水利部门及受益乡镇自筹资金等构成。中央财政农发资金为一次性无偿投入。地方财政配套资金按与中央财政农发资金1:1的比例投入。地方水利部门和受益乡镇自筹资金分别按中央财政农发资金的50%投入。

第九条　骨干工程项目建设资金的使用范围是：

1. 输（排）水干支渠（沟）系开挖疏浚（以设计输水流量$5m^3/s$以上的干支渠为主，与其相连的个别支渠平原地区不小于$3m^3/s$，丘陵山区不小于$2m^3/s$）；

2. 干支渠道衬砌防渗和暗渠、暗管等节水工程建设以及节水设备购置；

3. 干支渠（沟）系建筑物（农桥、涵洞、水闸、渡槽、倒虹吸管、隧洞等）完善配套和更新改造；

4. 中小型水源工程（含水源型机电井）建设；

5. 泵站（总装机容量不超过5 000KW）及配套输变电工程（电压等级不超过35KV）建设；

6. 工程管护设施、测水量水设施、施工临时工程等的建设；

7. 勘测设计费、建设管理费等（原则上分别按项目直接工程费用的2.5%计取，并用地方财政配套资金安排）。

第十条　骨干工程项目各项建设资金要及时足额到位，并做到专人管理、专账核算，保证资金专款专用，严禁挪用、截留和抵扣。要按照《农业综合开发资金会计制度（试行）》，对项目建设资金进行会计核算。

第十一条　各级水利、财政和农业综合开发（以下简称“农发”）等部门要加强对项目建设资金的监督管理，对资金的拨付、使用和配套、自筹资金的落实情况进行检查监督，并配合审计部门做好资金的审计工作，对发现的问题要及时予以纠正。

第四章　前期准备

第十二条　骨干工程项目的前期准备是指项目列入投资计划之前的各项准备工作，包括编制规划、建立项目库、编制项目可行性研究报告、进行技术审查和评估论证等。前期准备工作应做到经常化、制度化。

第十三条 水利部农发办根据国家农业综合开发有关政策和中长期发展规划，组织编制农业综合开发水利骨干工程建设规划以及阶段性计划，并在此基础上建立骨干工程规划项目库。

第十四条 地方水利部门组织具备相应资质的设计单位编制骨干工程项目可行性研究报告，主要内容包括：项目提要，灌区概况，灌区存在的主要问题及项目建设的必要性，水资源供需平衡分析，规划设计及节水技术方案，主要建设内容及工程量，投资估算与资金筹措，效益分析，组织实施与运行管护，环境影响评价，结论和建议，必要的附图和附表等。项目可研报告编制提纲另行制定。

第十五条 骨干工程项目评估是对拟建项目可行性研究报告的技术审查和评估论证，主要包括项目建设的必要性、技术可行性、经济合理性和资金配套能力分析等。项目评估由国家农发办（或委托水利部农发办）组织进行。经技术审查和评估论证可行的项目，方可纳入年度项目实施计划。

第五章 申报审批

第十六条 骨干工程项目由项目法人单位（灌区管理单位）向当地水利部门提出申请，由省级水利部门会同同级财政部门和农发部门于每年 6 月底前，联合向水利部报送下一年度骨干工程项目可行性研究报告，并抄送国家农发办。每个省（自治区、直辖市）每年限申报一个项目。

第十七条 水利部农发办根据国家农发办下达的年度骨干工程总项目中央财政资金投资控制指标，对各地申报的项目可研报告进行初步技术审查，研究提出年度骨干工程项目建议计划，并报送国家农发办。

第十八条 对经技术审查和评估论证可行的骨干工程项目，由国家农发办向省级财政部门下达项目的中央财政资金投资控制指标，并抄送省级水利部门和农发部门；由水利部农发办向省级水利部门下发编报项目实施计划的通知，并抄送省级财政部门和农发部门。

第十九条 省级水利部门依据第 18 条有关文件的要求，组织项目所在地水利部门在 45 天内编制完成项目实施计划，并会同同级财政部门和农发部门以正式文件报送水利部，抄送国家农发办。同时，应附送由省级财政部门统一出具的地方各级财政配套资金承诺文件，以及由省级水利部门统一出具的地方各级水利部门及受益乡镇自筹资金承诺文件。

第二十条 水利部会同国家农发办联合对项目实施计划进行审查和批复。项目实施计划一经批复，必须严格执行。如因特殊情况确需变更项目实施计划，应按规定逐级报批。

第六章 项目实施

第二十一条 省级水利部门要及时会同同级财政部门和农发部门，转批水利部和国家农发办批复的项目实施计划，并负责项目立项后的有关行业和技术管理工作。

第二十二条 骨干工程项目要切实推行项目法人责任制、招标投标制和工程监理制，水利部门要明确项目法人及其职责，通过招标投标选择具备资质的工程施工单位和监理单位。

第二十三条 骨干工程项目的建设期限一般为 2 年。凡经批准立项的项目，要按期建成并发挥效益。

第二十四条 省级水利部门要在每年 2 月底前向水利部农发办报送上一年度项目建设任务完成情况和资金到位情况。

第七章 竣工验收

第二十五条 骨干工程项目竣工后，由省级水利部门会同同级财政部门和农发部门对项目进行省级验收。经省级验收合格后，向水利部农发办提出项目竣工验收申请，并抄送国家农发办。

第二十六条 水利部农发办组织对总项目（全部项目）进行竣工验收，国家农发办组织重点抽验。重点抽验合格，颁发总项目验收合格证书；抽验不合格，对不合格的分项目责令限期纠正，并予以通报批评。

第二十七条 骨干工程项目竣工验收的主要内

容包括：建设任务完成情况；主要工程质量情况；资金到位及使用情况；预期效益情况；灌区管理体制改革及运行管护情况；文档管理情况等。

第二十八条　水利部和国家农发办进行项目竣工验收时，地方各级有关部门和单位应提供下列资料：

1. 省级验收报告；

2. 项目建设竣工报告（主要内容包括：建设任务完成情况，主要工程质量情况，资金到位及使用情况，预期效益情况，灌区管理体制改革及运行管护情况，文档管理情况等）；

3. 项目工程质量检验报告；

4. 项目财政资金到位、使用和管理情况报告；

5. 项目资金审计报告；

6. 项目验收统计表（格式另行颁发）；

7. 项目竣工图纸；

8. 其他需要提供的资料。

第八章　运行管护

第二十九条　骨干工程项目要明确运行管护主体，及时办理产权移交或登记手续；要建立健全各项运行管护制度，落实管护人员和管护经费，保证工程正常运行，长期发挥效益。

第三十条　项目运行管护单位要建立新型的工程管护运行机制，积极推行用水户参与管理模式；要按照有关规定重新测算水费，并经有关部门批准后执行。

第三十一条　地方各级农发部门要适时将骨干工程项目受益区内的农田列入农业综合开发土地治理项目计划，结合中低产田改造，对田间工程进行同步建设，以发挥工程的整体效益。

第三十二条　骨干工程项目受益区内的灌溉农田要依法进行保护，不得擅自转作非农用地。

第九章　附　　则

第三十三条　本实施细则自颁发之日起执行，原《农业综合开发水利骨干工程项目管理办法》（国农综字［1998］178号）同时废止。

第三十四条　本实施细则由水利部农发办负责解释。

国家农业综合开发办公室关于印发《关于实施农业综合开发现代化示范项目的意见》的通知

（2001年12月6日　国农办［2001］220号）

各省、自治区、直辖市、计划单列市、新疆生产建设兵团农业综合开发办公室（局），农业部计划司：

农业现代化是农业发展的方向，也是农业综合开发工作的奋斗目标。1997年在杭州召开的全国农业综合开发工作会议首次提出："农业综合开发项目区要成为农业现代化建设的示范区。"根据会议精神，国家农发办从1998年开始，在部分地区，探索建设了一批农业综合开发现代化示范项目。这些项目自实施以来，取得了一定成绩，也积累了一些经验。但是，项目建设过程中也暴露了一些问题，主要是项目定位不准，特点不明显，建设标准偏低，前期工作准备不足，规划水平低，影响了项目建设的质量和水平，难以发挥示范、带动作用。

为使农业综合开发现代化示范项目在我国农业现代化进程中真正起到示范带动作用，去年以来，国家农发办结合对在建项目的清理整顿，先后召开了3次座谈会，就该类项目的指导思想、立项原则、立项条件、建设内容、投资规模和运行管理等问题进行讨论，广泛听取了专家、各地农发部门和项目建设单位的意见，并经反复讨论、修改，形成了《关于实施农业综合开发现代化示范项目的意见》（以下简称《意见》）。现将《意见》印发给你们，请参照执行，有何意见，请及时反馈。

温家宝副总理在国家农业综合开发联席会议第四次会议上讲话指出："农业综合开发作为一种政府行为，是推进农业现代化的重要手段。"为贯彻落实国家农业综合开发第四次联席会议精神，国家农发办拟于 2002 年先行在北京、天津、大连、山东、青岛、上海、江苏、浙江、宁波、福建、厦门、广东、深圳 13 个省（市）实施现代化示范项目，上述每个省（市）可实施一个现代化示范项目，建设期为 3 年，所需资金按《意见》要求筹措。上述地区要抓紧编制此类项目可行性研究报告（可参照高新科技示范项目可研提纲），并于 2002 年 2 月 20 日前报国家农发办。国家农发办将组织专家对申报项目进行评审，评审合格并经办务会确定后，通知有关省（市）正式实施。其他省份自 2003 年起逐步推开。

今后该类项目统称为"农业综合开发现代化示范项目"。各地以往年度已实施的项目，凡不具备《意见》要求条件的，暂停使用此类项目名称；基本具备条件、需要进一步扶持的，要按国家农发办的统一部署，逐级申报，经国家农发办批准后实施。

附件：关于实施农业综合开发现代化示范项目的意见

附件

关于实施农业综合开发现代化示范项目的意见

为适应农业和农村经济发展新阶段的要求，积极推动农业现代化建设的进程，提高农业综合开发工作水平，现对农业综合开发现代化示范项目提出如下实施意见：

一、农业综合开发现代化示范项目的定位

农业现代化是一个历史的、相对的、动态的范畴。其历史性表现为，农业现代化是从传统农业和不发达农业转变到现代发达农业的过程，是这种演变进程中的高级阶段。其相对性一方面表现为纵向比较，即自身与以往落后状态相比；另一方面也表现为横向比较，即与国外现代发达农业的水平相比。其动态性表现为，随着科技革命成果不断应用于农业，农业的发达程度总是不断提高，对农业现代化的理解和要求也不断提高，不可能有一个绝对的、固定的标准和模式。

但农业现代化又具有最基本的特性，即农业现代化实际上是用现代工业、现代科学技术和现代组织制度来不断武装和改造传统农业，使农业生产力水平由传统农业向现代农业快速转变的过程。现代化农业所具有的特征主要表现为农业基础设施现代化、农业科技现代化、农业管理科学化、资源保护和环境建设现代化。

农业综合开发现代化示范项目是根据我国各地不同农业发展水平和不同经济、资源状况，加强基础设施、投入要素、农业科技和经营管理体制等方面的建设，采取综合有力措施，为进一步加快当地农业现代化步伐提供示范的投资建设项目。因此，农业综合开发现代化示范项目是国家农业综合开发积极参与现代化农业建设进程的标志性项目，也是农业综合开发项目体系中建设标准较高的项目。

二、农业综合开发现代化示范项目的指导思想和原则

（一）指导思想

根据农业综合开发现代化示范项目的内涵、特

点以及新时期农业综合开发的目标和任务，该类项目的指导思想是：以提高农业综合生产能力、农业生产效率和农民增收为目标，广泛应用现代农业先进装备和农业科学技术，推进农业组织管理现代化，积极培育农业支柱产业，增强农产品市场竞争力，提高农民科技应用水平，把经济效益、生态效益和社会效益有机地结合起来，努力使有条件的农业综合开发项目区率先基本实现农业现代化，推动全国农业综合开发向深层次发展，并进一步加快全国农业现代化建设的进程。

（二）项目实施原则

1. 高标准，严要求原则。项目建设要严格实行高标准原则，尽量避免一哄而上的局面。

2. 因地制宜，充分发挥比较优势原则。项目选择一要符合国家和当地经济发展的总体目标和要求，二要切实根据当地农业资源和市场条件以及生产实际需要，选择一些真正具有比较优势和市场发展潜力的项目，三要延伸产业化链条，促进当地产业结构优化和农民增收。

3. 可持续发展原则。项目实施要在具有较高经济效益的前提下，加大生态环境建设的力度，做到经济效益和生态效益的有机结合，项目结束后使项目区的生态环境有较大改观。

4. 辐射带动原则。示范项目要坚持边建设，边辐射的原则。充分利用一切现代手段将项目所取得的成功经验和成果向周边地区辐射，使项目起到应有的示范带动作用。

三、农业综合开发现代化示范项目的立项条件与地区布局

（一）立项条件

实现农业现代化涉及因素较多，如生产力发展水平、生产要素的现代化程度及综合利用水平、人文社会文明水平、人民生活质量及健康水平、生产与生活环境、资源保护、社会保障能力等，都要达到很高水平。农业综合开发现代化示范项目着重于农业生产领域的现代化建设，其他相关条件也要相应地达到一定水平，确保项目建设获得预期效果。因此，项目立项需具备以下条件：

1. 农村社会经济发展水平较高。体现这一条件的指标主要选用农民年人均纯收入水平。根据本项目的要求，项目区农民人均纯收入的现有水平，与全国平均水平相比，东部地区应高于 100% 以上，中西部地区应高于 50% 以上。

2. 农业生产基础条件较好。项目区已完成中低产田改造任务，生产条件明显改善，灌溉设施较齐全，畜牧业或其他产业生产基础条件较好。

3. 主导产业突出，产业链较长，发展潜力大。项目区至少有 1—2 个已基本形成的主导产业，只需进行产业升级和配套措施建设。主导产业选择要有利于资源合理开发利用和环境保护，特色明显，市场前景广阔，项目区农民参与程度较高。

4. 交通通讯方便，电力充足。项目区的道路通畅，运输方便。程控电话、互联网等通讯设备设施较为完备，对外联络线路通顺，广播电视信号清晰。项目区电力设施良好，电力供应充足。

5. 设有或邻近产品产地批发市场。市场条件是农业现代化的重要组成部分，但产地批发市场的形成需要较长的时间，而且市场设施建设投资量大，因此项目区已经具有较好的市场设施对农业现代化示范项目的实施将事半功倍。

6. 人文社会条件较好，农民文化素质较高，科技意识和科技应用能力较强。人文社会条件包括教育、文化和娱乐等设施。项目区青壮年农业劳动力中，高中以上学历应占 30% 以上。种养业良种、良畜（禽）的覆盖率达到 90% 以上，生产和加工新技术采用率达到 60% 以上，科技推广人员素质较高，社会服务能力较强。

7. 领导重视，群众欢迎。项目区上级行政领导部门和业务主管部门十分重视和大力支持，愿意协助解决项目实施过程中出现的难题，并指定专门机构和人员参与项目实施的组织协调工作。项目区群众能从项目建设中直接获利，愿意积极参加项目建设。

（二）地区布局

我国幅员广大，地形复杂，农业生态类型多，农业与农村经济区域发展水平参差不齐，农业现代化进程和建设模式各有不同。农业综合开发作为政府支持农业的一项长期战略政策，应当全面照顾到不同区域、不同发展阶段的农业现代化建设事业。按照高标准、严要求、少而精、重在示范的原则，“十五”期间安排建设100个农业综合开发现代化示范项目，每年约20个。在项目布局方面，重点是沿海经济发达地区及大城市郊区，兼顾中西部地区。大体布局为：东部经济发达省3—4个，直辖市2—3个，计划单列市1—2个；中部地区农业大省2—3个；西部地区农业大省（包括重庆市）1—2个；少数农业小省（区）1个。

四、农业综合开发现代化示范项目的建设内容

（一）农业基础设施建设

按照现代化要求建设高标准的农业基础设施，达到农田水利化、作业机械化、养殖集约化、加工标准化、园区经营企业化。基础设施建设要能够适应市场需求变化进行农业结构调整的需要。具体内容包括改良土壤，培肥地力，完善提高农田水利设施，按照播种、植保、收获等农田机械作业的要求平整土地，规划种植和建设田间道路；畜牧、水产养殖场按照万头（只）或万亩规模建设；农产品加工工艺先进，产品生产和包装达到国家或国际标准，建设整洁厂房和购置成套设备。

（二）农业科技现代化建设

在生产过程中应用现代装备和高效无害化生产资料，投入要素科技含量较高。主要建设内容包括优良种子种苗、良畜良禽引进、繁育和示范基地，新型高效农药、肥料加工生产基地，高效节水灌溉设备生产基地等。

（三）管理科学化建设

包括经营组织和经营管理体系的建设。通过有效投入，扶持农民发展专业协会，建立种、养、加一条龙，农、工、商一体化的现代农业发展模式，促进农业规模经营，民主管理，生产经营服务手段现代化。具体建设内容包括完善农业科技培训、技术服务、产品销售和市场信息服务等设施。

（四）资源保护和环境建设

着重促进生产、生活生态系统良性发展，生活能源清洁，饮水水源充足且卫生，粪便处理无害化，环境无污染源。主要建设内容包括农业可再生利用资源的再生利用工程，生态环境治理工程，水、土资源保护工程，生活环境洁净工程。

五、农业综合开发现代化示范项目的建设标准

（一）综合标准

1. 农业基础设施完善，科技应用水平较高，农业生产组织化程度高，商品生产和农村经济发达，外向性较强（仅限东部地区），农村城镇化水平高，农村人口相对较少，农民收入高，农民素质、农村精神文明建设和农村卫生环境普遍得到提高。

2. 农村经济发达，东部地区外向度较高。东部地区农村人均GDP（1995年不变价）2万元以上，农民人均纯收入（1995年不变价）6 000元以上，农业劳动力比重降到25%以下，农民食物支出占消费支出比重降到40%以下；中西部地区则为1.5万元以上、4 000元以上、30%以下和45%以下。社会养老保险普及水平普遍提高。

3. 教育引导农民转变思想观念，增强市场意识、创业意识、科技意识和风险意识；加大文化、技能培训，提高农民综合素质和择业竞争力；加强社会化服务体系建设，提高科技应用水平。东部地区农业劳动力接受教育10年以上，中西部地区7.5年以上。

4. 推进体制和机制创新，扶持、培育包括农村专业合作经济组织在内的各种“龙头”，实行区域化布局、专业化生产、产业化经营、企业化管理、社会化服务，努力提高农业组织化水平和农业农村经济的整体素质，调整优化农业农村经济结构。

（二）技术服务示范标准

1. 建立和完善农村职业教育和农民培训体系，确保农民根据当地主导产业发展的需要，掌握农业现代化建设急需的关键技术和组织管理本领，教育农民成为适应市场经济要求的新一代农民。每年，东部地区农民人均接受培训时间15天左右，中西部地区10天左右。

2. 深化科技体制改革，按照市场原则积极推

进农业产学研联合，提高技术创新和应用能力；加强农业社会化服务体系建设，大力推广使用先进实用农业技术，不断提高农业科技水平。东部地区主导产业先进实用技术普及率95%以上，中西部地区85%以上。

3. 东部地区示范项目引进主导产业发展需要的品种、技术不少于20项（个），中西部地区15项（个），并有适宜的示范规模；项目引进的管理、信息等技术得到普及，管理水平明显提高；东部地区与技术引进示范相关的设施、设备配备率达到95%以上，中西部地区达到90%以上，建设、安装要符合有关部门的规定。

（三）农业组织化建设标准

1. 依托资源优势和产业特点，建立和发展一批布局合理、有地方特色和市场竞争能力的名特优新农产品生产基地，实现农业生产基地化、规模化、商品化，积极培育2—3项农业主导产业，东部地区人均农业增加值（1995年不变价）1万元以上，中西部地区7 500元以上。

2. 建立适应社会主义市场经济的现代农业管理体制和运行机制，积极推进农业产业化经营，大力扶持和培育包括农业专业合作经济组织在内的各种“龙头”，以龙头企业为主体，鼓励发展利益共同体。产业化带动农户80%以上（不分地区）。同时明晰产权，引导乡镇企业建立现代企业制度，提高经营管理水平。

3. 加强农村市场和农产品销售网络建设，建立科学合理的利益分配机制，帮助农民由生产领域进入附加值高、经济效益好的加工和流通环节，提高农民进入市场的组织化程度。同时，实行品牌战略，努力培育和保护品牌，农产品综合商品率达到80%以上（不分地区）。

4. 东部地区应鼓励外商和台商带资金、设备、技术、市场来项目区发展外向型农业企业和农产品加工业，大力发展绿色无公害产品，充分吸纳和利用内地原材料，建立农产品出口基地，努力提高农业外向水平，农产品出口交货值比重达30%以上。此外，东部地区第一产业增加值比重要降到12%以下，中西部地区要降到16%以下。

（四）配套建设标准

1. 加强农业基础设施建设，东部地区农田旱涝保收率90%以上，中西部地区80%以上。水利工程配套，建筑物齐全，达到设计标准，工程合格率100%。推行节水综合措施，水有效利用系数达到75%。机耕路畅通，普遍硬化，能够满足农业机械作业要求。养殖、加工基础设施符合多种经营项目要求标准。

2. 加强农业机械装备，农业综合机械化水平达到80%左右（不分地区），达到主要作物耕、种、收、管等主要生产环节基本实现机械化，养殖、加工、贮藏、运输等主要生产环节基本实现机械化。

3. 加强农业生态环境建设，东部地区农村森林覆盖率20%以上，中西部地区15%以上。项目区林网建设规范，林相整齐，结构合理，防护林网格面积在200亩—300亩之间。农村环境污染综合治理水平较高。

4. 树立以人为本的思想，大力发展农村文化、教育、卫生和保险事业，培养农民养成良好、健康的生活和消费习惯，努力改善投资环境，建设经济繁荣、科技进步、社会文明、环境优美的社会主义现代化新农村。

（五）项目运行管理标准

1. 工程管护组织健全，制度落实。

2. 项目实行企业化管理，管理科学，机制灵活，具有自我发展的能力。

3. 项目区及主要建筑物上设立“固定、永久、醒目、规范”的标志。

4. 建立与项目建设、项目管理相关的项目档案。档案资料齐全，分类科学，装订规范。

六、建设期及资金筹措

（一）项目建设期

农业综合开发现代化示范项目的建设期为3年，一次核定，分年实施。

（二）项目区范围

原则上以县（市、区）为单位，可选择条件较好的2—3个乡（镇）连片建设。

（三）资金筹措

农业综合开发现代化示范项目资金由中央财政资金、地方财政资金、其他资金（如银行贷款）和自筹资金四个部分组成。其中财政资金，在建设期内每年投入中央财政资金 300 万元，省级财政资金 200 万元，地级财政资金 100 万元，县、乡级财政资金 400 万元。其他资金（如银行贷款）和自筹资金，按现行政策规定执行。

项目所需中央财政资金从每年国家农发办下达给各省（区、市）的中央财政农发资金总额中解决，中央财政资金有偿、无偿比例按 35:65 执行。

七、农业综合开发现代化示范项目实施与管理

（一）项目实施

项目应由县农发部门牵头组织实施，乡镇组成项目具体执行机构，编制项目实施规划，并承担项目财政有偿资金的偿还责任。

（二）项目计划管理与项目监测

项目所在省（区、市）按项目批复的投资和建设内容，统一向国家农发办编报项目实施年度计划，由国家农发办核准后下达执行。项目实施必须按计划执行。项目计划完成情况，由项目所在省农发办组织年度检查。如项目无故不能按期、按质、按量完成本年度建设任务和投资计划，则暂停下年度的中央财政资金安排，并追究相应责任。

（三）评价指标体系

评价指标体系的确定应注意以下原则：一是突出重点和主要特征，要紧紧围绕农业现代化的核心目标选用指标，尽可能少而精；二是具有易操作性，易测算，易确定；三是独立性，指标之间应当是相互补充，而不是相互重复。

根据以上原则，项目的综合性评价指标体系主要选用：劳动生产率、农业机械化作业率、现代设备装备率、绿色证书获得比率、服务体系农户覆盖率、支柱产业产值占项目区总产值的比重、农民年人均纯收入增长率、科技进步贡献率等。

国家农业综合开发办公室关于进一步加强农业综合开发部门项目管理工作的通知

（2002 年 7 月 31 日　国农办［2002］181 号）

农业部、水利部、国土资源部、国家林业局农业综合开发办公室，各省（区、市）财政厅（局）、农业综合开发办公室：

《国家农业综合开发部门项目管理试行办法》颁发后，有效地规范了国家农业综合开发部门项目管理工作，取得了较好效果。但执行中发现存在项目布局不合理、项目安排分散、地方财政配套资金不落实、项目编报不及时和部门间协调不够等问题。为了进一步加强部门项目管理工作，现就有关问题通知如下：

一、充分认识加强部门项目管理的重要性

部门项目是根据国家农业综合开发联席会议的决定设立，经国家农发办批准，由中央农口部门组织实施的农业综合开发项目，是国家农业综合开发项目中的重要组成部分。实践证明，实施部门项目对于发挥行业技术优势、示范服务地方项目、改善农业基础设施和农业生态环境、引导农业结构调整和增加农民收入等都具有十分重要的促进作用。各级农口部门和各地财政（农发）部门应进一步统一思想，提高认识，明确责任，加强合作，努力做好

部门项目管理工作。

二、进一步优化部门项目建设区域布局

为了认真贯彻落实国务院确定的新时期农业综合开发的指导思想，中央农口部门要按照国家农业综合开发“十五”计划的总体要求，将部门项目建设布局作适当调整：一是向农业主产区，特别是粮食主产区进一步倾斜；二是与地方项目紧密衔接；三是部门的生态类项目要在避免与国家其他重点生态项目建设相重复的情况下，向农业生态环境比较脆弱的地区转移；四是同一部门内的不同项目，也要按投资效益、示范带动作用等情况进行调整，做到有所为，有所不为。

三、项目建设要做到集中投入、连片开发

中央农口部门要严格遵循“规模治理，重点投入，建设一个，成效一个”的原则，进行部门项目建设。土地治理项目中的生态类项目建设，要将涉及的省份和县数进行适度的压缩，将投资进一步集中，以县为单位，按流域或区域连片治理；每个项目中央财政年度投资规模不得低于80万元。多种经营项目要立足资源优势和比较优势，确定重点扶持的主导产品及其优势产区，重点投入，规模开发；每个项目中央财政年度投资规模不得低于70万元。部门良种繁育项目要与《国家农业综合开发“十五”计划》确定主导产品发展的需要相结合，优先保证向农业综合开发项目区提供优质种子、种畜、种禽和种苗；每个项目中央财政年度投资规模不得低于100万元。

四、采取措施保证地方配套资金的足额落实

各地财政部门在安排地方财政配套资金上，要把部门项目与地方项目同等对待，将部门项目地方财政配套资金纳入本级财政预算，以确保配套资金落实和及时足额到位。同时，各地农口部门也要按规定认真落实项目的自筹资金。从2003年度项目开始，国家农发办将部门项目与地方项目中央财政投资控制指标同时下达给地方，以便地方财政统筹安排配套资金预算。

五、严格按照规定的时间报送部门项目计划

为了保证部门项目所需地方财政配套资金的落实和项目计划及时的批复，从2003年起，国家农发办对部门项目计划编报的时间规定作如下调整：

1. 省级农口部门项目的前期准备和申报工作，于项目实施年度上一年的6月底前完成。

2. 中央农口部门对省级申报项目的评估、审定和推荐工作，于项目实施年度上一年的8月底前完成（其中水利骨干工程项目应于上年的7月底前完成）。中央农口部门应按照国家下达上年度同类项目中央财政投资控制指标120%的规模，向国家农发办提交各类项目分省投资指标和开发范围的初步方案（以下简称为“初步方案”）。

3. 国家农发办对中央农口部门提交的初步方案进行审查和筛选（其中对水利骨干工程项目进行评审），并将审定的初步意见与中央农口部门商定后，于项目实施年度上一年的10月底前，向各地下达部门项目的中央财政投资控制指标的通知，同时作为中央农口部门下达各地编制项目实施计划通知的依据。地方农口部门根据国家农发办下达的中央财政投资控制指标，向同级财政部门申请地方财政配套资金。

4. 省级农口部门在收到国家农发办下达的中央财政投资控制指标通知和中央农口部门下达的编制项目实施计划通知后的两个月内，将申报的项目实施计划报送中央农口部门（其中水利骨干工程项目应直接报送国家农发办和水利部农发办）。

5. 中央农口部门在收到省级上报项目实施计划后的一个月内，完成项目实施计划的汇总、编制和申报工作。

六、抓好工程建后管护，积极探索产权管理

各级农口部门要加强已建工程的管护工作，落实管护主体、管护措施、管护人员和管护经费，保证项目长期发挥效益。水利骨干工程项目要积极推行以农民用水户参与灌区管理为主的管理体制和运行机制改革。水利骨干工程和土地复垦项目要率先开展国有资产产权管理试点工作，以促进农业综合

开发国有资产的保全和有效利用，具体试行办法另行制定下发。

七、进一步强化项目检查监督工作

国家农发办将加强对部门项目检查监督工作，并将检查监督情况作为分配部门项目中央财政投资的一个主要依据。检查监督的重点是：项目建设是否符合当地农业综合开发总体规划，项目计划编报是否及时，项目安排是否集中连片，项目投资标准是否达到要求，地方配套资金是否足额落实，资金管理是否实行“财政报账制”，工程管护工作是否落实，验收是否达到规定标准，与有关部门配合是否协调等。

八、加强组织领导，搞好部门配合

中央和地方农口部门对部门项目应给予高度重视，加强组织领导和协调配合工作，地方各级财政和农发部门要积极支持和配合同级农口部门，共同搞好部门项目管理工作。

本通知自下发之日起执行，《国家农业综合开发部门项目管理试行办法》有关规定与本通知精神不符的，以本通知为准。

国家农业综合开发办公室关于印发《国家农业综合开发项目评估暂行办法》的通知

(2002 年 12 月 20 日　国农办［2002］284 号)

各省、自治区、直辖市、计划单列市农业综合开发办公室、财政厅（局）；新疆生产建设兵团、黑龙江农垦总局农业综合开发办公室、财务局；农业部、水利部、国土资源部、国家林业局农业综合开发办公室：

项目评估是农业综合开发项目管理的重要内容。为了加强农业综合开发项目评估工作，规范项目评估行为，国家农业综合开发办公室制定了《国家农业综合开发项目评估暂行办法》，请各地遵照执行，并依据本办法的要求制定符合本地区、本部门项目评估的具体实施细则，进一步加强农业综合开发项目评估工作。

附件：国家农业综合开发项目评估暂行办法

附件

国家农业综合开发项目评估暂行办法

第一章　总　　则

第一条　为加强农业综合开发项目评估工作，规范项目评估行为，依据国务院办公厅转发财政部《关于农业综合开发的若干意见》（国办发［2002］13 号)、财政部关于印发《国家农业综合开发项目和资金管理暂行办法》（财发字［1999］1 号）及其他有关法律法规的规定，特制定本办法。

第二条 农业综合开发项目评估是指对拟建项目可行性研究报告的客观真实性及科学合理性的审查和评价。可行性研究报告是项目评估的基础。

第三条 农业综合开发项目评估，是项目立项前的法定程序。经评估确定可行的项目，才能取得立项资格。招标投标不能代替项目评估。

第四条 农业综合开发项目评估工作由国家农业综合开发办公室（以下简称“国家农发办”）和省级农业综合开发办公室（以下简称“省级农发办”）负责组织管理。需要组织评估的项目，原则上委托农业综合开发评审机构或有资质的社会中介机构具体实施。

第五条 农业综合开发项目评估的基本原则是：以事实为依据，以法律法规为准则，据实评估，按理论证，做到客观、公正、科学。

第六条 凡属国家立项的农业综合开发项目，包括土地治理项目、多种经营项目和科技示范项目，以及部门项目和其他专项项目，均依照本办法进行评估。

第二章 评估权限

第七条 国家农发办组织评估的项目包括：

1. 土地治理项目：新增开发区（县、市）项目；水利骨干工程项目；中央财政年度投资在500万元（含500万元）以上的单个项目；

2. 多种经营项目：中央财政年度投资在200万元（含200万元）以上的项目；

3. 科技示范项目：含高新科技示范项目、科技推广综合示范项目、现代化示范项目；

4. 其他项目。

第八条 除第七条规定和有关法规明确应由国家农发办组织评估的项目外，其他农业综合开发项目由省级农发办负责组织评估。省级农发办认为必要时，可将部分项目委托地（市）级农业综合开发办公室组织评估。

第九条 由国家农发办组织评估的项目，省级农发办在申请项目时，应附送专家的初步论证意见。

第十条 需要实地考察的项目，由国家农发办、省级农发办根据专家评估结果确定并组织实施。同一项目不得逐级进行评估。

第三章 评估方法

第十一条 农业综合开发项目评估，采取定量分析和定性分析相结合，动态分析和静态分析相结合的方法。

第十二条 农业综合开发项目评估主要采取专家组评议可行性研究报告的方式。其中部分项目可根据具体情况进行现场答辩和实地考察。

专家组评议是指聘用不同专业专家，共同对项目进行评议，形成专家组评议意见。专家组评议实行组长领导下的专家负责制。

现场答辩是指对专家组评议存在疑问和争议的项目，组织项目申报单位、项目执行单位和项目技术依托单位共同参加的现场问答。

实地考察是指对专家组评议认定可行性研究报告技术、经济基本可行或存在某些疑问的项目进行现场考察核实。

第四章 评估专家

第十三条 评估专家从农发办的专家库中挑选确定。专家必须具有高度负责和严肃认真的态度，具有良好的职业道德，能够保证项目评估的客观、公正。承担编写可行性研究报告的专家，不能参与本项目的评估工作。

专家聘用及管理办法由国家农发办另行制定。

第十四条 专家组人员组成要结构合理，应由项目涉及的相关专业专家组成。具有高级专业技术职称的专家应占专家总人数2/3以上。

第五章 评估程序

第十五条 国家农发办、省级农发办根据项目评估的权限，以文件形式，向评审机构下发委托评估通知书或出具委托评估函。

第十六条 评审机构根据评估项目的需要，从专家库中聘请相关专家成立专家组，确定专家组组长。

第十七条 专家评议。每位专家对评估项目相关的专业部分进行独立审阅，写出个人意见并签名。每个专业确保有 2 名相同专业专家阅评。

第十八条 专家组评议。在专家评议的基础上，专家组对评估项目进行集体评议，取得一致意见后，形成专家组综合评议意见。

第十九条 现场答辩。主持现场答辩的专家组，由参加评估的专家组成。根据需要，农发办和评审机构的人员可旁听答辩，进行现场咨询。

第二十条 评估报告。专家组根据项目评议情况和现场答辩情况，提交项目评估报告。

第二十一条 实地考察。需要实地考察的项目由国家农发办或省级农发办确定。考察组人员由相关专家、农发办系统工作人员和评审机构人员组成。

第二十二条 考察报告。考察组根据专家组评议意见和实地考察情况，提交项目评估考察报告。

第二十三条 专家组评估报告和实地评估考察报告均为项目立项的依据。

评估报告和考察报告的基本格式、内容和要求由国家农发办另行规定。

第二十四条 评审机构应在规定的时间内，向委托评估的农发办报送评估报告。如遇特殊情况，在规定时间内不能完成评估工作时，应及时向委托单位说明原因并提出延期申请。

第二十五条 上述评估程序，省级农发办可根据当地实际工作需要作相应调整，并报国家农发办备案。

第六章 评估内容

第二十六条 农业综合开发三类项目均应评估的主要内容：

1. 项目建设的必要性；

2. 项目资金的筹措和使用；

3. 项目的财务评价；

4. 项目技术的可行性；

5. 项目的效益情况；

6. 项目的组织和管理；

7. 项目的建后管护；

8. 环境影响评价。

第二十七条 土地治理项目增加评估的内容：

1. 项目区的基本概况；

2. 项目区的主要制约因素；

3. 开发治理的目标、内容和标准。

第二十八条 多种经营项目增加评估的内容：

1. 企业资信情况；

2. 产品的市场状况和前景；

3. 项目的生产建设条件；

4. 项目采用技术的先进性和可行性；

5. 项目运行机制；

6. 项目实施后带动农户增收情况。

第二十九条 科技示范项目增加评估的内容：

1. 企业资信情况；

2. 技术依托单位的资质；

3. 引进专利技术和优良品种的适用性（成果鉴定材料或获奖证书等)；

4. 引进专有技术评价；

5. 项目的运行机制；

6. 项目实施后带动农户增收情况。

第三十条 上述项目评估的具体内容依照国家农发办的有关规定执行。

第七章 组织管理

第三十一条 国家农发办、省级农发办在农业综合开发项目评估工作中履行下列职责：

1. 制订农业综合开发项目评估的规章制度，指导和监督项目评估工作；

2. 确定农业综合开发评估项目，提出评估的具体要求；

3. 提供符合国家农发办规定的可行性研究报告，并提前 7 天将可行性研究报告交付评审机构；

4. 对委托评估项目的评估结论进行抽查复核；

5. 按照“谁委托、谁付费”的原则，向承担项目评估任务的单位支付评估费用。项目评估论证费按有关规定列支。

第三十二条 农业综合开发项目评审机构的职责：

1. 组织专家开展评估工作，对评估结论的真实性、准确性负责；

2. 负责向专家提供评估工作必备的文件资料，并对专家工作情况进行考评；

3. 按时完成评估工作，汇总评估情况，提交评估报告，总结评估工作；

4. 建立规范的评估资料管理制度，完整、准确、真实地反映项目评估的全过程；

5. 严格执行有关收费标准，严禁乱收费和重复收费；

6. 项目评估工作结束后，将评估项目的全部资料（原件）交付委托单位；

7. 对经评估立项的重大项目，在项目建成后抽取一定比例进行后评价；

8. 对评估项目资料（复印件）进行归档保存，建立项目档案。

第三十三条 各级农发办及评审机构要维护评估工作的严肃性，绝不允许授意或左右专家的评审意见；参与项目评估的专家因提供不真实的评估结论，致使选项不准，造成重大经济损失的，应承担相应的责任；项目申报单位提供虚假数据或材料的，一经查实，取消申报单位二年申报同类项目的资格。

第八章 附 则

第三十四条 评审机构提供的技术、经济可行的项目评估报告的时效性：土地治理项目三年，多种经营项目一年，科技示范项目二年。

第三十五条 各省、自治区、直辖市、计划单列市农业综合开发办公室和中央农口有关部门农业综合开发办公室可根据本办法，结合实际情况，制订具体实施细则，并报国家农发办备案。

第三十六条 地方立项的农业综合开发项目评估参照本办法执行。

第三十七条 本办法由国家农发办负责解释。

第三十八条 本办法自下发之日起执行。

国家农业综合开发办公室关于印发《国家农业综合开发办公室关于大力支持优势农产品生产的若干意见》的通知

（2003 年 3 月 4 日 国农办［2003］17 号）

各省、自治区、直辖市、计划单列市及新疆生产建设兵团农业综合开发办公室（局）、财政厅（局），农业部、水利部、国土资源部、国家林业局农业综合开发办公室：

现将《国家农业综合开发办公室关于大力支持优势农产品生产的若干意见》印发给你们，请结合实际情况，认真贯彻执行。

附件：国家农业综合开发办公室关于大力支持优势农产品生产的若干意见

附件

国家农业综合开发办公室关于大力支持优势农产品生产的若干意见

为了贯彻落实党的十六大和中央农村工作会议精神，促进农业区域布局调整和优势农产品产业带建设，提高优势农产品竞争力，加快农业增效和农民增收的步伐，农业综合开发要进一步加大对优势农产品生产的支持力度。为此，现就有关问题提出以下意见。

一、充分认识支持优势农产品生产的重要意义

优化农产品区域布局，进一步发挥农业比较优势，是推进农业和农村经济结构战略性调整的重大步骤，也是我国农业增长方式的重大变革。农业综合开发要按照党中央和国务院战略部署，充分发挥自身的优势，加大对优势农产品生产的扶持力度。农业综合开发大力支持优势农产品生产，是深入贯彻“三个代表”重要思想，加快全面建设农村小康社会的必然要求；是尽快提高农业生产效益和直接增加农民收入，增强优势农产品市场竞争力的必然要求；是坚持农业综合开发“两个转变”、“两个提高”的指导思想和工作思路的必然要求；是坚持与时俱进、开拓创新，全面提高农业综合开发水平的必然要求。各级农业综合开发办事机构必须提高认识，加强组织，理清思路，采取措施，把大力支持优势农产品生产作为一项重要任务狠抓落实、抓出成效。

二、明确支持优势农产品生产的主要任务

农业综合开发支持优势农产品生产的主要任务是，以改造中低产田为重点，改善农业生产条件和生态环境，巩固和提高优势农产品的综合生产能力；立足国内外市场需求，按照产业化发展的要求，建设一批质量优、规模大、成本低、效益高的优势农产品标准化生产基地和加工、出口基地，逐步创造一批国内或国际公认的知名品牌；促进优势农产品和特色农产品向优势产区集中，逐步形成具有国际竞争力的农业产业带；增强农产品的市场竞争力，提高农业综合效益，增加农民收入，促进优势产区率先实现农业现代化。

三、支持优势农产品生产坚持的基本原则

（一）坚持以市场为导向的原则。面向国际和国内两个市场，立足多样化、优质化的市场现实需求及潜在需求，重点扶持市场占有率比较高、国内或国际市场前景广阔的优势农产品生产。

（二）坚持充分发挥比较优势的原则。综合考虑资源条件、生产基础、市场环境、技术水平等因素，扬长避短，实施扶优扶强的战略，优先扶持具有一定基础和竞争力的优势产品和产区，尽快形成规模优势。

（三）坚持质量优先的原则。突出品种、质量、安全、生态和效益指标，淡化面积、产量指标，坚持把品种质量放在首位，从源头上保证优势农产品的质量安全。

（四）坚持尊重农民意愿的原则。充分尊重农民的生产经营自主权，通过政策引导和示范带动，调动农民发展优势农产品生产的积极性，不搞强迫命令。

四、加大对优势农产品生产的支持力度

农业综合开发要切实加大对优势农产品生产的投资力度。从 2003 年起，各省（区、市）农业综合开发土地治理项目中财政资金用于扶持优势农产品生产基地建设（含优质粮食和优质饲料作物生产基地）的比例，不得低于 30%；多种经营项目和科技示范项目中财政资金应全部用于扶持优势农产品项目建设。中央农口部门农业综合开发的各类良种繁育项目要向扶持优势农产品生产倾斜。

五、按照支持优势农产品生产的要求整合项目

要根据扶持优势农产品生产的要求，逐步整合农业综合开发土地治理、多种经营和科技示范三类项目，不断提高支持优势农产品生产的合力。在有条件的地区，要把土地治理项目区建成种植业优势农产品（经济林除外）的生产基地；要把多种经营项目建成优势农产品种植、养殖和加工基地，并在优势农产品集中产区有重点地扶持一批辐射带动作用和市场竞争力强的产业化龙头项目；要把科技示范项目建成提高优势农产品质量和效益的有效载体。各地区要重视和研究农业综合开发三类项目整合工作，选择有代表性的地方积极开展试点。

六、提高优势农产品的科技含量

要大力引进、培育和推广优良品种，优化品种结构，提高优势农产品内在品质；要积极开展直接面向农民的各种培训活动，建立和扩大优良种子（种苗、种畜）繁育生产基地；要加强农产品国际标准化生产技术的引进推广工作，提升优势农产品的质量与安全水平；要重点选择一批条件比较好的项目县（市、区），在新建或已建成的项目区内，建成有一定规模的优势农产品标准化生产示范基地。

七、认真总结支持优势农产品生产的经验

为了切实做好支持优势农产品生产的工作，各级农业综合开发办事机构要深入实际，紧紧围绕支持优势农产品生产的总体思路、具体措施、建设模式和管理机制，搞好调查研究，不断摸索经验。各地区和各部门要及时将总结材料和政策建议报送国家农业综合开发办公室。

国家农业综合开发办公室关于印发《国家农业综合开发农民筹资投劳管理暂行规定》的通知

（2003 年 6 月 20 日　国农办［2003］162 号）

各省、自治区、直辖市、计划单列市、新疆生产建设兵团农业综合开发办公室（局）、财政（务）厅（局）：

为了认真贯彻落实《国务院关于全面推进农村税费改革试点工作的意见》（国发［2003］12 号）的有关精神，国家农业综合开发办公室制定了《国家农业综合开发农民筹资投劳管理暂行规定》，经国务院农村税费改革工作小组办公室同意，现印发给你们，请遵照执行。执行中有何问题和意见，请及时向国家农业综合开发办公室反馈。

农民筹资投劳是国家农业综合开发资金来源中的一个重要组成部分，各地区有关部门务必要高度重视，采取切实有效措施，组织开展好农业综合开发农民筹资投劳工作，协调好调动农民积极性与维护农民合法权益的关系，促进农村税费改革试点地区农业综合开发农民筹资投劳工作的健康发展。

附件：国家农业综合开发农民筹资投劳管理暂行规定

附件

国家农业综合开发农民筹资投劳管理暂行规定

第一章 总 则

第一条 为了认真贯彻国务院关于农村税费改革有关政策规定，规范农业综合开发中农民筹资投劳的管理行为，根据《国务院关于全面推进农村税费改革试点工作的意见》（国发［2003］12号）和《国务院办公厅转发财政部关于农业综合开发若干意见的通知》（国办发［2002］13号），特制定本规定。

第二条 农业综合开发农民筹资投劳（以下简称“筹资投劳”）是指经国家农业综合开发办公室批准实施的土地治理项目建设所需的乡村集体和农民的自筹资金（含以物折资）、劳务。其范围只限于受益村改善农业生产条件的建设项目。

第三条 筹资投劳纳入村级“一事一议”范围，实行专项管理。筹资投劳遵循“农民自愿、量力而行、民主决策、数量控制”的原则进行筹集，以村为单位统一组织，不准强迫命令。

第四条 筹资投劳必须本着“谁受益、谁负担”的原则，按照国家主管部门的有关规定执行。

第五条 国家农业综合开发办公室负责筹资投劳的政策制定、检查监督工作；地方各级农业综合开发办事机构负责本区域内筹资投劳的管理工作；乡级政府负责筹资投劳的组织协调工作；村民委员会负责筹资投劳的具体组织实施工作。筹资投劳工作应接受地方各级农民负担监督管理部门的检查监督。

第二章 筹资投劳的程序

第六条 地方各级特别是县级农业综合开发办事机构应采取招标立项等有效措施，调动广大农民自愿筹资投劳的积极性。

第七条 根据国家农业综合开发有关项目资金的政策规定和项目建设任务的要求，县级农业综合开发办公室协助乡级政府有关部门，指导村民委员会搞好农业综合开发项目申报前的有关筹资投劳工作。

第八条 申报农业综合开发项目前，村民委员会将农业综合开发项目所需筹资投劳总量及分户任务、主要建设内容和开发效益及筹集方式等重要事项，以预案方式提出，在受益范围内向农民张榜公布。

第九条 预案公布后，及时召开村民大会或村民代表大会征求意见，项目受益范围较小或村民居住比较分散的丘陵山区，也可召开村民小组会议征求意见。村民大会、村民代表大会、村民小组会议应当有本村或本村民小组三分之二以上农户或村民代表参加，村民代表应当依法产生。

第十条 村民大会（或村民代表大会、村民小组会议）的决议要经村民委员会负责人和参会三分之二以上的人员签字同意，作为申报农业综合开发项目的必要条件，否则，县级农业综合开发办公室不予受理。村民大会（或村民代表大会、村民小组会议）决议一经通过，村民必须履行筹资投劳义务，不能拒绝。

第十一条 农业综合开发项目经国家批准立项后，由县级农业综合开发办公室根据批准的项目投资计划及项目建设内容，确定项目筹资投劳任务，报经县级政府审查同意后，下达到有关乡级政府，分解落实到各行政村。

第十二条 村民委员会根据下达的筹资投劳任务，把筹资投劳任务分解落实到受益农户，重新张榜公布后，组织实施。筹资投劳情况报乡级政府、县级农业综合开发办公室和农民负担监督管理部门备案。

第三章 筹资投劳的筹集

第十三条 筹资（含集体自筹和以物折资，下同）和投劳折资总额应达到申报项目中央财政资金投入的70%，并不得突破。其中，投劳折资按照当地劳动力市场平均价格计算，纳入农业综合开发投资总额内统一核算。各省（区、市）筹资和投劳折资的具体比例，应根据实际情况，报经省级政府批准确定。各地应积极引导企业、个人等多渠道资金投入，共同完成项目建设的筹资投劳任务。

第十四条 筹资投劳的筹集可以按受益区的田亩或人口负担，具体办法由村民大会（或村民代表大会、村民小组会议）讨论决定。采取田亩分摊要根据项目区内受益农户承包土地面积核定，并计算到每个承包农户。采取人口分摊要区分筹资和投劳，筹资以农户现有人口为基数，投劳以农户现有劳动力为基数。

第十五条 严禁强迫农民以资代劳。对于农业综合开发项目所需的投劳，农民只出工，不得强行要求农民以资代劳。由于农民外出务工等原因不能投劳的，经村民委员会审查批准，可由本人出资雇人出工，或者由本人出资委托村民委员会代为雇人完成投工任务，并报乡级政府有关部门和县级农业综合开发办公室备案。

第十六条 筹资投劳应向农民出具合法的收据，并配合县级农民负担监督管理部门，将筹资投劳数额登记到农民负担监督卡上，发放到农户。

第四章 筹资投劳的使用

第十七条 筹资投劳按照“公开、公正、公平、透明”的原则使用。

第十八条 筹资投劳要在农业综合开发项目建设期内安排完毕。项目建设期超过一年的，应在项目实施前，根据工程建设进度、农户的实际收入水平和劳动力承受能力，合理分配使用每年的筹资投劳任务，避免加重农民负担。筹资投劳不得跨项目使用，不得结转下一个工程项目使用。

第十九条 不得跨村投劳，确需跨村使用劳动力的，应采取借工、换工或有偿用工等形式，不得平调农村劳动力。对于跨村受益工程项目建设所需的投劳，由乡级政府有关部门做好协助工作。

第二十条 筹集资金用于项目受益区范围内的农田基础设施建设，投劳用于项目受益区范围内的土石方工程建设。

第五章 筹资投劳的管理与监督

第二十一条 筹资投劳不得成为固定筹集项目，项目建设期结束后，应立即停止筹资投劳。所筹资金应严格执行国家农业综合开发资金管理的有关规定，保证专款专用，不得挪用。

第二十二条 筹资投劳必须严格管理。筹集现金部分由村民委员会负责向农民筹集，经乡级缴入县级农业综合开发工程资金专户统一管理，按工程项目实施进度予以拨付；投劳和以物折资部分由村民委员会负责编制详细用工及物资安排计划，登记造册，由乡级政府有关部门协助村民委员会根据工程项目建设计划统筹安排使用。

第二十三条 县级、乡级、村民委员会严格按照批准的筹资投劳数额筹集，不得擅自提高标准，扩大范围。任何部门、单位和个人不得截留、占用、挪用、变更农业综合开发项目的筹资投劳。

第二十四条 各级农业综合开发办事机构要加强对筹资投劳的管理。县级农业综合开发办公室要与有关部门密切合作，定期检查筹资投劳的筹集、使用和管理情况。工程竣工后，村民委员会及时将筹资投劳的使用情况向村民张榜公布。

第二十五条 对违反本规定要求筹资投劳的，农民有权拒绝。对于违反本规定，并有下列行为之一的，上级农业综合开发办公室要会同有关部门责令限期改正，逾期不改正的，停止项目实施。

1. 违反“一事一议”议事程序、未达到村民大会（或村民代表大会、村民小组会议）规定人数同意签字的；

2. 超出筹资投劳受益范围或数额限制的；

3. 财务管理不规范，未实行专款专用，发生截留、挪用、贪污和浪费等问题的；

4. 筹资投劳管理混乱，有弄虚作假、强制农民出资出劳或以资代劳行为的；

5. 由于筹资投劳数额没有完成，导致工程项目建设任务未完成的。

第六章　附　　则

第二十六条　本规定由国家农业综合开发办公室负责解释。

第二十七条　各省（区、市）应根据本规定制定实施细则，并报国家农业综合开发办公室备案。

第二十八条　本规定自下发之日起开始执行。以前国家农业综合开发有关农民筹资投劳的规定凡与本规定不一致的，以本规定为准。

1988年—2002年6月30日财政部、国务院相关部门及国家农业综合开发办公室制发的重要规章及规范性文件目录

	重要规章和规范性文件名称	发布机关	发布日期	文号	时效性
	一、综合类				
01	关于印发国家农业综合开发“九五”计划要点的通知	财政部	1997年6月17日	财农综字［1997］15号	失效
02	关于印发《国家农业综合开发项目和资金管理暂行办法》的通知	财政部	1999年6月14日	财发字［1999］1号	有效
03	关于印发国家农业综合开发项目和资金管理暂行办法若干条文的解释的通知	财政部	1999年9月15日	财发字［1999］57号	有效
04	关于印发国家农业综合开发分类项目可行性研究报告提纲的通知	国家农业综合开发办公室	1999年9月21日	国农办字［1999］192号	有效
05	关于印发《县级农业综合开发工作规程》的通知	国家农业综合开发办公室	2001年9月25日	国农办［2001］173号	有效
06	关于印发《国家农业综合开发“十五”计划》的通知	财政部	2001年12月3日	财发函［2001］1号	有效
07	关于印发《农业综合开发招标投标管理暂行办法》的通知	国家农业综合开发办公室	2001年12月31日	国农办［2001］224号	有效
08	关于印发《关于进一步加强农业综合开发资金管理的若干意见》的通知	财政部	2002年8月26日	财发［2002］25号	有效
09	关于印发《国家农业综合开发办公室关于大力支持优势农产品生产的若干意见》的通知	国家农业综合开发办公室	2003年3月4日	国农办［2003］17号	有效
10	关于印发《国家农业综合开发农民筹资投劳管理暂行规定》的通知	国家农业综合开发办公室	2003年6月20日	国农办［2003］162号	有效
	二、项目管理类				
01	关于颁发《农业综合开发项目验收试行办法》的通知	国家农业综合开发领导小组	1990年9月10日	(90)国农综字第52号	废止
02	关于颁发《国家农业综合开发项目建设试行标准》的通知	国家农业综合开发办公室	1994年3月14日	(94)国农综字第28号	废止

续表

	重要规章和规范性文件名称	发布机关	发布日期	文号	时效性
03	关于颁发《国家农业综合开发项目管理办法》的通知	国家农业综合开发办公室	1994年6月9日	(94)国农综字第29号	废止
04	关于印发《国家农业综合开发多种经营及龙头项目管理暂行规定》的通知	国家农业综合开发办公室	1995年12月7日	国农综字［1995］141号	废止
05	关于下发《国家农业综合开发项目评估暂行规定》的通知	国家农业综合开发办公室	1995年12月15日	国农综字［1995］150号	废止
06	关于印发《农业综合开发水利骨干工程项目管理办法》的通知	国家农业综合开发办公室、水利部	1998年7月17日	国农综字［1998］178号	废止
07	关于印发《农业综合开发水利骨干工程可行性研究报告编制提纲》的通知	水利部	1998年8月14日	规计农［1998］71号	有效
08	关于印发《国家农业综合开发竣工项目验收考核评分试行标准》的通知	国家农业综合开发办公室	2000年4月10日	国农办字［2000］112号	有效
09	关于修订国家农业综合开发计划报表和项目代码的通知	国家农业综合开发办公室	2000年9月5日	国农办字［2000］109号	有效
10	关于印发《国家农业综合开发部门项目管理试行办法》的通知	国家农业综合开发办公室	2000年9月22日	国农办［2000］125号	有效
11	关于编报农业综合开发区水资源条件鉴定意见有关事项的通知	国家农业综合开发办公室	2000年10月10日	国农办［2000］134号	有效
12	关于印发《国家农业综合开发项目计划编报考评暂行办法》的通知	国家农业综合开发办公室	2000年11月6日	国农办［2000］164号	有效
13	关于发展农业综合开发多种经营的指导意见	国家农业综合开发办公室	2001年4月4日	国农办［2001］95号	有效
14	关于印发《国家农业综合开发水利骨干工程项目管理实施细则》的通知	水利部	2001年6月18日	水农［2001］229号	有效
15	关于印发《关于实施农业综合开发现代化示范项目的意见》的通知	国家农业综合开发办公室	2001年12月6日	国农办［2001］220号	有效
16	关于印发《农业综合开发现代化示范项目可行性研究报告编写大纲》的通知	国家农业综合开发办公室	2002年1月31日	国农办［2002］16号	有效
17	关于印发《国家农业综合开发多种经营项目可行性研究报告编写大纲》的通知	国家农业综合开发办公室	2002年6月28日	国农办［2002］175号	有效
18	关于进一步加强农业综合开发部门项目管理工作的通知	国家农业综合开发办公室	2002年7月31日	国农办［2002］181号	有效
19	关于印发《国家农业综合开发项目评估暂行办法》的通知	国家农业综合开发办公室	2002年12月20日	国农办［2002］284号	有效
	三、资金管理类				
01	关于发布《国家土地开发建设基金管理试行办法》的通知	国家土地开发建设基金管理领导小组	1988年9月3日	(88)国土基字第3号	废止
02	关于国家农业发展基金有偿部分回收期限和计算方法的规定	国家农业综合开发领导小组	1990年11月5日	(90)国农综字第62号	废止
03	关于印发《国家农业综合开发资金管理办法》的通知	财政部	1994年6月9日	(94)财农综字第2号	废止
04	关于加强农业综合开发财政资金管理具体事项的通知	财政部	1995年7月7日	财农综字［1995］7号	废止

续表

	重要规章和规范性文件名称	发布机关	发布日期	文号	时效性
05	关于印发《国家农业综合开发财政有偿资金管理暂行规定》的通知	财政部	1995年12月15日	财农综字［1995］43号	废止
06	关于财政有偿资金回收日期、占用费、业务费及风险基金等事项规定的通知	财政部	1996年3月18日	财农综字［1996］4号	废止
07	关于印发《回收后的中央财政有偿资金奖励问题的规定》的通知	财政部	1996年8月30日	财农综字［1996］19号	废止
08	关于农业综合开发资金存款利息使用问题的复函	财政部	1997年8月1日	财农综字［1997］24号	废止
09	关于在财政预算中安排农业综合开发事业费的通知	财政部	1998年11月13日	财发字［1998］36号	有效
10	关于印发《农业综合开发资金决算和项目统计工作评比暂行办法》的通知	财政部	1998年12月16日	财发字［1998］49号	有效
11	农业综合开发资金会计制度（试行）	财政部	1998年12月30日	财发字［1998］51号	废止
12	关于印发《农业综合开发财政有偿资金管理暂行规定》的通知	财政部	1998年12月31日	财发字［1998］54号	有效
13	关于印发《农业综合开发事业费使用管理若干规定》的通知	财政部	2000年1月7日	财发字［1999］102号	有效
14	关于印发《农业综合开发财政有偿资金延期还款和呆账处理暂行规定》的通知	财政部	2000年1月12日	财发字［2000］2号	有效
15	关于黑龙江、海南垦区农业综合开发项目前期费和业务活动费问题的复函	国家农业综合开发办公室	2000年3月20日	国农办字［2000］66号	有效
16	对《关于申请解决农业综合开发项目前期工作费的请示》的批复	国家农业综合开发办公室	2000年3月20日	国农办字［2000］67号	有效
17	关于印发《国家农业综合开发财政有偿资金委托贷款试点办法》的通知	财政部、中国农业银行	2000年9月29日	财发［2000］20号	有效
18	关于印发《农业综合开发财务管理办法》的通知	财政部	2000年12月15日	财发［2000］57号	有效
19	关于印发《农业综合开发资金报账实施办法》的通知	财政部	2001年6月12日	财发［2001］11号	有效
20	关于印发《农业综合开发项目贴息资金管理办法》的通知	财政部	2001年10月30日	财发［2001］38号	有效
21	关于印发《农业综合开发资金会计制度》的通知	财政部	2001年12月27日	财发［2001］55号	有效
22	关于印发《关于进一步加强农业综合开发资金管理的若干意见》的通知	财政部	2002年8月26日	财发［2002］25号	有效
23	关于印发《关于调整农业综合开发资金若干投入比例的规定》的通知	财政部	2002年10月8日	财发［2002］30号	有效
24	关于农业综合开发多种经营项目财政无偿资金使用具体规定的通知	财政部	2002年11月19日	财发［2002］57号	有效
25	对《关于将云南省省本级有偿资金转作省级农业综合开发无偿资金使用的请示》的批复	国家农业综合开发办公室	2002年12日2日	国农办［2002］283号	有效

续表

	重要规章和规范性文件名称	发布机关	发布日期	文号	时效性
	四、世行项目类				
01	关于利用世界银行贷款加强灌溉农业二期项目前期工作费和管理费提取使用和管理的通知	国家农业综合开发办公室	1998年10月28日	国农办字［1998］36号	有效
02	关于印发《利用世界银行贷款加强灌溉农业二期项目提款报账暂行办法》的通知	国家农业综合开发办公室	1999年1月11日	国农办字［1999］2号	有效
03	关于印发《利用世界银行贷款加强灌溉农业二期项目采购管理暂行办法》的通知	国家农业综合开发办公室	1999年1月21日	国农办字［1999］6号	有效
04	关于印发《利用世界银行贷款加强灌溉农业二期项目财务管理暂行办法》的通知	国家农业综合开发办公室	1999年1月29日	国农办字［1999］8号	有效
05	关于印发《利用世界银行贷款加强灌溉农业二期项目项目管理暂行办法》的通知	财政部	1999年1月29日	财发字［1999］4号	有效
06	关于利用世界银行贷款加强灌溉农业二期项目有关采购方面事项的通知	国家农业综合开发办公室	1999年2月12日	国农办字［1999］15号	有效
07	关于印发《利用世界银行贷款加强灌溉农业二期项目监测与评价管理暂行办法》的通知	国家农业综合开发办公室	1999年3月29日	国农办字［1999］33号	有效
08	关于印发《利用世界银行贷款加强灌溉农业二期项目工程项目管理暂行办法》的通知	国家农业综合开发办公室	1999年4月12日	国农办字［1999］50号	有效
09	关于印发《利用世界银行贷款加强灌溉农业二期项目会计核算办法（试行）》的通知	国家农业综合开发办公室	1999年5月12日	国农办字［1999］130号	有效
10	关于利用世界银行贷款加强灌溉农业二期项目出国考察、培训有关问题的通知	国家农业综合开发办公室	1999年9月6日	国农办字［1999］185号	有效
11	关于印发《利用世界银行贷款加强灌溉农业二期项目考评暂行办法》的通知	国家农业综合开发办公室	1999年9月7日	国农办字［1999］188号	有效
12	关于印发《利用世界银行贷款加强灌溉农业二期项目提款报账暂行办法》的补充通知	国家农业综合开发办公室	2000年3月13日	国农办字［2000］48号	有效

注：所有规章文件时效性的统计日期截止到2003年6月。

第五部分

统计资料

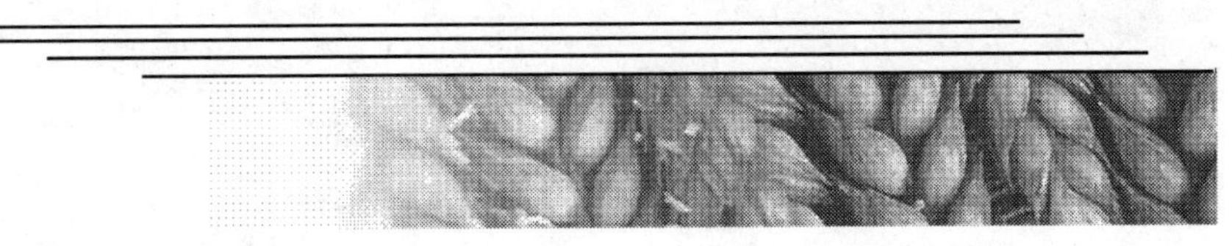

统计资料说明

一、本部分收集了1988—2002年的农业综合开发汇总统计数据。1988—2002年分年度的统计数据可查阅《国家农业综合开发统计摘要》（1988—2002年）。

二、统计范围仅限于国家立项的农业综合开发项目，其他农业综合开发项目未统计在内。统计数据摘自《国家农业综合开发统计摘要》（1988—2002）。

三、统计资料分为农业综合开发基本情况、全国农业综合开发项目统计、农业综合开发世界银行项目统计、农业综合开发部门项目统计四个部分，每个部分都附有各项统计指标的相关解释和说明。

四、农业综合开发基本情况中各项统计指标的数据均为农业综合开发地方项目、世界银行项目、部门项目统计数据的合计数。

五、在全国农业综合开发项目统计中，“1988—2002年全国农业综合开发项目投入情况表”中各指标的统计数据为农业综合开发地方项目、世界银行项目、部门项目统计数据的合计数。其他统计表中各指标的数据均为地方项目的统计数据。

六、黑龙江省农垦总局农业综合开发项目是由农业部负责组织实施的部门项目，但由于该项目一直比照地方项目管理，因此，将其视同一个省级单位统计在“全国农业综合开发项目统计表”中，在“农业综合开发部门项目统计表”中未作统计。

七、由于历年统计资料不全，统计资料中有少数应统计的数据没有填列。

农业综合开

1988—2002年全国农业综

年份	开发范围（个）		资金投入（万元）				
	项目县（市、区、农场）总数	其中：项目县数	合计	中央财政资金	地方财政配套资金	银行贷款	自筹资金
1988	746	495	178 368.70	50 267.00	37 324.10	23 332.30	67 445.30
1989	949	658	347 770.38	100 858.00	77 694.60	61 236.00	107 981.78
1990	1 101	796	495 558.13	140 563.90	113 782.37	96 663.42	144 548.44
1991	1 092	864	566 910.25	152 508.30	139 653.07	111 549.48	163 199.40
1992	1 293	1 060	622 907.52	157 720.90	139 149.17	109 288.29	216 749.16
1993	1 335	1 106	720 708.58	182 138.90	153 749.40	129 552.33	255 267.95
1994	1 399	1 177	682 714.80	182 136.80	167 871.77	111 807.79	220 898.44
1995	1 441	1 197	871 689.40	235 224.00	226 903.00	122 120.57	287 441.83
1996	1 531	1 270	1 198 520.50	305 263.00	258 913.00	197 321.55	437 022.95
1997	1 547	1 335	1 291 707.54	293 129.00	302 841.00	199 825.54	495 912.00
1998	1 675	1 470	1 642 497.92	421 135.00	409 431.70	191 805.30	620 125.92
1999	1 745	1 516	1 887 745.37	472 563.81	468 367.80	210 188.94	736 624.82
2000	1 802	1 559	1 972 322.32	676 790.91	572 010.20	120 612.84	602 908.37
2001	1 884	1 645	2 065 077.22	708 629.60	594 679.90	182 712.12	579 055.60
2002	2 023	1 786	2 374 018.23	761 896.82	615 948.40	255 688.60	740 484.41
合计			16 918 516.86	4 840 825.94	4 278 319.48	2 123 705.07	5 675 666.37

发基本情况

合开发基本情况表

主 要 建 设 内 容							
改造中低产田（万亩）	开垦宜农荒地（万亩）	草原（场）建设（万亩）	优质粮食基地（万亩）	优质饲料粮基地（万亩）	经济林、蔬菜、药材等种植面积（万亩）	水产养殖面积（万亩）	农产品加工和农业生产服务项目（个）
944.90	168.00	58.20			31.25	1.25	60
2 189.58	289.60	163.63			28.15	12.25	15
3 167.95	382.83	231.97			45.79	10.36	42
2 736.26	329.95	176.03			44.16	6.11	56
2 557.97	374.15	309.17			103.96	21.75	77
2 755.15	281.99	261.57			166.48	49.91	108
1 599.84	154.06	222.12			123.98	27.36	166
2 022.59	169.85	244.02			156.31	32.68	297
2 563.75	242.17	326.43			162.84	55.16	547
2 623.41	284.70	245.03			138.40	60.05	527
3 039.82	227.07	205.05			149.19	41.81	374
3 647.36	84.16	178.95	49.35	23.40	171.28	44.76	395
3 742.75		265.55	197.26	104.63	194.43	43.62	419
3 058.76		296.68	430.65	82.10	190.21	72.32	433
2 818.44		345.87	461.50	90.57	127.83	118.57	516
39 468.53	2 988.53	3 530.26	1 138.76	300.70	1 834.26	597.96	4 032

续表

年份	改善农业生产条件				新增主要农产品生产能力（万公斤）			
	新增和改善灌溉面积（万亩）	新增和改善除涝面积（万亩）	增加农田林网防护面积（万亩）	新增农机总动力（万千瓦）	粮食	棉花	油料	糖料
1988	917.50	387.10	874.10	40.60	130 549.00	5 878.80	3 507.40	42 638.70
1989	2 033.40	1 047.35	1 368.39	80.31	405 362.80	10 919.10	21 480.00	102 580.10
1990	2 636.08	1 610.88	2 411.61	97.83	522 038.20	13 089.90	19 159.80	91 947.70
1991	2 456.89	1 250.27	2 104.48	86.98	461 672.87	9 825.10	21 329.20	463 941.70
1992	2 202.97	1 181.93	2 102.86	98.83	450 494.36	11 261.50	17 768.78	324 520.00
1993	2 420.42	1 371.86	2 133.07	93.55	549 904.29	10 345.95	22 808.57	269 605.80
1994	1 284.87	752.61	1 344.14	76.31	305 218.50	9 384.33	21 745.15	106 523.30
1995	1 733.06	1 024.50	1 736.94	94.53	367 578.72	8 851.51	25 432.17	159 105.60
1996	2 327.90	1 153.71	1 747.69	114.39	531 918.14	12 833.29	29 117.82	266 256.90
1997	2 777.21	1 176.92	1 432.25	110.06	571 254.99	8 374.54	28 368.01	154 802.10
1998	3 019.23	1 298.67	1 813.90	262.30	592 407.33	8 647.51	30 225.39	124 592.70
1999	3 378.24	1 363.64	1 955.73	120.47	661 025.04	9 646.31	31 440.78	76 140.53
2000	3 460.87	1 398.41	2 394.31	101.99	644 201.96	9 774.41	33 630.60	60 060.25
2001	2 785.89	1 069.41	1 885.23	104.72	556 625.51	7 664.29	28 247.59	46 321.35
2002	2 655.03	866.64	1 525.99	83.38	498 229.60	5 145.62	22 662.10	39 955.23
合计	36 089.56	16 953.90	26 830.69	1 566.24	7 248 481.31	141 642.16	356 923.36	2 328 991.96

新增其他农产品产量（万公斤）					新增其他农产品产值（亿元）		农民人均纯收入（元）	
肉	蛋	奶	水产品	干鲜果品、蔬菜、药材等	畜禽产品产值	水产品产值	项目区	项目区高于全国农民年人均纯收入
4 253.00	13.09	35.15	69.79	19 119.00				
10 094.90	13.15	222.82	709.40	6 164.00				
17 241.60	523.57	365.91	3 754.20	24 324.20				
19 781.03	309.14	166.54	1 691.00	20 909.40				
15 533.17	891.50	225.42	5 247.43	28 525.85				
23 316.65	41.28	99.68	7 612.72	32 506.50				
33 717.35	2 336.02	389.47	5 072.87	38 072.54				
36 856.16	2 591.01	887.77	21 087.48	211 708.30				
37 350.54	3 274.59	2 793.08	8 766.55	84 180.31				
22 691.36	5 089.12	7 232.80	11 284.15	120 745.36				
29 288.17	2 934.15	3 109.09	17 400.88	153 464.82			2 400.00	238.02
84 546.83	3 207.78	4 674.47	57 314.89	212 888.26			2 472.00	261.66
				383 118.16	18.81	11.95	2 465.00	211.58
				329 834.01	15.64	9.12	2 544.00	177.60
					26.88	21.60	2 696.00	220.00
334 670.76	21 224.40	20 202.20	140 011.36	1 665 560.71	61.33	42.67		

全国农业综合开发项目统计

1988—2002 年全国农业综合开发项目投入情况表

地区	开发范围（个）		资金投入（万元）				
	项目县及农场总数	其中：项目县数	合计	中央财政资金	地方财政配套资金	银行贷款	自筹资金
合计			16 918 516.86	4 840 825.94	4 278 319.48	2 123 705.07	5 675 666.37
北京			118 076.03	28 067.30	53 321.40	468.50	36 218.83
天津			128 792.13	25 101.00	55 459.70	12 654.94	35 576.49
河北			881 108.40	246 219.90	217 723.99	94 165.72	322 998.79
山西			305 064.13	93 647.80	72 208.40	43 080.97	96 126.96
内蒙古			615 677.70	201 447.00	132 406.00	96 034.00	185 790.70
辽宁			830 553.17	203 913.90	238 884.02	137 814.94	249 940.31
其中：大连			171 815.55	26 002.00	53 230.40	37 027.89	55 555.26
吉林			709 539.00	219 220.00	176 357.00	116 025.00	197 937.00
黑龙江			789 513.30	244 241.00	216 472.60	81 403.20	247 396.50
上海			83 863.24	14 013.00	41 626.50	2 000.00	26 223.74
江苏			896 580.10	237 270.70	252 635.20	144 892.19	261 782.01
浙江			716 939.41	151 106.00	250 805.00	103 523.54	211 504.87
其中：宁波			100 432.25	22 570.00	48 258.12	740.00	28 864.13
安徽			731 823.66	240 688.00	186 957.80	115 795.32	188 382.54
福建			449 565.93	93 889.00	91 917.40	76 901.58	186 857.95
其中：厦门			33 017.29	7 046.00	8 459.00	4 597.00	12 915.29
江西			524 543.95	187 218.90	138 293.40	75 885.72	123 145.93
山东			1 182 002.29	289 883.60	355 365.60	89 734.14	447 018.95
其中：青岛			95 546.20	24 256.00	41 601.30	4 714.20	24 974.70
河南			858 629.56	260 314.00	265 798.35	113 076.30	219 440.91
湖北			547 333.93	177 145.00	156 492.00	79 482.31	134 214.62
湖南			654 581.80	196 905.00	188 974.31	112 348.83	156 353.66
广东			207 746.21	60 310.00	81 637.00	9 731.00	56 068.21
其中：深圳			23 179.40	2 760.00	7 403.00		13 016.40
广西			346 119.69	116 974.30	111 106.30	33 010.10	85 028.99
海南			258 002.70	73 777.00	49 650.10	61 831.00	72 744.60
重庆			201 381.80	72 155.00	62 631.30	12 133.80	54 461.70
四川			790 723.75	265 984.00	244 149.70	129 939.00	150 651.05
贵州			275 745.95	106 869.00	88 791.72	23 517.60	56 567.63
云南			381 051.14	116 647.00	151 139.00	61 109.55	52 155.59
西藏			66 498.36	38 946.00	18 000.20	1 867.98	7 684.18
陕西			353 326.46	127 122.00	93 978.00	32 682.39	99 544.07
甘肃			206 309.36	68 248.00	43 698.00	27 723.90	66 639.46
青海			190 112.75	64 291.00	38 929.00	33 094.78	53 797.97
宁夏			191 550.46	66 795.00	40 822.00	27 728.90	56 204.56
新疆			495 376.85	149 625.80	72 360.80	44 347.69	229 042.56
新疆兵团			366 041.54	91 612.00	4 259.00	30 487.90	239 682.64
黑龙江农垦			392 259.17	149 924.80	135.00	50 307.50	191 891.87
部门项目			1 163 701.00	152 872.00	85 333.69	48 904.78	876 590.53
国家办			8 381.94	8 381.94			

注："部门项目"栏 1995—2002 年中央财政资金、地方财政资金数据仅统计了海南农垦总局天然橡胶基地项目的数据，其他部门项目数据含在各省（区、市）的数据中，因此，使用部门项目投入统计数时，应从《农业综合开发部门项目统计表》中提取。

1988—2002年全国农业综合开发分项目投资完成情况表

单位:万元

地区	土地治理项目					多种经营项目					科技示范项目				
	小计	中央财政资金	地方财政配套资金	银行贷款	自筹资金	小计	中央财政资金	地方财政配套资金	银行贷款	自筹资金	小计	中央财政资金	地方财政配套资金	银行贷款	自筹资金
全国合计	9 820 682.08	3 039 181.27	2 859 809.91	907 618.92	3 014 071.98	4 161 642.94	815 963.12	745 432.65	1 113 007.48	1 487 239.69	143 667.88	41 931.23	39 332.31	21 703.60	40 700.74
北京	69 106.11	13 803.07	31 579.60	158.50	23 564.94	28 661.46	6 336.00	11 452.11	1 862.80	9 010.55	1 497.32	400.00	800.00		297.32
天津	85 283.07	16 727.88	34 582.65	7 997.84	25 974.70	23 252.37	3 959.46	8 028.91	3 822.00	7 442.00	2 583.79	700.00	800.00	835.10	248.69
河北	548 013.92	157 901.25	152 163.05	50 858.78	187 090.84	191 819.79	26 499.50	26 921.50	42 646.94	95 751.85	7 187.00	2 094.70	2 163.00	660.00	2 269.30
山西	149 340.88	49 346.00	47 593.56	8 946.37	43 454.95	107 353.15	16 402.70	14 298.54	30 174.30	46 477.61	3 414.00	950.00	840.00	200.00	1 424.00
内蒙古	470 080.79	148 224.91	123 241.18	50 810.00	147 804.70	140 260.10	34 893.60	24 813.00	44 004.00	36 549.50	6 256.50	1 928.00	1 672.00	1 220.00	1 436.50
辽宁	495 551.25	140 277.90	160 719.05	47 309.25	147 245.05	299 995.15	52 279.60	55 102.10	89 835.69	102 777.76	4 988.00	1 500.00	1 500.00	870.00	1 118.00
其中:大连	66 251.30	14 986.50	29 388.95	4 600.00	17 275.85	94 186.10	8 277.00	14 701.30	32 027.89	39 179.91	2 100.00	600.00	600.00	600.00	300.00
吉林	463 220.00	153 294.00	150 843.00	38 542.00	120 541.00	249 807.00	50 531.00	46 497.00	76 483.00	76 296.00	5 100.00	1 500.00	1 500.00	1 000.00	1 100.00
黑龙江	589 896.40	193 076.69	178 715.65	36 312.14	181 791.92	204 873.99	46 070.80	49 507.55	45 091.06	64 204.58	4 234.00	1 200.00	1 634.00		1 400.00
上海	55 988.41	11 798.01	29 272.97	710.00	14 207.43	23 628.41	1 977.69	10 552.20	90.00	11 008.52	5 167.79	1 260.00	1 700.00	1 200.00	1 007.79
江苏	527 456.33	143 418.99	149 690.06	88 432.69	145 914.59	185 530.34	30 650.25	32 593.87	55 779.50	66 506.72	5 593.50	1 645.00	1 931.00	680.00	1 337.50
浙江	420 125.56	106 082.14	168 162.29	32 650.00	113 231.13	254 563.25	39 990.96	47 493.91	70 073.54	97 004.84	7 837.10	2 338.60	2 429.60	1 200.00	1 868.90
其中:宁波	58 292.64	13 494.07	30 747.71		14 050.86	33 929.55	7 573.66	11 725.52	340.00	14 290.37	4 005.90	1 110.00	1 073.00	800.00	1 022.90
安徽	425 898.46	135 007.87	108 906.49	65 942.13	116 041.97	163 912.61	41 103.85	35 547.81	51 639.16	35 621.79	3 885.73	1 250.00	1 020.22	722.83	892.68
福建	211 355.69	61 333.29	70 746.09	17 122.68	62 153.63	234 778.27	23 276.00	28 005.45	60 328.90	123 167.92	4 618.80	1 200.00	1 582.40	300.00	1 536.40
其中:厦门	12 743.96	3 425.37	5 557.20		3 761.39	20 884.90	2 128.00	4 156.00	5 447.00	9 153.90					
江西	346 235.33	127 499.33	100 602.55	37 705.73	80 427.72	143 541.67	35 883.53	29 943.50	36 579.99	41 134.65	7 216.36	2 367.60	1 665.20	1 600.00	1 583.56
山东	618 934.80	161 951.94	185 961.70	49 870.20	221 150.96	301 232.80	39 957.85	51 039.24	39 025.18	171 210.53	12 056.50	3 519.47	3 386.30	1 198.77	3 951.96
其中:青岛	69 393.00	15 485.00	31 961.50	4 014.20	17 932.30	22 319.80	5 825.00	10 442.90	460.00	5 591.90	3 597.50	1 000.00	1 000.00	600.00	997.50
河南	462 146.58	132 377.92	133 040.86	63 568.30	133 159.50	144 422.56	29 739.50	29 726.20	48 690.00	36 266.86	7 981.51	2 290.86	2 043.00	818.00	2 829.65
湖北	363 057.26	120 585.56	115 141.23	34 036.60	93 293.87	141 561.10	30 705.39	26 214.35	44 482.71	40 158.65	3 785.10	1 150.00	910.00	963.00	762.10
湖南	460 928.73	144 957.36	147 611.72	59 865.73	108 493.92	172 993.65	37 581.84	35 224.56	53 807.00	46 380.25	3 006.40	980.40	913.00	400.00	713.00
广东	107 001.58	39 332.65	40 872.78	1 317.00	25 479.15	52 303.66	13 353.49	14 098.31	7 814.00	17 037.86	4 006.67	1 068.30	1 276.97	600.00	1 061.40
其中:深圳	5 807.00	1 512.00	3 024.00		1 271.00	3 035.00	788.00	1 576.00		671.00	772.40	200.00	400.00		172.40
广西	143 931.60	49 247.72	47 749.61	7 917.40	39 016.87	90 588.60	20 037.50	17 449.00	14 041.50	39 060.60	938.00	340.00	421.00		177.00
海南	173 544.00	62 419.70	60 505.70	16 869.00	33 749.60	109 465.00	14 221.00	13 890.00	44 362.00	36 992.00	4 195.00	1 200.00	1 000.00	600.00	1 395.00
重庆	118 292.50	40 242.60	46 697.60	321.20	31 031.10	56 708.90	15 738.00	13 331.60	11 562.60	16 076.70	3 894.80	920.00	620.00	250.00	2 104.80
四川	495 188.19	163 129.15	169 990.79	53 793.50	108 274.75	192 427.00	39 857.14	35 399.86	75 345.50	41 824.50	3 287.20	923.30	1 012.10	800.00	551.80
贵州	182 361.93	67 125.10	60 345.10	13 433.20	41 458.53	64 455.11	18 886.33	15 823.49	9 484.40	20 260.89	3 422.80	800.00	1 000.00	600.00	1 022.80
云南	184 030.20	57 714.44	84 127.80	8 507.60	33 680.36	91 664.01	18 195.89	19 224.62	33 247.45	20 996.05	1 830.34	440.00	400.00	600.00	390.34
西藏	56 004.88	36 350.21	17 553.23	659.00	1 442.44	3 416.55	1 595.80	883.77	906.98	30.00	1 116.96	400.00	200.96	302.00	214.00
陕西	241 844.65	84 025.85	86 167.15	7 609.10	64 042.55	112 027.20	28 833.50	18 229.10	23 473.29	41 491.31	7 548.82	2 200.00	2 641.72	1 600.00	1 107.10
甘肃	112 711.59	37 901.00	34 102.10	4 863.30	35 845.19	77 810.50	12 506.00	10 726.00	25 148.90	29 429.60	4 504.67	1 325.00	970.00	920.00	1 289.67
青海	133 004.93	48 644.70	34 257.60	10 062.78	40 039.85	55 683.51	12 280.86	7 277.00	23 032.00	13 093.65	1 605.51	600.00	343.04		662.47
宁夏	103 266.89	33 724.82	28 140.30	7 640.00	33 761.77	36 575.20	12 904.00	5 627.00	8 975.00	9 069.20	2 649.49	800.00	500.00	413.90	935.59
新疆	384 247.81	110 304.52	59 791.45	20 941.05	193 210.79	94 304.37	25 881.00	10 511.10	23 548.54	34 363.73	2 422.94	640.00	456.80	850.00	476.14
新疆兵团	310 872.00	77 349.80	800.00	21 155.90	211 566.30	46 419.80	11 296.00		9 232.00	25 891.80	3 524.54	1 200.00		100.00	2 224.54
黑龙江农垦	311 759.76	114 004.90	135.00	41 689.95	155 929.91	65 605.86	22 537.09		8 417.55	34 651.22	2 310.74	800.00		200.00	1 310.74

1988—2002 年全国农业综合开发土地

地区	开发任务（万亩）					
	改造中低产田	开垦宜农荒地	草原（场）建设	建设优质粮食基地	建设优质饲料作物基地	修建小型水库（座）
全国合计	37 193.23	2 988.53	2 826.12	1 138.76	300.70	9 572.00
北京	145.36	10.20		5.00		5.00
天津	220.93	19.90	1.00			30.00
河北	2 279.36	123.93	292.97	32.50		322.00
山西	539.30	40.70	8.20	0.40	1.20	10.00
内蒙古	1 457.43	158.00	990.03	19.00	6.00	17.00
辽宁	1 628.40	111.95	9.20	9.35	36.90	147.00
其中：大连	191.08	1.00				7.00
吉林	1 720.40	63.55	270.75	97.90	82.60	491.00
黑龙江	2 230.59	474.20	147.80	239.55	61.76	116.00
上海	90.95	5.73		1.37		1.00
江苏	2 310.06	116.58	3.10	49.67	6.68	79.00
浙江	1 013.88	131.08		7.47		457.00
其中：宁波	166.55	2.00		4.67		121.00
安徽	2 106.69	55.70		102.71		1 856.00
福建	668.30	16.18		56.61		295.00
其中：厦门	10.17			0.17		75.00
江西	960.06	33.60	4.70	7.55		466.00
山东	3 542.65	435.60	62.50	47.40	0.20	955.00
其中：青岛	1 175.40	195.60		13.00	0.20	561.00
河南	2 617.61	40.28		70.95	3.30	290.00
湖北	1 527.46	2.17		22.20		1 226.00
湖南	1 503.72	78.89	40.70	52.00		1 666.00
广东	394.45	2.31		13.60		166.00
其中：深圳	0.86					85.00
广西	825.52	43.40		23.47		178.00
海南	550.84	6.80		12.65		54.00
重庆	373.45					117.00
四川	1 984.81	30.86	146.70	10.00		307.60
贵州	696.97	10.20	5.54	10.00	5.59	117.00
云南	604.40	16.20	3.50	52.54	7.00	41.00
西藏	86.14	8.57	54.34	9.20	0.50	7.00
陕西	998.79	9.50	8.40	22.20	6.30	62.00
甘肃	323.43	29.93	16.43	11.12	10.74	17.00
青海	203.08	30.50	468.63	3.65		15.00
宁夏	330.31	83.13		55.40	16.70	
新疆	1 006.99	436.49	167.33	3.00	9.43	19.00
新疆兵团	499.80	260.70			1.10	7.00
黑龙江农垦	1 751.10	101.70	124.30	90.30	44.70	36.00

治理项目主要建设内容完成情况表

主要措施							
水利措施		农业措施			林业措施	科技措施	
灌排渠系建设（公里）	新打和配套完善机电井（眼）	改良土壤（万亩）	机耕路（公里）	农机购置（台套）	造林（万亩）	扶持农技服务站（个）	技术培训（万人次）
1 334 918.77	949 654.00	21 714.07	487 390.30	790 861.00	5 145.82	28 312.00	10 264.76
2 895.38	4 362.00	46.50	1 323.30	3 889.00	18.68	240	67.19
12 320.11	2 972.00	180.90	2 153.20	2 725.00	35.83	116	16.23
44 220.66	148 269.00	1 710.27	50 947.15	10 531.00	486.46	3 958	1 254.18
22 573.40	15 744.00	281.34	11 937.80	5 496.00	94.14	1 117	151.25
58 731.25	67 912.00	1 070.38	38 823.38	30 869.00	242.07	1 078	598.53
68 808.19	55 996.00	529.05	3 257.43	8 799.00	173.92	546	563.42
2 519.01	1 042.00	56.29	660.80	254.00	24.55	47	56.60
27 934.02	69 462.00	815.79	8 400.15	8 909.00	210.01	557	285.04
85 737.67	60 984.00	346.32	21 648.96	41 355.00	236.38	395	244.43
5 609.10	41.00	33.33	2 389.71	1 114.00	40.72	90	7.50
10 603.65	1 750.00	648.49	12 341.38	70 099.00	169.87	2 002	336.65
41 757.84	8 065.00	699.49	16 034.33	36 126.00	36.07	1 375	134.91
3 178.44	3 891.00	73.95	2 784.81	3 937.00	6.13	51	12.49
102 921.17	55 207.00	1 090.71	17 379.80	22 106.00	486.33	1 096	599.93
12 525.37	2 375.00	385.72	6 382.95	3 601.00	95.13	591	100.23
368.36	261.00	136.53	2 176.72	959.00	0.65	39	1.10
70 435.43	6 771.00	469.42	6 774.56	8 754.00	128.72	508	170.60
87 081.30	124 323.00	3 129.49	80 683.02	78 356.00	317.63	1 479	1 010.92
28 031.15	57 482.00	1 221.55	39 303.83	38 079.00	141.16	166	130.54
76 874.28	257 050.00	1 127.22	73 794.30	84 604.00	172.19	2 104	739.57
80 055.57	1 742.00	469.02	33 613.39	43 105.00	194.45	2 456	269.96
98 443.82	333.00	526.00	10 101.75	29 310.00	305.26	760	306.58
15 133.63	89.00	301.26	3 011.31	2 678.00	32.11	538.00	151.74
4.00	11.00	60.42	814.69	1 186.00		1.00	
17 519.01	263.00	703.18	14 646.64	8 480.00	119.89	1 015	325.17
12 400.93	5.00	516.76	2 923.68	1 081.00	73.40	126	267.75
9 785.10	11.00	274.60	3 210.80	5 008.00	77.63	360	168.91
89 208.65	1 930.00	1 346.10	13 127.57	164 006.00	401.57	2 877	1 088.16
9 702.18	9.00	387.64	1 661.26	21 729.00	310.37	145	445.71
10 276.49	100.00	302.57	2 390.23	2 499.00	163.27	52	281.02
3 394.60	2 531.00	141.55	2 484.17	1 022.00	12.93	12	34.74
32 132.85	24 446.00	1 020.49	7 474.40	11 387.00	151.75	1 619	315.60
13 200.20	2 727.00	276.46	3 989.22	6 999.00	42.72	535	61.22
6 578.54	48.00	128.73	1 204.50	9 963.00	24.42	87	18.40
19 052.94	1 375.00	379.71	7 089.78	2 408.00	38.74	246	89.80
89 295.32	4 987.00	872.20	14 428.06	15 411.00	78.50	164	118.27
30 698.44	3 693.00	701.62	5 732.65	7 672.00	29.54	29	24.30
67 011.68	24 082.00	801.76	6 029.47	40 770.00	145.12	39	16.85

1999—2002 年全国农业综合开发土地治理

地区	改造中低产田	开垦宜农荒地	草原（场）建设	建设优质粮食基地	建设优质饲料作物基地	修建小型水库
全国合计	2 844 210.00	61 032.25	103 789.17	109 678.33	32 619.17	48 252.51
北京	35 231.00			1 546.00		338.00
天津	42 575.00	804.00	178.00			72.00
河北	98 861.00	1 584.24	977.17	1 658.00		963.60
山西	72 725.00	1 637.10	60.00	178.00	238.00	159.39
内蒙古	113 939.00	1 039.60	45 908.93	884.00	694.10	49.00
辽宁	177 144.00	1 577.98	747.00	1 392.00	1 838.00	2 643.70
其中：大连	31 339.00					222.00
吉林	131 043.00	2 741.50	11 836.00	6 944.00	6 636.00	7 135.00
黑龙江	218 581.00		2 504.00	19 860.50	8 517.00	2 632.42
上海	30 129.00			552.50		
江苏	96 180.00	416.73		13 616.24	2 520.02	10.40
浙江	135 102.00	4 341.22		1 212.10		910.20
其中：宁波	25 485.00	515.84		440.00		
安徽	70 401.00			4 618.70		1 494.17
福建	71 281.00			3 499.10		7 983.20
其中：厦门	9 035.00			90.00		228.00
江西	113 566.00		295.70	3 532.57		5 551.44
山东	139 267.00		545.00	1 857.00	95.00	5 192.90
其中：青岛	31 897.00			490.00	95.00	3 467.90
河南	97 529.00			5 106.70	437.30	365.60
湖北	123 377.00			10 492.58		1 850.18
湖南	130 281.00		1 097.40	3 803.80		1 537.83
广东	64 824.00			1 496.50		735.30
其中：深圳	3 025.00					30.00
广西	66 892.00			1 942.14		853.80
海南	51 372.00			1 318.50		173.20
重庆	56 271.00					492.03
四川	129 449.00	1 065.40	6 543.00	1 273.40		1 471.95
贵州	50 299.00		135.00	2 864.00	1 420.00	1 997.80
云南	56 318.00			3 809.39	327.00	458.00
西藏	20 476.00	768.42	3 822.26	131.08	122.00	
陕西	79 276.00	200.00	31.00	1 206.15	530.00	669.00
甘肃	61 700.00	2 418.15	1 720.00	1 860.00	1 256.00	79.00
青海	18 691.00		15 719.83	803.00		1 256.00
宁夏	36 283.00	1 199.42		1 794.70	619.00	
新疆	73 030.00	12 860.04	10 812.27	234.14	1 713.56	15.00
新疆兵团	63 317.00	28 378.45			309.00	17.00
黑龙江农垦	118 800.00		856.61	10 191.54	5 347.19	1 145.40

项目主要建设内容投资完成情况表

单位：万元

主要措施							
水利措施		农业措施			林业措施	科技措施	
灌排渠系建设	新打和配套完善机电井	改良土壤	机耕路	农机购置	造林	扶持农技服务站	技术培训
1 292 958.94	302 292.96	235 839.72	233 226.20	203 784.40	222 393.54	9 133.82	54 749.08
8 781.57	5 685.77	1 163.04	4 663.93	3 910.19	5 403.65	108.00	473.18
20 310.54	10 500.68	2 961.97	2 304.08	3 371.74	2 607.17	76.00	490.98
23 284.30	27 163.97	3 958.26	1 824.92	8 851.07	15 869.41	376.00	1 386.10
18 377.06	15 976.20	6 963.71	6 806.81	3 509.39	6 272.45	208.00	2 058.18
48 287.56	23 092.85	12 008.06	7 194.21	6 957.66	14 308.35	406.05	1 964.58
58 376.01	36 286.22	13 873.59	5 962.73	6 261.40	12 745.93	62.00	3 202.57
13 268.62	2 392.40	2 049.00	1 492.30	195.00	2 262.88	1.00	262.00
60 189.18	13 418.97	6 058.50	8 343.00	13 791.40	13 347.43	144.02	3 752.90
79 197.45	28 583.68	5 262.36	17 285.94	30 014.69	9 818.66	369.00	2 952.86
12 281.89		2 874.80	11 236.54	466.90	1 827.11	65.00	169.85
50 019.36	822.38	4 547.16	14 141.55	8 143.13	3 946.21	521.00	1 793.31
81 278.50	5 496.52	9 403.62	30 990.11	2 933.22	4 005.93	491.00	2 183.77
11 929.17	56.00	567.04	8 565.72	456.55	664.18	21.00	348.88
30 872.39	9 139.33	3 386.95	8 167.01	6 545.54	4 663.24	244.00	1 318.10
34 873.73	2 532.00	4 513.92	10 752.21	1 351.73	2 762.73	326.00	1 138.02
3 508.70	44.00	1 143.81	1 772.15	257.00	133.00	37.00	178.00
57 291.66	3 769.80	9 132.45	6 569.59	4 521.30	16 118.56	294.00	2 537.08
52 272.54	14 054.89	8 454.30	7 737.75	5 012.00	8 055.95	349.00	2 594.50
9 599.15	1 769.70	1 073.10	2 316.05	1 108.80	2 655.40	34.00	455.30
28 897.10	29 409.52	4 813.64	4 295.49	8 041.86	6 862.79	561.00	2 031.21
56 018.48	3 701.79	8 647.10	9 724.89	6 580.60	7 308.97	966.00	2 996.60
81 243.16	1 235.29	6 618.60	14 796.90	8 376.40	5 907.92	272.00	2 351.38
37 527.49	631.00	6 304.75	7 854.80	3 274.30	1 062.87	357.00	1 027.66
103.00		1 350.00	200.00			1.00	
30 598.35	2 630.51	10 631.92	8 164.64	4 153.38	2 156.85	740.55	1 742.25
41 665.34	960.80	3 661.60	4 225.72	3 971.00	6 969.20	22.00	1 300.50
33 325.07	38.20	9 652.37	6 194.26	315.94	7 916.15	60.20	1 311.91
84 241.77	4 334.70	22 057.14	7 594.51	5 437.97	9 887.69	552.00	2 278.35
27 560.15	2 952.00	6 498.05	1 589.04	2 071.60	5 199.97	32.00	1 956.37
27 794.80	2 331.10	6 146.56	5 354.22	1 008.20	6 715.24	23.00	1 026.45
17 481.00	324.53	1 657.69	419.67	898.42	418.67	2.00	278.31
32 831.68	13 127.58	5 688.60	3 625.51	3 400.50	9 677.66	956.00	2 411.15
19 446.85	8 921.85	11 082.69	3 255.53	3 818.87	7 494.68	444.00	1 526.75
17 870.30	1 257.94	1 319.63	510.08	2 263.96	1 697.54	1.00	293.75
24 802.66	788.10	398.00	64.00	3 027.22	3 825.69	13.00	150.21
43 495.42	13 926.51	13 242.87	5 401.24	4 302.91	10 049.39	55.00	1 818.71
18 206.83	7 109.01	19 413.79	1 524.24	1 834.10	4 683.84	29.00	1 162.50
34 258.75	12 089.27	3 442.03	4 651.08	35 365.81	2 805.64	9.00	1 069.04

1999—2002 年全国农业综合开发多种经营项目主要建设内容完成情况表

地区	种植项目（万亩）				养殖项目		加工项目（个）		农业生产服务项目（个）
	经济林	蔬菜	花卉	药材	水产养殖（万亩）	畜禽养殖（万头、只）	新建项目	改扩建项目	
全国合计	1 043.90	313.67	23.15	93.86	596.00	31 556.46	1 545.00	2 005.00	482.00
北京	3.72	3.05	0.30	1.01	0.44	136.90	8.00	4.00	
天津	0.22	0.07	0.02		1.39	2.50	5.00		5.00
河北	46.57	18.61	1.49	0.31	19.10	1 176.56	96.00	212.00	6.00
山西	1.85	5.06	0.13	0.53	0.18	309.61	36.00	66.00	14.00
内蒙古	5.83	2.15	0.13	10.71	18.68	654.93	27.00	39.00	8.00
辽宁	22.51	19.15	2.32	2.50	68.45	1 350.26	62.00	53.00	31.00
其中：大连	1.04	1.69	0.05		37.34	14.67	14.00	4.00	
吉林	18.01	3.06	0.10	6.58	14.27	3 457.83	55.00	55.00	17.00
黑龙江	7.73	1.75	0.10	2.06	1.14	1 149.97	80.00	45.00	20.00
上海	0.23	0.01	0.06		1.58	1.85	18.00	9.00	2.00
江苏	11.87	3.54	3.03	0.30	24.49	1 591.61	51.00	167.00	3.00
浙江	7.19	4.26	1.76	1.34	6.93	40.26	25.00	128.00	33.00
其中：宁波	2.01	2.96	0.40		0.92	19.36	9.00	12.00	
安徽	87.59	18.45	0.35	4.19	115.91	4 214.64	203.00	127.00	30.00
福建	114.53	5.10	0.87		8.85	1 676.05	55.00	81.00	15.00
其中：厦门	2.48	3.88	0.01		0.62	11.40	3.00	2.00	
江西	103.45	11.24	0.78	4.67	33.20	2 513.97	75.00	106.00	23.00
山东	16.98	16.40	0.42	0.60	10.32	630.10	93.00	141.00	37.00
其中：青岛	0.80	0.14	0.36		0.39	355.06	18.00	8.00	1.00
河南	35.37	11.04	1.06	1.37	12.87	5 274.40	165.00	229.00	19.00
湖北	51.26	10.03	0.36	5.75	68.48	580.14	54.00	39.00	21.00
湖南	131.14	21.36	0.69	10.95	153.62	1 674.06	61.00	125.00	29.00
广东	35.57	126.24	4.31	3.06	2.78	1 530.75	28.00	18.00	12.00
其中：深圳		0.10	0.51		1.40		1.00		
广西	26.03	1.59	0.01	0.17	0.71	291.72	25.00	16.00	12.00
海南	10.47	0.69	0.04	0.09	2.19	261.00	12.00	3.00	20.00
重庆	40.58	6.08	2.06	3.85	0.28	783.53	13.00	4.00	3.00
四川	132.76	7.82	1.20	15.66	11.74	571.35	63.00	48.00	18.00
贵州	21.70	3.30	0.59	4.24	4.55	196.94	40.00	40.00	16.00
云南	52.19	5.90	0.33	1.55	2.31	221.40	43.00	36.00	10.00
西藏	0.01	0.03		0.01		0.02			
陕西	16.04	0.46	0.28	3.11	0.82	28.59	55.00	92.00	44.00
甘肃	7.69	1.41	0.03	1.75	0.08	40.87	21.00	21.00	2.00
青海	0.42	0.33	0.06	1.30	5.33	94.39	17.00	17.00	1.00
宁夏	3.12	2.92	0.02	0.93	2.54	166.82	11.00	42.00	16.00
新疆	10.65	0.59	0.22	5.20	0.34	11.53	13.00	14.00	8.00
新疆兵团	11.71	0.81	0.03		0.58	27.27	10.00	8.00	3.00
黑龙江农垦	8.91	1.17		0.07	1.85	894.64	25.00	20.00	4.00

1999—2002年全国农业综合开发科技示范项目主要建设内容完成情况表

地区	农业高新科技示范（万亩）	农业科技推广综合示范（万亩）	农业现代化示范（万亩）	具体建设内容													
				技术引进		技术示范			技术推广			产业其地建设					
												种植业生产基地（万亩）	经济林生产基地（万亩）	畜牧业生产基地			水产养殖基地（万亩）
				品种（个）	技术工艺（项）	品种（个）	技术（项）	面积（万亩）	品种（个）	技术（项）	面积（万亩）			奶牛养殖（万头）	牛、猪、羊养殖（万头、只）	家禽养殖（万只）	
全国合计	76.39	120.97	0.99	1 798.00	720.00	505.00	456.00	32.27	290.00	796.00	370.97	23.22	14.34	5.65	0.55	35.10	1.83
北京				1.00						11.00	5.10						
天津	0.65											0.20					
河北	3.27	10.00		27.00	10.00	20.00	15.00	0.17		78.00	15.30	0.01					
山西	0.80			18.00	14.00	6.00	5.00	0.72	4.00	18.00	5.65	0.68				5.00	0.01
内蒙古	1.36	1.61		32.00	30.00		11.00			34.00	2.42						
辽宁	2.79			37.00	35.00	4.00	23.00			21.00	5.20	1.46					
其中：大连	0.64			12.00	8.00	4.00						1.46					
吉林	24.00	12.00		51.00	57.00	46.00	65.00	8.00	29.00	91.00	32.00	0.05		5.50			
黑龙江	0.80	1.48		45.00	27.00	46.00	20.00	0.80	52.00	31.00	9.77	0.80					
上海	0.53	1.00	0.02	10.00	11.00	17.00	12.00	0.10	13.00	23.00	2.93	0.05					
江苏	4.40	16.30	0.87	27.00	15.00	19.00	10.00	2.00		43.00	23.81	0.46					
浙江	4.44	1.50		169.00	67.00	53.00	78.00	0.99	35.00	31.00	5.09	1.66	1.50				0.70
其中：宁波	3.00	1.50		92.00	37.00	49.00	9.00	0.35	35.00	26.00	4.91	1.59	1.50				0.70
安徽	0.96	2.00		137.00	170.00	15.00	15.00	2.10		16.00	26.20						
福建	2.38	5.43	0.10	241.00	38.00	91.00	22.00	0.65	22.00	47.00	11.71	0.46	0.39	0.10	0.05		0.05
其中：厦门												0.25					
江西	1.24			12.00	16.00	7.00	6.00	1.94	2.00	5.00	0.90	0.01	0.30				
山东	2.40	6.00		400.00	32.00	4.00	36.00	2.40	21.00	86.00	16.01	0.15					
其中：青岛				18.00	5.00		8.00			52.00	4.00						
河南	0.32			15.00	5.00					7.00	12.83						
湖北	1.65	23.50		60.00	8.00	20.00	11.00	1.35	35.00	29.00	68.50	0.67	0.20			4.00	0.07
湖南	1.00			12.00	8.00		23.00	1.00		13.00	1.40						
广东	0.85	25.00		180.00	40.00	58.00	21.00	0.95	15.00	53.00	47.40	13.14	11.00				1.00
其中：深圳										3.00	0.40	0.14					
广西	0.20				1.00					12.00	0.06	0.30					
海南	5.51	1.24		9.00	11.00	8.00	8.00	1.01		8.00	10.70	1.00					
重庆	6.55	4.79		16.00	6.00	5.00	4.00	2.50	5.00	8.00	5.94	0.58	0.80				
四川	0.68	0.60		45.00	21.00	44.00	8.00	0.72	36.00	71.00	2.15	0.69	0.15		0.5	26.10	
贵州	3.00			51.00	18.00		12.00	0.90		5.00	0.02	0.40					
云南	0.03			90.00	12.00	2.00	1.00	0.10	20.00	1.00	20.00	0.10					
西藏		0.63				18.00	4.00			6.00	3.53						
陕西	0.12			8.00	8.00		2.00										
甘肃	2.90	5.45		57.00	24.00	12.00	8.00	0.80		12.00	13.55	0.06					
青海	0.60			9.00	3.00	3.00	2.00	0.61				0.20					
宁夏		1.00		11.00	5.00		10.00		1.00	1.00	0.70			0.05			
新疆	0.96			21.00	10.00		2.00	0.36				0.10					
新疆兵团	1.00	0.47		3.00	13.00	7.00	20.00	1.00		33.00	19.00						
黑龙江农垦	1.00	1.00		4.00	5.00		2.00	1.10		2.00	3.10						

1988—2002 年全国农业综合

地区	改善农业生产条件			
	新增和改善灌溉面积（万亩）	新增和改善除涝面积（万亩）	增加林网防护面积（万亩）	新增机耕面积（万亩）
全国合计	32 681.67	16 116.79	25 155	19 021.69
北京	126.67	56.08	58.81	64.17
天津	233.4	205.88	92.75	87.94
河北	2 256.11	713.55	2 689.52	797.57
山西	559.02	15.06	436.53	282.93
内蒙古	1 492.61	352.72	1 438.64	942.74
辽宁	1 380.94	734.87	1 587.99	668.04
其中：大连	175.14	1.4	16.79	43.21
吉林	1 388.2	665.98	928.22	559.89
黑龙江	1 675.88	1 031.44	1 823.33	2 363.26
上海	80.39	58.97	29.62	15.07
江苏	2 384.92	1 367.78	1 775.51	459.13
浙江	942.65	837.74	620.41	372.69
其中：宁波	114.06	125.3	100.79	15.81
安徽	2 117.46	2 032.66	1 653.22	2 189.45
福建	508.92	140.94	112.95	148.89
其中：厦门	10.07	3.07	2.23	3.56
江西	1 289.88	475.45	799.59	821.02
山东	2 616.45	1 688.68	2 640.04	1 728.63
其中：青岛	229.37	122.22	243.24	112.86
河南	2 318.51	1 615.39	1 655.48	946.12
湖北	1 365.43	1 057.46	943.47	971.81
湖南	1 248.04	438.27	314.18	243.88
广东	349.68	230.8	89.41	141.26
其中：深圳	2.33	1.1	0.63	0.08
广西	674.2	110.28	117.8	2 529.22
海南	349.87	32.2	65.59	30.32
重庆	225.73	95.37	240.17	11.4
四川	1 349.27	952.31	819.43	620.44
贵州	246.12	49.05	232.57	86
云南	433.41	101.05	82.44	132.36
西藏	96.95	11.04	48.8	48.4
陕西	899.27	9.5	922.17	407.36
甘肃	272.65	14.63	195.37	124.15
青海	202.85		54.01	54.07
宁夏	409.4	2.39	325.84	249.36
新疆	1 692.84		702.76	519.54
新疆兵团	771.95		299.64	260.65
黑龙江农垦	722	1 019.25	1 358.74	143.93

开发项目效益情况表

新增农机总动力（千瓦）	新增主要农产品生产能力（万公斤）			
	粮食	棉花	油料	糖料
14 832 381.47	6 918 087.22	133 381.5	331 834.97	2 328 991.96
64.17	490 545	27 852.65	40	26.5
107 852	56 606.59	172.97	1 165.34	
469 506.6	421 515	7 670.69	18 596.74	79
264 329	98 656.34	1 386.73	5 318.36	35 083.9
507 254	324 978.28	445	18 069.5	68 032.4
238 398	295 250.2	61.1	4 010	52 280
1 710	27 386		160	
219 580	386 745.5	25	4 128	200
1 599 800	750 485.58		3 544.7	48 093.5
2 830.85	14 561.13	28.1	322.3	
269 657.72	353 082.99	7 346.19	16 115.17	3
223 542	186 884.96	3 551.89	10 243.42	134
7 500	11 614.51	515.06	350.47	
466 479	384 588.5	13 127.01	37 446.61	21.2
112 497	113 113.4	6.8	4 831.67	34 600.1
10	1 461		151	
105 615	286 117.8	4 297.4	22 856.65	16 039.2
558 050	499 579.5	22 435.84	24 555.58	
210 128	47 580.9	286	7 782.9	
484 719	357 973.66	10 130.05	17 220.78	
1 622 913	291 296.52	13 152.59	31 186.42	163.2
304 658	326 788.6	2 721.31	21 645.57	18 488.3
135 909.29	57 255.07		1 498.23	9 224.4
	40			
324 043.8	121 493.16		2 984.62	1 275 834.08
8 227	107 676.45		4 149.67	240 296.83
20 498.47	82 676		5 088.1	572.5
4 000 091	392 001.51	4 969.14	32 992.64	57 938.83
901 493.26	119 967.15		20 439.23	
20 961	117 284.83		3 642.52	282 018.19
6 999	10 556.23		776.9	
262 552	152 363.99	1 222.76	4 082.33	34
47 751	43 705.44	2 226.2	2 324.82	17 976
65 389	26 273.9		5 637.4	
15 076.48	59 683.87		175.75	1 844
326 363	84 292.98	18 278.73	4 444.61	133 043.83
145 683	46 610.1	20 086	1 109.9	33 164
503 118	320 169.34		1 204.94	3 827.5

续表

地区	新增其他农产品产量							
	干鲜果品（万公斤）	蔬菜（万公斤）	花卉（万株）	药材（万公斤）	肉（万公斤）	蛋（万公斤）	奶（万公斤）	水产品（万公斤）
全国合计	721 957.64	736 450.75	80 869.5	70 460.82	334 670.76	21 224.4	20 202.2	140 011.36
北京	11 972	7 932	600	19 800	200			
天津		140	800		36.8	50		
河北	43 691.8	67 575.36	7 191.6	2 138	15 754.9	31.5	550	1 219.59
山西	942.3	7 663	425	1 075	2 213.3			1 132.5
内蒙古	4 117	4 686.2	1 400	1 910	25 283.35			75.5
辽宁	45 543	62 557.2	5 785	3 059	28 214.7	300	4 250.6	27 659.1
其中：大连	2 388	4 138	5 335		815			12 795
吉林	8 138	33 273		12 851	28 263.53			459.2
黑龙江	891	8 018	153	912	4 225	397.4	1 039.4	387
上海	16	5 601.5	520					469.6
江苏	6 312.3	10 488.03	9 129	158.03	23 100.6	1 054	200	10 928.54
浙江	14 755.58	13 064.28	3 385		200			244.97
其中：宁波	3 755.45	8 158.48	405					144.97
安徽	9 369.2	35 015.26	366	1 926	31 008.6	447	14	17 997.88
福建	187 476.22	1 939	1 000		5 219.8	2 265.1	2 472	18 151.7
其中：厦门	410	550	1 000					
江西	59 380.46	18 281.58	4 375.5	1 374	23 008.67	1 165.3	272.5	7 890.89
山东	22 611.23	37 662.4	3 391	310	33 175.66	9 870	1 830	7 555.9
其中：青岛	9 345.6	1 167	2 250		7 453.3	18	162	106.9
河南	40 831	38 715	1 480	680	19 693.9	3 725.1	564	6 528.2
湖北	32 842	30 796.64	2 110	3 289	2 536.21	1 559	165	23 665.23
湖南	65 525	41 379	1 136	2 952.8	44 214.9			8 973.4
广东	15 977.8	249 713.5	19 524.1	2 913.5	1 310.25			1 590
其中：深圳			150		80			
广西	26 078.7	3 127	676	817	9 383.9			100
海南	20 841.4	3 135	2 638	586	944			1 702.8
重庆	38 515	7 718	4 884	5 170	176.4			867
四川	24 978.9	17 791	5 518.3	2 915	19 326.2			1 167
贵州	4 434.6	2 386.5	1 190	271.99	1 494.49	164.6	224.8	223.1
云南	18 425.1	8 011.5	2 118	1 403	8 956.18	9.8	863.3	303.79
西藏					251.98			
陕西	3 794	2 552		1 808.5	1 461	28	1 429	101.8
甘肃	2 259.05	5 669.9		563	142			30
青海	864	1 942		28	393		152	72.2
宁夏	120	3 577			2 028.9	101	3 485	191
新疆	3 598	950.1	444	1 550	1 415.64			15.37
新疆兵团	7 569	1 853	630		905		244	89
黑龙江农垦	88	3 236.8			131.9	56.6	2 446.6	219.1

注：由于年度统计报表的口径不同，表中“新增其他农产品产量”列统计的是 1988—1999 年的数据；“新增其他农产品产值”列统计的

新增其他农产品产值（万元）		专项科技示范			
畜食产品	水产品	扩大良种种植面积（万亩）	技术培训（万人次）	新增总产值（万元）	增加值（万元）
583 196.81	419 112.33	251.71	32.13	263 455.4	133 830.17
1 500	4 619.5	0.15	0.9	2 223	2 087
4 100.3	3 015	1.24	0.67	2 623.7	2 092.8
20 057.4	4 178	34.71	2.1	6 513.91	3 234.36
11 114.8	2 401.84	0.78	0.35	3 342	2 260
39 778.46	799.8	1.81	0.49	3 859	1 664
33 677.5	79 189.8	2.82	2.35	12 356.8	3 662
1 402	58 839	0.4	2.2	3 130	936
104 868	7 011	10.5	1	4 790	1 986
31 313.8	7 353.8	1.17	0.06	3 864.2	3 109.1
	10 368	0.7	1.1	8 386.8	4 812.23
18 999.2	17 244.84	5.72	0.63	7 528.4	4 557.1
17 668	34 356	13.18	0.99	32 909	10 540.4
850	1 720	7.35	0.42	28 722	8 896.4
18 458.18	11 217.29	13.65	1.33	5 796	2 088.4
16 641.00	4 416.40	4.92	0.43	10 034	5 386
530	900		0.3	665	515
14 601.36	23 371.84	1.68	0.18	6 830	4 175
32 808.1	8 857.6	31.97	1.8	21 504.2	7 467
18 216	2 143.6	4.97	0.5	8 690.2	943
32 942.03	3 425.3	16.4	2.36	28 641	15 672
17 317.6	34 991.76	11.05	0.42	2 290.69	1 334.73
20 662.9	99 788	4.5	1	3 956.5	2 213.15
9 539.38	3 978.5	26.92	2.97	38 125.9	24 167.9
680	260	0.05	0.7	1 942.9	1 237.9
13 335.27	3 552.6	0.38	0.02	1 060	282.7
1 191	45 713	12.24	0.02	10 323	6 217.8
2 800		1.4	1.15	3 815	1 850
31 370.7	1 450.5	4.67	1.67	6 786	3 506.3
5 086.48	1 108	8.15	2.2	8 181.9	3 925
9 955	1 467	0.08	0.1	2 295	330
630	30				
19 596	1 107	1.77	2.2	8 089.5	6 800
4 154.5	1.4	15.05	2.9	7 674	3 550
5 625.32	234.6	0.6	0.01	902	323
15 759.94	1 926.5	2.5	0.16	4 082	2 440
5 047.59	637.46	1.2	0.02	1 327.5	1 121.5
4 488	1 300	15.7	0.45	1 537.2	974.7
18 109		4.1	0.1	1 807.2	

是 2000—2002 年的数据。

全国农业综合开发项目主要统计指标解释

一、全国农业综合开发项目投入情况表

1．项目县（市、区、农场）总数：指经国家农业综合开发办公室批准立项实施农业综合开发的县（市、区、旗）、农场（包括新疆生产建设兵团、黑龙江省农垦总局所属县团级农场）的总数。

2．项目县（市、区）数：指经国家农业综合开发办公室批准立项实施农业综合开发的县（市、区、旗）的总数。

3．资金投入：指投入农业综合开发的中央财政资金、地方财政配套资金、银行贷款和自筹资金之和。

4．中央财政资金：指中央财政用于农业综合开发的资金。1988—1994 年的数据摘自全国农业综合开发统计报表；1995—2002 年的数据摘自全国农业综合开发财政资金决算报表（包括部门项目，指省级拨出数，含上年结转）。其中，1998—2002 年含作为中央财政资金安排用于农业综合开发的世界银行贷款。

5．地方财政配套资金：指地方各级财政按照一定比例与中央财政资金配套投入农业综合开发的资金。1988—1994 年的数据来自全国农业综合开发统计报表；1995—2002 年的数据来自全国农业综合开发财政资金决算报表（包括部门项目，指当年地方财政落实的配套资金）。其中，1998—2002 年含世行贷款项目的地方财政配套资金。

6．银行贷款：指用于农业综合开发项目建设的银行贷款及其他信贷资金投入数。

7．自筹资金：指项目区农村集体、农民群众、项目建设单位（包括企业、农牧场、地方有关部门等）筹集用于农业综合开发项目建设的现金和以物折资数。

8．部门项目：指用于部门项目的中央财政资金、地方财政配套资金、银行贷款、自筹资金。但 1995—2002 年每年中央财政资金、地方财政配套资金栏目中仅填列了海南农垦总局天然橡胶基地项目的数据，其他部门项目含在各地区的数据中。

9．国家办：指国家农业综合开发办公室。国家办“中央财政资金”指农业综合开发利用世界银行贷款加强灌溉农业二期项目中，国家农业综合开发办公室用于机构支持与发展的资金投入数，包含世界银行贷款和中央财政相应安排的配套资金。世界银行贷款由中央财政统借统还。利用世界银行贷款加强灌溉农业二期项目建设期为 1998—2002 年。

二、全国农业综合开发分项目投资完成情况表

1．中央财政资金：分别指用于土地治理、多种经营、专项科技示范三类项目的中央财政投资完成数。

2．地方财政配套资金：分别指配套用于土地治理、多种经营、专项科技示范三类项目的地方财政投资完成数。

3．银行贷款：分别指用于土地治理、多种经营、专项科技示范三类项目的银行贷款完成数。

4．自筹资金：分别指用于土地治理、多种经营、专项科技示范三类项目的自筹资金完成数。

三、全国农业综合开发土地治理项目主要建设内容完成情况表

1．改造中低产田：指通过水利、农业、林业、科技等措施综合治理，改造现有中低产田为高产稳产农田的面积。

2．开垦宜农荒地：指将宜于农用的尚未开发利用的土地或虽已耕种过但撂荒三年以上的撂荒地

开发成耕地的面积。

3. 草原（场）建设：指为保护和建设草原（场）所完成的人工种草、天然草场改良、划区轮牧、饲草（料）基地建设的建设面积。

4. 建设优质粮食基地：指在已经完成中低产田改造或在同时进行中低产田改造的耕地上，规模化种植经国家资格认定的品种审定委员会审定的优质粮食品种的面积。

5. 建设优质饲料作物基地：指在已经完成中低产田改造或在同时进行中低产田改造的耕地上，规模化种植经国家资格认定的品种审定委员会审定的优质饲料作物品种的面积。

6. 修建小型水库：指新建、续建、扩建和除险加固库容在1 000万立方米（含）以下、10万立方米（不含）以上水库的座数。

7. 灌排渠系建设：指新建、衬砌、开挖疏浚支渠以下（流量5立方米/秒以下）的灌溉和排水渠道公里数。

8. 新打和配套完善机电井：指新建和在已有井的基础上配套机电提水设施，使之可以进行正常灌溉的机电井眼数。

9. 改良土壤：指通过平整土地、增厚土层、增施有机肥、培肥地力、掺和客土等工程和生物措施实施土壤改良的面积。

10. 机耕路：指新修和改造能供农业机械通行的田间道路的公里数。

11. 农机购置：指利用财政资金扶持农机站和农户购置的，为农业生产服务的动力农用机械和各种农用机具、植保机械的套数。

12. 造林：指为减免项目区风、沙、水、旱等自然灾害，改善农田、牧场环境，保障农牧业生产等目的而营造的林木种植面积。

13. 扶持农技服务站：指通过购置仪器设备和修建必要的仓储、化验室设施，支持项目乡镇建设农业、林业、水利、畜牧、农机、气象等各类农业服务站的个数。

14. 技术培训：指项目区农民和乡镇农业技术人员接受农业先进成熟适用技术培训的人次。

四、全国农业综合开发土地治理项目主要建设内容投资完成情况表

本表横向指标同表3，表中填列的是用于土地治理项目主要建设内容的中央财政资金、地方财政配套资金、银行贷款和自筹资金完成数之和。由于1988—1998年没有土地治理项目主要建设内容的投资完成数，本表是自1999年开始填列的。表中“水利措施”、“农业措施”、“林业措施”、“科技措施”中只统计了几个主要单项的投资。几个主要单项投资之和小于该措施完成投资总额。

五、全国农业综合开发多种经营项目主要建设内容完成情况表

1. 经济林：指新种植和改造的林木面积，包括水果、干果、茶叶、木本油料、竹类及其他经济林等。

2. 蔬菜：指项目扶持的保护地蔬菜种植和露地蔬菜种植面积。

3. 花卉：指项目扶持的保护地花卉栽培和露地花卉栽培面积。

4. 药材：指木本药材和草本药材种植面积。

5. 水产养殖：指项目扶持的淡水养殖与海水养殖面积之和。

6. 畜禽养殖：指项目扶持的大牲畜（牛、马、驴等）、猪、羊、兔、家禽养殖年内出栏和年末存栏之和。

7. 新建加工项目：指农业综合开发立项扶持的新建农副产品加工项目个数。

8. 改扩建加工项目：指农业综合开发扶持的扩大生产规模或技术改造的农副产品加工项目个数。

9. 农业生产服务项目：指为项目区优势农产品开发服务的项目个数，包括产地批发市场和储藏保鲜库建设等。

六、全国农业综合开发科技示范项目主要建设内容完成情况表

1. 农业高新科技示范：指1999年开始设立的，

以市场为导向，以效益为中心，以省级以上（含省级）综合实力较强的农业科研、教学单位为技术依托单位，在改善农业基本生产条件的基础上，引进2项以上农业高新技术，并与其他常规技术组装配套，探索形成不同区域优势产业先进适用技术支撑体系的项目高新技术及品种示范应用的面积。

2. 农业科技推广综合示范：指2000年开始设立的，以市场为导向，以效益为中心，以省级以上（含省级）综合实力较强的农业科研、教学单位为技术依托单位，在改善农业基本生产条件的基础上，着力进行农业先进适用成熟技术的大面积推广应用，促进区域优势产业升级，同时适当引进先进成熟技术进行示范，为今后推广应用增加必要技术储备的项目先进成熟适用技术及品种推广应用的面积。

3. 农业现代化示范：指2002年开始设立的，以市场为导向，以效益为中心，以省级以上（含省级）综合实力较强的农业科研、教学单位为技术依托单位，以加强基础设施、投入要素、农业科技和经营管理体制建设为主要内容，推进当地农业现代化建设的项目先进成熟适用技术、品种示范推广的面积与产业基地建设的面积之和。

4. 引进品种：指通过项目建设，引进优良种子（大田作物1 000亩以下）、种苗、种畜、种禽的个数之和。

5. 引进技术：指通过项目建设，引进种植、养殖、加工与信息等方面的先进成熟适用技术的项数之和。

6. 示范品种：指通过项目建设，优良种子、种苗、种畜、种禽的示范个数之和。

7. 示范技术：指通过项目建设，种植、养殖以及加工方面除种子、种苗、种畜、种禽等品种以外其他技术的示范项数之和。

8. 示范面积：指通过项目建设，种植业优良品种及先进成熟适用技术的示范面积之和。在同一地块示范品种和技术没有重复计算面积。

9. 推广品种：指通过项目建设，种植、养殖业优良品种的推广个数之和。

10. 推广技术：指通过项目建设，种植、养殖业先进成熟适用技术的推广项数之和。

11. 推广面积：指通过项目建设，种植业优良品种、先进成熟适用技术的推广面积之和。在同一地块推广品种和技术没有重复计算面积。

12. 种植业生产基地：指通过项目建设，农田各种作物生产基地建设的面积之和。

13. 经济林生产基地：指通过项目建设，果树、花卉、特种专用经济林生产基地建设的面积之和。

14. 奶牛养殖：指通过项目建设实现的奶牛养殖总数。

15. 猪牛羊养殖：指通过项目建设实现的肉猪、肉羊和肉牛等肉用牲畜养殖年内出栏与年末存栏数之和。

16. 家禽养殖：指通过项目建设实现的家禽养殖年内出栏与年末存栏数之和。

17. 水产养殖：指项目建设的海水、淡水水产品养殖面积之和。

七、全国农业综合开发项目效益表

1. 新增和改善灌溉面积：新增灌溉面积指通过新建（或改建）灌溉工程设施，新增加的正常年景下可保证灌溉的耕地面积；改善灌溉面积指通过配套和完善灌溉工程设施使灌溉保证率提高的耕地面积。新增和改善灌溉面积指新增灌溉面积和改善灌溉面积之和。

2. 新增和改善除涝面积：新增除涝面积指通过新建（或改建）排涝工程设施，新增加除涝标准达到三年一遇以上的耕地面积；改善除涝面积指通过配套完善排涝工程设施使除涝标准提高的耕地面积。新增和改善除涝面积指新增除涝面积和改善除涝面积之和。

3. 增加林网防护面积：指通过营造防护林新增加的受林网保护的农田及牧场的面积。

4. 新增机耕面积：指通过购置农业机械而新增加的农业机械耕作的面积。

5. 新增农机总动力：指通过购置农（牧）业机械而新增加的用于农业、林业、牧业的各种农业机械动力之和。

6. 新增主要农产品生产能力：指通过农业综合开发，项目区主要农产品（粮食、棉花、油料、糖料）在正常年景下能够较开发前增加的产量。该数据是运用典型调查、同等地块相比等方法计算得出的。

7. 项目区农民人均纯收入：指项目区农民当年生产经营所得的总收入扣除总费用、税金和集体提留以后余额的平均值。该数据可以用项目区农民纯收入总额除以项目区总人口数得出。

8. 项目区高于本地区农民人均纯收入：指项目区农民人均纯收入比同期当地整个地区农民人均纯收入高出的部分。该数据可以用项目区农民人均纯收入减去同期当地整个地区农民人均纯收入得出。

9. 新增其他农产品产量：指通过实施农业综合开发项目新增加的种植（粮棉油糖除外）、养殖产品产量。“干鲜果品”栏表示水果、干果等产品的新增产量；“蔬菜”栏表示商品菜和种子两类的新增产量；“花卉”栏表示切花切叶和盆栽植物两类的新增产量；“药材”栏表示种植药材的新增产量；“肉”、“蛋”、“奶”各栏分别表示相应的畜禽养殖增加的产品产量；“水产品”栏表示淡水养殖和海水养殖新增产量之和。

10. 新增畜禽产品产值：指通过实施畜禽养殖项目，按当年价格计算的当年新增的以货币形式表现的畜禽产品价值总量。

11. 新增水产品产值：指通过实施水产养殖项目，按当年价格计算的当年新增的以货币形式表现的水产品价值总量。

12. 扩大良种种植面积：指通过科技项目建设而新增加的种植各种作物优良品种的面积之和。

13. 技术培训：指通过科技项目建设，项目区农民群众接受农业先进成熟适用技术培训的人次。

14. 新增总产值：指通过科技项目建设，按当年价格计算的当年新增加的、以货币形式表现的、项目直接扶持生产的产品的产量。

15. 增加值：指科技项目直接扶持生产的产品对社会所做的贡献。按生产法计算，增加值=总产值-中间消耗。中间消耗是指在生产过程中所消耗的物质产品和劳务价值，包括生产过程中的物质消耗和对非物质生产部门的劳务支出，如种子、化肥、原材料、燃料，农技服务、技术咨询等。按收入法计算，增加值=劳动者报酬+生产税净额+固定资产折旧+营业盈余。增加值按当年价格计算。

农业综合开发世界银行项目统计

1998—2002 年农业综合开发世界银行项目投资、任务完成情况表

省份	开发范围	资金投入（万元）				任务	主要措施									SIDD试点	
			其中：				水利措施			农业措施			林业措施	科技措施			
	项目县数	合计	世行贷款	地方财政配套资金	自筹资金	改造中低产田（万亩）	修建小型水库（座）	灌排渠系建设（公里）	新打和配套完善机电井（眼）	改良土壤（万亩）	机耕路（公里）	农机购置（台套）	造林（万亩）	扶持农技服务站（个）	技术培训（人月）	供水公司（个）	用水者协会（个）
合计	131	656 610.04	204 489.14	233 538.00	218 582.90	2 275.30		64 611.88	66 624	1 853.99	37 901.20	21 115	134.11	1 653	162 438	11	446
河北	27	111 669.10	33 383.90	40 398.40	37 886.80	400.00		10 955.90	16 665	400.00	6 103.20	5 212	25.50	253	52 813	5	71
河南	27	135 875.70	38 296.00	50 294.80	47 284.90	500.00		13 271.98	21 965	483.69	13 981.00	6 076	27.10	333	44 822	1	64
山东	33	143 343.40	42 178.60	50 912.30	50 252.50	500.30		14 164.00	27 506	500.30	11 363.00	725	29.80	398	16 424	3	156
安徽	20	113 783.30	37 284.00	41 227.80	35 271.50	375.00		10 385.00	0	276.00	4 678.00	3 120	21.31	275	27 259	1	50
江苏	24	143 556.60	44 964.70	50 704.70	47 887.20	500.00		15 835.00	488	194.00	1 776.00	5 982	30.40	394	21 120	1	105
国家办		8 381.94	8 381.94														

1998—2002 年农业综合开发世界银行项目效益情况表

省份	新增和改善灌溉面积（万亩）	新增和改善除涝面积（万亩）	增加林网防护面积（万亩）	新增机耕面积（万亩）	新增农机总动力（千瓦）	新增主要农产品生产能力			
						粮食（万公斤）	棉花（万公斤）	油料（万公斤）	糖料（万公斤）
合计	1 972.77	837.11	1 675.69	2 266.7	830 007.49	330 394.09	8 260.66	25 088.39	
河北	391.67	66.78	270.1	111.19	99 339.5	64 302.36	826.5	4 690.52	
河南	441.77	261.48	283.75	1 792.63	258 063.88	79 045.6	2 402.39	4 935.63	
山东	500.3		471.42	133.81	85 503	52 366	2 160.1	5 498.5	
安徽	189.29	175.8	309.15	159.11	235 431	58 301.38	2 293.8	6 927.48	
江苏	449.74	333.05	341.27	69.96	151 670.11	76 378.75	577.87	3 036.26	

农业综合开发世界银行项目主要统计指标解释

1. 世界银行项目：指农业综合开发利用世界银行贷款加强灌溉农业二期项目。项目实施范围为河北、河南、山东、安徽、江苏5省以及国家农业综合开发办公室，建设期为1998—2002年。

2. 数据来源：世界银行贷款、地方财政配套资金数据来源于世界银行项目决算报表，其他数据来源于世界银行项目统计报表。

3. 世界银行贷款：指由中央财政统借统还，作为中央财政资金安排用于农业综合开发加强灌溉农业二期项目的世界银行贷款。由于世界银行项目采用报账提款制，到2002年底部分未报账提款的贷款资金未统计在本表中。

4. “SIDD试点”：SIDD，是英文Self - Management Irrigation and drainage District的缩写，中文译为“自主管理灌排区”。它是一种新型的灌溉管理制度，是在国家政策指导下，对计划经济体制下灌区管理体制和运行机制进行的改革。它按照市场经济的要求，组建具有独立法人资格、实行自主经营的经济实体——供水公司和用水者协会，通过建立供水、用水两者之间的买卖关系，实行有偿用水、用水者直接参与灌区管理等措施，实现用水者对灌区水利设施的自主管理，保证灌区的良性运行。在河北、河南、山东、安徽、江苏5省世行项目区，进行了自主管理灌排区的试点工作。

5. 国家办：指国家农业综合开发办公室。国家办“世界银行贷款”包含国家农业综合开发办公室用于机构支持与发展的世界银行贷款和中央财政相应安排的配套资金。

6. 本表中其他指标解释同“1988—2002年全国农业综合开发项目统计表”中土地治理项目的相关指标。

农业综合开发部门项目统计

1989—2002 年农业部农业综合开发原原种扩繁项目完成情况表

年份	资金投入（万元）					主要建设内容				主要效益	
	合计	中央财政资金	地方财政配套资金	银行贷款	自筹资金	基地面积（万亩）	仓库（万平方米）	网室（万平方米）	晒场（万平方米）	新增原原种生产能力（万公斤）	新增原种生产能力（万公斤）
合计	16 472.80	7 896.00	6 021.00		2 555.80			5.85		3 036.00	
1989	500.00	500.00									
1990	951.00	500.00	100.00		351.00			1.69		230.00	
1991											
1992	1 000.00	500.00	500.00					0.98		170.00	
1993	1 273.00	500.00	627.00		146.00			0.99		150.00	
1994	1 143.00	500.00	443.00		200.00			0.54		860.00	
1995	1 187.00	500.00	435.00		252.00			1.51		620.00	
1996	1 026.00	500.00	429.00		97.00			0.14		60.00	
1997	1 058.00	500.00	462.00		96.00					250.00	
1998	1 200.00	600.00	530.00		70.00					273.00	
1999	1 564.00	700.00	686.00		178.00					30.00	
2000	1 541.00	700.00	638.00		203.00					70.00	
2001	1 854.00	896.00	468.00		490.00					323.00	
2002	2 175.80	1 000.00	703.00		472.80						

1989—2002 年农业部农业综合开发良种繁育基地项目完成情况表

年份	资金投入（万元）					主要建设内容				主要效益		
	合计	中央财政资金	地方财政配套资金	银行贷款	自筹资金	基地面积（万亩）	仓库（万平方米）	晒场（万平方米）	购置加工设备（台、套）	新增原种生产能力（万公斤）	新增种子加工能力（万公斤）	新增种子储备能力（万公斤）
合计	40 535.56	18 125.00	12 279.40		10 131.16	171.12	22.99	34.16	740.00	7 359.564	14 336.00	5 782.00
1989	2 521.80	1 000.00	1 000.00		521.80		1.88	4.28	370.00			
1990	2 664.30	1 000.00	1 000.00		664.30	0.07	1.23	3.72	87.00	13.314	1 500.00	1 130.00
1991	3 023.28	1 500.00	1 450.00		73.28	25.24	1.99	4.42	22.00	355.20	1 600.00	450.00
1992	2 010.79	1 000.00	900.00		110.79	24.00	1.97	4.74	54.00	365.00	1 900.00	
1993	2 112.60	1 000.00	1 000.00		112.60	27.00	1.87	5.02	23.00	381.00		
1994	2 008.49	1 000.00	700.00		308.49		1.86	3.64	27.00	822.05		
1995	2 220.21	1 000.00	744.00		476.21	0.48	1.83	4.55	61.00	734.00		
1996	2 177.00	1 000.00	640.00		537.00	3.50	1.70	3.79	64.00	617.00		
1997	1 876.00	850.00	362.00		664.00	3.10	2.05		32.00	651.00		
1998	3 597.99	1 400.00	571.40		1 626.59	13.30	2.65			271.00		
1999	3 186.60	1 300.00	491.00		1 395.60	16.80	1.09			2 080.00		
2000	3 841.00	1 675.00	984.00		1 182.00	26.80	1.47			890.00	350.00	202.00
2001	4 786.00	2 100.00	1 212.00		1 474.00	30.83	1.40			180.00	8 986.00	4 000.00
2002	4 509.50	2 300.00	1 225.00		984.50							

1989—2002 年农业部农业综合开发优质农产品示范和菜篮子工程项目完成情况表

年份	资金投入（万元）					主要建设内容			主要效益			
	小计	中央财政资金	地方财政配套资金	银行贷款	自筹资金	种植业基地（亩）	畜禽棚舍（万平方米）	水产养殖基地（亩）	蔬菜种苗（万株）	畜禽供种（万头、万只、万羽）	新增水产品供种能力(万公斤、万尾)	新增水产品成产能力(万公斤)
合计	102 216.56	29 140.00	27 066.97		46 009.59	88 530.00	63.45	19 636.75	29 700.0	10.49	169 115.90	1 698.38
1989	6 270.68	1 500.00	1 573.00		3 197.68	8 800.00	5.00	1 533.03				
1990	7 400.60	1 500.00	1 642.00		4 258.60	10 200.00	5.00	1 576.58		0.39		102.08
1991	7 028.72	1 500.00	1 585.00		3 943.72	7 600.00	5.30	1 656.16				120.00
1992	7 143.56	1 500.00	1 500.00		4 143.56		6.00	1 711.70	1 200.00	0.21	4 600.00	110.00
1993	6 462.79	1 500.00	1 400.00		3 562.79		6.00	1 741.70	2 000.00	0.30	5 000.00	114.00
1994	5 993.65	1 500.00	1 500.00		2 993.65		7.00	1 636.60	1 500.00	0.40		164.10
1995	5 143.80	1 500.00	1 500.00		2 143.80	18 500.00	7.16	1 696.70	800.00	0.70	5 000.00	200.00
1996	7 781.20	2 230.00	2 082.00		3 469.20	13 700.00	5.58	1 651.60	2 200.00	0.80	20 000.00	100.00
1997	7 467.76	2 290.00	2 365.10		2 812.66	8 930.00	4.52	1 852.90	4 700.00	0.73	15.90	300.00
1998	8 108.80	2 803.00	2 643.30		2 662.50	13 800.00	3.80	749.80	6 500.00	2.00	32 800.00	19.20
1999	8 221.19	2 630.00	2 245.57		3 345.62	7 000.00	2.10	1 131.08	600.00	0.26	9 500.00	340.00
2000	7 802.41	2 479.00	2 310.00		3 013.41		2.18	2 194.40	6 200.00	1.00	26 300.00	84.00
2001	6 710.60	2 576.00	2 185.00		1 949.60		3.81	504.50	4 000.00	3.70	65 900.00	45.00
2002	10 680.80	3 632.00	2 536.00		4 512.80							

1989—2002 年农业部农业综合开发育草基金项目完成情况表

年份	资金投入（万元）					主要建设内容			主要效益	
	合计	中央财政资金	地方财政配套资金	银行贷款	自筹资金	围栏草场（万亩）	人工种草（万亩）	草场改良（万亩）	新增草种生产能力（万公斤）	新增草种加工能力（万公斤）
合计	20 765.93	8 680.00	6 211.99		5 873.94	357.75	310.20		223.6	
1989	1 026.00	500.00	215.00		311.00	70.00	70.00		111.80	
1990	1 170.00	500.00	340.00		330.00	80.00	80.00			
1991	1 449.70	500.00	468.00		481.70	50.00	50.00			
1992	1 347.60	500.00	453.00		394.60	50.00	50.00			
1993	1 365.80	500.00	479.00		386.80	26.80	13.70			
1994	1 369.90	500.00	427.00		442.90	24.00	11.00			
1995	1 451.50	500.00	523.00		428.50	20.00	14.00			
1996	1 156.79	500.00	516.47		140.32	8.70	6.20			
1997	1 460.87	500.00	415.12		545.75	9.20	12.00			
1998	1 540.38	500.00	492.00		548.38	7.60	3.30			
1999	1 280.00	500.00	455.00		325.00	11.00				
2000	2 258.60	1 000.00	598.40		660.20	0.40			56.80	
2001	1 966.54	1 000.00	464.00		502.54	0.05			55.00	
2002	1 922.25	1 180.00	366.00		376.25					

1992—2002 年农业部农业综合开发秸秆养畜项目完成情况表

年份	资金投入（万元）					主要建设内容			主要效益			
	小计	中央财政资金	地方财政配套资金	银行贷款	自筹资金	青贮氨化池（万立方米）	养殖示范场、户（个）	秸秆处理机械（台）	牛出栏（万头）	羊出栏（万只）	氨化、微贮秸秆（万吨）	青贮数量（万吨）
合计	646 133.14	46 580.50	44 932.72	48 304.78	506 315.14	2 569.67	18 046.00	101 567.00	2 159.01	7 404.77	3 895.57	6 888.45
1992	65 204.00	1 000.00	1 142.00	7 891.00	55 171.00				82.71		132.90	113.31
1993	107 937.54	3 932.00	5 233.69	12 393.30	86 378.55	506.00		18 820.00	470.54		528.70	941.73
1994	56 657.92	1 500.00	1 696.00	5 246.60	48 215.32	163.00		7 808.00	115.19	33.40	150.68	270.93
1995	63 119.57	4 000.00	4 447.27	6 525.29	48 147.01	306.10		12 995.00	310.30	595.30	474.20	945.70
1996	69 157.99	4 382.00	4 602.45	2 526.65	57 646.89	415.48	2 023.00	18 557.00	264.20	1 030.00	534.85	966.59
1997	46 035.34	4 860.00	4 935.30	2 286.54	33 953.50	353.15	2 325.00	14 881.00	237.12	950.65	478.09	780.82
1998	63 056.07	5 400.00	5 380.00	7 157.80	45 118.27	335.89	5 493.00	9 205.00	263.59	1 233.76	558.88	946.87
1999	103 813.53	5 400.00	5 318.85	4 277.60	88 817.08	2 241.98	1 552.00	9 634.00	176.42	801.44	340.00	601.79
2000	32 795.00	5 486.10	5 061.66		22 257.43	137.85	1 152.00	5 426.00	123.50	1 338.65	406.74	806.87
2001	25 929.71	5 306.40	4 130.30		14 892.71	110.22	5 501.00	4 241.00	115.44	1 421.57	290.53	513.84
2002	13 974.08	5 314.00	2 985.20		5 717.38							

1994—2002 年农业部农业综合开发海南农垦总局天然橡胶基地项目完成情况表

年份	资金投入（万元）				主要建设内容				主要效益			
	小计	中央财政资金	银行贷款	自筹资金	橡胶更新定植（亩）	橡胶中小苗抚管（亩）	防护林营造（亩）	防护林管理（亩）	橡胶平均增粗（厘米）	干胶亩产（公斤）	干胶总产量（吨）	新增开割面积（亩）
合计	43 482.0	18 000.0		25 482.00	186 389.00	1 617 212.00	10 100.00	25 499.00	47.70	748.70	313 669.00	164 397.00
1994	3 512.00	2 000.00		1 512.00	13 010.00	170 033.00	2 400.00	8 790.00	4.80	69.00	29 122.00	19 072.00
1995	4 532.00	2 000.00		2 532.00	26 290.00	165 619.00	3 310.00	6 005.00	5.20	75.80	33 267.00	25 710.00
1996	5 213.00	2 000.00		3 213.00	24 700.00	179 375.00	3 340.00	6 100.00	4.90	79.00	31 354.00	18 313.00
1997	4 672.00	2 000.00		2 672.00	26 162.00	174 519.00		451.00	5.20	83.80	33 860.00	16 112.00
1998	5 693.00	2 000.00		3 693.00	26 529.00	184 853.00	16.00	200.00	5.20	87.30	35 662.00	16 802.00
1999	5 131.00	2 000.00		3 131.00	21 586.00	182 124.00	543.00	1 800.00	5.40	93.30	37 324.00	19 677.00
2000	5 101.00	2 000.00		3 101.00	19 303.00	189 675.00	262.00	1 686.00	5.30	86.60	36 763.00	17 716.00
2001	4 937.00	2 000.00		2 937.00	14 756.00	190 247.00	168.00	399.00	5.60	83.60	36 391.00	17 112.00
2002	4 691.00	2 000.00		2 691.00	14 053.00	180 767.00	61.00	68.00	6.10	90.30	39 926.00	13 883.00

1989—2002年国家林业局农业综合开发长江防护林工程项目完成情况表

年份	资金投入（万元）				主要建设内容				主要效益		
	合计	中央财政资金	地方财政配套资金	自筹资金	人工造林（万亩）	封山育林（万亩）	飞播造林（万亩）	低效防护林改造（万亩）	控制水土流失面积（万亩）	新增有林地面积（万亩）	提高森林覆盖率（%）
合计	173 475.00	42 000.00	76 474.00	55 001.00	6 338.00	1 640.00	559.00	354.00	78 155.98	5 104.19	6.54
1989	2 610.00	1 000.00	1 000.00	610.00	124.00	13.00			1 068.00	76.54	0.09
1990	6 900.00	1 700.00	3 600.00	1 600.00	411.00	155.00	20.00		4 932.30	344.86	0.40
1991	11 018.00	1 700.00	4 640.00	4 678.00	657.00	90.00	17.00		6 359.10	444.62	0.52
1992	16 097.00	2 700.00	8 300.00	5 097.00	933.00	205.00	65.00		9 815.40	686.28	0.81
1993	19 420.00	2 700.00	9 400.00	7 320.00	917.00	190.00	116.00		9 311.10	651.02	0.76
1994	18 076.00	3 000.00	8 687.00	6 389.00	1 057.00	198.00	127.00		9 655.50	675.10	0.79
1995	20 094.00	3 500.00	9 051.00	7 543.00	761.00	190.00	54.00		6 961.80	498.08	0.58
1996	21 385.00	3 500.00	9 596.00	8 289.00	544.00	182.00	74.00		5 916.30	373.15	0.44
1997	11 100.00	3 700.00	3 700.00	3 700.00	180.00	121.00	40.00	120.00	7 109.40	393.88	0.46
1998	9 250.00	3 700.00	3 700.00	1 850.00	224.00	118.00	25.00	105.00	5 633.40	317.70	0.37
1999	9 250.00	3 700.00	3 700.00	1 850.00	220.00	100.00	21.00	90.00	5 412.00	301.00	0.35
2000	9 250.00	3 700.00	3 700.00	1 850.00	80.00	18.00		20.00	4 526.40	247.42	0.29
2001	9 535.00	3 700.00	3 700.00	2 135.00	180.00	40.00		9.00	748.83	49.58	0.34
2002	9 490.00	3 700.00	3 700.00	2 090.00	50.00	20.00		10.00	706.45	44.96	0.34

1994—2002年国家林业局农业综合开发太行山绿化示范工程项目完成情况表

年份	资金投入（万元）				主要建设内容				主要效益		
	合计	中央财政资金	地方财政配套资金	自筹资金	人工造林（万亩）	封山育林（万亩）	飞播造林（万亩）	低效防护林改造（万亩）	控制水土流失面积（万亩）	新增有林地面积（万亩）	提高森林覆盖率（%）
合计	83 696.00	13 100.00	25 831.00	44 765.00	189.00	1 040.00	163.00	43.00	20 138.08	1 360.60	5.48
1994	19 704.00	500.00	5 083.00	14 121.00	7.00	100.00	30.00		1 268.13	88.67	0.34
1995	20 048.00	1 000.00	5 135.00	13 913.00	20.00	180.00	12.00		2 029.50	162.36	0.62
1996	15 490.00	1 000.00	4 513.00	9 977.00	18.00	180.00	20.00		2 431.71	168.05	0.64
1997	4 500.00	1 500.00	1 500.00	1 500.00	9.00	50.00	6.00	4.00	2 822.85	197.37	0.76
1998	5 000.00	1 700.00	2 200.00	1 100.00	30.00	180.00	20.00	13.00	3 280.50	208.98	0.80
1999	4 250.00	1 700.00	1 700.00	850.00	50.00	160.00	20.00	10.00	2 952.00	216.00	0.83
2000	4 265.00	1 700.00	1 700.00	865.00	20.00	70.00	30.00	6.00	2 680.67	156.96	0.60
2001	5 224.00	2 000.00	2 000.00	1 224.00	20.00	90.00	10.00	4.00	1 503.80	106.37	0.58
2002	5 215.00	2 000.00	2 000.00	1 215.00	15.00	30.00	15.00	6.00	1 168.92	55.85	0.31

1998—2002年国家林业局农业综合开发防沙治沙示范项目完成情况表

年份	资金投入（万元）				主要建设内容				主要效益	
	合计	中央财政资金	地方财政配套资金	自筹资金	人工造林种草（万亩）	封沙育林育草（万亩）	飞播造林种草（万亩）	沙生经济作物（万亩）	治理沙化土地面积（万亩）	提高林草植被覆盖率（%）
合计	15 089.00	5 220.00	5 268.00	4 601.00	77.00	13.40	6.00	0.60	143.90	80.20
1998	620.00	200.00	200.00	220.00	2.00	1.40		0.60	4.00	85.00
1999	2 160.00	720.00	720.00	720.00	14.00	3.00	6.00		25.00	85.00
2000	2 750.00	1 100.00	1 100.00	550.00	15.00	2.00			18.35	90.00
2001	3 259.00	1 100.00	1 148.00	1 011.00	15.00	7.00			23.45	75.00
2002	6 300.00	2 100.00	2 100.00	2 100.00	31.00				73.10	65.00

1990—2002年国家林业局农业综合开发名优经济林和花卉项目完成情况表

年份	资金投入（万元）					主要建设内容		主要效益		
	小计	中央财政资金	地方财政配套资金	银行贷款	自筹资金	经济林基地（万亩）	花卉基地（亩）	新增经济林产品（万公斤）	新增花卉（万枝、盆）	新增总产值（万元）
合计	135 160.00	45 900.00	46 230.00	600.00	42 430.00	350.28	6 300.00	65 614.00	2 880.00	202 610.00
1990	3 000.00	1 000.00	1 000.00		1 000.00	10.00		800.00		5 000.00
1991	3 000.00	1 000.00	1 000.00		1 000.00	10.00		800.00		5 000.00
1992	4 500.00	1 500.00	1 500.00		1 500.00	15.00		1 200.00		7 500.00
1993	6 884.00	2 900.00	2 900.00		1 084.00	50.90	200.00	3 950.00	350.00	11 540.00
1994	6 290.00	2 600.00	2 600.00		1 090.00	46.30	200.00	3 594.00	320.00	10 517.00
1995	7 378.00	3 100.00	3 200.00		1 078.00	54.70	200.00	4 247.00	530.00	12 391.00
1996	10 800.00	3 600.00	3 612.00		3 588.00	29.00	100.00	3 529.00	830.00	30 668.00
1997	11 721.00	3 900.00	3 900.00		3 921.00	13.00	100.00	7 663.00	548.00	31 679.00
1998	13 151.00	4 200.00	4 200.00		4 751.00	19.60		6 149.00		26 520.00
1999	14 100.00	4 700.00	4 700.00		4 700.00	32.10		6 270.00		8 667.00
2000	15 000.00	5 000.00	5 000.00		5 000.00	23.00		8 270.00		9 500.00
2001	18 883.00	6 200.00	6 300.00	10.00	6 373.00	28.50		9 350.00		12 212.00
2002	20 453.00	6 200.00	6 318.00	590.00	7 345.00	18.18	5 500.00	9 792.00	302.00	31 416.00

1988—2002 年水利部农业综合开发水利骨干工程项目完成情况表

年份	资金投入（万元）				主要建设内容		主要效益			
	合计	中央财政资金	地方财政配套资金	自筹资金	渠道防渗（公里）	渠系建筑物（座）	新增灌溉面积（万亩）	改善灌溉面积（万亩）	新增供水能力（亿立方米）	节约水量（亿立方米）
合计	273 896.00	138 615.00	61 645.00	73 636.00	3 791.00	7 611.00	532.00	892.00	10.18	20.73
小计		76 970.00								
1988		5 760.00								
1989		5 425.00								
1990		4 955.00								
1991		4 800.00								
1992		8 465.00								
1993		12 035.00								
1994		16 200.00								
1995		9 130.00								
1996		10 200.00								
小计	196 926.00	61 645.00	61 645.00	73 636.00	3 791.00	7 611.00	532.00	892.00	10.18	20.73
1997	31 343.00	9 400.00	9 400.00	12 543.00	560.00	680.00	150.00	200.00	1.91	3.89
1998	31 675.00	9 600.00	9 600.00	12 475.00	672.00	710.00	147.00	185.00	2.48	5.05
1999	35 465.00	10 645.00	10 645.00	14 175.00	716.00	1 292.00	76.00	187.00	1.47	3.00
2000	25 250.00	8 100.00	8 100.00	9 050.00	598.00	1 537.00	49.00	78.00	1.16	2.35
2001	33 160.00	10 850.00	10 850.00	11 460.00	431.00	1 770.00	37.00	156.00	1.49	3.03
2002	40 033.00	13 050.00	13 050.00	13 933.00	814.00	1 622.00	73.00	86.00	1.67	3.41

1989—2002 年水利部农业综合开发水土保持项目完成情况表

年份	资金投入（万元）				主要建设内容						主要效益		
	合计	中央财政资金	地方财政配套资金	自筹资金	坡改梯（万亩）	水土保持林（万亩）	经济林（万亩）	种草（万亩）	封禁治理（万亩）	小型水利水保工程（万立方米）	减少土壤侵蚀量（万吨）	新增活立木蓄积量（万立方米）	提高林草覆盖度（%）
合计	189 482.00	88 900.00	69 650.00	30 932.00	600.55	1 700.63	674.51	316.94	1 858.69	25 390.80	11 375.23	601.97	19.96
1989	3 250.00	2 500.00	750.00		37.99	89.72	35.53	25.33	109.75	1 547.70	703.50	26.92	17.84
1990	6 240.00	4 800.00	1 440.00		68.88	170.02	65.97	41.47	194.67	2 790.29	1 268.31	51.01	10.25
1991	6 240.00	4 800.00	1 440.00		70.83	166.45	68.58	37.93	216.59	2 874.03	1 306.38	49.94	17.41
1992	6 240.00	4 800.00	1 440.00		67.42	159.24	64.96	38.27	209.25	2 813.21	1 278.73	47.77	13.65
1993	6 240.00	4 800.00	1 440.00		44.73	107.02	40.27	24.47	120.24	1 761.78	800.81	32.11	10.35
1994	7 540.00	5 800.00	1 740.00		49.27	116.74	45.31	30.82	144.80	2 041.51	927.96	35.02	17.32
1995	15 750.00	6 300.00	6 300.00	3 150.00	41.61	176.33	45.28	23.12	183.32	2 076.82	944.01	52.90	12.85
1996	15 750.00	6 300.00	6 300.00	3 150.00	48.85	183.04	59.53	23.73	185.83	1 951.43	1 016.37	43.60	14.65
1997	17 000.00	6 800.00	6 800.00	3 400.00	54.67	197.19	63.82	28.23	203.70	2 156.83	1 100.42	59.16	12.86
1998	18 250.00	7 300.00	7 300.00	3 650.00	20.57	60.46	30.98	5.55	48.36	902.35	296.82	22.13	15.60
1999	20 750.00	8 300.00	8 300.00	4 150.00	25.34	74.86	39.46	7.18	55.68	1 123.65	390.65	32.28	13.65
2000	20 745.00	8 300.00	8 300.00	4 145.00	22.60	62.60	37.12	9.97	56.75	1 145.80	465.86	42.66	10.52
2001	22 061.00	8 800.00	8 800.00	4 461.00	22.65	65.70	38.20	9.65	63.86	1 218.60	436.75	56.80	8.86
2002	23 426.00	9 300.00	9 300.00	4 826.00	25.15	71.25	39.50	11.23	65.90	986.80	438.65	49.68	11.46

1995—2002 年国土资源部农业综合开发土地复垦项目完成情况表

年份	资金投入（万元）				主要建设内容		主要效益
	合计	中央财政资金	地方财政配套资金	自筹资金	复垦土地（万亩）	营造防护林（万亩）	新增耕地（万亩）
合计	50 588.90	12 140.00	9 591.00	28 857.90	31.01	4.08	25.04
1995	3 774.20	500.00	500.00	2 774.20	0.90	0.03	0.80
1996	3 774.20	500.00	500.00	2 774.20	0.90	0.03	0.80
1997	3 774.20	500.00	500.00	2 774.20	0.92	0.03	1.03
1998	4 500.00	1 500.00	1 500.00	1 500.00	4.60	0.40	4.00
1999	8 877.00	2 000.00	1 922.00	4 955.00	7.54	0.90	7.10
2000	9 569.00	2 200.00	1 835.00	5 534.00	6.57	1.59	4.62
2001	9 489.00	2 400.00	2 100.00	4 989.00	5.68	0.70	3.69
2002	6 831.30	2 540.00	734.00	3 557.30	3.90	0.40	3.00

农业综合开发部门项目主要统计指标解释

一、农业部农业综合开发原原种扩繁项目完成情况表

1. 本项目自1989年起立项在全国范围内实施。

2. 基地面积：指项目建设单位通过项目建设形成的种子生产的田地面积。

3. 仓库：指低温低湿库和常温库及物资库的库房面积。其中低温低湿库指具有降温除湿功能、温度控制在5—15℃、湿度控制在50%—70%的仓库；常温库及物资库指种子周转库、种用物资储备库、农业机具库。

4. 网室：指用于防止鸟类、昆虫等对作物的破坏、传粉的专用隔离设施。

5. 晒场：指用于种子晾晒以降低其含水量的场所的面积。这些场所一般为水泥地面。

6. 新增原原种生产能力：指项目建成后，项目承担单位每年原原种的生产总量比项目实施前的增加数量。

7. 新增原种生产能力：指项目建成后，项目承担单位每年原种的生产总量比项目实施前的增加数量。

二、农业部农业综合开发良种繁育基地项目完成情况表

1. 本项目自1989年起立项在全国范围内实施。

2. 基地面积：指项目建设单位通过项目建设形成的种子生产的田地面积。

3. 仓库：同“1989—2002年农业部农业综合开发原原种扩繁项目完成情况表”之统计指标的相关解释。

4. 晒场：同“1989—2002年农业部农业综合开发原原种扩繁项目完成情况表”之统计指标的相关解释。

5. 购置加工设备：指种子加工项目购置的单机加工设备，以及精选、分级、包衣、包装计量、传送设备和叉车等设备。

6. 新增原种生产能力：同“1989—2002年农业部农业综合开发原原种扩繁项目完成情况表”之统计指标的相关解释。

7. 新增种子加工能力：指项目建成后，项目承担单位每年机械加工种子的总量比项目实施前的增加数量。

8. 新增种子储备能力：指项目建成后，项目承担单位仓储设施所能储藏种子总量比项目实施前的增加数量。

三、农业部农业综合开发优质农产品示范和菜篮子工程项目完成情况表

1. 本项目由优质农产品示范和菜篮子工程两个项目组成。菜篮子工程项目自1989年起立项在全国范围内实施。优质农产品示范项目是自1996年起立项实施的，建设范围历年来涉及除黑龙江、贵州、云南、西藏、宁夏、新疆以外的所有省、区、市。由于两个项目建设内容大体相同，过去一直没有分开统计，因此在此合并为一个项目统计。

2. 种植业基地：指通过项目实施建成的露地、园地、温室、大棚等种植设施面积之和。

3. 畜禽棚舍：指通过项目实施建成的畜禽繁殖、饲养的房屋、厩舍面积。

4. 水产养殖基地：指通过项目实施建成的海水、淡水养殖面积之和（包括育苗设施）。

5. 蔬菜种苗：指通过项目实施，到竣工年度达到的蔬菜种苗生产供应能力。

6. 畜禽供种：指通过项目实施，到竣工年度猪、牛、羊等畜禽良种的供应能力。

7. 新增水产品供种能力：指通过项目实施，

到竣工年度水产品苗种供应能力。

8. 新增水产品生产能力：指项目建成后，水产品产量比项目实施前的增加数量。

四、农业部农业综合开发育草基金项目完成情况表

1. 本项目自 1989 年起立项实施，建设范围涉及大部分牧区省份。

2. 围栏草场：指以墙体、金属网等实施封育管理的天然草场及人工草地的面积。

3. 人工种草：指经人工播种生成及进行施肥、灌溉等管理的草场和草地的面积。

4. 草场改良：指实施了围栏、松土、补播、切根、施肥等改良措施的天然草场面积。

5. 新增草种生产能力：指项目建成后，治理区草种生产总量比项目实施前的增加数量。

6. 新增草种加工能力：指项目建成后，项目承担单位每年机械加工草种的总量比项目实施前的增加数量。

五、农业部农业综合开发秸秆养畜项目完成情况表

1. 本项目自 1992 年起立项实施，建设范围历年来涉及除西藏以外的所有省、区、市。

2. 青贮氨化池：指通过项目实施，农户或养殖示范场建成的青贮氨化池的体积数量。

3. 养殖示范场、户：指补助棚圈等基础设施建设的农场个数。

4. 秸秆处理机械：指购置各种秸秆处理机械的数量。

5. 牛出栏：指项目实施区当年牛出栏数。

6. 羊出栏：指项目实施区当年羊出栏数。

7. 氨化、微贮秸秆：指氨化、微贮风干秸秆及相关作物的数量。

8. 青贮数量：指青贮鲜秸秆及相关作物的数量。

六、农业部农业综合开发海南农垦总局天然橡胶基地项目完成情况表

1. 本项目自 1994 年起立项实施，建设范围为海南农垦总局下属的西庆、西流、西培、西华、西联、龙江、卫星、西达、八一、昆仑等 10 个农场。

2. 橡胶更新定植：指更新年限已到并经批准而更新定植的橡胶面积（当年定植的以林段为单位计算保苗率达到 85% 以上的胶园面积）。

3. 橡胶中小苗抚管：指对未投产橡胶幼树进行管护。

4. 防风林营造：指为了减少风、沙、水、旱等自然灾害而在橡胶林段四周营造的胶园防风林。

5. 防风林管理：指对已定植防风林幼树进行管护。

6. 橡胶平均增粗：指本年内未开割橡胶树围茎实际茎粗的平均增加量。

7. 干胶亩产：指每亩开割胶园年产干胶数量。

8. 干胶总产量：指当年生产的鲜胶水和杂胶（即扣除杂物后的胶线、胶块、胶泥）经过加工制成的烟胶片、标准胶、浓缩胶乳、浅色胶等橡胶成品的总量。

9. 新增开割面积：指橡胶中小苗中当年达到开割标准并已投产的橡胶面积。

七、国家林业局农业综合开发长江防护林工程项目完成情况表

1. 本项目自 1989 年起立项实施，建设范围初期主要在长江中上游地区，2002 年调整为长江中下游及淮河流域。

2. 人工造林：指建设期内在荒山、荒地、沙丘、退耕地等一切可以造林的土地上，采用人工播种、植苗造林、分植造林等方法新植成片乔木林和灌木林的面积。

3. 封山育林：指利用林木或灌草的天然更新能力使其成为森林或灌草植被的面积。

4. 飞播造林：指在大面积荒山、荒地或人烟稀少、地处边远地区的造林地上利用飞机撒播林木种子或种子丸的造林面积。

5. 低效防护林改造：指对树种组成、林相、郁闭度等方面不符合经营要求，林分质量次、生长慢、产量低、无培育前途或遭受严重自然灾害的人工林进行改造，使其转变为能生长大量优质木材和

其他多种林产品，并能发挥多种有益效能的优良林的林地改造面积。

6. 控制水土流失面积：指项目建成后，治理区水土流失强度控制在轻度侵蚀强度（每年每平方公里水土流失500—200吨）以下的面积。

7. 新增有林地面积：指项目建成后，治理区形成由乔木树种构成、郁闭度0.2以上的林地或灌溉宽度10米以上林带的面积。

8. 提高森林覆盖率：指项目建成后，治理区增加森林面积占土地总面积的比重。

八、国家林业局农业综合开发太行山绿化示范工程项目完成情况表

1. 本项目自1994年起立项实施，建设范围涉及北京、山西、河北、河南4省市。

2. 本表指标、指标解释与“1989—2002年国家林业局农业综合开发长江防护林工程项目完成情况表”完全相同。

九、国家林业局农业综合开发防沙治沙示范项目完成情况表

1. 本项目自1998年起立项实施，先在内蒙古、陕西两省、区试点，逐步扩大到西部省份（甘肃、新疆、宁夏、青海）。2002年将重点转移到黄河故道沙化地区，涉及河北、内蒙古、山东、河南、陕西、甘肃、宁夏7个省、区。

2. 人工造林种草：指在无林（草）地上恢复森林（草）的面积，包括人工定植与人工播种造林种草。人工定植是指采用移栽苗木使其成林的营造林方式；人工播种是指人工把树木种子或种子丸直接播种于造林地使其成林地的营造林方式。

3. 封沙育林育草：指利用林木或灌草的天然更新能力，对具有天然下种能力的疏林地、灌丛地、采伐迹地、火烧迹地以及荒山荒地、沙荒地等有条件的地方，采用划界封禁和限制开垦、采樵、放牧等人工辅助措施，使其成为森林、灌草植被的面积。

4. 飞播造林种草：指在大面积荒山、荒地或人烟稀少、地处边远地区的造林地上利用飞机撒播林木（草籽）种子或种子丸的造林（种草）面积。

5. 沙生经济作物：指在适宜的沙地上种植适合沙地生长的特有的经济作物的面积。

6. 治理沙化土地面积：指项目建成后，得到治理和防风固沙林网有效控制的沙化土地面积。

7. 提高林草植被覆盖率：指项目建成后，治理区增加林草植被面积占土地总面积的比重。

十、国家林业局农业综合开发名优经济林和花卉项目完成情况表

1. 本项目自1996年起立项开始实施，建设范围历年来涉及除西藏、天津以外的所有省、区、市。

2. 经济林基地：指通过项目实施新建或改造的经济林面积。

3. 花卉基地：指通过项目实施新建或改造的花卉种植面积（含保护地栽培面积）。

4. 新增经济林产品：指项目建成后，在正常年景下年新增的经济林产品产量。

5. 新增花卉：指项目建成后，在正常年景下年新增的花卉产品产量。

6. 新增总产值：指通过项目实施新增的以货币表现的经济林和花卉产品的总量。新增总产值按正常年景下的年平均产值计算。

十一、水利部农业综合开发水利骨干工程项目完成情况表

1. 本项目自1988年起立项实施，1997年以前专项用于黄淮海五省跨省灌排骨干工程建设，1997年以后每年在全国部分省份实施。

2. 渠道防渗：指实施断面衬砌防渗工程的干支渠长度。

3. 渠系建筑物：指干支渠系建筑物的数量。

4. 新增灌溉面积：指项目建成后，在原有效灌溉面积之外扩大或恢复的有效灌溉面积。

5. 改善灌溉面积：指项目建成后，使原有灌溉保证率低或渠系不配套的灌溉面积得到改善、提高部分的灌溉面积。

6. 新增供水能力：指项目建成后，灌区新增

加的年供水量和节约的水量。

7. 节约水量：指项目建成后，灌区节约的水量。

十二、水利部农业综合开发水土保持项目完成情况表

1. 本项目自 1989 年起立项实施，1998 年以前建设范围主要在长江上游（包括金沙江下游及毕节地区、陇南及陇南地区、嘉陵江中下游、三峡库区），1999 年后扩大到黄河中游水土流失严重地区。建设范围涉及山西、甘肃、宁夏、陕西、四川、重庆、湖南、河南、江西等省、区。

2. 坡改梯：指为保持水土，防治水土流失，发展农业生产，将坡耕地修建成阶梯式断面的田块面积。

3. 水土保持林：指以防治水土流失为主要功能的人工林和天然林的面积，包括乔木林和灌木林。

4. 经济林：指以利用林木的果实、叶片、皮层、树液等林产品作为工业原料或供人食用为主要目的的人工林或改造的天然林面积。

5. 种草：指在水土流失地区为蓄水保土、改良土壤、发展畜牧、美化环境而人工种植草本植物的面积。

6. 封禁治理：指对稀疏植被采取定期封禁管理、依靠人工补植和抚育促进植被自然恢复的措施的土地面积。

7. 小型水利水保工程：指为实施水土保持综合治理而配套建设的沟渠、机井、塘池、水窖、谷坊、沟头防护等工程的土石方量。

8. 减少土壤侵蚀量：指工程建成后，治理区土壤侵蚀所减少的数量。计算方法：单位面积减少的土壤侵蚀量×治理水土流失面积。

9. 新增活立木蓄积量：指从项目实施后第 5 年开始，通过实施治理区水土保持措施所增加的活立木蓄积量。计算方法：单位面积增产量×新增林木面积。

10. 提高林草覆盖度：指项目建成后，治理区增加植被覆盖面积占土地总面积的比重。计算方法：新增水土保持林草面积/项目区面积。

十三、国土资源部农业综合开发土地复垦项目完成情况表

1. 本项目自 1995 年起立项实施，建设范围涉及河北、山西、黑龙江、江苏、安徽、山东、内蒙古、河南、辽宁等省、区。

2. 复垦土地：指对在生产建设过程中因挖损、塌陷、压占等造成破坏的土地采取整治措施，使其恢复到可供利用状态的土地面积。

3. 营造防护林：指为减少风、沙、水、旱等自然灾害而营造的农田防护林的面积。

4. 新增耕地：指通过项目建设，完善配套设施，在原有效耕地面积之外当年新增加或扩大的耕地面积。

5. 新增灌溉面积：指通过新建（或改建）水利工程设施，在原有效灌溉面积之外当年新增加或扩大的部分有效灌溉面积。

第六部分

文　　选

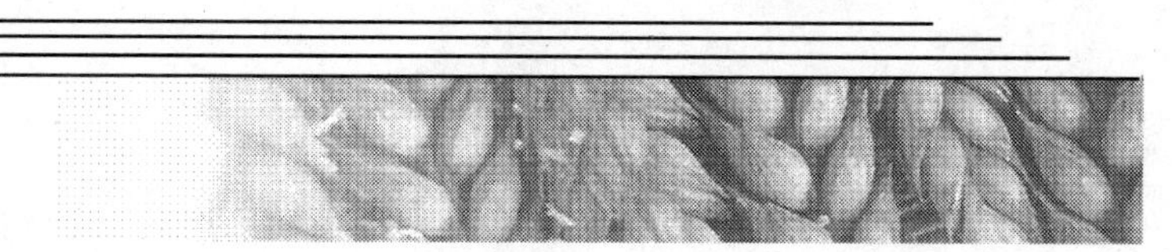

农业综合开发是我国农业现代化的希望

李延龄

《中共中央关于制定国民经济和社会发展“九五”计划和2010年远景目标的建议》指出：“农业实现现代化，农民生活实现小康进而达到比较富裕，是整个现代化进程中最艰巨的任务”。实施农业综合开发，是国家为实现农业现代化这项艰巨任务采取的一项重大举措。从必要性、实践结果和发展前景看，农业综合开发是我国农业现代化希望之所在。

一、农业综合开发是探索农业现代化建设新路子的一项重大举措

党中央对农业现代化的问题一直非常重视。早在50年代，我国基本完成生产资料所有制的社会主义改造，开始进入大规模的社会主义经济建设之时，党中央就提出要把中国建设成为一个具有现代工业、现代农业和现代科学文化的社会主义国家。到60年代初，党中央又提出要实现农业、工业、国防和科学技术四个现代化，把农业现代化列于四个现代化之首。改革开放以后，党中央、国务院以经济建设为中心，把实现四个现代化真正摆到了日程上。党中央、国务院反复强调要重视农业，把加强农业放在发展国民经济的首位，相应地，国家采取了很多重大政策和措施。随着以家庭联产承包为主的责任制全面推行和农产品收购价格大幅度提高等政策调整，极大地调动了农民群众的积极性，解放和发展了农村生产力。我国农业生产蓬勃发展，农产品产量增长较快，农业现代化的步伐明显加快了。至1984年，全国粮食总产量由1978年的3 000亿公斤跃上了4 000亿公斤的台阶。但从1985年起，我国农业发展中又出现一些新的矛盾和问题，农业生产特别是粮食生产徘徊不前，连续几年粮食产量停止在4 000亿公斤左右。其根本原因，是我国农业基础薄弱，综合生产能力低，发展后劲不足，而仅靠常规农业建设又难以解决这些问题。要突破农业徘徊不前的局面，进而推动农业上新的台阶，加快农业现代化进程，必须采取新的举措，探索农业现代化建设的新路子。在这种背景下，国务院决定自1988年开始实施农业综合开发，即：在坚持家庭联产承包责任制的前提下，国家集中财力在全国范围内，通过综合利用资源，实行综合投入，运用综合措施，进行综合治理，讲求综合效益的办法，成片地、高标准地以改造中低产田为主改善农业基本生产条件，提高粮棉油肉糖等主要农产品的综合生产能力，增强农业发展后劲，实现农业增产增收。

7年多来，农业综合开发突破了传统的农业建设模式，开拓出了一条具有中国特色的农业现代化建设的新路子。

（一）坚持宗旨，突出重点

农业综合开发坚持改田、增粮、创收的宗旨。所谓改田，是指以改造中低产田为主攻方向，适当开垦宜农荒地，努力增强农业发展的后劲；增粮，是指以增加粮棉油肉糖等主要农产品，特别是粮食的有效供给和生产能力为主要目标，坚持政府行为，兼顾市场导向；创收，是指按照国家制定的农业发展战略，适当发展多种经营及龙头项目，把农业增产和农民增收两个目标有机结合起来。突出重点，是指把农业综合开发重点放在开发潜力大、中低产田改造任务重的东北平原、黄淮海平原和长江中下游平原，同时兼顾其他地区的开发。

（二）择优立项，连片开发

农业综合开发在项目的选择和管理上，借鉴了世界银行的经验，即对农业采取工程项目的办法管理。择优立项的具体做法是：①择优选项，对投入少、见效快、产出多、贡献大的项目优先立项开发。②评估论证，立项前进行深入细致的调查研究，项目是否可行，要经过专家评估论证。③建立项目库制度，项目按程序申报，自下而上申请，自上而下筛选，层层把关，逐级负责。④督促检查，在项目实施中一旦发现问题，及时补救。⑤严格竣工验收，采取“本级自验，上级对下级复验，一般验收与重点抽验相结合”的办法进行验收，并坚持先验收后立项的原则，即上一期项目验收合格后再安排下一期项目。⑥建后管护，竣工工程项目验收合格后，要及时办理产权移交手续，建立管护制度，明确管护责任。在择优立项的同时，按流域或灌区统一规划，连片开发，综合运用工程、生物、科技措施，进行山水田林路综合治理，实现规模效益和综合效益。

（三）多层次集中资金，配套集中投入

农业综合开发的投入机制可以概括为“国家引导、配套投入、民办公助、滚动开发”，“国家投入为导向、农民投入为主体”。具体地说就是：①凡经批准的开发项目，中央财政资金、地方财政配套资金、农业综合开发专项贷款、集体和群众集资，按比例配套投入。②鼓励地方利用各种合法的形式引进资金，增加开发投资力度。③中央财政资金一半无偿使用，一半有偿使用，有偿使用的资金回收后继续用于农业综合开发，形成滚动开发的机制。④严格限定资金使用范围，不准挪作他用。

（四）依靠群众，发动群众搞开发

①明确农民是农业综合开发的主体力量，坚持自力更生为主，国家支援为辅，即“民办公助”，多集资多扶持，少集资少扶持，不集资不扶持。②明确规定“谁开发、谁投资、谁使用、谁受益”。③结合开发实践进行宣传教育，使农民群众认识到农业综合开发是自己的事业，增强责任感和主动性。

（五）依靠科技进步，提高开发效益

运用科技含量高的开发措施，应用、推广先进适用科技成果和实用农业技术，提高农业生产和农产品的科技含量，使项目区成为高新技术的示范区、科技推广的普及区。

（六）部门合作，合力开发

在各级党委、政府的统一领导下，农业、林业、水利、财政、银行、土地管理、物资、环保等部门发挥各自的职能和优势，与农业综合开发部门密切配合，齐心协力，形成强大的合力搞开发。

从农业综合开发的这些做法可以看出，它与我国常规农业建设比较，具有明显的优势：①有其特定的行为目标。它以改造中低产田为主，以提高粮棉油肉糖等主要农产品的综合生产能力为主要目标，坚持政府行为，兼顾市场导向；既考虑短期内增加农产品产量，又为增强农业发展后劲打下基础。目前在所有支农资金中，惟有农业综合开发这笔资金不受部门分割制约，不受“人吃马喂”的影响，完全用于农业。②有一个具有中国特色的投入机制，即“国家引导、配套投入、民办公助、滚动开发”，“国家投入为导向、农民投入为主体”。这一机制有效地保证了开发目标的实现。③严格按项目管理。按项目采取综合措施，进行综合治理，使各种生产要素得以有效组合，资源得以合理配置；重点抓住水利、良种两项关键措施，实行配套服务；有一套从评估论证、申报审批，到资金拨付、检查验收、建后管护的程序化制度，管理有章可循。④集中连片，规模开发。土地治理坚持治理与开发相结合、建设与管护并重的原则，统一规划，集中连片地建设基地。同时，从实际出发，针对制约农业发展的障碍因素，采取不同的治理模式，解决关键性问题。这样，有利于采取先进的科学技术，实行机械化作业，提高商品率，形成规模生产力，取得综合效益和规模效益。⑤以市场为导向发展多种经营，以龙头项目带动农产品系列开发。龙头项目一头连接市场，一头连接农户，能够带动农户发展商品生产，使农业增产与增收的

目标紧密地结合起来。⑥采取农业综合开发的方式，可以把有关部门的力量集中起来，发挥各自的优势，拓宽资金投入的渠道，形成合力，取得最佳效果。

正是由于农业综合开发这条路子比常规农业建设有明显的优势，因而，能够取得超出常规农业建设的显著成效。

二、农业综合开发对加快农业现代化建设发挥了重要作用

农业综合开发实施以来，不断向深度和广度发展，取得了显著成效，对加快我国农业现代化建设，发挥了重要作用。

（一）提高了农业劳动生产率、土地产出率和收益率

提高农业劳动生产率，是实现农业现代化的主要任务之一。农业综合开发，促进了农业适度规模经营。经过连片治理开发，多数项目区规模达到万亩以上，大的项目区达到十几万亩、几十万亩。在开发区内基本上形成了供种、施肥、植保、排灌、农机等社会化服务体系，实行服务系列化。这样，就为实行适度规模经营、提高农业的集约化程度创造了条件。同时，农业综合开发提高了农业物质技术装备水平。截至1994年，农业综合开发投资（包括农民投劳折款）形成的固定资产，约相当于同期国家、集体和农民个人投资形成的农业固定资产总额的10%。其中，架设农电线路42 290公里，购买农机具316 338台（套），购买仪器设备101 577台。此外，推广良种面积12 536万亩，开展技术培训3 920万人次。农业综合开发取得的这些成效，有力地促进了我国农业劳动生产率的提高。

提高土地产出率和收益率，特别是提高土地粮食产出率，是实现农业现代化的又一主要任务。农业综合开发实施以来，截至1994年，共改造了1.48亿亩中低产田，开垦1 871万亩宜农荒地，使这些土地资源的农业基本生产条件显著改善，抗御自然灾害的能力显著增强，基本上成为“旱能灌、涝能排、田成方、树成行、渠相连、路相通”的规格化稳产高产农田，有的还建成了“两高一优”农田和节水灌溉农田，土地的产出率和收益率明显提高。从土地产出率看，据统计，1988—1994年，农业综合开发增加粮食生产能力236.5亿公斤，约占全国同期粮食增产总量的40%，对促进我国粮食产量突破4 500亿公斤大关，发挥了重要作用。大体上，改造1亩中低产田，平均增加粮食生产能力125公斤；开垦1亩宜农荒地，平均增加粮食生产能力250公斤。同时，还新增棉花生产能力1 152万担，油料146万吨，肉类90多万吨，糖料1 527万吨。从土地收益率看，以11个1992—1994年农业综合开发总项目投入与产粮的比例为例，改造中低产田每亩平均投资138元，平均每亩增产粮食151公斤，投入资金（元）与增产粮食（公斤）的比例为1:1.1，明显高于全国同期常规农业建设的平均收益率。

（二）建立了有效的投入机制

建立有效的投入机制，增加对农业的投入，是实现农业现代化的一个重要条件。根据历史经验，“国家拿钱，农民种田”的做法，难以充分调动农民投入和生产的积极性，必须建立国家、集体、农民共同投入的机制，其中农田基本建设投资应以农民为投入主体。农业综合开发建立了“国家引导，配套投入，民办公助，滚动开发”、“国家投入为导向，农民投入为主体”的投入机制，运行良好。1988—1994年的七年间，农业综合开发资金投入总额为294.1亿元，其中中央财政资金103.76亿元，地方财政配套资金72.37亿元，农业综合开发专项贷款53.54亿元，集体和群众集资64.43亿元。在较短的时间内，对农业集中投入这么多的资金，是新中国成立以来从未有过的。七年间全国农业综合开发项目区群众集资近65亿元，投劳约35亿个工日（折合资金约210亿元），两项相加近275亿元，占同期农业综合开发总投入的50%以上。

农业综合开发之所以能够建立以农民为主体的投入机制，这是由于：第一，农民投入在自己经营的田地里搞农田基本建设，为自己办事，建设工程看得见，摸得着，用得上，舍得投入。第二，农业综合开发解决了长期以来制约一个地区农业发展的

主要客观障碍，办了农民个体想办但办不了的事情，使生产和收入水平明显提高。项目区农民年人均纯收入平均增加260元，多的达五六百元。农民能够从开发中得到实惠，愿意投入。第三，农业综合开发以国家投入为导向，中央财政资金、地方财政配套资金、农业综合开发专项贷款都作了相应安排，有的地方还利用各种合法形式引进了其他资金，一般农民投入的资金只占农业综合开发投资总额的四分之一左右，农民出得起。

（三）加速了科技成果的应用与推广

提高农产品的科技含量，增加农业科技在农业增长中贡献的份额，是实现农业现代化的关键。农业综合开发中，应用、推广了优质高产品种、杂交水稻、地膜覆盖、管道输送灌溉、水稻旱育稀植、提高复种指数等先进、适用科技成果和实用农业技术，效果明显。江苏省已在55个项目区内建立了7个省级农业综合开发实验区、44个县级示范区，形成了实验区、示范区、普及区三个开发层次，使农业综合开发上接科技源头，下连生产领域，通过实验、示范、推广，加速了科技成果的转化。辽宁省盘锦市的立体农业模式，做到了一地多用、一地多收、一水多用。河南省推广的万亩节水农业技术，节水40%，节电30%，扩大流域面积50%—60%。

（四）促进了农业和农村产业结构的调整和优化

调整和优化农业和农村产业结构，推进农业产业化发展，能够加快农业现代化建设的步伐。农业综合开发在主攻粮棉油，确保粮棉油稳定增产的同时，利用当地的农业资源优势开展多种经营，兴办龙头企业带动农产品的系列开发。据16个省（区）初步统计，截至1994年，共建设经济林371万亩，养殖水产品140万亩，养殖畜禽9 040万头（只），兴办农副产品加工企业2 036个。发展多种经营项目，促进农业走上种养加结合的路子。兴办的龙头企业一头连接市场，一头连接农户，实行贸工农一体化、产加销一条龙经营，带动了农户发展商品生产，提高了农产品的附加值。秸秆养牛、养羊和草原建设项目，加快了畜牧业的发展。因而，农业综合开发起到了促进农业和农村产业结构调整和优化的作用。

（五）改善了农业生态环境

保护农业生态环境，是实现农业现代化的客观要求。农业综合开发已竣工的项目区内，基本上建成了农田林网。专门的生态工程，如草原建设、河北坝上生态农业工程、长江上游水土保持和防护林工程、太行山绿化工程、沙区绿洲农业建设工程以及成片的水源涵养林工程等，有效地起到了防风固沙、保持水土、调节气候、促进畜牧业生产发展的作用，改善了农业生态环境，促进了农业增产。

（六）促进了农村干部群众提高经营管理和科学种田水平

农村干部群众素质的提高，是实现农业现代化的必备条件之一。农业综合开发，采取科学的方法进行管理，实行种植区域化、栽培模式化、品种优良化、服务系列化，开展大量的技术培训、技术服务和咨询等，使农村基层干部和农民群众在开发的实践中转变了思想观念，增长了才干，提高了经营管理素质和科学种田水平。

（七）吸纳了大量农村剩余劳动力

农村大量剩余劳动力的转移，是农业现代化进程中必须解决的一个大问题。农村大量的剩余劳动力不转移出来，农业经营不可能达到适度规模，不利于实现农业现代化。农业综合开发中对土地资源的开发治理，主要是进行以兴修、完善农田水利设施为主要内容的农田基本建设，需要使用大量的劳动力。多种经营及龙头项目建设，也转移了一部分农村剩余劳动力。截至1994年，农民投入农业综合开发的劳动力已达35亿个工日，成为吸纳农村剩余劳动力的主要途径之一。

（八）探索了新形势下的农业调控保护机制

实现农业现代化，建立符合市场经济规律和我国国情的农业调控保护机制是必不可少的。历史经验表明，能够引导农民把政府意图变成自己自觉行动的农业调控保护机制，才能发挥应有的作用。农业综合开发作为建立社会主义市场经济体制的条件下国家保护、支持农业发展，对农业实施宏观调控的重要手段之一，既解决了一家一户想搞而无力搞的矛盾，又避

免了过去集体化时搞农田基本建设农民无积极性的弊端。农民由“要我开发”转为“我要开发”，由“被动开发”转为“主动开发”。这对建立和完善社会主义市场经济体制下的农业调控保护机制，是一个有益的探索。

这些成效表明，农业综合开发开拓出的这条农业现代化建设的新路子，是符合我国国情的。它是七年来农业综合开发实践的伟大创造和群众智慧的结晶，在我国农业发展史上写下了光辉的一页。

三、农业综合开发在农业现代化进程中继续承担重任

按照国民经济和社会发展第三步战略部署，我国要在下个世纪中叶基本实现现代化，包括农业现代化。实现农业现代化，粮食过关是非常重要的一步。分阶段看，根据中共中央十四届五中全会精神，到本世纪末，全国粮食总产量必须达到 4 900 亿公斤，努力争取达到 5 000 亿公斤，即在“九五”期间全国粮食总产量要比目前的 4 500 亿公斤左右增加 400 亿—500 亿公斤。这是一项艰巨的任务。国家要求农业综合开发为完成“九五”期间全国粮食增产任务承担重任。

农业综合开发能否承担这个重任？先分析不利因素和有利条件。不利因素主要有：①开发治理难度增加。已开发的基本是水土资源条件较好、投入少、见效快的地区。继续开发治理土地资源，增加粮食生产能力，难度有所增加。②资金供需矛盾比较突出。农业综合开发要完成“九五”期间全国粮食增产任务的一半，资金需求量比较大，落实开发资金有一定难度。③制约因素多。农业综合开发必须在骨干水利工程、农业技术工程、林业建设工程等有保障的条件下开发治理土地资源。这些配套条件，制约着农业综合开发的实施。④种植粮食比较效益低。这将影响农民种粮的积极性，领导的注意力也容易转移。

有利条件主要有：①国家更加重视粮食生产并把农业综合开发作为一条得力措施。中央反复强调要增加对农业的投入，强调粮食问题的特殊重要性，采取了一系列扶持农业生产特别是粮食生产的政策措施。还把加大农业综合开发力度，加快中低产田改造，列为确保粮食稳定增产必须采取的得力措施之一。随着中央各项政策措施的贯彻落实，各级党政领导对农业综合开发会更加重视，有关部门和行业会进一步支持，从而有利于解决农业综合开发资金需求和其他制约因素。②开发增产粮食的资源潜力很大。全国尚有中低产田 8.52 亿亩，宜农荒地 5 亿亩（其中开垦条件较好的有 2 亿亩），可利用的沙荒地 10 亿亩。据农业科研部门分析，在满足各种有效投入的理想状态下，科学地综合开发利用这些土地资源，有可能再增产粮食几千亿斤。因此，在开发治理难度加大的情况下，仍有充分的余地选择投资少、见效快、产出多、贡献大的项目和地区。③农业综合开发工作具备了良好的基础。经过七年多的实践，农业综合开发积累了丰富的经验，从上到下建立了比较健全的组织机构，制定了比较完备的规章制度和管理办法，开始步入科学化、规范化、程序化、制度化管理的阶段。④各级地方政府和农民群众搞开发的积极性高。许多地方政府积极要求国家立项搞农业综合开发，农民愿意继续投入资金和劳动力。

通过分析不利因素和有利条件可以看出，农业综合开发的不利因素是可以化解的。只要继续坚持农业综合开发的指导思想和一整套有效的做法，沿着既定的路子坚定不移地走下去，不仅完成“九五”期间为完成全国粮食增产任务承担重任是完全可能的，还将在整个农业现代化进程中发挥关键性作用。

总之，农业综合开发开拓出了一条农业现代化建设的新路子，对加快农业现代化建设发挥了重要作用，并将继续在农业现代化进程中承担重任。农业综合开发是我国农业现代化的希望。

（作者原系财政部副部长）

农业综合开发大有可为

廖晓军

加入世贸组织对我国农业改革与发展产生了积极影响，但挑战也非常严峻。国外技术性贸易壁垒增多，我国部分农产品及其加工品出口受到限制，大宗农产品进口压力很大。这将加剧我国农产品的供求矛盾，直接影响农民来自农业的收入。农业综合开发是国家支持和保护农业发展的重要手段，是巩固和加强农业基础地位、提高农业综合生产能力和竞争力的有效措施。应对加入世贸组织对我国农业的挑战，要大力推进农业综合开发。

一、农业综合开发对应对挑战具有重要作用

农业综合开发实施 10 多年来，通过大力加强农业基础设施建设，改善了农业生产条件，提高了农业综合生产能力，为推动我国主要农产品实现由长期短缺到总量基本平衡、丰年有余的历史性转变做出了重要贡献。1998 年以来，农业综合开发又加大了参与农业结构调整的力度。在我国加入世贸组织的新形势下，农业综合开发同样大有可为，并将发挥更大作用。

有效地支持和保护农业发展。农业综合开发投入是目前政府直接用于发展农业的一笔较大的投入，并且随着国家财力的增长将逐步增加。它以农业主产区为重点，着力加强农业基础设施建设，改善农业生产基本条件和生态环境。因此，农业综合开发符合世贸组织的“绿箱”政策，是加入世贸组织以后我国政府扶持农业发展的一条重要渠道。继续推进农业综合开发，可以有效地起到保护和支持农业的作用。

有效地增加农民收入。加入世贸组织以后，农民特别是主产区农民的增收面临新的挑战。农业综合开发在重点进行农业基础设施建设的同时，通过加强优势产业和优势产品基地建设，扶持带动作用强的产业化龙头企业，积极发展农业产业化经营，着力推进农业和农村经济结构的战略性调整，可以显著提高农业的综合效益，拓宽农民就业渠道，促进农民增收。

有效地提高农业国际竞争力。农业综合开发通过加强农业产前、产中和产后基础设施建设，可以有效降低农业生产成本，为农产品参与国际竞争创造价格上的空间；通过新品种、新技术的引进、示范和推广，可以优化农产品结构，提高农产品质量和国际竞争力；通过扶持具有比较优势的劳动密集型农产品生产，培育能够参与国际市场竞争的农业产业化龙头企业，可以优化资源配置，提高农民应对加入世贸组织挑战的组织化程度。

有效地发挥财政资金的使用效益。加入世贸组织以后，在加大对农业投入力度的同时，必须不断提高财政支农资金的使用效益，以提高政府对农业的支持效率。农业综合开发适应市场经济发展的要求，借鉴世界银行和其他方面项目管理的经验，建立了一整套比较完善的项目和资金管理机制，能够把资金全部用于项目建设，有效地发挥资金的使用效益。

二、农业综合开发应对加入世贸组织挑战的主要措施

针对农业发展进入新阶段特别是加入世贸组织的新形势，农业综合开发必须与时俱进，开拓进取，努力增强我国农业的国际竞争力。

1. 以农业基础设施建设为基本任务，巩固和加强农业基础地位。农业综合开发要继续加强中低产田改造，建设高产、稳产、节水、高效基本农田，力争到2015年基本实现党的十五届三中全会提出的“平原地区大部分耕地实现旱涝保收、高产稳产，丘陵山区人均达到半亩以上高标准基本农田”的目标。要突出发展节水灌溉，积极探索发展旱作农业的路子。根据农业结构调整的要求，逐步提高中低产田改造建设标准，适当扩大扶持农村小型基础设施建设的范围。加强农田生态系统建设，为农业发展提供有效的生态屏障。

2. 以农业主产区为重点，进一步优化农业区域布局。我国农业主要靠农业主产区支撑，加入世贸组织后受冲击最大的也是农业主产区。农业综合开发要依据关系国计民生的粮食、棉花、油料、糖料和肉类等主要农产品的产量、单产、国家定购量、耕地面积等因素，确定全国农业主产区的范围。农业主产区的农业综合开发，要大力发展优质专用粮棉、优质饲料作物和良种生产基地，发展农区畜牧业。同时，支持沿海经济发达地区发展高科技农业、高附加值农产品和出口创汇农业；支持西部地区发展特色农业、生态农业和节水农业。

3. 发展农业产业化经营，推进农业结构调整。各地农业综合开发要根据当地资源优势和市场需求，选准优势产业，集中资金，重点投入。按照发展农业产业化的要求和缺什么补什么的原则，着力扶持农业产业化经营中的薄弱环节。今后每年至少要将多种经营项目财政资金的30%用于扶持龙头企业。要把能够带动农民增收作为扶持龙头企业的根本出发点。只要有市场、有效益、能够带动农民增收，无论何种类型、何种所有制的龙头企业，都要一视同仁地予以扶持。

4. 促进农业科技进步，提高农业国际竞争力。要加大农业综合开发的科技投入力度，力争在“十五”期间将财政资金中科技投入所占比重，由现在的5%逐步提高到10%。加强对农民的技术培训，大力推广优良品种和农业先进适用技术，尤其要推行系列产品的国际标准化生产，发展优质、安全农产品。扶持具有科技创新和推广能力的龙头企业和合作经济组织，探索建立形式多样、机制灵活的农业科技推广新模式。

5. 调整完善投入政策，推进制度和机制创新。以农业主产区为重点，不断加大投入力度，确保“十五”及今后一段时期内，用于农业综合开发投入的财政资金增长幅度高于“九五”水平。适当降低地方财政资金配套比例，并落实到经济欠发达的地、县两级，特别是国家扶贫重点县。根据投入公益性的财政资金实行无偿使用、投入非公益性的财政资金实行有偿使用的原则，适当降低中央财政资金有偿投入比例。要适应市场经济要求，开拓创新，不断完善项目和资金管理制度与运行机制，选好建好每一个项目，管好用好每一笔资金。改进完善资金因素分配法，简化和规范项目审批手续，探索建立形式多样、自我积累、滚动开发的机制，努力把农业综合开发提高到一个新水平。

（作者现任财政部副部长）

抓住当前有利时机　积极稳妥地推进农业综合开发的战略性调整

万宝瑞

结合农业部工作实际，就如何搞好新形势下的农业综合开发工作谈三点意见。

一、农业综合开发为农业和农村经济发展做出了重大贡献

农业综合开发是在“七五”期间粮食生产连年徘徊、主要农产品供应短缺的情况下，党中央、国务院出台的一项重大举措。从1988年到现在的12年间，农业综合开发取得了很大的成绩，特别是通过大规模的中低产田改造和宜农荒地开垦，改善了农业生产条件，增强了农业抗灾能力，为实现农业和农村经济“八五”和“九五”计划目标做出了重要贡献，为我国粮食生产先后登上9 000亿斤和10 000亿斤两个大的台阶，发挥了极其重要的作用。大家知道，经过多年的建设和发展，目前我国农业发展进入了一个新的阶段，农产品供求结束了长期短缺的历史，进入了总量基本平衡、丰年有余的时期，这样一个供求格局的形成，与农业综合开发多年来所做出的贡献是分不开的。十多年来，农业综合开发不仅大大改善了农业生产的“硬件”条件，同时还形成了以国家财政资金投入为导向、地方财政作配套，银行专项贷款和利用外资为补充，实行有偿、无偿投资相结合的多层次、多渠道、多形式投入机制，调动了农村集体和农民个人对农业投入的积极性，形成了良性发展机制。不仅如此，农业综合开发通过不断调整项目和资金管理办法，建立了一套有效的项目管理程序，为加强农业项目和资金管理提供了有益的经验。

二、抓住当前有利时机，积极稳妥推进农业综合开发战略性调整

近几年来，我国农业和农村经济发展很快，农业发展面临的内外部环境也发生了比较大的变化。一是长期困扰我们的农产品总量不足的问题已基本解决，随之而来的是粮食等主要农产品结构不适应市场需要，卖难加剧，价格下跌，对增加农民收入影响较大。二是农产品的质量不高，不适应消费者在生活水平提高后对农产品多样化、优质化和安全化的需要，也不适应农产品加工业发展和增加出口的需要。三是由于对自然资源的不合理开发，引发了越来越严重的生态问题，水土流失加剧，草场退化、沙化严重，水环境污染进一步恶化。今年发生的沙尘暴天气已向我们敲响了警钟。四是农业基础设施仍然比较薄弱，抗灾能力不强，农业科技教育落后，农产品市场信息体系建设和农产品加工业发展明显滞后。五是在国际经济一体化的大趋势下，我国农业面临加入WTO后更加激烈的国际竞争考验。六是中央做出了西部大开发的战略决策，为农业发展带来了新的机遇。面对新的变化和挑战，农业综合开发如何适应形势需要，进行战略性调整，已成为一个需要认真思索的紧迫课题。农业综合开发作为政府加强农业基础地位、扶持农业发展的一项重大综合性投入措施，应当立足当前，面向长远，围绕农业发展新阶段的中心任务，认真研究解决新阶段中制约农业和农村经济发展的一系列重大问题。从这个意义上讲，农业综合开发

今后的任务将更加艰巨，面临的情况也将更加复杂。

国家农发办面临新形势，提出农业综合开发要实施战略性调整，是十分必要和及时的。应当说，当前农业综合开发工作进行战略性调整的时机比较好。抓住这次机遇，进行战略性调整，农业综合开发就会实现新的飞跃，登上新的台阶。1999 年，农业综合开发第二次联席会议提出，农业综合开发要实现"两个转变"，即由过去的以改造中低产田和开垦宜农荒地相结合，转到以改造中低产田为主，尽量少开荒甚至不开荒，把农业综合开发与保护生态环境有机结合起来；由以往追求增加主要农产品产量为主，转到积极调整结构，依靠科技进步，努力发展高产、优质、高效农业上来。2000 年召开的农业综合开发第三次联席会议再次强调，要停止新的开荒，加强生态建设，搞好结构调整，推进科技进步，并对农发办提出的调整思路进一步给予肯定。农业部将根据联席会议确定的工作思路积极给予配合。根据当前农业和农村经济发展实际和"十五"期间农业发展的需要，我认为，农业综合开发实施战略性调整，应重点抓好以下三方面的工作。

1. 继续搞好农业基础设施建设，巩固和提高农业综合生产能力。我国人多地少的基本国情，决定了农业综合开发无论怎样调整，都要确保粮食等主要农产品综合生产能力稳步提高，确保主要农产品的基本自给。这一点对于西部缺粮省区尤为重要。总的原则是既要积极，又要稳妥，重点要推进品种结构的调整。目前我国一些主要农产品出现了结构性过剩，但这种过剩是在广大农村消费水平不高，城市下岗职工消费水平较低的情况下出现的相对过剩，个别品种的过剩是由于进口过多造成的。今年以来，食糖价格大幅上涨，棉花价格也出现了一定程度的回升，大豆也开始变得紧俏起来。这其中自然有多种原因，但这一动向提醒我们，对农产品供求形势的判断，不能盲目乐观，要有战略眼光，特别是粮食，它不是一般的商品，是关系国家安全的重要战略物资。在我国这样一个近 13 亿人口的大国，对粮食生产乃至食物生产要时刻保持清醒的头脑，始终把解决国内农产品的基本自给作为保障国家安全的一项基本国策。根据今后人口增长和消费水平的变化，"十五"期间乃至更长的时期，农业综合生产能力始终要在巩固的基础上不断提高，特别是粮食生产，一旦市场需要，就能很快把生产能力变为现实产量。为此，要继续重视农田基本建设，每年保持合理的中低产田改造规模，实行山水田林路综合治理。同时要大力发展旱作、节水农业，重视地力的培养，大力发展和推广先进科学技术，保持农业生产能力稳定增长。

2. 以市场需求为导向，积极稳妥地推进项目区的农业结构调整。农业综合开发项目区的农业结构调整，要重点支持以下四个方面的建设：一是支持良种体系建设。国内外经验证明，农业发展首先要靠科技，而科技首先是种子。为迎接 WTO 挑战，减轻国外种子企业对我国的冲击，农业部拟实施"种子工程百强计划"，从现有的种子企业中选择条件较好的 100 家进行重点扶持，使其成为具有较大生产经营规模、较高科技含量、较强市场竞争力，育繁推一体化的企业，改变目前种子经营单位多散杂、经营规模小、育繁推脱节的状况。另外，对养殖业良种工程建设也要重点给予支持。二是根据市场需求变化，重点发展能够促进我国农产品出口的优质高效农业和具有比较优势的短线产品，如牛奶、天然橡胶、细羊毛等。三是支持农业产业化经营，促进农产品加工业的发展。要充分利用农业综合开发的有利条件，支持发展一批有市场前景、有科技含量、有名优品牌、有市场竞争力、有管理能力的龙头企业，使之形成区域主导产业。具体操作上，可按产业化的不同环节，给予不同的资金扶持政策。四是积极支持农产品信息体系建设，为农业结构调整，增加农民收入创造条件。

3. 积极支持西部农业开发，促进区域经济协调发展。根据西部地区的资源特点，当前应重点抓好四个方面的开发建设：一是重点发展特色农业，把有地区特色和市场竞争力的资源优势转化为经济优势。二是大力加强草原建设，特别是牧草种子体系建设，防止沙漠化进一步蔓延。三是抓好坡耕地综合治理，重点是西北黄土高原和西南石灰岩地区的坡耕地治理，为防止水土流失，实施退耕还林还草创造必要条件。四是加强节水农业和旱作农业建设。

三、认真做好农业部工作，积极支持农业综合开发的战略性调整

对农业综合开发实施战略性调整，是适应新阶段农业和农村经济发展的必然要求。农业部作为农业和农村经济管理的职能部门，要配合国家农业综合开发办做好各方面的工作，促进农业综合开发工作再上新的台阶。

1. 加强沟通与衔接。农业部和国家农业综合开发办公室的工作对象和目标是一致的，都是致力于农业和农村经济的发展，并为国民经济的持续、快速、健康发展发挥基础保障作用。农业部的工作离不开国家农发办的支持。因此，要积极沟通，加强衔接，特别是在研究、制定“十五”计划和2015年远景目标规划时，要经常交流思路，沟通情况，为做好各方面工作创造一个好的环境。

2. 发挥技术优势，加强农业行业指导。农业综合开发资金过去是农业投入的重要渠道，今后仍然是增加农业投入的重要渠道。这完全符合 WTO“绿箱”政策规则。目前，国家农发资金已达到60多亿元，加上地方配套和自筹部分，是农业一笔很大的投入。要使这块投资发挥最好的效果，关键是要把项目建设好、管理好。农业综合开发从基础设施建设等方面为农业发展创造了良好的“硬件”，但要使这些“硬件”很好地发挥增产、增收作用，还需要技术“软件”的配合。由于农业项目专业性较强，有的还有特殊要求，也需要农业技术部门的支持。因此，农业部和各级农业部门，要积极配合各级农发办的工作，利用自身的优势，从项目立项、设计、施工、竣工验收、后续管理等各个环节，加强技术服务，使开发项目发挥更大的效益。

3. 制定部门项目规划，加强项目管理。农业综合开发办公室安排农业部的开发专项资金，虽然数量不多，但发挥了很好的作用。为了用好这笔资金，要在总结以往工作的基础上，根据农发办提出的农业综合开发调整设想，研究制定部门专项项目建设规划，使我们的项目安排与农发办的调整思路一致起来。同时，在项目管理方面，农业部要重点把好“五关”：①在选项阶段，要认真组织编制项目可行性报告，加强论证评估和实地考察，切实把好立项关。②立项以后，要认真组织好项目实施方案的编制，落实配套资金，切实把好项目设计审查关。③在项目实施阶段，要加强监督检查，按程序搞好项目的招标，严格实施工程监理，切实把好工程质量关。④加强项目建设过程中的资金审计与监督，切实把好资金使用关。⑤在项目竣工以后，认真组织项目验收，把好验收关。

（作者原系农业部副部长）

加强生态环境建设　积极发展绿色产业
为农业和农村经济发展做出新的贡献

周生贤

如何搞好农业综合开发林业建设，结合国家林业局实际，谈几点看法。

一、农业综合开发林业建设取得了显著成效，积累了丰富经验

农业综合开发作为政府保护和支持农业发展，改善农业资源利用状况，优化农业结构，提高农业综合生产能力，实现农业持续稳定发展的战略性措施。十多年来，在党中央、国务院的正确领导下，在有关部门的大力支持和配合下，经过项目区广大干部群众的辛勤劳动，农业综合开发取得了显著成效，积累了丰富经验，初步探索出了市场经济条件下农业发展的新路子。

林业是农业综合开发的重要组成部分。十多年来，农业综合开发在着力改造中低产田、提高粮食产量的同时，注重了生态环境建设。除地方项目区中安排一定的比例用于林业建设外，还先后启动了长江中上游防护林体系、太行山绿化工程、防沙治沙示范工程、名优经济林和花卉基地等林业专项工程。这些项目的实施，为改善生态环境，促进农业经济结构调整，增加农民收入，促进农村经济发展发挥了重要作用。

1. 改善了农业生产条件，提高了农业综合生产能力。各地在农业综合开发项目建设中，把开发和保护生态环境结合起来，实行统一规划，坚持山水田林路综合治理。据统计，到1998年，农业综合开发项目区共营造农田防护林、水土保持林、水源涵养林、经济林3 600万亩，改善林网防护面积1.7亿亩，有效地促进了全国平原造林绿化工作的开展。项目区生态环境也发生了很大变化，起到了保持水土、防风固沙、涵养水源、调节农田小气候的作用，项目区显现出一派田园如画、树林成网、农作物整齐的新气象。

2. 减少了水土流失，改善了区域生态环境。长江中上游防护林体系、太行山绿化工程和防沙治沙示范项目是农业综合开发重点生态建设项目。据统计，到1998年底，累计投入中央财政资金3.31亿元，群众投工投劳13.25亿个工日，累计完成工程营造林5 331万亩。据测算，长防林项目区森林覆盖率由20%提高到25%，提高了5个百分点，现有50%的工程县基本消灭了宜林荒山。太行山项目区森林覆盖率由项目启动前的20.7%，提高到目前的25.1%，提高了4.4个百分点。长江流域中上游地区水土流失的状况在局部区域得到初步遏制，有的昔日被泥沙淤积的河床开始刷深，一些多年不见的野生动物又开始在林区出现。四川省通过实施长防林工程，由于森林植被的增加，土壤流失面积由8.7万平方公里减少到5.7万平方公里，土壤侵蚀量由4亿吨/年降低到2亿吨/年。

3. 促进了农村产业结构调整，增加了农民收入，加快了项目区群众脱贫致富步伐。农业综合开发林业部门在加强生态环境建设的同时，立足资源优势，重点发展了以名优经济林、花卉为主的绿色产业建设。到1998年，农业综合开发名优经济林项目累计完成中央财政资金2.33亿元，先后在全国28个省（市、区）的300多个县（市）建设各类水果、干果和木本粮油基地306万亩，使22个主要树种的30多个名特优新品种得到很好开发。通过项目的建设，在全国形成了以大力发展名优经济林为突破口，辐射带动了群众发展经济林的积极性，推动了当地农村经济结构的调整，成为有些地方农村经济发展的主导产业。据不完全统计，1994—1998年5年间，全国年均增加经济林面积2 000万亩，到1998年，全国经济林面积已发展到3.5亿亩。

农业综合开发林业建设在取得显著成效的同时，也积累了许多宝贵的经验。归纳起来，主要有以下五个方面。

1. 各级领导重视，是项目取得成功的根本保证。项目区各级党委和政府把生态环境建设作为带动当地造林事业的龙头工程，纳入当地社会经济发展总体规划中，切实加强对项目建设的领导，真正做到“总体规划有位置，年度计划中有安排，日常工作中有活动”，确保了工程建设质量。

2. 坚持因地制宜，搞好规划设计，探索治理开发模式，是实施项目的重要前提。各地在项目建设中坚持以区域规划为基础，以山脉、水系为主线，实行造、封、飞、节、改、抚“六管齐下”，对一条条水系、一座座山梁、一块块坡面、一个个流域实行大规模集中治理，取得了良好的治理效果。

3. 完善工程管理制度，严格工程质量，是搞好项目的中心环节。一是制定管理办法，规范管理行为，把项目管理纳入规范化、制度化的轨道。二是坚持按规划立项、按设计施工、按效益考核的项目管理程序。三是保证资金专款专用、专账专人管理的同时，积极探索项目资金管理的新方式，逐步推行报账制、招标制和淘汰制。

4. 依靠科技进步，推广实用技术，是项目取得效益的关键举措。各地针对工程建设中的重点和难点技术勇于探索、研究并创立了一整套符合当地实际的科学造林方法。山西省总结出了径流林业整地、容器育苗技术、生根粉根宝蘸根造林技术和覆盖林业五大技术，并加以应用推广，使太行山绿化实用林业技术应用率达 90%左右。

5. 开放的意识，活化的机制，是项目实施的重要保障。各地抓住改革开放，建设社会主义市场经济的机遇，按照社会主义市场经济体制的总体目标和要求，研究探索激励机制和政策机制，主要包括“四荒”地政策：对集体和国家所有的荒山、荒坡、荒滩、荒水等“四荒”的使用权，可以承包和租赁形式进行开发治理，把荒山荒地的使用权推向市场，吸引了大量社会资金和劳力。

二、加强生态环境建设，积极发展绿色产业，为农业综合开发上新水平做贡献

当前，我国农业和农村经济发展进入了一个新的阶段。粮食和其他主要农产品由长期供不应求转变为阶段性供大于求，对农业和农村经济结构进行战略性调整势在必行。

围绕我国农业和农村经济发展新阶段的中心任务，温家宝副总理在国家农业综合开发第三次联席会议上指出，农业综合开发继续贯彻落实农业综合开发“两个转变”的指导思想和工作思路，努力实现由过去以改造中低产田和开垦荒地为主，尽量不开荒或少开荒，把提高农业综合生产能力与保护生态环境结合起来；由以追求增加主要农产品产量为主转到积极调整农业结构，依靠科技进步，努力发展优质高产高效农业上来，进一步提高农业综合生产能力。

温家宝副总理的讲话把改善农业生态环境放在与提高农业综合生产能力同等重要的位置，非常符合我国国情和农业综合开发实际，这是党和政府赋予农业综合开发的新使命，是新形势下农业综合开发的又一项主要任务，也为农业综合开发林业建设提供了机遇和挑战。

森林是陆地生态系统的主体，林业是生态环境建设的主体，是从事维护国土生态安全，促进经济社会可持续发展，以向社会提供森林生态服务为主的行业。林业肩负着优化生态环境、促进经济发展的双重使命。

首先，林业作为生态环境建设的主体，是实现我国经济和社会可持续发展的关键。生态环境是人类生存和发展的基本条件，是经济和社会发展的基础。良好的生态环境可以实现农业的可持续发展，如果破坏生态环境，必将遭到大自然的惩罚。从目前我国生态环境的状况看，形势不容乐观。全国水土流失面积已达 360 多万平方公里，占国土面积的 38%。荒漠化土地面积达 260 多万平方公里，而且每年还以 2 460 平方公里的速度扩展。全国有 1/3 的草地已经退化、沙化和碱化。毁林开垦、陡坡种植、围湖造田使天然植被遭到严重破坏，生态功能大大降低，加重了自然灾害。我国生物多样性也受到严重威胁，濒危动植物物种已达 15%—20%，高于世界 10%—15%的平均水平。黄河河道淤积越来越严重，断流时间越来越长。长江流域植被减少，土壤流失，崩塌、泥石流等灾害频繁发生，泥沙量逐年增加。这些问题不解决，水旱灾害和荒漠化这两大心腹之患就不能消除，中华民族的生存和发展就会受到严重威胁，更谈不上国民经济和社会的可持续发展。所以说，保护和改善生态环境已刻不容缓，改善生态环境已成为社会经济发展的一项十分紧迫的战略任务。

第二，祖国秀美山川建设战略目标的确定、国家西部大开发战略的提出，使林业建设成为社会主义现代化建设总体格局中的重要组成部分。在世纪之交，即将开始实施现代化建设第三步战略部署的时候，以江泽民同志为核心的党中央高瞻远瞩，审时度势，不失时机地提出实施西部大开发战略，加

快西部地区发展，这是我们党总揽全局，面向新世纪作出的重大决策。林业是国家实施西部大开发的根本和切入点，江泽民总书记提出：改善生态环境，是西部地区的开发必须首先研究和解决的一个重大课题。如果不从现在起，努力使生态环境有一个明显的改善，在西部地区实现可持续发展的战略就会落空，而且我们中华民族的生存和发展条件也将受到严重威胁。朱镕基总理指出：改善生态环境是大题目，具体实施就是退耕还林、以粮代赈，以粮换林、换草。西部地区生态环境如果不改善，必将成为中华民族繁衍生息的心腹之患，将极大阻碍国家现代化的步伐。这一战略的提出和生态环境建设在西部开发中的优先地位，标志着西部林业发展成为林业发展的战略重点之一，开辟了林业发展的广阔空间。1998 年国家制定的《全国生态环境建设规划》，提出了建设秀美山川的目标，并将它列为现代化建设的重大战略任务，这不但赋予了林业建设在我国现代化建设中的重大历史使命，而且进一步确立了林业在现代化建设总体格局中的特殊地位。

第三，林业是满足社会对林产品需求，调整农村产业结构，实现国民经济持续、快速发展的客观要求。在坚持林业是生态环境建设主体的同时，也不能忽视林业产业发展，特别是在市场经济的条件下，生产多种木材和林产品不仅是促进社会和经济发展的重要手段，而且促进山区经济发展，提高广大山区人民生活水平的重要途径。在加强全国范围内的天然林保护的前提下，使商品林业建设的任务变得更加紧迫。目前我国人均年消耗木材 0.2 立方米，而世界人均消耗是 0.65 立方米，其中发达国家达到 1 立方米。对我国来说人均每增加 0.1 立方米木材消耗量，需要增加 1.3 亿立方米的木材总量，相当于世界现有木材贸易的总量。在农业综合开发项目区内大力发展经济果木林，积极培植经济林、花卉、森林旅游等新兴产业，对调整农业结构将起到积极推动作用。

基于以上方面的认识，为了进一步加快林业建设，使之更适应国民经济和社会发展的要求，完成好国家和人民赋予林业的艰巨任务，就要坚持现代林业思想为指导，以建立比较完备的林业生态体系和比较发达的产业体系为目标，以保护和改善生态环境为重点，深化林业分类经营改革，实施分区突破战略，促进我国林业持续快速健康发展。

三、适应新形势的要求，进一步扎扎实实做好农业综合开发林业工作

按照农业综合开发第三次联席会议精神，国家林业局下一步农业综合开发林业建设的主要思路是：围绕农业综合开发的“两个转变”，进一步加大林业生态环境建设力度，改善重点地区生态环境，结合退耕还林试点工程，积极发展名优经济林，有效促进农业经济结构调整，为农业综合开发上新水平做贡献。根据这一思路，将重点抓以下几项工作。

1. 进一步加强全国林业重点生态工程建设，为农业综合开发提供良好的生态屏障。为更好地发挥林业在根治水患、沙患，改善生态环境，促进经济增长和可持续发展中的重要作用，国家林业局确定了林业发展的基本思路。按照这一基本思路，林业建设从战略布局上划分为四大区域。第一个区域是长江上游、黄河上中游地区。这一地区是我国水土流失最严重、生态环境最脆弱地区，涉及 13 个省区 700 多个县，200 多平方公里，主体是实施长江上游、黄河上中游造林绿化工程，主要建设生态公益林，保持水土治理水患。第二个区域是西北、华北北部、东北西部干旱风沙区。这一区域涉及 400 多个县，主体是实施防沙治沙工程，主要建设生态公益林，防治荒漠化。第三个区域是东北、内蒙古固有林区。这一地区主体是实施天然林保护工程，重点是调减木材产量，转产分流人员，保护开然林，恢复森林资源。第四个区域是上述三个区域以外的省区。这一地区要在建设好公益林的同时，发挥优势，实施速生丰产林建设工程，大力发展速生丰产林、名优经济林等商品林基地。分区域突破，目的是增强林业建设的针对性和目的性，发挥各个区域的特点和优势，明确各区域建设重点，采取有力的措施，全面推进我国林业建设。我相信，随着林业重点工程的实施，区域生态环境将得到显著改善，将给农业综合开发提供良好的生态屏障。

2.认真贯彻第三次联席会议精神，积极配合和支持农业综合开发工作。温家宝副总理在农业综合开发第三次联席会议上强调，要加强生态环境建设，实现经济社会的可持续发展。防沙治沙，改善生态环境，是摆在我们面前的一项十分艰巨而紧迫的任务。国家林业局作为农业综合开发联席会议成员单位，要积极配合和支持农业综合开发工作。一是加强农业综合开发农田生态体系建设。各级林业主管部门要重视农业综合开发项目区农田林网建设，加强农田防护林树种和品种的研究，把防护林的经济效益和生态效益结合起来，为高标准的农田提供高标准的生态屏障。各级农业综合开发管理部门要进一步调整农业综合开发投资结构，逐步加大对生态环境建设的投入，继续提高林业项目在地方农业综合开发项目中的投资比例，特别是生态环境极其脆弱的西部地区，确保林业在农业综合开发中的份额。二是加大重点地区荒漠化治理力度。在全面保护重点地区现有林草植被的前提下，在沙漠、戈壁的边缘地区，建设必要的防风阻沙林带，通过大力封沙育林育草、植树种草，扩大林草植被，加速生态环境的改善。三是加强现有部门生态项目——长江中上游防护林和太行山绿化工程项目建设。以保护、恢复和扩大森林植被为中心，以防护林建设为主体，结合长江上游、黄河上中游造林绿化工程，加大长江中上游防护林、太行山绿化工程建设力度，在总体上遏制长江流域和太行山地区生态环境日益恶化的趋势。四是启动部门新的生态工程项目。根据全国农业综合开发项目区域布局，建议国家农业综合开发办公室启动淮河、太湖流域防护林和松花江、辽河流域防护林工程，构筑我国重点农业综合开发项目区的生态环境体系的主要框架。五是继续抓好名优经济林和花卉基地建设。适应市场需求，加强科学规划，大力调整经济林发展布局，优化树种、品种结构。2000 年，在全面分析预测经济林产品市场需求的基础上，组织力量制定《全国名优经济林“十五”计划和 2015 年发展规划》。重点在浙江、河南、山东等地建设一批花卉示范基地，促进这个朝阳产业的快速发展。

3.加强管理，进一步提高农业综合开发林业建设效益。一是进一步提高科技含量，大力推广林业先进实用技术。要围绕提高造林种草成活率和保存率，依据不同区域自然条件的差异，按照适地适树的要求，针对工程建设中的重点、难点技术开展科技攻关研究。强化高新技术、新品种的研究和引进工作，逐步形成稳产高产的苗木生产体系，做到定点供种、定向育苗，保证种苗质量和安全生产。要围绕项目建设，多形式、多层次搞好技术培训，把重点放在项目区基层干部和农民的培训上，努力使大多数农户掌握 1—2 门实用技术。二是认真做好农业综合开发项目管理工作。加强对农业综合开发项目区林业工作的指导，调整林种树种结构，探索不同地区的防护树种和品种类型。进一步规范农业综合开发林业项目和资金管理工作，通过完善项目和资金管理制度，提高项目建设水平，发挥资金使用效益，确保工程顺利实施。充分发挥行业部门职能优势，积极配合国家农业综合开发办公室参与其组织的项目评估、检查和验收等工作。

党中央、国务院历来对生态环境建设十分重视。1997 年 8 月，江泽民等中央领导同志就生态环境建设作了长篇重要批示，第三代领导集体向全国人民发出了再造秀美山川的伟大号召。正是基于这种认识，1998 年特大水灾之后，党中央、国务院在灾后重建、根治水灾战略措施中把“封山植树、退耕还林”放在首位。中央在实施西部大开发战略中，把生态环境建设作为西部大开发的根本性措施和切入点来抓。党和国家对林业的空前重视，给林业发展带来了机遇，同时也赋予林业建设艰巨的任务。林业作为农业综合开发的重要组成部分，我们各级林业部门将一如既往地配合和支持农业综合开发工作，为促进农业产业结构调整、增加农民收入做出新的贡献。

(作者现任国家林业局局长)

明确目标　脚踏实地　努力把农业综合开发水利建设与管理工作提高到一个新水平

高安泽

结合农业综合开发水利建设与管理工作的情况，就今后如何进一步做好农业综合开发水利建设与管理工作谈几点意见。

一、农村水利建设概况

农村水利是农业的重要基础设施。搞好农村水利建设，对于促进农业稳产高产、农民增收和农村经济发展，都具有十分重要的意义。新中国成立50年来，在党中央和国务院的高度重视下，在国务院有关部门特别是财政部门的大力支持下，各地积极兴修水利，大搞农田水利基本建设，取得了显著成效：一是建成了一大批农业灌排基础设施，全国有效灌溉面积从建国初期的2.4亿亩发展到8亿亩，同时治理易涝耕地3亿多亩。全国农业年供水量由1 000亿立方米增加到3 900多亿立方米。二是农村水利技术水平有了明显提高。通过工程建设和研究积累，全国农村水利技术水平得到了明显提高，特别是节水灌溉技术的普及和推广，使得过去20年中的全国农田灌溉面积，在灌溉总用水量基本维持不变的情况下，净增了约8 000万亩。三是农村水利投入与管理制度改革逐步深入，全国1 600多万处小型农村水利工程中已有350多万处进行了承包、租赁、股份合作、拍卖等多种形式的改革，大中型灌区管理体制与运行机制的改革试点工作也在逐步展开，农业灌溉水费的改革已取得了明显进展。农村水利改革有力地调动了农民、集体增加投入的积极性，明晰了工程管理的责、权、利关系，增强了农村水利发展的内在活力与动力。

农村水利建设的巨大成就，大大增强了我国农业抗御水旱灾害的能力，改善了农业生产条件，提高了农业综合生产能力，有力地促进了农业持续稳定增长和农村经济发展。据有关资料分析，全国农田灌溉面积不到总耕地面积的40%，而粮食产量却占到3/4，棉花和蔬菜则分别占到80%和90%。农村水利为我国粮食产量连续迈上几个大的台阶，以及农村经济持续发展，发挥了重要的支撑与保障作用。

二、农业综合开发水利建设的成效

农业综合开发作为政府支持和保护农业发展的一项战略性措施，在改善我国农业基本生产条件、提高农业综合生产能力方面，发挥了极其重要的作用。

水利是农业的命脉，水利建设既是农业基础设施建设的主要内容，也是农业综合开发土地治理的重要任务。水利部作为国家农业综合开发联席会议的主要成员，历来十分重视并积极参与和支持农业综合开发工作。根据国家农业综合开发联席会议的决定和分工，水利部除参与各省（区、市）农业综合开发项目的行业管理和技术指导外，还负责农业综合开发水利骨干工程和长江、黄河上中游水土保持工程两个部门项目的具体管理工作。多年来，在国家农发办的大力支持下，农业综合开发水利建设取得了可喜的成绩。主要表现在：

1. 促进了小型农田水利工程建设。农业综合开发项目区用于水利建设的投资，一般占土地治理项目总投资的60%左右。据不完全统计，12年来，农业综合开发累计用于小型农田水利建设的资金达

350多亿元，农民群众投工投劳约60亿个工日；项目区新建和扩建小型水库7 120座，增加库容31亿立方米；新建和改造机电排灌站42 780座，开挖、疏浚和衬砌渠道114万公里；新增和改善灌溉面积2.54亿亩，新增和改善除涝面积1.45亿亩。经过改造和衬砌的渠道，渠系水利用系数一般提高5—10个百分点，从而大大提高了灌溉水的利用率，节约了大量的水资源，缓解了水资源紧缺地区的水供求矛盾。

2. 加强了农业综合开发水利骨干工程建设。1988年至1996年，水利部组织实施了黄淮海平原跨省骨干水利工程。国家立项建设的项目有黑茨河治理工程、引黄入卫济冀工程、黄河下游滩区水利建设工程（一至三期）、包浍河治理工程、金堤河治理及彭楼引黄入鲁灌溉工程等，批复总投资共14.88亿元。其中中央财政安排农发资金6.62亿元，水利部安排基建投资和地方配套资金8.26亿元。这期间，还立项建设了江苏引江泵站改扩建、河北引黄入卫大浪淀蓄水工程、吉林松原和白城灌区改造、黑龙江富锦幸福灌区改造等项目。

经国家农业综合开发联席会议研究同意，从1997年开始，将黄淮海平原跨省骨干水利工程项目资金，改为农业综合开发水利骨干工程项目资金。项目建设区的范围，扩大为以中型灌区的续建配套和节水改造为主。为农业综合开发田间工程配套，发挥整体效益创造条件。4年来，共立项实施了45个项目，批复总投资12.37亿元。其中中央财政农发资金3.70亿元，地方配套资金8.67亿元。上述项目全部建成后，预计可新增和改善灌溉面积2 213万亩，新增和改善除涝面积585万亩。

3. 加强了长江、黄河上中游水土保持建设。水土保持是我国生态环境建设的重要组成部分。长江、黄河上中游水土保持项目自1989年开始实施以来，共批复总投资14.78亿元。其中中央财政农发资金6.25亿元，水利基建投资3.00亿元，地方配套资金5.53亿元。计划任务完成后，预计可治理水土流失面积5.48万平方公里。

通过实施农业综合开发，项目区的农业生产条件和生态环境得到明显改善，农业综合生产能力有了明显提高，在促进项目区农业结构调整和增加农民收入等方面发挥了重要作用。据不完全统计，农业综合开发项目区共新增和改善灌溉面积2.54亿亩，增加以粮食为主的农业综合生产能力约4 700万吨，占同期全国新增粮食生产能力的40%以上。治理水土流失面积5万多平方公里，约占同期全国治理面积的13%。同时，在实施农业综合开发水利项目中，部分乡、镇水利技术推广服务手段有所改善，基层农村水利队伍得到了锻炼。多年的实践表明，农业综合开发确实是政府支持和保护农业的一项重大政策措施，已经成为我国农田水利基础设施建设投资的主要和稳定的来源之一。

三、工作中的主要体会

我们在从事农业综合开发水利建设与管理工作中，主要有以下几点体会：

1. 认真做好农业综合开发水利规划，是搞好农业综合开发水利建设的基础和前提。早在1990年，水利部就组织各流域机构和各省（区、市）水利厅（局）编制完成了《全国农业综合开发区水利规划》和分省（区、市）水利规划；1995年，水利部农发办又编制完成了《全国"九五"农业综合开发水利骨干工程建设计划》。目前正准备组织编制《"十五"农业综合开发水利骨干工程建设计划》和《农业综合开发区节水灌溉发展规划》。科学的规划，使农业综合开发项目区水利建设有了比较明确的指导思想和总体安排布局。通过水土资源平衡分析，保证了资源得到优化配置，田间工程建设能够与骨干工程建设大体上相衔接。同时，农业综合开发区水利规划作为编制全国农业综合开发规划的基础性文件，也发挥了重要作用。

2. 建立健全规章制度，是项目走上规范化管理的保障。为使项目建设做到有章可循，实行规范化管理，水利部会同国家农发办先后制定颁发了《农业综合开发水利骨干工程项目管理办法》、《农业综合开发水利骨干工程项目可行性研究报告编写提纲》等文件，并制定了一系列技术标准。我们要求所有申请立项的农业综合开发水利骨干工程项目

都要按照管理办法规定，由符合资质条件的设计单位编制项目可行性研究报告，经国家农发办和水利部农发办组织专家评估，审查合格后再考虑纳入实施计划，从而大大减少了安排项目时的主观随意性，提高了项目的管理水平。

3. 强化建设资金和工程质量管理，是项目顺利实施的关键。我们一直把加强项目建设资金和工程质量管理，以及项目实施过程中的督促检查放到十分重要位置，给予高度重视，反复强调要抓好落实工作。1999 年 7 月，我们召开了“农业综合开发水利骨干工程项目建设管理座谈会”，再次强调要认真抓好工程质量和建设资金管理问题，并要求各地水利部门在农业综合开发水利骨干工程项目建设中，要积极推行建设项目法人责任制、招标投标制、项目监理制。现已有部分地方的项目按照“三制”组织实施，并已初见成效。

4. 理顺与各有关方面的关系，加强部门间的配合协作，是形成合力的重要条件。农业综合开发水利建设涉及的部门较多，在项目管理过程中，水利部门始终注意协调与各有关方面的关系，努力做到各司其职、各负其责。同时，注意加强部门之间的相互配合，增强主动性，与各级农发办形成合力，共同做好农业综合开发水利建设与管理工作。

四、下一步农业综合开发水利建设的工作思路

党的十五届三中全会提出，要将节水灌溉作为一项革命性措施来抓。中央农村工作会议指出，要加强以水利为重点的农业基础设施建设。最近，在国家农业综合开发第三次联席会议上，温家宝副总理再次强调了农业综合开发“两个转变”的指导思想和工作思路，一是要由过去的以改造中低产田和开垦宜农荒地相结合，转到以改造中低产田为主，尽量少开荒甚至不开荒，把农业综合开发与保护生态环境有机结合起来。二是要由以往追求增加主要农产品产量为主，转到积极调整结构，依靠科技进步，努力发展优质、高产、高效农业上来。这“两个转变”有一个前提，就是农业综合开发要坚持加强农业基础设施建设，改善农业生产条件和生态环境，提高农业综合生产能力的方向。改造中低产田有两个重点：一个是努力建设高标准农田；另一个是搞好农田水利建设，特别是发展节水灌溉。国务院领导的这一重要指示，为搞好今后的农业综合开发和农村水利工作指明了方向，水利部门要在实际工作中认真贯彻落实。

当前，我国粮食总产量出现了结构性相对过剩，直接表现是出现了暂时的卖粮难和粮食价格较低。此外，我国加入世界贸易组织后，将面临着国际农产品市场的巨大压力和挑战。这些都对农业综合开发水利工作提出了新的、更高的要求。为了适应变化的新形势，更好地完成党中央、国务院对农业综合开发提出的目标与任务，水利部门将在今后的工作中重点抓好以下几个方面的问题：

1. 进一步加强灌排骨干工程建设，为农业持续稳定发展提供可靠的支撑和保障。大中型灌排区是我国重要的农业基础设施，水利枢纽及骨干输水工程是农业综合开发项目区的“上游”工程，对农业综合开发项目区农业的稳产高产起着不可替代的重要作用。但目前大多数灌区（涝区）骨干工程普遍存在着年久失修、功能衰减、效率低下、水资源浪费等问题。这个问题如不认真解决，势必将影响农业综合开发田间工程效益的发挥。国际上许多国家的成功做法，是对农业灌排骨干工程实行以政府投资为主来进行建设。我国于 1997 年由国务院颁布的《水利产业政策》也作了类似的规定。我国在加入 WTO 以后，各级政府对农业的政策性保护，将不能直接体现在农产品的价格上，而应主要补助于农业的基础设施建设。最近几年，从中央到地方各级政府，都逐步加大了对农业灌排骨干工程的投入力度，但与实际需要相比，差距仍然较大，同田间灌排工程配套的进度要求明显不相适应。目前，水利部正组织各地编制大型灌区续建配套和节水改造规划，争取各有关方面能给予更多的支持。此外，为了更好地配合大规模的农业综合开发，我们将组织力量着手编制部分中型灌区续建配套和节水改造规划。

2. 大力推进节水灌溉，为农业结构调整和建设两高一优农业创造必要条件。众所周知，我国是一个水资源严重短缺的国家，人均水资源量只有 2 300 多立方米，仅及世界人均水资源量的 1/4，而且水资源的时空分布十分不均匀，总体上是南多北少，东多西

少，夏秋多、冬春少。北方不少地区由于用水过度和水资源开发利用不合理，已造成了严重的生态环境问题。最近几年，这个问题已引起从中央到地方有关部门的高度重视，对节水灌溉的投入力度有所加大，并已取得初步成效。国家农发办决定从2000年开始，每年在农业综合开发项目区发展节水灌溉面积不少于2 000万亩，并作为农业开发战线的一项硬任务来抓。这既是贯彻党中央、国务院有关方针政策的具体体现，同时又是一项十分艰巨的任务。发展节水灌溉，一定要符合区域水资源供需平衡的总体规划和当地的节水灌溉发展规划。为此，水利部门将积极配合各级农发办，认真做好农业综合开发项目区的节水规划和有关技术论证、技术服务、设备引进、技术培训等工作。节水灌溉技术的推广，不仅能够大幅度提高农业用水效率，而且可以促进农业结构调整，为发展高产优质高效农业、精细农业、创汇农业，加快农业现代化进程，创造有利的条件和提供有力的支撑。

3. 进一步加强水土保持建设，努力改善生态环境。我国是一个水土流失十分严重的国家，仅水蚀面积即达179万平方公里。严重的水土流失已成为我国亟待解决的生态环境问题之一，尤其是西部生态条件脆弱地区，水土流失成为地区社会经济可持续发展的制约因素。水土保持要做到工程和生物措施并重。随着各级政府对水土保持和生态环境建设投入力度的不断加大，我国水土流失治理的速度将逐渐加快。我们除组织有关流域机构和省（区、市）继续搞好长江、黄河上中游水土保持建设外，还将陆续启动一些生态脆弱地区的水土保持建设，努力改善这些地区的生态环境。同时，我们将积极配合国家农发办加强对西部地区生态环境建设，结合退耕还林还草，搞好牧区水利建设，建设好生态农业区。

4. 加强和改进水利工程建后管护，建立健全新型的灌区管理运行机制。长期以来，不少地方对灌排工程“重建轻管”，这种状况应当从根本上改变。我们将把农业综合开发水利骨干工程建后管理作为深化灌区改革的重点，认真抓好试点工作，不断总结经验，逐步加以推广。各农业综合开发项目区要加快灌溉水费改革，逐步改革影响灌区发展的旧管理体制和模式，学习借鉴国外先进经验，并结合我国国情，积极探索并建立适应社会主义市场经济体制要求、有利于水资源可持续利用和农业可持续发展、使灌区建设与管理步入良性运行轨道的新机制。

5. 加强水利行业管理，做好服务工作。水利部作为国务院水行政主管部门，在今后的农业综合开发水利建设与管理工作中，将按照国家农业综合开发联席会议确定的职责分工，进一步加强农业综合开发水利建设行业管理，进行宏观指导和组织协调。各级水利部门应充分地发挥自身的优势，积极主动地参与农业综合开发工作，努力为农业综合开发服好务。我们将一如既往地搞好与财政、农业、林业、农业开发等有关部门的配合与协作，为把我国农业综合开发水利建设与管理工作推向新水平做出应有的贡献。

（作者原系水利部总工程师）

扎实工作　不断提高农业综合开发水平

程安东

陕西省农业综合开发取得了显著成效，连续两年得到国家的奖励，开发的规模增长很快，已成为陕西省农业和农村经济发展的一支重要力量，农业综合开发办公室做了大量的工作，各部门也都给予

了很好的配合，成绩是肯定的。对如何进一步搞好今后农业综合开发工作，谈四点意见。

一、充分认识农业综合开发的地位和作用，进一步加强对农业综合开发工作的领导

农业综合开发是党中央、国务院加强农业的重大决策，是一项有生命力的长期政策。实行农业综合开发符合国情，也符合陕西省生态环境脆弱、中低产田面积大的实际，关系到国计民生，是最基本的基础设施建设，要进一步重视农业综合开发，将农业综合开发纳入全省农业和农村经济发展的大局，切实加强领导，加强配合协作。这次机构改革，省农发办和农、林、水各部门都保留，说明这些工作很重要。要充分认识农业综合开发的地位和作用，抓住综合开发不放松，长期坚持下去，扎扎实实地搞好工作，不断提高综合开发的效益，保障城市农副产品的有效供给，切实增加农民的收入，为农业结构调整奠定基础，为农业经济发展做出贡献。

二、适应西部大开发和山川秀美工程建设需要，实现农业综合开发战略重点的转移

过去，我们以关中地区中低产田改造为重点，进行农业综合开发，对增加陕西省的粮、棉、油等主要农产品的有效供给，起到了重要作用，是符合陕西省实际的，决策是正确的。现在，为了适应西部大开发和山川秀美工程建设的需要，工作的重点要做一些调整。

温家宝副总理提出“一个坚持，两个转变”的指导思想和工作思路，要认真贯彻落实。西部大开发战略的实施，陕西省面临难得的发展机遇，同时也面临许多挑战，经济要持续健康发展，要稳定城市，稳定农村，改善生态环境，必须解决好粮食问题。如何解决，我想，未来陕西农业的潜力在陕北。在今后的农业综合开发中，要结合农业结构调整，结合生态环境建设，结合扶贫开发，逐步向两个方面倾斜：一是向重点水利工程覆盖区倾斜。主要是关中九大灌区配套和东雷二期抽黄田间渠系建设。重点水利工程放到哪里，综合开发的各项措施就摆布到哪里。确保重点工程发挥效益，抓住全省粮食生产的“牛鼻子”，把大灌区配套好，发挥其生产潜力，实现粮食稳定增长。这是进行结构调整的基础。二是向陕北、陕南贫困山区生态环境建设重点区倾斜。陕北、陕南贫困山区水土流失严重，生态环境脆弱，广种薄收，粮食生产低而不稳，群众生活困难，面临发展生产与改善生态环境的双重压力。以前为了解决吃饭问题，大量开垦荒地，结果越穷越垦，越垦越穷，恶性循环。怎么解决这个问题，我到这些地方搞了一些调查，发现一些很好的经验。如陕北白于山区、沿黄西部山区修筑淤地坝，陕南搞山地农业综合开发，保证人均一亩基本农田，同时发展地方优势产业。这样既解决了吃饭问题，也保护了生态环境，使大于25°的陡坡耕地稳定地退下来，种树种草。

这两个方面是今后农业综合开发的重点。“十五”规划要按这个思路编制。同时，省农发办在这个问题上，要认真做好前期工作，每个县选一两个重点流域，加大资金投入，搞出个典型，请国家农发办来考察，争取国家的支持。

围绕这两个重点，要切实搞好“三个结合”。即综合开发项目要与全省重点水利工程项目、扶贫项目、生态建设项目相结合。就是说，要切实把这几块资金管理好，使用好，改变资金分散、项目分散的问题，集中财力办大事。要各尽其力，各记其功，把陕西省农业的事情办好。

三、研究农业综合开发的新情况和新问题，不断提高农业综合开发工作水平

农业和农村经济发展进入新阶段以后，农业综合开发面临许多新情况和新问题，需要进行广泛、深入的调查研究。农业综合开发部门要结合西部大开发和山川秀美工程的实施，加强调查研究工作，提高项目和工作的管理水平。当前要搞好三方面的调查研究：一是农业综合开发工程要逐步推广机械化、专业化施工，解决好机械化与农民劳务结合的问题。这个问题农机部门要搞好配合。二是水库灌区推广管道输水，实行节水灌溉的可行性研究问题，水利厅要积极参与。三是

要探索农业综合开发管理的新机制问题。要围绕强化农业综合开发项目责任制，加强农业综合开发资金监管和农业方面资金的结合使用问题调研，充分发挥投资效益。

四、围绕农业综合开发战略重点转移，扎扎实实地做好当前工作

要在全面完成今年计划任务的基础上，认真搞好新增计划的编报和实施。关于2000年新增资金的安排要突出四个方面：一是要拿出4 000万元，用于陕北白于山区农业综合开发县。重点是流域综合治理，建淤地坝。二是加强九大灌区、东雷二期抽黄的田间配套。三是推广节水灌溉技术。要大力推广管灌，对喷灌等高投入节水灌溉技术要慎重。四是继续重视多种经营项目，结合产业结构调整，支持苹果、板栗、猕猴桃、秦川牛等全省骨干产业化项目，大力发展设施养殖，推进农业产业化进程。

要认真落实全国农业综合开发工作会议精神。进一步明确新时期农业综合开发的指导思想、工作思路和主要任务，调整相关政策，对农业综合开发实施战略性转变、推动陕西省农业综合开发再上新台阶产生重大影响。

在加快西部开发、建设山川秀美新陕西的新形势下，农业综合开发的任务更重了，要求更高了，领导小组各成员单位要加强配合，密切协作，有国家的支持和省委、省政府的重视，各部门的扎实工作，陕西省农业综合开发工作的大好局面会保持下去，为陕西省农业和农村经济发展做出更大贡献。

（作者原系陕西省省长）

再接再厉　埋头苦干
把农业综合开发推向新世纪

杨庆才

从1988年到现在，吉林省农业综合开发已经成功地走过了12年的发展道路。12年来，我们进行的四期农业综合开发，在改善吉林省农业生产基本条件、促进农产品生产能力大幅度提高和农业及农村经济全面发展方面，发挥了十分重要的作用，功不可没。具体说，农业综合开发在五个方面发挥了重要作用：一是明确提出了一条适合吉林省情的好的发展路子。二是开发建设了一批好项目。三是建设了一批高标准、带有方向性的示范区。四是培养和锻炼了一批适应农业和农村经济发展的好队伍。五是各级农业综合开发部门都有一个好的班子。可以说，没有农业综合开发，吉林省大面积的中低产田就不能得到很好的改造，农田水利设施也不会像今天这样完善；没有农业综合开发，吉林省的农业产业化项目也不会实施得这样顺利，农民收入也不会提高到现在这样的水平；没有农业综合开发，就不能吸引和号召近千名科教人员常年深入生产第一线，推广技术，培养人才，指导农民科学种田，科教兴农的效果就会受到影响。

但我们也必须清醒地看到，随着农业生产能力的提高，农产品供给数量不足的问题解决后，品种、质量又成为新的突出矛盾。我们必须站在全局的高度，清醒地认识到农业和农村经济发

展，既面临农产品国内市场竞争日趋激烈的压力，又面临国际市场农产品高质量、低成本竞争的严峻挑战。适应新形势，加快农业和农村经济结构调整，是解决农产品卖难、农民增收滞缓等矛盾的迫切要求；是提高农村经济整体素质，迎接加入世贸组织挑战的必然选择；也是提高农业和农村经济质量和效益，实施县域突破，推动吉林省国民经济协调发展的战略决策。在这一过程中，农业综合开发必将更加大有作为。

一、农业综合开发是国家支持和保护农业发展的一项长期的战略性措施

在发展市场经济条件下，农业作为一个具有自然和市场双重风险的产业，国家必须建立对农业的支持保护体系。实施农业综合开发，就是国家建立对农业支持保护体系的重要内容，是政府调动不同利益主体增加对农业投入的积极性和提高投入能力的成功做法。农业综合开发实践，已经成功地探索并初步形成了在社会主义市场经济条件下政府调控、支持和保护农业发展的有效机制。即：通过有组织、有计划地集中连片开发，弥补了家庭承包分散经营、规模狭小、生产目的性不强的弱点；通过实行严格而规范的项目管理，提高了农业生产的质量和效益；通过按照农业生产经济规模要求，采取综合开发措施，进行山水田林路综合治理，有利于解决农民自身无力解决而农业生产发展又必需的基础设施条件；通过中央和地方财政集中连续地投入，形成了比较稳定的、多元化的农业投资主体，在一定程度上缓解了投资不足的矛盾。实现了市场经济条件下农民利益与国家利益、农业生产的经济效益与社会效益和生态效益的有机统一。

实施农业综合开发，符合世贸组织的“绿箱政策”。根据世贸组织的《农业协议》规定，加入WTO后，我国将提高外国农产品的市场准入机会，使我国农业发展面临着一系列严峻的挑战。但我国可以利用《农业协议》中规定的保护条款，即“绿箱”政策来支持和保护我国农业的发展。《农业协议》规定的“绿箱”政策，实质是一种农业保护政策，它与价格支持、投入补偿、出口补贴等直接转化为收入的直接保护政策（也称“黄箱”政策）相反，是一种间接式的保护政策。加入WTO后，我国将改变传统的以高关税和价格支持为主的直接式农业保护政策，向通过“绿箱”政策的间接式农业保护政策转变。实施以加强农业基础设施建设，保护和改善生态环境，发展优质、高产、高效农业为主要内容的农业综合开发，符合世界贸易组织的“绿箱”政策要求，是在我国农业走向国际化环境下，政府支持和保护农业的重要途径。

二、农业综合开发要坚持不懈地把改善农业生产条件、提高农业综合生产能力做为基本任务

长期以来，增强我国农业综合生产能力一直面临着多方面“瓶颈”制约。如农业资源特别是耕地和水资源严重短缺，人地矛盾突出，耕地质量不高，中低产田面积较多；农业基础设施脆弱，抵御自然灾害和抗风险能力比较差，自然灾害频繁，农业成灾面积不断扩大；特别是今年，吉林省遭受严重干旱侵害，农业生产受到严重影响，这说明我们的农业基础设施建设还远远没有过关，还有待进一步加以改善；农业科技推广体系和信息服务体系也还很薄弱等等。实施农业综合开发，抓住了制约农业发展的关键环节。近年来通过对农业资源实行广度和深度开发，实行山水田林路综合治理，有效地改善了农业资源开发与保护状况。通过加强项目区农业基础设施建设，良种扩繁体系和农业科技推广体系建设，改善了农业产前、产后特别是产中环节的基础设施状况，提高了农业综合生产能力。这些“瓶颈”因素在一定程度上的解决或缓解，为我国在90年代中期提前五年实现粮食增产目标创造了重要条件。

新阶段的农业发展，仍然需要农业综合开发在这些方面发挥积极作用。第一，由我国的基本国情决定改造中低产田，加强农业基础设施建设，是一项长期的任务，是一个不断积累的过程，任何时候都中断不得。第二，在短缺时期，农业综合开发的主要作用是为维持农产品总量的供需平衡做贡献。在新阶段，农业综合开发除了要继续为保证农产品供需总量平衡发挥重要作用外，还可以在其他方面

发挥积极作用。如通过加强农业基础设施建设，提高农业产出的稳定性，可以降低维持农产品供需平衡的库存量，相应减少财政补贴支出；同时农业综合生产能力的不断提高，可以相应节约化肥、农药等生产要素投入，降低农业生产成本，增加农民收入，改善生态环境。第三，只有进一步搞好农业基础设施建设，才能巩固和提高粮食生产能力，为调整农业结构提供更大的回旋余地；才能为发展优质、高效农业创造必要的物质基础和良好的生产条件。

在农产品短缺时期，农业综合开发通过大规模的中低产田改造，加强农业基础设施建设，既为解决我国农业发展结束短缺状态、进入新的发展阶段，做出了重要贡献，也积累了大量基础设施型的农业固定资产，为农业和农村经济的进一步发展奠定了重要物质基础。在新阶段，农业综合开发仍然要抓住中低产田改造这一基础性工作。这是确保农产品供需总量平衡的需要，是保证农业综合开发真正实现“两个转变”的物质基础和前提条件。

吉林省中低产田面积较大，12 年来农业综合开发已经对一些中低产田进行了有效改造，但还有许多中低产田等待改造。十五届三中全会要求：农业综合开发要力争平原地区大部分耕地实现旱涝保收、高产稳产，丘陵山区人均达到半亩以上高标准基本农田。按照这个要求，现在还有大量工作要做，需要坚持不懈地艰苦努力。

新阶段以中低产田改造为主要内容的农业基础设施建设，要紧紧围绕保证农产品供需总量平衡和农业结构调整来进行。把主要着眼点由增加粮食的产出量转移到稳步提高和增强农业综合生产能力上来，由主要增加农产品的数量转到提高农产品的质量和效益上来。具体要做到三个结合：一是骨干工程和田间工程建设相结合，以田间工程建设为主。国家制定的农业综合开发政策，重点是建设支渠以下田间工程，因此我们要把主要精力放在田间工程建设上。二是新建工程和维修配套相结合，以维修配套为主。从吉林省的实际来看，水利骨干工程经过几十年的建设，初步形成了水利灌溉的总体框架，但是，田间配套工程相对薄弱，配套率还不高。三是广度开发和深度开发相结合，以深度开发为主。过去我们在这方面做的还很不够，今后，应下大力量在深度开发上做文章。

三、农业综合开发必须在农业结构调整中打先锋、立新功

农业和农村经济进入新阶段后，中心任务是对农业和农村经济结构进行战略性调整。农业综合开发作为农业和农村经济工作的重要组成部分，要紧紧围绕这个中心开展工作。农业结构调整是一项系统工程，涉及农业和农村经济的许多方面，既要放手发动农民群众去实践、去创造，还必须有政府的引导和服务。农业综合开发是以政府为主导、以农民为主体，国家支持和保护农业发展的战略性措施，应该在结构调整中发挥重要作用。

农业综合开发支持农业结构调整的原则是：一要面向市场。支持结构调整，要把市场需要作为我们的生产目标，不能盲目调整，造成新的积压和卖难。二要发挥区域比较优势。坚持因地制宜，分类指导，把市场需要与项目区当地优势结合起来，优先发展有竞争力的优势产业和品牌产品，防止一哄而起，结构趋同，重复调整。三要充分尊重农民的自主权，尊重并切实保障农民的土地承包权和生产经营自主权，用政策和市场信息引导农民自主调整结构。

农业综合开发支持农业结构调整的基本思路。一要面向市场，找准结构调整的“切入点”。通过支持项目区农产品产地批发市场建设，发挥市场对结构调整的引导和带动作用。二要依托各地项目区的资源优势，抓住农业结构调整的“着力点”，发展特色农业和创汇农业，建立外向型的种植业、养殖业和加工业基地。农业综合开发要善于发现好的品牌、好的品种给予支持，建设基地，形成规模。要在农业综合开发项目区生产出一批在国内外市场上具有影响力和竞争力的“名牌”产品。三要积极推进项目区农业产业化经营，抓好农业结构调整的“牵引点”。要选择一些以农产品加工、销售为主，具有跨区域辐射带动作用的龙头项目，给予重点扶

持；实行优质粮食和优质饲料的分区种植与分类经营，提高农业整体效益和比较效益。四要建立结构调整示范基地，发挥基地的规模调整效应和对非项目区结构调整的示范、辐射与带动作用。实行集中连片的规模开发和严格的项目管理模式，是农业综合开发的特点和优势。要在不同区域的项目区，结合当地的资源优势和区域优势，结合中低产田改造，建立一批能够体现和发挥区域特色、具有一定规模的结构调整示范基地项目，给予重点扶持，实现结构调整的基地化、项目化和规模化。经过几年的努力，使农业综合开发项目区成为结构调整的实验示范区，成为带动周边非项目区进行结构调整的样板示范区。五要重视项目区农产品政策信息服务体系建设，为千家万户农民围绕千变万化的市场需求，有效地组织农业生产创造条件。

四、农业综合开发应当致力于保护和改善生态环境

改善生态环境，是摆在我们面前的一项十分艰巨而紧迫的任务。人类的一切经济活动都必须符合自然规律。人类的一切开发活动都必须保护生态环境。因为资源环境问题影响到人们的生存质量和民族的发展前途，关系到农业的可持续发展。温家宝副总理在农业综合开发第三次联席会议上特别强调指出：农业综合开发不仅要注意保护生态环境，还要为生态环境的建设和良性循环做出应有的贡献。这既是对新阶段农业综合开发工作提出的新任务，更是对农业综合开发寄予的希望。各级农业综合开发工作管理部门要根据这一要求，认真研究制定切实可行的规划和政策，突出重点，分步实施，争取尽快取得阶段性成果，为再造山川秀美的吉林大地做出积极贡献。

改善生态环境，要做到三个结合，即保护和开发利用相结合、工程措施和生物措施相结合、经济、生态效益和社会效益相结合。

当前要认真抓好四方面工作。①要停止新的开荒，保护天然的森林、草场、湿地。②要重点支持西部生态脆弱地区环境建设和东部长白山资源的保护及合理开发利用。③加强农田生态体系建设，为高标准的农田提供高标准的生态屏障。对需要退耕还林（牧、草）的项目区，要与中低产田改造工作同时进行，防止退耕出现反复。④继续调整投资结构，逐步加大对生态建设的投入。

五、农业综合开发要积极推进农业科技进步

农业的根本出路在科技进步。现在国际间农业竞争，也主要是科技的竞争。科技水平决定着未来农产品市场的份额和农业发展的前景，决定着农民收入的增减，决定着农业、农村经济结构调整的质量和效果。面对世界科学技术日新月异、突飞猛进的形势，我们必须走用现代科技推动农业发展的道路。现在农业发展中的科技贡献率还不高，农业综合开发虽在依靠科技进步方面取得了一定成绩，但还有很大潜力。由于我国人均农业资源相对短缺，为满足庞大人口对农产品数量和质量日益增长的需求，根本出路在于依靠科技进步和提高劳动者素质，加快农业由粗放式增长向集约式增长转变。加快推进农业科技革命，改变农业科技的落后状况，提高现代科学技术对农业发展的贡献率，是农业发展面临的一项重大课题，也是新阶段农业综合开发的一项重要任务。农业综合开发工作管理部门要总结按项目管理的成功经验，制定加快农业科技进步的政策、制度和措施，使农业综合开发在新的农业科技革命中走在前面，发挥积极的带头和示范作用。

第一，配合科研体制和科技成果推广体制改革，探索建立与农业高校和科研单位联合搞开发的长期机制和有效途径，创新生产力的配置机制，使开发项目区成为农业科技人员从事科学研究的主战场。

第二，与建立优质农产品基地相结合，建立农业科技示范与推广基地，作为科研成果转化和农科教结合的一个重要突破口，大力推广农民能够学得上、摸得着、看得见、用得好的农业实用科学技术。吸引科技人员到项目区创办科技实体。努力使开发项目区域成为推广实用技术和实现高新技术产业化的“领头羊”。

第三，进一步提高用于农业科技投入的比例。要进一步优化资金投向，改变过去用于常规农业基

本建设项目投入较多、体现技术进步和直接用于农业技术推广的资金投入很少的状况，将实用农业技术和高新农业技术示范紧密结合起来，提高开发项目的技术含量。

第四，改善农业生产者接受教育、培训的机会和获取新信息的渠道。农民是农业综合开发的主体，农民素质高低，对于项目能否发挥最大效益具有决定性影响。要通过多种途径和方式，努力改善农民接受知识、技能、经验和信息的外部条件，进一步提高农民的科技文化素质。

六、农业综合开发要通过深化改革创新机制

实施农业综合开发 12 年来，我们已经积累了不少有益经验，在资金形成机制上实行“国家引导、配套投入、民办公助、滚动开发”；在立项选项原则上实行以效益定项目、以项目定投资；在开发模式上，实行区域化布局、企业化管理、规模化经营、社会化服务、产业化运作；在综合效益机制上坚持依靠科技进步，加强科学管理，优化组合生产要素，提高开发的乘数效应等等。在新形势下，认真总结、推广这些做法和经验，并结合新的环境和条件，探索新的“综合”优势，对于推动我国农业由传统农业向现代农业的转变进程，将产生积极而重要的作用。今后，要着力在以下几个方面下功夫：

第一，加强项目管理。农业综合开发项目管理，是农业综合开发部门从事的主要日常工作。农业综合开发项目从选项、论证、审批到实施、检查、验收，有许多管理工作要做，必须培养一批擅长项目管理的专门人才，学习和借鉴国内外的一些成功经验和做法。要以项目管理为核心，提高整个农业综合开发的管理水平。项目管理的中心环节是项目实施过程中的管理，可以采用项目法人制、招投标制、项目监理制等行之有效的方式，确保项目的顺利实施和成功。采用先进科学的管理方式和方法，是提高农业综合开发工作水平和质量的客观要求。这方面，近几年来吉林省农业综合开发办公室做了一些工作，并取得了明显成效。在此基础上，要进一步大胆探索，不断完善和提高。

第二，强化资金管理。从目前看，农业综合开发资金管理是好的，但要防患于未然，注意加强管理。要提高农业开发项目的资金到位率。有偿使用资金按规定需要回收的，必须按期回收，以体现政策的严肃性。农业综合开发系统要对资金使用情况进行经常性的检查和审计，发现问题及时纠正。

第三，重视制度建设。努力使农业综合开发走上规范化、标准化、制度化和法制化轨道。一切管理工作都要落实到制度上，该修订的制度要抓紧修订，需要新出台的制度要抓紧制定。制度的修订和制定要经过调查研究，广泛听取地方和部门的意见，从而使制度的形成建立在科学民主、切实可行的基础上。

（作者现任吉林省副省长）

搞好农业综合开发
加快建设农业强省步伐

庞道沐

湖南省农业综合开发首先是在湘南三市进行的。从 1989 年至今，开发范围逐步扩大，目前已涉及 14

个市（州），项目县（市、区、场）数达74个。十年开发取得了丰硕的成果。至1998年底，全省共完成中低产田改造面积968.4万亩，项目区新增的生产能力为：粮食23.9亿公斤，棉花42万担，油类1.7亿公斤，肉类4.5亿公斤，糖料8.9万吨。项目区农民年人均纯收入比非项目区高460元，加快了农村小康建设的步伐。

回顾十年来湖南省农业综合开发工作，可以总结以下几条基本经验：

——坚持政府行为是做好农业综合开发工作的根本保证。十年来，全省各级党委、政府把农业综合开发纳入了农业和农村工作的重要议事日程，做到了“四个到位”：一是领导力度到位。在组织实施项目建设中，各项目市县都成立了党政领导挂帅的农业综合开发领导小组，明确了办事机构，项目区大都成立了工程建设指挥部，由县市党政领导担任指挥长。二是目标管理到位。为了明确责任，任务到人，各项目县市普遍推行了目标管理责任制，层层落实责任状，定投资、定任务、定质量、定时间、定奖罚，实行县级领导负责项目区，乡（镇）领导负责重点工程，开发办人员负责工程技术指导和质量监督的办法。三是解决问题到位。各项目县市和项目区乡镇党委、政府负责人对农业综合开发的重大事项，总是专门研究，及时解决，为开发工作开绿灯，同时，经常深入项目工地现场办公，协调矛盾，理顺关系，解决实际问题。四是宣传发动到位。十年来特别是第三期开发以来，全省加大了农业综合开发的宣传力度，充分利用报刊、广播、电视等新闻媒体，采用宣传车、刷写宣传标语、印刷宣传资料、摄制专题片和专题节目等形式，宣传农业综合开发的新政策、新要求、新特点、新动态和好典型、好经验。通过宣传发动，使农民群众和社会各界支持开发、参与开发、拥护开发，使全省上下形成了农业综合开发的良好氛围。

——农民群众积极参与是完成项目任务的基本前提。农业综合开发既是政府的事，又是农民群众自己的事，因此，只有农民群众自觉自愿参与开发，才能把项目建设好。十年来，各地把引导农民积极投资投劳作为开发工作的一件大事来抓，采取宣讲政策、召开座谈会、宣传开发成果等形式，激发农民的开发热情。十年来，全省项目区农民群众累计投入劳动工日3.9亿个，自筹资金9.1亿元，农民群众的主体作用得到了较好的发挥。

——突出开发重点是农业综合开发必须遵循的一条重要原则。农业综合开发的重点是改善农业生产基本条件。十年来，我们坚定不移地突出了这个重点，并把它贯穿于工作的始终。首先，我们把“改田、增产、增收”作为农业综合开发的基本任务和工作目标，把改造中低产田作为主战场。其次，在项目区的选择上，把中低产田改造潜力大、水土资源条件好、主要农产品增加多作为申报立项的先决条件。

——认真评估、择优立项、规模开发、综合治理是项目管理工作的关键。项目效益好不好，关键在于立项准不准。十年来，各地十分重视项目的评估论证和审查筛选。全省立项开发的项目区，都是在通过现场踏勘、实地规划、反复比较、认真评估的基础上申报立项的，确保了项目申报的规范化和计划的严肃性。开发农业与常规农业的最大区别有两点：一点是规模化；一点是综合性。从规模开发来看，十年来特别是第三期开发以来，强调了项目集中连片，平湖区中低产田改造要求连片治理在1万亩以上，山丘区在3 000亩以上。从综合治理来看，注意了水利、农业、林业和科技等多项治理措施的综合配套。目前，湖南省已建成的项目区，在治理措施上，没有一个是单一的，都不同程度地体现了“综合”开发的要求，体现了社会效益、经济效益和生态环境的结合。

——落实配套资金，严格县级报账是资金管理的重要工作。地方财政资金配套政策是农业综合开发的一项基本政策。十年来，湖南省各级政府和财政部门通过采取过硬措施，确保了配套资金及时足额到位。省财政从第三期开发以来，在配套压力逐年加重的情况下，配套比例由第一、二期的25%，逐步提高到了70%。市县财政也克服了重重困难，落实了配套资金。目前，在落实农业综合开发财政配套资金问题上，全省上下形成了共识。县级报账制度是农业综合开发资金管理的一项基本制度，是通过多年的摸索并加以归纳、总结、提高的一项资金管理制度。针对第一、二期开发资金管理欠规范、制度不健全的问题，通过反复调查研究，省农开办于 1997 年初下发了《湖南省农业综合开发资金县级报账制度》，经过三年的实践证明，这一制度对做好全省开发资金管理工作起了极其重要的作用。

——检查督促、验收评估是坚持建设标准、提高工程质量的有效手段。十年来，湖南省各级开发办的同志特别是工程技术人员，经常深入项目工地检查工程质量，掌握建设标准，督促工程进度，组织项目施工。近年来，引入了竞争机制，全省每年组织一次竣工项目验收，通过验收评比，对项目和资金管理工作做得好的给予项目奖励；对做得差的予以通报批评甚至调减投资规模。由于加强了检查督促和验收评比工作，使全省农业综合开发项目在建设标准和工程质量上年年上了一个台阶。

湖南省农业综合开发已经实施了十年，目前，正处于一个新的发展阶段。为了把握机遇，迎接挑战，再创辉煌，我们必须结合实际，认真分析和研究当前农业综合开发所处的经济环境：一是农产品总量由供给短缺到供需基本平衡，丰年有余，不少大宗农产品出现了供过于求，调整农业结构的任务显得越来越紧迫和繁重。二是由于受通货紧缩大环境的影响，加上农业自身素质方面的原因，农业生产受到了市场的严重约束，产品难卖，价格低迷。三是农业生态环境恶化，受自然灾害的威胁加剧，灾害频率高，灾损十分严重。四是农民生活由渴望温饱正在向小康迈进，生活质量和消费结构发生了显著变化。五是随着小城镇建设的发展和城乡一体化进程的加快，农业和农村经济与整个国民经济乃至世界经济发展的关联更加密切。针对上述情况，根据温家宝副总理在全国农业综合开发联席会议第二次会议上的讲话精神，农业综合开发必须及时调整指导思想，转变工作思路，以适应农村经济发展的新形势。今后湖南省农业综合开发在指导思想和工作思路上必须做到"一个坚持"，实现"两个转变"，加强"两项保障"，突出"四个重点"。

"一个坚持"是：坚持以改造中低产田为主要任务。改造中低产田是农业综合开发事业的初衷和归宿，是提高农业综合生产能力的重大措施，也是发展高产、优质、高效农业的基础，我们不能有任何动摇，不能因为目前粮食等一些大宗农产品出现了结构性供大于求，就误认为中低产田改造不要搞了。我们应当清醒地看到，当前粮食等一部分农产品出现相对过剩，不是生产能力出现了过剩，而是农产品质量较差且结构不合理造成的。如果我们不对现有的中低产田加以改造，随着人口的增加和生态环境变化，全省农业和农村经济发展目标就难以实现，甚至连粮食自求平衡都难以做到。

"两个转变"是：由以改造中低产田和开垦宜农荒地相结合，转到以改造中低产田为主，尽量少开荒甚至不开荒，把提高农业综合生产能力与保护生态环境结合起来；由以增加农产品产量为主，转到积极调整结构，依靠科技进步，发展高产、优质、高效农业上来。

第一个转变的核心问题是在改造中低产田、提高农业综合生产能力的同时，特别注意保护好生态环境。保护生态环境是新形势下党和政府赋予农业综合开发的一项重要任务。温家宝副总理在全国农业综合开发第二次联席会议上指出，必须始终把提高农业综合生产能力和改善生态环境作为农业综合开发的重要任务，要深刻认识保护和改善环境的重要意义，这是今后我们做好这项工作的重要思想基础。从湖南省的情况看，人多地少，生态环境受到破坏，水土流失严重，自然灾害频繁发生。因此，在组织实施农业综合开发中，保护和改善生态环境显得尤为重要。今后项目建设时要尽量消除对环境的负面影响，决不能以破坏生态环境为代价来搞开发，必须以保护和改善生态环境为前提，走农业可持续发展的道路，要给我们的子孙后代留下青山绿水，秀美山川。在今后的农业综合开发中，各级开发办在项目评估论证时，要充分考虑生态环境的保护和改善问题，凡不利于保护和改善生态环境的项目不得立项。今后一个时期原则上不安排开垦宜农荒地项目。要逐步增加生态农业项目的立项，增加用于生态农业方面的投资。

第二个转变的核心问题是实现农业综合开发由

过去的“数量型”转到“质量型”和“效益型”上来。湖南省是个农业大省，目前，有10多种主要农产品产量位居全国前列。虽然数量多，产量高，但质量较差，效益较低。造成这一状况的原因是：结构不合理、科技含量不高、市场开拓不够。因此，今后，我们要大力发展“两高一优”农业，在组织实施项目建设中，着力调整产品产业结构，提高农业科技含量，按照“订单”农业的思路和观念，盯住市场，建设基地，围绕市场需要来组织农业资源的开发。这样，才能在激烈的市场竞争中立于不败之地。在此，我们明确一条，今后省里评估一个项目区建设的水平，评价一个地方农业综合开发工作取得的成绩，确定一个地区农业综合开发投资规模的大小，不仅仅只看旱能灌、涝能排、渠相连、路相通，更重要的是看农业结构是否合理，项目区科技含量高不高，生态环境好不好，农产品的质量怎么样，农民的收入水平是否上去了，项目建设对财源培植和财政增收是否产生了积极影响等，一句话，就是要把效益放在首位。

“两项保障”是：加快农业科技进步，加强科学管理。农业综合开发工作要上新台阶，开发项目要取得高效益，项目区建设要上新水平，关键是要依靠科技进步和科学管理。过去，湖南省农业综合开发在组织实施科技推广项目中做了不少的工作，先后示范推广了水稻软盘抛秧、地膜玉米、测土配方施肥、旱土分箱栽培三熟制、水果换冠嫁接、病虫害综合防治、生猪品改、特种水产繁育和养殖、节水灌溉、工程预制购件的生产和安装等大量先进实用的农业技术。通过这些项目的实施，使项目科技的先进性、实用性、普及率和覆盖面都比第一、二期开发有较大的提高。但是，我们应当看到，湖南省农业综合开发项目区的整体科技含量还较低，农民科技兴农的意识还不强，开发工作的科学管理水平还不高。因此，今后要逐步增加农业科技投入，在组织项目建设时，积极推广先进适用的农业技术，加强对农民的培训，提高农民的科技素质。同时，要进一步加强农业综合开发自身工作的科学管理，做好项目建设的中长期计划，建立项目库，搞好项目的评估筛选和规划设计。

“四个重点”是：建设优质粮食生产基地、建设优质饲料粮生产基地、发展节水灌溉、实施“坡改梯”。突出“四个重点”，这是转变指导思想，调整工作思路的具体体现和主要措施，是农业综合开发发展进程中的一次重大突破，标志着农业综合开发在继续坚持改造中低产田的同时，要介入粮食生产结构调整，引导农业内部结构向深层次转化，表明今后农业综合开发的范围拓宽了，任务更重了，生命力更强了。从湖南省的情况看，过去，我们也强调了以“改善农业生产条件和改造中低产田”为重点，现在看来还不够，在具体工作指导上，还必须从调整农业内部结构，发展“两高一优”农业上多做文章。从近期来看，湖南省主要有两个重点：一是建设大型优质粮食生产基地。湖南省是全国产粮大省，1998年粮食总产量达到了563亿斤，1999年预计又是丰收年。湖南省虽然产粮多，但优质稻所占比重不高，米质较差，粮食主产区的农业基础设施比较脆弱，所以，我们要借助农业综合开发，适当集中一部分资金在现有粮食主产区，有计划、有步骤地在条件具备的市县建立优质粮食生产基地，把粮食“包袱”转化为发展优势，形成新的经济增长点。二是发展节水灌溉，从总体来看，湖南省的水资源比较充足，但分布不均，浪费严重，北涝南旱是农业生产的突出问题。因此，发展节水农业是非常必要的，也是农业综合开发的一大任务。从今年起，我们要有选择地在湖南和洞庭湖项目区的一些项目县（市）发展节水农业，使水资源得到充分利用，变水患为水利。同时，对已经批准实施“坡改梯”的项目区，要积极加以指导，不断总结经验，适时加以推广。

（作者原系湖南省副省长）

建一流工程　树一流形象　创一流效益　促进重庆市农业综合开发再上新台阶

陈光国

重庆市农业综合开发始于1990年。特别是重庆直辖后，国家农业综合开发办公室加大了对重庆的扶持力度。市委、市政府针对重庆特殊的基本市情，确立了“加快发展，富民为本”的战略主题，进一步加强了对农业综合开发工作的领导，增加了投入，使农业综合开发取得了显著成效。到1998年3月止，全市农业综合开发累计投入资金8.38亿元，群众投工投劳1.7亿个，改造中低产田土385.6万亩，治理水土流失面积7 200平方公里，营造农田防护林633万亩。据统计，9年的农业综合开发，实现粮食新增生产能力3.03亿公斤，项目区农民年人均纯收入比非项目区高260元。

重庆市农业综合开发的成功实践，有力地证明了党中央、国务院关于农业综合开发的指导思想、基本方针是完全正确的。实施农业综合开发，不仅改善了农业生产条件，提高了综合生产能力，增加了农产品的有效供给，而且为推进农业和农村经济两个根本性转变，加快农业现代化进程起到了很好的示范和带动作用，同时还为重庆市今后农业综合开发积累了宝贵经验。

第一，各级领导高度重视，是农业综合开发取得成功的根本保证。直辖市成立后，市委、市政府非常重视农业综合开发工作机构的建设，扭转了临时性机构与长久性事业不相适应的状况。1998年3月，在市级机构设置和人员编制十分紧张的情况下，市政府批准了市农业综合开发办公室的“三定”方案，明确市农发办为市政府主管全市农业综合开发工作的职能部门，纳入市政府直属工作机构序列，内设4个职能处，定编25人，并相应加强了领导力量和充实了中层骨干队伍。与此同时，大多数项目区县（市）也相继组建了专业工作机构，配备了强有力的领导班子。目前，全市农业综合开发已基本形成了党委、政府亲自抓，人大、政协协助抓，开发机构专门抓，有关部门配合抓，农民群众和社会各方积极参与的新格局。

第二，坚持因地制宜，搞好规划设计，是实施农业综合开发的重要前提。重庆市农业综合开发基本做到了在规划设计上既照顾当前，更注重长远，许多工程起点高、视野广、规模大，而且具有相当的科技含量。如梁平千担坝、垫江李白大坝、南川铁村大坝、永川何埂、大足化龙区的低产田改造和云阳红狮、巫溪水浪沟、彭水保家、武隆中嘴等地的坡瘠地改造工程，在选址、规划设计上都给人以气势恢宏、波澜壮阔之感，令人耳目一新。

第三，坚持项目标准，严格工程质量，是搞好农业综合开发的中心环节。各级政府及农发办在项目一开始，就自始至终把项目的标准和质量作为关键环节来抓，及时提出了所有农业综合开发工程要围绕“建一流工程、树一流形象、创一流效益”的15字方针进行实施。并根据国家农业综合开发办的要求，先后制定了《重庆市农业综合开发项目验收办法（试行）》等4个规范性文件。在项目实施期间，各级领导与农发办的同志多次深入到施工现场，对工程设计、进展、标准、质量等进行指导，对不符合质量标准的及时提出整改意见。与此同时，还邀请在渝的全国人大代表、政协委员视察农业综合开发项目，倾听他们对农业综合开发的意见和建议。由于层层把关较严，在开展的检查验收

中，绝大多数工程达到了国家和市里规定的质量标准。

第四，依靠科技进步，调整和优化农业产业结构，是农业综合开发取得效益的关键举措。对农业综合开发之后做什么，一直是市和区县（市）探索的重要课题，许多区县（市）把农业综合开发不只看作是改田改土，而是把它作为一次产业结构调整的大好时机。一是坚持依靠科技进步，把农业综合开发与调整结构结合起来。如长寿、垫江、梁平县的10万亩柚子基地建设，大足的低产田综合开发利用，永川的百里水果长廊，铜梁六赢山，北碚缙云山优质锦橙基地，璧山、綦江的伏淡季水果基地，江津的花椒基地及巴南区的特种水产、羊业开发，黔江各县的烤烟基地建设等，就是大力调整产业结构的例证。二是大抓开发应用模式的研究、推广。市农业综合开发办与市科委、西南农大联合完成了《重庆市中低产田深度开发模式研究》和《重庆市丘陵坡瘠地按类治理及开发技术优化途径研究》两个课题，探索出了具有重庆特色的20多种开发模式。如永川中低产田改造后，采用稻—稻—菜、稻—鱼模式，使改后的5 000亩粮田实现“216”目标，即每亩收入2 000元、产粮800公斤，比改造前每亩增粮300公斤，增收1 000元。

第五，推进农业产业化，是农业综合开发发挥先导作用的集中体现。随着农业综合开发水平的不断提高，项目区在推进产业化方面作了许多有益的探索，重点建了如优质水果、蔬菜、畜禽、药材、水产品等一大批农副产品基地。这些基地集中连片，具有相当规模，为实施农业产业化奠定了坚实的基础，为农业产业化发展提供了广阔空间。

搞好农业综合开发工作，既是发展农村经济自身的需要，又是繁荣城市、富裕农村的需要。重庆农业综合开发要上新的台阶，难度要比发达地区大得多。一是立地条件差，丘陵和山地多，中低产田土比重大。二是一些地方农业和农村经济至今还未摆脱自给半自给、封闭半封闭状态，生产手段落后，粗放经营比较普遍。三是扶贫任务艰巨，经济基础薄弱，投入严重不足。因此，要在这样的基础和条件上改变农村的面貌，缩小与发达地区的差距，我们必须增强紧迫感和责任感，必须以更加扎实的工作，确保农业综合开发有一个超常的发展速度，取得新的突破，迈上新台阶。

搞好农业综合开发工作，必须坚持“改田改土增产增收”的农业综合开发宗旨，按照“建一流工程、树一流形象、创一流效益”的标准，增大科技含量，优化产业结构，加强招商引资，推进农业产业化，努力实现传统农业向现代农业转变，促进农业综合开发上新的台阶。

1. 按照“建一流工程，树一流形象，创一流效益”的标准，切实抓好农业综合开发工作。所谓“建一流工程”，就是要求建设标准高，工程质量好，能经得起时间的检验和考验；所谓“树一流形象”，就是要求规划设计科学合理，建成的项目具有示范性、带动性和超前性，能代表本地区农业的先进水平与形象；所谓“创一流效益”，就是要求具有经济、社会和生态效益，尤其是项目区老百姓在收入上有明显提高。这三者共同构成了相互联系的有机统一体，缺一不可。

2. 坚持“七立七不立”原则，科学规划，精心设计。在规划、选址上应遵循以下七条原则，也叫“七立七不立”原则：①项目区是否集中连片，低产田改造面积必须在1万亩以上，坡瘠地改造面积必须在3 000亩以上。②水资源条件是否具备，要求能排能灌。③影响农业生产的障碍是否掌握，通过治理必须排除。④群众积极性是否得到充分发挥，参与投资投劳的热情必须具备。⑤区县（市）领导和乡镇村领导对项目是否重视，是否设立了专门工作机构，配备了专职工作人员，配套资金必须落实到位。⑥综合开发效益是否明显，中低产田改造后亩增粮食必须达到150公斤以上，坡瘠地改造后亩增粮食必须达到200公斤以上，项目区农民人均纯收入比非项目区要高200—300元。⑦上一年的开发项目是否验收合格。以上七条，凡有一条不符合条件的，一律不予立项，实行严格的“一票否决”制。

3. 坚持建设标准，严格工程质量。农业综合开发各项工程建设标准的高低、质量的好坏，直接影响农业综合开发的形象和经济效益的发挥。为确保农业综合开发的建设标准和工程质量，一是区县（市）政府在组织专业技术人员搞项目设计时，严格执行国家和市开发办规定的设计标准，按质按量进行工程设计。二是项目区从立项、勘测、设计、施工统一由市和区县（市）开发办负责管理，工程确立后，要在一定范围内公开招标，实行竞争承包。三是对工程建设进行分段验收，尤其是那些比较隐蔽的工程，要有各段施工记录，前段未验收的不得进入下段工程施工。四是坚持严格的验收制度，每项工程竣工后，市和区县（市）都要组织有关专业技术人员按照设计要求进行严格检查验收，达不到要求的，一律重新返工，确保工程质量万无一失。

4. 项目区要坚持依靠科技进步，大胆进行产业结构调整。农业综合开发上台阶、上水平，关键在于科技。项目区经过开发以后，种什么才能发挥最佳效益，必须依靠科技进步和科技含量的提高。农业综合开发项目区应当在调整结构中起到率先和示范作用，把产业结构的调整和科技成果的应用作为中心环节来抓。结合重庆市的实际，我们认为在调整产业结构中应注意规模要调大；档次要调高；市场要调外；区域要调专；品种要调优；产业要调新；机制要调活；效益要调好。

5. 积极推进农业产业化。重庆市几年来的农业综合开发，为全市实施产业化奠定了相当的基础，而且在一些区县（市）的项目区，已经形成了有相当规模、科技含量高、市场前景广的农业产业化基地，也发展了不少龙头企业。现在的关键是要加大力度，完善政策，促其上规模、上水平、上档次，真正形成一大批集种养加专业的大户、专业村、专业乡镇，甚至专业区县（市）。这个重任，农业综合开发起着不可替代的作用。今后农业综合开发，一是要坚持不懈地抓好土地治理，奠定农业产业化的基础。二是要加大支持和发展一批高起点的各种龙头企业，优先扶持从事名、特、优、新农产品加工经营的龙头骨干企业。三是要因地制宜地确定主导产业，发展具有区域特色的各种专业化、规模化农产品商品基地，以基地建市场，以基地闯市场，以市场促发展，以市场活一方经济，富一方群众。四是各级农发办要解放思想，主动投身于农业产业化与经营的主战场，为全面推进农业产业化做出新的贡献。

6. 加大农业综合开发招商引资力度，建立多渠道开发机制。重庆市农业综合开发的任务相当繁重。据测算，需要改造的中低产田土达 1 700 万亩左右。若按照现在的速度，约需要近半个世纪才能完成改造任务。因此，除争取国家投入、发动群众踊跃投劳投资外，要千方百计加大招商引资力度。一是要抓住一些外商和国内、市内企事业单位对农业开发产生浓厚兴趣这一有利时机，积极推出一批农业开发项目供他们选择。二是利用重庆市的资源优势，扩大农业利用外资的规模，积极争取国际金融组织贷款和外商投资，用于农业基础设施建设和农业综合开发。三是制定优惠政策，吸引和激励企事业单位、科技人员、专业大户、个体私营业主到农村以承包、租赁、合资、入股等形式，形成多元化、多业主搞开发的新机制。

7. 严格资金管理，提高农业综合开发资金的使用效益。一是各级政府要进一步抓好项目资金管理，将农业开发资金纳入规范化管理轨道，坚持按照项目资金使用范围拨款，确保资金投入效果。二是确保地方配套资金及时足额到位。三是加强项目资金的财务会计核算工作，建立专账，专人专管。四是每年由各级财政和审计部门对农业综合开发资金拨付和使用情况进行专项审计监督。

8. 切实加强对农业综合开发项目工程的建后管护工作。农业综合开发项目工程是国家花费大量财力、农民群众大量投资投劳兴建起来的工程，项目区应当十分珍惜和倍加爱护。各级政府必须把工程管护与工程建设放到同等重要位置。在管护工作上，一是层层制定管护制度，建立严格的责任制。二是按照谁受益，谁管护的原则，与受益户签订责任书，明确义务。三是以承包经营、租赁经营、拍卖使用权等方式进行管护，以工程养工程。四是坚持开展常年工程管护检查，把工程管护纳入各级政府的目标责任考核，与奖惩挂钩。

9. 加强对农业综合开发的领导，为农业综合开发上新台阶提供强有力的组织保障。加强对农业综合开发的领导，解决好有人办事的问题，真

正把农发办建成直属政府的独立机构，定编定员的常设机构，有统筹协调能力的办事机构，是农业综合开发长久性事业发展和承担跨世纪战略任务的需要。因此，把农业综合开发列入各级政府的重要议事日程，把它作为各地一项富民强县、新的经济增长点来抓，是各级政府义不容辞的责任。同时，农业综合开发是政府行为，需要有关部门积极配合，为农业综合开发"同炒一盘菜"，同心协力打好总体战。农业综合开发办要加强自身建设，努力提高政策业务素质的整体水平，力争达到建设一支政治上强、业务上精、作风上硬、精干、高效的农业综合开发队伍，以适应农业综合开发上新台阶的需要。

（作者现任重庆市副市长）

如何把农业综合开发推到一个新的水平

周清泉

如何把农业综合开发提高一步、深入一步，把它推到一个新的水平，提高到一个新的阶段，这里主要谈六个方面的意见。

1. 要把农业综合开发提高到一个新水平，除了我们本身的工作要做好以外，首先很重要的一条就是要加强对农业综合开发工作的宣传报道。舆论工作是很重要的，人们不了解农业综合开发是什么东西，就不会关心和支持这项工作。农业综合开发是一项新的事业，应该说也是改革的产物，虽然我们经过几年的开发，取得了显著的效益，但是了解我们这项工作的人并不是很多。虽然去年我们成功地举办了全国农业综合开发成果展览，影响比较大，但总的来说，我们的宣传工作做得还很不够，还需进一步加强。另外，经过几年的开发以后，现在搞宣传已经有了一定的基础，如果原来我们的工作还没有开展起来，就说综合开发如何如何好，你说得再多，别人也不会信服。现在不同了，我们有了成绩，就可以讲了，当然我们在讲的过程中，一定要有分寸，实事求是，不能吹牛皮，宁愿做十分讲八分，不能做八分讲十分。把我们农业综合开发的成绩、地位和作用给大家讲清楚，这样就可以得到各级领导、社会各界方方面面的人对农业综合开发工作的关心和支持，我们的工作也就可以搞得更好一点。在宣传工作中，首先对广大群众要讲清楚，农业综合开发是一项利国利民、造福子孙的伟大事业，对国家对农民都很有利。其次是对各级领导更要讲清楚农业综合开发在我国农业发展中的地位和作用，讲清楚农业综合开发是发展我国农业的一条好路子。它对于我国农业的发展，现在正在起着，将来也还将起着很重要的作用，有着很重要的地位。关于这个地位和作用主要有七点。

(1) 农业综合开发是解决农产品供需矛盾的一条重要途径。几年来的实践已经证明，通过改造中低产田，农产品单产大幅度提高，农产品的总量自然也随着增加了。

(2) 农业综合开发为达到2000年农业增产目标起着举足轻重的作用。为什么这么说呢？许多省的实践已经证明，前几年的农业增产部分中，农业综合开发项目区增产的数量占有相当大的比重，如山东、黑龙江、河北等省都是这样，这在开幕时的材料中已经讲了。河南省算了一笔账，到2000年，为满足人口增长、人民生活改善和其他方面的需要，粮食总产量在现在的基础上要增加45亿公斤。据推算，在增加的45亿公斤粮食中，农业综合开发项目区可承担30亿公斤的任务，即占到3/4。当然这是推算，但是这个推算不是没有根据的，从前几年的实践看，只要搞好了，这个目标完全可以实现。

(3) 农业综合开发为我国农业的稳定发展打下了坚实的基础。农业综合开发的重点是改造中低产田、改善农业生产的基本条件。农业生产的基础设施搞好了，基本条件改善了，就可以长期发挥效益，也就为我国农业长期、稳定的发展打下了坚实、良好的基础。

(4) 农业综合开发对农民发展生产、对我国农业的发展起着样板和带动的作用。许多农业综合开发项目区实际上起着示范的作用，即农业生产要更好地发展，要登上一个新的台阶，就要实行山水田林路综合治理，坚持农林牧副渔全面发展，走农业综合开发的路子。

(5) 农业综合开发带动了农业和整个农村经济的发展。通过农业综合开发，把农产品开发出来，种植业发展了，养殖业发展了，加工业也相应发展了，也就带动了整个农村经济的发展。

(6) 通过农业综合开发，党群关系、干群关系得到了改善；农民的种田水平、干部的素质得到了提高。广大干部在农业综合开发中增长了才干、经受了锻炼。广大农民看到了我国农业的光明前景，更坚定了走社会主义道路的信心。因此，农业综合开发不仅在经济方面，而且在政治方面都有着重要的意义。另外，农业综合开发对农村经济体制的改革也起着积极的作用。例如，在农村双层经营体制的完善方面，在农业综合开发中，为农业服务体系中的农技站、农机站等添置了许多农业机械和仪器设备，大大增强了它们的服务手段。

(7) 农业综合开发为项目区的农民奔小康，为将来实现农业现代化创造了很好的条件。大家在讨论中都反复地讲到了这一点，这里不再重复。

总的来讲，农业综合开发在我国农业和农村经济发展中的地位和作用不可低估，我们一定要加强宣传报道工作，让大家更多地了解、关心和支持我们的工作，从而使我们的工作迈向更高阶段。

2. 农业综合开发要走高产、优质、高效的道路。党中央根据形势的变化，适时地提出我国要搞高产、优质、高效农业，这是非常正确的，这条路是完全对的。可以说，提出高产、优质、高效农业这个问题是我们在发展农业方面，在新的形势下认识上的一个飞跃。这主要体现在以下几点。第一，高产、优质、高效把数量和质量、吃饱和吃好、穿暖和穿好以及增产和增收等问题统一起来了。随着经济的发展，人民生活水平日益提高，一部分人已开始由温饱型向小康型过渡，他们不仅需要吃饱，还要吃好；不仅需要穿暖，还要穿好；农民不仅需要增产，还需要增收。这些问题只有在高产、优质、高效这个旗帜下，才能得以解决。第二，发展高产、优质、高效农业是全国人民奔小康的需要。中央已经明确指出，没有农民的小康，就没有全国人民的小康。而农民奔小康的一个重要条件，就是收入要有相当大的增加，生产、生活条件得到明显的改善，而这些只有发展高产、优质、高效农业才能得以实现。第三，发展高产、优质、高效农业是我国农村剩余劳动力找到出路的需要。第四，发展高产、优质、高效农业也是缩小工农差别和城乡差别的需要。虽然从目前讲，有时工农差别、城乡差别还在拉大，但是通过发展高产、优质、高效农业，随着农民收入的增加，这个差别会逐步缩小。

所以说，发展高产、优质、高效农业是我国农业发展到一定的水平或者说是我国商品经济发展的必然结果。另外，发展高产、优质、高效农业也是解决卖粮难的一条途径，卖粮难的问题主要是低质的农产品卖难，优质的农产品还是很畅销的。农业综合开发与高产、优质、高效农业是完全一致的，我们一开始就是本着这个精神办的，只是那时候我们没有提得那么明确。例如农业综合开发中的改造中低产田、改善农业生产条件就是为了能够提高单位面积产量，增加农产品的总量；推广良种是为了既要做到高产，也要做到优质。应当承认，我们过去对优良品种的作用从产量方面考虑得多一点，从质量方面考虑得不够，如以前推广的杂优稻，就是产量高，而米质并不太好。今后，我们在选择、推广优良品种时就不仅要考虑产量，也要考虑质量。再说效益问题，在农业综合开发中，一贯强调质量

第一、效益第一，选择那些投资少、见效快、效益好的项目来搞，为的也是要达到高效。农业综合开发一开始提出的一些原则或出发点，都是符合高产、优质、高效这个要求的，今后，还要很好地沿着这个路子走下去。那么，在农业综合开发中，如何更好地做到高产、优质、高效呢？下面谈几点看法。

（1）要改造中低产田，改善农业生产的基本条件。这是农业综合开发中，搞高产、优质、高效最重要的一条，也是最根本的一条。改造中低产田，不但现在不能动摇，并且在相当长的时期都不能动摇。为什么呢？因为改造中低产田，改善农业生产的基本条件是发展高产、优质、高效农业的基础。如果生产条件很差，水利上不能做到能灌能排、旱涝保收，农业方面土地肥力很低，高产就达不到；如果没有较好的水利条件，没有一定的土地肥力，没有农田林网的保护，那么优质品种种下去也长不好，更不用说产出优质的产品来。退一步讲，即使将来粮食、棉花多了，不再需要种那么多粮食和棉花了，但是由于生产条件得到了改善，可以改种其他的东西，如烟叶、茶叶、水果等等。但是目前，改造中低产田、改善农业生产条件主要是为搞粮、棉、油。

从目前来看，改造中低产田的任务很艰巨，我国中低产田的比重相当大。现在全国的耕地大约有20亿亩，其中百分之七八十是中低产田，算下来有十五六亿亩，现在虽然改造了一批，但比例不大。我们第一期立项开发的，三年大概改造中低产田8 000万亩，只相当于十五六亿亩的1/20，如果将来步伐不加快，投资额不加大的话，按目前的进度，需要60年的时间才能改造完，所以现在千万不能忽视中低产田改造，要充分认识到其长期性。从另一个方面看，许多地区的中低产田改造标准很低，改造一亩才花百八十元钱，当然这与我们的资金不足有关。所以对改造中低产田要有足够的重视，搞高产、优质、高效农业非抓住这一条不可。

（2）要大力培育和推广良种，推广新的科学技术。今后推广优良品种，不仅要选那些产量高的，而且还要选那些质量好的。对新的科学技术，更要普遍推广、应用。邓小平同志指出科学技术是第一生产力，实践已充分证明了这一点。据有关部门提供的资料，在目前的增产部分中，科学技术的作用约占30%，如能像一些发达国家占到50%作用就更大了。在上月有关部门召开的高产、优质、高效农业座谈会上，北农大的校长讲了一些例子，我听了以后很开窍。他说现在的玉米品种含油率大约3%多一点，如果我们发展高油玉米，含油率可以达到8%到10%，含油率一下子可以提高两倍，其效益十分显著。所以在农业综合开发中，花点钱搞科技是很值得的。今后，在培育、推广良种、引进良种方面，在科技推广、试验、示范方面，要给科技人员创造一些条件，要采取一些优惠的政策，鼓励科技人员到开发项目区搞试验、示范，搞科技承包，这对农业综合开发工作，对提高开发效益是大有好处的。

（3）在开发项目区，要尽可能提高复种指数。提高复种指数就等于增加了播种面积，这很明显。我国现在的耕地面积是20亿亩，如果复种指数提高1%，就等于增加了2 000万亩的播种面积，就相应地增加了农产品的总量。所以复种指数的提高对农产品产量的增加，其作用是不可低估的。我曾去辽宁看了一些地方，原来那里按气候条件只能种一季或一季半，通过开发，水利条件改善了，开始搞玉米、小麦间作，耕作制度也改变了，粮食产量有了很大的提高。所以在农业综合开发中，一定要尽可能提高复种指数。

（4）在坚持重点搞粮棉油肉糖的前提下，要做到农林牧副渔全面发展，充分开发利用各方面的资源。当然目前由于资金有限，农业综合开发不可能是全方位的，我们的重点是搞粮棉油，但是，在开发项目区内，其他的资源，如林牧副渔等，都要充分利用起来，这样，农产品才能不仅做到数量多，而且做到品种多样化，既满足各方面的需要，又增加农民的收入。

（5）要种、养、加相结合，逐步走种养加贸工农相结合的路子。从目前来看，由于开发资金有限，在农业综合开发中，近期主要是搞生产性开发，主要搞粮棉油，以改造中低产田为主，将来随着客观条件的变化，开发的范围将逐步扩大，开发的重点也可能改变。田副总理曾指示，要逐步扩大农业综合开发的范围，我们考虑要逐步把农产品的加工业、养殖业，包括农产品的保鲜、储藏、销售等纳入农业综合开发的范围，这样农民不仅能增产，而且能增收。

（6）要选择那些投资少、见效快、效益好的项目先搞。在农产品开发中，还要注意节约、降低成本。降低成本是提高效益的另一方面，若成本很高，虽毛收入很多，也不会有好的效益，这一点一定要注意。

在农业综合开发中走高产、优质、高效农业的道路，要注意什么问题呢？

（1）改造中低产田的问题不能动摇，一定要坚持。

（2）搞粮棉油绝对不能放松。不能因为出现卖粮难，就不搞粮食了，这种苗头已经出现，要予以注意。当然，粮食要搞优质的，劣质的、卖不出去的不能再大力发展。卖粮难，农民有意见，但这只是暂时现象，有些问题将来是会逐步解决的。

（3）要讲求综合效益。农业综合开发当然要讲经济效益，但是不能只讲经济效益，还要考虑社会效益和生态效益。在开发中，不能搞那些短期行为，如毁林开荒、毁草开荒，以至造成水土流失，破坏生态平衡，造成环境污染等恶果。一定要考虑三个效益的有机统一。

（4）搞高产、优质、高效农业。从全国来讲，当前高产还是前提，一定要在稳定增加总产的前提下讲求优质，不能一讲优质，对总产量的增加就放松了。据有的同志讲，由于有些地方出现卖粮难，该省当年的粮食播种面积已经减少了50万亩。如果只强调优质，不注意总产量的增加，那么将来可能会走到另一个方面，就会出现新的问题。目前，优质农产品一般单产都比较低，如早稻、杂优稻产量较高，但质量却差一点，如果把它换成优质的品种，产量很可能就会降低。再如，我们现在提倡搞双季稻，若因早稻品质不好就不种了，那就等于减少了播种面积，总产量必然会降下来。这一点应注意到，并予以防止，要坚持在稳定增加总产量的前提下讲求优质。

（5）为了搞高产、优质、高效农业，在农业开发资金的投向上，可以有适当的倾斜。用于经济效益比较好的项目的资金，可以适当多一点，但要适度。有的同志认为，原来规定的用于搞粮棉油的资金，占总资金的比例不能低于80%。这个比例太高，要求降到60%或70%。为此我们算了一笔账，认为这个比例并不高，因为我们讲的80%，是指占农发基金的80%，而不是占整个开发资金的80%。农发基金与开发资金是两个不同的概念，具体地说，农发基金是指中央每年安排的16亿元和地方财政相应配套的16亿元，共32亿元；而开发资金不仅包括上述两部分资金，而且还包括农行贷款和其他资金，其总数为50多亿元。这样算下来，每年用于搞粮棉油的资金为25.6亿元，只占全部农业开发资金的一半左右。当然，前几年，农行贷款有一部分用在了改造中低产田，如打井、购买农机具等。但总的来说，这个比例并不高。至于将来究竟用多大比例的资金搞经济效益比较好的项目，等我们进一步研究，并向领导小组汇报再定。今天只能讲可以适当向经济效益比较好的项目倾斜，但不能过度，要以改造中低产田、增加粮棉油产量为重点。还要明确的一点是，搞直接经济效益较好的项目，主要用银行贷款。

3. 要把农业综合开发提高一步，要更多地筹集资金，要多方集资来搞开发。在这个方面许多地方创造了很好的经验，采取了一些优惠政策，多层次、多渠道、多种方式来筹集资金，包括中央的、地方的、社会的、集体的、群众的，还包括国外的。有的地方在搞补偿贸易，搞合资、合营。这些都很好，农业综合开发也可以考虑搞股份制，只要能把农产品开发出来就行，把资源开发出来就好，搞股份制有什么不可以，方式、方法可以多样化。为了筹集好开发资金，一定要认真建立农发基金制度，使开发资金有个稳定的来源。这里，提一下耕地占用税的征收问题。现在的开发资金，一大部分是从耕地占用税来的，但现在耕地占用税的征收情况并不太好，当然这与占用耕地减少有关系，这方

面的工作一定要加强。为了筹集好资金，地方配套资金还要加把劲，目前一些省一级财政拿出来的配套资金占整个配套资金的比例很大，如内蒙古占70%，河南占50%，而个别省却少得可怜，只占配套资金总额的10%或15%，这样就势必把任务压到地、市、县，县里再压到群众，一是加重了群众负担，二是配套资金很不落实。配套资金不落实，任务就很难完成或进度缓慢。另外，有些地方对国务院规定的农发基金的六项来源，只用其中的一项来搞配套，其他的都用于搞别的项目，我们也希望这些省马上改正过来，按照国务院的指示精神办。

说到资金，又涉及到有偿资金的回收问题。有的地方的有偿资金回收还很不落实，要认真抓好。有些地方把部分有偿资金提前回收，在还给中央以前，自己滚动使用，这是允许的，但一定要考虑农民能还款的时间和资金的使用范围。有些省提出地方配套资金可不可搞部分有偿使用，这个问题由省里自己定。我们认为，从农民目前的经济条件来看，地方配套资金都搞无偿的，对农民有好处，但是对资金的滚动使用不利。如果地方配套资金全部无偿，特别是县里全部都无偿放出去，将来一旦中央不在这个县立项了，它就没有资金继续搞开发，若能收回一部分，中央不立项以后，它仍可以用回收的资金搞开发。总之，地方配套资金是否有偿使用，有利有弊，最后还是由省里自己决定。

4. 为了提高农业综合开发的水平，开发建设的标准要逐步提高。正像有的同志讲的那样，我们要坚持高起点、高标准、高质量、高效益，这几个“高”是有机地联系在一起的，没有高标准，就不会有高质量，没有高质量也就不会有高效益。当然，现在资金有限，标准过高了也不行，但是决不能过低，我们要集中力量，建设一片，成效一片，宁愿少一点，但要好一点。许多同志提出我们的开发项目区要做到“八化”：第一，耕地园田化。这一点我们的开发项目区目前虽然没有全部做到，但大部分地方已经做到了，如田成方、林成网、路相通、沟渠纵横等等，园田化的格局已经出现。第二，耕作机械化。这一点平原地区容易做到，有的平原项目区已经做到了，丘陵、山区可能要受到一些限制。第三，种植区域化。即因地制宜，按自然条件种植。第四，品种优良化。这就要求开发项目区要全部采用优良品种，不仅产量要高，而且品质要好。第五，生产技术现代化。即利用先进的科学技术来搞生产。第六，服务系列化。即搞好社会化服务体系，搞好产前、产中、产后服务。第七，经营规模化。提倡搞适度规模经营，主要是指对新开发的资源，如荒山、荒地、荒滩等开发出来后，搞适度规模经营。对原来承包给农民的土地，不要强制农民再归大堆，否则农民就会说政策不稳，对安定民心不利。第八，管理科学化。即要按照科学的方法来管理。我们认为这“八化”的要求是很高的，一下子难以做到，但是作为奋斗目标是可以的，并且经过努力，也是可以逐步达到的。

5. 要提高农业综合开发工作的管理水平。对此讲如下几个方面。

(1) 对可供开发的资源要摸清底细。特别是县里到底有哪些资源可供开发，土地资源、水资源情况怎么样，林牧副渔资源情况怎么样，它们的开发潜力如何，都分布在哪些地方，最好能绘出图来。对哪些已开发，哪些还没开发，做到心中有数。各省开发办要建立项目库，即把各县一些好的项目储存起来，搞一些备用项目，到时候有实力搞了，就可以及时拿出好的项目。这样，我们的工作就好做了。

(2) 要搞一个中长期的开发规划。当然规划是与开发资金连在一起的，资金问题定不下来，规划就难以实现，规划搞得再好，没钱也只能是一纸空文。但我们可以搞一些大的设想，例如，这么多资源分几步来开发？哪一年开发什么？然后，根据资金力量届时再把规划具体化，付诸实施。各级开发办都应有一个粗线条的中长期规划。

(3) 要搞好立项前的准备工作，搞好调查研究。对开发项目区的资源情况、有利和不利的因素、开发措施是否合理等问题进行评估论证。现在各地也都搞了评估论证，但是很粗，都是公证式的论证，这与我们的要求存在着距离。我们讲的评估论证，就是要对一些具体的东西，如水资源方面，水源有没有保证，是地上水还是地下水，是打井还是自流灌溉等；再如改造措施是否可行，投入产出比是否合理，等等，做出详细而有根据的评估论证。评估论证一定要搞得细一点。

(4) 农业综合开发的各项工作，要逐步做到标准化、规范化、制度化。对于这项工作，国家开发办由于人少事多，过去一直忙不过来，做得很不够，今后要向这方面努力。标准化包括建设标准、投资标准，将来都要有比较详细而具体的规定。虽然说全国一个标准有困难，但起码要有一个粗线条的东西。另外，在资金管理、统计等方面现在都很薄弱，特别是统计工作，许多统计报表不健全，也没专人管这项工作，致使有时很被动，为了一个数字，费了很大功夫，有时还不准。这些都是基础工作，今后一定要抓紧。

(5) 建后的管理问题。有些地方已经注意做到了建管并重，但有些地方仍存在着重建轻管的问题。在讨论中，有的代表提出，一些项目建好后，到底是交给主管部门管，还是仍由开发办来管。他们担心，工程交出以后，现在不需要维修，主管部门把收回的钱用于干别的事情，等过了三五年，工程需要维修时，主管部门拿不出钱或以工程是开发办建也应由开发办维修为由，撒手不管。所以建议有些工程项目，由开发办自己建自己管。这个问题等我们进一步研究再定。但无论如何，建后的管理问题一定要注意。

6. 关于机构队伍建设的问题。农业综合开发是一个涉及到多部门多学科的系统工程。为了把农业综合开发搞好，就必须有一个强有力的领导和管理机构，必须有一支比较好的队伍。我们的机构还没有理顺，所谓没有理顺，有好几个含义，其中主要有两个，一个是常设机构、还是非常设机构的问题。全国上下的开发办现在大多数是非常设机构，或叫临时机构，这是与开发任务的长期性相矛盾的。这个问题现在要理顺，还存在着困难，只能靠我们逐步努力。目前由国家统一来解决不可能，关键在于省和地、市、县怎么定。现在有的省、县已经是正式机构了，如江苏、河北等省。另外，重庆市各县的开发办都是正局级单位。所以事在人为，这件事现在还是由各级政府来定，当然各级开发办都应积极向当地政府反映这一情况，力争早日解决。另一个没理顺，是说开发办的挂靠五花八门，挂靠在农委、农业厅、计委、财政厅、水利厅的都有。这个问题领导小组会讨论过两次，最后田副总理、陈俊生同志说，这个事情我们不干涉，由各省自己定。但我们希望，开发办不管挂靠在哪个部门，都要从综合开发的全局来考虑问题，不能从某一个部门的利益出发来安排项目、安排投资。

(1) 关于队伍问题，想提这样几条意见。要有固定的编制，不能都是从各部门临时借来的，要有一个比较固定的队伍。

(2) 根据工作需要，要有一定数量和质量的人员。开发的任务很重，必须有一定数量的人员来抓，同时这些人的素质一定要高一些，并且各方面的人才都要有。另外，为了保持工作的连续性，开发办的人员一定要相对稳定。

(3) 为搞好队伍建设，还要搞好人员培训。目前我们由于力量有限，没有抓好这个问题。要逐步把培训问题摆到议事日程上来，但培训也不能由国家全部包下来，应分级搞，即国家主要培训省一级开发办的同志，地、市、县开发办人员则由省开发办组织培训。

(4) 关于各级开发办亟待解决的工作条件、生活条件问题，如办公用房、办公经费、办公用车、通讯设备、福利待遇等等，由于各种原因，目前仍未得到很好的解决，所以在此希望大家一是充分理解，再就是在我们向有关领导反映这一情况的同时，各级开发办积极向当地党政领导反映，从而使办公条件、生活条件尽快得到改善，以便于更好地开展工作。另外，关于活动经费问题，原来规定按地方配套资金的1%提取，现在看来是很不够的。在去年8月的领导小组会上，我们曾建议提高到1.5%，但是，领导考虑我们的开发资金有限，目前应主要用于生产性开支，所以最后没有同意。鉴于这种情况，我们想与财政部协商一下，看能否和别的部门一样，请他们划出一块事业费给我们，然后由我们分配给各省。当然，目前这只是设想，能否实现还很难说。

(5) 要把开发办建设成强有力、有权威的单位。所谓强有力、有权威就是能够综合、平衡、协调各方面的关系。开发办不能既不管项目，也不管资金，成了空架子，这样就失去了综合、平衡、协调的作用，也就难以富有成效地开展工作。当然说开发办既要管项目，又要管资金，并不意味着要开发办脱离其他部门搞独立王国，而是要与有关部门密切合作，充分发挥各职能部门的作用，形成合力来搞开发。如果开发办离开农林水各部门，离开财政、银行、物资、科技等部门，也是搞不好开发的。实践已经证明，凡是开发办与各部门关系处理得好的，开发工作就卓有成效，否则，几架马车互相牵制，开发工作就搞不好。这一点我们务必要注意。

(作者原系国家农业综合开发领导小组办公室常务副主任。全文摘自作者1992年在全国农业综合开发领导小组办公室主任会议闭幕时的讲话)

日本农业综合开发考察报告

吴坤龙

1993年9月，我同办公室的3位同志赴日考察了日本的农业开发情况。历时10天，感到有一些收获。日本人多地少，在较短时期内做到大米自给有余，各种农产品也很丰富，战后农业的开发和建设取得了成功。

一、日本农业开发始终围绕国家农业农村工作重心，呈现明显阶段性特征

第一阶段是50年代至60年代中期。这是以增加大米生产为主的时期。由于战败，几百万侵略军纷纷回到日本，导致粮食供应十分紧张。对此，日本政府提出大力发展粮食生产。预算上把农业开发支出称作粮食增产对策事业费。资金的主要投向是改善农业生产条件和扩大耕地面积。1950年粮食对策事业费中有40%用于水田灌溉、排水，55%用于垦荒和围海造田。1967年生产大米1 445万吨，实现自给。

第二阶段是60年代中期到70年代中期。这是调整农业生产结构和实现农业机械化为主的时期。日本政府针对大米生产实现自给这一情况，制订了《农业基本法》，确定农业农村工作的重心为扩大农户经营规模和调整农业生产结构。在预算上将农业开发支出改称农业基础设施建设费。在开发工作中主要从事水改旱、土地平整、修建农道和水果、蔬菜、畜产基地建设。1975年，仅土地平整、农道建设和水改旱的支出分别占农业开发总支出的20%左右。经过这一时期的治理，水田基本上实现了排灌化，水稻生产主要环节实现了机械化，旱地作物也有长足发展。蔬菜、水果和畜产品的供给也实现了自给，农业生产发展稳定。

第三阶段是70年代中期到80年代末。这是以改善农村居住环境为主的时期。60年代日本经济高速增长，大量的农村劳动力向城市转移。农村青壮年劳动力的流失，影响了农业生产。针对这一局面，日本政府于1973年制订了《土地改良长期计划》，把农业开发的目标确定为“综合建设农村基础设施和生活环境”，农业开发中增设“农村建设”项目。其主要措施是：①在农业生产上支持建立规模经营农户（特别是畜产和蔬菜生产农户），提高农民收入水平。②开展“一村一品”运动，发展农产品加工、流通等非农产业，增加农村地区就业机会。③建设农村公园，普及煤气、自来水和下水道，改善农村生活环境。④加快植树造林和农道建设。通过这一系列措施，使生产生活条件进一步改善，缓解了农村人口向大中城市集中的进程。

第四阶段是90年代以后。这是降低农业生产成本、增强日本农产品国际竞争力的时期。80年代以来，欧美各国要求日本开放食品市场的呼声日益高涨。针对这一局面，日本政府着重抓了降低国内大米等主要农产品的生产成本，以保证一旦开放市场后能稳住国内生产。我们在福冈县甘木市参观了国营“21世纪型水田农业开发试验项目”。该项目是对该市屋形原村63户农家的33.3公顷水田进行平整，扩大地块，以便于机械作业降低生产成本。由63户联合组成“农业生产法人”，由“法人”雇3名劳动力从事农田作业（收获归各户所有）。据测算，该项目竣工后，每吨水稻生产成本将降低2/3。

二、日本农业开发实行高标准、严管理，注重质量和长期效益

1.高标准。成立了“日本农业土木综合研究所”，主要从事开发设计、施工管理研究和制订各种工程技术标准。开发部门根据设计标准，对建设项目采取了宁可少而精，也不降低质量的原则，打足预算。一般设施以使用四五十年为标准。

2.严格立项和注重设计。首先由土地改良区向市、町、村政府提交立项报告，市、町、村政府认为可行后向都道府县政府上报。对于大型项目，都道府县须转报中央开发部门。一般情况下，勘察、设计等前期准备工作需两年左右。

3.开发试验制度。对于新型开发项目，先在试验的基础上制订各项标准，以保证各项标准普及的可行性。

4.严格施工管理和设施管理，为保证施工质量，开发部门在主要开发区设置事务所，具体负责设计、招标和施工质量验收。在设施管理上，除大型水库或水坝归中央或都道府县所有和直接管理外，大部分设施建成后归土地改良区所有和管理。

三、日本农业开发体制健全，各级政府职责分明，配合密切

1.建设主体的分工。根据设施规模或受益范围的大小分三类。以灌溉、排水设施为例，中央政府负责水田受益面积3 000公顷以上的水库、水坝和干渠的建设，200公顷以上归都道府建设，20公顷以上的由团体营负责。

2.资金的匹配。建设资金由国营、都道府县营、团体营三级政府和受益者共同负担，国营项目，中央负担50%—80%。对都道府县营和团体营的农业设施建设资金，一般由中央政府补助30%—50%左右，剩下的自己负担。据了解，日本政府每年中央的农林水产预算中有30%以上的资金用于开发，1992年高达64%。

3.对北海道和冲绳等开发任务大的地区实行特殊的开发管理体制。北海道的开发具有荒原开发的特点，开发潜力大，任务重，要求对住房、道路、产业及其他基础设施进行综合开发。对此日本中央政府在内阁设置了北海道开发厅，在北海道首府札幌市设立了直属开发厅的北海道开发局，于各主要区域设立直属开发局的开发部。北海道开发厅总管运输省、建设省和农林水产省等中央部门在北海道地区的开发项目，预算科目由中央财政单列。冲绳地区的开发也采取了这种管理体制。

四、土地改良区和农用地整备公团在农业开发中的作用

1.土地改良区是依据《土地改良法》由农户自主组织的一种合作性组织。《土地改良法》规定，区域内2/3以上农户同意组成土地改良区后，其他相关农户则必须加入，具有强制性。

土地改良区的主要任务是立项申请、施工管理和协助，以及设施管理。《土地改良法》赋予土地改良区立项申请的特权。立项批准后，小规模工程由改良区负责设计和施工管理，国营或都道府县经营的工程，要求改良区协助。协助工作包括：为开

发事务所提供修水坝、水渠等项目用地，以及土地平整时农户间地块调整、农户分担费的收缴等。农业开发项目完工后，土地改良区一般还负责设施的使用和管理。

2. 农用地整备公团是由农林水产省投资设立的，在性质上类似我国的中央级事业单位。公团理事长和监事由大臣直接任命。主要任务是负责中央政府指定的农业开发项目的设计和施工。农用地整备公团不同于政府部门，有以下特点：①公团在各地的事务所是非常设的，只要有必要，公团可以在全国各事务所中及时地集中主要力量于某一工程。而政府农业开发部门则难以做到。②公团在接到政府开发部门的任务后，要严格按预算规模、质量和工期完成建设工作，如出现突破预算、延误工期或质量不合标准，公团要负责赔偿。③日本大藏省对公团所需建设性资金周转提供优惠贷款。因而，公团负责工程施工管理时，可以不事先收取地方分担费，而是将中央预算拨款加上大藏省的贷款用于施工，等工程建成后再一次性地向都道府县和团体营收缴分担费（含利息）。避免因地方分担费到位慢而影响工期。

五、启示与借鉴

1. 战后日本农业分四个阶段开发，较好地适应了不同时期的社会发展需求，因而农业开发始终充满生机。我国现阶段农业综合开发的重点是改善农业基本生产条件，以改造中低产田为主，这是完全正确的。但也需注意研究不同的农业发展阶段和区域经济特点，有区别地确立各地区的开发重点。

2. 日本各地的农业工程设施标准高、质量高，虽然一次性投资较大，但坚固耐用，基本上可免除日常维护，能在几十年甚至上百年中正常发挥效益，长远算账，摊入年度的折旧费并不高。我国许多地方的农业综合开发工程项目，由于投资标准偏低，质量不够高，再加之管护不完善，用不了几年将不得不再次“开发”，今后似应本着“宁可少些，但要好些”的原则，提倡高标准、高质量、高效益。

3. 日本农用地整备公团在农业开发中起到了重要作用，效果很好。我国也可以考虑建立开发实体或事业单位，负责重大的专项开发任务。这对于加强开发项目的规划、设计、实施、管理和提高质量有重要意义。

（作者原系国家农业综合开发办公室常务副主任，本文为其1993年的考察报告）

开拓进取　扎实苦干　为全面完成“九五”期间农业综合开发各项任务做出新的贡献

韩连贵

如何围绕国家“九五”计划和2010年远景目标纲要制订和组织实施农业综合开发“九五”计划，推动农业综合开发工作再上新台阶，是我们面临的重大任务。结合实际，就近两年来和今后全国农业综合开发工作谈几点看法。

一、关于近期全国农业综合开发工作情况

自1988年国务院决定在全国范围内实施农业综合开发以来，我们即将走完九年的路程。近九年来，我国农业综合开发的工作力度不断加强，开发的区域和投资规模不断扩大，取得的综合效益越来越好。到1996年底，全国农业综合开发累计投资将达到462亿元，改造中低产田和开垦宜农荒地的面积将分别达到1.9亿亩和2 250万亩，预计新增粮食生产能力296.5亿公斤，棉花7.6亿公斤，油料19.3亿公斤。在确保粮棉油肉糖等主要农产品稳定增产的同时，还建成了一批多种经营及龙头项目，这些项目在增加项目区农民收入、推动农业产业化经营、促进农村经济发展等方面发挥了积极作用。

农业综合开发取得的显著成效，是与党中央、国务院和地方各级党委、政府的关心和支持分不开的。特别是近两年来，在姜春云副总理、陈俊生国务委员的支持下，在国家计委、农业部、水利部、林业部、中国农业发展银行、国家土地管理局等部门的密切配合下，经过开发区党委、政府的精心组织，以及各级农业综合开发、财政等有关部门的勤奋工作，全国农业综合开发工作局面焕然一新，国家农业综合开发办公室的各项工作正朝着科学化、规范化和制度化的轨道前进。从1994年下半年起，国家农业综合开发办公室新的领导班子组建后，我们围绕农业综合开发的中心工作，概括地说，主要做了以下两方面工作：

在思想组织建设方面，我们始终坚持以振兴我国农业和农村经济为己任，以面向基层、提高服务质量为宗旨，认真贯彻落实了"团结、勤政、廉政、民主、纪律"的十字方针。一是狠抓了安定团结，加强了领导班子配合协作，开展了安定团结思想教育，使大家心往一处想，劲往一处使，团结一致，同心同德，齐心协力地开展工作。二是狠抓了勤政建设，围绕研究、布置、落实、督促、检查五个环节，努力提高办事效率和工作质量。三是狠抓了廉政建设，加大了反腐倡廉工作力度，逐级落实了反腐倡廉责任制，促使每个同志廉洁自律，自觉维护国家和集体的利益，不办损公肥私、损人利己的事情，并从领导做起，率先垂范，整章建制，定期检查，警钟长鸣。四是狠抓了民主建设，建立健全了民主化制度，在审批项目、分配资金、选拔干部、评选先进等重要事项上，都要反复征求和听取上下左右各方面的意见，协商一致后再报上级领导审定。同时坚持了办公会议制度，对重大事项集体讨论，民主决策。五是狠抓了组织纪律，做到令行禁止，政令畅通，经常引导每个同志自觉维护党中央的权威，坚决贯彻中央的决定，认真遵守组织纪律，服从领导，听从指挥，坚持逐级负责的组织原则，有问题、有意见逐级反映，严格按制度和工作程序办事。

在业务工作方面，我们始终认真贯彻落实农业综合开发的方针政策和规章制度，做到保质保量按时完成各项工作任务。一是进一步制定和完善了各项规章制度，内容涉及土地治理项目考察评估、检查验收、多种经营项目管理和开发资金安排、使用、回收管理等。二是强化了拟建项目的考察评估和竣工项目的检查验收、工程管护工作，主要是充实了项目评估、验收内容，完善了验收办法，开展了检查验收考核评比活动，组织了工程管护大检查，推广了竣工项目工程管护的经验做法，提出了改进竣工项目工程管护的要求和措施。三是改进了项目计划的编报、审批和统计工作。四是进一步完善了农业综合开发的投入机制，开展了各地配套资金落实情况的督促检查，纠正了违纪、违规问题。五是组织召开了全国农业综合开发经验交流和科技推广工作会议。六是进一步加大了宣传报道工作力度，通过各种报刊、杂志、电视、广播、简报等形式，宣传报道了农业综合开发的意义、成效、经验、做法和今后的任务，取得了各级党政领导和社会各界对农业综合开发工作的关心和支持。七是进行了认真的调查和研究，对如何落实地方财政配套资金、组织回收有偿资金、开展立项前考察评估、择优选择重点开发区域、加强在建项目工程组织实施、加强竣工项目工程管护、处理受灾项目工程等问题，提出了切实可行的解决办法。八是切实加强了各级农业综合开发队伍建设，建立健全了机构，

充实了人员，明确了责任，加强了业务培训，提高了人员素质。九是根据《国民经济和社会发展“九五”计划和2010年远景目标纲要》中提出的“九五”期间我国农业和农村经济发展的重点任务和奋斗目标，编制了农业综合开发“九五”计划，该计划已经国家农业综合开发第九次联席会议审定，并正式上报国务院审批。

近两年来，农业综合开发对外开放工作已打开新的局面，全社会对这项工作重大意义的认识不断加深，不少地方对农业综合开发项目，实行招商引资，招标投资，一些工商企业参与农业综合开发的积极性很高。这既为农业综合开发事业注入了新的活力，又展示了农业综合开发更加美好的前景。

在过去工作的基础上，经过大家的共同努力，1996年农业综合开发各项工作又有新的进展，为“九五”计划的实施开了一个好头。这一年几项主要的工作情况是：

（一）关于1995年度全国农业综合开发财政资金收支决算和1996年中央财政农业综合开发资金支出预算执行情况

1995年度全国农业综合开发财政资金决算审查汇编工作已经完成。全国财政收入决算为953 578.00万元，完成年初预算808 160.47万元的117.99%，支出决算为696 216.28万元，完成年初预算720 212.98万元的96.67%。

中央立项开发项目的财政投资总额为359 348.35万元，其中：用于土地治理项目和多种经营及龙头项目的投资各为268 588.35万元、71 381.81万元，分别占投资总额74.74%、19.86%。实际改造中低产田1 864.63万亩，开垦宜农荒地141.07万亩，营造防护林487.86万亩，改良草场200.83万亩，营造经济林164.12万亩，养殖水产品90.72万亩，养殖畜禽2 042.65万头（只），种植大棚蔬菜84.68万亩，建设龙头项目288个。

从收支决算和编报工作情况来看，主要存在以下几个问题：一是省、地、县、乡四级财政未拨借资金数额较大，全国已达173 784.56万元。二是省级财政配套资金比例下降，只占地方财政配套资金总额的50.48%，未按政策规定完成配套资金任务。三是农业综合开发财政有偿资金回收计划未完成，1995年全国应回收到期农业综合开发财政有偿资金9 353.51万元，实际回收73 067.14万元，回收率为78.14%。截至1995年底，全国累计应回收农业综合开发财政有偿资金245 711.97万元，实际回收193 791.14万元，回收率为78.87%。四是决算未能按期编制上报，少数地方对1995年度的决算工作不够重视，迟迟不能上报决算，延误了全国汇总决算的时间。五是决算编报质量不高，一些地方由于不清楚决算报表口径，微机操作不当，上报决算中存在不少差错，给全国决算汇总工作增加了难度。

1996年，中央财政努力克服了预算支出比较紧的困难，加快了中央财政农业综合开发资金的拨、借进度，确保了农业综合开发项目投资的需要。截至10月底，对地方应拨借款已全部办理完毕。从1996年全国农业综合开发财政资金支出预算执行情况看，中央财政资金拨、借进度明显早于和快于往年，全年中央财政预算资金可在11月底之前全部拨、借完毕。各地财政部门也要加快资金拨、借进度，使各级农业综合开发财政资金能够及时足额到位，确保农业综合开发项目工程建设的需要。

（二）关于1996年农业综合开发项目计划审批工作情况

经第八次联席会议批准，需1996年审批的农业综合开发新建、续建项目计划共77个，其中：土地项目计划34个，多种经营及龙头项目计划33个，涉及30个省（区、市）、3个计划单列市的492个县。截止到1996年10月中旬，所有项目计划已批复完毕。这些项目的投资总额为36.13亿元。其中：中央财政资金8.0亿元，地方财政配套资金8.82亿元，农业综合开发专项贷款7.47亿元，集体和农民群众自筹资金11.84亿元。在投资总额中，用于土地治理项目21.2亿元，多种经营及龙头项目14.93亿元，分别占投资总额的58.7%和41.3%。建设任务为：改造中低产田804.4万亩，开垦宜农荒地83.3万亩，预计新增粮食生产能力7.95亿公斤，棉花1 574万公斤。

从各地上报的项目计划看，基本上都能按照国家农业综合开发的指导思想、原则、任务和要求进行编报，编报的进度和质量普遍好于上年，目前各地正在组织实施。但这项工作也不平衡，还存在一些不容忽视的问题：一是开发项目区不够集中。按照国家农发办要求，开发区每个县每年的土地治理任务不低于2万亩，在绝大多数开发县现有土地治理任务并不重、开发规模不大、还需继续开发的情况下，即便加大投资力度，也不应再扩大县数。但1996年每个县平均改造中低产田（含开荒折算面积）只有1.97万亩，2万亩以上的开发县仅208个，只占开发总县数的42.3%，有的开发县仅有0.2万亩。同时，1996年又增加开发县数137个，多种经营项目普遍存在分散问题，一些地方缺乏长远规划，总体布局不合理，扶持重点不明确，没有根据国家宏观经济政策、市场前景、资源优势，选好支柱产业和主导产品，停留在简单、分散、重复开发的低水平上。二是开发资金不够落实。根据调查统计，至今仍有6个省（区、市）未按计划落实地方财政配套资金，一些省的省级财政配套资金也未达到规定比例。农业综合开发贷款同样存在不配套问题。据统计，34个项目配套安排的专项款为74 739.5万元，占应配套贷款总额的93.4%，未达到按1:1配套的要求，其中用于土地治理项目20 494万元，占贷款总额的27.4%，也未达到30%的规定比例。一些省区虽然将贷款列入了开发计划，但不落实。三是投入产出效益不够理想。按国家要求投入土地治理项目1元钱应增加1公斤以上的粮食生产能力（含棉油糖折算数），但仍有相当一部分省区未达到这一标准。其中的因素是多方面的，主要是选择了一些水土资源条件差、资金配套能力低、组织领导不得力的项目区。

（三）关于竣工项目检查验收工作情况

1996年国家验收的农业综合开发地方项目共计18个，涉及14个省（区、市）的236个县(市)。从1996年4月初至6月下旬，我们会同国家农业综合开发联席会议有关成员单位，组成11个验收组，对竣工项目进行了验收。从验收情况看，除陕西大荔县黄河滩区农业综合开发项目尚未竣工外，其余17个项目已如期建成，全部达到合格标准，并取得显著成效。这些竣工项目实际完成投资269 149.9万元，实际改造中低产田869.1万亩，开垦宜农荒地21.3万亩，植树造林264.5万亩，改良草场199.3万亩，新增灌溉面积266万亩，改善灌溉面积420万亩，新增除涝面积73.6万亩，改善除涝面积98.85万亩。通过开发治理，项目区农田基本达到旱能灌、涝能排、高产稳产标准。据验收统计，17个竣工项目新增粮食生产能力141.9万吨、棉花753万公斤、油料11.9万吨、肉类13.9万吨、糖料262.4万吨，项目区农民年人均纯收入比非项目区高200元以上。

本期项目与上期相比，主要工程建设标准和质量有所提高，地方财政配套资金、集体和农民群众自筹资金落实较好，项目和资金管理比较规范。存在的主要问题是田间配套工程标准不高，专项贷款配套不够，个别项目工程留有尾工。对各个项目存在的问题，我们已提出具体的改进意见，并以正式文件通知有关项目区加以改正，并要求各地认真总结这期项目的建设经验，找出差距，切实改进工作。

（四）关于新建项目考察评估工作情况

根据《国家农业综合开发项目评估暂行规定》，1996年上半年，我们组织专家组，对1996年7个地区申请的新建项目进行了考察评估。从总体情况看，这些项目符合国家农业综合开发的立项条件：一是项目区集中连片，水土资源条件好，开发潜力大，能够做到投入少、产出多、见效快、贡献大。二是项目区所在地方财政配套能力比较强，集体和农民群众自筹资金有保障。三是项目区党政领导对农业综合开发比较重视，农民群众搞开发的积极性较高。四是大部分新立项目的前期准备工作比较充分，有较详细的项目可行性研究报告和规划设计报告，各项手续齐备。

7个新建项目的建设任务为：改造中低产田270.13万亩，开垦宜农荒地126.85万亩，植树造林14.31万亩，改良草场4.5万亩。项目计划总投资100 853.46万元，其中：中央财政资金30 839.14万元，地方财政配套资金30 376万元，农业综合开发专项贷款12 244.8万元，集体和农民群众自筹资金27 393.5万元。项目建设期满后，预计新增生产能力为：粮食87 087万公斤，棉花1 180万公斤，油料2 648万公斤，肉类544万公斤，糖料1 743万公斤。目前，这些项目的建设计划已审批完毕，正在组织实施。

二、关于组织实施农业综合开发“九五”计划情况

农业综合开发是我国农业和农村工作的重要组成部分。这项重大战略举措实施近九年来，对改善我国农业生产基本条件，提高农业综合生产能力，增加主要农产品的有效供给，增加农民收入等方面，发挥了重要作用。这一利国利民的伟大事业，得到了党中央、国务院的充分肯定，受到了项目区广大农民群众的热烈欢迎和高度赞扬。为了充分发挥农业综合开发在我国农业和农村经济发展中的促进作用，进一步明确农业综合开发的指导思想，国家农业综合开发办公室从1994年下半年起即着手“九五”农业综合开发计划的制订工作。期间，曾先后三次召开会议，听取有关省区农业综合开发、财政、农业、林业、水利、土地、农行等部门的意见，并与国务院有关部门进行了认真讨论研究。1995年4月，还就“九五”农业综合开发计划问题向中央农村工作领导小组作了汇报。目前，这个《计划》已经国家农业综合开发第九次联席会议原则通过。

根据《国民经济和社会发展“九五”计划和2010年远景目标纲要》提出的“九五”期间我国农业和农村经济发展的重点任务、奋斗目标和党中央、国务院的有关要求，“九五”期间我国农业综合开发的主要目标是：新增粮食生产能力200亿公斤；开发项目区农民年人均纯收入高于非项目区250元左右（按1990年不变价格计算）。

为实现上述目标，综合考虑水土资源条件、增产潜力、投资力度、开发效益等因素，参照1988—1995年改造中低产田和开垦宜农荒地的增产能力（改造中低产田每亩增产粮食150公斤，开垦宜农荒地每亩增产粮食300公斤），确定“九五”期间农业综合开发的任务为：改造中低产田16 500万亩，开垦宜农荒地1 520万亩，新增粮食生产能力200亿公斤；建设干鲜果、速生丰产林基地260万亩，发展蔬菜100万亩，水产养殖300万亩，建设农副产品加工项目1 000个，新增干鲜果品生产能力200万吨、蔬菜380万吨、肉类120万吨、禽蛋10万吨、水产品100万吨。

在开发布局上，根据土地资源开发治理的潜力和难易程度，以及粮食总量平衡和区域平衡等情况，总的设想是提高东部、开发西部、主攻中部。根据这一要求，将土地治理分为重点开发区和一般开发区。重点开发区包括东北平原的黑龙江、吉林、辽宁、内蒙古东四盟；黄淮海平原的河南、河北、安徽、山东、江苏等省；长江中下游平原的四川、湖南、湖北、江西、浙江等省；甘肃河西走廊和新疆伊犁河、额尔齐斯河、塔里木河流域等。开发任务和目标为：改造中低产田12 720万亩，开垦宜农荒地1 185万亩，分别占总任务的77%和78%；新增粮食生产能力155亿公斤，占总任务的78%。一般开发区包括内蒙古河套灌区、山西、浙江、福建、广东、海南、广西、贵州、云南、西藏、宁夏、陕西、青海等省（区、市）和一些计划单列市。开发任务和目标为：改造中低产田3 780万亩，开垦宜农荒地335万亩，新增粮食生产能力45亿公斤，分别占总任务的23%和22%。总之，全国30个省、自治区、直辖市和一些计划单列市都在这个“九五”计划之内，都有开发任务和投资规模。

多种经营及龙头项目要与土地治理项目紧密结合、协调发展，重点建设一批有市场、有资源、能够带动农民较快增加收入的开发项目，这些项目的建设要按照农业产业化的新思路，实行区域化布局，专业化生产，企业化经营，社会化服务，多种经营项目开发的区域与土地治理项目一致。在开发内容上，重点发展养殖业、种植业和农副产品加工业，特别是要大力发展以牛、羊、猪为主的畜牧业，其中：养殖业以发展节粮型畜禽和淡水产品为主；种植业突出淡季蔬菜、反季节蔬菜的开发；农副产品加工业要与种养项目配套建设，以龙头企业建设为重点，通过“龙头带基地、基地连农户”的

发展模式，把千家万户的小生产与大市场紧密连接在一起，把种养加、产供销、贸工农有机结合起来。

完成上述任务需要总投资 768.2 亿元，其中土地治理项目投资为 461.6 亿元，多种经营及龙头项目投资为 306.6 亿元。土地治理项目投资规模主要依据开发任务和亩投资标准确定（综合考虑物价上涨和开发难度加大等因素，各年的亩投资标准以 1995 年为基数，按一定比例递增）；多种经营及龙头项目的投资规模，是根据现行农业综合开发有关政策规定（即中央财政资金、地方财政配套资金、集体和农民群众自筹资金的 70%用于土地治理项目，30%用于多种经营项目；农业综合开发专项贷款的 30%用于土地开发治理，70%用于多种经营项目），按土地治理项目的投资规模计算确定。

根据政策规定，上述投资总规模由中央财政资金、地方财政配套资金、农业综合开发专项贷款、集体和农民群众自筹资金构成，其比例各约占1/4。

综合分析“九五”期间农业综合开发的有利条件和不利因素，我们对完成“九五”期间的开发任务充满信心。虽然面临着一些困难，但只要采取切实可行、行之有效的措施，经过努力是可以克服的。为确保完成“九五”期间农业综合开发的各项任务，在今后的工作中我们要切实抓好以下几项措施的落实。

（一）要落实好各项保护、支持政策

重点要切实保护农民的生产积极性，加大对农业的投入力度，项目区农业综合开发投入增加以后，原有的农业各项投入不能减少，“八五”期间对农业综合开发实行的优惠政策，如新开垦的耕地五年内免征农业税，柴油、化肥、农药、农膜等农用生产资料给予优先安排等，“九五”期间要继续保留并切实落实。

（二）要确保各项资金及时足额到位

要继续完善现行的投入机制，进一步开辟新的资金渠道。一是中央财政投入要逐年有所增加，在预算安排的基础上，将回收的财政有偿资金与新增财政资金统筹安排，同时积极争取利用世界银行等国际金融组织贷款。二是地方财政必须按规定的比例落实配套资金。地方筹集的农业发展基金，要首先用于国家农业综合开发项目的配套，不足部分由地方财政在预算内补足，并保证资金及时、足额到位。同时鼓励地方广辟筹资渠道，增加农业综合开发资金的来源。三是农业综合开发专项贷款要以省区为单位，与中央财政资金实行1:1配套投入，贷款总额中用于土地治理的资金不少于 30%，并具体落实到项目区内，用于多种经营及龙头项目的贷款，应与财政资金相衔接，以发挥财政、信贷资金的综合效益。四是要进一步调动集体和农民群众自筹资金搞开发的积极性。“九五”期间，要保证自筹资金占到项目总投资的 1/4，加上投工、投劳等，农民群众的投入要占到土地治理投入的一半以上。这里要特别说明的是，集体和农民群众自筹资金搞农业综合开发，不算加重农民负担。

（三）要搞好外部配套工程建设

重点是要搞好骨干水利工程、农业工程和林业工程建设。水利工程包括重点水源工程、灌溉输水工程、防洪排涝工程、水土保持工程等。农业工程包括良种繁育体系、技术推广体系、病虫害监测体系、农机服务体系等。林业工程包括农田防护林、水源涵养林和水土保持林等。这些骨干工程需请计委和农口有关部门在“九五”计划中统筹安排。今后凡是外部工程没有配套的，不能列入农业综合开发项目区。

（四）要建立开发的激励奖惩机制

在规划的开发区内继续坚持突出重点、集中投入的指导思想。对资源条件好、开发潜力大、配套资金有保证并能及时、足额到位，投入产出效益高，向社会提供产品多的地区给予重点扶持。反之，则要减少投入、缩小开发规模。为把农业综合开发的任务和目标落到实处，“九五”期间，将实行投入与贡献挂钩的办法，即中央财政每无偿投入土地治理项目 1 元资金，必须增加（减少）1 公斤以上的粮食调出（调入）能力，并把这一指标作为考核各地农业综合开发工作的重要内容。因工作不力而达不到这一指标的开发地区，要减少中央财政投资力度，缩小开发规模。

（五）要提高开发的科技含量

凡是属于国家立项的农业综合开发区都必须大

力实施科技兴农战略，加速增长方式的转变，促进农业走高产、优质、低耗、高效的发展道路，要求科技在开发区农业增产中的贡献率达到55%以上，并使其成为农业高新技术的示范区，科技推广的普及区。

（六）要坚持开发与开放相结合

对农业综合开发项目，实行招商引资、招标投资，吸引更多的国内外资金、技术人才和管理经验，为加快农业综合开发和整个农村经济发展服务。要采取优惠政策措施鼓励工商企业参与农业综合开发，并倡导省际间以各类形式联合搞开发。

（七）要加强党政领导，搞好部门协作

“九五”期间，农业综合开发任务繁重，各级党委、政府要进一步加强领导，切实关心和支持农业综合开发工作；各有关部门要围绕开发的目标和任务，充分发挥本部门的职能和技术优势，积极配合做好农业综合开发工作。同时，要加强农业综合开发机构建设，保证规格，明确职能，理顺与有关部门的工作关系，各级农业综合开发、财政等部门管理人员要努力提高政策和业务水平，精心组织，扎实工作，努力开创农业综合开发工作的新局面，为完成“九五”期间的各项任务做出更大贡献。

这次会议已将“九五”计划印发给各位代表，希望各地认真组织落实。

三、对今后农业综合开发工作的几点意见

1996年即将过去，农业综合开发这项新的事业将迈入第10个年头，新的一年将是我们开拓进取、再展宏图的关键一年。我们一定要认真抓好各项工作，推动农业综合开发工作上新台阶。

（一）要切实抓好“九五”计划的组织实施工作

各地区要按照国家农业综合开发“九五”计划纲要确定的指导思想、原则、目标、任务和布局，制订切实可行的开发规划，具体明确目标、任务、区域布局、投资规模及来源，并将任务层层分解，落实到建设单位。在这次会议上，大家关心在国家农业综合开发“九五”计划纲要里是否都有各地区的开发任务和投资规模？我在这里再次重申，各地区在“九五”计划里都有开发任务和投资规模，散会后，我们将分别与各地区交换意见，适当调整，组织落实。由于我们还要做这些工作，这次会议就不与大家见面了，待确定后，我们即通知各省（区、市）。从总的情况看，各地的开发任务是很重的，需要认真加以落实。为使农业综合开发在水利、农业、林业等骨干工程有保障的前提下进行，各级农业综合开发计划要与有关行业建设规划相衔接、配套，并积极争取有关部门的支持。这项工作请在年底前完成，并将计划报送国家农业综合开发办公室备案。

（二）要认真组织进行1997年农业综合开发项目计划的编制工作

计划管理是项目管理的重要组成部分，是农业综合开发的一项重要工作。近几年来，在各级农业综合开发、财政等部门的共同努力下，总的来看开发项目计划的质量在逐年提高，但存在的问题也不少，每年总有部分计划要反复多次才能达到批复要求。项目建设期由三年改为一年后，项目计划的编制、申报、批复等工作必须提前进行，因此，这项工作必须抓紧。这次会议对计划管理工作进行了认真研究，大家提出了很好的意见，我们要在今后工作中加以改进。对明年的计划工作，我在这里提出以下几点要求。

1. 要始终抓住农业综合开发的主攻目标。在主攻目标上要突出发展粮食生产，在开发内容上要以改造中低产田为重点，在开发规模上要坚持集中连片，对重点开发区实行重点扶持，做到开发一片，见效一片。要集中力量打歼灭战，防止战线拉得过长，防止资金分散使用。在原有开发潜力仍然很大的项目区，要继续开发，不得擅自随意新增加开发县数，但对开发潜力不大、工作不力的开发县，也要下决心调整。今后不管是续建项目，还是新建项目地区的选择，必须具备六个条件：水土资源条件好、综合开发潜力大、党政领导主动抓、农民群众愿意干、投入产出效益高、向社会提供产品多。如能具备这六项条件，就可以选定为续建项目或新建项目的区域，就可以安排资金增加投入。对不具备上述条件的地区，不再安排开发任务，收回

原有投资，更不能新增投资。

要坚持多种经营及龙头项目与土地治理项目密切协调，多种经营项目应在国家立项的项目区内安排，龙头项目原则上在开发区内安排。在多种经营及龙头项目安排上，既要兼顾多数项目区，又要突出重点，以省为单位，适当集中小部分中央财政资金，办一至两个上档次、上规模的多种经营项目及龙头项目。

各地区对 1996 年的竣工项目，要按照国家规定，尽快组织验收，严格按上述六个条件，重新确定续建项目区。为争取工作主动，续建项目计划可在国家下达中央财政投资控制指标之前先行编制。

2. 要确保农业综合开发资金及时足额配套落实。各地区要按“九五”计划纲要的要求，切实落实各项开发资金，并将中央财政资金、地方财政配套资金、集体和农民群众自筹资金的 70%以上、农业综合开发贷款的 30%用于土地治理项目，鼓励地方增加对土地治理项目的投资。从明年起，各省（区、市）可在中央财政投资控制指标范围内按政策规定，具体划分土地治理项目、多种经营及龙头项目的投资额，并分别编报两类项目计划。省级财政承担地方财政配套资金 70%的规定，应继续执行。

3. 要提高农业综合开发项目区的综合治理水平。对农业综合开发项目区实行综合治理，是农业综合开发区别于常规农业的重要特征之一，这也是农业综合开发能够取得良好效益的重要原因。从目前对各地农业综合开发竣工项目的检查验收情况看，综合治理水平较低的问题是普遍存在的。一些项目区治理措施单一，把农业综合开发变成了常规的水利建设，没有将农业工程、林业工程等项措施列入综合治理，特别是对农田平整、改良、良种推广、机械化生产、营造防护林、涵养水源林、水土保持林等项生物、技术措施不够落实，开发治理后的项目区面貌变化不大。因此，各地一定要牢固树立“综合开发、综合治理”的思想，按照“高起点、高标准、高质量、高效益”的要求，在安排计划时，土地治理总投资中用于农业、林业等措施的投资原则上不应少于 20%，以利于进一步提高项目区的综合治理水平。

4. 要努力提高农业综合开发的效益。要首先将水土资源条件好、地方财政资金配套能力强、农民群众自愿投资投劳、各级党政领导亲自抓、投入产出效益高、见效快、贡献大的地区列入开发计划，在确定开发范围、安排投资上，不能搞“平均”、“照顾”和投资“基数化”，而要引入竞争机制。今后，凡是投入产出效益达不到国家规定标准的开发区要下决心减少投资。从明年开始，对那些水土资源不好、开发潜力不大、地方财政没有配套资金能力、集体和农民群众积极性不高、投入产出效益不好的原有开发县，不得再将其列入开发计划，更不准擅自调换或新增开发县。

5. 要提高开发项目的科技含量。今后，要在农业综合开发区内认真贯彻落实中央关于实现“两个根本转变”和实施“可持续发展”的战略设想，要在转变农业增长方式、保护生态环境、促进农业资源持续利用等方面引好路、带好头。我们在“九五”计划中已明确提出，科技在开发区农业增产中的贡献率要达到 55%以上，实现这一目标是有一定难度的。目前，农业综合开发科技推广存在的主要问题：一是一些地方不够重视，没有将其列入议事日程。二是科技投入偏低，科技推广人员数量少、素质差。三是科技推广重点不突出，措施不配套。这些问题在一定程度上影响了农业综合开发的效益，必须引起大家的重视。为加大农业综合开发科技推广工作的力度，探索把农业综合开发项目区逐步建设成为现代农业科技示范园区的有效途径，最近，我们与中科院、农业部、水利部、林业部等有关部门进行了多次研究，决定在全国农业综合开发区选择 15 个县进行农业重大技术的试验示范，确定重点科技推广项目，选拔优秀科技推广人员开展科技推广培训，提高科学种田水平，希望各地要予以紧密配合。同时各地也应选择一些县进行试点，共同推动这项工作向纵深发展。

（三）要认真做好 1996 年农业综合开发财政资金决算工作

编制农业综合开发财政资金决算是一项十分重要的基础工作，也是检验农业综合开发成效的依据。主管这项工作的同志一定要给予高度重视，要采取多种

形式对财会人员进行培训，学习农业综合开发项目和资金管理知识，掌握新的财会制度和有关财经法规，不断提高政策水平和业务素质，提高决算的编报质量。各地要按这次会议提出的要求，尽快布置落实，明确编报规定和口径，严肃认真审核，把住质量关，保证决算数据的真实、准确、完整。各级农业综合开发资金管理部门要建立和坚持决算编审工作评比制度，对决算工作搞得好的要给予表扬、奖励，对决算编报差的单位提出批评。我们将对1996年全国农业综合开发财政决算工作进行考核评比，要对决算工作搞得好的单位和个人给予表彰。

（四）要进一步抓紧财政有偿资金的回收工作

中央财政资金一半实行有偿使用、限期回收，回收后的资金继续用于农业综合开发，是对财政支农资金的一项重大改革，也是农业综合开发增加开发资金来源、实现滚动开发的前提条件。国家农业综合开发“九五”计划，已将“九五”期间中央财政应回收的有偿资金列入了计划。因此，财政有偿资金的及时足额回收，对完成“九五”期间的各项开发任务是极其重要的。总的看，各级财政、农业综合开发部门对这项工作能抓紧、抓实，回收情况较好。1995年度财政应回收的有偿资金基本回收完毕，已用于今年的农业综合开发项目。但这项工作开展得不平衡，主要是有些地区债权债务不落实，回收措施不力，回收率很低，不能及时足额偿还；有的地区将回收的财政有偿资金借给一些投资公司和房地产开发公司，或从事其他经营，这些做法是违反规定的，必须予以纠正。今年是实施农业综合开发以来，中央财政有偿资金回收的第一个高峰年，到期借款合同达281笔，还款任务在1 000万元以上的省份就有12个，各级财政、农业综合开发部门一定要按照国家农发办文件要求，加强领导，建立目标责任制，切实把这项工作落到实处。为鼓励各地做好中央财政有偿资金回收工作，国家将对按期、足额归还中央财政有偿资金的省（区、市），在开发项目、业务经费上分别给予奖励和补助，其办法已印发各地。同时对逾期不还的要加收逾期占用费。

（五）要切实抓好农业综合开发项目的考察评估、检查验收工作

考察评估、检查验收是农业综合开发项目管理工作的两个重要环节，也是农业综合开发实现科学决策、严格管理的重要手段。事实证明，加强这两项工作对推动农业综合开发走向科学化、规范化的轨道，起到了关键的作用。各地要抓紧组织对农业综合开发拟建项目进行考察评估工作，今后各地要建立和完善项目库制度，新建项目应提前一年将项目可行性研究报告报送国家农业综合开发办公室，以便及时组织开展考察评估工作。

今年又有一批项目竣工，需要验收。这些项目涉及18个省市，主要分布在东北平原、黄淮海平原等重点开发区，投资额较大，各地要抓紧农业综合项目的自行检查验收工作，对工程质量不合格的要采取措施进行补救，任务量较大的要抓紧时间完成。检查验收工作要严格认真，不能“走过场”。自验工作结束后，要尽快报送自验报告，申请国家验收。国家农业综合开发办公室将于明年第二季度会同有关部门进行全面验收。

（六）要加强农业综合开发的宣传教育工作

农业综合开发是一项复杂的系统工程，不仅需要方方面面的支持，更需要亿万农民群众的自觉参与，因此宣传教育工作对于搞好农业综合开发工作是十分重要的。陈俊生国务委员对此非常重视，多次指示要抓好这项工作。近年来，各地在农业综合开发的宣传教育上做了不少工作，通过各种新闻媒介加大了对农业综合开发工作的宣传力度，有的地方还专门办了刊物，获得了很好的效果，使农业综合开发这项新的事业逐步为社会各界所认识和关注。

“九五”时期是全面实现我国国民经济和社会发展第二步战略目标，并为实现第三步战略打好基础的关键时期，党中央和国务院要求，农业综合开发要为实现我国“九五”农业和农村经济发展特别是粮食增产目标再担重任，因此，我们一定要提高认识，加大宣传教育工作力度。各级农业综合开发部门要将这项工作列入议事日程，要明确这项工作的目标、任务、措施，并要有专人负责。为了进一步搞好农业综合开发宣传工作，经国务院领导批

准，国家农业综合开发办公室从明年起创办《农业综合开发》杂志，具体承办工作由江苏省农业资源开发局负责。该杂志是我国农业综合开发重要的宣传阵地，希望各地予以重视和支持。

“九五”期间的农业综合开发任务是很繁重的，我们一定要解放思想，开拓进取，勤奋努力，扎实苦干，为全面完成“九五”期间我国农业综合开发各项任务做出新的贡献。

（作者原系国家农业综合开发办公室常务副主任，全文摘自作者1996年在全国农业综合开发计划财务工作会议上的讲话）

开拓创新　狠抓落实　努力做好新时期农业综合开发各项工作

王　征

全国农业综合开发办公室主任会议，是为贯彻落实国家农业综合开发第四次联席会议精神而召开的。财政部党组对这次会议非常重视，张佑才副部长到会作了报告。与会代表认真学习了江总书记“七一”重要讲话、温家宝副总理在第四次联席会议上的讲话和张部长的报告，全面总结了“九五”农业综合开发的经验，深入讨论了新时期农业综合开发的地位和作用，认真分析了“十五”农业综合开发面临的新形势和新任务，研究确定了做好新时期农业综合开发工作的措施和方法。同时，这次会议还组织参观了农业综合开发龙头项目。通过学习、讲座交流和实地参观，大家端正了思想，提高了认识，明确了目标，鼓舞了斗志，坚定了信心，会议达到了预期的目的。

今年是新千年的第一年，也是落实农业综合开发“七一”计划关键的一年。这次主任会议是在农业综合开发跨入新阶段、即将迈上新水平的关键时刻召开的，因此是一次承前启后、继往开来的会议，是一次开拓创新、催人奋进的会议，必将对新世纪我国的农业综合开发产生积极的推动作用和深远的影响。

一、会议的主要收获

（一）提高了对江总书记“三个代表”重要思想的认识

会上，大家认真学习了江总书记“七一”重要讲话，深刻认识到“三个代表”重要思想深远而伟大的意义。大家认为，“三个代表”重要思想是立党之本、执政之基和力量之源，更是农业综合开发工作最根本的理论指导和行动指南。十多年来，农业综合开发的领域不断扩大，投资不断增加，发挥的作用越来越大，根本原因是农业综合开发坚持实行山水田林路综合治理，农林牧副渔综合开发，人力、财力、物力和科技综合投入，贸工农、产加销一体化经营，提高了农业综合生产能力，增加了农民收入。通过农业综合开发，农民一家一户多年想办而办不到的事办到了，实现了农业经济效益、生态效益和社会效益的整体提高。通过农业综合开发，广大农民得到了培训，掌握了先进的农业科技知识，提高了科学文化素质。因此，农业综合开发工作完全符合“三个代表”的要求，在农村是实践“三个代表”重要思想的桥梁和纽带，得到了广大农民群众的拥护，被农民称为“德政工程”和“民

心工程”，被社会赞誉为看得见、摸得到的事业，具有经久不衰的活力和生命力。进入新世纪，农业综合开发面临的形势更复杂，任务更艰巨，要求也更高，更离不开“三个代表”重要思想的指导。从事农业综合开发工作的每一个同志，都要自觉地以“三个代表”的要求为准绳，对照检查农业综合开发的每项工作，凡是符合“三个代表”要求的，就要坚持；凡是偏离或违背“三个代表”要求的，就要坚决纠正。只有这样，才能把农业综合开发事业不断推向前进，才能使农业综合开发迈上新水平。

（二）对农业综合开发地位和作用有了深刻的理解

江总书记指出，发展农业是一项长期的艰巨任务，必须始终把农业放在发展国民经济的首位。一定要把农业基础打牢。朱镕基总理也强调，在目前粮食总量阶段性供过于求的形势下，尤其不能忽视和放松农业。在第四次联席会议上，温家宝副总理指出：“实践证明，农业综合开发是社会主义市场经济条件下，国家支持和保护农业发展的一个有效手段，是巩固和加强农业基础地位的一条重要途径，是提高农业综合生产能力的一项关键措施，是促进农业可持续发展的一个重要推动力量”。与会同志一致认为，这既是党中央、国务院对13年来农业综合开发工作的充分肯定，也是对农业综合开发的重新认识和殷切希望。大家深受鼓舞，对农业综合开发的前途充满信心，也倍感责任重大，同时也增添了搞好农业综合开发工作的动力。温副总理审时度势，高瞻远瞩，从我国加入WTO后农业面临的压力、从农业和农村经济发展进入新阶段后的特点、从长远的战略高度看待农业综合开发的地位和作用，强调农业综合开发要根据社会主义市场经济发展的客观要求，制定并实施支持保护农业的政策，真正发挥“有效手段”的作用；强调农业综合开发高水平夯实农业基础地位，为促进国民经济持续快速健康发展做出贡献；强调农业综合开发要根据农业发展不同阶段特点，采取不同内容的综合开发措施，切实提高农业综合生产能力，确保粮食和其他主要农产品供给安全；强调农业综合开发要从资源的合理利用角度出发，把加强农业基础设施建设与解决水资源私有制问题、建立农业生态屏障有机结合起来，进一步推动农业经济的可持续发展。

在深刻认识农业综合开发地位和作用的基础上，大家一致认为，新阶段农业综合开发工作只能加强，不能削弱；新阶段农业综合开发投入只能增加，不能减少；农业综合开发扶持产业化经营，扶持龙头企业，就是扶持农业，扶持农民，属于公共财政支持的范围，符合中国的国情。

与会代表表示，只有埋头苦干，扎实工作，才能赢得各级领导和农民群众的拥护，才能赢得社会的支持。今后在实践中要更加全面、深刻地认识农业综合开发的地位和作用，放手开展工作，通过实实在在的规划、实实在在的项目和实实在在的措施，把农业综合开发这项利国利民的事业做得更好。

（三）提高了对今后农业综合开发指导思想的认识

温副总理指出，“十五”期间农业综合开发指导思想是“两个着力”、“两个提高”，即以农业主产区为重点，着力加强农业基础建设和生态环境建设，提高农业综合生产能力；着力推进农业和农村经济结构的战略性调整，提高农业综合效益。与会同志经过认真讨论，加深了对这个指导思想的认识。第一，完全符合农业综合开发进入新阶段的客观要求。一是农产品由长期短缺变为供求大体平衡、丰年有余。农业生产由受自然因素制约变为受自然因素和市场因素的双重制约，农业增效和农民增收成为突出问题。二是我国即将加入WTO，农业将直接面对国际市场的冲击、考验和挑战，农产品市场的竞争更加激烈。三是我国农业逐步由数量型转为质量和效益型，由传统农业转向现代农业。这种客观情况，必然要求农业综合开发实行“两个着力”和“两个提高”。第二，充分体现了农业综合开发工作的延续性和政策的连贯性。温副总理在第二次联席会上提出了“两个转变”的指导思想，即由以改造中低产田和开垦宜农荒地相结合，转到以改造中低产田为主，尽量少开荒甚至不开荒，把提高农业综合生产能力与生态环境结合起来；由以增加农产品产量为主，转到积极调整结构，依靠科

技进步，发展高产优质高效农业上来。改造中低产田是加强农业基础建设的重要内容，不开荒是为了更好地保护生态环境，发展优质、高产、高效农业是调整农业结构的必然要求。“两个提高”和“两个转变”的指导思想从本质上讲是一致的。第三，“两个提高”是“两个转变”指导思想在认识上的进一步深化，在工作上的进一步延伸，体现了与时俱进的思想。强调生态环境建设，把加强生态环境建设放在与加强农业基础设施同等重要的位置，目的在于促进我国农业和国民经济可持续发展；强调积极调整农业和农村经济结构，增加农民收入，是全面建设小康社会、推进现代化的迫切需要。“两个提高”的指导思想，既着眼于整个农业和农村经济的要求，又抓住了农业综合开发的本质特点，不仅适合于“十五”期间的农业综合开发，对于指导今后很长一段时期的农业综合开发工作也具有重要意义。

(四) 确立了“十五”期间农业综合开发的工作重点

大家认为，实现农业综合开发“十五”计划确定的目标，必须充分发挥各地资源优势和比较优势，有重点、有侧重，要有所为、有所不为，不搞一刀切。第一，从区域划分看，农业综合开发的重点是农业主产区，国家在政策上要适当向农业主产区倾斜。但这不等于对东部和西部地区就不支持了，而是侧重点不同。在东部沿海创汇基地要重点扶持发展高效农业和创汇农业，建设农产品出口创汇基地；在粮食主产区，着力扶持优质、专用品种的粮食生产，建设大型优质粮食生产基地和优质饲料粮生产基地，发展畜牧业和其他多种经营项目，促进粮食和其他农产品转化增值；在西部地区，着力建设一批特色农业基地，扶持农产品的流通和销售环节，努力形成产业链，提高产品的附加值。同时，在西部地区，要处理好农业综合开发与西部大开发和扶贫的关系。要看到农业综合开发与西部大开发、与扶贫并不矛盾，解决温饱问题主要依靠扶贫，解决发展问题主要依靠农业综合开发，要把增加生态建设作为西部地区农业综合开发的一个重点。第二，从“两个提高”的关系看，提高农业综合生产能力是提高农业生产效益、增加农民收入的基础和保障，提高农业综合效益，增加农民收入是提高农业综合生产能力的目的，农业综合开发要始终把着力加强农业基础设施建设和生态环境建设、提高农业综合生产能力放在各项工作的首位。农业综合开发中的农业基础设施建设不能简单地理解为农田基本建设，而是包括小型农田水利设施、良种和农业科技推广、农产品加工和流通设施建设、质量检测仪器设备应用等多个方面。总之，农业综合开发要按照缺什么补什么的原则，支持农业产前产中和产后环节的基础设施建设。第三，从“两个提高”自身建设内容看，提高农业综合生产能力，必须继续坚持中低产田改造，并逐步提高建设标准；必须坚持加强生态建设，尤其要加大对重点地区(环京津地区、河北坝上地区、内蒙古地区和西北地区)、重点项目（防沙治沙）的支持；必须积极推动农业科技进步，重点抓好节水农业、旱作农业、种子和种苗繁育、模式化栽培等先进实用技术的推广，加强对农民的技术培训，建立和完善农业技术服务体系。在沿海发达地区，重点进行农业高新技术和现代化示范建设；在粮食主产区，重点进行种子、种苗、种畜等先进适用技术的推广；在西部地区，主要推广节水和旱作农业技术。不仅项目建设内容要增加科技成分，项目管理也要提高科技含量，项目的选择和开发措施的制定，都必须有科学的依据。提高农业的综合效益，重点发展农产品保鲜、储运、加工和流通等项目，按照产业化经营发展的规律，把农业产前、产中和产后各环节有机联系起来，积极推广“公司＋农户”、“订单农业”、合作制、股份合作制等多种组织形式，努力增加农民收入。

(五) 讨论修改了《农业综合开发项目县级工作规程》等三个制度办法

与会同志一致认为，管理体制和运行机制是农业综合开发取得成功的关键，制度和机制的创新是农业综合开发的灵魂。在市场经济的条件下，只有用制度去规范农业综合开发行为，用机制去调动各种积极因素，才能使农业综合开发得到持续健康的发展。这几年国家农发办相继出台了一系列管理制

度，农业综合开发规章制度的框架基本形成，这对规范农业综合开发的行为，保证农业综合开发效率和效益，起到了积极作用。随着项目和资金管理的进一步深化，还必须逐步健全规章制度。这次会上集中讨论修改了《农业综合开发项目县级工作规程》、《农业综合开发项目招投标暂行办法》和《农业综合开发项目贴息资金管理办法》。大家以认真负责的态度，对这几个办法提出了很好的建议和意见，我们将根据大家的意见和建议抓紧修改，争取尽快出台。

二、统一认识，狠抓落实，推动农业开发上新水平

这次会议上，大家就新阶段农业综合开发工作进行了广泛深入的讨论。我就大家普遍关心的，也是事关农业综合开发全局的几个问题，结合自己学习“三个代表”和温副总理在第四次联席会议讲话精神，谈一些看法。

（一）关于农业主产区的有关问题

这次会上，一部分同志，尤其是西部地区的同志，对今后国家把农业综合开发的重点放在农业主产区，心存疑虑，担心今后会减少西部的投入。这种想法说明大家关注农业综合开发事业，另一方面也反映出对西部农业综合开发重点的理解还不到位。

确定农业主产区为农业综合开发的重点，不是改变现行政策，而是现行政策的继续，多年来我们的投资重点就在农业主产区，不过现在提法更加明确。这主要出于两个考虑，一是靠农业主产区支撑我国食品安全，特别是粮食安全。二是把东部、中部、西部地区农业综合开发的区域重点区别开来，采取不同的政策措施，尽量减少中央专项资金的重复安排。不能什么地方都是重点，如果什么地方都是重点，就没有了重点。随着农业主产区的确定，国家资金的投向政策必然要作适当调整，但不会放弃对非重点区域的支持。今后对非农业主产区基数不会减少，而且随着财力增加，还会增加投入，但要体现以农业主产区为重点的政策。在西部大开发中，农业综合开发还要继续加大对农业生态项目的投入力度，发挥其区位优势和比较优势。

农业主产区的范围如何确定，国家农发办还要作认真研究，但可以肯定，粮食主产区一定是农业主产区，农业主产区不一定是粮食主产区，不能简单地用西部、中部、东部来划分农业主产区。在一个省的范围内也不能简单地划分，应遵循市场经济的规律，发挥比较优势，按照效率优先的原则，因地制宜。

（二）关于提高农业综合开发项目整体效益问题

温副总理在第四次联席会议上指出，有些地方在项目安排上，开发面铺得过大，重点不突出，效益不高。如何解决这一问题，是上上下下都十分关心的。这几天通过学习温副总理的讲话和张部长的报告，大家对解决这个问题已经有了一些共识。我在这里再次强调，提高农业综合开发整体效益，除了要明确各类项目的建设重点外，还有很重要的一点，就是在一个经济区域内必须把握这几类项目的内在关系，搞好配合和协调，要注意做好农业综合开发项目的组装配套，将土地治理、多种经营和科技示范项目围绕培育主导产业很好地结合起来，防止各打各的仗。土地治理项目目标是提高农业综合生产能力，是农业综合开发的基础性项目，也是农业综合开发的基本任务和评价是否成功的主要标志。土地治理项目在规划和建设的时候，一定要考虑为当地农业结构调整和科技推广创造必要的条件。多种经营项目，要充分考虑利用好土地治理项目提供的基础条件和自然资源状况，同时要充分研究市场，要以农业增效、农民增收为出发点和归宿，把项目做强、做优、做大。专项科技示范项目是农业综合开发高层次的项目，科技示范项目的目的在于优良品种和先进适用技术在项目区的推广应用，科技示范项目的着眼点在于整个农业综合开发项目技术水平的提高，着力点在于高新技术和先进实用技术的示范和推广。专项科技示范项目的这种性质，决定了在现阶段这类项目只能是建成精品工程，成为农业综合开发项目的亮点。看专项科技示范项目是否成功，不仅要看数量，更重要的在于通过这类项目，在农业综合开发项目区推广了多少新产品、新技术，科技贡献率提高了多少。

部门项目也要突出重点和整体效益。部门项目起点要更高，效益要更明显，要领先一步。今后部门项目主要应定位在试点和示范上。一般性的项目，凡是地方能做的，部门项目就不要搞了，放手让地方去搞。同时，在部门项目管理中还应强调协作配合。在申报项目前，部门之间要搞好协商沟通，项目确定后，财政部门应按政策规定落实好配套资金。部门项目的资金也要逐步纳入地方财政部门管理，并实行报账制。

提高农业综合开发的整体效益，关键要树立大局意识和效益观念，把立足点建立在向农业的深度广度进军方面，把农业增效、农民增收有机结合起来，使农民在农产品产销各个环节的多次增值中获得更多的利益。要从规划设计、评估论证、项目实施、竣工验收、后期管护等方面，进行周密部署，科学布局，不断提高农业综合开发的整体效益。

（三）关于地方财政配套资金及财政资金投向问题

温副总理在第四次联席会议的讲话中明确提出："中央和地方财政要加大对农业综合开发的资金投入，'十五'期间用于农业综合开发的资金投入增长幅度应高于'九五'水平"。深刻领会温副总理的讲话，就能正确认识地方配套资金问题。这里，我强调三点：第一，地方财政必须有配套投入。这个问题张部长在报告中已经强调，不能有任何动摇。实施农业综合开发，中央政府和地方政府都有责任。配套投入是农业综合开发投入机制的内容之一，缺了这一条投入机制就不完整。第二，地方财政配套不搞一刀切。财力充裕的地区适当配套一点，西部贫困地区，特别是国家贫困县适当少配套一点。根据这一原则我们将对现行的地方财政配套比例作进一步调整，但决不是要取消配套政策。第三，地方财政配套资金中，要坚持省级财政拿大头。从总体上讲，省级财政要好于地、县级财政。坚持省级财政拿大头，这是 1994 年分税制以后国务院决定的，同时省级财政具有负担的能力，符合粮食省长负责制的要求。第四，配套资金在省级预算内安排，按"农业法"要求，支农支出比例不低于财政支出的增长比例，属内部支出结构的调整，应重点向农业科技特别是向农业综合开发倾斜，这是实实在在为 9 亿农民办实事，是巩固发展壮大执政党的基础，既是一个经济问题，更是一个政治问题。近几年的实践证明，如果不坚持省级财政在地方配套资金中拿大头，就可能引起配套资金落空，侵犯农民的利益。

解决财政配套资金问题，从长远看要靠机制创新。我们正在考虑通过完善农业发展基金的办法，采取预算资金安排一块，预算外资金筹集一块，财政有偿资金回收补充一块，建立起更加稳定的资金来源渠道，更好地解决财政配套资金以至整个财政投入的问题。请大家做一些深入有效的调查研究，提出更好的办法。农业综合开发资金投入不能只盯着预算外资金一个来源，还要扩大其他投资来源，实现投资来源的多元化、市场化。

关于财政资金的投向问题。在进行战略性农业结构调整阶段，资金的需求和供给差距很大，不可能完全满足各方面的需要，财政资金起引导作用，只能保证重点。因此，今后财政资金投向要突出重点，坚持基础性、示范性、引导性，这符合农业综合开发的特点和要求。有的同志提出，对私营企业能不能用财政资金扶持。我认为，第一，无论是国营、集体、外资、私营、股份企业，在农业综合开发的资金、政策扶持上都一视同仁，同等待遇。第二，任何企业要想得到农业综合开发政策资金的扶持都是有条件的。农业综合开发事业本质上是代表广大农民群众的利益，服务于农民的。在解决千家万户小生产与千变万化的大市场的衔接中，需要各种所有制企业、中介组织等的参与，特别是具有竞争实力的龙头企业的带动，在带动农民增加收入的过程中，国家给予适当扶持。这些扶持条件主要应当是：①是否带动农民增收。②是否使农民得到实惠和物质利益，是否建立了利益共享、风险共担的机制等。第三，龙头企业和项目支持重点应该在二、三产业范围内，农业生产领域一般不予鼓励，以防止企业与农民争利，保障农民的基本利益。第四，扶持的方式。农业综合开发扶持龙头企业、项目的主要方式是有偿资金，主要用于基础设施建设

方面。还可以安排少量的无偿资金，主要用于贴息。目的是减少由于龙头企业向农户提供服务措施增加的财务费用，保护农民的产品有一个稳定的增收渠道。如果确有必要使用一小部分无偿资金用于龙头企业、项目的基础设施建设，要坚持企业自强，在此基础上要明晰财政无偿资金的产权属于国家，并在竣工验收后纳入国有资产的管理范围。

（四）关于有偿资金问题

这几年，几乎每次开会都要提到有偿资金问题。大家都关心这个问题，说明了这个问题的重要。按照温副总理的讲话精神和张副部长报告的要求，我们经过认真研究后，认为对有偿资金要正确认识。我们的基本态度是：一要坚持机制，二要完善管理。

有偿资金是农业综合开发投入机制的一个重要组成部分，一定要坚持，不能动摇。一是国家允许农业综合开发财政资金实行部分有偿使用，是对农业综合开发工作的支持，也是与其他财政周转金的根本区别。前几年清理财政周转金，这块资金是唯一保留下来的，其原因就是维护农业综合开发投入机制的完整性。二是农业综合开发投入机制区别于其他财政资金，一个重要标志就是实行滚动开发的投入机制。没有有偿资金的投入和回收，这个投入机制就不完整，也就没有农业综合开发的特色。三是这几年的实践也证明有偿资金回收后再投入，在一定程度上可以弥补预算投入的不足。四是财政资金实行部分有偿投入，扩大了对农业综合开发项目的支持范围。解决了农民一家一户由于缺乏抵押担保所需财产，搞农业开发项目很难得到商业贷款的矛盾。五是有偿资金的使用，一方面解决了农民一家一户发展生产贷款难的问题，另一方面也区别了种粮户和种植经济作物、从事养殖、加工业农户在扶持政策上的差异，缓解无偿资金和有偿资金政策落差带来的负面效应。六是财政有偿资金弥补了财政无偿资金和银行信贷资金对农业投入上的制度缺陷。在目前农村投融资体系还没有完全建立的情况下，这种机制还必须保持。财政有偿资金投入机制能否成功运行，关键在于如何完善和加强管理。在完善管理方面，我们考虑，第一，改变土地治理项目中有偿资金的投向，有偿资金规定用于有一定经济效益的机井建设、购置农机具、建设苗圃等，其他土地治理措施一般对农户进行补助。第二，土地治理项目有偿资金可适当集中使用，按项目的具体建设内容而定，不再一家一户摊派。第三，全面推行委托银行放款，选好项目，规范财政有偿资金的管理。去年我们发了文件，搞了八省区试点。这八省区的任务很重，全国能不能将委托放款办法推开，就看你们了。为此，八省区要加大力度搞好委托放款试点，认真总结试点经验，完善试点办法。这次会议结束后，我们要和农业银行总行联合召开一次会议，推动这项工作。第四，改进以后，将建立更加严格的考核责任制，使有偿资金真正实现良性循环。

完善有偿资金的管理，还有一项工作就是妥善处理遗留的债务问题。要做好两项重要工作：一是解决目前还款压力偏大的问题。尽管从2001年起中央财政资金无偿、有偿资金比例由过去的50:50调整为65:35，今后在有些项目还会适当降低，使以后有偿资金合理、有序运转。二是解决以前年度有偿资金比重高、还款压力大的问题。由于以前年度有偿资金所占比重较高，且近3—5年进入还款高峰期，加之近年来农产品卖难，价格持续低迷，农民增收困难，因此各地普遍反映资金难以全部回收。费改税地区反映尤为强烈。为此，国家农发办在研究费改税配套政策中已报经批准，原则是减轻农民负担，减轻还款压力，不影响投入机制，不过多影响后续投入能力，在此基础上，对以后年度形成债务将区别各地不同情况分别处理。①对各地区2001—2003年到期的土地治理项目中央财政有偿资金分别延期3年—5年回收，多种经营项目不延期。②各省可以立即着手调整登记，落实债务负担的责任人。债务在哪个村、哪些户，哪些在乡，哪些在县，哪些在地市，哪些在省，造册登记，省（市）申报。③国家农发办组织核实债务后，审批延期还款额度和期限。必须指出，延期还款不是解除债务，各地仍要加强对延期还款项目的监督，落实好债务责任，确保今后还款，同时要积极研究妥善化解债务的政策。三是处理好呆坏账问题。财政有偿资金投放了十多年，其中有的项目由于受重大自然灾害和其他不可抗力等原因造成损失，形成了一定的呆坏账。呆坏账是现实存在的，不处理，包袱会越背越重。但呆坏账的问题又极为复杂，因此处理起来要十分谨慎，要严格防止国有资产的流失。总的原则是：严格界定，分清责任，认真核实，分别处理。严格界定，就是明确规定哪些属于呆坏账的范围；分清责任，即分清是自然因素还是人为因素，如果是人为因素还要分清是谁的责任；认真核实，就是各级农发和财政部门分别把关，对上报材料进行核实；分别处理，即视资产是否存在等情况，有的可将债务转为投资，有的可将债务直接核销。

有偿资金管理，是对我们管理水平的一个考验。有偿资金管理好了，才能说明我们投入机制是成功的，才能说明我们的管理是高水平的。因此，大家一定要下大力气来抓这项工作。

(五) 关于在新形势下解决农民群众筹资投劳问题

农民群众筹资投劳是农业综合开发投入机制的又一特色。农业综合开发这项事业没有农民群众的参与和支持，是搞不成的。以往的实践表明，农民群众对筹资投劳是有积极性的，关键在于做好组织发动工作和考虑到农民的实际情况，逐步建立“以农民为主体，政府组织，国家补助”的投入机制，农民有积极性，国家给予补助，而不是像过去那样，国家投资，农民来配套投入。这是管理机制的改革，体现出三个好处：一是比以往更加明确了农业综合开发的主体是农民，是农民群众自己的事，有利于调动农民的积极性、主动性和创造性。二是明确了政府在农业综合开发中的责任就是组织和服务，从而有利于农业综合开发管理部门转变职能，从以管理为主转为以服务和监督为主。三是明确了土地治理项目用于农业综合开发的国家资金从总体上看是一种补助性质的资金，要发挥好引导作用，从而有利于加大对财政资金的监管力度。适应这种筹资投劳工作方式，农业综合开发的工作思路和工作方式要来一个大的转变。一是增加透明度，实行项目和资金公示制，实行招投标制，尊重农民意愿，让农民有充分的知情权和监督权。二是农业综合开发管理部门要改变工作方式和方法。以往那种单靠行政命令解决筹资投劳的方式行不通了，管理部门的工作必须要走出办公室，到农民中间去，做细致的宣传和组织工作。具体操作上，根据一些地方的做法，可由县级开发部门根据总体规划提出开发方案，包括农民筹资投劳部分，经项目区大多农民同意后，申请立项，按程序由下而上申报，经批准后再组织实施的具体事宜。实施中也要依靠乡镇政府组织、村民直接参与和监督。可以说，新的筹资投劳方式能否充分发挥作用，是对农业综合开发工作水平的又一考验。

三、关于当前需要做好的几项工作

江总书记“三个代表”重要思想是统揽农业综合开发全局的理论基础，是我们工作的出发点和落脚点。温副总理在第四次联席会议的讲话是做好农业综合开发工作的总纲。张部长在开幕式报告中对当前和今后一个时期的农业综合开发工作进行了部署，为我们指明了工作方向。我们要狠抓落实，做好当前的农业综合开发工作，为新阶段农业综合开发工作起好头，开好步。

(一) 认真传达贯彻这次会议精神

这次会议在总结经验的基础上，明确了“十五”和今后一段时期农业综合开发的指导思想和工作重点。大家回去以后，要把这次会议精神及时向党政主管领导汇报，让党政领导进一步了解农业综合开发，重视和支持农业综合开发。同时要召开一次专门会议，原原本本地组织学习温副总理的讲话和张部长的讲话，传达这次会议的精神。在此基础上，结合本地的实际情况，提出贯彻这次会议的具体措施。

(二) 调整和执行好“十五”计划

第四次联席会议已经原则同意《国家农业综合开发“十五”计划》，这次会上，大家又对这个计划进行了认真的讨论，提出了许多很好的建议，我们将根据大家的意见进行认真的修改，尽快下发执

行。《国家农业综合开发“十五”计划》是在各地区和有关部门上报计划的基础上编制的，在编制的过程中，考虑了一些新的变化情况。因此，各地要根据《国家农业综合开发“十五”计划》的要求，结合当地的实际情况，对原上报的计划进行调整，制定出具体的落实措施和办法，做好与国家计划的衔接。各地调整“十五”计划时，要充分论证，严禁盲目上项目和搞重复建设；要精打细算，反对铺张浪费；讲求实效，不搞“形象工程”。调整后要上报国家农发办备案。为了确保计划的严肃性，我们要将落实国家农业综合开发“十五”计划的实施情况，作为今后因素法分配财政资金考核的重要内容之一。

（三）深入调查研究，做好完善政策和健全制度工作

在温副总理讲话中，对完善政策和健全制度提出了明确的要求，这项任务十分迫切。会后，我们要组织调研，各地和有关部门要积极配合和主动参与，集思广益，尽快拿出切实可行的办法和措施。要把调整政策和制度的过程，变成调查研究的过程，变成向实践学习、向群众学习的过程，推动农业综合开发系统大兴调查研究之风的形成。

（四）抓紧做好2002年农业综合开发项目计划申报的准备工作

目前，2002年农业综合开发中央财政资金分配方案还没有确定，主要原因是2002年国家预算总盘子还没有确定。但这不能影响明年项目计划编报工作，今年10月底前要上报明年项目计划。各地可按高出2001年投资规模50%的比例从项目库中选择项目上报。这主要是考虑到，一是明年中央财政资金将有一定增长，我们尽力争取达到20%左右。二是编报项目计划要留出20%—30%的余地，以利于择优选项。各地要积极落实配套资金，做好群众组织发动等基础工作。

在项目选择上要注意：一是在土地治理项目中，各地应根据本区域的实施情况，继续认真做好大型优质粮食基地、优质饲料作物基地、节水灌溉和农业生态工程项目的建设工作。在实际工作中要注意因地制宜，有所侧重。需要强调的是，干旱缺水地区的节水灌溉应注意探索旱作农业的新路子，争取在这一领域有所突破。开展“四个重点”项目应遵循稳步扩大的原则，注意适当增加投资额度。二是多种经营项目，重点扶持产业化龙头项目。农业综合开发扶持的产业化龙头项目不同于一般的项目，要切实把带动农户发展生产和增加收入作为立项的前提条件，优先扶持与农民建立利益共享、风险共担机制的龙头企业。同时，要面向市场，依托资源优势和比较优势，培育发展主导产业，提升产品市场竞争力。三是专项科技示范项目要通过有关专家的评估论证，筛选出具有区域代表性、技术先进成熟、具有广泛推广应用价值的项目。

明年的中央财政农发资金预算盘子确定后，国家农发办将尽快下发2002年投资控制指标和编制项目计划的通知，提出更加具体明确的要求。

（五）配合做好项目验收和财政有偿资金延期还款工作

今年9月份，国家农发办对部分省区竣工项目进行检查验收。项目验收是项目管理过程中的重要一环。有验收任务的省区要重视这项工作，其他省区也要支持这项工作。通过验收，要善于发现问题，提出改进意见，促进农业综合开发项目整体水平有所提高。

这次会议后，我们将下发财政有偿资金延期还款的通知。具体步骤是，国家农发办以财政部发文形成核定各省（区、市）有偿资金延期还款额度。各地按核定的延期还款数额落实到具体项目，并上报国家农发办。国家农发办对各地上报的延期还款项目和数额组织审核后，下达批复文件，同时下达催收当年应回收有偿资金的通知。

这项工作涉及到众多的项目和农户，工作量大，政策性强。一定要以认真负责的态度做细做好。让老百姓真正感受到党和政府的关怀。

（六）切实做好宣传工作

宣传工作是农业综合开发的重要组成部分。只有通过广泛的宣传，才能使领导和群众了解农业综合开发，支持农业综合开发。有些重要的政策，如项目招投标、地方财政配套、群众自筹资金等，要反复宣传，不仅要让领导知道，还要让项目区农民

家喻户晓，才能得到广泛的理解和支持。对农业综合开发之所以会有一些错误认识，也与我们的宣传工作不到位有关。宣传工作不是一项简单的工作，它需要花费大量的精力和时间，同时需要对农业综合开发政策的通透了解和全面把握。领导干部要带头做宣传工作。宣传工作要抓重点，抓典型。要上下配合，信息采集制度要坚持。这次会议后要在农业综合开发系统掀起宣传的热潮。宣传工作不仅国家农发办要做，各地农发办也要做，方法可以灵活多样。

（七）重视做好项目和资金管理的基础性工作

就项目管理的基础工作而言，重点是加强项目前期准备工作。有的地方往往对这项工作重视不够，直接表现就是为赶计划编报时间而临时凑项目，等国家农发办将计划批复到省、省里再往下批复时，对计划再进行调整。有的省甚至刚接到国家农发办的批复就行文，就请求调整项目计划。今后各地应把加强前期准备工作列入重要议事日程。特别需要指出的是建立项目库问题。按照财政支出管理制度改革的要求，项目支出预算要建立评估体系和备选项目库，实行项目滚动预算，今年财政部门已经开始试点。建立项目库，我们已经喊了几年，有的地方到现在还没有完全运行好，预算这一关就过不了。

另外，关于财政资金拨付季度报表工作，大家经常反映资金下拨进度慢，但究竟慢在哪些环节？通过季度报表这种形式就可以了解情况，以便于采取相应的对策。从上半年编报情况看，大部分地区能够按时编报并注意质量，但也有一部分地区未按时编报。即使报上来，质量也较差，与工作要求有很大差距。

农业综合开发基础工作薄弱的一个重要原因，是一部分同志将农业综合开发工作看作是一项临时性的，被动应付，没有把基础工作做到实处。今后，各级领导对基础工作要给予足够的重视，不要认为基础工作可有可无。要明确专人负责，也不能干好干坏一个样，各级农发办都要规定严格的奖惩措施，与项目和资金分配挂起钩来。

（八）加强干部队伍建设

做好新阶段农业综合开发工作，关键在于人。因此，加强干部队伍建设始终是我们的一项重要任务，不能放松。一是抓机构。特别是县一级，农发工作任务重，责任大，人员力量要加强，今后无论哪一级农业综合开发办公室，如果因人员不足而不能完成工作的，要减少投资指标直至取消立项。二要抓培训。机构改革后，人员变动大。新进的人员对农业综合开发不熟悉，需要培训；多年从事农业综合开发的同志也要进行知识更新，不能单凭经验办事。国家农发办今年计划培训各省农发办主任一次，各地、市县的干部培训，各省农发办要予以重视和安排。三要抓作风。农业综合开发是为农民办实事的一项工作，必须要有对农民群众的满腔热情，必须求真务实，切忌形式主义和官僚主义。四要抓廉政。农业综合开发部门掌握项目和资金，有一定的权力，要懂得权力是人民给的，只能用来为人民谋利益，不能用来谋私利。要尽快建立农业综合开发项目和资金管理监督制约机制，防患于未然，从源头上抓好廉政建设。

农业综合开发事业任重而道远。前进的道路上既有机遇，也有挑战。让我们齐心协力，共同努力，在农业综合开发新的征途上夺取更加辉煌的成绩。

（作者原系国家农业综合开发办公室常务副主任，现任国家农业综合开发办公室巡视员。全文摘自作者2001年在全国农业综合开发办公室主任会议上的讲话）

大力推进农业综合开发 全面建设小康社会

——学习党的“十六大”报告的体会

赵鸣骥

江泽民同志在党的“十六大”上所作的报告，是我们党在新世纪新阶段的政治宣言和行动纲领，是一篇马克思主义的纲领性文件。报告有四个显著特征：

1.主题鲜明。报告开宗明义地回答了我们党进入新世纪举什么旗、走什么路、实现什么目标的重大问题。新世纪新阶段，中国共产党高举的旗帜，就是马克思列宁主义、毛泽东思想、邓小平理论的旗帜，就是“三个代表”重要思想的旗帜；中国共产党要走的道路，就是邓小平同志开辟的、以江泽民同志为核心的党中央坚持并发展了的中国特色社会主义道路；中国共产党带领人民在新世纪前50年所要实现的目标，就是全面建设小康社会并进而实现现代化的目标。

2.报告具有深刻的思想性和严谨的理论性。报告在理论与实践的结合上，认真总结了13年的基本经验，即“十个坚持”。这“十个坚持”是对共产党执政的规律、对社会主义建设的规律、对人类社会发展的规律的科学认识，对今后的改革和发展具有重要的指导意义。

3.报告的主线和灵魂是“三个代表”重要思想。十三届四中全会以来，以江泽民同志为主要代表的中国共产党人，在建设中国特色社会主义的实践中，加深了对什么是社会主义、怎样建设社会主义和建设什么样的党、怎样建设党的认识，积累了治党治国新的宝贵经验，形成了“三个代表”的重要思想。“三个代表”的重要思想，是对马列主义、毛泽东思想和邓小平理论的继承和发展，是与时俱进的伟大理论创新。始终做到“三个代表”，是我们党的立党之本、执政之基、力量之源。

4.报告具有非常强的凝聚力和感召力。报告规划了全面建设小康社会的宏伟蓝图，这是中华民族发展史上的一个新的里程碑，必将激励全国人民紧密团结在党中央的周围，奋发图强，实现中华民族的伟大复兴。

我们要认真学习、深刻领会“十六大”报告精神，并全面贯彻落实到农业综合开发工作中去，为全面建设小康社会做出新的贡献。

一、按照“三个代表”的要求，大力推进农业综合开发

“三个代表”的重要思想，为大力推进农业综合开发指明了前进的方向，为扫除影响农业综合开发的障碍提供了锐利的思想武器。大力推进农业综合开发是贯彻“三个代表”重要思想的根本要求。

——推进农业综合开发，才能体现先进生产力的发展要求。关于生产力的内涵，按照马克思在《资本论》中提出的观点，首先是人和自然之间进行物质交换的能力，也就是改造和保护自然的能力。生产力的先进性就体现在自然资源利用的合理性和持久性上。农业综合开发的基本任务就是着力加强农业基础设施建设和生态环境建设，改善农业生产条件，提高农业综合生产能力。也就是通过山水田林路综合治理，使自然资源得到合理的利用，确保农业的可持续发展。因此，农业综合开发充分体现了先进生产力的发展要求。

——推进农业综合开发，才能体现先进文化的前进方向。广义的文化包括物质文化、制度文化和

精神文化。精神文化是社会的灵魂。发展社会主义文化的根本任务，是培养一代又一代有理想、有道德、有知识、有纪律的公民。农业综合开发通过各类项目建设，不仅宣传了党对农业和农村的各项方针政策，而且广泛传播了科学技术知识，推广了先进实用的技术，培养了一大批勤劳致富的带动人，提高了广大农民的科学文化素质，促进了农村“两个文明”建设。这与先进文化前进方向的要求是完全一致的。

——推进农业综合开发，才能体现最广大人民的根本利益。广大人民群众的现实利益，是人民群众的根本利益的具体体现。在维护和实现最广大人民根本利益的过程中，要从人民群众普遍关注、迫切需要解决的现实问题入手，把广大人民群众热切盼望的事情办好、办实。当前广大农民最大的困难是增收难，特别是主产区和纯农户增收难度更大。主要是农产品供过于求的局面没有改变，价格持续走低，增收门路不多；加入世贸组织以来，国外对我国设置的各种技术性贸易壁垒严重，我国有优势的农产品出口困难，近期这种情况不会有更大改变。因此，农民增收困难重重。农业综合开发通过改善生产条件，可以为农民增收奠定坚实的基础；通过推进农业结构的战略性调整，大力支持农业产业化经营，可以拓宽农民增收的渠道；通过推动农业科技进步，提高农产品的市场竞争力，可以为农民增收起到示范作用。推进农业综合开发，代表了我国广大农民的根本利益。

总之，只有大力推进农业综合开发，才能把“三个代表”的重要思想落到实处。

二、推进农业综合开发，必须与时俱进，开拓创新

创新是一个民族进步的灵魂，是一个国家兴旺发达的不竭动力，也是一个政党永葆生机的源泉。只有通过创新，才能不断地否定自我，完善自我。只有创新，才能适应时代和实践的发展，创新就要解放思想，实事求是，与时俱进。这是马克思主义的理论品质，是贯彻“三个代表”重要思想的关键。

农业综合开发实施 14 年来，取得了巨大成就，这也是不断开拓创新的结果。特别是根据农业和农村经济形势的发展变化，及时转变指导思想，不断调整工作思路，极大地推进了农业综合开发工作。80 年代后期，针对我国人增地减、粮食供给总量不足、许多地区农业基础设施老化失修、农业发展缺乏后劲等问题，农业综合开发以改造中低产田为主，依法酌量开垦宜农荒地，着力提高粮食等大宗农产品的产出量。农业综合开发的实施，标志着我国农业生产建设领域的一种创新。90 年代中期，随着我国农业综合生产能力跃上新的台阶，农业综合开发在坚持以改造中低产田为重点、提高农业综合生产能力的同时，加大了多种经营项目建设力度，把农业增产和农民增收有机结合起来。这是农业综合开发根据农业和农村经济发展的新任务，对开发重点所作的战略性调整，这就是与时俱进。90 年代后期，农业综合开发适应新阶段农业发展要求，由过去以改造中低产田和开垦宜农荒地相结合，转到以改造中低产田为主，尽量少开荒甚至不开荒，把提高农业综合生产能力与保护生态环境有机结合起来；由以往追求增加主要农产品产量为主，转到积极调整结构，依靠科技进步，努力发展优质、高产、高效农业上来。同时，着力加强农业基础设施和生态环境建设，提高农业综合生产能力；着力推进农业和农村经济结构的战略性调整，提高农业综合效益，增加农民收入。这是农业综合开发指导思想的重大转变，是实事求是、与时俱进的历史性选择。

农业综合开发的发展历程充分说明，要想推进农业综合开发工作，就必须根据农业和农村经济发展的新形势、新任务、新要求，不断改革，开拓创新；要想巩固和提高农业综合开发的地位，发挥农业综合开发的作用，更需要与时俱进，开拓创新。没有创新，农业综合开发的地位就不会得到加强，农业综合开发的水平就不会有新的提高，农业综合开发工作也不会有新的局面。没有开拓创新，就没有农业综合开发的今天；没有开拓创新，也不会有农业综合开发美好的未来；没有创新，就没有前途。只有通过创新，才能不断地否定自我，完善自

我，才能适应农业和农村经济发展以及全面建设小康社会的要求。因此，新世纪新阶段，要开创农业综合开发新局面，不能因循守旧，必须进行创新。要坚持实践是检验真理的唯一标准，在“十六大”精神的指导下，一切从实际出发，不断推进农业综合开发的理论创新、制度创新、机制创新。工作要有新思路，政策要有新突破，改革要有新局面，管理要有新举措。

三、努力开创农业综合开发新局面

全面落实党的“十六大”精神，做好农业综合开发工作，要有热度、有深度、有力度。所谓热度，是指农业综合开发工作必须按照全面建设小康社会的战略部署，围绕当前农村工作的中心任务，找准着力点，充分发挥农业综合开发在新阶段特别是在促进农民和财政增收，提高农业市场竞争力上的作用。所谓深度，是指以强化农业综合开发地位为切入点，从法律和政策上规范农业综合开发工作。所谓力度，是指不断深化改革，开拓创新，从投入机制和管理机制上全面创新农业综合开发工作，进一步提高农业综合开发水平。

（一）把农业综合开发工作放在全面建设小康社会的大局中统筹考虑

全面建设小康社会与农业综合开发工作密切相关。实现全面建设小康社会目标，重点和难点在农村。只有农村全面实现了小康，才能说明我们国家真正实现了小康，才是完整意义上的小康。邓小平同志曾指出：没有农民的小康，就没有全国的小康。江泽民同志进一步指出：没有农村的稳定和全面进步，就不可能有整个社会的稳定和全面进步；没有农民的小康，就不可能有全国人民的小康；没有农业的现代化，就不可能有整个国民经济的现代化。因此，农业综合开发作为国家支持和保护农业发展的一个有效手段，必须为全面建设小康社会做出贡献。这是义不容辞的任务。要完成我们肩负的光荣而艰巨的任务，必须增强责任意识、大局意识。要把农业综合开发工作置于全面建设小康社会的总体目标之中，全面考虑问题，决不能就开发论开发。农业综合开发要服从和服务于全面建设小康社会的大局。

（二）完善投入政策，健全投入机制

完善投入政策是做好农业综合开发工作的重要保障。农业综合开发投入方式，符合世贸组织的“绿箱”政策，是今后政府支持农业发展的重要途径。但是，目前农业综合开发投入规模偏小，建设标准偏低，与其所承担的任务和全面建设小康社会的要求不相适应。因此，完善投入政策的核心，就是要保证今后一段时期中央和地方对农业综合开发投入有一个较大幅度的增长。为此，一是建议根据WTO规则要求，对现行“黄箱”政策的支持目标和支持结构作必要的调整。由主要对农产品流通部门的补贴，转向对农业生产者的补贴，即调整粮食补贴的范围和方式，把过去补在流通环节的费用，补在生产环节，补给粮食生产者，增加预算内农业综合开发等农业基础设施建设方面的投入。二是继续争取利用世界银行贷款、亚行贷款等外资，扩大农业综合开发筹资渠道。三是积极争取利用信贷资金，采取财政贴息形式，引导银行增加农业综合开发贷款投入。四是调整完善农业综合开发农民筹资投劳政策，加强农业综合开发政策与农村税费改革政策的衔接。五是积极争取国债资金用于农业综合开发。

（三）突出重点，提高资金使用效益

为了全面建设小康社会，农业综合开发要进一步突出重点，提高资金使用效益。

1．要继续以农业主产区为重点，推进农业基础设施建设，改善农业生产条件和农业生态环境，不断提高农业综合生产能力。我国农业主要靠农业主产区支撑，农业主产区在全面建设小康社会中具有举足轻重的作用。因此，农业综合开发要以农业主产区为重点，在投入上要向主产区倾斜。一是坚持以农业基础设施建设为基本任务，加强中低产田改造，建设高产、稳产、节水、高效基本农田。我国是一个人口大国，随着人口的增加和生活水平的提高，农产品包括粮食的需求还会逐步增加。我国农业基础设施还比较薄弱，还未摆脱靠天吃饭的局面。对此，要有清醒的认识。必须按照“十六大”报告的要求，十分注重保护和提高粮食的综合生产能力，使农产品供给能力与不断增长的社会经济发展需求相适应。二是逐步提高中低产田改造建设标准，适当扩大扶持农村小型基础设施建设的范围。三是加强农业生态建设，农业综合开发生态项目要与国家重点生态建设工程有所区别，有所侧重，要突出农业综合开发特色，集中资金，克服投资分散，避免与其他生态项目重复规划、重复投资、重复建设，重点加强项目区农田林网建设、农业主产区能源生态建设、草原（场）的保护和建设以及其他一些生态建设任务重、国家投资又十分有限的项目，如黄河故道的治理等。

2. 要继续以提高农产品质量为重点，推进农业科技进步，发展优势农产品和无公害农产品，不断提高农业的国际竞争力。扶持发展优势农产品和无公害农产品，提高农产品质量，是推进农业结构战略性调整，增强农业市场竞争力，增加农民收入的需要。优先选择出口潜力大的农产品和重要的大宗农产品，在资源条件好、生产规模大、区域优势明显的主产区，构建具有国际竞争力的产业带。

农业综合开发扶持优势产业的原则是：遵循自然规律和经济规律，坚持以质取胜，尊重农民的生产经营自主权。扶持的重点：一是优势农产品和无公害农产品标准化生产基地建设，这些基地要按照有关技术规范、操作规程和质量卫生安全标准组织生产。二是在优势农产品的集中产区，选择一批规模大、起点高、带动能力强的农业产业化龙头企业，优先确定为国家农业综合开发重点扶持的龙头企业，发挥它们在开拓市场、引导基地、加工增值、科技创新、标准化生产方面的带动作用。三是要推进科技进步，这是发展优势农产品的决定性因素。农业综合开发要进一步加大科技投入力度，重点支持引进、选育和推广优良品种，加速品种更新换代；要按照政府引导、企业运作、农民受益的原则，探索科技示范项目的各种新模式，建设好科技示范园区；加强对项目区农民的技术培训，把提高项目区农民的素质作为新时期农业综合开发的一项重要任务。

3. 要继续以增加农民收入和财政收入为重点，推进农业和农村经济结构的战略性调整，大力扶持农业产业化经营，不断提高农业的综合效益。推进农业结构战略性调整，是新阶段保持农民收入稳定增加的基本途径。通过调整，逐步建立适应全面建设小康社会要求的农业结构，才能为农村经济发展开拓新的空间，才能为农民收入增长开辟新的来源。因此，农业综合开发要按照调高、调优、调出质量和效益的要求，进一步推进农业结构调整。除了扶持优化区域布局以外，还要大力扶持农业产业化经营。发展农业产业化，有利于提高农业效益、增强农业竞争力，有利于推进农业现代化，也是对农村经营体制的创新和完善。要把大力扶持产业化作为新阶段农业综合开发的一件大事，尤其要加大对龙头企业的扶持力度，今后每年至少要将多种经营项目财政资金的 30% 用于扶持龙头企业，重点支持龙头企业采用新技术、开发新产品、建立原料基地、发展精深加工、开拓服务市场。

（四）加强管理，不断提高农业综合开发水平

加强管理是农业综合开发工作的一项重要内容，是提高农业综合开发水平的一个关键环节。要按照市场经济的要求，采取科学的管理方式，运用科学的管理手段，不断完善项目和资金管理制度，选好建好每一个项目，管好用好每一笔资金。一是按照公开、公平、公正的原则，把竞争机制引入到农业综合开发项目管理中。无论是新增项目县确定，还是重点项目建设，都实行竞争立项。二是根据公正、公开、科学、合理的原则，采用“综合因素法”分配农业综合开发资金，充分体现奖优罚劣的作用，奖罚都要体现在明处。三是按照统筹规划、优势互补、提高效益的原则，积极探索农业综合开发与扶贫、生态建设资金相互配合、统筹安排的建设机制。四是加大农业综合开发监督检查工作力度。对于检查出来的问题，要限期全面整改。除了强化中期检查、验收等工作外，还要借用社会力量，加强农业综合开发的资金和项目检查。明年，国家农业综合开发办公室准备配合各地专员办，对农业综合开发资金配套落实情况和财政无偿资金实行县级报账制情况进行全面检查。同时，要加大处罚的力度，不能大事化小、小事化了，不了了之。为此，要健全制度，依法办事。四是强化统计和信息反馈工作，保证农业综合开发信息报送及时、准

确。

总之，我们要高举邓小平理论的伟大旗帜，以“三个代表”重要思想为指导，认真贯彻落实党的“十六大”精神，围绕农业增效、农民增收、财政增收、农产品市场竞争力增强这“四增”任务，进一步振奋精神，坚定信心，深化改革，开拓创新，全面提高农业综合开发水平，为推进农业综合开发事业，全面建设小康社会，做出新的更大贡献。

（作者现任国家农业综合开发办公室常务副主任）

应对入世挑战要更加发挥农业综合开发的作用

赵鸣骥　刘世江　宋志刚　黄家玉
龚英秀　李若云　李建民

按照中央农村工作会议提出的各地区、各部门要认真落实中央关于农业应对入世挑战的思路和措施，并结合自己的实际情况，研究制定具体对策的要求，国家农业综合开发办公室今年以来，围绕入世以后如何充分发挥农业综合开发作用的问题，组织了若干专题调研。现将调研成果报告如下。

一、农业综合开发在应对入世方面能够发挥重要作用

我国加入世贸组织，机遇和挑战并存。挑战是严峻的，是与时俱来的，而机遇是潜在的，只有经过不懈的努力才能变为现实。从入世半年来的情况看，我国部分农产品及其加工品出品遭遇“绿色壁垒”受阻，而大宗农产品进口量按照对世贸组织的承诺大幅度增加，这将加剧我国农产品的供求矛盾，直接影响农民来自农业的收入。应对入世对我国农业的挑战，是当前迫切需要研究解决的问题。

农业综合开发实施10多年来，通过大力加强农业基础设施建设，改善了农业生产条件，提高了农业综合生产能力。1988至1998年，农业综合开发新增粮食生产能力约占全国同期新增粮食产量的40%，为推动我国主要农产品实现由长期短缺到总量基本平衡、丰年有余的历史性转变做出了重要贡献。1998年以来，农业综合开发又加大了参与农业结构调整的力度，在农业部等八部（委、行）确定的151家农业产业化国家重点龙头企业中，农业综合开发扶持过的有57家。在我国加入世贸组织的新形势下，农业综合开发同样大有可为，并将发挥更大作用。

1. 农业综合开发能够有效保护和支持农业发展。农业综合开发以农业主产区为重点，着力加强农业基础设施建设，改善农业生产条件，提高农业综合生产能力和保护农业生态环境。这种投入方式符合世贸组织的“绿箱政策”，是入世以后利用“绿箱政策”扶持农业发展的一条重要渠道。用好这一“绿箱政策”，有利于保证我国主要农产品的有效供给，促进农业的可持续发展。

2. 农业综合开发能够有效地增加农民收入。农业综合开发在重点进行农业基础设施建设的同时，通过加强优势产业和优势产品基地建设，扶持带动作用强的产业化龙头企业，积极发展农业产业化经营，着力推进农业和农村经济结构的战略性调整，可以大大提高农业的综合效益，促进农民增收，并拓宽农民就业渠道。

3. 农业综合开发能够有效地提高农业国际竞争力。一是通过加强农业产前、产中和产后基础设施建设，可以有效降低农业生产成本，为农产品参与国际竞争创造价格上的空间。二是通过新品种、新技术的引进、示范和推广，可以优化农产品结构，提高农产品质量和国际竞争力。三是通过扶持具有比较优势的劳动密集型产品生产，培育能够参与国际市场竞争的农业产业化龙头企业，可以优化资源配置，提高农民应对入世挑战的组织化程度。

4. 农业综合开发能够有效地发挥资金使用效益。一方面，农业综合开发资金是目前政府直接用于发展农业生产的一笔较大的投入，并且随着国家财力的增长还会逐步有所增加；另一方面，农业综合开发经过多年的实践，已经总结摸索出一套规范的项目和资金管理机制，能够把资金真正用在项目上，有效地发挥资金使用效益。

二、农业综合开发应对入世挑战的主要措施

针对农业发展进入新阶段特别是加入世贸组织的新形势，农业综合开发要进一步深化指导思想，明确工作重点，完善政策措施，推进机制创新。

1. 坚持“两个着力”、“两个提高”，促进“一个增强”。国家农业综合开发第四次联席会议确定的“两个着力”、“两个提高”，是适应我国农业发展进入新阶段的客观要求而提出的，是农业综合开发工作的基本方针，在“十五”及今后一段时期内要坚定不移地贯彻落实。“一个增强”，即增强我国农业的国际竞争力。在我国加入世贸组织，从而使我国农产品国内市场与国际市场接轨的情况下，农业综合开发必须与时俱进，开拓进取，努力增强我国农业的国际竞争力。

2. 以农业基础设施建设为基本任务，巩固和加强农业基础地位。当前农民增收缓慢已成为突出矛盾，农业综合开发仍然以加强农业基础设施建设为基本任务，主要是：我国人多地少、人增地减的状况没有改变，农业基础设施薄弱，许多地方靠天吃饭的状况也没有改变；农业综合开发投入已成为农业主产区加强农业基础设施建设的重要来源，舍此基本任务，巩固和加强农业基础地位就难以落到实处；加强农业基础设施建设，还可为调整农业结构创造必要的前提条件。因此，农业综合开发绝不能放松农业基础设施建设。

加强农业基础设施建设，一是坚持以改造中低产田为重点，建设高产、稳产、节水、高效的基本农田，力争到2015年基本实现党的十五届三中全会提出的“平原地区大部分耕地实现旱涝保收、高产稳产，丘陵山区人均达到半亩以上高标准基本农田”的目标。要突出发展节水灌溉，特别是北方干旱缺雨地区，项目区都必须搞节水灌溉，并积极探索发展旱作农业的路子。二是根据农业结构调整的要求，逐步提高中低产田改造建设标准，适当扩大扶持农村小型基础设施建设的范围。三是加强农田生态系统建设，并注重与天然林保护、退耕还林、防沙治沙等国家重点生态建设项目相衔接，为农业发展提供有效的生态屏障。

3. 以农业主产区为重点，进一步优化农业区域布局。我国农业主要靠农业主产区支撑，入世后受冲击最大的也是农业主产区。农业综合开发以农业主产区特别是粮食主产区为重点，有利于提高全国农业综合生产能力，保证主要农产品的有效供给；有利于发挥区域比较优势，优化农业资源配置，搞活全国农业“一盘棋”；有利于缓解因入世给农业主产区带来的竞争压力。

根据粮食产量占全国的比重、粮食收购量占全国的比重和耕地面积等指标，确定黑龙江（含省农垦总局）、吉林、辽宁、河北、河南、山东、江苏、安徽、四川、湖南、湖北、江西等12个省为粮食主产区，加上重要棉花产地新疆自治区、新疆生产建设兵团以及重要糖料产地广西自治区，合计15个省级单位确定为农业主产区。这些地区农业综合开发，要大力发展优质专用粮棉生产基地和优质饲料作物生产基地，发展粮棉产业和农区畜牧业，着重提高该类产品的国内市场占有率。同时，支持沿海经济发达地区发展高科技农业、高附加值农产品和出口创汇农业，努力扩大我国农产品出口；支持西部地区发展特色农业、生态农业和节水农业。

4. 发展农业产业化经营，促进农业结构调整。

农业产业化经营，是加快农业结构调整，促进农民增收，提高我国农业国际竞争力的有效形式。各地农业综合开发要根据当地资源优势和市场需求，选准具有竞争优势、优先发展的产业，在一定时期内集中资金，重点投入。要按照发展农业产业化的要求和缺什么补什么的原则，着重扶持农业产业化经营中的薄弱环节，逐步形成产加销一条龙，龙头+基地+农户的农业产业化发展格局。

龙头企业是农民联接市场的桥梁，是发展农业产业化的载体。今后每年至少要将多种经营项目财政资金的30%用于扶持龙头企业，力争在“十五”期间每个省（区、市）培育壮大5—10个辐射带动作用强且具有市场竞争能力的产业化龙头项目。要把能够带动农民增收作为扶持龙头企业的根本出发点。只要有市场、有效益、能够带动农民增收，无论何种类型、何种所有制的龙头企业，都要一视同仁地予以扶持。除扶持有偿资金外，对于新品种、新技术的引进、示范、推广以及某些公益性基础设施建设，可给予必要的无偿资金扶持。同时，对农业产业化龙头企业要进行有效的引导、监督、制约，特别引导其妥善处理与农民的利益关系，真正起到带动农民致富的作用。

5. 促进农业科技进步，提高农业国际竞争力。提高我国农业国际竞争力，归根到底是要依靠农业科技进步，提高广大农民科技文化素质。因此，要加大农业综合开发的科技投入力度，力争在“十五”期间将财政资金中科技投入所占比重，由现在的5%逐步提高到10%。

加大农业综合开发科技投入力度，一是加强种子、种苗和种畜繁育体系建设，加快品种更新换代。二是依靠农业科研单位的力量，加强对农民的技术培训。在“十五”期间组织农民技术培训1.2亿人次，重点推广良种及节水灌溉、平衡施肥、模式化栽培、病虫害综合防治、畜禽快速高效饲养等技术，尤其要推行系列产品的国际标准化生产，大力发展优质、安全农产品。三是“十五”期间每个省（区、市）各建设5—10个农业科技推广综合示范项目或农业高新科技示范项目，待取得经验后再在面上推广。四是扶持具有科技创新和推广能力的龙头企业、合作经济组织和农民专业协会，探索建立形式多样、机制灵活的农业科技推广新模式。

6. 适应新形势的要求，调整完善投入政策。针对当前的情况，继续调整完善农业综合开发投入政策，有四个重点：

第一，不断加大投入力度。切实保证“十五”及今后一段时期内，用于农业综合开发投入的财政资金增长幅度高于“九五”时期的水平。为此，建议根据世贸组织的基本规则，结合我国实际，调整财政补贴对象，逐渐把对消费者的补贴改为对生产者的补贴，以增加农业投入，并把支持农业的重点转到农业基础设施建设等方面来。要适当安排财政贴息资金，引导银行增加农业综合开发贷款投入。继续争取利用世界银行贷款、亚行贷款等外资。积极探索农业综合开发资金与扶贫资金、生态环境建设资金等相互配合、统筹开发和建设的机制。

第二，充分体现向农业主产区倾斜。拟从2003年起，将每年新增中央财政投资的70%以上，集中用于农业主产区；对农业主产区地方财政配套资金比例调减的幅度，要高于非主产区；适当增加对农业主产区的无偿资金投入；中央农口部门农业综合开发项目（生态项目除外），也要向农业主产区倾斜。在此前提下，根据财力可能，对非主产区的投入保持适度增长。

第三，降低地方财政资金配套比例。拟从2003年起，将中央财政资金与地方财政资金配套比例的总体水平，由现行的1:0.98降为1:0.82，地方财政配套比例下降幅度为16.3%，并依据各地区的财力状况，实行区别对待。调整配套比例后减少的地方财政配套资金，要落实到经济欠发达的地、县两级，特别是国家扶贫重点县。

第四，降低中央财政资金有偿投入比例。拟从2003年起，将中央财政资金无偿、有偿投入比例由现行的67:33调整为71:29，有偿投入所占比例降低4个百分点，并按项目区别对待。其中：土地治理项目由85:15调整为90:10；多种经营项目由15:85调整为20:80；科技示范项目及中央农口部门项目暂不作调整。

7. 推进农业综合开发制度和机制创新。积极探索开放性开发、经营性开发和股份制开发方式。为了建立健全符合市场经济要求的自我积累、滚动性开发的机制，确保国有资产保值增值，建议选择农业综合开发专项科技示范项目进行产权管理试点，具体做法是：在明晰产权关系的基础上，将投入专项科技示范项目的财政无偿资金全部作为国有资本；各级财政部门负责国有资产产权管理，委托国有资产经营公司或投资公司负责经营管理；国有资产运营的收益继续用于农业综合开发。

（作者单位：国家农业综合开发办公室）

实施农业综合开发是实现农业增效、农民增收的重要途径

刘世江

20世纪90年代末，我国主要农产品由长期短缺变为总量基本平衡、丰年有余，农民的温饱问题已基本解决。同时，也出现了农产品卖难、价格下降、农民收入缓慢等新问题。为此，中央明确提出，坚定不移地推进农业和农村经济结构的战略性调整、千方百计增加农民收入、提高农村购买力水平，是当前农业和农村工作的中心任务。农业综合开发，作为国家支持和保护农业发展的战略性措施，有力地促进了农业和农村经济结构调整，提高了农业的综合效益，已成为农民增收的重要途径。

一、实施农业综合开发，是实实在在地为农民干实事、干好事，为农民带来了看得见、摸得着的收益

中国有近8亿农民，如果采取直接的现金补助，即使每人仅补助100元，所需资金就接近800亿元，况且这种直接补助所带来的收益，显而易见是很低的。而实施农业综合开发，通过中低产田改造、发展多种经营、提高农业科技含量等措施，有效地增强了农业抵御自然灾害的能力，提高了农业综合生产能力，为农民带来了稳定、高效、长远的收益。

如我国粮食主产区的河南省，自1988年实施农业综合开发以来，共新打机井6.04万眼，开挖排灌渠道10.25万公里，建排灌站734座，建桥、涵、闸等各类构造物7.5万座，架设农电线路2 103公里，新增农田林网防护面积4 000多万亩，农业综合开发区农田基本上达到了“田成方、林成网、渠相连、路相通、旱能灌、涝能排”，显著改善了农业生产基本条件，提高了抵御自然灾害的能力。通过实施农业综合开发，累计新增粮食生产能力197万吨，农民收入大大提高。

再如山东省阳信县，是最早实施农业综合开发的地区之一，该县通过示范基地建设，发展优质专用小麦35万亩，平均亩产达到425公斤，比非项目区普通小麦增产180多公斤。按每公斤优质小麦比普通小麦价格高出0.12—0.20元计算，每亩优质小麦可增加效益120元左右。农业综合开发示范区农户，仅种植优质小麦一项，人均年纯收入就可增加160元。

“九五”期间，农业综合开发投入资金的70%以上用于为农民改善生产条件，共改造中低产田1.73亿亩。农业综合开发项目区新增主要农产品生产能力：粮食248亿公斤、油料13亿公斤、肉

类11.6亿公斤、糖料57亿公斤、干草21亿公斤。实施农业综合开发，改变了原来“人种天收”的状况，近亿农民从中受益，项目区农民收入大大提高。据统计，“九五”时期农业综合开发新增总产值7 336亿元，实现农业增加值4 687亿元，新增利税1 894亿元；“九五”期末，农业综合开发项目区农民年人均纯收入比非项目区高出269元，最多高出800多元，而且由此带来的长远收益是难以估量的。看得见、摸得着的收益，使农业综合开发项目区的农民深受鼓舞，也大大激励了非项目区农民，在很多地方，农民急切地要求进行农业综合开发的呼声越来越高。

“十五”期间，计划继续改造中低产田1.82亿亩；通过农业综合开发，新增主要农产品生产能力：粮食262.3亿公斤、棉花3.7亿公斤、油料19.4亿公斤、肉类42.9亿公斤，项目区农产品质量有明显提高，优质品率达到80%以上；加快项目区农业和农村经济发展步伐，农业效益显著提高，农业综合开发区预计新增农业总产值15 933亿元，实现农业增加值10 180亿元，新增利税4 113亿元，均比“九五”期间翻一番以上；项目区农民收入比非项目区将有更快增长，到2005年末，年人均纯收入比非项目区同期相比将高390元以上。

二、实施农业综合开发，带动了多种经营的发展，促进了农业高新技术转化为现实生产力，使农业综合效益和农民收入发生了腾越式的提高

农业综合开发着力于加强农业基础设施建设，解决了农民的后顾之忧，带动了农民对土地的投入，使农民可以根据市场的变化随时调整种植结构，积极发展多种经营，以市场为导向调整农业结构。如辽宁省建平县的太平庄乡，实施农业综合开发仅三年，就将全乡高产稳产农田的比重由40%提高到72%。该乡加大农业结构调整力度，在项目地块上发展米麦间作1万亩，种植烤烟1.1万亩，蔬菜和其他经济作物1.6万亩。2000年虽遭遇特大干旱，米麦间作亩产仍达1 000多公斤，烤烟亩纯收入达到2 000多元。项目区五间房村村民赵志勇，1999年种植小麦12亩，获得丰收，2000年适时调整种植结构，种了8亩烤烟、4亩米麦间作，三口之家，仅农业一项年纯收入就达到16 000多元。

农业综合开发的过程，是项目区农民群众接受先进农业技术的过程，也是农业高新技术普及的过程。农业综合开发项目是先进农业科技的实践基地，是农业高新技术转化为现实生产力的桥梁。农业综合开发项目区良好的农业基础设施为农业高新技术的推广应用创造了条件。高科技含量的农业生产，为农民带来了丰厚的收益。浙江省嵊州市农业综合开发高新科技示范园区自建成以来，积极引进名优特新品种，大力推广农业信息工程技术、无公害生物技术和高效节水灌溉技术，依靠科技创新，调整农业结构，带动了全市近14万亩农田调整种植结构，通过种植优质西瓜和反季节蔬菜，农民增收2亿多元。义乌市在实施农业综合开发过程中，注重科技投入，积极扶持义金农庄开展农业生物技术研究，通过与中国林科院、浙江大学、浙江林科院等单位合作，引进、培育优质高效水果和名贵花卉品种。农庄创办三年，先后推广各类水果花卉200多万株，辐射全国20个省市；举办15期培训班，培训农业技术人员500多名。义乌市以此为依托，积极发展高效农业，在农业综合开发项目区推行“菜—瓜—稻”和“菜—瓜—菜”等新型种植模式，涌现了许多亩产超万元的示范户，走出了一条很有特色的农业结构调整之路，实现了农业增效和农民增收。

三、农业综合开发的投入机制和管理制度，符合市场经济规律的要求，保证了国家支农资金的有效利用，为农民带来了切实收益

农民农业综合开发坚持“国家引导、配套投入、民办公助、滚动开发”的投入机制，注重发挥中央财政资金的导向作用。凡立项开发的项目，地方财政资金、银行贷款、集体和农民群众自筹资金都按一定比例配套投入，体现了谁开发、谁收益的原则；鼓励支持农民群众投资搞开发，引导内资、外资与农民群众共同开发，调动了农民和社会各方面的积极性，从上而下形成了多渠道、多形式吸引

和增加投入的良好局面。“九五”期间，农业综合开发共投入资金 827 亿元（含利用世界银行贷款），其中中央财政资金 223 亿元，地方财政配套资金 218 亿元，银行贷款 125 亿元，农民自筹及其他资金投入 261 亿元。开发资金实行资本化、市场化运作，不受部门管理分割的制约，增强了农民和项目单位的资本观念、效益观念；同时，部分财政资金实行有偿使用，回收后继续用于农业综合开发，形成良性循环，实现了财政支农资金投入机制的创新。良好的投入机制，为支农资金找到了一条最能为农民带来直接和长远收益并举的路子。

农业综合开发适应市场化发育的需要，借鉴世界银行和其他方面项目管理的经验，形成了一套严格的项目和资金管理制度。坚持以资金投入控制项目规模、按项目管理资金的原则，严格立项标准，规范操作程序，强化资金管理和监督，积极推广项目法人制、招投标制和工程监理制，推行资金县级报账制、有偿资金委托银行贷款办法等等，符合市场经济条件下资金运作的规律，确保了开发资金的使用效果。先进的管理方式，最大程度地发挥了支农资金在农业增效、农民增收中的使用效益。

四、实施农业综合开发，带动了农业产业化发展，提高了农业的市场组织程度，促进了农业和农村结构调整

农业发展进入新阶段以后，根据我国农户经营规模小、积累和投入能力低、进入市场困难的实际情况，农业综合开发在继续提高综合生产能力的同时，注重提高农产品质量和效益，发展优质高效农业，在开发项目区推进农业产业化经营。在农业综合开发资金的直接扶持和开发项目的辐射带动下，全国已有优质小麦面积 7 000 万亩，优质稻米5 200万亩，专用玉米 6 600 万亩，优质油菜5 800万亩；农业综合开发还安排近 30%的资金用于发展多种经营和产业化龙头项目，种植经济林、蔬菜、药材以及发展水产养殖等1 000多万亩，扶持辐射带动功能较强的农产品加工项目1 000多个。今后，农业综合开发将继续突出抓好优质粮食基地和优质饲料作物基地建设，促进项目区种植业结构调整；发挥比较优势，重视特色农业、绿色有机农业和庭院经济，积极发展多种经营；有重点地扶持农产品产地批发市场和信息网络建设。

农业综合开发还扶持了一批技术水平高、带动农户多、开发范围大、市场前景好的龙头企业，在实践中形成了龙头企业 + 基地 + 农户 + 科技的农业产业化经营模式。其中，有较大经营规模和较高经营水平的龙头企业 100 多个。在龙头企业的带动下，区域经济得到了较快发展，亿万农户走向富裕道路。

吉林省长春皓月清真肉业股份有限公司是农业综合开发扶持的龙头企业之一，是较为典型的龙头企业 + 基地 + 农户 + 科技的产业化经营模式。该公司通过契约 + 服务的方式，带动了全省 35 个县市的 20 万农民从事养牛业，在经营中采取“五个统一”，即统一品种、统一饲料、统一防疫、统一收购、统一保险，使公司、基地、养牛户形成利益共同体。农户养一头牛 8 个月，纯收入可达 1 200 元。有的农户一家养牛 30 头，年纯收入近 40 000 元。如双辽市茂林镇养牛大户刘永超，已出栏肉牛 800 多头，未出栏肉牛还有 796 头，经济收入相当可观，大大提高了周围农户养牛的积极性。目前该公司年转化粮食和秸秆 300 多万吨，产品出口 17 个国家，宰杀量 30 万头，产品供不应求。在皓月公司的带动下，周边地区已初步形成了肉牛养殖、饲料作物种植、饲料加工为一体的产业化经营格局。为了适应生产高档牛肉系列产品的需要，实现规模化、集约化养殖，“十五”期间，皓月公司将建成“绿色生态育肥牛种植、养殖示范园”，包括 171 万平方米的牛肉加工厂、牛饲料加工厂、高效活性有机肥厂等，建立健全完备的疫病控制、防疫执法监督、兽药残留检测、良种繁育推广四大体系，规划到 2005 年实现销售收入 105 亿元，利税 15 亿元，出口创汇 3 亿美元，将使更多的农民得益。

五、加入 WTO 后，农业综合开发是提高我国农业竞争能力的有效和有力措施

加入 WTO 后，决定一个国家农业竞争能力的因素有两个，一是该国农业的经营规模、经营水平

和效益。二是该国政府对农业和农民的支持、保护力度。

农业综合开发可以带动、提升我国农业的经营规模、经营水平和效益。针对我国人均土地资源相对不足、分散独立耕作的农业生产方式相对落后、农业抵御自然灾害的能力较差、大宗农产品生产成本较高、农业竞争能力十分有限的现状，农业综合开发着眼于提高农业综合生产能力、提高农产品的质量和效益；通过发展具有比较优势和区域特色的农业主导产品和支柱产业，促进种植业作物结构、品种结构和品质结构的调整；通过扶持有条件的龙头企业建设农产品生产、加工、出口基地，引进、开发和推广新品种、新技术，增强市场竞争力和对农民的带动力，提高农业生产的组织化程度，提高农业产业化经营规模和水平。农业综合开发促进了农业的产业化经营，是新形势下坚持在家庭承包经营基础上推进规模经营和现代化农业的有效途径，成为农民增收的重要带动力量。

面对入世给我国农业带来的压力，政府必须采取综合措施，不断加大对农业的投入力度。作为政府支持和保护农业、农民的有效途径的农业综合开发投资，属于政府一般服务支出范畴，完全符合WTO的“绿箱”政策，无需承担约束和削减义务，是支持和保护我国农业参与国际竞争的有效措施，是一项有生命力的长期政策。入世后，我国可以通过实施农业综合开发，充分用足“绿箱”政策，合理调整农业支持结构，加大对农业基础设施建设、农业科研、培训、推广与咨询服务、病虫害防治、市场开发、结构调整等的支持力度。

同时，可以将受WTO约束和限制的“黄箱”政策支持内容转向“绿箱”政策，如将农业支持体系中的农业生产资料差价补贴（包括对化肥、农药、农业用电、农用塑料薄膜等）、棉花差价补贴、对国有企业营销贷款的支持（贴息）、出口粮食亏损补贴以及其他流通环节的价格支持等，转为“绿箱”政策支持内容，其中一个有效途径是通过实施农业综合开发，以国家补助的方式投入给广大农民，以加大对农业和农村经济发展的支持力度。

实践证明，农业综合开发是社会主义市场经济条件下，国家支持和保护农业发展的一个有效手段，是巩固和加强农业基础地位的一条重要途径，是提高农业综合生产能力的一项关键措施，是促进农业持续发展的一个重要推动力量。有“九五”期间农业综合开发工作的实践经验，有各级政府、广大人民群众的支持和拥护，凭借优良的投入机制和管理制度，农业综合开发必将在“十五”期间为我国的农业增效、农民增收做出重大、突出贡献。

（作者现任国家农业综合开发办公室副主任）

培育一个产业　造福一方群众

——关于五省农业综合开发扶持产业化经营情况的调查报告

宋志刚

1998年以来，农业综合开发在着重加强农业基础设施建设的同时，投入近14亿元财政资金用于发展农业产业化，所扶持的209个产业化龙头项目中，有57家被八部委联合命名为全国首批农业产业化重点龙头企业。为了总结各地发展农业产业化的经验，探讨推进产业化经营的政策措施，国家农发办赴河北、黑龙江、吉林、四川、广东五省进行了专题调研，并重点解剖了10个产业化龙头项目。

一、农业综合开发扶持产业化经营取得明显效果

据统计，1998年以来，河北等五省农业综合开发共扶持包括农产品加工、产地批发市场、种养业良种繁育在内的各类产业化龙头项目47个，累计投入财政资金36 338万元，引导其他资金投入91 237万元。通过扶持龙头项目，加工转化各类农副产品114万吨，带动种、养基地142万亩，畜禽养殖1 257万头（只），农户38万户，户均增收1 640元，效果是明显的。重点调研的10个产业化龙头项目，既有种养业良种繁育，又有农产品加工，以股份制居多。在五省农业综合开发扶持的产业化龙头项目中具有一定代表性。

（一）通过扶持农业产业化链条的薄弱环节，增强了龙头企业的带动功能

产业化龙头企业进行项目建设的资金中，农业综合开发财政资金一般占40%左右，用以扶持产业化链条的薄弱环节，大大增强了龙头企业的带动功能。河北国宾食品有限公司，原来只能搞食用菌的粗加工，农业综合开发扶持财政资金760万元，帮助企业进行加工环节的改扩建，使企业年加工能力由3 000吨增加到10 000吨，产品深加工从无到有，年创汇从90万美元增加到309万美元，税利由70万元增加到370万元。四川阳平乳品饮料股份有限公司过去只生产全脂奶粉，农业综合开发扶持财政资金965万元，新建液态奶加工车间，购进法国百利包生产线、荷兰超高温灭菌生产线，使鲜奶日处理能力由5吨发展到90吨，产品结构发展到10个粉状系列和10个液态奶系列，年销售收入1.25亿元，实现利税790万元。

（二）通过龙头带基地带农户，为农户拓宽了增收途径

10个产业化龙头企业合计带动农户7.9万户，户均增收最低的1 200元，最高的达到15 000元。吉林德大有限公司2001年销售肉鸡7 500万只，转化玉米46万吨，相当于61万亩玉米的产量，带动养鸡户6 200户，户均增收11 000元，公司实现利税2 000万元，加上饲料、种雏、豆粕、色拉油等产品的收入，该公司2001年缴纳税金9 000万元，占德惠市财政收入的45%。河北京安集团有限公司年繁育优良种猪3万头，带动了公司所在地安平县及周边5个县的养猪业。2001年安平县建成万头以上养猪场16个，千头以上养猪场30个，百头以上养猪大户1 000个，养猪重点村80多个，出栏商品猪60万头，从事养殖的农民人均收入达5 000元。

（三）通过不断开拓市场，解决了“农产品卖难”的问题

产业化龙头企业一般都有较强的营销能力，“龙头伸向市场，龙尾摆向千家万户”，有效地克服了一家一户农民难以应对市场的问题。广东从玉菜业发展有限公司，通过不断开拓国内外蔬菜销售市场，将蔬菜80%销往欧美、东南亚，20%销往珠江三角洲地区，2001年出口创汇2 370万美元，国内销售收入3 000多万元。四川竹叶青茶叶有限公司的产品已占领本省市场，并在周边省份发展销售网络，1998—2001年公司销售收入逐年翻番，从690万元增加到5 500万元。

二、各地发展农业产业化经营的主要经验

实践证明，大力推进农业产业化，需要地方政府和有关部门提供宽松的外部环境，龙头企业自身的努力也至关重要。

（一）当地政府和有关部门注意摆正位置，发挥好服务、协调和促进的作用

选准当地具有发展前景的主导产业。根据当地资源条件和经济技术优势，特别是按照市场的需求，选准适合当地发展的主导产业，予以重点扶持，这是发展农业产业化的关键。河北省宁晋县有60万亩小麦的秸秆和数万头牛的粪便可作食用菌种植的原料，有起龙头作用的食用菌加工企业。近

年来食用菌国内市场需求稳定增长，该县政府将食用菌列为当地主导产业，连年给予扶持，使之成为当地农民增收致富的重要来源。黑龙江省讷河市土壤和气候条件最适宜马铃薯生长，且近年来马铃薯及其加工产品市场销售较好，该市政府近年来则大力发展马铃薯产业。2001 年全市种植马铃薯 68 万亩，农民实现收入 2 亿元，通过马铃薯加工增加财政收入 1 600 万元。

制定鼓励发展农业产业化的优惠政策。当前农业产业化正处于起步发展阶段，需要政府给予必要的扶持。据了解，地方政府制定的优惠政策，包括扶持项目资金、贷款贴息、减轻税费负担对各种类型的龙头企业一视同仁等。广东省财政每年用于龙头企业贷款贴息的资金有 5 000 万元。广州市政府为鼓励发展出口创汇蔬菜基地，安排专项资金用于蔬菜基地的农田水利设施建设、新品种新技术的引进示范推广等方面。河北省安平县政府为鼓励养猪业发展，在县财政专门设立生猪产业基金，用于扶持养猪专业户；养猪专业户建养猪场，在土地使用、电力增容及税费征收等方面给予优惠。

搞好农业产业化经营的服务、协调。地方政府提供的服务，主要是引导生产，帮助农民寻找产品销路，组织农业科技部门开展技术培训等。广东省从化市政府针对当前农产品进入买方市场的情况，督促引导龙头企业收集研究国内外市场信息，通过他们瞄准市场，再组织农民进行生产，用当地同志的话讲，“外面的世界很精彩，农民很无奈，我们要把外面的精彩变成农民的精彩，变成农民的钞票”。地方政府的协调工作，主要是协调龙头企业和农户之间的关系，通过督促龙头企业和农户签订并严格遵守合同契约，使双方各得其所，协调发展。

（二）龙头企业的带动作用，在很大程度上取决于其内部是否具有充满生机活力、能够不断开拓进取的经营管理机制

走公司带基地、带农户的路子。产业化龙头企业的优势在于农产品加工、销售、技术服务等方面，而基地建设的主体则是广大农民，只有实现二者的有机结合，农业产业化经营才会有更大的发展空间。广州从玉菜业发展有限公司的具体作法是：公司与农户签定产销合同，由农户按照公司提供的品种以及无公害蔬菜生产技术规程进行生产，产品由公司按不低于保护价统一收购、加工、销售，从而把千家万户分散的小生产与千变万化的大市场紧密结合起来，既带动了农户种菜致富，又为企业提供了充裕的货源。

实行合理的利益分配机制。农业产业化经营从本质上讲是多元经济利益的一体化，其中龙头企业与农户的利益分配是个核心问题，只有按照“风险共担、利益共享”的原则均衡各方利益关系，才能保证产业化经营稳步发展。四川竹叶青茶叶有限公司与茶农签定的收购协议，确定了最低保护价和优质优价，公司还将每年纯利润的 10% 作为奖励返还给优质茶生产大户。2001 年公司共向茶农返利 60 多万元，受益茶农1 000多户。广东温氏食品集团有限公司在育种、饲养、技术、药物、销售的各个环节平衡分配利润，确保了股东、员工、养鸡户、销售客户的效益。如公司为养鸡户设立了每只鸡至少 1.3 元的收益，当市场价格下跌时，宁愿牺牲公司利益也不让农民利益受损，既保护了农民养鸡的积极性，也为企业赢得了信誉。

靠科技提升企业竞争能力。市场的竞争，说到底是科技和人才的竞争。产业化龙头企业只有不断采用新技术、新产品，站在科技进步的前沿，才能在激烈的市场竞争中立于不败之地。广东温氏食品集团有限公司的信条，一个是产品能卖得出去，第二个是企业的成本要低于社会平均成本。该公司与华南农大长期合作，进行畜禽品种繁育和饲料开发的研究，所培育的新品种和饲料配方保持同行业领先水平。与国内同行业相比，该公司每斤鸡的饲养成本少 0.3 元，每斤猪的饲养成本少 0.5 元，具有极强的市场竞争力。讷河市在发展马铃薯产业中，以黑龙江省农科院和东北农大作为技术依托单位，进行品种改良，引进、繁育新品种，研制出的马铃薯新品种淀粉含量可提高 5%—7%，而淀粉含量每提高 1%，加工环节年可增收 300 万元。

实行以销定产并不断开拓市场空间。在当前农产品市场供应趋于饱和的情况下，突出的矛盾不在于产品能否生产出来，而在于产品能否销得出去。市场问题实质上是产品的品质问题，也有赖于不断加大营销力度。吉林德大有限公司坚持用新产品打开市场，鸡肉产品由十多个品种增加到 70 多个品种；加强产品检测和防疫管理，按国际市场要求严格控制药物残留；以直销占领市场，取消中间环节；占稳重点市场，该公司鸡肉产品国内销量的 80％销往东北，出口量的 77％销往日本。广东温氏食品集团有限公司则依靠销售客户了解市场信息，组织专门力量对全国地级以上城市的畜产品供需状况、居民生活水平、消费习惯等进行市场调查，为公司新设分公司提供准确的调查数据；建立信息网络，公司当天就可以掌握各分公司的销售业绩及其所在地的市场动态，为公司制定销售策略提供可靠资讯。

三、发展农业产业化需解决的几个问题

各地农业综合开发扶持产业化现已呈不断增温的势头。在“十五”期间，吉林省拟育大 5 个农业龙头企业，每个龙头企业销售额 100 亿元以上，税利 10 亿元以上。黑龙江省拟重点扶持 8 至 10 个优势产业，包括奶牛、肉牛、肉鸡、马铃薯、山野菜等产业。当前存在的突出问题是：有的对扶持民营龙头企业存有疑虑，认为是“用公家的钱帮私人发财”；有的主导产业不明确，资金安排重点不突出；因用于产业化经营的农发资金多半是有偿的，有的地方担心收不回而不敢投放，或用项目资金抵顶到期的债务。这些问题不解决，将会影响农业产业化的健康发展。

（一）大胆扶持民营龙头企业

加快农业结构战略性调整必须走农业产业化之路，发展农业产业化关键是龙头，对此大家的认识是一致的，但对应否扶持民营龙头企业，认识上不尽一致。从实践看，民营龙头企业在发展产业化经营方面具有其他经济形式不可替代的作用。民营龙头企业是农民连接市场的桥梁，是发展农业产业化的载体，它既克服了广大农民因无资金、无技术、无规模难以应对市场的困难，又因其实行企业化的运作模式而使内部充满了生机活力。民营龙头企业具有双重性，它当然要求自身发展，但同时又负有带动农民致富的义务。应当看到，民营龙头企业背后是一大批农民，它代表着一大批农民的利益。发展农业产业化的立足点是帮助农民增收，但通过扶持龙头企业才能达到这一目的。从这个意义上讲，扶持民营龙头企业就是扶持农民。因此在资金的安排上，对民营龙头企业应当一视同仁地大胆予以扶持，除扶持有偿资金外，对新技术、新品种的引进推广及某些公益性基础设施建设，也应给予适当的无偿扶持。同时，对民营龙头企业要进行有效的引导、监督和制约，对于真正发挥龙头作用且有发展前景的民营龙头企业，可在资金投入上连年给予扶持。

（二）按照发展农业产业化的思路安排项目

农业产业化经营的重要特点之一是实行规模化经营。规模化经营有利于吸引资金、技术和人才，有利于开拓市场、提高市场竞争能力，特别是在入世以后，我们面对的是跨国性的国际经济组织，更需要培育能够参与国际竞争的产业化龙头企业。因此，要按照扶优、扶大、扶强的原则安排使用项目资金。关键是选准具有当地特色和市场竞争优势的主导产业，集中资金，重点投入。要按照产业化经营的要求和缺什么补什么的原则，着力扶持产业化链条中的薄弱环节，做到扶持一个项目，培育一个产业，富裕一方群众。

（三）把资金真正用在项目上

这是搞好项目建设的前提条件之一。今后要把主要精力放在项目的前期准备上，经评估论证可行的项目要大胆扶持。要加强资金使用的监督、检查，一旦发现项目资金闲置或用以抵顶债务的，要如数收回或扣减下年度资金，并予以通报批评。同时，要合理调整财政资金有偿、无偿的投入比例，妥善处理以前年度财政有偿资金形成的呆账，避免形成新的债务风险。

（作者现任国家农业综合开发办公室副主任）

充分认识新阶段农业综合开发的重要地位和作用

重庆市农业综合开发办公室

有为就会有位，农业综合开发的地位和作用不是自封的，也不是靠宣传出来的，而是靠扎扎实实的工作、靠对农业、农村经济发展的贡献而确立的。农业综合开发实施十多年来，遍及祖国的大江南北，范围已扩展到全国2/3以上的县（市、区）和248个国有农牧场，取得了巨大成效，受到了广大农民群众的普遍欢迎。重庆市农业综合开发的实践，充分说明了农业综合开发的重要地位和作用。

一、农业综合开发为加快农业和农村经济发展发挥了重要作用

重庆市自1990年立项实施农业综合开发以来，在各级党委和政府领导下，经过项目区广大干部群众的共同努力，农业综合开发取得了显著成效，为加快重庆市农业和农村经济发展做出了重要贡献。

1. 改善了农业生产基本条件，提高了农业综合生产能力。重庆市实施农业综合开发以来，累计投入农业综合开发资金11.6亿元，群众投工投劳2.8亿个工日，累计改造中低产田400万亩，治理水土流失面积7 250平方公里，营造农田防护林646万亩，建设优质农产品生产基地670万亩，培育产业化龙头项目147个；新增生产能力：粮食3.93亿公斤、油料8 103万公斤、肉类4 100万公斤、水果1.8亿公斤、鱼类4 700万公斤、蔬菜2.5亿公斤。

2. 促进了农业结构调整和特色经济的发展，显著增加了农民收入。重庆市农业综合开发本着因地制宜，突出特色，优质高效的原则，立足变资源优势为经济优势、围绕促进农业结构调整这个中心任务，建成了35个优质特色农副产品生产基地。如江津市20万亩花椒基地、潼南县5万亩优质蔬菜基地、万盛区和武隆县10万亩猕猴桃基地、永川市百里优质水果长廊等。项目区农民收入显著增加，人均年纯收入比非项目区高280元以上，有的高出500—800元。如永川市百里优质水果长廊由开发前人均收入不足800元上升到2000年的2 880元，是开发前的3倍。

3. 建成了一批各具特色、示范带动力强的现代农业园区。近年来，重庆市农业综合开发工作突出了现代农业园区建设，在项目的立项、选址、规划上起点高，立足于当地的资源优势和比较优势，根据培育主导产业的要求加强基础设施建设，将昔日的“望天田”、“冷烂毒串田”变成了今天田成方、树成行、渠相连、路相通、旱涝保收、高产稳产、优质高效的示范田和高标准的现代农业园区，为发展农业和农村经济发挥了很好的示范和带动作用。

4. 推动了农业科技进步。重庆市的农业综合开发，通过引进优良品种，推广先进适用农业技术，加强对农民的技术培训等，有效地推动了农业科技进步。项目区引进了优质水稻、油菜、果蔬等50多个新品种，优良品种的普及率达95%以上。推广应用了水果贮藏保鲜、菌根化育苗、薯类加工等20多项新技术，建成了一批优质良种苗木、畜禽水产良种繁殖基地，使项目区的农业科技成果转化率明显提高。

二、新阶段继续加强农业综合开发工作意义重大

从重庆市的情况看，在我国农业发展进入新阶段和加入世贸组织的新形势下，继续加强农业综合开发工作，具有重大意义。

1. 进一步加强农业基础设施和生态建设的需要。总体而言，重庆市农业生产条件差，全市2 400万亩耕地中，冷、烂、毒、串低产稻田和坡瘠地占总耕地面积的62.5%，水利设施严重不足，全市没有一座大型水库，中型水库只有28座，每个区县（市）不到一座，有效灌溉面积只有36%，大大低于全国52%的水平。自然灾害种类多而集中，伏旱发生率达80%，寒潮、低温阴雨、洪涝、风雹、山地灾害也常发生，给农业生产带来重大影响。全市至今尚有1 500万亩中低产田需要改造，水土流失面积占幅员面积的50%以上，远远高于全国17%的平均比例。所以，加强农业基础设施和生态建设的任务十分艰巨，迫切需要加大农业综合开发投入力度。

2. 调整农业和农村经济结构，增加农民收入的需要。重庆市是我国商品粮、猪肉、烤烟、药材、蚕桑、柑桔、长毛兔生产的重要基地，在全国100个产粮、产猪大县中，重庆分别占3个和11个；在全国523个商品粮基地大县中，重庆占16个，重庆市40个区县（市）中被列为国家和省市级商品粮基地的有26个，占65%。重庆农村面积占幅员面积的97%，农业人口占总人口的80%，2001年全市农民人均纯收入为1 971元，低于全国2 366元的平均水平。因而进一步调整农业结构、增加农民收入，还要求农业综合开发发挥重要作用。

3. 加快农业科技进步，推进农业现代化建设的需要。目前，重庆市农业科技总体水平还较低，农业科技贡献率仅为38%，主要表现在农业科技投入少，高新科技应用不够，科研成果转化为现实生产力速度不快。特别是山区，普遍存在着教育水平不高，农村科技人才缺乏，农业科技推广体系不健全，运行机制不灵活等问题，项目区的农业科技工作也有很大的潜力。所以，要积极示范推广优良品种和先进适用的农业技术，加强技术服务体系建设，采取有效措施，鼓励科研单位和人员参与农业综合开发，加速科研成果转化，加速传统农业向现代农业转变，推动农业现代化进程。

4. 应对入世挑战，提高农业国际竞争力的需要。入世以后，由于我国农业经营规模小，劳动生产率低，大宗农产品生产成本偏高，政府对农业的保护程度也比较低，我国农业发展将面临巨大的竞争压力。如重庆市是我国最大的柑桔生产基地，种植面积达到130多万亩，但目前很难进入国际市场，主要是品种老化，品质差，加工能力落后。应对入世挑战的根本出路，在于提高我国农业的国际竞争力。农业综合开发的投入方式，符合世贸组织的“绿箱”政策，在确保农业综合生产能力稳步提高的基础上，依靠科技进步，优化农业结构，提高农产品质量，有利于增强我国农业的国际竞争力，将成为我国政府支持和保护农业的重要途径。

党的“十六大”为深入开展农业综合开发指明了方向

王照平

全面贯彻落实党的“十六大”精神，努力开创新局面，是当前农业综合开发工作一项重要和紧迫

的任务。

一、农业综合开发体现了“三个代表”的本质要求

1. 农业综合开发致力于中低产田改造，致力于巩固和加强农业基础地位，支持和促进国民经济持续、快速、健康发展，体现了农业先进生产力的发展要求。到2001年底，河南省农业综合开发累计投入各类资金70多亿元，改造中低产田2 800多万亩，新打和维修配套机井24万眼，开挖疏浚排灌沟渠7.7万公里，新增有效灌溉面积1 360万亩，新增和改善排涝面积1 440万亩，植树造林（折实）200多万亩，改良土壤980万亩，建立良种繁育基地24万亩。经过开发治理后的绝大多数项目区整体面貌发生了根本改变，基本形成了田成方、林成网、路相通、渠相连、旱能浇、涝能排旱涝保丰收的高产稳产农田，农业生产力大幅度提高。

2. 农业综合开发坚持把发动农民群众，充分调动农民参与开发的积极性，培养和提高项目区农民综合素质，作为一项前提性工作来抓，体现了中国农村先进文化的前进方向。河南农业综合开发重视对项目区农民的发动和培训工作，强调只有项目区大多数农民同意，才能立项；立项了，必须进行培训。全省农业综合开发累计培训农民技术人员400多万人次，推广良种良法、模式化栽培、节水灌溉、间作套种等农业十大适用新技术1 800多万亩。通过加强对项目区农民的培训，使广大农民群众开阔了视野，增强了市场意识，提高了科学文化素质，加快了先进文化知识在农村的传播，农业综合开发效益也更加明显。

3. 农业综合开发进行土地治理，改善农业生产条件，培育龙头企业，增加科技投入，直接受益的是农民，体现了广大农民群众的根本利益。农业发展进入新阶段以后，农业综合开发进行了指导思想的战略转变，加大了对农业产业化经营和农业结构调整的支持力度。河南省农业综合开发先后扶持培育了贸工农一体化、产加销一条龙龙头骨干企业100多个，建立各种优质专用农产品种植、养殖基地126个。“九五”期间，全省农业综合开发项目区农民年人均纯收入由980元增加到2 146元，增长119%，项目区农民的根本利益得到了保证，广大农民群众的生活水平显著提高，农民奔小康的步伐大大加快。

总之，农业综合开发工作与“三个代表”的本质要求是完全一致的。做好农业综合开发工作，是在农村落实“三个代表”重要思想的最好形式之一。

二、在全面建设小康社会中农业综合开发大有可为

党的十六大明确规定了我们党在新世纪前期的中心任务，就是全面建设小康社会，加快推进社会主义现代化。落实全面建设小康社会任务，关键在农业、农民和农村。我国是农业大国，农业是基础产业，农业兴才能百业兴；农民是最大的群体，农民富全国才能富；农村是最广阔的市场，农村活才能全局活；只有农村实现小康，全国才能全面实现小康。农业综合开发实施14年来，通过大力加强农业基础设施建设，改善了农业生产条件，提高了农业综合生产能力，为推动我国主要农产品实现由长期短缺到总量基本平衡、丰年有余的历史性转变做出了重要贡献。在全面建设小康社会的新的发展阶段，农业综合开发在统筹城乡经济发展、建设现代农业、发展农村经济、增加农民收入上依然大有作为，必将在全面建设小康社会中发挥更大的作用。

1. 农业综合开发能够为统筹城乡经济社会发展、支持和保护农业发挥重要作用。农业综合开发投入是目前政府直接用于发展农业的一笔较大的投入，并且随着国家财力的增长将逐步增加。它以农业主产区为重点，着力加强农业基础设施建设，改善农业基本条件和生态环境，是我国政府扶持农业发展的一条重要渠道。继续推进农业综合开发，可以有效地保护和支持农业发展，并促进城乡经济社会协调发展。

2. 农业综合开发能够有效地推动农业现代化。农业综合开发既重视农业生产条件建设，又强调生态环境建设，并大力发展有机农业、生态农业和绿

色无公害农产品；既注重利用工业化的直接成果，又积极采用信息技术等先进手段；既致力于农业生产工具的改良和进步，又注重农村劳动者素质的提高；既不断为农业现代化发展提供大量的资金支持，又将现代的生产要素、科学技术和管理应用于农业，提高农业的综合生产能力和市场竞争力，加快实现农业现代化进程。

3. 农业综合开发能够为发展农村经济、增加农民收入注入生机和活力。目前，农民特别是主产区农民的增收面临新的挑战。农业综合开发在重点进行农业基础设施建设的同时，通过加强优势农产品和产业发展，扶持带动作用强的产业化龙头企业，积极发展农业产业化经营，着力推进农业和农村经济结构的战略性调整，可以显著提高农业的综合效益，拓宽农民增收渠道，促进农村经济全面发展。

三、创新是农业综合开发不断在实践中探索前进的灵魂

党的十六大强调了创新的重要意义，提出新世纪新阶段“发展要有新思路，改革要有新突破，开放要有新局面，各项工作要有新举措”。这一重要论断必将激励农业综合开发进一步解放思想，与时俱进，积极探讨新思路、新举措、新办法。

1. 明确农业综合开发新的目标，支持农业结构的战略性调整。当前，我国农业面临的主要问题是农业结构性矛盾突出、农民增收困难。农业综合开发要把促进农业结构战略性调整和农民增收放在首要地位。农业综合开发促进农业结构调整，决不能再走简单的数量、比例变动的老路子，必须注重调整的质量。要适应农业发展新阶段的要求，面向国内外市场需求，依靠科技进步和技术创新，因地制宜地确定农业结构调整的方向和重点，优化区域布局，发挥资源、经济、市场和技术等综合性区域比较优势，大力发展优势农产品和产业，提高种养业商品化、专业化、集约化水平，提高农业的整体运行质量和效益。

2. 深化农业经营体制改革，大力支持农业产业化经营。农业产业化经营是在家庭承包经营基础上我国农业经营体制的又一重大创新。实践证明，依靠各类农产品加工和销售龙头企业的带动，把分散的农户组织起来，按市场需求引导农业生产，既有效地解决了分散的农户经营与国内外市场的连接问题，又有利于农业生产、加工、销售有机结合，形成完整的产业体系。大力发展农产品加工业，积极推进农业产业化经营，是新阶段农业综合开发的一项重要任务。

3. 推广应用先进适用农业技术和高新农业技术，提高项目区农业综合开发科技水平。农业发展根本的出路在于依靠科技进步和提高劳动者素质，提高土地生产率、劳动生产率和资源产出率。要创新农业综合开发机制，进一步优化资金投向，增加用于农业科研和推广的资金投入比例，将农业综合开发与推广应用农业适用技术和高新技术结合起来，大力提高开发项目的技术含量。

4. 适应农业对外开放的需要，提高我国农业的国际竞争力。为适应参与国际市场竞争的要求，农业综合开发应在继续确保粮食综合生产能力稳定提高的基础上，更加重视根据比较优势原则来优化农业结构，发展外向型农业产品，提高我国农业的国际竞争力。通过增加科技投入，提高具有竞争优势的农产品质量；通过强化农产品产后加工、贮运、保鲜和包装等环节，进一步挖掘出口潜力，提高农产品国际市场占有份额。

（作者原系河南省农业综合开发办公室主任）

进一步加强和改进农业综合开发工作

黄守宏　李炳坤

农业综合开发，是国家支持农业发展的重要手段和提高农业综合生产能力的有效措施。自1988年开始实施以来，尤其是在最近五年中，农业综合开发取得了显著成效，为推动我国主要农产品实现由长期短缺到总量基本平衡、丰年有余的历史性转变做出了重大贡献。在农业和农村经济发展新阶段，进一步加强和改进农业综合开发工作，提高农业综合开发水平，关系农业和农村经济发展的全局。最近，我们就这一问题进行了调研，现将情况和建议汇报如下。

一、农业综合开发取得了显著成就

1988年，针对当时农业基础设施脆弱、农产品供求矛盾比较尖锐的情况，党中央、国务院决定，集中中央、地方、农民及社会各方面的力量，实现大规模的农业综合开发，改善农业生产条件，提高农业的综合生产能力和整体素质。这一重大举措，调动了各方面的积极性，农业综合开发投入规模不断扩大。在1988—1997年的十年间，农业综合开发投入资金698亿元，年均69.8亿元；在1998—2002年的五年间，农业综合开发共投入资金993亿元，年均超过199亿元。随着国家财力的不断增强，中央及地方财政对农业综合开发投入的资金数量不断增加，所占比例不断提高。在前十年中，中央和地方财政投入资金分别为180亿元和162亿元，占农业综合开发投入的比例分别为25.8%和23.2%，二者合计为49%；在近五年中，中央和地方财政投入资金分别为303亿元和266亿元，所占的比例分别升至30.5%和26.8%，二者合计为57.3%。实践证明，农业综合开发对提高农业综合生产能力，推进农业结构战略性调整，促进农业可持续发展，增加农民收入发挥了重要作用。

——改善农业生产条件。1998—2002年，共改造中低产田1.63亿亩，新增和改善灌溉面积1.53亿亩，新增和改善除涝面积5 997万亩，新增节水灌溉面积4 684万亩。通过农业综合开发，项目区新增主要农产品生产能力分别为：粮食295亿公斤、棉花4亿公斤、油料15亿公斤、糖料35亿公斤。

——推进农业结构调整。近五年，共建设优质小麦、水稻、大豆等生产基地1 138万亩，优质饲料作物基地300万亩，经济林、蔬菜、花卉、药材等种植业基地833万亩，发展水产养殖321万亩。同时，农业综合开发扶持了410个产业化龙头项目。通过农业综合开发，项目区五年实现农业增加值5 000多亿元，农民年人均纯收入新增221元。

——保护和改善农业生态环境。农业综合开发积极配合西部大开发和国家重点生态工程建设，大力支持退耕还林还草，加强农田林网建设，促进了农业可持续发展。1998—2002年，共完成人工种草和草场改良1 148万亩，建设农业生态示范工程2 722万亩，增加农田林网防护面积9 575万亩。同时，扶持了河北坝上农业生态工程、长江中下游及淮河流域防护林工程、长江和黄河中上游水土保持工程、太行山绿化工程、防沙治沙示范工程等专项生态项目建设。

——促进农业科技进步。农业综合开发不断增加科技投入，扶持新品种和新技术的引进、示范和推广，发展优质、安全农产品的标准化生产。大力开展农民技术培训，近五年共组织了农民技术培训约1亿人次。建设农业科技示范与推广基地，五年来共建设了69个农业高新技术示范项目和50个农业科技推广综合示范项目等。积极扶持具有科技创新和推广能力的龙头企业、合作经济组织和农民专业协会，探索建立形式多样、机制灵活的农业科技推广模式。

总起来看，农业综合开发之所以取得巨大成功，关键在于其与时俱进，不断推进和完善两大创新机制。一是制度创新。农业综合开发在借鉴国际先进管理经验的基础上，经过长期的实践和探索，形成了顺应现代农业发展趋势、适应市场经济要求、符合我国国情的先进的开发模式，高效的运行机制和科学的管理监督体制；形成了从中央到地方、严密而完整的农业综合开发组织体系和专业化、高素质的农业综合开发队伍。二是工作创新。农业综合开发不断适应农业发展阶段性变化的要求，及时调整农业综合开发的指导思想和工作思路，完善相关政策措施，确保了农业综合开发始终有效地服从和服务于党的农业和农村工作的大局。这两大创新机制，使农业综合开发始终保持着生机与活力，在我国农业发展过程中发挥着不可代替、不可或缺的作用。

二、农业综合开发是新时期政府支持农业的有效途径

党的“十六大”提出了全面建设小康社会，加快推进社会主义现代化的战略目标。我国人口大多数在农村这一基本国情，农村发展滞后和农民收入水平低且增收困难的实际情况，都决定了全面实现小康社会重点和难点都在农村。“十六大”报告明确指出：“统筹城乡经济社会发展，建设现代农业，发展农村经济，增加农民收入，是全面建设小康社会的重大任务”。在实现这一宏伟目标的过程中，农业综合开发将承担更加重大的责任，发挥更加重要的作用。

（一）农业综合开发是统筹城乡发展不可替代的重要政策工具

统筹城乡发展，一个重要内容就是加强政府对农业发展的支持和保护力度。与其他方式相比，政府通过农业综合开发支持和保护农业发展，是目前最为有效的政策工具之一。

第一，农业综合开发的财政资金具有较高的使用效率。中央财政支农资金被层层截留、挤占挪用一直是老大难问题。农业综合开发在借鉴世界银行和其他方面成功经验的基础上，形成了一整套比较完善的项目和资金管理机制，有效地克服了财政支农资金被挤占挪用和用于人员经营开支等流弊。这样就能使国家对农业的投入最大限度地发挥作用，提高了财政支农资金的使用效益和政府对农业的支持效率。根据国家审计署连续几年的跟踪审计结果，农业综合开发资金违纪比率在专项资金中是最低的。

第二，农业综合开发的财政资金具有较强的带动能力。增加农业投入，必须中央、地方、农民和社会各方面一起上。农业综合开发实行的“国家引导，配套投入，民办公助，滚动开发”的投入机制，使中央财政资金能“以小博大”、“四两拨千斤”，对地方政府、农民、银行等方面资金有着较强的带动作用，形成促进农业发展的合力。同时，农业综合开发根据各地的开发任务和财力状况，确定了不同的配套比例，即中西部地区低于东部地区，省级财政高于地县级财政，这体现了中央对中西部地区的关心和支持，也有利于调动各地财政增加对农业投入的积极性。这些都是其他的财政支持方式不可比拟的。

第三，农业综合开发中农民的受益面比较广。政府支持农业，一个基本原则是必须形成公共物品或准公共物品，使多数农民受益。农业综合开发投资致力于扶持具有明显的“外部效应”的水利、道路等农业基础设施建设，改善农业基本生产条件，为项目区农民发展生产、增加收入创造了有利条件。目前农业综合开发范围已扩大到2 000多个县（市、区）和国有农场，直接受益农民达4亿多。

第四，农业综合开发符合世界贸易组织规则。我国现在已成为世贸组织成员，应根据WTO规则要求，进一步完善农业支持政策体系。总的原则是加大“绿箱”政策支持力度，调整“黄箱”政策支

持范围和方向。政府通过农业综合开发这种方式支持农业，属于“绿箱”政策范围，也是其他国家的普遍做法，今后应长期坚持下去。

（二）农业综合开发是建设现代农业不可替代的重要措施

农业综合开发坚持以主产区为重点，将中低产田改造和建设成为优质、高产、稳产、节水、高效农田，为建设现代农业奠定了坚实的基础。农业综合开发建立了资金、物资和技术投入相统一的管理机制，将现代生产要素、科学技术和管理应用于农业，不断提高农村劳动者的素质，有力地推进了现代农业的发展。农业综合开发发挥区域性、综合性优势，不断加强生态环境建设，实行山水田林路综合治理，生物措施与工程措施并举，农田耕作措施与农田林网建设结合，并大力发展有机农业、生态农业，有效地改善了农业生态环境，保护了农业生产力，为建设现代农业提供了良好的环境。

（三）农业综合开发是推进农业结构调整、增加农民收入不可替代的重要推动力量

目前，农民特别是主产区农民的增收面临着严峻的形势。农业综合开发在重点进行农业基础设施建设的同时，积极支持种养业和农产品加工业发展，促进农业区域布局调整和优化，扶持带动作用强的龙头企业，发展农业产业化经营。这对于推进农业和农村经济结构的战略性调整，提高农业综合效益，拓宽农民增收渠道，促进农村经济全面发展具有重要作用。

（四）农业综合开发是提高我国农业国际竞争能力不可替代的有效手段

我国加入世贸组织后，农业对外开放提高到一个新的水平，机遇与挑战并存。一方面与发达国家相比，我国农业物质技术装备落后，经营规模小，劳动生产率低，大宗农产品价格高，面临着很大的进口压力。另一方面，我国农业资源类型多样，劳动力丰富，在劳动密集型产品和特色农产品方面具有优势。通过农业综合开发，改善农业生产条件，推广优良品种和先进适用技术，促进农业标准化建设，发展具有优势的农产品生产，可以有效地提高我国农业的国际竞争力。

总之，我们必须从战略和全局的高度，进一步提高对新时期农业综合开发重要作用的认识，不断提高农业综合开发水平，为全面推进农村小康社会建设奠定坚实的基础。

三、进一步加强和改进农业综合开发的若干建议

农业综合开发虽然取得了明显成效，但用发展的眼光来看，仍然存在着一些不足之处，需要继续进一步加强和改进。比较突出的问题是，农业综合开发的投入与现阶段国家加强对农业支持和保护的要求不相适应，农业综合开发的布局还不够集中、规模效益还不够明显，运行机制还有待于继续完善和提高，法律制度建设相对滞后。对于这些问题需要认真研究，在今后实践中尽快加以解决。为此，我们提出如下几点建议：

（一）切实加大对农业综合开发的投入力度

一是各级财政要切实落实国办发［2002］13号文件精神，确保“十五”及今后一个时期内，用于农业综合开发投入的财政资金增长幅度高于“九五”时期的水平。二是增加财政贴息资金额度，引导银行增加农业综合开发贷款投入。三是继续争取利用世界银行贷款、亚行贷款等外资。四是积极探索农业综合开发与扶贫开发、生态建设、农村中小型基础设施建设等资金相互配合、统筹安排的建设机制。同时，根据公正、公开、科学、合理的原则，采用综合因素法分配中央财政农业综合开发资金，加大对开发潜力大、开发效果好的地区的投入力度，体现奖优罚劣，提高农业综合开发效益。

（二）农业综合开发要服从和服务于农业和农村经济结构战略性调整的大局

农业综合开发应继续坚持以农业主产区特别是粮食主产区为重点，加强农业基础设施和生态建设，提高农业综合生产能力。同时，要大力扶持优势农产品和优势产业，逐步加大科技投入力度，推进农业结构调整，发展养殖业和农产品加工业，加大对龙头企业的扶持力度，增加农村劳动力的就业机会和收入来源。农业综合开发应适应市场需求的变化，不再发展一般大路货的农产品，着力提高农

产品的质量安全水平。种植业、养殖业生产的最低起点是发展无公害食品，主攻方向是发展“绿色食品”，少数有条件的地区还可以发展“有机食品”。

（三）农业综合开发要积极参与和支持优势农产品产业带建设

建设优势农产品产业带是推进农业和农村经济结构战略性调整的一个重大举措，对于提高我国农业的国际竞争力必将产生深远的影响。农业综合开发应积极参与优势农产品产业带的建设，进一步加强同农业主管部门的配合与协调，形成合力。建议对目前已经规划的 11 种产品、35 个优势产区进行通盘考虑，划定若干个优势农产品产业带由农业综合开发承担，尤其是当前最为紧迫的高油大豆、专用小麦、专用玉米、肉牛肉羊、牛奶等优势产区，以提高农业综合开发规模效益，增强我国这些农产品及其加工品在国内外市场上的竞争力。

（四）认真总结和推广农业综合开发的项目管理经验

农业综合开发已经初步形成了一套比较有效的运行管理机制。即择优立项，统筹规划，连片开发，实行项目专家评审制、项目法人制、招投标制和工程监理制；严格资金管理，实行专人管理、专账核算、专款专用制度，并全面推行财政无偿资金县级报账制、财政有偿资金委托银行放款制和项目资金公示制，接受社会特别是农民群众的监督。我们认为，这套管理机制尽管还不是尽善尽美，有待于继续改进，但迄今为止是我国农业项目管理方面较为严密、规范和有效的。因此，建议在全国农业项目管理特别是资金管理方面逐步推广这些行之有效的做法和经验，提高整个农业资金的管理水平和使用效益。

（五）尽快制定农业综合开发管理条例

2002 年 12 月九届全国人大常委会第 31 次会议修订通过的《中华人民共和国农业法》第十七条规定：“各级人民政府应当采取措施，加强农业综合开发和农田水利……等农业和农村基础设施建设，改善农业生产条件，保护和提高农业综合生产能力。”这就从法律上明确了加强农业综合开发是各级政府的责任，为做好农业综合开发工作提供了重要的法律依据。农业法是农业方面的基本法，对于农业综合开发需要制定相关的专门法律和条例作出相对详细的规定，以在实际工作中有章可循。因此，我们建议尽快制定农业综合开发管理条例，将农业综合开发工作纳入规范化、制度化的轨道。

（作者单位：国务院研究室）

关于将农业流通补贴转入农业综合开发问题的研究

段应碧　唐仁健　祝卫东　陈良彪

本课题研究旨在分析我国农业流通补贴的现状，总结国外农业补贴的经验，研究将一部分农业流通补贴转用于农业综合开发的必要性和可行性，并对此提出政策建议。本课题分为四部分，第一部分研究分析当前农业流通补贴的支出规模及其构成，第二部分研究分析国外农业补贴的现状和经验，第三部分研究分析农业流通补贴转入农业综合开发的必要性和可行性，第四部分提出相关的政策建议。

一、当前我国农业流通补贴的现状及问题

国家对农业的投资、生产、流通、分配、消费

等各环节都给予了大力支持，在农业流通方面的支持，主要包括农产品和农业生产资料补贴。

（一）农业流通补贴的支出规模及其构成

2001年（下同）全国农业财政补贴支出718.61亿元，其中粮食流通补贴支出586.83亿元(2001年缺粮食政策性挂账利息补贴，2000年该项补贴68.65亿元)，棉花补贴4.08亿元，农业生产资料价差补贴1.48亿元，糖、肉、蔬菜及副食品补贴16.82亿元，其他政策性补贴109.31亿元。

在农业财政补贴支出中，粮食流通补贴支出是主体，占81.7%；棉花、糖、肉、蔬菜等补贴仅占2.3%；农业生产资料补贴支出已微乎其微。

在粮食流通补贴中，最大的补贴项目是粮食风险基金，2001年达280多亿元。其次是国家储备粮油利息费用补贴，为176.21亿元。第三是粮食财务挂账利息补贴，为76.27亿元。第四是国家粮油价差补贴29.25亿元。其他粮食补贴支出依次为，中央和地方粮食企业新增新老挂账款9.11亿元、地方粮油价外补贴6.02亿元、粮食老挂账消化款2.35亿元等。

（二）1998年以来农业流通补贴政策的改革及其影响

1. 粮食流通体制改革补贴。为保护种粮农民的利益，1998年国务院进行了粮食流通体制改革，改革的主要内容是“三项政策、一项改革”，即国有粮食企业敞开收购农民的余粮，并要做到收购粮食顺价销售，收购资金封闭运行，粮食企业要深化内部改革，提高效益。各级财政为支持粮改，增加了补助地方的粮食风险基金，粮食风险基金支出从1998年的158.16亿元，增加到2002年的293亿元，五年累计支出1 242.28亿元。

2. 国家储备粮油利息和费用补贴。为确保粮食安全，国家必须储备一定数量的粮油，财政补贴为此而发生的利息、费用。1998—2001年国家财政共补贴储备粮油利息和费用514.6亿元。

3. 粮食流通企业消化亏损挂账补贴。为支持粮食流通企业减少亏损，减轻负担，国家财政对粮食流通企业给予了多方面支持。一是粮食老挂账消化补贴，1991年，全国粮食企业亏损挂账545亿元，到1998年底累计消化老挂账425亿元。1999—2001年累计安排粮食老挂账消化款21.74亿元。二是新增财务挂账停息款，1998—2001年财政拨付粮食财务挂账利息补贴233.92亿元。三是粮食政策性挂账利息补贴，1999年为84.17亿元，2000年为68.65亿元。同时还对粮食企业出口粮食给予了支持。

此外，近年来国家财政还支持了中央储备粮库建设，仅1998—2002年财政安排343亿元国债资金，建设了1 100多个国家储备粮库，新增仓容500多亿公斤，改善了粮食企业的仓储条件。

4. 棉花流通补贴。1999年，我国继续对棉花流通体制进行改革，根据国务院关于深化棉花流通体制改革的决定，从1999年9月1日起，放开棉花价格和购销。棉花收购价格按照市场形成原则，由购销双方协商确定，国家不再作统一规定。拓展棉花经营渠道，除供销社及其棉花企业外，农业部门所属的良种棉加工厂和国营农场，以及经资格认定的纺织企业都可以直接收购、加工棉花。放开棉花价格和购销后，国家棉花储备费用补贴从1998年的27.08亿元，下降到1999年的22.91亿元、2000年的24.4亿元和2001年的6 065万元。棉花价差补贴从1998年的40.84亿元下降到1999年的4.83亿元、2000年的10.63亿元和2001年的2.79亿元。

5. 农业生产资料流通补贴。1998年，国家财政用于化肥、农药、农用电、农用塑料薄膜和其他农业生产资料的价差补贴高达305.42亿元。随着农用生产资料经营的进一步市场化，农业生产资料价差补贴大幅度下降，1999年为2.05亿元，2000年1.51亿元，2001年为1.48亿元。

综上可见，随着我国社会主义市场经济体制改革的逐步深化，我国农业流通补贴已主要集中在粮食流通补贴上。

（三）我国农业流通补贴存在的主要问题

历史地看，对农业生产资料的补贴，降低了农业生产的成本费用；对农产品流通的补贴，保证了农产品的顺利销售和合理价格，保护了农民的生产积极性。因此，农业流通补贴政策促进了农业发展，促进了农业生产力的提高，是有积极作用的。

随着农业的阶段性变化，农产品实现了供求基本平衡、丰年有余的历史性转变，特别是我国加入世贸组织后，我国面临国外农产品的激烈竞争，农业发展的主要目标不是产量问题，而是农民收入问题。随着情况的变化，我国农业流通补贴的问题逐步呈现出来。

1. 现行农业流通补贴主要是间接补贴，农民受益不多的问题比较突出。我国现行农业流通补贴主要是对供销社和国有粮食流通企业的补贴，通过这些补贴，使供销社以较低价向农民供应农业生产资料，使国有粮食流通企业以较高价格收购农民的粮食。实行市场经济以前，农业生产资料和粮食的购销渠道比较单一，国家的这些补贴比较容易使农民受益。实行市场经济体制以来，市场购销渠道多元化，农民购买农业生产资料的渠道越来越多，销售粮食的渠道也越来越多，供销社和国有粮食流通企业的经营主渠道地位日益受到削弱，国家再实行传统意义上的农业生产资料补贴和粮食流通补贴，除供销社和国有粮食流通企业本身得到国家的保护外，补贴农民的目的已难以实现，农业流通补贴的初衷已发生变化。不仅如此，还使这些流通企业对国家补贴产生依赖性，不利于农业流通领域的平等竞争。

2. 现行农业流通补贴政策使国家财政不堪重负，不利于提高财政补贴的使用效率。由于粮食流通基本上由国有粮食企业独家承担，其他经营主体难以涉足，粮食基本上被国有粮食企业收储。这虽然有利于国家控制粮源，稳定粮价，但另一方面，由于粮食生产连年供大于求，市场销价偏低，导致国家粮食库存积压的问题越来越突出，粮食储存占用银行贷款快速增长，相关的利息和保管费用补贴大量增加。加之粮食储存数年后，质量下降，不能作为口粮，只能转作陈化粮，转用于饲料，需作削价处理，有的因储存年数过长完全变质。因此带来的差价损失，也需要国家财政弥补。国家收购储存粮食越多，财政用于流通的补贴就越重，逐年累积将使国家财政的负担越来越沉重。即使欧美等发展国家财力雄厚，长期实行这种国家保护价收购政策，其财政也难以承受。我国作为发展中国家，财力有限，更要提高补贴资金的效率。

3. 现行粮食流通补贴政策不利于国有粮食企业深化改革，提高粮食补贴效率。当前国有粮食企业既是国家政策性粮食储备机构，又是商业性粮食经营单位，一身二任，界限不清，很难把政策性业务与经营性业务绝对分开，容易把国家的政策性补贴与企业的经营性利益混在一起，企业往往把本身的利益放在首位。从一些调查看，国有粮食企业真正按保护价收购农民的粮食仅有1 000亿斤左右，只有农民出售粮食的一半。据有关方面测算，近年国家每年支出约300亿元的粮食风险基金，农民从中得益的部分只有150亿元左右。如果加上国有粮食企业在收购农民粮食过程中的压级压价、扣水扣杂，农民得益的风险基金还更少。部分粮食流通企业不积极销售粮食，目的是为得到国家的储存费用补贴，导致粮食库存越来越大。现行粮食流通补贴政策，引起了部分国有粮食流通企业行为的扭曲，浪费了宝贵的粮食补贴资金。

4. 现行农业流通补贴政策不适应农业发展新阶段的需要。我国农业进入新阶段以来，农民增收困难的问题突出。如何增加农民的收入，已是一个十分紧迫的问题。各地都进行了很多探索，找到了一些突破口。但也面临很多的困难，一个重要的难题是缺资金，农民从银行、信用社贷款极为困难，财政支农资金用于农业结构调整的很少，严重制约了农业结构的调整速度。与此同时，改善农业生产条件的任务仍然相当艰巨，农村税费改革后，对农民的摊派和义务工受到了很大的约束，农民用于改善农业生产条件的投入减少。这些方面都急需国家增加投入补贴。而现行农业补贴大量投向国有流通企业，与农业农村发展的需要很不适应，急需调整改革。

5. 现行粮食流通补贴不适应我国加入WTO的新形势。现行粮食流通补贴没有区分粮食的安全性补贴与经营性补贴，这与WTO的规则是不相符的。粮食的安全性补贴属于“绿箱”措施，而粮食的商业性、经营性补贴属于“黄箱”补贴，按规则，“黄箱”补贴是要受限制的，超过农业总产值的

8.5%就要削减。我国现行的粮食流通补贴大部分属于经营性补贴，加上其他的“黄箱”补贴，这个比例已没有很大的空间。发达国家加入世贸组织后，为减少“黄箱”补贴，也纷纷削减流通补贴。我国加入WTO后，世贸组织每年都要对农业补贴进行审议，我们应当做到按规则办事。因此，我们认为，在保证粮食安全储备的基础上，减少粮食流通补贴，也是适应加入WTO的需要。

近几年我国农业生产的情况说明，尽管自然灾害很严重，粮食种植面积也因结构调整而有较大减少，但我国的粮食产量仍能保持9 000多亿斤，粮食库存仍在增加，这说明我国多年来推广先进农业技术，提高粮食综合生产能力取得了成效。在这种形势下，我们认为，国家改革农业流通补贴的条件已经具备。

二、发达国家农业补贴的现状和经验

农业补贴政策是当今世界各国农业政策的核心内容，也是个非常复杂的体系。按照发达国家特别是经合组织（OECD）和大多数发展中国家农业政策的分类方法，农业补贴政策分为市场价格支持、产出补贴、投入品补贴、直接收入支付、一般服务支持和其他收入支持等类型。不同的国家，由于资源条件不同，处在不同的经济发展阶段，农业补贴的方式、程度和目标都不一样。在各国独具特色的农业补贴政策体系中，流通补贴是最重要的组成部分，在发展中国家，流通补贴几乎是惟一的政策内容。随着世界贸易一体化进程逐步加快，各国对流通补贴都进行了不同程度的改革，总的趋势是，逐步削减流通补贴额度，增加农业结构调整和农村综合发展方面的补贴，或者采取直接收入支付。

（一）不同国家农业补贴的做法

1. 发达国家的情况。凭借雄厚的经济实力，发达国家农业补贴政策的重点是市场价格支持、直接收入支付和农业公共服务。

(1) 美国。1933年，美国国会通过《农业调整法》建立了以目标价格支持为核心的农业补贴政策体系。此后直到20世纪60年代初，美国一直都通过政府购买的方式来维持支持价格。为解决农产品过剩问题，60年代初到90年代中期，美国开始转向通过休耕补贴、生产灵活性合同等直接收入支付方式实施对农业的补贴。总体上看，美国农业补贴分为两大类：一类是保护农业资源和促进农业科技发展的补贴，另一类是直接保护和支持农业发展的补贴。第一类补贴主要是对农业综合生产能力、农业资源开发利用、生态环境等方面（相当于我国的农业综合开发）的补贴。补贴的目标是通过立法和行政措施，制止对水、土等自然资源的破坏性利用，保护自然资源，维护人类及其他生物的生存环境。同时，通过推进农业科研、教育和推广以及三者的有机结合，用先进科技武装农业，提高农业生产的效率。第二类补贴主要是通过对农产品生产、分配、消费过程的干预，对农业生产者、消费者实施补贴，达到稳定生产者收入、减少消费者支付的目的。这类补贴一直是美国农业补贴政策体系的核心部分，主要包括农业价格和收入政策、农业信贷政策、农业税收政策、农产品对外贸易政策、国内食物援助政策等。

2002年5月，美国颁布了《2002年农业安全与农村投资法》（新农业法），进一步扩大了农业补贴的范围，增加了农业补贴资金数量。一是农业补贴水平提高。新农业法规定，今后10年（2002年至2011年）政府补贴农业的资金为1 900亿美元，平均每年190亿美元，增幅近77.2%。二是突出对农民的直接收入支付。具体补贴方式包括反周期支付、土地休耕补贴和农业灾害补贴等，无论生产者生产什么，生产多少，所获得的补贴量都不受影响。由“农产品信贷公司”将补贴直接发放给农民，减少了流通领域和中间环节的费用。三是对农村发展（农业综合开发）的支持力度加大。新农业法规定，2002—2007年，用于农业综合开发的补贴比1996年农业法规定的补贴额增加了近190亿美元，仅次于农产品计划。通过资源环境保护计划，到2007年联邦政府用于资源环境保护的预算为171亿美元，比目前的水平提高约80%。通过农村发展计划，预计投资10.3亿美元，大幅度增加对农村电讯、饮水等基础设施投资，改善农村生产生活设施。

(2) 欧盟。农业补贴是欧盟共同农业政策的重要内容，虽然欧盟农业产值仅占国民生产总值的1.4%，但农业补贴却占欧盟预算的一半以上。名目繁多的农业补贴不仅造成农产品过剩，也使欧盟背上了沉重的财政负担和承受了巨大的外部压力。2000年，欧盟对共同农业政策开展了大幅度的改革。

与以往的农业补贴相比，新的农业补贴政策主要有两个转变：一是实行与产量脱钩的直接支付。欧盟的收入政策目标不再通过支持价格来得以实现，而是通过直接收入转移机制来实现。主要的做法是基于耕地面积或牲畜头数来实施补贴。1999—2001年与1986—1988年相比，在生产者支持估计构成中，市场价格支持和产出支付合计下降了25个百分点。二是加大了对农村发展的支持力度。1999年，欧盟通过了《欧盟农业指导与保证基金支持农村发展条例》，制定了22项措施来促进各成员国农村经济和社会发展。2002—2006年，欧盟预算投入1 950亿欧元，用于资助农业投资、给予自然条件不利地区的补贴、对农村公共项目提供资金、支持农业人员培训、就业计划等。这种补贴是为了改善农民收入、改善农民劳动条件和生活条件，有助于使生产活动多样化并降低生产成本。这种补贴在一般地区不应超过投资总额的40%，在不发达地区可以达到55%。

(3) 日本。长期以来，日本始终以国家财政扶持本国的农业发展。面对乌拉圭回合后的新形势，日本政府从20世纪90年代中期起对农业政策进行了调整。1999年，出台了新农业法。新农业法中关于农业补贴的内容主要涉及三方面：一是改革价格补贴政策。取消了政府对大米等粮食作物生产和流通的直接补贴，允许农民自由销售大米，也允许流通商自由进入粮食流通市场；政府只管理储备和进口，保留了宏观调控的职能。二是实行农户直接收入支付制度。2000年，出台了《针对山区、半山区地区等的直接支付制度》中，通过与村落或农户签订"村落协议"、"个别协议"，对山区农户进行直接收入补贴，每个农户的补贴上限为100万日元，全国补贴规模为每年700亿日元左右，相当于平均每公顷补贴约7.8万日元。仅2000年，日本对山区、半山区的直接收入补贴额就达740亿日元。三是加大了对农村发展（农业综合开发）的补贴。农林水产省专门设立农村振兴局，负责农村基础设施建设。1990—1995年，国家农业财政预算支出增加了37%，其中强化农业基础设施建设的支出增加了175%。1980—1995年，农业和农村基本建设预算占农业预算的比重由29.5%提高到49.1%。在农业和农村基础设施的整备中，主要费用都由国家承担。如排水设施的修建和改良，由农民承担的费用只占到费用总额的10.4%和15%，国家负担部分占总费用的比重达到50%—67%。对于一般的农田改造项目，只要通过一定的审批程序并达到一定的标准，费用的50%由中央财政从农业预算中补贴，都道府县和市町村财政补贴25%和15%，剩余部分由农户自身负担，而这一部分资金往往也能得到有关金融机构的优惠贷款。

2. 发展中国家的情况。由于经济发展所处的阶段不同，与发达国家相比，发展中国家对农业的补贴大多以市场价格支持为主。

(1) 印度。印度的农业补贴主要是对早春作物和秋季作物实施最低支持价格政策，相当于我国的保护价收购政策。先由印度农业成本与价格委员会根据所有的相关因素，如生产水平、市场价格行为、作物间比价、仓贮量、分销及供求平衡、投入品价格水平、生产成本、农业与非农业间贸易条款等，推荐最低支持价格，然后由政府根据市场情况决定并公布实施最低支持价格。秋季作物，如稻谷、大豆、葵花籽及原棉，当市场价格降到最低支持价格之下时，按照最新公布的低支持价格，谷物由印度食品公司负责收购；油籽及豆类由印度全国农业合作营销联合会负责收购；棉花由印度棉花公司负责收购。春季小麦价格支持由印度食品公司实施，采用州级代理、印度食品公司全权负责的模式。

20世纪70年代以来，为保证农民能够得到稳定的收入，印度农产品收购价格年复一年地上升，财政补贴包袱越来越重。以粮食补贴为例，1970/1971年为6 700万卢比，1974/1975年增加到25亿

卢比，1983/1984年超过100亿卢比，1994/1995年更高达588亿卢比。补贴增长的原因有两个，一是经营费用高；二是部分得到补贴的粮食流入集市，约有1/3的补贴没有能够被生产者和最终消费者得到。

(2) 巴西。从20世纪60年代直到90年代中期，巴西农业补贴政策都以收入支付和市场价格支持为核心。但收入支付由于财政不堪重负一直在不断弱化。当前，巴西农业补贴政策分为两个主要部分，一是价格支持政策，二是实施家庭农业支持计划。价格支持政策包括两类：一是类似于美国“贷款率”的保护价政策，在巴西称为“期权合约补贴”。二是营销差价补贴，即“产品售出计划”。期权合约补贴相当于保护价，它先定某个时期（如半年）以后的期权价格，但是先要买这个保险。如果买了这个保险，当到期实际市场价格高于期权价格时，由农民自己出售；到期实际市场价格低于期权价格时，政府直接把市场价格与期权价格之间的差额补给农民，仍由农民自己销售。这不仅在一定程度上稳定了农民收入，而且减少了政府直接以保证价格收购形成的储备。产品售出计划是政府通过向加工企业或批发商支付差价补贴的方式来支持农产品价格。差价是指市场价格与政府制定的参考价格之间的差额。参考价格既可以是官方的最低价，也可以是期权合约中固定的价格。实际运作中，棉花、玉米和小麦三种作物从中获益。家庭农业支持计划按照三条线索进行：一是农业基础设施建设。农村公共需要的道路、电信、电力、勘探、仓库等，由联邦、州和市三级政府共同出资（各约1/3），不要农民出资；而农场内部的道路建设，政府也有可能给予一定的支持。二是农业信贷。向小规模农户提供比商业信贷利率（17%）优惠很多的贷款（利率为2%或6%；如果分期付款，还可以免除30%的本金；如果到期不能归还，可以延长还贷时间）。三是免费对农民和技术人员进行培训，免费提供有关病虫害防治等技术资料。

（二）各国农业补贴政策的改革取向

乌拉圭回合以后，各国都对其农业补贴政策进行了不同程度的改革，逐渐由对生产、贸易扭曲作用大的价格支持政策，如目标价格、保护价收购、贷款差额支付等，转向对市场没有扭曲作用或扭曲作用很小的不挂钩收入补贴政策，如直接收入支付、反周期支付等。即使继续采取市场价格支持政策，也逐步从政府垄断性收购向以市场价格为主、政府保护价为辅的方向改进。总体上看，各国农业补贴政策改革有以下三个特点：

1. 补贴量和补贴范围不断扩大。尽管各国对农业补贴政策进行了改革，但农业补贴始终存在，而且大部分数量是增加的趋势，只不过保护的形式有所改变。1998—2000年与基期1986—1988年的情况相比，美国农业补贴的绝对值(PSE)一直是上升趋势，由419亿美元增加到509亿美元，上升了21%（见附表1)；欧盟农业补贴也由937亿美元增加到993亿美元，稍有上升（见附表2)；只有日本由78亿美元减少到65亿美元，略有下降（见附表3)。1996—1998年期间，日本、欧盟、美国平均每个专业农民所获得的生产者补贴分别为2.3万美元、1.7万美元、1.4万美元。

附表1

美国生产者支持估计表

年份	1986—1988		1998—2000	
	百万美元	%	百万美元	%
PSE	41 859	100.0	50 884	100.0
市场价格支持	19 551	46.7	20 271	39.8
产出支付	2 921	7.0	7 909	15.5
投入补贴	6 526	15.6	6 429	12.6
其他补贴	12 861	30.7	16 275	32.0

附表 2

欧盟生产者支持估计表

年份	1986—1988		1999—2001	
	百万美元	%	百万美元	%
PSE	93 719	100.0	99 343	100.0
市场价格支持	80 036	85.4	60 798	61.2
产出支付	5 248	5.6	4 669	4.7
投入补贴	4 967	5.3	6 755	6.8
其他补贴	3 468	3.7	27 121	27.3

附表 3

日本生产者支持估计表

年份	1986—1988		1998—2000	
	百万美元	%	百万美元	%
PSE	7 784	100.0	6 483	100.0
市场价格支持	7 037	90.4	5 916	91.3
产出支付	221	2.8	165	2.5
投入补贴	298	3.8	287	4.4
其他补贴	228	2.9	115	1.8

2. 流通补贴所占比重逐步降低。农业补贴政策改革的方向，是从价格支持补贴改为收入支持补贴，从农业流通领域补贴改为更小扭曲农业生产的“绿箱”补贴。美国的改革全面且力度最强，欧盟的改革也是全面的，只有日本的补贴政策改革是地区性的、局部的；印度、巴西等发展中国家，也在积极寻求改革市场价格支持方式的办法。1998—2000 年与基期 1986—1988 年的情况相比，日本市场价格支持由 70 亿美元减少到 59 亿美元，下降了 15.9%（见附表 3）；美国的市场价格支持虽然从 196 亿美元增加到 203 亿美元，上升 4%，但占农业补贴总量的比重却由 46.7%下降到 39.8%，下降了 7 个百分点（见附表 1）；欧盟农业补贴不断从流通领域中淡出，流通补贴从 800 亿美元下降到 608 亿美元，占农业补贴总量的比重由 85.4%下降到 61.2%，下降了 24 个百分点（见附表 2）。

3. 用于改善农业生产条件的支出显著增加。从农业补贴的支持结构上看，各国都开始大幅度地提高农业综合开发的补贴力度。美国、欧盟、日本等发达国家对农村社会和环境目标的重视程度日益增强。为了让农民不过度使用农村资源，或者为了使农村地区不因农民的过度外流而荒芜，而采用了增加农业综合开发补贴的力度。以日本为例，通过实施“关联对策”，大量增加对农业投入。在 1995—2000 年政府确定的总事业费 6.01 万亿日元中，有 3/4 将用于农业和农村公共事业的结构改善。在实施乌拉圭回合《农业协议》“关联对策”的第一年即 1995 年，大农业预算增加到 3.54 万亿日元，比上年增长 3.5%，其增长幅度达到了高峰。若加上向粮食管理特别账户转账的资金 830 亿日元，则补贴率高达 71.4%。同时，日本强化了农业基础建设，扶持农业生产。正在实施的“第四个土地改良长期计划”（1993—2002 年）的总投资为 41 万亿日元，主要包括农田水利、道路建设、国土保护、防灾、开垦和农地开发等事业。

三、将流通补贴转入农业综合开发的必要性和可行性

我国原有的农业补贴制度把大量的资金补到流通环节，在过去计划经济时期，发挥过一定的历史性作用。但在现阶段，这种补贴方式运行成本高，农民得益不多，并且带来一些寻租和腐败行为，大大降低了补贴效率。从国外看，许多国家鉴于农业流通补贴扭曲农产品贸易、代价大而效率不高等原因，也在更多地转向采取“绿箱”政策，逐步由补贴流通环节转到直接补贴生产环节。因此，改革我国农业补贴制度已经成为加入世贸组织以后，建设现代农业、增加农民收入的迫切要求。

（一）我国农业流通补贴改革的方向

适应世贸组织规则和我国农业发展新阶段的要求，改革我国的农业流通补贴有两种考虑：一种是对农民收入进行直接补贴，把钱补到农民口袋里，直接增加农民收入；另一种是补到改善农业生产条件上，降低农业的自然和市场风险，实

现农业节本增效，促进农民增收。顺应国际上农业补贴改革的潮流，加快推进农村小康建设，对农民进行直接收入补贴是必要的，在当前农民增收困难的情况下，也具有重要的现实意义。但我国财力薄弱、农民众多的国情，决定了我们对农民的补贴，不可能像发达国家那样依靠补贴解决农民的收入问题，而只能在农业效益不高的情况下对农民进行低限度的补偿。特别是现阶段由于在政府和农民之间还缺乏有效的中介载体，对农民进行直接补贴，操作复杂，执行成本也比较高昂。因此从我国农村实际出发，今后一个时期，更多的农业补贴还是应当补到农业生产上，搞农业基本建设和生态环境建设，改善生产条件，调整生产结构，增强农业的竞争力和发展后劲。这方面投资大、周期长、外部性强，经济效益低而社会效益高，对众多小规模经营的农户来说，一家一户很难办，需要国家投资补贴来进行引导。

（二）实施农业综合开发是补贴农业生产的好形式

以农业基本建设为重点的农业综合开发，是国家扶持农业生产的一项综合性的系统工程，重点是改造中低产田，改善农业基础设施，建设高产、稳产、节水、高效基本农田；实行山水田林路综合治理，改善农田生态系统，为农业发展提供有效的生态屏障；推进农业科技进步，发展优势农产品，推动农业结构调整，增强农业竞争力；扶持农业产业化经营，提高农业综合效益，促进农民增收。这是国家直接扶持农业生产的一项综合性工程。实施农业综合开发以来，累计改造中低产田4亿亩以上，新增及改善灌溉面积3.6亿多亩，提高了我国的农业综合生产能力和效益，促进了我国农业由供给短缺向供求基本平衡、丰年有余的新阶段转变。在全面建设小康社会的新形势下，扩大农业综合开发规模，提高开发水平，是进一步提高农业综合生产能力，在数量和质量上保障农产品供给的迫切需要；是提高农业竞争力，建设现代农业的迫切需要；是改善生态环境，实现农业可持续发展的迫切需要；也是增加农民收入，推进农村小康建设的迫切需要，对全面促进农业持续健康发展、推进农业现代化都将发挥不可替代的重要作用。

（三）实施农业综合开发也是对农业的一种直接补贴

国家投入大量资金进行农业综合开发，也是对农业生产的一种直接补贴，农民能从中直接受益。一是农业综合开发项目与农民生产条件改善直接相关。农业综合开发的主要目标是改善生产条件，项目安排的重点是治水、改土、修路、种草、建桥、造林等农业基本建设，这些都直接改善了农业基础设施，提高了农业综合生产能力，既能使农业很快实现节本增效，又能使广大农民长期受益。二是农业综合开发项目与农民增收直接相关。农业综合开发项目中有许多直接资助农民发展投资少、见效快的高效种养项目，资助农民提高科技素质、发展产业化经营，带动了农民增收。据调查，实施农业综合开发的项目区，农民年人均纯收入比非项目区高出200元以上。许多农民特别是主产区农民通过实施农业综合开发找到了增收门路。农业综合开发成为推动农民脱贫致富奔小康的“富民工程”。三是一些小型项目直接补贴到村、到户。适应新阶段农业发展的需要，近几年农业开发中增加了与农民增收更为密切的小型开发项目，许多项目在统一规划的基础上，实行项目实施到户、资金补助到户，农民从项目开发中更直接地感受到了国家对农业的支持、对农民的关心。四是农业综合开发项目形成了一套严密有序、简捷有效的管理办法，中间环节少，许多能直接下达到田间地头，资金到位及时，到位率高，见效快。

（四）将农业流通补贴转到农业综合开发上是现实可行的

1.农业综合开发资金不足，需要拓宽筹资渠道。目前农业综合开发是国家在农业领域的一笔比较大的投资，2003年中央财政投入达到80亿元左右。但由于农业综合开发项目覆盖区域范围广，包涵的内容多，受益面宽，与各地加快农业综合开发步伐的要求相比，目前的投资规模仍然偏小，建设标准低，还远不适应农村全面建设小康的需要。拓宽投资渠道，增加农业综合开发投入已成为一个亟待解决的重大课题。在努力扩大现有农业综合开发资金来源的基础上，抓住当前推进粮食流通体制改革、农村税费改革和农业补贴制度改革的难得机遇，把部分粮食流通补贴转到农业综合开发上，拓展综合开发的资金渠道，健全稳定的农业综合开发投资机制，是推动农业综合开发上规模、上水平的一着好棋。

2. 有一套成熟的开发经验。实施农业综合开发以来，各地在实践中创造了许多宝贵经验。比如：突出“综合”的开发特点，主攻提高综合生产能力，把农业增效、农民增收和生态改善目标有机结合；坚持“国家引导，配套投入，民办公助，滚动开发”的机制，发挥国家投资四两拨千斤的调控作用；因地制宜、集中投入、连片开发；部门协作、合力开发等等。这些成熟的实践经验是农业综合开发工作取得实效的重要保证，为下一步加快开发步伐提供了可行的工作路数。

3. 有健全的执行体系。十多年的农业综合开发已经形成了从上到下比较完善的开发体系，突破了部门分割体制制约，队伍精干，运转有效。农业综合开发在广大农民中是一个很好的品牌，深受欢迎，农民参与开发的积极性高。这是把流通补贴转到农业综合开发上确保开发成效的重要保证。

4. 有可行的开发规划。农业综合开发已经有了一整套符合实际的开发规划，储备了大量的开发项目。把部分流通补贴转过来，可以按照现有的开发规划，很快投资建成，发挥作用。

5. 有完善的项目管理和监督机制。农业综合开发适应市场经济发展的要求，借鉴世界银行和其他方面项目管理的经验，建立了一整套比较完善的项目和资金管理机制。比如，采取综合因素法分配资金，实行财政无偿资金县级报账制、有偿资金委托银行贷款制，推广项目资金公示制，推行项目专家评审制、项目法人制、招投标制、工程监理制和验收制等等。这套行之有效的管理办法和运行机制，不受部门分割的制约，不受“人吃马喂”的影响，能够把资金全部用于项目建设，最大限度地发挥资金的使用效益。

充分利用现阶段农业综合开发投入和运行机制完善、管理体系健全的优势，将部分粮食流通补贴通过农业综合开发转为对农业生产的直接补贴，符合世贸组织规则，符合全面建设小康社会的需要，符合我国的基本国情，有利于提高补贴效率，是当前改革农业补贴制度的一种现实可行的选择。

四、政策建议

（一）将粮食风险基金的一部分用于农业综合开发的投入

深化市场取向的粮食流通体制改革、放开粮食生产区的粮食购销、价格和市场已是大势所趋。粮改后，随着“三老”特别是“老粮”问题的解决，粮食风险基金将逐步节省出来。按目前国家的政策，这笔资金将长期保留。鉴于放开粮食购销后和在加入世贸组织背景下，我国将长期面临国外廉价农产品进口的冲击，国内粮食等主要农产品的市场价格可能会持续走低，农民面临的市场风险会进一步加剧，许多人建议把粮改节省出来的粮食风险基金主要用于对农民进行直接补贴，这是十分必要的。但从增强农业发展后劲和农民增收根本还得靠改善农业生产条件、增加物质技术投入考虑，粮食风险基金也不宜完全用“直补”的方式“分光吃光”，而应当考虑拿出相当一部分充实到农业综合开发的资金投入中。正如扶贫工作总体上必须强调“扶贫到户”，扶贫资金原则上必须直接到村到户，但这并不妨碍我们可以搞“开发式扶贫”，可以将一部分资金用于搞较大规模的种养殖业开发和农副产品加工业。建议 2003、2004 两年先安排三到五亿元资金起步，五年内逐步把比重提高到 30%左右，以至最终形成“直补”和综合开发各占 50%的比例。具体操作可考虑在推进对农民进行直接补贴试点的同时，选择三到五个粮食主产省进行流通补贴用于农业综合开发的试点，资金实行单立账户、单独考核，取得经验和成效后逐步推开。

（二）将其他方面的粮食流通补贴也切出一部分用于农业综合开发

从本课题第一部分可以看出，目前我国财政用于粮食流通方面的补贴大约近 600 亿元，除粮食风险基金外，还有近 300 亿元的各类粮食补贴。

这部分补贴尽管现在还不能完全腾出来，但随着粮改的深入，最终也会节省出来。如节省出来，建议国家像对待粮食风险基金一样，也不要收回，而且，同样考虑适当切出一部分用于农业综合开发的资金投入。特别是随着各地处理消化陈化粮，粮食储备补贴会逐步降下来，建议将节省下来的补贴费用的相当一部分用于农业综合开发。

（三）将农业生产资料补贴用于农业综合开发

目前国家对农业生产资料流通还有一部分补贴，约有1.5亿元。这部分补贴随着农业生产资料市场的完全放开，也应当调出来用于农业生产环节。考虑到原来的农业生产资料补贴目的主要是为了支持农业生产，使农业实现节本增效，建议这部分补贴资金调出来后不宜用于别的方面，而应当全部转到农业综合开发上。

（四）农业综合开发项目的安排也应当尽可能与农民增收紧密结合

在项目选择上，要多安排一些能尽快改善生产经营条件、提高加工转化能力、增强农业效益、帮助农民增收效果明显的项目。在项目实施过程中，要尽可能多使用农民工和地方建筑材料，让农民通过参与工程建设多得劳务收入。在进行筹资筹劳时，要尽可能降低农民、集体的配套比例，让他们少支出、多得益，实现“减负增收”。

（作者单位：中央财经领导小组办公室）

关于中国农业综合开发在新时期的地位与作用的研究报告

农业部农村经济研究中心课题组

国内外农业的发展历史和成功经验都无可辩驳地显示，加强政府的资金投入和政策引导，是在市场经济条件下，大力促进产业升级换代、提高国际竞争力的需要。作为中国最重要、集束程度最高、最直接的农业投入的农业综合开发已经走过了15年的历程。在中国加入世界贸易组织（WTO）、农业和农村经济发展的重要转折时期，客观地评析其建设成就，科学地总结其经验教训，冷静地思考其存在的问题，准确地判断其未来走势，清醒地明确其地位与作用，科学地制定其发展战略，对抓住机遇、迎接挑战，促进农业综合开发的可持续发展和事业再度腾飞，加快迈向农业现代化，具有十分重要的意义。为此，国家农业综合开发办公室组织有关方面专家，根据国家全面建设小康社会的总体目标和要求，结合农业综合开发的具体实际，在全面分析1988年以来农业综合开发历史进程、成功经验、存在的问题和发展前景的基础上，研究提出了在新时期推进农业综合开发的基本定位、总体构想、拓展重点和对策建议。

一、历史背景

新中国成立以来，各级财政部门根据各个时期党在农村的方针政策，对我国农业发展给予了大量卓有成效的支持。截至1978年之前，国家投入的支农资金，主要是支持农村集体经济组织搞农田水利建设，以增产粮食为目的。

1978年中国农村改革全面铺开，经济领域内一切现实的制度性探索都从农村开始起步。此时的国家投入在国民经济百废待兴的情况下也适度向农业倾斜，贯彻“决不放松粮食生产，积极开展多种经营”的方针，一手支持粮食生产，一手支持多种经营和乡镇企业，以便促使农村改革的顺利进行，也带动国民经济其他部门的增长。经过80年代初

期农业的迅速增长，到80年代中期，我国人民的温饱问题已经基本解决。

1984年以后，中国农业生产出现徘徊，其中最突出的问题就是粮食生产波动加剧。造成这些问题的原因，除了政策上的失误外，农业综合生产能力下降是最主要的因素。具体表现在：

1. 农业投入严重不足。进入80年代以来，农业基本建设投资额及其占全国基本建设投资总额的比重均呈下降趋势。1989年与1980年相比，农业基本建设投资额减少了13.6亿元，占全国基本建设投资总额的比重下降了6个百分点。

2. 农业生产条件退化，抵御自然灾害的能力明显减弱。1988年，中国农机总动力的44%使用期在11年以上，大中型农业机械中大约有50%已经报废。水库大多是五六十年代修建的，其中1/4已经淤积，40%为不能正常运转的病险水库；相当一部分机井也因为地下水位下降或水源枯竭而被废弃，因此，有效灌溉面积比1979年减少了883万亩。另外，1980—1987年平均与1971—1979年平均相比，虽然年受灾面积略有下降，但成灾面积增加了55.3%，成灾率上升了18个百分点。

3. 农业资源数量减少，质量下降。以农地为例，1978—1988年，中国耕地面积累计减少5 501万亩，平均每年减少500万亩；加上复种指数下降，同期农作物播种面积减少7 721万亩；再加上经济作物播种面积的增加，同期粮食播种面积减少1.4亿亩。另外，全国水土流失面积已高达29.1亿亩，约占国土面积的1/5；耕地质量严重下降，高、中、低产田的比例由各占1/3，演变为2:5:3，大多数地区的土壤有机质含量下降。

4. 农业科技对农业增长的作用不强。在整个80年代，科技对农业增长的贡献率仅为30%左右。同时，农业科技推广体系断层的问题相当严重。

从1985年开始，农业、尤其是粮食生产的增长又出现了新的不景气，农业发展中又出现了一系列新的矛盾。这些矛盾主要是：①人口增加与耕地减少的矛盾。②粮食需求增长与粮食供给总量不足的矛盾。③农副产品出口创汇比例下降与国家外汇需求迅速增长的矛盾。而农业综合生产能力不强则是这些突出矛盾的集中表现。

正是在这一背景下，农业综合开发方才成为农村制度变迁过程中政府扶持农业的现实选择。

二、发展历程

（一）历史渊源

在1988年农业综合开发启动之前，除了财政支农的“两类资金”外，国家还以不同的形式对农业和农村给予支持，并对以何种形式才能够更加有效地实现对农业的支持进行了积极、有益的探索。

“六五”时期，国家就组织了对黄淮海平原重点科技攻关；1982—1987年，我国曾利用世界银行贷款用于实施华北农业灌溉项目；1983年，国家有计划地建设了254个商品粮基地县、74个优质棉基地县、113个优质农产品基地县、278个名优农产品基地、490多个出口农副产品生产基地以及一批商品木材生产基地。实践证明，这些探索性的农业开发活动都取得了良好的效果。

1987年，我国开征耕地占用税，当年征收3.2亿元，全部用于扶植农业生产，专款专用。耕地占用税实行中央和地方对半分成，中央部分由财政部单列账户，专户列支，中央收入部分建立国土开发建设基金，地方收入部分建立农业发展专项资金。耕地占用税收入主要用于开发宜农荒地，开发利用草场、滩涂，改造中低产田，改善农业灌溉条件，提高土地质量。

1988年1月，国务院决定将耕地占用税全部用于农业开发，设立国家土地开发建设基金；成立国家土地开发建设基金管理领导小组；建立土地开发建设基金有偿使用周转机制，按项目投资，实行项目管理；明确土地开发建设基金要统筹规划，集中使用，重点用于一些重要地区的土地开发和商品基地建设；要求开发区实行农林牧副渔全面发展，土水田林路综合治理。首先在东北三江平原、松辽平原、黄淮海流域，以及浙江、广西、新疆3省（区）等11大片实施农业开发。1989年11月，正式提出统称为农业综合开发，国家农业综合开发领导小组成员包括国家计委、财政部、水利部、农业部、林业部、国土资源部、中国人民银行和中国农

业银行等八个部委，下辖国家农业综合开发办公室，由财政部代为管理。

（二）发展阶段

从1988年开始，到2002年，经过14年的发展，农业综合开发已经成为国家以项目形式投资农业、促进农业生产发展的一项重要措施。

现在通行的说法是把农业综合开发历程划分为三个阶段，即1988—1993年以改造中低产田为主的阶段、1994—1998年开始拓展多种经营领域的阶段和1999年以后的“两个转变”和“两个提高”的阶段。

这样的划分方法固然有其合理之处，然而无论是注重土地治理，还是发展多种经营，或者是着眼科技示范，实际上农业综合开发投资农业公共领域的方向始终没有发生变化，只不过公共投资所关注的中国农业的方向发生着适应性变化。从政策重大转变的角度分析，农业综合开发大致可划分为两个发展阶段：1988年初至1998年底为第一阶段，1999年初以后为第二阶段。第一阶段的主要任务是探索农业综合开发的途径和完善相应的管理体制，侧重于改造中低产田和开发“五荒”资源，宗旨是扩张粮棉油综合生产能力。第二阶段的主要任务是拓宽农业综合开发的范围和提升农业综合开发的技术含量，侧重于调整产业结构和增加农民收入，宗旨是提高现代农业水平。两个阶段的分期标志为1999年温家宝同志主持召开的新一届政府农业综合开发第二次联席会议，依据是两个阶段的指导思想和政策目标发生了历史性的转变。

值得注意的是，1997年以前，中央政府对农业综合开发的投入来源主要是耕地占用税，1997年中央财政对农业综合开发的投资首次超过耕地占用税的征收额度，1998年国家财政资金占农业综合开发投入总量的比重超过农民自筹资金的比重，并持续增长，成为农业综合开发的绝对主力。这为农业综合开发调整和扩大投资领域奠定了坚实的基础。

（三）投资结构

截止到2002年，全国农业综合开发的项目县已经达到2 023个，而农业综合开发资金累计达到1 691亿元，其中，中央财政资金483亿元、地方财政配套资金427.8亿元、农业综合开发专项贷款212亿元、农村集体和农民自筹资金567.6亿元。上述资金的比例分别为：28.6%、25.3%、12.6%、33.6%。在农业综合开发初期的1988年，上述四类资金的比重为28.2%、20.9%、13.1%、37.8%，发展到2002年，这个比例则变为31.9%、26.0%、10.8%和31.3%。从这几个简单的数字我们能够感受到，农业综合开发由最初的“国家引导，农民投资”的资金投入机制发生了深刻的变化，农业综合开发逐渐成为国家投入农业公共领域的主要途径。

尤其是从2000年开始，中央财政以明显高于地方财政的增长速度加大对农业综合开发的投入。按照经济理论，国家投入实际上是一种公共投入，所以，可以得出结论，农业综合开发在经过14年的实践后，已经逐渐发展成为国家对农业进行公共投入的一项重要手段。

（四）投资方向

农业综合开发以项目形式实行对农业的投入，严格按照项目的运作方式投资农业。在不同性质的项目上，国家采取了不一样的投资政策。首先，农业综合开发资金的70%用于土地治理项目，具有明显公共产品性质，也即公益性项目。其次，农业综合开发财政资金中有偿和无偿的比例显示，土地治理项目的无偿和有偿的比例为90:10，科技示范项目的这个比例为80:20。这表明，在公益性项目的投入中，国家基本上是采用无偿的方式，是一种无偿的公共性投入。

三、政策演变

（一）第一阶段

在此期间，针对我国农业基础设施脆弱、粮棉油糖肉等主要农产品供求矛盾突出的状况，国家把农业综合开发的任务集中在中低产田的改造和“五荒”资源（荒地、荒山、荒坡、荒滩和荒水）的开发利用方面，其中改造中低产田是开发的重点。

（二）第二阶段

1999年以来，我国农业和农村经济进入了以战略性结构调整为中心任务的新的历史时期。与此相适应，农业综合开发也进入了以提高农业综合生产能力、实现农业增效、农民增收和改善环境等基本目标为主要标志的第二个发展阶段。

在指导思想上实现“两个转变”：一是由以改造中低产田和开垦宜农荒地相结合，转到以改造中低产田为主，尽量少开荒甚至不开荒，把提高农业综合生产能力与保护生态环境结合起来。二是由以增加农产品产量为主，转到积极调整结构，依靠科技进步，发展高产、优质、高效农业上来。“两个转变”的提出，意味着我国的农业综合开发进入了一个全新的发展时期。

在此基础上，又提出了“两个提高”的主张：一是着力加强农业基础建设和生态环境建设，提高农业综合生产能力。二是着力推进农业和农村经济结构的战略性调整，提高农业综合效益，增加农民收入。“两个提高”是对“两个转变”的进一步深化和延伸，是适应新阶段农业综合开发需要的战略主张，为农业综合开发指明了新的发展方向。

总之，农业综合开发14年的发展历程及政策演变，基本上延续了这样一条主线：从开发目标来看，由只强调增产到增产、增收并重，再到开始注重项目的科技含量和综合效益；从布局来看，由部分省、区试点到全面铺开，再到东、中、西部兼顾但重点突出；从政策导向来看，由鼓励开荒到限制乃至禁止开荒，再到注意对生态环境的保护和治理；从项目管理来看，由注重立项时的评估论证，到强调项目实施中的工程建设、监理的质量，再到开始关注项目库的建设和项目建成后的管护。

四、建设成就

国家通过组织农业综合开发，以中央财政投入为导向资金、带动地方多层投入，成功实践了山水田林路综合治理的事业，为我国农业和农村经济发展做出了重要贡献，已经成为国家支持和保护农业的重要手段和加大农业投入的主要渠道，是巩固和加强农业基础地位、提高农业综合生产能力、增加农民收入的有效措施，是支持我国农业参与国际竞争、加快农业现代化进程的重要途径。

1988—2001年，累计投入农业综合开发资金1 454亿元，改造中低产田3.7亿亩，其中发展节水灌溉面积5 200多万亩；共建设优质粮食基地677万亩、优质饲料作物基地210万亩；新增主要农产品生产能力为：粮食675亿公斤、棉花13.6亿公斤、油料33.4亿公斤。安排了一大批种植和养殖业多种经营项目，新建和改扩建3 117个农副产品加工项目，扶持农产品产地批发市场及其他农业生产服务项目399个，扶持建设农业高新科技示范项目50个、农业科技推广综合示范项目25个。2002年，中央财政计划安排资金73亿元，比上年增加10亿元，其中安排用于土地治理项目44.2亿元、多种经营项目18.9亿元、科技示范项目1.5亿元、专项生态示范项目1亿元、部门专项项目7.4亿元。地方政府和广大农民群众称赞农业综合开发是“三个代表”实实在在的体现，是“德政工程”、“民心工程”。

（一）改善了农业生产条件

1988—1998年，共开垦宜农荒地2 900多万亩。1988—1995年全国新增加耕地面积5 285万亩，而其中农业综合开发新增耕地面积为2 019万亩，占38.2%。1988—2002年，共改造中低产田4.0亿亩，约占全国中低产田面积的20%，同时中低产田改造的亩投资也由1997年的190元增加到2002年的330元。

（二）增加了农民经济收入

农业综合开发资金注重投向有利于产业结构调整、有利于农民增收的项目，取得了明显成效。现已扩大到1 786个县（市）区和237个国营农（牧）场，广大项目区农民比非项目区农民年增收平均200多元，直接受益农民达4亿多人。特别是近5年来农业综合开发保持了良好的发展势头。1998—2002年5年间新增农业总产值7 964亿元，实现农业增加值5 068亿元。

（三）推动了农业科技进步

农业综合开发逐年加大对农业科技项目的投入，有效促进农业增长方式由粗放型向集约型，由数量型向质量型、效益型转变。从1996年起，中央财政安排专项资金用于科技示范项目。截止到

2002年，共投入中央财政资金4.19亿元，地方财政配套和其他方面投入资金10.18亿元，先后扶持了农业科技示范项目131个（其中：高新科技示范项目69个，科技推广综合示范项目50个，现代化示范项目12个）。

（四）完善了农村社会化服务体系

在农业综合开发部门的扶持下，全国共建立和完善农业技术服务组织19 500个，使项目区优质品种率达到90%以上。1998年以来，农业综合开发科技示范项目共完善农业技术服务体系293处，完成各类技术培训108.2万人次，扶持农产品产地批发市场及其他农业生产服务项目480多个。

（五）促进了农业产业化经营

1998年以来，农业综合开发在着重加强农业基础设施建设的同时，投入约123亿元财政资金用于发展农业产业化经营，共建设包括经济林、蔬菜、花卉、药材等种植业基地708万亩，水产养殖基地319万亩，发展畜禽养殖2.2亿头（只）。重点扶持建设的优质小麦、水稻、大豆等优势产品生产基地为1 138万亩，优质饲料粮生产基地为300万亩，同时，各地在已开发好的项目区内建设了优质粮食和饲料粮生产基地6 200万亩。优质农产品生产基地已经遍布在黄淮海平原、长江中下游平原、东北平原、新疆和广西等农业生产重点区域。

农业综合开发先后扶持建设农副产品加工项目1 870个，农业生产服务项目267个。其中，扶持财政投资400万元以上的重点产业化龙头项目410个，共加工转化各类农副产品670万吨，新增产值428亿元，新增利税114亿元，带动农户153万户，年户均增收1 600元。农业综合开发所扶持的重点产业化龙头项目中，有57个被农业部、财政部等八部委联合命名为全国首批农业产业化重点龙头企业。

（六）促进了可持续发展

1998年以来，农业综合开发突出生态环境建设的位置，共投入资金81亿元，重点支持了跨省区、跨流域的项目建设，大力推行退耕还林还草，治理水土流失和沙漠化，为实现山川秀美做出了贡献。

（七）强化了农业在国民经济中的基础地位

1998—2002年，项目区新增主要农产品生产能力：粮食262亿公斤、棉花3.3亿公斤、油料12亿公斤、糖料35亿公斤、干草28亿公斤。中低产田经过改造以后，粮食产量亩均提高100公斤以上，糖料产量亩均提高800公斤。各级林业部门在全国28个省（自治区、直辖市）的350多个县（市）开展了名优经济林、木本粮油和各类水果、干果基地建设，共建设基地706万亩，开发了22个主要树种的30多个名特优新品种。

（八）促进了高效农业和创汇农业的发展

在东部沿海发达地区和大中城市郊区，通过农业综合开发，项目区实现了农田土地平整、田块整齐、灌排条件良好、田间道路与公路干线相通。良好的农田基础设施吸引了大批社会和境外企业投资发展高效或创汇农业。

五、立法背景

政府介入农业综合开发，是经济发展到一定阶段后的必然行为。在市场经济条件下，政府是公共利益的代表，而市场的其他参与主体追求的是经济效益的最大化，这就要求在法律上将双方利益关系和各自的活动范围予以明确。

（一）立法的社会经济背景

我国农业基础设施建设投资总量长期不足，结构偏重大江大河治理，直接用于改善农业生产条件和农民生活条件的基础设施的投资比例偏小。对农业给予支持保护是世界各国为提高农业国际相对竞争力的通行做法，特别是美国、加拿大和欧盟等发达国家给予农业大量的补贴。美国政府颁布了《2002年农业安全与农村投资法案》，计划在今后10年内要增加农业补贴1 900亿美元。长期以来，我国农业投入严重不足，使农业成为国民经济成长的“软肋”。国内支持水平在数量、结构、对象和方式等方面，与许多国家有较大的差距。WTO规则所允许使用的12类“绿箱”措施中，我国只使用了6类，国内政府各部门对农业的投入总量不及美国联邦政府农业预算的1/5，国内支持总量（不含大江大河治理、生态环境等）仅占农业总产值的

3.6%，远远低于WTO多数成员5%—20%的水平。而且，我国农业投资不稳，结构不尽合理。从“一五”到“九五”，农业支出占国家财政总支出的比重，最高达17%，最低仅为3.4%，农业基建投资占国家基建总投资的比重最高达18.8%，最低为5.8%。同时，农业投资的结构逐渐向水利和林业倾斜。“九五”期间，中央财政用于农林水的基本建设投资中，用于水利的1 049亿元，占63.8%；用于林业的180亿元，占10.9%；用于生态建设的260亿元，占15.8%；用于农业的86.5亿元，仅占5.3%。这与农业在整个国民经济中的地位和作用不相适应。由此造成农业和农村经济发展的深层次、根本性问题仍未得到根本解决，农业靠天吃饭的局面尚未根本改变，农业整体素质和竞争力弱，农民收入增长缓慢且难度不断加大，农业和农村经济发展仍然步履艰难，加入WTO后面临前所未有的三大考验，即农产品供求关系发生根本变化的考验、进口农产品冲击的考验和国际经济发展严峻形势的考验。农业发展机遇存在，但是需要条件和时间，而冲击即将甚至已经凸现。形势迫切要求国家下大决心增加农业投资。

因此，农业综合开发必须有新思路：一是农业综合开发重点由主要增加产量向注重改善质量和提高效益转变。二是农业综合开发资金由主要向农业生产倾斜转变为向农业产前产后两头延伸。三是农业综合开发内容由主要着力于硬件建设向提高农民科技文化素质和提高抗风险能力方面扩展。

（二）立法的紧迫性

农业综合开发外部环境的变化，使立法成为与时俱进的当务之急。为尽快实现我国农业政策法规与国际接轨，增加我国对有关农业承诺的严肃性和透明性，履行相关义务，避免在今后各种贸易纷争和农业谈判中处于被动地位，有必要尽快将包括农业综合开发在内的有关农业政策和规定上升到法律形式，使今后的工作有法可依、有章可循。

我国农业综合开发在发展过程中出现了不少新情况，面临着不少问题和困难，需要从法律角度来寻找解决办法。

问题之一：项目运作无法律依据。现行农业综合开发工作，不管是项目申报、评估、审批，还是项目实施、检查、验收，整个运作程序均属于部门行政行为，而缺少法律依据。尽管已出台了一些相关的政策规定，但尚未上升到法律或法规的层次。

问题之二：农民参与程度难以把握。目前，农业综合开发实行“国家引导、配套投入、民办公助、滚动开发”的投入机制。在一些地区，所实施的项目与农民有着直接的利益关系，如果按照“谁投资、谁受益”的原则，那么农民应当拿钱或者出工出力。但是，税费制度改革取消了“两工”，而农民的出资出劳也相应被纳入了“一事一议”的制度安排。农民如果拒绝了这些“摊派”，也意味着放弃了项目建设带来的整体利益和长远利益。在另外一些地区，所实施的项目是生产非竞争、非排他的公共物品，当地政府应当利用国家财政下拨的无偿资金来安排项目支出。但由于当地政府有着很强的资源动员能力，往往强迫农民出工出劳，甚至对农民的钱和物强制进行平调，直接违背了农民的意愿，损害了农民的利益。

问题之三：机构设置和人员配备不统一。据有关调查，目前省一级的农业综合开发部门，1/5是独立的事业单位，1/5挂靠农委、水利、农业等部门，3/5归口财政管理。相比较而言，市、县两级的管理体制就显得更为混乱。从组织学和系统论的观点看，这会严重影响系统的组织动员能力和信息传递的效率。从人员配备来看，同样一级农业综合开发机构，承担着相近的开发任务，但一个机构的人员和编制数可能是另一机构的几倍甚至十几倍。这既不合理也不正常。

问题之四：部分地方领导认识出现偏差。一些地方领导认为农业综合开发是应急任务，主管部门是临时性机构；以前搞农业综合开发主要是为了解决粮棉油短缺问题，现在粮棉油都过剩了，农业综合开发的使命也就完成了。一些地方出现将专项资金挪作他用；或开发工作不注重实效，搞“样板工程”和“领导形象工程”，以及一些地方长期占用项目有偿资金，不予归还等现象。

问题之五：竣工项目产权不清。一些项目在实施过程中，参与投资的主体较多，但对项目完工后

的产权归属及相应的运作未作规定。其结果是，有的项目建成后，无人管护，长年失修，过早地失去了功用；有的项目建成后，运营主体不明确，没有相应的激励和约束机制，以至无法发挥投资效益；有的项目建成后，被个别利益团体所控制，高价收费，借以牟取暴利，引起了群众的不满。

问题之六：项目资金有渠无水。表面看来，农业综合开发资金渠道多、数量足，但实际上大多是有渠无水，远远满足不了实际需要。地方财政由于实际能力所限，似乎对中央要求的配套勉为其难，极不情愿，有的不得不账面配套。今后农业综合开发的任务还很重，新增的开发资金如何落实，是该划出一个税种还是发行长期国债？在资金数额上，逐年递增比例的按多大幅度，怎样保障？等等，这些都是悬而未决的问题。

问题之七：资金管理与项目管理难以协调。从理论上讲，在管理体制方面，农发部门管项目，财政部门管资金，两者既互相配合又互相制衡；在运作机制方面，项目是资金的载体，资金应当跟着项目走。但实际的情况却是，在管理体制方面，项目管理与资金管理相脱节；在运作体制方面，项目早已安排，而资金却迟迟不到位，从而影响了工程进度，而项目建成后如何有效地管护和运营，协调和制衡机制如何建立，也有待于尽早明确。

上述问题，仅仅依赖于软约束的政策规定和某些行政处罚、经济制裁无济于事，往往治标治不了本，必须通过立法这一途径来寻求解决。

（三）立法的必要性

1. 国家在农业综合开发工作中制定了一系列政策和措施，如资金和项目管理、财务管理、审计监督等，从而保证了工作的顺利进行。但在工作中也出现一些问题，并长期积累下来，单靠政策无法解决。

如农业综合开发中的产权问题。项目完成后，如何进行产权界定，如何搞好产权的流转，确保农业综合开发国有资产保值增值。特别是在多种所有制参与、多元主体投入的情况下，要尽快明确产权管理的指导原则和管理形式，加强监督，落实管护责任制，确保竣工项目能够长期发挥效益，提高农发国有资产的经营和使用效益。

又如部门协调问题。虽然农业综合开发强调各部门的协调、配合，但条块分割体制的弊端在农业综合开发中还是难免暴露出来。一是项目资金使用分散，难以形成投资规模效益。由于各部门强调部门利益，在项目安排上，偏重于单项工程，轻视综合治理；强调局部利益，忽视整体利益，项目之间缺乏内在联系，农业综合开发的综合效应没有充分发挥出来。二是工程管护制度不落实，重建轻管的问题严重。由于农业综合开发部门只负责项目的建设和验收，验收后就交付有关部门管理，而这些部门有的并没有参与项目的建设，或对项目不了解，或对项目缺乏利益关切，加上制度不健全，有些农业综合开发项目不仅难以发挥其长久作用，就是近期投资效益亦难保障。

2. 我国现行的农业法规中缺少相关规定。由于农业综合开发具有综合性，各部门在起草相关法律时，出于部门利益的考虑或是出于行业视野的局限，往往不愿意多加提及，使得现行农业法律、法规中对农业综合开发的论述与农业综合开发应有的地位和作用不相适应。

（四）立法的总体目标

主要是将在农业综合开发实践中证明是行之有效的方针、政策用法律的形式固定下来，使其具有相对的稳定性和权威性，成为规范农业综合开发活动的准则。通过立法，进一步强化农业综合开发的地位和作用，支持和保护农业，增加农业投入，支持农业和农村经济建设，解决新时期农业综合开发中出现的新情况和新问题，加强对农业综合开发资金和项目的监督和管理，健全农业法律体系。近期目标是制定颁发《中华人民共和国农业综合开发管理条例》，为最终制定《中华人民共和国农业投资法》奠定基础。

（五）立法的现实意义

农业综合开发立法，有利于增强农业综合开发工作的权威性和稳定性，有利于加强项目和资金管理，有利于明确参与主体间的权利义务关系，意义重大。具体来说：使农业综合开发工作有法可依，确立和强化农业综合开发的法律地位，更加有效地发挥农业综合开发的作用；规范农业综合开发中的相关行为，明确农业综合开发的资金来源和相应的配套比例，明确多元投资主体的法律地位；健全项目评估、审查、验收机制，界定项目完成后的产权归属和运营管护，从而把农业综合开发工作提高到一个新水平。

（六）立法的条件已经成熟

农业综合开发经过15年的实践，积累了丰富的经验和行之有效的做法，现行的政策规定为立法提供了重要依据，地方政府的相关法规为在全国立法提供了参考，国外的相关法律规定为我国的立法提供了借鉴。

六、国际经验

（一）农业综合开发的立法借鉴

美国的农业开发立法。经过半个多世纪的演化，美国已经形成以农业法为基础、100多个重要法律为配套的比较完善的农业法律体系，使农业走上了以法治农的轨道。其特点：一是制定和修订适应不同时期农业经济活动特点的农业法。二是加强农地开发和利用方面的立法。三是注重农业投入的立法和健全农业信贷机构。四是加强农产品价格支持和保护方面的立法。五是加强自然资源保护和环境方面立法。

日本的农业开发立法。主要有五个特点：一是修改和制定农业基本法，保障基本权益。二是重视农业投入立法，建立完善投入机制。三是加大农地改良和资源保护立法，增强农业发展后劲。四是注重支持粮食生产与保护方面立法。五是通过农产品市场立法，稳定和发展农产品市场。

韩国的农业开发立法。主要包括四个方面：一是颁布《农业基本法》。二是立足农业发展的专门法律。三是制定农业综合性方面的法律。四是开展农业各领域方面立法。

（二）WTO框架下的政策借鉴

虽然世贸组织《农业协议（协定）》中规定，各成员国应采取措施逐步削减其对农业的支持和保护。但很多国家仍以“非贸易关注”或农业存在外部性为由，继续维持甚至不断加强对农业的支持和保护。其中：“非贸易关注”主要包括食品安全、环境保护以及农业的多功能性，农业的外部性主要指农业生产具有准公共性以及其社会、生态效益远大于其经济效益的特点。

在世贸组织《农业协议（协定）》的规定中，“绿箱”政策措施指的是政府通过服务计划提供的、没有或仅有最微小的贸易和生产扭曲作用，费用由纳税人负担而不是从消费者转移而来的支持措施，以及不具有给生产者提供价格支持作用的补贴措施。属于“绿箱”政策措施的国内支持，可免除削减义务。

在12项“绿箱”政策措施中，目前与农业综合开发有关的有4项：“一般服务”、“农业生产结构调整性投资补贴”、“环境保护计划下的支付”以及“区域发展援助计划下的支付”，近期急需探索研究并增加的是关于保险和减灾的政策支持。

据测算，2001年，中国“绿箱”支出大约为2 048亿元（当年预算数），加上农业生产资料价格补贴等“黄箱”支出后，总的支持水平不到2 500亿元。这一支持水平也只占到农业GDP的17%，而同期美国和欧盟对本国农业的补贴已分别占到农业GDP的50%和60%，日本更是高达77%。

七、问题讨论

（一）关于指导思想

搞好综合开发，必须与时俱进。因此，农业综合开发指导思想应该是，适应新阶段农业和农村经济及社会发展的新要求，以基本实现农业现代化为奋斗目标，以农业主产区为投入重点，着力加强农业基础设施建设，改善农业生产条件和农村生态环境，提高农业综合生产能力、农产品国际竞争力和产业风险抵御能力；着力推进农业和农村经济结构战略性调整，提高农业综合效益，增加农民收入。

（二）关于政府行为

就整体而言，农业可持续发展的资金需求主要是三个方面：一是基础性、公益性投入，如以社会效益为主的农业科研、教育、推广、咨询、技术培训、良种繁育、检验监测、基础设施、市场服务、

病虫害防治、结构调整和环境与资源保护、自然灾害保险救济等以及其他管理性支出。二是半公益性但有直接经济效益的投入，如能带动农民增加收入和区域经济发展的新资源开发、名优商品基地建设、兴办龙头企业或进行技术改造等。三是生产经营性流动资金。对于前者，应主要由政府投入，同时鼓励有中长期投资能力的大型企业，向公益性农业项目加大投入力度。对于中者应主要由企业和农民投资，政府可以通过财政周转金或贷款贴息给予适当补助，特别是对于企业和农民独自支撑困难的半公益性项目内容，如新技术、新品种开发应用，农产品的市场开拓，以及社会化服务体系建设等方面。对于后者，应主要由企业法人、农民自筹和通过银行贷款以及引进外资等办法解决，政府给予必要的协调和支持。

（三）关于投资原则

国家对于农业的公益性投资，可以有多种多样的投资方式，但应遵循三条原则：第一，政府投资应追求使社会效益最大化，投向外部经济性比较强的领域和环节。第二，按照充分利用市场机制配置资源的原则进行投资。第三，选准重点环节重点领域，要“有所不为有所为”。根据各地经验，政府投资应体现强化、导向、弥补和调节四大职能。

（四）关于投资领域

中国加入WTO后，加强农业国内支持的基本思路，一是按照公共财政要求调整政策目标，提高农业竞争力，促进农民增收。二是按照农业发展任务调整支持重点，支持结构调整，提高农产品质量安全，加强对良种繁育、检验监测、疫病防治、质量标准、农机装备、市场信息、农业生态环境等环节的支持。三是按照WTO农业协议规则调整支持结构，加大“绿箱”投入，用好“黄箱”补贴。四是按照综合配套的原则调整支持方式，综合运用投资、补贴、减税等直接和间接手段，降低支持成本，提高支持效率。逐步建立起以国家投入为导向、企业和农民投入为前提、吸收其他资金为补充的多层次、多渠道、多方位的投入新机制。

（五）关于投资形式

我国农业综合开发目前主要采取自下而上的项目申报和自上而下的拨款体制，多年的实践显示，存在一些不容忽略的问题。确立农业综合开发资金的初衷和目的主要在于扶持基础性、公益性的薄弱环节，带动和促进各方面力量投资农业，起到级数之效。但从实际情况看，在中央政府、地方政府、农民、企业及其他开发主体各方之间都存在无庸讳言的矛盾。

1. 中央政府不满意。资金配套政策落实难，有偿资金回收难；资金的分配和使用需调整完善，有些地方在农业综合开发资金的分配和使用上，存在平均分配、“人情”照顾的倾向，资金使用分散，重点不突出，效益不高，甚至挪作他用。

2. 地方政府不满意。中央资金要求地方政府按比例配套，且有偿资金需要如期偿还，由于地方财政大多捉襟见肘，往往要东拼西凑，甚至是账面配套。此外，还要组织自主意识日趋强烈的农民筹资投劳，难度日益增大，以至地方政府牢骚满腹。

3. 广大农民不满意。由于农民现金收入比重较小，农民负担很重。据江苏省测算，改造1亩中低产田农民需投工15—40个工作日，折合人民币225—600元，还需自筹55元的资金及负担10%（最高时是50%）的有偿资金，实际每开发1亩中低产田，农民要承担300—700元的支出。有些项目见效慢，与农民直接利益关联小，有些项目不是筹资投劳农民直接受益，导致部分农民对政府的“一厢情愿”意见很大。

4. 法人主体不满意。由于传统管理体制和思维方式影响，农业综合开发资金基本面向各级政府和集体组织，企业、尤其是民营企业往往受到不公平待遇，第一是享受开发资金的支持难。第二是即使能享受到，一般都是有偿资金。

纵观发达国家扶持农业开发的成功做法，根据我国国情，政府投资农业综合开发，应根据投入的不同领域和环节灵活运用四种形式：

1. 无偿补助。对农业综合开发上述资金投向中必须通过政府投入发挥“导向”或“弥补”功能的项目，可采取无偿补助的形式投入。

2. 贷款贴息。特别是对于政府有关部门协调确定的重点项目、重点环节使用的信贷资金，可采取政府财政以贴息形式投入，这样容易把“蛋糕”做大，取得更好的资金投入效益。

3. 直接投资。如对产业化龙头组织可投入一定数量资金，以资本金形式入股。

4. 信贷担保。政府投入用于建立和完善担保机制，以调动民间资本和中介组织特别是农户投资的积极性。

（六）关于承载主体

现行的农业综合开发投入政策，要求实施项目的主体主要是农民群众集体、乡村组织和国有经济。这一政策不仅很难充分调动起农村各种主体参与农业综合开发的积极性，而且反过来又会限制农业投入的资金来源。

1. 个体私营经济和其他社会资本逐步成为农业和农村经济发展最具活力的因素，各种所有制的农业产业化龙头企业、特别是富有生机活力的民营企业不断壮大，以各种农民协会、农业合作社为代表的农业经济合作组织渐成气候，为农业和农村经济的发展做出了重要贡献。随着农业产业化经营不断拓展和延伸，农业综合开发不能片面理解以农民为主体。

2. 传统开发主体不健全，产权不清晰，造成开发资金的经营与管理缺乏法人主体，资金使用效益低。农业产业化龙头企业就像一个发动机，在产业结构调整、农民增收和农业现代化进程中均可起到牵引、带动的作用。可以说，扶持龙头企业就是扶持农民。

3. 在资金使用及项目承担上存在主体歧视。主要表现是：无偿资金主要是给地方政府的多，国营、集体性单位多，对私营、个体经营主体扶持少，即使有也大都是有偿的。

由于传统扶持的出发点往往以主体性质为依据，资金使用效益比较低，其结果是严重影响农业综合开发的初衷。因此，确定扶持对象不能仅看其属于何种经济组织，而要看其所从事的项目是不是符合农业综合开发项目性质。符合就扶持，不符合就不支持。引进市场机制，鼓励多种所有制形式参与，鼓励整合资金、土地、劳力、技术等生产要素，应成为发展农业综合开发的有效形式。

（七）关于项目分类

传统农业综合开发将开发项目大体分为三类：一是土地资源开发治理项目，包括中低产田改造、草场改良和工矿废弃地复垦、发展节水农业、生态农业，建设优质粮食和优质饲料作物基地等。二是多种经营项目，包括种植业、养殖业、农产品储运、保鲜、加工和批发市场建设等。三是科技示范项目，包括高新科技示范项目、科技推广综合示范项目、农业现代化示范项目等。此外，农业综合开发还安排了一些专项项目。传统的项目分类是伴随着农业综合开发的进程发展演变而来的，尽管有其合理性，但已不适应我国农村和农业经济发展的实际需要，主要表现在：

1. 各项目类别之间存在一定程度的相互交叉现象，概念和逻辑容易被混淆，故而扶持政策缺乏科学的界定，往往让人无所适从。大多数情况是一个建设项目既有土地整治的内容，也有产业化经营的内容，还有研发和科技推广的内容。即便是一个土地整治项目，也可以用于多种经营或技术示范目的。

2. 存在相当程度的行业歧视，这是因指导思想的局限性、经济发展的客观性和认识程度的差异性所导致的。新时期农业综合开发的主要目的是提高农业的综合生产能力和农民收入，而不是单一的生产能力，必须在项目的综合性方面下功夫，不要拘泥于项目的具体类型。在市场经济条件下，国家投入的应该是公益性事业，农业综合开发的扶持对象不再是开发项目全体，而只是其中涉及需要政府加以扶持的基础设施、技术推广和服务等公共产品，无论是种植业、养殖业，还是加工业，都有社会或生态效益大、没有或近期没有直接经济效益的公益性项目内容。

为此，应当改变传统的项目分类方法，对农业综合开发项目重新科学分类。将现有开发项目统称为公益性项目，具体划分为两类：一类是纯公益性项目，一类是准公益性项目。同时，应打破传统按主体性质为扶持依据的思维定式，根据项目的性质决定无偿和无偿项目资金及其比例。这样既体现了中央政府部门的扶持意愿，又避免了对开发主体的

歧视，充分发挥政府资金的调节职能。

（八）关于农业保险

农业保险是对农业自然灾害、市场销售及意外事故所造成损失的经济补偿。建立农业保险体系，是我国农业和农村经济发展的客观要求，也是国际上普遍采用的一种农业减灾措施。发达国家的农业保险，普遍实行国家参与的对农业保险提供保费补贴和税费减免等的支持政策。

从国外经验看，凡是农业保险搞得好的国家，不论是发达国家或是发展中国家，政府对农业保险都给予多方面支持。比如，政府以不同的出资方式和比例建立初始资本和准备基金；负担全部或大部分经营管理费，对保险费给予一定比例的补贴；在发生重大灾害时，政府给予一定比例的补助；实行免税政策。在开办农业保险的国家中，政府大都将财政对农民的保费补贴、农业信贷、价格保护、农业灾害救济、生产调整等措施配套实行。甚至明确规定，不参加保险就不能贷款，不参加保险就不能享受灾害救济。这种由配套措施共同推动的农业保险，对农民的吸引力大，约束力强，运作效率高，比较容易为农民所接受。因而不少国家还把农业保险视为农村救济、农业贷款、农产品价格保护、农民福利等政策的一部分。

而在我国，农业保险仍然是一种纯粹的商业行为，尚未纳入国家的政策支持体系。农业保险由于其产业特点导致赔付率过高，经营者普遍亏损，近年来不得不大大缩小保险范围，减少险种，部分地区一些社会效益巨大但赔付率过高的险种由于保险资金不足而被迫停办，农业保险应有的保障功能无法发挥，造成了目前我国农业保险有名无实，形同虚设。而农民由于缺乏风险意识和对农业保险的认识，“积谷防饥、养儿防老”思想依然是农民抵御市场风险、防范自然灾害的重要法宝。加之经济承受能力的限制，投保积极性极为有限。因此，在农业综合开发中，应当高度重视农业保险问题，把农业保险制度建设列人政府农业宏观政策的议事日程，建立符合我国国情的政策性农业保险制度。

（九）关于项目管理

1. 管理经费。农业综合开发是一项涉及面广、政策性强、工作量大、标准化高的系统工程，搞好农业综合开发事业经费的筹集、管理和使用，是确保农业综合开发工作顺利进行的重要条件。按照有关规定，农业综合开发工作正常开展所需的经费，要按照预算管理的有关规定，纳入本级财政预算体制。但从各地的实际情况来看，财政拨付的业务经费十分有限，根本不足以支付相关的费用开支；何况有的地方财政困难，连最基本的事业经费都没有保障。其结果是，农发部门不得不在项目建设单位甚至施工单位虚列成本进行摊销。因此，有必要考虑提高项目资金中管理费的提取比例。

2. 管理程序。基层普遍反映，农业综合开发管理工作量大、程序繁琐、管理脱节。一个项目的确定，不仅需要大量的论证资料和图文报表，而且要上下反复多次，即使是连续性的项目也要按年度多次申报，劳民伤财。由于开发部门管项目，财政部门管资金，项目资金很难及时到位，在一定程度上影响了工程进度。

3. 项目管护。在农业综合开发中，由于一些项目区或项目管理单位注重项目建设，疏于建后管理，使得项目区的建筑物得不到有效保护，使用期限缩短，特别是桥涵闸沟渠等基础设施工程，建后维护维修不到位，时常出现毁坏现象，导致部分设施无法正常发挥作用。究其原因，主要是完工项目管护主体不明、职责不清。农业综合开发项目完工移交后，本应形成地方政府、受益农民、基层组织共同管护的局面，但在现实工作中，管护各方由于不愿投放新的资金和精力去管理，从而形成地方政府无法管、受益农民不愿管、基层组织无力管的窘境。一旦综合开发项目受到自然灾害或人为破坏，再加上管护不力，就会使建筑物毁坏无人管，修复无人问，造成建设资金很大浪费。国家通过农业综合开发发展农村经济、提高农民收入的战略意图就会落空，项目长久效益难以实现。因此，明晰产权，明确管护责任，调动各方面参与项目建后管护的积极性，势在必行。

4. 项目评审。目前的项目评估指标侧重于统计分析，如受益人数、面积；产量、产值、人均收入变化；投资报酬率、投资回收期、投入产出比等。我们认为，应当建立一套更为科学、有效、完整的评估指标体系。新的指标体系应当是一个涵盖经济、社会和生态的综合效益评估体系，可根据项目本身的特点，对三类指标分别给以不同的权重。但基本的分析思路和分析方法应当是相同的，即采用市场价值理论、市场替代理论和成本收益法等理论和方法进行评估。

5. 监测评价。农业综合开发究竟投资效益如何，现在只能依靠地方统计报表，而无科学的评价指标体系和评价机制。应当尽快借鉴国内外经验，研究创建符合国情的农业综合开发投资效益监测评价体系，建立完善专家监测评价队伍，定期对投资项目效益实现情况进行科学评估。

八、发展定位

目前，农业综合开发已经进入了一个全新的时期。新时期加快农业综合开发，是建设现代农业的客观要求，推进结构调整的历史呼唤，增加农民收入的现实选择。农业综合开发的目标已经多元化，既包括农业增产、农民增收，也包括生态环境治理，还包括农业科技的示范推广、农民培训、市场培育、农业产业化经营、标准化工程建设、农业保险等很多方面。

根据需求和可能，农业综合开发的宗旨是，通过综合治理，着力改善农业生产条件和生态环境，巩固扩大旱涝保收面积，不断提高农产品产量和质量，稳步增强市场竞争力和抗御风险的能力。其政府财政支出，是国家保护和支持农业综合生产能力的基础性、公益性、导向性投入，是调整产业结构、发展现代农业、增加农民收入、全面建设农村小康社会的重要支撑。

九、对策建议

在市场经济条件下，过去农业综合开发中形成的“以农民投入为主体，以国家为主导”和“国家引导，配套投入，滚动开发”的投入机制难以落实。虽然国家投入相对稳定，但地方配套和农民出资投劳没有保障，认识模糊和利益驱动等使得地方很难足额落实配套资金，而税费改革政策又使农民出资投劳进行农业综合开发引来疑问，虽然民营企业进入农业综合开发大有作为，但现行政策又形成制约，其结果是各投资主体都不满意。因此，为更好地发挥农业综合开发作为在市场经济条件下，适应 WTO 规则要求的国家支持和保护农业重要手段的作用，管好、用好农业综合开发资金，必须实行主体换位，应将国家项目资金改为国家补贴资金。这是解决中央、地方、农村集体、农民和企业等各方面矛盾的关键。以补贴方式激励、促进和带动地方、农民和企业参与农业综合开发，真正调动各方面的积极性，多渠道投入，这也符合 WTO 规则的要求。

（一）拓展投入范围

现代农业生产发生了变化，基础设施的内涵和外延已经极大丰富和拓展。主要包括硬件和软件两个方面。从硬件方面来看，主要包括农业生产如山水田林路等传统的基础设施，农民生活、农村社区建设，如生态环境等；从软件方面来看，主要是农民生产和生活的服务体系，如信息、文化、教育和社会保障等。基础设施的“与时俱增”及创新是我国全面建设小康社会目标的要求。目前，农业综合开发基础设施建设的内涵、外延与发展现代农业的要求不适应，没有全部涵盖发展高技术、高附加值农业的基础设施内容。建议使用广义上的概念，但应当从农业综合开发的特点出发，将农业基础设施的主要类型予以明确，重点扶持。

（二）增加开发投入

目前，农业综合开发资金来源不能满足发展需求，一是近几年用于农业综合开发投入的财政资金增长幅度没有达到政策要求，特别是中央财政资金投入增长幅度，与农业综合开发“十五”计划要求有比较大的差距。二是地方财政资金配套，特别是欠发达地区财政资金配套落实难度较大。三是银行贷款资金投入波动较大，严重影响农业综合开发投入规模。四是农民筹资投劳受到一定的限制，农业综合开发与农村税费改革政策亟待进一步协调。五是有偿资金回收难度大，农业综合开发滚动开发机制有待完善。我国加入

WTO后，农业综合开发面临新情况、新机遇，一方面要适应WTO规则，同时要用足用好农业支持政策，努力增加开发投入。

1. 建立农业综合开发资金定期增资机制。一是按超出国家财政增收比例增加（如高2个百分点）。二是随国家补贴项目和内容的增加而增加资金（如农业保险）。三是建议参照发达国家的做法，发行长期国债，筹集长期建设资金。

2. 在用好、用活、用足“绿箱”政策的同时，调整“黄箱”政策的支持目标和支持结构。由主要对农产品流通部门的补贴，转向对农业生产者的补贴，并重新确定“黄箱”政策的支持重点，增加对农业基础设施建设等方面的投入。据统计，目前财政用于农产品流通环节的补贴达20多项，每年资金600多亿元。建议在改革粮食流通补贴制度中，将一部分粮食流通补贴转用于农业综合开发，以增加预算内农业综合开发投入。

3. 增加财政贴息资金额度，引导银行增加农业综合开发贷款投入。目前农业综合开发项目所需的贴息资金，是分别用该类项目的财政无偿资金安排的。但在实际执行中，由于大部分地区（特别是西部省份）银行贷款难以落实，致使贴息资金使用不出去。建议将农业综合开发贷款改为政策性专项贷款，并由农业发展银行管理，中央财政单独安排贷款贴息资金，按照农业综合开发项目实际贷款情况予以贴息。

4. 继续争取利用世界银行贷款、亚行贷款等外资。在总结成功经验的基础上，要进一步争取世行、亚行贷款，投资于农业综合开发，增加农业综合开发的投入。

（三）确定扶持重点

新时期的我国农业综合开发应将以下方面作为扶持重点：继续强化以中低产田改造为中心的农业基础设施建设，改善生产条件和生态环境；着力推进农业和农村经济结构的战略性调整，扶持优势产业和优势产品基地建设；培育营造带动作用强的产业化龙头企业，大力发展农业产业化经营；积极促进我国农产品全球化经营，提升国际竞争力的物流体系、信息流体系、服务体系和社会保障体系建设；有效扶持新品种、新技术创新及引进、示范和推广，加快农业产业升级。在主要投向上，建议突出产业化商品生产基地、产业化良种繁育基地、产业化重点龙头组织、农产品加工技术改造、综合开发项目区生态环境、农产品质量安全保障体系、现代农业科技示范园区、农业生产者技术培训体系、产业化市场中介组织、农业风险保障体系建设十个方面，同时探索建立新型的运行机制。

（四）理顺投入机制

参照国内外的有益经验，实行投入主体换位，改国家项目资金为国家补贴资金，按照“农民自愿，政府协调，综合配套，国家补贴”的运行机制，建立“以农民投入为前提，以政府补贴为支撑，整合社会各方面要素资源，提高资金综合使用效益”的投入机制，鼓励农民、企业和其他社会资金以及外资投入农业综合开发。

运作程序：国家主管部门公布《指南》——农民和企业自愿申报项目——地方政府组织规划设计——鼓励社会各方开发投入——政府按照比例予以补贴——项目建设实行招标投标——执行世界银行报账制度——国家和受益农民共同验收——明晰产权确立运营实体——专家定时进行监测评价。

建立科学合理的投入机制应注意以下几方面：

1. 建立项目导向制。以项目性质作为扶持依据，改变过去以开发主体性质作为扶持依据的传统扶持方式，根据项目性质和完成情况确定补贴对象、补贴比例及处罚办法，建立项目规划、设计、申报、复核、实施、检查、监督、运营、管护、评价的科学管理新机制。对于支持性项目，可委托县、乡有关机构代为评审；对于扶持性项目，建议由项目单位自行委托有关项目评估机构进行评估，农业综合开发部门可根据评估结果并参考评估机构的等级，决定是否给予资助。

2. 鼓励投资和配套。政府加强协调规划和科学布局，通过制定有关政策，积极探索开放性开发、经营性开发和股份制开发方式，有效引导“三资”和社会资金投资农业，以财政贴息等方式引导金融信贷部门增加农业综合开发投入，充分调动包括农民在内的社会各方面参与农业综合开发的积极性。

3. 实施市场化运作。以招标投标等公开化方式，确定施工和运营主体，按企业化经营方式管好和经营好农业开发资金的存量资产，发挥开发资金的资产运营效益，不断增值，以达到滚动开发的目的。应避免主体歧视，取消所有制限制（包括有形的和无形的），引导、培育、扶持和营造新型的农业法人主体，发展农民专业经济组织，成为农业综合开发的承载主体，激励和约束并重，确保可持续发展。

4. 经常性监测评价。借鉴国内外经验，研究创建符合国情的农业综合开发投资效益监测评价指标体系，建立完善专家监测评价队伍，定期对补贴项目效益实现情况进行科学评估。

（五）科学项目分类

建议以提高农业综合生产能力和农民收入为主旨，将农业综合开发项目分为纯公益性和准公益性两类项目，这是农业综合开发资金安身立命和稳步扩张之根本。确定纯公益性项目的依据主要有两点：第一，具有明显的社会效益或生态效益，近期或直接经济效益不明显的，旨在提高农业综合生产能力和农民收入所需要的社会公共品的项目。第二，仅靠农民自身办不了、办不好或办起来不划算的但外部效益较大的项目。这类项目属于社会公共物品范畴，应当由政府以财政资金的形式无偿投入建设。准公益性项目是指相对于社会效益而言，经济效益较高但风险较大、对产业发展有重要引导作用的项目。如农产品加工新产品研制项目、高风险和高收益的科技开发项目等，对于这类项目，农业综合开发资金应当有选择地予以扶持，如提供高比例有偿资金扶持、提供低息和贴息贷款等。

为此，建议：一是要打破行业歧视，所有项目都按公益性项目和准公益性项目划分，不再按原来的土地治理、多种经营和科技示范三类划分，不再规定每一种类的投资和配套比例，只要符合公益性项目和准公益性项目的申报条件，不管在哪个行业，都可以立项。二是避免主体歧视，取消所有制限制，对民营企业申报、承建农业综合开发项目要一视同仁，在有偿和无偿资金方面给以同等支持，要扶持和鼓励农业产业化龙头企业参与农业综合开发，打破主体约束，推行开发主体多元化，引导、培育、扶持和营造新型的法人主体，使之成为农业综合开发的承载主体。

按照上述分类标准，结合农业发展新形势，应按照 WTO 框架“绿箱”政策原则和农业综合开发宗旨，围绕建设小康社会和现代农业，确定项目内容。修改制定《国家农业综合开发补贴项目指南》，明确项目内容、立项条件、补贴比例、补贴标准、补贴形式和管理办法等，并定期修改和更新。

（六）实施农业保险

为缓解或减弱自然风险和市场风险对农业的影响，应将农业保险作为纯公益性项目补贴的重要内容之一。一是建立农业综合开发风险基金，对农业综合开发主体，如企业和农民等在承担农业风险性项目开发过程中，给予各种补贴和支持。二是试行对农民农业保险费用按比例补贴，以调动农民投保的积极性。三是对经营农业保险业务的企业给予业务费补贴，以降低其经营风险。四是设立专门的国家政策性农业保险公司，对经营农业保险业务的企业实行再保险，以调动保险公司的经营积极性。

（七）鼓励资产流转

建立和完善项目区内以土地流转为核心的资产运营机制。对经过改造的农田，在尊重农民意愿的前提下，大力推进经营体制的改革，促进耕地及附属工程产权的依法合理流转。

对资产运营、管理，总的原则是“谁投资，谁所有”。应该明确以下方面：第一，国家无偿投资部分形成的新资产归国家所有。第二，对国家投资所形成的资产可实行所有权和经营权的分离，鼓励有偿转让、公开拍卖、承包经营、租赁经营等资产运营，确保国有资产不流失，开发资金滚动发展。第三，明确资产服务主体——面向农村、服务农民。逐步建立资产法人主体管理制，以入股、合资、租赁等多种形式对项目形成的国有资产进行优化组合，按市场机制进行管理和运作，使项目能通过自我积累、自我发展，长期为项目区农民服务。

（八）加强资金管理

1. 完善管理机制。资金管理要做到有法可依，依法管理。各级开发部门必须严格按照财政部有关规定，加强资金的筹集、分配、使用、管理、监督和检查。

在资金拨付上，公益性项目的财政无偿补贴资金，通过财政部门按管理程序逐级拨付；准公益项目的有偿周转资金，通过财政部门逐级承借、统借统还，各级财政部门之间签订借款合同。现有委托银信部门管理有偿资金的做法，存在手续繁杂、滞留挪用、使用不能足额到位等问题，应进行适应性改革。鉴于目前县以下财政多是吃饭财政，一般无支付配套能力，本着实事求是的原则，建议暂不要求县以下财政资金配套。

在资金使用上，强调农业综合开发资金要严格按规定范围使用，坚持“三专”，即专账核算、专人管理、专款专用，严禁挤占挪用，财政无偿资金全面实行县级报账制，有偿资金探索由政府政策担保、银行信用担保、企业资产抵押并统借统还的方式。应对农业综合开发资金管理实行优惠税收，核减报账发票纳税金额，把有限的资金用在刀刃上。为保证必要的日常运作经费，建议从项目资金中提取5%的管理费，中央、省、市各留1%，县里使用2%。此外不再提取前期费用。项目管理费主要用于立项前进行可行性研究、规划设计、评估论证；项目实施中的野外勘测、工程招投标、统一采购；项目结束时的验收费用。

在资金检查上，项目确立要以农民或企业投入为前提，以政府统筹规划、合理布局为保证，有可行性报告，组织专家评审，特别是要进行财务效益分析；项目实施中要进行中期检查，其中资金检查是一项重要内容；项目竣工后要进行验收和监测评价，资金检查也是一个重要方面；审计部门主要是对资金管理使用情况进行审查。借鉴国内外经验，应研究创建符合国情的农业综合开发投资效益监测评价指标体系，建立完善专家监测评价队伍，定期对补贴项目效益实现情况进行科学评估。

2. 加大监管力度。一是加强内部监督。在严格执行各项财经管理制度的前提下，建立健全农业综合开发资金审批、使用、管钱和管账相分离的内部监督机制，确保资金专款专用。二是加强外部监督。一方面，密切配合财政和审计等有关部门，定期或不定期地对农业综合开发资金的筹集、使用和管理进行监督检查。建立违纪违规责任追究制度，对截留、挪用农业综合开发资金等问题进行严肃查处，责令整改，并依法追究有关人员的责任。没有及时整改的，要停拨或缓拨当年项目资金。另一方面，逐步建立农业综合开发资金使用公示制。农业综合开发项目建设单位必须将项目资金筹集、使用情况向项目区群众公布，接受民主监督。

3. 加强政策调研。依托国家农村经济研究部门，建立农业综合开发政策支撑系统，开展经常性的调查研究和咨询论证，为农业综合开发事业提供法律和政策保障。

（九）制定开发条例

农业是弱质产业，需要给予特殊的支持和保护。而要支持和保护农业，最重要的是要增加对农业的投入。但迄今为止，我国还没有一部专门的农业投资法。农业综合开发是国家支持和保护农业的重要手段，农业综合开发资金是基础性、公益性投入，是加大农业投入的重要途径，在一些地区甚至已经成为当地农业投入的主渠道。为了确保农业综合开发的长期、健康、稳定发展，及时出台相关的法律是非常必要的。当前应尽快制定《中华人民共和国农业综合开发条例》，争取尽早由国务院批准颁布实施。待条件成熟后，再上升为法律。条例出台后，要尽快制定出相应的实施细则，以便于实际执行。条例应当包括八个方面的内容：总则、资金筹集、资金管理、项目规划、项目管理、项目建设、效益评价、法律责任。

（十）规范管理机构

农业综合开发不同于常规性的农业行政管理和政策指导，主要是通过在特定领域和特定区域的项目实施，达到对农业支持和保护的目的。因此，农业综合开发管理部门的机构设置，可单独设立农业综合开发机构，也可归口财政部门，但保持相对独立性，同时进一步明确机构的各项职能，从根本上改变目前这种较为混乱的局面。当然，农业综合开发机构仍要注意与有关部门尤其是与财政、农业主管部门的相互配合，统一规划，协调管理，避免出现项目和资金管理相互脱节的现象。

（本文系《中国农业综合开发新时期地位与作用研究》课题的总报告摘要，限于篇幅，文中图表和经验总结部分略去）

农业综合开发利用国债资金的分析与建议

苏 明 刘尚希 应亚珍

农业综合开发是国家支持和保护农业的一项重大措施，是推进农业结构调整、提高农民收入水平的重要途径。当前中国农业发展已经进入新阶段，农业综合开发也面临着新的形势和更加艰巨的任务，而如何开辟资金渠道、有效增加资金投入，已成为当前及今后中长期我国农业综合开发面临的重大问题。本文试从理论和实践的结合上，就农业综合开发利用国债的相关问题作一些分析，进而提出若干建议。

一、农业综合开发是加强粮食安全的重要措施

《中共中央关于“十五”计划的建议》第一次提出了国家粮食安全的要求，体现了政府对粮食问题的高度重视。依照联合国粮农组织的定义，“粮食安全”即指一国的粮食供给能够保障其居民及时购买到所需要的粮食。其内涵有两点：一是有粮食供给能力，二是消费者有能力购买所需要的粮食。其中前者是矛盾的主要方面。“民以食为天”，解决温饱问题始终缠绕着中华民族的历史。新中国成立后，特别是党的十一届三中全会以来，中国人终于解决了吃饭问题。中国以占世界10%的耕地，养活了占世界22%的人口。这无疑是举世瞩目的伟大成就。

在经济全球化的今天，保证粮食供给，尽管并不一定要百分之百地由国内生产。但是，我国是一个人口大国，同时也是一个农业弱国，在战略上我们必须立足于本国的粮食生产，不然，将会受制于人，影响国家安全。因此，不断提高我国的粮食生产能力是一项长期的战略任务。近些年，我国粮食出现了相对过剩，但这是一种低水平的过剩，带有阶段性、结构性和暂时性的特征。从中长期形势判断，中国的粮食总供给与总需求的矛盾依然突出，粮食安全形势十分严峻。一方面，我国耕地逐年减少，在过去的20年里，我国的耕地以年均约20万公顷的速度递减。据一些学者预测，从“九五”期间到2010年，我国耕地预计将减少400万公顷左右，到2030年预计将减少1/4，约600万公顷。另一方面，根据相关测算，到2030年，我国的人口将增加1/4，达到16亿多。人口压力和耕地资源压力必将加剧未来的粮食供需矛盾。因此，尽量遏制耕地减少和在有限的耕地面积上提高粮食生产能力，是解决粮食安全问题的根本途径。

从过去的实践和我们的分析来看，进行农业综合开发是提高粮食生产能力的重要措施。1988—2002年，我国通过农业综合开发累计改造中低产田39 896.7万亩，增加粮食生产能力724.8亿公斤，约占同期国家粮食生产增量的40%，为我国的粮食供求平衡做出了历史性贡献。而面对新世纪粮食供求压力，为了加强粮食安全，仍必须继续高度重视和强化农业综合开发。

二、农业综合开发需要开辟新的资金渠道

我国农业综合开发虽然取得了显著成绩，但今后的任务仍然相当艰巨。据测算我国共有124 511万亩中低产田，迄今已通过农业综合开发改造中低产田面积39 896.7万亩，今后仍有84 614.3万亩尚待改造。如按投资标准300元/亩计算，今后仍需投资2 538.44亿元。因此，如何有效地解决资金投入成为今后农业综合开发最紧迫的事项。

中央财政是农业综合开发资金的主要来源，而且对资金投入起着重要的导向作用。1988—2002年，中央财政共投入了483.2亿元用于农业综合开发，占同期整个农业综合开发投入的28.6%，对于加强农业开发，促进农业发展，发挥了积极作用。但如何确保中央投入的合理增长仍值得研究。

在第四次农业综合开发联席会议上，当时任副总理的温家宝同志的讲话和2001年国务院办公厅转发财政部《关于农业综合开发的若干意见》中，均明确提出了农业综合开发资金的投入要求，即“十五”及今后一段时期内，用于农业综合开发投入的财政资金增长幅度要高于“九五”时期的水平。“九五”时期中央财政安排的农业综合开发资金年均增长为19.56%，按与“九五”同样的增长幅度计算，在“十五”的头三年，中央财政分别需安排农业综合开发资金67亿元、80亿元、96亿元。从实际情况看，这三年中央财政分别安排了63亿元、73亿元、81亿元，其投入缺口分别为4亿元、7亿元、15亿元。

我们认为，在中央财政连年赤字的状况下，中央财政安排这样的投入规模，应该说已相当不易。从目前情况来看，要从中央一般预算中拿出更多的资金用于农业综合开发已经不太现实。为此，我们建议在现有国债中拿出一部分专门用于农业综合开发。这样，既能适当弥补农业综合开发的资金缺口，同时也可以改善国债的投资结构，提高国债投资的使用效益。而且从长期来看，有利于建立一个稳定的财政投入机制，保障我国“粮食安全”战略的部署和实施。

有必要说明的是，中央已明确从2003年开始，国债投资要向农村倾斜，具体措施是在继续加强农村水利重大工程建设的同时，重点支持农村“六小工程”建设，包括节水灌溉、人畜用水、乡村道路、农村沼气、农村水电、草场围栏等中小型基础设施建设。我们认为，“六小工程”的投资，是我国国债资金使用结构的重大调整，其积极效应应予充分肯定。同时要看到，它虽然有利于农民生活条件的改善，但对提高农业生产能力，保障我国“粮食安全”的作用有限。因此，将一部分国债用于农业综合开发也是十分必要的。

三、国债资金用于农业综合开发的可行性分析

（一）符合公共财政的要求

提供公共产品是政府的基本职能。农业综合开发项目在很大程度上具有公共产品的性质，如土地整治，在农业市场化和产业化水平很低的条件下，很难通过市场的办法来改善地力，提高其生产能力。市场调节不能发挥作用，就只能靠政府来解决问题。而且土地整治还与食品安全（最近有因土壤重金属含量高而导致粮食中的重金属含量偏高的报道）和生态环境密切相关，寄希望于市场来解决这些问题是难以实现的。再如农业科技的推广和应用，在农民现有的认知水平下，没有政府的大力帮助也是不可能做到的。

按经济学原理，公共产品是不能完全靠市场来提供的，任何时候都离不开政府。特别是我国的农业领域，市场化程度极其低下，政府应该筹措必要的财力来给予更大和更多的帮助。这也是世界各国通行的做法。

（二）支持农业发展是我国的长期政策

农业是国民经济的基础，我国政府历来对此高度重视。我国分别在1993年7月和2002年12月制定和修订了农业法，修订后的农业法根据我国农业发展的新情况，对农业投入提出了更高的要求。在国家一般预算难以扩大农业综合开发投入的情况下，拿出一部分国债资金用于农业综合开发，正是贯彻和落实农业法的一个可行措施。

从具体政策手段来讲，把国债资金用于农业综合开发，也是对当前积极财政政策的有力配合。积

极财政政策的实施，必然以发行国债为重要手段，而国债资金如何有效使用，关系到扩大内需的实际效果。把一部分国债资金用于农业综合开发不仅有利于提高国债资金使用的边际效益，而且更有助于扩大内需。

（三）农业综合开发效益显著

过去十几年的农业综合开发，不仅带来了一定的经济效益，还带来了广泛的社会效益。具体来讲，一是为调整和优化农业产业结构、提高农产品品质创造了条件。二是改善了农业基础设施，为农业生产的持久发展打下了良好的基础。三是农业生态环境得到了改善和保护，为农业的可持续发展提供了一定的保障。四是农业科技水平提高，农业增长方式转变已有良好的开端。

调查资料表明，我国目前农业综合开发产生的边际效益远远大于边际成本。这说明，即使从经济学的角度来分析，扩大农业综合开发的投入能够促进社会资源的优化配置，符合成本—效益原则的要求。

（四）有良好的管理经验为依托

农业综合开发长期形成的“国家引导，配套投入，民办公助，滚动开发”的开发模式，使国债资金用于农业综合开发有了一个可资利用的“模板”，不需要另起炉灶。国债资金和现有的农业综合开发资金可以结合起来一并使用。

将国债资金投入到农业综合开发中去，其实质是弥补中央预算内财力的不足和适度地减轻其他主体的配套任务。由于农业综合开发本身的项目、资金、财务管理均已有了一个较完整的框架，国债资金融入其中，就不会带来项目、资金、财务管理上的新问题，国债资金的使用效益是有保障的。

四、国债资金用于农业综合开发的思路和具体政策建议

（一）适当安排一部分长期建设国债用于农业综合开发

我国从1998年开始实行积极财政政策，截至2002年底已累计发行长期建设国债6 600亿元，其宏观经济效应十分显著。考虑到国民经济发展现实情况和财政可持续发展能力，今后一个时期，长期建设国债肯定还会以一定的规模发行。长期建设国债属于国家建设性资金，是政府宏观调控直接可动用的财力，是支持国民经济和社会事业发展的重要资金渠道。鉴于长期建设国债固有的属性、特征及其当前我国农业综合开发面临的资金压力，我们建议，从2004年开始，调整国债投资使用方向，每年适当安排一部分长期建设国债用于支持农业综合开发。

这里有两种方法可供选择：一是采取比例法，大致可按每年发行的中长期建设国债的1%—2%的比例用于农业开发投入。二是采取定额法，即每年安排15—20亿元的规模。总的看，将一部分国债资金用于农业开发，这是落实中央积极财政政策向农业和农村倾斜的具体体现，是国家支持和保护农业、增强农业竞争能力的重要措施，而且由于所占比重不大，它不会对长期建设国债的总体投资分配格局产生根本影响，而农业和农民却是实实在在获益。因此，农业综合开发利用国债资金是一个可行的选择。

（二）国债资金用于农业综合开发的重点投资领域和使用方向

国债资金的使用，一方面应与政府其他投资统筹安排，同时，要明确重点投资领域和方向，以此保障资金使用的效果。

把国债资金用于农业综合开发属于全局性的战略投资，我们认为这一投资应与国家“粮食安全”的战略部署结合起来，其投资重点就放在与提高粮食产量和质量密切相关的两个方面。其一是以农业主产区为重点，推进以土地整治为核心的农业基础设施建设，提高农业生产能力。农业主产区是支撑我国农业发展，长期保证全国农产品供求基本平衡和国家粮食安全的主要地区，在我国农业和农村经济发展中具有不可替代的地位。入世以后，我国农业主产区将受到严峻的考验。从一定意义上讲，它们还没有足够的能力去承受国际市场的竞争。如何在世贸组织规定的范围内，扶持农业主产区，迅速提升竞争力是当务之急。其二是农业科技推广的投入。我国农业的科技贡献力已经达到40%以上。从世界农业特别

是发达国家的农业现状分析，科技对农业的发展具有举足轻重的作用。在土地自然状况既定的条件下，解决最大限度地利用土地和提高农产品质量的关键就在于科技的开发应用能力。

（三）国债资金用于农业综合开发在管理上需要注意的几个问题

1. 要注意这部分资金与农业综合开发其他资金的统一规划。农业综合开发既包括长远发展规划，也有年度计划。在相关计划的制定和落实中，将农业综合开发的各种渠道的资金统一安排，统筹考虑。同时，须保证这部分资金在投向上的专门性。

2. 适当调整地方和农民在农业综合开发中的配套比例。国债资金用于农业综合开发的这部分资金，其投资重点是实际配套能力较弱的粮食主产区和农业科技推广应用，因此，其配套要求可以不同于一般的农业项目，应考虑不配套或少配套。

3. 采用科学合理的资金运作方式。国债资金的使用一方面要确保项目的科学安排，也要考虑资金的安全、到位、有效。同时，要与其他支农资金通盘考虑，在支农方式和总量安排上符合有关WTO协议的要求。

（作者单位：财政部财政科学研究所）

关于提高农业综合生产能力
加强农业区域开发的几点建议

全国农业区划委员会

我们在编制全国农业区域开发总体规划（初稿）的基础上提出了农业区域开发的基本思路。结合贯彻中共中央《关于进一步加强农业和农村工作的决定》，就90年代关于提高农业综合生产能力，加强农业区域开发的有关问题提出如下建议。

一、小康目标与社会需求

20世纪90年代是我国由温饱向小康转变的关键10年。小康生活要求我国人民的膳食结构从高谷物向动植物食品合理搭配的方向转变，人民衣着、住房、生活环境有较大的改善，收入水平有较大的提高。这种转变已从80年代开始，1986年全国人均口粮消费290公斤（原粮）、肉蛋奶水产品36.2公斤；1990年人均口粮为274公斤，肉蛋奶水产品上升到47.3公斤；预计2000年人均口粮下降到230公斤，肉蛋奶水产品需要67公斤。根据国家现在执行的规划，2000年实现人均粮食占有量400公斤难度很大，但要确保；人均肉蛋奶水产品56.5公斤与需求有10公斤左右的差距，需要通过提高单位产出率和转化率解决。在保证农副产品数量增长的同时，要相应解决农副产品优质化、多样化问题。以棉花为主，麻、丝、毛相应发展，将化纤在纺织原料中的比重由目前的25%提高到40%，以满足人民改善衣着的要求。加强农村工业小区和村镇规划，广开就业门路，积极发展乡镇企业，2000年农民人均纯收入达到1 100元。由于总人口继续增加，人均资源量继续减少，实现上述目标，任务非常艰巨。根据需求变化规律，强化宏观分类指导和全民农业意识，积极增加资金、科技、物质投入，注意区域农业资源的综合开发利用和保护治理，把我国农业综合生产力提高到小康水平是完全可能的。

二、耕地的综合生产能力与粮食生产

我国耕地面积占国土总面积的1/10，但提供的生物量却占3/4以上，因此，提高农业的综合生产能力关键在于提高耕地的综合生产能力。目前我国农业的综合生产能力：粮食4.25亿吨、棉花450万吨以上。2000年棉花达到525万吨的发展目标可以实现，但粮食总量要达到5.0亿—5.2亿吨并非容易。根据中国土地资源生产能力及人口承载量研究报告：在高投入水平即全部满足种植业的基本要求的情况下，2000年粮食总量可达到5.1亿吨。因此必须强化对农业的投入，才能满足小康目标的要求，为此必须做到：

1. 保证耕地面积稳定在现有水平上，总播种面积不少于22亿亩，其中粮食播种面积17亿亩，十年粮食单产要提高50多公斤，达到300公斤以上。

2. 改造5亿亩中低产耕地，每亩力争新增100公斤的粮食生产能力，形成5 000万吨的增量，占总新增生产能力的50%。

3. 开垦内陆荒地5 000万亩，围垦沿海滩涂500万亩，力争弥补每年的耕地减少量。

4. 复种指数在“七五”平均153%的基础上提高6个百分点，可增加播种面积9 300万亩。

5. 科技进步增产作用在“七五”的基础上提高10个百分点，增加有效灌溉面积8 000万亩。

三、山地、草场、水域资源开发与多种经营

根据土地资源调查，全国约100亿亩农林牧渔业用地中，耕地占1/5，林地、草地、水域等资源占4/5。因此在重视提高耕地综合生产能力的同时，必须放眼全部国土资源，开发山地、草场、水域，发展多种经营。

1. 建设速生丰产林基地，加快“三北”、“长江中上游”、“沿海防护林”体系建设，因地制宜积极发展经济林、薪炭林和特用林，十年内抚育中幼林5亿亩，增加森林面积5亿亩，覆盖率由13%提高到17%。

2. 加强北方牧区建设，十年内建设人工和改良草场2亿亩，围栏草场2亿亩，治理退化草场2亿亩；合理开发南方草山草坡，建设高标准的人工草场5 000万亩。

3. 调整畜产品结构，畜产品禽、牛、羊肉占肉类的比重由20%提高到30%，并大力推广秸秆过腹还田、青贮、氨化，棉菜籽饼脱毒等技术，利用秸秆养畜由目前的25%提高到50%；饼粕利用率由目前的30%提高到60%；配混合饲料由目前的25%提高到60%。

4. 提高桑、茶、果的单产和质量，十年内改造低产劣质桑、茶、果园3 000万亩。

5. 改造内陆低产水面1 750万亩，浅海滩涂新增养殖面积750万亩，加快外海及远洋捕捞，使其产量由目前占海洋捕捞总量的20%提高到30%。

四、国家开发区与重点建设项目

（一）国家开发区

1. 国家重点支持的开发区。对国家农业商品生产起调节作用，包括松嫩平原、三江平原、黄淮平原、冀鲁豫低洼平原、长江中游平原、长江下游平原、四川盆地、宁蒙甘灌区、新疆伊犁河和塔北灌区、珠江中下游地区10个区域，共752个县，耕地占全国的47%。开发任务是十年改造中低产耕地3亿亩，开荒3 300万亩，约占全国开发任务的60%。开发目标是重点开发区实现粮食、油料开发增量占全国开发总增量的60%，棉花占90%。

2. 国家一般支持的开发区。对省或局部地区的农业生产起调节作用，包括辽河中下游与辽东半岛、嫩江西辽河平原、晋陕蒙交界地区、内蒙东部牧区、汾渭谷地、渭北陇东地区、青海黄湟流域、西藏一江两河地区、南阳盆地、四川攀西地区、黔中、滇中与滇西南地区、金衢盆地、闽西北、海南岛15个区域，共390个县，耕地占全国的15%。开发任务是十年改造中低产耕地9 400万亩，占全国总开发任务的17%，开荒890万亩，占全国开发任务的16.2%。开发目标是实现粮食开发增量占全国开发总增量的17.3%。

3. 扶贫与生态建设区。包括藏东高寒区、西南岩溶地区、黄土高原丘陵沟壑区、武陵山区、秦

巴山区、三峡库区6个区域，共400多个县，其中贫困县占2/3以上。以生态治理为主，进行扶贫开发与水土保持建设。

（二）重点建设项目

为了提高全国的农业综合生产能力，促进区域农村经济的持续、稳定、协调发展以及区域之间的合理分工，增强下世纪农业发展的后劲，建议加速以下重点工程项目建设：

1. 加快三峡工程及太湖流域综合治理骨干工程，促进长江中下游地区的农业综合开发。

2. 加快南水北调工程建设，促进黄淮海地区的农业开发。

3. 加快东北尼尔基、文得根水库和引松济辽工程建设，促进松嫩、松辽地区开发和农牧交错地区的“三化”治理。

4. 加快大柳树枢纽工程、伊犁河水利工程和新疆塔北、阿克苏大石峡水库建设，促进西北干旱地区的农业开发和生态治理。

5. 加快四川攀西安宁河大桥水库建设，积极进行滇中坝子跨流域调水的工程论证，促进西南地区的农业开发。

6. 加快海南岛松涛水库干渠工程及石碌、大广坝等灌渠的水利工程建设，促进海南省的农业开发。

7. 加速建设亚热带丘陵山区速生丰产林基地。

8. 加速建设南、北、中三个畜牧带，南部即川、鄂、湘、黔、滇交界地区南方畜牧带；中部包括冀鲁豫苏皖晋陕在内的中原肉牛带及东北西部和内蒙东部北方畜牧带。

9. 加速建设以黄河三角州和苏沪为重点的滩涂开发、两岛一湾（辽东半岛、山东半岛、渤海湾）海水养殖、黄河中下游地区的淡水养殖及南海外海捕捞基地。

10. 加速以藏东高寒区、滇、桂、黔岩溶地区、黄土高原丘陵沟壑区为重点的西部贫困地区温饱工程建设。

五、主要对策与措施

全面贯彻落实党的十三届八中全会《关于进一步加强农业和农村工作的决定》，是实现小康目标的根本保证。为了搞好农业区域开发，重点强调以下几点：

1. 严格控制人口增长和耕地面积减少。加强农村计划生育工作，严格控制人口增长，使人口增长率控制在13‰以内。进一步加强耕地、淡水等农业资源管理，建设基本农田保护区，力争稳定现有耕地面积。

2. 加强宏观指导，提高综合效益。加强大江大河的治理，以骨干工程为龙头，组织综合投入，促进区域开发。以区域为单元，搞好农业资源的综合开发利用和保护治理，协调好农林牧副渔和二、三产业之间的关系。林业开发重点在丘陵山区，平原绿化抓农田防护林。进一步落实草场责任制，加强草原建设，恢复和提高草原生产能力。

3. 进一步搞活流通。掌握国际市场信息，出口优势产品，换取农业急需的物资。“以出养进”，或“出棉进粮”，或“出米进麦”，或玉米“北出南进”等等，以调剂国内市场。

4. 实行科学决策，促进农业资源合理开发。搞好农业开发的前期论证工作，充分利用农业资源调查和区域规划工作的成果，选择不同类型地区特别是贫困地区，集中科技力量进行区域开发实验示范，以促进农业区域的合理开发。

5. 发展农副产品加工和乡镇企业。把农副产品的初加工、大众化商品的生产尽快转移到农村，由乡镇企业兴办。积极发展农机修造、中小农具、农用复合肥的生产企业，为农业提供充足的物资。

农业综合开发之展望

李　周

一、农业综合开发的含义

根据国际经验，"反哺"农业是经济发展到一定阶段的普遍现象，"反哺"主要是通过政府扶持农业发展这种形式体现出来的。政府扶持农业发展需要两个条件，一是国家综合国力增强，有能力扶持农业发展。二是农业存在问题，需要得到扶持。可以想象，如果农业发展没有遇到任何障碍，即便政府有扶持农业的经济实力，也没有必要或没有理由对农业进行扶持。也就是说，农业发展滞后于整个国民经济发展，是政府扶持农业的一个必不可少的诱因。关于农业发展滞后，马克思早在100多年前就讲过一段话，它的大意是现代科学发轫于物理学，尤其是机械学，而生物科学发展滞后，是造成工农差别的根本原因。所以，工农差异的消失，最终取决于学科发展差异的消失。根据这段话的意思和消除农业科学进展与其他学科进展的差异需要很长时间的事实，可以作出如下推论：政府对农业的扶持将是一项持续很长时间的事业。

需要指出的是：由于世界各国农业问题的表现形式不一样，对农业问题严重性的认识不一样，它们"反哺"农业的起点和切入点也不一样。也就是说，"反哺"农业的起点和切入点通常具有特殊性。所以，尽管大家都很关心政府对农业进行扶持将在人均GNP达到什么水平时出现，将以哪个问题为切入点等问题，但我们很难对此作出一般性的回答。我认为，国家立项的农业综合开发，是我国"反哺"农业的起点和标志。在"反哺"农业之初，农业综合开发与低产田改造联系在一起，则是当时面临粮食总量不足这一问题决定的。由此可见，把最初的切入点视为农业综合开发的全部任务，显然是不适宜的。比较稳妥的看法是：把农业综合开发作为政府扶持农业的主要途径，并根据农业面临的新问题采取新措施，不断拓展、丰富，把农业综合开发推向新阶段。农业综合开发作为政府行为，它的特色应该是做农民做不到或做不好的事情。一般来说，政府的主要职责有三项：即保护产权安全、维护竞争秩序和提供公共物品。从这个意义上讲，农业综合开发的主要任务是为农业发展提供公共物品，如农业技术培训与推广网络、市场信息网络、水利、交通等基础设施。我们知道，城市的基础设施主要是政府提供的，既然如此，农业基础设施主要由政府提供，显然是合理的。可以相信，随着时间推移，农业综合开发将会被内容更为丰富的农村综合开发所替代。

经过20年的改革与发展，我国农业连续上了几个台阶，结束了农产品长期短缺的历史，呈现出农产品总量基本平衡、丰年有余的新局面。以这个转折为标志，我国农业进入了新的发展阶段。农业发展进入新阶段后，需要做的事情很多，但无论是以资源为基础的农业到以科学为基础的农业的转换，农业总体比较优势和区域比较优势的发挥，还是科学技术对生产力作用的加强，农产品质量和品种结构的改进，农业生产、加工、营销一体化产业体系的形成，农业生产能力可持续性的提高，农业国际竞争力的上升，乃至农民收入增加和农民收入差距缩小等，所有这些事情都与农业综合开发有关，都需要农业综合开发为其做出重大贡献。农业综合开发能否为完成新时期赋予的上述使命做出重

大贡献呢？回答是肯定的。国际经验表明，政府扶持农业发展的力度会随着综合国力的增强不断加大，农民参与农业综合开发的能力会随着收入的增长不断增强，这是农业综合开发能够发挥越来越大的作用的根本保证。

二、新时期的农业综合开发仍要抓住老本行

从1988年至1998年的10年间，农业综合开发取得了显著的成绩。其一，新增的农产品占全部新增农产品的40%左右，为我国农业进入新的发展阶段做出了重要贡献。其二，在推动技术创新、完善管理制度和健全组织安排等方面取得的许多宝贵经验，以及所积累的大量基础设施型的农业固定资产，为新时期的农业发展奠定了良好的基础。在农业发展新阶段，农业综合开发是否还要抓住农业基础设施建设这一老本行呢？回答是肯定的。

长期以来，所谓农业发展就是农产品（尤其是粮食）总产量上台阶。最初10年的农业综合开发活动，确实也是围绕着扩大农业生产能力进而提高农产品（尤其是粮食）产量这个中心展开的，并为扭转农产品供不应求局面做出了重大贡献。农业发展进入新阶段后，维护农产品供需的总量平衡仍然是农业综合开发的基础性工作。对有12亿人口的大国来说这个基础显得尤为重要，所以任何时候农业综合开发都要重视农产品供需的总量平衡，都要努力为大宗农产品供需的总量平衡做贡献。只有这样，农产品品质结构和品种结构调整等目标的追求，才会有坚实的基础。

或许有人会担心，在农产品普遍过剩的情形下，继续抓老本行岂不加剧农产品过剩吗？这种担心显然是不必要的。理由是：在短缺时期，农业综合开发是作为一项互补性措施，与增加农业生产要素投入、增加农产品库存一起，共同为维持农产品供需总量平衡做贡献。农业发展进入新阶段后，农业综合开发对农产品供需平衡的贡献，将由原来的互补性措施上升为替代性措施，主要有两个功能：第一，农业综合开发旨在提高农业生产能力的质量进而保证农业产出的稳定性，这将减少维持农产品供需平衡所需的库存量，从而产生替代部分农产品库存量的效应。第二，农业生产能力的质量的提高，会产生节约要素的效应，例如保水保肥能力的增强，可以使生产特定数量农产品所需的要素投入减少，土地的齐整划一可以提高劳动效率从而替代一部分劳动力。单位产品所需的要素投入减少和劳动效率的提高，都会对农民收入增加做出贡献。此外，目前的农产品供需平衡是以过量使用化肥、农药和耕种不适宜耕种的土地为代价的，所以从提高生产能力的质量入手减少化肥、农药投入，使原本不适宜耕种的土地还林还草还湖，为改善生态环境做出贡献。

三、新时期的农业综合开发目标要升级

前面已经指出，最近10年的农业综合开发以增加农产品产出为目标，是由当时面临的农业问题所决定的。随着这个问题的解决，农业综合开发的目标显然也应该作出调整。现在面临的主要问题是什么呢？我认为最主要的问题是农业总要素生产率低，所以农业综合开发的主要任务是提高科技对农业增长的贡献率。这也是提高土地及其他要素的生产效率的另一个重要途径。同提高农业生产能力的质量一样，提高科技对农业增长的贡献率，会对提高农民收入和改善生态环境做出贡献。或许有人会说，人们已经把调整农业结构和增加农民收入作为新时期农业综合开发的目标，有什么必要标新立异呢？对此要作一个解释。第一，结构调整确实是新时期农业发展的重要内容，而且可以对它的变化作很详细的描述，但是，我们很难用一个指标把结构调整的结果清晰地度量出来，而通过计算科技对农业增长的贡献率，可以把农业发展的结果清晰地度量出来。第二，提高农民收入也是一个很重要的指标，但是，农民收入的增长有可能是以耗用更多的资源甚至生态代价的延期支付为代价的，为了避免出现这样的问题，显然有必要计算科技对农业增长的贡献率的变化。

具体地说，农业综合开发目标升级包括以下四方面的内容：

（一）农业综合开发目标升级

首先，要把增加农产品产量目标上升为发挥农

业比较优势目标。农业综合开发要从各地农业的资源优势和市场条件出发，安排一批旨在发挥区域特色的开发项目，将我国农业的总体比较优势和区域比较优势充分发挥出来，同时使农产品品种结构、品质结构的改进与农民收入增长目标相一致，与实现小康目标的进展相协调。其次，要把解决温饱（粮棉油肉糖）的目标上升为实现小康（蔬菜、水果和水产品）的目标，并通过优质粮食和优质饲料的分类经营、分区经营，提高农业生产的专业化水平，进而为生产者分享外部规模经济创造条件；在动物性产品中，水产品的能量转换率最高，必须给予特别的重视。第三，要把生产、加工和流通相互独立的三个目标上升为生产、加工和营销一体化目标，使农产品的优质、高效与加工增值、价值实现有机地统一起来。第四，要把社会稳定目标提升为农村发展目标。毋庸讳言，短缺时期农业综合开发的主要目标是确保社会稳定，农产品供需总量平衡和计划导向，都是为该目标服务的；进入新时期后，农业综合开发应以农村发展为目标，无论是农业生产结构调整还是资源利用结构优化，都要服从于增加农民收入和建设新农村的目标，实现以物为本到以人为本的转换，将政府目标与农民目标、政府行为与农民行为有机地统一起来。

（二）农业综合开发项目的科技水平升级

最近10年，农业综合生产能力新增份额中农业科技进步率约为45%，同发达国家60%—80%的水平相比有很大的差距，同全国平均水平（42%）相比也仅领先3个百分点。鉴于此，农业综合开发一方面要大幅度增加科技投入，另一方面，要从提升农业技术、搞好适宜技术的推广入手，大幅度地提高科技进步对农业增长的贡献率。只有这样，才有可能通过农业综合开发，较快地消除同发达国家农业的差距；才有可能通过农业综合开发，使农业资源利用效率有显著的改进，农产品的质量和竞争力有显著的提高；才有可能通过农业综合开发，扩大我国具有比较优势的农产品在国际市场上的份额，增强其竞争能力。

（三）农业资源合理利用水平升级

从资源经济学的角度看，现实中的农业技术进步可分为合理利用资源承载力的技术进步和超越资源承载力极限的技术进步两种类型。强调农业资源合理利用水平升级，旨在规定农业技术升级的方向，制止或防范现实中进行或采用过量消耗农业资源的技术创新，以确保农业综合开发在不逾越资源承载力极限的前提下，通过资源承载力的充分利用和资源转换效率的提高，使特定数量的农业资源生产出更多的优质产品。农业综合开发总是同农业资源利用能力提高联系在一起的，所以，农业产出的增加有可能是农业资源过量利用的结果。现实中大量机井报废，就是一个典型的例子。水资源具有流动性，机井报废可能是当地水资源利用过量的结果，也可能是其他地方（如打出更深的机井）水资源利用过量的结果。农产品供给总量平衡是农业发展最初级的目标，在农产品短缺尚未解决的情形下，农业综合开发重视农业生产能力的形成，尤其是形成的速度，无暇顾及农业资源合理利用水平的提高，是十分自然的。农业发展进入新阶段后，农业综合开发的关注点应该逐步转移到农业资源合理利用水平上来。提高农业资源合理利用水平有两层含义，一是不影响自身今后的生产活动。二是不影响其他产业和其他区域的生产活动。例如黄河上游的农业综合开发，不应造成项目区地下水位的下降，从而不影响自身今后的农业生产活动；同时不应对黄河断流施加负面影响，从而不影响其他产业和其他区域的生产活动。平心而论，所有人都会接受农业综合开发应以提高资源合理利用水平为目标的说法，然而，当农业综合开发与特定的地区或社区联系在一起时，妥善处理好各种利益关系并非易事。究其原因，主要是农业创新成果极易被模仿，创新者为此付出的费用和应得的收益很难通过成果转让得到回报，这种风险与收益不对称的特点，制约了人们通过创新提高资源合理利用水平的积极性，从而倾向于采取过量利用资源承载力的行动。要解决这一难题，政府必须承担起加速农业资源合理利用水平升级的责任。这也是政府必须出面引导农业综合开发最重要的理由之一。

（四）农业环境合理利用水平升级

现在使用的农业技术为结束农产品短缺局面做

出了贡献，对促进退耕还林还牧还渔、扭转生态环境变化趋势也产生了正面影响。同时又要清醒地认识到，现在使用的农业技术对生态环境造成的负面影响也是很严重的，如过量使用化肥、农药造成的水体富营养化和人体与环境中有害物质的增加。同资源相比较，环境是更容易被忽视的问题，所以政府主管部门在制订农业综合开发规划和安排农业综合开发项目时，还要把农业环境利用水平升级列入议事日程，使农业综合开发既能合理利用环境的自净能力，又不超过环境承载力的极限。提高环境利用水平有两个途径，一是开展能使经济增长与环境保护双赢的技术创新。二是制定经济增长与环境保护相互协调的制度。这两项工作也必须由政府承担起责任。

四、农业综合开发需要妥善处理好各种关系

（一）内涵扩大再生产与外延扩大再生产的关系

用经济学的语言讲，所谓内涵扩大再生产有两层含义，其一是将位于生产可能性曲线内的资源配置移动到生产可能性曲线上，现实的资源配置与生产可能性曲线之间的距离，就是内涵扩大再生产的潜力。其二是通过农业技术提升，使资源配置沿着生产可能性曲线的扩展线向外移动，移动的速度则取决于技术提升的水平。所谓外延扩大再生产，则是通过开发边际土地并相应增加其他投入，使资源配置（或生产可能性曲线）向外平行移动。从短期看，农业综合开发更为迫切的任务是改造低产田、坡耕地和化解各种限制因素对生产的制约，使农业资源配置尽快移动到生产可能性曲线上；从长期看，应该依靠农业技术的提升，使资源配置沿着生产可能性曲线的扩展线向外移动。我国是世界上农耕文明持续时间最长的国家，适宜农耕的土地基本开发完了，继续开发边际土地往往会对生态环境施加负面影响，甚至有可能同现有耕地争夺资源，如水资源，所以，应尽量不采用这种以边际土地为基础的扩大再生产方式。

（二）拟建项目提高档次与已建项目持续发挥效益的关系

政府主管部门一方面要重视农业综合开发项目的选择、设计、审批、施工和验收，加强对项目的调控能力。另一方面，要通过深化改革，明晰产权，强化管理，使已有项目在利用上具有可持续性。公共品管护通常要比公共品形成的难度更大，所以，提高已运行项目的可持续性，至少同新项目的选择、设计、审批、施工、验收和调控一样重要。

（三）政府与农户（企业）的关系

政府为农业综合开发承担责任，是一个国家或地区经济发展到一定阶段后的必然行动。政府承担这种责任的主要原因是，农业基础设施项目大多具有公共品或准公共品性质，被动地等待受益区农民形成共识进而采取集体行动需要很长的时间，政府出面引导可以促进农民早日形成共识并采取集体行动，从而抓住更多的发展机会。政府出面引导可以为提高农民收入做出很大的贡献，同时会通过税收增加和民众支持率提高等间接的方式获得丰厚的回报，因而是具有双赢性质的活动。然而，政府的主要责任并非替农民（或企业家）投资，而是履行诱导他们投资的责任。所以，凡是农民愿意做的事情，政府一定不要越俎代庖。衡量政府农业综合开发的业绩，不仅要看政府在农业综合开发方面的投入水平，同时要看政府投资所吸引的社会上的各种资金的数量。

五、新时期农业综合开发的对策

按照新的思路，农业综合开发在新时期的主要任务是提高农民素质、强化农业基础设施建设和提升农业技术，尽快实现以资源为基础的农业到以科学为基础的农业的跃迁。然而，要使上述思路变为现实，还需要做一系列扎扎实实的工作，其中最为重要的是采取相应的对策。

（一）增强农业综合素质，提高农业竞争力的对策

增强农业综合素质和提高农业竞争力具有因果关系，无论是提高具有比较优势的农产品的国际竞争力，还是提高其他农产品对试图进入我国市场的外来农产品的竞争力，都必须以增强我国农业综合

素质为前提。提高农业综合素质有三方面内容，一是提高农业生产者的素质。二是提高农业基础设施的质量。三是提升农业技术。

1. 提高农业生产者素质的对策。从宏观角度看，农民的选择很可能不是最好的，但从微观角度看它们又确实是对应于他们拥有的知识、技能、经验和所掌握的信息的最优选择。也就是说，造成宏观和微观认识不同的原因并非农民缺乏理性，而是农民缺乏接受教育、培训的机会和获取最新信息的渠道。只有不断改善农民接受教育、培训和获取技术、经济信息的外部条件，才能不断缩小宏观和微观认识上的差异。所以在农业综合开发中，应该把建立和健全农村非正规教育网络、农业技术推广网络和经济信息传递网络，改善农民接受知识、技能、经验和最新信息的外部条件，作为提高农业生产者素质的基本对策。农民是农业综合开发的主体，农民素质的提高对于农业综合开发项目发挥最大效益具有决定性的影响，因此，在农业综合开发对策中，提高农民素质应是最值得重视和必须先行的对策。

2. 强化和保护农业基础设施的对策。首先，提高农业基础设施建设的标准和基本农田占农田总面积的比例，使更多的耕地达到田成方、林成网、渠相连、旱能灌、涝能排的水平，具有使用资源节约技术的能力，如使用喷灌、滴灌或微灌技术的能力，从而合乎稳产、高产和专业化、规模化生产的要求。其次，扩大农业基础设施建设的范围，把改造中低产田、坡耕地拓展到改造中低产林地、草地和水体，一方面使农业基础设施建设的内容更加丰富，更为全面，一方面也有利于提高单位资金投入所产生的、按价值度量的新增生产能力。第三，改进农业基础设施建设的制度安排，制止和防范农业基础设施建设中的搭便车行为。第四，严格执行基本农田和农业基础设施保护的法规，从而避免将农田改为它用及其他经济活动对农业基础设施施加负面影响。

3. 提升农业技术的对策。技术进步是把农业综合开发推向新阶段的关键，无论是优化农产品品种结构和品质结构，还是提高我国农产品的竞争力，都必须依靠技术进步。具体地说，农业综合开发有三方面的任务，与此相对应，在提升农业技术方面需采取三方面的对策。第一，建立农业现代化示范区的技术提升对策。主要是指推广成熟的高新技术。第二，探索适宜中国国情的农业发展模式的技术提升对策。中国特色的农业现代化究竟具有哪些特征，我们至今仍然知之不多，为了找到更适宜推广的高新技术，提高农业资源利用的效率和可持续性，应选择典型的农业综合开发区，作为探索适宜我国国情的农业高新技术的试验基地，发展资源节约型农业；应用前景目标优先于成功率目标，并允许失败，以有利于找到更加有效的农业高新技术。第三，从研究和开发尚未利用的资源入手，实现农业技术升级的对策。例如节水，通常采用工程节水的办法，如微灌、喷灌、滴灌等。如果将生长在干旱地区耐旱生物的基因的效用开发出来，就有可能找到生物节水的办法，农业节水技术就会提升。工程节水需要工程的支持，而生物节水无需工程的支持。倘若生物节水技术获得成功，将会大大促进我国干旱地区农业的发展。

上述三方面的任务，主要是在农业科技园区内完成的，所以农业科技园区建设应成为农业综合开发的重要内容。科技园区不仅是探索具有中国特色的农业现代化模式、提高农村的组织化程度的载体，而且要成为新技术的试验基地、新品种的繁育基地、成熟技术的培训基地和连接市场的纽带。为了使其能较好地覆盖农村，科技园区应包括中心试验区、示范区和样本点三个层次。

农业发展进入新阶段后，随着产品的分类经营(例如粮食与饲料分类经营)，要不断提高技术创新的针对性和技术创新的配套性，特别要强调各项技术的相互配合与协调，减少部分技术超前、部分技术滞后的情况；同时，加大农业科技投资的力度，进一步完善技术创新的激励机制。

4. 发挥农业总体比较优势和区域比较优势的对策。中国地域辽阔，生物资源和气候资源都非常丰富，不同地区适宜发展的农作物有很大的不同。为了将我国农业的总体比较优势与区域比较优势发挥出来，首先，农业综合开发要根据各个地区农业

资源的特点和市场条件选择最适宜发展的项目，形成专业化生产和区域性产业带。第二，要引入竞争机制，提高农业综合开发的效率。第三，要建立技术创新机制，找到能够把我国农业总体比较优势和区域比较优势发挥出来的途径。第四，要实行分类指导。从空间角度看，我国东中西部和南北方差异都很大，应针对不同情况采用不同对策；从时间角度看，不同时期应实行不同的对策；从微观的角度看，也需要分类指导。例如减少水土流失和保土、保肥，既可以采取工程措施，也可以采取生物措施，究竟采取哪种措施，应该因地制宜。所以，坡改梯只是减少水土流失，保土、保肥的工程措施，采取这种措施的合理性是以仍然种植季节性的草本植物为前提的。如果坡耕地改种常年生的植物，就可以采取生物措施，如种树种草，而不一定将其改为梯田。

5. 促进农业生产、加工和营销一体化的对策。农业综合开发必须重视水土资源及其他优势资源的合理利用，同时又要跳出“以水土资源开发为主要对象，同时兼顾开发区的各类优势资源的综合开发利用”的圈子，鼓励和扶持加工业的发展，拉动农业的产业化经营。首先，通过提供贴息贷款等措施，扶持龙头企业发展。第二，立足资源优势，瞄准市场，开发一批能够带动农民收入增长的农产品加工项目，带动农业和农民收入增长。

6. 提高我国农业可持续性的对策。农业发展进入新时期后，实施可持续发展战略必须成为农业综合开发的题中应有之义。第一，注重农业生产能力的储存，制止和防范片面强调挖掘农业生产潜力的行为，扭转土壤肥力衰退和地下水位下降的局面。第二，发展有机农业，控制农业化学物品的利用量，逐步消除农业对人体健康与生态环境的负面影响。第三，把尚未利用的资源效用开发出来。尽管农业是最古老的产业，但到目前为止，农业对生物多样性的认识还很有限，根据现有的知识判断生物资源的效用具有很大的局限性。例如，将一些尚未利用的资源（如湿地和优质荒漠草原）称为“荒地”，并将其改造为耕地，很可能不是最佳选择。这些资源未被利用，说明人类还缺乏利用它们的能力，说明人类认识资源效用的差距，所以，正确的选择是在认识它们的效用的基础上，把它们的效用开发出来。这是提高农业可持续发展水平的关键举措。为此，对新开荒地5年内不征收农业税的政策需要做出相应的调整，同时要建立与健全农业资源质量与环境动态监测体系，为实现最大限度地开发生产潜力到尽可能地提高农业生产能力储备的转变创造必要的条件。

（二）建立和健全农业综合开发机制的对策

政府在引导农业综合开发方面究竟能够做出多大的贡献，一方面取决于政府对农业综合开发的投入水平，另一方面取决于促进农业综合开发的机制。一般来说，农业综合开发的机制好，政府的农业综合开发投资会产生事半功倍的效果，反之，则会出现事倍功半的结果，所以，机制有效性的水平可能要比投入总量的多寡更为重要。政府为了履行自己的职责，更好地引导农业综合开发，必须从制度建设的各方面入手，建立和健全我国的农业综合开发机制，政府的诱导能力会越来越强。

1. 做大蛋糕的对策。目前，许多部门都在参与农业综合开发，这是一件好事情。从形式上讲，一个协调各个部门行为的机构，即国家农业综合开发办公室早已成立了。从内容上看，也确实存在一些把各部门负责的农业综合开发活动有机地整合起来的地区。然而，大多数地区的农业综合开发仍停留在各部门各唱各的调、各吹各的号、各做各的小蛋糕的阶段，农业综合开发机构的职能并没有发挥出来。所以，要做大蛋糕，首先，农业综合开发办公室要真正履行协调职能，把做大蛋糕的责任承担起来。客观地说，进行既得利益的重新分配是很困难的，在这种情况下，农业综合开发部门主要是充当系统设计师的角色，行使系统设计师的权利。其次，为了扮演好这一角色，行使好这一权利，农业综合开发部门必须抓好农业综合开发的统一规划。第三，农业综合开发部门要及时发现和弥补我国农业发展中的薄弱环节，并采用滚动式改进的方法修订农业综合开发总体规划，使其能够不断适应我国经济发展的新变化。从这个意义上讲，重要的是要找到仍然存在的问题，而不是总结已经取得的成绩。

2. 建立健全资金筹措、管理和运营机制。农业综合开发的作用在很大程度上取决于它的资金筹措、管理和运营机制。首先，要实行政府农业综合开发资金与财政收入挂钩的对策，以克服资金决定的随意性和确保政府投入的稳定性。其次，建立和健全灵活的资金筹措机制，以确保能筹措到实施农业综合开发规划所需的资金，政府投资无疑是必要的，从其他渠道筹资也是重要的，包括外资。第三，建立和健全有效的管理机制，以确保资金的合理配置，以及最大限度地提高资金运营的效率。其中最主要的是在资金管理上实行委托制、报账制，制止和防范资金使用的盲目性和随意性，确保资本运营的安全和有效。具体地说，凡是国家立项的农业综合开发项目，都要按照世界银行项目管理办法管理。第四，建立与健全协调机制，使资本筹措方式灵活，资本配置合理，资本运营有效三个目标有机地统一起来。为达到这一目标，既要善于总结成功的经验，又要善于从失误中找到改进的办法。

3. 实行市场导向的对策。前面已经指出，农业综合开发之所以是政府行为，主要是因为单纯依靠市场机制无法及时诱导出这样的行为，实际上是用政府诱导替代市场诱导，而绝对没有排斥市场机制的含义。所以，对于政府来说，凡是市场机制能够发挥作用的，都要尽可能地加以利用，从而尽量缩小政府诱导替代市场诱导的范围。具体地说，首先要建立和健全择优立项的竞争机制。政府往往具有“父爱”的偏好，所以由政府掌握项目审批权，在项目分配上很可能采取兼顾各方的办法，加上还贷的软约束，必然对各个地区竞相争项目的行为施加推波助澜的影响。为了解决这个问题，必须建立和健全择优立项的竞争机制，通过公开、公正、公平的招投标制，鼓励和扶持各地的农业综合开发与各地积极发挥自己的比较优势，同力争取得更好效益的努力有机地统一起来。其次，积极推行政府采购制。实行采购制可以提高所购商品和劳务的性能价格比，进而提高农业综合开发工程的质量，解决采购活动“暗箱”操作造成的一系列问题。凡是政府资金，以法定的程序、形式和方法，公布所需采购的商品和劳务的信息，并在公平、公开、公正的原则下开展采购活动。采购范围应包括工程设计、工程施工企业和标准件加工。第三，实行监理制。项目实施过程应实行严格的监督和管理，但实行监理需要付出成本。如果没有严格的制度安排，项目负责人就有可能为了减少费用支出而放松监督与管理；再加上功利主义的影响，还有可能出现夸大优点、隐瞒不足之处的情况。为了消除由此造成的隐患，必须实行监理制；更重要的是，工程质量决定于工程实施过程而不是事后检查，事后检查显然替代不了监理。所以，项目实行监理制，请中标的中介机构负责监理，应成为提高工程质量的制度安排。

4. 建立和健全农业综合开发的管理信息系统。政府出面引导农业综合开发，最为棘手的问题就是信息不对称，即政府了解的信息明显少于农民、设计单位、施工企业和监理机构所掌握的信息。所以，强化管理最基础的工作应该是建立与健全农业综合开发的管理信息系统。包括综合开发备选项目库、参数库、模型库和人才库等，尽可能地制止和防范各种弄虚作假现象。

（三）诱导企业和农民积极参与农业综合开发的对策

从理论上讲，对于农业发展必不可少的基础设施建设，即便政府不出面引导，农民最终也会形成共识进而采取集体行动。政府采取这种被动等待的办法的好处是可以省下农业基础设施建设投资，所需付出的代价则是因等待而失去的发展机会。政府究竟采取等待的办法还是促进的办法，需要进行得失的比较。强调这一点是为了说明，政府在农业综合开发方面只需做自己必须做的事情，不应做自己可以不参与的事情。所以，诱导农民或企业参与农业综合开发的对策是：第一，农业综合开发规划中的项目，凡是农民愿意投资的，农民应该有获取农业综合开发项目的优先权。第二，在已建成的工程设施中，凡是农民愿意经营的，应按照公开、公平、公正的原则和卖、租、包的序列，将项目资产或资产经营权转让出去，通过产权转让回收的国家和集体资产继续用于农业基础设施中的公益性工程建设，形成资金的良性循环。第三，从明确农业基础设施的产权关系入手，搞好农业综合开发工程的运行和管护。产权交易采用竞标的办法，使项目开发权、资产或资产经营权转移到出价最高的农民手里，从而使国家和集体资产得到最大限度的保值或增值，使农业基础设施由经营水平最高的能人经营。

建设优质农产品基地和建设技术示范与推广基地结合起来。相比较而言，技术示范与推广基地的辐射力更强，它可以使更多的农民分享政府投资的外部规模经济，能更好地体现公平原则。为了给农民更多的选择机会，技术示范与推广基地应容纳各种推广性强的新品种及相应的最优培育技术，而不是某种新品种及相应的培育技术。

此外，机构设置稳定化，事业经费制度化，开正门，关后门，也是极为重要的问题。限于篇幅，这里就不展开了。

六、小结

农业综合开发是一项长期的事业，其主要任务是促进农业发展，直至消除农业与其他产业、农村与城市的发展差距。

进入新时期后，农业综合开发仍要抓住老本行，但提高农业生产能力的目标，将由原先的互补性功能改为替代性功能，由此带来的资源节约和劳动效率的提高，会带来增加农民收入和改善生态环境、提高可持续发展水平的效应。

在新时期，农业综合开发的目标应该是提高科技对农业增长的贡献率。由此带来的资源节约和劳动效率提高，也会带来增加农民收入和改善生态环境、提高可持续发展水平的效应。所以上述两个方面应该成为农业综合开发的两翼。

在政府各部门共同参与农业综合开发的情形下，农业综合开发部门的主要职责应该是进行系统设计，做好总体开发规划，并根据经济的发展及时修改总体规划，让各部门的开发活动紧紧围绕着做大蛋糕的目标，即政府推动的农业综合开发要始终走在农业发展的前面，肩负起引导我国农业现代化进程的责任。基于此，农业科技园区应成为农业综合开发的重要内容。农业科技园区应成为农业新技术的试验基地、新品种的繁育基地，成熟技术的培训基地和连接市场的纽带，成为探索具有中国特色的农业现代化模式和提高农村的组织化程度的载体。为了使其能较好地覆盖农村，科技园区应包括中心试验区、示范区和样本点三个层次。

农业综合开发是政府必须承担的责任，同时又要利用市场机制，让市场机制最大限度地为政府目标服务。

（作者单位：中国社会科学院农村发展研究所）

第七部分

大　事　记

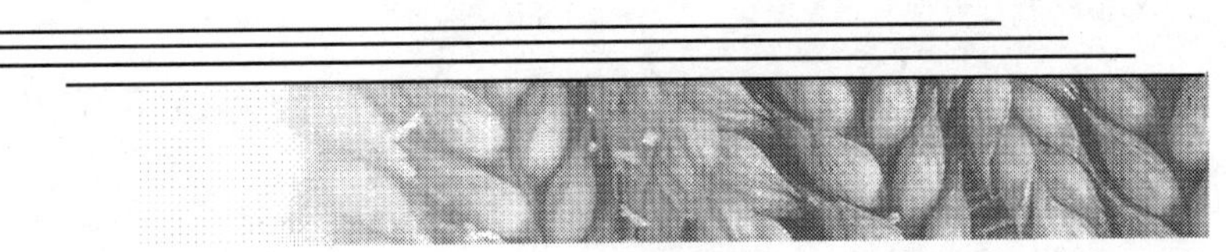

1988年

1月

4日　国务院副总理田纪云主持会议，研究耕地占用税征收、管理、使用问题。会议议定了以下意见：1. 要切实加强耕地占用税的征收工作。2. 耕地占用税全部用于农业开发。3. 拟设立国家土地建设基金，建议成立国家土地开发建设基金管理领导小组；由陈俊生国务委员任组长，杜润生（中央财经领导小组成员）任顾问，何康（农业部部长）、刘中一（国家计委副主任）任副组长，钱正英（水电部部长）、高德占（林业部部长）、李昌安（国务院副秘书长）、项怀诚（财政部副部长）、王先进（国家土地局局长）、马永伟（农业银行行长）、李振声（中国科学院副院长）、王连铮（中国农业科学院院长）同志为领导小组成员。领导小组下设办公室，刘中一兼任主任，项怀诚兼任副主任。办公室设在财政部，工作人员以财政部农财司的人员为主，不另立编制，如人员不足，可从有关部门调配。4. 基金要统筹规划，集中使用，重点用于一些重要地区的土地开发和商品粮基地建设，拟先开发东北三江平原和黄淮海平原。5. 基金主要采取经营和有偿的办法使用。

2月

1日　经中央和国务院领导同志批准，国务院办公厅转发了《关于研究耕地占用税征收、管理、使用问题会议纪要的通知》。

27日　国务院副总理田纪云主持会议，研究黄淮海平原农业开发问题。会议议定了以下原则性意见：1. 实行统一领导，统一规划，统一大的政策，先治理河北、河南、山东、安徽、江苏五省所辖地区，京津地区放后一步；2. 实行综合开发，综合治理，综合经营，取得综合效益；3. 采取各方承包经营的办法进行开发治理；4. 要十分注重科学技术的投入；5. 以地方和群众投入为主，国家给予重点扶持和税收、物资方面的优惠政策。

4月

28日　国务委员陈俊生主持召开国家土地开发建设基金管理领导小组负责同志会议，听取刘中一、项怀诚关于耕地占用税征收和各地要求安排农业开发项目情况的汇报，会议决定要千方百计地把耕地占用税如数征收上来，对于1988年已经确定的黄淮海平原、东北三江平原、松嫩平原以及新疆棉花基地、广西糖料基地、浙江等11大片项目要逐步兑现，其他地方提出的项目，1988年只能暂停安排。

6月

9日　国家土地开发建设基金管理领导小组印发《关于国家土地开发建设基金管理领导小组办公室办公地点和办公室主要职责的通知》，明确领导小组办公室的主要职责：1. 草拟、修改、解释国家土地开发建设基金使用管理办法及其他有关规定；2. 草拟基金使用计划，编制年度预算；3. 受理项目申请，在进行评估论证后，向领导小组提出建议；4. 组织审批落实项目实施计划；5. 对确定的土地开发建设项目，商财政部办理拨（借）款手续；6. 配合有关部门检查监督项目执行情况和基金使用情况，对竣工项目进行验收；7. 审核汇编基金年度支出决算。

7月

1日　国务委员陈俊生主持召开国家土地开发建设基金管理领导小组第三次会议。会议分析了耕地占用税的征收情况，研究了黄淮海平原开发问题，耕地占用税投入及其配套贷款、物资问题，以及奖励在黄淮海地区工作的科技人员等有关问题。

8月

23日 中国农业银行印发《中国农业银行土地治理与开发贷款管理办法》。

9月

3日 国家土地开发建设基金管理领导小组发布《国家土地建设基金管理试行办法》。

12月

11日 国务院印发《关于建立农业发展基金增加农业资金投入的通知》，决定从1989年开始，建立农业发展基金，由各级财政纳入预算，列收列支，专款专用。《通知》要求从1989年起，提高国家能源交通重点建设基金的征收比例，拿出1个百分点作为农业发展基金；乡镇企业税收，包括产品税、营业税、增值税和工商所得税，比上年实际增加的部分，大部分用于农业，特别是粮食生产；已经开征的耕地占用税收入，全部用于农业开发；农林水特产税收入，大部分用于农业投入；向农村个体工商户及农村私营企业征收的税额，比上年增加的部分，主要用于农业投入；根据需要和可能，各地可从粮食经营环节中提取农业技术改进费，提取标准和办法由各省、自治区、直辖市自定；从世界银行贷款中划出25%左右，纳入国家计划，用于农业生产、大型水利和林业建设等；原来用于农业的各项支出不得减少。

1989年

1月

4日 国务院副总理田纪云主持召开国家土地开发建设基金管理领导小组第四次会议。会议听取了1988年农业开发和耕地占用税征收、使用情况的汇报，研究部署了1989年农业开发工作。田纪云作了题为《下决心把农业综合开发搞上去》的重要讲话。会议决定1989年下半年召开农业综合开发经验交流会。

2月

2日 国务院副总理田纪云、国务委员陈俊生主持召开国家土地开发建设基金管理领导小组第五次会议。会议研究审定了1989年农业开发项目安排，明确提出有关部门要派专人参加办公室工作，充实领导小组办公室的力量，有开发任务的省也要成立领导小组，下设精干办公室。

15日 国家土地开发建设基金管理领导小组印发《关于设置土地开发建设基金管理领导小组办公室有关事项的通知》。《通知》建议，国家立项开发的省（区、市）人民政府比照中央的办法，将土地开发建设基金管理领导小组办公室设在财政厅(局)，同时明确该办公室为省（区、市）土地开发建设基金管理领导小组的办事机构，负责处理日常工作，协调农业开发工作，完成领导小组交办的其他事项。

25日 中国农业银行印发《关于农业区域开发信贷工作若干问题的通知》。

28日 国家土地开发建设基金管理领导小组印发《关于在地方配套资金中提取项目管理费的意见》。

3月

4日 国务委员陈俊生主持召开国家土地开发建设基金管理领导小组办公会议。会议听取了领导小组办公室近期工作安排的汇报，研究了农业开发综合规

划的制订与基金征集、使用、管理办法的起草工作，以及组织检查组对项目进行检查等问题，并对农业开发近期工作做了进一步的安排和部署。

6月

15日　国务院副总理田纪云、国务委员陈俊生主持召开国家土地开发建设基金管理领导小组第六次会议。会议听取了联合调查组对三江平原和黄淮海平原等地区农业开发成果，以及耕地占用税征收和使用情况，下一步农业开发工作意见的汇报，并对农业开发工作中需要解决的几个问题进行了研究。会议议定：1. 要尽快制定农业开发的总体规划；2. 1989年第二批农业开发项目推后审定；3. 拟于11月召开农业开发工作经验交流会；4. 要相对稳定各级农业开发办事机构，并要妥善地解决办公经费和必要的工作条件。

8月

2日　国务委员陈俊生主持召开国家土地开发建设基金管理领导小组第七次会议。会议讨论修改了领导小组办公室起草的《农业发展基金管理办法》、《农业发展基金开发项目管理办法》和《关于黄淮海平原、东北平原农业开发情况的报告》，明确要求各地和有关部门一定要加强耕地占用税的征收和管理工作，并尽早组织论证1989年第二批开发项目。

9月

12日　国务院办公厅转发国家土地开发建设基金管理领导小组制定的《农业发展基金管理办法》和《农业发展基金开发项目管理办法》。

25日　国务院办公厅转发国家土地开发建设基金管理领导小组《关于黄淮海平原、东北地区农业开发情况的报告》。

11月

27日　国务院在北京召开全国农业综合开发经验交流会。国务委员陈俊生致开幕词。他在致辞中说，农业开发，今后统称为农业综合开发，原来称之为国家土地开发建设基金管理领导小组，今后也统称国家农业综合开发领导小组。国务院副总理田纪云在会上作了重要讲话。田副总理在讲话中指出，农业综合开发要注意把握好以下几方面：一是领导重视，依靠群众，这是搞好农业综合开发的重要保证；二是要采取经营方式搞开发，坚持以改造中低产田为重点，因地制宜，统一规划，连片开发，竞争招标立项，搞联合开发、开放式开发；三是实行科学治理，开发与治理相结合，社会效益、生态效益和经济效益并重；四是要注重基础设施建设和科技投入；五是实行适度规模经营，提高开发效益。

12月

1日　江泽民总书记、李鹏总理亲切接见出席全国农业综合开发经验交流会的各省（区、市）代表，并作重要讲话。江泽民总书记指出："像我们这样一个11亿人口的国家，不增加农业投入，农业问题是不可能解决的"，"要抓好农业开发工作"。李鹏总理指出："农业综合开发是个发展农业的路子。过去讲开发就是指的开荒，现在的含义比较宽，既包括对新的农业资源的开发利用，又包括中低产田改造，提高单产。我看各地要因地制宜，同时并举"。

28日　国务院副总理田纪云、国务委员陈俊生主持召开国家土地开发建设基金管理领导小组第八次会议。会议听取了领导小组办公室汇报农业综合开发情况及安排意见，研究了有关的政策问题。会议议定了以下意见：1. 努力增加农业投入，进一步推进农业综合开发；2. 坚持山水田林路综合治理，经济、社会、生态效益并重，建设高产稳产农田；3. 有关部门要密切配合，互相支持，齐心合力搞好农业开发工作；4. 国家土地开发建设基金管理领导小组从1990年1月1日起，更名为国家农业综合开发领导小组，同时调整充实领导小组及其办事机构。领导小组仍由陈俊生同志担任组长，刘中一（国家计委副主任）任常务副组长，李昌安（国务院副秘书长）、何康（农业部部长）、杨振怀（水利部部长）、高德占（林业部部长）、项怀诚（财政部副部长）同志任副组长，顾秀莲（化工部部长）、蔡宁林（物资部副部长）、潘遥（商业部党组成员）、李岚清（经贸部副部长）、周正庆（人民银行副行长）、郭树言（国家计委副主任）、王连铮（中国农业科学院院长）、李振声（中国科学院副院长）、王先进（国家土地管理局局长）、马永伟（农业银行行长）、章基嘉（国家气象局副局长）、费志融（石化总公司副总经理）同志为领导小组成员。

1990年

3月

27日 国务委员陈俊生主持会议，听取海南省筹建农业综合开发试验区情况的汇报，并研究提出支持海南农业综合开发试验区建设的有关意见。

5月

28日 国务委员陈俊生主持召开国家农业综合开发领导小组第九次会议。会议听取了领导小组办公室关于农业综合开发情况及1990年开发基金与新增开发贷款安排意见的汇报，原则同意领导小组办公室会同有关部门制定的新增5亿元农业综合开发专项贷款的管理办法，并议定了如下意见：1. 农业综合开发基金的使用一定要体现择优分配和讲求效益的原则；2. 要继续坚持集中连片使用，发挥整体效益；3. 由人民银行总行和农业银行总行商议，合理确定农业专项贷款的利率，等等。

6月

14日 财政部召开第四次全国耕地占用税工作会议。国务委员陈俊生到会并作重要讲话。他指出，征收耕地占用税是筹集农业开发资金的重要来源，是加强农业基础地位的重要措施；要依法治税，做好耕地占用税征收管理工作；耕地占用税征收工作需要各方面的大力支持和配合。

9月

3日 国务院副总理田纪云、国务委员陈俊生主持召开国家农业综合开发领导小组第十次会议。会议审议了“八五”期间农业综合开发规划，议定了以下意见：1. 原则同意“八五”期间农业综合开发规划（草案）；2. 强调按规划进行农业开发，按项目进行管理，严格检查验收，防止投资基数化和分散化；3. 请国家计委、财政部、农业部等有关部门采取措施扩大农业综合开发资金来源。

5日 经国务院领导同志同意，国家农业综合开发领导小组办公室正式印发了《“八五”期间农业综合开发规划》。

10日 国家农业综合开发领导小组颁发《农业综合开发项目验收试行办法》。

17日 国家农业综合开发领导小组、中国人民银行、中国农业银行印发《关于安排5亿元农业综合开发专项贷款有关事项的通知》。

11月

5日 国家农业综合开发领导小组印发《关于国家农业发展基金有偿部分回收期限和计算方法的规定》。

17日 国务院办公厅印发《关于调整国家农业综合开发领导小组的通知》。调整后的国家农业综合开发领导小组仍由陈俊生同志担任组长，李昌安（国务院副秘书长）、刘中一（农业部部长）、杨振怀（水利部部长）、高德占（林业部部长）、刘江（国家计委副主任）、项怀诚（财政部副部长）同志任副组长，项怀诚同志兼任领导小组办公室主任，顾秀莲（化工部部长）、杨雍哲（国务院研究室副主任）、蔡宁林（物资部副部长）、潘遥（商业部党组成员）、李岚清（经贸部副部长）、周正庆（人民银行副行

长）、惠永正（国家科委副主任）、王连铮（中国农业科学院院长）、李振声（中国科学院副院长）、王先进（国家土地管理局局长）、马永伟（农业银行行长）、章基嘉（国家气象局副局长）、吴协刚（石化总公司副总经理）、周清泉（领导小组办公室常务副主任）同志为领导小组成员。

17日 经国务院办公厅印发《关于调整国家农业综合开发领导小组的通知》明确，周清泉同志为国家农业综合开发领导小组办公室常务副主任。

12月

15日 中国农业银行印发关于《全国农业综合开发信贷工作座谈会纪要》的通知。

1991年

2月

12日 国家农业综合开发领导小组办公室印发《关于不得用农业发展基金发奖金的通知》。《通知》规定：不得用农业发展基金给个人发奖金及物质奖励；对农业综合开发中成效显著的单位进行奖励时，可采取奖励开发任务，或“以奖代补”的形式，把奖励资金用于项目建设上；农业综合开发工作人员的工资和奖金，不得从农业发展基金中列支。

28日 国务委员陈俊生出席全国农村经济工作经验交流会并作重要讲话。讲话分析了农业综合开发的形势，总结了农业综合开发的基本做法和经验，阐述了农业综合开发的潜力和“八五”时期的开发布局，提出了要树立长期坚持搞开发的思想，编制好区域开发总体规划，依靠群众搞开发与多渠道多层次筹集开发资金物资相结合，优化资源配置和产业结构布局，把开发区流通等社会化服务体系办好，充分发挥科教人员的作用，保持政策的连续性和稳定性，把农业综合开发再提高一步的要求。

4月

4日 国家农业综合开发领导小组办公室印发《关于河北省坝上生态农业工程防护林体系建设总体设计经费请示的答复》。

8月

田纪云副总理为农业综合开发工作题词：搞好农业综合开发，向生产的深度和广度进军。

15日 国家农业综合开发领导小组办公室印发《关于农业开发资金中科技费用有关问题的请示的复函》。

18日 李鹏总理为农业综合开发工作题词：农业综合开发是发展农业的重要途径。

国务委员王丙乾为农业综合开发工作题词：多方筹措资金，支持农业综合开发。

国务委员宋健为农业综合开发工作题词：依靠科学技术，搞好农业开发。

国务委员陈俊生为农业综合开发工作题词：农业综合开发道路广阔前景光明。

24日 国务委员陈俊生主持召开国家农业综合开发领导小组第十一次会议，听取小组办公室关于目前农业综合开发情况及需要研究的几个问题的汇报。会议议定了以下意见：1.要努力抓好到期项目的验收工作，进一步总结农业综合开发工作的经验教训；2.坚持先验收后立项的原则，同意验收后再安排到期省（区、市）的第二期开发项目；3.坚持农业综合开发的方针和指导思想不变；4.收缩开发面，突出重点，集中资金重点投放在主要产粮地区，并与其他渠道的农业资金统筹安排使用；5.要妥善解决农业综合开发物资供应和专项贷款问题；6. 要特别重视科技在农业综合开发中的地位和作用，结合实际研究制定进一步调动科技人员参与农业综合开发的政策和措施。

29 日　国务委员李贵鲜为农业综合开发题词：搞好信贷工作，支持农业综合开发。

9 月

4 日　江泽民总书记为农业综合开发工作题词：搞好农业综合开发，振兴我国农业。

12 日　经国务委员陈俊生批准，同意使用黑龙江农垦总局赵佳宏同志设计的农业综合开发图案标志。

25 日　国家农业综合开发领导小组印发《对海南省农业综合开发资金使用管理中一些问题的意见》。

10 月

28 日　全国农业综合开发成果展览会在北京全国农业展览馆开幕。田纪云副总理出席开幕式并参观了展览。他在参观完展览后指出，实践证明，几年来农业综合开发的方针、政策是正确的，成效是显著的，今后要继续沿着这个路子走下去，坚定不移地按既定的方针向农业资源开发的深度和广度进军，并就如何深入开展农业综合开发工作提出了明确要求：要研究一些配套措施，逐步把农产品加工、流通，甚至配套的农用生产资料及冷藏等基础设施建设，纳入农业综合开发范围；农业综合开发不仅要讲数量，而且要讲质量，今后开发的面不一定再扩大；要重视加工增值；要加强对农业综合开发的宣传报道，并在全国造成一定声势，进一步推动农业综合开发的深入发展。

1992 年

3 月

7 日　国务委员陈俊生主持召开国家农业综合开发领导小组第十二次会议，研究部署当前农业综合开发工作。会议议定了以下意见：1. 进一步严格验收制度，验收不合格的地方要减少投资；2. 继续支持黄河三角洲的开发工作；3. 同意“引黄入卫”工程纳入国家农业综合开发黄淮海平原跨省水利工程进行建设。

5 月

4 日　国家农业综合开发办公室在海南省召开全国农业综合开发领导小组办公室主任会议。会议总结了几年来农业综合开发工作的经验，研究了进一步提高农业综合开发工作水平的意见。国家农业综合开发办公室常务副主任周清泉参加会议并作了重要讲话。

12 月

2 日　国务委员陈俊生主持召开国家农业综合开发领导小组办公会议研究 1993 年农业综合开发工作。会议议定了以下意见：1. 改造中低产田的投资比例不能低于 70%；2. 农业综合开发资金要集中使用，不再扩大使用范围；3. 同意支持农业部、林业部发展一些优质高效农业项目，但是目前摊子不宜铺得过大；4. 用专项贷款安排项目，农业银行必须与农业综合开发办公室共同商量。

1993年

5月

10日 国务委员陈俊生主持会议研究部署农业综合开发工作。会议议定了以下意见：1. 鉴于国务院已决定撤销国家农业综合开发领导小组，要建立国家农业综合开发联席会议制度，原国家农业综合开发领导小组办公室可保留国家农业综合开发办公室名义，挂靠财政部，办公室主任由财政部一位副部长兼任，吴坤龙任常务副主任；2. 明确1993年以后立项的项目中，财政有偿资金回收期依照项目的效益情况分别确定，回收时间可适当提前，回收期限可适当缩短；3. 明确1993年以后立项的项目，安排投资时应考虑农用建材涨价因素。（这次会议也是国家农业综合开发联席会议第一次会议。）

9月

29日 国务委员陈俊生主持召开会议研究农业综合开发有关问题。会议议定了以下意见：1. 资金使用要相对集中，坚持择优立项，成片开发，重点投入；2. 同意70%的资金用于改善农业生产基础条件，30%的资金用于发展高产优质高效农业；3. 地方财政资金配套以省级为主，县级可承担10%左右，不允许乱摊派；4. 同意1994年1月份召开全国农业综合开发工作会议。（这次会议也是国家农业综合开发联席会议第二次会议。）

12月

18日 国务委员陈俊生主持召开会议，讨论了国家农业综合开发办公室提交的《关于农业综合开发若干政策的规定》、《国家农业综合开发项目管理办法》、《国家农业综合开发资金管理办法》、《国家农业综合开发项目建设试行标准》等文件讨论稿，研究了1994年农业综合开发中央财政资金安排方案。（这次会议也是国家农业综合开发联席会议第三次会议。）

1994年

1月

中共中央总书记江泽民在中央农村工作会议上指出：“根本解决我国农业和农村经济问题，实现农业现代化，必须大力推进农业集约化和农业综合开发。”

11日 全国农业综合开发工作会议在北京召开，国务委员陈俊生到会并发表重要讲话。他强调，要认清形势，充分认识农业综合开发对促进农业经济发展的重要意义，树立正确的指导思想，突出重点，着重抓好调整资金结构、加强项目管理、提高开发效益、密切部门协作等工作。会议提出，今后中央财政和地方财政的投资，以省为单位计算，以不低于70%的比例用于改善农业生产基本条件，以不超过30%的比例用于发展多种经营及龙头项目。财政部部长刘仲黎到会致开幕词。

3月

5日 国务院办公厅转发财政部《关于农业综合开发的若干政策》。

4月

26日 财政部党组任命韩连贵同志为财政部国家农业综合开发办公室常务副主任（正司级）。

5月

31日 国务委员陈俊生主持召开国家农业综合开发联席会议第四次会议，会议议定了对辽宁大洼三角洲项目、宁夏河套灌区项目、海南农垦项目的安排意见，并同意1994年度的验收方案等。

6月

9日 财政部印发《国家农业综合开发资金管理办法》。

9日 国家农业综合开发办公室印发《国家农业综合开发项目管理办法》。

22日 经财政部党组批准，国家农业综合开发办公室下设六个处级机构，即综合处、计划财务处、土地项目处、多种经营项目处、有偿资金管理处、评估咨询中心。

8月

23日 中共中央政治局候补委员、中央书记处书记温家宝在黑龙江考察农业和农村工作并发表重要讲话，强调“黑龙江要继承和发扬艰苦创业、勇于开拓的北大荒精神，向农业的深度和广度进军，搞好农业综合开发，加快商品粮基地建设，为保障全国农产品供求平衡和本省经济发展做出更大的贡献”。

10月

20日 国务委员陈俊生主持召开国家农业综合开发联席会议第五次会议，会议决定增补国家土地管理局为联席会议成员单位，并议定了以下意见：1. 同意今后要把用于农业综合开发的中央财政资金分配方案和农业银行专项贷款计划一并提交联席会议审议；2. 农业综合开发要适当缩小范围，集中力量成片开发，提高开发标准；3. 各地农发机构不得兴办经济实体，已办的要脱钩；4. 省会计划单列市一年期项目可以单独立项。

1995年

2月

24日 国务院副总理姜春云在中央农村工作会议上发表重要讲话，强调要“进一步加强农业综合开发”，“农业综合开发，要以提高粮棉油肉糖等农产品综合生产能力为主要目标，以改造中低产田为重点，按照流域或灌区统一规划，先易后难，择优立项，连片开发，提高效益”。

26日 农业部、国家科学技术委员会、人事部、水利部、林业部、国家农业综合开发办会室联合召开全国农业科技推广表彰大会，对一批县以下（含县）长期从事农业科技推广工作并取得显著成绩的先进单位和先进工作者进行了表彰。其中，河北省邢台县农业开发办公室等20个农业综合开发办事机构被授予“全国农业科技推广先进单位”称号，陈长海等103名农业综合开发工作者被授予“全国农业科技推广先进工作者”称号。

4月

8日 国务院副总理姜春云在中央农村工作领导小组会议上强调，“要从我国国民经济发展战略目标来看待农业综合开发。实践证明，粮棉

增产，农民增收，农业现代化，都离不开农业综合开发，对农业综合开发要加深认识，要坚定不移地抓下去，在农业综合开发上做文章，搞突破。要坚持效益第一的原则，讲求投入产出率；要坚持集中连片，综合开发，实现区域规模开发，突出重点，兼顾一般；要提倡开发与开放相结合，开辟农业综合开发资金渠道；要加大科学技术在农业综合开发中的比重，推广先进适用技术，不断提高广大农民科学素质水平”。会上，财政部副部长李延龄就农业综合开发工作作了汇报。

10日 国务委员陈俊生主持召开国家农业综合开发联席会议第六次会议，会议听取并原则同意了1995年中央财政农业综合开发资金分配方案及农业银行专项贷款的安排意见，并议定了以下意见：1. 国家新增的开发投资，要坚持集中连片、重点投入的原则，严格按项目管理，围绕农业综合开发的基本任务，坚持走以内涵开发为主的路子，并实行投入与产出挂钩的办法，重点保证2000年全国粮食增产1 000亿斤目标的实现；2. 不断强化地方的项目管理意识和效益观念，今后不再按地区安排资金，而要按项目安排；3. 要逐步增加科技投入，不断提高农业综合开发的科技含量；4. 要保证30%以上的农业综合开发专项贷款用于土地治理项目。

24日 全国农业综合开发经验交流会在四川成都召开。国务院副总理姜春云致信祝贺。贺信要求各级党政一把手要关心农业综合开发工作，亲自调研，具体部署，努力把农业综合开发提高到新的水平；要进一步明确农业综合开发的指导思想和基本任务，从实际出发，围绕主攻方向、主要目标搞开发；要切实解决好农业综合开发的投入问题和机制问题。国务委员陈俊生到会并作了重要报告。报告中说，8年来农业综合开发成效显著，为我国粮棉生产取得好收成做出了重要贡献，要再接再厉，继续搞好规划，加大开发力度，为实现本世纪末农业综合开发新增500亿斤粮食生产能力的战略目标，为粮食生产再上新台阶发挥关键性作用。

9月

25日 国务院总理李鹏在中共中央十四届五中全会上做《关于制定国民经济和社会发展“九五”计划和2010年远景目标建议的说明》时强调：“要稳定粮食播种面积，增加对农业的投入，改善农业基础设施。大力改造中低产田。加快商品粮基地建设，搞好黑龙江、新疆和黄淮海等地区的连片开发。”

10月

18日 国务委员陈俊生听取了国家农业综合开发办公室、中国农业银行总行关于农业综合开发专项贷款配套落实情况的汇报，并就如何进一步协调、落实农业综合开发专项贷款与财政资金的配套问题提出了明确要求。

11月

28日 国务委员陈俊生主持召开国家农业综合开发联席会议第七次会议，会议认为经过一段时期的工作，农业综合开发项目和资金管理已经逐步走向规范化、制度化。会议原则同意国家农业综合开发办公室的汇报提纲，并议定了以下意见：1. 农业开发专项贷款与财政资金要以省（区、市）为单位，按1:1的比例配套投入，并确保30%的专项贷款用于土地治理项目；2. 农业综合开发发展方向仍然是通过改造中低产田和适量开垦宜农荒地，增加粮棉油肉糖特别是粮食生产能力；3. 原则同意采取中央财政投资与项目所在省（区）增加粮食调出（或减少粮食调入）挂钩的办法；4. 农业综合开发项目区应选择在“大中型骨干水利工程有保障”的地区；5. 要切实加强对工程管护的监督检查，将其作为竣工验收的主要内容；6. 农业开发综合资金不安排用于修复水毁工程，但对工程设施水毁严重的项目区中属于贡献较大产粮区，仍具备开发条件的，可重新立项开发；7. 对部分省（区）资金违纪违规问题，待全部查清后，坚决纠正，严肃处理。

1996年

1月

5日 国务院副总理姜春云在中央农村工作会议上指出："要加大农业综合开发力度。几年来，农业综合开发取得了显著成效，对提高农业综合生产能力发挥了重要作用。今后要重点抓好三江平原、松嫩平原、黄淮海平原、河西走廊、长江流域和新疆等若干大片商品粮棉基地建设。同时，加强草原建设，防治沙化，发展牧区畜牧业"。财政部副部长李延龄在会上介绍了农业综合开发工作近几年的发展规模、总体思路以及今后的发展方向。

2月

14日 国务委员陈俊生主持召开国家农业综合开发联席会议第八次会议，会议原则同意国家农业综合开发办公室关于1996年的工作安排和当年资金分配方案，并议定了以下意见：1．"九五"期间农业综合开发要上新台阶；2．要继续坚持突出重点、集中投入的指导思想，粮棉油肉糖等方面的项目仍是农业综合开发的重点；3．要进一步建立和完善投入机制；4．各地要落实地方财政配套资金；5．要开辟新的筹资渠道。

3月

5日 李鹏总理在第八届全国人民代表大会第四次会议上作报告时指出："搞好农业综合开发，全面发展林牧副渔各业。从中央到地方，各级政府都要增加对农业的投入，鼓励和引导农村集体、农民个人和社会各方面增加投入。"

6月

4日 江泽民总书记在河南考察农业和农村工作，强调要"加大农业综合开发的力度"。

7月

5日 经财政部党组批准，同意设立国家农业综合开发办公室科技处。

8月

22日 财政部部长刘仲黎主持召开部长办公会议，讨论《农业综合开发"九五"计划纲要》。会议原则同意《农业综合开发"九五"计划纲要》，并议定中央财政要尽力支持农业综合开发这项利国利民的事业，1998年要争取利用部分世界银行贷款支持农业综合开发。

9月

11日 国务委员陈俊生主持召开国家农业综合开发联席会议第九次会议。会议议定以下意见：1．强调"九五"时期农业综合开发要继续坚持突出重点、集中投入的指导思想；2．积极争取利用世界银行、亚洲银行等外资，在国内招商引资，吸收社会其他资金参与农业综合开发；3．实现农业增长方式的根本转变，促进农业走高产、优质、低耗、高效的发展道路；4．要特别注意保护农业生态环境，开垦荒地严禁破坏生态平衡，要坚持综合治理；5．在项目区提高农产品的综合生产能力的同时，还必须解决水资源短缺的问题，要大力推广节水灌溉技术。

12月

国务院副总理姜春云为《农业综合开发》杂志题词：农业综合开发大有可为。

中共中央政治局候补委员、中央书记处书记温家宝为《农业综合开发》杂志题词：搞好农业综合开发 提高农业生产水平。

1997年

1月

5日 国家农业综合开发办公室和江苏省农业资源开发局合办《农业综合开发》杂志，该刊旨在宣传农业综合开发政策，报道农业综合开发的先进经验和典型人物，反映农业和农业综合开发的最新动态和成果，探讨农业和农业综合开发的难点、焦点和热点问题。

10日 国务院副总理姜春云在中央农村工作会议上发表讲话时强调："我国农业综合开发成效很大，已成为农业的重要增长点。要加大开发力度，增加开发投入，大力改造中低产田，实行山水田林路综合治理，重点抓好20个大型商品粮基地和新疆棉花基地建设，为增加农产品有效供给和农民收入做出新的贡献。"

3月

1日 国务院总理李鹏在第八届全国人民代表大会第五次会议上作政府工作报告时指出："继续积极合理有效地利用外资，鼓励外资投向农业综合开发、基础设施、资源综合利用、高新技术产业，投向中西部地区"。

7日 国务委员陈俊生主持召开国家农业综合开发联席会议第十次会议，会议认为，1996年我国农业获得丰收，农业综合开发发挥了重要作用，会议原则同意1997年的中央财政农业综合开发资金分配方案及农业银行配套贷款的安排意见，并议定了以下意见：1.抓紧下达分配计划，及时拨付资金，以利于更好地发挥资金效益；2.要集中使用资金，突出重点；3.要继续抓好秸秆养牛工作；4.要进一步加大农业综合开发宣传工作力度，适时举办一次十年成果展示会。

6月

17日 财政部印发《关于国家农业综合开发"九五"计划要点的通知》。

10月

12日 全国农业综合开发工作会议在浙江杭州召开。李鹏总理、姜春云副总理分别致信祝贺。李鹏总理在贺信中充分肯定了农业综合开发所取得的成就，要求加强对农业综合开发工作的组织领导，各方要密切配合，为实现农业和农村经济的可持续发展战略做出新的贡献。姜副总理在贺信中说，要认真总结农业综合开发的成功经验，积极探索新的机制和思路，把这项工作做得更加扎实有效。国务委员陈俊生出席会议并作了重要报告。报告充分肯定了农业综合开发产生的巨大效益，总结了十年来所积累的经验，提出了农业综合开发再上新台阶的五个标志，即提高粮棉油肉糖等大宗农产品生产能力，建设高标准的稳产高产农田，建设生态农业，增加农民收入，建设现代化农业示范区。会议还表彰了全国农业综合开发先进单位、先进工作者和先进个人。

17日 国务委员陈俊生主持召开国家农业综合开发联席会议第十一次会议，会议听取国家农业综合开发办公室关于前一阶段主要工作和全国农业综合开发工作会议、十年成果展示会筹备情况的汇报。会议议定了以下意见：1.要认真总结十年来农业综合开发的主要成绩和基本经验，进一步明确农业综合开发工作的方向、措施和要求；2.进一步加大农业综合开发宣传工作力度；3.继续做好申请世界银行贷款用于农业综合开发项目的工作。

24日 全国农业综合开发十年成果展示会在北京民族文化宫开幕。展览会历时5天，旨在全方位地介绍和宣传十年来我国农业综合开发所取得的巨大成就。

12月

26日 人事部发布《关于全国农业综合开发先进工作者享受省部级劳动模范和先进工作者待遇的通知》，明确秦福民等60名全国农业综合开发先进工作者为省部级先进工作者，享受省部级劳动模范和先进工作者待遇。

1998年

2月

9日 国务委员陈俊生主持召开国家农业综合开发联席会议第十二次会议，听取关于1997年资金使用和项目建设情况的汇报，并原则同意1998年中央财政农业综合开发资金的使用原则和分配方案。会议议定了以下意见：1. 要提高农业综合开发项目建设标准；2. 要组织好农业现代化示范区建设；3. 要做好世界银行贷款项目实施工作；4. 要提高开发的科技含量；5. 对已竣工的农业综合开发项目要及时组织验收，坚持验收标准，不准走过场。

7月

4日 国务院办公厅印发《财政部职能配置内设机构和人员编制规定的通知》。《通知》中明确，国家农业综合开发办公室为财政部20个内设职能机构之一。

8日 财政部党组任命王征同志为财政部国家农业综合开发办公室常务副主任（正司级）。

31日 “黄淮海平原利用世界银行贷款加强灌溉农业（二期）项目”正式签署贷款协定。该项目涉及黄淮海平原五省（江苏、山东、河南、河北、安徽）的28个地市131个县（市、区），总投资70.8亿元，其中利用世行贷款3亿美元，折合人民币25亿元。

9月

7日 财政部办公厅印发《财政部各司职责范围暂行规定》的通知。《规定》中拟定国家农业综合开发办公室的主要职责是：1. 拟订全国农业综合开发的方针、政策及项目管理、资金管理、财务管理等项规章制度。2. 会同有关部门编制全国农业综合开发总体规划，审批各地区、各部门农业综合开发项目实施计划。3. 统一管理和统筹安排国家农业综合开发资金；编制中央财政投入农业综合开发资金的中长期计划、年度预算和决算，办理中央财政农业综合开发资金年度拨款、借款工作；统一分配、管理到期回收的中央财政农业综合开发有偿使用资金。4. 组织考察评估地方、部门申报的农业综合开发项目，检查在建农业综合开发项目的执行情况，对竣工项目组织验收，签发项目验收合格证。5. 会同中国农业银行安排农业综合开发专项贷款，组织协调与农业综合开发相关的各级财政资金，统筹安排世界银行贷款以及其他国外引进资金中用于我国农业综合开发的项目。6. 汇总全国农业开发项目和资金统计报表，分析项目计划执行情况和资金使用情况，会同有关司监督检查资金的使用效益。7. 负责农业综合开发的调查研究和人员培训，搞好农业综合开发科技成果的推广和应用工作。8. 办理国家农业综合开发联席会议和部领导交办的其他事项。

10月

23日 国务院副总理温家宝主持召开国家农业综合开发联席会议第一次会议。会议听取并原则同意国家农业综合开发办公室关于当年主要工作和下一阶

段工作打算的汇报，并议定了以下意见：1. 要努力提高农业综合生产能力；2. 要重视优化农业和农村经济结构；3. 要注重生态环境建设；4. 要大力推广和应用先进科学技术；5. 要在“综合”二字上下功夫，继续实行农林牧副渔综合开发，山水田林路综合治理；6. 要进一步完善农业综合开发的投入机制；7. 要进一步加强对农业综合开发工作的领导。会议还研究了对受灾项目区的补偿政策等问题。

11 月

13 日 财政部印发《关于在财政预算中安排农业综合开发事业费的通知》。《通知》要求各级财政从 1999 年起，由预算安排本级农业综合开发事业费。

12 月

31 日 财政部印发《农业综合开发财政有偿资金管理暂行规定》的通知，进一步规范和加强对农业综合开发财政有偿资金的管理。

1999 年

4 月

25 日 全国农业综合开发计划财务处长工作会议在吉林延边召开。会议的主题是：深入贯彻党的十五届三中全会和中央农村工作会议精神，总结交流农业综合开发经验，布置 1999 年的农业综合开发工作。财政部副部长张佑才到会作了重要讲话。他在讲话中分析了新形势下财政支农工作应把握好的四个关系，总结了十多年来农业综合开发资金管理积累的丰富经验，要求大家要提高认识，坚定信心，加强领导，真抓实干，努力做好 1999 年的各项工作，推动农业综合开发工作再上新台阶。

5 月

26 日 国务院副总理温家宝主持召开国家农业综合开发联席会议第二次会议。会议听取了国家农业综合开发办公室关于 1998 年工作情况和 1999 年工作安排意见的汇报，肯定了过去一年取得的成绩，原则同意 1999 年的工作安排。会议明确，为适应农业发展阶段性变化的要求，农业综合开发工作在指导思想上要实行“两个转变”，即由改造中低产田和开垦宜农荒地相结合，转到以改造中低产田为主，尽量少开荒甚至不开荒，把提高农业综合生产能力和保护生态环境结合起来；由以增加农产品产量为主，转到积极调整结构，依靠科技进步，发展高产优质高效农业上来。并将今后农业综合开发工作的基本思路概括为：做到“一个坚持”，突出“四个重点”，加强“两项保障”。“一个坚持”，即坚持改造中低产田，努力改善农业基本生产条件和生态环境；“四个重点”，即建设大型优质粮食生产基地，建设优质饲料粮生产基地，发展节水农业和加大坡改梯的力度；“两个保障”，即加快农业科技进步，加强科学管理。

6 月

14 日 经国家农业综合开发联席会议第二次会议审议通过，财政部印发《国家农业综合开发项目和资金管理暂行办法》。《办法》既明确了农业综合开发的投入重点、项目分类以及投入机制等，又对项目的立项条件、资金筹集和使用、资金管理和监督、前期准备、申报审批、项目实施、竣工验收、运行管护、组织管理等提出了总的要求，对进一步规范管理，提高农业综合开发项目管理水平具有重大意义。

20日 全国农业综合开发办公室主任会议在大连召开。会议的中心议题是：学习温家宝副总理在全国农业综合开发第二次联席会议上的讲话精神，研究如何转变思想、调整基本思路、加强科学管理问题。财政部副部长张佑才到会作了题为“认真贯彻第二次联席会议精神，努力实现农业综合开发的历史性转变”的重要讲话。

2000年

2月

20日 全国农业综合开发宣传工作座谈会在湖北召开。会议的主要任务是回顾13年来农业综合开发宣传工作，交流各地开展宣传工作的积极做法和积累的有益经验，分析新时期农业综合开发宣传工作面临的新形势和新任务，对今后一个时期加强和改善农业综合开发工作做出部署。会议还向受聘的各省（区、市）通讯联络站站长颁发了聘书。

4月

27日 国务院副总理温家宝主持召开国家农业综合开发联席会议第三次会议。会议听取了国家农业综合开发办公室关于1999年工作情况和2000年工作安排意见的汇报，充分肯定了农业综合开发积极实行“两个转变”来取得的成绩，原则同意国家农业综合开发办公室2000年的工作安排和资金分配方案。会议指出，农业综合开发要以改善农业基本生产条件为基本任务，要与农业结构调整相结合，要在推动农业科技进步方面发挥积极作用，要有利于改善和保护生态环境，继续推进农业综合开发指导思想实现“两个转变”。会议还强调了加强项目和资金的管理，探索新的管理方式，加强干部队伍建设，强化制度建设等问题。

5月

23日 全国农业综合开发工作会议在北京召开。财政部部长项怀诚到会并作了重要讲话。他在讲话中深入分析了世纪之交的农业综合开发面临的新形势，深刻阐述了抓好农业综合开发对推动农业和农村经济发展具有的重要意义，提出要贯彻落实国家农业综合开发联席会议第三次会议精神，在新阶段着重抓好加强农业基础设施建设、促进农业结构调整、推动科技进步、改善和保护生态环境等四项主要任务。农业部、水利部、国家林业局等有关部门的负责同志也到会发了言。

6月

19日 经财政部党组批准，同意将国家农业综合开发办公室评估咨询中心更名为“国家农业综合开发办公室评审中心”。评审中心为事业单位，下设5个处（含原世行项目办），人员实行招聘制，中心主任可按二级职员（副司级）配备。国家农业综合开发办公室原有的项目评审行政职能和世行项目行政管理职能委托评审中心行使，但批准权在国家农业开发办公室办公会议，对外发文统一编农发办文号。

7月

31日 财政部印发《关于调整农业综合开发资金若干投入比例的规定》。调整的内容，主要是适当提高沿海经济发达地区中央财政资金与地方财政资金的配套比例，适当降低西部贫困地区和少数民族地区中央财政资金与地方财政资金的配套比例；根据各地资源条件，合理确定财政资金中用于土地治理、多种经营项目的投入比例；适当降低中央财政资金中有偿资金的比例，并按项目性质分别确定项目的有偿无偿比例等。

9月

23日 由国家农业综合开发办公室、经济日报社和陕西省人民政府联合主办的“农业综合开发支持西部大开发政策措施研讨会”在陕西西安召开。财政部副部长张佑才、经济日报社总编武春河、陕西省省委书记李建国出席了会议。会议的主要任务是：研究探讨农业综合开发支持西部大开发的基本思路和政策措施，东西部地区部分农业综合开发扶持的企业进行项目交流、合作洽谈等。

12月

14日 中央机构编制委员会办公室正式批复同意财政部农业综合开发评估咨询中心更名为“财政部国家农业综合开发评审中心”。

17日 全国农业综合开发财务会计软件培训班在黑龙江举办。培训班除进行农业综合开发财务会计软件系统培训外，还对加强资金管理，提高财务水平等问题进行了研讨。培训班结束时，国家农业综合开发办公室领导作了重要讲话，对2000年农业综合开发财务工作作了总结，提出了做好2001年农业综合开发财务工作的基本思路，并对1999年度农业综合开发资金决算工作先进单位进行了表彰。

2001年

1月

11日 中国农业综合开发节水农业国际研讨会在京举行。会议通过国内外专家的研讨，交流了在节水农业方面的成功经验，探讨了不同地区节水农业的发展前景，为农业综合开发发展节水农业提供了有益借鉴。财政部副部长张佑才到会致了开幕辞。

3月

5日 朱镕基总理在第九届全国人民代表大会第四次会议上作报告时指出：“着力抓好大型灌区节水工程改造，积极开展群众性农田水利建设，搞好水土保持。加强国家商品粮和优质农产品基地建设，搞好农业综合开发。”

4月

4日 国家农业综合开发办公室印发了《关于发展农业综合开发多种经营的指导意见》，明确了发展多种经营的指导思想和基本原则以及扶持重点，指明了多种经营推进产业化经营的方向，并强调了注重科技推广和提高管理工作水平等。

6月

12日 财政部印发《关于农业综合开发资金报账实施办法的通知》。《实施办法》对规范农业综合开发财务行为，提高农业综合开发财务管理水平和资金使用效益将起到重要作用。

7月

25日 国务院副总理温家宝主持召开国家农业综合开发联席会议第四次会议。会议总结了“九五”期间农业综合开发的成就和基本经验，原则同意《国家农业综合开发“十五”计划》。会议认为，“九五”期间农业综合开发坚持“两个转变”的指导思想；坚持“国家引导、配套投入、民办公助、滚动开发”的投入机制；坚持因地制宜的原则，充分发挥资源优势；坚持综合性的开发方式，讲求综合效益；坚持严格的项目和资金管理制度，确保开发资金使用效果；坚持各方紧密协作，形成合力搞开发的管理体制，取得了显著的成就。会议进一步明确“十五”期间农业综合开发的指导思想和工作重点是“两个着力，两个提高”，即着力加强农业基础建设和生态环境建设，提高农业综合生产能力；着力推进农业和农村经济结构的战略性调整，提高农业的综合效益。会议还要求“十五”期间，农业综合开发要进一步完善政策，健全制度，周密规划，加强管理，不断提高农业综合开发的水平。

11月

财政部党组任命赵鸣骥同志为财政部国家农业综合开发办公室常务副主任（正司级）。

12月

3日 财政部印发《国家农业综合开发“十五”计划》。

6日 国家农业综合开发办公室印发《关于实施农业综合开发现代化示范项目的意见》。《意见》明确了农业综合开发现代化示范项目的指导思想、立项原则、立项条件、建设内容、投资规模和运行管理等，对规范和提高农业综合开发现代化示范项目的实施水平具有重要意义。

27日 财政部印发《农业综合开发资金会计制度》。该制度的出台，标志着国家农业综合开发财务管理规章制度体系已基本形成。

2002年

1月

23日 财政部副部长张佑才在国家农业综合开发办公室报送的《关于制定2002年农业综合开发工作要点的请示》上做出重要批示：“国家农发办全体职工能自觉履行‘三个代表’的要求，头脑是清醒的，思路是清晰的，办法是清楚可行的，工作是扎扎实实的，因而，成绩是显著的。国务院领导指出农发办工作成绩显著，具有‘四个一’的地位和作用；广大开发区农民是欢迎的、高兴的，为农民办了看得见、摸得着、得到实利的实事。要进一步解放思想，实事求是，与时俱进，勇于创新，团结奋斗，以更出色的成绩迎接党的十六大。”

30日 全国农业综合开发财务工作会议在江苏镇江召开。会议的主要任务是总结2001年农业综合开发财务工作，交流农业综合开发财务工作经验，安排部署2002年的财务工作，并组织学习贯彻新颁发的《农业综合开发资金会计制度》。会上，还对2000年度农业综合开发资金决算工作先进单位进行了表彰。

2月

4日 国家农业综合开发办公室召开农业综合开发联席会议成员单位座谈会，财政部部长助理廖晓军出席会议并作了重要讲话。他说，实践证明，农业综合开发联席会议是统一领导和协调农业综合开发工作的行之有效的制度，联席会议各成员单位要继续深入贯彻落实温副总理在第四次联席会议上提出的“两个着力，两个提高”的方针，解放思想，与时俱进；要进一步加强配合协作，对农业综合开发工作多提意见和建议；要坚持和完善联合办公形式，继续选派政治素质好、业务能力强的同志到国家农业综合开发办公室联合办公，共同开创农业综合开发工作的新局面。他还对进一步提高农业综合开发部门项目的管理水平谈了几点看法。

5日 财政部部长助理廖晓军在听取国家农业综合开发办公室工作汇报后指出，国务院领导同志非常重视农业综合开发，在当前有的部门、

地方农产品出现阶段性供大于求的情况下，对继续大力推进农业综合开发的必要性产生怀疑的认识是错误的。他要求农业综合开发要紧紧围绕农民增收开展工作，进一步提高工作水平；要做好召开农业综合开发联席会议和工作会议的各项准备工作；要按照温副总理在第四次联席会议上明确的各级财政“十五”期间用于农业综合开发的资金投入增长幅度要高于“九五”水平的要求，积极争取中央财政资金；要管好项目和资金，抓好廉政建设；要抓紧组织编印各种反映农业综合开发情况的资料等。

9日 国家农业综合开发办公室发出《关于切实加强调查研究工作的通知》。《通知》要求各级农业综合开发部门要高度重视调查研究工作，改进调查研究的方式方法，认真撰写调研材料。《通知》中还发布了国家农业综合开发办公室确定的2002年农业综合开发调查研究重点选题。

11日 国务院办公厅转发财政部《关于农业综合开发的若干意见》。《若干意见》进一步明确了新阶段农业综合开发的指导思想和目标任务、扶持范围和建设内容、应遵循的原则、投入政策和机制以及项目和资金管理的总体要求。《若干意见》的转发和实施，对于明确新阶段农业综合开发方向，理清思路，加强管理，提高工作水平具有重要意义。

3月

1日 国家农业综合开发办公室发出《关于认真贯彻落实农业综合开发若干意见的通知》。《通知》要求各级农业综合开发部门要认真组织学习，深刻领会文件精神；加大投入，严格监管，狠抓贯彻落实；加强调研，进一步改进工作，完善政策和制度；在深入学习讨论，细致调研的基础上，制定出贯彻落实《关于农业综合开发的若干意见》的具体措施来。

4月

5日 财政部部长助理廖晓军到国家农业综合开发办公室新办公地点看望全办同志，并作了重要讲话。讲话充分肯定了农业综合开发为实现主要农产品由长期短缺到供求总量基本平衡、丰年有余的历史性转变做出的重要贡献，指出农业综合开发是国家保护和支持农业发展的一项战略性措施，是一项长期的重要工作。廖晓军助理强调，做好当前的农业综合开发工作，一是要对我国农业和农村经济形势有一个清醒的认识，二是要适应农业发展新阶段的要求，进一步转变指导思想，在促进农业结构调整，提高农业综合生产能力和综合效益上下功夫，三是资金要集中使用，突出重点，四是要加强与部内有关司局及农林水等部门的合作，形成合力，共同促进农业和农村经济发展。他还提出了要加强领导班子团结，要解放思想、开拓进取，要加强作风建设，要加强学习等几点要求。

6月

25日 《经济日报》用较大篇幅刊登了国家农业综合开发办公室撰写的《大力推进农业综合开发》和《农业综合开发是实现“双增”的重要途径》两篇文章，从理论和实践两个方面阐述了大力推进农业综合开发的重要意义，阐明了新阶段农业综合开发工作的重点和需要把握好的问题，既很好地解读了农业综合开发政策，又具有很强的可操作性。

7月

财政部2001年度财政工作优秀论文、优秀调研报告、优秀公文评选结果揭晓。国家农业综合开发办公室共有6篇文章获奖。其中，《农业综合开发促进农民增收调查报告》和《财政部关于印发〈国家农业综合开发“十五”计划〉的通知》分获优秀调查报告、优秀公文三等奖，其他几篇文章也获得了不同奖项。

10日 国家农业综合开发办公室召开专题座谈会，围绕入世后如何充分发挥农业综合开发的作用进行研讨。中央农村工作领导小组农村局、国务院研究室农村司、农业部计划司等中央有关单位负责人以及部分省财政厅和农业综合开发办公室的有关负责同志参加了座谈。

31 日 国家农业综合开发办公室印发《关于进一步加强农业综合开发部门项目管理工作的通知》。

8 月

7 日 财政部向国务院上报《关于落实农业综合开发以农业主产区为重点政策意见的请示》。《请示》中初步界定了农业主产区的范围，明确了农业主产区农业综合开发的基本任务，提出了农业综合开发向农业主产区倾斜的主要政策措施以及对非农业主产区的相关扶持政策等。

7 日 财政部副部长廖晓军在海南省考察部分农业综合开发项目区时指出，农业综合开发由于效益显著，基层干部群众要求搞开发的积极性很高，因此，要大力推进农业综合开发工作，并选好建好项目，管好用好资金，不断提高农业综合开发资金的使用效益。

22 日 财政部副部长廖晓军在黑龙江省考察部分农业综合开发项目区后，充分肯定了项目区取得的良好经济效益和社会效益，并指出，农业综合开发实实在在地为农民办好事，办实事，是在农村实践“三个代表”思想的重要途径，要适应新形势的要求，进一步提高农业综合开发水平。

26 日 财政部印发《关于进一步加强农业综合开发资金管理的若干意见》。《意见》明确了农业综合开发资金管理的目标和任务，对资金的筹集、分配、使用和管理、监督和检查等提出总的要求。《意见》中明确，中央财政农业综合开发资金分配要采取综合因素法，要实行财政无偿资金县级报账制、有偿资金委托银行放款制，要建立项目资金使用公示制等。

27 日 国务院副总理温家宝在国家农业综合开发办公室呈送的调研报告《应对入世调整要更加发挥农业综合开发的作用》一文上批示：“要进一步改革和完善投资政策和机制，提高资金使用效益，提高农业综合开发水平。”

9 月

23 日 财政部副部长廖晓军在国家农业综合开发办公室报送的 1998—2002 年农业综合开发工作总结上做出批示：“五年来农业综合开发工作取得了很大的成绩，特别是能够随着形势的发展和变化，及时地调整工作思路和政策措施，与中央的农业方针保持一致，实实在在地为‘三农’服务。”

26 日 财政部部长项怀诚在廖晓军副部长批转阅的 1998—2002 年农业综合开发工作总结上做出批示：“很好。今后农业综合开发资金的分配使用是否需要做一些调整，望研究以后，连同此总结修改后呈领导一阅。”

26 日 国家农业综合开发办公室召开“关于当前农业和农村经济工作的主要问题及建议”的座谈会，就加入世界贸易组织后我国农业和农村经济工作出现的新情况、新问题及对策建议进行了深入研讨。部分省（区、市）农业综合开发办公室负责人参加了座谈。

30 日 财政部部长项怀诚在国家农业综合开发办公室报送的《当前农业和农村经济工作中存在的主要问题及建议》上批示：“看了农开办五六个材料，觉得农开办在总结工作经验方面下了不少功夫。望继续努力，树立为农民、为基层服务的观点，做好工作。”

10 月

1 日 温家宝副总理在国家农业综合开发办公室呈送的《关于农村税费改革后农业综合开发筹资投劳有关问题的报告》上做出重要批示：“农业综合开发要根据农村税费改革政策，并考虑当前地方（特别是主产区）财政和农民增收的困难，实事求是地调整地方和农民配套投资（劳）的比例。确需农民投劳的，须是受益农户，不能平调；只出劳力，不搞以资代劳；与农民商议，不准强迫命令。此事政策性很强，建议税费改革三人小组和农业综合开发联席会议成员一起议一议，还可征求一下地方的意见。”

8 日 国务院副总理温家宝在国家农业综合开

发办公室呈送的 1998—2002 年农业综合开发成就和经验系列总结材料上批示："请青林、马凯、应碧同志阅。"该系列材料全面总结了五年来开展的主要工作，认真分析了存在的问题，提出了政策建议，具体包括农业综合开发在加强农业基础设施建设、增加农民收入、推进农业产业化经营、保护和改善生态环境、促进农业科技进步等方面的成就和经验，比较全面地反映了上一届政府在农业综合开发方面的工作成果。财政部领导对此给予充分肯定，并将系列材料呈报温家宝副总理阅。

8 日 财政部印发《关于调整农业综合开发资金若干投入比例的规定》。这次调整的目的，主要是减轻经济不发达地区地（市）、县（市）两级财政的配套困难，适当提高项目的公益型资金投入，鼓励经济发达地区适当加大多种经营项目比重，发展外向型高效创汇农业。

11 月

15 日 江泽民总书记在党的十六大报告中指出，要"加强农业基础地位，推进农业和农村经济结构调整，保护和提高粮食综合生产能力，健全农产品质量安全体系，增强农业的市场竞争力。积极推进农业产业化经营，提高农民进入市场的组织化程度和农业综合效益。""加大对农业的投入和支持，加快农业科技进步和农村基础设施建设。""国家要加大对粮食主产区的扶持。"这些重要论述，为新世纪新阶段的农业综合开发工作指明了方向。

19 日 财政部印发《关于农业综合开发多种经营项目财政无偿资金使用具体规定的通知》，明确了多种经营项目财政无偿资金的使用范围和使用原则。

12 月

20 日 国家农业综合开发办公室印发《国家农业综合开发项目评估暂行办法》，明确了项目评估的原则、内容、方法、程序、权限、组织管理等，使农业综合开发评估工作更加走向规范化、制度化。

28 日 九届全国人大常委会第三十一次会议修订通过的农业法第十七条明确规定："各级人民政府应当采取措施，加强农业综合开发和农田水利、农业生态环境保护、乡村道路、农村能源和电网、农产品仓储和流通、渔港、草原围栏、动植物原种良种基地等农业和农村基础设施建设，改善农业生产条件，保护和提高农业综合生产能力。"从法律上明确了加强农业综合开发是各级人民政府的责任。

第八部分

机构人员

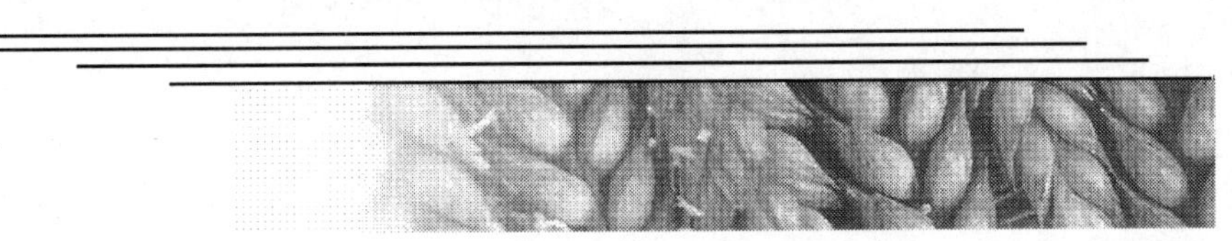

国家农业综合开发联席会议
领导成员名单

主持人：温家宝（国务院副总理）

成员单位	领导成员
	马　凯（国务院副秘书长）
财政部	张佑才（副部长）
国家发展计划委员会	刘　江（副主任）
水利部	翟浩辉（副部长）
农业部	韩长赋（常务副部长）
国土资源部	鹿心社（副部长）
国家林业局	周生贤（局长）
中国人民银行	肖　钢（副行长）
中国农业银行	张　云（副行长）
中华全国供销合作总社	李春生（副主任）

财政部国家农业综合开发
办公室领导名单

常务副主任：赵鸣骥

副　主　任：刘世江　宋志刚

巡　视　员：王　征

财政部国家农业综合开发
评审中心领导名单

主　任：王　征（兼）

注：本部分名单以 2002 年 12 月 31 日任职者为准。

副主任：韩国良（兼）
　　　　黄家玉（兼）

各省、自治区、直辖市和计划单列市，新疆生产建设兵团，黑龙江省农垦总局农业综合开发办公室领导名单

一、北京市农业综合开发办公室
主　任：高　麓
副主任：赵玉民
二、天津市农业综合开发办公室
主　任：李志强
三、河北省农业综合开发办公室
主　任：乔　满
副主任：尹立敏　张建新
四、山西省农业综合开发办公室
主　任：赵建生
副主任：孙长富
五、内蒙古自治区农业综合开发办公室
主　任：陈文平
副主任：王　湖　任俊山
六、辽宁省农业综合开发办公室
主　任：陈广君
副主任：马　健　张景祥
七、吉林省农业综合开发办公室
主　任：雒鹏飞
副主任：张茂平　齐　健
八、黑龙江省农业综合开发办公室
主　　任：李继纯
常务副主任：史青衿
副　主　任：运连鸿
助理巡视员：张力新
九、上海市农业综合开发办公室
主　任：朱炜琪
副主任：吴志傲
十、江苏省农业资源开发局
主　任：缪瑞林
副主任：李俊超　张秀才
　　　　张学平
十一、浙江省农业综合开发办公室
主　任：方任祥
副主任：谭景玉　金慧群
　　　　叶　旦
十二、安徽省农业综合开发局
主　任：周名浆
副主任：孔少林　吴行一
十三、福建省农业综合开发办公室
主　任：孙婷婷
副主任：游克安　柯光明
十四、江西省农业综合开发办公室
主　任：章康华
副主任：刘光华　喻　云
十五、山东省农业综合开发办公室
主　任：曹云龙
十六、河南省农业综合开发办公室
主　任：王照平
副主任：王作书　井剑国
　　　　史献志
十七、湖北省农业综合开发办公室
主　任：柳以洲
副主任：熊动员　周学武
　　　　付艳云
十八、湖南省农业综合开发办公室
主　任：曾德华
副主任：张立东　张保明

十九、广东省农业综合开发办公室

主　任：陈　栋

副主任：容康栋　罗道汉

二十、广西壮族自治区农业综合开发办公室

主　任：王　岩

副主任：李丽琪

二十一、海南省农业综合开发办公室

主　任：曾德运

副主任：钟振雄

二十二、四川省农业综合开发办公室

主　任：张其昌

副主任：刘万春

二十三、重庆市农业综合开发办公室

主　　任：罗　天

副　主　任：黄同均　陈腾杰

助理巡视员：张世钊

二十四、贵州省农业综合开发办公室

主　任：周培荣

副主任：王向规　龚晓宽

二十五、云南省农业综合开发办公室

主　任：赵新黔

副主任：郭　鸣　赵晓静

　　　　李勇民

二十六、西藏自治区农业综合开发办公室

主　任：赵宪忠

副主任：马卫红

二十七、陕西省农业综合开发办公室

主　　任：雷生辉

副 主 任：张　驰

主任助理：郭省洲

二十八、甘肃省农业综合开发办公室

主任：马　俊

副主任：吉国荣

二十九、青海省农业综合开发办公室

主　任：杨珠生

副主任：黄海龙

三十、宁夏回族自治区农业综合开发办公室

主　任：董　锋

副主任：何克朴　马　琼

三十一、新疆维吾尔自治区农业综合开发办公室

主　任：夏代提·海木都拉

副主任：王　锋　白西荣

　　　　莫合塔尔

三十二、厦门市农业综合开发办公室

主　任：庄志杰

副主任：林钢强

三十三、青岛市农业综合开发办公室

主　任：宋同胜

三十四、深圳市农业综合开发办公室

主　任：成泽民

副主任：林庆雄

三十五、宁波市农业综合开发办公室

主　任：胡望真

副主任：刘展国　程建国

三十六、大连市农业综合开发办公室

主　任：李　光

副主任：王宏海

三十七、新疆生产建设兵团农业综合开发办公室

主　任：汤华辉

副主任：钟福群

三十九、黑龙江省农垦总局农业综合开发办公室

主　任：侯培耀

副主任：高起中　刘　伟

国家农业综合开发联席会议成员单位负责农业综合开发工作的司领导名单

国家发展计划委员会

杜　鹰（农经司司长）

水利部

李代鑫（农村水利司司长）

农业部

叶贞琴（发展计划司副司长）

国土资源部

刘仁芙（耕地保护司助理巡视员）

国家林业局

姚昌恬（发展计划与资金管理司司长）

中国人民银行

易　纲（货币政策司司长）

中国农业银行

魏湘滨（农业信贷部总经理）

中华全国供销合作总社

张祥茂（科教部部长）

1995年全国农业科技推广先进单位和先进工作者名单（农业综合开发部分）*

先进单位

河北省邢台县农业开发办公室

内蒙古自治区翁牛特旗农业综合开发办公室

辽宁省大洼县农业综合开发办公室

吉林省公主岭市农业综合开发办公室

江苏省睢宁县农业资源综合开发管理局

浙江省兰溪市农业综合开发办公室

福建省福鼎县农业综合开发办公室

江西省永丰县农业综合开发办公室

山东省禹城市农业综合开发办公室

山东省青岛平度市农业综合开发领导小组办公室

河南省许昌县农业综合开发办公室

湖北省潜江市农业综合开发办公室

湖南省永州市农业综合开发办公室

广西壮族自治区上思县农业综合开发办公室

四川省三台县农业发展基金办公室

贵州省瓮安县农业综合开发办公室

云南省临沧地区临沧县农业综合开发办公室

陕西省合阳县农业综合开发办公室

青海省乐都县农业综合开发办公室

新疆维吾尔自治区莎车县农业综合开发办公室

先进工作者

河北省

陈长海　河北省博野县农业开发办公室

边　文　河北省围场县农业综合开发办公室

* 1995年1月9日由农业部、国家科学技术委员会、人事部、水利部、林业部、国家农业综合开发办公室联合发文（农科发［1994］24号）表彰。

刘爱国　河北省盐山县农业开发办公室
何炳欣　河北省辛集市农业开发办公室
李　和　河北省滦南县农业综合开发治理委员会

山西省

贺正许　山西省应县农业综合开发办公室
龚廷云　山西省大同市南郊区农业综合开发办公室
贺山升　山西省大同市阳高县农业综合开发办公室

内蒙古自治区

马小平　内蒙古自治区巴林右旗草原畜牧业示范项目办公室
薛子良　内蒙古自治区哲里木盟奈曼旗农业综合开发办公室
教富琴（女）　内蒙古自治区兴安盟乌兰浩特市政府
李春生　内蒙古牙克石市农业综合开发办公室

辽宁省

赵哲夫　辽宁省沈阳市苏家屯区农业综合开发办公室
李纯会　辽宁省营口市老边区农业综合开发办公室
金万林　辽宁省阜新蒙古族自治县农业综合开发办公室
杨铁生　辽宁省凌海市农业综合开发办公室
王文彦　辽宁省昌图县农业综合开发办公室
于恩明　辽宁省瓦房店市农业综合开发办公室

吉林省

王继田　吉林省前郭县套浩太乡人民政府
王荣武　吉林省通榆县农业综合开发办公室
田　云　吉林省公主岭市农业综合开发办公室
曹　和　吉林省双阳县农业综合开发办公室
于长春　吉林省临江市农业综合开发办公室
耿博源　吉林省大安市叉干镇农业综合开发办公室

黑龙江省

刘丰志　黑龙江省双城市农业综合开发办公室
张德元　黑龙江省富锦市农业综合开发办公室
金太云　黑龙江省宁安市人民政府
黄铁浩　黑龙江省呼兰县农业开发办公室
王家旭　黑龙江省依安县县委
张亚辉　黑龙江省建三江青龙山农场农业综合开发办公室

江苏省

黄克清　江苏省涟水县农业资源综合开发管理局
李宝亮　江苏省东海县农业资源综合开发管理局
丁炳华　江苏省射阳县农业资源综合开发管理局
陆秀涛　江苏省铜山县农业资源综合开发管理局
吴世林　江苏省海安县农业资源综合开发管理局

浙江省

周志明　浙江省嘉兴市郊区农业综合开发领导小组
陈文芸　浙江省义乌市农业综合开发领导小组
甘雪荣　浙江省上虞市农业综合开发办公室
陈新国　浙江省江山市农业综合开发办公室

安徽省

陆　亚　安徽省蒙城县黄淮海农业开发办公室
尚　毅　安徽省怀远县农业综合开发办公室
金贻孙　安徽省泗县农业综合开发项目办公室
黄士尧　安徽省凤阳县农业局

福建省

张勉兴　福建省沙县农业综合开发办公室
陈　华　福建省上杭县农业综合开发办公室
陈结仲　福建省漳浦县农业综合开发办公室

江西省

邓南生　江西省崇仁县赣中南农业综合开发办公室
邓寄安　江西省高安市赣中南农业综合开发办公室
席彬峰　江西省进贤县农业综合开发办公室
丁火华　江西省丰城市农业综合开发办公室
赖德廉　江西省石城县农业综合开发办公室

山东省

门星三　山东省广饶县农业综合开发办公室
王怀玉　山东省寿光市农委
张辉东　山东省泰安市效区农业综合开发办公室
王锦河　山东省枣庄市台儿庄区农业综合开发办公室
许传贤　山东省胶南市农业综合开发办公室
陈　思　山东省莒南县黄淮海平原农业综合开发办公室

河南省

杨批修　河南省宁陵县农业综合开发办公室
黄图明　河南省信阳县黄淮海平原农业综合开发办公室
李习文　河南省延津县黄淮海平原农业综合开发办公室
郭彦海　河南省临颖县黄淮海平原农业综合开发办公室
陈玉堂　河南省中牟县黄淮海平原农业综合开发办公室

湖北省

杨顺发　湖北省汉川县农业综合开发办公室
汤盛才　湖北省武昌县农业综合开发办公室
刘兴春　湖北省当阳市农业综合开发办公室
何明星　湖北省洪湖市农业综合开发办公室
王正雨　湖北省枣阳市农业局

湖南省

陈圣炳　湖南省资兴市农业综合开发办公室
曾习龙　湖南省耒阳市农业综合开发办公室
贺社元　湖南省衡阳县农业综合开发办公室
罗运林　湖南省衡东县农业综合开发办公室
唐宜付　湖南省祁阳县农业综合开发办公室
刘友森　湖南省嘉禾县农业综合开发领导小组办公室

广东省

罗阳忠　广东省英德市明迳镇政府
刘再源　广东省曲江县农业综合开发办公室

广西壮族自治区

杨桂平　广西壮族自治区防城港市防城区农业综合开发办公室
梁雄新　广西壮族自治区平南县农业综合开发办公室
庞国彩　广西壮族自治区博白县农业综合开发办公室

海南省

陈奕辉　海南省儋州市农业综合开发办公室
黎锦清　海南省琼海市水利电力局

四川省

李　模　四川省安岳县农业发展基金办公室
文希交　四川省成都市金堂县财政局农发办
庄中述　四川省阆中市农业综合开发办公室
丰　锐　四川省德阳市中江县财政局
姚静国　四川省绵阳市涪城区农业综合开发办公室
赖建彬　四川省云阳县农业综合开发办公室
张腾才　四川省重庆市大足县农业综合开发办公室

贵州省

顾唯学　贵州省仁怀市农业综合开发办公室
何文华　贵州省金沙县农业综合开发办公室

云南省

李有清　云南省沧源佤族自治县人大
杨正学　云南省保山市农业综合开发办公室

西藏自治区

土　登　西藏自治区南木林县农业综合开发指挥部

陕西省

郑天奎　陕西省宝鸡县农业综合开发办公室
相里寿　陕西省西安市阎良区农业综合开发办公室
尚德隆　陕西省长武县农业综合开发办公室

青海省

马增义　青海省门源县农业综合开发办公室
石　磊　青海省诺木洪农业综合开发工程指挥部

宁夏回族自治区

张学信　宁夏回族自治区惠东县农业综合开发办公室

陈治业　宁夏回族自治区中宁县农业综合开发办公室

新疆维吾尔自治区

卡斯木　新疆维吾尔自治区于田县农业综合开发办公室

张凤鸣　新疆维吾尔自治区和田县农业综合开发办

李克平　新疆维吾尔自治区阿克陶县农业综合开发中心

新疆生产建设兵团

张　峰　新疆生产建设兵团农一师14团

1997年全国农业综合开发先进工作者名单*

河北省

杨爱莲（女）　河北省邢台市农业开发办公室

谢根生　河北省雄县农业开发办公室

白振秀　河北省丰宁县农业综合开发办公室

山西省

任孟文　山西省河津市农业综合开发办公室

胡　彪　山西省朔州市农业综合开发办公室

内蒙古自治区

马维山　内蒙古自治区哲里木盟农业综合开发办公室

曹晨钟　内蒙古自治区巴林右旗草原项目办公室

辽宁省

方汉隆　辽宁省盘锦市农业综合开发办公室

郑子清　辽宁省葫芦岛市农业综合开发办公室

王柏龄　辽宁省法库县农业综合开发办公室

吉林省

王子蓬　吉林省四平市农业综合开发办公室

王　萍（女）　吉林省桦甸市农业综合开发办公室

肖志华　吉林省九台市农业综合开发办公室

黑龙江省

屈广臣　黑龙江省萝北县农业开发办公室

张德元　黑龙江省富锦市农业开发办公室

秦丰文　黑龙江省农垦局宝泉岭农业综合开发办公室

江苏省

吴继松　江苏省铜山县农业资源开发局

毛正球　江苏省泰州市农业资源开发局

刘恩清　江苏省东海县财政局

浙江省

陆永法　浙江省嘉善县农业综合开发办公室

徐成良　浙江省衢县农业综合开发办公室

余思忠　浙江省农业综合开发办公室

安徽省

邵林才　安徽省凤台县农业综合开发办公室

常鼎勋　安徽省寿县农业综合开发办公室

陈浩文　安徽省宿县地区农业综合开发办公室

福建省

张满香　福建省三明市农业综合开发办公室

江西省

徐志和　江西省上饶地区农业开发办公室

邹奋生　江西省永丰县农业开发办公室

赖德廉　江西省石城县农业开发办公室

山东省

王光水　山东省禹城市农业综合开发办公室

吕宝俊　山东省沾化县农业综合开发办公室

张文献　山东省滕州市农业综合开发办公室

* 本名单1997年12月26日由人事部人发文（［1997］133号文件）公布。

河南省

李保国 河南省郑州市农业综合开发办公室

周国云 河南省漯河市农业综合开发办公室

王性贵 河南省信阳地区农业综合开发办公室

湖北省

卓圣美 湖北省荆州市农业综合开发办公室

方开生 湖北省黄冈市农业综合开发办公室

湖南省

秦福民 湖南省永州市农业综合开发办公室

阳华民 湖南省芷江侗族自治县农业综合开发办公室

陆元华 湖南省耒阳市农业综合开发办公室

广东省

刘求华 广东省曲江县农业综合开发办公室

广西壮族自治区

钟兆祥 广西壮族自治区钦州市钦南区农业综合开发办公室

韩汝和 广西壮族自治区玉林市农业综合开发办公室

海南省

陈正雄 海南省乐东县农业综合开发办公室

重庆市

刘廷良 重庆市涪陵市农业综合开发办公室

四川省

周永才 四川省南充市农业综合开发办公室

熊献江 四川省开江县农业综合开发办公室

唐平 四川省内江市农业综合开发办公室

贵州省

王定中 贵州省瓮安县农业综合开发办公室

顾唯学 贵州省仁怀市农业综合开发办公室

云南省

丁文忠 云南省景东县农业综合开发办公室

西藏自治区

格桑（女） 西藏自治区日喀则地区农业综合开发办公室

陕西省

赵瑞林 陕西省咸阳市农业综合开发办公室

秦春录 陕西省合阳县农业综合开发办公室

青海省

陈得治 青海省湟中县大南川东灌区农业综合开发项目工程指挥部

宁夏回族自治区

付存孝 宁夏回族自治区贺兰县农业建设开发办公室

新疆维吾尔自治区

曹力孟 新疆维吾尔自治区和硕县农业综合开发办公室

疏传胜 新疆维吾尔自治区克州农业综合开发办公室

新疆生产建设兵团

高建新 新疆生产建设兵团农一师农业综合开发办公室

冯玉清 新疆生产建设兵团农八师141团

全国农业综合开发人员情况统计表（2002年）

单位：人

省份	总计				省市				地市				县市			
	总数	编制内人员		联合办公人员（注）	总数	编制内人员		联合办公人员	总数	编制内人员		联合办公人员	总数	编制内人员		联合办公人员
		行政	事业			行政	事业			行政	事业			行政	事业	
总计	19 416	6 877	10 225	2 314	907	409	423	75	3 344	1 307	1 866	171	15 165	5 161	7 936	2 068
北京市	72	29	18	25	4	4							68	25	18	25
天津市	89	46	5	38	10	8		2					79	38	5	36
河北省	1 765	202	1 398	165	41		41		244	25	219		1 480	177	1 138	165
山西省	838	30	682	126	8	6		2	188	15	170	3	642	9	512	121
内蒙古自治区	674	253	419	2	18	11	7		104	35	67	2	552	207	345	
辽宁省	437	110	327		27	7	20		128	16	112		282	87	195	
其中：大连市	26	26			7	7							19	19		
吉林省	411	112	291	8	25	13	7	5	82	7	74	1	304	92	210	2
黑龙江省	356	240	7	109	20	10		10	50	33	7	10	286	197		89
上海市	42	36	6		10	4	6						32	32		
江苏省	1 476	695	781		79	48	31		329	200	129		1 068	447	621	
浙江省	517	168	174	175	23	11	9	3	60	20	31	9	434	137	134	163
其中：宁波市	42	40	2		6	6							36	34	2	
安徽省	439	205	164	70	16		16		70	59	10	1	353	146	138	69
福建省	363	56	163	144	28	10		18	52	15	27	10	283	31	136	116
其中：厦门市	20	17	3						5	5			15	12	3	
江西省	588		588		17		17		88		88		483		483	
山东省	1 398	429	858	111	32	27	2	3	217	61	140	16	1 149	341	716	92
其中：青岛市	40	17	17	6	8	6	2						32	11	15	6
河南省	1 869	987	877	5	58	48	5	5	373	226	147		1 438	713	725	
湖北省	577	120	397	60	10	9		1	120	33	86	1	447	78	311	58
湖南省	1096	389	691	16	15		15		128	28	95	5	953	361	581	11
广东省	275	268	6	1	18	11	6	1	74	74			183	183		
其中：深圳市	6	6			6	6										
广西壮族自治区	393	116	64	213	6	6			44	34	3	7	343	76	61	206
海南省	144	26	70	48	8	6		2	7		7		129	20	63	46
重庆市	322	162	116	44	23	19	4						299	143	112	44
四川省	773	332	62	379	16	11		5	121	60	9	52	636	261	53	322
贵州省	578	264	183	131	24	12	12		75	43	16	16	479	209	155	115
云南省	382	186	116	80	12	12			57	32	21	4	313	142	95	76
西藏自治区	276		276		67		67		209		209					
陕西省	1 161	472	615	74	157	66	84	7	182	144	30	8	822	262	501	59
甘肃省	304	98	206	0	30		30		93	23	70		181	75	106	
青海省	141	62	24	55	6	6			25	9	13	3	110	47	11	52
宁夏回族自治区	270	23	184	63	26		25	1	15	1	11	3	229	22	148	59
新疆维吾尔自治区	593	108	428	57	17		17		109	31	68	10	467	77	343	47
新疆生产建设兵团	307	307			9	9			45	45			253	253		
黑龙江省农垦总局	356	240	7	109	20	10		10	50	33	7	10	286	197		89

注：联合办公人员，指农业、林业、水利等各级农口有关部门选派到各级农业综合开发办事机构联合办公的人员。

第九部分

附　　录

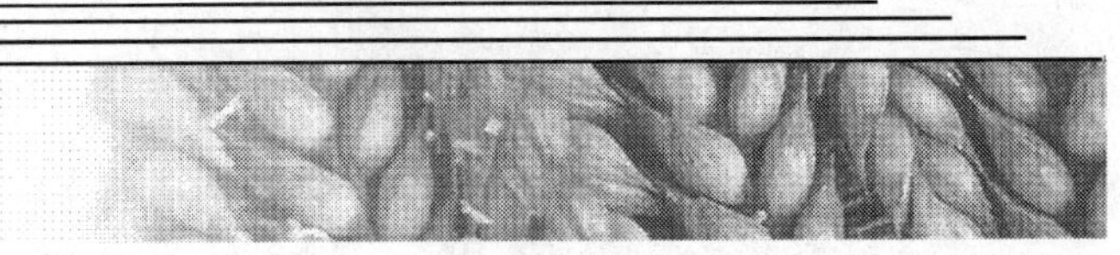

农业综合开发缩略语及常用名词解释

（按汉语拼音排序）

草原建设 指采用先进科学技术和工程措施，对各种类型草场进行综合治理的工作。内容包括：实现机械化生产，提高机械化水平；兴建草库伦（围栏草场），种植补播优良牧草；兴修水利，发展灌溉和解决人畜饮水；植树造林；灭虫灭鼠；清除毒草；进行房舍、棚圈和交通运输等建设。草原建设的目的是提高草原生产能力。

产加销 即“生产、加工、销售”的缩略语。

低产林改造 指对树种不合乎经营要求，林分质量差、生长慢、产量低、无培养前途或遭受严重自然灾害的人工林和次生林进行改造。

防风固沙林 指以降低风速，防止风蚀，固定沙地，保护农田、果园、经济作物、牧场免受风沙侵蚀为主要目的的森林和灌木林。

防洪标准 根据防洪保护对象的重要性和经济合理性而由国家确定的防御洪水的标准。

防护林 指以防护为主要目的的森林、林木和灌木丛，包括水源涵养林，水土保持林，防风固沙林，农田、牧场防护林，护岸林，护路林。

飞播 用飞机进行播种的缩略语。

分洪区（蓄滞洪区） 指利用低洼圩垸或湖泊、洼地修筑围堤分蓄河道超额洪水的区域。

改善灌溉面积 指在原有水利设施的基础上通过增加新的水利设施，使原有灌溉保证率低或渠系不配套的灌溉面积得到改善的那部分农田面积。

国家农发办、国农办、国家办 均为“国家农业综合开发办公室”的简称。

“黄箱”政策 为国际贸易领域的经济学术语，指在乌拉圭回合农业协议下将对贸易产生扭曲、需减让承诺的国内支持政策。乌拉圭回合农业协议要求各成员方用综合支持量来计算其措施的货币价值，并以此为尺度，逐步予以削减。

经营性开发 指国家财政部门以出资人身份委托或授权资本运营机构，将农业综合开发财政资金以资本金或股本的方式投入农业生产和农产品流通企业，并将由此实现的经营性收益继续用于农业综合开发的行为。

可研 即“可行性研究报告”的简称，是对项目的必要性、建设条件、建设内容、生产工艺、投资方案进行可行性研究的报告。

扩初设计 即根据项目可行性研究报告的各项要求、审批部门对可行性研究报告的审批意见以及项目的有关设计规范、建设标准和定额进行编制，主要包括设计说明、图纸、投资概算和主要设备材料用量表等。

两高一优 即“高效、优质、高产”的缩略语。

两个转变 即“由以改造中低产田和开垦宜农荒地相结合，转到以改造中低产田为主，尽量少开荒甚至不开荒，把提高农业综合生产能力与保护生态环境结合起来；由以增加农产品产量为主，转到积极调整结构，依靠科技进步，发展高产优质高效农业上来”。这是1999年国家农业综合开发联席会议第二次会议所明确的农业综合开发工作的指导思想。

两个着力，两个提高 即“着力加强农业基础设施和生态环境建设，提高农业综合生产能力；着力推进农业和农村经济结构的战略性调整，提高农业的综合效益，增加农民收入”。这是2001年国家农业综合开发联席会议第四次会议所提出的“十五”期间农业综合开发的发展方针。

两工 即“义务工、积累工”的缩略语。

两则两制 即“企业会计准则、企业会计通则”和“行业会计制度、行业财务制度”的缩略语。

“绿箱”政策 为国际贸易领域的经济学术语，指在乌拉圭回合农业协议下不需要作出减让承诺的国内支持政策。这些政策包括科研、技术推广、食品安全储备、自然灾害救济、环境保护和结构调整计划，对贸易只产生极小的影响。

农发办、开发办、农开办 均为“农业综合开发办公室”的简称，指各级农业综合开发的办事机构。

农工贸、贸工农 即“农业、工业、贸易”的缩略语。

农业综合开发 指在一定的时间里和确定的区域内，为全面开发利用农业资源，发展地区农业经济而进行的综合性生产建设活动。它的最终目标是合理配置农业生产要素，提高农业综合生产能力和市场竞争力，推动传统农业向现代农业转变。

农业综合开发部门项目 指经国家农业综合开发办公室批准，由中央农口部门组织实施，由农业综合开发和农口部门两个垂直系统负责组织管理的项目。

农业综合开发国有资产 指国家财政无偿投入农业综合开发中的资金按规定作相应扣除后形成的投资及投资所形成的权益。

农业综合开发项目 指在一定的时间和确定的区域范围内，为获得预期的经济、社会和生态效益，经农业综合开发管理部门批准，由项目建设单位组织实施，通过综合投入，运用综合措施，对农业资源进行综合开发的投资活动。

农业综合开发项目管理 指各级农业综合开发项目管理部门为实现农业综合开发项目目标，依据农业综合开发有关政策、制度规定，采取一定的手段和方法，对农业综合开发全过程进行计划、组织、实施、控制和评价等一系列活动行为的概括。

农业综合开发资金 指在农业综合开发建设项目中投入的各种物化劳动与活劳动价值的货币表现，是我国社会资金总量的一个重要组成部分，主要由财政资金、自筹资金、银行贷款、引进外资和其他资金几个部分组成。

农业综合生产能力 指由农业生产诸要素综合作用而形成的相对稳定的农业产出能力，代表一个地区一定历史时期农业发展水平的综合指标。影响农业综合生产能力的关键因素是：农业物质技术装备程度和投入水平，农业劳动力素质和农业科学技术水平，农业生产抵御自然灾害的能力，土地生产率和农业劳动生产率，政策调控能力，等。

农用地 指直接用于农业生产的土地，包括耕地、林地、草地、农田水利用地、养殖水面等。

排灌站 用于灌溉和排水的泵站的总称。

排水 指将一个区域内多余的地表水和地下水汇集起来排除到该区域以外的工程技术措施。

排水面积 指排水系统所控制的区域的面积。

排水系统 为了防治涝、渍、盐碱化等危害而由人工修建的各级排水沟道及建筑物的总称。

配电系统 指将输电系统输送来的电力分配给电力用户的系统。

喷灌 指用管道将有压力的水送到田间，通过喷洒装置在空中形成细小的水滴并均匀地喷洒到田间的灌水方法。

坡改梯 “把坡耕地改成水平梯田”的缩略语。

畦灌 指将农田用土埂分隔成长条形小畦，使水在畦中流动并逐渐渗入土壤的灌水方法。

三农 即“农业、农村、农民”的缩略语。

设施养殖 通过一定的设施，在局部人工可控的气候和环境下，从事有效的养殖生产的畜牧业或渔业生产。

世行 “世界银行”的简称。

世行二期项目、世行加灌二期项目 均为“利用世界银行贷款加强灌溉农业二期项目”的简称，该项目为利用外资贷款进行的农业综合开发项目。

适地适树 是指树种特性尤其是生态学特性与造林地的立地条件相适应，以充分发挥林地生产力，达到该立地在当前技术经济条件下的高产水平。适地适树是相对的，允许地树在一定范围内存

在差异，即在主要矛盾相统一的基础上，次要矛盾的差异主要通过人为来改变，改地适树或改树适地。适地适树同时又是动态的，一般在早期是相适应的，但随着时间推移树木的生长也渐不适地，所以应不断的使地适树，即通过人为活动来改地适树。

双低油菜 指低芥酸、低硫甙油菜。按农业部部颁标准，商品菜籽芥酸含量5%（油）以下，硫甙含量45μmol/g（饼）以下的油菜，通称双低油菜。

四个重点 即“建设大型优质粮食生产基地、建设优质饲料粮生产基地、发展节水农业、坡改梯”。这是1999年国家农业综合开发联席会议第二次会议所明确的农业综合开发工作的基本思路。

四荒 即“荒地、荒山、荒坡和荒水”的缩略语。

滩涂 指水边泥沙淤积而成的区域，如海滩、河滩、湖滩等。还包括沿海大潮高潮位与低潮位之间的潮浸地带，河流、湖泊常水位至洪水位之间的土地，水库、坑塘的正常蓄水位与最大洪水位之间的区域。

田间工程 指末级固定渠道（一般为农渠）控制范围内的临时性或永久性灌溉设施以及土地平整等的总称。

土壤培肥 指通过人为措施提高土壤肥力的过程。在一定地区的耕作制度下，通过精耕细作、合理施肥和灌溉等措施，使土壤不断增进肥力，向获得高产、稳产的方向发展。

新增除涝面积 指由于兴修治涝工程或安装排涝设备等水利措施，在原有除涝面积之外，新增加的除涝标准达到三年一遇以上的除涝农田面积。

新增灌溉面积 指由于新建（改建）水利设施，在原有效灌溉面积之外，当年新增加或扩大的那部分有效灌溉农田面积。

新增节水灌溉面积 指通过一般土地治理项目和节水农业示范项目建设，新增加的喷灌、微灌、渠道防渗、管理输水等节水灌溉农田面积（渠道防渗和管道输水的面积，根据衬砌渠道和埋设管道的长度按《节水灌溉规范》规定的标准折算）。

亚行 “亚洲开发银行”的简称。

原原种 是指育种专家育成的遗传性状稳定的品种或亲本的最初一批种子，其纯度为100%。它是繁育推广良种的基础种子。

种养加 即“种植、养殖、加工”项目的缩略语。种植项目、养殖项目、加工项目分别为农业综合开发组织实施的三类多种经营项目。

自主管理灌排区（SIDD） 指在国家政策指导下，对计划经济体制下的灌溉排水区的管理体制和运行机制进行改革，并按照市场经济法则要求，通过灌区运行主体的自主管理、独立核算和用水户参与，使其自我维持能力和良性运行机制逐步增强和完善，最终实现良性运行的灌溉排水区SIDD的管理包括供水单位（公司）的自主管理和农民用水户参与灌区管理两个层面。

GDP 国内生产总值的英文缩写。

WTO 世界贸易组织的英文缩写。

（财政部国家农业综合开发办公室供稿）

世界农业综合开发的产生和发展

一、农业综合开发的兴起

第二次世界大战结束之后，很多地区摆脱了殖民统治，建立了独立国家。它们为了发展自己的民族经济，改变殖民统治时期留下的单一经济结构和农业产业结构，适应国家经济发展和人民生活水平提高的需要，利用世界发达国家提供的长期、优惠的贷款，开始了大规模的农村建设和农业开发活动。与

此同时，经济发达国家因为存在着地区发展不平衡的问题，迫切需要开发落后地区的农业，也掀起了一场旷日持久的农业开发活动。第二次世界大战以前，农业开发活动还是比较零星的、单项的和小规模的。第二次世界大战以后，农业开发已不再搞单项措施开发，而是进行综合开发。这是第二次世界大战以后农业开发活动的一个重要特征。

二、发展中国家农业综合开发的演进发展

（一）初期低投入开发战略——“绿色革命”

发展中国家由于经济实力薄弱，拿不出很多的资金投入农业和改变农业生产条件，开发初期一般采取先易后难、低投入的开发战略。这种战略符合经济发展的一般规律，是发展中国家的必然选择，如南亚和东南亚国家 20 世纪 60 年代中期实施的“绿色革命”就是这样一种开发战略。“绿色革命”以良种良法为主，辅之以灌溉、化肥、农药和耕作制度的改革，在较短的时间内较大幅度地提高了粮食等主要农产品的产量，有效地缓解了粮食供应的紧张状况，为基本实现粮食自给做出了重大贡献。

（二）中期主要开发战略——兴修水利，改土拓荒

随着经济的发展，发展中国家增强了支持和保护农业的能力。与此同时，为了充分发挥良种良法的增产效应，也必须加大物质投入，消除农业生产障碍因子，改善农业生产条件，进一步提高农业生产能力。因此，继“绿色革命”之后的农业开发，主要是围绕兴修水利和开垦土地等农业基础设施建设进行的。如，埃及在 1982/83—1986/87 年的 5 年期间，投入了 17.82 亿埃镑用于开垦土地。印度从 1950/51—1982/83 年的 32 年期间，农田灌溉总面积由 2 260 万公顷增加到 5 854.6万公顷，净增加 3 594.6 万公顷，为同期印度粮食总产由 607.9 亿公斤提高到 1 515.4 亿公斤做出了突出贡献。当然，世界上也有少数后起工业化国家重视农业基础设施建设另有目的。比如泰国，1975 年开始实施“农村就业计划”，目的是通过为农民提供旱季就业机会增加收入，项目内容涉及农村供水、农田灌溉、农电输送和乡村道路建设等。

（三）近期主要开发战略——农业工业化

随着全球经济一体化的发展，国际市场农产品竞争日趋激烈。一些实行“进口替代”和“出口导向”战略的发展中国家，由于初级农产品尤其是经济作物出口比例较大，严重依赖国际市场，受价格波动经常蒙受巨大损失。因此，20 世纪 80 年代以后，大多数发展中国家，尤其是农业基础较好的泰国、印度尼西亚、马来西亚等国，开始调整农业开发重点，制定了以农产品加工业为重点的“农业工业化”战略，把交通运输、仓储设施、农产品加工和国内外市场等产前产后服务和基础设施等方面的开发建设纳入了整个开发体系，使农业从单纯原料的供给者上升为制造业的参与者，提高了农业的国际竞争力和经济效益，巩固了农业的基础地位。

（四）现阶段主要开发战略趋势——可持续农业开发

广种薄收和粗放掠夺式的经营，造成了大面积土地被滥用和过度利用。由此带来的严重生态环境问题，如土壤退化、沙化面积的迅速扩大和水土流失的严重加剧等，已引起了世界上越来越多的发展中国家的深切关注和高度重视。广大发展中国家出现了把农业开发与可持续发展结合起来，实行可持续农业开发的情况。既要合理利用资源，又要取得明显的进步，还要兼顾长远利益，实现永续发展。

三、发达国家农业开发的演进发展

（一）初期主要开发战略——兴修水利，改土拓荒

发达国家农业开发的发展演进不同于发展中国家。它们拥有较强的经济实力，早期开发的重点就是增加投入，加强农业基础设施建设，提高农业生产能力。如前苏联在中亚植棉区进行了大规模的农田水利设施建设，在西伯利亚进行了大规模的农业开发和土壤改良。法国战后将布列塔尼地区、阿基坦沿海和地中海沿海列入计划进行了大规模农业开发，显著地改变了这些地区的落后面貌，使这些地区跟上了全国经济发展的步伐。以色列自然条件很差，农业资源匮乏，为了发展农业，解决立国之本

问题，该国通过综合措施，利用极其有限的水资源，将不毛之地改造成具有较高生产能力和明显生产特点的农业区之一，使昔日死亡之海变成了充满生机的绿洲，创造了世界奇迹。

（二）中期、近期主要开发战略——科技开发+产业化经营

1. 科技开发。科学技术在经济活动中所起的作用日益增大，是生产力增长的源泉，是第一生产力。在农业开发中，无论是深度开发、广度开发，都需要依靠科技进步，需要研究、引进和利用现代先进科技成果。近代的农业开发十分重视科学技术应用，尤其是对“高、精、尖”新技术和“短、平、快”常规技术的应用。前者主要是指农用遗传工程和农用发酵工程等，后者主要是指育种、栽培、植保、土肥、灌溉等技术。纵观世界各国，凡是农业开发做得比较成功的国家，无不高度重视农业科技进步与农业教育、科研和推广的紧密结合。如，美国农业的教育、科研和推广三结合体系是举世闻名的。这套体系随着佛罗里达半岛的开发逐步建立起来，对促进佛罗里达农业开发和农业生产发展起了重要作用。自20世纪50年代中期以来，美国农业生产增长的80%，生产率提高的70%，都归功于农业科技研究与推广工作。又如，在荷兰，农业教育、科学研究和技术推广是农业的三大支柱，国家每年把农业预算的50%用于这三个方面。荷兰1996年度财政预算中用于教育、文化、科技方面的投入高达37亿荷兰盾（相当于1630亿元人民币），所占比例在各个项目中名列第一位。

2. 农业产业化经营。随着生产力的发展与消费需求的变化，延长农业产业链条，大力发展流通和农产品加工，实行农业一体化经营，已经成为世界各国农业开发的重要内容。在欧盟，农业早已不是单一的生产环节，而是包含生产、加工、流通等环节在内的完整的产业体系，即所谓“从田头到餐桌”的经营模式。法国提出让农业成为一个“完整产业”的发展目标，认为随着人们生活节奏的加快，消费者需要越来越多的加工产品，而消费习惯又多种多样，这就要求农业、工业和服务业之间进行越来越密切的联系，进而逐步联结起来成为一个完整产业。为了加快农产品加工业的发展，法国抓住了20世纪80年代以来世界市场初级农产品过剩、价格下跌的有利时机，把低价值的原料加工转化为高附加值的制成品。目前，法国农产品加工业吸纳了本国70%以上的农产品，整个农业的经济效益明显得到提高。1990年法国有3 000多家食品工业企业，从业劳动力超过36万人，营业额高达789亿欧洲货币单位，占欧共体总量的五分之一。荷兰农业产业化主要是对农产品实行大进大出、深度加工增值并不断扩大经营规模。所谓大进，就是大量进口初级农产品；所谓大出，就是将本国生产的和国外进口的初级农产品进行深度加工，大幅度提高附加值，然后再出口创汇，显著提高农业经营效益。

（三）现阶段主要开发战略趋势——可持续农业开发

全球农业尽管在生态、文化、社会和经济条件方面存在着很大的差异，但都面临着环境问题。发达国家存在的主要问题是采用高度集约化的经营方式，大量使用化肥、农药和集约化牲畜饲养活动，导致水土污染。同时过分集中的工业所引起的污染，如烟雾、酸雨、污水、CO_2增加、含氯与含氟物质的排放和臭氧层的破坏，也影响和威胁到人类和整个生物界的健康。这种生态、经济和社会的失调，不仅影响农业生产的发展，而且不利于子孙后代的生存发展。因此，很多发达国家强调农业开发要走可持续发展道路，在开发农业资源的同时，重视提高资源的利用效率，注意对资源进行保护，促进资源的永续利用。从实践看，发达国家进行农业可持续开发的主要措施是实行作物自然耕作法、病虫害综合治理和环境保护等。如，美国明令禁止将水土流失严重的土地用于耕作，政府无偿给予一部分资金帮助农场主进行绿化，保持水土；严格制订和执行各种污水、废气和废物的排放标准；研究和推广新的耕作方法，比如少耕法和免耕法等，尽量减少由于耕作而引起的水土流失；鼓励无公害、绿色和有机农产品生产，等等。

此外，不论是发展中国家还是发达国家，农业的发展都还有这样一个特点：随着农业的发

展，从事农业生产的劳动力和农村人口比例越来越少，户均农业生产经营规模越来越大，兼业经营行为越来越少，农业生产经营专业化程度越来越高，农业的发展越来越融合于市场经济的发展。

（财政部国家农业综合开发评审中心供稿，芮晓峰执笔）

国外农业开发的经验与启示

农业开发是世界各国保护和支持农业发展的通行做法，各国在这方面积累的经验对做好我国农业开发工作、加快农业和农村经济结构调整，具有启发和借鉴意义。

一、国外农业开发的经验

（一）政府财政对农业的保护和支持是农业开发的共同基础

我们知道，由于世界各国国情不同，经济发展水平不同，农业在国民经济中所占的份额也不相同。但由于农业的特殊地位，各国政府重视农业，采取财政扶持、信贷支持和价格保护等政策，促进农业发展的思想是共同的。其中，财政对农业的支持和援助在整个农业发展的政策体系中始终扮演着十分重要的角色。

美国从20世纪50年代开始致力于实现农业高度现代化，农业支出绝对数到1986年达到253亿美元，2000年达到319亿元，分别比1960年的14.8亿美元增长了近17倍和21倍。根据2002年5月份美国政府新颁布的农业法案，在今后10年里政府用于农业的拨款将达到1 900亿美元，比目前实行的农业法的开支增加了80%。在筹措资金、增加农业投入方面，美国的主要做法：一是联邦政府直接拿钱支持农业基础设施建设、农业教育、科研、科技推广和补贴等；二是联邦政府引导各州和地方政府支持农业发展，如国会通过有关农业科技推广法令，联邦政府对接受法令条文的各州提供资金，建立农业科技推广组织；三是财政政策与金融政策协调运用，发挥政策金融的作用，以少量财政资金用于政策性银行的资本金和经营费用，引导政策性银行吸收运用大量的社会资金支持农业；四是通过财政投入吸引私人投资，如交通设施建设、灌溉设施建设、农业科研、科技推广等；五是运用资金市场筹集支持农业的资金，如发行债券、股票、合理收费及出售公有土地等，对农业资金筹措发挥了积极作用。

（二）加强农业基础设施建设，改善农业产业结构，是各国农业开发的基本内容

农业开发的本质是对农业资源综合改造、科学规划、高效利用及合理保护，以满足人类对农产品及农业生态环境的需求。各国农业资源及对农产品的需求不尽相同，但农业开发的共同点都是首先改善基础设施，实行规模连片治理。

巴西有大量适宜农业的待开发地区。对这些地区的开发首先需要建设基础设施和建立必要的服务体系。由于这些地区所需投资大而获利薄，大地产者和私人企业不愿投资，中小农户又无力投资，只能由国家来承担开发的投资。政府在这些地区发展水利事业，建设灌溉系统，特别是在中西部和东南部的干旱地区，政府投入资金增设农村输电网，资助农村电气化；修建仓库、地窖，提高农产品仓储能力；修筑农村公路，发展农产品收购网点和农产品供应中心，密切边远地区与发达工业中心的经济联系，沟通工农业产品的供销渠道，促进国内市场的联系和扩大，等等。所有这些对于农村经济的发展，特别是对于边区和落后地区的开发起到了巨大

的作用。例如，在东北部干旱地区，巴西政府修建了60个灌溉工程，使这一地区的27万公顷干旱的土地得到了灌溉，保证了这一地区农业的发展。在亚马逊地区建成了2 400多公里深入该地区内部的公路和1 800公里的乡村道路，也有力地促进了这一地区的开发。巴西重视交通运输部门的发展，建立了许多农产品“出口走廊”，用公路、铁路把农产品产地与港口连接起来，保证了农产品及时外运和销售。

（三）科技投入是各国实施农业开发和促进农业结构调整的共同支撑点

纵观世界各国的农业发展史，可以发现它们具有一个共同点，即无论发达国家还是发展中国家，都把国民经济和农业发展的依托建立在科学技术进步这个支撑点上。当前，世界新技术革命发展迅速，以高新技术为中心的科技革命正迅速地推动社会经济发展。农业传统产业正面临着新技术革命的挑战，世界农业正在由“资源依存型”向“科技依存型”转变，高新技术正在逐步走进农业的每一个领域。包括品种改良与生物遗传工程技术，合理增肥、培肥地力，采用先进灌溉设施和科学用水，温室、保护地膜栽培，农作物病、虫、草防治与生物防治，农业机械化与农业工程，产品贮藏加工与精加工，设施农业（如温室、塑料大棚等），农业控制技术，计算机、核技术、遥感技术等多个领域的高新技术正越来越广泛地被应用在农业上。

以色列是一个自然条件很差、农业资源缺乏的国家。为了发展农业和解决食物问题，以色列致力于对农业实施综合开发，是合理运用农业科学技术的成功典范。其主要措施：一是改造和开发沙漠。政府于1976年成立沙漠研究所，在沙漠地区寻找水源，培育适合沙漠地区生产的农畜产品新品种，研制节水灌溉技术和设备。如今这些工作取得了很大的进展，其中包括耐盐碱作物新品种、滴灌技术等多项成果，不但为本国农业生产，也为世界农业发展做出了重要贡献。目前全球范围内已有70多个国家、400万公顷土地采用以色列耐特菲姆公司生产的200亿支滴头进行灌溉。二是成立用水管理部门，协调、计划和统一分配用水。自1948年建国至今，以色列耕地面积从16.5万公顷增加到43.5万公顷，农田灌溉面积从3万公顷增加到18.64万公顷，便是应用滴灌技术取得的可喜成就。

（四）实行农业产业化经营是各国促进农业结构调整的重要途径

随着社会生产力的发展和社会经济结构与人的生产、生活方式的变化，销售和中间消费越来越重要，越来越多的农产品必须经过加工、包装、储藏和运输等环节才能达到消费者手中，才能满足消费者的需求。许多国家的农民已经在长期的市场竞争中形成了这样的共识：市场取决于产品的质量，质量依靠每个人的知识和技能，而知识和技能只有在合理分工的条件下才能趋于完善。因此，延长农业的产业链条，大力发展流通和农产品加工，实行农业产业一体化经营，在农产品的生产、加工和流通之间形成有机的内在联系，已成为世界各国农业开发的重要内容。

美国是世界上农业产业化经营发展最为成功的国家之一。所谓农业产业化经营，按其最初的涵义，就是农业再生产中供、产、销三方面的有机结合。美国哈佛大学工商管理学院的戴维斯等将这种经营形式的综合体定义为“农业综合企业（Agribusiness）”，它包括供产销纵向一体化、垂直协作和生产、合同制等。几十年来，美国农业产业化经营发展迅猛，提高了农民的收入和农产品的转化比率，带动了农业上下游各部门的发展。事实证明，为了解决日益增长的农产品供给与市场对初级产品有限需求之间的矛盾，一个重要途径就是实行产业化经营，对农产品进行加工、转化和增值，不断拓展新的消费领域。比如种植的玉米通过加工可以生产2 000多种产品，开发出广阔市场，市场对玉米的需求持续加大，增加了农户收入，推动了生产的稳定发展。农产品加工业的发展进一步促进了农业产业结构的调整与优化，农业专业化水平和集中度迅速提高，对产业化体系特别是加工业的依赖度也在迅速提高。当前美国农村劳动力的20%从事农业产前活动，10%从事产中活动，70%从事产后活动。美国农产品加工业的产值占工业总产值的1/4左右。从某种意义上讲，正是农业产业化经营的发展，延伸了农业产业链，提高了产品附加值，拓展了市场新领域，促进了美国农业的持续发展。

（五）完善的农业咨询服务体系是各国引导和促进农业开发的有效手段

世界许多国家都有一套比较健全的农业服务体系，其构成也大致相近，基本上由政府部门、农业合作机构和私人机构三部分组成。其中，由各种农业合作社组成的服务体系在整个农业咨询服务体系中占有最重要的地位。

德国农业服务体系建设始于250年前，目前已纵横密布，遍及全国。这一体系主要包括四个层面：一是与各级政府农业主管机构并设的农业咨询服务机构，属于政府行为，由财政负担，与我国农业技术推广中心相似。它主要负责宣传联邦、州政府的农业政策，为农民提供信息、技术咨询服务，定期培训农民等。二是农民协会，是农民自发组织的行业协会，从联邦、州，到地区、县（市）均有健全的组织管理机构，活动经费由会员按经营的土地面积和农业收入的比例缴纳。其主要职责是维护农民的合法权益，向政府反映问题和争取保护农业发展政策与资金帮助等。三是农业互助会，是农民本着自愿的原则，按区域或种植、养殖、加工等同类型产品建立的，旨在互相帮助、争取局部共同利益的组织。德国农村这类的互助会名目繁多，著名的有谷物互助会、葡萄酒互助会等。四是根据阶段性农业发展目标，由政府资助部分经费建立的农业专业协会。其主要职责是完成政府交办的为农服务任务，如推广新技术、新品种，以及发展绿色生态农产品等。组建这类协会的原因是，德国是市场经济高度发达的国家，农业企业拥有生产经营的完全自主权，政府没有必要、也不可能干涉农民的生产经营活动。德国农民为了得到有效的服务，往往同时参加各种协会，因而农业产业化程度很高。

二、启示

（一）财政资金的投入是政府支持和保护农业的有效手段

农业是弱质产业，也是基础产业，属于公共财政扶持的产业。对公共产业的投入体现取之于民、用之于民的无偿性和社会分配的公平性。我国有8亿多农民，绝大部分生活还不富裕，有的相当困难，生活在贫困线以下，连基本的生活需求都保障不了，对农业的投入可谓是捉襟见肘，或者基本上是无从谈起。因此，靠一家一户完成农田基础设施等项目建设是不可能的，应该将其纳入公共财政支持的范围，由政府进行无偿投入。农业综合开发现行政策中对基础设施的投入基本体现了这一点，但保留的15%有偿资金应适当降低，要把改造中低产田的任务真正纳入公共财政框架。

（二）培养和造就高素质的农民队伍是农业结构调整的基础

我国农村人多地少，农民的科技意识和科技水平普遍不高，要提高农业生产水平，进行农业产业化经营，必须对农民进行技术培训，提高农民科技致富的意识。农业现代化不仅是用先进技术、先进手段装备起来的集约化农业，而且还是市场化和投入产出率都相当高的农业。现代农业要有适应市场要求的经营机制，更要有用现代科技知识武装起来的农民。我国要进行农业结构的战略性调整，实现农业现代化，归根结底也要靠提高农业劳动者的素质。农业综合开发要采用多种途径和方式对农民进行技术培训。不仅要使农民得到实用技术的培训，而且要改善项目区农民接受新知识、新技术的外部条件，加强对农民进行农业生产管理和市场营销等知识的培训，培养既懂技术，又懂流通，又会管理的复合型人才。

（三）发展农民合作组织，提高农业产业化经营水平，是农业结构调整的方向

在市场经济条件下，农民合作组织可以成为联结土地和市场的纽带。国外的经验告诉我们，农民的组织化程度越高，农民的收入也越高，他们的利益也就越能得到充分的保护。农民完善的合作体系承担了产前、产中、产后以及产供销一体化等多项农业服务功能，是政府组织无法替代的。实践证明，千家万户的农业小生产者不能成为现代市场经营的主体，只有农业合作组织才能在激烈的市场经营中更好地发挥主导作用。与其他国家相比，我国家庭经营规模更小，农业小生产与社会化大生产、大市场之间的矛盾更加突出。加入WTO以后，我国分散的家庭经营模式根本无法与发达国家高度组

织化的农业经营模式抗衡。因此，应当采取有效措施，积极探索建立符合我国国情的农业合作组织，支持和鼓励农民专业经济合作组织的健康发展，以切实保护农民的利益，最大限度地减少入世对我国农业和农民所带来的冲击。农业综合开发要和有关行业部门联合起来，支持农民合作经济组织，积极扶持有条件的龙头企业，推进农业产业化经营，增强市场竞争力和对农民的带动力，最终提高我国农业的国际竞争力。

（四）搞好农产品批发市场建设，建立和完善农业服务体系

在市场经济条件下，政府引导和推动农业产业化结构调整，主要任务就是培育市场，创造良好的市场环境，充分发挥市场对结构调整的带动作用。结构调整的过程实质上是资源优化配置的过程。借鉴其他国家的经验，在培育市场的过程中，农业综合开发在以下几个方面应有所作为：一是因地制宜搞好农产品产地批发市场建设。产地批发市场是农民销售产品并感受市场信息的快捷通道，对农业区域化、专业化生产有着重要的带动作用。应把产地批发市场建设作为农业基础设施建设的重要内容，在合理规划的基础上，增加投入，重点扶持。二是在农业主产区加快对农产品质量标准体系的建设。只有建立起严格的、科学合理的质量标准，才能真正实现农产品的优质优价，也才能促进农产品质量的提高。三是充分发挥农业综合开发现有信息网络的作用。我国目前多渠道的市场信息服务正在发展，但由政府部门建立的权威性农产品市场信息网络尚在起步阶段。农业综合开发已投入大量的资金用于全国农业综合开发系统的信息网络建设，我们要利用好现有的信息系统，及时向农民宣传农业综合开发的方针、政策，积极为农民提供先进实用的科学技术，解答农民在实际生产中遇到的与农业综合开发有关的疑难问题，真正建立起为农民排忧解难的服务体系。

（国家农业综合开发办公室综合处供稿，张逶、王全玲执笔）

农业网站大全

国内农业网站		国外农业网站	
中国农业信息网 http：//www.agri.gov.cn	中国优质农产品信息网 http：//www.chap.com.cn	美国禽蛋委员会 http：//www.aeb.org	爱尔兰奶业委员会 http：//www.idbusa.com
中国农副产品信息网	农业科学研究各领域	世界农业信息中心	今日市场
中国农业指南	全国农业新技术产品传播网	世界家禽杂志	新西兰肉类生产者委员会
中国农软信息网	中国之窗 http：//china－window.com	英国农渔食品部	今日美国
中国农业科技信息网 http：//www.caas.net.cn	环球资讯网 http：//www.9znet.com	猪病信息中心	美国饲料周刊
中国农网 http：//www.aweb.com.cn	中佳经济信息网 http：//www.chinacoop.com	欧洲农业技术信息网	华盛顿州农业网
中国多元农业科技网	中国农业网 http：//www.zgny.com.cn	国际家禽	美国农业统计服务局
中国农业科技环球网 http：//www.chinainfowww.com	中农科技书讯 http：//www.multitech.com.cn	魁北克猪肉开发中心	美国农业部服务中心
中商农副信息网 http：//www.ccmnet.com	绿色农业咨询网（英文） http：//www.greenagri.com	动物行为研究	美国玉米贮藏与加工协会

续表

国内农业网站		国外农业网站	
中国农业在线 http：//www.agrionline.net. cn	东西农家 http：//agri.hongnet.com	国际奶业食品协会 http：//www.idfa.org	美国农业部
中国农产品供求信息网 http：//www.agrisd.gov.cn	中国农业网（国际版） http：//www.chinaagronet.com	猪的测定与遗传评估系统	美国奶业出口委员会 http：//www.usdec.org
中国农产品信息之窗 http：//www.api.com.cn	中国环境与发展信息检索	加拿大生猪育种者协会	美国活畜市场信息中心
中国农学会信息网 http：//www.caass.org.cn	农业综合开发 http：//xxacd.easthome.net	动物学信息资源	美国棉花籽产品协会 http：//www.cottonseed.com
中国县城农副产品交易网	中国绿色通道电子商务网 http：//www.greenroads.com	加拿大猪肉理事会	美国绵羊协会 http：//www.sheepusa.org
中国农产品市场信息 http：//www.agri.net.cn	中国农业出版社 http：//www.ccap.com.cn	世界动物卫生组织	美国玉米生产者协会 http：//www.ncga.com/
中国农业重点实验室 http：//www.agro—labs.ac.cn	中国—欧洲联盟农业技术中心	加拿大动物育种者协会 http：//www.caab.com/	美国饲料谷物协会 http：//www.grains.org
中国商品市场信息网	中青科技致富网（中青农） http：//www.cysec.com.cn	农户的国际农业网络	联合鸡蛋生产者协会 http：//www.unitedegg.org
中国农副食品信息网	中国—加拿大政府间合作农学项目 http：//cclab.caas.ac.cn	加拿大猪的改良中心	美国家禽与禽蛋委员会 http：//www.poultryegg.org
中国农业资源信息服务系统	大地农业网 http：//www.a86.com	美国饲料工业协会 http：//www.afia.org/	美国猪肉生产者委员会 http：//www.nppc.org
中国优质农产品信息网	中国农业资源信息服务系统	农业信息系统网络服务	美国谷物与饲料协会 http：//www.ngfa.org
中国乡镇企业信息网 http：//www.ctedc.gov.cn	中国农副食品信息网	加拿大农业与农业食品部	美国肉鸡委员会 http：//www.eatchicken.com
中国荒漠化信息网 http：//www.din.net.cn	全国农业新技术产品传播网	粮食网	美国牛肉生产者协会 http：//www.beef.org
海峡两岸农业合作区 http：//www.fuzhou.gov.cn	中国之窗	澳大利亚奶业委员会 http：//www.dairy.com.au	美国食品研究所
中国农业博览馆 http：//www.agric-ulturalmuseum.com	环球资讯网	联合国粮农组织 http：//www.fao.org	美国动物卫生研究所
中佳经济信息网	农业科学研究各领域	美国玉米加工协会 http：//www.corn.org	美国大豆协会
中国国际贸易促进委员会农业分会 http：//www.ccpit－ssa.org.cn	中国农村研究网	加拿大阿尔伯特省农业食品和农村发展项目	澳大利亚国家植物园鸟类信息服务

（财政部国家农业综合开发办公室供稿）